中国中央电视台年鉴

2011

主　　编　胡占凡
副主编　罗　明

中国广播电视出版社
CHINA RADIO & TELEVISION PUBLISHING HOUSE

编 辑 说 明

一、《中国中央电视台年鉴》是以丰富翔实的图文资料、逐年度、全方位客观记录中央电视台事业、产业发展的新情况、新发展、新经验和新成果的大型工具书。为中央电视台决策管理部门和工作人员以及国内外社会各界了解、研究中央电视台的发展轨迹提供可靠信息。

二、本年鉴1994年创办，每年编印一卷。主体是记录和反映中央电视台上年度宣传情况和各项成果。本卷为第十八卷。

三、本卷设：图片纪事、特载、概况、专辑、机构、频道·栏目·节目、新媒体传播、获奖·表彰、受众调查·研发、规章制度选载、电视书报刊及音像出版物、新技术设备、产业经营、同港澳台交流与合作、对外交流与合作、人物、统计、大事记、附录及索引等20个栏目。

四、本卷集中反映了2010年和2011年中央电视台以中国特色社会主义理论体系统领新闻宣传工作，贯彻科学发展观，在宣传创新、事业发展、技术领先、经营扩大、管理改进等方面所取得的新突破、新成果和新经验。在党中央的亲切关怀下，在中宣部和国家广电总局的正确领导下，2010年，中央电视台按照“高举旗帜、围绕大局、服务人民、改革创新”的总要求，圆满完成了上海世博会、广州亚运会、西藏百万农奴解放纪念日活动、山西王家岭矿透水事故救援等一系列重大活动和突发事件报道任务；2011年，中央电视台按照“十二五”期间将基本建成国际一流媒体的奋斗目标，进一步强化新闻立台、深度立台、特色立台原则，圆满完成了中国共产党成立90周年、西藏和平解放60周年、中共十七届六中全会、“神舟八号”与“天宫一号”交会对接、汶川地震三周年、深圳大运会等一系列重大报道，在新闻战线开展的“走转改”活动中，相继推出了《塔县皮里村蹲点日记》等一批接地气、有底气、聚人气的精品力作，开展了第一届道德模范颁奖盛典、《阳光季节》大型公益晚会、《寻找最美乡村教师》等影响广泛的品牌活动，使国家电视台的传播力、公信力、权威性显著增强，传播理念、发展战略、转播水平、整体实力都有了质的转变和提升。对此，中央满意、群众赞扬、国际认同。

五、《中国中央电视台年鉴》编辑工作得到了全台各级领导和各中心特约编辑、资料员以及出版单位的大力支持。在此，一并表示感谢。

中国中央电视台年鉴（2011）

编辑委员会

中国中央电视台年鉴（2011）

编辑部

编辑部地址：北京复兴路11号中央电视台发展研究中心
电视传播研究部

联系电话：010-68500540　　010-68506541

邮政编码：100859

图书在版编目（CIP）数据

中国中央电视台年鉴．2011／胡占凡主编 ；《中国中央电视台年鉴》编辑部编．-- 北京 ：中国广播电视出版社，2012.8

ISBN 978-7-5043-6705-1

Ⅰ．①中… Ⅱ．①胡… ②中… Ⅲ．①中央电视台－2011－年鉴 Ⅳ．①G229.24-54

中国版本图书馆CIP数据核字(2012)第203855号

中国中央电视台年鉴（2011）

胡占凡 主编

《中国中央电视台年鉴》编辑部 编

责任编辑 沈楚瑾
装帧设计 大盟文化
出版发行 中国广播电视出版社
电　　话 010-86093580 010-86093583
社　　址 北京市西城区真武庙二条9号
邮　　编 100045
网　　址 www.crtp.com.cn
电子信箱 crtp8@sina.com
经　　销 全国各地新华书店
印　　刷 北京雅昌彩色印刷有限公司
开　　本 787毫米×1092毫米 1/16
字　　数 1200千字
印　　张 38.75
插　　页 5.5印张
版　　次 2012年11月第1版 2012年11月第1次印刷
书　　号 ISBN 978-7-5043-6705-1
定　　价 180.00元

❖ 2011年元旦前夕，国家主席胡锦涛通过中央电视台、中央人民广播电台、中国国际广播电台，发表题为《共同增进各国人民福祉》的新年贺词。 （图片来源：新华社）

胡占凡
台分党组书记
台长

罗　明
台分党组副书记
总编辑（自2010年12月起）
副台长

魏地春
台分党组副书记
副台长（自2010年9月起）

胡　恩
台分党组成员
副台长

何宗就
台分党组成员
副台长

高　峰
台分党组成员
副台长
中央新闻纪录电影制片厂（集团）总裁

孙玉胜
台分党组成员
副台长

张海鸽
台分党组成员
纪检组组长
机关党委书记

袁正明
台分党组成员
副台长（自2010年5月起）

刘国良
台分党组成员
总会计师

李　建
台分党组成员
中国国际电视总公司
总经理

薛继军
台分党组成员
中国电视剧制作中心
有限责任公司总裁

丁文华
总工程师

程　宏
副总编辑

李　挺
副总编辑

朱　彤
副总编辑

黄传芳
副总编辑

梁晓涛
副总编辑（自2010年9月起）

❖ 2011年12月14日，中央电视台台长胡占凡会见南非MIH集团创始人库斯·贝克，并出席长城平台与南非MIH集团合作协议签字仪式。

❖ 2011年1月25日，中央电视台总编辑、副台长罗明会见美国国家地理频道亚太及中东区总裁白桦乐。

❖ 2011年8月2日，中央电视台副台长魏地春会见亚广联秘书长贾德。

❖2011 年 12 月 15 日，中央电视台副台长胡恩会见英国载闻集团首席执行官苏德明。

❖2011 年 2 月 22 日，中央电视台副台长何宗就会见美国草谷集团亚太区副总裁安德鲁·赛德克。

❖2010 年 7 月 10 日，中央电视台副台长、中央新闻纪录电影制片厂（集团）总裁高峰会见爱尔兰驻华大使戴克澜。

❖ 2011 年 4 月 1 日，中央电视台副台长孙玉胜会见朝鲜广播电视委员会副委员长李哲。

❖ 2012 年 4 月 16 日，中央电视台分党组成员、纪检组组长、机关党委书记张海鸽到迪拜媒体集团参观访问并与该集团执行总裁会谈。

❖ 2011 年 2 月 24 日，中央电视台副台长袁正明会见英国怡和集团主席亨利 · 凯瑟克爵士。

❖ 2010 年 9 月 14 日，中央电视台总会计师刘国良会见英国怡和集团总裁黎定基。

❖ 中国国际电视总公司总经理李建与马来西亚 DETV 总裁魏俊明出席在吉隆坡举办的中国电视长城（东南亚）平台开播仪式。

❖ 2011 年 9 月，中国电视剧制作中心有限责任公司总裁薛继军（中）出席 2011 台北电视节，与台湾中华广播电视节目制作商业同业公会理事长汪威江（右二）会谈并合影留念。

❖ 2011年10月28日，中央电视台总工程师丁文华与索尼公司执行副总裁、索尼专业解决方案事业本部总裁根本章二签署中央电视台与索尼中国专业系统集团3D电视节目制作发展战略合作框架协议。

❖ 2011年4月26日，中央电视台副总编辑程宏会见美国活力国际公司董事局主席艾仑·艾尔金。

❖ 2011年2月15日，中央电视台副总编辑李挺会见瑞典电视集团副总裁马尔特·安德里亚逊。

❖2011年2月28日，中央电视台副总编辑朱彤会见刚果（布）新闻部长比安弗尼·奥基米。

❖2011年2月17日，中央电视台副总编辑黄传芳会见英国独立电视新闻公司总编辑大卫·曼尼恩。

❖2010年12月15日，中央电视台副总编辑梁晓涛会见到访的马拉维记者代表团一行。

2010年十件大事

1 圆满完成上海世博会、广州亚运会等重大宣传报道任务，中央电视台在国内外的影响力进一步扩大。

❖ 2010 年 5 月 1 日，中央电视台记者现场报道上海世博会开园仪式。

❖ 2010 年 11 月 12 日至 27 日，第 16 届亚洲运动会在广州召开。中央电视台派出 266 人赛事公用信号制作团队，完成 15 个比赛项目和 ENG 公用信号制作任务。图为羽毛球比赛直播现场。

2 加快海外记者站建设，已在全世界建成七大区域中心记者站，海外记者站数量达到 50 个，初步形成覆盖全球的新闻采编网络。

❖ 中央电视台七大中心记者站所在地示意图。

2010年十件大事

3 英语国际频道改版为英语新闻频道，全天直播新闻近19小时，覆盖亚太、欧美、非洲等国家和地区。

❖ 2010年4月26日，中央电视台英语国际频道正式改版为英语新闻频道。图为改版当天导播间现场。

❖ 英语新闻频道开播准备工作就绪，进入倒计时阶段。

4 建成国际视频发稿平台，新闻素材供全球近百个国家和地区的800多家电视媒体使用，极大地拓展了中国新闻在国际社会的传播空间。

❖ 2011年1月18日，中央电视台召开国际视频发稿平台新闻发布会。

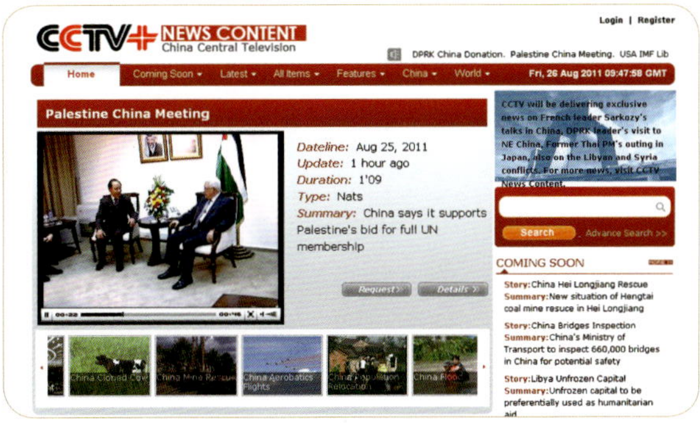

❖ 中央电视台国际视频发稿平台官方网站截图。

2010年十件大事

5 纪录频道开播，进一步丰富了中央电视台的节目形态和内容，成为向世界传播中国文化、展现中华文明的重要窗口。

✣ 2010 年 12 月 22 日，中央电视台纪录频道开播新闻发布会在北京梅地亚中心多功能厅举行。

✣ 中央电视台纪录频道官方网站截图。

6 中国网络电视台国家级新媒体集成播控平台建设取得重大进展，已建成网络电视、IP 电视、手机电视、移动电视集成播控平台。

✣ 以三网融合方案为指导，CNTV 负责建设 IP 电视集成播控总平台，同时与地方电视台组成联合体建设 IP 电视集成播控分平台。2010 年 10 月 1 日前已完成总、分平台对接工作。图为 IP 电视监控机房。

✣ 中国网络电视台在已建成的 5 个海外镜像站点基础上，完成了悉尼、纽约、马德里、法兰克福、多伦多 5 个镜像站点的建设工作，极大提升了在大洋洲、北美洲、中欧、加拿大等地区互联网用户的访问效果。图为中国网络电视台全球内容分发网络。

2010年十件大事

7 中编办正式批准频道制改革机构调整方案，使中央电视台加快发展有了制度保证。

✧2010 年 12 月，中编办、国家广电总局、中央电视台相关部门抽调专人组成工作小组，对中央电视台主要职责内设机构和人员方案进行修订。

✧中编办印发的新的“三定”方案。

8 建立起以竞争上岗为主的干部选拔任用制度，一批优秀人才脱颖而出，推进了干部队伍年轻化。

✧2010 年 7 月 13 日，新闻中心副处级职位竞争上岗答辩现场。

✧2010 年 6 月 11 日，中央电视台第二轮领导干部竞争上岗演讲答辩现场。

2010年十件大事

9 安全播出连续320多天无事故，创10年来最好成绩。

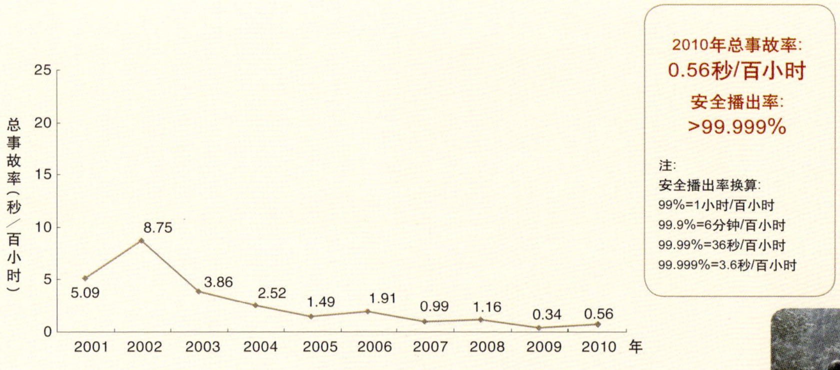

❖2010年，中央电视台常规频道播出总事故率为0.56秒/百小时。

❖2010年3月14日，中央电视台转播部工程技术人员冒雪为“两会”转播工作在人民大会堂东门外架设设备。

10 全台总收入突破300亿元。

❖2010年9月13日，罗明副台长在中央电视台2011黄金资源广告招标推广会（北京站）上致辞。

❖2010年11月8日，拍卖师在中央电视台2011黄金资源广告招标会招标竞购现场主持拍卖。

2011年重大报道

1 重大宣传活动浓墨重彩

▲为庆祝中国共产党成立 90 周年，中央电视台制作并播出了大型文献纪录片《旗帜》。图为 2011 年 4 月 4 日，《旗帜》摄制组在中南海新华门前进行拍摄。

◀2011 年 7 月 1 日，中央电视台工作人员在人民大会堂直播庆祝中国共产党成立 90 周年大会。

▲2011 年 6 月 29 日晚，庆祝中国共产党成立 90 周年文艺晚会《我们的旗帜》在北京人民大会堂举行。

▲中央电视台为庆祝中国共产党成立 90 周年制作的系列节目《伟大历程》在《新闻联播》中播出。

◀2011 年 5 月 23 日，中央电视台新闻中心记者在布达拉宫前作西藏和平解放 60 周年报道。

▶2011 年 11 月 25 日，酒泉卫星发射中心，中央电视台记者在作“天宫一号”与“神舟八号”交会对接报道。

2011年重大报道

2 时政报道亮点纷呈

▲中央电视台新闻频道直播报道国家主席胡锦涛出席G20峰会。

▲中央电视台新闻频道报道美国副总统拜登访华的新闻画面。

▲中央电视台《APEC 领导人非正式会议》报道截图。

▲中央电视台新闻中心记者在 G20 峰会会场外做报道准备工作。

◀中央电视台“两会”新闻发布会报道截图。

▶2011 年 3 月 13 日，中央电视台记者在人民大会堂“两会”直播制高点机位进行拍摄。

2011年重大报道

3 重大主题宣传有声有色

▲《新闻联播》栏目设《解读六中全会精神》专栏。

▲《新闻联播》栏目“展望十二五”板块解读我国“十二五”规划。

▲《新闻联播》栏目关于社会主义核心价值体系建设的报道截图。

▲《焦点访谈》栏目制作并播出专题节目《创先争优》。

▲财经频道作关于中国加入世贸组织十周年相关报道。

▲2011年5月11日，《中国奇迹——纪念抗击汶川特大地震三周年大型专题文艺晚会》现场照。

▲新闻频道直播报道中国文联第九次、作协第八次全国代表大会。

2011年重大报道

4 “走转改”活动卓有成效

▲《走基层 · 塔县皮里村蹲点日记》报道组工作人员与当地群众合影。

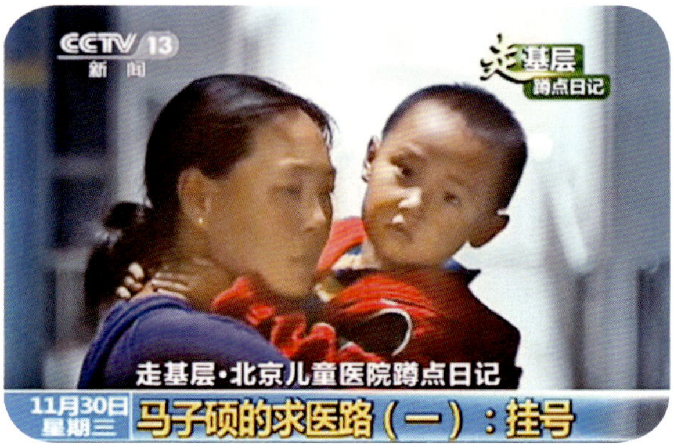

▲《走基层 · 北京儿童医院蹲点日记 ：马子硕的求医路》报道截图。

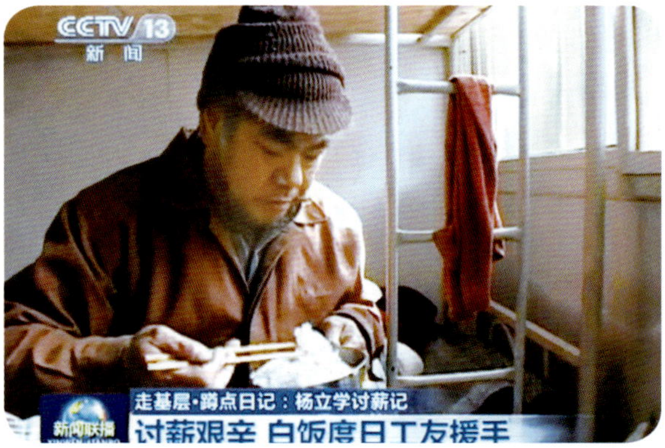

▲《走基层 · 蹲点日记：杨立学讨薪记》报道截图。

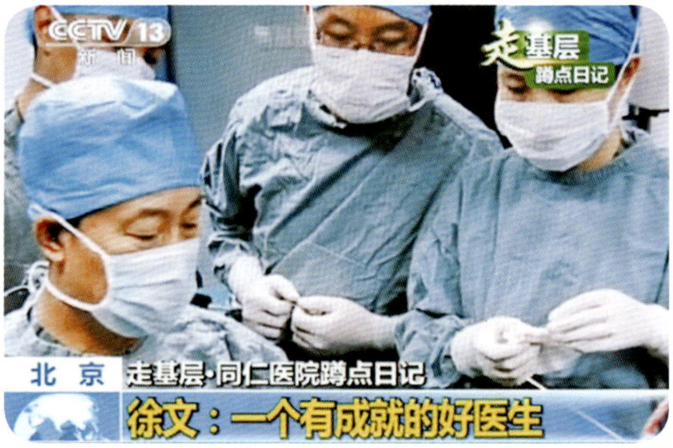

▲《走基层 · 同仁医院蹲点日记》报道截图。

▲中文国际频道《远方的家》栏目在建党 90 周年之际，推出 100 集系列特别节目《边疆行》。

▲ 财经频道走基层系列报道《黄河善谷》截图。

2011年重大报道

5 品牌活动、品牌节目影响广泛

▲2012 年 1 月 15 日，“2011CCTV 体坛风云人物”颁奖盛典在国家体育馆举行。

▲2011 年春节联欢晚会直播现场。

▲《梦想合唱团》节目录制现场。

▲2011 年 9 月 10 日黄金时间播出的《美丽心灵——献给老师的歌》教师节晚会现场。

▲2011 年 5 月 31 日，中央电视台六一晚会《在灿烂阳光下》录制现场，少儿频道主持人小鹿、月亮、小时、周洲共同演唱动画片主题曲。

▲2011 年 12 月 1 日至 9 日，《第四届全国京剧戏迷票友电视大赛》在中央电视台录制。图为京剧票友在表演京剧《江姐》选段。

❖ 2010 年 11 月 26 日，全国省暨计划单列市电视台办公室主任年会在广西召开。

❖ 秘书处积极开展党日活动。

❖ 总局领导检查“春晚”安保工作。

❖ 法规处进行工作研讨。

❖ 房管处组织召开中央电视台宿舍区物业服务管理制度传达及动员大会。

❖ 行政处组织实施全台员工疫苗注射工作。

❖2011 年 6 月 9 日，总编室召开《中央电视台栏目评价体系优化方案》制定与实施情况交流会，进行《方案》内部宣讲。

❖2011 年 10 月，总编室领导听取规划部重点课题汇报。

❖2011 年 12 月 16 日至 18 日，中央电视台第一届节目创意大赛方案初评工作圆满完成，50 个方案进入复赛。图为初评工作现场。

❖2011 年 5 月 27 日，“青年：让思想飞”——CCTV 观众影响力大型互动活动在南开大学举行。

❖2011 年 11 月 23 日，中央电视台－迪士尼电视节目海外发行及版权管理业务研讨会在北京举行。

❖2011 年 12 月，总编室举办以“整合更有力量”为主题的中央电视台首届重大活动及重点节目宣传推广论坛。

❖ 2011 年 4 月，中央电视台副台长兼新闻中心主任孙玉胜（中）在博鳌亚洲论坛会场指导报道准备工作。

❖ 新闻中心工作人员在人民大会堂现场报道庆祝中国共产党成立 90 周年大会。

❖ 2011 年 8 月，中央电视台记者在利比亚被围困的酒店中坚持工作。

❖ 2011 年 3 月，中央电视台东京记者站记者在距离日本福岛核电站 20 公里的地方报道福岛核电站泄露事故。

❖ 2011 年 10 月，中央电视台纽约记者站工作人员在纽约“占领华尔街”行动现场进行采访。

❖ 中央电视台俄罗斯中心记者站工作人员专访乌克兰总理阿扎罗夫。

❖ 2010 年“两会”期间，新闻中心经济新闻部记者在人民大会堂采访日本媒体记者。

❖ 中央电视台独家报道我国首次载人深潜试验成功。

❖ 2010 年 5 月，中央电视台对“南澳一号”水下考古进行直播报道。左图为社会新闻部记者在直播现场采访考古队队长崔勇。右图为发掘出的部分瓷器。

❖ 2010 年 1 月 30 日，军事节目部记者在海地地震灾区作震后采访报道。

❖ 2010 年 6 月 18 日， 中央电视台福州应急报道点记者涉水进行福建南平暴风雨报道。

❖ 2010 年 1 月 25 日，中央电视台西安应急报道点记者在新疆作抗风雪报道。

❖ 2010 年 7 月 12 日，新的综合频道正式接管 CCTV - 1，综合频道推出暑期特别编排。图为综合频道领导与工作人员在三楼演播区合影。

❖ 2011 年 8 月，综合频道拍摄了新的《新闻联播》主持人 ID。

❖《正大综艺·谢天谢地你来啦》节目开场，主持人崔永元和嘉宾现场互动。

❖《生活早参考》演播室里，主持人和嘉宾一起现场做实验。

❖ 自 2011 年 10 月开始，《看见》栏目周末版陆续播出“美丽中国人”系列报道。图为《世间有情人——专访第三届全国道德模范阿里木》节目截图。

❖ 2011 年 8 月 18 日，《吉尼斯中国之夜》节目录制现场，英国小伙儿约翰·西姆金斯正在和两位中国选手争夺“佩戴弹簧腿跳跃最远距离”的纪录。

❖ 2011 年 9 月，《中华民族》栏目策划制作四集系列节目《西域八卦城》，积极推广新疆旅游资源。图为摄制组在新疆伊犁哈萨克自治州特克斯县的喀拉峻大草原拍摄哈萨克族放鹰人。

❖2011年8月29日，中国记协和中央电视台联合举办《从怎么看到怎么办》研讨会。中央电视台副台长魏地春（左三）、中国记协党组书记翟惠生（右三）出席此次研讨会。

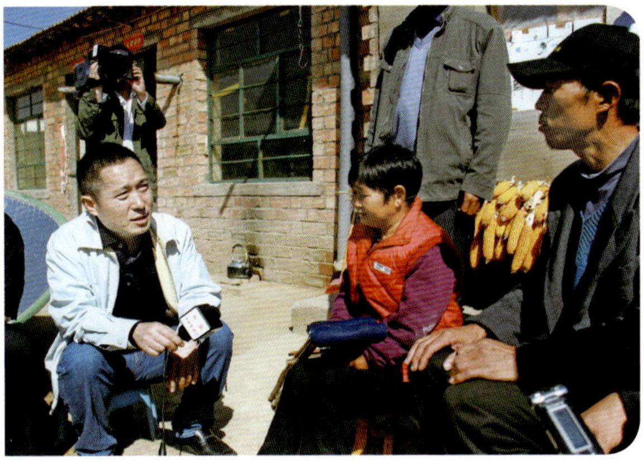

❖2011年9月25日，财经频道领导以记者身份前往宁夏黄河善谷采访残疾人家庭。

❖2011年3月15日，中央电视台3·15晚会在中央电视台一号演播厅进行现场直播。

❖2010年5月25日，美国国务卿希拉里·克林顿在中央电视台参加《对话》节目录制。

❖2010年1月29日，在瑞士世界经济论坛（达沃斯论坛）年会CCTV Debate现场，主持人采访清华大学李稻葵教授等参加达沃斯论坛的嘉宾。

❖《2011CCTV中国经济年度人物颁奖典礼》节目录制现场。

❖ 综艺频道召开 2011 年工作年会。

❖《唱响中国》群众最喜爱的新创作歌曲评选活动颁奖音乐会现场。

❖ 综艺频道在七夕、中秋、除夕等传统节日里推出具有传统节日特色和综艺节目特点的大型电视直播行动。图为 2011 年 9 月 12 日“万家邀明月 一起过中秋”10 小时大型直播活动中综艺频道全体主持人出场。

❖ 2010 年 5 月 9 日，第 14 届 CCTV 青年歌手电视大奖赛团体决赛总决赛节目录制现场，主持人和参赛选手谢幕。

❖ 2010 年 11 月 20 日，《我要上春晚》节目录制现场的主持人与嘉宾互动环节。

❖ 2011 年 7 月 26 日，综艺频道召开第八届中央电视台电视小品大赛评选动员会。

❖ 2011 年 9 月 6 日，由中央电视台中文国际频道和台湾东森电视台联合主办的《印象台湾》大型易地采访活动在台北举行开机仪式。

❖ 2011 年 10 月 23 日，中文国际频道《有你同行》海外忠实观众颁奖晚会在中文国际频道播出。图为晚会录制现场。

❖ 2011 年 9 月 12 日，中央电视台中秋晚会《江门月 · 中华情》在广东江门举办。

❖ 2010 年 11 月 7 日，中文国际频道《文明之旅》摄制组采访英国前首相托尼 · 布莱尔（右三）。图为布莱尔在节目录制完成后与摄制组合影留念。

❖ 由中文国际频道与青海省委宣传部合作摄制的 5 集电视系列片《大美青海》2010 年底摄制完成。图为摄制组在青藏高原拍摄节目。

❖ 第四届“汉语桥”在华留学生汉语大赛总决赛暨颁奖晚会现场。

❖ 第 14 届国际泳联世界锦标赛于 2011 年 7 月 16 日至 7 月 31 日在上海举行，中央电视台首次作为主播机构，为全球 61 个国家和地区的电视台及 1300 多名中外记者提供电视转播和公用信号。图为体育频道领导（右二）陪同上海市副市长赵雯（右三）参观国际广播中心。

❖ 第 26 届世界大学生夏季运动会前方直播节目《大运风云会》录制现场。

❖ 2011 年 1 月 30 日至 2 月 6 日，体育频道圆满完成第七届亚洲冬季运动会报道任务。图为后方演播室场景。

❖ 2011 年 5 月 8 日至 5 月 15 日，体育频道对第 51 届世乒赛作了全程报道。图为体育频道派出的前方报道团队。

❖ 2011 年 6 月 6 日，首届中华龙舟大赛现场，体育频道架设的空中机位正在工作。

❖ 体育频道记者采访 2011 年法国网球公开赛女单冠军李娜。

❖ 2011 年 1 月 28 日至 29 日，电视剧频道召开 2011 年工作年会。图为频道领导在年会上讲话。

❖ 为庆祝中国共产党成立 90 周年，电视剧频道于 2011 年 7 月 2 日至 6 日播出电视剧《宣言》。图为该剧剧照。

❖ 电视剧《少林寺之大漠英豪》剧照。

❖ 电视剧《第五空间》剧照。

❖ 电视剧频道工作人员在贵州西江千户苗寨走基层时与当地观众座谈。

❖ 电视剧频道引进并播出的泰国电视剧《无忧花开》剧照。

❖ 2011年7月8日，新闻出版总署副署长邬书林（右二）、中央电视台副总编辑李挺（中）出席科教频道举办的“中央电视台教科文宣传座谈会”。

❖ 2011年8月23日，科教频道十一特别节目招标会现场，竞标者在进行节目内容阐释。

❖ 2011年12月1日，《健康之路》栏目组制作了世界艾滋病日特别节目，图为演播室录制现场。

❖ 2011年10月26日，第六届CCTV电视节目主持人大赛颁奖晚会现场。

❖ 2010年12月12日，科教频道改版并推出新版栏目《自然传奇》、《创新无限》、《原来如此》、《地理·中国》。图为各栏目及频道标识。

❖ 2011年8月，《讲述》栏目组在新疆阿克苏棉花种植地制作了5集系列节目《2011采棉工》。图为新疆电视台记者协助《讲述》栏目组工作人员采访当地采棉农户。

❖ 社会与法频道推出的《首届全国公诉人与律师电视论辩大赛》节目录制现场。

❖ 2011 年 11 月 25 日，《法治的力量——2011 年度法治人物颁奖盛典》录制现场。

❖ 2011 年，社会与法频道推出多档新栏目。图为新栏目标识。

❖ 2011 年《道德观察》特别节目《好人在我身边》录制现场。

❖ 2011 年 7 月，《见证》栏目编导在四川泸州拍摄纪录片《城市 · 泸州》。

❖《忏悔录》栏目组工作照。

❖ 2010年10月20日，戏曲·音乐频道召开党总支委员会成立大会。

❖ 2011年1月，中央电视台2011年春节戏曲晚会在1000平方米演播室进行录制。图为京剧念白集锦《铿锵京韵》演出场景。

❖ 2011年11月6日，2011中央电视台钢琴小提琴大赛颁奖音乐会在中央电视台举行。

❖ 2010年11月3日，《中央电视台首届全国戏曲院校京剧学生电视大赛》录制现场。

❖ 戏曲和音乐频道新增栏目标识。

❖ 戏曲和音乐频道部分改版栏目标识。

❖2011年7月10日，少儿频道暑期特别节目《阳光季节》晚会现场，主持人哆来咪、小鹿、鞠萍、黄炜、月亮、绿泡泡共同主持节目。

❖2011年8月31日，在《你好，少儿频道》品牌推广大型晚会现场，少儿频道主持人与林妙可等小朋友共同表演节目《用爱画未来》。

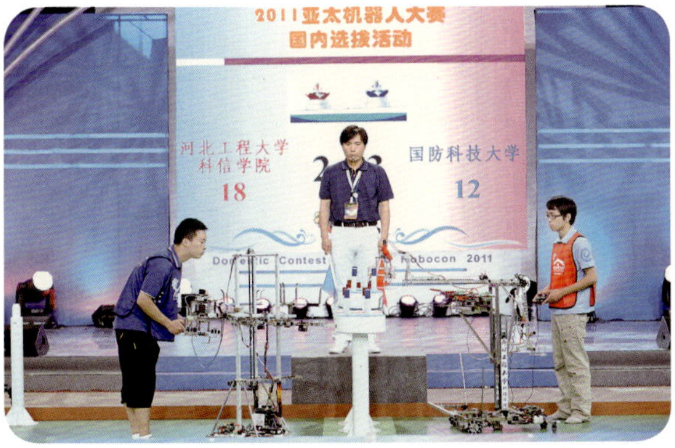

❖2011年7月1日，在2011亚太大学生机器人大赛国内选拔赛活动现场，河北工程大学和国防科技大学的学生们正在进行比赛。

❖2011年10月，2011国际大学群英辩论会在青岛举行。图为来自谢菲尔德大学的学生正在进行现场辩论。

❖2011年8月18日，《相约北京》2011年国际青少年大联欢晚会现场，来自日本、朝鲜、韩国、俄罗斯、美国、澳大利亚、印度等七个国家的青少年和中国的青少年共同演唱歌曲《让友谊地久天长》。

❖2011年12月，少儿频道元旦特别节目《欢欢喜喜迎新年》录制现场，少年儿童与中国儿童艺术剧院的演员一起表演节目。

❖2011 年 9 月 21 日，外语频道举行新员工欢迎会。

❖《在路上 · 新疆旅游大观》摄制组工作人员在昭苏夏塔古道采访途中。

❖2011 年 10 月 26 日，俄语频道“走转改”新闻组赴黑龙江省小丁子村中俄边境界碑处作报道。图为工作人员在完成报道后合影留念。

❖2011 年 7 月，阿拉伯语频道记者在利比亚报道“支持卡扎菲百万人大游行”。

❖2011 年 8 月 7 日，西班牙语国际频道《拉美视点》栏目就欧债危机问题专访西班牙经济学家 Charles Saliba。

❖2011 年 5 月，法语频道记者在上海车展采访标致雪铁龙亚洲 CEO 奥利维。

❖2011 年 9 月 24 日，纪录频道举办“影像的力量——让纪录片走进大学校园”主题论坛，并启动首届“青春中国——大学生纪录短片征集计划”。

❖2011 年 11 月 12 日，纪录频道在第 11 届四川国际电视节上举行中央电视台纪录频道主题营销日暨国际顾问聘请仪式。

❖2011 年 8 月 8 日，纪录频道向法国著名纪录片制作人雅克·贝汉颁发了首张纪录频道国际顾问聘书。

❖2011 年 12 月 19 日，首任中国驻韩大使、中韩友好协会副会长张庭延参加纪录频道举办的“CCTV－KBS 庆祝中韩建交 20 周年特别节目首映式”。

❖2011 年 7 月 15 日，纪录频道举办“活力中国”首次面向社会制作机构邀请招标活动。图为纪录频道领导宣布招标细则。

❖纪录频道播出的部分重点节目海报。

❖ 2011 年 10 月 20 日，胡恩副台长与大型节目中心领导班子成员在江西赣州瑞金革命老区“心连心”慰问演出活动现场合影。

❖ 2011 年 5 月 4 日，《五月的鲜花——永远跟党走》全国大学生校园文艺汇演大型晚会现场。

❖ 2011 年 6 月，《放歌 90 年——庆祝中国共产党成立 90 周年十集电视文艺专题片》节目录制现场。

❖ 2010 年 12 月 31 日，大型节目中心承办的《2011 年综艺频道元旦特别节目——我们的生活充满阳光》演出照。

❖ 2011 年 10 月，中央电视台第五届电视舞蹈大赛演出现场。

❖ 2011 年 9 月 28 日，《五星红旗我为你骄傲——庆祝中华人民共和国成立 62 周年专题文艺晚会》录制现场。

❖2011 年 12 月 29 日，军事节目中心举办“2011 年度践行当代革命军人核心价值观新闻人物颁奖典礼”。图为颁奖现场画面。

❖由总政宣传部和军事节目中心联合研制开发的野战卫星转播车通过验收，2010 年 8 月在哈萨克斯坦“和平使命”——2010 上合组织反恐演习中首次投入使用。

❖2010 年 4 月 14 日 7:49，青海玉树发生 7.1 级地震。军事节目中心记者第一时间赶赴现场进行报道。

❖2011 年《军营大拜年》颁奖晚会现场。

❖军事节目中心记者在新疆抗击冰雪灾害报道现场。

❖2011 年 10 月，军事节目中心记者在酒泉卫星发射中心报道“神舟八号”发射情况。

❖ 2011 年 8 月 25 日，海外传播中心牵头召开中央电视台国际传播能力建设联席会议。

❖ 在中央电视台首届外语观众座谈会暨中外媒体交流论坛上，中央电视台授予境外嘉宾“CCTV 之友”称号，并建立定期联络机制。

❖2011 年 3 月 31 日，中央电视台纪录频道通过澳门有线电视落地澳门。图为中央电视台副总编辑朱彤（左四）、海外传播中心领导（左三）与澳门有线电视负责人（右三）在澳门开播仪式上合影。

❖2011 年 9 月 20 日，中央电视台考察小组参观访问台湾大丰有线电视高点电视台后合影。

❖ 2011 年 10 月 13 日，海外传播中心组织了中央电视台中文国际频道忠实观众有奖评选活动。图为参与活动的忠实观众在北京天安门参观游览后合影。

❖ 2011 年 9 月 20 日，中央电视台考察小组在台湾台北与当地观众进行座谈。

❖ 2011 年 9 月 20 日，人力资源管理中心领导代表中央电视台与南开大学签署“金伙伴计划”双向人才培养意向书。

❖ 2011 年 11 月 11 日，人力资源管理中心劳动工资处向全台宣讲企聘职工薪酬制度改革实施方案。

❖2011 年 9 月 23 日，劳动工资处、人才交流处与综合频道举行“和谐乐业”员工恳谈会。

❖ 2011 年 1 月 7 日，人力资源管理中心组织的 2011 年校园招聘面试现场，人力资源管理中心领导担任考官。

❖ 2011 年 10 月 10 日，人力资源管理中心召开全台企聘员工档案核查工作交接会。

❖2011 年 3 月 10 日，人力资源管理中心举行中央电视台领导干部竞争上岗演讲答辩。

❖ 会计核算处工作人员在财务大厅办理公务卡刷卡消费账务报销业务。

❖ 财务管理处领导向员工讲解中央电视台公务卡用户手册相关规定。

❖ 财产物资处全体党员赴北京 SOS 儿童村进行公益捐赠活动。

❖ 产业管理处工作人员在研究企业会计决算工作。

❖ 计划统计处全体员工合照。

❖ 综合业务处员工就如何更好地开展公文督办工作进行研究讨论。

❖ 2011 年 12 月 21 日，国家广电总局领导到中央电视台检查 3D 电视试验频道筹备工作。

❖ 2011 年 11 月 30 日，质量管理处组织召开 2012 年全台委托运维项目技术审定会。

❖ 2011 年 4 月 29 日，技术管理中心党总支开展以“新技术、新舞台、新青年”为主题的新址应用系统交流活动。

❖ 信息通讯处应用技术开发科工程师在进行系统测试。

❖ 动力处供电值班人员在电站巡视并记录负载情况。

❖ 信息通讯处引入先进的 IT 服务理念与管理流程，强化 IT 服务的实施与推广。图为 IT 工程师正在监看全台信息网络系统运行情况。

❖ 2011 年 12 月 15 日，台领导到立体电视制作机房检查 3D 制作系统建设情况。

❖ 2011 年 8 月，台领导检查第 26 届世界大学生运动会中央电视台前方综合节目移动外场网络制播系统准备工作。

❖ 2011 年 12 月，中央电视台新闻共享 11 系统投入使用。

❖ 2011 年 9 月 29 日，中央电视台“神八”发射直播演播室导播间场景。

❖ 2011 年 7 月，参加上海世界游泳锦标赛转播工作的音频制作人员正在调试设备。

❖ 2012 年中央电视台春节联欢晚会各工种在一号演播厅调试设备的全景图。

❖ 2011 年 8 月，播出传送中心领导向国家广电总局领导介绍第 26 届世界大学生运动会中央电视台前方报道中心系统。

❖ 为加强海外记者站建设和新闻应急报道能力，2011 年 5 月，中央电视台紧急采购了 50 套 BGAN 新闻直播传送设备。传送部配合完成了设备测试和使用人员培训工作。

❖ 第 26 届世界大学生运动会主场馆外的中央电视台电视转播工作区现场。

❖ 播出部负责建成的中央电视台 3D 机房。

❖ 2011 年 11 月，总控部工作人员赴中央电视台新址查看传输系统集成施工工程进度。

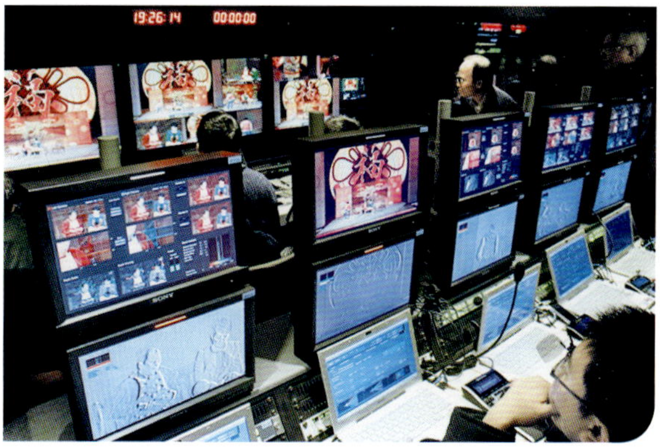

❖ 2012 年中央电视台春节联欢晚会 3D 节目制作机房，技术人员在做会聚面的调整。

❖ 2011 年 9 月 24 日，中央电视台副总编辑兼资产管理中心主任程宏深入安踏公司车间了解客户业务情况。

❖ 2011 年 8 月 11 日，资产管理中心领导赴青海昆仑山水源地与加多宝集团作沟通。

❖ 2011 年 11 月 8 日，资产管理中心领导在中央电视台 2012 黄金资源广告招标现场讲解投标规则。

❖ 2011 年 11 月 8 日，2012 年广告招标媒体分会场，专家正在发布招标新闻信息。

❖ 2011 年 11 月 8 日，拍卖师在中央电视台 2012 黄金资源广告招标大会招标竞购现场主持拍卖。

❖ 广告客户在中央电视台 2012 黄金资源广告招标大会招标竞购现场举牌竞标。

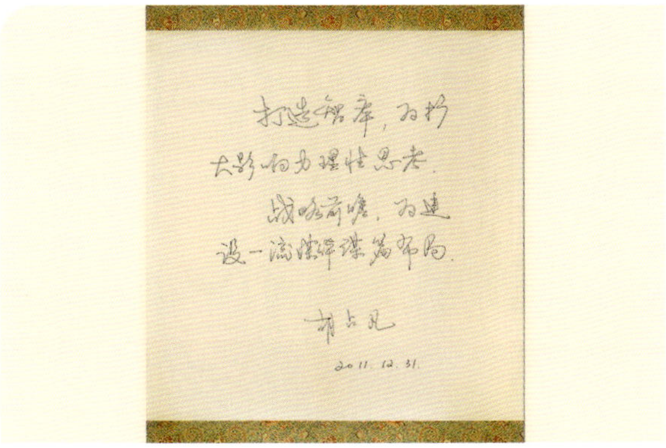

❖2011 年 12 月 31 日，胡占凡台长在发展研究中心 2011 年工作总结上作出重要批示。

❖在台分党组领导下，发展研究中心经广泛征求台领导、各部门以及有关专家的意见和建议，牵头制定并完成了《中央电视台“十二五”（2011-2015）规划》。

❖2011 年 7 月，由中央电视台发展研究中心发起，联合国家广电总局发展研究中心、黑龙江电视台组织的首届中国电视发展年会在黑龙江省黑河市隆重召开。

❖2010 至 2011 年，发展研究中心配合台重大节目和活动，积极开展了《颐和园》、《奇迹》、《旗帜》等大型文献纪录片研讨会。

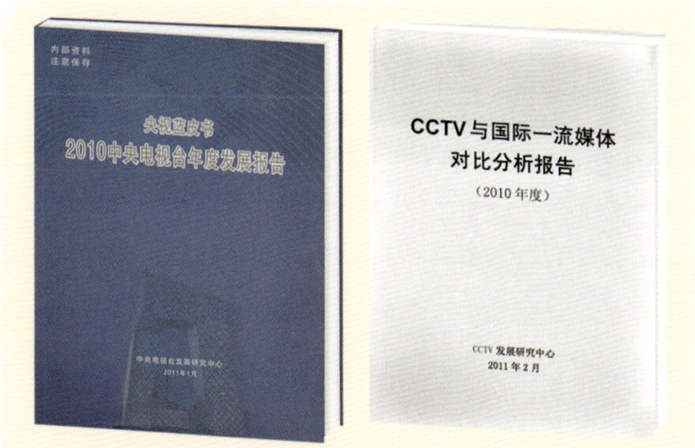

❖发展研究中心每年面向全台推出《中央电视台年度发展报告（央视蓝皮书）》。配合中央电视台国际传播能力建设，发展研究中心每年推出《中央电视台与国际一流媒体对比分析报告（央视白皮书）》。

❖2011 年，发展研究中心“新台址建设”课题组根据台领导指示，先后调研国际知名传媒机构 20 多家，向台领导提供新台址建设报告 16 篇，其中一些已应用于新台址运行中。

❖ 2011 年 6 月 23 日，台工会联合会举办庆祝中国共产党成立 90 周年中央电视台职工书画展。图为台领导在机关党委领导陪同下参观此次书画展。

❖ 2011 年 8 月 31 日，中央电视台第三届“CCTV 杯”职工羽毛球比赛开幕式现场。

❖ 2011 年 6 月 28 日，中央电视台庆祝中国共产党成立 90 周年大会上，全台 277 名新党员在党旗下庄严宣誓。

❖ 2011 年 5 月 27 日，台团委组织的五四特别活动“CCTV 青年汇”——中央电视台青年时事评论大赛在 800 平方米演播室举行。

❖ 2011 年 9 月 29 日，台侨联举办的“纪念辛亥革命百年座谈会”邀请著名华侨史学专家方雄普就华侨历史、华侨与辛亥革命等主题进行讲座。

❖ 2011 年 4 月 28 日，精神文明协调处组织了以“国际森林年，我们在行动”为主题的全台职工义务植树活动。

❖ 2011年12月28日，国家广电总局纪检组组长王莉莉考察中央电视台新址建设进展情况。

❖ 2011年12月27日，中央电视台台长胡占凡考察新台址建设工程进展情况。

❖ 2011年2月25日，新台址建设工程办公室召开总结表彰会。

❖ 2011年12月2日，北京市消防局工作人员到中央电视台新址主楼性能化区域做消防热烟测试。

❖ 2011年11月28日，新台址B标段金属幕墙施工现场。

❖ 新台址主楼一层职工食堂全景。

❖ 2011 年 2 月 23 日，中央电视台召开 2011 年廉政工作会议。

❖ 2011 年 7 月 28 日，中央电视台召开廉政风险防控机制建设工作动员会。

❖ 2011 年 5 月 25 日，台纪检组监察室、机关纪委和人力资源管理中心联合组织了中央电视台处级领导干部集体廉政谈话。

❖ 2010 年 12 月 15 日，经台第八届党代会选举产生新一届机关纪律检查委员会。图为新当选的纪委委员。

❖ 2011 年 7 月 11 日，由台纪检组监察室、机关纪委，人力资源管理中心，机关党委组成的台分党组巡视组到中视卫星电视节目有限责任公司进行巡视。

❖ 2011 年 5 月 11 日，台纪检组监察室、机关纪委组织全台竞聘上岗的处级干部、制片人参观北京市反腐倡廉警示教育基地观看警示教育展。

❖ 2011 年 11 月，审计处组织召开了台属单位审计工作联席会。

❖ 2011 年 5 月，审计处举办了中央电视台所属企业领导人员经济责任审计专题讲座。

❖ 2011 年 8 月，审计处工作人员到台属公司开展审计工作。

❖ 2011 年 4 月，审计处全体工作人员参观了《辉煌“十一五”》大型图片展。

❖ 2011 年 6 月，审计处党支部参观爱国主义教育基地。

❖ 中央电视台总编辑、副台长罗明到中国电视报社指导工作，鼓励大家再接再厉，把报社办得更好。

❖ 中国电视报社召开 2011 年广告推介会。

❖ 2011 年，《中国电视报》不断创新，大力宣传中央电视台节目。图为报社记者组工作人员正在研究报道方案。

❖ 在井冈山红军造币厂门口，《中国电视报》的读者热情地告诉报社同志她最喜爱报纸上的哪篇文章。

❖《中国电视报》记者走基层时，与广西都安瑶族自治县隆福小学学生合影。

❖ 中国电视报社党支部组织全台党员和入党积极分子到井冈山参观学习。

❖ 2011 年 11 月，音像资料馆与中央办公厅秘书局档案室举行资料光盘交接仪式。

❖ 2011 年 3 月，音像资料馆领导和负责大型纪录片《旗帜》资料保障工作的全体人员同《旗帜》剧组合影。

❖ 2011 年 8 月 19 日，音像资料馆组织召开了中央电视台清理回收节目资料领导小组会议。

❖ 2011 年 12 月，音像资料馆特藏编目工作区工作人员正在进行特藏资料编目。

❖ 音像资料馆设在中央电视台新闻中心的嵌入式媒资服务工作站工作人员在为编导查找资料。

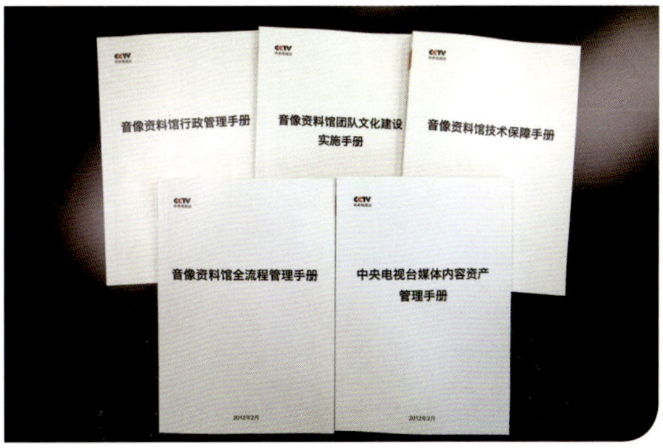

❖ 2012 年 2 月，音像资料馆修订完成媒体内容资产管理系列规章制度。

❖ 中国国际电视总公司领导考察中央数字电视传媒有限公司机房。

❖ 2011 年 4 月，中国国际电视总公司节目代理部工作人员在法国戛纳电视节中央电视台展台前与国外客户洽谈业务。

❖ 第九届全国少数民族传统体育运动会开幕式现场。

❖ 中视国际传媒有限公司接待新加坡 IFA 制片公司在上海外滩拍摄 3D 纪录片《亚洲 24 小时之上海》。

❖ 2011 年 5 月 16 日，北京未来广告有限公司与合力万盛等共同启动意大利超级杯赛事合作。

❖ 中央电视台威海影视城举办的第十届 CCTV 少儿艺术电视大赛精彩瞬间。

❖ 2011 年，中国网络电视台推出我国首个国家级政府应用程序——中国国新办 iPad 客户端，使用中英双语提供新闻发布会、中国国家形象片和政府白皮书三大内容。

❖ 2011 年 5 月 14 日，央视（北京）娱乐传媒有限公司在第七届中国（深圳）国际文化产业博览会新闻中心召开专场信息发布会。

❖ 2011 年 7 月 12 日，中视购物有限公司召开供应商战略年会。

❖ 2011 年 8 月 23 日，北京市旅游发展委员会行政许可处对梅地亚中心作星级复评审核。

❖ 中视影视制作有限公司在第九届中国国际影视节目展布置的展台。

❖ 2010 年，中央电视塔被北京市旅游局授予“最佳游览环境单位”。图为中央电视塔夜景。

❖ 中国电视剧制作中心有限责任公司召开 2012 年工作会议暨 2011 年度先进表彰会。

❖ 电视剧《中国 1921》新闻发布会后，剧中心领导与剧目拍摄相关人员合影。

①电视剧《国门英雄》海报。
②《盘龙卧虎高山顶》海报。
③电视剧《高第街》剧照。
④电视剧《节振国传奇》海报。

❖ 中央电视台副台长、中央新闻纪录电影制片厂（集团）总裁高峰在电影《仰望星空》首映式上接受媒体采访。

❖ 纪录电影《枪声 1911》赴台湾首映，电影光盘被世新大学传播研究所收藏。

❖ 大型人物传记电影《仰望星空》海报。

❖ 电视连续剧《毛岸英》剧照。

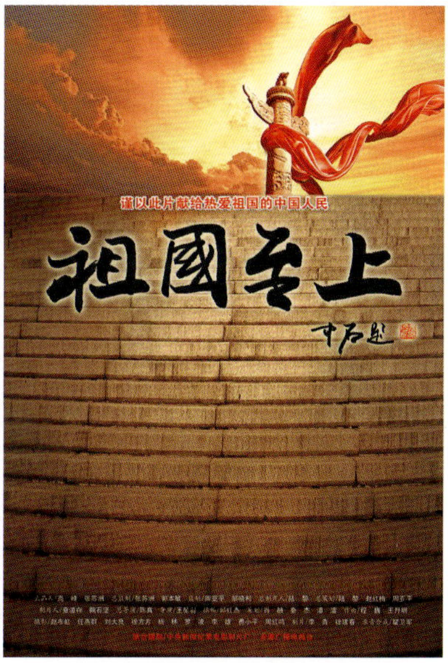

❖ 大型文献纪录电影《祖国至上》海报。

❖《大漠长河》摄制组工作人员在沙漠中进行拍摄。

❖《中国三峡》摄制组工作照。

❖ 科影厂发起的《环球同此凉热》跨国媒体行动于2010年9月启动。图为中央电视台副台长、中央新影集团总裁高峰在纪录片拍摄现场。

❖ 2011年12月20日，由科教频道《创新无限》栏目发起的媒体联盟启动仪式在北京举行，18家中国科技报道主流媒体加入媒体联盟。

❖ 科影厂摄制的大型纪录片《中国冰川调查》宣扬人类生态文明观，引发启示与思考。图为摄制组在考察途中合影。

❖《帝国兴衰》剧照。

❖ 科影厂拍摄的大型纪录片《克什克腾》剧组工作人员正使用动力三角翼等航拍器材作空中拍摄。

❖2011 年 5 月，中央卫星电视传播中心召开 2011 年全国代理工作表彰会，对上一年度优秀代理单位进行表彰。

❖2011 年 4 月，卫传中心领导赴湖北武汉考察加密收费节目市场。

❖2011 年 3 月，卫传中心召开 2011 年党风廉政工作会议。

❖2011 年 3 月，卫传中心领导带队组织职工参加中央电视台义务献血活动。

❖2011 年 12 月，卫传中心召开 2011 年度年会暨表彰会。图为中心领导为获奖职工颁奖。

❖2011 年 12 月 16 日，中国有线电视网络有限公司成立十周年暨国家广电光缆干线网建设发展十五周年座谈会在北京召开。国家广电总局副局长张海涛出席会议。

❖2011 年 1 月 31 日，国家广电总局副局长张丕民（左二）考察国家干线网安全运行中心机房节前安全保卫准备工作情况。

❖2011 年 8 月 31 日，国家广电总局企业贯彻落实“两项法规制度”现场会在中国有线召开，总局党组成员、纪检组组长王莉莉出席会议。

❖2011 年 6 月 27 日，中国有线召开 2011 年董事会。

❖2011 年 10 月，中国有线第一党支部组织全体党员和入党积极分子与河北广电网络集团高碑店有限公司党支部开展“走基层、忆十年、坚信念”主题党日共建活动。

❖中国有线在第 19 届中国国际广播电视信息网络展览会（CCBN2011）布置的展台。

❖2011 年 10 月 25 日，由中国广播电视国际经济技术合作总公司负责实施的暹粒中柬友谊台举行开播仪式。柬埔寨新闻部部长乔干那烈、中国国家广电总局副局长田进出席仪式。

❖ 2011 年 8 月 5 日，中广国际总公司负责实施的中央电视台法语国际频道节目在中非落地项目举行援助物资移交仪式，中非新闻部部长保罗科和我国驻中非大使孙海潮出席。

❖2011 年 9 月 26 日，马里通讯部部长西迪克代表总统向中广国际总公司总经理李金荣颁发大骑士勋章和证书。

❖ 2011 年 5 月 10 日，中广国际总公司与中国船舶重工集团公司第七二二研究所举行 125 项目工程总承包合同签字仪式。

❖ 2011 年 2 月 19 日，中广国际总公司举办成立 20 周年庆祝招待会，并为中广国际总公司荣获“中国援外奉献奖”的同志颁奖。

❖ 中广国际总公司下属中广国际建筑设计研究院负责设计和施工的中央电视台非洲分台建成后的演播室场景。

❖2011 年，中视传媒制定“以影视剧业务为突破口，带动三大主营业务协调发展”的中长期发展战略，推出“启程计划”，与知名电视剧导演合作，开启了自主创意、自主投资、自主版权、自主销售的全流程电视剧生产模式。

❖ 旅游作为中视传媒经营时间最长的业务，多年来经营收入持续稳步增长。2011 年中视传媒无锡影视基地分公司、南海分公司在后世博时期市场不确定性增加的情况下，通过认真调研，采取应对措施，并积极探索业务升级，为公司战略转型提供了切实的保障。

❖ 2011 年，中视传媒以《中国地》项目为突破口，采取“高举高打”的营销方式，以落实台事企联动机制为契机，以央视平台为重点，实践“1+4+N”的大营销模式。

❖2011 年 5 月至 12 月，中视传媒圆满完成企业内部控制体系建设工作。

❖ 中视传媒控股子公司中视北方制作的 CCTV-10《低碳生活公益片》获 2011 年度电视节目技术质量奖（金帆奖）视频图形制作技术质量奖一等奖。

❖ 中视传媒控股子公司中视广告自成立以来，协助众多行业的品牌企业完成在全国市场品牌提升的营销目标。2011 年，中视广告获“中央电视台 2010 年度广告承包公司特别贡献奖”。

❖“走转改”优秀作品《索道医生：桥通拉马底》连续报道组工作人员在新建成的桥梁前与当地村民合影。

❖“走转改”优秀作品《岳军和他的机器人生》视频截图。

❖“走转改”优秀作品《板桥村蹲点日记》视频截图。

❖“走转改”系列报道组工作人员跟踪报道内蒙古土豆滞销情况。

❖“走转改”优秀作品《直击煤炭冬运》直播节目组工作人员与被采访对象合影。

❖“走转改”优秀作品《铁道宿营车蹲点日记》视频截图。

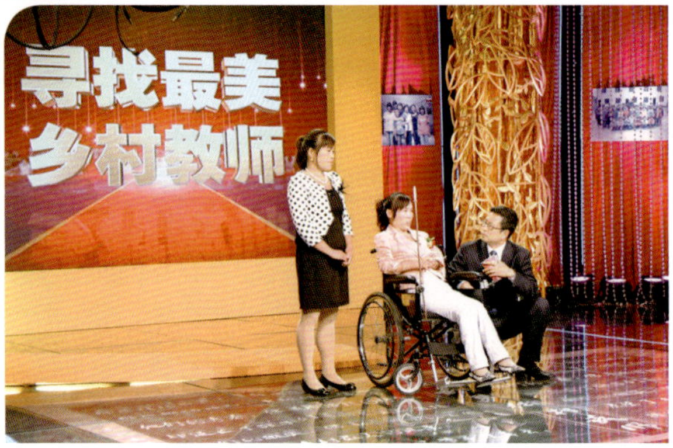

❖2011年9月8日，《寻找最美乡村教师》颁奖典礼上，主持人采访安徽省临泉县城关镇希望小学校长任影。

❖2011年9月1日播出的《开学第一课》节目中，奥运冠军邓亚萍与孩子们一起围绕“我要自信，我一定有独特的价值”的主题做互动游戏。

❖第十届海峡两岸知识大赛总决赛暨颁奖典礼现场，颁奖嘉宾与获奖者和工作人员合影。

❖《我们的节日 · 春节》节目录制现场。

❖《锦绣盛世闹元宵——2011新春音乐会》节目录制现场，来自石家庄的糖人吹塑师马青旺现场制作糖人作品赠送嘉宾。

❖2011年8月12日，第26届世界大学生夏季运动会开幕式现场照。

❖2011 年，综艺频道和大型节目中心共赴祖国各地演出并录制了 32 场《爱国歌曲大家唱》节目。图为节目演出现场。

❖2011 年 3 月 15 日，中央电视台 3·15 晚会在中央电视台一号演播厅进行现场直播，主持人陈伟鸿、谢颖颖、王小丫、赵赫在晚会现场主持节目。

① 纪录片《公司的力量》海报。
②《从怎么看到怎么办》截图。
③ 纪录片《公元 1644》剧照。
④《姚明传奇》宣传片截图。

《极限测源》摄制组工作照。

第 14 届国际泳联世界锦标赛游泳项目公共信号制作团队工作照。

2010 年 6 月，《探索 · 发现》栏目《迷徒》摄制组在重庆磁器口老街进行拍摄。

5 集纪录片《亚运在中国》之《同舟共济》节目组工作人员拍摄龙舟比赛的场景。

《万柱迷谷》摄制组工作照。

2011 年 2 月 16 日，《天网》摄制组工作人员在大兴安岭额尔古纳自然保护区拍摄莫尔道嘎森林公安民警追踪盗猎者的踪迹。

《道德观察》特别节目《爱暖人间》录制现场。

《庭审现场》栏目工作人员在演播室合影。

2011年9月，《篮球公园》节目组工作人员在中央电视台虚拟演播室完成对美国球员德里克·罗斯的专访后合影。

《王濛被开除 中国短道队经历地震》节目工作人员在采访途中。

《科技人生》栏目为纪念两弹元勋制作的特别节目《功勋》演播室录制现场。

《我们的江湖》节目记录了一个武术爱好者为弘扬中国武术文化筹建武馆的故事。图为节目主创人员合影。

❖ 亚运会官方电影——纪录片《缘聚羊城》工作照。

❖ 2011 年 9 月 24 日，《走近科学》栏目记者在红原县拍摄节目《帐篷里的新鲜事》。

❖ 纪录片《辛亥革命》摄制组工作照。

❖ 2011 年 4 月，《一线》栏目 4·26 特别节目《数字版权保卫战》视频截图。

❖ 影片《变暖的地球》获第 28 届中国电影“金鸡奖”最佳科教片奖。图为该片导演在颁奖典礼上留影。

❖ 影片《鲜切花栽培技术》获第 14 届中国电影“华表奖”优秀科教片奖。图为该片导演在颁奖典礼现场。

❖ 2010 年 10 月，《地理 · 中国》栏目《鄱阳湖的奥秘》摄制组在鄱阳湖面采访拍摄。

❖ 2011 年 9 月，《武林大会之少林战太极》节目录制现场，少林小子腾空摆腿。

❖《一起音乐吧》栏目标识。

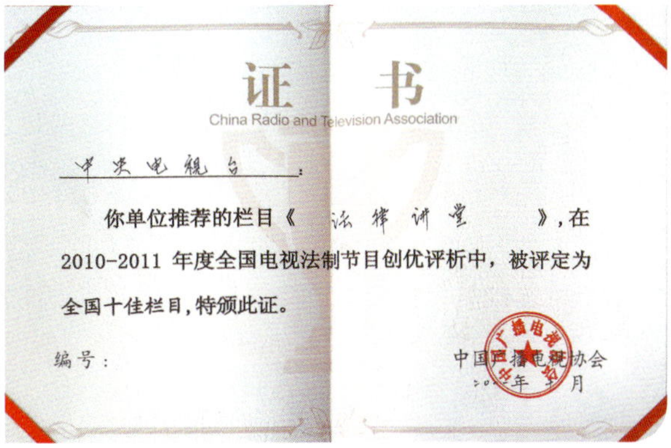

证书
China Radio and Television Association

中央电视台：

你单位推荐的栏目《法律讲堂》，在2010-2011 年度全国电视法制节目创优评析中，被评定为全国十佳栏目，特颁此证。

编号：

中国广播电视协会

❖《法律讲堂》栏目组获 2010 – 2011 年度全国电视法制节目创优评析“全国十佳栏目”。

❖《大家》栏目标识。

❖《一线》栏目标识。

❖电视剧《中国 1921》剧照。

❖电视剧《永远的忠诚》剧照。

❖《当卢浮宫遇见紫禁城》海报。

❖2011 年 10 月，中视影视制作有限公司投资制作的电视剧《野鸭子》获第 11 届中日韩电视制作者论坛“观摩作品奖”。

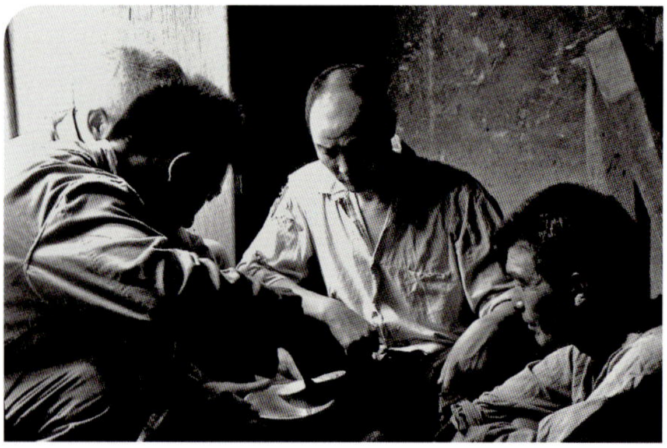

❖电视剧《越狱》剧照。

❖电视剧《军魂》剧照。

❖ 电视剧《宣言》剧照。

❖ 电视剧《中国远征军》开机发布会。

❖ 动画片《巨虫公园》设计图。

❖ 动画片《淮南子传奇》海报。

❖ 52 集大型动画电视剧《秦汉英雄传》海报。

❖ 动画片《金螺号》海报。

❖ 中央电视台太原应急报道点工作人员在王家岭煤矿透水事故现场附近编辑新闻。

❖ 2010 年 4 月，中央电视台西安应急报道点记者深入玉树地震灾区作报道。

❖《面对面》栏目作品《陈竺：坚持公益 保障人民健康》获第 20 届中国新闻奖。

❖ 电视纪录片《铭记——5·12 汶川大地震口述历史》获第 25 届“金鹰奖”电视纪录片特等奖。

❖ 2010 年 8 月，中央电视台兰州应急报道点首席记者进入甘肃舟曲泥石流灾区采访。

❖《我们有 1 套》栏目“让爱住我家”之《百善孝当先》节目录制现场。

❖上海世博会开幕式室内演出现场。

❖2010 年 9 月 22 日，中央电视台中秋晚会——《芜湖月 · 中华情》在安徽芜湖举行。

❖《为祖国祝福 为亚运喝彩》晚会舞台全景。

❖2010 年 12 月 21 日，在深圳华侨城举办的《2010 · 2011 中央电视台跨年盛典》演出现场。

❖《星光大道年度总决赛》现场，“旭日阳刚”演唱《春天里》。

❖第 13 届 CCTV 青年歌手电视大奖赛决赛现场。

❖2010年11月12日至27日，第16届亚运会在广州举行。中央电视台派出266人赛事公用信号制作团队，圆满完成足球、篮球、排球、羽毛球、乒乓球、体操等15个比赛项目和ENG公用信号制作。图为本台工作人员在转播车中工作的场景。

❖ 纪录片《中国冰雪记忆》第四集《冰球女孩》获第28届米兰国际体育电影电视节“奥林匹克精神与价值”单元最高奖“荣誉花环奖”。图为《冰球女孩》主创人员正在冰场上拍摄。

❖《天下足球》栏目演播室，阿根廷著名球星梅西在节目录制现场表演球技。

❖ 高清频道2010年南非世界杯直播画面。

❖ 体育频道对第四届全国体育大会开幕式进行现场直播。

❖ 2010年新年音乐会录制现场。

❖ 体育频道在广州亚运会期间推出的大型新闻资讯节目《全景亚运会》演播室现场。

❖ 体育频道在温哥华冬奥会期间制作播出的节目《申雪赵宏博》获 2010 年度国际奥委会“奥林匹克金环奖”。图为摄制组工作照。

❖ 体育频道在温哥华冬奥会期间制作播出的新闻节目《感动国人的十三圈半》截图。

❖《献给世博会的歌——2010 端午诗会》片头截图。

❖《世界遗产在中国》海报局部。

❖ 大型人文纪录电影《庐山：人文圣山》获 2010 中国（青海）世界山地纪录片节“玉昆仑”奖人文类节目评委会特别奖。

❖ 电视剧《战争目光》剧照。

❖ 电视剧《女人的村庄》剧照。

❖ 电视剧《情系北大荒》剧照。

❖ 电视剧《胡杨女人》海报。

❖ 电视剧《静静的白桦林》剧照。

❖ 故事片《永生羊》海报。

❖2010年4月，《探索·发现》栏目大型电视系列片《中国十大历史文化名街》在安徽屯溪举行开机仪式。

❖《百家讲坛》栏目获第二届全国优秀电视文化（文艺）栏目优秀栏目奖。图为颁奖现场。

❖《巾帼院士》节目画面截图。

❖《中国恐龙大调查》直播画面截图。

❖2010年3月，《人物》栏目《为世博而设计》节目摄制组在上海世博会西班牙馆施工现场采访该馆的设计师。

❖2010年《人物》栏目制作的系列节目《老上海广告人系列之谢之光》播出画面截图。

❖ 2010 年 8 月，《平安中国》节目组在海南进行主持人外景拍摄。

❖《人与社会 · 廖智的“鼓舞”》节目播出画面截图。

❖ 社会与法频道为上海世博会特别制作的《“护城河”行动》节目视频截图。

❖ 2010 年 6 月 1 日，《天网》栏目编导采访云南公安边防总队长那顺巴雅尔少将。

❖《健康之路》栏目片头。

❖《大家 · 王昆》节目播出画面截图。

❖ 2010 年 5 月 31 日，中央电视台 2010 年六一晚会《和祖国一起成长》录制现场。

❖ 少儿频道摄制的 8 集电视专题片《12 岁的挑战》获 2010 年德国慕尼黑青少年电视节决赛提名奖。图为节目比赛现场。

❖ 北京辉煌动画公司策划、制作、出品的我国首部中日合拍动画片《三国演义》于 2010 年 4 月 4 日起在日本东京电视台播出。这是第一部在日本电视媒体播出的中国国产原创动画片。

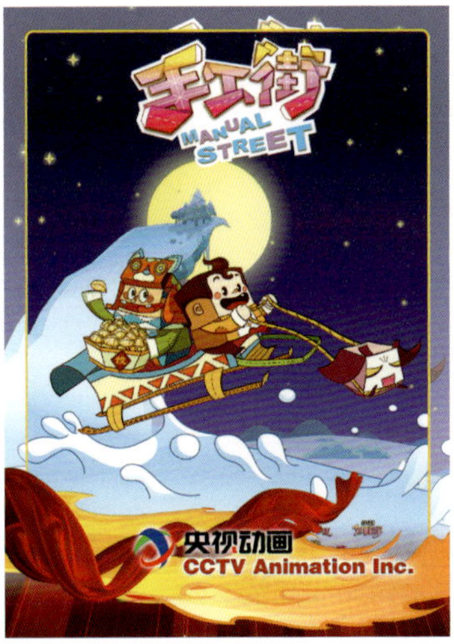

❖ 动画片《手工街》海报。

❖ 18 集大型高清电视纪录片《大阅兵 2009》片头截图。

❖《“铁血神兵”何祥美》片头截图。

中央新影集团出品的纪录电影《太极》获第28届米兰国际体育电影节最佳体育影片大奖。图为颁奖现场。

5集文献电视片《共铸辉煌》片头截图。

电视系列片《铁肩担大义》片头截图。

《雷峰塔》摄制组工作照。

《因地制宜新农村建设》摄制组工作照。

《地震灾后重建家园》摄制组在灾区拍摄。

2010 年度中央电视台名播音员主持人

白岩松

李瑞英

朱　军

董　卿

康　辉

张泉灵

张宏民

王小丫

李　咏

李小萌

撒贝宁

陈伟鸿

2010 年度中央电视台优秀播音员主持人

水均益

王世林

任鲁豫

孙正平

朱　迅

张泽群

张　斌

张　越

李　红

2010年度中央电视台优秀播音员主持人

李佳明

芮成钢

季小军

欧阳夏丹

胡 蝶

赵 普

柴 静

黄 炜

鲁 健

2011 年度中央电视台名播音员主持人

康 辉

白岩松

王小丫

李瑞英

董 卿

郎永淳

欧阳夏丹

撒贝宁

陈伟鸿

毕福剑

朱 军

张 斌

2011 年度中央电视台优秀播音员主持人

芮成钢

任志宏

张　越

敬一丹

徐　俐

张泉灵

贺红梅

李　红

杨　锐

2011 年度中央电视台优秀播音员主持人

田　薇

刘纯燕

鲁　健

彭　坤

李文静

水均益

李佳明

朱　迅

路一鸣

目 录

图片纪事

特 载

概 况

专 辑

机 构

频道·栏目·节目

新媒体传播

获奖·表彰

受众调查·研发

规章制度选载

电视书、报、刊及音像出版物

新技术设备

产业经营

同港、澳、台交流与合作

对外交流与合作

人　物

统　计

大事记

附录

索　引

CCTV 2011 YEARBOOK

Contents

CCTV

T E Z A I

特　　载

特载

党和国家领导人讲话摘编

胡锦涛：在中国文联第九次全国代表大会、中国作协第八次全国代表大会上的讲话

文艺是民族精神的火炬，文艺事业是中国特色社会主义事业的重要组成部分，是社会主义文化建设的重要内容，文艺工作在党和国家工作全局中具有十分重要的地位。在改革开放和社会主义现代化建设进程中，我国文艺事业生机勃勃、硕果累累，文学、戏剧、电影、电视、音乐、舞蹈、美术、摄影、书法、曲艺、杂技以及民间文艺、群众文艺等繁花似锦、姹紫嫣红。广大文艺工作者坚持与时代同进步、与人民共命运，为人民奉献了大量思想内涵丰富、艺术品质上乘的精神食粮，进一步巩固了大团结大繁荣大发展的生动局面。特别是这些年来，在党和国家举办一系列大事喜事、应对一系列难事急事的过程中，总有文艺工作者辛勤奔忙的身影，总有文艺工作者创新前进的足迹，总有文艺工作者倾心奏响的时代乐章。我国社会主义文艺以昂扬的精神、奔放的激情吸引和感染着亿万人民，对满足人民精神需求、丰富人民精神世界、增强人民精神力量、促进人的全面发展发挥着不可替代的作用。

实践证明，我国广大文艺工作者对祖国和人民有真情挚爱，对国家和民族有担当奉献，对艺术和事业有坚守追求，是一支可亲可敬、大有作为的队伍，是一支党和人民完全可以信赖的队伍。广大文艺工作者为继续解放思想、坚持改革开放、推动科学发展、促进社会和谐作出了重要贡献，党和人民感谢你们!

文化是民族的血脉，是人民的精神家园。实现中华民族伟大复兴，离不开中华文化繁荣兴盛。我们党召开的十七届六中全会，强调要坚持中国特色社会主义文化发展道路，深化文化体制改革，推动社会主义文化大发展大繁荣，努力建设社会主义文化强国。建设社会主义文化强国，是时代和人民的呼唤，是广大文艺工作者的心愿。我们要认真学习贯彻党的十七届六中全会精神，始终高举中国特色社会主义伟大旗帜，坚持以马克思列宁主义、毛泽东思想、邓小平理论和“三个代表”重要思想为指导，深入贯彻落实科学发展观，坚持社会主义先进文化前进方向，以科学发展为主题，以建设社会主义核心价值体系为根本任务，以满足人民精神文化需求为出发点和落脚点，以改革创新为动力，努力建设社会主义文化强国。我们相信，在全面建设小康社会进程中，在科学发展道路上，有中国共产党的坚强领导，有全党全国各族人民团结奋斗，有全国广大文艺工作者真情奉献，中国特色社会主义文化发展道路必将越走越宽广，建设社会主义文化强国的宏伟目标必将得到实现。

中华民族历来崇尚文化、热爱艺术，在五千多年文明发展历程中创造了源远流长、魅力永恒的文学艺术，在世界文艺之林独树一帜，为人类文明进步作出了不可磨灭的巨大贡献。在革命、建设、改革各个历史时期，我们党团结带领广大文艺工作者以继承和弘扬民族优秀文化、复兴中华文化为己任，热情鼓舞人民前进，热忱讴歌人民伟业，谱写了中华文艺繁荣发展的崭新篇章。

一切优秀的文化创造，一切传世的精品力作，都是时代的产物。当今世界正处在大发展大变革大调整时期，当代中国正处在中国特色社会主义事业蓬勃发

展阶段，我国文艺事业发展面临着难得的历史机遇。波澜壮阔的改革进程，如火如荼的发展实践，实现中华民族伟大复兴的时代主旋律，既呼唤文艺有一个更大的繁荣发展，也为文艺繁荣发展提供了丰沛的动力源泉。广大文艺工作者要认清时代和人民赋予的神圣使命，坚持为人民服务、为社会主义服务，坚持百花齐放、百家争鸣，坚持贴近实际、贴近生活、贴近群众，高擎民族精神火炬，吹响时代前进号角，创作生产更多无愧于历史、无愧于时代、无愧于人民的优秀作品，奋力开创文艺发展新局面，为推动社会主义文化大发展大繁荣、建设社会主义文化强国贡献智慧和力量。

——希望广大文艺工作者始终坚持正确方向，更加自觉、更加主动地承担起用社会主义先进文化引领社会进步的历史责任。作家艺术家具有广泛的社会影响力，应该做真善美的追求者和传播者。古往今来，大凡有作为的进步的作家艺术家，都把高超艺术造诣和高尚价值追求作为人生理想；大凡脍炙人口的经典名著，都以美的力量和形式揭示和传播引领社会进步的思想观念。当代中国文艺要成为激励人民前进的力量，就必须坚持社会主义先进文化前进方向，坚持社会主义核心价值体系。社会主义核心价值体系是根源于民族优秀文化和社会主义先进文化并吸收人类文明成果发展起来的，适应了时代发展要求，集中反映着当代中国人民的理想信念和精神追求，是我国社会主义文化的引领和主导。广大文艺工作者要大力弘扬中国特色社会主义共同理想，发扬以爱国主义为核心的民族精神和以改革创新为核心的时代精神，礼赞高尚道德情操，鼓励一切有利于国家统一、民族团结、经济发展、社会进步的思想道德，推动建设中华民族共有精神家园。要以国家发展和民族进步为念，把艺术创作融入改革开放和社会主义现代化建设伟大实践，以充沛的激情、生动的笔触、优美的旋律、感人的形象，反映国家发展、社会进步、人民创造，奏响时代主旋律。要增强社会责任感，始终把社会效益放在首位，提倡文以载道、以文化人，弘扬真善美，贬斥假恶丑，更好发挥文化引领风尚、教育人民、服务社会、推动发展的作用。

——希望广大文艺工作者始终坚持以人为本，更加自觉、更加主动地承担起为人民抒写、为人民放歌的历史责任。人民是真正的英雄，人民是历史创造者。一切进步的文艺创作都源于人民、为了人民、属于人民，一切进步的文艺工作者的艺术生命都源于同人民群众的血肉联系。只有把人民放在心中最高位置，永远同人民在一起，坚持以人民为中心的创作导向，艺术之树才能常青。广大文艺工作者要把人民满意作为最高标准，把服务群众作为基点和归宿，站稳群众立场，增进群众感情，立志做人民喜爱的作家艺术家，不断创作生产出思想性艺术性观赏性相统一、人民喜闻乐见的优秀文艺作品，把更好更多的精神食粮奉献给人民。要把人民作为文艺的表现主体，着力歌颂人民生动实践、展示人民精神风貌，走到生活深处，走进人民心中，把艺术才干的增长、艺术表现能力的增强深深植根于生活、植根于人民，用人民创造历史的奋发精神哺育自己，从社会生活中汲取营养、挖掘素材、提炼主题，在人民的创造性实践中进行艺术创造、实现艺术进步。

——希望广大文艺工作者始终坚持锐意创新，更加自觉、更加主动地承担起推进文化创造的历史责任。文化的生命力在于文化的创造力。中华民族之所以能在漫长的历史长河中培育和发展了博大精深的中华文化，根本原因就在于中华民族有着旺盛的文化创造力，善于在继承前人文化创造的基础上不断进行新的文化创造。我们不仅要继承和发扬前人的文化创造，而且要勇于在新的时代条件下进行新的文化创造。广大文艺工作者要适应时代变化和人民精神文化生活发展的要求，坚持古为今用、推陈出新，立足中华文化丰沃土壤，从源远流长的传统文化、激昂奋进的革命文化、争奇斗妍的民族民间文化中汲取养分，努力为中华文化书写新的篇章。要积极借鉴和吸收世界各国文化优长，坚持海纳百川、融会贯通，开创中国文艺新风貌新气象。要打开想象空间，鼓励文艺原创，激发创作活力，提倡体裁、题材、形式、手段充分发展，推动观念、内容、风格、流派积极创新，着力增强艺术的表现力、吸引力、感染力，推出更多具有中国特色、中国风格、中国气派的精品力作。要解放思想、转变观念，增强改革创新意识，支持和参与文化体制改革，推动文化体制机制创新，为文艺繁荣发展提供强大动力。

——希望广大文艺工作者始终坚持德艺双馨，更加自觉、更加主动地承担起弘扬文明道德风尚的历史责任。文艺是提高人民精神境界、培育人民高尚灵魂的重要力量。只有自己具有强大精神力量，作家艺术家才能创作出启迪心智、震撼心灵的文艺精品。广大文艺工作者要加强思想道德修养，树立正确的世界观、人生观、价值观，弘扬老一辈作家艺术家的优良传统，始终忠于祖国、热爱人民、奉献社会，秉持崇德尚艺的优良传统，追求真理、反对谬误，崇尚科学、反对愚昧，把实现个人艺术追求和促进社会进步有机结合作为毕生信念。要坚守艺术理想，笃定志向、坚定信念，勤于汲取、善于积累，关注现实、潜心创作，开阔创作视野，提高洞察社会和适应时代能力，增强对艺术的感悟和表现能力，更好传播先进文化、弘扬人间正气、塑造美好心灵。要珍惜人民给予的荣誉，弘扬职业精神，恪守职业道德，认真对待和积极追求作品社会效果，自觉抵制低俗之风，用人格力量赢得社会尊重、赢得人民赞誉。

（摘自新华社2011年11月22日电，略有删节）

温家宝：在纪念中央文史研究馆成立60周年座谈会上的讲话

一、深刻认识文化历史的重要作用

文化是一个民族的灵魂。国家发展、民族振兴，不仅需要强大的经济力量，更需要强大的文化和道德力量。文化对一个国家发展进程的影响，比经济和政治的影响更深刻、更久远。如果说，经济发展改变的是一个国家的面貌，那么文化繁荣则可以化育一个民族的风骨。一个民族的觉醒，首先是文化的觉醒。中国在历史长河中形成的优秀文化传统，对今天中国人的价值观念、生活方式和中国的发展道路都具有深刻的影响。优秀的传统文化与时代精神相结合，这是我国文化发展的唯一正确道路。文化建设的滞后，必然对经济发展、社会进步、生态保护乃至政治文明形成一定制约。没有先进文化的发展，没有全民族素质的提高，就不可能实现真正的现代化。只有当全世界都公认中华文化真正繁荣起来、在世界上具有重要影响力的时候，才是我国真正强大的时候。

历史是一个民族的精神家园。历史记录和保存先人活动的事迹，后人透过读史而进行自省，可收到政治、社会教化之功效。清末民初学人连横在《台湾通史》中写道："夫史者民族之精神，而人群之龟鉴也。代之盛衰，俗之文野，政之得失，物之盈虚，均于是乎在。故凡文化之国，未有不重其史者也。"历史文化传统往往影响着一个民族的精神世界，决定着一个民族的未来发展。中华民族拥有五千年文明史，在漫长的历史长河中，无论兴衰成败，历史文化的根脉始终生生不息、绵延不绝。深厚的历史文化底蕴，成为我们民族赖以生存和繁衍发展的精神沃土；丰富的历史文化遗产，成为我们民族取之不尽的宝贵精神财富。

文以载道，史以鉴戒。文化传承的过程，就是取其精华、去其糟粕的过程。文史研究的主要任务，就是总结提炼民族文化历史的精华，古为今用，增强民族自信心和凝聚力。一个民族如果忘记自己的历史文化传统，就不可能深刻地了解现在和正确地走向未来。那种对本民族的传统不知爱惜，动辄全盘否定，实际上是自毁根基。历史是解读现实的第一把钥匙，研究任何社会问题都需要以对历史的透彻了解为基础。只有加强文史研究、保存历史记忆、洞悉历史规律，才能鉴古知今、熔古铸今，开辟新的未来。中国是一个文明古国，文化遗产十分丰厚，历史文献浩如烟海。今天，我们要深入发掘中国文化历史的优秀精神，把遥远的传统变成现实中有生命力的东西，促进中国特色社会主义伟大事业健康发展。

文史研究必须坚持"百花齐放，百家争鸣"的方针。"双百"方针的精髓，就是解放思想，鼓励创新，尊重规律，兼容并包。正反两方面经验表明，实行"双百"方针，是促进文化大发展大繁荣的一大法宝。如果思想僵化、停滞不前，就会从根本上窒息文化发展、艺术繁荣的生机与活力。要鼓励文化工作者深入实际，体验生活，创作更多的精神产品，为建设社会主义精神文明作贡献。

二、继承和发扬"敬老崇文、存史资政"的优良传统

60年前，政务院文史研究馆刚刚成立时，毛泽东同志就为文史馆提出了"敬老崇文，存史资政"的工作宗旨。其核心有两点：一是老有所养，就是让一批生活清贫的文化巨匠、社会名流能够安享晚年；二是老有所为，就是要借助他们的文史知识和政治智慧，为新生的人民共和国服务。可以说，文史馆的创建，是党和政府尊重知识、尊重人才政策的体现，是中华民族尊贤尚德优良传统的光大。

敬老崇文是中华民族的一大优良传统。长幼有

序、事亲至孝、敬老尊贤、崇文尚德是中华民族传统文化的重要组成部分。相传在古代朝廷和地方就曾设有“三老五更”之席位，以示对老人的尊重之意。敬老的实质，就是弘扬人伦礼义、提倡尊贤尚德。我们强调“敬老崇文”，不仅是为了弘扬中华民族的传统美德，也不仅仅体现为对老人过去贡献的肯定，而且是为了充分发挥老者的智慧和经验，特别是在文化传承中不可替代的作用。

存史资政是中华民族治国安邦的一条重要经验。中华民族有修史的传统，这也是中华文化绵延不绝的奥秘所在。述往事，思来者。回顾历史，总结经验，是为了加深对客观事物规律性的认识，是为了更好地指导现实，是为了开辟未来。明太祖在论修史时说：“自古有天下国家，行事见于当时，是非公于后世，故一代之兴衰，必有一代之史以载之。”历史上中国史家所秉持的不虚美、不隐恶，以春秋笔法直书历史的原则和正直不阿的态度，形成国史上许多美好的传统和不朽的典范。诸如史家峥嵘之风骨，史料征存之丰赡，修史制度之健全，尊史观念之浓厚，衍成中国文化传统中独具的特色。史家直书不隐、劝善惩恶、独立不惧的精神，也深深融入人民内心，转化为民族精神的一部分，成为民族正气渊源之所出。在中华民族复兴的伟大进程中，我们要善于挖掘自己这些宝贵的精神资源，“从史中求史识”，借鉴经验与教训，汲取智慧和力量，以历史作为民族教育的基础，从而建立国家稳定和谐的秩序。

60 年来，文史研究馆秉持“敬老崇文、存史资政”的宗旨，大力支持和鼓励各位馆员积极开展文史研究和艺术创作，牢记周恩来总理当年提出的“把知识和经验留给后代”的嘱托，取得了丰硕成果。历任馆长和馆员，如符定一、章士钊、叶圣陶、萧乾、启功、叶恭绰、柳亚子、陈寅恪、沈尹默、齐白石、陈半丁、张伯驹等一大批老先生，为传承和发展中华文化作出了不可磨灭的贡献。在“文化大革命”时期，由于“左”的错误，文史研究馆的功能受到很大削弱。改革开放以来，这种局面有了根本性改变，中央文史研究馆和各地方文史研究馆为推进社会主义文化建设，组织实施了一批有重要影响的文化工程。与此同时，馆员们积极资政建言，为促进国家经济建设和改革开放，为巩固和发展爱国统一战线发挥了独特的作用。60 年的实践证明，办好文史馆，对推动我国文化繁荣和祖国统一大业具有重要的意义。

今天，虽然时代不同了，但学术大家、艺术大师和专家学者的作用不是弱化了，而是更加重要了。社会对他们更应当尊重、更应当爱护，使他们发挥更大的作用。按照文史研究的一般规律，伟大的时代必然产生伟大的作品。各位馆员都是饱学之士，理当推出更多反映时代精神的伟大作品，在弘扬优秀传统文化的基础上创造中华文化的新辉煌。特别是在传统文化古为今用方面，文史馆是大有可为的。例如，古书中有大量警句格言，读懂并不太难，背熟也有可能，其中蕴涵着精深的民族智慧和各种有价值的思想经验，经整理诠释，完全可以拿来作为当代人的精神食粮，以利于敬德修业，成长成才。我国近代一些儒商一手拿《论语》，一手拿算盘，提倡义利兼顾的商业道德，这对发展市场经济进程中加强诚信文化建设具有重要的借鉴意义。

三、努力做好新时期的文史馆工作

60 年前董必武同志在政务院文史研究馆成立大会上，曾引述庄子的“其作始也简，其将毕也巨”这句话，表达党和政府对文史研究馆的殷切期望。展望未来，在建设富强民主文明和谐的社会主义现代化国家进程中，文史研究馆仍然有着广阔的舞台，仍然有着不可替代的地位和作用。新时期我们应进一步办好文史研究馆，更好地发挥馆员的作用。

第一，进一步提高国是咨询、建言献策的质量和水平。政府的政策要符合实际，符合人民意愿，必须倾听各方面的意见。文史馆在国是咨询方面有三个独特优势：一是文史研究馆有许多学养深厚的名流大家，对治国理政经常有独到的见解。二是文史馆职位超脱，没有特殊利益，看问题客观公正。三是大家时间比较宽裕，有条件沉下来静心地搞一些有深度的调查研究。多年来，文史馆强调发挥在政府决策中的咨询作用，馆员们从实际出发，积极参政议政，提出了不少真知灼见。比如袁行霈先生关于独生子女教育问题、落实高校办学自主权等建议，都是非常有价值的。王蒙先生关于反对低俗文化、倡导高雅文化的建议，受到中央领导同志的高度重视。舒乙先生关于保护研究承德避暑山庄和外八庙的建议，也得到重视，国家为此拨款六亿元。去年国务院常务会议审议音像著作权政策问题，我在会上没有立即拍板，而是要求有关部门先听听王立平等先生的意见，然后再做决定。文史馆馆员的建议之所以引起重视，就是因为先生们讲出了有水平的真话。还是那句话，“知者尽言，国家之利。”我们要创造有利条件，让各位馆员充分发挥各自

CHINA CENTRAL TELEVISION YEARBOOK

的专业优势，各抒己见，敢于直言，为解决我国现代化进程中的难题献计献策。

第二，在推进国家文化建设中发挥独特作用。近百年来，中国社会经历了剧烈的动荡和变迁，中华文化经历了罕见的浩劫，整理、传承、光大中华文化是一项繁重而紧迫的任务，有些带有抢救的性质。文史研究馆集中了一批饱学之士，许多老先生在传统文化研究和艺术创作方面造诣精深，海内外享有盛誉，对传承中华传统文化有着不可替代的作用，也肩负着不可推卸的责任。陈寅恪先生曾经说，一个被文化精神所凝聚之人，是为此文化精神所化之人，其文化担承力是无与伦比的，他有远大的眼光，不会为眼前的苦难所挫折，不是一遇到困难就天地断道。像司马迁写《史记》，究天人之际，通古今之变，成一家之言，就是为生民立命；顾炎武写《日知录》，目的很明确，就是经世、明道。我与馆员们多有交往，或当面请教，或书信往来。我深深地感到，他们学识渊博而淡泊名利，渴望把毕生积累的研究成果加以整理，为子孙后代留下一笔精神财富。不少老先生已届耄耋之年，政府有责任为他们提供良好的工作条件和必要的照顾，使他们的夙愿得以实现。我们要为各位名耆硕儒创造老有所为的良好环境，使大家心情舒畅、安享晚年的同时，专心从事文史研究和艺术创作，争取再出更多的传世精品。

第三，自觉承担起博采众长、弘扬中华文化的责任。在日益开放的当今时代，任何国家文化要发展繁荣，都离不开同世界各种文明的交流和对话。一个国家和民族的文化越是具备开放性和进取性，其生命力、创造力、凝聚力就越强。中华文化博大精深，海纳百川，因兼收并蓄而丰富多彩，因博采众长而永葆活力。文化交流和会通不但能让我们学习和借鉴世界各国优秀文化，也有利于传承和弘扬我中华文化。回顾历史，汉唐人对未来文明的开放胸襟与拿来为自己所用的宏大气派，造就了中华文明的两个历史高峰。西方近代文明从明朝末年逐渐传入中国，影响着中国百余年的历史进程，但中华文明并没有失去自主能力。中国文化界应当适应世界文化交流、交融、交锋更加频繁的新趋势，以更加自信的心态、更加开阔的视野、更加主动的姿态走向世界，努力弘扬和传播中华文化，积极吸取其他各种文化的先进因素，使中华文化不仅植根于民族传统文化的沃土，而且符合世界发展进步的潮流。只有这样，具有几千年历史而从未中断过的中华文明，才能重塑自己在世界上的新形象，才能在世界文明进程中再现自己的辉煌。文史馆的老先生都是鸿儒硕学，具备开展东西方文化比较研究的优势，要自觉承担起弘扬传播中华文化的使命，致力于中华文化的研究和对外交流，促进不同文明之间的沟通和融合，不断增强中华文化的辐射力和影响力。

第四，继续为祖国统一和中华民族的复兴贡献力量。60 年来的实践证明，文史馆既是推动社会主义精神文明建设的重要力量，也是中国共产党与党外知识分子团结合作的重要途径。尽管文史馆馆员来自不同党派或是无党派人士，却有着共同的爱国热忱，都是我党长期合作共事、肝胆相照的老朋友。文史研究馆的固有优势是文史研究和艺术创作，以文会友，以友辅仁，有利于密切党同知识界、文化界的联系，有利于增强海内外中华儿女的文化认同，有利于促进祖国统一大业和实现中华民族伟大复兴事业。我们希望各位馆员继续发挥好自己社会联系和人脉关系广泛这一优势，积极参与海外联谊工作，通过著书立说、艺术创作等形式，在实现祖国完全统一、增强民族凝聚力等方面继续作出新的贡献。

（摘自《光明日报》2011年9月23日第2版，略有删节）

李长春：坚持中国特色社会主义文化发展道路 为建设社会主义文化强国而努力奋斗

党的十七届六中全会是在我国进入全面建设小康社会关键时期和深化改革开放、加快转变经济发展方式的攻坚时期召开的一次十分重要的会议。全会全面分析了当前形势和任务，通过了《中共中央关于深化文化体制改革、推动社会主义文化大发展大繁荣若干重大问题的决定》。全会通过的《决定》，以邓小平理论和"三个代表"重要思想为指导，深入贯彻落实科学发展观，全面总结我们党领导文化建设的经验，深刻分析文化改革发展面临的形势和任务，在集中全党智慧的基础上，阐述了中国特色社会主义文化发展道路，确立了建设社会主义文化强国的战略目标，提出了新形势下推进文化改革发展的指导思想、重要方针、目标任务、政策举措，是当前和今后一个时期指导我国文化改革发展的纲领性文件。以这次全会为标志，我们党吹响了向文化强国进军的新号角。随着时间的推移，将越来越证明，党的十七届六中全会是继毛泽东同志在延安文艺座谈会上发表重要讲话之后，我们党领导文化工作又一具有里程碑意义的大事，我国文化改革发展必将进入新的重要阶段。

全会《决定》提出坚持中国特色社会主义文化发展道路、努力建设社会主义文化强国的重大历史命题，强调要坚持社会主义先进文化前进方向，以科学发展为主题，以建设社会主义核心价值体系为根本任务，以满足人民精神文化需求为出发点和落脚点，以改革创新为动力，发展面向现代化、面向世界、面向未来的，民族的科学的大众的社会主义文化，培养高度的文化自觉和文化自信，提高全民族文明素质，增强国家文化软实力，弘扬中华文化，努力建设社会主义文化强国。这是新中国成立特别是改革开放以来我国文化建设实践探索的基本结论，鲜明回答了新的历史条件下我国文化改革发展走什么样的路、朝什么样的目标迈进这个带有方向性、战略性的重大问题，是对中国特色社会主义道路的丰富和发展。广大文艺工作者要紧紧围绕这一重大历史命题，准确把握我国经济社会发展新要求，准确把握当今时代文化发展新趋势，准确把握各族人民精神文化生活新期待，进一步增强深化文化体制改革、推动社会主义文化大发展大繁荣的责任感和紧迫感，进一步增强坚持中国特色社会主义文化发展道路的自觉性和坚定性，进一步增强建设社会主义文化强国的信心和决心，解放思想，转变观念，抓住机遇，乘势而上，在坚持和发展中国特色社会主义的伟大实践中进行文化创造，在推动社会主义文化大发展大繁荣、建设社会主义文化强国的进程中建功立业。

一、牢牢把握社会主义核心价值体系这个兴国之魂，始终坚持社会主义先进文化前进方向

建设社会主义核心价值体系，是坚持中国特色社会主义文化发展道路、建设社会主义文化强国的根本任务。全会《决定》强调，社会主义核心价值体系是兴国之魂，是社会主义先进文化的精髓，决定着中国特色社会主义发展方向。这一重要论述，深刻揭示了社会主义核心价值体系在文化建设中的灵魂作用，体现了我们党对文化建设规律认识的进一步深化，是全会《决定》突出强调的一个重点。

从精神生产的特有属性和内在规律来看，任何文化都是所包含的精神价值与承载这些精神价值的物质基础和传播形态之间的有机统一。文化的精神价值是文化的“魂”，是文化思想性的根本体现，是文化引领风尚、教育人民、服务社会、推动发展的力量源泉，决定着文化的性质和方向；承载文化精神价值的物质基础和传播形态是文化的“体”，是文化实现教育功能、以文化人的根本途径，决定着文化精神价值的传播力和影响力。“魂”与“体”相互依存、相辅相成，统一于文化建设的实践中。离开“魂”，“体”就没有精神价值的支撑，就会空洞无物，失去吸引力、影响力，甚至偏离正确方向；离开“体”，“魂”就无所依附，难以传播，文化的精神价值就无从实现。古今中外的历史表明，每一次文化的繁荣发展，都是文化“魂”与“体”完美统一的结果。文化之“魂”是以民族优秀传统文化为根基，并随着时代的发展而不断赋以鲜明的时代内涵。当代中国文化之“魂”，就是社会主义核心价值体系。社会主义核心价值体系是根源于民族优秀文化和社会主义先进文化并吸收人类文明成果发展起来的，适应了时代发展要求，集中反映着当代中国人民的理想信念和精神追求，是我国社会主义文化的引领和主导。在当代中国，一切文化产品只有生动地体现了社会主义核心价值体系这个“魂”，才有主心骨，才有精气神。文化之“体”，有着鲜明的民族性、时代性，随着时代的发展有着不同的表现形式。当代中国文化之“体”的主要形式，包括国民教育体系、公共文化服务体系、文化产业体系以及各种形式的文化产品如小说、影视、戏曲、动漫等。这些“体”作为文化的物质基础和传播形态，都是承载、传播文化精神价值的重要载体和形式，都承担着弘扬社会主义核心价值体系这个“魂”的重要功能。广大文艺工作者要深刻认识和把握文化建设“魂”与“体”的辩证关系，自觉把社会主义核心价值体系体现到精神文化产品创作生产传播各方面，赋予文艺作品更加丰富、更加深刻的思想内涵，推动全社会形成统一指导思想、共同理想信念、强大精神力量、基本道德规范。

把社会主义核心价值体系体现到精神文化产品创作生产传播各方面，就要坚持用中国特色社会主义理论体系武装头脑、指导实践，热情讴歌改革开放和社会主义现代化建设的伟大成就，生动展示中国人民奋

发有为的精神风貌和创造历史的宏伟业绩，唱响在中国共产党领导下、走中国特色社会主义道路、实现中华民族伟大复兴的时代最强音。要把以爱国主义为核心的民族精神和以改革创新为核心的时代精神作为文艺作品表现的永恒主题，大力弘扬中华民族自强不息、艰苦奋斗、顽强拼搏、敢于胜利的思想传统，深刻反映当代中国人民解放思想、实事求是、与时俱进、开拓创新的进取精神，进一步增强民族自尊心、自信心、自豪感。要通过各种形式的文艺创作，大力倡导中华民族优秀传统道德和社会主义精神文明，弘扬真善美、贬斥假恶丑，在全社会形成积极践行社会主义荣辱观的良好风尚。要坚持用社会主义核心价值体系引领社会思潮，在有力抵制各种错误和腐朽思想影响的同时，尊重差异、包容多样，团结一切可以团结的力量，激发社会思想文化活力，努力在多元多样中立主导、在交流交融中谋共识，不断巩固和壮大主流思想文化，建设中华民族共有精神家园。

二、全面贯彻“二为”方向和“双百”方针，努力为人民创造出更好更多的精神食粮

为人民服务、为社会主义服务方向和百花齐放、百家争鸣方针，是坚持中国特色社会主义文化发展道路、建设社会主义文化强国的根本遵循。全会《决定》指出，要全面贯彻“二为”方向和“双百”方针，立足发展先进文化、建设和谐文化，激发文化创作生产活力，提高文化产品质量，发挥文化引领风尚、教育人民、服务社会、推动发展的作用。这是党和人民对广大文艺工作者的殷切期望。广大文艺工作者要认清肩负的历史责任，自觉把“二为”方向和“双百”方针的要求贯穿于文化产品创作生产全过程，为时代立传，为人民放歌，努力创作生产更多无愧于历史、无愧于时代、无愧于人民的优秀作品。

全面贯彻“二为”方向和“双百”方针，就要始终坚持正确创作方向。这是文化创作生产的根本性问题。要牢固树立人民是历史创造者的观点，牢记为人民服务、为社会主义服务的神圣职责，坚持以人民为中心的创作导向，坚持正确的文化立场，认真对待和积极追求文化产品社会效果，大力倡导一切有利于国家富强、民族振兴、人民幸福、社会和谐的思想和精神，大力倡导爱国、敬业、诚信、友善等道德规范，坚持把学术探索和艺术创作融入实现中华民族伟大复兴的事业之中，把积极的人生追求、高尚的情感境界、健康的生活情趣传递给人民。

全面贯彻“二为”方向和“双百”方针，就要把多出思想性艺术性观赏性相统一的精品力作作为不懈追求。精品力作是一个时代文艺繁荣发展的根本标志，是中华民族伟大复兴征程上最耀眼的文化印记。在当今文化建设的春天里，人民呼唤更多思想性艺术性观赏性相统一的精品力作。思想性是指文艺作品传播社会主义核心价值体系，引领风尚、教育人民、服务社会、推动发展的作用，艺术性是指文艺作品审美育人、提升情趣、陶冶情操的作用，观赏性是指文艺作品赏心悦目、娱乐放松、愉悦身心的作用。思想性寓于艺术性、观赏性之中，并通过艺术性、观赏性得以实现。缺乏艺术性、观赏性，文艺作品就失去了吸引力，就难以为群众所喜闻乐见，以文化人的功能就无从谈起；缺乏思想性，文艺作品的艺术性、观赏性也就失去了灵魂，失去了内涵，失去了生命力。这就要求在文艺创作中，善于把深刻的思想内涵、丰富的知识信息与完美的艺术形式有机结合起来，在注重提升作品思想内涵的同时，不断提高作品的艺术魅力，增强吸引力和感染力。要发挥文学对各种文艺作品的基础性、支撑性作用。要发扬十年磨一剑的精神，甘于寂寞、心无旁骛，潜心创作、精益求精，不断挖掘作品的深刻主题，不断丰富作品的表现形式，不断提升作品的艺术境界，努力创作出更多经得起历史和人民检验的精品力作、传世佳作。

全面贯彻“二为”方向和“双百”方针，就要坚持把遵循社会主义先进文化前进方向、人民群众喜闻乐见作为评价作品最高标准。人民群众是文艺鉴赏和消费的主体，是文艺作品的最终评判者，要把群众评价、专家评价和市场检验统一起来。要坚持把社会效益放在首位、社会效益和经济效益相统一，催生更多既叫好又叫座的文化产品。要建立公开、公平、公正评奖机制，开展积极健康的文艺批评，努力形成褒优贬劣、激浊扬清的正确导向。要运用主流媒体、公共文化场所等资源，拓展优秀文艺作品的推广手段和传播方式。

全面贯彻“二为”方向和“双百”方针，就要营造有利于优秀文化产品竞相涌现的良好环境。要坚持尊重差异、包容多样，弘扬主旋律、提倡多样化，充分发扬艺术民主和学术民主，提倡不同观点和学派充分讨论，提倡各种体裁、题材、形式、手段充分发展，推动观念、内容、风格、流派积极创新，鼓励探索，扶持原创，宽容失败，着力营造积极健康、宽松和谐的氛围，使广大文艺工作者的一切才华都有展示舞

台、一切创造都有实现空间、一切贡献都能得到社会尊重，最大限度地焕发创新激情和创造活力。

三、坚持贴近实际、贴近生活、贴近群众，进一步增强社会主义文艺的吸引力和感染力

贴近实际、贴近生活、贴近群众，是坚持中国特色社会主义文化发展道路、建设社会主义文化强国的必然要求。全会《决定》强调，文学、戏剧、电影、电视、音乐、舞蹈、美术、摄影、书法、曲艺、杂技以及民间文艺、群众文艺等各领域文艺工作者都要积极投身到讴歌时代和人民的文艺创造活动之中，在社会生活中汲取素材、提炼主题，以充沛的激情、生动的笔触、优美的旋律、感人的形象，创作生产出思想性艺术性观赏性相统一、人民喜闻乐见的优秀文艺作品。这为广大文艺工作者深入贯彻、自觉践行"三贴近"原则指明了方向。

社会主义文化建设的实践证明，什么时候坚持了"三贴近"，就能创作出思想性艺术性观赏性完美统一的优秀作品，社会主义文艺就会焕发出蓬勃的生机和活力；什么时候偏离或忽略了"三贴近"，文艺作品就苍白无力、枯燥无味，社会主义文艺的生机就会窒息和枯萎。广大文艺工作者要牢固树立马克思主义群众观点，贯彻党的群众路线，始终与人民群众同呼吸、共命运、心连心，自觉把"三贴近"作为文艺创作的重要原则，贯穿到文化产品创作生产传播的全过程和各方面，把人民群众作为文艺创作表现的主体和服务对象，积极投身到讴歌时代和人民的文艺创造活动之中。要深入实际、深入生活、深入群众，向实践学习，拜人民为师，增强国情了解，增加基层体验，增进群众感情，从人民群众的火热生活中挖掘素材，从人民群众的实践创造中提炼主题，从人民群众的审美需要中汲取灵感，用群众喜欢的形式、说群众想说的话、讲群众能懂的话，使文艺作品雅俗共赏、深入人心。要适应群众文化需求的新特点新变化，积极发展新的艺术样式，努力创作生产一切有利于陶冶情操、愉悦身心、寓教于乐的文艺作品，更好地满足人民群众多层次、多样化、多方面的精神文化需求。要坚持面向基层、重心下移，多创作生产传播适合基层群众需要的文艺作品，多深入基层和农村演出，多开展方便基层群众欣赏和参与的文化活动，进一步丰富基层文化生活。

四、坚持以改革创新为强大动力，推动文艺事业全面繁荣发展

改革创新是坚持中国特色社会主义文化发展道路、建设社会主义文化强国的不竭动力。全会《决定》强调，文化引领时代风气之先，是最需要创新的领域。这就要求广大文艺工作者充分认识改革创新对于繁荣发展文艺事业的极端重要性，不断增强改革创新的自觉性和坚定性。

要进一步解放思想、转变观念，自觉把思想认识从不符合文化改革发展要求的思想观念和思维定势的桎梏中解放出来，从不符合文化改革发展要求的做法和规定的限制中解放出来，从不符合文化改革发展要求的传统体制机制的束缚中解放出来，牢固树立遵循科学发展观要求，与社会主义市场经济体制相适应、与社会主义精神文明建设要求相符合、与文化发展规律相一致的新的文化发展理念，热情支持改革，积极投身改革，勇于破解改革难题，在文化体制改革的大潮中激发创作热情，成就艺术辉煌。要紧密结合时代发展的新要求、人民群众审美需求的新变化、文艺创作生产传播手段的新变革，大力推进文化体制机制创新、内容形式创新、传播手段创新、业态创新、科技创新，使创新始终成为文化产品创作生产传播的强劲动力，形成创新活力竞相迸发、创新成果充分涌现的生动局面。要善于把继承和创新有机结合起来，大力弘扬民族优秀文化传统和五四运动以来形成的革命文化传统，学习借鉴国外文化创新有益成果，兼收并蓄、博采众长，不断增强文化产品的时代感和吸引力。要积极鼓励原创和现实题材创作，推出更多具有民族特色、体现时代特征、富有中国气派的文艺精品，展示中国文艺的创新品格和创新风范，引领中国文艺不断推陈出新、蓬勃发展。要高度重视互联网、手机等新兴媒体在文化产品创作生产传播和新业态发展中的作用，善于运用现代信息技术进行文化创造和传播，推进文化科技创新。要充分发挥人民群众的首创精神，不断总结提炼来自群众、生动鲜活的文化创新经验，推广大众文化优秀成果，在全社会营造鼓励文化创造的良好氛围，让蕴藏于人民中的文化创造活力得到充分发挥。

五、积极推动中华文化走出去，不断增强中华文化在世界上的感召力和影响力

推动中华文化走出去、增强中华文化在世界上的

感召力和影响力，是坚持中国特色社会主义文化发展道路、建设社会主义文化强国的重要任务。要按照全会《决定》关于推动中华文化走向世界的重要部署，开展多渠道多形式多层次对外文化交流，广泛参与世界文明对话，促进文化相互借鉴，充分展示中华优秀传统文化的多姿多彩和博大精深，充分展示当代中国文化建设的最新成果，充分展示中国人民改革创新、和平发展、文明进步的精神风貌和良好形象，努力形成与我国国际地位相适应的文化软实力。要把政府交流和民间交流结合起来，在继续推动政府主导的文化交流同时，充分发挥文化产业和文化企业在推动文化走出去中经常性、持久性的优势和作用，着力打造一批有世界影响的知名文化品牌，培育一批具有较强实力和国际竞争力的外向型文化企业，努力构建以政府为主导、以企业为主体、以市场化运作为主要方式的文化“走出去”新格局。

广大文艺工作者是文化走出去的中坚力量。要进一步增强责任感和使命感，积极参与政府主导的各种文化交流活动，努力开拓文化产业、文化产品走向世界的新渠道新途径。要遵循国际文化交流规律，适应国际文化市场需求，既充分展现中华民族优秀文化内涵、体现当代中国价值观念，又符合国外受众的思维方式、审美特点和接受习惯，努力做到“中国内涵、国际表达”，使中华文化越来越多地为国外受众所接受和喜爱。要积极吸收国外优秀文化成果，坚持以我为主、为我所用，学习借鉴一切有利于加强我国社会主义文化建设的有益经验、一切有利于丰富我国人民文化生活的积极成果、一切有利于发展我国文化事业和文化产业的经营管理理念和机制，在提高文化开放水平的过程中增强我国文化的整体实力。

六、建设高素质人才队伍，为文艺事业繁荣发展提供有力人才支撑

建设高素质人才队伍，是坚持中国特色社会主义文化发展道路、建设社会主义文化强国的重要保障。全会《决定》指出，推动社会主义文化大发展大繁荣，队伍是基础，人才是关键。要按照《决定》提出的要求，坚持尊重劳动、尊重知识、尊重人才、尊重创造，深入实施人才强国战略，牢固树立人才是第一资源的思想，全面贯彻党管人才的原则，加快培养造就德才兼备、锐意创新、结构合理、规模宏大的文化人才队伍。要实施好“四个一批”人才培养工程和文化名家工程，造就各领域各门类高层次领军人物，推出和表彰一批人民喜爱、有国际影响的名家大师和民族文化代表人物。要适应文化改革发展新要求，加强专业文化工作队伍、文化企业家队伍建设，重视发现和培养社会文化人才，扶持资助优秀中青年文化人才主持重大课题、领衔重点项目，抓紧培养善于开拓文化新领域的拔尖创新人才、掌握现代传媒技术的专门人才、懂经营善管理的复合型人才、适应文化走出去需要的国际化人才。要加强基层文化人才队伍建设，鼓励和扶持群众中涌现的各类文化人才，充分发挥群众性文化活动积极分子的作用，充分调动文化志愿者的积极性，打造一支扎根基层、服务群众、专兼结合的基层文化队伍。

广大文艺工作者要加强职业道德、职业精神和作风建设，努力追求德艺双馨。德，就是个人品德、职业道德、家庭美德、社会公德、职业精神、价值取向、社会信誉，以及理想信念、思想境界、精神追求等，是中华民族优秀传统文化和社会主义先进文化的集中体现，是文艺工作者立身处世之根、人格魅力之本。艺，就是艺术才华、艺术能力、艺术思想、艺术风格、艺术境界等，是艺术造诣的集中展现，是文艺工作者成就事业之基、艺术魅力之源。德与艺相辅相成、相互促进。人品决定艺品，立艺先要立德。唯有德艺双馨，才能使高尚的人品和高超的艺品相得益彰、行之久远。德艺双馨不是他人的主观臆断，而是文艺工作者用自己实践铺就的人生轨迹，是历史和人民的客观评价。广大文艺工作者要自觉把德艺双馨作为毕生奋斗的目标，积累丰富知识，提高精神境界，培养高尚人格，树立良好形象，努力成为既富有崇高精神内涵又具有高超艺术才华的文艺家，成为经得起时代和历史检验的名家大师。

（本文是2011年11月25日李长春在中国文联第九届全国委员会、中国作协第八届全国委员会全体会议上的讲话，摘自《人民日报》2011年11月26日第2版，略有删节）

中宣部和国家广电总局领导讲话摘编

刘云山：在新的起点上开创文化改革发展新局面

2011年11月3日，中共中央政治局委员、中央书记处书记、中宣部部长刘云山在省部级领导干部文化体制改革和文化建设专题研讨班上强调，党的十七届六中全会承前启后、继往开来，深刻阐明了中国特色社会主义文化发展道路，确立了建设社会主义文化强国的宏伟目标，体现了我们党的远见卓识和责任担当。要把握难得历史机遇，凝聚各方智慧力量，以高度的文化自觉和文化自信贯彻落实全会的战略部署，在新的起点上开创文化改革发展新局面。

刘云山指出，坚持中国特色社会主义文化发展道路，是全会立足中国特色社会主义事业发展全局提出的重大战略思想，丰富和发展了中国特色社会主义文化建设理论。这一发展道路集中体现了党的性质宗旨和我国发展的根本方向，体现了对中华民族优秀传统文化的坚持继承和创新发展，体现了文化发展规律和人民群众根本意愿。这一发展道路深刻回答了我国文化建设"以什么为指导、沿着什么方向、按照什么要求、围绕什么任务、达到什么目标"等一系列重大战略问题，为我们推进文化改革发展、建设社会主义文化强国指明了正确方向和路径。

刘云山指出，中国特色社会主义文化发展道路是建设先进文化之路、科学发展之路、强基固本之路、以人为本之路、改革创新之路，必须高扬自己的文化理想，坚持以马克思主义为指导，不忘本来、吸收外来、着眼将来，在推动历史进步中实现文化进步；必须深入贯彻落实科学发展观，以科学发展为主题，把科学发展的理念观念和基本要求贯穿到文化工作的各个方面、各个环节；必须把建设社会主义核心价值体系作为根本任务，融入国民教育、精神文明建设和党的建设全过程，贯穿改革开放和社会主义现代化建设各领域，体现到精神文化产品创作生产传播各方面；必须坚持人民至上的价值追求，牢固树立群众观点，自觉贯彻党的群众路线，做到文化发展为了人民、文化发展依靠人民、文化发展成果由人民共享；必须坚持解放思想、实事求是、与时俱进，继续深化文化体制改革，大力推进文化创新，使我们的文化在改革创新中增创发展新优势、引领发展新潮流。

刘云山强调，坚持中国特色社会主义文化发展道路，实现党的十七届六中全会描绘的宏伟蓝图，既需要有思想的统一，更需要有行动的自觉。要以时不我待、奋发有为的精神，以狠抓落实、务求实效的作风，担当起推动文化大发展大繁荣的历史责任。要紧密结合实际，抓住那些基础性战略性工作，抓住那些重大部署和重大项目，集中力量和资源全力以赴地加以推进，力争在重点领域和关键环节取得新的突破。要注意强化基层，把更多的资源投向基层，把更多的项目放在基层，把更多的服务延伸到基层。要加强队伍建设，加快人才培养，造就一支德才兼备、锐意创新、结构合理、规模宏大的高素质文化人才队伍。要健全领导体制，完善政策措施，加大投入扶持力度，充分调动各方面参与文化建设的积极性，形成推动文化繁荣发展的强大合力。

（摘自新华社2011年11月3日电）

发展现代传播体系
提高社会主义先进文化辐射力和影响力

中宣部副部长、国家广播电影电视总局局长　蔡赴朝

一、加强重要媒体建设

《中共中央关于深化文化体制改革、推动社会主义文化大发展大繁荣若干重大问题的决定》（以下简称《决定》）强调，要加强党报党刊、通讯社、电台电视台和重要出版社建设。党报党刊、通讯社、电台电视台，是党的新闻宣传事业的主阵地、主力军，必须作为构

建现代传播体系的战略重点。当前，我国正处在改革发展的关键时期，社会思想观念深刻变化，人们思想活动的独立性、选择性、多变性、差异性明显增强；同时，高新技术特别是信息网络技术迅猛发展，媒体传播理念、传播渠道、传播方式正在发生深刻的变化和调整。加强重要媒体建设，必须科学把握这些新形势、新趋势，着力提高舆论引导能力、数字化采编播能力、统筹传统媒体新兴媒体发展能力。

要把坚持正确导向、提高舆论引导能力贯穿媒体建设始终。要紧紧围绕深入贯彻"三贴近"原则，大力推进宣传创新，切实增强新闻宣传的亲和力、吸引力、感染力。要建立常态化的深入基层、深入群众新闻工作机制，正确引导社会舆论，有效回应社会关切，更好服务百姓生活。要健全新闻报道快速反应机制，第一时间发出权威声音。要积极探索把握新形势下舆论引导机制，提高新闻信息量，提高现场直播能力，增强引导和回应群众参与互动的能力。

数字化是媒体发展的重要趋势，不仅促进了媒体采编、发行、播发系统的技术升级，而且带来了媒体内部管理体制、运行机制的全方位变革。要坚持以数字化为龙头，以科技创新带动体制机制创新，加快媒体现代化进程，实现多媒体综合集成发展。要加强党报党刊采编系统数字化网络化建设，加快存量资源数字化转换，积极推进数字出版、数字印刷、数字发行、数字阅读。要加快电台电视台台内数字化建设，构建采、编、播、存、用一体化的数字技术新体系，构建面向多个播出平台、多种用户终端的综合制播系统，大幅度地提升广播电视播出质量和水平。

互联网等新兴媒体发展迅速，已经成为覆盖广泛、影响巨大的大众传媒。占领文化传播制高点，就必须抢占科学技术制高点。把握舆论引导主动权，就必须把握新媒体发展主动权。党报党刊、通讯社、电台电视台和重要出版社要从战略高度重视新媒体、发展新媒体，切实增强统筹传统媒体新兴媒体发展的能力。要充分发挥资源优势，积极拓展网络报刊、网络广播电视、手机报刊、手机电视、移动多媒体等新兴领域和新兴传播阵地，使新兴媒体成为传播社会主义先进文化的新阵地、提供公共文化服务的新平台、人们健康精神文化生活的新空间。

二、加强国际传播能力建设

《决定》对我国国际传播能力建设作出了部署。我们必须服从服务国家对外工作大局，紧紧围绕提升我国综合国力，切实把国际传播能力建设作为构建现代传播体系的重要内容，着力扩大对外宣传，建设全球传输覆盖网络，加强对外文化交流合作，切实增强我国国际舆论话语权，提升中华文化国际影响力。

强大的媒体是衡量一个国家国际传播能力的重要标志，是建设文化强国的重要途径。经过多年发展，我国重点媒体已经具备了打造国际一流媒体的良好基础和条件。人民日报建设新闻资源系统，加快海外版数字化转型；新华社驻外分社超过 140 个，形成比较健全的全球新闻信息采集网络和新闻发布体系；中国国际广播电台建有海外记者站 32 个，建成 62 个境外整频率电台，使用 61 种语言对外播出；中央电视台海外记者站达 50 个，开播英语、西班牙语、法语、俄语、阿拉伯语、汉语 6 种语言 7 个国际频道，在 141 个国家和地区落地，海外用户超过 2 亿；中国日报形成国内旗舰版、美国版、欧洲版、亚洲版共同发展的局面；中新社海外供版覆盖 22 个国家；人民网、新华网、中国网络电视台影响力不断增强；等等。但是，我们必须清醒地看到，与国际大型传媒集团相比，我国重点媒体在制播能力、传播能力、新媒体发展能力等方面还有明显的差距，国际舆论影响力、国际事务话语权还相对较弱。必须加大工作力度，采取有力措施，加快打造语种多、受众广、信息量大、影响力强、覆盖全球的国际一流媒体，实现我国重点媒体国际传播能力的跨越式发展，使我国主流媒体的图像、声音、文字、信息更广泛地传播到世界各地。

打造国际一流媒体，要立足我国媒体发展实际，充分借鉴跨国传媒有益经验，坚持硬件和软件并重，同步推进基础设施建设和信息内容建设。一要完善新闻信息采集网络。把新闻触角延伸到世界各地，提高采编播发综合业务能力，特别是能够做到现场报道、权威报道重要国际新闻事件，努力提高新闻信息原创率、首发率、落地率。二要加强内容建设。深入研究国外受众心理特点和接受习惯，贴近中国和世界发展的实际，贴近国外受众对中国信息的需求，贴近国外受众的思维习惯，利用现代传播技巧，运用国外受众听得懂、易接受的方式和语言，增强内容的吸引力和影响力。三要加强本土化建设。逐步实现信息采集、编辑制作等业务流程的本土化运作，切实增强传播实效。四要扩大海外传播发行、落地覆盖。在巩固传统传播方式的同时，积极利用互联网等新技术手段完善全球传输覆盖网络，扩大在境外的覆盖面。要注重培育市场化、专业化的营销主体，构建符合市场运作规律、覆盖广泛的营销体系，不断提高新闻信息产品营销能力。

三、建立国家应急广播体系

建立统一联动、安全可靠的国家应急广播体系，是党中央根据国际经验和我国实际，对我国现代传播体系建设提出的新任务新要求。从国际上看，利用广播电视传播紧急信息、发布预警消息是世界各国普遍采用的有效手段，欧洲、美国、日本等都把广播电视作为政府应急体系中最重要的信息发布渠道，将广播电视机构纳入应急体系，建立应急广播系统。从1963年开始，美国就逐步建设了连接数千个广播电视台、有线电视网、卫星广播网络的覆盖全美的应急广播系统；欧洲建立的应急体系也将广播电视作为重要组成部分；日本已经建成较为完善的应急广播系统，遇有突发事件能够通过广播电视迅速发布紧急信息。

从国内看，近年来，我国发生了南方雨雪冰冻、“5·12”汶川特大地震、“4·14”玉树强烈地震等重大自然灾害，给国家造成巨大损失，使人民群众生产生活受到重大影响。在这些重大自然灾害等突发公共事件的应急处置中，广播电视在及时传达政令、发布信息、引导舆论、稳定人心、协助救灾等方面发挥了不可替代的作用，充分证明了其在应急处置中的独特功能和重要地位，已经成为国家应急体系不可缺少的重要组成部分。

当前，国家应急广播体系建设已列入我国“十二五”规划纲要，有关工作正在抓紧推进。国家应急广播体系建设要根据国家应急体系建设总体要求，充分利用无线、有线、卫星等传输资源，综合采取中短波广播、调频广播、移动多媒体广播和数字音频广播等技术手段，以中央人民广播电台为龙头、联结省市县，着力建立健全应急广播的信息采集播出、传输覆盖、接收等系统，努力做到统一联动、安全可靠，使之在应对突发公共事件中发挥更大作用。按照计划，2015年年底前基本完成国家应急广播体系建设，实现应急广播的全国覆盖和稳定运行。

四、推进三网融合

三网融合是我国经济和社会信息化的重大战略任务，是充分发挥各类信息网络设施文化传播作用的内在要求，必须作为构建现代传播体系的重要工作来推进。

按照党中央、国务院部署，三网融合正在扎实推进。2010年1月21日，国务院印发实施《推进三网融合的总体方案》，全面阐述了推进三网融合的重要意义、指导思想和基本原则，明确了三网融合总体目标，提出到2015年，实现电信网、广电网、互联网融合发展，新型信息产品和服务不断涌现，网络利用率大幅提高，科技创新能力明显增强，国民经济和社会信息化水平迅速提升，网络信息安全和文化安全保障能力进一步增强，信息产业、文化产业和社会事业进一步发展，社会主义文化进一步繁荣，人民群众享有更加丰富多样、快捷经济的信息和文化服务。总体方案提出了分两步走的工作目标，2010～2012年为试点阶段，2013～2015年为推广阶段；确定了推动广电、电信业务双向准入，加强网络建设和统筹规划，强化网络信息安全和文化安全监管，推动产业发展等4个方面的任务。2010年6月，国务院办公厅印发了三网融合试点方案，并公布了第一批12个试点地区（城市）名单。目前，试点工作已取得积极进展。

推进三网融合，对改造提升广播电视网提出了紧迫要求。截至2010年年底，我国有线电视干线网络超过330万公里，全国有线电视用户达1.89亿户，覆盖全国所有大中城市、部分乡镇以及不少农村地区，其中数字电视用户8799万户。但不容忽视的是，有线电视网络资源分散、条块分割，不少地区网络技术水平落后。适应三网融合要求，必须加快有线电视网络由小网向大网、模拟向数字、单向向双向、用户看电视向用电视的转变。一方面，要加快有线电视网络整合。抓紧组建国家级广播电视网络公司，逐步实现全国有线电视网络统一规划、统一建设、统一运营、统一管理。另一方面，要加快有线电视网络大容量、双向交互升级改造。具体目标是，到2015年全国县级以上城市有线电视网络全面实现数字化，80%基本实现双向化。同时，以有线数字电视、移动多媒体广播电视等网络为基础，以我国自主创新的核心技术为支撑，加快下一代广播电视网（NGB）建设，努力建设以视频服务为主、提供多种信息服务、可管可控、安全可靠的综合信息网络。目前，12个三网融合试点城市正在抓紧下一代广播电视网示范区建设。

推进三网融合，必须加强内容和服务创新。要大力开发高清电视、视频点播、互动电视、政务信息、远程教育医疗、电子商务等数字广播电视网络多样化服务。符合条件的广电企业还可经营增值电信业务、比照增值电信业务管理的基础电信业务、基于有线电视网络提供的互联网接入业务、互联网数据传输增值业务、国内IP电话业务。要加快发展移动多媒体广播电视，加强和丰富节目内容，增强针对性和吸引力；加强网络建设，从地市延伸到区县，扩大深度覆盖，更好地满足人民群众随时随地收听收看的需求。要通过三网融合，真正让人民群众感受到精神文化生活新变化和新实惠。

推进三网融合，必须积极发挥各类信息网络设施的文化传播作用。在加强监管的前提下，符合条件的国有电信企业可从事除时政类节目之外的广播电视节目生产制作、互联网视听节目信号传输、转播时政类新闻视听节目服务，以及除广播电台电视台形态以外的公共互联网音视频节目服务和交互式网络电视（IPTV）传输服务、手机电视分发服务。

推进三网融合，必须维护国家文化安全和信息安全。这是三网融合顺利开展的基础和前提，必须贯穿于三网融合全过程。要落实网络信息安全和文化安全管理职责，加快建立健全相关安全监管机构和监管系统，确保内容可控可管、安全播出。三网融合总体方案和试点方案明确，广播电视播出机构负责IP电视、手机电视集成播控平台的建设和管理，包括节目的统一集成和播出监控、电子节目指南、用户端、计费、版权等管理。目前，已经完成三网融合试点地区IPTV、手机电视集成播控平台建设，正在积极推进监管平台建设，目的就是要确保播出内容安全和传输安全，切实维护人民群众的视听权益，促进健康有序发展。

（摘自《人民日报》2011年11月7日版）

面临新形势、新任务和新使命 推动广播影视转变发展方式、提升传播能力

国家广播电影电视总局副局长　张海涛

2010年是我国实施“十一五”规划的最后一年，也是制定“十二五”规划的关键年。“十二五”时期，是我国深入贯彻落实科学发展观、转变发展方式、全面推进小康社会建设的关键时期，是我国重要领域和关键环节深化改革、扩大开放、构建社会主义和谐社会的攻坚时期，也是推动广播影视大发展大繁荣的重要时期。“十二五”期间，我们将按照科学发展观的总体要求，推动广播影视转变发展方式、提升传播能力、推进三网融合，推动我国广播影视又好又快发展，更好地引领带动我国现代传媒业和文化产业的发展，为全面建设小康社会做出更大贡献。当前和今后一段时间有三项重要任务：

一、着力加快转变发展方式，推动广播影视从过去的模拟、分散、单一服务，向数字、集约、综合服务转变

广播影视是高科技、重装备的行业，涉及采编、制作、播出、传输、发射等多个环节，涉及有线、无线、卫星等多种传输手段。当前，数字、网络等信息技术的迅猛发展使广播影视的技术基础发生了深刻变革，特别是由模拟向数字的重大转变，使广播影视传播方式正由单向传输向双向互动转变，接收终端由单一向多元多样转变，业务形态由封闭分割向开放融合转变。加快广播影视发展方式的转变势在必行。

1. 要更多地依靠科技进步和自主创新，推动跨越式发展

随着数字技术、网络技术的快速发展，广播正向数字广播、网络广播、多媒体广播方向发展，电视正向数字电视、高清电视、超高清电视、网络电视、移动电视、下一代电视方向发展，电影正向数字电影、立体电影方向发展，广播电视网正向数字、双向、智能、多功能、全业务方向发展，并积极为物联网提供有力的支撑平台。我们各级广电部门要准确把握广播影视的发展趋势，始终发挥科技进步的引领、带动、支撑和保障作用，以数字化、网络化为龙头，以自主创新为依托，改造广播影视生产流程，提高生产效率和核心竞争力，加快推动我国具有自主知识产权的移动多媒体广播电视、地面数字电视、数字电影放映等技术的产业化进程，为广播影视发展开拓新空间，不仅为电视机、收音机等终端用户提供良好的节目内容服务，还要为手机、计算机、MP4等终端用户提供良好的节目内容服务，不断提高数字化的传播能力，实现广播影视面向多终端的全方位服务，满足不同受众对数字化传媒生态中内容的新需求。

2. 要更加注重结构调整和质量提高，加快推动广播影视由外延扩张向内涵提高方向转变

经过60年来几代广电人的艰苦创业，我国广播影视已形成庞大的数量规模：一是播出机构、节目套数和内容生产数量很大。2009年底，全国有广播

电视播出机构2654座（广播电台251座、电视台272座、教育电视台44座、广播电视台2087座），开办了3985套开路播出的广播电视节目（广播2675套、电视1310套），还有178套付费广播电视节目（付费电视139套、付费广播39套）。2009年生产的电影故事片超过450部、电视剧超过1.3万集、动画片超过17万分钟。二是传输覆盖网和用户规模很大。全国有广播电视发射台转播台3万多座，卫星上行站30多座，有线电视网络400多万公里，2009年底我国广播电视人口综合覆盖率分别为96.31%和97.23%，全国电视用户约4亿、有线电视用户约1.74亿，都占全球的1/3。我国广播影视在节目套数、生产数量、播出时间、用户规模等方面都位居世界前列，但布局分散、大而全、小而全，没有形成集约化、规模化的运营主体；节目雷同、同质化竞争、图像质量低下、服务方式单一，不能满足各类终端用户对节目内容的需求。广播影视转变发展方式和服务方式已迫在眉睫。此外，2009年全国广播电视总收入已超过1600亿元，转变发展方式已具备坚实的经济基础。我们各级广电部门要在内涵提高上下功夫，更加注重结构调整，更加注重品质提高，更加注重品牌建设，更加注重业态创新，更加注重产业发展，更加注重节能环保，合理配置资源，完善体制机制，加快推动广播影视传播方式从模拟单向传输向数字双向互动转变，加快推动运营模式由小规模分散经营向集约化、规模化方向转变，加快推动服务方式由简单单一服务向多样化综合服务转变，培育一批充满活力、有竞争实力的骨干企业，打造具有自主知识产权、具有市场影响的文化品牌，不断提高广播影视服务水平和整体实力。

3. 要更加注重队伍建设和劳动者素质提高，充分发挥智力、技术、管理等生产要素在广播影视发展方式转变中的重要作用

劳动者是生产力中最活跃的要素，劳动者的素质决定着发展的质量和水平。广播影视属于知识和智力密集型行业，更需要强化技术革新和文化创意，更需要高素质的劳动者。广播影视专业岗位门类齐全，既有新闻宣传、文艺创作专业人员，又有工程技术、经营管理专业人员。我们各级广电部门要牢固树立人才是第一资源的观念，分类指导，加强领导，按照政治上靠得住、工作上有本事、作风上过得硬的要求，加强队伍建设，加强作风建设。要营造尊重劳动、尊重知识、尊重人才、尊重创造的良好氛围，实施人才兴业战略，用事业凝聚人才，用机制激励人才，用实践造就人才。要加强政治思想学习和专业技术培训，造就一批懂宣传、懂技术、懂经营、懂管理的复合型人才，造就一大批业务骨干和专业领军人才，全面提升干部队伍的综合素质。要建立科学规范的管理体制和激励机制，充分调动和发挥干部职工的积极性、主动性和创造性，广泛吸纳社会有识之士和专业人才，让一切劳动、知识、技术、管理等生产要素的活力竞相迸发，共同推动广播影视发展方式的转变。

二、着力加快构建现代传播体系，不断提高广播影视的传播力和影响力

党的十七大首次将构建传输快捷、覆盖广泛的文化传播体系写入了党的纲领性文件。胡锦涛总书记在党的十七届三中全会上明确提出：谁的传播手段先进、传播能力强大，谁的思想文化和价值观念就能更广泛地流传，谁就能更有力地影响世界。传播力决定影响力。2009年，中办、国办下发24号文件（关于印发《2009～2020年我国重点媒体国际传播力建设总体规划》的通知），要求到2020年，在报刊、通讯社、广播电视和互联网等领域建成若干具有国际影响力的传媒集团，形成与我国经济社会发展水平和国际地位相称的媒体国际传播力。经过几十年的建设，我国已建成了多种手段并用、多层次覆盖、规模庞大的广播影视网，如何以较短时间、较低成本、安全平稳地实现从播出前端到用户终端全系统的数字化，构建完善传输快捷、覆盖广泛、安全可靠的现代传播体系，是我们全国广电系统"十二五"时期一项重中之重的任务。

1. 要充分发挥广播电视台和网两个积极性，台网联动，共同构建现代传播体系

广播电视是内容和载体的有效统一。广播电视台负责节目的采编、制作、播出，广播电视网负责节目的传输、覆盖和用户服务，是广播电视节目进入家家户户的桥梁和纽带，两者缺一不可，共同构成了广播电视传播体系。

要充分发挥广播电视台在构建现代传播体系中的龙头带动作用。要按照国家广电总局下发的白皮书的要求，进一步加快台内数字化、网络化应用，建立面向多种播出平台、面向多种终端用户、互联互通、资源共享的内容资源管理系统，提高节目质量，创新节目形态，丰富节目内容，不断提高广播电视台的核心竞争力。2009年，全国已开办13套高清节目。要继续把高清电视的发展放在突出位置，实行标清与高清同播。加强高清节目制播网络建设，制定完善高清节目制播流程，加强高清节目制作储备，加快高清节目制播人

才的培养，增加高清节目的播出时间和节目套数，加快高清电视的推广普及，带动高清电视产业发展。

要充分发挥广播电视网在构建现代传播体系中的基础支撑作用。广播电视网是确保让党和国家声音传入千家万户的文化宣传网，是维护国家文化安全、信息安全的重要支撑网和备份网。要积极利用新技术，开发新业务，提供新服务，满足新需求，最大限度地发挥广播电视网的单向传播优势、宽带接入优势和用户资源优势。同时，加快双向化改造、新业态开发，加快融合集成创新，加强台网联动，努力做到跨网络、跨屏幕、跨平台、跨地区、跨行业的资源共享和互联互通，汇天下精华，为政府、行业、社区、家庭提供全方位的广播电视和信息服务，满足社会各界和人民群众对广播电视的新需求和新期待。总之，要以数字化、双向化、高清化为契机，推动我国广播电视发展上一个新台阶。

2. 要从我国基本国情出发，统筹无线、有线、卫星、互联网等多种手段，构建现代传播体系

我国人口众多、地域辽阔、地形复杂、经济发展和人们的收入水平不均衡，东部、中部与西部，城市与农村广播电视基础设施差距较大。我国有4.12亿户家庭，有约4亿户电视家庭用户分散在全国的城市农村、山区村寨，必须统筹无线、有线、卫星、互联网等多种技术手段进行混合覆盖。经过多年的艰苦奋斗，我国已形成门类齐全的广播电视传播体系。特别是近年来，国家实施了“村村通”工程、“西新工程”、无线覆盖工程、有线电视数字化工程、移动多媒体广播电视工程、地面数字电视工程，我国广播电视覆盖发生了翻天覆地的变化。

一是实施“村村通”工程。已完成全国11.7万个行政村“盲村”、10万个50户以上自然村“盲村”的“村村通”建设任务，解决了近1亿多人听广播、看电视难的问题。今年底将全部完成全国71.66万个20户以上自然村“盲村”的“村村通”建设任务，其中，通过直播卫星方式将解决1230万户、近5000万人听广播看电视难的问题。由于采用了直播卫星加密方式，可以实现对每个用户、每个机顶盒实行精细化管理和服务，为下一步推动广播电视户户通奠定了良好基础。

二是实施“西新工程”。“西新工程”经过十年的建设，从根本上改变了西藏、新疆、内蒙古、宁夏等边远少数民族地区广播电视薄弱的问题。下一步将继续加强覆盖和少数民族语言节目译制，使少数民族同胞不仅能听到看到、还要能听懂看懂广播电视节目。

三是实施无线覆盖工程。已完成6626部发射机的更新改造和运行维护任务，使中一广播、中一电视、中七电视的人口无线覆盖率从2005年底的61%、38%、0%，提高到目前的85%、85%、69%以上，无线覆盖人口分别超过11亿、11亿、9亿，初步建立了中央广播电视无线覆盖体系，从根本上扭转了无线覆盖滑坡的问题，保证了人们打开电视机、收音机就能免费听到广播、看到电视，享受公共服务。下一步要在确保无线覆盖质量的基础上，积极研究利用新技术手段，使无线覆盖地区2亿多户群众能够接收到更多的高质量的节目，努力做到城乡广播电视服务均等化。

四是推进有线电视数字化工程。全国已有160多个地市、460多个县市完成了数字化整体转换，广西、海南、宁夏、江苏等省区所有城市已完成整体转换。目前，全国有线电视用户数1.74亿，其中，有线数字电视用户数超过6500万，占用户总数的1/3以上，有线数字电视呈快速发展势头。下一步要把数字化转换、双向化改造、新业态服务结合起来，推动有线网络成为三网融合和现代服务业的重要支撑平台。

五是推进移动多媒体广播电视（CMMB）建设。CMMB是我国自主创新的移动多媒体技术和标准，已经形成完整的产业链。全国已有300多个城市开通了CMMB信号，30个省份完成了业务运营支撑系统建设和运营签约，并与中国移动一道，推动我国自主创新的TD+CMMB的融合发展。TD+CMMB的融合发展，开启了我国具有自主知识产权的无线通讯广播事业融合发展的新领域，是实践三网融合的有益探索，对于推进科技创新、带动国内消费、促进文化信息产业发展、满足人们多样多变多元精神文化需求、培育新的经济增长点，都具有重要的意义。目前我们正加紧优化网络覆盖，创新业务形态，完善服务体系，加快手机、手持电视机、笔记本电脑、车载等各类CMMB终端的推广普及，满足移动人群随时随地听广播、看电视、查信息的需求。

六是实施地面数字电视工程。全国已有100多个城市开通了地面数字电视，2010年底所有地市都将开通地面数字电视。为了保证公共服务，我国地面电视实行模拟与数字同播、标清与高清同播的方针，以避免因为技术升级而使目前收看模拟地面电视的用户接收不到电视信号。

互联网作为新兴媒体，具有很强的生命力和聚合力，它以“多对多、自传播”的方式，改变了广电“一对多、点对面”的传播模式，满足了信息时代人们获取信息的个性化新需求。近年来，广电系统高度重视互联网等新媒体的发展，积极利用互联网的新途径、新方式，不断提升广播影视的传播力和影响力。大力推进网络广播电视、手机广播电视的发展。央视网、中国广播网、国际在线等网站的点击量快速增长，开播了中国网络电视台。通信方式的手机电视也得到了很大发展。

总之，我国已建成了针对城市、农村、山区等不同地区，针对电视机、收音机、手机、车载等不同终端，无线、有线、卫星、互联网等多种技术手段并用的广播电视现代传播体系。要从我国基本国情出发，遵循各种传输手段的传播规律，统筹兼顾，明确定位，有序竞争，共赢发展，在实现公共服务均等化目标的基础上，着眼于高速、高清、互动、便携、移动等新业务、新业态、新服务，满足人民群众多层次、多样化的精神文化需求。

3. 要加强技术监测监管，构建安全可靠、可管可控的现代传播体系

当前，我国广播影视正处于模拟与数字、传统媒体与新兴媒体并存发展的关键时期。广播影视从节目采集、制作、播出到传输、覆盖、接收是一个庞大的系统，要使整个系统高效运转、安全运行，需要强有力的技术监测监管体系作为支撑和保障。近年来，为了防范和应对敌对势力的干扰破坏以及重大技术事故、突发事件、自然灾害，全国广电系统已建立了反应快捷、令行禁止、调度灵活的安全播出调度指挥系统，建立了全国无线、有线、卫星广播电视监测网络系统以及节目收听收看、境外卫视、互联网视听节目监管系统，广播影视的安全保障能力和监测监管水平明显提高。当前，我们正积极整合优化现有的监测监管资源，建立集技术监测、节目监管、安全播出调度指挥于一体的统一技术监管平台，对不同播出形态的广播电视业务进行全方位的监测监管。要加强技术革新，积极采用新技术，提高监测监管的智能化和自动化水平，为确保安全播出、提高传输覆盖质量、加强节目监管提供有力的支撑和保障。要进一步完善技术监测监管手段，将地面数字广播电视、移动多媒体广播电视、直播卫星广播电视、IP 电视、手机电视、互联网音视频广播等新业务纳入监测监管范围，纳入安全播出管理。要加强对网络视听等新媒体的监管技术研究，积极探索建立符合我国实际的视听新媒体技术监管体系。同时，要围绕国家应对公共突发事件的需要，充分利用现有广播电视资源，建立分级、分区域、多部门联动的国家应急广播运行机制。总之，安全可靠、可管可控，是构建现代传播体系的基本要求，加强技术监测监管是构建现代传播体系的应有之义和重要内容。

三、着力推进三网融合，加强技术创新、体制创新、服务创新

三网融合是党中央、国务院根据国际科技发展趋势和我国经济社会信息化要求做出的重大战略部署，是数字、网络等信息技术发展的必然趋势，是满足人们多元多变多样精神文化和信息需求的必然选择。按照国务院下发的《推进三网融合总体方案》，推进三网融合主要有四项任务：一是推动广电、电信业务双向进入，明确双向进入的业务范围，组织制定试点方案，进一步加强市场监管；二是加强网络建设改造和统筹规划，加快有线数字电视网络建设和整合，推动电信网宽带工程建设以及加强网络统筹规划和共建共享；三是强化网络信息安全和文化安全监管，落实网络信息安全和文化安全管理职责，加强技术监控系统建设；四是切实推动产业发展，大力发展新兴产业，加强信息技术产品研发和制造，加快建立适应三网融合的国家标准体系。三网融合工作分两个阶段推进，2010 年到 2012 年是试点阶段，2013 年到 2015 年是推广阶段。目前，国家广电总局正与工信部制定试点方案，在有条件的地区组织开展试点工作。三网融合不仅仅是广电与电信业务的对等开放，更重要的是服务业态的创新，真正让用户感受到三网融合带来的全新视听享受和方便快捷的综合服务，让用户体验到三网融合带来的新变化。我们各级广电部门要把思想和行动统一到中央的要求上来，服从国家利益，服从人民利益，尊重科学规律，转变思想观念，转变发展方式，实现战略转型，突出广电特色，发挥广电优势，加强技术创新、体制创新和服务创新，确保安全可控，积极探索走有中国特色的三网融合发展之路。

1. 要加强技术创新，加快数字化转换和双向化改造，加快建设下一代广播电视网（NGB）

数字化、双向化是有线电视网开展各类综合业务的前提和基础，是有线电视网络升级的主要任务和中心工作。全国已完成整转的 6500 多万有线数字电视用户中，双向覆盖用户 3000 多万，但实际双向机顶盒用户只有 200 多万，所占比例很低，有线网络双向化改造任务很重。已完成数字化转换的城市，要加快双向化改造步伐，加快宽带数据基础平台建设，既发挥单向广播的优势，又提供双向交互多功能服务，使有线网成为推进三网融合的高速宽带、高清互动的重要

支撑平台。尚未完成转换的城市，要坚持高标准、高起点，一步到位，直接向双向化过渡，使互动电视、视频点播、时移电视成为有线数字电视的基本功能。今后，要按照国家的统一部署，大力推进宽带接入等综合服务，努力实现有线网络的战略转型。2010 年，总局将在去年与科技部、上海市政府签署的合作协议基础上进一步加大推进力度，加快制定 NGB 战略发展规划，明确 NGB 的发展目标、主要任务、实施步骤和相关配套措施，努力构建 NGB 传输网络（骨干网速率达每秒 1000 千兆、接入网用户端速率达每秒 100 兆）、NGB 业务平台（提供高清电视、数字音视频节目、移动多媒体、高速数据接入和话音等三网融合的“一站式”服务）、NGB 管理系统（对业务、内容、网络和用户实现智能化的监控和管理），实现广播电视网络业务跨地区的互通、交换和节目资源的共享，为用户提供更加优质、更加高效的全方位服务。要结合三网融合试点，同步推进 NGB 示范网建设，计划用三年的时间在全国主要城市建设 NGB 示范网。要统一技术标准，加大技术研发和产业发展的推进力度，加快组织制定 NGB 标准体系，制订完善相关技术、网络、业务标准。要充分调动和发挥社会各方面的力量，组建 NGB 技术和产业联盟，对重大关键技术开展联合攻关，加快产业化进程，形成合作共赢、良性发展的产业格局。要加强 NGB 的安全保障体系建设，努力做到可控可管、安全可靠，确保安全播出和政令畅通。

2. 要加强体制创新，加快有线网络整合和事转企步伐，培育符合现代企业制度、现代产权制度要求的合格市场主体

2009 年，国家广电总局已颁布《关于加快广播电视有线网络发展的若干意见》，各地要加快网络中心事转企的步伐，加快推进省级网络整合，在 2010 年底之前基本实现一省一网的目标。当前，全国有 13 个省份基本完成了网络整合，北京、陕西、湖南、深圳等网络公司已经上市。各地要抓紧推进网络整合。一是要始终坚持行政推动、市场运作、存量保值、增量分成的原则，保护各方的合法权益，特别是要保护地市、县的实际利益，推动省、地市、县三级贯通、共同发展。二是要采取股份制方式，省、地市、县共同协商，确定资产评估标准，按照现代企业制度、现代产权制度的要求，共同塑造和培育自主经营、利益共享、风险共担的合格的市场主体。三是要坚持业务发展与网络整合并重并举的原则，业务发展与网络整合要相互促进，不能将两者割裂开来，影响有线网络的快速发展。总局将按照三网融合总体方案的要求，抓紧研究提出组建国家级有线电视网络公司方案，一方面积极争取国家的政策支持和资金投入，另一方面充分利用股份制改造等市场手段，尽快形成有线电视网参与三网融合的市场主体，提高有线网络集约化、规模化经营水平，逐步实现全国有线电视网络统一规划、统一建设、统一运营、统一管理、联合发展的新格局。

3. 要加强服务创新，加快新业态开发，切实提升有线电视的服务能力和水平

以人为本、用户至上，是有线电视服务的基本要求。各地在推进数字化转换、双向化改造和网络整合的同时，要把满足用户的需求作为工作的出发点和落脚点，把完善服务体系建设、开发服务新业态放在更加突出的位置，不断提升内容丰富度、图像清晰度、用户体验度和价格实惠度。一是要抓紧研究制定广播电视基本业务、增值业务的科学分类标准，建立广播电视业务分类目录，抓紧研究制定有线电视服务质量管理规定，为全国有线网络开展各类业务服务、提高服务质量提供有力的政策规范和标准。二是要明确服务定位，完善服务规范，细化服务流程，严格服务管理，为每一个家庭、每一个终端提供精细化的周到服务。同时，要自觉接受社会各界和用户的监督，形成有线数字电视的良好服务品牌和公众形象，维护人民群众的基本文化权益。三是要加强服务新业态开发，推动融合创新和本地化服务。要加强对物联网等新兴产业技术的融合研发，大力开发高清电视、视频点播、电子政务、银行支付、民生信息、电视通话、宽带接入、家庭智能化等多种新业务，使有线数字电视真正成为家家户户人人享用的多媒体综合服务信息平台，最大限度地满足人民群众多样多元多变的精神文化和信息需求。

（本文是2010年3月22日张海涛在2010年CCBN中国广播影视科技发展主题报告会上的讲话）

团结协作 扎实工作，积极稳妥推进三网融合

国家广播电影电视总局副局长 田 进

一、抓紧抓好三网融合

1．党中央、国务院高度重视三网融合工作，并将其纳入新时期国家发展战略的重要内容

我国是较早认识并提出三网融合的国家。面对经济全球化、全球信息化发展趋势，中央审时度势，科学决策，在党的十六大、十七大报告中，明确提出推进三网融合，并将其列入国家"十五"计划和"十一五"规划。根据2009年4月29日国务院第60次常务会议精神，由工信部和广电总局联合组成起草小组负责起草三网融合总体方案。在国务院办公厅的组织协调下，经过反复讨论和修改，在一些重大问题上取得了共识，形成了总体方案草案。2010年1月13日，温家宝总理主持召开国务院第97次常务会议，审议通过了《推进三网融合的总体方案》。依据《总体方案》制定的《三网融合试点方案》，于2010年6月9日由国务院办公厅印发。在各省（区、市）人民政府自愿申报的基础上，按照试点地区（城市）应具备的条件，经国务院三网融合工作协调小组审议批准，确定了第一批三网融合12个试点地区（城市）名单，国务院办公厅于2010年6月30日正式公布。之后，在各省（市）政府领导下，各试点地区（城市）制定实施方案，并抓紧各项准备工作，三网融合至此进入了实质性推进阶段。十一届全国人大四次会议审议通过的《国民经济和社会发展第十二个五年规划纲要》，明确要求推动文化产业成为国民经济支柱性产业，同时要求在"十二五"期间实现电信网、广播电视网、互联网三网融合，构建宽带、融合、安全的下一代国家信息基础设施。因此，认真贯彻落实中央部署，加快推进三网融合，是我国当前和今后一个时期经济社会发展的重要任务之一，也是广播影视系统的重要工作任务。

2．立足发展第一要务，加快推进三网融合，促进国家政治、经济、文化、社会全面发展

三网融合有利于迅速提高国家信息化水平，推动信息技术创新和应用。三网融合有利于创新信息传播方式，扩大信息传播范围，促进中华文化繁荣发展。三网融合有利于带动相关产业发展，培育新的经济增长点，满足人民群众多样化的服务需求。必须指出，三网融合不是三网合一，不是网络的相互替代，而是三张网的业务的融合，是每个网络都能开展多种业务，用户既可以通过有线电视网打电话、宽带上网，也可以通过电信网看电视。基础网络本身无论是历史原因还是发展的需要都将长期共存。三网融合是一个渐进的过程。对此，我们应有充分的认识。

3．立足统筹国内国外两个大局，科学借鉴国外三网融合经验，牢牢把握全球信息产业发展趋势

三网融合作为信息技术、网络技术快速发展的产物，对世界各国都是一个重要的新课题。为适应科技发展的趋势，欧美、亚太等国家在20世纪90年代就开始研究综合采取多种方式推进三网融合。

从国外情况看，在广播电视方面，美国和欧洲许多国家有线电视网络已经完成了数字化、双向化改造，充分利用有线电视网络带宽优势，成为信息高速公路的理想载体。在电信方面，近几年，美国、欧洲等国家和地区的电信公司，通过全面升级改造现有网络或新建光纤到户网络推进三网融合。

互联网作为一个开放的网络联接体系，不是仅仅依存于某一种特定的物理网络，而是电信网和广电网均可承载。早期由于技术所限，互联网只能提供简单的文字信息和图片。现在互联网已经能够传送一定质量的音频和视频内容。随着宽带技术的快速发展和光纤的广泛应用，下一代互联网提供话音、数据、视频服务的质量将进一步提高。

国外推进三网融合的基本做法主要有以下几点：

一是加强立法，加大政策推进力度。

二是限制垄断，维护公平的竞争环境。

三是承认差异，制定分业监管政策。

四是循序渐进，分步实施。

总的来说，在信息时代，世界各地的人们都希望得到更多获取信息的渠道，希望能够同时获得语音、数据、视频等多种服务，并且要求能够灵活地实现各种业务的定制和组合，用户的客观需求为三网融合带来了广阔的市场，成为推动三网融合的源动力。同时，通信技术、数字技术、IP技术、软件技术等高新技术的快速发展，使电信网、广播电视网和互联网均可

承载语音、数据和视频信号的传输，为三网融合奠定了坚实的技术基础。

从国内情况看，近年来广电和电信系统对三网融合也进行了一些积极探索。我国电信网络宽带化改造步伐加快，已能够逐步向家庭用户传输电视节目。我国有线电视网数字化、双向化进程明显加快，也为有线电视网参与三网融合奠定了较好基础。近年来，部分城市的广电、电信企业先行开展网络电视、IPTV、手机电视、移动多媒体广播电视、有线电视网互联网接入等试验，受到人民群众的欢迎，产生了积极的社会效益和经济效益，为在更大范围、更高层面推进三网融合积累了有益经验。可以说，我国已基本具备进一步开展三网融合的技术条件、网络基础和市场空间，加快推进三网融合已进入关键时期。

二、探索建立符合我国国情的三网融合模式，走中国特色的三网融合之路

1. 要坚持中国特色，坚持“两服从、一尊重”的总体思路，确保三网融合的正确方向

国务院推进三网融合的总体方案和试点方案，是开展三网融合试点工作的政策依据和出发点，其精神主要体现在以下两个方面：

一是推进三网融合要坚持中国特色。“中国特色”最重要的内容就是要坚持正确的宣传舆论导向；坚持经济效益与社会效益的统一，注重社会效益；坚持IP电视和手机电视集成播控平台由广电播出机构负责；确保文化、信息安全和社会稳定。

二是推进三网融合要坚持“两服从，一尊重”。就是在推进三网融合中，要坚持服从国家利益、服从人民利益，尊重科学规律。

根据上述精神，在三网融合推进过程中，我们要准确把握、全面贯彻党中央国务院关于三网融合的一系列指示精神，从我国的国情出发，从广大人民群众的根本利益出发，大力推进广电、电信业务双向进入，加快网络升级改造和信息技术创新，加紧培育和建立合格的市场主体，构建适度竞争的产业格局，加强法律法规和政策体系建设，推动体制机制创新，促进信息产业、文化产业和社会事业协调发展；加强和改进网络与信息管理工作，健全和完善文化舆论宣传管理体系，确保网络信息安全和文化安全;加强统筹规划，着眼长远发展，跟踪国际先进技术，确定合理、先进、适用的技术路线，稳步推进网络建设、业务应用、产业发展、监督管理等各项工作，探索建立符合我国国情的三网融合模式，走中国特色的三网融合之路，不断满足人民群众日益增长的物质文化生活需要，努力提高生活质量和水平，推动经济社会又好又快发展。

2. 要把握好五项基本原则，确保三网融合的顺利实施

根据三网融合总体方案和试点方案要求，要做好三网融合工作，必须把握以下五项基本原则：

一要坚定信心，积极稳妥。

二要突出重点，试点先行。

三要统筹规划，资源共享。

四要分业监管，共同发展。

五要加强管理，保障安全。

3. 要按照总体目标和主要任务要求，确保三网融合工作落实到位

按照方案要求，三网融合工作的总体目标是：到2015年，实现电信网、广播电视网、互联网融合发展，新型信息产品和服务不断涌现，网络利用率大幅提高，科技创新能力明显增强，国民经济和社会信息化水平迅速提升，网络信息安全和文化安全保障能力进一步增强，信息产业、文化产业和社会事业进一步发展，社会主义文化进一步繁荣，人民群众享有更加丰富多样、快捷经济的信息和文化服务。

根据总体目标，推进三网融合主要有以下四项任务：

一是推动广电、电信业务双向进入。

二是加强网络建设改造和统筹规划。

三是强化网络信息安全和文化安全监管。

四是切实推动产业发展。

三、把握方向，突出重点，加强保障，强化管理，进一步扎实推进广播影视三网融合工作进程

广电总局高度重视三网融合工作，按照国务院推进三网融合的总体方案和试点方案，积极主动推进各项任务的落实。2010年以来我们重点做了以下几项工作：一是抓紧建设全国统一规划、统一标准、统一组织、统一管理的IP电视和手机电视的集成播控平台和监管系统；二是加快推进有线电视网络的整合和数字化、双向化的改造以及下一代广电网(NGB)的建设；三是积极筹建中国广播电视网络公司；四是积极做好双向准入进行试点的各项准备工作。

当前和今后一个时期，全国广电系统将把推进三网融合作为贯彻党的十七届五中全会精神和国家“十二五”规划的重要任务，按照“走中国特色的三

网融合之路”和“服从国家利益，服从人民利益，尊重科学规律”的总体原则，认真落实三网融合总体方案和试点方案确定的各项具体任务，扎扎实实做好各项工作，确保三网融合工作顺利进行。将继续重点抓好以下几个方面工作：

1、以融合为方向，统筹传统媒体与新媒体，加强内容创新，大力发展新业态新服务。

2．以数字化为重点，加强技术创新，加快电台电视台数字化，加快有线电视网络双向化数字化改造，扩大下一代广播电视网（NGB）试点。

3．以安全为保障，强化网络信息安全和文化安全监管，确保内容可控可管、安全播出。

4．以制度为抓手，加快体制机制创新，加快有线电视网络整合，加强台网联动，探索三网融合的有效模式。

维护国家利益，服务人民利益，立足中国特色，实现三网融合，是当代广播电视人和信息文化产业工作者义不容辞的历史使命。2011年是“十二五”规划的开局之年，也是开展三网融合试点工作的关键一年，我们要以科学发展观为指导，从广大人民群众的根本利益出发，切实把思想和行动统一到中央的决策部署上来，不断增强责任感，增强紧迫感，团结协作、扎实工作，开创三网融合工作新局面，走出一条中国特色的三网融合之路，大力推动文化产业成为国民经济支柱性产业，为全面建设小康社会作出新的努力和贡献！

（本文根据2011年3月22日田进在CCBN主题报告会上的讲话整理而成，有删节）

在全国广电系统纪检监察干部培训班上的讲话

中央纪委驻国家广播电影电视总局纪检组组长　王莉莉

一、广电系统纪检监察干部要深刻认识反腐倡廉的重要性

胡锦涛同志在2008年中央纪委第二次全会上特别强调，如果不坚决防范和惩治腐败，任凭腐败现象滋生蔓延，最终将导致经济衰退、政治动荡、文化颓废、社会混乱的状况，导致党严重脱离人民群众，失去人民群众的支持，到那时党心民心就无法凝聚，全面建设小康社会的奋斗目标就无法实现，中国特色社会主义就无从发展。胡锦涛同志还曾讲到：在和平建设时期，如果说有什么东西能够对党造成致命伤害的话，腐败就是很突出的一个。胡锦涛同志的讲话，站在党和国家的高度，深刻阐述了反腐倡廉工作的重要性。从中国历史看，任何一个王朝的灭亡，无论是由于内乱还是外族入侵，都有一个重要原因，就是统治阶级的腐败。从世界形势看，即使是一些被普遍认为政权相对比较稳固的国家，也会因统治阶级的腐败等原因发生社会动荡、政权更迭。我们一定要充分认识到党风廉政建设和反腐败工作的长期性和重要性，这是广大人民群众切身利益的需要，也是巩固党执政地位的需要。

作为广电的纪检监察干部，做好广电的党风廉政建设工作是我们分内之事，是必须履行的职责。要做到尽职尽责，对党、对广电事业、对身边的同志负责，也对自己负责，开展好党风廉政建设工作，保障广播影视事业健康有序发展。

二、纪检监察工作要紧密联系广播电影电视的业务实际

在广电系统从事纪检监察工作要积极主动，密切联系广电实际。在实际工作中，要注意以下几个方面：

一要主动。要主动向“一把手”请示汇报，主动和业务部门沟通，争取领导和同志们的理解和支持。只有主动工作，干出成绩，对业务工作起到保障作用，对队伍建设起到推动作用，领导和同志们才会认同纪检监察工作。纪检监察部门进行监督检查，规范管理、建立制度，使工作效率提高，促进事业发展，大家就会支持。有了支持，纪检监察工作才能更好地服务广播影视业务，才能有地位、有威信。

二要创新。从中央纪委的工作来看，30多年来虽然根本任务没有变，但具体的内容和工作方法随着社会经济的发展不断调整。纪检监察机关恢复初期，主要工作是拨乱反正，平反冤假错案；还有是打击经济犯罪，主要是打击走私、投机倒把和贪污受贿。纪检监察合署办公后，提出廉洁自律、查办大案要案和纠

正行业不正之风三项工作格局。党的十六大以后正式形成了党风廉政建设和反腐败工作的领导体制和工作机制，提出标本兼治、综合治理、惩防并举、注重预防的方针，提出惩防体系建设。纪检监察机关从恢复到现在应该说越来越受到重视，越来越有权威，这与纪检监察工作随着时代和社会经济的变化，在工作理念、思路、方法、体制、机制上的不断创新是分不开的。总局近几年的党风廉政建设工作也是这样，2005年在全国对中央人民广播电台、中央电视台进行行风评议，这是第一次评议在全国有影响、受关注的中央单位，取得了良好效果；在党风廉政建设教育中，委托中央电视台用做节目的方式举办"激情·奉献——广电系统的先进事迹报告会"；在巡视工作中，充分利用审计机构的力量，先审计、再巡视等等。随着科技的进步，新媒体的发展，纪检监察工作的一个重点就是要充分利用网络，具体工作应该怎么做，需要大家一起探索、研究并不断创新。在创新的同时要注重结合实际，才能使工作有成效。

三要围绕中心、服务大局。纪检监察工作特别是广电系统的纪检监察工作，要围绕中心，服务大局。一是要服从和服务于党和国家的工作大局；二是要服从和服务于广播影视的中心工作；三是要服从和服务于本单位的业务工作。

四要发挥好组织协调作用。党风廉政建设和反腐败工作的领导体制和工作机制是"党委统一领导、党政齐抓共管、纪委组织协调、部门各负其责、依靠群众的支持和参与"。党风廉政工作是全党和全国的工作，纪检监察部门是从事党风廉政建设工作的一个专门部门，主要任务就是通过领导体制、工作机制进行组织协调。既要积极做工作，主动发挥组织协调的作用，同时还要充分发挥职能部门、业务部门的作用。要督促检查业务部门完成党风廉政建设分工任务。要结合单位的实际，主动提出贯彻落实党中央、国务院、中央纪委部署的党风廉政和反腐败工作任务。另外要协助本单位领导班子做好党风廉政建设和反腐败工作任务的责任分解，对各部门、各单位承担任务的落实情况进行督促检查，必要的时候进行责任追究，同时完成查办案件、监督检查等纪检监察工作。再次是加强调查研究，提出加强广电党风廉政建设的工作思路、对策建议供领导班子参考。

五要加强监督和制度建设。关于监督，监督是纪检监察工作的一项主要职责，通过督促和检查，促进党风廉政建设各项任务按分工完成好。监督内容很多，既要对中央方针政策贯彻落实情况的监督，对党组及其主要负责人履职情况的监督，又要协助党组抓好总局党风廉政建设。纪检监察部门首先要敢于监督：敢于说话，敢于坚持原则，不怕得罪人，是我们纪检监察干部应该具备的一个最基本的品格。其次要善于监督：一是要有正确的指导思想。监督的目的是为了事业发展，是为了发现问题、解决问题，是为了同志们不犯错误。抱着这个善意的目的去开展工作，就容易得到同志们的理解和支持，也有利于正确地开展监督工作。二是在工作中要换位思考。有些人出了问题，我们要换位思考，分析他为什么违反规定。如果确实有客观原因，我们要在纠正错误的同时，尽量帮助他们想办法解决困难。三是以理服人。我们所遇到的大量问题，用扣帽子的方法是解决不了的，必须以理服人，把事情了解清楚，把道理讲清楚，不能靠压服。四是要依法办事。纪检监察干部办事一定要有依据，无论是监督、调查案件、批评人，还是提出组织处理的意见，都要按程序。关于制度建设，中央纪委很重视纪检监察的法规制度建设，经过多年的努力，初步形成了制度体系，还是比较完备的。对纪检监察工作来说，非常重要的一项工作就是督促业务部门和单位搞好内部管理，建立和完善各项制度，用制度来管人、管事、管钱、管物，用制度来规范和制约权力。

六要加强自身建设。提高纪检监察人员的素质和工作能力，重要的是学习。首先要学理论，要提高政治素质，政治上成熟，才能够坚定理想和信念，坚定走中国特色社会主义道路的信心和决心，这是从事纪检监察工作最根本的一个品质。其次要学习政策。不懂得政治策略，很多问题就处理不好。还要学习有关的业务知识。纪检监察干部，特别是作为广电系统的纪检监察干部在某种意义上来说要是个全才。

（本文根据2011年4月7日王莉莉在全国广电系统纪检监察干部培训班上的讲话整理而成，有删节）。

广播影视"五五"法制宣传教育工作取得显著成效

国家广播电影电视总局副局长　张丕民

广播影视普法工作主要包括两个方面，一是广播影视队伍自身提高学法知法懂法用法的能力，树立坚定的法治理念；二是广播影视对国家法治建设、国民法律意识的提高承担着巨大的责任。两个方面都不能松懈。"五五"期间，全国广播影视系统在中宣部的领导下，在司法部的指导下，认真贯彻落实普法规划，结合实际开展工作，全面完成了"五五"法制宣传教育的各项任务，全系统的法治观念进一步增强，依法行政、依法管理、依法运营的能力不断提升，促进和保障了广播影视业的发展和繁荣。广播影视媒体不断加大法制宣传力度，为在全社会营造良好的法治环境，推进社会主义法治国家建设做出了重要贡献。

主要表现在以下几个方面：

一.加强领导，普法工作有序开展

一是完善机构，充实力量。"五五"普法启动时，总局领导高度重视、抓住机遇，大力推进法制机构和队伍建设。经中央编办批准，2006年，总局恢复法规司独立建制，除办公室、法制处、行政复议处、法律所外，还陆续增设了知识产权处和综合执法指导处。北京、上海、天津、重庆、山西、黑龙江、浙江、广西、海南、陕西、甘肃等11个省局单独设立了法制工作机构，不少广播影视企事业单位的法制机构和人员配备也大大加强。二是制定规划，有力指导。按照中央统一部署，总局制定下发了"五五"普法规划，各省级广电局也制定了本地规划。每年下发普法工作要点，对年度工作进行安排。除加强日常指导外，2008年和2010年全系统组织了两次普法检查验收。有部署、有落实、有检查，使普法工作落到了实处。三是加强研究，夯实基础。总局与部分省局、直属单位共同开展了广播影视普法实效等基础理论研究，总结梳理25年来广播影视普法工作的成效、经验和不足，摸清规律、找准定位。总局组织编写了《广播影视管理实用手册》，将管理依据和程序图表化、流程化，已经成为大家依法行政和依法管理的必备工具书。编辑了"全国广播影视系统学法用法实用软件"，为全系统利用科技手段学法用法提供了便利。各地方广电局和企事业单位也组织编写或购买了大量的普法教材。有研究，有教材，普法工作的基础更为扎实。

二.突出重点，干部职工法律素养不断提高

一是领导干部学法用法经常化。总局党组率先垂范，多次举办了党组中心组的集体学法活动。各省级广电局也高度重视党组学习，上海、山西、陕西、湖北、河北、安徽等地每年都至少举办两次党组中心组学法活动。领导带头，带动了全系统的学法用法。二是公务员学法用法制度化。根据中组部、中宣部等五部委的统一安排，总局制定下发了《关于加强广播影视系统公务员学法用法工作的实施办法》，公务员学法用法纳入干部队伍建设的总体规划，组织开展了司局长专题培训班、公务员周讲座、双周讲座和月度讲座，学习依法行政等法律知识。四川、广东、甘肃、海南、浙江、贵州、新疆等省（区、市）广电局也将法律常识纳入公务员培训，举办了各种形式的学法活动。以学、知、懂、用为目的各类学习培训，使公务员依法行政水平得到了提高。三是从业人员学法用法常规化。广电系统将法律知识列为编辑、记者、播音员、主持人职业资格考试的重要内容；总局针对业务骨干举办了行政执法、行政复议、知识产权保护、劳动合同法等专题培训班；总局法规司与德国巴伐利亚广播电视台，2011年6月举行了中德广播影视法治论坛，专题研讨播出机构法律风险防范问题，使广电播出机构进一步加深对法律的敬畏和理解，逐步培养管理和运营的法律素养和法制思维，推动建立健全内部法律风险控制体系，取得了良好的效果；中央三台、中影集团等广播影视企事业单位也积极组织相关法律培训。全系统形成了学法守法用法尊法的良好氛围。

三.创新形式，普法手段和载体日益丰富

一是积极开展知识性趣味性相结合的普法活动。总局组织了公务员学法用法和"六五"普法规划征文活动，全系统干部职工踊跃参与，投稿313篇，

调动了大家研究普法、思考普法的积极性。黑龙江、内蒙古等地组织了学法用法演讲比赛、法制文艺演出等宣传活动。各地广播影视媒体还积极参加全国法制好新闻和全国法制题材电影电视节（剧）目评选、法制动漫作品征集评选等活动。二是利用网络等新技术开展普法。总局组织了全国广播影视学法用法网络知识竞赛，全系统 12000 多人参与，普法效果明显。不少单位还充分利用手机短信、电子邮件、QQ 群及网站等形式加强普法交流。三是拓展普法工作平台。不少单位将普法工作与党风廉政建设、人才队伍建设等工作相结合，将学法用法纳入创先争优，纳入廉政风险防范，纳入新闻战线“三项教育”活动。通过普法形式的不断创新，开拓了思路，丰富了手段，增强了吸引力，调动了全系统学法用法的积极性。

四.普治并举，依法治理扎实推进

一是加快制度建设，保障依法决策。《电影产业促进法》和《广播电视传输保障法》两部重要法律进入国家立法程序。《广播电台电视台播放录音制品支付报酬暂行办法》颁布实施。最高人民法院关于刑法第 124 条破坏广播电视设施罪的司法解释正式出台。五年间，总局共开展了三次大规模的规章、规范性文件清理工作，截至 2010 年底，共保留 8 个行政法规、39 个部门规章（其中拟修改 10 个）和 380 个规范性文件（其中拟修改 150 个）。甘肃、安徽、吉林、福建等地制定出台了 22 个地方性法规和 44 个地方政府规章。为了切实提高依法行政能力，总局建立了规范性文件合法性审查制度，湖南、广西等地也正在探索、推行此项制度。各单位不断完善内部议事规则，推行民主决策、科学决策和依法决策机制。二是规范行政行为，提升管理水平。继续深化行政审批制度改革，自 2001 年以来，先后进行了 5 次行政审批项目集中清理，一些地方规范了行政审批项目。同时，各级广播影视行政部门积极推动管理方式创新，加强技术监管平台建设，积极推进电子政务，探索网上审批、网络办公。推进政务公开，建立新闻发言人制度。推进综合执法改革，明确综合执法机构的职责、权限，建立执法责任制。总局开通了电影、电视剧网上受理平台，北京、江苏、河南、湖南、广西等地积极开展了政务大厅建设、行政自由裁量权基准建立、执法流程规范等活动。五年间，全系统开展了抵制低俗之风、查处违规网站、整治“网络共享”违法设备、整治违规播放广告和电视购物、打击破坏广播电视设施行为，打击侵犯知识产权和制售假冒伪劣商品等专项行动，广播影视行业发展秩序进一步规范。三是防范法律风险，维护依法运营。总局出台了《广播影视知识产权战略实施意见》、《关于加强所属企事业单位重大经济活动管理的若干规定》等文件，不少企事业单位进一步完善了法律顾问、知识产权管理以及投资、用工等合同管理制度。中广协会广播版权委员会和电视版权委员会先后成立。广播、电影、电视都有了各自的行业组织，并有效开展了相关活动。中央三台、上海广播电视台等播出机构建立了内部媒体资产管理系统。广播影视企事业单位防范法律风险的意识、依法运营的能力明显增强。

五.履行责任，社会普法影响广泛

一是法制节目、栏目数量增加、质量提高。全国开设了中央电视台“社会与法”频道等 9 个法制专业频道、近600个法制栏目。影视制作机构创作了《任长霞》、《法官妈妈》、《远山的红叶》等一大批优秀法制题材影视剧。西藏电影公司组织译制了政策法律宣传类电影故事片 100 多部，成为当地普法工作的亮点。二是提供法律服务、化解矛盾纠纷的作用增强。广东、云南、河北、安徽、山东、湖北等地的电台电视台开通了免费法律咨询热线，组织专业律师为百姓解疑释惑，提供法律帮助。北京电视台“第三调解室”成为国内第一档具有法律效力的排解矛盾、化解纠纷的电视节目，深受百姓喜爱。三是开展深度报道，加大宣传力度。不少电台电视台积极跟踪并深入报道重要法制新闻，从小处入手解读法制建设给百姓生活带来的变化，向国际社会广泛宣传中国依法治国的伟大成就。

总结五年来广播影视法制宣传教育工作取得的经验，主要有以下几点：一是坚持以领导干部学法用法为龙头带动全局。二是坚持以突出重点分类指导为原则务求实效。三是坚持以强化机构队伍建设为保障狠抓落实。四是坚持以注重制度机制建设为重点夯实基础。五是坚持以不断创新丰富载体为手段激发活力。六是坚持以把握导向弘扬法治为目标担当责任。

在肯定成绩的同时，我们也应清醒地看到，当前广播影视法制工作中仍然存在成效显著与问题突出并存、有利条件与不利因素并存、动力与阻力并存、把法治作为价值目标与把法治作为实用工具并存的现象，这既是改革发展中的阶段性问题，也与当前法制宣传教育工作的深度挖掘、广度拓展不够有关。主要表现在：一是一些干部职工包括有的领导干部法治意识不强，有的甚至把法制与广播影视事业产业发展对立起来，还不习惯运用法律思维和法律手段解决问题、深化改革、推动发展。二是政府职能转变不到位，权责不清的现象依然存在。制度约束还未在行政决策、行政执法、廉政风险防范中发挥关键作用。三是包括法制宣传教育在内的法制工作成果，尚未成为考核各级广播影视工作人员的“硬指标”，工作内驱动力不足。四是法制机构及其人员配备与其所面临的形势、所担负的工作任务不适应，一些地方和单位仍存在有事无人、有事难为的问题。五是一些广播电视播出机构还没有将法制宣传教育，作为履行媒体社会责任、增强媒体公信力、依法化解矛盾纠纷、维护社会稳定的重要任务。

（本文节选自2011年7月14日张丕民在全国广播影视系统2006～2010年法制宣传教育总结表彰会上的讲话）

“十一五”时期影视动画产业发展的成绩和经验

国家广播电影电视总局副局长　李　伟

一、“十一五”时期影视动画产业发展的主要成绩

1. 影视动画产量实现了跨越式发展

从2004年以来，特别是“十一五”期间，国产电视动画产量每年都跨上一个新台阶，2004年的产量是21800分钟，2005年达到42700分钟，2006年达到82300分钟，2007年产量达到10万分钟，2008年产量达到13万分钟，2009年达到17万分钟，2010年达到22万分钟。2010年国产动画电影产量达到16部，保持了产量的稳定，并逐步扩大了在电影市场中所占的份额。

2. 影视动画质量明显提高

近年来，在国家广电总局鼓励精品创作的一系列举措激励下，一大批优秀国产电视动画片涌现出来，热映荧屏。《小鲤鱼历险记》、《美猴王》、《三国演义》、《喜羊羊与灰太狼》、《秦时明月》、《乐比悠悠》、《武林外传》等动画片在内容情节、形象设计、制作技术、发行营销等方面都达到了很高的水准，具有较大的影响力和较高的知名度。“十一五”期间，广电总局向全国电视播出机构推荐播出了一大批优秀国产动画片，其中包括《中华小岳云》、《少年师爷》等讲中国故事、弘扬中国精神的动画作品，包括虹猫蓝兔、开心宝贝、洛宝贝、水木娃娃、星猫等已经形成品牌的系列作品，还包括《侠义小青天》、《魔角侦探》等在动画表现手法和故事叙述方法上均有突破的动画片。动画电影质量明显提高，并取得良好市场回报。《喜羊羊与灰太狼》继续创造了动画市场的成功模式，继2010年初《虎虎生威》创造1.2亿票房后，《兔年顶呱呱》又在2011年的春节档期收获了超过1.4亿元的票房成绩，已形成比较成熟的中国动画品牌，在动画电影的类型开拓和营销整合等方面积累了成功经验。《黑猫警长》、《虎王归来》等多部国产动画片也在电影市场赢得一席之地，创作质量获得广大少儿观众的认可。《梦回金沙城》为中国电影开拓海外市场进行了有力的探索，不仅成功在美国市场上映，并入围奥斯卡最佳动画片奖提名，成为中国动画片创作中具有里程碑意义的作品。《犹太女孩在上海》等动画片也以具有国际性的题材和精良的制作赢得了中外观众的认可。

3. 动画产业格局已初步形成

我国动画产业结构已从过去的外包加工服务为主转变为以原创影视动画为主。以国家广电总局设立的20家国家动画产业基地和3家影视网络动漫实验园为主的生产开发体系发展良好，并带动形成了长三角地区、珠三角地区等若干个动画产业集群带。以5个动画上星频道、33个少儿频道为主体，部分省级卫视和各地市级电视台动画栏目为补充的动画播映体系逐步完善，已成为拉动产业发展的中心环节。以中国国际动漫节等重要动漫节展为主的市场交易体系不断完善，2010年，第六届中国国际动漫节签约项目近200个，总金额达到106亿元人民币。第二届中国国际影视动漫版权保护和贸易博览会签约项目125个，总金额达127亿元。动画海外市场营销取得了较好的效益，2009年，我国动画片出口79部1490小时，总额3056.6万美元，2010年，出口约131部2863小时，总额2389.4万美元。

CHINA CENTRAL TELEVISION YEARBOOK

二、发展影视动画产业的主要经验

1．牢牢把握内容和格调导向，是动画产业健康发展的根本

2005年以来，国家广电总局建立了国产电视动画片备案公示制度和发行许可制度，严把创作导向关，确保了影视动画创作生产的正确方向。国家广电总局和各省级广电局对申报立项的动画题材严格审查，剔除了宣扬封建迷信、暴力打斗、崇洋媚外等不良内容的题材，对内容空洞，或存在常识性错误，或中西夹杂、明显模仿国外动画的题材都要求申报机构进行修改。国家广电总局和各省级广电局对制作完成的电视动画片，严格掌握审查标准，坚决防止和抵制导向错误、违背史实、低劣媚俗、胡编滥造、血腥暴力等不良内容。这两项制度的实施，总体保证了国产动画片正确的思想导向、价值导向，得到了各方面的支持和肯定。

2．坚持产业化方向，是繁荣发展我国动画的必然选择

中国动画已经走过了80多年的历程，但在过去很长一个时期，我们没有把动画作为产业来对待，发展步伐缓慢。1993年至2003年这11年间，电视动画总量为46000分钟，平均每年不到4200分钟。2004年，总局明确提出，影视动画必须要走产业化发展道路，要按照现代企业制度的要求，加快体制机制创新，培育和壮大动画市场的新主体，充分吸纳多种经济成分和利用社会资源，形成多主体投资、多层次开发的市场格局，形成公平竞争、开放有序的市场环境。我们坚持走产业化发展道路，已经给中国动画带来了勃勃的生机和活力，并在短时期内取得了巨大的进步，这是一条完全符合中国动画发展实际的正确道路。

3．培育和壮大市场主体，是发展影视动画产业的动力所在

2004年之前，我国影视动画企业屈指可数，当年生产电视动画片的机构只有14家，其中年产量达到1000分钟的制作机构只有中央电视台、北京电视台、上海美术电影制片厂、三辰卡通集团、济南中迪公司5家，面对这样的情况，我们首先是规范影视动画产业准入门槛，明确凡是持有广播电视节目制作经营许可证的企业都可以制作电视动画片。其次是在全国设立一批国家动画产业基地，推动国产动画生产的规模化、体系化。通过发挥基地功能，扶持壮大各类动画企业，提高企业的原创能力和竞争实力。2010年，国家动画产业基地自主制作完成国产动画片269部，17万分钟，占全国总产量的78.3%。第三是通过政策和资金扶持动画企业。从2005年至今，国家广电总局扶持动画创作生产的资金达2864万元。至2010年，年产量达到1000分钟以上的制作机构已经超过50家。一大批优秀的动画企业已经在市场中脱颖而出，成为国产动画产业的主力军。

4．构建国产动画播映体系，是扩大市场需求的关键环节

2004年，国家广电总局经过认真调查研究，认为制约中国动画产业发展的瓶颈是播出不足，需求不旺，市场不活，原创企业难以生存。要根本解决这一问题，必须建立国产动画播映体系，以扩大市场需求。为此，国家广电总局把建设播映平台作为振兴国产动画产业的重要举措，充分发挥广播影视的资源优势，推动开办少儿频道和动画上星频道。2004年，总局先后下发了《关于开办少儿频道的通知》、《关于进一步做好中央电视台少儿频道落地覆盖工作的通知》等一系列文件。总局先后批准成立了北京、上海、湖南、广东、江苏5家动画上星频道。2009年9月，总局专门在广东召开全国少儿频道和动画频道座谈会，对办好少儿频道和动画频道提出了明确要求。同时，要求全国33个少儿频道和各级电视台相关频道积极创造条件，开设固定的动画栏目，进一步扩大了国产动画片播出规模。目前，各动画上星频道平均每年首播14.5万分钟，各少儿频道平均每年首播9万分钟，已形成世界第一的动画播出市场，有效促进了国产动画的创作生产。

5．加强播出调控，是营造国产动画良好发展环境的有效手段

20世纪80年代以来，境外动画片及其衍生产品大量输入我国，占据着我们的荧屏和动画衍生产品的绝大部分市场，严重影响了我国动画片的生产、播出和交易，社会各界对荧屏充斥境外动画，少年儿童模仿国外卡通人物言行而忧心忡忡，纷纷发出各种呼吁和批评。2006年9月，国家广电总局出台规定，要求在17：00至20：00的黄金时段，全国各级电视台不得播出境外动画片、介绍境外动画片的资讯节目以及展示境外动画片的栏目，规定每天国产动画片与引进动画片的播出比例不低于7：3。随着我国动画产业的不断发展，我们对这项政策又作了进一步调整，2010年，黄金时段调整为17：00至22：00，为国产动画开辟了更为广阔的市场。同时，加强对境外动画片的引进调控，从引进主体资格认定、引进方式和引进数量等方面进行规范。经过几年的努力，彻底改变了境外动画片占据我国动画播映市场和衍生产品市场的局面，并且逐步调整了少年儿童的欣赏取向，为国产动画产业营造了良好的市场环境，得到了社会各界的广泛好评。

6. 加强对动画精品的创作引导，是提升动画产业核心竞争力的根本途径

动画产业的核心竞争力集中体现在经得起市场检验的动画精品中。动画产业发展伊始，国家广电总局即高度重视鼓励精品的创作生产。从2005年起，建立了国产优秀动画片播出推荐制度，从各地生产的动画片中遴选思想性、艺术性、观赏性相统一的优秀剧目，提供给各级电视台播出。“十一五”期间，国家广电总局共向全国电视播出机构推荐优秀国产动画片248部，同时对这些动画片辅以资金扶持，有效引导了动画精品的创作生产。在财政部的大力支持下，国家广电总局从2005年起，设立国产动画发展专项资金项目，采取以奖代补的形式，对优秀国产动画片、优秀国产动画栏目、优秀动画频道进行资金扶持，连续6年，平均每年发放奖励资金约1000万元。为提高国产动画原创能力，2009年，国家广电总局设立了原创动画作品及创作人才扶持资金项目，评选出2005年至2008年间的10部优秀动画片和10位优秀动画创作人才进行奖励，共发放资金890万元。为加强对创作的引导，2010年，国家广电总局对此项目进行了改进，强化了专业性，设立了编剧、导演、形象、歌曲等10个方面的奖励项目，发放扶持资金1970万元。这些专项资金的发放，振奋了动画业界的信心，极大地鼓舞和调动了广大动画创作者的积极性，有力地推动了国产原创动画作品的创作、生产和播映，带动了我国动画质量的整体提高。

（本文节选自2011年4月27日李伟在2011年全国影视动画工作会议上讲话，有删节）

中央电视台领导讲话（文章）摘编

百步之内　必有芳草
——对“走转改”活动的几点思考

中央电视台台长　胡占凡

“走转改”活动对中央电视台来说，无论是理念上、价值观上，还是工作作风、工作方式、表达方式上都带来非常大的改变。这种改变即便不是脱胎换骨，但至少也是一种升级改造，因此我们绝不可以低估它所带来的变化。

首先，“走转改”活动是中央电视台2011年以来规模浩大的一次群众性的活动。据统计，2011年中央电视台派出200多路记者，参与人数达700多人次，建立了200多个基层联络点，联合《新闻联播》、《新闻30分》、《朝闻天下》、《东方时空》等十几个栏目参与“走转改”宣传报道活动，所以说它是群众性的活动并不为过。

其次，这也是中央电视台广泛、深入、细致了解社情民意的实践活动。在这次活动当中，我们的记者深入到社会的最小细胞，无障碍地倾听老百姓的喜怒哀乐，直接观察社会生活的发展、变化，直接寻求解决问题的答案和出路。展现在荧屏上的那些细致入微的镜头，像新疆的皮里村、云南的拉马底村，像包头的马铃薯、甘肃的“尾菜”，有同仁医院、协和医院、儿童医院，还有刚刚结束的“西藏雪域冬行”……这些新闻报道都是对社会最小细胞的直接观察和解剖，对中央电视台，对全社会都是有启示性作用的。

一、“走转改”活动是对马克思主义的有力坚持

作为整个宣传思想文化领域里一次波澜壮阔的实践，“走转改”是在新的历史条件下，对当前思想宣传文化战线一系列重大理论实践问题的回答。长期以来，在市场经济大潮的冲击下，马克思主义的根本观点在某些媒体当中变得模糊不清：是认识第一，还是实践

第一？正确的思想、优秀的作品、好的新闻报道是来自亿万人民群众的实践，还是来自书斋、办公室、新闻发布会，抑或来自个人的冥思苦想？历史的创造者是人民群众，还是其他的什么人？“真正的英雄”是人民群众，还是记者、作家、学者、官员？是人民群众高明，还是我们高明？还要不要向群众学习、向实践学习？还要不要为人民服务？这些问题，事关根本，事关大局，事关长远。归纳起来就是中央领导同志反复强调的“为了谁、依靠谁、我是谁”的问题，其实质是宣传思想文化领域如何坚持马克思主义的重大原则性问题。

从这个意义上来说，“走转改”活动是一次正本清源的实践，充分体现了马克思主义的根本原则、根本立场、根本方法，充分体现了实践第一的辩证唯物主义观和人民群众是历史创造者的历史唯物主义观，充分体现了党的群众路线，充分体现了马克思主义文化观、新闻观、历史观，明确回答了宣传思想文化领域如何坚持马克思主义的重大问题。因此，它有着极为重要的理论和实践意义。

二、“走转改”是对光荣传统的坚定发扬

永远把人民的利益放在首位，永远和人民群众保持血肉联系，永远保持艰苦朴素、谦虚谨慎、不骄不躁的作风，深入实际、深入群众、深入生活，这是我们党在长期斗争和建设实践中形成的光荣传统，是党在各个历史时期、各个领域不断取得伟大胜利、巨大成就的重要保证。毛泽东同志提出了“两个务必”，告诫全党要永远保持和发扬党的优良传统作风。胡锦涛总书记在庆祝中国共产党成立90周年大会上的讲话深刻指出，精神懈怠的危险、能力不足的危险、脱离群众的危险、消极腐败的危险，更加尖锐地摆在全党面前。

新闻界、文化界前辈的成功经验告诉我们，好新闻是用脚底板走出来的，“勿忘人民”是社会主义新闻工作者的本质要求和道德基础。近年来，在一些媒体中，提国外“先进理念”的多了，提“现代新技术”影响的多了，相反，提党的光荣传统的少了。这种倾向早就引起了中央的注意。如何解决继承发扬优良传统的问题，新闻战线近年来进行了不懈的探索和努力。“走转改”活动秉承了我们党长期坚持的光荣传统，以深远的历史眼光和宏大的实践气魄推动广大编辑、记者，包括理论工作者、作家、艺术家到基层去，到群众当中去，直接感受实际生活，向群众学习，向实践学习，转作风、改文风。这对于在新条件下，推动整个宣传思想文化领域继承发扬党的光荣传统，永葆政治本色，意义十分深远和重大。

三、“走转改”是落实“以人为本”的重大创新

科学发展观是现阶段指导国家经济、政治、文化、社会建设的根本原则，其本质和核心是以人为本。对于文化建设而言，“以人为本”的理念体现为：一切为了人民是文化建设的出发点和落脚点；人民群众是文化产品的生产者、创造者和消费者，是推动社会主义文化大发展大繁荣最深厚的力量源泉。

“走转改”是宣传思想文化战线落实科学发展观,体现“以人为本”要求的一次重大创新。“走转改”要求全体新闻工作者、文化思想工作者转变作风、改变文风，走出书斋、走出大楼、走出办公室，深入到基层,深入到农村、工厂、企业、学校、军营、社区当中，深入到广大人民群众中间，去寻找认识之本、新闻之根和创作之源，去发现群众的实际诉求和文化需求，去寻找文化发展与人民需要的结合点。

文化和新闻是有广阔创作空间的领域，宣传思想文化工作者到群众当中，感受人民群众当中蕴含的创造力、无限热情和丰富实践，使我们的艺术创作有了生活资源，新闻写作有了第一手素材，思想创新有了实践基础。基层为我们新闻工作者施展才华、服务人民提供了最广阔的舞台。由此可见，“走转改”活动作为思想文化战线全面落实科学发展观，体现“以人为本”要求的生动实践，对于推动文化建设实现长期、均衡和可持续发展，实现大发展大繁荣有着十分重要的现实意义。

四、“走转改”是克服浮躁、抵制低俗的有效方法

长期以来，在新闻界，有偿新闻、虚假报道、不良广告和低俗之风被称为“四大公害”，一些小报小刊甚至搞“有偿不闻”，以负面报道为要挟，求得赞助或广告。在文化界，也存在罔顾社会道德、趣味低下、良莠不分、复古崇洋等不良现象。在一些编辑记者和文化工作者心里，存在着上层心态、贵族心态、商人心态、无冕之王心态、企业利益代言人的心态等。有的媒体把收视率、广告额看得高于一切，不履行正确责任，弱化甚至丧失了党性原则和社会责任意识，败

坏了新闻队伍的形象。

浮躁、低俗之风产生的原因很多。宣传思想文化领域属于上层建筑，处在意识形态的风口浪尖，不可能不受各种思想、思潮、观念的影响。特别是在社会转型时期，随着社会阶层的分化，各种利益集团的诉求都会反映到宣传思想文化领域当中来。文化体制改革还没有到位，一些文化单位也缺少实际的动力。文化单位一般都处在城市当中，远离基层，存在着从理论到理论、从概念到概念的固有倾向。究其根本，都在于思想感情上疏远群众，在实践中远离基层，忘了本分，丢了本色。

“走转改”正是从根本上解决上述问题的良方。“走转改”提出了一条全面体现“三贴近”原则的现实路径，就是通过动员和相关机制，让广大编辑记者、文化工作者、理论工作者走进基层，用大量时间广泛接触实际，体察民情、认清宗旨、履行义务、为人民服务，做党的群众工作者，找回归属感，培养对人民的感情，树立马克思主义的新闻观和文化观，实现作风的根本转变和文风的明显改变。实践证明，新闻工作者通过深入基层，在观念、眼界、习惯、感情等方面都发生了深刻的变化，增强了对民情、国情、党情的了解，加深了群众感情、民生情怀，切实提高了抵御不良思潮影响、抵御低俗之风的能力。通过“走转改”，多了真情实感，少了虚情假意；多了触景生情，少了隔靴搔痒；多了实话实说，少了无病呻吟。从这个意义上说，“走转改”的确不失为克制浮躁、抵制低俗的一剂良方。

五、“走转改”是引领社会风尚的生动实践

“走转改”是社会文化单位特别是新闻单位发挥引领作用、宣传社会主义核心价值体系的最好实践。文风事关党风，成千上万的编辑记者、文化工作者自觉走向基层，深入群众，转作风，改文风，对党风、政风、学风和社会风尚的辐射作用正在逐步显现。

深入“走基层”，广大理论工作者更便于理论结合实际，用老百姓喜闻乐见的形式和清新朴素的语言，宣传中国特色社会主义理论，宣传社会主义核心价值体系，用当代马克思主义最新成果分析解决实际问题；广大新闻工作者更便于结合基层的实际，宣传党的主张、弘扬社会正气、通达社情民意、引导社会热点、疏导公众情绪、搞好舆论监督；广大文艺工作者更便于在社会生活中汲取素材、提炼主题，把在基层获得的灵感和生活升华为人民喜闻乐见的文艺作品，来自群众，服务群众。

实践证明，“百步之内，必有芳草”，只要走到群众中去，到生活中去，就有好题材，就有好语言，就有好文风。可以预见，随着“走转改”的深入开展，对在全社会促进、推动、培育良好的道德风尚，必定会产生深远影响。

六、“走转改”是练队伍、育人才、出精品的必由之路

十七届六中全会明确要求，建设宏大的文化人才队伍，为社会主义文化大发展大繁荣提供有力的人才支持，进一步提出了“推动社会主义文化大发展大繁荣，队伍是基础，人才是关键”的论断。人的正确认识只能来自科学实验、生产实践和社会实践，宣传思想文化战线、新闻战线真正的高层次领军人物、高素质人才都是在实践当中涌现的。德才兼备，是对各类高层次文化人才的基本要求。政治素质和优良作风必须经过长期实践的历练，在深入基层、深入群众、深入生活当中，不断增强对人民群众的感情，不断增强对民情、国情、党情的了解，不断经受实际生活的磨练，不断总结正反两方面的经验，逐步成熟、坚定。这是高素质人才成长的一般规律，这个过程在高楼大厦和象牙塔中难以完成。“走转改”让新闻工作者走进基层这个广阔天地，提高素质，增强本领，对文化队伍建设、新闻人才的培养和新闻精品的涌现具有综合性的作用。新闻单位在“走转改”活动中，编辑记者的政治业务素质得到明显的提高，策划理念、管理方式、体制机制不断改进，来自基层的鲜活报道不断涌现，就是明显的例证。“走转改”合乎新闻规律，合乎人才成长规律，合乎文化发展规律，合乎道德建设规律，对新闻队伍的建设必将产生长期、积极、深远的影响。

十七届六中全会以后，“走转改”活动作为社会主义文化建设的一个有力措施，正在向深度、广度拓展。中央明确要求，进一步完善领导带头下基层制度，建立年轻记者分批蹲点制度；要拓宽新闻报道视野和领域，除农村外，还要深入工厂、社区等方方面面；要把贴近性、思想性、新闻性结合起来，既要短小精悍，也要鸿篇巨制；要接触实际问题，建设性开展舆论监督；要与改进整个新闻报道结合，服务大局，加强主题宣传，提高报道的影响力和感染力；要在改文风上下工夫，多运用群众喜闻乐见的语言，挖掘第一手素材，把新闻报道与解决实际问题相结合；要将“走转改”业务讲评常态化，开展经验交流会、表彰会，广泛征

求群众意见，建立长效机制。这些意见，对“走转改”活动深入扎实开展十分重要，十分必要，是确保“走转改”实现预期目的、取得丰硕成果的重要保证，必须在今后的实践中不折不扣地贯彻落实。

对中央电视台来说，下一步在“走转改”活动中可以从以下几个方面继续努力。

1. 要拓宽视野和领域

要特别注意这几个方面：第一，要注意处理好百姓与党和政府的关系；第二，要处理好问题和出路的关系；第三，要处理好城与乡的关系；第四，要处理好虚与实的关系；第五，要处理好穷与富的关系；第六，要处理好大与小的关系；第七，要处理好干与群的关系。就是说，我们将来“走转改”的报道视野和领域要在这些方面特别加以注意。

2. 要特别注意贴近性、新闻性和思想性三结合

前一阶段，我们做了许多反映民情、民意、民生的新闻报道，我们对此给予了相当多的关注，这也应当是我们“走转改”的主体。但是，我们不能满足于这种情感的波动或者画面的冲击力，而要重在深度挖掘，要注意感性和理性的结合，更多地在理性挖掘上寻找规律性，以小见大。

3. 要注意推动问题的解决

这方面我们有很多成功的案例和经验，前一阶段“走基层”实践中涌现出来的典型例子，实际上都在推动问题解决上有了结果。下一步我们的宣传报道更要下工夫，不仅仅是提出问题，更重要的是解决问题。

4. 要注意运用多种表达方式

比如既要有短小精悍，也要有鸿篇巨制；既要有问题的观察和扫描，也要有深入根源性的探讨，包括体制、机制方面的探讨。在表达上用连续的方式来报道，有始有终，有头有尾，关注命运，关注问题的走向，关注最终结果。

5. 要注意培养、培育清新的文风

应当说，“走转改”活动的深入开展在培养、培育清新的文风等方面起了很大的作用，对我们表达方式和文风的改变起到了很明显的推动作用，要进一步努力，要进一步去套话、去官话、去做作的话；不要故作深沉，要实话实说，真情实感；要多讲实话，讲真话，讲家常话。

6. 要注意发挥电视的优势和特色

“走转改”尤其强调善于讲故事，善于抓细节，善于运用画面，善于理性思考。这几点在中央电视台“走转改”过程中要进一步加强。我们过去有很多成功的经验，下一步我们还有很多开拓空间。

（本文是胡占凡在2011年12月24日“用新闻架起连心桥”——中央电视台“走基层”报道研讨会上的讲话，摘自《电视研究》2012年第1期）。

全面提升全媒体时代的电视传播力

中央电视台总编辑、副台长　罗　明

2011年是“十二五”发展规划的开局之年，也是中国传媒业全面面临“大发展、大繁荣”的起步之年。面对国际电视机构的挑战和国内新媒体行业的崛起，各家电视机构都在不断探索改革、日益创新，确立了各自的品牌发展战略，积累了有益的发展经验和创新思路。

为了抓住“十二五”期间文化“大发展、大繁荣”的历史机遇，促进中国电视健康、可持续发展，我们在此召开主题为“合作 · 创新 · 发展——全媒体时代如何提高电视传播力”的首届中国电视发展年会。会议的主旨是，在传播思想、传播技术日新月异的今天，在中外媒体和业界之间，在各电视机构之间，在管理者、学者、政府官员和媒体研究者之间建立起一个新的交流机制和渠道，共享电视媒体发展的创新成果。希望在这一主题下，和大家展开深入交流和探讨。

当前，随着我国经济的快速增长，电视媒体作为一个特殊的产业，正处在高速发展的阶段，其中蕴涵着大量的发展机遇，也面临着崭新的挑战。作为电视传播的参与者，我们每一个人都在感受着剧烈的变化。为此，中央电视台发展研究中心为本届年会设计了政策解读环节和电视创新、电视研发两个分论坛，目的在于和电视媒体的同行们共同合作，对电视事业的发展大计进行全面的思索和探讨，以期通过思想的论剑交锋和智慧的启迪碰撞，对未来五年中电视传媒的发展方向、发展机遇、发展趋势等问题，进行深入的政策解读和实践引导，广泛地交流电视媒体节目形态创新的真知灼见，推动“三网融合”大背景下电视媒体和新媒体的融合发展。

我们还希望，借助“中国电视发展年会”这一平台，为电视机构乃至我国传媒行业的持续健康发展，提供更多的理论依据和实践经验。我们相信，通过这种有益的交流，中国的电视媒体一定能够在增进了解、扩大共识、发展友谊、促进合作中得到快速的发展。

千里之行，始于足下。全面提升全媒体时代的电视传播力，必须踏踏实实从提高频道栏目的内容质量及吸引力做起，从提高我们的创新发展能力做起。为了中国电视界更加美好的明天，我们将迎接机遇、直面挑战、携手前进、共谋发展。通过大家的群策群力，提升我国电视机构的整体影响力和竞争力，使中国电视的发展之路更为绚丽、更加灿烂。

（本文是罗明在2011年首届中国电视发展年会开幕式上的讲话，摘自《电视研究》2011年第8期）

中央电视台国际传播能力建设三年来的工作进展

中央电视台副台长　魏地春

2009年以来，中央从政策、资金、人才、技术等各个方面，对六家主流媒体的国际传播能力建设给予支持保障，可以说是“重视程度空前、支持力度空前”，对中央电视台各项重点工程建设产生了巨大作用，取得了突破性、飞跃性的进展：

一、实现战略转型，体制机制保障进一步增强

2009年是中央电视台建台第51年，客观地讲，之前的50年主要以国内发展为主，以国内宣传为主。2009年，贯彻落实胡锦涛总书记的贺信精神（“努力把中央电视台建成技术先进、信息量大、覆盖广泛、影响力强的国际一流媒体”），按照李长春同志、刘云山同志的指示要求，中央电视台提出“两个战略转变”，即：由以国内发展为主，向国际国内并重发展转变；由以传统媒体为主，向传统媒体与新兴媒体融合发展转变。“两个战略转变”的提出，是建设国际一流媒体的重大战略部署，在中央电视台发展史上具有里程碑的意义。围绕提升传播能力，中央电视台实行了一系列改革，将内部运行机制由“中心制”变为“频道制”；将全台新闻节目整合为“大新闻中心”；成立了专门统筹协调全台国际传播能力建设的海传中心，并建立了全台联席会议制度。这些都为传播能力建设提供了有力的体制机制保障。

二、开播4个国际频道，多语种电视外宣格局进一步完善

2009年以来，中央电视台先后开办了阿拉伯语国际频道、俄语国际频道、英语新闻频道和纪录频道，同时推出了综合频道的香港版，使全台国际频道总数翻了近一番，每天播出168小时的外宣节目。目前中央电视台也是全球唯一用6种联合国工作语言对外传播的电视机构。以2011年开播的纪录频道为例，在不到一年的时间里，已经在58个国家和地区落地播出，有效用户达1408万，国内观众规模超过了6.5亿。英语新闻频道的报道能力也大幅提升，日均播出新闻节目由13小时增长到19小时，其中自采新闻量已经占到播出总量的26%。此外，三年时间里，中央电视台各个语种国际频道每年都调整改进一次，对外传播的针对性、贴近性进一步增强。

三、新建51个海外记者站，全球新闻采编网络布局进一步优化

过去50年中央电视台一共建设了19个海外记者站。三年来建设步伐全面提速，由2009年初的19个记者站发展到2011年底的70个记者站，站点总数是过去的3.7倍，基本覆盖了全球主要国家和热点地区。7大区域中心站全部建成，全球快速反应能力大大增强，国际新闻的原创率、首发率大幅提升。2009年海外记者日均发稿8条，2010年上升为17条，2011年达到了35条，连续两年实现翻番。海外记者发稿量占中央电视台国际新闻的比例，也由2009年的12%增长到2011年的40%。据统计，在2011年1～10月发生的51件国际重大突发事件中，中央电视台记者对其中的35件进行了第一时间现场直播报道，占国际突发事件总数的69%。特别是对利比亚战争、日本大地震的报道，被其他国际一流媒体广泛转载。李长春同志视察中央电视台非洲中心站时，充分肯定中央电视台国际传播能力建设成效。

四、开通国家网络电视台，新媒体的海外影响进一步扩大

2009年正式开通以来，中国网络电视台搭建了20余个专业频道和5个外语台，建成了非洲和俄罗斯两个海外本土化网站，打造了亚洲最大、以网络视频为核心的多媒体数据库，拥有了网络电视、IP电视、手机电视、移动电视4个集成播控平台。以手机视频为例，当前已经覆盖全球142个国家的7500万iPhone用户。技术上，启动了研发基地的建设，建成了具备多语言搜索能力的"央视搜索引擎"。在全球五大洲建立了10个海外镜像站点，全球内容分发平台的带宽支持能力达到200G，能够支撑1200万的网络视频直播并发、50万的视频点播并发，以及日均10万条网络视频上传能力，居亚洲前列。海外访问速度已经由2010年的4.7秒提升为2011年的2.7秒。中国网络电视台月度独立访问用户达到1.3亿，其中每天有50万来自海外的访问用户。

五、搭建国际视频发稿平台，对外传播渠道进一步拓展

利用中央电视台的视频优势，2011年正式运行国际视频发稿平台，把电视新闻直接推送到国外主流媒体的新闻编播环节，使我们的声音通过海外媒体传遍世界。5月份运行以来，已经具备英、法、阿、俄、西五种语言发稿能力，日均发稿近100条次，前6个月共发布新闻素材1.4万条次，被75个国家的一千多家媒体和机构使用（总使用量达到15万次），平均每天有上百家海外媒体采用中央电视台素材570余条次。例如"天宫一号"和"神舟八号"对接的新闻素材，共被120家媒体使用播出906次。一条关于利比亚平民死于北约空袭的现场采访，总计被使用转载了1070次。境外媒体如此大规模、高频次地采用我电视新闻素材，这在我国电视外宣史上还是第一次。

六、筹建海外分台，全球区域化、本土化制播能力进一步提升

当前非洲分台和北美分台筹建工作进展顺利，每个分台初期规模暂定100人（北美分台外籍员工57人，非洲分台外籍员工43人），面积3000平方米（租房），设计的节目制播能力最终达到每天4小时（开播初期，非洲分台每天1小时，北美分台每天2小时。2012年下半年，分别逐步提升到每天2小时和4小时）。非洲分台计划2011年12月31日正式开播，北美分台2012年1月底正式开播。届时，依托这两个分台，中央电视台国际新闻的首发率、自采率将实现跨越式提升，各语种国际频道的面貌将发生根本性的改观（五大分台建成后，英语频道全天24小时的节目，其中20小时将由海外分台轮流提供），本土节目制播量将大幅度提升，有效改变地区舆论传播格局。（分台制播模式是指：海外分台记者及下辖站点的记者，每天采制当地的新闻资讯，并从北京总部"共享池"中拿一些中国的新闻，以国际的、当地人的视角进行翻译改编，最终汇总形成1～4小时的完整节目，回传到北京总部，纳入外语频道的黄金时段播出，实现本土化，增强针对性和贴近性。）

七、推动海外落地工程，"走出去"步伐进一步加快

中央电视台整频道海外用户数由2008年底的9600万增长到2011年底的2.17亿，实现翻番；落地国家数由139个增长到171个。特别是2011年有几个突破：一是在进入欧美主流社会取得突破。进入了华盛顿、纽约等美国核心城市播出，并落地旧金山、洛杉矶的数字地面平台，同时进入德国、比利时、荷兰、瑞士、奥地利五国主流平台，取得了过去一直想进而未能进入地区的突破。二是在非洲地区取得突破。纪录频道通过南非一家主流公司落地撒哈拉沙漠以南的40多个非洲国家。三是酒店落地取得突破。2011年新增了150家酒店，还将落地欧洲的250家酒店。四是海外本土化落地取得突破。与日本大富公司合作，将CCTV-4整频道译制成日语在当地播出，覆盖日本主流用户300万。

八、开办CCTV-1香港版，中央电视台在港影响进一步扩大

按照中央领导同志指示，为进一步加强对港宣传，2011年中央电视台开办了CCTV-1香港版，在香港亚视公司的地面数字平台上播出，覆盖香港140万家庭、450万居民，使香港民众及时通过《新闻联播》等节目了解国家时政，欣赏中华文化，扩大了中央声音在香港的传播，潜移默化地影响了香港舆论。

九、搭建中国电视长城平台，以商业模式推动走出去成效进一步凸显

长城平台是由中央电视台牵头、联合地方电视台和相关境外媒体构成的海外播出平台，当前平台上包含了近30个中文和外语频道。2009年以来先后搭建了东南亚平台和澳大利亚平台，至此共在全球建立了七个长城平台（美国、加拿大、亚洲、欧洲、拉美、东南亚、澳大利亚），成为全球最大的付费华语电视平台（9万多实名制付费用户），并带动中央电视台外语国际频道进入海外平台的基本层播出，覆盖3800多万用户。从传播方式和落地方式来说，也实现了卫星、有线、IP电视的全覆盖，做到了传统媒体和新兴媒体的互补。此外，中国国际电视总公司每年对外销售影视节目近万小时，例如将《故宫》翻译成6种语言，销往全球100多个国家和地区，有效扩大了中华文化的影响。

十、重新规划调整全球覆盖系统，技术保障能力进一步增强

中央电视台原有的全球覆盖系统是十多年前建立的，随着国际频道的增加和海外站点的铺建，已经无法满足技术保障需要。2009年进行了重新规划和调整，建立了以北京的中央电视台为中心，以美洲洛杉矶、欧洲伦敦和亚太香港为信号分发集散地的全球主干光缆传输网络，变单纯的卫星覆盖为“卫星＋光缆”覆盖，实现了宽带成倍扩容和技术双备份，并具有接收信号质量高、不受电磁波干扰等优点。同时因地制宜，做到了覆盖和落地有机结合，覆盖和传输有机结合，基本能够支撑全球70个记者站和海外分台的多业务传输，确保国际传播的高效、安全、便捷。

（本文是魏地春2011年12月16日在中宣部国际传播能力建设部际联席会议上的讲话摘要）。

提高影视创作质量 加强宣传评介工作

中央电视台副台长 胡 恩

多年来，中央电视台电视剧的创作、拍摄、采购、播出工作，在与全国各影视制作单位和艺术家的积极、全面、深度合作中，既扩大了中央电视台的电视剧工作视野和对象，又丰富了中央电视台节目的来源，进一步扩大了中央电视台的社会影响力；各位艺术家朋友长期以来对中央电视台电视剧工作的关注、关心和关爱，使更多思想精深、艺术精湛、制作精良的电视剧不断在中央电视台播出，在传递党和国家声音的同时，又满足了广大观众日益增长的精神文化生活需求，为全国电视剧观众提供了丰富多样、健康有益的精神文化生活大餐。

这次会议的第一项重要任务是学习贯彻落实2010年9月26日中共中央政治局委员、书记处书记、中宣部部长刘云山同志和中宣部副部长、国家广电总局局长王太华同志在全国影视创作座谈会上的讲话精神。众所周知，电视剧作为受众最广、影响最大、获取最方便的文化产品，它对人民群众生活和审美价值的影响不能低估，其地位和作用不可替代。一部电视剧可以通过其精神丰富的故事情节、栩栩如生的人物形象、厚重深邃的思想内涵等潜移默化地影响观众的价值取向、审美情趣和日常行为方式。为此，我们一定要充分认识影视艺术的社会影响和重要作用，进一步增强责任意识，始终不渝地坚持社会主义先进文化前进方向，坚持“二为”方向和“双百”方针，顺应时代要求，焕发创造热情，以满足群众需求为目标，以提高创作质量为重点，以改革创新为动力，创作生产更多深受群众喜爱、思想性艺术性观赏性相统一的影视精品，谱写中国影视的新篇章。在谈到如何繁荣发展影视创作时，刘云山部长强调提出：关键是不断提高影视创作的质量和水平。一是要用正确的价值观展现思想力量，坚守价值追求，提升思想高度，自觉弘扬社会主义核心价值体系，使影视作品成为民族精神的火炬、人民奋进的号角。二是要用科学的历史观反映社会本质，始终保持对人民主体地位的尊重，对前辈先贤的崇敬、对灿烂中华文化的虔诚，使影视作品正确反映历史，艺术再现历史；三是要用多彩的乐章奏响时代主旋律，要以丰富多样的题材、以鲜明生动的形象，以个性化的艺术创新充分展示代表社会主流的思想和精神，使之成为时代最强音；四是要用现实主义精神和浪漫主义情怀观照生活，既按照生活的本来面貌真实地反映生活，又赋予生活以美好的希冀与理想，努力开拓艺术新境界；五是要用精益求精的态度

打造精品力作，强化质量意识、精品意识，潜心创作，精心打磨，推出更多无愧于时代、无愧于人民、经得起历史检验的优秀影视作品。会上，王太华部长还就繁荣影视创作必须正确处理好社会效益和经济效益的关系、主旋律与多样化的关系、艺术真实与生活真实的关系、继承与创新的关系等提出了明确要求。中央领导和国家广电总局领导的重要讲话为我们的电视剧创作生产和宣传播出工作提出了明确要求，确立了方向，我们要认真自觉地把会议精神贯彻落实到电视剧创作和生产之中去。

第二项任务是请各位艺术家朋友为中央电视台电视剧的购买播出和宣传评介工作献计献策，进一步加强我们之间的密切合作，为中央电视台提供更多更好的电视剧创作信息和剧本。2010 年下半年，中央电视台全面实施频道制改革，成立了中央电视台节目采购中心。节目采购中心成立的出发点和落脚点就是要为中央电视台这个国家级播出平台发现更多的优质电视剧、买到更多的优质电视剧、播出更多的优质电视剧。中央电视台节目采购中心愿意给大家开设建议献策的绿色通道，真诚希望在座的各位领导和艺术界朋友们能够就如何提供中央电视台播出电视剧的权威性、影响力、引导力和吸引力方面提出你们的建议。

第三项任务就是中央电视台真诚地希望和在座艺术家朋友们建立起长期、稳定、友好、紧密的合作关系。长期以来，我们与在座的各位朋友通过多种形式的合作，建立起了深厚的友谊。通过与你们的合作，我们深切感受到了大家对国家、对民族、对人民的赤胆忠心和对我国电视剧事业的无限热爱，亲眼目睹了电视剧编剧展示的鲜活生动的社会生活场景，真切感受到时代的发展进步和剧中人物丰富敏感的内心世界，以及充满智慧和艺术感染力的精彩故事情节。是你们辛勤耕耘和不懈努力创作出来的优秀电视剧丰富了我们的荧屏，感动了我们的观众，在中国电视剧发展史上留下了一座座永恒的丰碑。今天我们的聚会是多年友情很好的、自然的延续，更是今后深度、紧密合作的良好开端，真诚希望与大家精诚合作，密切联系。我们希望通过这次年会，大家能为中央电视台未来购买播出的电视剧提供更多的高质量创意策划和优秀的电视剧本。2011 年我们将迎来中国共产党成立 90 周年，时代和人民需要我们的艺术家深入生活、精心策划、创作出更多更好的优秀电视剧。中央电视台愿意与各位艺术家通力合作，为向全国人民充分展示你们的智慧和才华搭建平台，共同为中华民族优秀文化的传承和社会主义先进文化的传播做出我们应有的贡献。

（本文是胡恩在2010年电视剧编剧年会上的讲话，略有删节）

全面提升全媒体时代电视台的核心影响力

中央电视台副台长　何宗就

近年来世界传媒领域发生的最引人瞩目的变革无疑是各类新媒体的不断出现和快速发展，新媒体与传统媒体的竞争和关联正成为国内外传媒界热议的一大话题，“新媒体将取代传统媒体”被相当多的业内外专家所提及。面对这一重大变革，作为具有重大影响力的电视媒体，应当如何看待和应对新媒体带来的竞争，保持和提高电视在大众传媒中的影响力呢？

如果我们抛开表面现象，从本质上分析近年来各种新老媒体的变化趋势，就会发现一个共同的特点，那就是各类媒体实际上都在依托自身特点向着全媒体这一方向演进。全媒体是随着信息技术的革命而诞生的全新的媒体形态，在国际上被概括为“5A”媒体传播，即任何媒体内容（Anymedia）在任何时间（Anytime）通过任意方式（Anyway）从或向任何地点（Anywhere）的任何人（Anyone）传播。

一、　全媒体化是各类媒体发展的趋势

自 1987 年 9 月 20 日电子邮件第一次在中国被发出，互联网在中国已经 24 年了，发展到现在我国网民已近 5 亿。如果我们回顾互联网的发展历程，就会发现自诞生之日起，互联网始终在随着信息技术的进步不断吸纳各种媒体形态，沿着全媒体化信息服务的方向发展。无论是以门户网站起家的新浪、搜狐，还是提供即时通讯服务的腾讯等，都在不断融合文本、图片、音频、视频等各种媒体形态，向用户提供全媒体化的信息服务，才能够保持旺盛的生命力。

与此同时，报纸、广播、电视等传统媒体也纷纷开始突破单一媒体的局限，向着全媒体转型。国际知名的BBC，面对全媒体化的变革，打破原有电视台按频道内容建立的生产流程，将节目制作重新整合为三个部分：BBC新闻部（BBC News Group）负责面向电视、广播、互联网等各种传播渠道的全媒体新闻内容；BBC视频部（BBC Vision）负责全媒体的历史、人文、科教内容；BBC 音频与音乐部（BBC Audio & Music）负责各种渠道的音频广播和音乐内容。而美国媒体集团迪斯尼，根据全媒体发展的需求，将旗下业务重组为两大集团：原有面向电视、广播和互联网的内容被统一纳入到迪斯尼媒体网络（Disney Media Networks）中，下辖ABC、ESPN等内容公司，负责制作全媒体化的节目内容；迪斯尼交互媒体（Disney Interactive Media）则负责通过广播、互联网、手持与移动终端、SNS社交网络等各种平台向全球发布内容。这种整合使各种媒体内容之间形成优势互补，并通过多种传播渠道扩大影响，分摊制作成本，获取更高的综合收益，代表了当前国际媒体整合的发展目标。

近年来，国内各主要媒体和发布机构也在开始全媒体化的转型探索。新华社通过开办新华网进军互联网；建立音视频部进入电视；与中国移动合作开发盘古搜索，以新闻搜索为重点，兼具时评搜索之特色，进军移动互联领域。人民日报开办人民网，融合传统纸媒和互联网。中央人民广播电台和中国国际广播电台也开办了互联网站，并推出网络视频服务，中国国际广播电台通过互联网电视业务全面迈向多媒体。

综上分析，在各类媒体日益融合的今天，媒体的发展趋势并非是新媒体简单化地取代传统媒体，而是所有媒体都在按照各自的路线向全媒体化的方向发展。面对这一必然趋势，各类媒体，包括互联网等新媒体在内，都必须积极应对，只有不能适应这一趋势的媒体才会被取代。

二 、全媒体化对电视台的机遇与挑战

针对新媒体快速发展所带来的巨大变革，中央电视台技术系统自2009年起就开始组织“新媒体发展对电视台的影响”系列专题研究，跟踪新媒体的发展趋势，把握其对广播电视的影响，研究电视台的应对策略。新媒体的确对广播电视产生了强烈的冲击，但同时也给广播电视带来了新的发展空间，使广播电视有条件向更广阔的领域拓展。

1. 新媒体的收视方式削弱了传统电视的黄金时段，分流大量年轻观众，但同时也扩大了电视的传播空间

新媒体为观众提供了越来越多样化的收视方式，点播、回看、时移、下载等新的收视方式在各类新媒体中迅速发展，主动选择节目正被越来越多的观众所接受和习惯。多年来电视台精心安排的节目时间表正变得不再重要，传统的建立在频道——栏目基础之上的黄金收视时段被削弱。同时，新媒体在30岁以下的年轻受众群体中占据了领先地位，在高教育程度受众中受到广泛欢迎，代表着未来媒体受众的发展方向。

但是，研究也表明，新媒体虽使部分观众离开了电视机，却并未使他们离开电视节目。目前各种新媒体中的电视节目，绝大多数仍来自于电视台等专业机构，新媒体运营商由于资金、技术和经验等方面的制约，自制节目的能力还比较低，大多限于娱乐性、补充性的内容，而把主要精力放在拓展传播渠道和发展用户方面。因此，新媒体实际上扩大了电视节目的传播，为电视节目提供了更加丰富的媒体形态和更多样化的收视方式，实质上增强了对电视台的依赖性，提高了电视台的地位和作用。

2. 新媒体的传播方式在时效性和覆盖面等方面超越了传统电视，但也使电视充分吸收信息技术的发展成果，转变为更快速、更广泛的大众传媒

新媒体使每个人都可以随时随地制作、上传和发布内容，与电视台传统的制播流程相比，在时效性上具有巨大的优势。2011年“7·23”动车事故中，第一条微博几乎在事故发生的同时就已发出。新媒体节目一经上线，技术上就可实现全国乃至全球覆盖，通过转发等手段快速传播到广大观众。

但是，新媒体的发展也使数字技术、网络技术与电视相结合，从根本上改变了传统的电视传播方式。新的信息技术打破了地域限制、融合了网络通道、跨越了接收终端，看电视不再局限于家中。网络电视、手机电视等新媒体使办公室、商场、车中都成为电视节目可以覆盖的角落。同时，微博等新媒体开始成为电视资讯的重要线索，对电视的快速反应具有巨大的推动作用。总之，新媒体的时效性、覆盖面与传统电视的权威性、公信力有机融合，使电视媒体发生了重要的飞跃。

3. 全媒体对内容、平台和用户的整合形成了巨大的竞争优势，电视必然也必须转型

内容、平台和用户的整合是全媒体的一大特点，

在全媒体中，三者相互融合、密不可分。如内容的个性化、跨媒体的内容分享、基于用户行为的推荐、用户间关系的挖掘等新业务，都是在三者深度融合基础上衍生出来的。也正是因为对这三者的深度整合，使得全媒体具有巨大的竞争优势。英国BBC就是通过整合全媒体化制作、多渠道传播，使这一百年老店获得了新的生命力。

三、电视台在全媒体时代的发展对策

全媒体时代对电视节目的需求不是减少了，而是更加旺盛，同时也更加多样化了。各视频新媒体运营平台尽管推出了多种类型的新业务，但其节目内容的主要来源仍然来自于作为最专业节目制作机构的电视台，新媒体更多的是通过各种传播手段向用户提供服务。因此电视台首先应正视自身的"节目为王"的优势，同时积极向全媒体化转型。

1. 从节目策划开始规划全媒体化的节目生产，深度整合电视台节目资源，打造全媒体的内容制作

当前，国内电视台基本上还是依据传统电视的需求策划和制作节目，然后经过转码等技术处理进入网络电视和手机电视等新媒体。另一方面，各电视台开办的网络电视或手机电视在进行节目策划和制作时，与传统电视的生产流程并无本质区别。这种现象不仅未能充分发挥电视台的节目优势打造新媒体业务，而且不利于整合内部资源，提升电视台的传播价值。在未来发展中电视台应从节目策划开始就充分考虑全媒体的需求，使同一节目在电视、互联网和手机上呈现出风格不一、各具特色的形态。如在影视剧创作和拍摄时，同时考虑网络版和手机版。电视台现有的节目资源也可以进行二次加工和发掘，在新媒体中进一步提升价值。

2. 逐步实现传统电视与新媒体在节目存储、媒资管理方面的互联互通、资源共享，使大量传统电视节目资源真正形成综合内容优势

当前，各电视台内传统电视节目的存储与资源管理与新媒体内容的存储与资源管理大多处于自成系统，难以共享的水平。中央电视台当前就有台音像资料馆和中国网络电视台视频数据库两大系统。音像资料馆致力于保存已播出的电视节目素材，并对其进行精切和编目，主要面向台内节目制作部门提供检索和下载服务。中国网络电视台视频数据库侧重于保存新媒体内容，通过互联网技术聚合优秀视频节目，向观众提供观看服务。但两者之间尚未能实现充分的互联互通和资源共享，下一步中央电视台将逐步融合音像资料馆与网络视频数据库，一方面满足台内各部门对大面积、小粒度（条目、素材级）节目资源的共享，避免节目的重复采制或闲置浪费，另一方面实现全台节目存储和内容格式的统一标准，加强全台的节目优势。

3. 突破传统节目播出理念，构建面向全媒体的大播出平台，实现跨媒体、跨终端的节目分发和传播

当前，电视台在传统电视和新媒体的传播上各成体系。新媒体平台是在对电视直播信号进行转码后，再作为新媒体节目进行分发。这种方式分散资源，不利于多种媒体的融合。下一步我们将考虑构建面向全媒体的大播出平台，兼具电视节目信号的播出与新媒体内容文件的分发，实现中央电视台节目跨网络、跨媒体、跨终端的分发和传输，全方位地扩大中央电视台的传播影响力。在大播出分发平台的基础上，中央电视台可以逐步开拓多种传播渠道，形成全方位的覆盖。除继续通过有线电视网向城镇观众传播外，还将积极开展直播卫星、数字地面广播等数字电视传输渠道，同时通过网络视频、IP电视、互联网电视等手段服务于广大互联网受众、通过CMMB、手机电视等手段占领移动多媒体终端。同时积极利用网络视频等新媒体扩大海外覆盖，提升国际影响力。

四、 结论

随着全媒体时代的到来，媒体的形态和传播方式的确发生了深刻的变革，但同时也加剧了对节目内容的需求和依赖。因此，全媒体不会使电视消亡，而是给予电视台更大的发展机遇。在全媒体时代，电视台依然是节目生产的主力军，与其他新媒体运营商相比，电视台在实力、人才、经验等方面的综合优势是难以替代的。但同时电视台也必须积极适应全媒体的发展需求，向着内容全媒体化、传播全方位化的方向转型，只有这样才能不断提升电视台的核心影响力。

（本文是何宗就在第20届北京国际广播电影电视设备展览会主题报告会上的讲话，摘自《现代电视技术》2011年第10期）。

打造中国纪录片产业的龙头地位

中央电视台副台长　高　峰

2010年，在国家政策的有力支持下，顺应影视产业发展尤其是纪录片产业发展的迫切要求，中央新闻纪录电影制片厂（简称新影厂）和北京科学教育电影制片厂（简称科影厂）组建成中央新闻纪录电影制片厂（集团）。当前，中央新影集团是中国最大的纪录片生产和制作企业，它在我国纪录片产业发展中的龙头地位正逐步显现。

一、中央新影集团发展纪录片产业的有利条件

在整合新影厂、科影厂资源的基础上，中央新影集团继承优良传统，利用政策优势，着力进行内部体制机制改革创新，逐步实现了纪录影视产业的专业化、规模化、市场化和集团化运营。

1. 中国纪录片产业发展环境日趋改善

纪录片是形象展示中国发展进步的重要文化传播载体，具有独特的直观真实感、丰富的历史文化内涵和审美价值。在电视节目泛娱乐化之风蔓延之际，纪录片成为提升中国电视品质、满足受众更高精神文化需求的重要选择。近年来，国家越来越重视发展国产纪录片。2010年，广电总局出台了《关于加快纪录片产业发展的若干意见》，着力繁荣国产纪录片创作生产，并建立健全市场体系。2011年1月1日，中央电视台纪录频道开播，成为国内最大的纪录片播出平台，也是目前中国唯一覆盖全国和境外许多国家及地区的纪录片频道。当前，中国纪录片专业频道和准专业频道增至6个，其他频道纪录片栏目也纷纷提高播出频次，纪录片播出平台快速成长。

2. 中央新影集团纪录片发展专业资源丰厚

组成中央新影集团的两大文化骨干企业新影厂和科影厂，均是我国纪录片创作生产大基地，建厂历史较长，内部集聚了优秀的专业人才，拥有较大的播映网络优势。

新影厂前身为成立于1938年的延安电影团，是中国唯一生产新闻纪录影片的专业机构。自1953年成立以来，新影厂作为纪录国家重大活动、历史事件等方面的权威拍摄单位，摄制了大量共和国历史上极其重要、极具文献价值的纪录电影，是国家珍贵的历史档案影像库。截至当前，新影厂共拍摄了4000多部纪录影片，先后有370部（次）获国内外各类主流电影节奖项，其中有32部影片获中国电影“华表奖”优秀纪录片奖，13部影片获中国电影“金鸡奖”优秀纪录片奖，9部影片获得中国电影“百花奖”，66部影片在各类国际影视节上获奖。新影厂开办有“CCTV老故事”、“CCTV证券资讯”和“新科动漫”3个数字付费频道以及“新影时光”、“新影儿童”、“新影戏曲”三个网络电视频道。

科影厂创建于1960年，是中国当前最大的科教影视节目制作基地。创立以来，先后拍摄了1400多部科教影片，内容涉及农业、科技、文化教育等诸多领域，有280余部（次）获得国内外各类主流影视节奖项，其中有75部影片获中国电影“华表奖”优秀科教片奖，20部影片获中国电影“金鸡奖”优秀科教片奖，90多部影片在各类国际影视节上获奖。科影厂开办有“CCTV发现之旅”和“CCTV中学生”两个数字付费频道。每年除拍摄一定数量的“三农”电影之外，还定期策划拍摄大型科教类、纪录电影和专题片。

3. 运营创新的体制机制条件日渐完善

2010年初，国家广电总局党组批复新影厂、科影厂两厂合并重组方案。为落实广电总局批复提出的“统筹规划、先易后难、积极稳妥、分步实施”原则，中央新影集团明确提出“立规矩、闯市场、创精品”的改革目标。为此，中央新影集团创新了运营体制，引入了市场资源。

首先，稳妥推进两厂合并。中央新影集团采取了改革增量、整合存量等措施，整合了原新影厂和科影厂内部重合的机构，进一步提升了既有创作部门的工作效率。为适应新的业务发展需求，相继新成立了纪录电影部和体育部等。

其次，按照市场驱动机制建立组织架构，改革体制机制。中央新影集团新成立了对外合作部等从事市场经营的部门，为纪录片走入市场、赢得市场、进而带动市场奠定了组织基础。

第三，开展内外合作，提高竞争力。近年来，一些民营公司热情参与纪录片制作与经营。中央新影集团积极调整姿态，与民营公司联手挖掘各自潜力，密切关注国际纪录片最新发展趋势和特点，进行制作模式和传播模式的合作创新，打造独特的市场节目类型，满足观众求新求变的文化诉求，不断扩大纪录片的影响力。

二、中央新影集团发展纪录片产业取得重要成绩

近年来，中央新影集团注重贴近时代，满足个性化、多样化需求，在纪录片产业发展上取得了较好成绩，产值与质量不断提升，体制机制不断创新，人才队伍不断壮大，“走出去”取得明显成效。

1. 创作生产取得新的突破

经过近几年的探索，中央新影集团初步形成了有主有次、重点突破的多样化创作生产格局：即精品化打造重点纪录电影、规模化创作文化专题片、社会化生产专题片。

中央新影集团每年创作6部90分钟的纪录电影，不断夯实在纪录电影上的龙头地位。近年来，新影厂先后创作生产了《人民至上》、《你好香港》、《你好 澳门》、《长安街》、《五星红旗》、《西藏今昔》、《筑梦2008》、《永恒之火》、《祖国至上》、《中国三峡》等一大批优秀纪录电影大片；科影厂也一改过去主要制作影片放映前的加片（以农业题材为主），开始制作一些面向大众的科普影片，比如《宇宙与人》、《月球探秘》等。

同时，中央新影集团创作供电视播出的文化专题片上千小时，其中供应播出时长超600小时，且以中央电视台为主要播出平台，呈现高质量、高产量的特点。新影厂利用历史资源，创作生产了《当卢浮宫遇见紫禁城》等人文历史文化题材纪录片；科影厂作为国家科教影视制作基地，近年来充分发挥传统优势，立足科学普及，用纪录片的形式积极反映人类的历史文明和进步，打造了《大家》、《走近科学》等品牌纪录片栏目。仅2010年，中央新影集团就制作完成了《五星红旗》、《圆融》、《城市之光》、《太极》、《钱学森》、《玉石传奇》、《生活在2050》、《消失的建筑》以及大型动物科普纪录片《与熊猫同行》和《野性的呼唤》等数量庞大、质量优秀的系列专题片。

新影厂和科影厂还主动与其他市场主体联手，开拓新兴产业合作领域。新影厂联合社会力量制作了《问道武当》、《太极》、《决战太原》等区域文化专题片；科影厂也运用市场方式制作了《复活的军团》、《圆明园》等大型历史题材纪录片，取得了良好的社会效果和经济效益。

2. 产业经营造血功能日渐增强

过去，中央新影集团的运营经费主要来自拨款。中央电视台每年给新影厂、科影厂拨款共9000万元，用于制作由国家指定的纪录电影和中央电视台播出的人文历史、科教文化专题片。依靠“吃皇粮”，中央新影集团两大企业的产值仅为6000万～7000万元，产能不能够适应市场需求、销售平台单一、人员思维僵化等问题给事业的发展带来一定的影响。改革后，中央新影集团在产业经营上实现了较大转变，产业经营造血功能日渐增强。

首先，在资金来源上，由过去完全依靠中央电视台拨款逐渐走向市场化经营。自2004年起，新影厂、科影厂推行市场化改革。两厂的各个制作部门掌握一定的市场合作自主权，能够与外界自由进行项目合作，就像一条条“静脉血管’；市场管理部对制作部门的对外合作进行有效管理，成为不断泵送新鲜血液的“心脏”。2010年，中央电视台纪录频道获准成立，中央新影集团成为内容提供商，此举增大了产业经营压力，同时也激活了面对市场的动力。中央新影集团成立对外合作部，主要负责吸引社会投资，这是中央新影集团面对市场的“大动脉”。这样，就形成了一套机制灵活、管理有效的系统，为资金“血液”打通了一条条输送管道。

其次，在市场布局上，由过去的单一对象转变为全方位、立体化市场布局。目前，中央新影集团开始形成了以中央电视台为第一市场、地方电视台为第二市场、民营机构为第三市场、海外为第四市场的销售网络，将产品向中央电视台输出，向地方电视台、民营机构和海外进行零售，并通过中央新影音像出版社和北京科影音像出版社制作音像制品向普通观众销售。多层次销售渠道的形成对纪录片产业链的建构发挥了重要作用。

再次，在经营理念上，由过去“吃皇粮”转变为主动找市场。凭借长期形成的高度政治觉悟和新闻敏感性，从2001年北京申办奥运会成功开始，新影厂就成立了纪录电影《奔向2008》筹备小组，用7年时间记录下中国人筹备奥运会的全过程。接到奥组委的招标通知后，新影厂拿出准备充分的投标方案，最终中标。这是主动出击找到市场的成果。此后，官方纪录电影成为中央新影集团的独家产品。

经过改革，中央新影集团产值连年高速增长，2010年，产值已突破4亿元。新影人已具备了较强的市场意识，用新影人自己的话说就是“知道每一分钱应该朝谁要”。

3. 人才队伍不断壮大

当前，中央新影集团拥有400多人的专业创作人才队伍，队伍构成日渐年轻化、高产化、优质化，聚集了一大批在影视界、尤其是纪录片界有影响的知名导演。中央新影集团的人才队伍建设呈现两个特色：一是优质人才不断加盟。由于中央新影集团产业发展的空间增大，国内纪录片界的佼佼者纷纷主动加盟新影，形成了以时间、周兵、王一岩等中国一流纪录片导演为代表的自有人才队伍。人才队伍也由此变得多层次、成梯队。以主要导演周兵为首的《故宫》制作团队全员加盟新影，成为国内纪录片界一大热议话题。二是用人机制灵活。中央新影集团在用人上不搞大锅饭，不搞“近亲繁殖”，而是依据创作需求，经常聘请外部优秀人才参与创作。通过将自有人才与外聘人才相结合，为创作生产注入新鲜血液，不断推出高质量作品。

4. 国际合作和纪录片产品“走出去”步伐加快

随着中国的快速崛起，中国题材在国际影视市场逐渐升温，国际制作机构纷纷将目光聚焦于中国。中央新影集团也不断加快“走出去”步伐。一是逐步加大与国际知名纪录影视制作、播出机构的合作和交流。2007年，大型史诗纪录电影《圆明园》成功销售到中国香港、中国台湾和法国、德国等地。纪录电影《又见梅兰芳》以5万美元的价格销售到法语文化圈。科影厂与美国国家地理频道合拍了《新疆干尸》、《恐龙》等节目，并在美国播出，获得了较高收视率。2008年，科影厂推出的《鸟巢》、《水立方》、《古格王朝》等节目也进入国际市场，集中展示了“科影创造”的品牌形象。

二是参展国际国内电影节。中央新影集团创作生产的纪录片屡获国际国内大奖。《飞翔北京》在西班牙马拉加电影节获奖，纪录片《牛奶梦》获中美电影节“金天使”奖，奥运官方电影《永恒之火》获第27届米兰国际体育电影电视节最高奖“绝对佳作奖”和蒙特利尔电影节特别大奖，电影故事片《永生羊》入选意大利蒙特利尔电影节，这些获奖佳作使中央新影集团的国际知名度大大提高。

三是主办各类活动，打开国际视野。中央新影集团于2004年成功举办了国际纪录片交流活动，2008年打造了《世界文明之旅》系列活动，有效拓宽了对外交流的平台。

三、中央新影集团纪录片产业发展的几点启示

1. 发挥独家影像资料优势，打造优秀纪录片作品

在过去的半个多世纪里，新影厂用胶片忠实地记录着中国社会的发展变迁。截至2010年底，新影厂拥有约4.2万本、时长42万分钟的胶片纪录资料，这些影像构成了国家影像档案。这些资料主要由两部分构成：一是中央主要领导人相关影像资料，二是重大历史时刻的相关影像资料。中央新影集团已将发掘这些资料并把它转化为市场品牌作为一个长期任务来执行，提出了“经营历史”的发展战略。从胶片转磁再到数字化改造，从利用资料制作相关节目和栏目到开创老故事频道，再到国家影像工程的启动，中央新影集团注重综合开发这些资源，并着力构筑纪录片产业链。近年来，中央新影集团又积极面向市场，开发出了以奥运电影《筑梦2008》为代表的官方纪录电影，并继续制作了亚运电影、世博会电影、水利电影，使官方纪录电影逐渐发展成中国电影院线上一个重要类型。

2. 发挥专业制作优势，增强市场化制作能力

中央新影集团是中国最大的纪录片制作基地，拥有一支久经考验的专业制作队伍，尤其纪录电影和科教影视方面的制作人才，更具优势。如何把专业制作能力逐步转向市场化制作能力是中央新影集团成立后着重思考的问题。在市场竞争中，中央新影集团依托老的品牌，开拓新的事业、开展多种经营势在必行。面对电影放映、版权出售、播映权出售、影像与网络点播等方式上大多难成规模的现实，在创作方面，中央新影集团突破了过去单一的以纪录片、科教片生产为主的模式，在故事片、连续剧制作上有所作为。在跨媒体经营方面，中央新影集团注重不同类别产品的互相渗透，强调不同媒体之间的互补，鼓励有价值的东西的嫁接转换，并进行了有益的市场化探索，取得了一定的成效。

3. 发挥品牌优势，进一步打造和完善纪录片产业价值链

中央新影集团拥有纪录电影和科教纪录电影的优质品牌，大量成功作品积累的良好声誉在今天以及未来的发展中都将发挥不可估量的作用。近年来，中央新影集团制作的官方和主流纪录片不仅着眼于国内市场传播，而且在策划制作阶段就着力于实现国

际传播，力争将中国社会的核心价值观和优秀中华文化传播到海外，实现“中央新影制造”的价值。在2005年至2009年的获中国电影“金鸡奖”、“华表奖”18部最佳纪录片和最佳科教片中，有16部出自中央新影集团；获国际大奖的中国纪录影片也大都留下了中央新影集团的烙印。

中央新影集团积极探索将品牌优势、资源优势转化为产业优势，努力构建和拓宽纪录片产业链条。一是在内容生产领域引入市场机制，加强动漫、院线电影等市场化程度较高的影视节目创作，完善产品结构，做强做实产业链“始端”；二是多层面、多渠道、多项目、多方式进行开发经营，在经营方面开拓节目市场，夯实产业链中间环节；三是加快建设纪录片特色影院，以纪录片频道和重要纪录片栏目为依托，把中央新影集团打造成全国纪录片市场的集散地，进一步拓展产业链“终端”；四是加快建设中央新影集团文化产业基地建设，集聚纪录片产业主体，以重大项目带动纪录片产业的快速发展。

（摘自国家广电总局发展研究中心编著的《中国广播电影电视发展报告（2011）》）

扩大影响 发挥优长
——用讲故事的方法报道百姓所求所想、所思所愿

中央电视台副台长　孙玉胜

中央电视台2012年“新春走基层”报道是2011年“新春走基层”报道经验的延续、放大和创新，同时也是自2011年8月以来整个新闻战线落实中宣部开展“走转改”活动的必然结果。据统计，这期间中央电视台共播出“走基层”新闻980多条，派出400多个采访组，1300余人次参加了采访，也出现了一批优秀的作品，如《皮里村蹲点日记》、《马子硕的求医路》等精品力作。

根据中宣部的部署、国家广电总局的指示和中央电视台台长胡占凡的要求，中央电视台新闻中心2012年“新春走基层”报道筹备比较早，自2011年12月初就进入了热策划阶段。在这之前，新闻中心已经开展了半年多的“走基层”活动，已经形成了几个有影响力的系统报道。“新春走基层”报道怎样才能承接之前的良好基础，同时又做出“新春”的特点，这是我们面临的首要问题。经过反复策划，我们把“新春”这个大主题分为四个子系列：一是《回家的礼物》，二是《在岗位》，三是《问暖》，四是《开往春天的校车》。这样的策划思路使得“新春走基层”的报道与“走基层”系列报道既有区别，又有呼应。这四个系列共播出了240条新闻。

胡占凡台长对“新春走基层”报道高度重视，直接参与策划，明确要求：要以“新春走基层”报道带动整个春节期间的报道，成为中央电视台新闻频道和《新闻联播》的主题、主打和头条。新闻频道春节期间相关节目收视率比2011年提升17%，比2010年提升64%，《新闻联播》收视率比2011年同期相关节目提高了27%。这些数字可以表明，人民群众对中央电视台“走转改”报道的喜爱和欢迎的程度。

从操作的层面看，对这样的传播效果中央电视台有以下几点认识和体会：

一是好的节目在策划时一定要有明确的形态定位和内容定位，要有明确的标准。“新春走基层”报道还在策划中的时候，我们就要求一定要去综合化、去概念化，要把春节当成中国的一个社会新闻事件，一定要发挥电视的特长和优势，用讲故事的方法报道老百姓的所求所想、所思所愿。这就是“新春走基层”报道的内容定位。电视的优势是对现场的真实记录。因此，我们要求记者多用同期声和现场声，多抓拍细节和过程，只有这样才能更好地凸显真实，而只有真实，才能吸引人、说服人、感染人和打动人。为此，我们还特别要求记者要自己在现场配音，不使用播音员在播音室的配音解说，并将这一点作为“改文风”的重要标志和标准。这就是目前大家看到的“新春走基层”报道的形态定位。实践表明，这种文风和表达方式不只适用于“走基层”报道，下一步还可以推广到更多的新闻报道领域，因为它是电视新闻规律的本质所在。

二是要扩大影响，首先必须形成规模，有规模才能出精品。2012年新闻中心投入到“新春走基层”报

道的人力是2011年的两倍，达到近600人，春节期间后期值班人员也接近800人。这样的规模确保了我们报道的持续能力。春节期间，新闻频道每天最多能首发10条"新春走基层"报道，分布在不同的重要时段。《新闻联播》最多的时候能发3～4条"新春走基层"报道，占播出总量的2/3，真正成为了《新闻联播》的主体和主打。正是由于这样的规模，才出现了《杨立学讨薪记》、《邵全杰的回家路》、《回家的礼物》等给大家留下深刻印象的经典作品。

三是我们对正面报道和舆论监督这两个非常熟悉的概念又有了新的认识。过去，对正面报道的理解就是成就报道、典型报道。但这次"新春走基层"报道所引起的反响让我们重新认识了正面报道更丰富的内涵。当我们用服务百姓的情怀去观察社会，真实地记录和传播普通百姓的动人故事，并引起大家共鸣的时候，其实，我们是在呼唤社会共同的价值观，这是更好的正面报道。正面报道只有做得有吸引力和感染力，才能真正起到正面的效果。在"新春走基层"报道中，有一些报道是带有舆论监督性质的，如《杨立学讨薪记》，但它和传统的舆论监督报道又有区别。它更多的是从服务百姓的视角去报道他们遇到的困难和困惑。这些困难和困惑也许是当地党委和政府并不了解的，但是一经报道，党和政府就迅速采取措施解决问题，我们再跟踪报道结果。从这个角度看，"新春走基层"也是对舆论监督报道的一种创新和融合，它更容易被接受，更容易化解矛盾、消除误解。

总之，从操作的角度看中央电视台"新春走基层"报道成功的重要原因，是从中央媒体的立场出发，拥有服务百姓的情怀，遵循电视和新闻规律。下一步我们将使"走基层"报道进入常态，但常态不能平淡。"走转改"活动正在进行时，仍在过程中。所以我们还要在常态下保持一定的规模，还要不断再出精品。

此外，"走基层"常态化之后要在不同的重要节点形成不同的高潮。如果把2011年的"新春走基层"看作是第一个高潮，那么2011年9月、10月、11月就是"走基层"报道的第二个高潮，2012年春节的"新春走基层"就是第三个高潮。

（摘自《电视研究》2012年"新春走基层"特刊）

以党建工作推动国际一流媒体建设

中央电视台分党组成员、纪检组组长、机关党委书记　张海鸽

近年来，中央电视台紧紧围绕胡锦涛总书记提出的"努力把中央电视台建成技术先进、信息量大、覆盖广泛、影响力强的国际一流媒体"的目标，深化改革，锐意进取，向建设国际一流媒体迈出坚实的步伐。

国际一流媒体不仅体现在传播能力上，还体现在队伍建设上。队伍的综合素质、创新能力、职业精神和团队文化是国际一流媒体的核心竞争力，也是确保中央电视台成为国际一流媒体的关键。在建设国际一流媒体的进程中，中央电视台党建工作主动作为，充分发挥政治优势、组织优势、人才优势，以队伍建设为工作重心，全面提升员工的综合素质，为建设国际一流媒体做好基础保障。

一、以党建工作推动国际一流媒体的思想建设

建设国际一流媒体，意味着中央电视台将全面参与国际媒体间的竞争，代表党和国家传递中国的声音和主张，以与我国经济实力和国际地位相匹配的国际传播力，打破"西强我弱"的国际传播格局，维护国家利益，塑造国家形象，提升中国在国际上的话语权。可以说，建设国际一流媒体也是一项重要的政治使命，这就要求中央电视台的员工必须具备高度的政治敏感性，面对复杂多变的国际形势，能够作出准确的判断。因此，牢固树立员工的政治意识、大局意识、责任意识和阵地意识是中央电视台党建工作的首要任务。

中央电视台有党员近7000名，占到员工总数的1/3。共产党员始终处在宣传报道、技术保障、职能管理和产业经营的第一线，成为中央电视台建设国际一流媒体的业务骨干和中坚力量。为了充分发挥党员在建设国际一流媒体中的先锋模范作用，中央电视台依托各级党团组织，不断加强思想教育，形成了"纵向到底、横向贯通、种类多样、形式灵活、相对完善"的"大教育"体系。2010年，中央电视台在深化体制机制改革中，同步加强党组织建设，根据新的机构设置情况和频道制改革特点，结合各部门工作实际、运

行情况、职能分工和业务结构，坚持“支部建在连上”的建制原则，把党支部建在摄制组、栏目组和报道一线，并配齐了专职党务干部，使思想政治教育能够及时覆盖全体党员和群众。

中央电视台还注重在重大活动和报道中，发挥党组织的战斗堡垒作用和党员的先锋模范作用，坚持在重大活动和报道中成立临时党组织，体现党组织的战斗力。近年来，中央电视台在报道一线先后成立的临时党委、党支部有十多个。其中，四川汶川抗震救灾新闻报道组临时党支部被中组部授予“抗震救灾先进基层党组织”称号，青海玉树抗震救灾报道一线临时党支部被中组部授予“抗震救灾先进基层党组织”称号。临时党组织给参加报道的一线记者和工作人员以极大的精神鼓励，许多记者在报道一线递交入党申请书，基层党组织在报道一线发展党员十多人。

二、以党建工作推动国际一流媒体的人才建设

人才是建设国际一流媒体的基石，党的工作既要为人才成长创造竞争环境，又要为人才综合素质的提高创造学习条件，不断增强中央电视台在国内、国际的竞争实力。中央电视台机关党委把各种学习培训作为研讨中央电视台发展战略的平台，把理论培训班办成中央电视台的“内部党校”和“智库”，以最权威、最高端、最领先的知识体系启迪领导干部的心智，使最新的创意从这里产生，把党的建设目标与建设国际一流媒体紧密结合在一起。

中央电视台机关党委坚持“专项教育、专题讲座、专家授课”和政治理论成果向业务成果转化、理论创新能力向业务创新能力转化的方针，不断改进理论学习的组织工作，摈弃简单的灌输方式，根据新形势、新情况、新特点以及干部职工的新需求，调研先行，找准兴趣点，拓宽知识面，精心选择教授并实行教学双方互动交流的方法，使政治理论学习由被动接受变为主动接受。学习、思考、交流，为领导干部在观念更新、思维拓展上打开一个个窗口，成为创新思维的孵化器。台分党组成员率先垂范，带头学习并积极参加所在基层党组织的学习活动，对学习教育工作的开展提出指导性意见，并亲自为处级领导干部授课。机关党委每年围绕理论学习重点和社会热点，举办处级以上领导干部理论培训班，邀请专家学者授课，自由组合研讨、节目观摩与讲座相结合等多种形式，进一步深化了领导干部对党的重大理论和各项方针政策的理解，增强了贯彻落实的自觉性和坚定性。机关党委为全台领导干部建立了学习档案，发放了《中央电视台领导干部学习培训记录手册》，使学习制度化、规范化。机关党委每年还举办入党积极分子培训班、预备党员培训班、编辑记者职业精神培训班，以完善不同层面员工的学习培训。

近年来，中央电视台机关党委积极倡导“读书会”活动，职工以演讲的方式介绍读书心得，各基层单位通过组织党课、读书会、读书日、演讲会、培训班、知识竞赛、公文写作、网上宣讲团等多种形式，为职工提供沟通交流、提高业务的平台。台团委每年举办“4·23”世界读书日特别活动，并发起成立中央电视台青年书友会，推动青年员工的读书活动。2011年4月，由台领导向全台职工推荐学习书目，主持人向全体编辑记者推荐学习书目，职能部门的领导和员工向职能系统推荐学习书目，由此在全台兴起读书之风、学习之风、创新之风。机关党委与总编室、人力资源管理中心协调，把相关业务培训纳入学习型党组织建设内容，每年人力资源管理中心都会定期举办各类培训班和“双周论坛”。中央电视台各基层党组织也都根据自己的业务特点和需要，组织了形式多样的培训活动，如财经频道将个人主动学习与全员定向培训相结合，开展系统性、多层次、规模化的培训，联合国际教育学会举行“财经频道特许注册财经记者执业资格培训班”；中国网络电视台专门设立内部培训机构——海棠学院，组织各类内部培训班定期培训，形成“天天有培训，日日有收获”的新气象，还设计印发了《CNTV共产党员学习笔记本》，鼓励党员记录学习心得，巩固学习成果；新闻中心定期举办“八分钟论坛”、“联播故事会”；海外传播中心两周举办一次“海得学吧”学习活动；外语频道定期举办“四海学社”学习活动……这些学习形式大大促进了员工的业务提升，激发了创新活力。

三、以党建工作推动国际一流媒体的形象建设

中央电视台是党和国家的重要舆论阵地和思想文化阵地，是中国了解世界、世界了解中国的重要窗口，对内代表党和政府的形象，对外代表国家和民族的形象，因此，形象建设关系到中央电视台的公信力和影响力。在建设国际一流媒体的进程中，中央电视台高度重视形象建设，在宣传报道中造就了一支政治强、业

务精、纪律严、作风硬的队伍，各项事业不断发展，舆论引导能力不断提高，国际国内影响力不断增强。

近年来，中央电视台以人为本，从严治台，为建设国际一流媒体打下牢固的思想纪律基础。台分党组把2010年作为中央电视台的“形象建设年”，机关党委根据台分党组要求起草制定了《中央电视台加强形象建设的意见》，要求每一位员工要像爱护自己的眼睛一样爱护中央电视台的声誉，维护中央电视台的形象，使人人成为中央电视台形象的维护者和代言人。中央电视台形象建设以队伍建设为重点，以加强内部管理为关键，以创新节目形态、打造央视品牌为抓手，坚持约束和自律相结合、管理和建设相结合、形象维护和应急处置相结合，树立中央电视台员工团结协作、迎难而上、敬业奉献、争创一流的社会公众形象，真实准确、全面客观、信息丰富、公开透明的国家电视台形象，国际视野、立体传播、覆盖广泛、影响力强的国际大台形象。

机关党委把形象建设作为创先争优活动的重要载体，发挥党组织和党员在形象建设中的表率作用，出台《中央电视台员工行为规范》，举办“媒体人的个人礼仪与职业形象”专题培训，举行“形象建设大家谈”特别活动；制定了《中央电视台关于互联网平台信息发布管理规定》，对中央电视台所属单位和个人在网络上发布信息提出管理办法；出台了《播音员、主持人管理办法补充规定》，对主持人参加社会活动和地方电视台节目进行了更为严格的约束。纪检监察部门结合电视宣传实际，开展廉政小品大赛、廉政辞典、廉政歌曲大家唱等形式多样的廉政宣传教育活动，组织领导干部、制片人、主持人参观北京市反腐倡廉警示教育基地，持续加强员工的职业纪律教育。各单位也制定了本单位的形象建设实施方案和员工行为规范，围绕加强形象建设举办了形式多样的演讲会、读书会、讨论会、征文等活动。

四、以党建工作推动国际一流媒体的团队建设

青年人是中央电视台建设国际一流媒体的生力军，他们在工作上有热情、有干劲，不怕吃苦、不畏艰险，表现出优秀的职业素质。中央电视台党建工作的重要任务就是保护、鼓励、弘扬这种敬业精神和职业精神，及时发现和树立典型人物和团队，通过一系列的宣传、推广手段，放大典型的示范效应，深入开展创先争优活动，激励更多的年轻人在自己的工作岗位上取得更大的成绩，形成积极向上的工作氛围。为了使先进典型更好地发挥引领团队精神、促进团队建设的标杆作用，中央电视台机关党委积极探索，大胆创新，借鉴《感动中国》、《讲述》、《对话》等节目形式，推出了《相聚党旗下》、《感动CCTV》、《讲述CCTV》等系列先进人物和团队事迹报告会。报告会以演播室访谈的形式，充分运用电视表现手段，感性而真实地刻画了爱岗敬业、无私奉献的电视工作者群像，具有很强的贴近性。同时，机关党委还组织拍摄了100集系列片《央视人的故事》，通过生动感人的故事，反映在平凡的岗位上爱岗敬业的个人和团队，开展“我的岗位我尽责，我的岗位请放心”党员承诺活动。各基层党组织也积极开展团队建设活动，如人力资源管理中心的“岗位练兵”活动、技术系统组织的“十优青年岗位能手”评选活动、中国网络电视台组织的“最美劳动者”评选活动等，形成了创先争优的良好氛围。

五、以党建工作推动国际一流媒体的文化建设

中央电视台机关党委积极推动国际一流媒体的文化建设，采用多媒体、立体化的传播方式，充分发挥台工会联合会、台团委、台精神文明建设委员会的组织优势，不断凝聚员工的核心价值观，努力构建和谐央视的工作氛围。机关党委把文体活动作为文化建设的重要内容，举办职工田径运动会、女职工风采大赛、职工DV作品大赛、登山比赛、环湖健身走、羽毛球赛、乒乓球赛、摄影比赛等，使职工身心得到放松。“红绿蓝杯”青年职工歌手大赛、青年足球联赛、演讲比赛、社会实践、青年发展论坛、电视精品赏析、集体婚礼、职工辩论赛、出镜记者大赛、网络短信大赛等一系列特色活动，深受广大青年职工的欢迎和喜爱。中央电视台青年足球队、荧屏之声合唱团、英语沙龙俱乐部等社团活动，丰富了职工的业余生活。

汶川大地震发生后，机关党委在全台率先开设心理减压课，首创一线记者休疗和心理咨询干预活动，每年元旦、春节期间到各地慰问应急报道点工作人员，把人文关怀融入文化建设当中。

中央电视台各基层党组织以党日活动为平台，促进内部业务交流、管理交流，发挥党组织在建设国际一流媒体中的凝聚力、向心力和引导力。原广经中心第三党支部把很久以来内容简单、形式单一的组织生活，改变为形式多样、内容丰富的“说吧”党日活

动。活动以“说一说，少个结；听一听，多个道”为理念，提高党员和群众参与组织生活的积极性，帮助大家激发工作热情、交流学习方法、开拓创作思路、解决生活矛盾，成为第三支部所有员工的心灵家园。机构改革后，在原支部基础上新组建的财经频道第三党支部又推出以“畅谈、行动”为关键词的“世纪谈”、“世纪行”主题党日活动，针对建设国际一流媒体、频道建设、个人职业发展中热点问题展开辩论和实践活动，促进团队专业能力和素养的提高。新闻中心《新闻联播》编辑部党支部以“联播故事会”和“联播讲堂”的形式，紧密联系业务工作，突出实践特色，或走出去，或请进来，负责人带队到人民日报社新闻研究中心、中央人民广播电台，就建立科学评价体系、提高《新闻联播》影响力等进行交流。

建设国际一流媒体是一项系统工程，涉及方方面面，如何使党建工作进一步发挥独特的政治优势和组织优势，成为推动中央电视台国际一流媒体建设不竭的精神动力，是各级党组织不断思考和探索的课题。

（摘自《电视研究》2011 年第 7 期）

契合各方面需要开办纪录频道 力求创新运营模式和合作机制

中央电视台副台长　袁正明

2011 年 1 月 1 日，一个新的专业频道——中央电视台纪录频道将正式播出。纪录频道的开播，是中央电视台的一件大事，它不仅体现了央视打造世界级文化品牌的信心，更契合了各方面的需要。

一、开办纪录频道，是国际文化交流的需要

在当今多元文明共存的世界，随着信息全球化和经济一体化的加速，文化在国际交往中成为越来越重要的纽带。

作为一种独特的文化样态，纪录片以“影像”这一人类共通的语言，真实形象地表现历史和现实的独有特质，对树立中国形象、传递中国声音并与世界对话，有着不可替代的作用。

纪录频道的开办，让中国多了一个走向世界的通道，让世界多了一个了解中国的窗口，让全球多了一个文化合作的平台。

二、开办纪录频道，是广大受众的需要

今天，人们对精神文化的需求越来越多样，对电视节目品质的要求也越来越高。

纪录片正是这样一种富含精神营养的文化产品，它能滋养人们的心灵、温暖人们的生活、影响人们的观念。

纪录频道的开办，为转型期的社会营造美好的精神家园，为平衡社会文化生态，将会起到重要的作用。

三、开办纪录频道，是繁荣文化市场、催生纪录片产业的需要

中国悠久的历史、广袤的国土、多民族的融合共生以及发展变迁的社会，为纪录片创作提供了丰富的资源。但是，多年来，这些资源优势并没能转化成为产业优势。

令人鼓舞的是，国家广电总局出台了推动中国纪录片产业发展的重要举措，这将为繁荣纪录片产业汇聚起新的力量。

纪录频道的开办将为催生中国纪录片产业起到引擎的作用。

四、开办纪录频道，是中央电视台自身发展的需要

中央电视台要建构面向全球的现代传播体系，这既是一项历史性的任务，又是一个战略性的选择。

纪录频道的诞生，优化了中央电视台频道结构，为中央电视台品牌价值的提升开拓了一个新的空间。

纪录频道的开办，是继“新闻立台”和“频道制”改革之后，中央电视台为实现建构面向全球的现代传

播体系所迈出的重要一步。

正是为了满足以上的需要，中央电视台纪录频道确立了自己的核心诉求，即：为时代中国存像，与大千世界共鸣。

“时代中国”的含义非常丰富，它是辽阔多样的中国，发展变化的中国，充满活力的中国，开放包容的中国，古老而年轻的中国，与世界文明同行的中国。

而所谓“大千世界”就是一个多极的世界，一个多彩的世界，一个多种生命共生、共享的世界，一个多元文明共存、共荣的世界。

中国是世界一员。因此，“为时代中国存像”就是从世界文明的角度记载中国的足迹；“与大千世界共鸣”就是以中国的视点书写对世界的认知。

一位智利导演曾经这样说过：“一个国家没有纪录片，这好像一个家庭没有相册。”中央电视台纪录频道正是要为我们的国家、也为世界留下一部鲜活的、立体的相册。翻开这部相册，人们会看到，中国文化的智慧，让生生不息的人类文明更加丰富多彩。

中央电视台的纪录频道将以高品质、高标准、高水平，追求国际化、专业化、品牌化和产业化，并重点在以下三个方面力求创新：

一是创新国际传播理念。纪录频道从开播第一天，就将分为中文、英文两版播出，在中央电视台历史上尚属首次，这充分体现了中央电视台致力于国际化传播、服务国内国外观众的理念。纪录频道将以国际化的语言讲好中国故事、传播中华文化。我们将在制作标准、表达语态、内容题材、人才资源、市场目标等五个方面，充分实现国际化。

二是创新生产运营模式。中央电视台纪录频道将以产业化为目标，创新制播分离的运营模式。在遵循规律的前提下，从个人化的创作，转变为面向市场的集约化生产；从作品型的纪录片，转变为产品型的纪录片。为此，我们将制定行业标准，以播出带动制作、以消费带动生产；逐步扩大纪录片市场，逐步形成创意、生产、销售、传播、消费的产业链。

三是创新多元合作机制。中央电视台纪录频道的首播规模是每年2200小时，节目需求量巨大。这就要求我们的频道，必须成为对全社会开放的平台，对全世界开放的平台。我们可以在选题上合作、在资金上合作、在技术上合作、在团队上合作，实现全球采购、全球生产、全球范围的最优化的资源配置。

中央电视台有30年纪录片国际合作的经验，例如，与日本合拍的《丝绸之路》、《话说长江》，与东南亚5国合拍的《同饮一江水》，以及马上要在纪录频道播出的《美丽中国》，都是国际合作的优秀典范。而今天，以纪录片的商业化操作为抓手，将会给我们的合作带来更加广阔的前景。只要有足够的想象力，各种各样的合作形式都可以尝试。

中央电视台纪录频道的开播，是中国纪录片进入主流、走向世界的重要机遇。以更加开放的姿态，关注人类共同的命题，沟通人类共通的情感，让中国的纪录片以独特的文化品格营养社会、贡献世界，这是中央电视台纪录频道将为之努力的新事业，也是我们电视工作者、媒体工作者和文化工作者共同的新事业。

（本文是2010年12月23日袁正明在纪录频道开播新闻发布会上的致辞）

CCTV
中国中央电视台
CHINA CENTRAL TELEVISION YEARBOOK
年 鉴
2011
胡占凡 主编
《中国中央电视台年鉴》编辑部 编
中国广播电视出版社

GAIKUANG

概　况

概况

中央电视台2010年工作概况

2010年，在中宣部和国家广电总局的领导下，中央电视台推进体制机制创新，进一步强化新闻立台，改革取得新进展，发展取得新成绩，各项事业取得了新成效，中央电视台的引导力、影响力、传播力大大增强。

一、牢牢把握正确导向，圆满完成各项宣传报道任务

2010年宣传工作任务繁重，在全台各部门紧密配合、通力合作下，中央电视台很好地完成了各项宣传报道任务，得到中央领导同志的充分肯定和电视观众的积极评价，为党和国家工作大局营造了良好的舆论氛围。

一是重大主题宣传有声有色。以深入宣传十七届五中全会精神为重点，紧紧围绕科学发展和加快转变经济发展方式，精心组织重大主题宣传和形势政策宣传，积极做好民生和社会热点问题的引导，推出《辉煌“十一五”、展望“十二五”》、《转方式调研行》、《七个怎么看》、《共建新家园》等一系列重点报道，为我国应对国际金融危机、加快转变经济发展方式提供了强大的舆论氛围。

二是重大时政报道积极稳妥。2010年党和国家领导人出访、调研等重要活动较多，中央政治局常委外访活动达40多次，国内视察调研超过100次。中央电视台精心组织、周密部署、科学调度，形成采、编、播各个环节紧密衔接、相关报道实时播发、内外宣6种语言、多频道联动的报道格局，完成了中央交办的各项任务。

三是重大活动宣传影响广泛。2010年上海世博会、广州亚运会、“嫦娥二号”探月卫星发射、纪念抗战胜利65周年等重大活动的报道，以生动丰富的报道和多渠道、全方位的传播方式，获得了社会的好评。组织“感动中国年度人物”、“年度经济人物”、“体坛风云人物”评选，以及“心连心”慰问演出、“儿童歌曲大奖赛”、“全国青年歌曲电视大奖赛”等系列品牌活动，播出《毛岸英》、《洪湖赤卫队》、《远山的红叶》等一批弘扬主旋律的电视剧，以及《公司的力量》、《颐和园》等精品纪录片，赢得了社会各界的赞誉。

在工作中，全台大胆探索，勇于创新，按照“三贴近”原则改进宣传报道，产生了积极的效果。如上海世博会从开园到结束持续半年的时间，如何让世博会报道天天精彩，吸引观众，在实践中不断破解这道难题，创造了新闻报道史上同一事件报道的多项第一：报道量最大（首发新闻1万多条，直播800多次，制作专题节目600多部）、节目形态最全（采用了目前电视新闻报道的所有表现形式）、原创栏目最多（固定栏目和特色板块100多个）、系统搭建最完备（前方可以独立承担采访、编辑、包装、播出等多种功能）。

二、继续强化新闻立台，进一步发挥新闻资源整合效应

2010年，中央电视台继续加大新闻资源整合力度，实现内外宣新闻资源共享，把英、法、西、阿、俄5个外语频道整建制划入新闻中心，统筹国内国际新闻传播。深入推进新闻资源整合，信息量大大增加，新闻报道更加及时，内容更加丰富生动。新闻频道日均播出新闻由270多条增加到600多条，新闻首发量由70多条增加到300多条，收视份额比改版前提升52.9%。中文国际频道日均播出新闻由120多条增加到220多条，新闻类节目在频道的贡献份额提升12%。在2010年山西王家岭矿难、青海玉树地震、甘肃舟曲泥石流灾害等重大突发事件报道中，中央电视台记者第一时间到达现场，第一时间发回现场报道，有力引导了国内国际舆论，强化了中央电视台在国内突

发事件报道中的主导地位。

由于新闻采集能力的增强，2010年中央电视台实现了多年的愿望，将英语频道由综合频道改版为新闻频道。改版后的英语新闻频道全天直播新闻近19小时，栏目设计、播报风格、节目包装等也更加国际化。改版以来，英语新闻频道的新闻自采率增加了4倍，新闻首发率增加了50%。

三、加大"走出去"力度，大力推进国际传播能力建设

2010年是中央电视台加强国际传播能力建设取得显著成效的一年。截至2010年底，共新建俄罗斯、非洲、亚太、拉美、中东5大区域中心记者站，以及朝鲜、伊朗、尼日利亚等21个周边记者站，新建记者站是前26年的总和，其中驻朝鲜记者站是全球第一家在朝的外国电视台记者站。中央电视台已完成7大区域中心记者站建设，记者站总数达到50个，覆盖世界重点国家和热点地区。

全球新闻采编网络的形成，使中央电视台国际报道能力大大增强。2009年海外驻站记者发稿量为3053条，2010年翻了一番，超过6000条。在海地地震、巴基斯坦洪灾、以色列山火、智利矿难和朝鲜半岛危机等重大突发事件中，新建站点的记者迅速到达现场，及时发回大量第一手新闻，扭转了过去海外重大事件报道完全依靠西方媒体的状况。尤其是在非洲、拉美和中东地区设立一批记者站，填补了中央电视台在这些地区的报道空白。

2010年底，中央电视台国际视频发稿平台建成并试运行，改变了中央电视台单纯依靠频道播出的对外传播方式，成为多渠道传播的"内容提供者"。发稿平台试运行以来，每天发布视频新闻素材30条，全球38个国家和地区的127家电视媒体日均采用37次。该平台受到国际各大传媒的高度关注，美联社、路透社等纷纷报道，并热切希望合作，显示出这一平台的巨大潜力与发展空间。

2010年中央电视台新增海外落地项目54个，新增整频道落地用户数3000多万户。俄语国际频道实现在俄罗斯落地播出，覆盖俄境内60万用户。中央电视台各外语频道已在海外444家高档酒店落地播出。长城平台新开播东南亚、澳大利亚平台，全球付费用户超过10万户。影视节目在海外销售也取得了很好的业绩，2010年对外销售各类影视节目8000多小时，实现营业收入超过1000万美元。纪录片《故宫》已在美国主流音像市场首批发行5000套。

在中央领导同志的亲切关怀和各方大力支持下，中央电视台仅用3个月时间，顺利实现纪录频道从筹建开播到大面积落地入户，实现了国内版和国际版24小时同步播出。

四、推进体制机制创新，进一步解放生产力

实行频道制是中央电视台深化体制机制改革的重大举措，2010年中央电视台积极稳妥地实现了由"中心制"向"频道制"的转变。实行频道制后，一是理顺了关系，明确了频道的责任主体地位，频道总监对频道运行负全责；二是减少了管理层次，提高了工作效率；三是信息传递速度加快，频道对市场的反应能力明显增强。频道制建立和运行以来，最显著的效果，一是推进了频道的专业化建设，各频道纷纷调整和改版，一批不符合频道定位的栏目和节目或被撤销、或合并、或调整；二是陆续推出一大批新栏目和节目，共有15个频道提交了58个创意方案，其中41个通过了编委会审议，25个正式播出。如《我们有1套》、《我要上春晚》、《对手》、《城市1对1》、《地理·中国》等新栏目，一推出就受到电视观众的欢迎。

频道制改革坚持公开、公正、公平的原则，开展了全台有史以来规模最大、范围最广、影响最深的干部竞争上岗。这次竞争上岗，一是打破了身份限制，事业编制人员和企聘人员一视同仁，2010年共选拔任用处级以上干部119人，其中企聘人员22人。二是打破了部门界限，台内各部门之间、台本部和台所属单位之间，竞争者可以自主选择适合自己的岗位和专业。三是不拘一格选人才，有些同志任职年限不够，但本人优秀，群众也认可，于是采取先到岗、后晋级的办法，把这些同志及时补充到各个岗位上来。四是制定年龄和学历门槛，通过竞争上岗，推进干部队伍年轻化，改善干部队伍知识结构。这次大规模的竞争上岗，有100多名处级以上干部，500多名科组长、制片人走上领导岗位，直接参与竞争上岗答辩的同志超过1000人。竞争上岗为全台员工发挥聪明才智搭建了舞台。

五、强化内部管理，确保安全播出

2010年中央电视台围绕宣传工作，保障改革顺利进行，进一步完善和健全各项规章制度，全年共新出台各种规章制度20项，修改完善7项，其中节目部门7项，综合部门18项，技术播出部门2项，使管理工作更加科学规范，工作执行力大大提高。

技术播出系统在频道数量、节目制作和播出量大幅度增加的情况下，严格执行广播电视安全播出管理规定，加强自查和评估，针对薄弱环节及时改进完善，确保各项技术系统平稳运行，全年连续320天无事故，安全播出创10年来最好成绩。供电、动力、通信系统安全运行，连续12年安全无事故。2010年技术播出部门还为上海世博会、广州亚运会、“嫦娥二号”发射等重大宣传活动提供了强有力的保障，同时高质量完成了国际视频发稿平台以及多个海外中心记者站演播室的设计规划和建设任务。

新台址建设工程办公室在确保质量的前提下积极推进工程建设速度，A标段整体工程已完成80%以上，B标段修复全面展开，地下车库工程前期准备工作已经就绪，设备调试正在紧张地进行。新台址建设工程办公室的同志在极其复杂的情况下，勇于负责，努力工作，无私奉献，为2011年新台址主体工程完工做出了积极的努力。

六、发展新媒体业务，全力打造新的传播平台

2010年中央电视台新媒体业务有了突破性进展。一是中国网络电视台开播一年来，主体建设基本完成，已建成亚洲规模最大的网络视频数据库，24小时全天直播频道发展到132个，日均发稿量超过2万条，节目储存量200万条、60万小时，完成了5个海外镜像站点一期工程建设，使海内外镜像站点达到35个。据统计，互联网国内综合排名从上线初期的100位上升至27位，独立访问者从单月的2100多万人增长到9100多万人，一个多语种、多终端、全覆盖的多媒体制播平台已初具规模。二是在网络电视集成播控平台的基础上，建成互联网电视集成播控平台、IP电视集成播控平台、手机电视集成播控平台以及移动电视集成播控平台，形成“一种内容多种分发”的传播格局。三是深入推进“台网捆绑”、“网络联盟”战略，与体育频道合办网络体育频道，与大型节目制作中心合作举办网络春晚，组建有近百家网站参与的“全国网络视频联盟”等等。在短短一年时间里，中国网络电视台创造了多项亚洲乃至世界领先的成绩，而且这一发展势头还在持续。

七、积极开拓市场，产业发展再创佳绩

2010年中央电视台经营收入在全台各部门的共同努力下，取得了很好的业绩。广告经营管理中心在市场竞争激烈、节目部门改革动作大、节目变动频繁等不确定因素增多的情况下，一手抓挖潜，一手抓管理，不断创新经营模式，2010年广告收入净增26亿元，是仅次于2008奥运年增幅最高的一年。在2011年广告预售工作中，充分利用频道制改革优势，设计网上招标、现场招标、承包招标等多种模式，强化与客户的沟通交流，2011年广告招标预售总额达到126亿元，创17年来广告招标投标最高纪录。

中国国际电视总公司充分发挥集团经营优势，它不仅是中央电视台投融资和产业平台，也是中央电视台电视宣传的重要力量，在建设中国网络电视台、直播卫星平台、国内应急报道点工作中，发挥了不可替代的作用。中央新闻纪录电影制片厂和北京科学教育电影制片厂重组的中央新影集团，充分发挥资源整合的优势，争取尽快做大做强。中国电视剧制作中心转企后逐步建立面向市场的管理体制和运营机制，并积极稳妥地推进股份制改造，企业活力初步显现。中国有线电视网络有限公司、中央卫星电视传播中心、中国广播电视国际经济技术合作总公司、中视传媒股份有限公司等单位，在挖掘内部潜力的同时，积极开拓外部市场，经营收入均保持稳步增长。

八、加强队伍建设，维护良好形象

台分党组针对队伍建设的实际，把2010年确定为形象建设年，作为队伍建设的重要抓手，扎实推进，取得明显成效。围绕形象建设，中央电视台做了大量基础性工作，制定下发了《中央电视台加强形象建设的意见》、《员工行为规范》、《央视员工开博客的有关规定》。开展了一系列有特点、有针对性的活动，推出了一批在平凡岗位上爱岗敬业的先进典型，树立了中央电视台员工良好的职业形象、公益形象。加强思想建设，深入开展争先创优、学习型党组织建设和“三项学习”教育活动。召开中央电视台第八次党代会，实现了新一届党委顺利换届。认真落实党风廉政建设责任制和“三重一大”制度，强化对领导干部经济责任审计监督。整顿治理“小金库”，相继出台了一系列工作细则和规范，并加强对各级领导干部权力运用的监督。

总结2010年工作，概括起来有十件大事：一是圆满完成上海世博会、广州亚运会等重大宣传报道任务，中央电视台在国内外的影响力进一步扩大。二是加快海外记者站建设，已在全世界建成7大区域中心记者

站，海外记者站的数量达到50个，初步形成覆盖全球的新闻采编网络。三是英语国际频道改版为英语新闻频道，全天直播新闻近19小时，覆盖亚太、欧美、非洲等国家和地区。四是建成国际视频发稿平台、新闻素材供全球近百个国家和地区的800多家电视媒体使用，极大地拓展了中国新闻在国际社会的传播空间。五是纪录频道开播，进一步丰富了中央电视台的节目形态和内容，成为向世界传播中国文化、展现中华文明的重要窗口。六是中国网络电视台国家级新媒体集成播控平台建设取得重大进展，已建成网络电视、IP电视、手机电视、移动电视集成播控平台。七是中央机构编制委员会办公室正式批准频道制改革机构调整方案，使中央电视台加快发展有了制度保证。八是建立起以竞争上岗为主的干部选拔任用制度，一批优秀人才脱颖而出，推进了干部队伍年轻化。九是安全播出连续320多天无事故，创十年来最好成绩。十是全台总收入突破300亿元。

以上十件大事，集中反映了2010年中央电视台各项工作取得的进展和成效。在总结工作、肯定成绩的同时，也要清醒地看到存在的差距和不足。一是国际传播能力还不强。与我国不断增强的综合国力相比，中央电视台在国际舆论格局中的声音还比较弱，引导和影响国际舆论的能力很有限，与建设国际一流媒体的目标还有很大差距。二是统筹协调发展还不够。作为国家电视台，中央电视台有丰富的资源和独特的优势，整合资源、充分利用、优势互补，就会产生巨大的社会效益和经济效益，这些都需要进行战略思考和统筹规划，使潜在的优势转化为现实生产力。三是管理工作还跟不上事业发展的需要。近年来中央电视台事业发展很快，但由于体制上的制约，在节目生产、日常运营、用工方式等方面出现了许多矛盾，有些问题处于两难的境地。如何按照改革的思路解决发展中面临的矛盾和问题，理顺各种关系，进一步调动全台员工的积极性，这是必须面对和解决的问题。四是经营格局还有待优化。目前中央电视台的台属企业已具有相当的规模，经营收入逐年增长，但中央电视台发展主要依赖广告收入的格局没有改变，在广告市场竞争激烈、广告客户投入相对稳定的情况下，这种经营结构存在很大的风险。

（本文摘自中央电视台2011年工作会议文件汇编）

中央电视台2011年工作概况

2011年是“十二五”规划的开局之年，在党中央的亲切关怀下，在中宣部和广电总局的正确领导下，中央电视台按照“十二五”期间将基本建成国际一流媒体的奋斗目标，进一步强化新闻立台、深度立台、特色立台原则，加快构建面向全球的现代传播体系，大力推进频道专业化建设，继续完善内部管理和保障体系，不断提升队伍整体素质。在由传统媒体为主向传统媒体与新媒体并重发展转变方面取得了新进展；在由重视收视率为主向重视栏目综合评价转变方面实现了新突破；在由事业性质为主向事业与产业统筹发展转变方面迈出了新步伐。

2011年中央电视台的工作，亮点纷呈、硕果累累。建党90周年的宣传浓墨重彩，“走转改”活动扎实深入，新开播纪录频道、综合频道香港版，正式开通国际视频发稿平台，建成29个国内记者站、20个海外记者站，非洲分台、北美分台正式开播，各国际频道海外落地用户数增加8300万户，全台总收视份额达到31.07%，超额完成全年目标值，全台总收入达到365亿元。

一、国家主流媒体的地位和作用进一步突出，舆论引导能力不断提高

一是重大宣传活动浓墨重彩。围绕庆祝建党90周年，中央电视台精心筹划，周密部署，以多频道、多角度、多层次展开宣传报道，成功直播庆祝中国共产党成立90周年大会。其中，5月9日至7月15日，播出建党90周年专题30多个，相关新闻、专题上千条，时长达6000分钟，共派出150余路记者500余人次参与报道。《新闻联播》开办了“伟大历程”、“红旗飘飘”专栏，精心制作了《旗帜》、《从怎么看到怎么办》等大型理论文献片、专题片，精心举办了《我们的旗帜》、《唱响中国》、《放歌九十年》、《永远跟党走》等专题文艺晚会，安排播出了《中国1921》、《开天辟地》、《永远的忠诚》、《星火》等优秀电视剧，精心组织了“《唱响中国》群众最喜爱歌曲征集活动”、“七一微博联播”、“童心向党歌咏活动”、“红镜头”视频征

集等网上系列活动，为建党 90 周年营造了隆重、热烈的氛围。此外，还高质量、高水平地完成了“两会”、西藏和平解放 60 周年、纪念辛亥革命 100 周年、中共十七届六中全会，以及“神舟八号”与“天宫一号”交会对接、深圳大运会等重大宣传任务。

二是重大时政报道亮点纷呈。全年共完成党和国家领导人出访活动 25 批次、国内视察活动 115 批次的报道任务，制作完成 2000 多条时政新闻，其中在《新闻联播》中播出 1813 条。在积极稳妥的基础上，大胆创新时政报道机制，受到中央领导的高度肯定。特别是在胡锦涛主席出席 G20 峰会和 APEC 领导人非正式会议等重大时政活动中，中央电视台牵头承办的后方新闻工作组，协调国内媒体资源，加强舆情研判，并与前方的专机报道组和外围报道组密切配合，探索建立了内外宣联动、全球报道资源整合共享的报道机制，实现重大时政活动直播报道常态化，有效增强了时政报道的权威性、时效性、可视性、感染力。同时，还出色完成了《友谊地久天长》、《欢迎美国副总统拜登访华文艺晚会》等重大国事活动文艺演出任务。

三是重大主题宣传有声有色。综合、新闻、财经等频道突出特色定位，紧紧围绕十七届六中全会宣传、“十二五”规划的制定实施、社会主义核心价值体系建设、创先争优、中国加入世贸组织十周年、汶川地震三周年、第九次文代会和第八次作代会等重点报道，加强形势政策的宣传，加强对热点难点问题的引导，凸显了主流媒体的舆论引领作用。

四是“走转改”活动卓有成效。在新闻战线开展的“走转改”活动中，中央电视台高度重视、精心组织，相继推出了《塔县皮里村蹲点日记》、《索道医生邓前堆》、《北京儿童医院、同仁医院蹲点日记》、《杨立学讨薪记》、《远方的家·边疆行》、《黄河善谷》、《走基层·百县行》、《农产品供销站》等一批接地气、有底气、聚人气的精品力作。从 2011 年 8 月到 2012 年 1 月 29 日，仅新闻中心首播“走基层”报道 781 条，1300 多名记者深入基层采访报道。

五是品牌活动和品牌节目影响广泛。各频道进一步增强品牌意识，加强品牌建设，推出春节联欢晚会、元旦晚会、“六一”晚会、国庆和中秋晚会、“3·15”晚会、教师节晚会、“心连心”慰问演出、“感动中国”年度人物评选、第一届道德模范颁奖盛典、中国经济年度人物评选、体坛风云人物评选、我最喜爱的人民警察评选、《12·4 法治人物评选》、《阳光季节》大型公益晚会等一系列品牌活动，推出《平安中国》、《开学第一课》、《美丽心灵》、《中国奇迹》、《寻找最美乡村教师》、《梦想合唱团》、《2011 国际青少年大联欢》、《第十届海峡两岸知识大赛》、《第四届在华留学生汉语大赛》、《第六届主持人大赛》、《第八届电视小品大赛》、《第八届全国京剧戏迷票友电视大赛》、《钢琴小提琴电视大赛》等一大批影响广泛的品牌活动和节目，成为中央电视台荧屏的突出亮点，受到了中央领导的高度评价。

二、国内国际传播格局进一步确立，传播力影响力不断提升

一是全球新闻采编网络初步形成。2011 年，29 个国内记者站相继成立，标志着覆盖全国的国内报道网络基本建成，其中 18 个记者站配置了英语记者，有效强化国内记者站的对外报道能力。与此同时，扎实推进海外记者站建设，全年新建 20 个海外记者站和非洲分台、北美分台，目前已在全球建成 70 个海外记者站、中心记者站和分台，形成了面向全球的新闻采编格局。这些报道站点的设立全面提升了中央电视台全球新闻报道能力，大大提高了新闻的自采率、首发率、落地率。特别是在日本大地震、利比亚战争、金正日去世等国际重大突发事件中发挥了极其重要的作用，及时发出了中国媒体的声音，初步扭转了以往国际新闻报道主要依靠西方媒体的局面。2011 年国际新闻自采率从 2010 年的 19%提升到 39.8%，新闻频道新闻首发率从 2010 年的 47.24%提升到 51.18%。

二是外宣频道国际化特色更加突出。在积极搭建全球英语新闻报道网络的同时，中、西、法、阿、俄等国际频道相继改进提高，进一步强化了以新闻为主的综合频道定位。英语新闻频道加快本土化运作，先后在美国华盛顿、肯尼亚内罗毕建立北美、非洲英语新闻区域制作中心，制作“当地观众为主、面向全球观众”的英语新闻节目；中文国际频道节目实现新提升，影响力进一步扩大，全年收视份额比 2010 年提升 33.6%；纪录频道在实现中、英文两版 24 小时播出的同时，不断拓展对外传播渠道，在肯尼亚建立了非洲纪录片制作基地，这是用纪录片手段实现多元化国际传播的一次重要突破。此外，综合频道香港版自 2011 年 3 月 1 日正式播出以来，经过不断调整改进，已进入良性运行阶段。

三是国际视通有效拓展对外传播渠道。国际视通（原央视国际视频发稿平台）开通以来，日均发稿量

和外媒采用量不断增加。目前，国际视通日均发稿量100条，日均发布素材时长超过200分钟，并形成了使用英、西、法、阿、俄五种语言发稿的能力，所发内容已被75个国家和地区上千家境外媒体累计采用25.7万次，日均700次左右。

四是“走出去”取得新突破。2011年中央电视台新增整频道海外用户8300万，新增落地酒店195家。至此7个国际频道已在全球171个国家和地区落地，整频道用户数达到2.491亿户，落地酒店639家。其中，纪录频道开播仅一年已实现在全球60多个国家和地区落地，用户超过2500万。英语新闻频道重点面向西方国家及其主流媒体，成功落地美国核心城市，并进入英国、德国等欧洲国家主流播出平台，取得了过去一直想进而未能进入地区的重大突破。积极探索商业模式和资本运作，中文国际频道在日本实现日语化播出，这是中央电视台国际频道首次尝试海外本土化译制播出。同时，长城（欧洲）平台也第一次进入欧洲有线电视网播出。另外，中央电视台长城平台节目在台湾新增落地酒店100家，在台湾落地酒店总数已达223家。大力拓展国际营销渠道，共向境外主流媒体交流中央电视台节目2350部/集（约350小时），对外销售影视节目13000小时，金额1200多万美元，特别是大型文献纪录片《旗帜》等节目打入非洲、欧洲、美洲和东南亚市场，海外市场反响良好。

三、频道专业化建设进一步深化，节目创新活力不断激发

一是栏目综合评价体系凸显示范作用。从2011年5月开始，中央电视台率先实施新的栏目综合评价体系，针对一些广电媒体唯收视率的不良倾向，明确设立了“引导力、影响力、传播力、专业性”4项指标，加大对社会效果的考评权重，积极引导节目生产更加注重主流价值观的引领作用和栏目品牌化建设。从运行情况看，栏目综合评价结果基本符合节目生产实际，排在前30位的优秀栏目多数是优势频道的传统品牌栏目或表现突出的创新栏目，初步体现出评价体系良好的引导和示范作用。

二是频道专业化建设凸显品牌价值。中央电视台各频道相继进行调整和改版，频道专业化水平、品牌影响力进一步提升。其中，综合频道突出“以新闻为主的精品综合频道”的定位，全新包装改版，强化品牌形象；新闻频道实现24小时直播，进一步强化新闻的品质传播，时效性、权威性和服务性不断提高；财经频道立足财经主业，完善专业频道运行支撑体系，致力打造权威、高端、精品的专业财经频道；综艺频道实行“动态改版”，创新、关停一批栏目，增强频道文化内涵和艺术品质；中文国际频道由原来“以新闻为主的综合频道”调整为“以新闻、文化为主的综合频道"，突出文化特色；体育频道围绕优质赛事资源，精心编排，进一步巩固了专业频道的地位；电视剧频道积极引进好剧，创新剧目编排，竞争力有所提升；科教频道在坚持频道定位基础上，重点提升科普宣传的知识含量与吸引力，构建了多层次的科技传播格局；社会与法频道以中国电视法治宣传第一品牌为目标，改版推出8档新栏目，法治宣传和社会建设宣传主线更加突出；戏曲和音乐频道创新优化节目编排，丰富栏目形态，收效明显；少儿频道着力打造精品栏目，创新举办一大批少儿公益活动和文艺活动，取得很好的收视效果；纪录频道对节目编排和频道包装进行整体优化升级，频道品质和成长性明显增强；军事节目中心围绕重大主题宣传，推出了一系列精品节目，频道影响力进一步提升。

三是新栏目新节目凸显创新活力。2011年，中央电视台实施新栏目研发管理办法，在资金、政策等方面加大对新栏目研发和节目创新的支持力度。全年共推出新栏目31个，《梦想合唱团》、《远方的家》等一经推出，就呈现出良好的品质，受到了广泛关注。加强改进重点品牌栏目，针对新闻报道与编排、栏目形态与包装等，对《新闻联播》、《晚间新闻》进行了微调，表达方式有了很大改进，受到观众的普遍欢迎。首次举办节目创意大赛，全台共有600多名员工参加，提交各种方案463份，进一步激发了员工的创新热情。

四、新媒体发展进一步提速，传播领域不断扩展

2011年，中央电视台以中国网络电视台为重点，积极抢占新媒体发展制高点，已基本形成涵盖电视终端、电脑终端、手机终端三屏融合等全媒体业务布局。中国网络电视台进入了国内互联网站排行前20位，网络门户日均独立用户数突破1000万，较2011年初增长194%，日均图文视频发布量突破5万条，较2011年初增长190%，视频数据库存量达到378万条。

一是加快建设和完善国家级五大新媒体集成播控平台。建设和完善网络电视、IP电视、手机电视、移动电视和互联网电视集成播控平台。其中，与中国移动合作运营的中国手机电视台开播准备工作基本就

绪；正在着手建设移动互联网平台和宽带互联网平台，移动互联网平台已具备53路直播能力，可以同时为中央电视台所有开路频道和35个品牌栏目开发移动智能终端的客户端群；中国IP电视和互联网电视等业务也取得较大发展，较2011年初增长了292%。

二是加快创立网络视听节目新形态和新品牌。承办和推出了中国政府部门首次网上办展——“中国打击侵犯知识产权和制售假冒伪劣商品专项行动成果展”，发布了新版CNTV“直播中国”，着力建设国内最大的网络电视直播平台；打造了功能强大的爱西柚（播客台）开放平台，实现播放器个性化定制、相关专题智能匹配等功能和服务；持续优化了网络电视客户端，推出网络游戏、精品商城等产品，以及直播回看、主动消息推送等应用；在标清、高清的基础上，开发了3D视频网络点播平台等。此外，还注重原创品牌栏目建设，推出了“网络春晚”、“中国公开课”、“视频手机报”等网络视听新栏目。

三是加快建设非洲、俄罗斯本土化网站。根据国际传播能力建设规划，在完成全球十大海外镜像站点扩容的同时，相继建成非洲、俄罗斯本土化网站。其中，在非洲尼日利亚建立的首个本土化网站，已开通中、英、法、阿四个语种的移动互联网直播频道和一个24小时滚动播出频道。同时，实现手机电视非洲落地，移动互联网客户端“中国网络电视台我爱非洲”正式上线，目前整体用户数达到37万，主要覆盖非洲高端用户。

五、技术保障能力进一步提升，安全播出再创佳绩

一是安全播出常抓不懈。积极贯彻广播电视安全播出管理规定，大力加强制度建设和流程管理，加强安全自查和质量评估，严格技术队伍的培训考核，针对薄弱环节及时整改、不断完善，确保了各技术系统平稳运行。全年安全播出零秒无事故天数为346天，全年零事故频道数为29个，均创历史最好纪录。中央电视台42个频道总播出时间为近34万小时，总事故率为0.59秒/百小时。动力及供配电系统再创佳绩，连续14年安全运行无事故。

二是技术保障扎实到位。围绕重大活动、重大赛事转播以及大型直播节目等，以全流程、全功能的设备配置和系统部署，以高效连贯、安全可靠的技术保障和运行支撑，出色完成了各项宣传报道技术保障任务。同时，积极创新节目生产手段和节目制作流程，进一步提高了节目制作效率和节目技术质量。全年日均自制首播量为146小时，比上年增加近20%。

三是重点技术项目推进有力。积极落实广电总局开办3D电视实验频道的要求，在极短的时间内，完成了3D播出平台、制作网络、传输系统、外场制作设备、台内有线收视系统的搭建和集成，确保了3D频道如期开播。在新址建设和搬迁筹备中，技术系统扎实推进工艺系统建设，切实做好面向新址的技术过渡和工艺衔接工作。在海外分台建设中，技术系统按照分台的定位和节目需求，完成技术系统设计及设备测试，确保设备安全和海外安装的顺利进行。此外，配合3D频道开播及新台址工艺系统等重点项目，积极开展了一系列多元化和高密度的业务培训和技术推广活动。

六、产业发展进一步加快，经营业绩不断攀升

一是广告收入再创新高。针对国家政策（如“限酒令”、“限娱令”、“限广告令”）的调整和激烈的传媒广告竞争形势，中央电视台狠抓创新营销、制度化营销和廉洁透明营销，深入挖掘专业频道资源，积极开发重点行业和新客户，创新设计广告产品，所有栏目广告承包，都通过公开招标确定价格。全年广告创收228亿元，同比增长39亿多元，是近十年来除北京奥运年之外增幅最大的一年。与此同时，全年共制作播出327余条公益广告，充分彰显中央电视台作为国家媒体的社会责任。

二是企业创收稳步增长。中国国际电视总公司积极适配全台发展战略，充分发挥体制优势，深化“事企联动”机制，配合推动非洲分台、北美分台、国际视通建设，加快长城平台建设，在国际传播能力建设中发挥了重要作用。同时，积极布局新媒体产业发展，承接3D试验频道、新台址全物业管理等，全年中国国际电视总公司管理企业营业收入首次突破100亿元，总资产超过130亿元，成为双超百亿企业；中央新闻电影制片厂（集团）深入挖掘潜力，着眼于做大做强影视文化产业，多层面、多渠道进行经营开发，有效开拓了发展空间；中国电视剧制作中心有限责任公司立足国内大市场，继续深化体制改革，优化创作和运营机制，重塑了电视剧制作“国家队”的品牌；中央卫星电视传播中心实施“低收费、带广告、广覆盖”的运营模式，推动加密收费电视节目市场发展，签约用户保持了稳中有增；中国有线电视网络有限公司注重加强和完善内部经营管理责任制，进一步强化成本

控制，经营收入水平稳步提升；中国电视报社始终坚持社会效益放在首位，兼顾经济效益，报纸发行量在全国广电行业报、全国周报中均位居首位。

2011年，台本部收入247亿元，企业收入118亿元，全台总收入达到365亿元，同比增长57亿元。

七、内部管理进一步加强，体制机制不断完善

一是宣传管理更加有序。在强化全台宣传报道统筹协调的同时，一方面，加强制度建设，进一步规范新闻采编流程，共梳理修订了80余项宣传管理规章，制定了《编委会议事规则》、《频道首播率与栏目配置管理办法》、《节目安全播出应急管理办法》、《新栏目播后评估管理办法》等；另一方面，加强完善了节目版权管理、节目预算执行、节目流程管理、收视市场评估、品牌管理推广等监督和服务职能。此外，创新媒资管理服务模式，搭建完成特藏资料数字化系统，全年共清理回收磁带12.7万余盘。

二是人事管理更加有力。以“定薪”、“定编”为重点，制定实施了《企聘人员薪酬改革方案》；初步制定《中央电视台定编方案》，形成了保证员工工资收入正常增长机制和适配全台事业发展的编制规划设想；修订《领导干部竞争上岗工作暂行办法》，有效完善了公开选拔干部的机制办法。全年共组织了88个处级职位和65个制片人、科组长职位的竞争上岗，其中，科组长竞争上岗由节目系统全面扩展到行政、技术系统。此外，改进校园招聘和社会招聘方式，吸纳更多优秀人才。

三是行政管理更加有效。结合事业发展的实际需要，积极推进管理的科学化、制度化，制定完善了《台分党组会议议事规则》、《保密管理暂行规定》、《合同审批管理办法》、《关于经费报销的补充规定》、《商标管理规定》、《法律案件管理规定》、《领导干部经济责任审计规定》等规章制度，加强了公文督办和保密管理，提升了信息服务决策的水平和综合协调的能力；不断强化治安消防、法律事务、外事服务、后勤保障等工作，确保了全台运转顺畅；加强和改进财务管理工作，完善中央电视台增收节支奖励办法，积极推行公务卡试点改革，固定资产管理更加规范高效，财务管理水平有了明显提升。研发工作围绕“十二五”规划，积极开展实战型、对策性研究，为台领导提供了一系列决策参考，进一步提高了中央电视台重点工作决策的科学化、民主化水平。

四是新台址建设进展顺利。按照中央领导的要求，在确保质量的前提下，全面加快新台址工程建设。狠抓计划执行、狠抓现场施工、狠抓内部管理，采取一系列有力措施，解决了工程进度中的重点和难点问题。目前，新台址主楼即将完成竣工验收，电视文化中心（B标段）、地下车库、市政道路等工程按计划完成年度任务。此外，新址搬迁工作已全面启动，成立了搬迁工作领导小组和办公室，初步制订了搬迁工作的整体方案。新址电视工艺系统基础安装工作已完成，其中数据中心和播出系统设备开始加电测试，员工技术培训有序展开，物业管理团队全面进入。

八、队伍建设进一步加强，凝聚力战斗力不断提高

一是以开展“走转改”活动为抓手，有效强化了队伍作风建设。“走转改”活动启动以来，中央电视台各级领导和编辑记者纷纷深入基层，共派出四百余路报道团队、千余人次记者，足迹遍布全国31个省市区，共播发新闻2000余条，建立基层联络点200余个，有效锤炼了队伍，转变了思想作风和工作作风，改进了报道文风，在全社会树立了新闻工作者的良好形象。开展“走转改”实践交流会、系列研讨会，以及公益助学、爱心探访团等社会实践活动，制订“中央电视台‘走转改’长效机制”，推动“走转改”常态化、制度化建设。

二是以开展“三项学习教育”活动为重点，有效强化了队伍思想建设。紧紧围绕“三项学习教育”活动，结合宣传业务实际，开展了“杜绝虚假报道、增强社会责任、加强新闻职业道德建设”等专项教育活动，进一步提升队伍的综合素质。紧紧抓住庆祝建党90周年这一契机，结合创先争优活动和学习型党组织建设，各基层党组织广泛开展了党史知识竞赛、“唱响中国”、“绣党旗”等主题党日活动，以形式多样的学习研讨活动，营造了良好的团队文化氛围，增强了队伍的凝聚力、向心力、战斗力。

三是以加强教育、监督为着力点，有效强化了党风廉政建设。认真落实党风廉政建设责任制，扎实推进廉政风险防控机制建设，积极开展了“清权确权”和“小金库”专项治理巡视等活动，以及领导干部任前廉政谈话、警示教育、廉政测试等宣传教育活动；从严查办案件，确保了党纪台规执行到位。加大了对全台重大经济活动、重要经营事项、干部竞争上岗的

监督力度，强化了对领导干部的经济责任审计，重点审计了海外分台建设、新址工艺、政府采购的资金使用和程序。全年共结案76件，立案处理8件，给予行政处分和党纪处分14人次。

四是以加强播音主持队伍管理为切入点，有效强化了队伍形象建设。结合中央电视台播音主持队伍管理现状，制定了《播音员主持人管理办法补充规定》和《名、优播音员主持人评选办法》，专门出台了《互联网平台信息发布管理规定（暂行）》，重点加强对播音员主持人等公众人物互联网信息发布的管理。同时，强化了播音员主持人的培训和考核工作，组织知名播音员主持人参加“走基层”。活动和社会公益活动，进一步提高播音主持队伍的思想业务素质，塑造中央电视台主持人的良好公众形象。

（根据胡占凡台长在中央电视台2012年工作会议上的讲话整理）

中央电视台2010年频道建设概况

2010年，中央机构编制委员会办公室正式批准了中央电视台频道制改革机构调整方案，中央电视台秉承“频道专业化、栏目个性化、节目精品化”的频道发展战略，坚持新闻立台、深度立台、特色立台原则，全面实行频道制改革，积极稳妥实现了由“中心制”向“频道制”的转变，向建设国际一流媒体的目标稳步推进。

截至2010年底，中央电视台共有24个公共频道，包括综合频道（标清、高清、香港版）、财经频道、综艺频道、中文国际频道（亚洲、欧洲、美洲版）、体育频道、电影频道、军事·农业频道、电视剧频道、科教频道、戏曲频道、社会与法频道、新闻频道、少儿频道、音乐频道、英语新闻频道、法语国际频道、西班牙语国际频道、阿拉伯语国际频道、俄语国际频道、高清综合频道、CCTV娱乐、CCTV戏曲、中国电影、中视购物频道。除北美长城平台和中视购物频道外，栏目总数达到376个，全年总播出量达192133小时，日平均播出量近527小时，内容涵盖社会生活的各个领域。

2010年，全台平均收视份额为30.33%，约占全国收视市场的1/3，广告总收入较2009年净增26亿元，增幅仅次于2008奥运年。

实行频道制后，各频道的责任主体地位更加明确，工作效率进一步提高，频道对市场反应能力明显增强，频道专业化建设效果显著。其间，各频道均进行了有力的改版工作，调整、关停了一批不符合频道定位的栏目，推出了《我们有1套》、《地理·中国》、《城市1对1》等一大批新栏目。同时，中央电视台进一步强化新闻立台理念，加大新闻资源整合力度，实现内外宣新闻资源共享，将英语新闻频道、法语国际频道、西班牙语国际频道、阿拉伯语国际频道、俄语国际频道5个外语频道整建制划入新闻中心，使各频道新闻报道更及时，内容更丰富。

2010年，综合频道以频道制改革为契机，第一次成立独立的频道管理主体，在保留《新闻联播》、《焦点访谈》、《新闻30分》等名牌新闻栏目同时，增加了《今日说法》、《正大综艺》、《小崔说事》、《动物世界》、《寻宝》、《状元360》等精品栏目，并加紧推进改版提升工作，加大创新力度，开创了《我们有1套》、《看见》、《生活早参考》等一系列竞争力强、收视率高的原创节目品牌，收视成绩明显提升。

综艺频道9月推出改版，一是重新调整频道编排，方便观众收看；二是形成品牌栏目带概念，将节目性质相近、受众群体相对一致的几个栏目连续编排形成纵向栏目带，并横向安排《综艺喜乐汇》、《动物狂欢节》、《综艺星天地》三档一周打通栏目；三是周末每晚安排两档大型综艺节目，覆盖周末黄金档和次黄金档；四是精心推出假期特别编排。改版播出当日，频道收视份额提升至3.63%，创下半年以来新高。

中文国际频道12月正式改版播出，坚持“传承中华文明，服务全球华人”的宗旨，将原有“以新闻为主的综合频道”拓展为“新闻·文化综合频道”：一是加大原创文化节目分量，突出文化时尚内涵，推出《城市1对1》、《远方的家》、《文明之旅》、《流行无限》四个新栏目；二是为首批十个栏目加配中英文双语字幕，方便新生代华人及外国主流人群收看；三是优化现有栏目，使其更具国际化风格，突出“本土化内容、国际化表达”；四是黄金时段实施集群编排，形成文化类栏目的集群编排态势。

科教频道12月全新改版推出，一是拓展内容资源，扩容知识含量，突出专业特色；二是创新节目形态，丰富节目表现手段；三是提升品牌栏目，放大品牌效益，夯实频道基础；四是更新频道编排，突出服务理念，追求规模效益，采用横向贯通、纵向集群的编排方式和差异化编排策略，推出五大主题板块，突出频道内的差异化布局；五是升级频道包装，彰显品质品位。

2010年间，中央电视台还将英语国际频道由综合频道改版为新闻频道，整体风格更加国际化，新闻自采率、首发率大大增加，全天直播新闻近19小时。同时，俄语国际频道实现在俄罗斯落地播出，覆盖俄罗斯境内60万用户。

（总编室规划部供稿）

中央电视台2011年频道建设概况

2011年是“十二五”规划开局之年，中央电视台按照“十二五”期间将中央电视台基本建成国际一流媒体的奋斗目标，进一步强化新闻立台、深度立台、特色立台原则，加快构建面向全球的传播体系，大力推进频道专业化建设。截至2011年12月31日，中央电视台共有25个公共频道，包括综合频道（标清、高清、香港版）、财经频道、综艺频道、中文国际频道（亚洲、欧洲、美洲版）、体育频道、电影频道、军事·农业频道、电视剧频道、纪录频道（国内版、国际版）、科教频道、戏曲频道、社会与法频道、新闻频道、少儿频道、音乐频道、英语新闻频道、法语国际频道、西班牙语国际频道、阿拉伯语国际频道、俄语国际频道、高清频道、CCTV娱乐、CCTV戏曲、CCTV中国电影、CCTV中视购物频道，除北美长城平台和中视购物频道外，栏目总数达到376 个，全年总播出量达216941小时，日平均播出量近594小时，内容涵盖社会生活的各个领域。

2011年，全台平均收视份额为31.07%，约占全国收视市场的三分之一，全台总收入达到365亿元。

2011年，频道专业化建设进一步深化，频道的责任主体地位更加明确，工作效率进一步提高，频道对市场反应能力明显增强。2011年5月，中央电视台率先实施新的栏目综合评价体系，针对“引导力、影响力、传播力、专业性”4项指标，加大对社会效果的考评权重，积极引导节目生产，更加注重主流价值观的引领作用和栏目品牌化建设。各频道相继进行调整和改版，频道专业化水平、品牌影响力进一步提升。

2011年，中央电视台进一步强化新闻立台，加大新闻资源整合力度，实现内外宣新闻资源共享，使各频道新闻报道更及时，内容更丰富，圆满完成庆祝建党90周年、“两会”、西藏和平解放60周年、纪念辛亥革命100周年、中共十七届六中全会、“神舟八号”与“天宫一号”对接等重大宣传任务，“走转改”活动卓有成效。2011年29个国内记者站相继成立，全年新建20个海外记者站和非洲分台、北美分台，国内国际传播格局进一步确立。同时，在全台范围内实施新栏目研发管理办法，各频道全年共推出新栏目31个，诸多栏目呈现良好品质，受到广泛关注。

2011年，综合频道突出“以新闻为主的精品综合频道”的定位，完成《看见》、《寻宝》等栏目的全新改版升级，推出《梦想合唱团》等传承主流价值、影响广泛的大型媒体活动，全新包装改版，强化品牌形象，进一步提升了频道形象和社会影响；新闻频道实现24小时直播，进一步强化新闻的品质传播，时效性、权威性、服务性不断提高，《新闻直播间》、《东方时空》等品牌栏目具有广泛关注度和影响力；财经频道进一步提升专业特色，专业化运行体系进一步深化，致力打造权威、高端、精品的专业财经频道；综艺频道增强文化内涵和艺术品质，坚持“三贴近”，创新推出“季播”方式，开创文艺宣传和事业发展的新局面；中文国际频道调整为“以新闻、文化为主的综合频道”，对外宣传能力进一步提高，对外传播的范围和影响进一步扩大；体育频道充分利用优质赛事资源，以大型赛事转播创作为龙头，采取多项有效举措，进一步巩固专业频道地位；电影频道弘扬主旋律，传播中国优秀电影文化；军事·农业频道发布权威军事新闻，展示中国军队风采，传播农业科技知识，反映新农村生活；电视剧频道弘扬主旋律，提倡多样化，聚焦现实生活，注重艺术创新，积极引进好剧，提升竞争力；纪录频道全面加强节目编排和频道包装，成长性明显增强，频道品质和影响力进一步提升；科教频道以满足观众需求和优化节目资源为原则，品牌形象更加清晰，文化性、知识性和引领性凸显；戏曲频道、音乐频道丰富栏目形态，强化专业定位，优化节目编排，取得明显效果；社会与法频道全新改版，推出8档新栏目，全面提升专业品牌频道品质，全力打造中国电视法治宣传第一品牌；少儿频道收视效果良好，着力创新，打造精品节目，全面扩大传播力；外语频道国际化特色更加突出，切实实现新提升，国际传播力、影响力持续加强。

（总编室提供）

Z H U A N J I

专　辑

CCTV 专辑

胡锦涛主席访美报道取得圆满成功

2011年1月18日至22日，国家主席胡锦涛对美国进行国事访问。中央电视台高度重视、倾力投入，搭建了一支由“专机随行组＋先遣报道组＋外围特派组＋北美中心站+12家海外记者站＋全球海外特约报道员”，前后期数百名工作人员和20余位中美问题专家组成的报道团队。

此间，中央电视台组织《新闻联播》、《中国新闻》等重要新闻栏目，以及涉及6种语言的8个频道，围绕出访行程展开全天候递进式关注，高频次播发新闻2000余条次、专栏专题节目60余期，并以“新闻＋专题＋背景＋评论”多元互补的节目形态，增强了报道的新闻性和解读功能。节目视角开阔、信息饱满，生动展示了中国大国形象和领袖风采。收视分析显示，胡锦涛主席访美期间，新闻频道、中文国际频道的关注人群大幅扩充。其中，1月18日新闻频道相关报道较同期收视增长72%。

一、精心设计报道布局，信息结构丰富立体

中央电视台围绕本次出访报道，设计了“行前多层次预热升温、访时高密度跟进主体、后程多角度配合解读”的思路，自1月15日全面启动预热报道，至1月23日对出访成果各界反映的持续跟进，在内外宣各频道内形成了持续近十天的关注热点。在报道正式启动前，还特邀外交专家，对报道主创人员进行专题辅导，提高了报道策划与掌控能力。

预热阶段，各频道均在重要时段、显著位置报道了美国政界著名人士对胡锦涛主席即将访美的关注，多条专访都传递出受访人对中美两国之间“合作、互补、共赢”的期待。其间，“白宫提前一周预演欢迎仪式”、“美国各界掀起中文热”、“纽约时报广场播出中国国家形象宣传片”等新闻，鲜活可感，令人印象深刻。

出访阶段，专机随行报道组在出访行程68个小时内，记录了近20场时政活动，拍摄素材1000余分钟，《新闻联播》内播发50余分钟。访问过程中，报道组在欢迎仪式等重大活动中争取多角度设置拍摄机位，保证了现场画面的生动丰富。此间，各频道采用直播信号实时收录及时插播、简版新闻递进更新、视频报道与字幕和图片新闻并用等方式，保证了新闻播发的时效性。针对外宣特点，中文国际频道还打破常规编排，将美洲版所有整点档《中国新闻》延长至30分钟。

访问结束后，各频道围绕《中美联合声明》第一时间展开解读，并跟进播发了奥巴马关于“中美合作为美国创造更多就业机会”等内容。

二、大力拓展外围信息，积极关注各界反映

围绕出访行程，各报道组大力挖掘外围信息与各界反映，与活动主体形成有力呼应。

报道在充分反映美国社会各阶层对中美关系看法的同时，重点表现了美国各界对胡锦涛主席的个人评价，角度新颖、效果好。如“要求参加中美CEO圆桌论坛的美国企业由最初的4家增加到16家”、“芝加哥市长表示‘中国不是威胁是机会、欢迎中国企业进入芝加哥’”等细节，形成了时政报道另一种语态。

在美国之外，中央电视台多个海外记者站，也第一时间报道了所在国知名人士和媒体对胡锦涛主席访美的积极评价，体现了“国际事件，中国立场”的特点。

三、改进报道运作方式，丰富时政报道多样性

本次出访报道，中央电视台在运作方式上积极创新，取得较好效果。一是放大节目资源的共享。针对内外宣不同频道节目需求，对报道从选题规划到制作播出，实施统一策划、统一调度、统一开发，扩大了资源的覆盖面和利用率；二是将知名主持人嵌入报道团队，追求细节信息的现场捕捉和外围信息的深度开掘，突出了报道的现场感、体验感和亲历感；三是加

强台本部与海外记者站力量的联动设计，展现了分工合作、地域协同的优势；四是发挥海外中心记者站演播室功能设置，通过与北京总演播室对接、“三视窗”等电视手段的应用，丰富了报道的信息元素和表现方式。

中央电视台关于胡锦涛主席访美的报道，取得了较好的播出效果，大量报道被各类媒体转引、转载，形成了有效的二次传播。

（台办公室、新闻中心提供）

中央电视台“建党90周年”新闻报道圆满成功

作为2011年最重大的一项宣传任务，中央电视台高度重视“建党90周年”新闻报道工作，自2010年年末就着手策划筹备，并从2011年4月份全面启动，先后投入150余路、500余人次报道力量，在6种语言、8个内外宣频道内，播发新闻上千条次、专题节目50余期，形成强有力的宣传声势，为庆祝建党90周年营造了良好的舆论氛围。

一、重大活动，精心设计

中央电视台紧密围绕中央纪念活动安排，圆满完成了“庆祝中国共产党成立90周年大会”、“《我们的旗帜》文艺晚会”、“中央领导接见全国先进基层党组织和优秀共产党员、优秀党务工作者代表”、“纪念中国共产党成立90周年理论研讨会”等一系列重大活动报道。

在“庆祝中国共产党成立90周年大会”直播报道中，中央电视台对现场机位和灯光设置进行了全新布局与设计，画面质量是历次重大转播活动最好的一次。中央电视台11个频道同步并机播出大会盛况，包括CNN、BBC、俄罗斯全俄广播公司、法国电视台等92个国家和地区的332家电视机构转播中央电视台信号，或采用中央电视台国际视频发稿平台供稿。

二、规定动作，创新求变

在“红旗飘飘”、“伟大历程”、“‘双百’人物中的共产党员”重点专栏及重点栏目报道开展过程中，中央电视台先后三次优化调整选题方向，主动增加播出版面、加大播出频次，提升了传播效果。

其中，“红旗飘飘”由在《新闻联播》中播出，扩展为在《朝闻天下》、《新闻直播间》同步推出，连续每天、每期用6至8分钟的篇幅予以保障；选题方向由面向基层党员，转为聚焦重大事件、重大项目、重大节点中的党员群体。报道手法以“三避免”——避免概念化、类型化、简单化，实现了“三突出”——突出党员特征、先进性和社会引领价值。“伟大历程”以有新闻性的事件或载体切入主题，通过历史，展现社会主义革命、建设、改革开放成就，使节目融可视性、传播性和现实指导意义于一体。《焦点访谈》推出系列报道“打开中国奇迹的问号”，从国外民众、研究者、媒体对中国的惊叹与疑惑出发，勾勒出中国共产党永葆先进性和生命力的秘诀。

三、自选动作，出新出彩

中央电视台还设计推出了“红色记忆”、“我是共产党员”、“重访纪念地”、“寻访海外红色足迹”、“红旗先锋”、“外国人眼中的中国共产党”、“走进延安”7个自选动作报道，占相关报道播出总量80%以上，是中央电视台重大主题宣传历史上，自选动作设计规模最大、形态最为丰富的一次。

为了将90年党史进行一次“电视化”的梳理和呈现，中央电视台搜集了散落在国内外的各类影像和档案数据资料，通过节目，实现历史与现实的呼应，深刻体现了“中国共产党是历史和人民的选择”这一主题。其中，15期“重访纪念地”调集知名主持人，深入井冈山、延安、西柏坡等15个重大党史事件发生地，与基层群众同吃同住，实地体验和观察，感受历史、触摸现实，做到了“走得广、看得多、谈得细、想得深”，被认为是“一部深度发掘、现场创作的电视版党史札记，具有超越时代的红色核心价值观”。

四、外宣视角，中国声音

本次“建党90周年”报道，中央电视台第一次组织6种语言的外宣频道，第一次启用7大海外中心站、50个记者站构成的全球新闻采编网，第一次投入国际视频发稿平台，在统一指挥下，参与重大主题宣传报道。

各外宣频道从“让世界更充分地了解中国共产党”出发，注重国际化表达及对象国受众心理分析，策划制作了一批特别节目，扩大了外宣报道的规模和声势。

其中，中文国际频道推出了《外国人眼中的中国共产党》，通过见证中国现代社会变迁的外国人视角，展示中国共产党的伟大形象和令人赞叹的执政业绩；英语新闻频道推出3期大型直播特别节目“走进延安”，组织记者和中外专家一道探寻新中国成长的足迹。

（台办公室提供）

围绕建党90周年 唱响时代主旋律

自2011年5月起，中央电视台高度重视，精心组织，相继成功举办《五月的鲜花——永远跟党走》全国大学生校园文艺会演、《中国奇迹——纪念抗击汶川特大地震三周年大型专题文艺晚会》、《唱响中国——群众最喜爱的新创作歌曲征集评选活动颁奖音乐会》等三场大型文艺演出活动，录制播出了《我们的旗帜——庆祝中国共产党成立90周年文艺晚会》，制作播出了文艺专题片《放歌九十年——庆祝中国共产党成立90周年》和文献纪录片《旗帜》，主题突出、特色鲜明、生动精彩、风格各异，歌颂了中国共产党90年的辉煌历程，弘扬了伟大的民族精神，唱响了时代主旋律，凝聚了全国人民的爱国热情，为建党90周年营造了浓厚舆论氛围。

一、《五月的鲜花》彰显青春力量，歌颂党的辉煌历程

5月4日，由中宣部、教育部、共青团中央主办，中央电视台承办的《五月的鲜花——永远跟党走》全国大学生校园文艺会演通过综合频道、综艺频道向全国直播。整场演出以“五四青年节”为契机，歌颂中国共产党的光辉历程，讴歌中国共产党在各个历史时期领导中国人民取得的伟大成就。演出分《旗帜·青春的信念》、《祖国·青春的足迹》、《时代·青春的先锋》三个篇章，缅怀先烈、讴歌时代、展望未来，充分展现了中国青年在党的旗帜下始终与民族共命运、与时代同步伐的光荣传统，抒发了祖国学子永远跟党走的坚定信念，展现了当代大学生积极健康向上的良好精神风貌。全国46所高校的1600多名学生参加演出。

二、《中国奇迹》展现中国大爱，弘扬伟大民族精神

5月12日，由中宣部、国家广电总局和解放军总政治部主办，中央电视台承办的《中国奇迹——纪念抗击汶川特大地震三周年大型专题文艺晚会》在综合、综艺、中文国际频道并机播出，共有1.9亿观众收看。整台节目分“中国大爱”、“中国速度”、“中国力量”、“中国奇迹”四个篇章，将文艺演出、专题短片、人物访谈相结合，汇集多种表演形式，邀请抗震救灾英模代表、19省市援建代表和震区群众代表共同参与演出，强调纪实再现、鲜活人物、感人故事、真实情感，充分展现了震区群众在党组织的带领下不等不靠、自强自立的崛起进程；彰显了解放军、武警部队在和平时期始终把捍卫人民生命财产安全挂在心上，以生命捍卫生命，以生命重建生命的献身精神；再现了全国人民在抗震救灾和恢复重建中同心协力、顽强拼搏的伟大历程；呈现了重建后震区人民的美丽家园与美好未来。

三、《唱响中国》歌颂党和祖国，唱响时代主旋律

5月21日，由中央电视台主办的《唱响中国——群众最喜爱的新创作歌曲征集评选活动颁奖音乐会》完成录制。晚会现场演出了部分获奖歌曲。本次活动历时1年，共征集到18132首作品。经群众和专家评选，产生一批贴近生活、紧扣时代、情感真挚、旋律流畅，具有较高思想性、艺术性和传唱性的36首入围歌曲，并从中评选出10首优秀歌曲。

本次评选周期长、征集作品多、题材广泛、风格多样，社会各界好评如潮，群众投票热情空前，并在全国各地兴起了群众性歌咏热潮。期间，中央电视台及31个省级卫视、中央人民广播电台及31个省级电台、《人民日报》、《光明日报》以及中国网络电视台等集中展播了36首入围歌曲。2.6亿人次的网友参与了投票。各地宣传文化部门还将把10首获奖优秀歌曲纳入庆祝建党90周年群众性演唱活动，使这些优秀歌曲真正深入人心，越唱越响，在全国传唱开来。

此外，中央电视台还为6月29日在人民大会堂举办的《我们的旗帜——庆祝中国共产党成立90周年文

艺晚会》进行了视频设计和制作，并圆满完成晚会录制播出任务。

四、《旗帜》、《放歌九十年》再现党的光辉历程

围绕建党90周年，科教频道制作了10集文献纪录片《旗帜》，大型节目中心录制了10集文艺专题片《放歌九十年——庆祝中国共产党成立90周年》。

6月19日至28日，由科教频道录制的大型文献纪录片《旗帜》在中央电视台综合频道隆重推出，随后在科教频道和英语、西班牙语、俄语、阿拉伯语5个外语国际频道跟进播出。《旗帜》采取"资料收集、人物采访同步推进，前期、后期同步推进，分集创作与统筹拍摄同步推进"的组织运作方式，采访重量级嘉宾60位，跨越全国7个省市，客观、全面地展示中国共产党带领全国各族人民革命、建设、改革的光辉历程，受到社会各界的广泛关注和积极评价。自播出以来，全国共有2.8亿观众收看。平均收视率1.7%，官网访问量累计达700多万次。

6月27日至7月6日，中央电视台连续十天在综艺频道的黄金时间播出了文艺专题片《放歌九十年——庆祝中国共产党成立90周年》，以"编年体"形式打开中国共产党成立90年来的历史卷轴，再现中国共产党一路走过的光辉历程，展示中华民族的复兴征程。该片播出后，吸引了全国广大电视观众和青年网民的热情关注，最高收视率达1.14%，取得了良好的收视效果和社会各界的高度赞扬。

（根据台办公室、大型节目中心、科教频道提供材料综合整理）

2011年中央电视台"走、转、改"活动成效显著

根据中宣部的统一部署，2011年中央电视台以综合频道、新闻频道为主，各频道全力配合，深入开展"走、转、改"活动，并形成了新春走基层和9月至11月两个报道高潮。

一、"走、转、改"新闻宣传报道

1.《新春走基层》主题报道生动鲜活、感染力强

2011年1月10日起，中央电视台300多名记者兵分97路，深入到中西部地区、革命老区、少数民族地区、边疆地区、沿海侨乡、贫困地区和受灾地区进行集中采访报道，足迹踏遍全国31个省市区的600余个县市乡村，深入体验普通群众的工作与生活，把春节当成一个社会新闻事件精心策划，以《新春走基层》主题报道为主线，形成强大的报道声势。自1月26日起，中央电视台在《新闻联播》、《焦点访谈》、《朝闻天下》等栏目中开辟《新春走基层》专栏，分为"回家的礼物"、"喜庆中国年"、"在岗位上"、"问暖"、"援疆纪行 "、"感触"等6个功能各异、特色鲜明的报道系列，在综合频道、新闻频道中形成了全天滚动播出、不断更新的态势，播发新闻600余条次，成为中央电视台春节新闻节目的重头戏。同时，中文国际频道、英语新闻频道等多个外语国际频道还根据外宣特色和自身定位，改编和摘播其中的精品节目，中国网络电视台也开设了《新春走基层》网络播出平台，通过"频道和栏目集群行动、多语种横向联动、电视和新媒体互动"，放大了报道的影响力。其中，"三访索道医生邓前堆"、"广西：字典送到以后"、"留守儿童探亲记"、"列车上的春运故事"、"冰河下的挖藕工"、"百年剧社下乡记"等报道给人留下深刻的印象，网络媒体广泛转载，受到观众赞誉。《新春走基层》报道引发了大规模的社会捐助，引起了国家有关主管部门的高度关注并出台具体措施。

2．第二轮"走基层"报道高潮

中央电视台"走基层"报道自2011年8月22日在综合频道、新闻频道同步推出以来，出现《塔县皮里村蹲点日记》、《铁道宿营车蹲点日记》、《达茂旗：土豆大丰收销路遇难题》等一系列有影响力的报道，引起社会各界广泛关注，拉开了中央电视台第二轮"走、转、改"新闻报道高潮的序幕。自此，中央电视台重点新闻栏目均开辟"走基层"专栏，中文国际频道和英语新闻频道也选播了部分节目，形成"劳动者之歌"、"蹲点日记"、"第一手调研"、"我在基层当干部"、"百姓心声"五大系列并行，新闻频道全覆盖播出，内外宣同步推进的良好态势。在第二轮"走基层"报道中，中央电视台累计派出130多路、400多名记者，足迹踏遍全国31个省市区的上百个县市乡村。截至2011年10月11日，中央电视台综合频道和新闻频道共首播"走基层"报道277条，《新闻联播》播出"走基层"报道40条。"走基层"实实在在成为中央电视台新闻节目的主打。"走基层"报道中反映的问题，引起社会各界关注，推动问题解决。其中，获得广泛好评的《塔

县皮里村蹲点日记》以原生态手法跟踪记录了乡干部四次赤脚趟过没膝的河流，滑过200米长的铁锁桥和四座独木桥、抵达皮里村的艰辛过程，塑造出可亲可敬的基层干部形象；《铁道宿营车蹲点日记》刻画了普通劳动者的幸福观，弘扬社会主流价值，女线路工“宁愿在铁路线上笑，也不愿在宝马车里哭”的金句，在观众中引起极大反响。

3．11月2日 至12月4日，中央电视台新闻频道连续推出《北京同仁医院蹲点日记》、《北京儿童医院蹲点日记》两个“走、转、改”系列

节目以扎实深入的采访、感情真挚的表达及独家的内容题材，客观呈现了“看病难”的复杂因素，真实反映了医患关系紧张的根源，构筑了医患沟通的桥梁，社会反响强烈。《北京同仁医院蹲点日记》和《北京儿童医院蹲点日记》是中央电视台继《塔县皮里村蹲点日记》之后，“走、转、改”报道向涉及人群更广泛、话题更敏感、操作难度更大的层面深入的有益尝试，取得了良好的社会效果。

二、其他频道“走、转、改”活动

1．财经频道

为贯彻落实中央“走、转、改”精神，财经频道创办了大量的新节目形态，2011年财经频道先后推出“走基层”特别节目《大集大利》、《聚焦物流顽症》特别报道、《走基层 边疆行》、《小微企业调研行》，深入基层，深入群众，取得了良好的社会反响。

1月，财经频道品牌栏目《生财有道》全新开发了特别节目《大集大利》。《大集大利》以节目为平台，将资金、技术、渠道送入基层，切实落实中央政策、切实服务“三农”、切实带动地方经济发展。通过节目，共为地方涉农项目解决了16亿元各类农业投资，帮助各类蔬菜、水果、海产品达成大宗采购几十万吨，帮助20多种地方特色农副产品找到销售渠道或技术支持。节目播出后，赢得了社会各界的高度关注。节目在财经频道共首播9期，每期60分钟，首播总时长达540分钟。

5月，财经频道连续推出《聚焦物流顽症》系列节目，集中展示和剖析了我国物流业发展中遇到的突出问题，在社会上引起了强烈反响，产生了良好的社会效果。节目以物流为核心，紧密结合2011年年初CPI居高难下的社会现实，寻找物价推手，破解部门利益，探究中国经济继续前进的动力。报道全面细致，涵盖了产品从出厂到入店的整个物流流程，包括了超市、商场、电子商务、进出口贸易等最常见的几种商业分销模式。报道用事实说话，集中反映问题，深入分析问题成因，提出建设性的政策建议。节目中报道涉及的环节都得到了相关部门的积极回应。

8月，财经频道记者兵分六路，沿着我国陆上边境线奔赴吉林、黑龙江、内蒙古、新疆、西藏、云南、广西，出动记者近40人次，通过“穿越国境线”的方式，展现边疆人民的财富故事。从8月24日“走基层 边疆行”第一期节目在《经济信息联播》播出，在30天的播出时间里，共播出“走基层 边疆行”107条，节目总时长205分钟。节目播出后，取得了很大的反响，其中西藏报道组的《尼泊尔的背夫》、云南报道组的《云南磨憨：蔬果转换站“冷果”换“热果”》、广西报道组的《广西龙州：甘蔗“伸”出国 中越两头甜 》等引发了广泛关注。节目促进了当地的经济发展和贸易往来，提升了边境城市的知名度、美誉度、招商引资及开放开发。

从2011年11月2日开始，《经济信息联播》推出系列报道《走基层——小微企业调研行》。系列报道关注小微企业面临的困难，着重寻找破解难题的方法，并探讨建立解决问题的机制。一方面，节目报道一些企业在金融等方面创新的经验，如杭州科技企业尝试的“路衢模式”，在以往担保公司、银行和中小企业三方交易的传统融资模式的基础上，引入了第四方风险投资公司的模式，力求带来示范效应。另一方面，介绍了各地金融系统、政府部门扶持小微企业的积极探索，如宁波“街道商会”开创的民间信用体系，重庆首家微型企业融资担保公司，浙江洞头办理首笔专利权质押贷款等，为各地政府和金融部门在扶持小微企业方面拓展了思路，同时鼓励企业自主发掘多元化的融资渠道，体现了财经频道理论性、建设性、专业性的报道风格。

2．电视剧频道

围绕落实“走、转、改”活动精神，倾听观众心声，汲取创作营养，电视剧频道在全国范围内成功举办多场“走基层”观众座谈会。频道负责人带领工作人员先后走进贵州黔东南西江千户苗寨、中央民族大学、浙江象山东门渔村、北京什刹海街道、河北衡水北苏闸村与各界观众真诚沟通、倾心交流。600多名观众参与了座谈。座谈会上，与会观众充分肯定了电视剧频道对高格调、高品质、高标准的坚守与追求，并从电视剧题材、节目排播等多个方面对电视剧频道提出了大量富有建设性的意见。

3. 科教频道

科教频道积极响应和践行“走、转、改”精神，在《创新无限》栏目中推出《走基层——寻找农村创新榜样》系列节目，该节目从2011年10月26日开始，共分10集播出，播出后产生了很好的社会反响。

科教频道《讲述》栏目自10月10日改版后，推出了《尼玛的春天》、《疯狂义工》、《2011采棉工》等一批优秀的社会类纪录片节目，广受关注与好评。特别是12月5日至9日推出的5集纪录片《2011采棉工》，聚焦采摘棉花的农民工这一基层群体。在拍摄过程中，摄制组跟随采棉工行程3500公里，15天与采棉工同吃同住，用镜头真实、生动、鲜活地记录了60名采棉工与新疆棉农的真实生存状态。

4. 军事节目中心

军事节目中心结合中心特点，注重统筹协调，下力气打造“走基层”宣传的整体效果。8月23日，《军事报道》开设了“走基层”专栏，在随后的一个多月内，《军事纪实》、《和平年代》栏目推出《兵王传奇》、《穿越狼烟》、《情满军营》等系列专题片，反映了火热的部队基层生活。

5. 阿拉伯语国际频道

2011年，阿拉伯语国际频道先后派出10多个摄制组多次深入中国新疆、宁夏、甘肃、青海、四川、江苏和上海等地区的基层单位进行采访报道，历时五个月，拍摄制作了一批反映基层人民工作、生活的新闻和专题节目。通过走基层活动将中国普通民众的真实生活、将中国改革开放的成果展示给国外观众。阿拉伯语国际频道把报道的重点放在我国西部少数民族地区，特别是穆斯林民族聚居地，采访拍摄了小学生生活、广播电视村村通、边疆护边员、城市清洁工、文化宣传员等一线岗位和人物生活。阿拉伯语国际频道制作了《奶皮致富路》、《优秀村支书》、《土地的未来》、《东乡养羊业》、《回乡情深——腾飞宁夏》等专题片，还制作了《学校营养早餐工程》、《生态移民村》、《蛋鸡养殖致富的故事》等新闻报道。

（根据台办公室、新闻中心、军事节目中心、综合频道、财经频道、电视剧频道、阿拉伯语国际语频道提供材料综合整理）

中央电视台圆满完成2010年“两会”宣传报道任务

2010年3月3日至14日，中央电视台按照中央统一部署，充分调动各种宣传报道资源，多频道、多视角、全方位报道了2010年全国人大、全国政协“两会”盛况，在海内外产生了积极的影响，受到社会各界的广泛好评。

中央电视台各频道共进行“两会”现场直播121场（次），报道新闻9020条，制作播出专题节目258个；各频道共采访代表1987人次，其中基层代表委员1589人次，约占总数的80%；全球共有127个国家和地区的320家电视机构转播或部分使用了中央电视台直播信号。中国网络电视台发布视频报道3403条、图文报道18756条、帖文52593条、博文2162条、手机互动24346条，手机直播9场。

一、周密部署，整合资源，形成宣传报道合力

此次“两会”报道，中央电视台共投入12个频道及中国网络电视台，充分发挥各专业频道及新媒体的特点和优势，做到了新闻报道与专题报道合力、对内报道及外宣报道合力、电视报道与新媒体报道合力，呈现全方位、立体化、多角度的报道格局，在规模声势上均创造了历次“两会”报道的新纪录。

二、内容丰富，形式多样，积极引导社会舆论

2010年中央电视台“两会”报道内容丰富，形式多样，体裁广泛，极大地满足了海内外受众的不同信息需要。相关报道紧紧围绕大会主题和政府工作报告内容，舆论引导正确有力，热点问题把握得当，而且还强化与观众、网民的互动，使得节目成为解读政策信息、反映社情民意的权威平台，产生了积极的社会反响。

程序性报道充分、准确，《见证履职》、《两会进行时》等节目生动地反映了代表委员们参政议政的情况，并严格节目制作流程，确保报道内容准确无误。自选性报道出新出彩，《我有问题问总理》、《小丫跑两会》、《小撒探会》、《我建议》等传统品牌栏目积极创新报道形式，推出“鲁健观察”等新板块，进一步提升节目品牌影响力。此外，还推出全新专题栏目《两会焦点访谈》、《两会锐观察》。

三、积极创新，突出特色，开创“两会”报道新风貌

一是强化新闻改革创新，展现了新闻宣传改进成果。相关报道传播迅速、报道及时、评论到位、细节感人，给观众留下深刻印象。积极挖掘会场内外的热点和亮点，坚持“两会”会程和细节信息相结合，强化新闻报道的影响力。加强新闻评论，打破传统演播室评论模式，首次派遣特约评论员进入人民大会堂现场，近距离观察解读新闻细节，受到观众的广泛好评。

二是增强专题节目深度，发挥专题影响力。中文国际频道《我有问题问总理》栏目推出的新板块“鲁健观察”采访多名国家机关负责人，在广泛通过互联网征求民意的基础上，凸显热点高端访谈特色，搭建了百姓和代表、委员沟通的桥梁。财经频道《两会锐观察》对话代表委员、专家学者，对2010年我国经济运行状况、经济政策走势等进行了预测和分析，凸显频道专业定位。社会与法频道《小撒探会》紧紧围绕“民生司法”主题，打造了“两会”法治内容的聚集平台和发声平台。

三是充分挖掘外宣资源，增强外宣节目针对性。俄语、阿拉伯语国际频道投入“两会”宣传，增加覆盖受众超过3000万户。各外语频道针对外国媒体、观众的关注点，积极采访代表委员，注重公众随机采访，并辅以专家解读等，最大程度影响国际舆论。此外，还策划推出“走进外媒看两会”等系列报道，呈现国际视野下的中国“两会”，增强了节目对外国媒体及观众的针对性。

四是强化新媒体宣传。中国网络电视台推出“2010年两会特别报道”专题，突出视频传播特色，采用中央电视台报道“两会”的全部开路频道视频信号进行网络直播，并制作视频点播节目；同时，充分整合利用中央电视台新闻资源，开设报道专区。此外，集纳国内外多种媒体“两会”信息，形成“两会”主资讯平台。CCTV手机电视首次实现在移动、联通、电信三大运营商平台共同推出“两会直通车”，并推出国内首份视频手机报，对“两会”开展全方位报道。

（台办公室提供）

中央电视台2011年“两会”报道规模大、影响广、效果好

中央电视台坚持正确舆论导向，坚持“三贴近”，充分整合台内外优质新闻资源，依托国内、国际新闻采集网络，全方位报道2011年“两会”盛况，受到中央领导同志的肯定与海内外各界的广泛好评。期间，共组织大会直播6场、直播发布会和记者会27场，播发相关新闻7417条、专题347个，共有129个国家和地区的354家电视机构引用了中央电视台的“两会”直播信号。

一、形成强大的“两会”信息发布平台

中央电视台共投入11个频道、107个栏目、668名采编播人员，调动中国网络电视台等新媒体力量，协同30个国内应急报道点、50个海外记者站，联合各地方台报道队伍，形成传统媒体和新媒体相互支撑、内外宣传彼此呼应的报道格局。报道紧扣“两会”新闻大事件，围绕“会场、人物、事实、背景、观点”等着力点，搭建社会各界“了解两会新闻、交流观点意见、对话代表委员、展示政策指向”的信息发布平台。中国网络电视台突出“视频核心，互动特色”，强化台网捆绑，通过网络电视、手机电视、移动传媒、IP电视四大平台，使用6种联合国工作语言、5种少数民族语言向全球报道，成为面向全球网民的“全媒体”信息平台。

二、安全、精准完成“自选动作”，新闻报道实现直播态

中央电视台提前对“两会”重大活动直播进行画面拍摄和镜头转接设计，实现“精准至秒”的预定目标。同时顺利完成中央领导出席人大会议分组审议、政治局常委参加政协分组讨论等重大时政报道。

中央电视台通过《直通大会堂》和《全国动车组》两个新闻直播板块，全面实现了“两会”新闻报道的直播态，将“触角”延展到人民大会堂外，延伸到基层百姓面前，“会内报道热烈生动，会外报道有序鲜活”，实现了民意表达、代表委员履职、演播室播报这三类信息的高度融合。

三、品牌栏目效应持续放大

《新闻联播》、《焦点访谈》等推出《两会新观察》，展现民生问题、突出成就报道，引导社会关切。《小撒探会》、《小崔会客》、《两会芮观察》、《小丫跑两会》、

《鲁健两会观察》、《我有问题问总理》、《我建议》、《民生与民意》、《大使看两会》等传统品牌创新形式，拓展内容，品牌影响力进一步提升。特别是，CCTV－1香港版2011年3月1日在香港落地播出，确保了香港地区民众能实时收看“两会”盛况。

四、国际视频发稿平台提供强大助力

中央电视台国际视频发稿平台将“两会”视频新闻素材，直接推送至国外主流媒体新闻编播环节，使对外传播效果更为直接、快捷、深入。两会期间，平台通过美联社、路透社共传送相关新闻素材198条次，视频素材总时长近420分钟。“温家宝总理作政府工作报告”等引起国际媒体高度关注。CNN、BBC等56家国际媒体使用新闻素材约1700次。

（台办公室提供）

中央电视台圆满完成上海世博会报道任务

2010年4月30日晚8:00，中国2010年上海世界博览会隆重开幕。中央电视台CCTV－1、CCTV－4、CCTV－7和新闻、英语新闻、法语、西班牙语、俄语、阿拉伯语、高清频道对开幕式及焰火晚会进行了现场直播。中国网络电视台同步传播中、英、西、法、阿、俄6个语种的电视直播信号，覆盖全球141个国家和地区。

据统计，共有130个国家和地区的318家电视机构转播或部分使用了中央电视台6个国际频道的节目信号，其中257家完整转播，61家部分转播。国内收视调查数据显示，39个转播频道的总体收视率为13.93%，总体收视份额为38.79%，其中中央电视台相关转播频道总体收视份额为21.47%。中国网络电视台页面浏览量达到1.26亿页次，视频累计观看人次达到219万，最高同时观看人数达到53万，海内外网民和手机用户留言超过32000条。

2010年4月30日8:30起，新闻频道、中文国际频道及各外语频道陆续推出《全球同期待 天涯共此时》、《看世博 知世界》等直播特别节目，通过现场直播、记者连线、航拍报道、演播室访谈、北京专题、现场评论等节目形式，扩大世博会宣传声势。

10月31日8:30至24:00，中央电视台综合频道、新闻频道、中文国际频道、英语新闻频道同步推出直播特别节目，对上海世博会高峰论坛开幕式、世博会闭幕式和文艺演出等进行并机直播，为上海世博会报道画上了圆满句号。

一、报道规模和样式创多项纪录

一是周期最长。2010年年初启动大规模报道，倒计时100天起全面升温。其中，预热和运行阶段报道时间跨度超过300天。二是投入最大。近十个电视频道参与报道，前方累计投入2000余人次。其间，第一次在北京以外的地区建起了集采访、编辑、制作、审片、播出、传送和实景演播室于一体的制作播出全流程系统和资料库。三是形态最丰富。报道专栏和特色板块100余个，包括现场直播、演播室访谈、实时评论、服务资讯、体验式报道、背景短片、系列专题、大型纪录片、观众互动等20余种节目形态。四是资讯最密集。累计直播800余场，各频道首发新闻逾万条，滚动播出20万条次。制作播出《世博传奇》200集，制作小型专题300多期。

二、全新设计，有声有色

一是丰富的选题视角，报道注重将园区内和园区外、国内和国外、展示和实例、上海和周边乃至全国结合起来挖掘选题，凸显“大世博、宽视野”。二是丰富的表现手段，“直升机、游船、移动直播车”组成的“水陆空”直播，多视角交替呈现，成为世博报道的一大亮点；北京演播室和上海演播室自由转换，园内动车组直播与海外记者实时报道遥相呼应；权威嘉宾和评论员，或演播室访谈，或实时连线，大大拓展了电视表达手段。三是丰富的传播语种，第一次使用联合国6种工作语言投入世博报道，6个外宣频道贴近海外观众需求，组织了一批有分量、有特色的报道。四是丰富的传播方式，230多家国际电视媒体引用中央电视台节目信号，全球40多个国家的上百万iPhone用户访问“CCTV手机电视”，“开心网”建起了中央电视台世博报道的机构主页，拥有数十万的“粉丝”，这种传播与再传播，开创了传统媒体和新媒体的互动新模式。

三、突出交流，强化服务

“国际视野、中国视角”是中央电视台上海世博

会报道的一个基本特征，以此实现与观众的情感沟通。在众多外国国家馆日报道中，特别注意寻找中国和这个国家之间的文化经贸交流故事，电影片段、人物经历等细节的运用也鲜活感人。在“城市让生活更美好”主题报道中，注意将园区内的实例、事件和当下热点与时事相关联，让观众感受到世博会与新闻时事的紧密联系。此外，强化服务资讯，涵盖人员分流、天气状况以及园区改善服务措施等，有效引导公众参观。还通过监控网络舆情，及时了解一些负面信息，并以服务资讯的方式，有效引导了公众舆论。

四、特色表达，灵动鲜活

因应世博持续周期长这一特点，中央电视台倡导记者用最具电视特色的表达方式，扎到世博里面去，不断发掘新看点和内涵。针对交通状况，记者是一名普通乘客；参观展馆时，记者就是一名普通游客。感同身受的信息传递，让节目具备了人际传播的亲和力和针对性。与此同时，调集一批名主持、名主播，以他们的品牌效应提升了传播效果。种种介入体验的方式，有效契合了世博会强调的“展示”和“感受”，同时也锻造收获了一支优秀的出镜报道团队。

五、聚合资源，放大优势

上海世博会报道中，中央电视台围绕系统集成运作、资源深度开发进行的一系列创新尝试，为今后组织大型电视报道行动提供了积极借鉴。其间，第一次通过互联网建立了异地远程报道管理系统，用于统筹选题和节目需求，一路采访队伍可以完成多路不同需要，杜绝了重复采访、多头联系；第一次将5个外语频道采访力量统一纳入到前方新闻指挥调度系统，强化了集团作战优势；第一次搭建了一座异地世博资料库，台内任何一个频道和部门都可以从中各取所需。

六、技术系统保驾护航

上海世博会的新闻演播室是一个开放式的演播室，四周全部是通体透亮的玻璃，光线的照度及方向每日随着日出、日落改变着，极大地影响摄像机的成像效果。技术人员反复研究讨论解决方案，最终决定用偏振镜的工作原理有效地解决了这一难题。

上海世博会开幕式在浦东世博园区内举行，为了确保直播中移动信号的安全、顺利回传，技术系统推出了多套微波信号传输方案和应急预案，最终选定海陆空全方位立体式转播方案，转播涉及直升机航拍、两艘水面移动船、分布在黄浦江两岸固定点微波信号接收和传输，总计完成开幕式、开园式直播卫星传输5小时，时政新闻传送7小时，为新闻中心和俄语频道直播连线15场，近40小时。

在开幕式外场，技术系统配置了14台索尼HDW－750P和松下P2－HPX3000MC高清摄像机，以及减震、长焦、鱼眼等特种镜头，这些机位分布于黄浦江沿线及制高点，包括卢浦大桥跨江桥面、趸船、江面快艇、100层环球金融中心等特殊位置，主要负责大型灯光焰火表演部分的摄制，每个机位由摄像机提供高清信号源，经由微波或光缆接入转播车讯道。

10月31日，播出传送中心派出了10讯道的高清转播车及2辆卫星车分别支持2个场馆的直播需要，一套微波负责新闻单边采访船的信号传送工作，做好最后一场世博高峰论坛及世博闭幕式晚会的直播。为CCTV－1、CCTV－4、网络电视、英语、西班牙语、法语等频道进行了新闻直播和单边连线，同时新闻频道进行了全天的直播。全体技术人员持续奋战15小时，共完成卫星传输3节，总计570分钟；完成新闻单边采访船直播连线传送4小时，圆满完成了上海世博会的收尾报道任务。

此外，技术制作中心承担了200集日播纪录片《世博传奇》的整体包装，包括片头、片尾、宣传片导视系统，及每集大约1分钟的特效动画，包括各种故事情景再现及场馆展示。

（台办公室、技术管理中心提供）

中央电视台顺利完成上海世界游泳锦标赛转播报道和担任主播机构任务

2011年7月16日至31日，第十四届世界游泳锦标赛在上海进行。中央电视台派出600余人前方团队，不仅圆满完成转播报道任务，而且首次担任世界大赛主播机构任务并获得成功，受到包括美国NBC、英国

BBC、韩国 KBS、欧洲 EBU、法国 Eurosport 等境外持权转播商以及国际泳联、组委会、上海市委市政府的高度赞扬，在世界顶级赛事的平台上，树立了国际大台形象。

一、组织得力、安全播出、报道全面

为转播报道好此次世锦赛，中央电视台在上海建立报道中心，派出由新闻中心、体育频道、技术系统、中国网络电视台共同组成的报道团队，体育频道、中国网络电视台体育台全程直播报道本届赛事，综合频道、新闻频道、各国际频道从不同角度跟进报道。报道规模创中央电视台单项赛事报道之最。

此次世锦赛报道规模大、社会关注度高，涉及部门多、工作环节多，参与各项工作的人员总数超过 600 人。为做好转播报道，特别是做好主播机构工作，中央电视台做了周密安排和充分准备，方案翔实、责任明确、预案细致、组织得力，确保各项工作顺利进行。

在报道中，坚持正确舆论导向，以我为主，客观、公平、公正，对赛场突发事件快速反应、妥善应对，确保播出安全。通过采用多种电视手段，强化突出现场报道的权威性，着力做好人物报道，不仅浓墨重彩展现了中国游泳健儿的拼搏精神和取得的突破，而且全面报道了世界高水平运动员的优秀表现，通过单边演播室评论、赛事直播、新闻快讯、人物访谈等多种形式对世锦赛进行了立体化、全方位报道。

二、专业制作团队和高新技术设备共同展现精彩世锦赛

中央电视台在信号制作中，使用了超高速摄像机以及“飞猫”、“水下轨道”、“电兔子”、“蜘蛛眼”等各类特种设备摄像机，在跳水项目转播中，首次使用三维动画，精彩呈现游泳赛事的魅力，特别是超高清慢动作画面的运用，让整个电视画面非常精美、极富欣赏性。

三、首次担任世界大赛主播机构并获得成功

主播机构职责是提供各项赛事的国际公用电视信号并为持权转播商提供服务，能否担任世界大赛主播机构也是衡量一个电视机构综合实力的重要标准。

作为本届世锦赛的主播机构，中央电视台派出的 500 人团队，全面负责国内外媒体服务工作，搭建国际广播中心，制作提供全部赛事的公共信号，采用多项世界领先制作设备和技术。以高效安全的运行机制、专业的制作水准、优质的媒体服务展现了国家媒体综合制作实力。

赛事期间，中央电视台共为包括美国 NBC、英国 BBC、韩国 KBS、欧洲 EBU、法国 Eurosport 等境外持权转播商在内的 61 家国内外电视台以及 1300 余名中外记者提供了电视服务。其中，189 个国家和地区的转播机构使用了世锦赛国际公用信号，另有 21 个国家和地区通过国际泳联官方网站观看世锦赛信号。

赛事期间，共有 10 家境外持权转播商进驻中央电视台搭建的国际广播中心（IBC），中央电视台还为转播商提供 58 个现场评论席、30 个混合采访区位置、18 个 ENG 摄像机平台位置、3 个播音平台、45 路独立摄像机信号、5 个现场演播室、2 辆卫星车。共计制作游泳、花样游泳、跳水、水球、公开水域等各项比赛信号达 259 小时，信号质量被国际泳联称赞为“历届游泳世锦赛信号质量最好的一次”。

（体育频道提供）

中央电视台圆满完成第十六届广州亚运会、第十届亚残运会报道任务

2010 年 11 月 12 日至 27 日，第十六届亚洲运动会在广州召开。赛事期间，中央电视台投入了多个频道，派出大规模报道团队，建立庞大前方报道中心，全程转播、全方位报道了本届亚运盛会。

亚运会期间，约 7.88 亿观众通过中央电视台收看亚运节目，全台收视份额也持续保持上升趋势。体育频道作为主力频道的平均收视份额达到 5.78%，较 1 月至 10 月频道平均收视份额提升了 3.82 个百分点。

一、亚运会报道精彩纷呈

1. 安全直播。开幕式、闭幕式直播是亚运报道的重点部分。直播信号由大型节目制作中心承担制作，

为确保直播安全，在前期做好周密安排，制定专门的应急预案，五次带机彩排，并录制备播录像。建立了四道安全播出防线，三层系统备份。直播顺利，备份方案没有启动，实现全程安全直播。

2. 精彩直播。开幕式、闭幕式直播中，中央电视台共使用4套系统，3台转播车。开幕式时在珠江沿岸设置19个机位，在海心沙场内及周边设置30个机位，运用直升机等特种设备，直播画面清晰连贯，镜头衔接流畅。在开幕式主题创意的基础上进行了二度创作，将开幕式的精彩亮点无一遗漏地展示给广大观众，成功实现了亚组委“以城市为背景，以珠江做舞台”、“激情盛会、和谐亚洲”的设想。闭幕式直播，特别注意了对敏感节目的画面处理，同时做到了切换顺畅，实现安全播出。

3. 特别节目精彩，有历史感，突出了文化内涵。新闻频道、体育频道在开幕式、闭幕式当天都推出了特别节目，其中，体育频道还在开幕前五天特别安排播出了五集纪录片《亚运在中国》，引起热烈反响。这些节目通过回顾中国两次举办亚运会的20年间的巨大变化，以历史与现实呼应的架构进行整体编排，双线条挖掘观众共鸣点，收到良好的社会效果，确立和夯实了亚运报道的正确导向和宣传基调。

4. 开幕式直播节目取得收视佳绩。11月12日，全国共有3.5亿观众收看了中央电视台转播。开幕式转播总收视率达6.95%，总收视份额为22.04%。CNTV当日页面访问量1.36亿页次，独立访问者515万人，比前一天提高45%；视频直播观看人次566万，最高并发74万；共有2.85万网友在直播时通过“边看边聊”方式留言。CCTV手机电视用户访问页次累计1325万次，视频点击量达755万。

二、整体报道投入大、报道规模大

亚运会期间，中央电视台投入了包括CCTV－1、CCTV－5、CCTV－7、CCTV－12、CCTV－高清五个开路频道及付费风云足球频道、中国网络电视台全程转播亚运赛事，新闻频道、中文国际频道以及各外语国际频道也全程、同步、全方位报道亚运盛会。全台各频道在亚运会期间的报道总量超过1100小时，是上届多哈亚运会的3倍。中国网络电视台以“清流”方式直播赛事超过1000小时，原创节目播出量超过50小时。

中央电视台在国际广播中心（IBC）租用了1897平方米的工作区，搭建亚运前方报道中心。这是中央电视台在历届大型体育报道中租用IBC工作区面积最大的一次，同时也是外场制作中投入技术力量最大、功能最全、技术设施最完善的一次。直接参与前方亚运报道的人员合计近700人，此外，还派出266人公用信号制作团队承担信号制作任务，制作公用信号334场、748小时，制作ENG赛事信号1350小时。

三、强势传播、主流引导

在坚持正确导向前提下，把服务意识贯穿到整个亚运报道，把创新作为整体报道的追求，实现了强势传播和主流引导。

整体宣传紧紧围绕“激情盛会、和谐亚洲”的报道理念，坚持正面报道、均衡报道、客观报道，对敏感赛事、敏感事件加强预判，提前部署，积极、稳妥应对突发事件，牢牢把握住了正确的舆论导向，发挥了国家电视台在亚运宣传中的主导作用。

1. 服务意识贯穿整个亚运报道，着力抓好“节目好看”、“方便收看”两个方面工作。“节目好看”，即从编排、栏目、节目、包装、演播室等各个环节，精算、精选、精制，大胆创新，积极采用先进技术，使亚运节目更加精彩，感染力更强。“方便收看”，即建立完整、细化的赛事和节目预告体系，通过演播室、新闻、宣传片、字幕、网络等多种途径让观众及时、详细地了解赛程、转播安排以及各类相关信息，赛事解说注重对赛事规则、新增项目的介绍。

2. 报道理念创新，增加亚运报道的文化厚度。始终把亚运置于“大亚运”概念下，把体育置于“大文化”背景下，深挖文化内涵，深挖体育对整个区域经济、社会的广泛影响，增加亚运报道的文化厚度，树立了中央电视台本届亚运报道的人文追求。这是此次亚运报道的最大亮点。

体育频道精心制作了五集纪录片《亚运在中国》和开幕式当天14小时的特别节目《20年亚运跨越》，新闻频道推出4小时开幕式特别节目《激情亚运》等节目，以历史与现实相呼应的巧妙架构夯实了“通过亚运报道，展现中国社会巨大进步”的导向基石和宣传定位，增加了亚运报道的历史、文化厚度。

在CCTV－1播出的90分钟大型新闻专栏《全景亚运会》、在CCTV－5播出的演播室人物访谈节目《亚运风云会》，注重从多角度挖掘和展现亚运人物的文化和精神内涵。突出赛事而不囿于赛事，密切关注、积极报道亚运会上的人文故事，讲故事、说细节，播发了大量富有感染力的新闻专题，社会反响良好。

3.开幕式直播的解说有创新。首次在开幕式直播中尝试两种不同风格的解说，本次亚运会开幕式转播环节大胆做出尝试，推出了不同解说版本的直播。中央电视台一套、三套、五套、高清的开幕式直播由朱军、董卿等担任解说，新闻频道则由白岩松来担任解说，这两个版本风格不同，侧重点不同，但都代表了中央电视台最高水平的解说团队。特别是新闻频道白岩松的即兴解说，突破了传统的"诗歌朗诵"式的旁白，深受观众喜爱。在同一时间推出不同解说版本的直播，对于中央电视台来说尚属首次。

4.演播室节目表现形态有创新。首次提出"亚运行进间"概念，在演播室单独开辟景区，设置两台103寸高清显示屏，提炼每日观赛重点，主持人利用大屏幕的丰富信息、高清视频优势更好地发挥了串联全天节目作用，取得良好播出效果。

四、全台资源共享进一步深化，综合制作能力再上新台阶

此次亚运报道，充分实现了多频道、多系统、大跨度的整体资源共享。主要体现在对亚运资源的整体开发，多频道报道整体策划和编排，新闻资源的全面共享，台网联动的进一步加强，节目、技术、后勤各系统的人力整合，实现了对亚运资源的充分、深度、高效益的开发。

节目和技术系统的合作、多个节目部门的合作、前后方的合作、报道团队与驻外记者站和应急报道点的配合、数百个岗位的衔接等等，都非常顺畅，全台亚运报道形成合力。

综合制作能力再上新台阶。亚运资源统一开发、多频道编排精算统筹、赛事包装专业、播出手段丰富、播出线创作能力大幅提高。虚拟技术、在线包装、EVS（数字硬盘慢动作实时重放器）、AVID（高端编辑合成设备）等多项先进技术广泛应用于赛事转播和各档节目，整体节目更加精彩、好看、富有冲击力。新闻采编团队的制作能力也大幅度提升，记者采访能力增强，新闻自采率超过50%，充分展现国家媒体强大的报道实力。

网络制播系统经过数次大型外场活动的经验积累，逐步形成了一套功能齐全、设施完善、技术先进的高效移动外场制播系统，涵盖了采、编、播、存全业务流程，是全高清、全文件、全网络化新型制播系统的典型代表。

此次亚运报道，网络制播系统提供了32路收录通道、99台各类编辑工作站、128TB的核心存储，能够支持前场所有外采素材、单边新闻回传以及全部2500小时公共信号的收录、存储和归档，并首次实现了高清信号的远程网络传送。

五、首次全媒体转播报道亚运会，网络报道的原创能力增强

中国网络电视台作为"广州亚运会官方独家新媒转播机构"，对亚运会开幕式、赛事进行了多终端、多语种、多平台、无障碍联动全程报道。与世界杯期间的报道相比，本届亚运会的网络报道原创能力增强。亚运期间，中国网络电视台自主直播赛事270小时，开设《李宁5+亚运会客厅》、《我在现场》等10档原创节目，共计播出原创节目70小时。

六、公用信号制作团队成为亚运会信号制作主力团队，打响"中央电视台制作"品牌

本届亚运会，中央电视台派出266人的制作团队圆满完成了包括开、闭幕式以及足球、篮球、排球、羽毛球、乒乓球、体操等15个比赛项目和ENG公用信号的制作任务，为亚洲各国家和地区电视台提供专业、标准的国际电视信号，累计制作公用信号334场、748小时。在亚运会历史上，是中央电视台承担信号制作项目最多、规模最大的一次。本届亚运会，90%的电视公用信号由中国大陆的电视机构制作，承担信号制作的还有北京、广东、上海、天津、吉林等地方电视台。这是中国大陆的电视机构首次以国际公用信号制作主力团队的形象出现在亚运赛场。信号制作工作得到广州亚运会转播有限公司（GAB）的高度评价。

七、全力做好亚残运会转播报道工作，切实贯彻了"两个亚运同等重要、同样精彩"的报道要求

12月12日至19日，第十届亚残运会在广州举行，中央电视台认真贯彻落实"两个亚运同样精彩"的报道要求，高度重视、全程转播报道了本届亚残运会。大型节目制作中心承担开、闭幕式信号制作任务，综合频道、综艺频道、体育频道全程直播开、闭幕式，体育频道转播70场比赛，播出赛事集锦350分钟，赛前、赛后的演播室包装节目时长超过100分钟，播出各类宣传片140分钟，滚动字幕飞播字数总和28000字以上。赛事期间，体育频道在五档新闻栏目

《体育晨报》、《体坛快讯》、《体育新闻》、《体育世界》、《午夜体育报道》中均开辟专门板块，全程报道亚残运会进程，日播量达120分钟，累计播出了新闻和专题283条，共计499分钟。相关新闻及时报道赛事消息，突出人物报道，深入挖掘中外运动员自强、自立、自尊的精神以及赛会组织者、志愿者对运动员的关怀和爱护。

体育频道采用精彩赛事重播、集锦节目、宣传片、专题节目、新闻跟踪回访等多种电视手段，做好亚运会的后续报道和亚残运会的预热报道，保持两个赛会转换期间的宣传热度不减。

本届亚运会是中央电视台技术系统在历届大型体育赛事外场报道中投入技术力量最大、功能最全、技术设施最完善的一次。

IBC共建有三套高清演播室系统，前方承担CCTV－1、CCTV－5、CCTV－7、CCTV－12四套节目对亚运会各项赛事的直播报道任务，支持后方高清频道、风云足球频道、新闻频道、英语新闻频道及中国网络电视台对本届亚运会赛事、新闻及专题节目的报道任务。

中央电视台在广州亚运会的18个赛场的混合采访区设立了单边报道点，在20个比赛项目的赛场设立了现场评论席，在田径、体操、游泳三处赛场设立了单边摄像机位，在运动员村国际区、黄村体育训练基地两处设立了外景报道点和外景演播室，此外还在开闭幕式现场设立了2讯道单边EFP系统。共投入了58套各种型号的高清及标清ENG进行新闻及专题采访和单边报道。1辆DSNG车全程参与亚运会期间的移动新闻采访任务。

总控传输系统采用中国有线主备2路2.5G光缆和中国电信主备2条155M STM1光纤，完成中央电视台各频道节目直播、新闻传送、高低码率文件传输、通讯等各项业务。首次利用光缆进行了高标清基带信号的高质量传输，并首次采用远程遥控的方式在新闻频道的北京演播室对总控矩阵进行远程信号切换。

网络制播系统经过数次大型外场活动的经验积累，逐步形成了一套功能齐全、设施完善、技术先进的高效移动外场制播系统，涵盖了采编播存全业务流程。该系统作为中央电视台新台址混合岛系统的移动外场网络制播子系统，是全高清、全文件、全网络化新型制播系统的典型代表，也是中央电视台今后大型外场系统的核心子系统。

舞美设计首次采用招标方式进行。经过精心设计的三个演播室风格统一、新颖，多景区的设计配以大屏幕的渲染效果、虚拟机位的运用使演播室的景区使用更加灵活方便，虚实结合的屏幕效果使节目的整体包装更加丰富多彩。

灯光系统采用了LED及冷光源相结合的方式，使灯光系统的用电量大大降低，为环保亚运增加了一份贡献。

经统计，亚运会期间前方CCTV－5演播室共计完成直播335小时；CCTV－1、CCTV－7、CCTV－12演播室直播191小时；新闻访谈演播室直播和录像99小时；黄村外景演播室直播48小时；运动员村国际区外景报道点直播30小时；现场评论席直播和录像331小时；混合采访区使用262小时；赛场单边摄像机使用106小时；卫星车直播25小时；网络制播系统完成收录3600小时，ENG上载220小时，演播室网络播出250小时，AVID包装成品12小时，素材回传北京200小时；总控系统共计完成直播任务462节，总时长3652小时，收录任务404节，总时长1555小时，返送任务36节，总时长66小时。

（根据体育频道、新闻中心、大型活动中心、技术管理中心提供材料综合整理）

中央电视台大运会报道通过“体育之窗”展示中国形象

2011年8月12日至23日，中央电视台顺利完成第26届世界大学生夏季运动会直播报道，中央电视台以“9个频道＋中国网络电视台”的空前报道规模，突出展现赛会“从这里开始，不一样的精彩”的核心理念，全面展示各国运动员相聚深圳、赛场拼搏、青春活泼、友谊交流的嘉年华景象，并通过这一扇“体育之窗”，让世界看到了一个“软实力”与“硬实力”俱进的文化中国，一个能力与活力兼备的青春中国、一个气度与力度并重的现代中国，一个人文与自然和谐的美丽中国。

截至2011年8月12日23:00，中国网络电视台页面访问量合计1.4亿页次；网民通过CCTV手机电视收看视频直播达25万次，通过iPad和iPhone客户端收看直播为61万次；手机央视网页面浏览量达1613

万次。

一、开幕式直播规模大、平台多，是中央电视台历次大型赛事开幕式直播频道最多的一次

中央电视台共投入综合频道、中文国际频道、新闻频道、体育频道、5个外语国际频道9个电视频道以及1个网络电视台，其中，英、西、法、阿、俄5个外语国际频道是首次全程直播大型体育赛事开幕式，各频道结合自身定位和语言特点，紧紧围绕大运会开幕式，不断跟进开幕式报道，做到同声传译准确到位，整场直播画面流畅完美，直播更加贴近对象国观众的收视需要。

二、精心谋划直播方案和应急处理预案，是中央电视台历次大型赛事转播方案最为完备的一次

中央电视台周密制定各项方案，其中，传输方案共安排4路光缆主备信号、两路光缆返送信号、两路卫星信号，并安排不同路由长途光缆回北京。同时，还针对每路长途光缆准备了1+1双备份，确保传输的可靠性。此外，确定每个直播频道的播出通道和应急处理方式，并制定三套安全播出备份方案。

三、广泛采用先进的转播技术和设备，全面呈现开幕式亮点和过目不忘的经典镜头

中央电视台使用直升机、“飞猫”、高倍数镜头、无线摄像机、斯坦尼康、升降臂、30米移动轨道以及鱼眼镜头等特种拍摄手段，全面展现深圳城市景观和开幕式的宏观场面。整体直播节目连贯、流畅，画面清晰、唯美，为观众呈现了华丽炫目的视觉盛宴。

四、开幕式预热报道内容丰富、形式多样，积极营造良好的舆论氛围

综合频道重点播发党和国家领导人出席深圳大运会开幕式、会见出席开幕式的各国政要等重要时政活动。体育频道推出8小时开幕式特别节目《从这里开始》，采用演播室串联、演播室访谈、专题节目、新闻串联、连线报道等综合报道模式，不仅对开幕式当天进行多点、全景式动态现场报道，而且通过专题报道，着力挖掘本届大运会的历史背景、文化内涵。新闻频道沿袭“用新闻的方式解说开幕式”，将开幕式每个节目的来龙去脉和背后的故事呈现给观众，突出开幕式解说鲜明的新闻特色。《焦点访谈》栏目播出“不一样的精彩”，详细介绍大运会开幕式的看点、亮点。

（台办公室、体育频道提供）

中央电视台搭建起全球新闻报道网络

为早日实现技术先进、信息量大、覆盖广泛、影响力强的国际一流媒体的目标，中央电视台2010年全球新闻报道网络建设取得重大突破。其中，重点新建了俄罗斯、非洲、亚太、拉美、中东5大区域中心记者站，加上此前已建成的欧洲、北美中心记者站，从而在全球重点和热点地区建立了7大区域中心记者站，并使全球海外记者站数量达到50个，标志着中央电视台搭建起7大区域中心记者站为核心、50个记者站为依托的全球新闻报道网络。

一、力度大、速度快、效果好

自1984年在香港设立第一个境外记者站以来，2010年是中央电视台海外记者站建设力度最大的一年，新建记者站数量是前26年的总和。

年初，中央电视台领导将海外记者站建设列为本年度重点工作任务。海外记者站建设关系到中央电视台国际新闻自采率、首发率、原创率的提高，关系到国际新闻信息量的增加，关系到独家国际新闻的采集，关系到国际一流媒体的建设，是加强中央电视台传播能力尤其是国际传播能力的基础性工作，具有十分重要的意义。为保证建站任务按期完成，中央电视台集全台之力，建立了台内各有关部门联合工作机制，克服了时间紧迫、任务复杂、远距离作业及语言文化障碍等众多困难。对于朝鲜、伊朗、印度等审批困难的站点，台领导亲自推动，以确保这些记者站如期建成。

中央电视台海外记者站建设，受到驻在国政府的欢迎以及当地主流媒体的正面评价。巴西圣保罗国际关系局局长弗雷加多·马塔尔表示，中央电视台选择在巴西建设中心记者站，反映出中巴两国人民相互交

流的强烈意愿。路透社称，中央电视台设立非洲中心记者站具有非常积极、重要的意义，为中国观众了解非洲、非洲观众了解中国提供了便利的渠道。阿布扎比电视台、迪拜电视台等中东主流媒体称，中央电视台海外报道网络的搭建，将对中国与中东地区各国政治、经济、文化和新闻交流起到积极作用。

中央电视台新建海外记者站已在一系列国际重大事件、突发事件报道中发挥了重要的作用。在巴基斯坦洪灾、智利矿难和朝鲜半岛危机等国际重大突发事件报道中，新建站点记者迅速深入现场一线，及时发回大量具有中国视角的独家报道，改变了过去在同类事件报道中完全依赖西方媒体的局面。

二、调整布局原则，海外报道资源配置进一步优化

与以往主要在欧、美发达国家和地区设立记者站的状况不同，中央电视台2010年新建海外记者站从有利于我国外交、外宣的高度出发，依据全球化及周边国家、热点地区优先等原则进行布局。一是全球化原则。在包括非洲和拉丁美洲在内的世界各大洲均设立了区域中心记者站，有效填补了我电视媒体在这些区域的报道空白和话语权缺失。二是周边国家优先原则。在与我国政治、经济关系密切的亚太地区新建了8个记者站，使亚太地区站点总数达到18个，占全部海外记者站的36%。其中，中央电视台是全球第一家在朝鲜建立记者站的外国电视台。三是热点地区优先原则。中央电视台重点加强了中东地区的站点建设。自2009年年底以来，除了设立中东中心记者站外，还在伊拉克巴格达、伊朗德黑兰以及耶路撒冷、喀布尔等地设立了记者站。

随着七个中心记者站的全部建成，中央电视台海外报道资源进一步得到整合和优化。第一，中心记者站作为所在区域的报道和播出平台，负责整个区域新闻的报道、制作和播出，为全台各频道尤其是多语种的外语频道提供现场报道、深度报道和专题报道。重点地区的中心记者站将在条件具备时发展成海外分台。第二，中心记者站作为本区域重大报道的调度中心，配合台本部指挥协调本区域重大、突发事件的报道。第三，中心记者站作为台派出机构，按照行政垂直化、业务扁平化的原则，对下辖记者站实行日常管理。第四，中心记者站将承担中央电视台全球品牌推广和节目海外落地的重要职责，利用其得天独厚的海外本土资源，加强对驻在国媒体和政府的公关，进一步提升中央电视台的国际品牌价值，积极推动中央电视台多语种国际频道及相关电视节目在海外的落地和播出。

三、加强管理，进一步提高中央电视台国际报道传播力和影响力

下一步，中央电视台将在现有基础上，按照科学、高效和实用的原则，继续扩大海外记者规模并提高其国际化素质，从而使全球新闻报道网络日臻完善。按照规划，未来两年，中央电视台还将再增加建设30个海外记者站或报道点，使站点总数达到80个。

在加强海外记者站数量和硬件建设的同时，中央电视台将通过严格管理，狠抓海外记者站的“软件”建设，以切实持续提高我国际传播力和影响力。一是针对海外记者普遍年轻、专业工作时间短的情况，尽快通过多种形式的培训提高其业务水平。二是制定科学、合理的考核评价体系，促进海外记者提升信息获取能力、到达现场能力和新闻发现能力。三是按照“以我为主、于我有利”的原则，进一步扩大海外本土化人才资源的开发和使用，使中央电视台国际新闻报道更加贴近国际主流受众和社会实际。

（台办公室、新闻中心提供）

中央电视台国内应急报道点2010年布局完成

2009年，中央电视台正式启动国内应急报道点建设，从最初的7个发展到2010年初的17个，到2010年底，国内30个应急报道点全面建成。

2010年，中央电视台国内应急报道点边建设边工作，在新闻战场的实践中锻炼，在与其他传统媒体、新兴媒体的激烈竞争中成长，全方位提升报道力、传播力、影响力，用心采制有品质的新闻作品，打造出一支专业化、高水准、强装备的中央电视台“新闻先锋队”。这一年，面对“王家岭矿难”、“青海玉树地震”、“甘肃舟曲泥石流灾害”等突如其来的灾难，地方记者部适时调度、指挥，使国内应急报道点先人一步，先声夺人，快速反应，娴熟应对，成功做到了“信息渠道快、到达现场快、战术战法快、技术运用快，屏幕呈现快”的高标准高要求，报道及时、准确、权威，刷新了多项记录，创造出新闻快速反应的经典案例。国外媒体每逢国内重大突发性事件，引用中央电视台新闻频道的现场信号正在成为常态，这使本台在突发快反中赢得了主动权，把握住了话语权。

山西王家岭矿难报道：创下中央电视台新闻频道事故救援直播新纪录。从2010年3月28日到4月10日持续14天，最多时四辆卫星直播车守候现场，成为亲历被救工人升井的独家电视媒体。这次报道应急报道点负责的直播场次约140场（其中新闻频道90场，中文国际频道50场），直播总长度超过18小时，信号多次被CNN、路透社、半岛电视台、凤凰台等境外媒体转播。

青海玉树地震报道：中央电视台是率先抵达震中并发出视频报道的中央媒体。4月14日，玉树发生7.1级地震，此次地震报道是中央电视台在相对偏僻又是高原的地方第一次进行长时间报道。兰州应急点接到任务15分钟后出发，向现场移动。与此同时，后期团队尽最大努力，想方设法通过青海电视台协调，在青海省长的救灾专机上预留出宝贵的两个座位，确保兰州应急点记者赶到西宁后能搭乘专机，在第一时间进入震中，从而保证了中央电视台第一个从灾区发回视频报道，这是本台对应急报道点与地方电视台这两大“主力军”进行综合调度指挥的生动体现。

舟曲特大山洪泥石流报道：拼第一落点，抢舆论先机。8月8日凌晨5:00左右，兰州应急报道点向台本部报告消息，并立即向现场移动。7:21，“舟曲县遭遇特大石流泥灾害”通过中央电视台第一次向国内外公众播报，稿源来自正在奔赴现场途中的兰州应急报道点首席记者刘龙，这一消息比新华社早了50分钟。7:47，舟曲救灾指挥长——甘南藏族自治州州长通过中央电视台用电话向公众介绍当地受灾和救援情况，这是从救援现场向公众传出的第一个声音。8:02，公众通过中央电视台看到第一张来自舟曲受灾现场的图片，图片由前方记者通过当地社会资源获得。15:37，兰州应急报道点首席记者刘龙发回第一次视频连线。17:21，舟曲灾区航拍画面通过中央电视台向公众首次披露，此时距灾害发生不到24小时。

2010南方抗洪报道：多点联动，奔跑在抢险第一线。2010年南方抗洪报道持续了近两个月，多个应急报道点和地方电视台多点联动，始终奔跑在抢险第一线，快速、全面、立体地发回密集报道。2010年6月1日至9日，广西来宾、四川汶川和湖南泸溪相继出现强降雨，中央电视台驻南宁、成都和长沙三个应急报道点记者第一时间赶赴受灾严重地区，紧盯现场，逐点推进，以直播连线、动态消息、新闻特写等多种报道形式，全方位、多视角、立体展现南方灾情、次生灾害和前方抗灾救助情况，采制新闻（直播）72条（次），直播现场感强，富有冲击力和震撼力。

在2010年一系列重大突发事件快速反应报道的实战中，国内应急报道点缩短了快速反应半径，提升了报道时效，并基本实现了直播常态化。在突发事件密集的时候，平均每天有20分钟左右的直播连线，每周的直播量超过2小时。最多时一天有20多次直播连线，一天有四五个事件穿插直播。中央电视台对突发事件的迅速、客观和全面的报道，特别是大量的现场直播报道，除了对信息的及时披露，还大量报道了政府的救援措施，不仅展现了中国电视媒体的报道水平，树立了媒体的权威性，而且在相当程度上反映出了政府的公信力和危机处理能力，有助于树立良好的国家形象。

（新闻中心地方记者部提供）

中央电视台建成国际视频发稿平台

中央电视台国际视频发稿平台的搭建和运行，是中央电视台2010年“十件大事”之一，是“我国重点媒体国际传播能力建设总体规划”的重点项目。国际视频发稿平台的功能是向全球发布中央电视台采集的、符合国际视频通稿标准的新闻素材。作为中央电视台加强国际传播能力建设的一项重大举措，平台的运行改变了中国电视媒体只依靠频道播出的线性传播方式，而成为多渠道传播的“内容提供者”，是中央电视台建设“国际一流媒体”、提升全球影响力迈出的扎实、重要一步。

近年来，中国国际地位大幅度提升，国际社会对中国的关注度不断增强。与国家软实力的塑造同步，中央电视台新闻采集和报道能力建设也取得重大进展。截至2010年年底，中央电视台在国内已建成30个应急报道点，在国外建成七大中心站和43个海外记者站；整合全台新闻节目资源后的新闻中心，传播覆盖6种语言、8个频道，新闻节目自采率、原创率、首发率大幅提高，这标志着中央电视台不仅彻底改变了国际重大事件只依赖西方媒体的局面，而且具备向全球媒体发稿的能力。

经过两年多的筹备，2010年11月25日，中央电视台确定以公司化运作的方式启动国际视频发稿平台项目，由新闻中心国际新闻部具体负责实施。经过全台上下共同努力，2010年12月25日，国际视频发稿平台开始试运行。

国际视频发稿平台的建成，将中央电视台新闻传播方式拓展为“新闻播出＋视频发稿”。中央电视台采集的新闻素材，通过平台直接推送到国外主流媒体新闻编播环节，对外传播效果更为直接、快捷和深入。同时，国际媒体对发稿平台使用情况的反馈，可以为中央电视台外语频道建设提供决策依据。

国际视频发稿平台目前采用“借船出海”的方式，与美联社、路透社合作，面向全球800多家视频媒体用户，发送中央电视台的新闻视频和英语文稿。试运行期间，国际视频发稿平台专用网站newscontent.cctv.com也开通供用户浏览视频、下载英语文稿、网上互动等功能。

通过全球两大通讯社的视频发布平台，传播中央电视台新闻视频内容，不仅在发布流程上借鉴国际标准，更可以直接进入全球各类视频媒体，特别是主流电视媒体和各类新媒体终端，这种捆绑式合作还能产生“广告效应”，一举多得。

统计数据显示，平台试运行阶段，由于内容的丰富性和运作专业化，已在境外发稿平台共发布视频素材和文稿2591条次，平均每天34条次，首发率约45%。全球已有约700家媒体采用过中央电视台国际视频发稿平台发布的新闻素材，其中美国电视媒体约占三分之二。国际视频发稿平台日均发稿约40条次，日均被采用量超过100次。比如我国“两会”、日本大地震、中东局势突变等重大事件和突发事件，国际视频发稿平台及时发布中央电视台的相关报道，受到境外媒体用户的欢迎。

国外媒体普遍认为，中央电视台提供新闻视频发稿服务满足了国际社会和媒体加深了解、深入报道中国的迫切愿望。

内容建设是国际视频发稿平台的第一要务。目前，平台在努力提升新闻视频发稿品质和规模的基础上，正着手打造针对不同媒体、特别是新媒体用户群的服务内容。

在管理体制上，国际视频发稿平台采用了公司化运作模式，与中央电视台和中国国际电视总公司出资组建“央视国际视频传播有限公司”，具体完成国际视频发稿平台建设及其未来发展目标。

（新闻中心提供）

中央电视台成功推出英语新闻频道

2010年4月26日19:00，中央电视台在原英语国际频道（CCTV－9）的基础上，顺利推出全新改版的英语新闻频道（CCTV－NEWS）。这是中国第一个英语新闻频道，也是全球华人社会第一个英语新闻频道。同时，英语新闻频道还与中国网络电视台联动，推出网络版英语新闻频道，并在iPhone手机国际用户中接入频道直播信号。

作为中央电视台国际传播的旗舰频道，英语新闻频道将以“中国观点、东方视角、国际化表达”为主要特色，以“为你链接亚洲”为基本定位，放大中国和发展中国家的声音，着力打造亚洲最有影响力的英语新闻频道。

一、大力强化新闻和评论，提高中央电视台国际舆论话语权

英语新闻频道全新改版主要体现在：一是增加新闻时段和品种，取消一般性综艺节目。日播新闻节目由14小时增加到19小时，并实现在亚洲、欧洲、美洲的黄金收视时间全部播出新闻，形成了全频道24小时整点有新闻和综合新闻、分类新闻、深度报道与评论节目相互配合的新闻频道基本形态。二是提高新闻自采率和信息量。2010年4月26日至5月4日，英语自采新闻比改版前增长125%；首播新闻量占新闻播出总量的52%，比改版前增长近60%。三是强化深度报道和财经报道。新开设或改版《中国24小时》、《财经亚洲》、《财经高峰会》、《新财富》等深度报道栏目。四是强化评论，加大中国观点传播力度。在全天各时段，尤其是亚洲、美洲、欧洲的黄金时间增加即时新闻点评，并引入国际化的评论节目形态，更加有利于中国观点的有效传播。

二、境内外媒体、观众密切关注，反响热烈

美国有线电视新闻网、印度尼西亚INDOVISION直播卫星平台、麒麟电视等媒体均表示，英语新闻频道开播后的节目更加精彩，受到全球观众的欢迎，并希望加强合作。美国、英国、荷兰、马来西亚、印尼、泰国、土耳其、阿联酋、埃塞俄比亚等国家以及香港地区的观众纷纷致函或网上留言，祝贺英语新闻频道推出，认为频道让人耳目一新，有助于提升中国的国际影响力，进一步增强中央电视台参与国际媒体竞争的实力。海内外媒体研究人士称赞频道相当国际化、专业化，整体包装很好，演播室设计独特，新闻节目观点鲜明，财经节目时效性强。中国网络电视台开展的受众调查显示，80%的投票者喜欢新推出的英语新闻频道。

三、多措并举，争取早日跻身国际传播的第一阵营

中央电视台将不断提高英语新闻频道节目质量，使其早日跻身国际传播第一阵营，形成与我国国际地位相适应的国际新闻传播能力。一是突出国际化特色，采用海外受众易于接受的方式传播中国声音。二是依托中央电视台国内新闻应急报道点和海外记者站，尽快搭建国内国际英语电视新闻报道网络，增强全球新闻自采能力；三是建立起以亚洲国家、发展中国家专家学者为主的全球特约评论员、嘉宾队伍；四是加强与境外媒体，特别是发展中国家媒体的合作，建立新闻资源互换机制，改变国际新闻来源过多依赖西方媒体的局面。五是进一步扩大英语新闻频道落地率、入户率和收视率，增强其全球影响力；六是利用新媒体强化传播效果，进一步扩大频道的覆盖范围。

（英语新闻频道提供）

中央电视台纪录频道顺利开播

2011年1月1日8时，中央电视台纪录片频道正式开播，呼号为CCTV－9纪录频道。开播当天，收看纪录频道的观众超过2000万人，标志着中央电视台传播能力建设又迈出重要一步。

纪录频道是我国首个覆盖全球的中英文双语专业化频道，按照国际纪录片频道运作模式，开展节目制作、购买、编排、播出等工作，力求成为在全球文化视野下展现中国文化、传播中华文明、传递中国声音的重要窗口和平台。

一、频道以国际化、专业化、品牌化为理念，以高质量、高标准、高水平为标准

1. 创新国际传播理念。纪录频道面向全球采用国内版（中文）和国际版（英文）两个版播出，全高清制作，这在中央电视台历史上尚属首次。同时频道按照国际纪录片频道编排的通行方式，淡化栏目概念，通过自然探索、历史人文、社会纪录、文献档案四大类、六个时段的节目编排，充分体现中央电视台致力于国

际化传播、服务国内国外观众的理念。卫星信号进入中国电视长城平台后，实现全球覆盖，可接收人数超过9亿。

2.创新生产运营模式。纪录频道以产业化为目标，实行制播分离的运营模式。频道开放播出平台，整合我国优质纪录片资源，建立中国纪录片的行业标准，为中国纪录片的产业化运作以及逐步形成统一、开放、竞争有序的纪录片市场创造良好条件。

3.创新多元合作机制。纪录频道凝聚全国纪录片队伍，并与全球电视纪录片制播机构建立长期多样的交流与合作，实现全球采购、全球生产、全球范围最优化的资源配置，生产具有国际一流专业水准的纪录片。

二、在中宣部、国家广电总局的大力支持下，举全台之力，大力推动纪录频道落地工作

中宣部、国家广电总局大力支持纪录频道的开播、落地工作，多次召开会议、下发文件推动相关工作的开展。中央电视台成立了落地推广小组，分别赴北京、天津、河北、山西、辽宁、吉林、黑龙江、上海、江苏、浙江、安徽、福建、江西、山东、河南、湖南、重庆、四川、云南、山西、甘肃、宁夏等地，协调纪录频道落地接收以及纪录片题材搜集、加强合作等事宜。

各省（自治区、直辖市）党委宣传部和广电管理部门高度重视、积极支持纪录频道落地工作，协调当地各级有线网络运营单位，全力做好纪录频道在当地的落地、入网、入户。中央电视台首批向全国有关省市有线网络发放接收解码设备317套，落地有线台网225家，首次数字用户数近8000万，覆盖全国近3亿人口。

三、积极协调各方创作力量，抓好纪录片的创作和生产

为了贯彻中央领导同志指示精神，抓好纪录片的制作和生产，推动中国纪录片产业的发展，纪录频道召开全国省级电视台和城市电视台纪录片创作暨合作会议，与来自全国各地百家电视媒体同行进行深入的沟通和交流。与会同志一致认为，开播纪录频道是中国电视品质提升的重要标志，纪录频道以真诚、平等、合作的姿态，以制播分离的创新机制，凝聚中国纪录片创作队伍，为全国纪录片创作提供了开放的平台，中国的纪录片产业将会拥有更加广阔的发展空间。

（台办公室提供）

中央电视台“神八”“天宫”交会对接直播报道及时、鲜活、深入

2011年11月1日至17日，中央电视台以6种联合国工作语言、内外宣8个频道的报道格局，对“神舟八号”飞船发射和返回舱返回着陆，以及“天宫一号”与“神舟八号”两次交会对接进行持续报道，全程记录了我国空间技术发展的重大跨越。期间，共推出直播特别节目3场、首播新闻200余条、专题及系列报道5部。

“神舟八号”发射直播期间，中央电视台各直播频道总收视份额为20.42%。“国际视通”（央视国际视频发稿平台）向全球媒体用户提供了50分钟独家直播信号，并第一时间向全球800多家媒体发布了相关新闻素材。“天宫一号”与“神舟八号”首次成功交会对接，直播总收视份额接近30%，比平时提高22个百分点。

一、《新闻联播》创新直播报道，备受各界广泛关注

“神舟八号”返回舱安全返回着陆之时正是《新闻联播》播出之际，《新闻联播》引入直播信号，第一时间报道“神舟八号”返回舱返回的最新消息，这是《新闻联播》自2010年直播“嫦娥二号”发射后的再次创新和突破，有效凸显报道的时效性和权威性。同时，还在直播中实现了主播对照画面进行实时解说，这在《新闻联播》史上尚属首次，也是《新闻联播》改进微调、强化主播作用的一次成功实践。此前，《新闻联播》主播前往酒泉卫星发射中心，对“神舟八号”

发射及其与"天宫一号"交会对接进行深入采访，为直播当天及时捕捉有效信息，并实现深奥技术问题形象化、口语化表达奠定了基础。节目播出后，中国广播网、凤凰网等网络媒体第一时间展开报道与评论，观众反响热烈。

二、强化直播技术升级，营造强烈视觉冲击

在持续17天的报道中，中央电视台对"神舟八号"发射及其与"天宫一号"交会对接、"神舟八号"返回舱返回三个重大节点进行直播，并大胆运用在以往同类直播中从未使用过的技术手段，通过直播技术升级，增强视觉的冲击力，提升传播效果。一是首次在北京航天飞行控制中心内设置3D虚拟演播室，以3D模型生动演示"天宫一号"与"神舟八号"的飞行状态与交会对接过程，并配合专家解读，强化节目的生动性与表现力；二是根据载人航天特点，引入"神舟八号"舱内设置的工业摄像头信号，同时采用车载无线发射设备，直播"神舟八号"发射倒计时15分钟时发射塔架下的实时工作场景，为"神舟九号"载人直播摸索出一种成熟的技术手段；三是在返回舱着陆报道中，随搜救直升机第一时间到达着陆地点的记者在卫星车尚未赶到的情况下，创造性使用着陆场系统工作用摄像机传输画面，并用卫星电话进行实时解说，实现特殊条件下的直播，克服了电视技术手段对直播时效的制约。

三、紧密贴近"走转改"，深入开掘"航天精神"

中央电视台在及时准确地完成发射、对接等重大节点的程序性报道同时，积极践行"走转改"要求，将镜头对准"航天人"。以"走基层"方式融入他们的工作、生活，推出了《揭秘天宫》、《揭秘神八》、《天宫纪实》、《神八纪实》、《航天新观察》等五部纪实系列报道，带着感情的温度，将舆论热点引向默默奉献的普通航天人。此间，中央电视台迅速采制并播出《走基层·航天城里的"神八哥"》和《天宫的外衣与内饰》，反映出了相关各领域的普通员工对于"神舟八号"、"天宫一号"的深厚感情。

（台办公室、新闻中心提供）

中央电视台全程直播王家岭矿透水事故救援

2010年4月5日，中央电视台综合频道、新闻频道、中文国际频道、英语国际频道全程直播报道山西王家岭煤矿透水事故救援工作，第一时间报道胡锦涛总书记、温家宝总理作出重要指示，以及张德江副总理发来慰问电等信息，并及时跟进救援进展，有力引导了社会舆论。

国内外众多电视、网络、报纸、通讯社等媒体引用中央电视台直播内容，其中美国有线电视新闻网实时转播，半岛电视台、英国广播公司、香港凤凰资讯台等部分转播，新浪、腾讯等门户网站还结合中央电视台直播内容开辟互动直播窗口。观众和媒体纷纷称赞中央电视台新闻频道是了解此次事故救援的第一窗口，高度评价中央电视台前方报道人员的敬业精神。

一、快速反应，提前布局，抢占舆论引导制高点

王家岭矿透水事故发生后，中央电视台立即启动应急报道机制，调派60余名报道人员及4辆转播车赶至事故现场，在井口、医院、救援指挥部等关键部位24小时盯守，做到前后方密切配合，全程跟踪报道救援进程。同时，有力统筹前后方报道力量及内外宣报道手段，有计划地强化新闻价值、宣传价值，及时满足社会各界关切。

新闻频道充分发挥24小时直播平台优势，利用前方多个直播报道点，全程直播了被困人员获救并到医院接受治疗的情况，并不断更新标题字幕强化现场重要信息的传播效果。此外邀请国家安监总局相关负责人到演播室进行权威信息发布和解读，配发评论员点评，播发对救援工作全过程的梳理回顾。2010年4月5日晚《新闻联播》组合播发长达15分钟的新闻，多角度报道救援行动，并配发本台评论《生命的奇迹 救援的奇迹》。

二、导向正确，重点突出，充分发挥舆论引导主阵地的作用

中央电视台王家岭矿透水事故救援报道始终坚持正确舆论导向，以客观事实和感人细节诠释党和政府以人为本的执政理念，以及社会主义大家庭的和谐温

暖。一是突出报道党和国家领导人对被困矿工的关心及对救援工作作出的重要指示。二是突出报道党和政府部门以人为本，不惜一切代价投入救援工作。三是突出报道救援工作的原则、方案和推进进程。四是突出报道救援人员“不放弃、不抛弃”的大爱精神，以及被困人员顽强的求生意志。五是突出报道全国人民对救援工作的关注、关心、支持。

（台办公室提供）

中央电视台全力以赴直播报道青海玉树抗震救灾

2010年4月14日7:49，青海玉树发生7.1级强震，造成重大人员伤亡和财产损失，牵动着全国人民的心。闻讯后，中央电视台第一时间启动应急报道机制，一方面在各电视频道和网络电视台迅速播发新闻，另一方面立即调派多路记者赶赴地震灾区作现场直播报道。4月18日下午，胡锦涛总书记在地震灾区与中央电视台记者亲切握手并致问候。此间，中央电视台近百名记者克服高原缺氧、天气寒冷等困难，连续多天作视频直播报道，发回大量全面、准确、客观的灾情和救援报道，被CNN、BBC、NHK等境外媒体广泛援引、转载，有效引导了国内国际舆论，为夺取抗震救灾胜利提供了强有力的思想舆论保障和精神动力支持。

一、快速反应，抢占国内外舆论引导的主动权和话语权

青海玉树强震发生半小时后，中央电视台新闻频道《朝闻天下》与国家地震局权威信息发布同步，于8:23以字幕形式播出地震突发消息，于8:26播发相关口播新闻。8:50《朝闻天下》电话连线玉树台记者，报道房屋倒塌、人员伤亡等灾情信息。此后，新闻频道和中文国际频道《中国新闻》高频次电话连线玉树州政府、救援部队等，递进报道地震灾情和救援情况。17:13，中央电视台记者开始在震区进行视频连线报道，当天抵达灾区的记者达22人，充分体现出中央电视台的快速反应能力和移动能力。中国网络电视台迅速推出新闻专题《青海玉树发生7.1级地震》，全天候滚动发布地震资讯。中央电视台播发的地震消息和现场画面，迅速被国内外各大媒体转引，占据了国际媒体的头条和重要版面，抢占了国内外舆论引导的主动权和话语权。

二、全面报道，彰显党和政府“以人为本”的理念和宗旨

中央电视台派往灾区的记者近百名，调配了4辆卫星直播车和1套便捷式地面站并成立了前方总指挥部和前方临时党支部，在后方抗震救灾报道领导小组的统筹指挥下，展开及时、全面、深入的报道。各频道及时滚动播发胡锦涛、温家宝、李长春等党和国家领导人迅速调整出访计划，中央政治局会议全面部署抗震救灾工作，中央领导同志亲赴灾区实地指导抗震救灾等消息，并派专门小组报道当地党政领导干部全力以赴抗震救灾的情况，彰显党和政府“以人为本”的理念和宗旨。同时，通过新闻、直播、评论、专题等多种节目形式，突出报道社会各界踊跃参与的“生命大救援”行动，深入挖掘典型人物和感人事迹，凸显“一方有难、八方支援”的社会主义制度优越性，以及各民族大团结、众志成城抗震救灾的伟大精神。

三、内外并重，凸显重大突发事件国际传播能力

中央电视台内外宣频道新闻节目打破常规，高频率更新播发抗震救灾的最新内容，形成持续关注，被人们誉为了解抗震救灾信息最便捷、最全面的第一窗口。震发后4天时间内，仅中央电视台综合频道、新闻频道就播出相关报道1300余条，直播200余场次。中文、英语、法语、西语、阿语、俄语等国际频道每天多次开启直播窗口，随时切入直播信号。截至2010年4月17日，中文国际频道共播出抗震救灾新闻900余条，先后9次开窗口推出“玉树大救援”系列直播节目；英语国际频道累计开启直播窗口31小时，每天播出7至8小时的早、中、晚三档特别节目；中国网络电视台共发布图文报道600余条，制作视频新闻976条。英语国际频道记者冯锦超还应南非国家电视台ETV和澳大利亚ABC电视台约请，提供抗震救灾电话连线报道，有利于向全球全面、客观介绍玉树地震和救援情况。

国际同行高度评价中央电视台抗震救灾报道。澳大利亚新闻频道股份有限公司总裁认为，报道体现出中央电视台面对重大突发事件的快速反应能力和高效应急机制。CNN高级副总裁称赞中央电视台此次报道及时、高质量、有深度、体现出中国媒体不断增强的国际传播能力。

（台办公室提供）

《感动中国2010年度人物颁奖盛典》播出

2011年2月14日晚，《感动中国2010年度人物颁奖盛典》在中央电视台综合频道播出，并于2月15日在新闻频道重播。科学泰斗钱伟长，"信义兄弟"孙水林、孙东林，"玉树铁汉"才哇，"雷锋传人"郭明义，"舟曲之子"王伟，"草原曼巴"王万青，"英雄翁婿"王茂华、谭良才，三栖尖兵何祥美，"最美"洗脚妹刘丽以及"警界保尔"孙炎明获得"感动中国年度人物"荣誉，在海地地震中遇难的八位维和英烈、铁道部K165次列车乘务组、以及中国志愿者群体获得"感动中国特别奖"荣誉。

一、贴近生活，真实彰显民族精神

本届《感动中国》评选，获奖者既有成就显著的知名人士，也有来自基层的普通群众，他们所体现出来的忠诚、善良、诚信和献身精神，都是中华民族优良传统的真实、平实体现。超越阶层、身份的界限，把民族精神财富的每一个闪光点最真实地聚集在一台节目中，奉献给观众，正是《感动中国》多年积累下来的最宝贵经验。

二、紧扣重大事件，弘扬社会主义核心价值观

"感动中国2010年度人物"评选深入关注重大突发事件中的突出人物，积极弘扬社会主义价值观。在青海玉树地震中忘我救援的藏族基层干部才哇，在甘肃舟曲泥石流事件中失去妻子和亲人的武警战士王伟，在陕西K165次列车遭遇垮桥事故中临危不乱的列车乘务组，在烈火中抢救儿童的王茂华、谭良才等，他们在突发灾难面前，不怕危险，勇于担当，以群众和集体为重，无暇顾及个人利益，是社会主义核心价值观在当下社会最直接具体的呈现。

三、深入发掘，聚焦民族精神新取向

《感动中国》深入聚焦社会生活中具有推广意义的民族精神新取向。比如，向在海地地震灾难中英勇殉职的八位维和警察致敬，旨在希望更多观众藉此了解中国正在崛起的现状，以及勇于承担责任的国际形象；向志愿者群体致敬，是因为他们活跃在玉树抗震救灾、上海世博会、广州亚运会等重大事件中，展现出了自觉帮助他人、不求回报的可贵精神，以使志愿者精神感动和影响更多人。

《感动中国》颁奖典礼播出后，社会反响热烈。《光明日报》刊发题为《2010，他们感动中国》的文章。

（台办公室、新闻中心提供）

中国经济年度人物评选

2011年1月和12月，中央电视台分别主办了2010CCTV中国经济年度人物和第十二届中国经济年度人物评选和颁奖晚会。

一、2010CCTV中国经济年度人物评选及颁奖晚会

2011年1月18日，2010CCTV中国经济年度人物揭晓，共评选出年度人物大奖、经济年度人物、经济年度人物·创新奖，经济年度人物·提名奖，经济年度人物·公益奖等奖项。本届评选将"转变经济发展方式"作为年度主题，寻找2010年中国经济发展方式转变的引领者和优秀实践者，受到了国内外舆论的广泛关注和高度赞誉。本次评选充分展示经济转型成果，积极为"转变经济发展方式"营造了良好的舆论环境。

本届中国经济年度人物评选把"转变经济发展方式"作为年度主题，特别关注在转变经济发展方式中做出突出贡献的企业和企业家，清晰地反映了2010年中国经济的发展特点。一是科技创新成为最大亮点。在获奖的20人中，有11人都跟科技创新直接相关。这表明那些调整较快、逐渐倚重科技创新、拥有自主核心竞争力发展模式的企业，已经获得明显的市场竞争优势，成功实践了从"中国制造"到"中国智造"和"中国创造"的转变。二是央企在竞争中释放活力。国家开发银行董事长陈元、中国航空集团公司

总经理孔栋、中国联通董事长常小兵入选年度人物，改变了人们关于“央企（国企）”与“垄断”、“机制僵化”、“不灵活”相联系的刻板印象。经过多年的市场化改革，相当多的国企已经从思想、理念、机制乃至文化上成功地融入市场，在激烈的市场竞争中实现了市场化的进程，并将国企优势转化成了市场竞争的优势。三是经济学家李稻葵的上榜，则揭示了经济转型时期社会对于经济学理论的渴求，是中国走向世界舞台过程中学者理性表达中国声音的必然要求。此外，获奖榜单中，燕京啤酒李福成、新希望集团刘永好是农业全链条整合发展的践行者，是转变经济发展方式的实践者；新能源、文化产业则是中国经济健康发展的产业支撑。

颁奖晚会形态创新，年度论坛智慧激荡，有力提升媒体的影响力和传播力。国务院国资委、农业部、财政部、科技部等部委负责人，财经频道签约评论员、国外政要以及往届“中国经济年度人物”及“十年商业领袖”的获得者参加颁奖典礼，凸显此项活动的品牌影响力和号召力。晚会在结构和表达上实现创新，充分体现颁奖典礼“智、勇、敏、仁”的核心价值观，现场设立专家观察团、媒体观察团、大学生观察团，向获奖人物提出问题，多角度立体展示年度人物，各位年度人物获奖者以世界地图为背景选择一个具体地点，讲述了自己一年中发生转变的典型故事。此外，中央电视台财经频道举办的2010CCTV中国经济年度论坛，聚焦“全球变局中的中国转变”，同时举办“内生发展的中国机会与挑战”、“农业的深度修炼”、“中国金融的市场变革”三场公开论坛和“企业家生态天花板”闭门论坛，政府官员、企业家、专家学者共聚一堂，进行智慧激荡，前瞻中国经济的发展方向，取得良好效果。

二、第12届中国经济年度人物评选和颁奖盛典

2011年12月12日，由中央电视台主办的《第12届中国经济年度人物颁奖盛典》举行。此次中国经济年度人物评选以“增长的品质”为主题，以“推动力、影响力、创新和责任”为标准，获奖人物主要分布在文化产业、制造业、信息产业、互联网等领域，充分展现转变经济发展方式的成就，体现自主创新、文化大发展大繁荣、小微企业发展、中国经济走出去等主题，反映了2011年中国经济的年度亮点和热点，评选活动得到了社会各界的高度关注和广泛认可。这项活动经过12年的培育，正在成为中国经济界领军、创新人士的标志活动。

1. 紧扣加快经济结构调整的时代主题，大力倡导用品质引领经济增长

本次评选提出“增长的品质”的主题，评选导向上牢牢把握发展实体经济这一坚实基础，弘扬自主创新精神，彰显文化产业发展活力，突出有品质的管理、有品质的技术和产品、有品质的经营理念，充分展现在一些重点领域和关键环节取得的突破，在经济结构调整的大背景下，扣准了中国经济转型的时代脉搏。

一是突出了社会主义文化大发展、大繁荣的时代主题。此次评选有两位获奖者来自文化领域，通过改革和市场化使经营性文化事业单位焕发出了活力，凸显文化产业作为新的经济增长点、经济结构战略性调整支点的重要意义。二是牢牢把握发展实体经济这一坚实基础，努力营造鼓励脚踏实地、勤劳创业、实业致富的社会氛围。获奖者中，没有金融界和房地产业的候选人，柳传志、王雪红两位获奖者用其创新苦旅为中国制造打开了整体升级的信心之门。三是弘扬创新精神和创新能力，包括原始创新能力，集成创新、引进消化吸收再创新能力。中国第一汽车集团公司董事长徐建一、中兴通讯股份有限公司总裁史立荣两位获奖者都是在自主品牌和自主创新方面的强者。

2. 创新活动形式，不断增强“中国经济年度人物评选”的专业性权威性

本次评选活动还在颁奖晚会的基础上增设了系列论坛，提升活动的权威性与专业性。颁奖晚会前，在海内外举办了14场第12届中国经济年度人物评选系列论坛，围绕世界经济发展形势、产业变革、跨国并购的中国机会等主题展开讨论，寻找全球变革中的可持续动力，探索中国经济热点和难点问题的解决之道。

颁奖盛典的流程设计，突显低碳、绿色、环保以及高科技、民生等元素，烘托了“增长的品质”这一主题。同时，在结构和表达上积极创新，以现场小片展示每个人的精彩2011，通过国际追问、现场提问、观众提问等形式，多角度立体化展示年度人物风采。

（财经频道、台办公室提供）

第三届全国道德模范颁奖典礼《德耀中华》播出获得圆满成功

2011年9月21日，中央电视台播出了第三届全国道德模范评选表彰颁奖典礼《耀德中华》。本次评选表彰活动由中宣部、中央文明办等单位共同主办，6500多万人次参与提名的3.6万多名候选人，在社会上形成了道德示范与道德带动的强大声势。中央电视台从6月30日起，连续29天对315位候选人的事迹进行了展播，为道德模范的最终产生营造了良好的舆论氛围。最终由全国1.13亿人投票选出的54位道德模范走上颁奖舞台。颁奖典礼思想感染力强，社会影响力大，受到社会各界的广泛好评。短短两天，观众仅在中国网络电视台的实名留言评论就达38900多条。

一、以“平民英雄”为创作源泉，彰显中华民族优秀品质

颁奖典礼通过平民视角，捕捉“凡人善举”，让观众看了可亲、可信、可学。“当代活雷锋”郭明义、“信义兄弟”孙东林、“索道医生”邓前堆、“最美女孩”孟佩杰等“平民英雄”，用自己的实际行动使民族精神和传统美德散发出耀眼的光芒，为国人树立起新时期公民精神的一座标杆。本届颁奖典礼无论是现场采访还是人物背景的短片创作，都贴近实际生活，忠实纪录模范人物的原貌，通过生动鲜活的感人瞬间，展示普通人对于美德的信守，释放普通人的道德力量，使整台节目充满真实的感动和朴素的情怀，是中央电视台践行“走基层、转作风、改文风”的一次成功尝试。

二、以国家荣誉制度释放的价值力量为创作主线，凝聚民族精神力量

晚会通过“诚实守信”、“见义勇为”、“助人为乐”、“敬业奉献”、“孝老爱亲”5个篇章展示当选模范的动人事迹。每个章节通过播放短片、现场访谈、歌曲舞蹈、朗诵、颁奖礼、致敬辞等多种形式交错进行，以庄严的仪式感和强烈的感染力实现对当选人物的道德托举和美德弘扬，真正让普通人获得国家荣誉，充分展现了国家荣誉制度所释放的强大价值力量。

三、以榜样的示范力量和延伸效应为创作追求，弘扬崇德尚善、争当楷模的精神风采

中央电视台始终将“与模范牵手，与好人同行”作为节目的最终追求，在大力褒奖当选者心灵之美的同时，侧重展示“平民英雄”的示范力量。这种创作追求使节目具有了强大的社会张力，从而引导人们见贤思齐、争先创优，为促进全社会文明程度和道德水平的提升发挥了积极的推动作用。

（台办公室提供）

2010CCTV体坛风云人物评选结果揭晓

2011年1月16日，《2010CCTV体坛风云人物颁奖盛典》在国家会议中心举行，揭晓并颁发2010年度最佳运动员、最佳教练等11个奖项。

一、突出“十年”主题，彰显品牌活动影响力

本次颁奖盛典邀请十年来曾经荣获“CCTV体坛风云人物”的众多体育界人士欢聚一堂，共同回顾中国体育十年来的辉煌历程。配合颁奖盛典，中央电视台体育频道在“颁奖日”当天推出5个小时的特别节目，通过历届获奖者的回顾，畅谈十年来中国体育取得的巨大成就。同时，颁奖盛典选择位于奥林匹克中心区的国家会议中心举办，旨在再现2008年北京奥运会辉煌，进一步提升中国体育人的荣誉感和自豪感，进而扩大了该项评选活动的社会影响。

二、充分体现年度体育特点，弘扬社会主流价值观

作为中国体坛最具权威性的新闻奖项，此届评选

充分展现2010年中国体育发展特点、亮点。最佳组合、最佳女运动员、最佳教练以及最佳团队奖，均被冬季项目队伍获得，这表明评委对于中国冰雪项目在2010年温哥华冬奥会上取得重大突破的高度认可。最佳男运动员、最佳新人都授予在广州亚运会上表现出色的运动员，年度未名人士体育精神奖、年度体坛特别贡献奖也分别授予"白云之帆"表演团队、广州亚运会和亚残运会开闭幕式团队，证明广州亚运会、亚残运是2010年中国举办的最重要的、最精彩的体育赛事。评委会大奖授予中国人民解放军军事体育运动大队军事五项队，更是彰显对社会主流价值观的弘扬。

三、积极创新传播形态，增强活动号召力

本届颁奖活动创新传播形式，增设"微直播"等新的传播形态，通过微博对颁奖活动发表评论的达到51万条。同时，中央人民广播电台、中国网络电视台全程直播颁奖盛典，国内各家主流媒体进行现场报道，实现了全媒体传播。此外，除体育界著名人士外，社会各界权威人士和知名专家学者积极参与本届评选活动，体现出社会各界对"CCTV体坛风云人物评选"的广泛关注和该项品牌活动的社会号召力。

（台办公室、体育频道提供）

"12·4法治人物评选"走过精彩十年

2010年12月4日，由全国普法办、司法部、中央电视台联合主办的大型专题晚会《法治的力量2010——12·4十年法治人物颁奖盛典》在中央电视台综合频道播出。

从2001年我国第一个全国法制宣传日开始，中央电视台每年12月4日都会推出一台大型专题晚会《法治的力量》，梳理当年法治进程中的重要事件，评选法治建设过程中的杰出代表。10年来，活动共评选出82位"年度法治人物"。这些人物涵盖以政法系统为核心的社会各层面，他们在自己的工作岗位上默默耕耘、无私奉献，以实际行动捍卫法律的尊严，推动法治的进步，充分体现了"推进社会矛盾化解、社会管理创新以及公正廉洁执法"的要求，对于全国公众提高法制意识，自觉遵法守法发挥了重要的引导作用。

进入新世纪以来，我国波澜壮阔的法制进程以及法制建设成就举世瞩目。中央电视台"法治人物评选"以国家主流媒体的社会责任感，忠实地记录和有力地推动了这一进程。期间，从首部环境法律出台，到"打虎网友"揭露"华南虎"真相，从500名农民工拿起法律武器维护劳动者尊严，到"依法治国，建设社会主义法治国家"被写入宪法等。每一次法治人物评选，都是一次对当年重要法治事件的细致梳理和全景展现，每一个闪光的形象和故事都是10年法治进步发展的见证和缩影，集中展现了中国法制建设的成就，代表了人们追求法治进步与社会和谐的心愿和努力。

"法治人物评选"开展10年来，每年都在创新性表达上下工夫，使活动不断焕发生机。初办阶段，节目形态重在梳理年度法治事件，普及《宪法》内容与精神。2003年开始，为更加贴近民生，晚会形态改为"评选年度法治人物"，主体结构为"精彩人物故事+个性化颁奖+现场互动访谈"，形态简洁而庄重，在体现法律的庄严神圣感的同时，不断强化与时俱进、创新进步的时代气息与活力，充分发挥网络新媒体的力量，进一步扩大活动影响力。10年创新努力，使得评选活动主题日益鲜明，视野不断开阔，欣赏性更高、传播力更强。

"法治人物评选"始终秉承"打造普法宣传高端平台"的理念，在汇聚各方力量的基础上，充分发挥国家级电视媒体在法制宣传教育方面的巨大传播优势，经过10年成长，已经成为树立法治建设楷模、记录法治前进历程的主流平台，为普及法制教育、开展法制宣传、推动法治进步做出了重要贡献。10年来，每一次颁奖盛典播出都会成为社会公众关注的焦点，成为中国法治建设领域的一大盛事，成为一项重大的年度法治媒体活动，成为具有中央电视台品牌标志的全国性大型年度盛典。

（台办公室、社会与法频道提供）

大型电视理论片《从怎么看到怎么办》创新提高舆论引导能力

由中共中央宣传部理论局组织编写，中央电视台特别制作的大型电视理论片《从怎么看到怎么办》于2011年8月11日至17日在中央电视台财经频道黄金时间播出。系列片分为八集《怎么保持物价稳定》、《怎么解决分配不公》、《怎么解决住房问题》、《怎么解决就业难》、《怎么解决看病难》、《怎么实现教育公平》、《怎么解决发展不平衡》、《怎么遏制腐败现象蔓延》。节目邀请卫生部部长、人力资源和社会保障部部长等7个政府主管部门领导、理论界的权威专家、有关地方政府领导和当事人及部分群众，紧密围绕这些社会生活中百姓最关心的八个重大敏感问题：我国发展不平衡、就业难、看病难、教育不公平、物价上涨过快、房价过高、分配不公、腐败现象——作出了有针对性和说服力的回答。不回避矛盾，深度分析问题产生的原因，积极寻找解决问题的办法，引导人们正确认识、共同破解热点难点，加强发展的信心和力量。节目创新性强并有力引导了舆论，为营造良好的社会舆论环境起到释疑解惑的作用。

节目播出后，引起了强烈的反响和好评。全国电视观众、各地官员、专家学者、媒体人纷纷通过各种方式表达自己的感受。中宣部把《从怎么看到怎么办》作为全国党员干部学习的教材，理论片的光盘和书籍都有各级党组织大批定购，发行量很大。《人民日报》《光明日报》等30多家中央媒体发表了多篇文章和消息，百余家网站和地方媒体纷纷转载《从怎么看到怎么办》并发表数千篇评论。许多高校的思想政治理论课教师纷纷给中央电视台栏目组打电话表示，《从怎么看到怎么办》可作为大学生思想政治理论课的重要辅助材料，他们认为该片是非常生动的理论电视片，对认识中国社会现实以及热点问题非常有帮助。他们希望能够尽快买到这套节目的光盘，好用在思想政治理论课的教学上。有许多观众认为《从怎么看到怎么办》内容翔实，直面当前社会关切，更重要的是告诉大家该怎么办，怎么解决好群众关心的问题。有很多网友认为《从怎么看到怎么办》节目在客观反映百姓真实民生状况的同时，道理说得明白，办法行之有效，让人看了不枯燥，津津有味。还有许多观众表示，《从怎么看到怎么办》将枯燥深刻的题材作到通俗易懂，深入浅出，令人信服。有的政府官员反馈，看节目很受益，深感肩上的责任重大，须加倍努力工作。

（财经频道提供）

《美丽心灵——献给老师的歌》教师节晚会倡导尊师重教

由教育部和中央电视台联合主办的2011年教师节晚会《美丽心灵——献给老师的歌》，9月10日在综合频道黄金时间播出。晚会以“忠诚党的教育事业，落实教育规划纲要”为主题，突出宣传“教书育人楷模”等模范教师的先进事迹和尊师重教、全民行动的核心理念。同时邀请各界优秀代表，以他们特有的方式共同向教师致敬。满含深情、气势宏大的文艺演出则进一步凸显了喜庆热烈的节日氛围，提升了晚会作为盛大教师节庆典的品牌特色。

晚会汇聚奋斗在教育战线不同岗位的优秀教师代表，讲述他们执着坚守、无私奉献的感人事迹。这些教师代表有2011年度“全国教书育人楷模”周小燕、金展鹏、桂贤娣，有中央电视台“走基层”报道中发掘的优秀乡村教师曹瑾、周宏军，有扎根乡村、因投身教师事业而喜结良缘的28位特岗教师，有传承师道、即将走上教师岗位的免费师范生等，在他们身上集中体现了教师群体的优秀品质。晚会还通过表彰十位“教书育人楷模”称号获得者的方式，进一步树立尊师重教的良好社会风尚。晚会现场，来自教育界、科学界、艺术界等多个领域的知名人士，通过自己独有的方式，表达了对老师的尊崇和敬意。他们中有航天英雄聂海胜、著名歌唱家廖昌永、张建一，有中科院院士穆穆、工程院院士戚发轫、叶铭汉等，他们追忆往事、缅怀师恩，唱响深情的赞歌感谢老师的谆谆教诲和无私关爱。

整场晚会通过优秀教师事迹讲述、教书育人楷模表彰、优秀文艺演出等环节，共同营造喜庆热烈的节日气氛，固化教师节作为盛大节日的特色，在全社会树立尊师重教的社会风尚，打造具有广泛影响力和传播力、具有中央电视台高制作水准的节目品牌。

（综合频道提供）

《开学第一课》引领孩子感悟幸福

2011年9月1日上午9:00，由中央电视台联合教育部推出了大型公益节目《开学第一课》“幸福在哪里”。“幸福 ”是人们永恒的追求和话题，孩子的幸福更值得全社会聚焦关注。《开学第一课》以“幸福”为主题，邀请到国际巨星成龙、航天英雄杨利伟、世界冠军邓亚萍、著名学者于丹、钢琴家郎朗、法网冠军李娜等社会知名人士分别就“如何让孩子们拥有幸福的童年”发表了自己的演讲，并教给了孩子们拥有幸福的一些方法。

这一堂“幸福”课，还通过乐观自信的钢琴盲童刘浩、跳太空舞步的重庆校园师生和带着养母上学的“最美女孩”孟佩杰的故事，让孩子们从不同的角度发现幸福，感悟幸福。他们的故事温馨感人，让现场所有观众为之动容。主持人董卿、王小丫和撒贝宁与现场嘉宾、观众一起分享幸福的欢笑与泪水；现场更有新颖独特、寓教于乐的互动游戏环节，与孩子们一起寻找幸福的真谛。

在节目现场，成龙、杨利伟、邓亚萍等社会知名人士，隆重发布了由教育名家和公众人物编写的《中国少年儿童幸福成长宣言》，向全社会共同倡议“快乐健康成长比成绩更重要”。

教育部对这次活动也给予了大力支持和关注，并于8月24日专门发文通知要求全国中小学生上好“开学第一课”。节目播出当天，教育部即收到各方积极反馈，高度认可《开学第一课》，指出该节目通过普通人故事、名人演讲、互动游戏，起到了榜样作用，让少年儿童体验幸福成长的乐趣，效果显著。

（综合频道提供）

第六届CCTV电视节目主持人大赛圆满落幕

作为中央电视台的传统品牌赛事，电视节目主持人大赛已成功举办五届。2011年“艾诗缇杯”第六届中央电视台电视节目主持人大赛于2011年5月1日正式启动报名，2011年10月底圆满落幕。本届大赛共分为启动、报名、初选（含视频初筛、地方面试、综合评审）、初赛、复赛、决赛、总决赛、颁奖晚会8个阶段，共录制17场赛事和1场颁奖晚会。其中初赛6场在中国网络电视台播出；复赛6场每场时长90分钟、决赛4场每场时长90分钟、总决赛1场时长90分钟，在中央电视台科教频道播出；颁奖晚会1场时长90分钟，在中央电视台综合频道和科教频道并机播出。

本届大赛有效报名人数达到6068人，均为本科及以上学历，其中港澳台及境外报名参赛人数达53人，是自1988年中央电视台创办主持人大赛以来报名人数最多的一届。大赛受到港、澳、台地区及世界范围内华人华侨的广泛关注，加拿大、澳大利亚、韩国、英国、德国、法国、美国等国家均有选手报名参赛。

大赛采用淘汰赛与循环赛相结合的赛制，在赛题设置上紧扣主持人、播音员的业务技能和实战需求，全方位考核选手的综合业务素质，其中：复赛阶段侧重考核选手的个人工作能力，决赛阶段侧重考核选手的采访能力和合作能力，总决赛考核环节侧重考核选手主持现场处置突发和意外情况的临场应变能力、综合文化素养和外语交流能力。

同时，大赛紧贴当下新闻战线“走基层”的活动，决赛第一环节《特别现场》聚焦全国道德模范、文明中国人物及中央电视台“走基层”系列报道中的主人公，邀请24位工作在一线的嘉宾到演播室现场与选手进行面对面访谈，拉近了大赛与观众之间的距离。

在评审机制上，大赛专门设立了“专家评委库”，由业界资深专家、台各频道负责人、制片人和台播音员主持人业务指导委员会和著名主持人组成。大赛评判工作严谨有序，严格贯彻了公平、公正、公开的比赛原则。

中国网络电视台对本届大赛进行了全方位立体式推广。据统计，从5月份大赛官网上线到赛事播出结束，大赛官网访问总人数为28.3万，PV总访问量为849万页次。《北京晚报》、《中国电视报》对比赛予以关注，中央电视台《面对面》、《正大综艺》、《文化正午》、《艺术人生》等栏目对大赛进行了相关报道和宣传。

节目播出后，广电总局《收听收看》登载了题为《第六届中央电视台电视节目主持人大赛弘扬电视人职业精神》的专题述评，《光明日报》刊发题为《一个电视竞赛节目的样本——第六届中央电视台电视节目主持人大赛带来的启示》的文章，对第六届中央电视台电视节目主持人大赛给予高度评价。

（科教频道提供）

《西藏和平解放六十年》获好评

《西藏和平解放六十年》是2011年科教频道为纪念西藏和平解放60周年而特别制作的大型专题片。该片从历史、民生、民族文化、发展建设等角度，全面梳理了西藏自治区和平解放60周年来所取得的日新月异的变化，生动呈现出西藏自治区和平解放60年来在中国共产党的正确领导下所取得的辉煌成就。

《西藏和平解放六十年》的制作周期紧，质量要求高，科教频道在接到任务后马上组织精兵强将奔赴拉萨进行采访制作，由于播出时间追近，摄制组将机房搬到拉萨，采用采访撰稿与画面编辑平行推进的方法，在西藏最缺氧的冬季，克服种种困难连续作战2个多月，终于如期将节目制作完成。

西藏自治区党委书记张庆黎对节目的创意、框架结构、画面、解说给予积极评价，认为该片真实反映了西藏和平解放60年来发生的巨大变化和取得的辉煌成就。中央电视台领导对剧组在有限的时间、艰苦的环境里完成的精良制作给予高度评价。

（科教频道提供）

中央电视台国际传播能力建设联席会议制度启动

2010年9月6日，中央电视台正式建立了国际传播能力建设联席会议制度，这是中央电视台加强对全台国际传播能力建设工作的统筹协调，搭建各涉外部门和台属相关公司之间沟通联动的平台，形成整体合力、加快建设国际一流媒体的重要决定。

联席会议成员单位最初包括海外传播中心、台办公室外事处、财务管理中心、新闻中心外语频道、海外记者部、国际新闻部、中文国际频道、播出传送中心，以及中国网络电视台、中视国际传媒有限公司、中国广播电视国际经济技术合作总公司和中国广播电影电视节目交易中心。2011年2月以后，成员单位又增加了纪录频道、综合频道、总编室、人力资源管理中心、资产管理中心、发展研究中心和技术管理中心、技术制作中心、音像资料馆、央视国际视频通讯有限公司等。海外传播中心为联席会议的召集单位。联席会议的召开形式包括工作会议和专题会议，同时在联席会议的框架内建立日常工作机制，明确归口单位，加强统筹协调，加强信息和资源共享。

2011年海外传播中心牵头正式启动了联席会议机制，共召开了两次全体会议和12次专题会议，协调内容包括CCTV－1香港落地、将非洲分台和纪录频道海外版纳入中央规划、2011年项目预算申报、海外记者站传输系统升级问题等。联席会议为成员单位提供了政策服务，促进了资源共享和内部联动，并解决了一些实际问题，为推动全台国际传播能力建设提供了机制保障，发挥了积极作用。

（海外传播中心提供）

中央电视台召开首届外语观众座谈会暨中外媒体交流论坛

为了贯彻落实党的十七届六中全会精神，加快“走出去”步伐、增强文化软实力，2011年10月20日，海外传播中心在北京牵头召开CCTV首届外语观众座谈会暨中外媒体交流论坛，来自全球五大洲20余个国家和地区的80位外籍嘉宾，以及国内高校专家、台内涉外部门共210人参加论坛。

论坛为期一天，主讲嘉宾为美国、英国、德国、日本、澳大利亚等国的传媒业界、理论界等领域的知名人士，包括美国福克斯公司高级副总裁舍莉·布瑞南、美国福布斯旅行指南公司总裁尚恩·奥弗莱瑞提、澳大利亚前总理秘书罗斯·卡麦伦，世界彼得伯格论坛策划人马修纳斯，中国孔子学院总顾问、歌德学院北京分院前院长阿克曼，美国彭博社资深编辑、清华大学新闻传播学院客座教授李·米勒，英国独立电视台驻华首席记者安格斯·沃克尔，半岛电视台北京分社社长伊扎特，日本知名纪录片导演大野清司等。主讲嘉宾围绕“CCTV——沟通中国与世界”的主题发表了他们的观点，并针对如何促进中国的国际传播事业以及 CCTV 在海外的发展等方面提出了建设性的建议。论坛下设“CCTV – NEWS：全球化中的中国声音与世界话题”和“CCTV – 9 Documentary：世界多元文化与真实中国”两个分议题。

本次活动是在中央电视台全面加强国际传播与对外合作的背景下举行的，是对国际传播效果反馈机制的有益探索，也有助于搭建了一个中外电视媒体交流的平台。首先，本次活动通过与境外嘉宾、亚非媒体业者以及留学生的交流，并通过在论坛现场开展问卷调查，较好地了解了中央电视台在海外的传播效果，以及对于传播内容、策略等方面的改进建议。第二，本次活动建立了“CCTV 海外观众之友”的机制，这有利于中央电视台系统化、机制化地开展与海外受众的沟通、联络和效果反馈工作。第三，本次活动增强了入会嘉宾、亚非传媒业者、留学生等方面的人士对我国、对中央电视台的了解，是一次成功的“公共外交”。第四，本次活动有助于拓展中央电视台的国际视野、强化国际化的传播理念，为中央电视台国际传播能力建设提供决策参考和智力支持。

（海外传播中心提供）

中央电视台社教节目中心工作运行切分圆满完成

2010 年 7 月底，原社教节目中心根据全台统一工作部署，积极执行台分党组关于实施频道制改革的决议，迅速成立社教节目中心切分运行领导小组，确定了“围绕频道制改革核心，实行中心制、频道制双轨运行，完成切分、建制、改版三项任务”的切分运行思路，坚持“统分结合，有合有分”与“双运行、双肩挑”的工作原则，提出了转换过渡期的“AB 角审片”机制。原社教节目中心在短短 18 天的时间里，分四个阶段有序推进切分工作，圆满完成了对原社教节目中心 956 人（处级以上干部 24 人）、36 个栏目、4.1219 亿经费、众多固定资产和办公用房的切分工作，在人、财、物的层面理顺了关系，在精神层面凝聚了团结和谐的氛围，为频道制改革的进一步推进开了好头。

2010 年 7 月 14 日至 19 日 6 天时间，原社教节目中心对所属 7 个部门、2 个半频道（科教频道、社会与法频道和部分在 CCTV – 1 播出的栏目）、36 个栏目的人、财、物、播出量进行深入细致地系统梳理、需求调研和问题汇总，列出详细名册，明确了“人和经费随栏目走，栏目归频道、经费按照 2010 年初台制定预算分配方案继续执行”的基本切分原则，形成了《社教节目中心频道制切分运行工作方案》。

2010 年 7 月 20 日至 25 日 6 天时间，原社教节目中心对人、财、物实行冻结，本着以大局为重、耐心周到的原则，针对不明确的、可切分的公共资源、无明确归属的公共服务人员（如部门秘书、制片等）及特殊情况人员等难点问题重点协调解决。

2010 年 7 月 26 日至 31 日六天时间，原社教节目中心的切分工作按照既定方案执行落实。2010 年 8 月 1 日至 7 日六天时间，中心制、频道制两个机制在科教频道、社会与法频道并轨运行，由统分结合以统为主，过渡到以频道制运行为主。按时、平稳、圆满地完成了频道制切分工作，实现了从中心制向频道制的平稳过渡。

（科教频道提供）

深化收入分配制度改革　完善企聘员工薪酬体系

2011 年，中央电视台按照中央关于文化体制改革和事业单位改革的指示精神，深入推进以企聘人员薪酬改革为代表的“定薪”工作和以规范用工为先导的“定编”工作，在 8 个月的时间里，经过集中讨论、深入调研、充分沟通和不断完善，设计出台了《中央电视台企聘人员薪酬改革方案》。方案一经实施，便得到职工的热烈欢迎和各部门的积极响应。

一、前期调研细致缜密，改革目标与时俱进

中央电视台人力资源管理中心成立了专门的工作小组，深入各中心频道，有针对性地开展了微观调研和数据普查，回溯总结了历次改革的得失，查找分析现行制度的深层问题，做到制度设计底清数明、有章有据。

中央电视台自 2003 年底开始实行企聘用工制度以

来，企聘员工已达6509余人，占全台总人数的70%，在中央电视台6大系统382个岗位上工作。本次薪酬改革前，企聘员工薪酬一直延用自2004年起实行的“总量控制、经费包干”管理模式。随着电视台各项事业的快速发展，企聘员工逐步成为各岗位的业务骨干，现行的企聘员工薪酬管理模式难以适应新形势的发展，暴露出一系列亟待解决的问题。

在多次向台分党组汇报调研成果和方案设想，得到全台上下充分肯定后，人力资源管理中心最终确定了此次薪酬改革的总体目标：建立与当前及今后企聘制度相适应的薪酬制度，充分保证企聘人员的切身利益，适度提高企聘员工福利待遇。理顺调整企聘员工薪酬结构，完善企聘员工基本工资晋升制度，建立与岗位职责、工作业绩、实际贡献紧密联系并鼓励创新的奖惩制度，完善考评体系。在国家规定的人力成本总额控制范围内，在台里总体收入情况允许的前提下，以岗位责任为基础、以绩效考核为激励调节基本手段，规范实施“岗位绩效工资制”，以岗定薪、岗变薪变；薪酬政策重点向节目部门及其一线、主力岗位倾斜，重实绩、讲贡献；平等竞争、鼓励先进；少劳少得，多劳多得。

二、方案制定科学可行，薪酬改革体现公平

《中央电视台企聘员工薪酬改革方案》在建立工资收入的正常增长和调整机制的指导思想下，设计了薪酬体系的更新路径。方案在不突破国家政策规定的经费支出总量要求的前提下，在重岗位奉献、重实际能力、兼顾公平的原则下，适度提高了企聘员工薪酬总体水平。

在岗位工资方面，方案在现行薪酬结构的基础上加大了岗位工资的比重，使岗位工资与绩效工资比例由4：6调整为5：5。同时，根据岗位价值、职责权限、贡献程度和重要性等评估要素，将所有岗位划分为9级，并针对一线、主力岗位进行了专门设计，充分发挥薪酬体系的杠杆调节作用和激励效应。

在绩效工资方面，根据岗位价值核定绩效总额，将绩效工资水平与岗位等级挂钩，按照岗位等级核定频道绩效工资额度。从低级别岗位到高级别岗位，绩效工资标准由低到高，逐步加大差距。绩效工资标准根据中央电视台事业发展情况每两年调整一次。

此外，取消了之前参照事业单位职工设立的津贴、补贴项目。

概括起来，此次薪酬改革呈现四个特点：

一是建立了工资正常增长机制，让员工切身感受到个人发展与中央电视台事业发展息息相关，形成了长效激励机制；

二是优化了岗位工资结构，理顺了岗位工资调级调档流程，拓宽了工资晋升通道，消除了个人未来发展的后顾之忧；

三是改变了经费包干限制，优化了薪酬结构比例，以岗定薪、岗变薪变，激发活力；

四是重点提高了企聘员工一线岗位、主力岗位的薪酬水平，增强了队伍的核心竞争力。

三、配套措施全面跟进，企聘员工反响强烈

方案获批准出台后，人力资源管理中心在全台开展了细致的宣讲工作，并进行了大量数据核准和测算，为方案的顺利实施打下了基础。人力资源管理中心还制定了相关的配套措施，即《企聘员工岗位薪酬调整实施办法》和《中央电视台企聘员工绩效工资管理办法》。

《企聘员工岗位薪酬调整实施办法》针对岗位工资调级调档做了详细规定，在全面了解各级别岗位的职责、工作要素等各项条件的基础上，规范各级别岗位标准，制定了与之配套的企聘员工调级调档管理办法。该《办法》参考岗位变更、职责变动、工作年限、获奖情况和资历水平等考评要素，按照岗位管理的一般规律，设定一线主力岗位比例，核定各部门岗位等级人数，制定岗位级别调整办法；设计符合全台实际情况的岗位调档管理办法，根据员工年度绩效考核结果，每年调整一次员工岗位工资档次。

《中央电视台企聘员工绩效工资管理办法》对绩效工资分配做了规定，明确绩效工资分配由各频道制定符合本频道的绩效工资分配方案，并实行各级别绩效工资高限控制，允许绩效工资根据考核结果在限额内浮动。

此次企聘人员薪酬调整在全台引起了强烈反响，激发了员工的工作热情，并在三个方面产生了重要影响：

一是进一步推进了企聘员工由身份管理向岗位管理的转变，通过改革强化了岗位的重要性，在全台树立起“以岗定薪”的薪酬管理理念。

二是通过薪酬的长效激励机制、推行新岗位工资体系和建立宽带薪酬体系，为下一步打破行政职务限制，搭建员工职业上升通道提供了支撑。

三是通过成本核算方式的改变，为各频道结合中央电视台新推出的节目评价体系，按照自身特点建立科学合理的日常绩效考核体系，奠定了基础。

（人力资源管理中心提供）

CCTV
中国中央电视台
CHINA CENTRAL TELEVISION YEARBOOK
年 鉴
2011
胡占凡 主编
《中国中央电视台年鉴》编辑部 编

JI GOU

机　构

机构

2011 年中央电视台机构设置

中央电视台分党组书记胡占凡，分党组副书记罗明、魏地春。分党组成员：胡恩、何宗就、高峰、孙玉胜、张海鸽、袁正明、刘国良、李建、薛继军。

中央电视台台长胡占凡，总编辑罗明，副台长罗明、魏地春、胡恩、何宗就、高峰、孙玉胜、袁正明，分党组纪检组组长张海鸽，总会计师刘国良、总工程师丁文华。副总编辑程宏、李挺、朱彤、黄传芳、梁晓涛。

罗明主持台编辑委员会。

何宗就主持台技术委员会。

袁正明主持台行政管理委员会、经营管理委员会。

中央电视台机关党委书记张海鸽。

中央电视台下设：

1. 台办公室

下设：秘书处、综合处、保卫处、外事处、法规处、行政处、房管处（物业管理处）。

2. 总编室

下设：规划部、节目播出部、节目研发部、版权管理部、市场评估部、受众服务部、高清频道编辑部、综合部、审片部。

3. 新闻中心

下设：综合部、策划部、时政新闻部、经济新闻部、社会新闻部、地方记者部、海外记者部、国际新闻部、军事节目部、新闻评论部、新闻频道编辑部、国际频道新闻编辑部、新闻联播编辑部、新闻播音部、新闻制作部。

4. 综合频道

下设：综合部、节目部、项目部、节目统筹部。

5. 财经频道

下设：综合部、节目部。

6. 综艺频道

下设：综合部、节目部。

7. 中文国际频道

下设：综合部、节目部。

8. 体育频道

下设：综合部、节目部、竞赛部。

9. 电视剧频道

下设：综合部、节目部、项目部。

10. 科教频道

下设：综合部、节目部。

11. 社会与法频道

下设：综合部、节目部。

12. 戏曲和音乐频道

下设：综合部、节目部。

13. 少儿频道

下设：综合部、节目部。

14. 外语频道（新闻中心代管）

下设：综合部、节目部、英语新闻频道、西班牙语频道、法语频道、阿拉伯语频道、俄语频道。

15. 纪录频道（由总编室代管）

下设：节目管理部、项目运营部。

16. 大型节目中心

下设：综合部、第一导演工作室、第二导演工作室。

17. 军事节目中心（解放军电视宣传中心）

18. 海外传播中心

下设：综合部、项目部、联络部。

中央电视台台本部2011年机构设置图

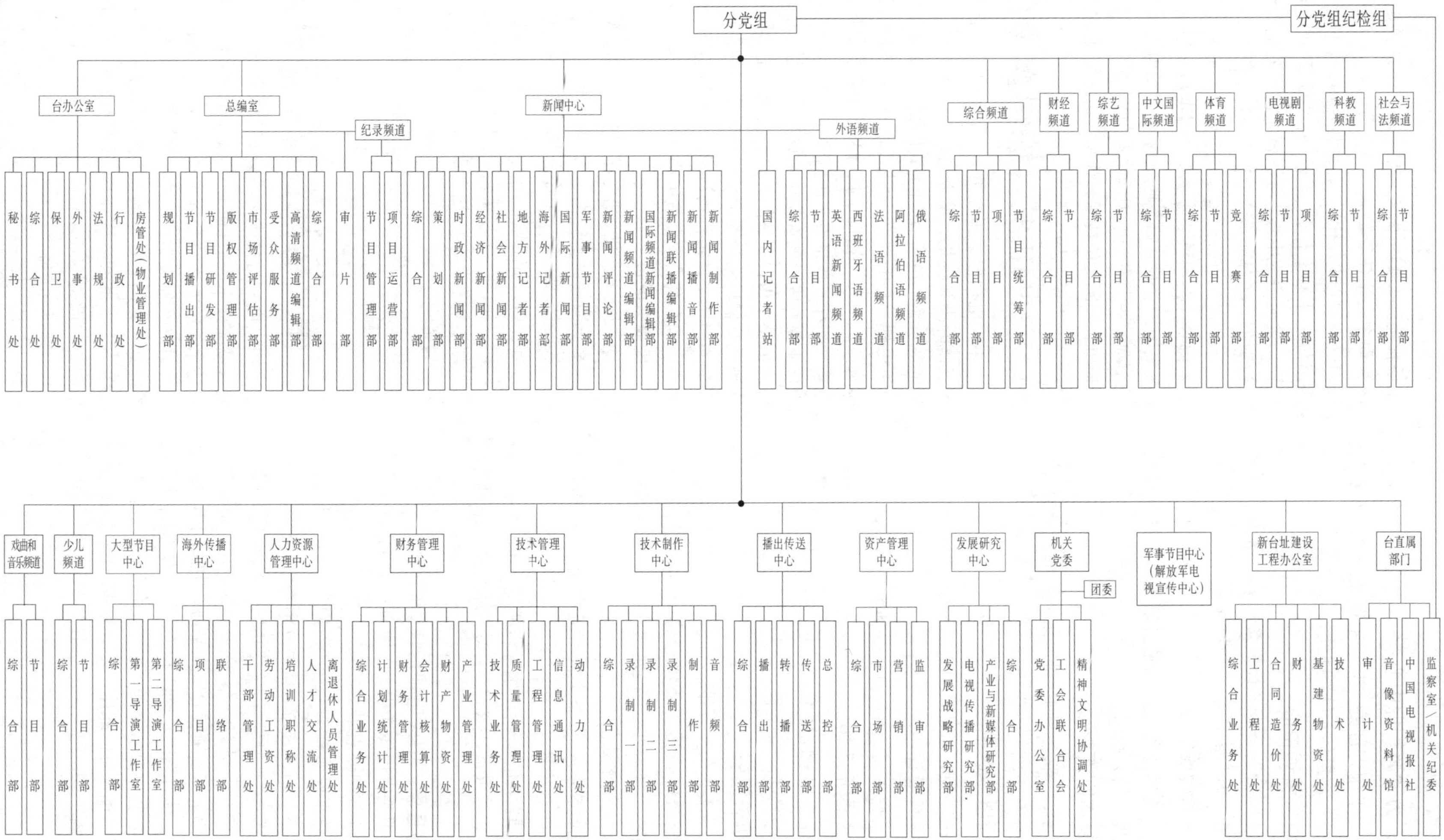

19. 人力资源管理中心

下设：干部管理处、劳动工资处、培训职称处、人才交流处、离退休人员管理处。

20. 财务管理中心

下设：综合业务处、计划统计处、财务管理处、会计核算处、财产物资处、产业管理处。

21. 技术管理中心

下设：技术业务处、质量管理处、工程管理处、信息通讯处、动力处。

22. 技术制作中心

下设：综合部、录制一部、录制二部、录制三部、制作部、音频部。

23. 播出传送中心

下设：综合部、播出部、转播部、传送部、总控部。

24. 资产管理中心

下设：综合部、市场部、营销部、监审部。

25. 发展研究中心

下设：发展战略研究部、电视传播研究部、产业与新媒体研究部、综合部。

26. 机关党委

下设：党委办公室、团委、工会、精神文明协调处。

27. 新台址建设工程办公室（临时机构）

下设：综合业务处、工程处、合同造价处、财务处、基建物资处、技术处。

台直属机构：监察室机关纪委、审计处、音像资料馆、中国电视报社。

台直属单位：中国国际电视总公司、中国电视剧制作中心有限责任公司、中央新闻纪录电影制片厂（集团）。

总局直属、中央电视台代管的单位：

中央卫星电视传播中心、中国有线电视网络有限公司、中国广播电视国际经济技术合作总公司。

台副总工程师宋宜纯、黄平刚。

各中心（室）、频道一把手分别是：台办公室主任李欣雁，总编室主任张宁，新闻中心主任孙玉胜（兼）、常务主任黄传芳（兼），综合频道总监钱蔚，财经频道总监郭振玺，综艺频道总监张晓海，中文国际频道总监杨刚毅，体育频道总监江和平，电视剧频道总监张子扬，科教频道总监金越，社会与法频道总监魏斌，戏曲和音乐频道总监郎昆，外语频道总监范昀，少儿频道总监盛亦来，纪录频道总监刘文，大型节目中心主任张晓海（兼）、海外传播中心主任景春寒，人力资源管理中心主任王晓真，财务管理中心主任董为民，技术管理中心主任徐进，技术制作中心主任徐进（兼），播出传送中心主任张宝安，资产管理中心主任程宏（兼），发展研究中心主任李舒东，机关党委专职副书记郭秀英，新台址建设工程办公室主任黄平刚（兼）。

中国国际电视总董事长李建，中国电视剧制作中心有限责任公司总裁薛继军，中央新闻纪录电影制片厂（集团）总裁高峰（兼），中央卫星电视传播中心主任李琼，中国有线电视网络有限总经理沈向军，中国广播电视国际经济技术合作总公司总经理李金荣。

中央电视台编辑委员会

中央电视台编辑委员会（简称编委会）是全台宣传工作的决策机构，编委会在台分党组和台长、总编辑的领导下，按照中央的宣传方针、政策和国家广播电影电视总局的部署，策划和组织各项宣传报道工作，负责传达中央领导批示精神及通报各项宣传口径；部署重大活动宣传报道；协调跨频道（中心）宣传工作；审议重要宣传管理规定；审议重点选题；审议频道改版和调整；审议栏目的开设、改版、更名、停播；确认频道及栏目综合评价结果；审议新栏目研发及研发基金的使用；评审优秀栏目、节目、主持人等。总编室为台编委会具体办事机构。

编委会成员：

胡占凡、罗　明、魏地春、胡　恩、高　峰、孙玉胜、袁正明、薛继军、程　宏、李　挺、朱　彤、黄传芳、梁晓涛、张　宁、张晓海、景春寒、李舒东、钱　蔚、郭振玺、杨刚毅、江和平、张子扬、金　越、魏　斌、郎　昆、范　昀、盛亦来、李秀宝、徐　进、郭卫翔、郭本敏、李　汀、汪文斌、傅玉祥

列席：

王建宏、赵文江、石　村、秦明新、王晓真、何海明、张海潮、刘保平

中央电视台技术委员会

中央电视台技术委员会（简称技委会）是中央电视台最高技术决策机构，其成员由主管技术的台领导及技术系统的部分负责人和专家组成。中央电视台技术委员会的主要职责是：研究把握电视台未来电视技术的发展方向；对新技术、新设备的引进作出规划和决策；审查批准电视技术工程项目；审定系统配备计划和关键设备购置计划；审定电视技术标准；审定大

型活动的技术方案；审定科研项目立项。另外，技委会还为台领导重大决策和全台管理工作提供技术依据，发挥参谋作用。

中央电视台行政管理委员会

中央电视台行政管理委员会是在台分党组领导下，负责全台重大行政管理工作的议事机构，是台分党组在行政职能管理方面的参谋、助手。行政管理委员会重点负责审议职能部门提交的全台性重大事项，协调宣传、技术系统与职能部门之间的工作，研究人、财、物等资源配置，制定职能部门的中长期规划和年度重点任务等。台办公室是行政管理委员会的日常办事机构。

中央电视台经营管理委员会

中央电视台经营管理委员会是全台经营工作的决策机构。经营管理委员会在台分党组领导下，对全台的产业经营进行整体规划，整合全台经营资源，对台内经营部门和台属企业单位进行经营业绩评估、考核、监督，促进国有资产保值增值。台办公室是经营管理委员会的日常办事机构。

分党组纪检组/监察室/机关纪委

中央电视台监察室成立于1988年8月。1994年10月，经中央纪委同意，原广播电影电视部党组批准，设立中央电视台分党组纪检组并同监察室合署办公。2000年9月，根据中央纪委及中央纪委驻国家广电总局纪检组、监察局、总局机关纪委的工作部署，中央电视台纪检组、监察室与机关纪委合署办公。

分党组纪检组/监察室/机关纪委的主要职责和任务是：在中央纪委监察部驻广播电影电视总局纪检组、监察局的管理及台分党组的领导下，检查本台各部门和所属单位的党组织与党员领导干部执行党的路线、方针、政策和决议的情况，对台分党组及其成员和其他党员领导干部实行党章规定范围内的监督；检查本台党员领导干部违反党纪的案件以及所属单位的重要违纪案件，并根据有关规定提出处理意见，按照《中国共产党纪律处分条例》对所查案件中的党员作出处理决定；配合有关部门对党员和党员领导干部进行党风党纪教育；指导本台和所属单位党的纪律检查工作；监督检查本台各部门和所属单位工作人员贯彻执行国家法律、法规和政策、决定、命令的情况；调查处理本台各部门和所属各单位工作人员违反政治纪律、宣传纪律、组织纪律、财经纪律的检举、控告；受理本台各部门的所属各单位党员领导干部及其他工作人员不服党纪处分、行政处分的申诉。

台分党组成员、纪检组组长张海鸽，纪检组副组长、监察室主任、机关纪委书记黄瑞刚，机关纪委专职副书记兼监察室副主任范浩，监察室副主任安育华。本届机关纪委于2010年12月15日在中央电视台第八次党代会上换届选举产生，为中央电视台第七届纪委会，由13名委员组成。

台办公室

台办公室是台分党组、台领导集体和台行政管理委员会、经营管理委员会的日常办事机构，是全台承上启下、综合协调、信息总汇的枢纽机关，是全台内部事务的主管部门，是中央电视台对外联络的主要窗口。台办公室负责为台领导决策提供辅助，并处理日常事务，组织协调全台宣传、技术、行政、经营工作的重大活动；负责全台管理规章制度建设；管理全台信息调研、行政办公业务、法律事务、安全保卫、涉外事务、公共关系、房屋和后勤服务工作；督促检查台分党组、台领导交办工作的落实完成情况，提出全台行政管理工作改进意见和建议。下设秘书处、综合处、保卫处、外事处、法规处、行政处、房管处（物业管理处）及中央电视台书画院。台办公室主任李欣雁，副主任刘民朝、王全杰、柏杨。

秘书处

秘书处是台办公室的综合职能部门。承办台分党组和台领导交办的日常事务。负责有关全台性宣传、技术、行政、经营等方面重大活动的协调工作，以及全台文秘、信息、保密、档案管理、印信管理等承上启下的工作；负责信函报刊收发等服务工作；负责涉及中央电视台的人大建议和政协提案办复工作；主办全台《工作日报》、《中央电视台简报》、《电视决策参考》等内部刊物，保证全台政令畅通，运转有序。下设秘书二科、档案科、收发科。秘书处处长何新宇。

综合处

综合处是承办台分党组和台领导交办的日常事务。负责台办公室承担的全台性宣传、技术、行政、经营等方面重大活动的协调工作。工作内容包括：台领导日常事务安排及服务，参与协助台内重大活动、会议的组织和实施，新闻发言人和新闻发布管理，台内重大活动及台领导外事活动摄影、书画管理和艺术品征集、组织笔会等项。综合处副处长冯雪松（主持工作）。下设总值班室、综合科、摄影科、书画管理科。

保卫处

保卫处成立于1981年8月，主要任务是负责中央电视台的安全保卫工作，包括治安、内保、警卫、消防、交通管理、综合治理等项任务。配备消防监控系统及治安闭路电视监控。保卫处下设治安科、警卫科、消防科、消防中心科、交通安全管理科。保卫处处长高进印，副处长吴雪民。

外事处

外事处成立于1984年。主要职责是接待外国及港、澳、台地区的电视界人士来访；安排台领导的外事活动；负责管理在中央电视台工作的外国专家；审核中央电视台各部门出国（境）任务，办理出国（境）手续及保管护照；组织协调涉外合作项目， 签订合作协议及其他有关的外事管理工作。下设欧美大科、亚非拉科、接待科、专家管理科。现有职工10人。副处长陈占升。

法规处

法规处成立于1998年6月，负责全台的法律事务工作。主要职责有：审议和管理本台与外单位签署的合同、协议等法律文件；代理本台进行诉讼和仲裁；参与起草、制订、修改全台的各项规章制度；参与本台的投资、租赁、资金转让、拍卖、招投标及下属企业改制等涉及本台重要权益的经济活动；进行本台相关版权事务的管理；进行名牌栏目的商标注册等。法规处处长仇刚。

行政处

行政处承担着全台行政办公、后勤保障、服务接待、医疗保健、文字印刷、车辆管理、绿化美化等工作。同时，承担着中央电视台交通安全委员会办公室、绿化委员会办公室、防汛工作办公室、爱国卫生委员会办公室的日常管理工作。行政处下设综合科、管理科、行政科、接待科、交通科、文印科、医疗保健科、影视之家管理科，监管中央电视台后勤服务发展（北京）有限责任公司，确保全台职工餐饮和食品卫生安全。行政处处长刘威，副处长胡志发、毛劲松。

房管处（物业管理处）

房管处成立于1998年6月，负责全台房产管理工作。主要职责是：根据国家及国家广电总局的有关规定逐步落实房改政策。负责全台房屋及其产权资料的积累、立卷、归档工作；负责全台办公用房的调整管理和维修改造；负责全台职工宿舍的物业监督管理和大、中修及改造工程；负责台新址房屋接收及管理工作。下设维修科、物业管理科、房管科、综合科。房管处副处长杨怀文（主持工作）。

总编室

中央电视台总编室是全台各项宣传业务的综合管理部门。总编室的日常工作是根据中央的指示精神和台编委会的要求，负责全台宣传业务的组织、协调、监督和管理，定期向编委会报告工作并提供决策参考建议。具体业务包括：组织编委会会议并督办落实会议决议；统筹规划全台重大报道活动、管理全台重点选题、宏观调控全台战略性节目资源配置、监测各频道定位及栏目设置；传达节目宣传口径；代台审看各频道送审的电视剧；向上级机关报送宣传信息、活动选题立项、剧目预排计划；管理全台节目代码和节目预算；管理协调全台内参片制作和节目引进；统筹协调全台重大活动、特别节目的播出；管理协调各频道节目的编排和播出运行；统筹全台新栏目研发、管理监督研发资金的使用；负责制定全台各类与版权有关的合同和法律文书、负责大型版权交易的谈判工作、对全台各类节目进行版权定级，提出版权开发方案、为版权的合理使用提供有效的信息平台，为全台各频道提供专业的版权维护咨询服务；负责全台节目数据的播后统计分析、各节目收视统计分析、栏目的综合评价；统筹全台大型观众调查项目；组织各类节目评优评奖；负责筹建观众呼叫中心、组织区域性观众培育活动、观众意见收集，负责节目内容的监看以及屏幕语言文字的差错管理，每天出版《监看日报》；负责高清频道日常节目编播和运营管理；负责全媒体环境下本台的品牌策略研究，统筹协调全台重大报道、重点节目、优秀栏目的跨频道、跨媒体的宣传推介；对中央电视台机构及个人互联网信息发布行为进行管理；对播音员主持人参加社会活动进行管理；开展舆情监测、公共关系维护以及危机应对等工作，维护中央电视台的品牌形象，每天出版《新闻早读》，不定期出版舆情专报。总编室下设：规划部、节目播出部、节目研发部、版权管理部、市场评估部、受众服务部、高清频道编辑部、综合部，总编室代台管理审片部，中央电视台纪录频道挂靠总编室。总编室主任张宁，副主任王建宏、赵文江、石村、秦明新，党总支专职副书记张景卫。

规划部

规划部是中央电视台总编室贯彻落实台编委会各项决议，行使宣传规划、节目经费管理、节目流程管理、宣传协调管理等职能的部门。规划部负责编委会会议组织并督办会议决议；统筹规划全台重大报道活动；监测各频道定位及栏目设置；统筹重点选题全流程管理。负责编制和管理全台年度总体节目预算；协调各单位制定年度节目预算分配计划；规划和管理重点选题、重大报道活动节目预算;实施节目预算调整。负责全台节目生产流程管理，栏目及节目代码发放与管理、节目播出数据的维护与开发等。负责各类宣传报道信息的收集、整理、发布；负责全台宣传信息平台的建设与维护。负责全台内参节目管理；承担部分内参片制作任务。负责全台引进节目管理与服务，负责引进节目指标管理与引进节目报关。同时，规划部还承担重大理论文献片、大赛及评选类节目等特殊节目立项工作；承担全台电视剧、国产电视动画片拍摄制作备案公示，国产电视剧、引进电视剧、国产电视动画片发行许可证发放管理，重大革命和历史题材电视剧立项等管理工作；承担电视节目电话及短信互动审批工作。规划部下设宣传规划组、预算管理组、流程管理组、宣传协调组。规划部主任肖文俊，副主任才婉茹。

节目播出部

节目播出部成立于2010年，前身是节目播出管理处。是总编室负责节目编排、节目宣传、频道包装和节目检审、备播等播出管理的职能部门。负责统筹协调全台重大活动、特别节目的播出；宏观调控全台战略性节目资源配置；统筹管理每周各频道节目的报播和运行；协调管理各频道每周的节目标准样；负责节目的更改、直播、直送等播出流程的管理协调；负责全台重大报道、重点节目、优秀栏目的跨频道、跨媒体宣传推介；建立并维护中央电视台形象识别系统，负责制定台标和频道标识的制作及使用标准并监督执行；完成《收视指南》、《请您欣赏》的拍摄和编辑工作；对台外制作的所有拟用节目进行技术审查，对全台入库待播节目进行数据信息录入、审核和传输；负责对全台所有频道准备播出的节目磁带和文件进行入库备播管理。节目播出部下设节目管理组、节目推介组、媒体合作组、特别节目组、节目检审组、备播组。节目播出部主任陈忠，副主任史冠翔。

节目研发部

节目研发部成立于2010年8月，是中央电视台新栏目研发工作的管理机构，负责全台新栏目研发的统筹、协调、管理以及研发资金的使用管理和监督工作。主要职能是对新栏目研发进行全流程管理；对各频道报送的新栏目创意方案开展评估论证；对新栏目样片制作进行动态管理；对新栏目进行播后评估；对各频道引进的海内外节目模式进行内容审核；对研发资金的使用进行管理和监督；组织新节目创意大赛；开展海内外新节目模式搜集及观摩咨询工作；开展全球新节目模式研发交流活动；向各频道提供新栏目研发咨询服务；负责全台宣传管理对策性研究工作。下设新闻类与专题类栏目研发组、演播室访谈类栏目研发组、综艺娱乐类栏目研发组、海内外新节目模式监测搜集组。节目研发部主任吴克宇。

版权管理部

版权管理部成立于2010年，前身是节目版权管理处。是中央电视台版权事务的归口管理部门，是全台宣传管理链条中规范对外节目版权授权、维护节目及衍生产品版权利益的专业机构，是总编室实现节目版权价值最大化的重要平台。版权管理部负责制定全台各类与版权有关的合同和法律文书，对全台版权协议进行审核、管理、备案和归档；负责对全台各类节目进行版权定级，并基于版权级别制定版权开发方案；负责对全台各类节目所产生的版权和节目版式提供保护，为侵犯中央电视台版权的行为采取维权措施；负责组织或参与中央电视台大型版权交易的谈判工作，并制定有关法律文书；负责全台成品节目、节目素材、音像制品业务、图书出版业务、音乐增值开发业务等衍生产品的版权开发规划，并统筹全台板权的对外使用授权；负责中央电视台与音乐、文字、摄影、音像、电影等各类著作权集体管理组织的谈判工作和付酬工作；收集、管理全台版权信息，为版权的合理使用提供有效的信息平台；负责对知识产权政策法规、国际知识产权保护有关协定进行研究，为各频道和中心提供知识产权管理专业意见。版权管理部下设信息管理组、合同管理组、权利管理组、付酬管理组。版权管理部主任郑直，副主任严波。

市场评估部

市场评估部成立于2010年7月，是随着2010年全台频道制改革和总编室架构调整而成立的。市场评估部的主要职能是：为全台所有频道和中心提供日常的收视率查询分析等基础服务和收视竞争市场分析，如《每周收视要情》、《收视调查报告》、《每周收视热点分析》；组织栏目综合评价体系的运行，每季度发布全台栏目排名前30和各频道内栏目综合评价排名结果，并实施年度全台品牌栏目评选；通过社会效益、收视表现、专业品质等多维指标，组织专家评议和市场调查，监测评估各频道的传播效果；负责设计和组织统筹全台大型专项观众收视调查活动；如例行的栏目综合评估调查、全国电视观众生活形态调查、全国电视观众抽样调查等，以及"春晚"等特别项目的专项调查活动。负责实施年度全台优秀节目评选；统筹组织全台上报外送各类节目奖项的参评工作；每年政府奖8项、国家部口分类奖项30余项及其他机动评奖项目10余项、国际重要奖项评选8项。下设数据维护组、分析服务组、综合评估组、节目评奖组。市场评估部主任徐立军，副主任赵霞，正处级待遇虢亚冰。

受众服务部

受众服务部成立于2010年，是总编室负责《监看日报》编辑、屏幕差错管理、观众培育工作开展、观众信息管理和呼叫中心筹建及业务管理的职能部门。除负责受理观众来电、来信等日常工作外，负责每天编辑出版《监看日报》，每周向全台节目例会提供观众反映和专家反馈信息；不定期开展观众培育活动(如"青年影响力"系列活动等)；受台领导和总编室领导委派，负责台观众呼叫中心的业务筹建工作和日后的业务管理工作。下设呼叫中心管理组、观众维护组、信息管理组。受众服务部主任刘建鸣，副主任周人杰。

高清频道编辑部

高清频道编辑部成立于2008年6月11日，是CCTV-高清频道的宣传业务和运营管理部门。主要职能为：负责频道播出节目的审查，确保舆论导向正确，确保节目质量；负责频道的发展战略、目标和计划的研究制订，策划和确定频道节目选题计划；负责频道经费管理与配置、报播管理、与技术部门和广告经营部门对接，以及与台内各部门的综合协调；负责组织调度、统筹、协调并合理配置高清节目资源，根据频道需求进行编辑；负责对频道的播出节目进行合理编排；负责频道的整体形象设计和维护，对频道日常节目的推介，按照频道的定位对频道节目进行包装，维护频道形象的统一性；配合落地覆盖工作。高清频道编辑部下设节目编排组、包装导视组、节目编辑组、综合运营组。高清频道编辑部主任刘连喜，副主任唐春雷。

综合部

综合部成立于2010年，主要担负着总编室内部行政保障以及全台的品牌管理、品牌推广和公共关系维护职能。在具体业务上主要包括日常的宣传口径传达、公文合同流转、日常行政保障、人力资源管理、经费统筹分配、培训与团队文化建设、全媒体环境下中央电视台的品牌策略研究与品牌推广、台属机构及个人互联网信息发布平台、播音员主持人参加社会活动管理、舆情监测、公共关系维护以及危机应对，并每天出版《新闻早读》以及不定期出版普发与专报相结合的舆情报告。下设秘书组、运营策略组、品牌管理组和公共关系组。综合部主任刘志忠，副主任俞玮。

审片部

审片部前身为中央电视台审片组，于1986年成立。2011年1月调整成为中央电视台电视剧评审领导小组的办事机构，挂靠总编室。审片部主要职能是：认真贯彻中宣部、国家广电总局的部署要求，严格按照《中央电视台电视剧评审工作领导小组工作管理规程》和独立审片原则，组织台内专家、台外专家和观众代表，从思想性、艺术性、观赏性等方面，综合审查送审的电视剧剧目，确保国家电视台播出电视剧的高标准和高品质，反映民族精神和主流社会价值观。审片部审查的电视剧包括：拟在CCTV-1黄金时段、次黄时段播出的国产电视剧；拟在CCTV-8黄金时段播出的国产电视剧；拟在CCTV-1、CCTV-8播出的境外电视剧。下设审片一组、审片二组、审片三组。审片部主任杨明，副主任陈真。

新闻中心

新闻中心为进一步强化中央电视台国际报道能力建设，以北京总部为中心，在国内31个省会及直辖市城市设立了国内记者站（处级单位），在全球多个地区设立了63个海外记者站、5个区域中心站、2个分台，搭建形成了覆盖全球的新闻采访网络，播出语种涵盖联合国6种官方语言。播出平台覆盖综合频道、新闻频道、中文国际频道、英语新闻频道及西班牙语频道、法语频道、阿拉伯语频道、俄语频道等内外宣8个频道。开办有《新闻联播》、《焦点访谈》、《中国新闻》、《今日关注》等一大批在海内外影响力突出的品牌栏目。中心下辖综合部、策划部、时政新闻部、经济新闻部、社会新闻部、地方记者部、海外记者部、国际新闻部、军事节目部、新闻评论部、新闻频道编辑部、国际频道新闻编辑部、新闻联播编辑部、新闻播音部及新闻制作部，共15个部门。新闻中心主任为副台长孙玉胜，常务主任为副总编辑黄传芳。

综合部

综合部成立于1998年。2008年1月至2009年7月，新闻中心机构改革，曾调整为"综合编辑部"。综合部担负着新闻中心行政办公系统运行的保障任务，具体负责上级指令与口径传达、公文运转、人力资源管理、信息组织报送、机要保密、团队培训、经费管理、中心重大项目制片保障等工作，并协助新闻中心党委、工会、团组织等工作。下设秘书组、经费管理组、综合管理组。综合部主任谷云龙，副主任傅雪松。

策划部

策划部成立于2009年7月，是新闻中心领导的业务助手和决策参谋，是为新闻中心前后期各个节目系统提供信息支持统筹与管理的部门。策划部居于多个前期采访和多个后期编辑系统之间，起到统筹协调、沟通调度的作用，承担着新闻中心指挥系统的日常运营、收视报告分析及节目监看分析、新闻节目考核、中长期选题策划、评论员队伍运行管理、咨询专家维护、资料库管理和新闻共享平台管理、中心战略规划、节目研发、制度设计、品牌维护和推广、营造组织文化等主要工作职能。策划部向新闻中心具体提供战略发展规划的依据与建议；向中心领导提供决策参考和管理资讯；向新闻指挥系统提供节目建议、重点选题建议与特别节目方案，提供媒体监测与收视评价报告等。策划部以专业的电视理论和新闻业务为基础，在日常节目运行、重点节目设计、中长期发展规划、业务研发和监督服务等方面发挥作用，供中心和相关系统决策参考。下设综合资料组、新闻统筹组、评价调研组、评论员组。策划部副主任杨继红、余伟利。

时政新闻部

时政新闻部长期承担党和国家大型活动报道及中央领导同志时政活动的新闻报道工作，多次受到中央领导同志和有关部门的高度评价。时政新闻部下设编辑一组、编辑二组、摄影记者一组、摄影记者二组、统筹策划组。时政新闻部主任关海鹰，副主任周建国（2011年11月18日退休）、林键。

经济新闻部

经济新闻部成立于2009年7月14日，负责国家发改委、工信部、财政部、交通部、农业部、国土部、住房和城乡建设部等30个部委行署局办的政策发布、权威解读及中央电视台所有经济新闻的前期采制，《身边的感动》等专栏节目的采访制作，供应全台综合频道、新闻频道、财经频道、中文国际频道、英语新闻频道、法语频道、西班牙语频道、阿拉伯语频道、俄语频道等九大频道的财经资讯。在中央电视台"新闻立台"的大背景下，为实施大新闻中心架构的资源整合，2010年7月，以原新闻采访部为主体，融合了原广告经济信息中心、原社会专题部、原新闻专题部等多部门力量，共同组建了新闻中心经济新闻部，负责经济、金融、农业、交通、科技等关乎国计民生的报道工作。下设策划组、机动组、宏观经济组、产业经济组、财经组、农业经济组、交通组、综合报道组、主题报道组。经济新闻部主任肖振生，副主任肖璞、姜秋镝。

社会新闻部

社会新闻部是2009年7月新闻中心新组建的前期采访部门，是重大社会发展成就、政策，特别是民生成就、主题报道和社会事件报道的主力军。社会新闻部涵盖社会文化、社会民生、社会法治三大报道领域，重点打造社会瞭望、社会调查、社会记录三大报道类型。2011年以来，社会新闻部推出了"北京儿童医院、同仁医院蹲点日记"、"杨立学讨薪记"、"邵全杰的回家路"、"郭明义和他的粉丝"等优秀"走转改"报道及"3·15特别行动——健美猪真相"等调查报道。社会新闻部下设策划统筹组、社会教育组、文体组、外宣组、医药卫生组、科技组、《每周质量报告》栏目组、民生新闻组、政法新闻组、《法治在线》栏目组、特别节目报道组、摄像组。社会新闻部主任陈杰，副主任永蔚、王平。

地方记者部

地方记者部前身是成立于1998年5月21日的地方新闻部，2009年7月调整为地方记者部。主要职责有：建设、管理中央电视台国内记者站和全国50家电视机构参与的中国电视新闻直播联盟，整合全国电视新闻资源，实现向中央电视台全台新闻发稿。地方记者部通过对中央电视台国内记者站和中国电视新闻直播联盟以及中国电视新闻协作网的整合，通过对网站、微博等新媒体的信息采集新平台，形成了国内最快速、最专业、覆盖面最广的电视新闻直播网络，成为中央电视台应对突发事件快速反应的主力军，以最快时间到达现场、第一时间视频发稿为目标，实现了突发公共事件应急反应的及时、准确、权威，成为境内外媒体的重要信息渠道，为参与国际媒体竞争提供抓手。地方记者部下设联播编辑一组、联播编辑二组、新闻频道编辑组、直播组、记者站编辑组、在线供稿组、记者站管理组、通联组。地方记者部主任申勇，副主任张文华、何绍伟、谢子猛。

海外记者部

海外记者部建立于2009年7月，前身为人事办公室驻外记者站管理处，2009年整建制划入新组建的新闻中心，改现名。主要职能为：统筹并落实海外记者站站点布局规划和建设；拟定并监督实施海外记者站相关管理办法；参与海外记者站人员的选拔、培训和轮换；发展、维护海外记者站境外报道队伍；负责海外记者站的预算报批和经费开支的审核；负责海外记者站固定资产购置与报废的申报；负责海外记者站境外运营法律与税务等事宜的调研；负责境外新闻报道支撑与保障服务网络的搭建；负责海外记者绩效及年度考核；办理海外记者家属随任及探亲等手续；负责海外记者站的人员、财务和资产管理，为海外记者站工作提供全面运营保障。海外记者部下设建站外联组、站点运营组、海外雇员组、后勤保障组。海外记者部主任张欣，副主任张雄飞。

国际新闻部

国际新闻部成立于2008年1月23日，主要职责是组织、策划、编发国际新闻报道供本台新闻频道和其他频道使用，对国际重大事件和突发性事件进行直播和连线报道；负责中央电视台驻外记者报道的调度与协调工作，编辑驻外记者拍摄的新闻节目；负责台国际视频发稿平台的运行工作；负责中央电视台在亚广联的新闻交换工作；负责台对外新闻合作事务。国际新闻部下设新闻一组、新闻二组、新闻三组、国际时讯栏目组、策划组、驻外记者业务协调组、外联组、国际视频发稿组，全天24小时向《朝闻天下》、《新闻30分》、《新闻联播》、《晚间新闻》等重点新闻栏目和新闻频道各档整点新闻供稿，独立完成《国际时讯》和《环球记者连线》两个栏目的策划、编辑和播出。国际新闻部主任曹日，副主任申家宁、潘林华。

军事节目部

军事节目部是中央电视台专门从事军事宣传报道的一个采访和编辑部门，由中央电视台和解放军总政治部双重领导，由新闻中心直接管理。其前身是1996年4月成立的军事组。主要负责军事新闻的报道和《人民子弟兵》、《防务新观察》、《军情连连看》等栏目的节目摄制。军事节目部在全军各大军区、军兵种、四总部和武警部队设有18个记者站。军事节目部主任张伟，副主任冀惠彦。

新闻评论部

新闻评论部恢复于2010年7月14日，以制作新闻评论类节目、新闻深度报道节目以及各种类型的特别节目见长。新闻评论部现有10个固定栏目，集中在晚间时段播出。其中5个日播栏目：《焦点访谈》、《东方时空》、《新闻1+1》、《环球视线》、《24小时》，5个周播栏目：《新闻调查》、《面对面》、《新闻周刊》、《世界周刊》、《新闻纪实》。另有一档不定期播出的栏目《真相调查》。每年还承担《感动中国》、《一年又一年》等大型特别节目的制作。新闻评论部下设主题报道组、调查报道组、应急报道组、焦点访谈策划组、东方时空栏目组、24小时栏目组、环球视线栏目组、新闻1+1栏目组、新闻调查栏目组、世界周刊栏目组、新闻周刊栏目组、面对面栏目组、新闻纪实栏目组、特别报道组、统筹组。新闻评论部主任赵微，副主任孙杰、任涛、耿志民。

新闻频道编辑部

新闻频道编辑部成立于2009年7月。负责新闻频道从00:00～19：00全天的新闻时段和综合频道06：00～08：00《朝闻天下》（并机）、12：00～12：30《新闻30分》（并机）栏目的编辑、编排，以及新闻频道全天24小时的美编制作和播出任务，以最快的速度滚动、递进、更新的报道方式，向观众提供第一手国内国际新闻资讯，突显时效性和海量信息。新闻频道编辑部还承担在新闻频道内播出的大型直播节目的编辑播出工作。主要职能是：新闻稿件的编辑处理、各档新闻节目的编辑组版、各档新闻提要、新闻快报以及题图的编辑制作、逐条新闻的审看和改编、美编制作、演播室运营等。新闻频道所有节目的线上播出，大型特别节目后期演播室直播；每日对频道播出进行监看比较和分析，统计频道全天播出量、新闻频道节目整体编排、新闻频道和综合频道的节目包装、宣传片、演播室设计制作等。由新闻频道编辑部负责编辑播出的重点新闻栏目包括:《朝闻天下》、《新闻直播间》上午时段、《新闻直播间》下午时段、《新闻 30 分》、《共同关注》、《午夜新闻》和《新闻直播间》夜间时段的滚动新闻。新闻频道编辑部主任李昕，副主任张巍、穆莉、栾博、吴方。

国际频道新闻编辑部

国际频道新闻编辑部（原海外新闻部）成立于 1992 年。国际频道新闻编辑部负责中文国际频道（CCTV-4）全天 24 小时对外新闻的编辑、播出工作。同时还承担中文国际频道对重大新闻事件直播的报道任务和中央领导同志出访等重要时政新闻在中文国际频道的播出任务以及各类不定期特别宣传报道，并为全台和境外媒体提供全年 120 多场国新办、国台办新闻发布会直播信号。负责调整部门内各栏目形态，提出增减栏目和节目改版方案。国际频道新闻编辑部目前有《中国新闻》、《今日关注》、《今日亚洲》、《深度国际》四个新闻、访谈及新闻性专题栏目。节目日播出量 455 分钟。下设统筹策划组、编辑一组、编辑二组、编辑三组、播出组、包装组、港澳台组、欧美新闻组、特别报道组、《今日关注》栏目组、《今日亚洲》栏目组、《深度国际》栏目组。国际频道新闻编辑部主任马勇，副主任王未来、王世林、包军昊。

新闻联播编辑部

新闻联播编辑部成立于 2008 年 1 月，是中央电视台第一个、也是唯一以栏目名称命名的节目部门。承担《新闻联播》栏目的编播任务，以及《新闻联播》后《天气预报》栏目的接传、后期编辑、检查和监播等职责。2010 年 8 月 2 日开始负责《晚间新闻》的编播任务。此外，新闻频道各时段滚动播出的“时政要闻”也是由新闻联播编辑部编辑、制作的。新闻联播编辑部业务职责横跨策划、组织、编辑、制作、编排、言论、播出、播后评价、流程监督等多个领域。下设《新闻联播》栏目组、《晚间新闻》栏目组、评论组、统筹策划组、编辑制作组。新闻联播编辑部主任李风，副主任刘东华。

新闻播音部

新闻播音部成立于 2009 年 7 月 24 日，是中央电视台新闻中心新闻播音员、主持人的管理部门。负责综合频道、新闻频道、中文国际频道全天播出的消息类新闻栏目与新闻事件直播报道的播音、主持工作。参与播出栏目主要包括《新闻联播》、《新闻 30 分》、《晚间新闻》、《朝闻天下》、《中国新闻》、《今日亚洲》、《新闻直播间》、《国际时讯》、《午夜新闻》、《世界周刊》、《每周质量报告》等。同时担负所有新闻配音、党和国家领导人出访报道、重大新闻事件现场采访及党政机关重大会议的现场播音、新闻中心其他部门专题片解说等任务。新闻播音部下设：新闻播音一组、新闻播音二组、新闻播音三组。新闻播音部主任李瑞英，副主任康辉。

新闻制作部

新闻制作部成立于 1989 年，负责新闻频道 24 小时新闻节目在线播出和技术保障及综合频道并机的新闻节目的播出和技术保障，并承担新闻中心所有专题节目的录制和后期制作合成。同时，新闻制作部还负责新闻中心所有技术设备的运行和维护、演播室播出、演播室在线包装和后期制作、新闻共享网络制播系统的升级、维护和运行等工作，并承担所有大型新闻现场直播的技术操作与保障任务。新闻制作部有三个新闻演播室系统和一套硬盘新闻编播系统，其中 229 演播室主要承担综合频道的新闻播出任务，如《新闻联播》、《晚间新闻》等；250 演播室主要承担新闻频道 19 小时的新闻在线直播任务和特别节目的播出；150 平方米演播室是具有虚实结合功能的演播室，主要用于新闻频道夜间 5 小时的新闻直播和《焦点访谈》、《世界周刊》、《新闻周刊》、《每周质量报告》以及特别节目、新闻特辑等节目的录制与制作。新闻制作部下设中心科、播出科、录制科、制作科、灯光科、电讯科。新闻制作部主任包布和，副主任袁辉、孔征、薛小妹。

综合频道

综合频道负责 CCTV－1 的节目制作播出任务。CCTV－1 于 1958 年 9 月 2 日正式播出，是中国开办最早、覆盖面最广、受众人群最多、品牌效应最高、影响力最大的综合频道，通过卫星覆盖全国，全天 24 小时播出。作为以新闻为主的精品频道，CCTV－1 承担着宣传党的方针政策，引导舆论，传播社会主义先进文化的重要使命，同时是中国最优秀的电视剧播出平台和最佳传播平台。频道平均收视率及收视份额均位居全国电视频道首位。综合频道下设综合部、节目部、项目部、节目统筹部。频道总监钱蔚，副总监田忠卿、任学安、黄海涛。

综合部

综合频道综合部成立于2010年8月，是协助频道领导管理日常行政事务的办公与协调部门。作为频道行政办公枢纽，综合部在执行并遵守各项规章制度的同时，积极发挥服务和管理职能，配合推进频道制建设：搭建频道行政办公运行管理平台，制定《综合频道保密管理规范》、《综合频道治安消防管理规定》等制度性规范，进一步明确值班、保密、消防、公章使用、合同审批、经费运行监控等一系列规章制度；进一步深化《综合频道行政办公管理考核体系》，以科学的量化考核规范行政办公业务；协助频道领导完成组织架构完善、人员流动、处级干部及制片人公开竞争上岗、完善基层党组织、落实党务工作、完善绩效考核体系；进一步强化公文信息、保密、外事、消防等方面的业务培训，进一步提升全频道行政办公业务水平；组织多项主题党日活动，凝聚思想，提升频道文化；此外，还积极协调频道与台内其他部门、台外有关单位公共关系，为频道成立初期各项基础工作的有序推进提供强有力的服务保障。部门下设秘书组、综合管理组、运营管理组。综合部副主任何淑文。

节目部

综合频道节目部成立于2010年8月，是协助频道领导统筹频道收视监控、创新研发、电视剧重播重审工作的职能和管理部门。综合频道节目部根据台内有关规章制度建立一整套适合于频道实际情况的栏目收视管理和评价考核办法，通过奖优惩劣推动节目的升级创新；制定频道特别节目的考核管理办法，确保特别节目的效益提升；建立频道竞争监控体系，有效把握竞争趋势，提高频道整体竞争力；建立频道的节目创新机制，通过创新提高节目传播力与影响力；制定完善的节目重播重审管理办法，严把节目的重审关。部门下设评价研发组、重播重审组。节目部主任许文广，副主任过彤。

项目部

综合频道项目部于2011年2月成立，主要负责国产剧、引进剧、港台剧的选购、预购、定制、审查、播出、宣传等工作，为综合频道提供丰富多彩的各类电视剧节目。自项目部成立以来，播出了众多观众喜爱的优秀电视剧，如《中国1921》、《中国地》、《辛亥革命》、《五星红旗迎风飘扬》、《我是特种兵》、《幸福来敲门》、《国门英雄》等等。项目部下设一个综合组和三个编辑组。项目部副主任王浩。

节目统筹部

综合频道节目统筹部成立于2011年9月29日，是贯彻落实频道决策、对综合频道节目进行统筹管理的部门。节目统筹部对综合频道标清版、高清版和香港版三套节目进行三位一体的编播管理，主要职能有负责频道三个版本的各项播出、协调工作；负责频道整体的包装推介、频道所有栏目宣传、特别节目宣传、线上线下宣传等；根据市场变化和不同的表现，对频道编排实施动态管理；根据综合频道特点和不同节目的目标观众，制定并执行节假日特别编排；协调、落实频道新栏目开播、栏目改版的各项相关事宜；根据香港地区相关法律规定，协调落实香港版各类节目版权事宜；完成各项重大直播任务。同时，节目统筹部还负责综合频道的数据分析、各类选题统筹、重要节目资源统筹等工作，为频道领导层提供决策参考，包括：每周提供收视数据，每周统计重点节目选题定期对电影、电视剧、纪录片等重要节目资源进行分析统计，每周整理频道编前会纪要，对频道节目管理重要决策的执行情况进行跟踪管理等工作。节目统筹部主任张国飞，副主任谭义勇。

财经频道

财经频道负责CCTV－2的节目制作播出工作。CCTV－2财经频道是由原经济频道全面升级而推出的开路专业频道，于 2009 年8月24日开播，同年11月25日起实行24小时播出， 覆盖率达 82%。 2011年，财经频道收视份额为1.04%，广告创收24亿元，占全国财经类电视节目市场份额的80%左右，成为亚太地区最有影响力的财经电视频道。2011年，财经频道紧紧围绕十七届六中全会宣传、“十二五”规划的制定实施、中央经济工作会议等推出《中国政策论坛》、《从怎么看到怎么办》等节目，凸显了主流媒体的舆论引领作用。深入开展“走基层、转作风、改文风”活动，推出了“走基层·黄河善谷”系列报道、“走基层·边疆行”、“走基层·百县行”、“走基层·小微企业调研行”等报道，在报道要求和工作方式上突出实效，全程跟踪、连续报道，推动了实际问题的解决。积极介入达沃斯世界经济论坛、G20峰会等重大国际财经问题的报道，有效提升国际传播能力。《经济信息联播》、《经济半小时》等品牌栏目进一步提升专业特色，打造品牌影响力。第12届中国经济年度人物评选、3·15晚会、第二届中国县域经济发展高层论坛等品牌活动社会反响强烈，有效提升了主流媒体的影响力。2011年，财经频道专业化运行体系，包括专业财经内容采集、加工、集成体系，智力支撑体系，频道一体化运行体系等都进一步深化，专业频道运行有了更扎实的体系基础。频道下设综合部、节目部。财经频道总监郭振玺，副总监韩青、李勇、郑蔚，党总支专职副书记董春虎。

综合部

综合部是财经频道综合组织协调的职能管理部门。主要负责频道的行政管理、运营协调、制片协调、品牌管理、主持人管理等工作。包括全频道的公文流转、信息报送、各类事务协调、党政工团等各项活动的组织实施；全频道的预算管理、合同管理、人力资源管理、员工培训、绩效考核、薪酬发放；全频道的设备整备和设备费使用管理、演播室协调、技术支持及维护、台内台外网络及FTP传输网和P2网的管理及维护、固定资产管理、办公用房、办公用品、办公用车管理、治安保卫及消防安全管理；负责财经频道的整合传播和形象宣传推广、节目版权管理；负责全频道主持人屏幕形象管理、主持人的协调使用、业务交流与培训、开展公益活动等工作。综合部下设秘书组、运营管理组、品牌管理组、摄像组、主持人管理组。综合部主任赵赫。

节目部

节目部成立于2010年7月22日，是频道节目规划与协同运行、频道编排与形象包装、节目评估与创新研发的节目管理职能部门。节目部是频道领导指挥、管理频道节目运行的平台，旨在推动频道更好地发挥整体协同效应，是频道一体化大生产的维护者和管理者。节目部工作重点在于建立、维护频道协同管理运行及工作机制，在实现频道信息、资源共享的基础上，推动频道大编前会制度、栏目联动机制，应急响应机制的形成和正常运转。节目部下设节目统筹组、智库事务组、导视包装组。节目部副主任余敬中。

综艺频道

综艺频道是由原文艺节目中心配合频道制改革于2010年成立的负责CCTV–3制播工作的部门，承担着中央电视台文艺宣传、满足人民群众丰富多彩的精神需求、传播先进文化、提高人民审美欣赏水平、引领构建社会主义核心价值体系的重要职责。综艺频道下设综合部、节目部，负责特别节目组和《我要上春晚》、《星光大道》、《回声嘹亮》、《艺术人生》、《文化正午》、《文化视点》、《舞蹈世界》、《欢乐中国行》、《非常6+1》、《开心辞典》、《欢乐一家亲》、《激情广场》、《曲苑杂坛》、《综艺喜乐汇》、《巅峰音乐汇》、《天天乐》、《笑星大联盟》、《向幸福出发》、《艺览天下》、《动物传奇》、《天天把歌唱》、《剧场》栏目的制播任务。综艺频道总监张晓海（兼任大型节目中心主任），副总监王进、刘真，党总支专职副书记刘光蕊。

综合部

综合部前身是文艺节目中心综合部，成立于1998年5月，是综艺频道综合组织协调部门和处理日常事务的办事机构，主要负责综艺频道的行政管理、公文管理、节目经费管理、节目版权管理、内部人事管理等工作。综合部下设秘书组、运营管理组。综合部副主任万钢。

节目部

节目部成立于2010年7月，负责CCTV–3综艺频道的节目编排、串播、包装、预告、宣传包装性栏目的制作以及频道内栏目和大型文艺节目的摄像工作。节目部负责《剧场》栏目。节目部下设统筹组、包装推介组和摄像组。节目部副主任王峥。

中文国际频道

中文国际频道成立于2010年7月，是中央电视台实施频道制改革新设机构，由原海外节目中心综合部、海外专题部、海外编辑部、对台节目编辑部等部分机构重新组合而成。其主要任务是：在“传承中华文明、服务全球华人”的宗旨下，强化中央电视台在海外尤其是海外华侨华人中的传播力和影响力。中文国际频道负责CCTV–4（亚洲版、欧洲版、美洲版）涉台、文化专题、文艺、体育等各类节目的制作和编排播出，办有《海峡两岸》、《走遍中国》、《中国文艺》、《国宝档案》、《中华医药》、《天涯共此时》、《中华情》、《华人世界》、《体育在线》、《快乐汉语》、《远方的家》、《城市1对1》、《文明之旅》、《流行无限》等栏目，承办海峡两岸知识大赛、“汉语桥”在华留学生汉语大赛、中央电视台中秋晚会、中文国际频道海外观众颁奖晚会等大型赛事晚会活动，负责组织全国电视易地采访活动、台内节目荟萃和影视剧选播等。中文国际频道下设综合部、节目部。中文国际频道总监杨刚毅，副总监王广令、王文昌，党总支专职副书记高菊莲，总监助理王峰、周晓岚、张恒。

综合部

综合部是中文国际频道行政办公业务管理服务机构。主要承担频道各类公文、合同及资料起草、收发、归档及保密工作，协调安排频道领导工作日程等相关工作，负责有关会议及活动的组织与落实，负责本频道人员管理、培训与绩效考核等相关工作，负责频道经费预算及薪酬管理等。综合部下设秘书组、综合管理组和运营管理组。综合部主任王有才。

节目部

节目部是中文国际频道节目编播业务管理服务机构。主要承担频道整体节目编排和统筹播出、传播效果评估与节目研发、海外观众联络与反馈、频道形象包装与推广等项工作。节目部下设节目统筹组、评价研发组、观众联络组、包装推介组。节目部主任吴晟炜。

体育频道

体育频道前身是体育节目中心，成立于1998年5月。2010年7月，中央电视台实行机构改革，下设26个中层机构，体育频道为其中之一，体育频道是中央电视台专业体育电视节目的主创部门，担负体育频道节目的策划、选题、采编、制作和播出任务，以及风云足球频道的制作播出和中国网络电视台体育台的节目制作。体育频道下设综合部、节目部、竞赛部。体育频道总监江和平，副总监张兴、方钢、李岳，党总支专职副书记宋丹，总监助理许伟、张斌、余步。

综合部

综合部于2010年7月成立，是体育频道的行政综合管理业务部门，承担着体育频道行政、经费和人力资源等公共管理、公共服务职能。日常工作主要有上传下达、公文运行、机要保密、综合信息采编及管理、人力资源管理、团队培训、出国任务报批、经费管理、党政工团等。在重大宣传报道中承担行政后勤保障以及综合组织协调任务。综合部下设秘书组。综合管理组、制片组。综合部副主任栗斌。

节目部

节目部成立于2010年7月25日，主要承担体育频道日常及大赛期间的赛事直播、录播和实况录像类节目的制作工作，播出量占全频道的70%。日常具体职能还包括频道重大节目和特别节目的策划及制作、频道收视统计分析、赛事版权及合同管理、频道节目编排、频道形象及节目的宣传预告和包装、赛会信息的收集与归纳、赛事素材的收录和编目、播音员主持人管理等，并负责《体坛风云人物年度评选》及颁奖盛典，以及精品纪录片创作、新节目研发等工作。节目部下设频道策划组、资源管理组、编排组、包装信息组、播出组（含《实况录像》栏目）、播音组、特别节目组。节目部主任郁洁，副主任张朝夕。

竞赛部

竞赛部成立于2010年8月，是体育频道实行频道制改革后新组建的部门。竞赛部下设新闻节目制作、信号制作和栏目制作三大系统。新闻制作系统负责国内外各项体育赛事的新闻专题报道和新闻节目制作，常设栏目包括《体育晨报》、《体育新闻》、《体坛快讯》、《体育世界》、《体育报道》、《足球之夜》、《天下足球》以及付费节目《风云足球》等；系统下设新闻采访组、新闻编辑一、二组、联通策划组、新闻采访组、足球组、新媒体业务组。信号制作系统主要负责国内外重大体育赛事的信号制作和体育竞赛类节目的编播工作。常设栏目《顶级赛事》；系统下设导演一组（负责足球、篮球、排球三大球项目公用信号制作）、导演二组（负责体操、游泳、跳水、乒乓球、羽毛球、网球等奥运项目公用信号制作）、导演三组（负责田径、冬季项目、非奥等其他项目公用信号制作）、摄像组（承担竞赛部所有节目的拍摄任务）。体育栏目制作系统下设《体育人间》、《赛车时代》、《精彩F1》、《篮球公园》、《城市之间》、《健身舞起来》、《巅峰时刻》、《体育星探》等栏目。竞赛部主任张伟，副主任孙伟。

电视剧频道

电视剧频道是负责CCTV－8节目制播工作的机构。CCTV－8于1999年5月3日正式开播，是以播出国内外优秀电视剧为主导、荟萃相关节目精华的专业频道，也是中国唯一的国家级电视剧专业频道。2010年8月1日，中央电视台实施频道制改革后，电视剧频道正式独立运营，全天24小时不间断播出。依托中央电视台专业频道的资源优势，电视剧频道在剧目选择上采取本土与海外结合、自制与采购并举的方式，在剧目播放中力求多类型、多风格、多层次，为广大观众提供多元化的电视剧节目。频道播出节目涵盖国产电视剧、引进境外影视剧、影视资讯专题节目及宣传推介节目等。电视剧频道下设综合部、节目部、项目部。电视剧频道总监张子扬，副总监韩建群、汪恒、申积军。

综合部

综合部正式成立于2010年8月，是中央电视台机构改革后电视剧频道下设的全新综合管理部门，为频道日常组织协调和处理各类行政事务的办事机构。综合部主要负责电视剧频道的行政管理、节目经费管理、内部人事管理、物资管理及党团工会精神文明建设等各项工作。综合部下设秘书组、综合管理组，综合部主任傅思，副主任董红言。

节目部

节目部成立于2010年8月1日，负责频道整体包装推介、节目编排播出、收视数据分析、统筹协调电视剧新闻发布会、重点剧目线上线下推广宣传、影视资讯栏目制作及内部刊物编辑等工作。节目部下设节目统筹组、《第八频道》杂志编辑组及《影视同期声》、《影视俱乐部》、《好剧连台》和《第八频道》四个栏目组。节目部主任秦振贵，副主任张雪梅。

项目部

项目部正式成立于2011年1月12日，是中央电视台机构改革后电视剧频道下设的全新项目管理部门，是为频道策划、采购、自制或定制优秀国产电视剧，采购、编译优秀境外影视剧和组织运行各种影视剧合作项目的办事机构。项目部下设综合组、编辑一组、编辑二组、编辑三组。项目部主任周亚平。

科教频道

科教频道成立于2010年7月，是中央电视台实施频道制改革新设机构，负责CCTV－10的节目制作播出工作。CCTV－10于2001年7月9日开播，是以教科文卫为主要内容的专业频道，每天播出20小时。科教频道坚持“教育品格、科学品质、文化品位”的专业定位，突出科技、文化，兼顾教育、卫生内容，注重节目的文化性、知识性和引领性，努力打造成为中央电视台的标识性频道。2011年，科教频道以满足观众需求和优化节目资源为原则，扩版《我爱发明》栏目，改版《原来如此》和《健康之路》栏目，停播《绿色空间》、《子午书简》、《希望——英语杂志》栏目，推出《读书》、《夕阳红》、《欢聚夕阳红》三档新栏目，建构以《走近科学》、《原来如此》、《健康之路》、《创新无限》、《我爱发明》、《科技之光》、《科技人生》、《大家》八大栏目为支撑的科技传播格局，持续打造《探索·发现》、《百家讲坛》、《走近科学》、《讲述》、《人物》等品牌栏目，提升《地理·中国》、《自然传奇》、《第十放映室》、《重访》等特色栏目。科教频道下设综合部、节目部。频道总监金越，副总监冯存礼、阚兆江、梁红，总监助理李福成、万卫。

综合部

原社教中心综合部成立于1998年6月，频道制改革后，现科教频道综合部成立于2010年8月，是科教频道的行政信息枢纽。作为科教频道行政运营的职能部门，综合部承担公文、信息、人事、经费、对外联络和后勤保障等各项职能。综合部下设秘书组、运营管理组、综合管理组。综合部主任王玉清，副主任李亚玮。

节目部

节目部成立于2010年7月，是科教频道负责频道节目编排、宣传管理、形象维护、评估策划、特别项目等工作的宣传管理部门，具有协助频道总监对节目选题进行实时调配、全程监督的职能。节目部根据宣传工作要求和频道运行实际对节目选题提出近期调整建议；根据选题重要性、时新性、均衡性的基本原则，向频道领导提出中期选题规划建议，实现频道选题资源共享；编制并向台总编室呈报本频道的节目播出单标准样与频道节目签发单；组织相关专家对重点选题和特别项目进行评估、预判，向频道领导提出长期选题规划建议，使频道总监及时了解和把握频道整体节目生产状况，并进行合理调配；根据宣传需要，向频道领导提出栏目重点选题方向和特别项目计划，落实频道总监决策。下设节目统筹组、包装推介组和特别项目组。节目部主任王晓斌，副主任张广义。

社会与法频道

社会与法频道成立于2010年7月，是中央电视台实施频道制改革新设机构，负责CCTV－12的节目制播工作。2004年12月28日，中央电视台开办CCTV－12“社会与法”频道。2011年4月，社会与法频道改版，负责《热线12》、《小区大事》、《心理访谈》、《夜线》、《天网》、《见证》、《平安365》、《法律讲堂》、《从我做起》、《道德观察》、《班长对班长》、《一线》、《忏悔录》、《庭审现场》、《普法栏目剧》栏目的制作播出。社会与法频道下设综合部和节目部。社会与法频道总监魏斌，副总监童宁、王晶，党总支专职副书记王庆忱。

综合部

综合部成立于2010年。其主要职责包括各种会议的协调与组织、公文的起草与报送管理、文字信息报送、人事管理、经费管理、宣传提示传达、值班管理、机要保密工作、公章管理、介绍信管理、治安消防管理、固定资产、协助党团工会工作、参与频道大型活动、特别节目的组织与协调工作，频道领导交办的其他任务等。综合部下设秘书组、综合管理组、运营管理组。主任魏淑青，副主任段晓超。

节目部

节目部成立于2010年8月，是频道节目、宣传与播出管理的职能部门。节目部受频道领导委托对本频道日常及重大宣传行为实施管理与协调。部门下设节目统筹组、包装推介组、评价研发组、特别节目组。2011年4月18日社会与法频道全新改版，节目部负责统筹新节目表编排、新栏目研发、新包装体系设计及频道宣传推广等工作。节目部主任杜守仁。

戏曲和音乐频道

戏曲和音乐频道2010年8月正式成立，是中央电视台实施频道制改革后，在原文艺节目中心戏曲·音乐部基础上新组建的节目生产机构。其主要任务是制作各类精品戏曲、音乐节目；传播、推广和普及优秀音乐与戏曲文化，对青少年进行美育教育，为戏曲、音乐爱好者提供展示平台。戏曲和音乐频道由综合部、节目部、戏曲频道和音乐频道构成，戏曲和音乐频道负责CCTV-11戏曲频道和CCTV-15音乐频道日常栏目的制作与播出，组织、策划并制作各类大型戏曲、音乐节目及赛事，对各类重大戏曲、音乐活动进行宣传报道。2011年，戏曲频道设有《CCTV空中剧院》、《九州大戏台》、《戏曲采风》、《梨园闯关我挂帅》、《中国京剧音配像精萃》、《过把瘾》、《跟我学》、《名段欣赏》、《青春戏苑》、《精彩回放》、《戏苑百家》、《快乐戏园》12个栏目；音乐频道设有《CCTV音乐厅》、《歌声与微笑》、《风华国乐》（《风华国乐》周末版《一起音乐吧》）、《精彩回放》、《乐游天下》、《音乐传奇》、《经典》、《民歌·中国》、《中国音乐电视》、《影视留声机》、《百年歌声》、《音乐人生》、《快乐琴童》、《星光舞台》、《音乐告诉你》、《周末乐谈》16个栏目。频道总监郎昆，副总监齐宪役、曹毅，党总支专职副书记李真。

综合部

综合部于2010年8月正式成立，是中央电视台频道制改革后新组建的职能部门。其职责是在频道的统一领导下，进行各项行政管理与统筹协调，其所承担的主要工作有：频道机构设置、人员调配与管理、公文、经费、合同、职工考核的管理和奖金发放，以及精神文明、综合治理等项工作，同时负责接听和收看观众来电、来信，对观众意见进行分析汇总，为领导决策及节目制作提供参考依据。综合部下设文秘组、综合组和观众服务组。综合部主任李守进。

节目部

节目部于2010年8月正式成立，是中央电视台频道制改革后新组建的节目管理部门。其主要职责是在频道的统一领导下，全面负责协调、统筹和实施戏曲频道、音乐频道的节目摄像、编排、包装、导视和推广等项工作，并承担《音乐频道预告导视》、《戏曲频道主持人全天陪伴收视》等节目的制作、播出工作，同时还承担频道各项重大活动、赛事的策划与组织实施。节目部下设节目统筹组、特别节目组、摄像组。节目部副主任李纯博、张小妹。

少儿频道

少儿频道前身是青少节目中心，成立于1998年6月，是中央电视台少年儿童节目的主创部门。2003年12月28日开办了少儿电视频道。2010年5月，正式实施频道制改革，下设综合部、节目部，机构定名为“少儿频道”。少儿频道拥有《大风车》、《智慧树》、《新闻袋袋裤》等一批原创力、竞争力强的品牌栏目。坚守“选优、买优、播优”原则，通过《动画梦工场》、《银河剧场》等品牌栏目窗口播出精品动画节目。打造了《全国儿童歌曲大奖赛》、《相约北京——国际青少年大联欢》、“六一”晚会《在灿烂阳光下》、公益晚会《阳光季节》等一批主题突出、风格各异的大型活动和晚会。近两年来，少儿频道积极倡导优秀少儿精神文化产品生产，突出儿童视角与儿童特点，弘扬主流价值观，频道品牌竞争力和社会影响力持续提升，观众规模超过8亿人，在全国少儿电视收视市场所占比重超过60%，被社会各界誉为“绿色”频道。少儿频道总监盛亦来，副总监张小军、潘超、徐彬，党总支专职副书记许唐生。

综合部

综合部是少儿频道综合组织协调和日常行政办事机构。主要负责频道的经费预算管理、行政办公管理和人员管理，协助频道领导完成频道的宣传规划、运营协调、经费审批、宣传推广、版权管理、重大活动的组织协调以及党务、精神文明等工作。综合部下设秘书组、综合管理组、运营管理组、银河艺术团。综合部主任阎建光，副主任兰芳。

节目部

节目部是少儿频道节目生产、频道包装、统筹协调的办事机构。主要负责频道的整体包装、节目宣传、策划研发、摄像协调、主持人管理，协助频道领导完成频道的宣传规划、节假日特殊编排、宣传推广、特别节目策划、重大活动的组织协调等工作。节目部下设节目统筹组、策划研发组、摄像组、主持人组。节目部主任李央，副主任马知渊。

外语频道

外语频道是中央电视台国际传播节目的编辑制作部门，成立于2010年7月21日。下设综合部、节目部、英语新闻频道、西班牙语频道、法语频道、阿拉伯语频道、俄语频道共七个部门。外语频道以“让中国走向世界、让世界聆听中国”为己任，五个语种的频道每天24小时向全球播出新闻、专题和文艺节目，在全球140多个国家和地区拥有1.4964亿用户。外语频道总监范昀，副总监陆金龙、麻静（2011年7月调任北美区域制作中心）、王宇、李仲扬、丁勇，党总支专职副书记徐瑛。

综合部

综合部是外语频道的参谋本部和管理中枢，负责外语频道的新闻报道统筹协调、策划、评价工作和外语频道的行政办公和人事、经费、物资管理工作。外语频道中长期策划机制的运转和维护工作及评价调研工作由综合部负责。同时外语频道党总支、团总支、工会联合会的日常工作也由综合部承担。综合部下设策划统筹组、综合管理组。综合部主任王跃华。

节目部

节目部于2010年8月成立，负责外语专题节目资源的采集、统筹和共享，同时制作旅游、综艺、访谈和深度专题报道等节目供外语频道英、法、西、阿、俄频道使用。节目部也为中央电视台国际节目交流提供中国内容的节目。节目部下设编译组、谈话综艺组、讲汉语节目组、专题报道组、旅游节目组、节目规划组、运营组。节目部主任汪飞舟。

英语新闻频道

英语新闻频道（CCTV-NEWS）的前身英语国际频道（CCTV-9）开播于2000年9月25日，自2010年4月26日改版后成为24小时英语新闻频道。频道设有《整点新闻》、《财经亚洲》、《中国24小时》、《文化报道》、《体育报道》、《今日话题》、《世界观察》等栏目，为全球100多个国家和地区的1亿多户英语观众提供新闻节目。频道下设策划统筹组、时事专题组、播音组、采访组、包装组、日间新闻组、夜间新闻组、中国24小时栏目组等16个组。频道总监范昀（兼），副总监李宾（主持工作）、杨福庆、刘聪。

西班牙语频道

西班牙语频道负责2007年10月1日开播的，以全球西班牙语国家和地区观众为服务对象的24小时新闻综合频道西班牙语国际频道的节目制播任务。作为“连接中拉文化的桥梁”，西班牙语国际频道以新闻节目为主，电视剧、纪录片、教学、访谈、文艺娱乐等节目为辅。频道下设策划统筹组、新闻一组、新闻二组、新闻三组、采访组、专题一组、专题二组、专题编播组、访谈组。频道总监王宇。

法语频道

法语频道负责2007年10月1日开播的以全球法语国家和地区的观众为主要服务对象，传达中国声音、彰显中华魅力的24小时新闻综合频道法语国际频道的制播任务。法语国际频道以新闻节目为主，辅以丰富的文化、服务和娱乐节目，通过不同形式，全方位介绍中国的历史、文化、经济、社会、现代生活和自然风光。法语国际频道已在法国、美国、俄罗斯、喀麦隆、马达加斯加、圭亚那等39个国家落地入户，观众达1620万户。频道下设策划统筹组、新闻一组、新闻二组、新闻三组、专题一组、专题二组、专题三组、采访组、访谈组。频道总监陆金龙。

阿拉伯语频道

阿拉伯语频道负责2009年7月25日开播的信号覆盖所有西亚和北非阿拉伯语国家和地区的24小时新闻综合频道阿拉伯语国际频道的节目制播任务。阿拉伯语国际频道内容涉及新闻、社会、历史、文化、科技、教育和娱乐等方面，共设《综合新闻》、《每周财经》、《对话》、《中国中东》、《中国之旅》、《话说中国》、《中国文艺》、《纪录片》、《电视剧》、《跟我学》等10个栏目。阿拉伯语频道下设策划统筹组、采访组、新闻一组、新闻二组、新闻三组、专题一组、专题二组、专题编播组、访谈节目组。频道总监李仲扬，副总监贾鹏。

俄语频道

俄语频道负责2009年9月10日开播的24小时新闻综合频道俄语国际频道的节目制播任务。俄语国际频道开设新闻资讯类、访谈评论类、文化艺术类和教学类共16个栏目，新闻资讯类节目整点直播，每天共18档，文化艺术及教学类专题节目每天首播6小时。俄语国际频道在10个国家和地区落地，用户达到1041万户。俄语频道下设策划统筹组、新闻一组、新闻二组、新闻三组、采访组、访谈组、专题一组、专题二组、专题编播组。频道总监丁勇，副总监黄轶男。

纪录频道

纪录频道成立于2010年9月30日，负责2011年1月1日正式以中文版、英文版两套节目面向海内外播出的CCTV-9纪录频道的节目制播任务，是中国唯一的全国播出、全球覆盖的专业纪录片频道。中文版“CCTV-9纪录”已覆盖全国31个省、市、自治区，观众规模达6.6亿；以英语播出的“CCTV-9 Documentary”已在全球超过60个国家和地区落地，拥有超过2500万国际用户。纪录频道下设节目管理部和项目运营部。纪录频道总监刘文，副总监周艳、史岩。

节目管理部

节目管理部的主要职责是，负责频道日常行政事务的运营与管理；负责频道节目的主题规划、课题研发、播出编排；负责频道的形象设计、整体包装与节目包装以及频道的国内外宣传推广、评估等相关工作。节目管理部下设综合运营组、规划编辑组、节目管理组、英文编辑组、频道包装组、宣传推介组。节目管理部主任石世仑。

项目运营部

项目运营部的主要职责是，负责台属公司、中央新闻纪录电影制片厂（集团）制作项目和委托地方台、社会制作机构项目的执行与节目质量监控；负责调研全国纪录片制作机构的生产和调查市场状况；负责联络国际纪录片制作机构，协调组织国际项目合作；承担国家重大纪录片选题项目的摄制和频道特别活动的策划组织等工作。项目运营部下设项目策划组、项目管理组、国际项目组、特别节目组。项目运营部主任陈晓卿。

大型节目中心

大型节目中心成立于2010年8月，是中央电视台承担党中央交办任务的大型文艺节目制作机构，是推进和实现我国文艺大发展和大繁荣战略任务的重要载体，是传播社会主义主流价值观、引领先进文化发展方向的主要渠道。它承担六大工作职能：一是制作和转播中央交办的配合国家重大宣传主题的大型活动和节目；二是策划制作包括春节联欢晚会在内的各类大型节庆文艺晚会；三是策划、组织、制作各类大型文艺赛事；四是转播各类国际和国内体育和艺术活动的开闭幕式；五是录制我国对外文化交流项目的文艺演出；六是组织和录制配合国家外交活动的文艺演出。中心下设综合部、第一导演工作室、第二导演工作室。大型节目中心主任张晓海，副主任周涛、陈临春。

综合部

综合部成立于2010年8月，是中心的综合组织协调部门和处理日常事务的办事机构。主要负责中心的行政管理、公文文秘、节目经费管理、中心内部人事管理等工作。下设秘书组、运营组、研发组、摄像组。综合部主任俞勤。

第一导演工作室

第一导演工作室成立于2010年8月，主要承担制作和转播中央交办的配合国家重大宣传主题的大型活动和节目，转播各类国际和国内体育和艺术活动的开闭幕式，录制我国对外文化交流项目的文艺演出活动，组织和录制配合国家外交活动的文艺演出等工作。下设第一创作组和第二创作组。第一导演工作室主任吕大庆。

第二导演工作室

第二导演工作室成立于2010年8月，主要承担策划制作各类大型节庆文艺晚会、策划组织制作各类大型文艺赛事等工作。下设第一创作组、第二创作组、第三创作组。第二导演工作室副主任林远。

军事节目中心（解放军电视宣传中心）

军事节目中心是1996年4月经中央军委批准，由中央电视台军事部、八一电影制片厂新闻纪录片部和总政电教中心3个单位合并组成。受中国人民解放军总政治部和国家广电总局双重领导。主要承担全军和武警部队军事宣传报道任务。机构编制设有军事新闻部、军事专题部、军事教育部、军事文体部、解放军音像出版社5个业务部门和总编室、政治部、保卫处、管理处、技术部5个机关部门，共开办了《军事报道》、《防务新观察》、《军事纪实》等11个军事栏目。军事节目中心主任李秀宝(副军职)，政治委员季桂金(副军职)。

海外传播中心

海外传播中心成立于2010年5月12日，是中央电视台深化内部改革的产物，也是贯彻落实中央要求、全面加强国际传播能力建设的重要举措。海外传播中心的职能定位是：中央电视台国际传播工作的统筹协调部门，国际频道海外落地推广工作的主要责任部门，中央电视台联系海外机构和海外观众的主要职能部门。具体职责包括：负责中央电视台国际传播能力建设总体战略规划的研究制定，各个重点项目的年度规划、预算申报和效果评估，并通过牵头召集中央电视台国际传播能力建设联席会议，协调外宣、外销、外事、外援等部门推进实施有关项目，协调解决相关事项；负责中央电视台各语种国际频道海外落地推广工作的规划、统筹，以及所有海外落地项目的开发和维护；负责中央电视台所有与海外传播业务相关的对外交流合作，以及对海外媒体与相关合作机构的公关联络；负责海外电视市场与受众的调查研究，以及对海外观众的联络和服务；负责对中央电视台国际频道在海外的宣传推广和品牌塑造维护。海外传播中心下设综合部、项目部、联络部。海外传播中心主任景春寒，副主任崔屹平、王雄先。

综合部

综合部是海外传播中心内部运转的枢纽，负责中心公文流转、信息报送、行政办公等业务和人财物的管理、调配；负责中心党政工团等相关工作；负责配合中心各部的落地、推广等重点业务开展调研、评估等工作。同时，综合部还负责协助中心承办统筹协调全台国际传播能力建设的各项任务，包括：研究、制定中央电视台国际传播能力建设的总体规划，向中央申报中央电视台国际传播能力建设项目和预算，并开展评估效果工作；牵头召集国际传播能力建设联席会议，促进信息共享和内部联动；搜集、编发《国际传播舆情》等各类信息，供台领导和联席会议成员单位参考。综合部下设综合协调组、传播规划组。综合部副主任陈礼东。

项目部

项目部是中央电视台各语种国际频道海外落地的具体责任部门，负责通过多种途径深入调研、了解对象国家和地区的电视市场及准入政策等情况；负责对新增落地项目（包括各类平台落地和酒店落地项目）的前期调研、开发、洽谈和协议起草、立项报批等；负责对原有落地项目的日常维护（包括对外付款、续签协议和更新用户数等）事宜；负责组织承办相关落地项目的签约和开播仪式等。项目部下设欧洲业务组、美洲业务组、亚太业务组、非洲业务组。项目部主任陈永庆。

联络部

联络部是中央电视台对外联络的窗口、服务海外受众的平台，负责对海外机构与合作伙伴的日常联络和服务；负责联系各语种国际频道的海外观众并开展收视调查；负责对中央电视台国际频道在海外的宣传推广和品牌塑造、维护，组织“手拉手”大型海外演出等；负责全台对外节目交流，译制并向台湾媒体提供闽南话节目，为我驻外使馆及海外合作媒体复制、寄送外宣节目，以及在重大活动直播报道时收集统计外媒转播情况等；承担接待境外摄制组的任务等。联络部下设外联组、策划推广组、节目交流组。联络部主任王宇航。

人力资源管理中心

人力资源管理中心成立于2011年4月，前身为中央电视台人事办公室，是负责人力资源管理和服务工作的行政职能部门。在台分党组的领导下，负责全台机构设置、事业编制管理，干部考察、任免，职工考核、奖惩，职工出国（境）政审，核定工资、核发奖金、福利保险管理，播音员、主持人管理，职工教育培训、专业技术职务评聘，人才引进和调配，企聘职工和项目制管理，离退休人员服务与管理，承担全台“五定”等制度设计与改革工作，组织实施全台干部竞争上岗工作。下设干部管理处、劳动工资处、培训职称处、人才交流处和离退休人员管理处。人力资源管理中心主任王晓真，副主任麻宁、杜书星，党总支专职副书记王峥。

干部管理处

干部管理处成立于1998年5月，负责全台机构和干部管理工作。其主要职责为：负责全台机构设置、优化干部资源配置与规划；根据分党组决议对处级干部进行考察任免；组织领导干部竞争上岗工作；协助国家广电总局人事司考察司局级领导干部；负责职工的考核奖惩工作；负责科级干部及栏目制片人的竞聘考评工作；负责干部挂职交流工作；选派中青年干部参加党校学习，推选参评各类全国性奖项人员；负责组织处级以上干部报告个人事项工作；负责职工调配管理工作；负责京外调干、解决职工两地分居人员的进京报批工作；负责接收转业军人工作；负责因公出国（境）人员政审、国家备案人员因私出国（境）的审批工作；负责全台事业编制人员的档案管理工作；管理台属单位领导班子成员；指导台属企事业单位人事管理工作。干部管理处处长冯庆一。

劳动工资处

中央电视台劳动工资处成立于1998年5月，其职责主要包括：依照国家和行业的有关政策，研究、制定劳动工资管理政策，拟定工资改革方案并组织实施；管理、核定工资总额；负责全台事业编制职工和企聘员工工资核定、晋升、扣发、转移等事项；核定和调整驻外人员工资标准和福利待遇；研究、制定各项奖金管理规定和发放办法，审核各项奖金；负责职工社会保险、商业保险管理工作；办理职工退休手续，核定退休工资；负责职工各项福利和考勤管理工作，制定休假、休疗相关规定以及残疾人的安置等工作；负责组织工人技术等级培训、考核和工人技师考评管理工作；负责人力成本核算，研究、制定人力成本核算办法；负责统计、报送各类劳动人事统计报表，提供各类人事数据；负责审核台属事业单位副局级以上干部档案工资，核定台派企业人员档案工资。负责审核各类临时外请人员协议及劳务费等工作。劳动工资处处长杨一龙，副处长王德利。

培训职称处

培训职称处成立于1998年5月，其主要职能是负责全台职工的各类培训、职称评聘、播音员主持人管理及职业资格证书管理等工作。负责制定职工中长期和年度培训计划；管理培训经费、培训设备及培训场地；负责在职学历教育和公派留学工作；负责组织专业技术职称的评聘工作；负责享受“政府特殊津贴”人员、“四个一批”、“百千万人才工程”、“文化名家”、“影视名家”等高端人才的推选工作；负责播音员、主持人的选拔、培养工作；负责职业资格证书的审核、办理及日常管理工作。培训职称处处长聂红江。

人才交流处

人才交流处成立于2007年9月。主要职能是负责调整优化全台人员的使用结构，制订全台人员配置和使用方案；负责选拔接收应届大学毕业生；负责企聘人员的社会招聘工作；负责全台人事制度改革的调查研究、方案制定和实施推进工作；负责企聘职工、返聘、借用人员合同管理、证件管理、离职管理及各种资格审核工作；负责大学生的实习工作；负责项目制人员的审批及管理工作；负责全台人员管理有关的其他工作。人才交流处处长乔维平。

离退休人员管理处

离退休人员管理处于1998年成立，是在人力资源管理中心直接领导下负责管理全台离、退休干部工作的职能部门。其主要职责是：认真贯彻落实中央和国务院有关离退休人员的方针政策；根据有关规定和台里的实际情况，落实离退休人员的政治待遇和生活待遇。全台现有离退休人员1205人，其中离休人员79人，退休人员1126人（另有委托街道代管9人、军事部5人），建立了12个老干部活动站。根据居住情况划分了24个片，建立了离退休人员党总支和24个离退休人员党支部。离退休人员管理处处长吴卫勇，副处长刘淑萍，党总支专职副书记理效峰。

财务管理中心

财务管理中心前身是于1998年6月组建的财经办公室，是中央电视台计划、财务、物资的主管部门，为全台宣传任务的完成和事业的健康发展提供保障。其主要任务是：根据国家财经法规、方针政策和总局的有关规章制度，负责经费预算的收支管理、国有资产的监督管理、财务规定的研究制定等工作。财务管理中心下设综合业务处、计划统计处、财务管理处、会计核算处、财产物资处、产业管理处。财务管理中心主任董为民，副主任黄伟、米绍行，党总支专职副书记王霞。

综合业务处

综合业务处成立于2001年上半年,其主要职责是：负责财务管理中心公文处理工作、信息工作和档案工作；统筹、协调日常行政事务；内部考核与业务交流，精神文明与综合治理以及领导交办事项等。综合业务处下设综合科、业务管理科。综合业务处处长赵万一，副处长梁喆。

计划统计处

计划统计处于1998年5月15日正式成立，其主要职责是：负责台事业经费预算分配和调整方案的编报、监督检查工作；负责编制、上报、下达电视事业的年度基本建设计划，指导和监督计划的实施；负责办理固定资产投资项目立项的相关手续；履行政府采购领导小组办公室职能，起草政府采购有关管理规定及业务文件，汇总、编制政府采购实施计划，检查、统计、汇报政府采购执行情况；负责收集、审核、汇编电视事业各类统计资料并对统计资料进行分析。计划统计处下设计划科、统计科、综合科、政府采购办公室。计划统计处处长佟宝山，副处长贾丽。

财务管理处

财务管理处成立于2010年10月。其主要职责是：牵头研究制定全台预算、财务、统计、资产等管理规章制度，并组织实施；对全台经费使用情况进行财务分析，提出加强财务管理的相关建议；对全台事业发展资金的调配和安排提出建议；负责全台增收节支考核的相关工作；负责全台所属单位财务负责人的委派工作；对全台从事财务工作的相关人员进行培训；组织对财务管理中心内部相关业务的稽核工作；负责财经管理信息系统的运行和维护。财务管理处下设管理科、综合科、稽核科。财务管理处处长张平平，副处长张志友。

会计核算处

会计核算处于2010年10月成立。其主要职责和任务是：负责中央电视台财务收支和管理；组织经费供应的保障和财务成本核算；负责预算开支的审批和各类报表的编制及各项财务规章制度的建立等。下设综合核算科、薪酬核算科、成本核算科、固定资产核算科、医疗费用核算科、广告收入核算科、外汇核算科、基建财务核算科。会计核算处处长高华中，副处长赵辉。

财产物资处

财产物资处成立于1987年。负责工程、服务、货物的政府采购工作；负责材料采购、验收、发放及保管工作；负责台固定资产的入库、出库、转移、退库、处置等管理工作；负责固定资产的日常管理工作，并定期组织盘点；负责起草物资管理等相关的规章制度，根据台年度计划的安排编报年度资产购置计划并组织实施。下设设备科、管理科、供应科及综合科。财产物资处处长涂昌波，副处长赵建华。

产业管理处

产业管理处成立于2011年5月，是财务管理中心负责台属企业管理的职能部门。按照台分党组授权，代表本台对所属企业行使出资人权利。负责台属企业“三重一大”事项的备案；企业绩效考核；企业报表汇总及上报；企业资产评估、产权登记、产权变更的初审及上报；企业关、停、并、转及对外投资等事项的协调申报。下设企业管理科。产业管理处处长王建华，副处长胡竞霜。

技术管理中心

技术管理中心成立于1991年4月，曾于1994年6月至2011年4月更名为技术管理办公室。技术管理中心是中央电视台技术主管台领导和技术委员会的办事机构，是技术系统的运行管理、监督检查归口部门。负责处理技术系统运行及管理工作，协助台领导做好技术系统各项协调工作。根据技委会的要求，负责制订技术事业发展规划，承办和落实台领导、技委会下达的任务，为台领导提供重大技术问题的决策依据。技术管理中心负责制定大型宣传报道的技术方案，编制技术事业发展经费预算方案和专业技术设备修购计划以及技术工程项目立项、论证、报批的组织管理工作；统计汇总各类技术运行数据，协调管理全台节目生产能力，组织研究论证和处理解决有关技术业务问题；负责技术质量管理及计算机信息网络系统、通信系统和供配电、动力系统的开发建设、运行和维护；负责拟定全台科研规划并负责协调落实和监督实施；负责管理全台专利工作；负责技术交流、专业培训、技术会展的组织和管理工作。技术管理中心下设技术业务处、质量管理处、工程管理处、信息通讯处、动力处。技术管理中心主任徐进，副主任路晓俐、刘万铭，党总支专职副书记丁亚建。

技术业务处

技术业务处成立于1998年5月，是技术管理中心的办事机构。负责落实和承办技术管理中心交办的各项工作：拟定全台技术事业发展规划；组织并参与重大宣传报道活动和大型电视节目制作相关技术方案的制定和组织协调工作；拟定中央电视台技术工作的各种规章制度和规范；组织和安排技术系统职工业务培训工作，承办相关的高新技术交流、业务研讨和新设备应用等技术交流活动；负责中央电视台各类技术性刊物和专著的编印出版工作，以及全台技术图书和电子阅览室的管理工作；承担全台专利管理职责；负责承办全台科技出国、对外技术交流以及其他学术交流活动的汇总和报批；协助领导负责部门事业经费和项目经费预算的管理和使用；负责本中心台聘及企聘职工的业务考核和职称评聘工作的组织和实施，及技术管理中心的办公和行政事务的管理；协调、安排技术主管台领导的业务活动；办公业务、信息收集、公文运转和保密及技术系统的日常协调、联络工作；协助领导组织和召集技术系统的各类会议，编写技术系统的各类文件、报告等。下设综合科、业务管理科、科技资料管理科、技术期刊编辑科。技术业务处处长田敬改，副处长韩强。

质量管理处

质量管理处主要职责是对全台节目制作、播出、传送全部流程进行技术质量监测和评估。负责全台节目技术质量的监督管理和评奖工作；负责全台电视系统设备的技术指标监测校验和重大宣传活动直播系统的技术指标测试；承担台有线电视管理和安全播出，电视设备、设施的定期检修和保养，特种系统设备的委托维护、运行项目管理业务。下设质量管理科、综合管理科、技术科、维修科、有线电视科。质量管理处处长李建成，副处长李岩。

工程管理处

工程管理处于2001年3月组建。主要负责全台技术项目的立项申报和审核、项目资金的年度预算编制和立项报批的组织工作；设备选型论证的组织实施；项目方案和设备购置方案的征集、初审、报批；协助财务管理中心进行设备购置的政府采购工作；大型宣传活动临时设备的协调、周转。技术项目系统集成管理及实施；系统集成合同的草拟、审核及签订，系统集成资金结算；系统测试、竣工验收的组织；优质项目奖的评比；项目与设备资料的保管、查询；新技术研发的组织工作；国家广电总局下达的广播电视行业标准制定的牵头和组织协调工作。下设工程科、设备科、技术科、技术资料科。工程管理处处长肖建生，副处长梅剑平、谢继红。

信息通讯处

信息通讯处成立于1996年1月，由原新技术应用开发室和动力通讯处中的通讯部分组成。近年来信息通讯处遵从ITIL理念，面向全台开展各项IT服务技术工作。负责中央电视台计算机网络系统、各类信息应用系统和通讯系统、通讯线路的建设、运行、管理和维护工作；负责为全台电视宣传、行政办公、节目制作等工作提供信息技术和通讯业务的技术保障，为全台新闻共享、节目生产管理、节目暂存交换、综合节目审片、自动化办公和其他计算机应用系统提供技术支持；负责全台计算机技术和通讯技术的引进、应用和开发工作；负责全台非技术制作和技术播出的计算机设备、软件以及通讯设备的管理和维护、维修工作；负责协调和处理与信息技术和通讯业务相关的各项工作；负责全台通讯业务、计算机网络和信息应用系统业务经费的管理；负责制定通讯业务和信息网络应用方面的规章制度。信息通讯处处长顾军，副处长琚宏伟、聂自非、刘玓 。

动力处

动力处（原名动力中心、动力通讯处）成立于1985年1月19日。它担负着中央电视台的供电运行及能源管理、安全检查、空调制冷、供暖、供蒸汽、给排水、排烟通风、室内外照明、电梯、事故报修、应急发电车等专业设备及系统的常年每天24小时运行值班及设备的维护和检修任务，2010年接手新台址服务楼动力系统运行工作，并为接手新台址主楼运行做前期准备工作，动力处是中央电视台完成电视宣传任务的一个重要技术基础保障和技术服务部门。动力处下设供电运行科、供电维修科、空调科、工程维修科、业务科、机电管理科、综合科、动力科。动力处处长毕戈，副处长张晓强、孟维。

技术制作中心

技术制作中心成立于1991年3月。是中央电视台最主要的集前期采录、后期制作、新闻类演播室直播、综合类演播室直播、录像、节目包装制作、音频信号制作、灯光、舞美和服装、化妆、道具为一体的电视节目技术制作单位。已形成了系统化、规模化、集约化、规范化的节目制作生产体系，建立了多媒体制作群、三维动画及图像处理合成系统，拥有一支较高水平的专业队伍和一批相当规模的技术设施。承担着中文国际频道（亚洲版、美洲版、欧洲版）、英语新闻频道、西班牙语国际频道、法语国际频道、阿拉伯语国际频道、俄语国际频道、综合频道、财经频道、综艺频道、电视剧频道、科教频道、戏曲频道、社会与法频道、少儿频道以及新闻频道和体育频道部分栏目的节目制作。负责全中心事业发展规划、工程项目审批和新技术开发，以及设备设施的运行和维护管理。下设综合部、录制一部、录制二部、录制三部、制作部、音频部。技术制作中心主任徐进（兼）任主任，副主任李树声、车临，党总支专职副书记张军农。

综合部

综合部成立于1998年7月，是技术制作中心日常办事机构，负责全中心技术管理、节目制作管理和行政管理。下设综合业务科、节目制作管理科和技术管理科。综合业务科负责中心的文秘、信息、档案、保密和日常行政工作及协调管理；节目制作管理科负责统一调度中心内各类技术资源，落实各节目中心、频道的节目制作和全台节目部门使用大型演播室现场直播和录像；协调台外实况转播和录像的制作任务，以及节目制作使用技术资源有偿服务的数据统计；技术管理科负责本中心固定资产、设备大修、系统测试、技术质量和技术人员专业培训等管理工作。综合部主任栗小斌，副主任朱真铁。

录制一部

录制一部前身为采录部，2004年更名为录制一部，是一个以演播室制作为主的技术制作部门。集中了全台绝大部分演播室及前期采集设备，还拥有部分线性、非线性制作机房，面向全台所有节目部门提供视频技术制作服务。录制一部管辖的机房有：12个演播室，其中台内10个大、中型演播室，台外2个外场（上海、深圳）演播室，所有演播室都具有直播功能，有7个演播室为高清视频系统；2个网络化的后期制作系统，其中常规制作岛4，为新址即将启用的网络化、文件化制播工艺第一个投入节目生产的项目；19个线性后期制作机房；前期采访设备200余套。录制一部主要承担的节目有：历年春节晚会、3·15晚会、青年歌手大赛及各类综艺节目、专题类节目、重大体育赛事及重大时政节目的演播室直播或录像工作；中文国际频道亚洲、欧洲、美洲版及英语频道的所有演播室串联及整点新闻滚动直播工作；财经频道全频道的前、后期制作及该频道资讯类栏目的直播工作。录制一部下设办公室、录制一科、录制二科、录制三科、录制四科、录制六科、录制七科、录制八科、录制九科、后期制作一科、后期制作五科、采编一科、采编二科。录制一部主任刘畅，副主任崔建、张力云。

录制二部

录制二部成立于1998年，是全台最大的电视节目后期视频制作部门，主要承担台内文艺、社教、青少、军事、体育、经济、英语、海外新闻、付费频道等各类节目的制作任务，具有以下制作功能：网络直播系统、电编、非线编网络的后期编辑制作；承担阿拉伯语新闻的直播任务、虚拟演播室的直播和录像合成；前期ENG拍摄；胶转磁和格式／带式转换；全台频道和各类栏目、节目的整体包装及平面宣传的设计与制作；三维电脑动画和虚拟演播室场景的设计制作与合成；高清晰度电视节目的拍摄、格式转换、网络化后期制作。拥有25套标清数字自编、16套标清数字ENG、8套标清上下载、6套标清初编、32套标清电编、38套标清非线编、4套高清自编、57套高清ENG、5套高清粗编、6套高清上下载、1套高清下变换、5套字幕转码、1套高清电编、60套高清非线编、8套3DENG、8套立体电视编辑工作站、18套三维动画制作设备、20套数码特效合成、1套标清胶转磁彩色校正、1个格式／带式转换机房、3个演播室。录制二部下设影视制作科、后期制作二科、后期制作三科、后期制作四科、录制五科、后期制作六科、后期制作七科、后期制作八科。录制二部主任崔建伟，副主任黄建新、赵贵华。

录制三部

录制三部前身为1991年成立的海外制作部，2004年12月划入技术制作中心，更名为录制三部。主要承担西班牙语、法语、俄语国际频道的整点新闻播出、外语频道各类节目的后期制作、节目在线包装、新闻共享系统的运行、外寄节目的带式／制式转换工作。拥有3个直播演播室，15个电编合成机房，17套多媒体制作设备，20套自编设备，1个大型制式／格式转换机房。具有全年24小时不间断的节目制作播出和技术支持能力。录制三部下设网络管理科、制作一科、制作二科、制作三科、制作四科、制作五科、播出一科、播出二科、播出三科、在线包装科、复制科。录制三部主任李志平，副主任陈玉良。

制作部

制作部成立于1983年，其主要工作任务是承担全台各节目部门的舞美、灯光、服装、化妆、道具设计及经费核算管理。负责一号演播厅、1000平方米、800平方米、600平方米、两个400平方米、4个250平方米及第18、19、33共13个演播室的管理及台外多个演播室的舞美、灯光设计。全年累计制作各类节目1000多台。制作部下设业务管理科、美术设计科、灯光一科、灯光二科、灯光技术科、灯光管理科、服装化妆科、道具装置科。制作部主任王保国，副主任刘军、张冲。

音频部

音频部成立于1991年3月，是中央电视台电视节目声音方面的专业制作部门。主要负责中央电视台除CCTV－1、西班牙语、法语、俄语新闻外的所有电视节目的声音制作。承担台内分管区域的音频制作任务，包括12个大、中、小型演播室；承担1个音频上下载机房、2个音乐录音棚、10个音频后期网络制作机房的节目制作任务；承担外出节目音频制作任务。业务范围包括：以上各系统的声音制作，电视音乐策划、创作编辑；可同时提供20套音频ENG设备、7套完整的EFP音频系统及三辆录音车。下设业务管理科、技术设备管理科、音频制作一科、音频制作二科、音频制作三科、音频制作四科、音乐录制科、音乐编辑科。音频部主任刘中胜，副主任荆甫礼、关朝洋。

播出传送中心

播出传送中心是中央电视台节目播出、转播和传输业务的主管部门。负责全台常规频道、收费频道以及高清晰度电视节目的安全播出工作；负责全台节目播出信号的安全传输、监测、监看和相关对外解释工作；负责全台国内外新闻、体育、文艺以及重大宣传报道活动的电视实况转播和录制工作；负责全台固定和移动卫星地球站上下行业务、微波、光缆传输业务、技术系统及设备的运行管理工作；负责全台外来电视节目信号的处理、分配调度等技术运行和管理工作；为全台提供同步基准信号，并利用电视信号向全台、全国提供标准时间和标准频率；负责中央电视台国内外卫星线路、国内光缆传输线路的租用、线路安排及技术协调工作；按规定受理境外电视媒体在华的卫星传送业务，提供相关电视技术服务；负责体育频道节目的直播和前期、后期制作任务；负责本中心所属各部门技术系统及设备的测试和维护管理，确保设备的技术质量和安全运行；负责制定全中心事业发展规划，组织中心工程和新技术项目引进的立项论证、设计施工、测试验收和技术培训工作。播出传送中心下设综合部、播出部、转播部、传送部和总控部。播出传送中心主任张宝安，副主任陈泽时、程星、智卫。

综合部

综合部是播出传送中心的日常办事机构，协助中心领导进行办公业务、技术业务的协调和管理，为中心所属各业务部门提供服务。负责中心日常办公业务工作，包括：公文运转及文件资料汇总、归档、保密等管理工作；负责中心内部办公程序和行政事务管理，协助中心领导对各部门行政办公业务进行监督和指导；作为中心信息业务的主管部门，负责各类信息组织及报送工作；负责全台电视节目安全播出传输的数据统计汇总工作和中心技术运行数据统计；负责中心各部门所承担的大型电视宣传报道活动中节目播出、转播、传输、制作等技术方案的汇总整理、技术协调和后勤保障等工作；承办中心工程建设、技术开发等项目的计划汇总及报批，协助中心领导组织工程项目实施、进度跟踪管理和验收；负责技术质量监督管理及技术质量奖的申报工作；协助中心领导负责中心各部门技术设备及系统测试和维护的管理工作；在节目生产管理系统中，负责中心技术设备有偿服务和生产能力等管理工作；协助中心领导负责对外技术服务的管理工作；负责中心固定资产、设备和物资的管理工作，设备维护、维修的管理工作；协助中心领导负责中心事业经费预算编制以及经费的使用和管理等工作；协助中心领导进行中心内部人员的管理，建立人员资料档案、职称评定、职工考核、人员出国报批；协助中心领导组织人员技术业务培训；负责总编室下发的直播节目通知单和节目更换、修改通知单等传递工作；协助中心领导负责中心各类业务会议及活动的组织与安排；协助中心领导负责中心的治安、消防、保卫、保密、综合治理、精神文明建设等管理工作。综合部下设技术业务科。综合部主任王丹，副主任程昕。

播出部

播出部前身为播出传送部（1988 年 3 月成立），1998 年 6 月改为播出部，是负责中央电视台电视节目播出运行、管理的技术部门。现拥有 8 套机械手自动播出系统、20 套常规频道硬盘自动播出系统，24 套付费频道硬盘自动播出系统及 2 套高清晰度电视播出系统。其主要任务是：负责播出线上的整个播出流程运行管理；承担全台除新闻频道外的 25 套常规频道（其中含 2 套高清频道）、3 套北美长城平台电视频道、13 套付费频道的电视节目安全播出运行工作。播出部下设节目备播科、播出协调科、播控一科、播控二科、播控三科和技术保障科。播出部主任李跃山，副主任李键、蔡贺、宋蔚。

转播部

转播部是中央电视台承担台外综合类电视节目实况转播、录像任务的技术部门。主要业务范围：承担各节目部门台外日常的电视节目转播制作，含直播、实况录像、专场录像（类别有：新闻、文艺、体育、经济、专题等）；参与台内大型重大转播活动技术方案的设计，并根据方案完成大型活动中的转播部分方案实施工作；承担中央电视台对外交流节目的外场转播制作（含直播、实况录像、专场录像）；为台内各节目部门提供前期特种设备和技术支持。转播部下设转播一科、转播二科、转播三科、转播四科、转播五科、特种设备科、声音技术科、设备管理科。转播部主任颜枫，副主任陈明、陈江疆、周磊。

传送部

传送部成立于 1998 年 6 月 1 日。负责提供卫星车、移动卫星地球站（DSNG）和微波中继等传输技术服务。承担全台外出节目转播中的部分工作和节目回传任务；遇重大事件和突发性事件（如灾害等）时，承担特别节目、新闻应急报道的信号传输任务；在大型综合性转播报道中，承担传输系统构建和协调任务；承担直升机中继和航拍信号的传输任务；负责中央电视台海事卫星传输系统设备的运行、使用、发放和管理；负责体育频道、风云足球和高尔夫·网球付费频道的日常节目直播和制作的技术工作；负责体育频道 ENG 使用的管理和技术保障；所有体育节目播出磁带的技术审查及录入工作。下设卫星传送科、微波科、节目制作一科、节目制作二科、节目制作三科。传送部主任许钢鸣，副主任刘开平、韩东光。

总控部

总控部成立于 1998 年 6 月，是中央电视台电视节目信号交换的枢纽，负责全台进、出节目信号的分配、调度和运行管理。主要任务是：负责全台内外进、出节目信号的调配，负责全台 23 套播出前端压缩系统的编码压缩和传输的运行维护，提供全台各种标准信号；承担台内、外信号交换的收录和监测；按规定受理涉外的技术申请和安排；负责节目播出和传送当中对外事务处理和解释工作；负责通过卫星、光缆及微波干线转播、传送及收录节目，负责管理中央电视台外围的光缆线路和固定卫星地球站收发系统；对外办理公共传输网络和卫星传送及相关的线路安排；负责国内外卫星公共传输网费用的预算、结算的管理工作。下设运行一科、运行二科、运行三科、技术保障科、管理科。总控部主任陈光，副主任刘韵音、杨小勇、葛涛。

资产管理中心

资产管理中心成立于 2010 年 7 月，是中央电视台所属开路频道广告的统一经营与管理部门，下设综合部、市场部、营销部和监审部。主要职责是：研究中央电视台广告的发展战略与经营策略，策划实施公关传播与市场推广活动，建立中央电视台广告的产品体系、价格体系、客户体系和渠道体系，负责各专业频道广告的营销和安全播出。资产管理中心主任程宏（兼），副主任何海明、李弋，党总支专职副书记闫丽萍。

综合部

综合部成立于 2010 年 7 月，是资产管理中心的综合组织协调和后勤保障部门。负责中心对外联络、对内协调等综合管理工作，承办中心领导交办的日常事务，保证中心信息畅通、运转有序、保障有力，并致力于中心办公自动化的推进。主要工作内容包括：负责中心行政管理、公文流转、文秘计划，参与组织、策划、实施中心重大活动及党政工团活动；负责人力资源管理、财务经费管理、物资设备管理以及本中心技术系统的开发和维护；负责资产管理中心所有合同协议的收集、审核、归档、查询；从行业和地区等维度，策划实施市场推广活动，加强与广告客户及社会各界的面对面交流，推广中央电视台资源，促进广告销售。综合部下设秘书科、运营科、合同管理科、推广科。综合部副主任刘丽华。

市场部

市场部成立于2010年7月，是资产管理中心负责市场研究、公关传播、公益广告的部门。通过制定发展战略、营销策略，为中央电视台广告事业的发展提供专业支持；通过协调业界公共关系，开展公关传播活动，引导大众舆论，塑造中央电视台良好的品牌形象；通过策划创作公益广告，营造良好社会氛围，提高社会影响力。主要职责包括：密切关注广告经营的国内外趋势、国内宏观环境和媒体竞争格局，研究中央电视台广告经营的发展战略和经营策略；发布全台节目、广告信息，建立舆情监测机制和应急预案机制，组织实施公关传播活动，维护、提高中央电视台广告经营的品牌形象，为广告销售营造良好的舆论氛围；创作宣传片、公益广告和平面广告，展示和传播CCTV品牌形象。市场部下设策略研究科、公共关系传播科、公益广告科。市场部主任陈荣勇。

营销部

营销部成立于2010年7月，是具体负责中央电视台广告创收的部门。主要职责包括：以实现中央电视台广告收益最大化为目标，深入了解、全面把握媒体资源和客户需求，创新设计广告产品，科学拟订广告价格，建立并优化中央电视台广告产品体系和价格体系；从企业和代理公司两个维度，全面负责全台广告客户的营销、服务与管理；负责一套和各专业频道的广告营销与管理，负责自营类资源的经营，负责对承包广告公司的服务和管理；负责中央电视台广告招标预售的整体策划、客户推广开发及项目执行工作；负责完成奥运会、世界杯、亚运会等重大事件的广告营销和创收任务。营销部下设产品科、客户服务一科、客户服务二科、频道经营一科、频道经营二科。营销部副主任张宇鹏。

监审部

监审部成立于2010年7月，是资产管理中心负责广告业务审查、监督和运营的职能部门。主要职责包括：对内负责广告资源系统设置、广告销售合同复核、广告播出版本签订和广告播出监测工作，保证从价格设置到合同签订再到实播情况的广告销售流程全程控制，并负责与新址工艺技术办公室和技术开发公司就资产管理中心新址技术进行沟通。对外负责全台所属开路频道广告素材审查、广告主资质审查、广告产品相关资料审查、广告素材编辑、广告编播传送工作，确保广告播出安全。监审部下设审查科、编播科、监播科、新址项目组。监审部副主任尹学东。

发展研究中心

发展研究中心成立于2010年8月，作为提供专业智力支持的智囊、参谋、咨询机构，主要服务于中央电视台分党组决策，围绕中央电视台事业产业改革发展的实际和国内外电视发展变化，组织开展前瞻性、战略性和实战型研究。主要研究领域包括决策参考研究、战略研究、电视传播研究、监测效果研究、节目动态研究、产业研究、新媒体研究、网媒监测研究等。下设发展战略研究部、电视传播研究部、产业与新媒体研究部、综合部。发展研究中心主任李舒东，常务主任罗琴，副主任张利生。

发展战略研究部

发展战略研究部成立于2010年8月，其主要职责是：负责全台事业产业发展的中、长期战略规划，为全台事业产业全面、协调、可持续发展提供战略研究与整体发展态势监测等决策支持；负责开展海外传播力调查、舆情监测，同时承担《中央电视台年度发展报告》（蓝皮书发展战略篇）、《CCTV与国际一流媒体对比研究》（白皮书）的组织运作与《信息快报》刊发等工作；负责中国广播电视协会和中国电视艺术家协会中央电视台分会的相关通联工作；开展国内外电视学术合作、交流活动；负责专家智库的管理与维护。下设发展规划组、战略研究组、交流组。发展战略研究部主任李向东。

电视传播研究部

电视传播研究部成立于2010年8月，其主要职责是：承担全台管理创新、频道栏目竞争力研究、节目创新研发等任务；针对新闻类节目、综艺类节目、电视剧等进行专项研究；负责国家核心期刊《电视研究》和《中国中央电视台年鉴》的编辑、出版工作；负责全台图书出版的统一规划和出版合同审核、书稿审阅等工作；定期举行“电视论坛”研讨会，用专业的视角研讨电视节目，为全台节目一线搭建探讨、研发平台；定期举办“国内外热播节目观摩”活动，向全台节目一线推荐最新节目模式，为节目创新提供动力。下设传播研究组、书刊编辑组、观摩与论坛组。电视传播研究部主任杜宝风。

产业与新媒体研究部

产业与新媒体研究部成立于2010年8月，其主要职责是：负责全台电视产业与新媒体发展战略规划与对策研究，为全台事业与产业统筹发展、传统媒体与新媒体融合以及全媒体传播策略等方面提供决策参考；就中央电视台电视产业经营管理改革、产业资源配置及市场竞争策略等开展实战型、对策性研究；跟踪、监测网络媒体舆情变化，为中央电视台全媒体传播策略、台网节目联动及网络形象建设和品牌公关提供决策支持；负责“视听新媒体网”的运营和管理。下设产业分析组、新媒体研究组、网媒监测组。产业与新媒体研究部主任黎斌。

综合部

综合部成立于2010年8月，其主要职责是：负责做好中心与台内有关职能部门、台外合作单位的沟通协调、公关接待；负责制定并完善中心各项管理规章制度，起草各类总结、公文；负责制定中心预算和对各部门预算使用情况进行监控；负责组织中心内部全员绩效考核，并开展各类人员培训；负责中心内部工作督办检查、公文运转、印章管理、档案管理、信息传递、会议组织、后勤服务等事务性工作；负责做好党、工、团、妇工作等。下设综合组。综合部主任苏晓春。

机关党委

中央电视台机关党委在国家广播电影电视总局机关党委的直接领导和台分党组的指导下进行工作。是中央电视台思想政治工作和党务工作的主管部门。领导党委办公室、台工会联合会、台共青团委员会、台精神文明协调处、台侨联的工作。截至2011年底，台机关党委下属13个基层党委，34个党总支，290个党支部，全台共有党员7031人。本届党委于2010年12月15日在中央电视台第八次党员代表大会换届选举产生，为中央电视台第八届党委会，由29名委员组成，设常委13名。张海鸽任机关党委书记，郭秀英任机关党委专职副书记，安为民、李欣雁、王建宏、陆伟昌、张宁、王晓真、董为民、张宝安、黄瑞刚、赵刚、宿晓光为党委常委。

党委办公室

党委办公室是台机关党委的办事和工作机构。负责全台党员干部、职工政治理论教育，党的方针政策教育，经常性思想政治工作，基层党组织建设，党的组织发展，党员管理、统战及社区党建工作。具体承办机关党委宣传载体《电视生活》、台职工闭路电视、宣传橱窗、圆楼展廊的编辑、出版、制作、发行、播出等工作。党委办公室主任宿晓光，副主任刘迎春、刘斌。

台团委

台团委在台机关党委的直接领导和总局机关团委的指导下，负责全台团员和青年工作。截至2011年，中央电视台共有32个基层团组织，其中4个基层团委，16个中心（频道）团总支，11个直属团支部。共青团员2069人。本届团委于2010年11月10日在中央电视台第十一次团员代表大会上换届选举产生，为第十一届团委，由27名委员组成，设常委13名，郑漠任团委书记，王强强任团委副书记，冯旭宏任副书记（兼职）。

工会联合会

中央电视台工会联合会在台机关党委和国家广电总局工会的领导下，按照《中华人民共和国工会法》和《中国工会章程》，履行工会“维护、参与、教育、建设”四项职能。坚持“一个中心，两个服务，三个建设”（围绕宣传中心开展工作；全心全意为繁荣荧屏服务，为全台职工服务；不断加强自身的组织建设、制度建设和廉政建设）的工作定位，下设中心工会30个，台属单位工会6个。职工会员16000多人，是广电系统最大的工会组织。本届工会联合会于2010年11月在第三届一次会员代表大会换届选举产生，为中央电视台第三届工会联合会，由43名委员组成，设常委21人。工会联合会主席任海，副主席南敏。常委（以姓氏笔画为序）王庆忱、王峥、王瑞山、任海、闫丽萍、许唐生、李真、杨凌华、宋丹、张平平、张军农、张威、张景卫、陆伟昌、庞建、赵布光、南敏、徐瑛、高生生、高菊莲、董春虎。

精神文明协调处

精神文明协调处成立于2002年7月30日，负责全台的精神文明建设工作，是台精神文明建设委员会的日常办事机构。其主要职责是：按照台分党组的要求，在台机关党委的直接领导下，在首都精神文明建设委、中直机关精神文明建设委、广电总局精神文明建设委的指导下，负责协调精神文明范畴的全台职工的思想道德建设、党风廉政建设、环境秩序建设、文化建设、大型公益活动和扶贫济困送温暖等精神文明创建活动；承办全台计划生育、无偿献血、校外教育、文明共建等工作，并根据上级有关精神，对全台卫生绿化、交通安全、综合治理工作进行协调监督。精神文明协调处处长李彦吉，副处长狄希兰。

（中央电视台归国华侨联合会）

中央电视台归国华侨联合会是2011年7月根据中央电视台统战工作的需求和《中华全国归国华侨联合会章程》的规定，经报台分党组研究决定，国家广电总局直属机关党委批准成立的人民团体，是中央电视台联系广大归侨、侨眷和海外侨胞的桥梁和纽带，受中国侨联和中直机关侨联指导，在台分党组领导下，在台机关党委的支持下独立自主开展工作。 截至2011年年底，中央电视台登记在册的侨联会员总计368人，多数为新侨。中央电视台归国华侨联合会第一届委员会由25名委员组成，设常委9人。侨联主席为台分党组成员、纪检组组长、机关党委书记张海鸽，常务副主席吕涛，副主席刘迎春，秘书长狄希兰，常委（以姓氏笔画为序）王颖、吕涛、米绍行、刘迎春、张海鸽、张军农、周瑞志、林俏、周瑞志。

新台址建设工程办公室

新台址建设工程办公室成立于2001年11月，是中央电视台新台址建设工程项目的建设管理部门，其主要任务是：根据国家建设工程法律法规以及有关政策规定，全面负责新台址建设工程前期市政协调、工地现场管理、工程招标管理、工程合同管理、工程造价管理、工程财务管理、工程物资管理、电视工艺设计与系统建设配合等工作。新址办下设综合业务处、工程处、合同造价处、财务处、基建物资处、技术处。新址办主任黄平刚，副主任季小军、赵频、曹建新。

综合业务处

综合业务处主要负责新台址工程市政协调、周边拆迁、工程档案管理，以及新址办日常办公业务管理协调、行政后勤保障工作。其主要任务是：负责与国家政府部门、北京市市政部门、建设工程项目主管部门、审批部门之间的沟通与协调工作；协调周边拆迁工作；负责工程相关项目的报批和验收协调工作；负责新址办日常办公业务，协助新址办做好台各项管理规定的落实工作；负责新址办行政后勤保障工作，对新址办办公区域的治安安全、消防安全以及新址办日常服务接待、图像资料留存、信息汇总报送、办公环境治理等工作进行综合管理协调。综合业务处处长刘宁，副处长关杨。

工程处

工程处负责工程项目建安实施管理工作。其主要任务是：负责与设计单位、施工单位、监理单位以及其它相关单位之间的技术、业务协调工作，解决各方合作中的技术问题；全面参与施工现场指挥、协调和管理等相关工作，并对造价控制提供技术支持；参与制定工程实施的技术方案和进度计划，协助监理公司审核技术洽商、进行工程验收和技术文件整理工作；研究和解决有关工程管理、施工组织的问题，提供工程管理实施情况的分析报告、可靠数据和决策性建议；相关现场设计变更、洽商、支付管理工作。工程处下设结构科、机电科、强电科、弱电科、物资材料科、通讯科、装修科、电梯科。工程处处长曹建新（兼），副处长赵磊。

合同造价处

合同造价处负责新台址建设工程招投标管理、合同管理和造价管理工作。其主要任务是：根据工程的整体进度，组织、实施工程项目招标；组织合同谈判及合同签订；督促合同履行；控制工程造价，管理以合同价为基础的建安工程变更、洽商和索赔；组织阶段性结算，审核竣工结算，完成结算手续。合同造价处下设合同管理科、招投标管理科、造价控制科。合同造价处处长贺萍，副处长付力明。

财务处

财务处主要负责新台址工程的财务管理工作。其主要任务是：按照国家相关制度并结合新台址工程的实际情况建立工程会计核算体系，加强财务内部控制，进行会计核算和编制财务报告；制定资金筹集与使用计划，依法合理及时筹集项目建设资金；对项目建设活动中的经济业务及时做好原始记录、及时记账，定期盘点、对账，确保资金安全；按照国家相关法律法规的要求组织相关部门编制项目竣工财务决算。财务处处长王朝晖。

基建物资处

基建物资处主要负责新台址工程的基建物资管理工作。其主要任务是：根据国家有关规定，制定新台址建设项目的工程物资管理制度；负责办理工程物资的到货验收入库、仓储管理、调拨、物资台账登记等日常管理工作；组织定期进行工程物资盘点工作并及时与财务管理部门进行核对账目，做到账实相符、账账相符；负责新址办日常行政办公所需要的办公设备和消耗材料的采购、入库、出库、发放和退库工作等。基建物资处副处长周少华、叶秋实。

技术处

技术处负责新台址建设工程建安施工、电视工艺设计和工艺系统建设配合工作。其主要任务是：按照电视工艺的要求和标准，负责制定新台址各楼宇的技术需求方案，制定与电视业务相关的需求方案，编制可行性分析报告中电视工艺部分，配合组织整体电视工艺系统的设计。全程配合建筑设计工作和施工过程，并从电视工艺的角度审核建筑设计成果。技术处下设综合科、技术科、视频科、音频科、制作科。技术处副处长何瑾。

审计处

审计处成立于1989年8月，是中央电视台内部审计监督部门，在台领导的直接领导下负责全台的内部审计工作。其主要任务和职责是依照国家法律、法规、政策及本台有关制度规定，对台及所属单位财务收支、财务预决算、财务信息系统、经济效益的真实、合法性，国有资产的安全、完整、效益性，内控制度的健全、有效性进行审计监督和评价。审计处独立行使内部审计职权，对台领导负责并报告工作。审计处处长孙玲娣。

中国电视报社

《中国电视报》于1981年正式创刊，原名为《电视周报》；1986年1月易名为《中国电视报》；1992年1月创办《中国电视报》（外语节目版），2002年更名为《中国电视报》（国际节目版）；1994年1月创办《中国电视报》（北京版）。《中国电视报》的主要任务是：通过宣传中央电视台节目，整合节目资源，增加自采稿件，提供延伸服务，报道影视动态，达到扩大节目宣传、提高节目收视率、增加中央电视台广告创收、服务广大观众的目的。

中国电视报社是台直属部门，下设记者组、专题组、影视组、节目组、国际组、美摄组、技术科、排版科、广告科、发行科、综合科。中国电视报社社长郭卫翔，副社长赵成璧。

音像资料馆

在全台频道制系列改革中，音像资料馆于2010年7月从总编室独立出来，整合重组成台直属单位，是中央电视台内容资产的归口管理部门，是支持全台节目制播、满足节目制作需求、实现节目资料资源共享的管理平台，是服务社会各类用户，保护人类文化遗产，促进中央电视台内容资产保值增值的专业机构，是深度开发节目资源、促进中央电视台事业产业可持续发展的重要环节，是展现中央电视台现代化管理理念和先进技术水平的重要窗口。

在台分党组的授权下，音像资料馆对中央电视台内容资产实施"全覆盖"、"全流程"、"全介质"的全域式管理，负责节目资料的收集、整理、保管、修复、数字化生产、资料编辑、提供利用和增值服务等管理工作，其管理范畴覆盖中央电视台现址、新址和音像资料馆大厦（简称"两址一馆"），管理流程贯穿整个节目制作业务形态，

音像资料馆的全流程管理由综合业务、收集与管理、数字化生产与多媒体应用、技术保障和增值服务等五个环节构成，其核心业务主要有：负责全台节目资料的收集、整理、保管及应用管理；负责馆藏节目资料有偿使用的统筹运作和计费管理；负责馆藏节目资料的数字化上载生产、视频修复、编目生产、质量审核和资料编辑等工作；负责为全台节目制播提供资料检索、下载（借还）、主题资料服务、嵌入式服务等全流程的资料保障工作；负责中央电视台媒体内容资

产发展战略研究和增值服务应用研究，统筹全台内容资产增值业务和馆藏节目资源的价值评估工作；负责全台全域式媒资系统日常运行的技术保障和优化升级的统筹协调；负责全台特藏节目资料的收集、保管、数字化加工、提供利用等全流程管理工作；负责全台图文资料的采集、加工、保管、服务和利用等全流程管理和全台各阅览区域的日常管理；负责根据党和国家领导机关的特殊需求提供馆藏资料，直接服务于党和国家工作大局；负责全台节目资料内容分发平台和媒资视频门户网站的日常运行管理和优化升级的统筹协调；负责全台内容资产管理的制度建设、品牌推广、公关宣传等工作；负责全台内容资产管理工作的信息沟通、对外联络和后勤保障的综合协调工作。

音像资料馆下设秘书科、综合管理科、节目资料收集科、计费管理科、图文资料科、生产管理科、质量审核科、用户服务科、库房管理科、特藏资料管理科、资料编辑开发科、数据中心管理科、网络通讯科、视音频处理科、技术应用科。音像资料馆主任倪代光，副主任强西京、王甫、武金鑫，党总支专职副书记周大勇。

中国国际电视总公司

中国国际电视总公司是中央电视台全额投资的大型国有独资公司，成立于1984年，1997年资产重组和机构调整后，一直保持持续稳定的高速增长，是中国内地规模最大、赢利能力最强的传媒集团公司，拥有国内外90多家子公司，员工9300多人。

中国国际电视总公司是中央电视台节目版权的全球营销代理，是中国电视节目外销联合体唯一的对外版权代理商，拥有电视节目引进权；享有中国内地唯一经政府主管部门批准的境外卫星节目代理权，共代理美国、英国、日本、新加坡、香港等全球10个国家和地区的33个频道，在全国31个省市落地。

中国国际电视总公司形成了以传媒产业为核心的多元化产业经营体系，拥有国内最具实力的电视剧制作、节目销售、广告经营、收视调查等龙头企业，业务涵盖节目制作、节目发行、音像出版、广告经营、市场调查、技术开发、实业投资、旅游服务、网络电视、移动电视、电视购物、国际传播、动画产业、体育产业、演艺传播、平面媒体等方面，形成了较为完整的产业链。

中国国际电视总公司以事业部制为基本管理模式，对各事业部实施战略协调和战略管控，构建了以总公司办公室、人力资源管理部、计划财务部、战略与投资管理部、资产经营部、法律事务部、审计部为职能管理部门，下辖六大事业部和若干直属单位的框架结构。

◇中视影视事业部：以生产制作电视节目为主营业务的企业集群。

◇中视发行事业部：以节目营销、音像出版为主营业务的企业集群。

◇中视广告事业部：以广告经营为主营业务的企业集群。

◇中视科华有限公司：以电视技术服务及电视技术开发为主营业务的企业集群。

◇中视旅游实业事业部：围绕媒体产业进行商贸和旅游开发的企业集群。

◇中视动画事业部：以动画原创生产、动画版权管理与开发为主营业务的企业集群。

中国国际电视总董事长李建，总裁梁晓涛。常务副总裁沈向军，副总裁汪文斌、赵刚、赵健、张海潮、庞建、魏平，总裁助理马润生、黄艳荣、曹青、石宪法。地址：北京市羊坊店路9号京门大厦。地址：北京市3831信箱。邮编：100038。电话：010－63950016。传真：010－63957106。网址：www.citvc.com。

中视影视事业部

中视影视制作有限公司

中视影视制作有限公司系中央电视台与中国国际电视总公司共同投资成立的事业影视制作机构，注册资本5000万元。公司主要负责各类影视节目的策划、投资、拍摄和制作，年生产能力达400余集，通过市场运作方式向中央电视台、地方电视台以及海外影视媒体提供精品电视剧、纪录片等节目；同时还从事演员经纪代理业务。公司的主要运营理念是成为有社会责任感和向专业化、精品化发展。自成立以来拍摄制作题材多样、内容丰富的精品电视剧200余部5000余集，年生产能力达400余集。公司投资的比较有影响力的剧目如《李小龙传奇》、《大宋提刑官》、《卧薪尝胆》、《西圣地》、《钢铁是怎样炼成的》、《张小五的春天》、《中国远征军》、《感动生命》、《野鸭子》、《山里红》、《延安爱情》、《林师傅在首尔》、《下海》、《我的父亲是板凳》、《锁定美军特使》等。公司下设8个制片工作室，以及策划部、宣传部、运营部、综合业务部、办公室、财务部、人力资源部等若干部门。公司法定代表人兼总经理：张海潮。地址：北京市海淀区羊坊店路9号京门大厦2段8层。电话：010－

63972977、51862780。邮编：100038。电子信箱：cftcd@office.citvc.com。网址：www.zsys.org/。

中视演艺中心

中视演艺中心是中国国际电视总公司的分公司，始创于1996年6月，企业注册资金500万元，是拥有涉外A类演出资质的公司。中视演艺中心经营范围：承办各类型电视转播及电视录播、电视节目的制作；承办各项与电视艺术有关的比赛；与中外电视机构联合拍摄、联合制作综艺节目；承办国内外各种文艺演出、大型晚会、戏剧、话剧、舞台剧、音乐剧及文化交流活动（包括企业庆典、娱乐场所演出、品牌形象宣传、组织会议等），从事文化经纪代理业务；承接国内、外各类文化类演出报批，包括各类室内、户外和商业、非商业演出活动；签约、包装歌手，影视、歌手和主持人演艺经纪代理；对电视创作人员、演艺人员及演艺事业爱好者提供研讨、培训、进修、比赛等机会；策划、组织承办各项大型节庆晚会，进行广告宣传，展位设计等。其他法律法规规定许可经营的业务。品牌项目：《精彩中国》系列大型文艺晚会。合作项目有与中央电视台相关栏目开展业务合作（包括但不限于经费管理、人员管理、项目报批、电视节目录制和制作等）；《精彩中国》等系列国内外大型综艺晚会、演出活动的承办和制作；企业庆典、节假日欢庆等文艺演出；引进国外艺术团体在华演出项目；戏曲片、电视剧、艺术片投资、策划及制作；国内、外综艺节目的制作和合拍；策划、广告宣传、展位设计和节目推广；签约影视演员及歌手，艺人经纪代理（包括主持人、演员、歌手等）。总经理：魏平。法定负责人、副总经理韩凤侠。地址：北京市海淀区羊坊店路9号京门大厦2段705室。邮编：100038。电话：010-68508471、010-68500771。传真：010-63961641。电子邮件：yanyi@citvc.com。网址：www.citvc.com/26/index.shtml。

中央电视台（北京）娱乐传媒有限公司

中央电视台（北京）娱乐传媒有限公司成立于2008年8月，是中央电视台下属的中国国际电视总公司全资子公司。公司以发展文化产业、打造文化娱乐品牌为方向；以传播和沟通国内外优秀文化为宗旨；以整合中国最优质的媒体资源、内容资源、实体资源为模式，形成了一个产业链条广泛、经营模式独特、节目制作精良、能够引领时代潮流的创新型娱乐传媒企业。公司依托强大的市场资源及丰富的内容资源、传播资源、资本资源、人力资源，形成独立又互相渗透的四大核心业务板块：商业演出、电视节目企划制作、品牌再授权、媒体广告。中央电视台（北京）娱乐传媒有限公司拥有一支极富竞争力的电视文艺节目制作团队，其前身曾策划并制作过大量的优秀文艺栏（节）目，如《同一首歌》、《艺术人生》、《中国音乐电视》、1998年中央电视台春节联欢晚会、香港回归、澳门回归、奥运特辑以及近百场公益节目，引起社会的广泛关注和观众的情感共鸣。近年来，公司为拓展经营业务领域，加强了与文化部、中央电视台、地方政府及国内相关企业的互利合作，策划、制作了相关栏目和文艺演出节目。中央电视台娱乐传媒以崭新的思维理念、强大的创新能力、卓越的实践能力，在依托原有市场的同时，开阔思路、挖掘国际国内市场潜力，加大产业化发展步伐。公司下设第一至第四经营工作室、办公室、财务部。公司负责人：刘智强。地址：北京复兴路乙11号梅地亚中心B座0435房间。邮编：100038。电话：010-68550975、68550976。传真：010-68489051。

中视发行事业部

中国广播电影电视节目交易中心（中国国际电视总公司节目代理部）

中国广播电影电视节目交易中心（中国国际电视总公司节目代理部）成立于2002年5月，由中央电视台全额投资的原中国电视节目代理公司依法变更组建而成。中国广播电影电视节目交易中心是中央电视台专门从事影视节目营销、音像制品出版发行的机构，是中国最大的影视节目专业营销实体，2004年7月通过ISO9001:2000国际质量管理体系认证。公司负责中央电视台版权节目及其他中国优秀影视作品的全球营销工作，广泛开展与国内外媒体、机构的影视节目合作、广告代理及其他国际交流活动；拥有中国最畅通的电视节目国际国内营销网络和中国最丰富的电视节目资源储备，每年向中国及海外媒体机构提供10000多小时的电视剧、纪录片、卡通片等影视节目，每年从海外引进大量的优秀电影、电视剧供国内媒体播出，出版数千小时的各类音像制品发行到国内外市场；营销网络遍及全国34个省、自治区、直辖市，以及海外各大洲共60多个国家和地区。由中国广播电影电视节目交易中心承办的一年一度的“中国国际影视节目展”已经成为亚洲规模最大的影视节目交易盛会。公司实行总经理负责制，下设国内部、国际部、音像部、交易部、节目运营版权管理部、技术制作部、财务部、办公室。总经理：马润生。地址：北京市海定区羊坊店路9号。邮编:100038。电话:010－63957153。网址:www.chnpec.com。

深圳中视国际电视公司

深圳中视国际电视公司成立于1993年6月，是中国国际电视总公司在深圳设立的全资公司，具有独立法人资格。公司主营业务为音像制品（国内版权）的购销、租赁与连锁经营；设计、制作国内外电视广告，代理自制广告的发布，电视节目及音像制品的版权代理，房屋租赁。注册资本3138.96万元。公司依托中国国际电视总公司的集团优势，负责在全国范围内实施各类媒体广告的策划、创意、设计制作和代理发布；影音制品的制作、发行和版权代理人等，为广大客户提供全方位、综合性的专业服务。公司独家代理北京西客站信息屏广告、《中国新闻报道》栏目贴片广告。公司以“科学策划，精确传播，竭诚服务”为经营理念，立足媒体优势和优质服务，为诸多大型企业提供了精良完善的整体策划及宣传推广服务，在业界和客户当中享有良好的声誉。并从2005年至2007年连续三年被深圳市委、深圳市人民政府评为“精神文明建设先进集体”。公司下设广州经营部、音像连锁门店、制作部、广告部、办公室、财务部等部门。法定代表人：冯宝良。地址：深圳市福田区深南中路1002号新闻大厦1603。电话：0755－82090088。邮编：518027。

中视广告事业部

北京未来广告有限公司

北京未来广告有限公司是中央电视台所属的全资广告公司，于1992年与《东方时空》栏目相伴而生，是中央电视台探索专业频道经营、面向市场多元化经营的重要平台。1998年起，北京未来广告有限公司专注电视体育营销，独家代理CCTV－5体育频道。近年来，随着新媒体的蓬勃发展，北京未来广告有限公司整合中央电视台旗下的网络和平面媒体，实现多媒体互动传播；同时，深入体育产业的上下游，与美国男子职业篮球联赛NBA、中国男子职业篮球联赛CBA、世界一级方程式赛车锦标赛F1等赛事组委会建立了伙伴关系，将经营领域扩展至赛场内外。公司立足专业体育营销，为客户提供依托中央电视台专业频道的媒体咨询、策划，广告发布以及效果评估等一系列服务，并拓展户外、网络、平面等媒体线上线下整合传播营销服务。公司下设策划中心、销售中心、行政中心、财务中心、媒介中心、公关推广中心以及新媒体拓展部。总经理：张勇。地址：北京市朝阳区建国路甲92号世茂大厦B座19层。邮编：100022。电话:010－59573188、59573288(总机)；010－59573111(传真)。网址：www.future-ad.com。

北京视澜广告有限公司

北京视澜广告有限公司成立于一九九七年，是中央电视台与美国映佳国际传播公司的合资企业，独家代理销售《每日佳艺》的栏目广告。北京视澜广告有限公司为客户提供广告业界动态、市场信息、新法规规定等资讯；并运用精确的国际化媒体分析软件，为客户评估媒体、整合资源、提供策略支持、制定行之有效的投放计划。为了进一步细化公司服务工作，提供增值服务，特别成立了广告播出监管小组，24小时内提供监播查询。北京视澜广告有限公司与国际品牌宝洁、百事可乐、可口可乐、欧莱雅建立了长期良好的合作。公司下设媒介部、客户服务部、销售部、项目开发部、财务部和行政人事部。总经理：张绪燕。地址：北京市海淀区复兴路乙11号梅地亚中心写字楼560室。邮编：100038。电话：010－68509958、68509948、68550526/27/28。传真：010－68550530。

中视科华有限公司

中视科华有限公司成立于2005年11月，是中国国际电视总公司旗下的技术管理公司。中视科华有限公司依托中央电视台“建设国际一流媒体”的战略背景，立足电视媒体，已发展成为国内最大的综合性技术服务公司，为中央电视台、北京电视台等多家电视台及政府机构、海外机构提供电视媒体领域多元化的技术服务与支持。中视科华有限公司拥有国内最大的多媒体制作集群和最尖端的电视技术设备，产业聚集互补，形成以创意策划为核心，涵盖大型演出、活动策划实施、体育赛事转播、传输，电视节目前后期制作，电视媒体信息化建设，影视教育培训，国内记者站整体运营等各个电视领域的业务布局。中视科华有限公司设四个职能部门，分别为综合管理部、人力资源部、计划财务部、运营管理部。下辖九家公司，分别是北京新闻技术服务分公司、北京文化创意分公司、北京技术培训分公司、中视电视技术开发公司、北京中视广信科技有限公司、北京中视远图影视传媒有限公司、北京中视环亚卫星传输有限公司、北京中视创新文化发展有限公司、北京中视节点文化发展有限公司。公司法人及总经理：郑艺。地址：北京市海淀区复兴路乙15号1号楼C段。邮编：100038。电话：010－68510108。传真：010－68550889。网址：www.mediacctv.com。

北京新闻技术服务分公司

北京新闻技术服务分公司于2010年11月注册成立，隶属于中视科华有限公司。主要为中央电视台驻国内记者站提供技术支持及运营保障服务。公司掌握特种技术设备包括水下摄像机、EVS、长焦镜头、航拍飞行器等。公司下设职能部门3个：办公室、人力资源部、计划财务部；业务部门4个：业务保障部、资产管理部、技术管理部及网络信息部。总经理：刘香菊。地址：北京市海淀区复兴路乙11号梅地亚中心写字楼9层。邮编：100038。电话：010－68550513。传真：010－68550506。

北京文化创意分公司

北京文化创意分公司成立于2010年11月，公司拥有专业、优秀的创意策划团队、电视节目研发团队、项目运营团队和后期制作团队，通过对国内外媒体资源的收集和专业化分析，凭借丰富的实战经验和高度的创新精神，为客户提供品牌形象包装、品牌营销互动、节目包装创意、节目研发制作、大型活动策划、三维特效制作、大屏幕创意制作等文化创意领域的多方面专业化优质服务。公司下设综合部、人力资源部、计划财务部、业务部、创意部、制作部、研究中心。总经理：吴涤。地址：北京市海淀区羊坊店路9号京门大厦C段616。邮编：100038。电话：010－63960260。传真：010－63960260。

北京技术培训分公司

北京技术培训分公司成立于2010年11月，是中视科华有限公司全力打造的培训行业的领导品牌。依托中央电视台雄厚的行业背景，秉承服务中央电视台、服务中国影视行业发展的理念，以"立足于总公司、服务中央电视台、面向社会市场"为发展宗旨，以中央电视台节目制作水平为教学标准，以满足国家级影视机构的人才需求为己任，全力打造中国影视行业从业人员的学习培训基地。公司下设业务部、综合管理部。业务部下设企划部、市场部、教学部三个二级部门，综合管理部下设信息技术部一个二级部门。总经理：邵勇。地址：北京海淀区羊坊店路9号C段8层。邮编：100038。电话：010－63959330。传真：010－63962553。

中视电视技术开发公司

中视电视技术开发公司是中国国际电视总公司的全资子公司，成立于1993年2月，注册资金5000万元人民币，固定资产超过2亿元人民币，获得ISO9001认证。中视电视技术开发公司拥有世界先进电脑灯具千余台，巴可、三菱LED显示屏幕300余平米，巴可70寸DLP显示屏30个单元，巴可高清投影机和V3高清服务器近20台，专业体育音频转播车10辆，以及包括音响、视频在内的一大批高端演出设备。公司下设职能部门3个：办公室、财务部和人力资源管理部；业务部门4个：业务管理部、特种设备部、灯光业务部和市场部。公司法人及总经理：邓朴琪。地址：海淀区复兴路戊12号恩菲科技大厦A座317室。邮编：100038。电话：010－63955802。传真：010－63955859。

北京中视广信科技有限公司

北京中视广信科技有限公司业务覆盖电视、广播、新媒体等多个传媒领域，是中央电视台和北京电视台最大的IT合作伙伴之一，也是中国网络电视台的主要承建商。北京中视广信科技有限公司成立于2007年8月，是由北京长广信传媒科技有限公司和中国国际电视总公司共同出资组建而成。公司前身北京长广信传媒科技有限公司长期致力于为中国传媒行业的业务信息化提供软件和通用解决方案、系统管理和数据安全服务、移动增值运营服务，以及IT咨询规划、行业解决方案提供、系统集成与系统服务、定制软件开发服务等专业化服务。公司由基础平台业务部、开发部、视频业务部、互联网业务部、大客户服务部、TC部、运行支持服务部、项目管理部、销售部、财务部、商务部、市场部、人力资源部、行政部组成。总经理：徐建新。地址：北京市西城区复兴门外大街A2号中化大厦202室。邮编：100045。电话：010－68068888。传真：010－68058080。网址：www.ctvit.com.cn。

北京中视远图影视传媒有限公司

北京中视远图影视传媒有限公司成立于2000年11月，主要从事电视剧、电影、纪录片、广告片等节目的视、音频前后期拍摄制作，三维虚拟再现、动画制作及培训。多年来完成了近千部影视作品，并出品制作了《墨香天使》、《城铁三号线》及建党九十周年的献礼影片《吴运铎》等多部电影。拥有十余个制作区，制作设备三百余套，汇集国内前后期制作人员四百余人，不仅为影视剧提供拍摄制作服务，还为中央电视台财经、综艺、体育、音乐、外语、少儿等频道长期提供制作服务。公司从事广播电视设备、多媒体编辑设备的维修维护，为各电视台及影视公司提供有力的技术支持和保障；在电视系统工程的设计与施工方面，曾相继完成了奥运会羽毛球馆、世博会浦东演播室系统、中央电视台非洲分台系统集成搭建等多项重大集成工程项目。公司还承接广告全案策划、代理、媒介宣传和制作等综合业务。公司下设 3 个职能部门，管理部、财务部、人事部；4 个事业部，技术事业部、影视制作事业部、影视策划事业部、广告事业部。公司法人及总经理：尚德学。地址：北京市海淀区西四环中路 49 号中央电视台影视之家北楼 7～9 层。邮编：100039。电话：010–68513461。传真：010–68575516。网址：www.zsyt.cn。

北京中视环亚卫星传输有限公司

北京中视环亚卫星传输有限公司是具有独立法人资格的股份制企业，公司前身中国国际电视总公司卫星传送分公司，成立于 1999 年 4 月，注册资金 2500 万元，是北京市科学技术委员会批准的高新技术企业。公司于 1999 年即获得了国家广电总局授权批准的“开展广播电视卫星传输业务”的资格。公司现有 EFP 数字高清转播系统、卫星车、转播车、工具车及各种制式格式的传送设备。EFP 数字高清转播系统，可在各种体育比赛、境外赛事及大型文艺活动现场完成节目的直播和录制。卫星车可满足多种上行要求。可实现多路电视信号传送，并兼容模拟、标清、高清三种输入方式。公司下设租赁部、传送部、保障部、管理部、财务部五个部门。公司法人及总经理：王晖。地址：北京朝阳区建国门外大街甲 24 号东海中心 1606–9 室。邮编：100004。电话：010–59271828。传真：010–59271833。网址：www.cctv–hy.com。

北京中视创新文化发展有限公司

北京中视创新文化发展有限公司隶属于中央电视台中国国际电视总公司，成立于 1998 年 1 月。公司业务涵盖电视栏目制作、纪录片、专题片、电视剧、动画片、电视综艺节目的策划及制作、电视专业设备租赁、演播室租赁、技术服务、技术支持、电视节目发行、广告代理等，公司与中央电视台各频道有着广泛的合作关系，独立策划制作了中央电视台社会与法频道的《平安 365》、《普法栏目剧》等栏目；参与中央电视台《一线》、《讲述》、《心理访谈》、《热线 12》等多个栏目的制作。公司近年来完成了中央电视台及地方演播室等多个电视工程项目，并长期为中央电视台及地方台、文化传媒公司、广告公司等提供专业电视设备的租赁及技术支持，有多个不同规格的专业演播室。公司具备广播电视节目制作经营及中央电视台、中央电视台国际的广告经营代理、广告发布资质。公司下设行政管理部、财务部、资产经营部、纪录片部、节目部、运营部。公司法人及总经理：张玉志。地址：北京朝阳区光华路十五号泰达时代中心 1 号楼 508 室。邮编：100026。电话：010–85718120。传真：010–85885082。网址：www.cctvcx.com。

北京中视节点文化发展有限公司

北京中视节点文化发展有限公司（原名北京中视联信形象设计制作有限公司）是中国国际电视总公司的全资子公司。公司成立于 1998 年 12 月，专门从事舞台场景设计制作、各类大型文化活动、国家级庆典活动、大型文艺演出的策划、组织与实施及展览展示等。2007 年公司获“ISO9001:2000 质量管理体系”和“OHSAS18001:1999 职业健康安全管理体系”认证。同年又获中华人民共和国国家知识产权局颁发的“实用新型专利证书”。公司下设：项目部、驻台业务部、制作部、技术部、物资部、行政部和财务部。公司法人及总经理：张旭。地址：北京市丰台区小井 808 号。邮编：100073。电话：010–63827621。传真：010–63827627。网址：www.cctv–vision.com。

中视旅游实业事业部

中视实业发展有限责任公司

中视实业发展有限责任公司成立于 1997 年 6 月。公司注册资金 1300 万元人民币，公司资产超亿元。公司主要承接中央电视台媒体资产管理服务项目（包括综艺节目、节目素材、非汉语节目、光盘刻录、磁带整理、特藏编目、《新闻联播》资料库等多种节目形态）、电视节目制片服务、演播室租赁、为台内相关部门和栏目提供服装租赁、化妆、办公设备维修等多种电视产业核心和衍生业务。公司下设办公室、财务部、媒资开发部、制片服务中心、维修服务中心。法人代表兼总经理：滕云平。地址：北京市羊坊店路9号京门大厦二段809室。邮编：100038。电话：010-63957035。传真:010-63957040、51925399。电子邮箱:zhangyuhua@ly.citvc.com。

梅地亚电视中心有限公司

梅地亚电视中心有限公司（梅地亚®中心）成立于1988年8月16日，1990年9月13日正式开业，是一家涵盖星级旅游饭店、写字楼、公寓、酒店委托管理和物业管理、劳务派遣、会议服务、电视节目制作以及卫星传送业务等多元化的综合性企业。梅地亚电视中心有限公司连续四年跻身"北京著名商业品牌"100强。2007年，梅地亚被认定为"中国驰名商标"。公司下设电视业务部、市场营销部、餐饮部、前厅部、客房部、计划财务部、工程部、保卫部、项目管理部、总经理办公室、人力资源部、工会。董事长：滕云平，总经理：王国利。地址：北京复兴路乙十一号。邮编：100038。电话：010-68514422。传真：010-68550326。网址：www.mediacenter.com.cn。

北京荧屏汽车租赁有限公司

北京荧屏汽车租赁有限公司成立于1993年2月，隶属中国国际电视总公司，公司主营业务为汽车租赁，是中央电视台租用公务车辆唯一指定服务商，为全台和中国国际电视总公司系统提供优质的公务用车服务保障。公司拥有奥迪、帕萨特、别克、雅阁、桑塔纳、金龙、考斯特等多种品牌的租赁车辆。截至2011年12月，公司拥有大、中、小型客车近700辆。公司提供完善便捷的维修救援、保险理赔、汽车检测等配套服务。所有客户资料、车辆档案、合同管理、保险档案、维修数据以及售后服务等都实现系统化标准化管理。公司下设：综合办公室、财务部、业务部、保险部、技术维修部、综合服务部。总经理：韩春来。地址：北京市海淀区复兴路11号。邮编：100859。电话：010-68500675。传真：010-68580631。电子邮箱：qichezulin@ly.citvc.com。网址：www.citvc-ypzl.com。

北京中广物业管理有限公司

北京中广物业管理有限公司是由国家广播电影电视总局机关服务中心（授权北京广维物业管理有限责任公司投资）和中央电视台中国国际电视总公司（授权中视实业发展有限责任公司投资）共同出资组建的一家独立法人企业，公司成立于2002年8月，注册资金500万元人民币，具有国家物业管理二级资质。公司实行董事会领导下的总经理负责制，下设总经理办公室、财务部、经营管理部、品质管理部、技术管理部、项目管理部、人力资源管理部、企划宣传部。2002年公司接管中国广播电视音像资料馆物业，2005年接管中国电影博物馆物业，2005年接管中央电视台部分住宅小区物业，2007年接管中央电视台6个住宅小区物业，2008年接管国家广电总局真武家园小区物业，2009年接管河北省广电局综合业务楼物业，2010年底接管了中央电视台新台址及老台址环境管理，2011年接管安徽省博物馆，公司物业管理总面积达55万多平方米。此外，公司还经营管理着货运车队、中央电视台音像磁带库区、餐饮中心等物业主营业务之外的项目。总经理：王殿林。地址：北京市西城区真武庙二条九号。邮编：100045。电话：010-86092321。电子信箱：zhongguangwuye@ly.citvc.com。公司网址：www.bjzgwy.com。

北京中视物业管理有限责任公司

北京中视物业管理有限责任公司是中国国际电视总公司控股的公司，成立于1998年4月，是集写字楼物业、商务服务、特种行业设备设施运维服务等多种物业服务为一体的物业服务企业。公司于2005年获得ISO9001质量体系认证。自2008年以来，公司紧密配合中央电视台，圆满完成了春晚、"两会"、"嫦娥二号"发射、国庆、上海世博会、世界杯、第16届亚运会等重大活动和重要新闻发布会转播的动力保障任务。北京中视物业管理有限责任公司实行董事会领导下的总经理负责制，下设办公室、计划财务部、人力资源部、品质部、技术部（含工程师办公室），下辖中央电视台项目管理处（现址）、中央电视台新址项目管理处、京门项目管理处（中国国际电视总公司办公区）、中国网络电视台项目管理处。法人代表：滕云平，总经理：白凤海。地址：北京市海淀区羊坊店9号京门大厦Ⅱ段。邮编：100038。电话：010-63950470、51862860。传真:010-63957045。电子邮箱:zhongshiwuye@ly.citvc.com。

中塔有限责任公司

中塔有限责任公司是由中央电视台、无线电台管理局、中国国际电视总公司出资创办，由中央电视台控股的有限责任公司。公司的前身是1994年成立的北京中央塔旅游开发公司，1995年经国家工商局批准注册为中塔有限责任公司，注册资本6000万元，主要业务为中央电视塔景区旅游开放的经营管理工作。中央电视塔景区于2002年被国家旅游局评定为国家AAAA级旅游景区。公司下设观光部、餐饮部、市场部、新业务部、商品部、运营保障与服务部、办公室、财务部、人事部、安全小组。董事长：赵刚，副董事长：李智，监事会主席：董为民，总经理：赵玉东。地址：北京市海淀区西三环中路11号。邮编：100142。电话：010－88416221。传真：010－86093373。网址：www.zydst.cn。

央视后勤服务发展（北京）有限责任公司

央视后勤服务发展（北京）有限责任公司成立于2005年10月11日，公司注册资本3253.96万元。主要经营项目：中餐服务；零售卷烟、雪茄烟；销售饮料、酒。2009年公司被评为食品卫生A级单位。2010年公司取得质量管理体系和食品安全管理体系两项认证证书。2011年公司营业收入达到8672万元，利润总额216万元，净利润162万元，三项指标均超额完成中国国际电视总公司下达的经济计划指标任务。公司坚持"服务于全台，造福于职工"的工作宗旨，紧密围绕全台重点工作，圆满完成全台重大宣传活动和台职工的餐饮服务工作，为中央电视台电视宣传事业发展和全台职工提供最优质、最安全、最可靠的餐饮保障。公司的组织结构分为职能、业务、生产销售三大部分。职能部门包括：行政部、人力资源部、财务部3个部门；业务部门包括：采购部、质检部2个部门。生产和销售部门包括：餐饮一部、餐饮二部、餐饮三部、餐饮四部、餐饮五部、餐饮六部6个部门。负责人：崔立新。地址：北京市海淀区复兴路11号。邮编：100859。电话：010－68507420。传真：010－68507420。电子邮箱：yangshihouqin@ly.citvc.com。

北京中视汉威航空服务有限公司

北京中视汉威航空服务有限公司是经中国航空运输协会和北京市工商行政管理局批准注册登记的一类民航客运销售代理企业，是中国国际电视总公司的控股公司，成立于1996年1月。公司主营业务：国际航线和香港、澳门、台湾航线的航空客运销售代理业务（含国内航线）。公司下设办公室、财务部、国际客运部、国内客运部和北京中视汉威航空服务有限公司第一、二、三机票代理处。董事长：滕云平，经理：李宪伟。公司总部地址：北京市海淀区复兴路11号3号楼一层。邮编：100859。电话：010－68539694。传真：010－68509818。电子邮箱：hanweihangkong@ly.citvc.com。

中广国际旅行社有限公司

中广国际旅行社有限公司自1996年成立以来，一直以提供专业化、高效率、满足顾客个性化需求为服务宗旨，以为顾客提供优质和便捷旅游服务、多元化的旅游产品为目标，致力于打造一个具有旅游服务专业化、旅游产品多元化的高品质旅行社。近两年，借势国内外旅游的发展环境，公司一方面继续深化开发传统旅游项目和产品，如：中国公民的出境旅游和国内旅游、专项旅游、会展、奖励旅游、商务旅行等旅游业务；另一方面，强力推出具有专业化制片服务的新特色经营思路，承接了中央电视台众多知名栏目的制作保障工作，得到各方客户一致好评的同时，公司的发展方向也更加多元化。公司法人代表兼总经理：滕云平。地址：北京市海淀区羊坊店路9号京门大厦2段。电话：010－63957034。传真：010－63957040。电子邮箱：zhongguangguolv@ly.citvc.com。

北京中视华业电视工程有限公司

北京中视华业电视工程有限公司成立于1949年，隶属于中国国际电视总公司。公司在歌华有线双向有线电视系统设计、施工及维护、建筑智能化系统以及消检、电检等方面，具备精湛的专业技术、严格的质量管理制度、良好的资源优势以及较强的综合实力。北京中视华业电视工程有限公司拥有有线电视设计安装、维护一级资质，卫星地面站的设计、安装一级资质，安全防范工程设计施工二级资质，消电检检测资质，GB/T19001:2008质量管理体系认证。是北京歌华有线电视网络股份公司委托的六家有线电视双向网络设计的单位之一；是北京歌华有线电视网络股份公司委托的有线电视管道需求两家设计单位之一；是北京歌华有线电视网络股份公司委托的宽带网络接入、维护单位之一；是北京消防协会会员单位，具有建筑物防火检测、建筑电气检测的资质。公司的工程案例包括歌华有线近16万户的有线电视系统售后维护；北京林业大学校园视频监控设备整合系统；顺义核电建造研发项目建筑智能化系统；北蜂窝住宅小区弱电系统；中视科华卫星直播工作站监控中心安防、会议、GPS定位系统、大屏幕系统等；清华大学射击馆、静安公寓a座、茶贸国际中心、中国广播电视音像资料馆一、二期、天鸿集团回龙观大型住宅小区弱电安防等。公司下设办公室、财务部、有线网络部、技术部、安防部、仓储运营部、安全部。总经理：芦燕生。地址：

北京市海淀区花园北路14号环星大厦A座二层东侧。邮编:100083。电话:010-62371078、62371190，传真:010-62371190。电子邮箱：hy@js.citvc.com。

荧屏（北京）电视技术有限公司

荧屏（北京）电视技术有限公司是中国中央电视台台属企业，隶属于中国国际电视总公司，致力于卫星电视接收系统、有线电视系统、消防监控系统、电视周边业务。技术咨询、技术开发、项目实施。承办大型会议、代理广告业务。公司成立于1993年，是中国电子学会、广播电视学会、有线电视专业委员会会员，是北京市高新技术企业。下设综合业务中心、工程管理中心、有线电视运营中心、消防监控运营中心、国际传媒中心。公司负责人：冀彤彤。地址：海淀区复兴路乙15号。邮编：100038。电话：010-68507251、68573153，传真：010-68511625。网址：www.ying-ping.com

北京中央电视台国金工程管理有限公司

北京中央电视台国金工程管理有限公司成立于2003年11月12日，公司主要职能是服务于中央电视台新台址建设工程。公司成立后，由中央电视台委托公司承担中央电视台新台址建设工程项目的全过程管理工作，至2011年1月起转变为就该项目向中央电视台提供相关专业技术服务。公司由办公室、财务部、工程部、合同造价部4个部门组成。董事长：滕云平，总经理：曹建新。公司注册地址：北京市朝阳区东环北路32号。公司通信地址：北京市朝阳区呼家楼新苑甲1号。邮编：100020。电话：010-58692345。传真：010-68507144。

北京金视缘纯水制造有限责任公司

北京金视缘纯水公司成立于1997年5月5日，注册资金50万元。公司主要经营项目：生产桶装纯净水及少量的相关商品（如饮水机、瓶装水和一次性纸杯等）；为广电总局、中央电视台、中国国际电视总公司及家属区送桶装纯净水、矿泉水的服务。年送水量8万余桶。公司下设办公室、财务部、业务部三个职能部门。总经理：张敬勇。地址：北京市海淀区复兴路11号。邮编：100859。电话：010-68506382。传真：010-68506382。电子邮箱：jinshouzhang@ly.citvc.com。

北京金视光盘有限公司

北京金视光盘有限公司成立于1998年7月28日，是中央电视台、中国国际电视总公司下属的生产型企业，注册资本金1000万元。生产大楼于1999年10月正式启用。公司主营项目：激光数码储存片子盘复制、印刷；CD、DVD类母盘制作及其它技术服务。2006年初，经上报中国国际电视总公司并得到批准后，转变经营思路，与隶属于保利集团的北京保利星数据光盘有限公司进行合作至2011年年底。公司法人代表：李小健。公司负责人：蔡少杰。地址：北京市海淀区杏石口路32号。邮编：100195。电话：010-88442558。传真：010-88442558。电子邮箱：gvod@office.citvc.com。

中视动画事业部

央视动画有限公司

央视动画有限公司成立于2007年3月18日，是由中央电视台全额投资的大型动画企业，由原中央电视台青少节目中心动画部整建制转制后重组而成。央视动画有限公司原创动画年产逾8000分钟，是我国原创动画生产的支柱型企业。在依托中央电视台少儿频道为主要播映渠道的基础上，央视动画有限公司的主营业务包括：动画原创生产、动画版权管理与开发、开展新型媒体业务、拓展衍生品市场，建立长期战略利益共同体，促进品牌建设与运营，促进原创核心竞争力的提升，完成动画产业链构建。公司下设企划部、创作管理办公室、制作部、市场营销部、人力资源部、行政办公室、财务部共七个部门，截至2011年12月31日，员工共计248人。总经理：王英。地址：北京市海淀区复兴路11号。邮编：100859。电话：010-68500687。传真：010-68507554。电子邮箱：ysdh@cctv.com。网址：www.yangshidonghua.com。

北京辉煌动画有限公司

北京辉煌动画有限公司成立于1989年，是中央电视台、中国国际电视总公司所属的国有动画企业，具有国家广电总局批准的动画节目制作经营资质，是以创造国产原创动画精品为宗旨、以市场需求为导向、以产业化发展为目标，集节目策划、创作、制作、开发为一体的文化企业。公司下设行政管理中心、策划中心、节目中心、开发中心。总经理周凤英，副总经理朱敏、顾鹏。地址：北京市西城区虎坊路15号。

电话／传真：010－51253831。邮编：100052。电子信箱：gac@cctv－gac.com。网址：www.cctv－gac.com。

中央电视台威海影视城

中央电视台威海影视城是中央电视台所属的四个影视基地之一，首期工程大风车景区于1997年5月31日建成开放。中央电视台威海影视城拥有主题公园旅游、少儿艺术培训和特色幼儿教育、动画创作生产和动画衍生产品开发、大型少儿艺术活动等主体业务。中央电视台威海影视城是国内唯一的以少儿影视为主题的旅游景区，具有文化娱乐、观光旅游、休闲度假等功能。下设行政人事部、财务部、影视部、景区管理部、保卫部，下辖威海中视经贸总公司、大风车艺术团、金螺号幼儿园、影视之家、旅行社、影视广告中心等单位。主任：孟昭元。地址：山东省威海市中央电视台威海影视城。邮编：264200。电话：0631－5757770、5757838－2068/2011。传真：0631－5757771。

直管公司

中央数字电视传媒有限公司

中央数字电视传媒有限公司（简称中数传媒），成立于2003年10月，是由中央电视台和中国国际电视总公司共同投资组建、经国家广播电影电视总局授权的国内第一家数字付费电视集成播出平台，是我国第一家覆盖全国范围、从事数字付费电视集成及代理销售业务的运营机构。中央数字电视传媒有限公司下设频道销售中心、频道管理中心、技术播出中心、办公室、财务部和法律事务部。总经理：刘保平。地址：北京市海淀区羊坊店路9号京门大厦三段十层。邮编：100038。电话：010－51925188，传真：010－88243373。网址：www.tv.cn。

央视风云传播有限公司（简称央视风云），成立于2004年5月，由中央电视台和中国国际电视总公司共同投资组建，是中国数字付费频道最大的节目生产商。央视风云传播有限公司精心创办了11个质量上乘、个性鲜明的数字付费电视频道，分别是《第一剧场》、《风云剧场》、《怀旧剧场》、《世界地理》、《国防军事》、《风云音乐》、《女性时尚》、《央视文化精品》、《风云足球》、《高尔夫·网球》和《央视台球》。另有在开路播出的《电视指南》频道、在长城平台面向海外观众播出的《CCTV戏曲》、《CCTV娱乐》频道。2012年1月1日，受中央电视台委托，由央视风云传播有限公司负责筹建的中国首个立体电视频道《中国3D电视试验频道》正式开播。央视风云传播有限公司下设频道节目协调中心、综合频道节目中心、影视剧节目中心、海外影视剧节目中心、技术制作中心、商务合作中心、办公室、财务部和法律事务部。董事长兼总经理刘保平。地址：北京市海淀区羊坊店路9号京门大厦三段十层。邮编：100038。电话：010－51925199，传真：010－51925001。网址：www.tv.cn。

央视国际网络有限公司

央视国际网络有限公司是中央电视台全资公司，中国网络电视台（英文简称CNTV）由中国中央电视台主办，是国家网络广播电视播出机构，是以视听互动为核心、融网络特色与电视特色于一体的全球化、多语种、多终端的网络视听公共服务平台。中国网络电视台于2009年12月28日正式开播，通过部署全球镜像站点，已覆盖北美、欧洲、东南亚、中东、非洲等210多个国家及地区的互联网用户，推出了英语台、西班牙语台、法语台、阿拉伯语台、俄语台、韩语台6个外语频道，以及蒙古族、藏族、维吾尔族、哈萨克族、朝鲜族5种少数民族语言频道。中国网络电视台为全球用户提供包括视频直播、点播、上传、搜索、分享等在内的、方便快捷的“全功能”服务。在国务院三网融合政策指导下，中国网络电视台全面部署多终端业务架构，已建设网络电视集成播控平台、IP电视集成播控平台、手机电视集成播控平台、移动电视集成播控平台、互联网电视集成播控平台五大多终端播出平台。建立了汇集网络电视、IP电视、手机电视、移动传媒等各种媒体终端（汽车、火车、民航、地铁、楼宇、广场大屏幕等）的全媒体、全覆盖传播体系。公司下设党工团、综合部、财务部、人力资源部、企划部（审计办）、总编室、新闻社区中心、体育中心、媒体合作事业部、产品部、广告部、技术中心、客服中心、战略研究部、大型活动部、多媒体制作部、产经中心、科教社区部、战略合作部、项目办公室、网络电视事业部、互动运营中心、综艺社区部、IP电视事业部、移动互联网事业部、海棠学院、投资管理部、产业基地筹备组（临时机构）、迁址办（临时机构）、技术研发中心筹备组（临时机构）、移动业务拓展部、中央电视台国际画院、微博平台部。子公司有中央电视台国际移动传媒有限公司、云南爱上网络有限责任公司、北京易橙天下科技有限公司、浙江爱上网络科技有限公司、天津未来电视有限公司、中央电视台国际网络无锡有限公司。总经理汪文斌，副总经理闫永刚、晋延林、高小平、刘平、夏晓晖。地址：北京市海淀区西三环中路10号望海楼D座。邮编：100142。电话：010－88046677。传真：010－88046600。

北京央视公众资讯有限公司（央视公众资讯中心）

央视公众资讯有限公司于2002年10月8日正式成立，是由中央电视台正式授权中国国际电视总公司组建的从事电信增值业务的专业公司，负责运营和管理央视公众资讯中心。拥有经营电信增值业务的各种资质，包括：因特网信息服务经营许可和移动网增值服务经营许可，《中华人民共和国电信与信息服务业务经营许可证》、《中华人民共和国增值电信业务经营许可证》、《经营性网站备案登记证书》、《网上传播广播电影电视类节目许可证》、《广告经营许可证》及《网络经营许可证》等多项营业资质，2003年7月获得《ISO9001质量管理体系认证证书》。央视公众资讯公司成立九年多来，与中央电视台进行了卓有成效的合作，对提高中央电视台的声誉和相关栏目的质量及影响力起到了重要的作用，包括为历年春节晚会、各种大型晚会、体育直播赛事、以及中央电视台很多栏目提供互动策划及实施；央视公众资讯公司还开创了数字电视增值服务系统。

央视公众资讯中心是中央电视台对外开展观众服务的统一窗口，同时也是中央电视台挖掘媒体自身资源，借助现代通讯技术手段，实现节目信息资源增值的重要途径。中心集呼叫中心服务、电话信息服务和移动网信息服务、互联网信息服务于一体，旨在为观众提供专业化的、长期和稳定的咨询、投诉、热线、信息查询和节目互动等相关服务。热线电话：010－68579889。公司法人代表：汪文斌，总经理：关磊。地址:北京市海淀区羊坊店路9号京门大厦3段8层。邮编：100038。总机电话：010－68509898，传真：010－88244077。电子邮箱：mycctv@mycctv.com。网址：www.mycctv.com。

央视市场研究股份有限公司

央视市场研究股份有限公司是国家外经贸部批准设立、在国家工商管理局注册的外商投资企业。2001年12月被北京市认定为高新技术企业并2009年3月重新继续被认定；2002年12月通过ISO9001—2000版国际质量标准认证，2009年通过国际调查行业SGS组织认定的20252，为国内调查行业唯一被认定的企业。央视市场研究股份有限公司在吸取外资集团的资金、技术软件、研究水平、国际市场的基础上，充分发挥本土员工、本土经验的优势，整体实力得到提高，增强了与国际大型市场调查公司竞争的能力，改变了中国市场调查业的竞争格局。央视市场研究股份有限公司主要进行各种商业市场调查研究及日用商品消费者调查、报纸阅读率调查、电视收视率调查、广告知晓率调查和互联网使用率调查，数据采集和分析软件研究与销售。2011年营业总额超过6.8亿元人民币（与所属公司央视－索福瑞媒介研究有限公司合并报表）。成为行业标准的项目有电视收视率、广告监测、消费者固定样组、全国读者调查和电视观众满意度调查。主要客户有:宝洁、联合利华等20余家国际性企业;海尔集团、光明乳业等100余家国内企业；实力媒体、中央电视台等100余家电视媒体；Zenith，Media等所有4A广告公司；北京未来广告公司等300余家国内广告公司；光明日报、工人日报等30家平面媒体。专业研究与管理人员500人左右。董事长／法人：汪文斌。中方董事：陈若愚、郭振新、虢亚冰。地址：中国北京西城区德外大街5号，邮编：100088。电话：010－62363677。传真：010－62363655。网址：www.cvsc－tns.com。

央视－索福瑞媒介研究有限公司为1997年12月4日经国家广电总局批准，在国家工商管理局注册的外商合作企业。主营业务为电视收视率调查与研究。1999年6月被北京市新技术产业开发实验区认定为高新技术企业；2000年3月，通过ISO9001－2002版国际质量标准认证。央视－索福瑞媒介研究有限公司是中国规模最大、最具权威的收视率调查公司，在收视率调查业务方面占据着市场主导地位。董事长／法人：汪文斌。中方董事：陈若愚、郭振玺、虢亚冰。电话：010－85086666，网站：www.csm.com。

中视体育娱乐有限公司

中视体育娱乐有限公司为中国国际电视总公司媒体延伸业务板块直属公司，也是中央电视台体育节目中心唯一商业运营机构。前身为“中国国际电视总公司体育推广分公司”，1996年8月由中国国际电视总公司注册成立，2005年初，正式改制为“中视（北京）体育推广有限公司”，2009年4月28日，更名为“中视体育娱乐有限公司”。2008年1月，公司与北京大学文化产业研究院共同成立了“中国体育产业研究中心”；2008 年 5 月，公司全额出资 100 万元成立中央电视台《第五频道》杂志社有限公司，推出了我国第一本体育综合类时尚杂志——《第 5 频道》；2008 年 7 月，公司投资 200 万美元与国际管理集团签约成立“中央电视台 -IMG 体育赛事管理有限责任公司”，全面整合 CCTV 体育赛事与电视资源，实施国际市场发展战略。主营业务：CCTV-5 整体运营与形象包装、国际顶级赛事推广及转播、国内外赛事报道权买卖、各类大型体育节目制作、优秀运动员经纪，以及体育电视制作力量输出等体育产业各项核心业务。拥有《篮球公园》、《武林大会》、《城市之间》三个品牌性节目和一个顶级大型评选活动“体坛风云人物”；开创了中国唯一的拥有自主知识产权的体育赛事“WMA 中国武术职业联赛”。公司下设战略资源中心、品牌管理中心、市场开发中心、节目运营中心、赛事制作中心、节目制作中心、技术管理中心、赛事运营中心、综合管理中心、计划财务中心。公司负责人：郑梦晖。地址：朝阳区光华路 15 号院 1 号楼泰达时代中心 16 层。邮编：100026。电话：010-52813333。传真：010-52813377。网址：www.cctvsp.com。

北京中视广经文化发展有限公司

北京中视广经文化发展有限公司是中国国际电视总公司旗下的独立法人企业，成立于 2006 年 7 月，主要从事中央电视台广告资源代理经营、节目制作、数据传输等业务，与中央电视台有着长期、稳定、密切的合作关系。中央电视台广告资源代理经营是北京中视广经文化发展有限公司重要的业务板块，公司经营着电视剧频道、少儿频道两个频道的全频道广告资源及财经频道的多个经济资讯栏目的广告资源。年经营收入超过 20 亿元，公司下设：业务一部、业务二部、广告事业部、技术播出部、物资部、财务部、人力资源部、行政部。负责人：陈超英。地址：北京市海淀区羊坊店路 6 号天洋商厦 A 座 3-4 层。电话：010-68500820。传真：010-63956367。

中视卫星电视节目有限责任公司

中视卫星电视节目有限责任公司是国家广播电影电视总局指定的中央境外卫星电视平台的独立运行公司，是中国国际电视总公司全资子公司，负责申报及独家代理境外卫星电视频道在中国境内落地的所有相关事宜；并将经国务院广播影视行政部门批准落地的境外卫星电视频道节目统一定向传送给合法用户接收，采取授权合作方式在各省、自治区、直辖市设立地方服务机构向用户提供服务。中视卫星电视节目有限责任公司代理来自美国、英国、法国、日本、韩国、俄罗斯、古巴、印度、新加坡、香港、澳门等国家和地区的 30 多个境外卫星电视频道，节目包含新闻、电影、财经、体育、动作、音乐、人文、综合娱乐等多种类型。中视卫星电视节目有限责任公司下设：总经理办公室、频道管理部、内容管理部、用户管理部、技术运行部、人力资源部、计划财务部和法律事务部。董事总经理：杜浩。地址：北京市海淀区羊坊店路 9 号京门大厦三段 711 - 721 室。邮编：100038。电话：010-51925022、010-51925021。传真：010-51925036。电子信箱：haojing@stvp.com.cn，tenghuifang@stvp.com.cn。

中视国际传媒有限公司

中视国际传媒有限公司（CICC）是经国家广播电影电视总局批准，由中央电视台所属的中国国际电视总公司全资投入的新型企业，公司成立于 2006 年 5 月。公司主要业务是，集成中国内地、香港和境外的优秀电视频道组成长城平台，向世界各地区推广及传播，同时负责中央电视台国际频道在境外的推广、落地，为海外广大华人华侨和当地主流社会提供优质的电视频道服务，中视国际传媒有限公司采用最先进的电视传播技术，通过国际通信卫星、光缆等传输渠道，将频道信号输送到世界各个业务地区，合作伙伴包括当地主流卫星直播平台、有线电视网络和宽频电视（IP 电视）等运营商，对海外电视观众形成全方位覆盖。中视国际传媒有限公司已经开通了中国电视长城（美国）平台、中国电视长城（亚洲）平台、中国电视长城（欧洲）平台、中国电视长城（加拿大）平台、中国电视长城（拉美）平台、中国电视长城（东南亚）平台、中国电视长城（澳大利亚）平台以及中国电视长城（非洲）平台。此外，公司还负责接待境外摄影队业务，为来华拍摄电视片的境外媒体提供服务，平均每年接待境外摄影队 15 支，公司同时负责管理中国国际电视总公司海外子公司的业务（现有美国、日本、香港、非洲）。总经理：魏平。地址：中国北京海淀区羊坊店路 9 号 3 段京门大厦 933 室。邮编：100038。电话：010 - 51862870。传真：010 - 51925140。电子邮箱：greatwall@citvc.com。

中国电视有限公司（美国）

中国电视有限公司（“China Television Corp”，

简称“CTC”）是在美国加州帕萨迪纳市注册成立的影视公司，作为中国国际电视总公司全资控股的子公司，中国电视有限公司由中国国际电视总公司指派经理人员进行管理。中国电视有限公司成立于1990年，主要从事中国影视节目频道的推广、发行，北美电视市场调研开发等业务。近年来，随着现代媒体的发展，公司的业务开始向市场化推广转型。特别是在2004年协助母公司在美国成功地筹建并推出了中国电视长城平台，巩固了公司在当地媒体界的地位。中国电视有限公司还致力于中央电视台国际频道在美国卫星、有线、地面数字电视、网络等系统中的推广发行业务。中国电视有限公司已成功地在美国最大的卫星电视系统DirecTV上推出CCTV英语新闻频道；在美国各有线电视系统推出CCTV中文国际频道；利用互联网播出CCTV中文国际频道和CCTV英语新闻频道；在休斯敦、洛杉矶和旧金山等地将CCTV英语新闻频道推进了当地地面数字电视网。公司致力于在美国迅速发展壮大的地面数字电视系统中推广CCTV英语新闻频道，并承建和运营北美制播中心项目，为中央电视台提供北美地区总体新闻与制作服务。总经理：吕春光。地址：234E.Colorado Blvd.,#520,Pasadena,CA91101,U.S.A。电话：001－626－7958866。传真：001－626－7951188。

株式会社中国电视(日本)

1989年4月，中国国际电视总公司和株式会社旭通信社在日本东京注册成立了合资企业——株式会社中国电视。1996年中国国际电视总公司购回了株式会社中国电视的全部股份，株式会社中国电视成为中国国际电视总公司的全资子公司。株式会社中国电视日本总部主要业务涉及五个方面：中央电视台各频道在日本报道的技术支持，包括提供卫星车、转播车、演播室及安排传送线路等；负责运营财经频道东京演播室，为《第一时间》、《环球财经连线》和《交易时间》等栏目提供演播室连线、深度报道和特别报道等节目；同日本各主流电视台外事部门、国际新闻部门的日常交往与合作；负责日本各电视台在中国国内进行体育、文化项目直播时的技术协调；策划中日联合节目制作，为中央电视台及中国国际电视总公司各部门涉日业务提供相关协助和服务。韩国分公司下设办公室和节目部，主要业务涉及三个方面：中央电视台各频道在韩国报道的技术支持，包括提供卫星车、转播车、演播室及安排传送线路等；负责运营财经频道首尔演播室，为《第一时间》、《环球财经连线》和《交易时间》等栏目提供演播室连线、深度报道和特别报道等节目；为台及中国国际电视总公司各部门涉韩业务提供相关协助和服务。总经理：张兢克。电话：0081-80-67138886(日本)。邮箱：china-television@hotmail.com。日本总部地址：日本国东京都涩谷区神宫前6-18-5鹰羽ビル5F。办公室主任：菅原由花里。电话：0081-90-29535426。韩国分公司办公室主任：韩京芳。电话：0082-10-23811175。

中视亚太传媒投资管理有限公司（香港）

中视亚太传媒投资管理有限公司（原名耀龙国际投资管理有限公司）成立于1996年，是中国国际电视总公司在香港的独资子公司，注册资本1000.13万美元。公司的主要业务是配合中央电视台亚太记者中心站开展劳务派遣、房屋租赁、设备维护等保障性服务，同时经营管理中国国际电视总公司在香港投资购买的房产物业。公司下设账务部、记者管理部。总经理：王燕。地址：香港跑马地成和道18号。电话：00852-35496111。传真：00852-35496111。

耀视传媒有限公司（非洲）

耀视传媒有限公司成立于2011年，是中国国际电视总公司在肯尼亚的子公司，注册资本100万美元。公司的主要业务是为中央电视台非洲分台在肯尼亚招聘外籍雇员、培训当地员工、与当地大学合作举办实习生培养计划等人力资源服务工作；为中央电视台非洲分台提供工作餐等后勤保障工作；2012年1月非洲分台在肯尼亚内罗毕开播，为公司未来业务的拓展带来了新的机遇。公司除保障非洲分台人力资源需求外，还积极拓展其他业务，如为中央电视台国际频道进行落地和宣传推广、积极推进长城平台落地非洲等。公司下设财务部和人力资源部。总经理：梁大为。地址：肯尼亚内罗毕市山顶区林荫道苹果中心202室。电话：00254-00982122。传真：00254-00982122。

央视国际视频通讯有限公司

中央电视台2010年启动“国际视频发稿平台项目”，2010年12月由中央电视台和中国国际电视总公司出资组建央视国际视频通讯有限公司（以下简称“国际视通”）实施这一项目。央视国际视频通讯有限公司采取与国际专业机构合作的方式，以国际通行的视频新闻发稿标准，借助美联社、路透社的视频传输渠道，将中央电视台新闻素材直接传递到上千家境外电视频道和媒体机构手中，成为其重要的新闻来源。基于因特网的“全球发布系统”面向各类媒体用户提供视频素材下载服务，包括CNN、BBC、半岛电视台、彭博社等80多家境外新闻机构已成为“全球发布系统”的注册用户。除日常的视频新闻素材发布外，在中央电视台新闻中心指导下，公司从2011年10月起，开始对外提供中央电视台新闻直播信号的服务。“向世界传播中国，向世界报道世界”，建设一个具有中国特色和全球影响力的国际视频通讯机构，是公司的目标和愿景。公司设有业务部、财务部和办公室。总经理：高伟。地址:北京市海淀区羊坊店路9号京门大厦三段五层。邮编：100038。电话：010-63984989。传真：010-63978447。网址：newscontent.cctv.com。

中视电视购物有限公司

中视电视购物有限公司（简称中视购物）成立于1998年，是中央电视台唯一的电视购物运营平台。经国家广播电影电视总局批准，中视购物数字频道于2006年12月28日正式播出，每天24小时不间断播出，覆盖了全国185个地级以上城市，超过1.5亿收视人口，公司电子商务网站获中国电子商务协会颁发的“诚信网站示范企业认证书”。中视电视购物有限公司注重媒体购物业态创新，结合电子商务的兴起，发力包括电视、网络、手机电视、型录等多媒体零售平台建设，全力打造中国最具公信力的传播营销新通路和家庭购物的第一品牌。董事长：庞建。总经理：黄艳荣。地址：北京市海淀区西三环中路11号中央电视塔西北侧楼。邮编:100142。电话:010-59801111。传真:010-59801000。网址：www.igocctv.com。

北京中电高科技电视发展公司

北京中电高科技电视发展公司成立于1992年11月，是中国国际电视总公司下属具有独立法人资格的电视高科技企业，公司注册资金7000万元，公司性质为全民所有制。随着中国国际电视总公司优化产业结构，整合经营资产的步伐加快，经过近几年的战略规划与发展，北京中电高科技电视发展公司已发展成为中国国际电视总公司下属最主要的技术公司。公司长期致力于数字电视产业的研究开发，承接电视高科技和电视系统工程项目，多次承担国家和广电总局数字电视方面的重大工程。公司参与承建了直播卫星“村村通”二期加密平台项目；承接了中央电视台国际视频传播有限公司发稿技术平台和中央电视台北美分台的搭建及设备购置和系统集成工作。公司下设综合部、财务部、业务部、技术部。公司法定代表人：曹青。地址：北京市海淀区什坊院6号京都信苑饭店7层。邮编：100036。电话：010-63953867。传真：010-63961762。电子邮箱：syb303@126.com。

北京中视汇才文化发展有限公司

北京中视汇才文化发展有限公司（原北京中视劳务派遣中心有限公司）成立于2003年8月，是中国国际电视总公司为适应中国影视业发展而成立的一家新型人员派遣公司。公司业务范围涵盖劳务派遣、招聘、培训、调研服务、主持人整体包装服务等，劳务派遣是公司主要经营项目。下设办公室、财务部、派遣业务部、综合业务部、培训部、员工权益保障部、形象工作室。公司法人代表庞建。总经理：周加雪。地址：北京市海淀区北蜂窝路21号四层。邮编:100038。电话:010-63972511。电子邮箱：zspq@fz.citvc.com。

中央电视台无锡太湖影视城

中央电视台无锡太湖影视城原名中央电视台无锡外景基地，组建于1986年，由中央电视台和无锡广电局共同组成管委会，无锡广电局负责日常管理。1994年经广电部批准更名为中央电视台无锡太湖影视城（为处级机构），并由中央电视台直接管理。下设唐城管理处、三国城管理处及1996年批准成立的水浒城管理处。1996年底，中央电视台无锡太湖影视城作为发起单位之一，参与筹建中视影视基地股份有限公司（后更名为中视传媒股份有限公司），1997年经中国证监会批准，于当年6月在上交所挂牌上市（股票代码600088）。2004年11月，中央电视台无锡太湖影视城完成事转企工作。实行“三不变”，即名称不变，职责不变，注册资金不变。划归中国国际电视总公司管理。中央电视台无锡太湖影视城下设综合办公室。法定代表人：陆海亮。地址：江苏省无锡市山水西路水浒城景区大门外办公区内。邮编：214081。电话：0510-85556793。传真：0510-85104714。电子邮箱：thysc815@vip.sina.com。

中国电视剧制作中心有限责任公司

中国电视剧制作中心有限责任公司是中央电视台所属的专门从事电视剧创作生产的单位，是一个具有国家级规模、拥有各专业高级人才、用现代化设备装备起来的、制作体系齐全的专业电视剧生产机构，以大批精品力作构建了自己的品牌形象，被誉为电视剧制作业的"国家队"。

中国电视剧制作中心有限责任公司的主要任务是：切实贯彻"好戏出中央电视台"的精神，向中央电视台提供各类思想性、艺术性、观赏性俱佳的优秀电视剧目，弘扬主旋律，体现多样化，努力推动中国电视剧精品化创作，为广大电视观众服务。

中国电视剧制作中心有限责任公司的前身即中国电视剧制作中心，自成立以来，生产了大量的精品电视剧。2011年，中国电视剧制作中心有限责任公司在中央电视台播出剧目有5部133集，其中在综合频道黄金时段播出3部95集，分别是《中国1921》、《节振国传奇》和《国门英雄》，在电视剧频道黄金时段播出2部38集，分别是《盘龙卧虎高山顶》和《高第街》。2011年年底，中国电视剧制作中心有限责任公司如期完成转企改制工作。中国电视剧制作中心有限责任公司总裁：薛继军，副总裁：李汀、芶鹏、侯向强。

中视剧城文化传媒有限责任公司

中视剧城文化传媒有限责任公司位于京南的河北省涿州市经济旅游开发区，占地面积2200亩，是中央电视台中国电视剧制作中心有限公司的独资子公司。其前身是原中央电视台涿州拍摄基地。

公司自成立以来，建起了具有结构独特、造型优美的体现唐代、汉代、明清风格的特色景区以及老北京景区。同时拥有五座设施完备的现代化摄影棚，近500张床位的客房，各类大小型会议室以及能同时容纳600人用餐的餐厅和品种齐全的服装道具资源。依托以上综合优势，中视剧城文化传媒有限责任公司已成为国内外各影视公司和各电视台栏目采景拍摄、室内制作的重要基地。1992年以来，已先后有《唐明皇》等几千部（集）影视剧在此拍摄，上百万海内外宾客来此游览观光。公司下设：综合事务部、财务部、市场拓展运营部、公关推广部、后勤运营部、保卫部。

中央新闻纪录电影制片厂(集团)

中央新闻纪录电影制片厂（集团）于2010年经国家广播电影电视总局批准成立，集团由中央新闻纪录电影制片厂和北京科学教育电影制片厂作为骨干企业组建而成。

中央新闻纪录电影制片厂

中央新闻纪录电影制片厂是我国唯一生产新闻纪录影片的专业机构，其前身是成立于1938年的延安电影团。中央新闻纪录电影制片厂自1953年成立以来，就以纪录影片的方式记录着中国共产党和中华人民共和国的发展历程。1947年以来共拍摄了4000多部纪录影片，先后有370部（次）获得国内外各类主流电影节奖项，其中有32部影片获得中国电影"华表奖"优秀纪录片奖，13部影片获得中国电影"金鸡奖"优秀纪录片奖，9部影片获得中国电影"百花奖"，66部影片在各类国际影视节上获奖。1993年整建制划归中央电视台，成为中央电视台新影制作中心。主要业务由生产新闻纪录片为主转为经营付费电视频道、网络电视频道制作电视节目、译制片、影视剧等。开办有《CCTV老故事》、《CCTV证券资讯》和《新科动漫》3个数字付费频道以及《新影时光》、《新影儿童》、《新影戏曲》三个网络电视频道。作为纪录国家重大活动、历史事件等方面的权威拍摄单位，中央新闻纪录电影制片厂建厂57年来，摄制了大量共和国历史上最重要、最具文献价值的电影纪录片，是国家珍贵的历史档案库。中央新闻纪录电影制片厂承担着党和国家重大时政活动资料的胶片拍摄及保存任务。

北京科学教育电影制片厂

北京科学教育电影制片厂创建于1960年3月12日。1995年，北京科学教育电影制片厂以整建制划归中央电视台，成为中央电视台科教节目制作中心，是我国最大的科教、纪录影视节目制作基地。50多年来，制作了1400多部科教、纪录影片，2000多小时科教、纪录、少儿等节目，其内容涉及农业、工业、科技、文化教育等诸多领域，为普及科学知识、推动文化进步做出了自己的贡献。310余部（次）作品获得国内外各类主流影视节奖项，其中有76部影片获得中国电影"华表奖"优秀科教片奖；21部影片获得中国电影"金鸡奖"优秀科教片奖，100多部影片获得各类国际影视节奖项。北京科学教育电影制片厂的自办栏目有《大家》、《创新无限》、《运动空间》以及高清频道的《探秘》栏目，合办栏目有《走近科学》、《原来如此》、《芝麻开门》、《地理中国》和《走遍中国》，分别在CCTV－1、CCTV－4、CCTV－5、CCTV－10、少儿频道播出，并为纪录频道制作纪录片。北京科学教育电影制片厂的《发现之旅》数字频道2005年10月开播，《中学生》数字频道2009年5月4日开播，两个频道初步形成了品牌影响力。

中央新闻纪录电影制片厂（集团）董事长兼总裁：高峰。中央新闻纪录电影制片厂（集团）党委书记：杨晓民。副总裁：刘成浩（副书记）、张晓光、安为民

（专职副书记）、于颖力、郭本敏、马维民。总裁助理：谢九如、赵捷、张跃、时间、张力、赵平洋、王丽、赵建国、高欣月。

中央卫星电视传播中心（中广影视卫星有限责任公司）

中央卫星电视传播中心（简称卫传中心）是1995年1月19日经中央编委中编办字【1995】12号文件批准，并于1995年2月14日由广电部广发人字【1995】68号文件批复同意成立的，为局级事业单位，独立核算，自负盈亏。主要工作职能包括负责采用加密、数字压缩方式传输中央电视台的3、5、6、8、纪录频道等卫星电视频道节目；采用卫星与有线电视网结合的传输方式，为与卫传中心签订合作传输中央加密卫星电视协议的电视台、网提供高质量的加密电视节目；负责中央电视台加密电视节目收视用户的发展和管理工作；依照国家计委的有关文件，负责加密卫星电视频道节目收视费的收缴和管理工作；依照有关规定对加密频道节目信号授权管理；负责为全国与中心有合作业务的电视台（网）提供专用接收解码设备与咨询、维护、培训等技术服务；负责加解密设备的招标、谈判引进、设备订购、安装调试和开通运行工作；负责组织解码器的定点生产和专营工作；参与卫星频道节目的协调及影视节目的交流工作；负责了解观众对加密卫星电视频道节目的意见，处理观众的来信来访，并及时向节目制作部门反映观众的要求；依法维护中央电视台及中央卫星电视传播中心的知识产权等各项权益，负责对侵权、盗版等违法侵害行为追究法律责任；负责卫星电视频道节目成本核算及经费收支和经营管理等问题；负责利用卫星和有线网络的技术优势，积极开拓新业务。

2001年10月8日，经国家广播电影电视总局批准，中央卫星电视传播中心与中广影视卫星有限责任公司进行资产重组，重组后的名称为“中广影视卫星有限责任公司”（简称卫星公司），中央卫星电视传播中心原有职责、业务及资金均由重组后的卫星公司承担。重组后中广影视卫星有限责任公司的业务范围除包括原中央卫星电视传播中心的业务范围外，还包括原中广影视卫星有限责任公司境外卫星电视节目监管平台运行及卫星专用接收设备的定点生产和销售等。2010年1月，根据国家广电总局《关于改进中央境外卫星电视平台监看监管工作的通知》要求和中央电视台批准的境外卫星电视平台技术资源整合方案，将境外卫星电视节目监管平台资产无偿划拨给中广影视卫星有限责任公司。

下设部门包括办公室、党办、人力资源部、财务部、监察审计室、用户管理一部、用户管理二部、用户管理三部、技术部、市场部。卫传中心主任（卫星董事长兼总经理）：李琼，中心副主任（卫星公司副董事长兼副总经理）：魏东未，中心副主任（卫星公司副总经理）：刘建中，公司财务总监：张万英。地址：北京市海淀区北蜂窝路甲26号。邮编：100038。电话：010-63448866。传真：010-63274355。

中国有线电视网络有限公司

中国有线电视网络有限公司（简称中国有线）是国家广电总局直属，由中央电视台管理的公司。成立于2001年12月。2004年通过引入战略投资重组，现股东为广播电视信息网络中心、中央电视台、中央人民广播电台、中国国际广播电台和中国电子信息产业集团公司。

中国有线电视网络有限公司是国家广电总局安全播出的重要单位，其负责运营管理的4万多公里国家广播电视光缆传输干线网（简称国干网），联通了全国300多个地市的有线网络，连接1.8亿多有线电视用户，是面向三网融合和下一代广播电视网建设的广电骨干支撑网络。中国有线电视网络有限公司主要开展广播电视节目传送、高标清节目素材传送与交换、虚拟专网、通道租用、高速互联网访问、数据中心托管等业务，是全国唯一的专业级跨区域广播电视光缆传输运营商，为广播电视节目进入千家万户发挥着广电网络传输主渠道的作用。

中国有线电视网络有限公司服务的机构有中办机要局、国家广电总局办公厅、中央电视台、中央人民广播电台、中国国际广播电台、中数传媒、鼎视传媒、华诚平台、文广互动、沙河地球站村村通平台、京都信苑“村村通”平台、香港凤凰卫视及各省区市广播电台、电视台等多个重要部门和播出单位。承担着国家重大活动电视信号传输，中央电视台14套电视节目全国覆盖传输，长城平台27套节目传输，34个省市新闻回传的节目收集，中央人民广播电台和中国国际广播电台共16套节目的全国覆盖传输等任务；为国家广电总局监测中心、信息中心、无线局、指挥调度中心提供联通30个省市广播电视机构的网络传输；为中办机要局提供了联通32个省市的网络传输；为中数传媒、鼎视传媒、文广互动和华诚平台等集成平台传输 70 多套数字付费电视（含高清付费）及广播节目，为沙河地球站村村通平台、京都信苑村村通平台和歌华有线提供 100 多套数字付费电视和广播节目的传输和保障，为各省广电机构提供各类赛事、重大事件、新闻素材传输等服务。

中国有线电视网络有限公司下设办公室、规划管理部（调度室）、人力资源部、财务部、投资融资管理部、工程管理部、资产管理部、行政保卫部（党办、监察室）、审计稽核部、市场部、业务宣传部、安全运行中心、工程维护部 13 个部门。中国有线整合重组海南省有线电视网络，并设立海南分公司。董事长：梁晓涛，法定代表人、总经理：沈向军。地址：北京市海淀区翠微路甲 2 号。邮编：100036。电话：010-88223000。传真：010-88223001。

中国有线海南分公司

中国有线海南分公司成立于 2007 年 12 月，改组自中国有线在海南全资并购的海南广电有线网络有限公司，下设海口、三亚等 18 家市县分公司，是海南省唯一具有有线电视经营权、收费权、建设权和管理权的企业。

中国有线海南分公司根据海南有线电视业务发展和网络改造的需要，投资建设海南有线电视干线光缆和支干线光缆，实施用户分配网的数字化改造。已经完成了海南 3 纵 2 横主干线和支干线光缆的建设，连接全省 18 个市县，联通 346 个乡镇农场，覆盖有线电视用户 100 多万。光缆干线上建设完成了 10G 光传输系统，并实现了与国家广电光缆干线网的互联互通。截至 2011 年底，中国有线海南分公司在海南全省拥有有线电视用户 135 万，其中城镇居民数字电视整体转换 87 万户。

中国广播电视国际经济技术合作总公司

中国广播电视国际经济技术合作总公司（简称中广国际总公司）成立于 1991 年，由中国广播电影电视对外工程公司、原广播电影电视部工业管理局、原广播电影电视部物资供应站和中央电视台国际服务公司进口部四个单位合并组成，是广播电视系统内集工程技术、展览贸易、设计咨询、仓储物流、广告传媒、影视服务等业务于一体的综合型国有企业。

中国广播电视国际经济技术合作总公司的前身可追溯到原中央广播事业局器材处，自 1954 年起开始承担广播电视援外工程任务。近 60 年来，公司承接了大批国家对外援助、广电节目海外落地及国际承包工程，在全世界 50 多个国家和地区承建了近千项工程项目，在海外具有良好的信誉和影响，为国家的外交、外援和外宣事业做出了重要贡献。经过几代中广人的不懈努力，公司拥有工程技术分公司、展览贸易服务分公司、设计院、仓储中心、广告公司等主要机构，在北京、深圳设有分公司，在阿尔巴尼亚设有境外分公司，在科摩罗、中非、几内亚、刚果（布）、赤道几内亚、马里等国设有项目技术组，与古巴、老挝、肯尼亚、柬埔寨、萨摩亚、瓦努阿图等国广电机构建立了合作机制，业务遍及世界大五洲及国内各省区。中国广播电视国际经济技术合作总公司总经理李金荣，副总经理王景福、田应坪、孙柯林。地址：北京市朝阳区广渠东路 1 号中广国际综合楼。邮编：100124。电话：010-86095940。传真：010-52055207。网址：www.crtv.com.cn。

中视传媒股份有限公司

中视传媒股份有限公司注册于上海浦东，1997 年在上海证券交易所挂牌上市（证券代码 600088），在北京、江苏无锡、广东南海、浙江杭州四地设有分支机构。作为中央电视台控股的传媒类 A 股上市公司，中视传媒股份有限公司主营影视拍摄、电视节目制作与销售、影视拍摄基地开发和经营、影视设备租赁和技术服务、媒体广告代理等业务。2011 年，公司制定了“以影视业务为突破口，带动三大主营业务协调发展”的中长期发展战略，完成《中国地》、《香格里拉》、《风语》、《梨花泪》、《你是我兄弟》、《地道战》等十余部首播影视剧的制作和发行。公司在江苏无锡、广东南海拥有 3000 多亩影视拍摄基地，景观纵跨中国魏晋、唐宋、明清、民国等历史年代，集古今精华，年接待摄制组近 50 个、游客 250 余万人。其中，无锡影视基地是国内建成最早的影视拍摄基地和文化旅游胜地，也是首家获评 5A 级旅游景区的影视文化旅游景区、首批国家影视指定拍摄基地和首批全国低碳旅游实验区。公司独家代理经营中央电视台科教频道全频道广告资源。

公司下设北京分公司、无锡影视基地分公司、南海分公司，控股上海中视国际广告有限公司、北京中视北方影像技术有限责任公司，董事会秘书处、行政办公室、人力资源部、财务部、战略发展部、法律事务部、网络信息部、审计部、媒资管理部、媒资销售部、节目集成部、影视剧部、综艺节目部、党办（监察室）等部门。董事长：李建。总经理：王焰。公司地址（上海）：上海市浦东新区福山路450号新天国际大厦17层A座。邮编：200122。电话：021-68763888。地址（北京）：北京市朝阳区西大望路1号温特莱中心B座22层。邮编：100026。电话：010-65999000。网址：www.ctv-media.com.cn。

无锡影视基地分公司

中视传媒无锡影视基地分公司位于无锡太湖之滨，由三国城、水浒城、唐城三大景区组成，占地1000余亩，可使用水域3000亩，是国内建成最早的影视拍摄基地和文化旅游胜地，也是首家获评5A级旅游景区的影视文化旅游景区、首批国家影视指定拍摄基地和首批全国低碳旅游实验区。景区每天向游客表演十多场精彩的表演节目，其中《三英战吕布》、《影视特技探索》、《华夏古韵》等歌舞、马战、影视特技类演出更是经久不衰。景区利用古战船开展的“太湖黄金水上游”活动也深受游客喜爱。此外，景区还举办“狮王争霸”、“叼羊盛会”等季节性特色文化活动，不断丰富景区游览内容。经过多年精心建设，景区影视文化氛围日趋浓郁，吸引了众多海内外游客和影视剧组，至今已接待了《三国演义》、《水浒传》、《杨贵妃》、《大宅门》等300多个剧组，年接待游客200余万人。地址：江苏省无锡市滨湖区三国城办公区。邮编：214081。电话：0510-85555527。网址：www.ctvwx.com。

南海分公司

中视传媒南海分公司（南海影视城）是集影视拍摄和休闲旅游为一体的影视拍摄基地，位于广东省佛山市南海区南国桃园旅游度假区。南海影视城由天朝宫殿、江南水乡、旧香港街和表演区四部分组成，天朝宫殿包括真神圣天门、荣光大殿、藏珍阁等。自1997年以来，《太平天国》、《香港的故事》、《澳门的故事》等200多部影视作品，以及中央电视台《城市之间》、《同一首歌——走进南海》和《宋祖英暨群星演唱会》等大型活动在南海影视城成功拍摄或举办。2011年，南海分公司积极主动融入当地旅游文化产业，先后多次与省、市、区等各级政府合作举办诸如“狮山‘树本’红色之旅”、“产业工人中央电视台南海影视城开放日”等活动；2011年主推“跟着影视去旅游”活动，并加大力度发展企业拓展、婚纱摄影、汽车品牌展示等业务。景区建设突出影视旅游的特点，每天都有精彩的节目演出奉献给游人，其中游客参与表演的《三军点将》等品牌节目极受游客欢迎。地址：广东省佛山市南海区南海影视城。邮编：528234。电话：0757-85233178、85232105。传真：0757-85233238。网址： www.cctvnh.com。

北京中视北方影像技术有限责任公司

北京中视北方影像技术有限责任公司成立于2000年，是由中视传媒股份有限公司与中国国际电视总公司共同组建的一家集策划、拍摄、制作、包装于一体的高端专业影视制作公司。公司拥有雄厚的技术力量和全套先进的影视制作设备，全面支持影视节目的前、后期制作。地址：北京市朝阳区西大望路1号温特莱中心B座20层。邮编：100026。电话：010-65999666。网址：www.ctv-media.com.cn/ctt/。

上海中视国际广告有限公司

上海中视国际广告有限公司成立于2002年6月，作为中央电视台旗下在上海注册成立的唯一一家综合性广告公司，是中视传媒股份有限公司子公司之一，注册资本2500万元，独家代理经营中央电视台科教频道全频道广告资源。公司以“专业化、职业化、提供优质服务，创最大价值”为宗旨，自成立以来协助众多行业的品牌企业完成了其在全国市场品牌提升的营销目标，合作伙伴包括中国移动等。公司地址（上海）：上海市浦东新区福山路450号新天国际大厦17楼。邮编：200122。电话：021-68763888。传真：021-58315968。公司地址（北京）：北京市朝阳区西大望路1号温特莱中心B座21层。邮编：100026。电话：010-65999888。传真:010-65999800、65999815。网址：www.cta.ctv-media.com.cn。

PINDAO LANMU JIEMU

频道·栏目·节目

频道·栏目·节目

2011年中央电视台频道设置

CCTV－1综合频道（标清、高清同步播出）

中央电视台综合频道于1958年9月2日正式播出，是中国开办最早、覆盖面最广、受众人群最多、品牌效应最高、影响力最大的综合频道，目前通过卫星覆盖全国，全天24小时播出。作为以新闻为主的精品频道，综合频道承担着宣传党的方针政策、引导舆论、传播社会主义先进文化的重要使命，同时是中国最优秀的电视剧播出平台和最佳传播平台。频道平均收视率及收视份额均位居全国电视台第一。

2011年，综合频道围绕“新闻为主的精品综合频道”定位，进一步完善组织架构，提升节目品质，大力弘扬社会主义核心价值观，圆满完成庆祝建党90周年、辛亥革命100周年等重大宣传任务，积极践行“走基层、转作风、改文风”活动，促进社会主义文化大发展大繁荣；完成《看见》、《寻宝》、《我们有一套》等栏目的全新改版升级，《今日说法》周六扩版至50分钟。同时，加大创新力度，开创了《首席夜话》、《谢天谢地你来啦》等一系列原创栏目和特别节目；推出《梦想合唱团》、《美丽心灵——教师节晚会》、《等着我——中俄跨国寻亲大型公益节目》、《开学第一课》、《法治的力量——12·4法治人物评选》、《2011吉尼斯中国之夜》等传承主流价值、影响广泛的大型媒体活动，进一步提升了频道形象和社会影响。

另外，CCTV－1高清综合频道于2009年9月28日正式播出，2011年3月1日，综合频道（香港版）正式开播。

CCTV－2财经频道

中央电视台财经频道是由原经济频道全面升级而推出的开路专业频道，2009年8月24日开播。2009年11月25日起全天24小时播出，覆盖率达82%。作为国家级主流频道，财经频道秉承为国家经济建设服务、为大众经济生活服务的核心理念，以专业品质、全球视野和全球智慧为观众提供财经服务节目。

2011年，财经频道紧紧围绕十七届六中全会宣传、“十二五”规划的制定实施、中央经济工作会议等推出《中国政策论坛》、《从怎么看到怎么办》等节目，凸显了主流媒体的舆论引领作用。深入开展“走基层、转作风、改文风”活动，推出了“走基层·黄河善谷”系列报道、“走基层·边疆行”、“走基层·百县行”、“走基层·小微企业调研行”等报道，在报道要求和工作方式上注重实际、突出时效、全程跟踪、连续报道，推动了实际问题的解决。积极介入达沃斯世界经济论坛、G20峰会等重大国际财经问题的报道，有效提升国际传播能力。《经济信息联播》、《经济半小时》等品牌栏目进一步提升专业特色，打造品牌影响力。第12届中国经济年度人物评选、3·15晚会、第2届中国县域经济发展高层论坛等品牌活动社会反响强烈，有效提升了主流媒体的影响力。2011年，财经频道专业化运行体系，包括专业财经内容采集、加工、集成体系，智力支撑体系，频道一体化运行体系等都得到了进一步深化，专业频道运行有了更为扎实的体系基础。

CCTV－3综艺频道

中央电视台综艺频道前身是中央电视台第三套节目，2010年9月中央电视台频道制改革后频道专业性进一步加强，每天24小时不间断播出。综艺频道承担着中央电视台文艺宣传、满足人民群众丰富多彩精神需求、传播先进文化、提高人民审美欣赏水平、引领构建社会主义核心价值体系的重要职责。

2011年，综艺频道围绕学习贯彻十七届六中全会精神，围绕第九次文代会、第八次作代会精神，结合“走基层、转作风、改文风”，坚持“三贴近”，创新推出“季播”方式，推出除夕、七夕、中秋等传统节日大型直播行动，打造《回声嘹亮》等新栏目，播出《第八届中央电视台电视小品大赛》等具有广泛影响力的节目，收视达到3.26%，广告创收15.2亿元，全面增强了文化内涵和艺术品质，开创了文艺宣传和事业发展的新局面。《中央电视台2012年春节联欢晚会》、《五月的鲜花——永远跟党走》全国大学生校园文艺汇演、《中国奇迹——纪念抗击汶川特大地震三周年》大型专题文艺晚会、《来自天山的祝福——新疆各族人民颂歌献给党》大型电视文艺晚会、《唱响中国——群众最喜爱的新创作歌曲征集评选活动》、"心连心"艺术团赴云南普洱慰问演出活动等节目得到中央领导高度赞扬。

CCTV－4中文国际频道（亚洲版、欧洲版、美洲版）

中央电视台中文国际频道开播于1992年10月1日，是以海外华侨华人、港澳台同胞和懂中文的外国观众为主要服务对象的外宣频道，当前通过亚洲、欧洲、美洲三个频道覆盖全球，全天24小时播出。截至2011年底，中文国际频道已在145个国家和地区拥有3990万海外用户。中文国际频道不仅是全球华人、华侨了解祖国的重要窗口，更是中国走向国际舞台、提升国际传播力，推动中华文化走向世界的重要平台。

2011年，中文国际频道圆满完成各项重点宣传任务，扎实推进国际传播能力建设，积极传播优秀中华文化，对外宣传的能力和水平进一步提高，对外传播的范围和影响进一步扩大。2011年，中文国际频道国内收视份额达1.87%，在全国省级以上卫星电视频道中排名第12位，海内外收视创历史最好成绩；《远方的家》百集系列节目《边疆行》成为"走基层、转作风、改文风"的成功范例，《光明日报》整版宣传，《新闻联播》专门报道，海内外观众好评如潮；中文国际频道还首次主办了"印象台湾"电视联合采访活动，成功举办在华留学生汉语大赛、海峡两岸知识大赛、中秋晚会等一系列大型品牌活动，建立起海外传播效果评价体系，并首次举办海外忠实观众座谈会和颁奖晚会；2011年度，中文国际频道获得国家广播电视"走出去"工程先进集体等荣誉称号。

CCTV－5体育频道

中央电视台体育频道是国内创办最早、规模最大、拥有世界众多顶级赛事国内独家报道权的专业体育频道，于1995年1月1日正式开播，覆盖全国，每天24小时播出。内容包括国内外重大赛事现场直播、体育热点问题追踪报道、全民健身及娱乐、体育知识普及教育等。

2011年，体育频道充分利用优质赛事资源，强化赛事转播中的节目创作，以大型赛事转播创作为龙头，采取多项有效举措，圆满完成了全年收视指标。顺利完成了以"上海世界游泳锦标赛"、"深圳世界大学生运动会"为主的多项大赛报道任务；成功创办了具有"央视体育频道"品牌影响力的"中华龙舟大赛"；"体坛风云人物评选"活动成为展现中国运动员爱国主义和拼搏精神、昂扬向上风貌的荣誉殿堂和权威平台。

另外，体育频道在服务性和贴近性上下功夫，积极开展有体育特色的"走基层、转作风、改文风"活动，报道重点也由以往偏重于竞技向"竞技体育＋群众体育"均衡报道转移。新推出了《健身舞起来》和《体育星探》栏目，《巅峰时刻》栏目全新改版。

2011年，体育频道不断强化与中国网络电视台（CNTV）联动效果，共同形成了中央电视台在体育赛事传播领域的全媒体覆盖态势。

CCTV－6电影频道

中央电视台电影频道（CCTV－6）是中国开办最早且唯一覆盖全国的电影专业频道。

2011年，为庆祝中国共产党成立90周年，电影频道精心筹划了"庆祝建党90周年优秀影片展播"和"庆祝建党90周年电视电影展播"，精心制作了献礼电视专题片《日出东方》。2011年，电影频道出品电影103部，《老寨》、《惊沙》、《我是植物人》、《危机公关》、《冬日往事》等影片获多项荣誉。2011年，电影频道继续主办或承办了第14届中国广播影视大奖电影华表奖颁奖典礼、第28届中国电影金鸡奖颁奖典礼等多项电影活动，圆满完成第30届香港金像奖颁奖典礼、第14届上海国际电影节开幕式和闭幕式等活动的转播。此外，电影频道还积极推进"走出去"工程，加强对外交流，除引进世界各国的优秀电影外，还在海外组织举办各种电影交流活动以及推选优秀国产影片进行国际电影活动展映。5月，在第64届戛纳电影节期间成功举办了"中国之夜"系列活动；11月，与美华艺术协会合作，在纽约成功举办了第2届纽约中国电影节。

CCTV－7军事·农业频道

中央电视台第七套节目创办于1995年11月30日。开办之初，是以播出少儿、军事、农业节目为主的频道。随着中央电视台频道专业化改革，2011年1月3日，

第七套节目改为军事·农业频道，成为以播出军事、农业节目为主，展播中央电视台优秀专题片、纪录片及优秀综艺、法制、社会生活类栏目为辅的专业频道。

军事·农业频道首播军事栏目11个，首播农业栏目11个，涵盖了新闻、专题、文艺、服务等各类节目。军事节目以发布权威军事新闻，展示中国军队风采，传播国防科技知识，追踪世界军事风云，反映军队生活，服务全军广大官兵以及军事爱好者为宗旨，开办了《军事报道》、《军事纪实》、《中国武警》、《军事大舞台》、《军旅文化大视野》、《军事科技》等栏目。农业节目以提供农业信息，传播农业科技知识，反映新农村生活，服务中国广大农民的生产生活为宗旨，开办了《聚焦三农》、《农广天地》、《乡村大世界》、《科技苑》、《法制编辑部》、《致富经》等栏目。

CCTV－8 电视剧频道

中央电视台电视剧频道是以播出国内外优秀电视剧为主导、荟萃相关节目精华的专业频道，也是中国唯一的国家级电视剧专业频道。频道前身为中央电视台第三套节目，1999年5月3日更名为电视剧频道，并通过亚太1A卫星覆盖全国。2010年8月1日，中央电视台实施频道制后，正式定名为“电视剧频道”，全天24小时滚动播出。当前，频道播出节目涵盖国产电视剧、引进境外影视剧及影视资讯专题节目、宣传推介节目和特别节目等。依托中央电视台专业频道的资源优势，电视剧频道在剧目选择上采取本土与海外结合，自制、定制与采购并举的方式，在剧目播放中力求多类型、多风格、多层次，为广大观众提供多元化的电视剧节目，使受众雅俗共赏、老少皆宜。

2011年，电视剧频道3集连播的《野鸭子》平均收视率2.92%，平均收视份额7.41%，创全年收视高峰。5月，频道打通黄金和非黄金时段，搭建国内首个5集连播平台，播出了《新上门女婿》、《多多的婚事》、《少林寺传奇之大漠英豪》、《求婚》（二）、《娘家的故事》（上）等。电视剧频道配合庆祝建党90周年、辛亥革命100周年、第28届中国电视剧飞天奖展播一系列优秀剧目，营造了良好的主题宣传氛围。此外，频道优化改进《影视同期声》、《影视俱乐部》、《好剧连台》等栏目，大力加强对外合作，参与业界重大活动，与台属及社会公司、国外影视机构建立良好合作关系。电视剧频道2011年全年播出电视剧246部，7370余集（黄金时段播出44部，1422集；次黄时段播出22部，668集），全年平均收视份额2.78%。

CCTV－9 纪录频道

中央电视台纪录频道于2011年1月1日以国内版、国际版两套节目正式向海内外播出，是中国唯一的全国播出、全球覆盖的专业纪录片频道。以中文播出的“CCTV－9纪录”观众规模达6.6亿人；以英语播出的“CCTV－9 Documentary”在全球超过60个国家和地区落地，拥有超过2500万国际用户。开播以来，纪录频道“高品质、高水平、高标准”的纪录片节目成功担负起对内弘扬主流核心价值观、平衡社会文化生态，对外传播优秀中华文化、打造国家影像名片的重要使命。2011年，成功实现开播第一年收视份额翻两番，受到广大中、高端观众的欢迎，观众中具有大学以上学历人群比例位居中央电视台各频道之首。

纪录频道采取国际纪录片频道通行的编排方式，淡化栏目概念，强化时段编排，节目主体内容为自然探索、历史人文、社会纪录、文献档案四大类。2011年，纪录频道在重点原创、国际引进、联合摄制、委托定制等四方面形成精品不断的节目格局，摄制了《故宫100》、《南海Ⅰ号》、《魅力肯尼亚》等纪录片。

2011年，纪录频道广泛开展国际合作，和英国BBC、美国NGC、英国ITV、日本NHK、韩国KBS等国际电视机构建立长期合作伙伴关系，与全球60多家国际纪录片机构建立合作关系；聘请了雅克·贝汉等9位国际顾问；联合四川电视节主办了“金熊猫国际纪录片评选活动”并参与了广州国际纪录片节的主体活动。

CCTV－10 科教频道

中央电视台科教频道于2001年7月9日开播，是以教科文卫为主要内容的专业频道，每天播出20小时。科教频道坚持“教育品格、科学品质、文化品位”的专业定位，突出科技、文化，兼顾教育、卫生内容，注重节目的文化性、知识性和引领性。

2011年，科教频道以满足观众需求和优化节目资源为原则，扩版《我爱发明》栏目，改版《原来如此》和《健康之路》栏目，停播《绿色空间》、《子午书简》、《希望－英语杂志》栏目，推出《读书》、《夕阳红》、《欢聚夕阳红》三档新栏目，建构以《走近科学》、《原来如此》、《健康之路》、《创新无限》、《我爱发明》、《科技之光》、《科技人生》、《大家》八大栏目为支撑的科技传播格局，持续打造《探索·发现》、《百家讲坛》、《走近科学》、《讲述》、《人物》等品牌栏目，《地理·中国》、《自然传奇》、《第10放映室》、《重访》等特色栏目深受观众欢迎。科教频道还推出了大型文献片《旗帜》、《进驻太空》、第六届主持人大赛、教师节特别节目《寻找最美乡村教师》颁奖典礼、《激情·奉献》2011全国广电系统先进事迹报告会、《中国记忆——文化遗产博览月》等。

2011年，科教频道积累观众人数达10.41亿，比2010年同期增长13.28%，全国覆盖率达80.35%，平均每天有1.46亿观众收看科教频道。

CCTV－11 戏曲频道

中央电视台戏曲频道2001年7月9日开播，当前通过中星6A和6B、中星9号覆盖亚洲和太平洋地区，全天播出19小时，是中国覆盖面最广、影响力最大的专业化戏曲频道。戏曲频道以“弘扬国粹，传播经典”为定位，设有《CCTV空中剧院》等12个栏目，在内容选择上，坚持以京剧为主、兼顾地方戏的原则。除京剧外，汇聚了全国各地200余种地方戏，充分展示了中华民族传统文化的博大精深。2011年，戏曲频道推出了两个自主创新栏目：《梨园闯关我挂帅》和《快乐戏园》，重点策划制作了《2011年新年京剧晚会》、《2011年春节戏曲晚会》、《庆祝“京剧音配像”开播十五周年电视晚会》、《第四届戏迷票友电视大赛》等一系列重点节目和大型赛事，成功进行了一次频道改版和一次微调升级，推出了全新的频道整体包装模式和宣传片，建立了与频道播出系统相一致的日常节目播出导视体系——“主持人全天陪伴收视”，全天打通14个时段。通过加强晚间黄金时段和次黄金时段的节目编排、全年节目特别编排、周日晚黄金时段增加一档《戏曲影视剧场》节目播出等措施的推出，极大提升了频道的社会影响力、竞争力和互动性、有效拉升了频道整体收视。2011年，戏曲频道全年收视份额0.49%。

CCTV－12 社会与法频道

2004年，为落实“依法治国”、“以德治国”的治国方略，建设和谐社会，保持社会稳定与进步，沟通司法与社会，党中央决定建立中央电视台“社会与法频道”。2004年12月28日，中央电视台社会与法频道开播。其目标是将频道建设成中国一流、品质优良、受众广泛、以人为本、社会效益显著、为构建和谐社会提供法律宣传支持的专业电视频道。社会与法频道坚持“公民、公正、公益”理念，坚持“好看、有用”的传播策略。开播后收视提升迅速，覆盖率逐年增长，影响力不断扩大，自2008年以来，观众满意度连续三年位列全国上星频道第二、仅次于CCTV－1。

2011年4月，社会与法频道推出新版，全面提升专业品牌频道品质，推出《一线》、《热线12》、《法律讲堂》（文史版）、《普法栏目剧》、《夜线》、《小区大事》、《平安365》、《从我做起》等八档新栏目及季播节目《班长对班长》，全面提升《天网》、《法律讲堂》、《庭审现场》、《忏悔录》、《道德观察》、《心理访谈》等原有栏目品质，完成了频道专业化基本建设，《绿书签行动——4·26国际版权日宣传周》、《6·26禁毒宣传周》、《平安中国》等具有影响力的大型媒体行动一并形成传播规模。

CCTV－13 新闻频道

中央电视台新闻频道于2003年5月1日试播，7月1日正式播出。在把中央电视台“建成国际一流媒体”的发展战略指导下，新闻频道确立了“品质传播”的核心理念，实现24小时全开放直播，以早、中、晚三大时段和全天分布的整点新闻为频道基本骨架，以强化动态、深化评论、优化标志性栏目为频道特色。新闻频道拥有《新闻直播间》、《共同关注》、《东方时空》、《国际时讯》、《新闻1+1》、《环球视线》、《24小时》、《面对面》、《新闻调查》、《新闻周刊》、《世界周刊》、《法治在线》、《每周质量报告》等品牌栏目，并与综合频道并机播出《新闻联播》、《焦点访谈》、《朝闻天下》和《新闻30分》等名牌栏目。新闻频道第一时间权威发布国家重大政治经济政策，“国内领先、国际同步”现场报道全球焦点新闻与突发事件；以海量新闻资讯服务电视观众，以及时、准确、权威报道担当主流媒体社会责任。新闻中心国内、国际两大新闻报道网络和应急反应体系为新闻频道传播力建设夯实了基础，全国31个记者站报道半径覆盖全国；北美和欧洲分台、5大海外中心站、60多个海外记者站，使新闻频道的国际报道能够全球机动。新闻频道采集力量在国内、国际的网络化布局保证了新闻频道成为观众见证国内外重大新闻现场的窗口。

新闻频道自2009年7月全面改版后，节目质量得到显著优化和提升。2011年新闻频道收视份额为2.19%，收视率为0.2476%。2011年新闻频道全年首发新闻9万多条，直播场次达5956场。

CCTV－14 少儿频道

中央电视台少儿频道于2003年12月28日开播。

少儿频道拥有《大风车》、《智慧树》、《新闻袋袋裤》等一批原创力、竞争力强的品牌栏目。通过《动画梦工场》、《银河剧场》等品牌栏目窗口播出精品动画节目。2011年，少儿频道打造了《全国儿童歌曲大奖赛》、《相约北京——国际青少年大联欢》、“六一”晚会《在灿烂阳光下》、公益晚会《阳光季节》等一批主题突出、风格各异的大型活动和晚会。近年来，少儿频道积极倡导优秀少儿精神文化产品生产，突出儿童视角与儿童特点，弘扬主流价值观，频道品牌竞争力和社会影响力持续提升，观众规模超过8亿人，在全国少儿电视收视市场所占比重超过60%，被社会各界誉为“绿色”频道。

CCTV－15 音乐频道

中央电视台音乐频道于2004年3月开播，以弘扬中国民族音乐为主导，以传播中外古典音乐为主要内容，以搭建了解、欣赏、认知民族音乐和外国古典音乐平台为宗旨，以“享受音乐、感悟人生”为频道主题语，以“音乐无处不在”为传播理念，担负着宣传、推广、普及高雅艺术、提高国民整体音乐素养和欣赏水平的社会责任及对青少年观众进行美育教育的社会功能。音乐频道通过中星6A、6B及中星9号覆盖亚洲和太平洋地区，全天播出19小时，全国覆盖率达33.9%，其中城域覆盖率37.7%，乡域覆盖率32.2%。

2011年，音乐频道推出了3档全新自主研发栏目《歌声与微笑》、《快乐琴童》和《周末乐谈》，同时对五档固有栏目进行改版升级，栏目构成更趋合理，节目形态更加丰富多彩。2011年音乐频道首次对维也纳美泉宫夏季音乐会进行了现场直播，并成功举办了2011全国钢琴小提琴电视大赛、乐鸣东方——庆祝建党90周年中国作品大型交响音乐会等大型赛事和音乐会，有效拉升了频道的社会影响力、竞争力和整体识别度，收视率不断攀升。2011年，音乐频道全年收视份额为0.25%。

CCTV－NEWS 英语新闻频道

中央电视台英语新闻频道是中央电视台的一个全英文播出的新闻频道，其前身是于2000年9月25日开播的英语国际频道。英语新闻频道已形成日播新闻节目19小时，在亚洲、欧洲、美洲的黄金收视时间全部播出新闻，全频道24小时整点有新闻的播出能力。新闻样态为综合新闻、分类新闻、深度报道与评论节目相互配合的立体化新闻报道体系。全球100多个国家和地区的1.4亿名观众都可收看到英语新闻频道的节目。

2011年，英语新闻频道精心策划、成功组织完成了“两会”、建党90周年、西藏和平解放60周年、辛亥革命100周年、日本地震、德班气候大会、利比亚战事等一系列重大事件和突发新闻的报道工作。同时，为了非洲、北美分台的顺利开播，还建立了全球化运作平台，强化了DESK的中枢职能，调整了频道的组织架构，改进了节目制作流程。总部与区域制作中心的嘉宾、通联等系统紧密对接，充分实现了信息、选题、策划、报道资源和媒资的全球共享。频道还积极贯彻“走基层、转作风、改文风”精神，精心部署，开展了一系列“走基层”报道活动。

CCTV－Français 法语国际频道

中央电视台法语国际频道于2007年10月1日起正式作为独立24小时频道播出，以全球法语国家和地区的观众为主要服务对象，清晰表达中国的声音和立场。法语国际频道每天播出专题节目、纪录片、文艺节目、服务类节目和电视剧等，通过不同形式，全方位介绍中国的历史、文化、经济、社会、民俗、现代生活和自然风光，深受海外观众的喜爱。

法语国际频道于2011年7月进行改版，对节目内容和编排进行调整：提高新闻节目品质；增加文化类节目比重；提高对全台精品节目资源的使用率。新闻节目方面，保留具有高度时效性和立足中国视角的《综合新闻》、《财经新闻》和访谈类节目《对话》，根据观众地域特点推出《非洲时间》，及时充分报道非洲动态和中非关系等新闻资讯。

法语国际频道通过卫星覆盖全球，已在法国、美国、俄罗斯、喀麦隆、马达加斯加、圭亚那、毛里求斯、几内亚、尼日利亚、卢旺达、塞内加尔、摩洛哥等国家落地入户，用户数约2300万户。

CCTV－Español 西班牙语国际频道

中央电视台于2004年1月1日首次对外播出西班牙语节目，同年10月1日成立西法语频道，呼号为CCTV－E&F，每天对外播出24小时，以新闻为主，综合节目为辅，西班牙语和法语各占12小时。2007年10月1日，西班牙语国际频道作为完整独立的国际频道全天24小时对外播出，呼号为CCTV－Español。

西班牙语国际频道主要面向以西班牙语为母语的各国观众，提供来自中国、亚洲和世界各国生动、及时、客观的新闻报道，全面介绍中国和世界的电视专题、教学和娱乐节目，让观众认识和了解一个真实的中国。

西班牙语国际频道节目播出信号通过4颗卫星覆盖全球98%的地区，已在西班牙、墨西哥、美国、智利、古巴、巴拿马、玻利维亚和秘鲁等国实现落地，总用户数超过3000万户。

2011年7月，西班牙语国际频道完成了节目改版，重新定位为新闻综合频道。栏目配置方面，取消四档专业新闻，集中力量打造《综合新闻》、《财经新闻》两档重点新闻栏目，旨在新闻品质提升取得实效；新增了一档有针对性的新闻评论栏目《拉美视点》。此外，大幅增加《影视看台》的播出时间，增加《纪录片》的播出量，来满足西语观众的收视需求。

CCTV－العربية 阿拉伯语国际频道

中央电视台阿拉伯语国际频道于2009年7月25日12:00开播，主要服务对象为阿拉伯国家和地区的观众。2011年7月25日进行了开播后的第一次改版，增加了《纪录片》和《电视剧》的播出。阿拉伯语国际频道是中国加强与阿拉伯国家沟通了解的重要渠道，也是双边在政治、经济、贸易、文化、科技等领域合作的桥梁和纽带。改版后的阿拉伯语国际频道栏目总数由9个增加到10个，24小时滚动播出，其中新闻类栏目3个:《综合新闻》、《中国·中东》（周播）、《每周财经》（周播）；访谈类栏目1个:《对话》；专题类栏目3个:《纪录片》、《话说中国》、《中国之旅》；文艺类栏目2个:《中国文艺》、《电视剧》；教学类栏目1个：《跟我学》。

阿拉伯语国际频道通过阿拉伯卫星（Arabsat）和尼罗河卫星（Nilesat）传输电视信号覆盖中东和北非地区，同时通过中星6B卫星覆盖亚太地区。22个阿拉伯国家近3亿名观众使用家庭卫星接收天线即可收看阿拉伯语国际频道的节目。全球网民还可以通过中国网络电视台（www.cntv.cn）在线收看阿拉伯语国际频道的节目。

CCTV－Русский 俄语国际频道

中央电视台俄语国际频道于2009年9月10日开播，旨在加强中国与独联体国家以及其它使用俄语的国家和地区之间的相互了解、交流与合作，向全球俄语观众介绍中国，传递中国声音，展示中国形象。2011年7月23日，俄语频道进行全面改版。改版后共有包括新闻资讯、专题服务、综艺益智、影视剧各类栏目共14个（其中新闻资讯类栏目5个，分别是：《综合新闻》、《财经新闻》、《观点》、《对话》、《北京时间》，专题服务类栏目6个，综艺益智类栏目2个，影视剧类栏目1个。新闻资讯类节目每天8档整点直播，及时阐述中国对国际事务的立场和观点，文化艺术及教学类专题节目每天首播6小时。

2011年改版后新增新闻综述类栏目《北京时间》，使用多种新闻表现手法和技术手段，在阐述事实的基础上，侧重分析评论，以中国的视角和观点为俄语国家和地区的观众提供全新的新闻视角；新增新闻访谈类栏目《观点》，邀请外方主持人与外方嘉宾现场互动，通过外籍视角讨论中国民生和文化现象；新增综艺益智类栏目《胜者为王》，包括武术竞技、职业技能竞技、文艺竞技以及游戏竞技，极富娱乐性和挑战性；新增教学类栏目《跟我学》，以电视教学形式，传播各种先进文化知识，宣传中国在各个方面取得的成就，展示中国人热爱和平、推崇知识、愿意与世界各国人民分享自己的优秀文化和知识经验的精神风貌。另外在原有栏目《旅游指南》中增加5分钟的信息推介板块《中国黄页》。改版后，节目播出安排打破原有循环播出规律，重点收视时段安排播出重点节目，同时根据对象国受众的收视习惯，将日常编排与周末编排分开，突出重点，有所差异。

CCTV－高清频道

CCTV－高清频道于2008年1月1日试播，5月1日正式开播，是中央电视台第一个以高清晰度信号格式制作播出的开路电视频道。频道通过全国各地有线网络传输。CCTV－高清频道定位为综合频道，全高清信号播出，每天24小时播出，常态节目日首播约6小时。

2011年高清频道累计首播节目1929小时，包括电视剧、纪录片和专题片、综艺、体育、科教五大节目类型；每天首播电视剧7集，全年首播电视剧57部计1718集，题材包括政治、军事、青春励志、都市情感、婚姻生活、谍战、民国年代、历史剧和神话传奇9类；配合建党90周年宣传，播出大型文献纪录片《旗帜》；播出的一批制作精良的国外纪录片如《恒河》、《勇士》、《千年拜占庭》受到观众好评；播出中央电视台第六届电视节目主持人大赛和四台“心连心”艺术团的慰问演出，丰富了节目内容；每天制作播出16档节目导视，全年制作播出节目导视总时长为131小时；高清频道电视用户从2008年10万户发展到2011年760万户，覆盖约1亿人口。CCTV－高清频道通过国内外优秀高清节目的播出，充分展示了高清电视的魅力，受到业界和观众的欢迎。

CCTV－1（香港）

2011年2月，根据中央领导的指示精神，按照台领导的具体要求，总编室牵头成立了CCTV－1(香港)落地工作筹备组，综合频道派员参加了筹备组的工作。

2011年3月1日05:55，CCTV－1综合频道正式在香港特别行政区落地播出。CCTV－1（香港）通过香港亚洲电视地面数字系统播出，覆盖香港140万户家庭、450万居民。CCTV－1（香港）落地开播，得到中联办和香港民众的广泛好评。中联办相关部门负责人高度评价CCTV－1综合频道香港落地项目，认为该频道在香港亚视地面数字平台播出将极大推动中央宣传精神在香港的传播力度与深度，对于进一步促进香港居民与大陆居民在文化上的认同，团结和鼓舞香港人民，实现港人的人心回归具有重大的政治意义和历史意义。

2011年6月1日起，CCTV－1（香港）节目运营、编播、管理工作由总编室正式移交综合频道。此后，综合频道认真落实台领导的工作要求，认真在以下三个方面保证了CCTV－1（香港）的平稳运行：一、以香港版节目版权工作为先导，保障节目质量；二、充分认识工作的特殊性，注意节目编排是否适合在香港地区播出；三、明确播出责任，按照规范合理的操作流程，进行节目编排及调整，确保安全播出。

2012年3月，CCTV－1（香港）在香港落地播出一周年之际，海外传播中心和相关机构合作，调查了频道对港传播效果。调查数据显示，一年来，65.8%的港民经常收看CCTV－1（香港），其中，29岁以下的观众收看比例为76.6%，30-49岁的观众收看比例为63.9%，50岁以上的观众收看比例为47.2%。在40个香港观众经常收看的频道中，CCTV－1（香港）位列第六名。最受港民欢迎的CCTV－1（香港）的节目是“晚间新闻”、“电视剧”和“电影”。在满意度方面，35.3%的香港观众对频道表示“满意”，4.4%的观众表示“很满意”，54.4%的港民认为CCTV－1（香港）“一般”，表示不满意的观众仅占3.9%。

根据调查显示，香港观众近半数香港电视观众认为CCTV－1（香港）“香港特色不明显”，建议增加粤语类节目。为了满足香港观众对于“香港特色”的特殊要求，CCTV－1（香港）将在今后的节目制作和编排上做出相应调整。

综合频道将进一步推进CCTV－1（香港）的各项工作，全面提高节目版权管理、节目编排播出、广告播出落实、人员配备等工作，考虑在栏目播出方面增添“香港特色”，确保综合频道国际传播能力的全面建设。

（总编室规划部提供）

2011 年中央电视台栏目目录

第一部分　常规频道

CCTV－1 综合频道

新闻联播
晚间新闻
新闻 30 分
首席夜话
精彩一刻
第一动画乐园
环球科技视野
天天饮食
人与自然
动物世界
电视剧
正大综艺
状元 360
国际艺苑
中华民族
今日说法
人口
小崔说事
寻宝
分秒必争
我们有一套
生活早参考
看见

CCTV－2 财经频道

购时尚
生财有道
一槌定音
经济与法
中国财经报道
经济信息联播
对话
经济半小时
购物街
第一时间
交换空间
今日观察
消费主张
商道
市场分析室
交易时间
环球财经连线

CCTV－3 综艺频道

天天把歌唱
星光大道
曲苑杂坛
舞蹈世界
艺术人生
剧场
激情广场
欢乐中国行
非常 6+1
开心辞典
我要上春晚
欢乐英雄
综艺喜乐汇
向幸福出发
文化正午
动物狂欢节
艺览天下
天天乐
笑星大联盟
巅峰音乐汇
文化视点
欢乐一家亲

CCTV－4 中文国际频道

今日欧洲
今日美洲
中国新闻
深度国际
今日关注
今日亚洲
天涯共此时
探索·发现（海外版）
中国文艺

中华情
动画城（四套）
快乐驿站（海外版）
海峡两岸
中华医药
体育在线
国宝档案
天天饮食（海外版）
百家讲坛（海外版）
大家（海外版）
周末影院（海外版）
华人世界
走遍中国
快乐汉语
文明之旅
城市 1 对 1
远方的家
流行无限
精彩回放（海外版）
智慧树（海外版）
精彩一刻（海外版）
寻宝（海外版）

CCTV－5 体育频道

体育星探
健身舞起来
实况录像
精彩 F1
顶级赛事
直播周末
实况足球
体育人间
巅峰时刻
体坛快讯
体育世界
赛车时代
足球之夜
篮球公园
体育晨报
午夜体育报道
现场直播（体育）
天下足球
体育新闻
运动空间
武林大会

城市之间

CCTV－6 电影频道

译制片
中国电影报道
世界电影之旅之资讯快车
电影人物
佳片有约
世界电影之旅
纪录片（电影）
美术片
世界纪录片长廊
首映
专题片
音乐之声
故事片
爱电影
流金岁月

CCTV－7 军事·农业频道

农广天地
乡村大世界
每日农经
生活 567
法制编辑部
乡约
阳光大道
聚焦三农
致富经
科技苑
乡土
军营大舞台
讲武堂
谁是终极英雄
中国武警
军事纪实
百战经典
和平年代
军事科技
军旅文化·大视野
军事报道
防务新观察

CCTV－8 电视剧频道

第 8 频道

好剧连台
影视同期声
周日影院
大剧场
海外剧场
影视俱乐部
环球影院
佳艺剧场

CCTV－9 纪录频道

精彩放送
寰宇万象
发现之路
特别呈现
时代写真
人文地理
历史传奇
寰宇视野
发现之路（英语）
特别呈现（英语）
时代写真（英语）
人文地理（英语）
历史传奇（英语）
精彩放送（英语）

CCTV－10 科教频道

读书
欢聚夕阳红
夕阳红
科技之光
走近科学
百家讲坛
健康之路
讲述
大家
重访
第 10 放映室
科技人生
希望－英语杂志
我爱发明
人物
探索·发现
原来如此
创新无限
地理·中国
自然传奇

CCTV－11 戏曲频道

快乐戏园
梨园闯关我挂帅
戏苑百家
戏曲采风
名段欣赏
九州大戏台
CCTV 空中剧院
过把瘾
影视剧场
跟我学
精彩回放
青春戏苑
中国京剧音配像精粹

CCTV－12 社会与法频道

班长对班长
从我做起
普法栏目剧
平安 365
小区大事
法律讲堂（文史版）
夜线
热线 12
一线
见证
天网
忏悔录
心理访谈
法律讲堂
庭审现场
道德观察（日播版）

CCTV－13 新闻频道

国际时讯
法治在线
每周质量报告
新闻调查
新闻 1+1
新闻周刊
世界周刊
东方时空
焦点访谈

面对面
环球视线
24 小时
新闻直播间
共同关注
午夜新闻
朝闻天下

CCTV－14 少儿频道

新闻袋袋裤
英雄出少年
绿野寻踪
快乐体验
智慧树
成长在线
动画梦工场
动漫世界
银河剧场
音乐快递
异想天开
大风车
动感特区
童心回放
动画乐翻天
文学宝库
芝麻开门
快乐大巴
七巧板
动画剧场
大仓库
智力快车
动漫星空

CCTV－15 音乐频道

乐游天下
歌声与微笑
周末乐谈
快乐琴童
音乐传奇
CCTV 音乐厅
影视留声机
星光舞台
风华国乐
中国音乐电视
音乐告诉你
经典
百年歌声
音乐人生
民歌·中国
精彩音乐汇

CCTV－News 英语新闻频道

旅游指南
自然
看中国
海客谈
发现
东方
中心舞台
文化报道
体育报道
今日亚洲
新闻一小时
今日话题
新财富
财经亚洲
财经高峰会
中国 24 小时
世界观察
整点新闻

CCTV－Français 法语国际频道

财经新闻
自然
非洲时间
学功夫
纪录片
电视剧
学汉语
对话
新探索
外国人看中国
旅游指南
文艺舞台
综合新闻
缤纷生活

CCTV－Español 西班牙语国际频道

拉美视点
百科天地

财经新闻
学做中国菜
综合新闻
这就是中国
纪录片
神州行
学汉语
影视看台
中华艺苑
对话

CCTV－العربية 阿拉伯语国际频道

每周财经
中国·中东
跟我学
纪录片
中国文艺
对话
话说中国
中国之旅
综合新闻
电视剧

CCTV－ Русский 俄语国际频道

流行乐坛
跟我学
胜者为王
对话
综艺大观
故事汇
北京时间
观点
旅游指南
放映厅
综合新闻
中国厨艺
纪录片
财经新闻

CCTV－高清 高清频道

探秘
人文地图
纪录片
艺术人生
快乐中国
实况录像
现场直播
国际足球赛场
第 10 放映室
民歌·中国
CCTV 音乐厅

CCTV－1 高清频道

晚间新闻
新闻联播
新闻 30 分
朝闻天下
状元 360
首席夜话
环球科技视野
人与自然
分秒必争
小崔说事
正大综艺
电视剧
人口
中华民族
天天饮食
今日说法
我们有一套
生活早参考

第二部分　付费电视及长城平台频道

高尔夫·网球频道

高尔夫时间
网球时间
高尔夫·网球频道包装

风云足球频道

关于足球
国际足球赛场
经典无限
绝妙好球
欧陆烽火
欧战快报
世界杯殿堂

天天足球
足球华彩
足球记忆
足球实况
足球亚洲
足球之美

风云音乐频道

榜上风云
风云现场
乐乐欲视
流水 MV

第一剧场频道

热门影院
环球影院
电影精选

风云剧场频道

欧美剧场
亚洲剧风
海外剧跟我看
偶像百分百
风云黄金档
情景剧场
金牌明星档

世界地理频道

世界地理 50'
世界地理 30'
经典记录
探索

电视指南频道

数字电视联播
整点冲击播
精选黄金档
数字飙榜
精品点击
我喜欢我推荐
精彩十分
投资理财指南
乐活时代
奋斗

艺海

怀旧剧场频道

露天电影院
金曲典藏
经典重温
时光影路

国防军事频道

战争谜中谜
大家谈
专家在线
精品典播
军事全记录
装备时空
军周刊
军事播客

女性时尚频道

健康早班车
生活早参考
天天饮食
精彩音乐会
宝贝一家亲
远方的家
中华医药
人物
讲述
见证
流行无限
艺术人生
半边天
交换空间
购时尚
向幸福出发
快乐主妇
子午书简
全家总动员
时尚秀场
Fashion 精选

央视文化精品频道

健康之路
天天饮食
理财在线

百家讲坛
人物
探索·发现
见证
动画城
快乐驿站
轻松十分
欢乐中国行
综艺喜乐汇
星光大道
笑星大联盟
欢乐一家亲
咏乐汇
我们有一套
我要上春晚
欢乐英雄
奋斗
中国影响力
财智人物
魅力中国
聚焦东方
财智论语
健康中国

CCTV－娱乐频道

欢乐中国行
星光大道
综艺喜乐汇
百家讲坛
寻宝
对话
中国音乐电视
向幸福出发
欢乐英雄
健康之路
笑星大联盟
我们有一套
欢乐一家亲
我要上春晚
轻松十分
天下大观
天天饮食
天天乐
炫动星空
武林大会
见证
非常 6+1
人物
精彩看长城
中国影响力
财智人物

CCTV－戏曲频道

跟我学
名段欣赏
精彩回放
CCTV 空中剧院
九州大戏台
青春戏苑
地方戏之窗
戏苑百家
过把瘾
中国京剧音配像精粹
人物

中国电影频道

故事片（北美）
戏曲片（北美）
专题片（北美）

（总编室提供）

2010 年中央电视台新增及改版栏目选介

第一动画乐园

《第一动画乐园》是综合频道的精品栏目，前身是《动画城》，2010 年 7 月 12 日更名为《第一动画乐园》。作为综合频道唯一的动画类栏目，以播出国内外优秀动画片为主，是青少年观众收视的重点栏目，对综合频道的收视贡献较大，较好地完成了 2010 年收视率指标。栏目首创节目播前评测，不仅由专家评审打分，还开展了实播评测，通过有效的评测方式，对节目播出效果进行预判，使节目收视率保持高位运行，并保持同时段全国市场排位第一名。栏目以动画奇幻互动的形式，推出栏目专属品牌形象，深受青少年观众喜爱。

该栏目在 CCTV－1 综合频道播出，上午版 08:35 播出，时长 45 分钟，下午版 16:50 播出，时长 70 分钟（寒暑假下午版时长 90 分钟）。电子邮箱：dhc20062006@126.com，栏目电话：010—88244265。

巅峰音乐汇

《巅峰音乐汇》栏目是由中央电视台综艺频道推出的一档以最流行、最时尚、最具关注度、最具参与互动性的高端个唱音乐栏目，展现歌手最强音乐实力，汇集最火爆演出现场，是视听结合的完美音乐盛宴，聚焦当下最热门演出资讯，权威推介最具欣赏价值演唱会产品，引导百姓文化价值取向为宗旨的栏目。2010 年 9 月 9 日开播。

该栏目首播时间：每周四 19:00，重播时间：每周五 02:00、12:00。栏目时长：90 分钟。栏目电话：010－63960325。电子邮箱：cctvdfyyh@163.com。

分秒必争

《分秒必争》倡导快乐生活理念，将生活中普通的物品变成游戏道具，通过有趣的 1 分钟游戏规则，释放人们的学习压力、职场困惑和生活烦恼，让人感悟生活中的快乐无处不在。该栏目现场录制选手在大型演播室内进行现场游戏挑战的实况，由主持人评判，并与选手进行交流。每个选手挑战结束后，下一个选手上场继续挑战。节目中间穿插选手的个人背景资料介绍（不设小板块及子栏目）。

《分秒必争》栏目自 2010 年 9 月 4 日起在 CCTV－1 综合频道播出，每周六 13:10 首播，周三 24:47 重播（重播时间常有变动），播出时长 50 分钟。电子邮箱：fmbzhcctv1@sina.com。

今日说法

开播于 1999 年 1 月 2 日的《今日说法》是中央电视台第一档全日播法制栏目。秉持"点滴记录中国法治进程"的理念，以"重在普法，监督执法，促进立法、服务百姓"为宗旨，采用以案说法、大众参与、专家点评的节目样式，进行普法宣传，被誉为"中国人的法制午餐"。2010 年 9 月《今日说法》栏目正式划归 CCTV－1 综合频道，并于 10 月 8 日扩版为 30 分钟。30 分钟版选题在保持强故事性的基础上，更加突出新闻性和社会性，保证节目足够的热度和看点。新版节目的演播室讨论部分，在保持普法节目特质的同时，更加强调观点和探讨，强化了舆论引导力。专门设计了新的包装系统，节目的制作较之以往更加精致，音乐和特技的使用更加讲究。

该栏目在 CCTV－1 综合频道播出。播出时间：每天 12:35。栏目时长：30 分钟。电子邮箱：cctvjrsf@vip.sohu.com。

看见

2010 年 12 月 6 日起，CCTV－1 综合频道推出全新午间专题栏目《看见》。作为一档记录现实题材的专题节目，《看见》观察变化中的时代生活，用影像记录事件中的人，努力刻画这个飞速转型的时代中，人的冷暖、感知、思想与渴望，期待和观众一起了解陌生、认识彼此、审视自我。

该栏目每周一至周五 13:10 在 CCTV－1 综合频道播出。栏目时长 30 分钟。电子邮箱：cctv2314@gmail.com。栏目电话：010 － 63986127。

身边的感动

该栏目由新闻中心经济新闻部主题报道组承担，节目主要以发现和挖掘社会普通人的人性闪光点、展现中国人的精神力量为主要宗旨，弘扬主旋律和社会主义核心价值观。

该栏目2010年4月12日开播，每周一至周五19:53在CCTV－1综合频道播出。栏目时长5分钟。栏目电话：010－63975181。

我们有一套

《我们有一套》栏目属综艺情感类节目——展示全球达人的才艺，分享普通百姓的智慧与欢乐。主持人采取“1+1”的模式，即中央电视台与地方电视台主持人搭档。每期节目都会有多组来自民间的草根明星，在绚丽的舞台上，展现他们最精彩的绝活绝技；与此同时，讲述他们成功背后的艰辛，分享人生的感悟。每期节目都会有备受瞩目的公众人物出现。参与《我们有一套》的嘉宾有著名演员、著名歌唱家、艺术家、港台知名艺人等。他们或是才艺表演，或是幸福发言，为草根明星们助阵。和观众一起，分享收获的喜悦和成功的快乐。

《我们有一套》栏目于2010年9月1日在CCTV－1综合频道开播，周一至周四18:00播出。栏目时长1小时。栏目电话：010－63972527。电子邮箱：woyouyitao@sina.cn。

向幸福出发

2010年9月开始播出的《向幸福出发》栏目是综艺频道一档幸福婚姻秀节目。新版节目是综艺频道首创的真人秀娱乐互动点歌节目，把每个人心中最质朴的情感和美好的祝愿用歌声来表达。每一期节目都将由不同的心意组成。每份心意的表达，都有委托人和接收人，委托人在节目现场点唱歌曲，接收人或毫不知情、或在百般期待中得到委托人送出的惊喜祝福。节目的口号是“向幸福出发，爱要大声唱出来”。

该栏目首播时间：周一至周五20:00，周六、日20:30。重播时间：周一至周日12:00。栏目时长90分钟。栏目电话：010－68550819。电子邮箱：cctvxf@vip.sina.com。

正大综艺

《正大综艺》是中央电视台与泰国正大集团联合制作的大型电视栏目，双方从1990年4月21日开始合作。2010年7月，中央电视台频道制改革后，《正大综艺》从CCTV－3调整到CCTV－1，播出时间进行了调整。2010年9月《正大综艺》制作推出了大型综艺游戏节目《正大综艺·墙来啦》，节目收视率连续多周名列全国综艺娱乐节目第一。

《正大综艺》首播时间为每周日18:02，重播时间为周日24:06和次周日04:22，时长50分钟。栏目电话：010—68506580。电子邮箱：zhengdajns@163.com或zdzyqiang@126.com。

对手

《对手》是财经频道倾情打造的一档大型财经辩论栏目。其核心定位是：辩论发现价值，观点影响中国。由原《商道》栏目团队制作，2010年9月26日正式推出。《对手》关注公众利益，在思辨中剖析经济热点，共同寻求经济社会转型中种种问题的解决思路，致力于建成一个孕育新锐思想、以理性专业思考关怀民意的包容性平台。

《对手》在CCTV－2财经频道播出，首播为每周五21:55，重播为每周三15:45和每周六13:50。每期时长60分钟。栏目电话：010－68550647。电子邮箱：cctvsdds@126.com。

综艺喜乐汇

《综艺喜乐汇》由中央电视台CCTV－3综艺频道制作，是一档全新的主题化编辑性栏目，集专业性、观赏性、大众性、娱乐性、趣味性于一身，以小品、相声、歌舞、杂技、魔术等艺术门类为主，内容轻松活泼、寓教于乐、雅俗共赏。该栏目的表现方式为汇集编辑。在节目选材上，主要考虑精挑细选综艺频道近年来以及新开播栏目中优秀的精品节目；在编排上，突出内容主题化，形式多样化，打破以往节目堆节目的形式；在包装上，走亲切大众化路线；在剪辑上做到节奏紧凑、信息量大。

该栏目于2010年9月3日起在CCTV－3综艺频道播出。首播时间：每天11:30，栏目时长：35分钟，重播时间：每天06:00。栏目电话：010－68507895。电子邮箱：cctvxilehui@163.com。

欢乐英雄

《欢乐英雄》栏目（原名《百团大战》）是综艺频道一档以群众文艺为基础的大型演播室综艺节目，2010年9月4日开播。每期节目的团队成员由来自不同阶层、不同年龄、不同身份的人组成。他们参与节目的宗旨和目的，就是展示团队的才艺和风采，同时赢得一份荣誉、贡献一份爱心。

《欢乐英雄》有明星团队的爆笑演绎，有百姓团队的引吭高歌，有叹为观止的绝技，是制造欢乐的舞台。节目的口号是“团结就是力量！努力一定成功！”。

《欢乐英雄》栏目在 CCTV－3 综艺频道播出，首播时间：每周六 19:00，重播时间：周一 14:00，周六 23:00，周日 09:30。栏目时长：120 分钟。栏目电话：010－68550716。电子邮箱：huanleyingxiong@vip.sina.com。

文化正午

《文化正午》栏目是由中央电视台 CCTV－3 制作播出的以传播主流文化声音和优秀传统文化为主体内容的高端文化话题类栏目，内容紧扣社会热点特别是文化热点进行文化解读，从新闻热点中抽离出文化特质，从“是什么”到“为什么”再到“结果”，为观众层层剖析热点的文化内涵。栏目表现形式为虚拟演播室嘉宾访谈结合敖威虚拟技术的图片提示。

该栏目 2010 年 11 月 8 日开播，播出时间：周一至周日 11:05。栏目时长：20 分钟。栏目电话：010－63962465。电子邮箱：wenhuazhengwu@126.com。

欢乐一家亲

《欢乐一家亲》栏目由中央电视台 CCTV－3 综艺频道制作播出。《欢乐一家亲》原名《神州大舞台》，2000 年 12 月 28 日开播，2010 年 10 月 12 日更名为《欢乐一家亲》。栏目以丰富广大家庭的精神文化生活，提高家庭成员的文化、道德和艺术素养，展现参赛家庭的艺术才华，让广大电视观众通过收看，增进家庭和谐，建立平等、互助、有文化、有知识的现代家庭为宗旨，每期选择三到四个家庭，通过艺术表演、家庭成员关系展示等环节来体现家庭的温馨和谐。每期邀请四位嘉宾为家庭点评，借以提高家庭的表演水平。表现方式上，《欢乐一家亲》是集家庭综艺演出、娱乐谈话等电视形态于一身，集演播室录制、外景录制等多种形式于一体的综艺节目。

该栏目首播时间：周二 19:00，重播时间：周三 12:30。栏目时长：90 分钟 。栏目电话：010－88278400。电子邮箱：cctvwyscw@163.com。

城市 1 对 1

《城市 1 对 1》由中央电视台中文国际频道《城市 1 对 1》栏目组制作，是中央电视台唯一一档以境内外城市交流为载体的高端谈话类栏目。栏目于 2010 年 12 月 5 日开播，面向全球播出。通过卫星连线或演播室访谈等手段，聚焦城市管理的方方面面，讨论百姓关心的热门话题，实现城市决策者的高端对话，挖掘文化历史的深度故事，展示双方城市的形象风貌。

该栏目在 CCTV－4 中文国际频道播出，每周日 16:10 首播，23:25 重播，时长 45 分钟。栏目电话：010－63986502、010－63986187。电子邮箱：cctv4－city@cctv.com。

流行无限

《流行无限》由中央电视台中文国际频道制作，旨在介绍当代引领潮流的大陆及海外行业领袖或知名华人，展示在各领域中包罗万象的潮流趋势。栏目自 2010 年 12 月 1 日开播。节目为外采专题片，主持人以寻访者、体验者的角度重回事件现场，深入主题人物的生活，剖析流行事件的背后，从不同层面深度表现现代中国正在发生的重大事件和产生深远影响的人物。栏目通过与台湾媒体的合作策划、拍摄、制作，实现节目进入台湾主流电视频道播出。

《流行无限》在 CCTV－4 中文国际频道播出，周日 22:00 首播，周一 03:00 和次周日 09:00 重播，每期 55 分钟。栏目电话：010—63953573。电子信箱：cctv4－lxwx@cctv.com。

文明之旅

《文明之旅》是一档根据中文国际频道内容定位和目标观众而打造的，立意于国际化特色的人文类高端访谈专题栏目。《文明之旅》立足于中国的快速发展，随着国际地位和影响力的提高，迫切需要中外文化的相互沟通、平等对话的大背景，以中华文明与世界各国、各地区文明交流为主要内容，是中外文明对话的平台。《文明之旅》力求以国际化视野体现人文特色、展示多元观点，做到“高关注度的内容、高端的嘉宾、高雅的风格”。《文明之旅》节目形态包括演播室访谈＋场内外观众互动＋表演展示＋背景短片等多个环节。预设采访嘉宾包括：1. 有国际影响力学者、专家；2. 世界级的政要、官员；3. 国际知名文化大家、艺术大师。

该栏目于 2010 年 12 月 1 日在 CCTV－4 中文国际频道正式播出，周一 22:00 首播，每期时长 45 分钟。电子邮箱：cctv4－wmzl@cctv.com。

地理·中国

《地理·中国》是中央电视台科教频道自制科普类电视栏目，2010年12月12日开播，栏目以地质科考为线索，以普及地理学知识为宗旨，介绍地质学的新发现、新成果、新探索，展示地质地貌的新、奇、特、美。《地理·中国》栏目在带着观众感受大自然神奇魅力的同时，传播科学知识，并传播人与自然和谐共生、相互依存的理念，采用外拍专题节目与演播室主持人串联结合的方式。为形成节目形态的个性化，栏目强化“行进式科考”的拍摄。“与科考同步，与学者同行”，针对自然现象和科学谜题，通过专家的现场调查、分析、考证、解读，破解谜团，普及地质学知识，展示地质学的魅力。

《地理·中国》栏目在CCTV－10科教频道播出，首播时间为周一至周日19:10，重播时间为当日23:30和次日09:00，时长30分钟。栏目电话：010－51915837。电子邮箱：dilizhongguo@sina.cn。

创新无限

《创新无限》是以“推广实用技术、展示创新历程、启发创新思维”为宗旨的科普栏目，核心是“创新”和“实用科技”这两个关键词。它聚焦生产生活中新发明并经过实践检验具有可行性和推广价值的新成果，解读科学原理，讲述创新过程，展示实际效果，以促进创新成果的应用，倡导科技创新。《创新无限》是以演播室为主体、结合外拍专题片、带有一定娱乐色彩的科普栏目。《创新无限》每期节目邀请科技创新的主人公做客演播室，讲述创新过程，演示科学原理，介绍推广效果。演播室突出互动、体验，外拍小片强调创新、推广故事的叙述、应用案例的展示，二者共同完成对整个项目的展示和创新者故事的演绎。

栏目于2010年12月13日正式播出。CCTV－10科教频道周一至周六18:12首播，重播时间为次日14:00，播出时长：28分20秒。栏目电话：010－66171557。电子邮箱：cctvlicheng@263.net。

自然传奇

《自然传奇》栏目由科教频道于2010年12月12日全新推出，节目旨在整合科教频道优秀动植物纪录片资源，通过主题化、系列化、本土化的编译和加工，强化科学解析力度和科学探究视角，展现自然的神奇，揭示动、植物的奥秘，为观众开启一扇拓宽视野、了解世界、认识自然的窗口，启发广大青少年热爱自然、热爱科学、勇于探索的精神。《自然传奇》以主持人串联＋专题片的节目形态对节目内容进行解析，并穿插相关整合素材及片段画面。

栏目在CCTV－10科教频道播出，周一至周六19:45首播，次日08:15、14:30重播，播出时长：40分钟。栏目电话：010－68507095。栏目邮箱：ziranchuanqi1212@126.com。

九州大戏台

《九州大戏台》栏目由CCTV－11戏曲频道《九州大戏台》栏目组制作播出。该栏目本着“推介名家名剧、铸造戏曲精品”的原则和宗旨，从我国各地众多的地方戏曲剧种中挑选、录制一批具有较深的思想性、较高的艺术性、较强的欣赏性的节目，力争为中央电视台保留一批具有一定历史价值、文献价值和艺术欣赏价值的剧目。《九州大戏台》栏目于2010年3月1日由原《九州大戏台》栏目（播出京剧）和《地方戏之窗》栏目（播出地方戏曲）合并改版而成，以实况录像、现场直播、专场录像和拍摄戏曲舞台艺术片等制作方式进行录制、播出。

栏目首播时间为每周二、四20:25，栏目时长：130分钟；重播时间为周一至周日06:08，播出时长：145分钟。栏目电话：010－88231036。

大风车

《大风车》栏目由少儿频道主办。栏目创建于1995年6月1日，以“尊重儿童、支持儿童、引导儿童、快乐儿童”为使命，与全国亿万儿童相伴成长，把欢乐播种在每一个孩子的心田。2010年《大风车》栏目全面改版，以“专为小学生打造精品杂志节目”为宗旨，以“调整编排策略，提升节目收视表现；打造精品系列，提升节目制作品质；注重品牌建设，提升节目品牌特征；吸引孩子参与，提升节目社会影响”为改版目标，采用日常版和周末版的节目编排设计，日常版推出“风车故事汇”、“风车达人榜”、“风车转转转”、“风车棒棒糖”、“风车读书吧”、“风车美食家”、“风车英雄”板块，周末版推出精品儿童栏目剧和家庭游戏综艺节目。新版《大风车》栏目于2010年12月6日正式推出。

《大风车》在CCTV－少儿频道播出，周一至周日19:30播出。栏目时长：30分钟。栏目电话：010－68508636。电子邮箱：cctvdfc@126.com。

2011年中央电视台新增及改版栏目选介

新闻联播

《新闻联播》是中央电视台“新闻立台”的标志性栏目，由新闻中心所属的新闻联播编辑部承担编辑、编排、播出任务。2011年9月25日，调整、改进后的新版《新闻联播》正式推出。这次改版对栏目进行微调、改进，增加了两位新主播郎永淳、欧阳夏丹，选取了更为庄重、大方的栏目视觉设计风格，内容选取和编排思路更加清晰明了。

栏目于每晚19:00～19:30分在CCTV－1综合频道及CCTV－13新闻频道首播，当晚或次日在CCTV－13新闻频道、CCTV－4中文国际频道、CCTV－1综合频道重播。栏目电话：010－68506803、010－68580503。电子信箱：XWLBBJB@163.com。

生活早参考

《生活早参考》栏目是综合频道早间时段重点打造的一档生活服务类栏目，于2010年12月6日开播。栏目秉承“关注百姓真实生活困境、引领大众生活方式、倡导积极向上的价值观”的核心理念，在节目创作中强调内容的权威性、实用性、实证性、人文关怀以及互动性，在选题的把握上注重节目的引导力、影响力、传播力、权威性。2011年12月开始，栏目对节目内容和表现形式进行升级调整。改版后的节目关注社会热点，外景记者深入现场调查采访，权威专家坐阵演播室进行深度分析，突出新闻性和时效性。

栏目于周一至周五08:35在CCTV－1播出。时长42分钟。栏目电话：010－63972527。电子信箱：zaoshuozaozhidao@163.com。

小崔说事

2011年1月6日，《小崔说事》改版，从新闻频道转至综合频道首播。新版栏目实现了高清录制，节目时长增至50分钟。栏目邀请王雪纯与崔永元合作主持，增强了谈话类节目的叙事功能。节目常常邀请多位嘉宾同时做客现场，增加了嘉宾数量，拓宽了谈话维度，并大量运用游戏、话剧表演、歌舞表演等元素增加节目环节，丰富节目样态，让嘉宾“动”起来，增强了节奏感，形式上更加轻松、活泼、好看。此外，栏目选题不仅有新闻类的热点话题、体现社会责任感的民生话题，还增加了紧跟时代脉搏的前沿话题，加大了对热点影视剧和影视界领军人物的关注力度，节目以独特的视角诠释解读，挖掘人前背后、戏里戏外更多有趣的故事，精彩纷呈。

栏目于每周日13:10在CCTV－1首播，每期时长为50分钟。

状元360

《状元360》是中央电视台综合频道播出的国内唯一的以展示基层劳动者风采、弘扬“劳动光荣”的主流思想、向各行各业一线劳动者致敬为主旨的品牌栏目，自2005年开播以来受到社会各界的广泛关注。2011年9月7日，《状元360》栏目经过全新改版，由以往的户外拍摄转换为在演播室内拍摄大型职业技能竞技的节目形态。栏目镜头对准百姓身边的行业精英、业务高手，在基层行业中搜寻业务能手，把劳动一线的旗帜人物带进荣誉殿堂。

栏目于每周三18:00在CCTV－1首播，每周四02:02在CCTV－1重播。播出时长50分钟。栏目电话：010－68259753。电子信箱：ZY360gy@sina.com。

首席夜话

《首席夜话》是中央电视台综合频道于2011年8月7日推出的一档立足于全球视野，聚焦中国大陆与港台近期文化热点作品的演播室文化类谈话节目。栏目主要对近期文化社会热点进行整体梳理和深度分析，在符合以新闻为主的综合频道定位的同时，将视野聚焦于当下文化社会领域。该栏目的主要形式：一是聚焦当下社会、文化热点，邀请热点当事人现场访谈心路历程；二是通过首席团与首席嘉宾的多元化交流，突出观点与言论价值性；三是以丰富的综艺元素，营造整个谈话场的戏剧性表现。

栏目于每周日23:30在CCTV－1首播，时长50分钟。栏目电话：010－63961032。电子信箱：shouxiyehua@sina.com。

谢天谢地你来啦

《谢天谢地你来啦》是中央电视台综合频道推出的一档明星互动即兴表演真人秀节目。栏目由综合频道正大综艺团队策划并制作。本栏目是中央电视台首次将海外戏剧表演真人秀节目引入本土，《谢天谢地你来啦》的核心看点是"即兴表演"，表演嘉宾在不知道剧本、不知道台词的情况下直接进入事先设定好的情境中即兴表演，面对难题的尴尬和解决难题的妙法都让观众捧腹。

栏目于每周六 22:36 在 CCTV－1 首播，播出时长 70 分钟。栏目电话：010－68506580。电子邮箱：xtxd2011@163.com。

购时尚

《购时尚》是财经频道于 2011 年 1 月 30 日开播的一档时尚消费类大型真人秀节目。栏目以"时尚重塑自我、自信改变人生"为宗旨。节目内容涵盖广泛的时尚消费领域资讯，传播健康向上的生活理念，力求成为最适合中国百姓的时尚消费指南。节目中富含大量有用而及时的时尚资讯，专家在改造选手过程中会传递各种时尚小窍门，以满足目标观众对时尚的追求，突出服务功能和实用性。节目由演播室和外拍短片组成，通过"时尚风筒"、"时尚扫描"和"时尚亮相"等环节展示选手的改变过程，实现选手的时尚梦想。

栏目于每周日 19:30 在 CCTV－2 首播，每周五 16:24、每周六 13:30 重播。播出时长 60 分钟。栏目电话：010－68550619。电子信箱：cctvgss@126.com。

一槌定音

2011 年 9 月 12 日，《一槌定音》由财经频道制作播出。栏目以"寻找最具眼光的艺术品投资者"为宗旨，通过模拟交易的过程，向观众传播艺术品投资的技巧、知识和风险防范。同时，栏目联合几家国内知名的拍卖行，联手对参加节目的艺术品进行价值判断，努力建立一个对艺术品市场具有参考价值的价格标杆。栏目以模拟真实艺术品买卖为主体形式，通过报价、出价、十秒夺宝等环节设计，最终决出"最有眼光的艺术品投资者"，充分展现艺术品的相关文化知识和市场投资趋势。

栏目于周日 18:10～19:30 在 CCTV－2 首播，次周日 17:10～18:30 在 CCTV－2 重播。时长 80 分钟。栏目电话：010－68550912。电子邮箱：cctvycdy@126.com。

周末乐谈

《周末乐谈》是中央电视台音乐频道于 2011 年 7 月 9 日开播的一档栏目。栏目以新闻专题的方式报道乐坛大事，以"轻松聊音乐"的方式品评音乐话题，同时预告演出资讯，并透过网络平台与观众进行互动。通过报道、评论和预告来综合体现栏目的服务功能，进一步拉近音乐与大众的距离。在表现方式和内容上，《周末乐谈》分为三个环节：第一环节"乐视野"，聚焦一周或近期国内外乐坛发生的大事件，以新闻专题的形式进行深度报道，并由主持人串联；第二环节"乐话题"，通过主持人和两位嘉宾"轻松聊音乐"的方式围绕一个时效性的话题展开讨论，聊天中带出观点与评论，在对话题进行展开和深度透析的同时引发观众的思考，传播信息量，引领大众音乐审美；第三环节"乐知音"，对近期观众在网络上的评论进行回馈，同时推介音乐频道的重点节目安排，并以图片加解说的形式预告近期社会演出资讯，充分体现服务功能。

栏目于每周六 21:10 在 CCTV－15 首播，每周日 11:40 和周一 13:30 重播，栏目时长 30 分钟。栏目电话：010－68506631。栏目邮箱：yuezhoukan@163.com。官方微博：CCTV 周末乐谈。

民歌·中国

《民歌·中国》是 2004 年 3 月 29 日开播的一档以中国原生态民歌歌种版图概念全景展示中国民歌艺术的栏目。它为展示中国民歌提供了一个广阔的平台。栏目以系列化的形式开拓中国民歌艺术视野，介绍中国民族、民间的原生态民歌艺术，并大力推动中国原生态民歌的发展。

《民歌·中国》于 2011 年进行改版，采用全新的方式、全新的视角、全新的思路、全新的包装、打造了一档带有青春时尚气息的民歌类栏目。栏目改版后采用小型个人专场歌会形式，让年轻人来演唱老民歌，让古老的民歌、传统的民歌在节目里变得让观众容易接受。节目中增加了互动环节，让嘉宾现场教观众演唱民歌、跳传统舞蹈、感受民间具有特色的乐器，甚至是玩一些传统的民间游戏等等，这些都让观众对各民族民间文化有直接的感受。

栏目于周一至周六 21:40 在 CCTV－15 首播，周二至周日 7:00，11:50 在 CCTV－15 重播，周一至周五 13:40 在 CCTV－高清重播。栏目时长 30 分。栏目电话：010－68506630。电子信箱：cctvmgzg@126.com。

一起音乐吧

《一起音乐吧》是中央电视台音乐频道于2011年1月推出的一档周播音乐节目。受众群体主要面向年轻观众，每期节目邀请不同的演艺嘉宾做客节目，用互动游戏的方式为观众展示不一样的音乐知识。节目气氛轻松活泼并寓教于乐，是一档涉及多个音乐领域的现场类音乐节目。栏目共分为三大板块：快问快打、大百科和大歌星，内容贯穿中西音乐、民族与流行等等。

栏目于每周日18:20分在CCTV－15首播，周一6:30和11:20、周三和周六15:30重播。栏目时长60分钟。栏目邮箱：yqyyb@cctv.com。

乐游天下

《乐游天下》的前身是《电视诗歌散文》，是中央电视台音乐频道于2011年5月22日全新改版的一档音乐文化专题类栏目。栏目每期邀请社会知名人士或音乐界文化名人担任嘉宾，和观众一起，以音乐文化为主线，探访各地风土人情，完成一次次诗意的音乐之旅。《乐游天下》秉承音乐频道的高雅性和专业性，融艺术性、欣赏性、知识性于一体，打造高品质、高品格、高品味的音乐文化精品。

栏目于每周日20:40在CCTV－15首播，周一13:00和周日15:50重播，节目时长30分钟。栏目电话：010－68506631，68515607。电子邮箱：cctvyytx@163.com。

星光舞台

《星光舞台》是音乐频道制作的一档栏目，2011年6月29日改版播出，改版后栏目以“四季歌会”为副标题，以四季为主体元素，分为春、夏、秋、冬四个系列。以季节特征作为创作基础，围绕季节主题展开策划思路，挖掘季节所能表述的共鸣话题。“四季歌会”突出展示风光、人文、艺术、年度事件及流行元素等内容，运用全新的编排表现手法，打破常规歌会的形式，涵盖民乐、交响乐、通俗乐等音乐表现形式，融入前沿时尚元素，再现中国国乐风采，体现流行文化趋势，打造品牌鲜明的主题系列歌会。栏目根据春夏秋冬四季的季节特点，选取季节特色鲜明的地区，以歌曲、人文景色、自然风光和主持人串联有机结合的形式，赞美生活，赞美祖国，让观众在轻松愉悦的氛围中，欣赏美妙的歌曲和祖国秀美的山川，达到怡情逸志的效果。

栏目于每周日22:35在CCTV－15首播。播出时长60分钟。栏目电话：010－68509838。

音乐传奇

《音乐传奇》的前身是创建于2004年的《音乐·故事》，由CCTV－音乐频道制作播出，栏目主要以纪录片的形式，致力于推广世界经典音乐作品、传播音乐家的人生故事，让观众领略音乐文化的无尽魅力。2011年1月，《音乐·故事》正式改版升级为《音乐传奇》。改版后本栏目主要采取演播室+纪录片的节目形式，其中演播室讲述部分是节目的主线索，讲述人作为故事的讲述者，把握着故事的发展走向，从悬念的渲染、高潮的铺垫、到一个个谜底的揭开，讲述人起着不可或缺的作用。纪录片部分采用大量的文字档案、图片、视频等素材，讲述一个个生动的故事，引领观众领略美妙的音乐，以及音乐背后更加引人入胜的传奇。

该节目于周一至周五21:05在CCTV－15首播，次日10:45重播。播出时长30分钟。栏目电话：010－68500050。

音乐告诉你

《音乐告诉你》栏目是音乐频道的一档日播音乐教育普及类栏目，于2011年8月1日改版播出。栏目以普及音乐知识、指导音乐技艺、提高音乐欣赏水平为宗旨。一周七天分别邀请国内外音乐领域有建树的专家、教授、学者，用极具个人魅力的语言特色和讲述方式，阐释博大精深的音乐文化。将专业的艺术知识与丰富多彩的授课形式相结合，让广大观众在轻松愉悦的氛围中享受经典的音乐表演，接受一流的音乐教育。栏目周一至周日的子目录分别是：国乐飘香、快乐键盘、管弦之声、音乐漫谈、流行无限、我爱歌唱、乐海扬帆。周日版是以纪录片的方式，以贴近百姓、深刻贯彻落实“走、转、改”精神为主题，讲述普通的音乐爱好者与音乐之间情缘故事的节目。

栏目于周一至周六17:45分在CCTV－15首播、周日21:45，次日12:25重播。栏目时长30分。栏目电话：010－63987211。

中国音乐电视

《中国音乐电视》由音乐频道制作，2011年5月1日改版。以立足国家视角、传播弘扬和谐文化、引导大众审美取向为宗旨。栏目分为日常版和周末版：日常版为主持人口播串联结合MV播放、播放器乐MV的“乐海拾音”和推荐新人新作的“新歌推荐”等几部分组成；周末版为板块式专题节目，分别由外拍采访明星，讲述MV拍摄花絮为主的“明星坊”和把网络上选出的民间MV制作高手请到演播室讲述拍摄经历的“乐拍越快乐”三大板块组成。

栏目于周一至周日06:00在CCTV－15首播，09:45、18:55、21:15重播。栏目时长30分钟。栏目电话：010－63973519。电子信箱：yinyuedianshi@sina.cn。

百年歌声

《百年歌声》是中央电视台音乐频道在2007年推出的一档访谈加表演的明星音乐类栏目，受众群体主要面向中老年观众，栏目邀请不同的歌曲创作嘉宾和演唱嘉宾做客演播室。栏目宗旨是讲述传奇故事，传唱经典歌曲，传颂民族精神。通过对中国百年歌声的回顾，让这些世代传唱的歌曲引发人们对逝去时代的感悟，加深人们对百年中国的历史记忆，借助富于时代特色的歌曲弘扬主流文化，让中国的民族情感在当今时代得以继承并发展。2011年，《百年歌声》在原有节目形态的基础上进行全面改版，对主持人、舞美、灯光全新包装，对邀请嘉宾进行重新定位和升级，通过明星现场表演的方式拉近与年轻观众的距离，使栏目在不流失原有中老年观众的基础上更加年轻化、时尚化。栏目改版后，获得不同年龄层观众好评，在频道收视一直排名靠前。

栏目于周六 20:40在CCTV－15首播，周日 15:20、周一 15:10重播。播出时长30分钟。栏目电话：010－88243570、88243638。栏目邮箱：bainiangesheng@vip.cntv.cn。

梨园闯关我挂帅

《梨园闯关我挂帅》是中央电视台戏曲频道于2011年1月1日开播的一档益智游戏、闯关类戏曲综艺节目。栏目以竞赛游戏的方式传播推广中国传统戏曲文化，同时让观众通过参与节目，从优秀的戏曲文化所传递的价值取向中找到广泛的认同和共鸣。在轻松的娱乐中发现戏曲的魅力，慢慢了解戏曲爱上戏曲。节目通过轻松愉快的趣味答题、幽默爆笑的模仿表演、紧张新颖的闯关游戏以及各路明星的加盟等综艺方式传播推广国粹艺术。节目在环节设计、题目、音乐、包装、舞美灯光、出场、发奖等方面都突出轻松、愉快、时尚的特点，又不失戏曲的形式感。

栏目于周日19:20在CCTV－11首播，周五20:24、周六12:56重播。时长60分钟。栏目电话：010－63960926。电子信箱：cctvwoguashuai@126.com。

快乐戏园

《快乐戏园》由中央电视台戏曲频道和中央新影集团戏曲节目部联合制作，并于2011年1月1日正式开播。该栏目是一档日播型综艺类少儿戏曲节目，它以娱乐为基础普及戏曲基本知识，用快乐的方式展示“戏曲进校园”的丰硕成果，推介戏曲新苗。《快乐戏园》在全国范围内选取在“京剧进校园”和“戏曲进校园”特色教学方面有突出成绩的学校，请戏曲演员和戏曲名家走进校园传授戏曲知识，与爱好戏曲的同学们进行互动。周一至周五是日常节目，设置了“快乐我知道”（问答介绍戏曲基础知识）、“快乐面对面”（戏曲演员与小朋友们游戏互动）、“快乐我登台”（学生们的戏曲才艺展示）三个板块。周六为升级版的“快乐大登台”，周日为生动活泼、深入浅出的“名家开讲”。

栏目于每天17:58 在CCTV－11首播，次日10:33重播。播出时长30分钟。栏目电话：010－82077335。电子信箱：cctvklxy@sina.cn。

快乐琴童

《快乐琴童》栏目于2011年1月8日在音乐频道开播。栏目旨在通过展现中国音乐美育教育的发展与成果，体现青少年德智体美全面发展的精神风貌，力求引导琴童和家长回归音乐的快乐本质。栏目以传达“快乐音乐”的核心理念为己任，全方位、多角度地关注青少年音乐学习和实践的现实状况，为全国几千万琴童提供展示自我、展现快乐风貌的平台。该栏目是一档演播室录播的互动类音乐竞技栏目，每期邀请4～10名琴童组成两队，通过现场表演、视频插播、互动演奏、竞猜竞技等多种元素展示才艺。同时，还邀请明星名人、音乐界知名人士做两队队长，对孩子们的表现给予点评，并参与互动游戏，以增强节目的生动性、竞赛性、趣味性、可视性、知识性和悬念感。栏目共设四个游戏环节和若干才艺展示环节。

栏目于周六20:40、周日10:15在CCTV－15首播，周日10:50、15:40、17:30和周四15:40重播。播出时长为60分和45分两档。栏目电话：010－68215179。电子信箱：cctvklqt@yahoo.cn。

CHINA CENTRAL TELEVISION YEARBOOK

体育星探

2011年5月20日，体育频道推出全新周播栏目《体育星探》。这是一档推介体育频道资源的功能性栏目，围绕频道“顶级赛事、专业频道”的定位，以拉动收视为目标，通过对频道一周核心赛事的思考，传递频道的编排思想、价值观，争夺话语权，提升频道影响力。栏目内容以“人”为线索，回顾、梳理一周赛事，预热、推介下周看点。栏目以体育明星、高端专家到场的方式增加可视性，展现赛事的精彩，避免话题式的讨论，形式上追求灵活、娱乐。栏目主要由四大板块构成：“星闻榜”、“明星探营”、“明星访谈”和“名嘴推介”，多角度、多层面对每周体育频道的核心赛事资源做分析、判断和推介。

栏目于每周五22:05在CCTV－5播出，时长50分钟。栏目电话：010－88243619。电子信箱：tiyuxingtan@163.com。

巅峰时刻

《巅峰时刻》是由体育频道竞赛部制作的一档以极限和户外运动为主题的体育杂志性专栏节目，集欣赏、教学、参与、资讯服务、健康生活方式导向为一体，具有时效和时尚性，贴近年轻观众。栏目特点为快乐健康，惊险刺激。栏目于2011年6月10日开播，运用多种电视表现方式，引导健康、环保、时尚的生活方式。栏目既有专业人士的指导，又有普通人的广泛参与；既追踪展现极限和户外运动的世界顶尖水平和发展趋势，又提供更多人参与和展示这一全新生活方式的机会；既发布最权威最全面的资讯，也有回顾历史和记录当下的深度报道。主要板块：酷程表（汇集一周内国内外极限和户外新闻，快节奏突出亮点）、酷代表（业内高手和名人带领普通人体验极限和户外运动，介绍基本技能和注意事项）、酷竞技（国内外极限和户外赛事精选）、酷社区（极限和户外俱乐部、校园社团活动、相关事件等）、酷记录（以纪录片形式呈现的从事极限和户外运动的人或事）。

栏目于每周五17:05～17:55在CCTV－5首播。栏目时长50分钟。栏目电话：010－88244431。电子信箱：cctvsummit@gmail.com。

健身舞起来

《健身舞起来》是体育频道于2011年1月31日开播的一档大众体育栏目。栏目以“全民体育、全民参与、全民健身”为定位，倡导科学、合理、快乐的健身方式。配合全民健身热潮，用专业及丰富多彩的健身舞蹈和健身知识对老百姓的健身起到服务性和引导性作用。栏目把国际流行舞蹈、现代时尚舞蹈以及原汁原味的民族舞蹈进行健身式加工创编，将音乐元素、服装元素、艺术元素、服务元素等融入其中，力图吸引最广泛受众的关注，在欣赏的同时能够得到身心的享受并真正学会一些健身舞蹈和方法。主要板块：炫起来（开场舞）、热起来（热身运动）、舞起来（舞蹈教学）、动起来（力量训练）、美起来（形体训练）、一起来（老百姓健身的展示）、秀起来（健身教练和老百姓一起舞动）。

栏目于周一至周五06:00～06:25在CCTV－5首播，08:35（不固定）重播。播出时长25分钟。栏目电话：010－88243667。电子信箱：cctv5jswql@163.com。

健康之路

新版《健康之路》开播于2011年10月7日。栏目以介绍预防保健知识为主、医疗知识为辅，兼顾两者作为栏目定位，选择大众高度关注的健康内容作为选题，在重视节目服务性的同时加强节目的知识性。节目立足解析健康知识的盲点（常识盲点和医疗盲点），探寻人体奥秘，积极预防疾病，倡导健康生活。新版《健康之路》以时尚、科学的视角诠释健康理念，以互动、轻松的方式传播健康知识。新版节目采用5+2的播出方式，日常是面向广大观众的健康生活指导，周末是诊疗版，具有高端的专业性。这样的编排策略体现了大众和专业兼顾的节目理念。

栏目于每天18:10在CCTV－10首播，次日09:00、15:25重播。节目时长45分钟，栏目电话：010－68506535。电子邮箱：ning7999@sina.com。

讲述

《讲述》是中央电视台科教频道于2001年7月9日开播的一档社会类纪录片栏目。以记录普通人的时代影像为定位，以“打造中国最具人文精神的社会类纪录片栏目”为目标。2011年10月10日，栏目改版。栏目立足国家和民族的长远发展，积极记录普通人在当代中国发展进程中的生存现状，生动提炼一个民族在人生百态中折射出的主流价值观与道德精神内核，温情关注普通百姓最关心的热点焦点问题，理性引导大众正确看待社会转型中的纷繁现象，深度触摸国家与民族发展的时代脉搏，用感性的心灵和理性的思考记录百姓生活、弘扬道德力量、刻画时代变迁、塑造民族精神。

栏目每日13:55 ~ 14:22在CCTV－10首播，次日07:00 ~ 07:27重播。播出时长27分钟；栏目电话：010－58891081。电子邮箱：jiangshu@cctv.com。

原来如此

《原来如此》是科教频道于2010年12月31日开播的一档科普栏目。栏目宗旨为通过实证检验，终结社会上似是而非的传闻流言和认识误区，培养科学审视生活的习惯。“原”指题材出自生活本原；“来”指对科学验证的过程展现和参与；“如”体现对如实之道的执着探索；“此”指科学解读后的真相大白。2011年10月10日，《原来如此》改版为一档以实验体验为特征的科普栏目。节目形式为演播室实验和场外实验相结合，通过细微的观察，在人们习以为常、熟视无睹的日常生活中发现问题，通过质疑假设、实验求证的调查手段，给予科学探究。

栏目每周一18:56在CCTV－10首播，下周一09:00重播，栏目时长为60分钟。栏目电话：010－68210832。电子信箱：yuanlairuci@vip.cntv.cn。

读书

《读书》是中央电视台科教频道于2011年6月13日开播的一档栏目。宗旨是为大众“淘好书”，和大众一起分享好书，以书为媒介，传播知识，弘扬优秀文化，引导全民阅读。节目为演播室三人谈话形式，由主持人和两位嘉宾一起，围绕一本主题图书展开谈话，传递书中精华，分享阅读感受，通过书里书外的话题讨论，温润大众心灵、启迪人生智慧。栏目的节目形态、内容到演播室设计上都有着独特之处：首先，栏目首次在读书类栏目中采用三人谈的形式；其次，节目选书注重品质、涉猎广泛，除主题图书外，还延伸阅读推荐相关的好书；第三，演播室时尚、现代、高调，突破了谈话节目镜头单调沉闷的痼疾，巧用大屏幕画中画、反射光构图、镜面影像、透明桌面设计等元素，为摇臂和轨道拍摄提供了特有的运动拍摄条件，给人以耳目一新的感觉。《读书》开播后得到了来自社会各界的好评，对大众阅读已经开始产生有力的影响。

栏目于周一至周五23:45在CCTV－10首播，次日07:15重播。时长30分钟。栏目电话：010－68509292。电子信箱：cctvdushu@126.com。

欢聚夕阳红

《欢聚夕阳红》是中央电视台科教频道于2011年7月3日开播的一档生活服务类电视栏目。节目以动感式的深度访谈、寓教于乐的节目形式、积极向上的引导方针为主旨，集知识性、娱乐性、参与性和服务性为一体。节目采用当今少有的“动态型谈话节目”的开放模式，每期设计一个吸引人的主题，用主题引出嘉宾的相关情感故事和经历，通过精彩的、绘声绘色的讲述及动感体验和互动，以“故事＋动感”的方式，吸引中老年朋友对完整描述和年轻活力状态的向往和需求。

栏目每周日08:44在CCTV－10首播，次周日17:39重播。播出时长55分钟。栏目电话：010－88244029。电子信箱：xiyanghongcctv@163.com。

走近科学

《走近科学》栏目1998年6月1日开播，是中央电视台的第一个大型科普栏目。2001年7月9日，中央电视台科教频道开播，《走近科学》作为主打栏目在晚间黄金时段播出。2011年3月，《走近科学》栏目改版，力图打造一档紧贴时代脉搏，弘扬科学精神的高端科普栏目。栏目运用科学的视角探索神奇的大千世界，用艺术的手法展现科学的魅力。节目形式主要为系列化、精品化的科学纪录片，内容贴近百姓生活，反映科技前沿成就，引领大众科学态度。

栏目周一至周日21:25在CCTV－10首播，次日06:30重播。时长30分钟。栏目电话：010－68579889。电子邮箱：cctv－zjkx@vip.sina.com。

夕阳红

新版《夕阳红》是中央电视台科教频道于2011年6月27日推出的一档老年对象性专题栏目，由中视传媒股份有限公司制作。栏目以弘扬老年文化，服务老年生活，营造尊老敬老氛围，倡导积极、健康、向上的老年人生为核心定位。该栏目由三个板块构成：岁月钩沉——聚焦过往人生，感悟岁月积淀；夕阳风景——展示老年人当下的精彩生活，为安享晚年提供示范；给力夕阳——服务老年生活，引导科学健康文明的生活方式。

栏目周一至周五08:30在CCTV－10首播，14:55重播。播出时长27分钟。栏目电话：010－68507048。电子信箱：cctvxyh@126.com。

普法栏目剧

《普法栏目剧》是社会与法频道于2011年4月18日开播的一档新栏目。栏目以普及法律知识为核心内容，采用观众喜闻乐见的栏目剧形态，每集以一个故事为主线，将相关法律融入其中或进行解读，从而使受众在艺术欣赏的同时，宣传普及相关法律。栏目运用单本剧、系列剧、短篇连续剧、微电影等形式，在公安、检察院、法院、司法等各大部委充分合作的前提下广泛搜集素材，进行二度创作，演绎案情，解读法律，以期达到生动普法、弘扬正气、震慑犯罪的目的。

栏目每天20:49在CCTV－12首播，次日09:16、12:42、18:01重播。播出时长45分钟。栏目电话：010－68230203。栏目信箱：pfj_cctv12@163.com。

见证

《见证》栏目原名《纪录片》，是由社会与法频道、中央新影、北京科影三个团队制作的一档30分钟人文纪录片栏目。原来分为《见证·影像志》、《见证·亲历》以及《见证·发现之旅》三个子板块。

2011年4月18日，《见证》栏目改版，取消了三个子版块，并在社会与法频道播出。为了契合社会与法频道"弘扬法治精神，构建和谐社会"的频道理念和宗旨，栏目以"真实就是力量"为创作理念，定位于"记录时代变迁，见证社会进步"；以"现实纪实——人物口述——影像资料"为叙事模式，从现实的细微处入手，以社会生活史、个人史为视角，以影像沟通历史和现实，探寻现实变迁的历史纵深感，致力于提供当代中国现实社会的深度写真，以其丰富的节目资源、知性的风格气质见证法治的进程、时代的变迁、社会的进步。

栏目周一至周五23:20在CCTV－12首播，周六、日23:20重播（分别重播周四、周五的节目）。2011年，《见证》共播出节目118期，已经初步培养起栏目的基本观众。

心理访谈

《心理访谈》是社会与法频道制作的一档电视心理节目，以解析个体心理困境、关注大众普遍困惑为宗旨。2011年8月14日，《心理访谈》改版，改版后栏目一方面以个案出现的心理压力、心理危机、心理困境为切入点，由知名心理专家和三位帮帮团成员现场探讨个案出现问题的原因，心理专家利用专业心理测试给出如何解决、应对的方法；另一方面，在电视化表达上，更加强调节目的故事性，充分挖掘节目的故事性元素，使《心理访谈》在心理问题的解析角度和深度上独树一帜，开创了心理类节目新的表现方式。

栏目于每周日10:38在CCTV－12首播，周日15:28、22:00和下周二23:14重播。播出时长40分钟。栏目电话：010－63961893。栏目信箱：cctv12xinlifangtan12@sina.com,lanmu。

法律讲堂（文史版）

《法律讲堂》是社会与法频道全力打造与重点推出的一档讲座式法律服务节目，2011年4月18日，《法律讲堂》在原有的基础上增设了一档《法律讲堂》（文史版）。

《法律讲堂》（文史版）是一档具有学术根基、大众口味的以普及法制史和法律文化为目的的讲座类节目，融知识性、趣味性和思想性于一体。《法律讲堂》（文史版）旨在"观复而知新"，回望过去，观照现实，探究历史和文化新的内涵。其内容重在"探秘中外法律文化"，感悟先贤的才智思辨，挖掘经典文化的时代脉络和人文气息；"揭秘历史大案要案"，还原案件真相，洞察不为人知的内幕细节；"解密传奇法制人物"，体悟人生起伏，透视传奇背后的风云变幻。

《法律讲堂》（文史版）周一至周六22:40在CCTV－12首播，01:02、07:22、16:08重播。播出时长30分钟。栏目信箱：cctvfljt@sina.com。

从我做起

《从我做起》是社会与法频道推出以关注国民素质提升为主旨的栏目。其宗旨为"聚焦您关注的热点，发现您身边的感动；用榜样的力量鼓舞进步，用高尚的价值激励前行！"《从我做起》从国民素质的独特角度观察社会热点问题，以热点人物和事件切入，主持人和嘉宾进行现场讨论，力求以鲜活、感人的榜样打动人，简明、深刻的剖析感动人，正义、高尚的价值观激励人。内容涵盖公民的道德素质、诚信素质、文化素质、职场素质、健康素质等方面。栏目于2011年9月24日正式开播，节目采取演播室访谈+纪实小片的形式。

栏目每周六10:38在CCTV－12首播，每周六15:28、22:00及周一23:14重播。节目时长40分钟。栏目电话：010－68182137，栏目信箱：cctvcwzq@126.com。

一线

《一线》栏目是社会与法频道于2011年4月18日推出的一档全新日播栏目。该栏目定位于打造一个国家立法、执法、司法部门最专业的信息发布平台；一个观众了解法治前沿问题、获取法治信息的权威渠道；一个法治领域深度报道的第一品牌。栏目自开播以来，突出呈现了以下三个方面的特点：一是在定位方面很好地满足了中央推进社会管理创新工作的宣传需要，树立法治权威和公信力的社会需要，以及社会与法频道的专业定位需要；二是在内容方面很好地契合了中共中央在全国新闻战线组织开展“走基层、转作风、改文风”活动的宗旨，自始至终都将镜头对准政法战线的基层事件和基层群众，使得节目的感染力和吸引力从一开始就不同凡响；三是在创新方面很好地展现出立足自身、不断拓展的态势，从公益宣传《绿书签行动》到大型纪录片《国家任务》，从主题晚会《守望和谐》到媒体行动《平安中国》，栏目在做好日常节目的同时，积极拓展节目制作思路，创新节目表现形式，使得特别节目与日常节目相映生辉。

栏目每日19:24在CCTV－12首播，当日23:54、次日7:55、14:48重播。播出时长40分钟。电子信箱：frontline@vip.sina.com。

平安365

《平安365》是社会与法频道于2011年4月18日开播的一档以演播室为主要载体、以真实案例为主要线索的安全警示类栏目。通过当事人讲述、现场资料或再现画面穿插、效果图细节演示、科学实验解读以及主持人点评等多元化视觉元素，结合全新舞美设备及包装手段，从不同视角诠释事故背后的故事，不同层面解析生活工作中的安全隐患，从而弘扬安全文化与安全精神，倡导安全理念与安全行为。

栏目每日11:39在CCTV－12首播，周二至周五15:48、次日08:55、周三至周六23:34 、每日00:38重播。播出时长20分钟。栏目电话：010 － 68166207。栏目信箱：pingan_365@126.com。

夜线

《夜线》是社会与法频道于2011年4月18日开播的一档大型情感类直播互动栏目。旨在开启、唤醒和提升国人缺失的情感教育，开创一个崭新的平台，普及心理学知识和情感常识，增加人与人之间的了解、沟通和信任，在思想和情感的碰撞中，寻求和谐完美的共处之道。节目充分协调人们对他人情感的窥视欲和对自己情感生活的困惑，理性争论现实存在又社会化的情感问题，策略性地完成人们共需共鸣情感知识的传播。栏目主要分为“还原、围观、约见、说道”四个板块。

栏目每周一至周五22:00在CCTV－12首播。次日01:35 、06:00重播。时长40分钟。栏目电话：010 － 68506478。栏目信箱：yexian@vip.sina.com。

小区大事

《小区大事》是社会与法频道于2011年4月18日开播的一档新栏目。其栏目宗旨为共建优秀社区、助力幸福生活。栏目通过关注“社区文化”建设，构建和培育和谐社会健康“细胞”。栏目力求以介绍社区制度建设和文化建设丰富多彩的内涵和经验，生动展示在“政府主导、共同参与”原则下，社区居民通过自我管理、自我服务和维护社会稳定的社区文化。以外景专题片为表现方式。

栏目每周日18:15在CCTV－12首播，每周一14:40、每周二01:20重播。节目时长40分钟。栏目电话：010 － 68166705。栏目信箱：cctv12xqds@163.com。

班长对班长

《班长对班长》是社会与法频道在2011年改版之时推出的第一个季播栏目。栏目采用青少年喜爱的真人秀、竞赛等方式，营造一个青春阳光的竞赛气氛和环境，将条文化的法律知识用生动、幽默、具象的电视方式表现出来，以寓教于乐的方式，引导青少年牢固树立社会主义法治理念和意识。演播室现场设有答题区和访谈区。节目设置“一触即发”、“争分夺秒”、“一刻千金”、“一锤定音”等四个环节。

栏目以目前国际流行的播出季（赛季）形式呈现在屏幕上，每年安排两个播出季，分别为暑假播出季和寒假播出季。首季节目于在2011年8月15日至9月8日播出，内容包含18期竞赛节目，每期50分钟。栏目电话：010 － 58891077。栏目信箱：cctvwsh@163.com。

热线12

《热线12》是社会与法频道制作的一档大型互动类法律服务节目品牌。栏目致力于打造中国最大规模的法律服务资源汇聚平台，力争成为中国法律服务公益宣传的航空母舰。该栏目于2011年4月18日开播，内容涵盖法律服务、法律援助、慈善帮助、社会救助等领域，是目前电视荧幕上唯一一档现场直播的互动类法律服务节目。节目将微博与短信平台直接引入演播室，真正做到与大众实时互动，又以自身的媒体平台凝聚了一个大型律师团队，每天为大众提供法律帮助，解难答惑，紧贴民心。

栏目周一至周日11:50在CCTV－12首播，当日17:15及次日07:00重播。播出时长60分钟。栏目信箱：cctvrx12@163.com。

电视剧（阿拉伯语）

阿拉伯语国际频道《电视剧》栏目开播于2009年7月。栏目致力于以电视剧为载体，向阿拉伯地区观众传播中国的悠久历史、传统文化以及现代生活方式。栏目于2011年7月25日改版。改版后栏目共设两个板块：一个板块播出新剧目，每次播出两集，共计90分钟；另一个板块播出重播剧目，每次播出两集，共计90分钟。

该栏目每集时长45分钟，每天播出4集。栏目电话：010－63984816。栏目邮箱：tvoperas_arabic@cctv.com。

纪录片（阿拉伯语）

《纪录片》由阿拉伯语频道译制播出，并于2011年7月25日改版。该栏目改版之后，着重展示在中国大地上发生的重大历史事件、重大发现及其它能够反映社会进步的事件。节目内容具有综合性，涉及领域比较广阔，创作素材和表现对象富有多样性。在节目内容编排比例上，重点推介中华传统文化、悠久历史和现代成就，同时兼顾阿拉伯世界的文化、风俗和习惯。栏目在注重真实性和观赏性的同时，努力丰富节目内容、增加节目内涵，选取了中央电视台综合频道、中文国际频道和科教频道的一些优秀纪录片，邀请专家翻译串词，以原声配字幕形式播出。栏目不仅致力于提高节目在阿拉伯世界的收视率，还力争为塑造中央电视台阿拉伯语国际频道的品牌形象做出贡献，使之成为中国和阿拉伯国家间文化交流的重要平台。

栏目每日首播45分钟和30分钟两个版本。栏目电话：010－63970183。栏目邮箱：doc_arabic@126.com。

每周财经（阿拉伯语）

《每周财经》是阿拉伯语频道于2011年7月25日开播的一档财经节目。该栏目重点回顾一周经济要闻，关注中阿之间投资资讯、中国热点经济问题等内容。栏目设置了评论板块，由特约评论员对近期发生在中阿两国之间的财经大事进行分析与评述，向阿拉伯观众提供最新的中国、国际和阿拉伯地区的财经信息，以及股市、汇市、期货的相关资讯。

栏目于北京时间周五20:00首播，周五23:00、周六04:00、08:00重播。时长30分钟。栏目电话：010－685550562。电子邮箱：biznews_arabic@cctv.com。

综合新闻（阿拉伯语）

《综合新闻》是由阿拉伯语频道制作播出的一档新闻类栏目，内容涵盖国内重要新闻、国际要闻以及国际国内重大突发事件，并随时更新。2011年7月25日改版后，栏目重点打造24点档《综合新闻》（阿拉伯地区黄金时段），增加重要新闻的深度报道和评论力度，并能及时连线驻阿语地区的记者站。

改版后，《综合新闻》每日播出11档，直播8档，每两小时播出1档，分15分钟和30分钟两个版本，直播总时长180分钟。栏目电话：010－68508219。栏目邮箱：cctvar@yahoo.com。

中国·中东（阿拉伯语）

《中国·中东》是阿拉伯语国际频道于2011年7月25日推出的一档新闻杂志类栏目。其节目内容包括有针对性地报道中国与阿拉伯地区的新闻事件，以及报道阿拉伯地区观众关注的热点问题；以中国视角解读新闻事件，报道中国政府及民间在阿拉伯国家的政治、文化和经贸活动；华人华侨在当地的生活状况；以及阿拉伯人在中国工作、生活和学习的方方面面。栏目分四个板块：要闻回顾、热点问题访谈、专题、服务类信息。

该栏目于北京时间周六15:00在阿拉伯语频道首播，周六19:00、次日03:00、09:00重播。时长30分钟。栏目电话：010－685550560。栏目邮箱：tangyun@cctv.com。

寰宇万象

《寰宇万象》是纪录频道于2011年9月19日开播的一档栏目，该栏目的播出使纪录频道日首播节目量增至6小时，节目内容呈现多样化，播出面貌更丰富，满足了观众的多样化收视需求。节目主要内容为人文、社会、历史题材的引进纪录片。

本栏目每日19:00在纪录频道播出，节目时长为1小时。栏目电话：010－88243890。栏目邮箱：cctvtianyuan@qq.com。

精彩放送

《精彩放送》是纪录频道于2011年9月19日开播的一档栏目，该栏目旨在进一步满足广大电视观众对于高质量电视节目的收视需求，满足纪录频道的目标观众群体(城市高端人群）对纪录频道的收视期待。主要节目内容是在已播出节目中遴选出一批收视高、影响力大、观众期待强烈的经典引进纪录片。

栏目每日18:00在CCTV－9播出，节目时长为1小时。栏目电话：010－88243584。栏目信箱：cctv9ghz@sina.com。

2010年中央电视台优秀栏目、优秀节目选介

新闻联播

2010年是中央电视台《新闻联播》发展历程的第32个年头。诞生于中共十一届三中全会前夕的《新闻联播》，是中国改革开放的忠实记录者。

《新闻联播》是全国地方电视台共同参与、全国卫视每天同步转播的唯一栏目，是我国电视界历史最长、最有影响力的栏目，也是中央电视台新闻节目的“旗舰”和“新闻立台”的标志性栏目。

《新闻联播》多年来收视率与影响力稳居全国第一，以《新闻联播》为标志的中央电视台黄金时段广告招标屡创新高。《新闻联播》由新闻中心主办。新闻中心下设的新闻联播编辑部围绕“组织、策划、编辑、编排、言论”五大任务开展《新闻联播》相关工作。

2010年《新闻联播》在保持优良传统的基础上，严格践行《新闻联播》“金标准”，实现全年安全播出零事故。2010年《新闻联播》积极探索栏目改进方案，在节目创新方面做有益探索。2010年10月1日《新闻联播》在栏目片头中插入“嫦娥二号”发射升空直播实时信号，开创了《新闻联播》历史上的第一次，同时实现编排的重大突破；2010年《新闻联播》圆满完成国家领导人出访、上海世博会、青海玉树地震、海地地震、山西王家岭矿难救援、甘肃舟曲特大山洪泥石流等重特大报道任务；2010年《新闻联播》创立涉密新闻播发操作流程；2010年《新闻联播》评论量质齐升，本台评论再上新台阶，为胡锦涛主席出访配发本台评论《礼宾改革新举措》，为重大宣传报道《转方式调结构》配发二十多篇系列评论……所有这一切，写就了中国电视新闻改革的新篇章。

《新闻联播》多次获得中国新闻奖，中国广播电视新闻奖、中央电视台优秀栏目一等奖等奖项。

《新闻联播》每日19:00首播，21:00在CCTV－13新闻频道重播（如遇特殊情况21:00也为直播），次日02:00在CCTV－4中文国际频道重播，次日06:30在CCTV－1综合频道重播。中国网络电视台可查阅《新闻联播》相关视频。

焦点访谈

《焦点访谈》创办于1994年4月1日。十多年来，它迅速成长为一个在中国家喻户晓的电视栏目，也是中央电视台收视率最高的栏目之一。《焦点访谈》栏目开播以来，受到了党和国家领导人以及老百姓的广泛关注和重视。平均每天栏目能收到3000多条观众通过电话、写信、传真、电子邮件、手机短信、QQ等方式提供的收视意见和报道线索。

《焦点访谈》的舆论监督节目多年来为人们所关注和喜爱，选择“政府重视、群众关心、普遍存在”的选题，坚持“用事实说话”的方针，反映和推动解决了大量社会进步与发展过程中存在的问题。许多《焦点访谈》的报道成为有关方面工作的决策依据和参考。

该栏目三次被评为中国新闻名栏目，并获中国新闻奖、中国电视新闻奖等20多项大奖。

该栏目每天19:38在综合频道和新闻频道并机播出。栏目时长：13分钟。栏目电话：010－68508163。电子邮箱：cctvchz@126.com。

对话

《对话》栏目是中央电视台品牌性的演播室大型谈话节目，在财经频道播出。栏目定位是“给思想一片飞翔的天空”。《对话》以经济和社会的前沿话题和尖

CHINA CENTRAL TELEVISION YEARBOOK

端人物为主要关注对象，有全球影响力的商界精英，学者名流，国际上的大国政要，国内的部长、省长都是《对话》现场的嘉宾。在拥有投资决策能力的商业阶层及负有社会管理职能的政府官员中有着较强的影响力，在年轻的高学历人群中有着较多的核心观众。在2010年，《对话》栏目策划邀请了国际重量级嘉宾——美国国务卿希拉里·克林顿、瑞典副首相莫德·奥勒夫松、投资大师巴菲特及他的好友比尔·盖茨等著名人物走进演播室，再次向国际一流强势媒体的标准冲刺。《对话》的创新主要是在形态和表达上，在一个谈话的演播室现场，《对话》设计过中外企业招聘的竞技场，引进过拓展训练的实战教学，有话剧现场的对话，有课堂的模拟，有考试的环节，有财政部长现场算账，有国外著名CEO书法表演，有古长城上的中外企业家论道，有博鳌小城大腕对话。在《对话》节目现场不时会有展现思想碰撞氛围的特别营造。

该栏目获2010年中央电视台优秀栏目一等奖。

《对话》栏目在CCTV－2财经频道播出，首播时间为周日21:55。播出时长：60分钟。栏目电话：010－68500256。电子信箱：duihuapublic@sina.cn。

我要上春晚

《我要上春晚》开办于2010年9月3日，是一档充分发挥中央电视台品牌效应、关注度极高的大型跨界互动综艺节目，是集综艺演出、娱乐谈话等多种电视形态于一身，集演播室录制、外景录制、专题拍摄等多种形式于一体全新形态的大型娱乐节目。在服务春晚的基础上，极力呈现创新的节目形态，为春晚在节目创意和内容资源上提供更多的选择，成为春晚改革的突破口、试验田。把重点更多地放在传统之外，在全球范围搜罗形式新颖、具有潮流影响力的热点节目资源，寻找具有创新形态或原生形态的节目，深度挖掘源自普通百姓的民俗演艺、绝活绝技，为拥有特殊才艺的普通百姓提供一个展示才艺的平台，让春晚触角更为贴近百姓。对传统明星，则希望能另辟蹊径地独家打造顶尖明星的反串节目、混搭节目，并以此构成节目整体亮色。

《我要上春晚》主打各种创新节目形态的同时不断创造舆论话题，从而打造出《我要上春晚》自身的独立存在价值，创立中央电视台综艺新王牌，最终引导百姓娱乐文化的主流价值观。

该栏目获2010年中央电视台优秀栏目一等奖。

该栏目在CCTV－3综艺频道播出。首播时间：周五晚19:00，重播时间：周六02:00、14:00。播出时长：120分钟。栏目电话：010－63960325。电子邮箱：cctvwyscw@163.com。

海峡两岸

《海峡两岸》栏目是由中央电视台中文国际频道制作播出的涉台时事新闻评论栏目。栏目宗旨是“跟踪海峡热点、反映两岸民意”。开办于1996年1月30日。栏目分为两个板块：“热点扫描”主要报道当日和近期两岸热点新闻；“热点透视”深入分析和评论台海焦点话题。

该栏目获2010年度中央电视台优秀栏目一等奖。

《海峡两岸》栏目在CCTV－4中文国际频道播出。每日20:30首播，重播时间为次日07:30、11:30。栏目时长：30分钟。栏目电话：010－68581437。

天下足球

《天下足球》是体育频道一档专门介绍国际足球的栏目，它创办于2000年11月27日。栏目定位是全面综合介绍过去一周世界足坛赛事及新闻的周刊节目，致力于向中国观众展现国际高水平的足球比赛，让观众了解到足球阳光的、纯粹的一面，让更多的人喜欢上足球这项运动。《天下足球》的口号是“最纯粹的足球，最高级的享受”。

《天下足球》栏目板块清晰，用子栏目推动整个栏目，如《绝对巨星》、《TOP10》、《看球听歌》、《绿茵重量级》、《戏说足球》等都已经成为节目的特色。在2010年南非世界杯期间，《天下足球》制作了晚间特别节目《豪门盛宴》，同样收到了较好的口碑和收视效果。

该栏目获2010年度中央电视台优秀栏目一等奖。

《天下足球》栏目在CCTV－5体育频道播出，首播时间为每周一19:30。播出时长：115分钟。栏目电话：010－68500077。

探索·发现

《探索·发现》是中央电视台大型人文历史与自然地理类的纪录片栏目，于2001年7月9日在科教频道开播。《探索·发现》栏目以纪录片的手法，讲述以中国为主的历史、地理、文化故事，探寻自然界的神奇奥秘，挖掘历史事件背后鲜为人知的细节和人物命运，展示中华文明的博大恢宏，是“中国的地理探索，中国的历史发现，中国的文化大观”。《探索·

发现》栏目采用讲述精彩故事，设置引人入胜的悬念，运用生动的电视声画手段，向观众呈现出一部部既有较高文化品位和知识内涵，又有很强观赏性的电视节目。“在未知领域努力探索，在已知领域重新发现”是《探索·发现》的栏目宗旨和始终如一的追求。

2010 年，《探索·发现》栏目蝉联由国家广播电影电视总局评选的第二届全国优秀电视文化栏目称号；获得中央电视台优秀栏目一等奖；制作的节目《天趣人意——福州脱胎漆艺》荣获第 25 届中国电视“金鹰奖”电视纪录片好作品奖。

该栏目周一至周日 21:25 在科教频道首播，次日 10:35、15:45 在科教频道重播；栏目时长：42 分钟。另外，还在中文国际频道周一至周五 01:15 重播；播出时长:30 分钟。栏目电话:010 － 68230730。电子邮箱：tsfx@163.net。

天网

《天网》是中央电视台社会与法频道一档纪录片形态的栏目。栏目宗旨是塑造智勇双全的公安、武警人物形象，侧重于记录刑事、经济和反腐领域中有较大反响和较强故事情节的案件，同时融入对人性和社会意义的思考,弘扬正义必将战胜邪恶的严肃主题。《天网》栏目于 2004 年 12 月 29 日在中央电视台社会与法制频道正式开播。节目内容是以精彩的故事展现世间奇案，以独特的视角探求层层悬疑，以高度的责任记录法制进程。节目表现方式以纪录片和系列片为主。

该栏目获中央电视台 2010 年度优秀栏目一等奖。

该栏目在 CCTV － 12 社会与法频道播出。首播时间为周一至周五 20:30，重播时间为周二至周六 08:33、12:50、18:13。播出时长：40 分钟。栏目电话：010 － 68219312。电子邮箱：tianwangbianwu@sina.com。

智慧树

《智慧树》栏目是少儿频道主办的一档面对 3 ~ 6 岁学龄前儿童及其家长的教育类娱乐节目，以“寓教于玩、快乐成长”为宗旨，将游戏性、娱乐性和教育性渗透在节目的各个环节中。开播于 2003 年 12 月 28 日的《智慧树》栏目一直坚持通过电视媒体传播最先进的教育理念和教育方法，不断对现有节目进行升级换代，不断创新。该栏目采用“杂志型”编排，每天有不同的主打板块。“我爱变魔术”是教小朋友变魔术，旨在培养和提升小朋友们的表演能力、自律能力和注意力，提高动手能力和自信心，增强与小朋友的沟通、交往能力。“宝贝 2+1”是亲子娱乐类节目形态，包括四个环节，分别是才艺展示、宝宝闯关、宝贝大搜索和亲子大比拼，让孩子在游戏中学习团结合作，锻炼心智和体能，让每个家庭在节目中体验游戏的乐趣，让更多的家长了解家庭游戏的意义，学习和孩子游戏的方法。“我创意我做主”由“拼图时间”、“创意时间”和“挑战时间”组成，鼓励电视机前的小朋友来挑战主持人的创意作品，还鼓励孩子和家长或孩子和小伙伴一起完成作品，在创意过程中体验合作的乐趣。“科学泡泡”是科普类节目形态，在特定的环境中，为孩子提供适当的材料，让小朋友们对身边常见的事物和现象产生兴趣，激发小朋友强烈的好奇心，鼓励孩子发现问题，提出问题并解决问题。

《智慧树》栏目获第二届全国优秀电视文化（文艺）栏目暨大型特别节目推荐表彰“优秀栏目”，中央电视台 2010 年度优秀栏目一等奖。

该栏目在少儿频道播出，周一至周六 18:30 首播，13:30 重播，栏目时长：30 分钟。电子邮箱：cctv_zhihuishu@163.com。

胡锦涛出席庆祝人民海军成立60周年海上阅兵活动

2010 年 4 月 23 日，是中国人民解放军海军成立 60 周年纪念日，中国人民解放军海军组织了新中国成立以来最大规模的海上阅兵。胡锦涛主席登上驱逐舰，检阅了共和国的海上力量。军事节目中心《军事报道》栏目 2010 年 4 月 25 日制作播出了新闻《胡锦涛主席中国人民解放军海军海上阅兵活动》。

新闻播出后，社会各界及国际舆论反响强烈，数十家国外媒体机构转发这条电视新闻。中央领导同志表示，这次海上阅兵活动的报道很成功，不仅首次向世界展示人民海军的新型装备，也集中展示了人民海军的精神风貌和良好形象，集中展示了我们建设和谐海洋维护世界和平的坚强决心，电视新闻产生了极大影响。

该节目荣获首届中国人民解放军新闻奖一等奖。

该节目于 2010 年 4 月 25 日在 CCTV － 7 军事·农业频道播出。播出时长：3 分 8 秒。节目相关电话：010—66795602。

2010年新年音乐会

《2010 年新年音乐会》由国家广播电影电视总

局主办，中央电视台和中国爱乐乐团承办，中央电视台音乐频道具体落实。音乐会于2009年12月31日20:00在厦门国际会议中心音乐厅隆重举行。

本场音乐会集欣赏性、可视性、艺术性于一体，最大亮点是特邀来自牧区、林区和农庄的内蒙古五彩呼伦贝少年合唱团参与演出。此外音乐会上还演绎了《卡门幻想曲》、《走向复兴》等中外经典曲目。

该节目获2010年中央电视台优秀节目一等奖。

《2010新年音乐会》于2009年12月31日20:00在CCTV－1综合频道、CCTV－15音乐频道并机播出。播出时长：100分钟。

“芜湖月·中华情”2010年中央电视台中秋晚会

“芜湖月·中华情”2010年中央电视台中秋晚会是由中文国际频道《中华情》栏目组承接制作的，选择在文化底蕴深厚的安徽省芜湖市举办，在2010年中秋节当天向全球现场直播。本届中秋晚会继续采用山水景观晚会的创作手法，主打古典中国风和地方文化符号。无论是金色水墨写意中秋的宣传片包装、日出平湖虚实相生的舞美设计、意蕴深远的篇章布局，还是古韵新风交相辉映的节目安排，都倾注了整个中秋晚会剧组的心血。晚会9月22日在CCTV－1的收视率达到了4.12%，较之该时段平均收视率提高了50%。

该节目获2010年中央电视台优秀栏目一等奖。

该节目2010年9月22日20:00在CCTV－1综合频道、CCTV－4国际频道播出。栏目电话：010－63957370。

2010年全国儿童歌曲大奖赛

2010年全国儿童歌曲大奖赛由中央电视台主办，自2010年4月中旬启动，历时4个月。收到近千首原创儿童歌曲作品，经过初赛、复评、决赛，最终有50首优秀儿童歌曲分获金、银、铜以及优秀四个类别的奖项。大赛决赛的录像于8月23日至27日在中央电视台少儿频道连续播出，颁奖晚会于8月28日晚黄金时间通过中央电视台综合频道、少儿频道和音乐频道并机播出。

2010年全国儿童歌曲大奖赛引发社会各界广泛关注和好评，反响强烈。本届大赛组织周密，参与范围空前广泛，有效激发了词曲作者的创作热情。参赛作品题材多样，内容丰富多彩，具备儿童特点，赛制突显儿童话语、创新电视表达。在最终推出的优秀儿童歌曲中，不乏唱得响、传得开、深受少年儿童喜爱的精品力作，如《心中有朵马兰花》、《爸爸的雪花》、《给书包减肥》、《爱我你就抱抱我》、《读唐诗》等，实现了选拔优秀儿童作品、推动儿童歌曲创作的举办赛事的目的。

《全国儿童歌曲大奖赛》节目获2010年度中央电视台优秀节目一等奖。

该节目于2010年8月23日至28日20:00在CCTV－1综合频道、CCTV－14少儿频道和CCTV－音乐频道播出。每集90分钟，共6集。

2010·2011中央电视台跨年盛典

每年一度的辞旧迎新之夜，跨年庆典在世界各地的著名城市均有不同的形式举办。在现代中国全面走向世界的今天，《2010·2011中央电视台跨年盛典》是中央电视台为观众打造的一道跨年之夜的文化盛宴。这是一个高品质、国际化、明星荟集的大型板块式结构的艺术类庆典节目。其中包含的文化信息含量和涵盖的文化、演艺、社会名人、国际嘉宾，体现出这是一个高端的文化艺术盛会，是一个回顾与展望的盛典。其中的板块分布以不同的艺术形式和节目特点充分展示2010年度中国电视剧艺术所取得的丰硕成果。同时也展示发布新的年度中国电视剧以及各界文化、艺术代表人物的创作展望和美好愿景。本节目以三个板块组成：“群星璀璨·星光大道”，“星光大道”设计有别于惯常概念的“星光大道”，而是一个仪式化、表演形态的“星光大道”；“群星汇聚·新年舞会”在“星光大厅”举办，全体嘉宾、演员参加这一盛会，400名舞蹈演员作为舞伴，邀请各位嘉宾、演员在这美好时刻翩翩起舞；“群星狂欢·跨年盛典”的庆典场地选择了户外能容纳八千观众的海洋广场，表演区是在水中，全体嘉宾和八千观众一起，迎候新的一年的到来，在这一美好时刻狂欢。

该节目获2010年度中央电视台优秀节目一等奖。

该节目于2010年12月31日21:35在CCTV－1综合频道首播，播出时长：190分钟。2011年1月1日08:36重播，播出时长：176分钟。

军事纪实·“铁血神兵”何祥美

《“铁血神兵”何祥美》讲述了南京军区某部士官何祥美从一个默默无闻的普通士兵成长为天上能

飞、地上能打、水下能潜的全能战士，从平凡走向神奇的艰辛历程。

该节目获2010年中央电视台优秀节目一等奖。

《“铁血神兵”何祥美》在CCTV－1综合频道2010年8月16日首播，CCTV－7军事·农业频道2010年8月25日播出。播出时长：25分30秒。

全景亚运会

《全景亚运会》是广州亚运会期间CCTV－5体育频道制作的一档充分发挥中央电视台优势的新闻专题报道节目，秉承“发展的中国，进步的亚洲”这个核心理念，在每天赛事结束后的第一时间及时、全面、权威汇总报道全天的赛事，全景反映广州亚运会。在报道上体现“独家性”，用独家手段与独家视点，服务于“全景”展示，报道的视角不仅限于中国军团的竞技表现，同时扩大视角将注意力放到了全亚洲。

节目内容由“开篇”、“赛场纵览”、“竞技场”、“亚运英雄”、“亚洲雄风”以及“广州24小时”等板块组成，强调新闻性与专业性，突出现场感。通过节目让观众全面了解亚运赛事资讯，提升了对亚运会的关注度，在收视和社会效应方面收到了很好的效果。

《全景亚运会》获2010年度中国广播电视协会电视体育节目奖一等奖。

《全景亚运会》于2010年11月13日至28日，每天22:30～24:00在CCTV－1综合频道播出。播出时长：90分钟。

我们有一套·百善孝当先

《百善孝当先》——在“孝”这一主题的统领下，通过四组家庭独特的绝活才艺展示，着力挖掘他们生活中不为人知的背后故事，体现温情温馨甚至感天动地的父母儿女亲情，其目的是唤起人们知恩感恩的孝心，传承发扬中华民族的孝道文化与精神。

《百善孝当先》节目获中央电视台2010年度优秀节目一等奖。

中国冰雪记忆·冰球女孩

《冰球女孩》是纪录片《中国冰雪记忆》的第四集，由中国奥委会和中央电视台联合摄制。故事沿着中国女子冰球的国家队和乡村队两条主线展开，国家队备战2010年冬奥会的过程和乡村队参与国家青少年队选拔的过程，作为两条叙事线索贯穿全片，展现了中国女子冰球运动艰难发展的历程。

《冰球女孩》在第28届米兰国际体育电影电视节上获“奥林匹克精神与价值”单元最高奖“荣誉花环奖”。

该节目于2010年2月10日23:10在CCTV－1综合频道首播，2月11日19:30在CCTV－5体育频道重播。播出时长：50分钟。

大三峡

在2010年“两会”期间，中央电视台科教频道推出六集高清电视文献纪录片《大三峡》。该节目由中央电视台和中国长江三峡集团公司联合出品，中央电视台原社教节目中心具体承制。共6集，每集30分钟。该片全方位披露三峡工程兴建始末，多角度展示三峡工程建设成就，多层次彰显三峡工程带来的深刻变化，弘扬建设过程中所体现出来的自主创新、拼搏进取的时代精神，将其建设的步伐与中国改革开放的步伐相结合，凸显以人为本的思想，以此表达科学发展的时代主题。为实现宏大与细微相结合的艺术效果，该片使用了国内最先进的高清拍摄手段，结合大量航拍和国内顶极动画制作技术，采用尽可能丰富多元的电视手段，让观众以最逼真、最形象的方式走近三峡工程，也力图为观众呈现出壮观、鲜活、极富震撼力的三峡新景观。

该节目获2010年中国电视“金鹰奖”优秀纪录片奖、中央电视台优秀节目一等奖。

《大三峡》于2010年4月12日至17日20:00在CCTV－2财经频道播出。节目相关电话：010—68506395。

华尔街

《华尔街》以为决策者提供依据、为资本市场的实践者提供镜鉴、为大众提供关于资本市场的启示为宗旨，深入阐释华尔街作为美国金融命脉的前世今生，以华尔街为主线，全面展示全球资本市场200年的历史脉络和发展规律。

该节目获2010年度中央电视台优秀节目一等奖。

《华尔街》于2010年9月22日至10月1日在CCTV－2财经频道首播。该节目每集45分钟，共10集。

今日观察·一座桥的非正常死亡

2009年5月17日，湖南省株洲市的一座高架桥在拆毁施工中突然发生垮塌，造成数十人伤亡的重大安全生产事故。节目利用多种手段，结合一线记者调查和现场图片分析，深入追查事故背后的原因，发现这次事故发生的直接原因在于违章施工，没有进行安全防护，并存在多层转包的问题。而在这一现象背后，更深层的原因则是因为城市的道路桥梁缺乏规划设计，导致一座建成才十多年的桥梁被匆忙拆毁。用评论员的话说：建的时候是形象工程，拆的时候也是形象工程。

该节目获2010年第六届全国安全生产新闻奖电视类作品一等奖。

该节目于2009年5月19日21:55在CCTV－2财经频道播出。播出时长：30分钟。

申雪 赵宏博

《申雪 赵宏博》是中央电视台体育频道在温哥华冬奥会期间制作播出的人物专题节目。北京时间2010年2月17日，在第21届冬奥会上，中国双人滑名将申雪、赵宏博第一次为中国摘得花样滑冰的冬奥会金牌之后，体育频道前方报道团制作了特别专题报道。节目融合了两位选手在温哥华冬奥会前最后一个赛季的准备训练、两人牵手18年间重要的比赛资料、最新鲜的温哥华冬奥会素材，并对两人分别进行了深度专访。通过对这些素材的精心编排，辅以信息量极为丰富的解说词，以一辑节奏紧凑的电视纪录片的形式，全面而生动地把这一历史性突破背后鲜为人知的故事呈现在观众面前。

《申雪 赵宏博》获中央电视台2010年度优秀节目一等奖和2010年度国际奥委会奥林匹克“金环奖”最佳奥运节目金奖。

该节目于2010年2月17日在CCTV－5体育频道播出。播出时长：10分钟。

为祖国祝福 为亚运喝彩

为庆祝新中国成立61周年，由中央电视台大型节目制作中心制作的《为祖国祝福 为亚运喝彩》晚会在2010年10月1日14:30于澳门塔石体育馆顺利录制。此次节目以“庆祝中华人民共和国成立61周年华诞，为广州亚运会加油喝彩”为主题，由歌舞、魔术、互动等多种形态的节目组成。大型节目制作中心第一导演工作室第一创作组完成节目创意及组织实施工作。节目的创意、制作过程及最终播出效果均得到了澳门特区政府高度赞扬。澳门民众看过节目之后深受感动，由衷地为祖国祝福，并为澳门的快速发展深感自豪。

该节目获2010年中央电视台优秀节目一等奖。

该节目在CCTV－3综艺频道播出，首播时间为2010年10月2日21:30。播出时长：90分钟。

感动国人的十三圈半

《感动国人的十三圈半》是中央电视台体育频道在温哥华冬奥会期间制作播出的新闻节目。北京时间2010年2月25日，在第21届冬奥会上，中国短道速滑队包揽了女子4个项目的所有金牌，其中女子3000米接力的夺冠过程极富戏剧性。作品完整还原了中国队在比赛过程中与对手发生碰撞的全过程，并突出了在等待裁判判罚的五分钟时间里中国队队员的团结和现场紧张的气氛。

在有现场直播信号的前提下，针对接力比赛经常出现碰撞、摔倒等突发事件，拍摄镜头尽量捕捉比赛细节，比如中国队与韩国队运动员之间发生超越时，以及中国队教练场边指挥比赛时的神态表情。在现场出现中国队与韩国队发生碰撞的事件之后，记者改变原定采访计划，首先请与韩国队发生碰撞的队员描述碰撞时的情况和她的看法，第一时间将信息带给观众。编辑时着重突出碰撞事件的全过程和中、韩两国运动员、教练员等待判罚时的情景。全面、生动地把新闻事件呈现在观众面前。

《感动国人的十三圈半》获中央电视台2010年度优秀节目一等奖。

该节目于2010年2月25日在CCTV－5体育频道播出。播出时长：3分59秒。

亚运在中国·同舟共济

广州亚运会开幕之前，体育频道历时一年，精心打造了五集纪录片《亚运在中国》，回顾和梳理亚运与中国的这二十年。《同舟共济》是其中的第四集，重点关注了第一次作为亚运会正式比赛项目的龙舟。节目以香港龙舟协会集训队和九江龙舟队为人物主体，立足当下，放眼未来，今昔对照，以二十年间两届在中国举办的亚运会为坐标，体现出人生的跌宕和社会的变迁。《同舟共济》坚持人文化记录的表达方式，把主体人物置于广阔的时代背景与社会生活中，通过个体命运的跌宕调动公共记忆，折射时代变迁。在影像上，采取了“创意摄影”和“纪实追踪”相结合的手法。

《同舟共济》获2010年度中国广播电视协会电视体育节目奖一等奖。

该节目于2010年11月10日21:00在CCTV－5体育频道播出，重播时间为2010年11月11日13:50。播出时长：30分钟。

第四届全国体育大会开幕式

《第四届全国体育大会开幕式》由中央电视台体育频道在第四届全国体育大会开幕式现场制作直播信号并播出。2010年5月16日，三大全国性综合体育盛会之一的第四届全国体育大会开幕式在安徽合肥举行。这是体育频道近十年来再次承担大型综合性运动会开幕式的电视制作任务。开幕式分为仪式和文艺演出两部分。制作过程注重体现仪式部分的严谨、庄重和程序化，镜头干净、流畅而富有表现力，信息传达及时、完整且符合规范；对于文艺演出部分，注重表现节目内涵和有机构成内容，以大量两极镜头展示整齐划一的大型队形美感和个体细节阐释，突显大气磅礴的同时又渗透出细腻的情感变化和浓郁的安徽地方性特征。这是体育电视信号制作团队规范化和标准化操作的又一次成功范例，也开创了体育电视人新的制作领域。

《第四届全国体育大会开幕式》获中国广播电视协会电视体育节目现场直播类一等奖。

该节目于2010年5月16日在CCTV－5体育频道播出。播出时长：105分钟。

复兴之路

大型音乐舞蹈史诗《复兴之路》以高度的历史概括和崭新的艺术创造，生动表现了中华民族从1840年到2009年共169年的历史。舞台艺术影片《复兴之路》将宏大历史场面的展示与表演场域的细微表现相结合，运用电影语言赋予舞台艺术新的视觉效果和强烈的感染力，让舞台史诗和电影艺术实现了相得益彰的配合，实现了艺术电影记录宏大规模舞蹈史诗演出的创作突破。

《复兴之路》获中央电视台2010年度优秀节目一等奖，是“2010北京青少年公益电影节”入围影片。

该节目于2010年7月1日19:35在CCTV－6电影频道播出。播出时长：135分钟。

长安街

该片将镜头与思考直接指向“神州第一街”长安街，透过这条街道展现中华民族百年沧桑以及新中国60年巨变。它聚焦那些矗立在长安街两侧的具有时代痕迹与坐标意义的建筑、院落、遗迹等，聆听往事、触摸沧桑、感受兴衰、展现辉煌。它不依赖和拘泥于旧资料，调动多种摄影与制作手段，呈现出一条律动着生命活力的长安街。

该片获第25届中国电视“金鹰奖”最佳电视纪录片奖、最佳电视纪录片摄影奖。

该节目于2010年9月29日17:35在CCTV－6电影频道播出。播出时长：90分钟。

人物·老上海广告人

《老上海广告人》是《人物》栏目在2010年推出的六集系列片，选择了20世纪初至20世纪40年代上海最具影响力的郑曼陀、杭稚英、谢之光、胡伯翔、庞亦鹏五位广告界代表人物作为叙述对象：郑曼陀开创了月份牌广告画的时代，杭稚英预示着月份牌广告画的巅峰时期，谢之光代表着月份牌广告画的多姿多彩，胡伯翔的出现预示着月份牌广告画人在社会地位上的突破，庞亦鹏则预示着月份牌广告画的衰弱以及插图广告画的崛起。

《老上海广告人》获中国广播电视协会文化教育节目专题类一等奖。

该节目在CCTV－10科教频道播出。首播时间为4月12日至19日22:10，播出时长：30分钟。

健康之路·拒绝香烟的诱惑

《拒绝香烟的诱惑》是由《健康之路》栏目制作的节目。邀请控烟形象大使姜昆和控烟专家支修益教授与现场健康嘉宾团一起谈论吸烟给人带来的危害，如何看待女性吸烟的问题，解析诸多民间戒烟方法是否科学，倡导科学的戒烟方法。

该节目获卫生部、中国疾控中心全国烟草控制大众传播优秀节目一等奖。

该节目于2010年5月31日17:45在CCTV－10科教频道首播，次日08:25重播。播出时长：25分钟。

健康之路·拒绝二手烟

《拒绝二手烟》是《健康之路》栏目制作的节目。节目对日常生活中哪些场所是“二手烟”的重灾区进行调查，控烟形象大使姜昆和控烟专家支修益教授与现场健康嘉宾团一起谈论被动吸烟有什么危害，为如何避免和拒绝被动吸烟提供思路和方法，主持人在街头现场体验，劝诫吸烟者扔掉烟头，全民共同创造无烟环境。

该节目荣获卫生部、中国疾控中心全国烟草控制大众传播优秀节目一等奖。

该节目于2010年6月1日17:45在CCTV－10科教频道首播，次日08:25重播。播出时长：25分钟。

人与社会·廖智的“鼓舞”

《廖智的“鼓舞”》是中央电视台科教频道《人与社会》栏目制作的节目。《人与社会》栏目宗旨是以大教育的视角，关注国民综合素质的提高，促进人的全面发展。一个故事，一个事件，一段人生，一种感悟。独特的观察，独特的视角，独具慧眼的分析，发人深省的思考。《廖智的“鼓舞”》节目以生动的故事和高关注度的事件为切入点，追寻人物的命运，展示丰富的情感。

《廖智的“鼓舞”》获第四届女性风采优秀电视作品一等奖。

该节目2009年3月3日18:20在CCTV－10科教频道播出。播出时长：42分钟。节目相关电话：010—51915865。

科学世界·中国恐龙大调查

2010年8月29日10:00～13:00，科教频道联合国土资源部、中国科学院古脊椎动物与古人类研究所、中国地质科学研究院地质研究所等权威部门，对山东诸城震惊世界的恐龙化石群的发掘及科研成果进行直播，成功推出大型直播节目《中国恐龙大调查》。作为直击和发布新闻事件、深度解析事件背后科学知识的直播行动，是世界电视史上首次对恐龙题材进行的最大规模的直播行动。

《中国恐龙大调查》被中国广播电视协会评为2010年度全国优秀科教节目特别类一等奖，同时获得首届最佳制片人奖和最佳主持人奖。

平安中国·开篇

《平安中国》是在中央政法委的指导下，由CCTV－12社会与法频道推出的年度媒体行动，旨在对各地平安建设成果进行集中宣传。自2005年开始到2010年，已历时6年。

2010年《平安中国》紧紧围绕三项重点工作——社会矛盾化解、社会管理创新和公正廉洁执法，历时6个月，行程几十万公里，足迹遍及全国28个省、市、自治区，共制作节目22期，分为《省委书记访谈》、《平安故事》两大部分，另附《开篇》和《结篇》。

《省委书记访谈》对6个省区的省长、省委书记进行了专访，他们是海南省委书记卫留成、浙江省委书记赵洪祝、西藏自治区党委书记张庆黎、广西壮族自治区党委书记郭声琨、青海省省长骆惠宁、四川省省长蒋巨峰。节目介绍各地在社会矛盾化解、社会管理创新等经验的基础上，充分展示出地方领导的执政理念和人格魅力，同时反映出中央指示精神和地方智慧的有效融合，从而全面而立体地勾勒出2010年平安建设的整体画卷，同时也使《平安中国》媒体行动呈现出前所未有的声势与气度。

《平安故事》将各地围绕三项重点工作所做的努力和探索拍摄成28个专题片，使散见各地的经验得以全面反映和及时展现。同时，又分门别类将各地经验进行梳理，并邀请国内知名的法学家、社会学家等在演播室对这些经验和做法进行点评，使来自基层的生活的鲜活性、地域的丰富性、经验的多样性与专家们的宏观视野、理论高度和专业背景得以有机融合，从而使2010年的《平安中国》在立意及表现手法上呈现出与以往不同的特色。

2010年《平安中国》在节目编排和播出策略上也大胆尝试，除采取了“演播室＋专题”这种模式之外，还专门设计了《开篇》和《结篇》，不仅起到收视预热和深化主题的作用，而且强化了节目的整体性和规模效应。

《2010平安中国·开篇》获2010年中央电视台优秀节目一等奖。

《2010平安中国》节目每期40分钟，共22期。2010年12月6日至12月28日在CCTV－12社会与法频道21:40首播，次日06:50、12:30重播。电子邮箱：pinganchina@vip.sohu.com。

情系北大荒

27集电视剧《情系北大荒》以祖国解放初期为背景，讲述十万转业官兵克服北大荒恶劣气候条件，扎根北大荒、建设北大荒的英雄故事。

该剧获“金鹰奖”2010年优秀长篇电视剧奖。

该剧于2009年12月15日至30日在中央电视台CCTV－8电视剧频道黄金时间首播。

女人的村庄

28集电视剧《女人的村庄》是一部农村轻喜剧，讲述了东北地区一个小村庄——张岭村的男人们成群结队进城打工，把村子和家留给了女人。村里的女人们面对男人不在家的日子和困难，没有怨天尤人，也没等待依靠，而是组织起来，挺起腰杆，一肩挑起土地，一肩挑起家庭，将农村留守妇女艰辛、琐碎的日子演绎得苦中有乐，妙趣横生，终于在坚守与坚持中迈上了增收致富之路，最后把外出打工的男人也吸引回归，共同建设美好家园。

该剧获中国电视“金鹰奖”2010年优秀长篇电视剧奖。

该剧于2009年9月20日至29日在中央电视台CCTV－8电视剧频道黄金时间首播。

战争目光

该剧作为一部现实军事题材的23集长篇电视剧，通过栩栩如生的军人形象的刻画和惊心动魄的故事情节演绎，告诉观众信息是如何决定着未来战争成败的，同时提出了中国要想实现经济强国就必须重建全民大国防的深刻命题。

该剧获第24届“金鹰奖”优秀长篇电视剧。

该剧于2008年1月23日至29日在中央电视台CCTV－8电视剧频道首播。

胡杨女人

这是一个女人奋斗、励志的故事，这是一部平民女性的传奇巨制。该剧全情塑造一位普通中国女人的鲜活形象，以女主人公斯琴替父还债为故事主线，颂扬了蒙古族女人“诚实守信”的优秀品质，以及面对灾难时“坚韧自信”的不屈信念。传奇励志的奋斗，浓烈感人的真情，高贵不屈的灵魂，20年“中国式的命运”，紧密交织在一起，以“生而一千年不死，死而一千年不倒，倒而一千年不朽”的胡杨精神，激励灾区人民重建美好家园。

该剧获2010年度中央电视台优秀节目一等奖。

该剧在CCTV－8电视剧频道2010年10月黄金时间播出。

2011年中央电视台优秀栏目、优秀节目选介

大家

《大家》是北京科学教育电影制片厂制作的一档演播室访谈栏目。栏目采访的主要对象是在我国科学、教育、文化、卫生等领域做出杰出贡献的专家、学者。通过他们的讲述，展现他们在各自领域中取得的辉煌成就，分享他们独特的生命历程与探索精神。栏目通过访谈让观众在嘉宾的讲述中领略到人生的真谛；访谈中间还穿插有大量珍贵的历史资料以及宝贵的现实画面，力图在真实的时代背景下，展现当代知识分子独特的生命历程与探索精神。

该栏目获国家广电总局“第二届优秀电视文化（文艺）栏目暨大型特别节目推荐表彰”优秀栏目称号，获中科院第十届“科星新闻奖”丰产奖。《大家——科学原创力》节目获中科院第十一届“科星新闻奖”一等奖。

该栏目每周日21:55在CCTV－10首播，次周日06:00重播，播出时长27分钟。栏目电话：010－63194080。栏目邮箱：dajia2003@263.net。

新闻调查

《新闻调查》栏目是中央电视台新闻中心新闻评论部创办于1996年5月17日的一档周播栏目。栏目以出镜记者的调查行为为表现手段，以客观、理性、平衡、深入的专业标准为节目准则，以实现舆论监督功能的调查性报道为目标，通过对关系国计民生的重大新闻事件和社会问题展开层层剥笋式的调查和多角度分析，探寻事实真相，力求使每一期节目都成为“正在发生的历史，新闻背后的新闻”。

2011年《新闻调查》栏目获得由中国广播电视协会主办的第三届中国最具影视网络影响力的央视栏目。

该栏目每周六21:30在新闻频道首播，时长45分钟。栏目电话：010－63956208。栏目电子信箱：xinwendiaocha@vip.sina.com。

东方时空

《东方时空》是新闻频道黄金时段播出的一档新

闻资讯栏目，也是新闻频道最具影响力的时事资讯“旗舰栏目”之一。在栏目定位上，《东方时空》在确保信息的丰富性、流动性的前提下，以深度报道为特色，以解释性报道为手段，追求“同样的新闻不同的表达”。重点报道每日国内、国际重大和热点新闻，同时兼顾其他新闻资讯。在节目内容选择上，重点关注政治、经济、社会和民生热点问题。在节目表达上，以“时空视点”为主体，充分运用记者连线、新闻背景、当事人采访、专家解读、大屏幕动画等手段，对重点新闻进行深度处理。快速开放的直播、深度精准的解析、时尚前卫的表达，良好的主流影响力、舆论引导力、社会公信力，使得《东方时空》成为新闻频道时事新闻的“核心报道”和“频道封面”。

该栏目获中央电视台2011年度品牌栏目称号。

《东方时空》在新闻频道播出，每天20:00首播，时长60分钟，栏目电话：010－63983852，传真：010－63983840，栏目邮箱cctvdfsk2008@126.com。

胡锦涛主席在中南海会见美国佩顿中学访华师生

国家主席胡锦涛在2011年1月对美国进行国事访问期间，参观了芝加哥佩顿中学，并邀请师生在暑期访华。7月15日，中南海迎来了对中国文化抱有浓厚兴趣的佩顿中学师生一行，胡锦涛主席在中南海会见了美国佩顿中学的访华师生。在这场中国最高领导人与美国中学生互动活动的拍摄中，节目组采用了定点跟拍、远距离调拍、高角度拍摄等手法，力争用纪录片的手法拍摄新闻，让观众的视角更为客观、更为真实。编辑中，选取胡锦涛主席与学生在一起最具亲和力的画面，远近景交叉使用、同期声与背景声共同营造效果，从细节和全景入手，多角度展现现场的良好互动氛围。无论是在新闻拍摄的探索方面，还是在领导人形象的塑造方面都取得了积极成效。

该节目获中央电视台2011年度优秀节目一等奖。

节目于2011年7月15日综合频道、新闻频道《新闻联播》栏目中播出。

新闻调查·钱云会之死

《钱云会之死》由中央电视台新闻中心新闻评论部《新闻调查》栏目采访制作。2010年12月25日早晨，浙江乐清市寨桥村53岁的前任村委会主任钱云会被一辆工程车碾压死亡，是交通事故，还是蓄意谋杀？此事经微博、网络和媒体报道迅速发酵成为全国舆论关注的焦点事件。

面对重重悬疑与多方质疑，记者围绕网友质疑的五大疑点，采访了关键目击证人、肇事司机、办案警察等几乎所有与该案相关的人员，调取了车祸发生时肇事司机所打的报警电话和肇事工程车当天在该路段的监控录像，并深入调查了事发地点监控录像是否发生故障的真实情况，以扎实有力、相互印证的证据链还原了钱云会被工程车碾压死亡的整个过程，澄清了诸多疑点，凸显出客观、深入、全面的专业品质。

该节目获中央电视台2011年度优秀节目一等奖。

节目于2011年1月26日新闻频道《新闻调查》栏目中播出。

颐和园

六集纪录片《颐和园》是中央电视台新闻中心新闻评论部承制的重点节目。2006年4月立项，2009年10月制作完成。

《颐和园》记述了从颐和园的前身清漪园的兴建，到这个园林的毁灭与重建，再从皇家园林成为人民公园，并在新的时代走向新生的二百多年间的沧桑变化，其中既有对中国古典园林艺术成就的弘扬与展示，也有对中国特定社会时期历史发展轨迹的梳理与思考。《颐和园》采用故事化的结构和表达方式，注重影像和声音的表现力，以众多生动的细节和具有冲击力的画面达到最佳传播效果。在艺术上不乏创新之处。该片叙事生动流畅、画面精美独特，兼具故事性、可视性和思想性，对中国最后一座皇家园林——颐和园的艺术、文化和历史内涵作出了准确、细腻、深刻的解读。

《颐和园》获中国广播影视大奖、广播电视节目奖第22届“星光奖”纪录片大奖及第11届四川电视节金熊猫纪录片人文类亚洲制作奖。

该片于2010年12月26日至29日22:30在综合频道首播，2011年2月3日至8日在纪录频道22:00重播。

中国三峡

大型文献纪录电影《中国三峡》是全球首部全景式反映三峡工程的官方纪录电影。由国务院三峡工程建设委员会办公室、湖北省人民政府、重庆市人民政府、中国长江三峡集团公司、国家电网公司、中央新闻纪录电影制片厂（集团），历时近5年精心策划、精心摄制、联合打造的一部精品力作。

影片紧紧围绕三峡工程这一千秋伟业，以人文高度、哲学深度、客观角度、公正尺度、大国气度，全景式地展现了三峡工程的修建过程和辉煌成就，展示了共和国几代领导人的英明决策和对三峡工程建设的亲切关怀，刻画了三峡工程的广大建设者、管理者、移民群众无私奉献、顾全大局的感人形象，描绘了三峡库区经济社会日新月异的发展和变化，反映出三峡工程是寄托中华民族伟大复兴百年梦想的世纪工程，彰显了社会主义制度集中力量办大事的优越性。

该节目获第14届“华表奖”优秀纪录片奖。该节目于2011年6月25日21:22在CCTV－1播出，时长85分钟。

祖国至上

影片以《祖国至上》开国大典为起点，梳理共和国六十多年来那些为祖国繁荣富强而奉献牺牲的感动故事，同时展现了新中国不同时期独特的历史背景和社会风貌，并通过亲历者的讲述和资料，真实地反映了不同时期的历史背景。影片选取了以王进喜为代表的新中国工业创业者，以任羊成为代表的自力更生开拓者，以邓稼先、钱学森为代表的高科技研究领军者，以小岗村沈浩、焦裕禄为代表的共产党基层干部，以及香港志愿者黄福荣和优秀乡村教师李桂林夫妇，用他们默默无闻、无私奉献的传奇故事彰显不同时代的精神追求和对祖国的深厚感情。这些人物身处各自特殊历史背景，从事的工作有的惊天动地，有的微不足道，但他们的所作所为都同样的感人泪下。从他们的身上，透射出虽然时代在变、社会在变，但一代代中华儿女对祖国的忠诚不变，对华夏大地的挚爱不变。

该节目获第14届“华表奖”优秀纪录片奖。

节目于2011年5月2日在CCTV－6播出，时长90分钟。

大漠长河

每年中国北方大部分地区都要面临20至38天的沙尘天气，由于沙尘暴造成的经济损失每年高达540亿元。除上海、台湾、香港、澳门外，全国30个省区都有沙化土地分布。土地荒漠化正在全国快速蔓延，中国近四亿人口受到荒漠化困扰。如今，荒漠化不仅仅是中国的问题，更是困扰全球的主要环境问题。

中央新闻纪录电影制片厂（集团）拍摄的七集高清纪录片《大漠长河》走进中国西北十余个省区，三路摄制组行程数万公里，纪录荒漠苍凉的风景，寻找那些逝去的文明，探访荒漠边缘普通百姓与沙相伴的日常生活，通过地质、历史、现实等诸多角度，探寻中国沙漠的成因，分析沙尘来源，展现沙漠化的危害，同时梳理中国60年来防沙治沙的历史。

该节目获 第11届四川电视节“金熊猫”奖自然及环境类评委特别奖。

节目于5月11日至17日在CCTV－7播出，每集30分钟，总时长为210分钟。

黄河善谷 爱心接力

针对宁夏回族自治区贫困面广、贫困程度深等突出问题，宁夏在黄河两岸建立慈善工业园，创造性地提出了打造“黄河善谷”，将慈善与产业结合，变输血式扶贫为造血式扶贫，将经济洼地建成产业特区和道德高地，实现慈善的可持续发展，成为践行科学发展观、建设和谐社会的创新实践。

中央电视台财经频道组建了22人的特别报道小组，深入宁夏当地，进行深度体验式、调查式、研究式报道。同时，充分发挥财经频道的资源优势和平台优势，组织国内十家企业负责人一起走基层，考察调研、洽谈投资项目，以实际行动服务基层建设，对接基层创新。在深入调查采访的基础上，财经频道于9月27日至“十一”期间推出了“黄河善谷”的报道，在《第一时间》、《经济信息联播》、《经济半小时》等栏目中推出系列节目。在报道过程中，财经频道与宁夏广播电视总台、宁夏吴忠市电视台联手，打造“三结合”的报道模式，实现混合编队、统一策划、统一采访、资源共享，提升了节目高度和厚度，同时搭建了“黄河善谷”报道的长效合作机制，深化了“走基层”的理念和实践，实现了中央媒体“在基层”，为持续报道奠定了基础。

节目获中央电视台2011年度“走转改”优秀作品。

走基层 百县行

《走基层 百县行》系列报道是财经频道落实“走基层、转作风、改文风”第二阶段的核心活动，是对《农产品供销站》的全面升级。

9月24日起，财经频道“走基层”报道组，来到浙江省湖州长兴县，采访拍摄当地农业转型，9月25日，财经频道组织伊利集团、三峡集团、北京三元食品集团等单位的十多名企业家，走进宁夏吴忠市“黄河善谷”考察调研。这一轮报道整合财经频道200个县域经济合作单位的资源，充分走访部分农产品产地，涉农市场、涉农超市，突出报道“涉农服务”这个关键领域，把主要内容集中在“城乡对接、农超对接、农资对接、农技对接”等专项领域。

财经频道调整了国庆期间节目编排，加大了“关注农产品滞销”的报道力度：一是深入内蒙古武川，及时采访马铃薯滞销情况，安排记者分赴河北、甘肃、安徽、青海、山东、陕西等地，及时采访编发农产品销售情况；二是利用财经频道搭建的覆盖全国200个县的“县域财经资讯采集平台”，收集各地农产品滞销信息，及时在节目中发布；三是制作“农产品供销站”公益广告，在国庆期间滚动播出。

节目获中央电视台2011年度“走转改”优秀作品。

旗帜

为纪念中国共产党成立90周年，中共中央宣传部、中央文献研究室、中央党史研究室、国家发展和改革委员会、国家广电总局、中央电视台科教频道联合摄制了10集大型文献纪录片《旗帜》。作为建党90周年重点宣传项目,《旗帜》在综合频道隆重推出，随后在科教频道、英语国际频道、西班牙语、俄语、阿拉伯语5个外语频道跟进播出。自播出以来，全国共有2.8亿观众收看。平均收视率1.7%，官网访问量累计达700多万次。《旗帜》以真实、准确、鲜明、生动的电视语言，客观、全面地展示中国共产党带领全国各族人民革命、建设、改革的光辉历程，受到社会各界的广泛关注和积极评价。

《旗帜》共分为《开天辟地》、《浴血奋斗》、《建国创业》、《艰辛探索》、《历史转折》、《滚滚春潮》、《扬帆沧海》、《世纪跨越》、《发展新篇》和《阔步前行》10个篇章，回答了“中国历史和人民为什么选择了马克思主义，选择了中国共产党？中国共产党何以具有强大的生命力？”等问题，特别是运用文献、日记、手稿、电文、同期声等大量资料，再现历史，还原历史，让观众近距离感受中国共产党90年来为国家、民族作出的探索和努力。《旗帜》充分运用了高清拍摄、三维动画镜头、老旧影像资料修复等先进的技术手段，大大提升了该片的观赏性和艺术性。其中，使用了205条总计时长1小时的三维动画镜头，艺术呈现了“太平天国”、“长征”等历史史实。该片累计拍摄各类素材3200分钟，挖掘馆藏资料素材11163分钟，采访重量级嘉宾60位，跨越全国7个省市开展航拍。

该节目获中央电视台2011年度优秀节目一等奖、2011年度中国广播电视协会纪录片特别荣誉奖和中国电视艺术家协会纪录片特别荣誉作品奖。

该片于2011年6月19日至28日在CCTV－1黄金时间首播，6月27日至7月1日在CCTV－10黄金时段重播。

在灿烂阳光下

2011年6月1日，由全国妇联、中央文明办、国务院妇女儿童工作委员会办公室、共青团中央、教育部、文化部、国家广播电影电视总局、中国关心下一代工作委员会主办，中央电视台承办的庆祝2011年“六一”国际儿童节晚会《在灿烂阳光下》在中央电视台综合频道、少儿频道并机播出。共有2.7亿观众收看晚会，晚会收视率达3.46%，收视份额达10.15%。晚会紧扣“在灿烂的阳光下，和谐快乐、幸福成长”主题，分为“我致敬、我快乐、我幸福、我成长”四个板块，充分展示了全党全社会对少年儿童的关心爱护，展现了当代少年儿童快乐生活、健康成长的喜人风貌。晚会紧扣建党90周年重大背景，坚持“孩子们演、给孩子们看”的创作宗旨，牢牢把握少年儿童收视特点，寓教于乐，通过丰富的节目内容、多样的艺术手段，向孩子们传递党和国家对他们的关爱，传递爱党爱国信念。晚会大胆创新节目形态，改变以往专题晚会的模式，融合歌舞、情景表演、主题故事、幽默魔术、戏曲、杂技等多种艺术形式，大大拓展了受众的年龄段，强化了晚会的艺术性、感染力和表现力。

该节目获中央电视台2011年度优秀节目一等奖。

吉尼斯之夜

2006年，中央电视台历史最长的品牌栏目《正大综艺》与世界著名品牌“英国吉尼斯世界纪录有限公司”总部合作，推出6期大型系列电视节目《2006吉尼斯中国之夜》，播出后取得了良好的社会反响和很高的收视率，受到业界专家赞扬。2010年7月，中央电视台频道制改革后，《正大综艺》从综艺频道调整到综合频道播出，本栏目的特别节目《吉尼斯中国之夜》被确立为2011年中央电视台重点项目，节目播出时间确定为国庆节和春节两个长假。

《吉尼斯中国之夜》是以舞台为主要场地、同时在外景地拍摄的模拟直播大型节目。该节目在每期分2段或3段进入舞台现场，造成实时直播的效果，从而做到场内外呼应、制造悬念，增强对观众的吸引力；在外景现场，来自英国吉尼斯世界纪录总部的认证官向成功者颁发世界纪录证书。《吉尼斯中国之夜》的舞台表现形式丰富多彩，除了有明星嘉宾的强力助阵，还有来自世界各大洲的演员在《吉尼斯中国之夜》的舞台演出。

该节目获中央电视台2011年度优秀节目一等奖及2011亚广联娱乐大奖。

节目于10月1日～7日17:50、正月初一至初七17:50在CCTV－1首播，10月8日～14日12:35、正月初八至正月十四12:35重播。时长60分钟。

第26届世界大学生夏季运动会开幕式、闭幕式

深圳第26届世界大学生夏季运动会开幕式于2011年8月12日在深圳湾体育中心体育场举行。大型节目中心成功完成开幕式电视转播任务，开幕式转播由30个机位完成，包括体育中心内24个机位和5个深圳市标志性景观机位及1架直升机航拍，运用了空中索道摄像机及无线遥控摄像机等特种设备。电视转播很好地体现了大运会特色和深圳魅力，实现了特种技术手段为电视艺术服务，用外化的镜头语言充分体现出“中国发展的实力与活力”和“中国人昂扬、健康的人文风貌”这一核心实质。大运会闭幕式于2011年8月23日在深圳世界之窗举行。闭幕式转播由18个机位完成，包括世界之窗内15个机位和2个深圳市标志性景观机位及1架直升机航拍，运用了空中索道摄像机特种设备。电视转播用大量两极镜头形成鲜明的转播风格，以城市的美好景致与充满感染力的人物表情，凸显赛事的“青春气息、大运特色”，充分体现出闭幕式“各国青年联欢、胜利欢庆聚会”的创作主旨。

第26届世界大学生夏季运动会开幕式、闭幕式电视转播获2011年度中央电视台优秀节目一等奖。

开幕式首播时间为2011年8月12日20:00，播出时长150分钟，首播频道为CCTV－1、CCTV－5。闭幕式首播时间为2011年8月23日20:00，播出时长150分钟，首播频道为CCTV－1、CCTV－5。

风云会·姚明

《风云会·姚明》是体育频道节目部特别节目组在姚明退役仪式这一新闻事件发生后，第一时间播出的访谈节目，这也是姚明宣布退役后接受的第一家媒体深度直播专访。

话题根据姚明成长历程中的关键点，大致分为童年、国家队、NBA、奥运会、角色转换五个部分。每个部分都是由短片引出热点话题，短片形式有事件回放、有综述盘点，节奏张弛有度，内容不乏鉴证姚明成长的珍贵历史素材。访谈过程中，姚明一边回看经典瞬间，一边口述历史，在轻松、惊喜的氛围中揭秘了自己成长背后不为人知的故事。

该节目荣获中央电视台2011年度优秀节目一等奖，中国广播电视学会体育专题一等奖。

该节目7月20日17:00在CCTV－5首播。播出时长30分钟。

我们的江湖

《我们的江湖》是体育频道《体育人间》栏目制作的一部纪录片，《体育人间》栏目从2001年创办至今已有十余年，作为中央电视台体育频道唯一的常设纪录片栏目，本栏目以纪录片的形式展现竞技体育、大众体育、民族体育的故事与事件，挖掘体育在人们生活与社会活动之间的深层内涵。《我们的江湖》讲述主人公何道君从小痴迷武术，为了练就一身真功夫，他四处寻找高人，但一直未能如愿。憨厚执着的何道君没有放弃，他弃学后一边打零工，一边继续着自己的功夫梦。一次偶然的机会，他被青城山上一位道姑收为徒弟。从那时起，何道君梦想着拥有一家属于自己的武馆。他开始街头卖艺的生活，一边展示功夫，一边攒钱修建武馆。二十年后他梦想成真，但他为此也付出了太多太多……

该节目获第七届北京体育电影电视节一等奖。

该节目于2010年10月25日18:35在CCTV－5首播，2011年2月7日13:33重播。

远方的家·边疆行

《远方的家》是中央电视台第一档大型日播旅行类栏目，于2010年12月1日正式推出。《远方的家》以行走、体验、发现为宗旨，栏目记者带领观众行走四方，关注百姓民生，关注社会的发展变化，同时赏美景、品美食、探寻人文奥秘、体验旅行的乐趣。栏目不仅提供实用的旅游资讯，引领公众选择旅游目的地和出行方式，而且通过旅行这一形式，充分展示中国的自然人文之美和中国人眼中的世界之美，弘扬深厚的中华文化，折射当代中国的时代新风。

《远方的家》100集系列特别节目《边疆行》获2011年度中央电视台优秀节目一等奖。

该节目周一至周五北京时间17:15在CCTV－4（亚洲版）首播，当日23:26、次日09:00重播。CCTV－4（美洲版）于纽约时间07:45首播，18:45重播。CCTV－4（欧洲版）于伦敦时间18:15首播，07:00重播。

手艺

《手艺》是一部客观、真实反映中国手艺和手艺人命运的纪录片。回望手工艺繁盛的岁月，体验手艺传承人的悲喜人生，亲身体验参与并为那些蕴含着古雅拙朴情趣的手艺沉迷和心动是这套系列节目的责任和使命。

该节目获中国广播电视协会纪录片工作委员会“第七届中国纪录片国际选片会”最佳导演奖。

该节目于5月19日至6月11日每晚21:10在科教频道《探索·发现》栏目中首播，次日10:15、16:55重播。每集42分钟，共24集。

第十届国际泳联世界锦标赛·游泳

第十四届国际泳联世界锦标赛于2011年7月16～30日在上海举行，《第十届国际泳联世界锦标赛——游泳》秉承国际最先进的制作理念，在保证赛事信号完整流畅的基础上，着重表现重点人物的个性及“水”这个创作元素。节目思路清晰、制作精良。导演的主要创作思路着重表现赛事的故事性，在形成一套完整有序的切换思路的前提下，关注比赛中出现的突发事件。节目体现了中央电视台高超的信号制作水平，受到了国际泳联及国外同行的一致肯定。

本节目获2011年度中国广播电视协会电视体育节目奖现场直播类一等奖。

王濛被开除 中国短道速滑队经历地震

《体育新闻》是体育频道创办时间最早的栏目之一，权威、及时、全面报道国内、国际体育赛事和体坛大事。《王濛被开除 中国短道速滑队经历地震》是由体育频道制作播出的新闻。中国短道速滑队是冬奥会的金牌队伍，王濛是队伍中的金牌队员。2011年7月，短道队爆出王濛打架事件，一时间，短道速滑队成为焦点，王濛成为焦点人物。记者在事件发生后的第一时间采访到了在事件中受伤的王濛。本篇报道在还原事实真相的同时，也探讨了金牌教练也要有金牌管理的主旨。记者发现及时，拍摄到位，尽管不是事发第一现场，通过记者的拍摄和采访，反映出社会对王濛事件的关注，并引申出有关运动员管理体制的讨论，主题突出，影响广泛。

该节目获2011年度中国广播电视协会电视体育节目奖新闻类一等奖。

节目于2011年8月9日18:00在《体育新闻》栏目首播，播出时长30分钟。节目电话：010－68508800。

寻找最美乡村教师

2011年，“寻找最美乡村教师”大型系列公益活动从来自全国31个省市、自治区的100名入围者中选出了石兰松等10名“最美乡村教师”。中央电视台科教频道联合光明日报社制作了《寻找最美乡村教师——讲述教师节特别节目》。节目以朴素、大气的颁奖晚会的形式，通过大屏幕视频、现场访谈、设置神秘嘉宾互动等形式，通过一个个真实生动、感人至深的细节故事，树立了有代表性的、高素质的乡村教师典型，报道他们平凡感人的真实生活和内心世界，展现了在党和政府关怀下我国农村教育事业的发展和基层教育工作者无私奉献、甘为人梯的精神风貌。节目对基层教育事业的成功报道，促使各地以各种形式掀起了宣传乡村教师的热潮，社会对乡村教师的关注度持续升温。

该节目获中国广播电视学会科教节目特别节目一等奖。

节目于9月9日在科教频道首播，次日重播。

缘聚羊城

《缘聚羊城》是由中央新闻纪录电影制片厂（集团）制作的广州亚运会官方影片。该片以6个鲜明的故事进行叙事，通过大量真实的镜头生动地向人们展示了亚运盛会的点点滴滴，记录着参加亚运会的6个国家的运动员的喜怒哀乐，也为第16届亚运会和主办城市广州留下一份真实的影像资料和宝贵的文化遗产。

该片获第29届米兰国际体育电影电视节最高奖——Candido Cannavò（坎迪多·卡纳沃）奖及体育与社会类单元桂冠奖。

该片于11月4日公映，时长90分钟。

构建网络诚信在行动——揭秘百度推广链接的真相

2011年，中宣部、商务部等16家单位联合决定将9月定为“诚信兴商月”，在该项活动中，中央电视台财经频道《经济与法》栏目制作播出了“构建网络诚信在行动”系列节目，揭露百度公司利用自己的“竞价排名”和所谓升级后的“凤巢系统”作为盈利筹码，为骗子网站提供欺诈内容的链接，为虚假品牌提供平台等不良现象。报道用确实充分的证据报道百度公司存在的问题。节目播出后，引起了国内外媒体的关注。《人民日报》、新华社等国内各大媒体、各大门户网站纷纷跟进报道，华尔街日报等国外媒体也持续关注，千万网友借新浪、腾讯微博各抒已见，使之成为2011年最大的社会热点事件之一，并在互联网界引发了一场如何规范互联网企业的思考和讨论。节目播出后，百度公司高层通过中央电视台节目向社会各界和人民群众道歉。

财经频道推出的“构建网络诚信在行动”系列节目深入揭露了百度公司存在网络虚假信息现象，宣传了党中央、国务院关于信用体系建设的方针政策，对于推进健康、公平的网络环境建设起到了积极的舆论引导作用。报道倡导“诚信兴商”，开展舆论监督，维护了网络秩序。

该节目获中央电视台2011年度优秀节目一等奖。

节目于2011年8月15～18日在CCTV－2首播，8月16～19日重播，总时长为120分钟。

走基层·塔县皮里村蹲点日记

塔什库尔干塔吉克自治县位于新疆喀什帕米尔高原，平均海拔3800米，是国家级边境贫困县。马尔洋乡皮里村距离县城200多公里，其中只有130公里通车，因此，每年寒暑假结束后，乡干部们都会徒步80多公里进村子接孩子上学。2011年8月底，由中央电视台浙江记者站何盈、汪成健、李欣蔓、谢岩鹏、新疆台王永强组成的5人报道团队随着马尔洋乡乡干部们一起攀悬崖、趟冰河，往返10天，用镜头记录下皮里村孩子们的艰难上学路，记录了基层干部的劝学过程。

在7集《走基层·塔县皮里村蹲点日记》节目中可以看到记者跟乡干部、塔吉克族老乡同吃同住同翻悬崖，用心去体会、去观察、去记录孩子们的坚强乐观和乡干部的尽职尽责，报道过程中记者不扣帽子、不贴标签，不唯苦、不唯远、只唯真，真实记录、真诚面对。在这条步步惊心的上学路上，大人的双手成了孩子们的路，报道展示了悬崖间呈现出的最美的人间真情。报道播出后获得巨大反响，得到了业内专家学者的认可。

该节目先后获教育部颁发的2011年度教育新闻特等奖、2011年度首都女作协优秀新闻报道特等奖、《2011中国电视掌声》及中央电视台2011年度“走转改”优秀作品等奖项。该节目于2011年9月17日至23日在新闻频道播出，

走基层·内蒙古土豆滞销系列节目

地处内蒙古大青山北坡的武川县是我国北方有名的土豆产地，2011年内蒙古土豆严重滞销。为了帮助种植户渡过难关，新闻频道制作播出了三集内蒙古土豆丰产后滞销的新闻在《东方时空》栏目中以大屏幕的形式，三集连续播出。第一集是《武川：窖藏土豆 应对市场低迷》，第二集是《张成忠：回村种土豆 寻途径过难关》。第三集是《措施有限 四五亿斤土豆急需买家》。

这组节目由中央电视台内蒙古记者站操作，前方记者分多路采访调研武川种植户，采制了大量素材，提供了张成忠夫妻逆流返乡，发展农村合作社通过农超对接确保销路、种植大户王喜莲做精品保市场、普通农户小地窖储万吨土豆错时销售等稿件的粗稿。后期制作团队一对一改稿编辑再加工，在节目的精彩呈现上下了很大工夫。节目播出后，在土豆种植区反响强烈，对引导农民、种植户理性对待滞销压力，渡过难关，规避土豆价格急需下滑起到了积极的作用。一方面节目为应对市场风险提供了成功的经验，另一方面也促进了土豆的销售，稳住了不断下挫的市场价格。同时，节目中再次呼吁各地、各部门对土豆滞销难卖的农民种植户施以援手，很快得到了上到国家部委、下到企业单位的反应，纷纷提供销路、购买爱心土豆，解决了实际问题。

这组土豆滞销的报道从节目操作上也为中央电视台报道类似节目建立了一个模板，对随后的大葱滞销、大白菜滞销等农产品滞销节目产生了积极的影响。

该节目获中央电视台2011年度“走转改”优秀作品。

节目于2011年10月8日在新闻频道《东方时空》栏目中播出，总时长12分钟。

走基层·北京儿童医院蹲点日记

2011年10月初，中宣部要求中央电视台到北京儿童医院走基层，做蹲点日记。从接到任务的当天开始，记者张萍就作了近2个月的蹲点采访。节目共拍摄了2800多分钟素材，制作了5集总时长为50多分钟的《马子硕的求医路》。记者从小患者马子硕的视角出发，用样本追踪的办法，真实记录了一名患儿看病求医的过程。记者跟着子硕挂号，跟出了一群号贩子；跟着子硕住院，就遇到了40户钉子户；跟着子硕到河北二院化疗，又发现新农合的钱不到位，眼看着几十名孩子就要被撵出医院。节目播出后子硕的医药费有了着落，并回到北京儿童医院治疗，新农合的钱到位了，河北二院的几十名白血病患儿不用出院了，儿童血液肿瘤中心大楼的建设程序又重新启动了。

《马子硕的求医路》让亿万观众追着看、跟着哭，

很多观众说看着子硕,想到的却是自己。13亿中国人，每个人都可能经历这条艰难的求医路。透过“艰难”，观众体会到了中国医疗资源供需矛盾和分布不均的复杂性，看到了医生、医院、政府在缓解“看病难、看病贵”的过程中做出的种种努力。

该节目获中央电视台2011年度“走转改”优秀作品。

节目于2011年11月30～12月4日在新闻频道《朝闻天下》栏目中播出。

直击煤炭冬运（直播）

“直击煤炭冬运”直播围绕我国煤炭冬运展开集中报道，以报道手段、视角等层面的拓展，有效创新了经济题材报道效果。节目强调了电视直播手段的运用。新闻中心组织记者站力量，在山西、内蒙古、江苏等十余个关键地区投入了近30路记者，以相关区域的动态直播跟进，实时关注煤炭冬运在各地的推进及运转情况。使用航拍、三角翼等技术手段及动画地图等方式，强化了报道视角与屏幕效果的表现力。节目强化了记者的观察视角，布局在相关地区、重点环节的各路记者，对于煤炭的运输过程展开接力式报道。逐层解剖运输途中各环节的成本投入，并以现场的探访关注了各地围绕“煤炭冬运”的配套举措，反映了我国在推动区域经济发展、提升季节性民生保障等方面的努力与成效。节目还强化了深度点评的跟进，拓展了分析视角，评论员深刻剖析煤炭冬运与区域经济发展和百姓生活的深度关联，深度挖掘其中包含的运力状况、能源供给压力等多层现象，呼吁各方共同寻求利益折中点，寻求能源供给方式的进一步优化空间。节目从煤炭冬运实际情况入手，近距离关注国家、社会群体及普通民众为跨地区能源运输、经济民生保障而付出的努力和取得的效果。

该节目获中央电视台2011年度“走转改”优秀节目。

节目于2011年11月8日在新闻频道多时段的《新闻直播间》中播出。

索道医生·桥通拉马底

乡村医生邓前堆坚持28年溜索过江，为两岸村民治病。2010年，新闻中心记者乔亚美得知后，远赴云南怒江傈僳族自治州福贡县拉马底村，跟随节目主人公邓前堆多次溜索往返于怒江两岸，经过十几天的扎实采访，编辑制作了新闻报道——《索道医生邓前堆》。节目在新闻频道播出后，引起了中央领导高度重视。交通运输部多次派人前往怒江实地调研，并于2011年2月正式启动了“拉马底索改桥”项目工程。在此过程中，中央电视台一直持续关注着事件的进展，在《新闻联播》和新闻频道不间断报道了交通运输部赴拉马底村实地考察、拉马底索改桥项目正式启动等动态消息，并在年初的“新春走基层”报道中重访邓前堆。此次，为做好拉马底村两座新桥通车报道，新闻中心成立专项报道组，精心制定报道方案，并提前一个月派出报道组，深入到拉马底村蹲点。

在《走基层·蹲点怒江》的报道设计中，前方报道团队并没有停留在“拉马底通桥”这一单一事件的维度上，而是通过精心的策划和扎实的调研，深入怒江沿岸中国最后一个没有通硬化公路的少数民族聚居区独龙江乡，了解和纪录了当地独龙族同胞此前一年中有半年被大雪封山、与世隔绝的生存现状。目前，由国家投资的独龙江公路改造工程正如火如荼地进行，一旦公路和隧道按照计划在2013年贯通，中国最后一个不通硬化公路的民族将告别这一历史。在这样一个大背景下，前方报道团队将此次走基层的特别报道定名为《蹲点怒江》。用记者的镜头和话筒真实地报道了来自怒江两岸即将通车通路的傈僳族和怒族同胞的心声。这种多层次、多维度、多视角的报道结构，不仅大大拓展了传统的媒介思维和报道方式，更彰显了党和政府关心少数民族同胞、切实为他们解决实际难题的一项项民心工程所承载的现实意义。

该节目获中央电视台2011年度“走转改”优秀作品。

北京同仁医院蹲点日记

5集系列报道《北京同仁医院蹲点日记》由中央电视台新闻中心制作，记者采访了上百位患者、数十位医护人员，客观呈现了“看病难”的复杂因素，真实反映了医患关系紧张的根源，构筑了医患沟通的桥梁。节目中学医8年、一个月只挣1700元的同仁医院年轻医生齐梦，让很多人看到了医护人员身心透支、收入不高、常被误解的艰难处境；面对一个严重的眼部肿瘤患者，顶级眼科专家在“留住眼球，医生承担风险”、“切除眼球，医生没有风险”两种选择面前，毅然选择帮助患者留下光明，将风险留给自己；被返聘的老护士长袁晓凤，年近70高龄，还在用自己的耐心和经验，每天为患者服务并协调各种棘手的矛盾。记者还通过明查暗访，在《绕不开的“号贩子”》中首次对“号贩子”的“专业化”和“集团化”进行了“全景式”的调查剖析，揭露其地下产业链条，全面剖析了挂号难的复杂成因。

同仁医院的徐文医生在工作岗位上被砍17刀，成为备受关注的社会热点。在报道中，记者没有急于展现暴力事件的前因后果和医疗纠纷的来龙去脉，而是从一个关键的角度，回答了公众心中的疑问徐文究竟是个什么样的医生？在《徐文 让我们牵着你的手》这一节目中，透过患者、同事、学生和朋友的真切讲述，和记者对人物细致的观察，人们触摸到了一个医术高明、关心病人、在重症监护室仍坚持工作的好医生。徐文也首次对媒体、对公众敞开了心扉，平静地诉说自己“眼下最希望重新站上手术台”、“即使是现在，仍然对‘医患和谐’充满理想”。报道不偏激、不夸大，真实地传达了一位女医生在经历极端的医患暴力事件之后，在做什么、想什么。

该节目获中央电视台2011年度“走转改”优秀节目。

节目于2011年11月2～7日在新闻频道《朝闻天下》中播出。

看见·挑山的女人

《看见》是一档由综合频道制作的记录现实题材的专题节目。《挑山的女人》讲述了目前安徽齐云山唯一的也是最后一位挑山工——49岁的汪美红的故事。《看见》栏目主持人柴静对这位“挑山的女人”进行了专访。1994年，汪美红的丈夫在一次捕鱼时不慎落水身亡，只给她留下眼睛几乎全盲的四岁的大儿子，和一对不到两岁的双胞胎，还有盖房子欠下的5000元债务。为了三个嗷嗷待哺的孩子，汪美红上安徽齐云山做了惟一的女挑夫。汪美红每天来回10多公里，17年走了20多万公里，往返近6000个来回，磨破了120多双解放鞋，磨坏了20多根扁担。让孩子读书是汪美红心里天大的事，她保留着这么多年来孩子每一张通知单，而孩子们也很争气，现在，大儿子在上海一家盲人按摩店找了份工作安定了下来，双胞胎兄妹也顺利地考上了大学。2008年，汪美红获得了“黄山市十大杰出母亲”。在山道上歇脚的时候，她常被游客认出来，人们向这个家庭捐赠了二十多万元，这些资金足够兄妹俩大学期间的花销，而孩子们也会把每一笔好心人的捐款记录在本子上。因为齐云山货运索道即将开通，挑夫挣得少，已经没人愿意干这个活了，但汪美红每天还是要挑一个来回，她在接受采访时说“挣钱对我讲不太重要了，重要的是一个承诺”。现在，汪美红觉得已经可以告慰丈夫，也可以告别挑夫这个职业，但她依然会留着报道过她但已经发霉的报纸，她希望让将来的子孙记得“什么事情都要坚持到底就好”。

该节目获中央电视台2011年度“走转改”优秀节目。

节目于2011年11月20日22:36在综合频道播出。

关注日本大地震及核电危机

北京时间3月11日13:46，日本东北部发生9.0级地震。新闻中心迅速启动应急预案，第一时间调派中央电视台驻东京记者，协调引入外来直播信号，并紧急联络中国地震台网等机构展开持续报道。《中国新闻》在14:04第一时间口播最新消息，新闻频道自14:17起，高频次电话连线中央电视台驻东京记者，同步引入NHK直播信号，展开全面关注，及时跟进动态资讯，密集发布服务消息。新闻频道、中文国际频道及时充分报道日本大地震，新闻中心调集亚太中心记者站、东京记者站、曼谷记者站三路记者，向灾害核心地带集结，展现全球化报道网络优势。新闻中心通过与日本政府、主要媒体及相关企业的积极沟通协作，在当地租用了服务于记者采访报道的直升机，以航拍的手法采制了多条新闻，极大地强化了画面表现力。新闻频道、中文国际频道均在全天各时段中，高频次推出直播特别节目《日本大地震特别报道》，通过引入外媒信号、连线中央电视台特派记者和我驻日使馆等多种方式，动态关注救灾情况和在日华侨华人留学生情况，并设置演播室访谈，对即时资讯展开深度评论。

在这次日本地震报道中，新闻频道、中文国际频道以规模化报道进行及时、准确、正面回应，突出舆论引导作用，聘请权威专家深入解读核安全问题，及时解疑释惑，有力驳斥不实信息。强化动态新闻、字幕信息的针对性报道，引导公众正确面对核事故影响、客观看待日本的救灾能力。

该节目获中央电视台2011年度优秀节目一等奖。

节目于2011年3月11日开始在新闻频道、中文国际频道播出。

迷徒

郑蕴侠是大陆最后一个落网的国民党将官级特务，他从1949年重庆解放开始逃亡，直到1958年被捕。本片以郑蕴侠在重庆、成都、贵州等多地潜藏、逃亡八年的经历为主线，演绎了一段真实而又传奇的故事。1975年，68岁的郑蕴侠被释放后，被特邀为贵州省务川县政协委员，其后他曾与陈立夫通信来往，呼吁台湾回归，祖国统一。2009年底，在本片拍摄完成后不久，老人安详辞世，终年102岁。该片采用了国际流行的剧情式纪录片手法进行创作，以郑蕴侠的生平经历为依据，采用剧情化表现、本人访谈和历史胶片资料交互的方式，生动再现了他的传奇人生，展示了从中华人民共和国诞生前夜到改革开放后各个历史时期波澜壮阔的时代画卷。该片是我国第一部纪录剧情片。

该节目获中国电视艺术家协会电视纪录片学术委

员会评选的2010年度中国纪录片系列片十优作品奖、2011年四川国际电视节“金熊猫”奖国际纪录片评选活动人文类最佳创意奖提名奖。

该片于2011年1月4日至8日每晚21:10在科教频道《探索·发现》栏目中首播,次日10:15及16:55重播。每集42分钟,共5集。栏目电话:68230730。电子邮箱:tsfx@163.net。

抗洪壮歌——浮桥上的生死令

2010年7月下旬，吉林省吉林市大部分地区遭到暴雨袭击，松花江上流水位暴涨，致使多条河流决堤。7月28日凌晨，吉林市永吉县等多个乡镇灾情紧急！危难之际，一批批解放军、武警官兵和民兵预备役人员迅速出动，分别奔赴多个受灾地区。军事节目中心制作了专题片《抗洪壮歌——浮桥上的生死令》，讲述了沈阳军区某兵工团参谋长关喜志在抗洪抢险行动中不畏艰难，为了解救被困群众和战友英勇牺牲的壮烈事迹。

该节目获第五届全军优秀电视军事节目评析单本专题一等奖。

节目于2010年8月26日在CCTV－7《军事纪实》栏目首播。播出时长25分钟。

融进三千里江山的英魂

为纪念中国人民志愿军抗美援朝60周年，军事节目中心特别制作了3集《融进三千里江山的英魂》。摄制组在朝鲜行程近万公里，大规模寻访了志愿军的战场旧址，采访了朝鲜各界代表，拜祭了安葬着7万多志愿军英烈的9处大型烈士陵园。该片以志愿军老兵赴朝友好访问团访问朝鲜为线索，讲述了抗美援朝时艰苦卓绝的战争故事，记录了志愿军老兵们深情凭吊英烈、倾情缅怀战友、感受中朝友谊的动人情景。

该片获第二届中国人民解放军新闻奖一等奖。

节目于2010年10月27日至29日在CCTV－7《军事纪实》栏目首播。播出时长单集25分钟，总时长75分钟。

护航正在进行

2010年3月4日，中国第五批海军护航部队从三亚出发前往亚丁湾、索马里海域执行护航任务，军事节目中心记者随舰拍摄了7集大型高清纪录片《护航正在进行》。记者历时192天海上航行，全程拍摄了150多小时的高清素材资料，全方位展示了第五批护航编队官兵完整的工作和生活情况。其中第一集《编队全攻略》主要讲述了中国海军第五批护航编队从三亚起航到亚丁湾的行程，详细描述了3月20日编队到达亚丁湾后，积极应对第一起多艘疑似海盗船袭扰的过程。

《护航正在进行》（第一集）获第二届中国人民解放军新闻奖一等奖。

节目于2010年12月27日至30日、2011年1月3日至5日在CCTV－7《军事纪实》栏目首播。播出时长单集25分钟，总时长175分钟。

中国地

38集电视剧《中国地》由神州电视有限公司、中共辽宁省委宣传部、中视传媒股份有限公司、辽宁广播电视台、中国人民解放军八一电影制片厂等联合出品。该剧取材于真实的历史事件,讲述“九一八”事变后，在现在辽宁省朝阳市清风岭地区一个叫赵老嘎的农民，带领全家、全村以及广大民众浴血奋战，在中国共产党领导下，自发地加入到抗日民族统一战线中，与来犯的日本鬼子展开殊死搏斗，保家卫国。

该剧获中央电视台2011年度优秀电视剧奖。

该片于2011年7月23日起在CCTV－1黄金时间首播。

中国1921

32集电视剧《中国1921》由浙江广播电视集团、中国电视剧制作中心有限责任公司联合出品。故事讲的是从1918年8月开始，毛泽东带着25个湖南青年离开长沙前往北京。随后，第一次世界大战结束，中国成为战胜国，兴奋的民众走上街头，将代表着屈辱的克林德碑凿去，改成了四个大字：公理战胜。中国的民众都以为，从这天起，“战胜国”将不再受屈辱。但是，“翰林总统”徐世昌、蛰伏上海的孙中山、病卧在床的陈独秀、困居在小胡同的毛泽东都清醒地预感到：国家不变的话，更大的屈辱可能就在后边！他们为中国的命运苦苦求索。于是，1921年，在南湖的船上，随着那声压低了的欢呼“中国共产党万岁”，一个日后改变中国、改变世界的政党——中国共产党成立了，带给人民新的希望！

该剧获中央电视台2011年度优秀电视剧奖。

该剧于2011年5月16日起在CCTV－1黄金时间首播。

野鸭子

26集电视剧《野鸭子》由中视影视制作有限公司、北京华晟泰通传媒投资有限公司联合出品。二十年前，周丽琴为了出国，离婚并抛弃了自己刚出生的女儿；二十年后，她回大陆寻找女儿。当女儿出现在她面前时，已经变成一个土里土气、满嘴粗话的乡村疯丫头，外号野鸭子。周丽琴一心要改造女儿，但她没想到，女儿要早已各自有家的亲生父母结婚，把两家人搅得天翻地覆。野鸭子爱上了周丽琴的司机杨顺，为了能和杨顺在一起，野鸭子让二姑骗所有人，说她根本就不是当初方母抱来的婴儿。后来，野鸭子的谎言被揭穿了，大家来找野鸭子问她为什么这样做，而野鸭子说，谁让你们都是我的亲人呢。

该剧于2011年1月17日起在CCTV－8首播。

该剧获第28届广播电视大奖飞天奖；第十一届中日韩电视制作者论坛观摩作品大奖；2011年度中央电视台优秀电视剧奖。

手工街

52集动画片《手工街》由央视动画有限公司出品。该片虚拟出一个由手工纸模型建立的童话世界——手工街，一群纸片做成的孩子——小米和他的朋友们生活在这里。他们不仅像普通孩子一样面临生活、学习、成长，更要学会在这个神奇的纸世界中成为一个创造力无穷的手工大师。在这个手工纸艺创造出的世界中，一切事物与规则都完全不同于真实世界：每天，纸盒子折成的小悟空会乘着纸折的云彩，交替送纸太阳和纸月亮去交接班；到了清晨，当天的报纸会像鸟一样自己飞进各家的窗户；除了洗脸刷牙，爱清洁的好孩子每天还要用胶水把自己粘得干净漂亮；上学不用背书包，因为每个人本身就是一个纸盒子；手工街上经常会举办折纸创意大赛，"创造力"是这个世界中最被人们尊重的事物。

该片获中央电视台2011年度优秀动画片奖。

该片于2011年3月20日至4月14日在中央电视台少儿频道《动画梦工场》首播。

秦汉英雄传

52集动画片《秦汉英雄传》由辉煌动画公司制作，每集25分钟，总时长1300分钟。

秦末，韩国世家子弟张良，为反抗秦王暴政，组织了两次刺杀秦始皇行动。行动失败后，为了躲避搜捕，张良逃到下邳乡间躲藏。机缘巧合，他得到了黄石公所赠的《太公兵法》。之后他认真钻研兵法，耐心地等待时机。秦始皇死后，次子胡亥登上皇位，他的昏庸加速了秦朝的灭亡。陈胜、吴广在大泽乡振臂高呼，拉开了秦末农民战争的序幕。随后天下大乱，群雄并起。此时，隐居乡间的张良重新出山，遇见了一支起义军的首领刘邦。张良发现刘邦悟性极强，尊重人材，于是决定留在刘邦的身边，为他"运筹帷幄之中，决胜千里之外。"他们联合楚国贵族后裔项羽，进攻咸阳，导致秦王朝的崩溃。之后，历史进入了"楚汉相争"的阶段，刘邦在"鸿门宴"中死里逃生后形势逆转，胜利的天平倒向了刘邦一边。刘邦善于用人，手下不但有张良这样的战略家，还有懂经济、善管理的相才萧何和一代名将韩信。这些精英淋漓尽致地展现了自己的才华，经过"明修栈道，暗渡陈仓"、"背水一战"、"十面埋伏"等不朽战例后，刘邦获得最终胜利，建立汉朝。而项羽自恃其勇，狂妄自大，不重视人才，听不进别人的意见。以至手下的人才十分失望，严重流失。项羽在咸阳的洗掠，也使他大失民心。经过五年的楚汉相争，项羽终于兵败垓下，自刎于乌江岸边。刘邦在豪迈的"大风歌"中登上皇位，建立了统一的汉王朝。张良在功成名就后，飘然而去。

《秦汉英雄传》获中央电视台2011年度优秀动画片奖、广电总局2011年度少儿精品发展专项资金及国产动画发展专项资金项目评选一等奖等。

该剧于2011年1月12日20:00起在中央电视台少儿频道《银河剧场》栏目首播。

开心小镇（第三部）

26集动画片《开心小镇》（第三部）由央视动画有限公司出品。

该片以小镇上的鸡鸣客栈掌柜郑老板和包子铺老板阿珍嫂两个家庭为切入点，以两家的两个调皮孩子——铁蛋和妞妞的童年生活故事为主线，展开一连串与家人、邻里、小伙伴（包括动物小伙伴）之间生动有趣的童年故事，鸡鸣镇虽然只是个名不见经传的三省交汇处的小镇，但它却为我们展现了一个微型的社会。在那里，孩子们遇见了各色各样的人物和事件，通过小主人公纯真可爱的行动化解了一个又一个矛盾。

该片获中央电视台2011年度优秀动画片奖。

该片于2011年10月1日至7日在中央电视台少儿频道《动画大巴》栏目首播。

CCTV
中国中央电视台
CHINA CENTRAL TELEVISION YEARBOOK
年鉴
2011
胡占凡 主编
《中国中央电视台年鉴》编辑部 编

CCTV

XINMEITICHUANBO

新媒体传播

新媒体传播

2010年中国网络电视台综述

2010年，中国网络电视台（CNTV）日均独立用户数年底和年初相比提升了4.2倍，网站排名提升了约80位，并创下了556万人同时在线观看网络视频直播的世界纪录。建成了IP电视中央集成播控总平台，并完成北京、湖北等8个试点地方分平台建设，圆满完成国家三网融合整体规划一期目标。手机电视业务有了明显成效，iPhone、iPad新兴移动终端业务平台用户数短时间分别突破500万、78万，居国内媒体之首，在国际上超越ABC、BBC、FOX、CBS等国外电视机构；手机电视集成播控平台通过国家验收，开播中国手机电视台的各项条件准备就绪。亚洲最大的网络视频数据库初具规模，包括直播频道132个，日均视频发布量5000多条，节目存储总量200万条，合60万小时。完成海外十大镜像站点建设，国际国内镜像站点达35个，是国内唯一的全球网络视频分发体系。现有业务实现了5秒打开页面，15秒打开视频的既定目标。海外用户占总体用户的12%，外语语种包括英语、西班牙语、法语、阿拉伯语、俄语5个语种，并开通朝鲜、蒙古、藏、维吾尔、哈萨克5个少数民族语传播频道，国际传播能力显著提升。

2010年中国网络电视台品牌频道及栏目简介

5+体育台

中国网络电视台“5+体育台”发挥电视媒体和网络媒体双平台的优势，充分利用体育赛事独家新媒体资源和原创资源优势，为广大观众呈现以24小时线性频道为核心，以海量体育视频、赛事图文资讯、赛事数据服务、网络社区互动的体育视频互动社区。24小时原创线性播出频道，可集合8路信号同时直播，为用户提供多样性的选择，全年直播体育赛事超过2000场，已成为中国互联网“体育赛事第一直播平台”。

网址：http://sports.cntv.cn/

爱布谷

“爱布谷”是以网络电视为核心，以视频搜索应用为拓展，集成全国广播电视视听节目，提供在线直播、点播、回看等音视频服务的视频平台。包括22路开路信号、39路地方卫视信号、3路数字电视信号、1路自有信号，为用户提供24小时不间断的网络电视直播服务。同时可为用户提供央视382个栏目、地方台373个栏目的最新、最全的视频点播。爱布谷以用户为中心，设计研发7×24小时回看、人气排行、频道分类查询等9种查询模式。

网址：http://bugu.cntv.cn/

爱西柚

“爱西柚”是中国网络电视台旗下视频分享与互动平台，致力于打造高水平的视频上传、分享、搜索及播放平台。爱西柚个人电视台产品汇集各领域名人、精英和专家，拥有忠实的网友与原创视频作者，打造了具有原创精神的知名草根拍客和原创影视剧制作团队。2010年，爱西柚与中央电视台、北京电视台、上海文广等电视媒体联手打造了《世博寻宝》、《人与社会榜样拍客》、《乡村大世界——我行我秀》、《小小拍客大赛》等一系列“台网联动”模式的大型活动，深受网民喜爱。

网址：http://xiyou.cntv.cn

法律在线

《法律在线》是由中央电视台财经频道《有法大家帮》栏目组与中国网络电视台访谈频道联合打造的一档周播直播法律原创网络访谈节目。通过栏目组提供的专家资源，每周四 14:00 在线直播，节目涉及婚姻、房产、未成年人保护、劳动纠纷等网民关注的话题。通过节目让专业律师为网友问题做深入的解答，同时访谈结束后精切点播内容，方便网友收看。节目开播前，利用论坛、博客等形式进行预告，加大互动元素，让网友提问题，专家在节目中直接解答网友疑问，从而加大了网友的参与热情。《法律在线》节目的点击量最近连续保持在 4 万以上，连续几周在本网 PV 排名中名列第一。

网址：http://fangtan.cntv.cn/special/flzx/index.shtml

健康有约

《健康有约》是一档集成电视优势与网络优势为一体的全新原创健康互动访谈栏目。每期节目选取时下最热健康话题，以“网民健康调查”为主线，以“嘉宾访谈 + 网友互动问答”为主要节目形态的健康类大型互动访谈栏目。通过各大三甲医院、图书出版单位、专业院校、中央电视台栏目组等多种渠道挑选国内外知名健康专家到栏目做直播访谈。目标是为网友提供最权威的健康指导，传播最科学的健康知识，奉送最贴心的互动服务。栏目每期 45 分钟，每周一期，每周二下午 15：00 播出。

网址：http://jiankang.cntv.cn/jkyy

今日谭

《今日谭》是中国网络电视新闻台评论组原创的专题品牌，主要是用独家观点解读时政热点事件，调查新闻背后内幕，评论新闻发展趋势和影响，引导网民有观点、有态度地理性看待热点事件。选题紧密围绕时政热点；观点独立力求以小见大；语言简洁、有力度；逻辑清晰顺畅。

(1) 用户定位：拥有一定互联网常识，关心时政热点，拥有独立判断力的网民及意见领袖。能够对专题所选话题充分理解，并发表观点进行互动。

(2) 产品定位：以理性平和视角解析热点，引导网民关注时政。针对每日话题开设投票 pk 专区及留言专区，引导网民就热点话题发表看法，给网络舆论以一定平台，又注重舆论引导。

(3) 核心理念：因为理性，我们看得更准，走得更远。专题页面力求简洁、明快，文字部分主题事件突出，观点鲜明，逻辑清晰，不拘形式，广泛利用新闻、博客、论坛内容。结语点题，升华主题，引导网民对话题进行讨论。设置留言板对网民讨论内容进行及时呈现。

网址：http://pinglun.cntv.cn/zt/index.shtml

美术大讲堂

《美术大讲堂》是中国网络电视台在美术界及网络新媒体平台首次推出的艺术讲堂节目。联合中国文学艺术家联合会、中国美术家协会、中国书法家协会、中国摄影家协会、中央美院、中国艺术研究院等单位，邀请了欧阳中石、钱绍武、李燕等数十位艺术家，运用新媒体技术在网上教授书画技法、讲述艺术理念和艺术创作体验，让热爱书画的网友与艺术家每周在线互动交流。拉近艺术家与网民之间的距离，使高雅艺术更好、更快捷地走近艺术爱好者。本栏目主推“网络电视美术课堂”这一理念，旨在与艺术教育机构和艺术家们携手，个性化服务于广大热爱美术的网民，努力把《美术大讲堂》打造成艺术爱好者终生受教育、走近自己心中艺术家的新媒体课堂。

网址：http://space.tv.cctv.com/page/PAGE1255659774580576

中国日记

《中国日记》是中国网络电视台原创新闻品牌栏目，是以日记体的方式梳理每日国内外热点事件、焦点人物和特色新闻，并进行个性点评的新闻杂志类栏目。《中国日记》分设四个板块——点睛：有争议的话题，有深度的思考；人物：最值得记住的面孔；图话：最有冲击力的图片；微博：关注最多的热点转发。《中国日记》紧扣当下热点，以网络视角实现短时间内重点新闻的速览和即时互动。

网 址：http://news.cntv.cn/special/zhongguoriji/shouye/index.shtml

世界在眼前

《世界在眼前》是 CCTV 移动传媒推出的一档内容丰富、涉及面广的栏目。本栏目主要介绍世界各地的人文、地理、历史、旅游、艺术、文化、动物、生物、前沿科技、奇闻奇观等方面的内容。本栏目倡导“娱乐化”纪录片的理念，采用讲述精彩故事，运用生动的电视声画手段，向观众呈现出一档既有较高文化品位和知识内涵，又有很强观赏性和娱乐性的电视节目。

2009 年，《世界在眼前》栏目成功策划并推出了《泰国普吉岛之旅》系列专题。本系列内容由移动传媒一行人赴泰国普吉岛拍摄制作完成。系列节目采用由主持人带领的方式，游历了普吉岛各个著名景点、体验了岛上丰富多彩的自然生活，让观众通过电视就能够感受到普吉岛“灿烂耀眼的阳光、宽阔美丽的海滩、洁白无瑕的沙粒、碧绿翡翠的海水”，尽情享受海岛风情带来的愉悦和惬意。

2010 年，《世界在眼前》栏目又成功地策划并推出了《文化之旅》系列专题。我国是历史悠久的文明古国，拥有极为丰富的文化遗产。文化遗产是民族智慧与文明的结晶，也是民族的文化命脉。本栏目本着让更多的普通人参与到感知千年文化遗产魅力、探寻民间遗址国宝、倾听文化遗产保护声音、普及文物知识的大环境中来的理念，参加了“清华大学早期建筑——三亚学院落笔洞遗址”文化与遗产和谐之旅。作为文物保护的文化使者，我们开始了从北京到三亚的文物保护之旅，旨在探寻文化教育与遗产保护关系发展，宣传文化遗产保护，促进教育发展。

养生坊

《养生坊》是 CCTV 移动传媒推出的一档以普及、传播健康和养生知识为核心的栏目。本节目立足城市生活，关注城市生态下的自然人的健康生活状态，主要以资讯类的形式由权威机构或专家对健康热点问题进行剖析，进行基础的健康教育。倡导科学的生活方式，带领观众认识健康、了解健康、把握健康、拥有健康。力求为广大观众奉上实用、权威的健康养生知识，让每一位观众都成为养生知识的传播者和受益者。

祝福直通车

《祝福直通车》是 CCTV 移动传媒原创的品牌栏目之一，是一档在节日期间为大家送祝福的节目，理念是“让您在公交车上感受与众不同的祝福”。节日祝福一直是大家沟通感情的重要方式之一。很多人都愿意在节日或纪念日到来前为自己的亲朋好友送上一份真挚的祝福，尤其是在春节这一传统而又神圣的节日里。栏目为观众提供了一个户外媒体的新平台，让大家能够在重大的节日里为在身边或在远方生活、工作和学习的亲友们送上自己最真挚的祝福。让无论是送出祝福的人还是收看节目的观众都会感觉到被一种浓浓的温情所包围。栏目力求以这种特别的方式让观众感受到节日的甜蜜与温馨。

自移动传媒开播以来，栏目已经连续三年在春节期间制作播出，得到了大众的积极参与。播出时，观众纷纷致电或网络留言留下自己真挚的祝福话语，收到了非常好的传播效果。

2010年中国网络电视台技术平台建设

中国网络电视台正式开播以来，其技术平台在全球化视频分发、视频播出承载力、视频清晰度等方面均已达到互联网界领先水平。

一、更清晰、更流畅、更智能，支持终端最多的视频播出平台

2010 年，中国网络电视台直播平台接受了春晚、南非世界杯、上海世博会、广州亚运会的考验，尤其在世界杯期间，中国网络电视台最高同时在线人数为 556 万人，带宽最高占用率 4.5Gbps，达到世界先进水平。世界杯期间，第三方监测公司对中国网络电视台、酷 6、土豆、腾讯、新浪、搜狐等 6 家视频网站进行对比，98% 的 CNTV 用户都能够流畅播放，其他 5 家都没有达到此水平。

中国网络电视台视频直播平台最大可支撑 2000 万人同时在线收看，并可无限扩容，成为世界上支持并发人数最大的互联网直播平台。同时，中国网络电视台支持 Mac 电脑，iPhone，iPad，Android 手机等多种平台和设备的视频直播和点播。

2010 年，中国网络电视台完成点播集成播控和动态数据支撑系统（VDD）平台建设，支持点播单视频文件播放、点播视频地域限制功能、定制播放器、整合直播回看功能，系统地管理直播回看源文件及存储，保证视频播放在可控范围之内。

二、建成初具规模的亚洲最大视频数据库

中国网络电视台 2010 年开建的“以视频为核心

的国家级多媒体数据库”，不单为视频和其他多媒体内容提供了存储和检索的强大功能，同时也建设了一个开放的公共信息娱乐视频平台，可供地方电视台实现接入直播信号、监控频道播出、收录视频数据、轻量级视频制作、内容整理和管理、点播合成页面等多项功能，是新的集视频收录、制作、存储、直播、点播和统计的新平台。2010 年，网络视频数据库已完成了 VMS、CMS 等关键系统开发，已完成视频知识库的组织，收录，组织可见的所有视频内容，实现了准确的视频检索功能。另外，网络视频数据库通过对视频数据的智能分析，基于识别视频内容进行了多方面的数据挖掘工作。

亚洲最大视频数据库由网络电视联盟云平台、地面频道采集网、视频生产平台、媒资平台等多个相关子平台构成。2010 年底，网络电视联盟运营支撑云平台一期实现了地方台和各机构用户可以在此平台上进行一条龙的视频直播监看、数据统计分析、回看管理、轻量级视频制作、高清视频发布等多项功能，为地方台和各机构建设自己的网络电视台提供解决方案，同时，各地方台和机构还可以将各自的优势业务系统和技术系统通过 API 集成进来，优势互补，共同建设网络电视大平台。2010 年开展了地面频道采集上星工作，让重点城市的重点地面频道得以通过互联网平台进行全球传播，形成了初具规模的地面频道采集网。2010 年视频生产平台实现了与中央电视台音像资料馆之间的技术连通，完成了馆藏节目网络下载点的建设，下载点日承载量为 15 小时／天，可将馆藏节目的视频文件及其编目信息同时下载至视频生产中心，为中国网络电视台节目的视频编辑人员提供了中央电视台优秀历史节目资源的检索和下载使用渠道。中国网络电视台日均视频生产能力为 500 小时，实现对视频粗加工、精加工（含个性化加工）、编目等业务的全覆盖。全年视频粗编产量 13 万小时。2010 年完成了媒体资源系统的全面升级，媒资系统存储量增长至 30 万小时（约 1.26P Byte），实现了媒体资源库存节目与 Xcut 快编、E1 非编、外系统交付等多种第三方系统的联动，并通过更换搜索引擎，优化数据库结构及应用软件逻辑等努力，极大地提高了媒资系统的稳定性和可维护性。

三、全球覆盖主体结构建设完成

中国网络电视台已经建设完成以国内、海外镜像站点为核心、区域 cache 节点为辅的全球视频分发网络。当前，国内镜像站点和区域 cache 节点总共 25 个。电信运营商覆盖中国电信、中国联通、中国移动、教育网、电信通。海外镜像站点 10 个，分别为：伦敦、莫斯科、迪拜、新加坡、洛杉矶、悉尼、纽约、多伦多、马德里及法兰克福，覆盖了北美、南美、欧洲、东南亚、中东、俄罗斯、澳洲、非洲等地区。全球视频分发网络具备全球负载均衡、动态流量监控、自动流量调度等先进的网络管理功能。具备全球支撑超过 200G 自有带宽和 5000 台服务器资源，支撑超过 1000 万的网络视频直播并发，150 万的视频点播并发能力。

镜像节点加强了中国网络电视台海外覆盖的密度，将中国网络电视台页面、直播、点播、互动等全部应用推送到全球，为海外网民访问 CNTV 提供了快速、便捷的网络入口。中国网络电视台全球覆盖主体结构建设完成。

四、在视频技术方面尝试创新

2010 年中国网络电视台在世界杯足球赛期间推出 3D 视频直播点播创新技术，是全亚洲首家提供 3D 视频技术服务的平台。CNTV 3D 视频技术服务平台自创主动式 3D 与色差 3D 播出自适应技术。用户可以购买主动式 3D 立体幻镜，观看逼真的 3D 立体效果，也可以只戴红青分色眼镜，在普通显示器上看到 3D 视频，给网民带来了更为震撼的视频新体验。

世界杯期间中国网络电视台是全国首家成功将“呜呜祖拉”的声音信号进行处理，推出呜呜祖拉消除版（vuvuzela free）世界杯视频的平台，让球迷可以享受一场没有“呜呜祖拉”干扰的球赛。为建设“智能的”网络视频数据库又前进了一步。

2010年中国网络电视台访问量统计

一、2010年中国网络电视台总体访问量情况

中国网络电视台网站自 2009 年 12 月 28 日上线至今，互联网综合排名稳步提升。2010 年 1 月综合排名迅速进入 Top100，3 月前进至 Top80，6 月前进至 Top60，9 月上升至 Top40，最好排名出现在广州亚运会期间 11 月 15 日，排名为第 26 位。12 月稳定在 30 位左右，年度提升 80 位。

中国网络电视台手机 iPhone 平台用户数到 2010 年末超过 400 万人；手机 iPad 平台用户数达到 40 万人。

中国网络电视台 IP 电视用户数 2010 年末达到 15 万户的水平。

截至 2010 年底，CCTV 移动传媒总体覆盖人群达到日均 5310 万人次水平。

二、2010年中国网络电视台访问量增长情况

中国网络电视台 2010 年 12 月日均独立访问者（UV）达到 402 万人，是 1 月的 3.75 倍。最高月总独立访问者数量出现在 6 月南非世界杯足球赛直播期间，达到 8515 万人。

视频直播月观看人次为 8000 万次，最高同时在线观看人数出现在 7 月 3 日世界杯德国队对阿根廷队的比赛中，达到了 556 万人，该数字创造了国内乃至全球视频直播同时在线观看人数的纪录。

截至 2010 年 12 月，中国网络电视台视频点播月累计观看人次(VV)达到 8933 万次,是 1 月的 2.8 倍。视频点播月累计观看时长（VD）为 2034 万小时，是 1 月日均的 3.4 倍。

截至 2010 年 12 月，中国网络电视台已覆盖全球 190 多个国家和地区。随着网站用户群体的不断壮大，海外用户群体也随之稳步提升，海外占比稳定在 12% 左右。境外访问量前 5 名的国家包括：美国、加拿大、日本、澳大利亚、韩国。2010 年央视春节晚会直播，中国网络电视台海外累计观看人次高达 930 万，达到 2009 年春晚直播的 2.3 倍。

三、2010年中国网络电视台访问量趋势

2010 年“春晚”直播（2 月 13 日）当日，中国网络电视台页面访问量为 2.46 亿页次，相比 2009 年增长 21%。中国网络电视台还联合新浪、搜狐、腾讯等网站直播春晚，视频直播累计观看人次达 7850 万，最高同时观看人数达 786 万。

2010 年温哥华冬奥会，中国网络电视台作为官方网络视频转播商，特别开办体育台——冬奥台，17 天视频直播累计观看人次达到 3298 万次，视频点播累计观看人次达到 1230 万，视频点播累计观看时长达到 1255 万小时。

2010 年 5 月 1 日至 10 月 31 日，上海世博会历时 6 个月，中国网络电视台世博会相关专题页面累计页面访问量达到 5.81 亿页次。世博会开、闭幕式的直播活动当日，推动网站总体独立访问者达到 400 万人以上水平。

2010 年 6 月 11 日到 7 月 12 日南非世界杯期间，中国网络电视台世界杯赛事直播累计观看超 4 亿人次，最高同时在线人数达 556 万人，出现在 7 月 3 日德国对阿根廷比赛，再次刷新互联网全球最高纪录。手机电视视频点击次数累计 1.46 亿次，日均访问量是平日体育类节目的 27 倍之多。

2010 年 10 月 1 日，中国网络电视台通过对嫦娥二号卫星发射的直播报道，网站总体独立访问者达到 390 万人。

2010 年广州亚运会期间，中国网络电视台视频直播累计观看人次达 7316 万，视频点播累计播放达 5018 万次。CCTV 手机电视亚运会报道在移动、联通、电信三大运营商直播中，用户访问量累计为 8052 万页次，视频点击量累计达 3655 万次。iPhone 和 iPad 平台亚运专题累计访问量达 9008 万页次，视频点击量达 5734 万次。

2010年新媒体发展趋势及中国网络电视台市场地位

一、新媒体发展趋势

1. 国内网民规模及网民上网行为变化

2011 年 1 月，中国互联网络信息中心（CNNIC）发布了《第 27 次中国互联网络发展状况统计报告》(以下简称《报告》)。《报告》显示，截至 2010 年 12 月底，我国网民人数规模达到 4.57 亿，年增幅 19.1%，有线（固网）用户中的宽带普及率达到 98.3%。网络视频用户规模 2.84 亿人，在网民中的渗透率约为 62.1%。我国手机网民规模达 3.03 亿，手机网民在总体网民中的比例进一步提高，提升至 66.2%；网络购物用户年增长 48.6%，是用户增长最快的应用，预示着更多经济活动步入互联网时代。

2010 年，我国网民平均每周上网时长为 18.3 小时，日平均上网时长 2.6 小时。社交类应用也保持较快的发展速度，社交网站、即时通信和博客的用户年增幅分别为 33.7%、29.5%和 33%。而娱乐类应用用户的规模增幅相对较小，其中网络音乐、网络游戏和网络视频的用户年增幅分别为 12.9%、15%、18.1%。

我国手机上网用户规模达 3.03 亿，较 2009 年底增加了 6930 万人。手机上网用户在全部互联网用户的比例，从 2009 年末的 60.8%提升至 66.2%。其中只使用手机上网的用户有 4299 万，占全部互联网用户数的 9.4%。2010 年中国手机上网用户数量就已经相当于美国全国人口，而且这一数字还在继续快速增长中。在全球从桌面互联网向移动互联网发展的大趋势中，在用户基础方面中国有条件青出于蓝而胜于蓝，成为未来全球最大的移动互联网应用市场。

2010 年至 2011 年中国互联网企业再次掀起了上市狂潮。

2. 国内外行业发展趋势和竞争态势

2010 年在国内外新媒体领域表现出异常活跃的业态创新形势。突出表现在：

传统的互联网向移动互联网发展。第四代无线网络技术已经开始应用，与之同时推进的是移动终端设备的迅速开发。以苹果终端设备为代表的 iPhone、iPad，以谷歌的安卓操作系统为代表的谷歌移动终端设备、三星终端设备、HTC 终端机等，都在积极开展移动终端业务。在国内，中国移动、中国联通等也积极进入移动新媒体领域开展内容提供业务。

宽带网络的应用不断升级。随着宽带互联网的不断普及和优化，网络运营的内容已从过去的图文为主，转变为快速发展视频内容。视频网站从 2005 年开始起步，但 2010 年在世界范围内视频网站呈现飞速发展的态势。不仅如此，由于具备宽带环境，人们通过联网电视机，看到更多高质量的网络视频。同时引发视频网站开始新一轮的资本运作，大批视频网站积极上市，寻求资本市场的资金支持。2010 年 8 月乐视网在深交所 A 股上市，同月酷 6 网借壳在纳斯达克上市；2010 年 11 月，土豆网、优酷网先后向 SEC 提交上市申请，优酷网 12 月在纽约证券交易所登陆上市，成为全球首家在美独立上市的视频网站，成功融资 2.03 亿美元。2011 年初，上海文广旗下百视通借壳在上交所上市。土豆网、PPTV、凤凰网计划 2011 在美国上市。

电视互联网化和互联网视频化。网络视频已经成为互联网的第二大应用，越来越多的人把互联网作为观看视频节目的第一选择，甚至是唯一选择。2010 年最热的话题是谷歌 TV 和苹果 TV 的正式上市，他们半年之内已在美国各自销售超过百万台设备。这不仅是宽带互联网的新应用，更是对传统电视市场的一种侵入。这种趋势的明显特征就是，在宽带互联网的环境下，用电视机看网络视频，把网络的内容和电视的内容结合起来。

二、中国网络电视台在新媒体发展进程中的地位

1. 中国网络电视台积极开展全媒体业务

2010 年中国网络电视台在新媒体领域不断加快步伐，紧跟行业创新，推进各项业务的发展。

2010 年 3 月，国家广电总局正式开放互联网电视业务后，中国网络电视台获得国内第一张互联网电视经营许可证，按国家广电总局的部署以“中国互联网电视”为呼号开展业务。6 月中国网络电视台互联网电视集成播控平台通过了国家广电总局的验收。

2010 年 6 月，国家“三网融合”政策出台。按广电总局部署，中国网络电视台以“中国广电 IPTV”

为呼号开展“三网融合”业务，并按计划建设了IP电视集成播控平台。

中国网络电视台手机电视业务方面也取得了明显成效，中国网络电视台手机电视集成播控平台已通过国家广电总局验收。iPhone、iPad新兴移动终端业务平台用户数短时间分别突破500万和78万，居国内媒体之首。

中国网络电视台移动传媒业务，除公交频道、快客频道、饭店频道（肯德基店内电视）等业务外，2010年12月，又开播了民航频道，覆盖37家机场、9家航空公司、2350条航线的4亿人次。中国网络电视台移动传媒已覆盖全国30多个城市，年服务受众300多亿人次。

中国网络电视台是国内唯一具有新媒体全业务资质的机构。

2．网络综合排名提升

中国网络电视台上线以来，通过第三方数据显示，排名从上线之初的100位左右，上升至2010年12月的30位左右，上升近70位。

3．中国网络电视台在业内影响力

据国内第三方互联网行业研究机构数据显示，2010年1月，中国网络电视台因全新改版上线，1月份月均网民覆盖数2794万人。当月用户平均访问页面3.79。

中国网络电视台用户规模市场份额2010年第二季度占业内15.4%的份额，第三季度占18.2%，第四季度占22.3%。

（中国网络电视台提供）

2011年中国网络电视台综述

2011年，中国网络电视台全力推进传统媒体和新媒体融合发展，已形成涵盖电脑终端、手机终端、电视终端三屏融合的全媒体业务布局。截至2011年12月，中国网络电视台在中国网站排名网（Chinarank.org.cn）的互联网综合排名由年初第28位提升至第12位，年度上涨16位，全面超越新华网、人民网，在重点新闻门户网站中排名首位。网络门户最高日均独立用户数突破1500万，较年初增长236%，提前一个季度即实现了年初所定的用户总数倍增的计划；日均图文视频发布量突破5万条／天，较年初增长194%，视频数据库存量达到378万条。

2011年，中国网络电视台收入较前一年增长28%。其中，移动互联网、IP电视业务收入实现翻番。用户方面，iPhone平台用户数较年初上涨25%，iPad平台用户数较年初上涨230%。IP电视用户总数是年初的4.3倍。中国网络电视台移动传媒视频已开通公交、快客、民航、饭店频道；2011年新增的广场（上海、广州）列车、国航机舱电视频道正在测试播出，覆盖用户数超过5300万人次／天。

一、重大宣传报道效果突出，受到各方好评

2011年，中国网络电视台的建党90周年报道，包括唱响中国、童心向党、红镜头征集等活动、报道，受到各级领导高度肯定，在国务院新闻办公室的评比中，被授予网络传播报道“最佳传播大奖”、“最佳专题奖”、“最佳报道奖”、“最佳文化活动奖”等五个奖项，在全国所有网站中获奖数目最多。同时，独家承办的“中国打击侵犯知识产权和制售假冒伪劣商品专项行动成果展”是中国政府第一次完全通过互联网举办的展览，成果展期间，累计海内外来访者达1.2亿人次，页面访问量超过4.5亿页次，成果展的成功举办得到国务院和各部委领导的高度肯定，受到观展网民的广泛好评。

二、着力发展综合多媒体门户网站，平台建设初具规模

2011年，中国网络电视台着力发展以视频互动为特色的综合多媒体门户网站，以及手机电视、IP电视、互联网电视、移动及户外电视等多终端集成播控平台，初步形成了多语种、多终端、全媒体、全覆盖的传播格局。综合门户网站建有36个专业子台，为全球网民提供视频直播、点播、回看、时移、上传、搜索、分享等“一站式”视频服务，以及社区、博客、微博、邮箱、论坛、游戏、购物等全功能互动服务。并在标清、高清基础上，开发了3D视频网络点播平台等。2011年，中国网络电视台提供143路电视频道直播，以及1472个电视栏目点播服

务，成为中国最大的网络电视直播及栏目点播平台。

2011 年，中国网络电视台还加快建设和完善网络电视、IP 电视、手机电视、移动电视和互联网电视集成播控平台。其中，IP 电视集成播控平台成为中国唯一的 IP 电视中央集成播控总平台；移动互联网平台已具备 100 路直播能力，同时为中央电视台所有开路频道和 35 个品牌栏目开发移动智能终端客户端群；IP 电视和互联网电视等业务取得较大发展。

三、以网络春晚为开端，打造网络文化产品品牌集群

2011 年 2 月 3 日至 8 日，也就是大年初一到初六，中国网络电视台承办的首届中央电视台网络春晚共 6 场顺利播出，其中第一场在中央电视台综艺频道和中国网络电视台同步播出，获得了观众和网友的广泛关注和一致好评，收视率 2.44%，收视份额 6.28%，遥遥领先于北京、山东两家卫视网络春晚。截至 6 场播出结束，中国网络电视台网络春晚相关页面浏览量达 1 亿 8 千万页次，视频点播累计观看达到 1200 多万人次；CCTV 手机电视用户数量达到 154 万人。

中国网络电视台正逐步把网络春晚打造成为“网络第一文艺品牌”，并以此为开端，加大新产品、新业态的研发建设力度，打造一批新闻、体育、教育、历史、青少年、网络科技等丰富多彩的系列网络文化产品，以及搜索、播放器、移动互联网客户端、一键分享等逻辑分明、使用方便的功能技术产品。

中国网络电视台正在建立新媒体新闻采编体系，打造《微博联播》产品，依托中央电视台遍布国内外的记者站和新媒体记者队伍，“第一时间、第一现场”，全天 24 小时不间断发布权威信息，提高新闻信息原创率、首发率、落地率。同时，中国网络电视台充分发挥多终端平台的优势，开发了中国首个国家级政府应用程序——“中国国新办”客户端、“直播中国”客户端等多个移动客户端产品群。2011 年 12 月 17 日，“中国手机电视台”客户端 iPad 版上线，提供中央电视台、地方卫视、地方台等 100 路电视频道的直播。

此外，中国网络电视台还在建设领导人视频日志、国家网络影像馆、中国网络展览馆、中国公开课、宝贝来了、365 历史影像志，以及微电影、微电视、网络剧等产品，真正形成网络品牌产品集群。

四、围绕重点项目，加强国际传播能力建设

2011 年，中国网络电视台按照国际传播能力建设规划，新增悉尼、纽约、多伦多、马德里及法兰克福镜像站点，与前期建设完毕的伦敦、莫斯科、迪拜、新加坡、洛杉矶镜像站点一起，形成全球 10 大镜像站点，标志着中国网络电视台完成了全球覆盖主体结构建设，实现了全球内容分发的广度覆盖。

中国网络电视台积极推进手机电视非洲落地工作，移动互联网客户端“CNTV 我爱非洲”在 2011 年 7 月上线，率先实现手机电视非洲落地。同时，中国网络电视台加快海外本土化网站和多终端海外落地等工程的建设力度与速度。非洲、俄罗斯本土化网站已经建成。其中，在非洲尼日利亚建立的首个本土化网站，已开通中、英、法、阿 4 个语种的移动互联网直播频道和 1 个 24 小时滚动播出频道。

五、坚持以人为本，建立健全科学化管理体系

2011 年，中国网络电视台根据“三重一大”有关规定，以及国家广电总局、中央电视台及中国国际电视总公司等主管部门的指示精神，围绕“制度科学化，流程标准化”目标，探索并建立创新管理模式。一是组织管理创新。建立管理和业务两个规范的岗位职级体系，开展了“定机构、定岗位、定编制、定职责、定薪酬”的五定工作，努力实现机构设置清晰，岗位编制合理，职责及薪酬定位准确。二是激励制度创新。制定《岗位薪酬调整方案》及《业务线职位晋升方案》，优化薪酬福利结构，畅通员工晋升通道，增强员工工作积极性和主动性。三是培养机制创新。建立科学、系统的员工培训制度，打造觉悟高、专业精、责任感强的国家级新媒体团队。截至 2011 年 12 月，中国网络电视台全年共组织员工各类培训班 202 期，累计培训人数 6766 人次，人均参加培训达 6 次。

2011年中国网络电视台品牌栏目简介

央视网评

《央视网评》是中国网络电视台原创评论栏目。该栏目以文字评论形式，每日选取当天富有争议性和热度的新闻话题，与《名家专栏》、《非常识》等栏目配合，对新闻事件进行深度解析，力求在解读热点新闻事件中，提供新信息、新角度和新观点，形成独具特色的评论内容产品线。《央视网评》聚焦时事热点，主打“深度”，强调“专业性”，建立包括展江、王嵎生、杨禹等知名学者、评论家在内的“名家评论员方阵”。栏目自2011年8月24日创办以来，累计推出182期，其中《央视网评教育系列评论》、《以网络自净和重建信任来阻遏谣言》、《上海地铁追尾，轻度处理难消重度焦虑》等评论文章，积极表达中央级网络新闻媒体的立场声音，被多家网站转载，在社会中产生了广泛影响。

栏目网址：http://opinion.news.cntv.cn

微博联播

《微博联播》栏目首创微博报道形式，借助互联网微博、手机直播等技术手段，实现对突发事件的即时报道，重大事件的现场报道，焦点、热点、重点事件的追踪报道，辅以客观点评解读，辨真假、正视听、明是非。《微博联播》栏目依托微博平台，通过图文、音视频等多种形式展示最全面、最动态、最鲜活的新闻资讯，网民可随时通过微博进行分享传播。栏目通过创新形式，打造新媒体领域的《新闻联播》，与传统电视新闻形成优势互补，将CCTV的新闻传播与舆论引导优势地位延伸至新媒体领域。

栏目网址：http://t.cntv.cn/weibolianbo

领导人视频日志

《领导人视频日志》栏目率先开辟领导人活动视频报道数据库，以视频方式生动再现领导人活动，集中展示领导人动态，已成为国内外网民了解中国态度、立场、国情的窗口。栏目涵盖从2009年起至今的相关视频数据，拥有强大检索系统，可供网民搜索查询；设置最新报道、专题报道、重要讲话、重要活动、参观考察、会见接见、致电致信、外交出访、其他活动等九大板块，涵盖领导人活动的方方面面；依托中央电视台《新闻联播》等独家视频优势资源，突出新媒体的视频、互动特色，开放网民评论板块，方便网民留言。

栏目网址：http://politics.news.cntv.cn/leaders/

中国好人

《中国好人》是中国网络电视台原创新闻报道栏目。栏目定位于寻找凡人善举，以普通百姓为切入点，依托微博、论坛、原创视频等互动平台广泛征集网民线索，每周一次派记者进行实地采访，发掘独家内容，报道平凡人身上的闪光点，扎扎实实将“走转改”活动推向深入。2011年以来，《中国好人》栏目共计完成60期报道，推出“无腿老兵马三小”、“扁担校长”、“带着妈妈上学的女大学生”等一批典型人物和感人故事，并通过评论、投票等方式，实现与网民的实时互动，提升《中国好人》的传播影响力。

栏目网址：http://news.cntv.cn/special/special/zghr2011/index/index.shtml

布谷电视搜视指南

作为多年来深受用户喜爱的中国网络电视台服务类品牌栏目，《布谷电视搜视指南》以EPG为核心，利用今日看点、搜视通等产品向用户推荐中央电视台、省级卫视、地方频道等全国128个频道的电视节目，提供按频道/类别划分的横/纵向检索方式，进行多维度收视引导，并向直、点播等视频业务进行导流；提供多功能电视节目时间表、节目预告，以及今明看点、本周看点、搜视通等产品和功能服务；配合重大活动或节假日，推出主题策划，为用户提供收视参考，传播效果显著，其中“假日收视指南专题”产品在百度搜索中，搜索排名位居前列。

栏目网址：http://bugu.cntv.cn/tv/index.shtml

直播中国

2011年9月底全新推出的CNTV《直播中国》是中国网络电视台视频应用栏目，共集成中央电视台

24路频道直播，以及全国省级卫视、重点城市117路频道直播信源，在WEB页面和客户端同时提供权威、丰富的网络电视直播及7天回看服务，让网民享受“1+1>2”的直播体验，是中国最大的网络电视直播运营平台。2011年，《直播中国》日均独立访问量超过70万人次/日，最高访问量突破200万人次/日。

栏目网址：http://bugu.cntv.cn/live/index.shtml

爱西柚原创

《爱西柚原创》为中国网络电视台视频征集类互动栏目，定位于“原创+互动”这一运营主线，聚焦海内外创作各类视频的民间团体与个人，为大量的优质视频和原创用户搭建了充分展示的空间，上线至今，已吸纳网络红人、原创作者等1000余人加盟，上传原创视频达上万条；根据作品特点进行板块划分，包括独立短片、系列短剧、动漫动画及原创先锋榜、新锐达人秀等共9大类，加强网友作品推荐力度；充分发挥“台网捆绑”优势，积极依靠与电视台栏目的紧密合作，输送原创用户和作品，致力于打造网友发布视频作品、参与视频互动的首选网络平台。

栏目网址：http://xiyou.cntv.cn/dv

中国公开课

《中国公开课》栏目旨在打造青少年在线教育网络传播平台，以广大青少年为传播对象主体，兼顾全民教育。在内容选择上，以大学广泛学科类课程为主体，首期引入了耶鲁、哈佛等国外名校课程和国内北大、清华、人大、复旦等名校名师的高等教育课程，加强中小学科普类、文化艺术类素质教育及辅导教育课程为重点，外延到社会教育课程，实现传承历史文化、传播科学技术、培养文化素养的目标。栏目形态多种多样，以名师、专家授课视频为主，辅以名师访谈，精编的原创课堂，基于微博推广的“精彩策划”等内容。

栏目网址：http://opencla.cntv.cn/

CNTV 5+

《CNTV5+》栏目充分利用体育赛事独家版权和原创资源，全面覆盖全球体育赛事，多媒体、多方位再现国内外体坛风云，以图文、视频等生动多彩的方式奉献体坛精华，包括国内足球、国际足球、NBA、综合体育等重点内容，成为广大网民观看体育赛事、了解体坛资讯的第一选择；每年体育赛事超过3000场，将CCTV在国际体育赛事上的版权资源发挥到最大，为用户提供多样性的选择，被誉为中国互联网的“体育赛事第一直播平台”，充分显示出其在业界的权威性和绝对优势。2011年12月26日NBA新赛季圣诞大战当日，《CNTV5+》栏目独立访问者（UV）超过180万人，创下栏目2011年以来用户量峰值。

栏目网址：http://sports.cntv.cn

5+网球

中国网络电视台《5+网球》是一档网球直播类网络栏目，拥有中国最丰富的网球资源：独家拥有澳大利亚网球公开赛、温布尔登网球公开赛、法国网球公开赛、美国网球公开赛等网球四大满贯、中国网球公开赛、9站ATP（世界职业男子网球协会）世界巡回赛和1站年终总决赛的赛事版权；以及美联社传送的有关WTA、戴维斯杯、霍普曼杯等赛事的新闻版权。栏目全年直播时段超过20周，时长超过1200小时，点播时长超过1500小时。2010年以来，每年四大满贯赛事专题长期保持百度搜索结果前3名，2011澳网搜索结果位列第一。2011年6月4日，李娜法网夺冠创下栏目2011年以来用户量峰值，独立访问者（UV）超过149万人。

栏目网址：http://sports.cntv.cn/tennis/

娱乐博客（明星博客）

《娱乐博客》栏目以明星博客为内容主体，以时尚求新为定位，突出人文和网络互动特色，聚焦大牌明星、主持人，圈内新人热点话题，关注明星独特的性格特征和个人魅力，每天更新明星最新动态，展现明星独特的个人魅力，凸显网络特色，成为联系粉丝、网友和明星的新媒体纽带。栏目精准定位用户群体，建立全球各国明星与粉丝的互动平台，通过资讯、微博、网友留言关注等方式，引导用户积极交互，激励用户自主生产内容，构建最有价值的粉丝互动品牌。

栏目网址：http://blog.cntv.cn/blog/ent/index.shtml

全国红色旅游网络传播平台

《全国红色旅游网络传播平台》栏目着力创建“中国红色旅游数据库”，传播红色历史文化，塑造红色旅游网络品牌，为中国红色旅游事业搭建宣传和展示的全球化网络平台。推出了“中国红色旅游数据库

3+2”的内容架构模式，以网络方式呈现 365 个爱国教育基地、复兴展馆等爱国主义教育重点项目，并按照红色旅游《一期规划纲要》要求，将 12 个重点红色旅游区、30 条红色旅游精品线、122 个红色旅游经典景区收录其中，持续推进红色资讯数据库、红色经典数据库、红色旅游景点景区数据库以及红色旅游业务交流平台和红色旅游电子商务平台等 30 多项了栏目的内容建设工作。

栏目网址：http://hsly.cntv.cn/

宝贝来了

《宝贝来了》是中国网络电视台一档大型网络选秀栏目，全景展现 0 ~ 12 岁宝贝风采，为中国宝贝提供展示个性、分享成长、挥洒快乐的网络大舞台。自 2011 年 9 月上线以来，受到广大网友高度关注，纷纷上传宝贝的相册视频，包括讲童话、唱儿歌、诗歌朗诵、快板、模仿秀、舞蹈、器乐、舞台情景剧、生活亮点片段等内容；提供个人主页开通功能，网民还可加入《宝贝来了》俱乐部，分享记录宝贝成长日志，参与会员活动。共征集视频 1606 条，相册 400 个，微博粉丝总计10305人，社区俱乐部会员总计4631人。

栏目网址：http://baobei.cntv.cn

“CNTV旗舰版” iPhone&iPad客户端

“CNTV 旗舰版”客户端是苹果平台华语视频第一品牌栏目，是全球用户量最大的新闻类视频产品。使用汉语、藏语、英语、西班牙语、法语、俄语和阿拉伯语 7 种语言，面向全球免费提供中央电视台 24 路频道直播，以直播、点播、下载、微博分享、桌面推送等方式，在春晚、两会、建党 90 周年、大运会等重点事件上完成了面向全球用户的传播任务。现日均更新视频 500 条，平均每条视频时长 20 分钟，稳居苹果在线商店 TOP10 排名；日均点击次数达到 200 万次，全球累计下载次数接近 1000 万，用户遍布近百个国家及地区。

“CNTV我爱非洲” iPhone&iPad客户端

2011 年 7 月，“CNTV 我爱非洲”客户端在苹果商店上线，迈出手机电视落地非洲的第一步。“CNTV 我爱非洲”使用中文、英语、法语、阿拉伯语四种语言，提供 CCTV － 13 新闻、英语新闻频道、法语国际频道、阿拉伯语国际频道的同步直播，以及新闻、纪录片、影视剧等多语种视频点播服务，有针对性地推出涵盖时政、体育和中国文化等非洲人民喜爱的多语视频内容，以高清流畅的视频全面满足非洲用户的观看需求。为非洲用户提供独特的东方视角，推动中非文化交流向纵深发展，促进中非之间的相互了解，弘扬源远流长的中非友谊。该客户端下载用户数突破 60 万，居新闻类应用下载排名前 3 名。

“CNTV直播中国&中国手机电视台”客户端

“CNTV 直播中国 & 中国手机电视台”客户端是中国网络电视台首个基于移动智能终端的视频旗舰栏目，2011 年 11 月上线以来，面向全球 iPad 用户下载，提供中央电视台、地方卫视、地方台等 100 路频道直播，7×24 小时不间断直播服务，圆满完成春晚、两会等多项重大报道任务，以业内领先的视频处理技术、专业的运维管理团队和 7×24 小时不间断监控，向全球苹果用户提供了清晰、流畅、及时的直播服务，进一步充分展示了 CNTV 在移动互联网领域的集成播控实力和产品实力。CNTV 直播中国 iPad 客户端全球下载量已达到 82.1 万，中国手机电视台 iPhone、iPad 客户端全球下载量 136.8 万，. 成为苹果全球在线商店下载量上升最快的应用。

2011年中国网络电视台技术平台建设

2011 年，中国网络电视台技术平台在国际传播能力建设、亚洲最大视频数据库云平台方面的较大发展为多终端一云多屏应用产品研发打下良好的基础。

一、全球内容分发网络覆盖平台CDN

中国网络电视台不断推进海外镜像站点的建设部署，在已建成的海外镜像站点基础上，2011 年对海外镜像站点进行二期扩容，在保障原有网络视频海外分发的基础上，拓展互联网电视分发业务，对已有的内容分发网络 CDN（Content Delivery Network）管理平台、服务器集群及虚拟化平台、监控管理平台、操作管理平台进行升级，加大与海外 CDN 运营商的合作，租用其本地的带宽等资源，加强了海外节点的覆盖范围和密度。

作为国家网络电视台的核心平台，全球视频分发平台通过独有的自主传输技术及相关的管理系统，建设形成了一张架设在国际互联网上的全球视频业务网络，实现在全球任意地方都能够进行快速上传、存储和分发，为各级电视台分发网络视频，也包括为网民上传视频提供一个完备的业务网络平台。

1. 平台构成

中国网络电视台已经基本建设完成以自有国内、海外镜像站点为核心，租用节点为辅的全球网络视频分发平台，也是国内唯一拥有大规模全球视频传播能力的分发网络；实现了英语、西班牙语、法语、阿拉伯语、俄语的外文播出，藏语、蒙古语、维吾尔语、哈萨克语、朝鲜语的少数民族语言播出。

在国内，中国网络电视台建设了自有分发节点，覆盖中国电信、中国联通、中国移动、教育网等主流运营商。

在国外，中国网络电视台建设了自有镜像站点。在自建镜像站点的基础上，中国网络电视台租用海外各地区内容分发高节点资源为我所用，实现海外各地区的深度覆盖。

全球视频分发网除了基础设施的建设之外，还开发了具有自主知识产权的分发系统；克服了跨国、洲际传输的难点，在高速传输的同时，具备全球负载均衡、动态流量监控、自动流量调度等先进的网络管理功能；已经取得了多项软件著作权及专利技术并且支持电脑、手机、IP 电视、互联网电视等多终端访问。

2. 支持业务

全球 CDN 网络已经覆盖了页面、图片、CDN 直播、HTTP 点播、RTMP 点播、大文件下载等业务。同时也为 PC、手机、iPad 等客户端提供 CDN 分发支持，提高了多平台跨终端的用户体验。

3. 支撑能力

中国网络电视台全球视频分发网经历了 2008 年北京奥运会、新中国成立 60 周年国庆阅兵、历届中央电视台春节联欢晚会、南非世界杯等诸多大型活动的考验。全球视频分发网络具备全球支撑超过 1000 万的网络视频直播并发，150 万的视频点播并发能力。

二、视频直播点播平台

1. 平台构成

a) 中国网络电视台直播系统是于 2008 年春节联欢晚会前开始建立的拥有完全自主知识产权的 P2P 视频直播系统。CNTV 采用最先进的 P2P 传输技术实现对视频的实时转播。该系统经过 2008 年春晚、北京奥运会、汶川地震、神七发射、2009 年新中国成立 60 周年、2010 南非世界杯的一次次考验，已成为世界上支持并发人数最大的 P2P 直播系统。系统自建立来零播出故障，支持 H.264 编解码，使视频直播更加清晰流畅，支持更多广告形式，增加视频回看功能，结合 EPG 使用户可以随意观看 7 天内的所有时段内容。

b) 中国网络电视台于 2009 年建立海外免插件直播平台，利用海外建设的大规模 CDN 系统进行支撑。从 2009 年起，视频版权分销业务也使用此平台进行复用实现。

c) 中国网络电视台于 2010 年下半年建立移动互联网视频直播支持平台，iPhone3G、iPhone 3GS、iPhone4、iPhone4S、iPad、iPad2、Android 终端均使用该平台进行技术支撑。

d) 中国网络电视台计划推出跨终端、跨平台的 P2P 视频直播点播系统，及动态码率直播系统等。

e) 视频点播平台是中国网络电视台的重要技术平台之一，视频点播平台自 2006 年央视网成立至今，经历过无数次的优化、调整、升级，保持着平台的先进性。现平台由点播视频动态发布系统 VDN、CDN 分发系统及前端展现三大块组成，实现多终端跨平台点播视频播放。点播平台上游对接系统为媒资生产系统及视频管理系统 VMS。

2. 视频直播多终端支持架构图

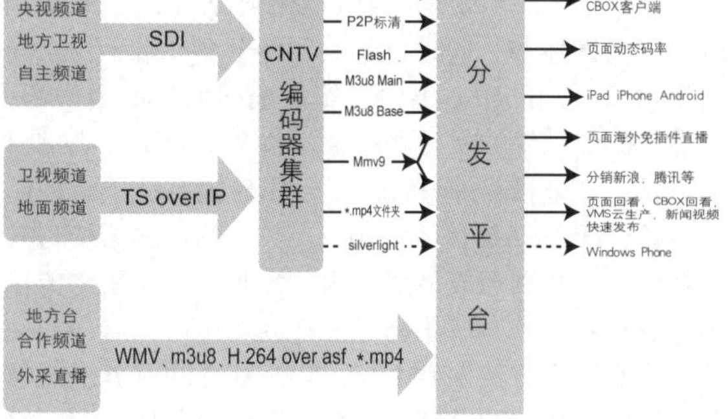

视频直播多终端支持架构图

3. 支持业务

视频点播平台支撑 CNTV 全网所有基于互联网传输的点播产品，以及多终端跨平台的点播产品支撑。自 2006 年起，从基于 windows media 技术的 WMV，到基于 flash 的 flv，再到 H.264 编解码技术的 MP4。至今，CNTV 全网均采用 H.264 编解码技术，并实现 flv、mp4、m3u8 多封装、256k、450k、850k、950k 多码率输出，达到多终端播放支持。通过前端播放层逻辑判断，对不同终端设备进行自适应播放，前端还可以自定义播放器样式，以配合不同产品的风格。

4. 支撑能力

a） CNTV 自主知识产权的 P2P 支撑平台现支撑能力达 1000 万人同时在线，并覆盖全球。2010 年世界杯曾达到历史最高在线纪录。现播出频道达 150 余个，每频道提供两种码率播出。用户可自行选择。

b） 中国网络电视台基于 CDN 分发架构的移动互联网支撑平台现支撑能力达 10 万人同时在线，支持的设备有 iPhone3G、iPhone3GS、iPhone4、iPhone4S、iPad、iPad2 及基于 Android 系统的终端设备，同样实现全球覆盖。

c） 视频点播平台支撑能力取决于 VDN 及 CDN 两套系统。这两套系统在平台运行过程中，直接面向终端请求。VDN 为视频动态发布系统，控制视频的发布、地域限制、播放逻辑等等。CDN 为内容分发系统，统一调度、利用服务器、带宽等资源，为终端用户服务。

d） 各系统均具有极强的扩展性，会根据支撑效果、压力情况不断扩容。

三、信源播控平台

1. 平台构成

信源播控平台是全网业务流程中各系统之间协调统一的关键环节，同时也是实现各个多终端平台之间信源灵活分配的中心枢纽，作为全网信号汇聚中心，它应该确保信源的质量和安全。整个平台设计满足灵活方便、安全可靠的目标。平台由传输系统、总控播出系统、IP 网络播控系统构成。其中的传输系统与其他各终端业务点形成星型结构，各业务点除了与传输中心直接相连外，彼此相互也有链路相连，这样即使传输中心机房突然发生中断，其他地点的业务也能够不受影响。传统的总控播出系统架构清晰且具有新媒体自有特色，主要由主控核心调度系统、监控及任务单系统、同步系统、时钟系统、通话系统以及多终端子系统组成。未来的 IP 网络播控系统主要由编解码以及流技术监测监控、流调度部分组成，系统与传统播控系统共同构成国家网络电视台信源播控平台。

2. 支持业务

信源播控平台是整个网站的音视频源媒体综合处理中心，承担了网站外部信号和内部信号之间的调度交换功能。它是新媒体平台网络直播点播、手机、IP 电视、车载电视以及演播室的播出关键环节。可以处理来自中央电视台、地方、自主原创的多路标清／高清信号以及其它新媒体格式的外来信号，所有这些信源通过传输系统到达媒体综合处理平台，进行整体技术监控监测、数据交换处理后，利用已有的总控播出平台以及即将实现的 IP 专有网络播控平台，将信源送达所有的多终端业务平台进行节目的播出收录。

3. 支撑能力

网站信源播控平台能够对传统的高／标清节目以及其他 IP 类信源进行综合数据处理。系统可以支撑 90 路数字串行接口（Serial Digital Interface）信号，同时可以支持数百路单播、组播 IP 流，系统将提供网络编码输出即封装成网络所需业务流。

四、内容发布平台

1. 概述

内容发布平台是基于中国网络电视台复杂的业务需求特点所研发的大型网站内容发布管理的高端产品，为大型网站提供采集、编辑、制作、合成与发布的核心服务。内容发布平台采用模板模块化技术，使得不了解模板专业知识的内容编辑也可以随心所欲地创建个性化模板；为用户提供的开放式数据调用模式，极好地实现了“一处录入数据，多处自由调用”的数据共享需要；平台内置了工作流程管理子系统，通过共享用户信息，将项目管理与内容制作发布统一起来。内容发布平台很大程度地减轻了建立各类频道、专题和栏目的复杂性，并使网站的内容管理、内容维护和内容发布变得高效而便捷。

2. 平台构成

3. 支持业务

内容发布平台面向大型新媒体网站全网内容发布，可以为新媒体网站提供包含诸如各级页面搭建与维护、视频直播、点播服务、互动应用创建等业务。

4. 支撑能力

内容发布平台采用全新的IT技术架构，通过分布式部署可以无限扩展，能够支撑几百名编辑同时在线工作。

五、视频数据云平台

该平台以视频数据云的形式为中国网络电视台多平台多终端提供全面的可靠的视频服务，是“一云多屏”得以实现的重要基础。其中，多终端包括CNTV网站、网络电视、手机电视、IP电视、移动传媒等。而视频数据有多种来源，包括：重大赛事数据、中央电视台SDI信号、地面电视信号接收云、海外记者站、应急报道点、中央电视台音像资料馆、网友上传等。

一云多屏

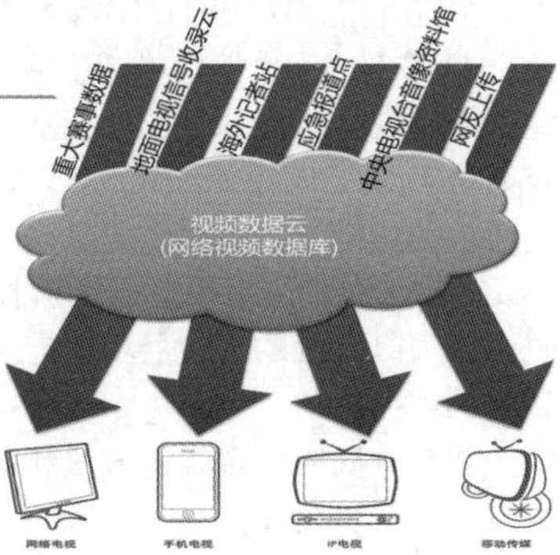

网络视频数据库作为中国网络电视台“一云多屏”的整体IT架构中“云”的部分，拥有国家最大的新媒体数据生产制作基地，为中国网络电视台多屏应用提供服务，是多屏应用的后台。网络视频数据库是集信源收录、数据制作、高／标清转码、媒资管理、视频发布、素材交换、智能分析为一体的全功能视听服务平台。拥有约40万小时归档，2000个栏目，75万集影视剧，包括英语、西班牙语、法语、阿拉伯语、俄语、蒙古语、藏语、哈萨克语、维吾尔语、朝鲜语等主要外语和少数民族语言。

网络视频数据云平台的强大视频数据服务为多种应用提供了便利。云应用主要有以下几个方向：CNTV多平台应用、互联网开放平台应用、网络视频数据库单独提供的应用。

CNTV多平台应用指的是为中国网络电视台全网以及各个终端上的各种应用，包括CNTV网站、CBOX客户端、IP电视、互联网电视、手机电视、移动互联网等，这些应用都是中国网络电视台的核心应用，它们的正常运营离不开网络视频数据库的支持。网络视频数据库的各种服务、海量视频和强大的功能为中国网络电视台各个平台终端的顺利运营提供了有效保障。

除了为中国网络电视台的各种应用提供支持外，网络视频数据库还在互联网各大开放平台上推出各种特色应用。其中，在360开放平台上推出的应用“爱看新闻联播”在推出后很快达到每天上万次的下载量，在360开放平台新闻类应用中下载量排名第一。

同时，数据内容会被进一步包装成更加专业的视频数据库展现形式。包括新闻视频数据库、体育视频数据库、影视视频数据库等，同时对各种数据库提供云检索应用。检索应用除了提供一般的视频检索功能之外，还提供了视频一键分享功能，可以将视频快捷地分享到各大微博和论坛上，增加网络视频数据库中视频的传播能力，同时，能够给中国网络电视台导回流量。

中国网络电视台技术平台基于web3.0理念，建立开放式的互动平台；结合先进的云计算技术，通过全球化、全媒体覆盖手段，将平台扩展到每一个终端设备，为最终实现“一云多屏”的目标努力。

六、技术平台自主研发成果

2010年1月28日，中国网络电视台自主研发的安全配置核查系统BVS (Benchmark Vertification System) 大投票系统开发完成并部署上线，由此全网投票应用开始使用BVS投票平台制作发布投票。2010年6月22日，BVS大投票系统获得软件著作权。

2010年5月19日，中国网络电视台自主研发的TMS全球文件分发平台一期开发完成并部署上线，支持视频文件做全网分发。2011年1月20日，TMS全球文件分发平台二期自主研发完成并上线，支持图片和页面文件的全网分发，并实现文件的全网删除。2011年7月30日，TMS全球文件分发平台三期自主研发完成并上线，支持各类文件的异地上传，为异地制作中心的传输问题提供了解决方案。

2011年10月31日，中国网络电视台在国内率先对Adobe免插件Flash P2P直播服务开始进行线上评估测试。采用Flash P2P服务器发布直播视频，客户端可支持Linux，Windows以及MacOS上的各类浏览器，如：FireFox、Safari、IE、Chrome、Opera以及其它各种支持Flash技术的浏览器；同时支持android、blackberry等移动平板终端的播放。

2011年11月10日，中国网络电视台自主研发的VDN视频点播支撑平台一期上线成功，实现了用户访问视频节点的智能就近分配。

2011年11月，中国网络电视台P2P点播云播出平台项目研发进入可线上测试阶段，平台可支持6种操作系统的终端，分别是基于X86、X64两种通用CPU以及ARM、MIPS 两种嵌入式CPU,Windows，Linux,ucLinux,OS X,iOS，BSD等共6种。完成了以上各种平台的终端播放器开发，使CNTVP2P视频播出真正具有跨手机、机顶盒、互联网电视、平板电脑以及个人电脑等多种终端。

已申请软件著作权的有：

1. 中国网络电视台网络流量统计与分析系统

采用模块化设计，分布式部署、数据采集与计算分析，集中数据存放，图形化B/S结构展示。平均每40～50台设备只需要一台数据采集与计算分析设备。

2. CCTV BVS投票管理系统

软件著作权登记号：2010SR005127，可支持每日过2亿人次的高性能投票系统，已承担全网投票4000多个。具有便捷的投票上线、运营、应急干预等操作功能，具有详细的网友投票行为、网友地域分布记录功能，支持多种反作弊策略组合应用，并与CNTV用户会员绑定。

3. 中国网络电视台智能域名解析系统

除具备基本域名解析功能，还具有个性化解析，域名地址健康检测，多种查询智能反馈方式等。以通用服务器为平台，降低采购成本。可承受每秒5000次以上域名查询。

4. 中国网络电视台通用加速引擎含快沙通用网络加速系统和快沙网络传输加速软件

这两项专利是中国网络电视台具有自主知识产权、国际领先的互联网传输加速解决方案，为有网络通用加速需求的部门和项目提供技术解决方案、技术实施和技术支持。CNTV通用加速引擎主要应用于海外镜像站点和国内主节点之间的数据同步。平均来说，CNTV通用加速引擎传输速度是专线传输速度的10倍以上，能够更好地满足业务需求，也为未来更大规模的业务扩张做好了充分的准备。

5. TMS大规模文件传输分发系统

TMS（Transmission Manage System）是由中国网络电视台自主研发的文件传输管理系统，TMS上承接媒资、新VMS、新CMS进行接收，下接内容制作系统CMS、新VMS、老VMS进行分发，同时，将图文及视频同步到源及各节点存储，可以实时监控到视频文件传输状态、速度、大小等。该系统提供了优秀的存储透明能力、全IDC高速实时文件传输能力以及全IDC的文件删除与缓存清除能力。TMS还具有完善的全流程监控和统计分析功能，使运维人员能够及时准确地了解镜像线路与IDC存储的使用情况和趋势，为运维及决策提供了良好的数据支持。其中，TMS大屏幕监控是通过设计监控架构，编写相关代码，实现以动画的方式展现所有文件的分发流程及对系统的监控。

6. 视频片段来源搜索的方法和装置、精彩视频片段生成的方法和装置

7. 一种足球视频比分检测识别的方法及装置

8. 一种视频比分的检测方法及装置

9. 一种视频比分的识别方法及装置

10. 足球视频精彩回放展示的方法和系统

11. P2P直播系统

这些专利均是在大量分析真实用户体验过程中总结创新出来的网络视频播放技术。

2011年中国网络电视台访问量统计

一、2011年中国网络电视台总体访问量

截至2011年12月，中国网络电视台在中国网站排名网（Chinarank.org.cn）的互联网综合排名已由年初第28位提升至第12位，年度上升16位，在重点新闻门户网站中排名首位。

CNTV手机电视iPhone平台用户数达到632万人，较年初上涨25%；CNTV手机电视iPad平台用户数258万人，较年初上涨230%。

中国网络电视台12月IP电视用户总数76万户，是年初的4.3倍。

中国网络电视台移动传媒视频已开通公交、快客、民航、饭店频道；2011年新增的广场（上海、广州）

列车、国航机舱电视频道正在测试播出，覆盖用户数超过 5300 万人次 / 天。

二、2011年中国网络电视台访问量增长

中国网络电视台网站 12 月日均独立访问者 1370 万人，较年初上涨 207%；月度独立访问者 2.75 亿人，单月覆盖用户已超过中国网民数的 50%（中国网民总数来源于 CNNIC 2012 年 1 月发布的数据，为 5.13 亿人）。

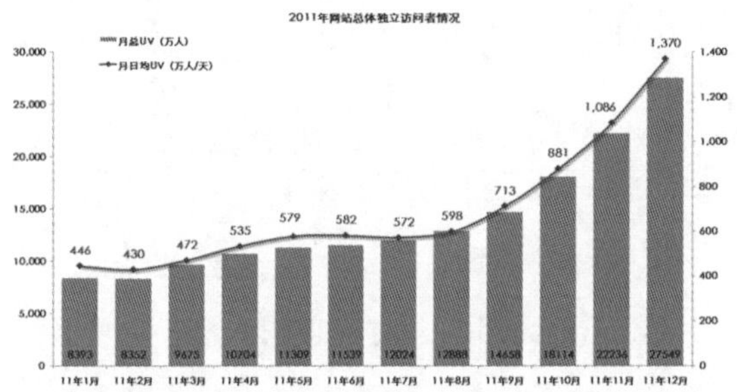

中国网络电视台网站 2011 年报道中一方面针对重大事件报道加强用户体验优化，提高用户粘性；另外加大网站原创栏目、重点专题建设；另一方面积极拓展外部推广渠道，与 360 公司及网吧联盟进行深入合作，全面提升网站综合实力及社会影响力。

1. 用户体验优化方面：与易观国际公司合作用户体验优化项目，对用户结构进行调研，分析用户需求，有针对性地提出用户体验改善建议。网站在 1 月推出新版零首页，增加对各子台的导流；8 月底对零首页再次微调，拓展“首页一屏导航”，新增“TV 搜索”专区，方便用户找频道、搜索栏目。

2. 新互动产品开发方面：CNTV 微博于 3 月上线，不断完善产品功能，在重大直播期间推出“微博联播、微博墙、微直播”等特色产品。12 月累计注册用户数 425 万人，累计发微博总数 409 万条；日均独立访问者由最初的 0.5 万人增至 12 月的 47 万人。2011 年用户中心多次在节日及热门赛事期间推出特色互动专题，如《愚人节特别策划》、《六一有奖互动》等日独立访问者最高达 20 万人。

3. 原创栏目重点专题建设方面：戏曲台、音乐台 5 月陆续上线，原创栏目《快乐哆来咪》及热门活动《第八届“劲歌王金曲金榜”年度总选网络投票》受到网民关注，音乐台 12 月日均独立访问者已达到上线之初的 14 倍。高清频道 8 月上线，大力发展原创栏目《CNTV 中国公开课》，随着内容的不断丰富，栏目最高单日独立访问者突破 15 万人。

4. 站外推广方面：网站加大站外推广力度，积极拓展推广渠道，与网吧联盟及 360 公司合作进行深入推广，相继推出百度台、迷你台等产品专向覆盖搜索引擎及网吧用户。12 月迷你台及百度台日均 UV 分别达到 249 万人和 103 万人，合计对网站总体访问量贡献超过 1/4。

5. 重点业务发展方面：中国网络电视台注重提高国际传播能力，在大力发展英语台、西班牙语台、法语台、阿拉伯语台、俄语台等 8 个语种子台的同时，多终端同步进行海外拓展。12 月网站海外日均覆盖人数超过 120 万，较年初涨幅 183%，网民覆盖全球 190 多个国家和地区。CCTV 官网上线后，有效整合中央电视台直播及栏目点播资源，方便用户快捷地查找中央电视台内容；12 月日均独立访问者突破 100 万人，较年初涨幅达到 290%。CBox 客户端累计安装次数达 3951 万次，年度净增长 1961 万次；12 月日均 UV 为 94 万人，较年初增长 32%；客户端日安装量保持在 6 万次。

三、2011年中国网络电视台访问量趋势

2011 年中国网络电视台与中央电视台同步直播中央电视台春晚。除夕当日中国网络电视台与腾讯、搜狐等 11 家网站组建传播联盟，视频直播累计观看达 9150 万人次（含 iPhone、iPad 数据），最高同时在线人数达到 900 万人，全面超越 2010 年春晚网络直播水平。

春节期间，首届 CCTV 网络春晚 6 场晚会在中国网络电视台播出，视频直播累计观看人次达到 136 万次，最高同时在线人数为 18 万人。2 月 3 日至 2 月 9 日期间，网络春晚视频点播累计观看达到 215 万次。

3 月 3 日至 3 月 14 日“两会”期间，中国网络电视台充分整合利用中央电视台新闻资源，从电视、网络、手机、IP 电视等多方位对“两会”进行立体报道。互动方面充分利用“微博”全新平台，同时结合博客、播客、论坛等新媒体传播手段，实现电视与网络的融合传播，为网友提供全新体验。“两会”期间视频直播访问量与 2010 年相比翻了一番。

7 月，“中国打击侵犯知识产权和制售假冒伪劣商品专项行动成果展”正式上线，截至 2011 年底，相关专题累计海内外来访者已突破 1.3 亿人次。

9 月 29 日，网站对天宫一号发射进行全程直播，当日网站独立访问者达到 995 万人；直播期间视频直

播累计登录人次199万，最高同时在线65万人。

12月31日，中国网络电视台“2012年元旦晚会”同步直播，当日网站总体独立访问者达到1687万人，刷新了网站自上线以来的单日UV历史高点；直播期间视频直播最高在线54万人，累计登录人次722万。

（中国网络电视台提供）

HUOJIANG·BIAOZHANG

获奖·表彰

获奖·表彰

2010年中央电视台获奖·表彰名录

第20届中国新闻奖

一等奖

电视消息：胡锦涛考察北京国庆期间安保、交通和旅游工作（新闻中心）

电视访谈：陈竺：坚持公益性 保障人民健康（新闻中心）

国际传播："盛典"国庆60周年特别节目（新闻中心）

二等奖

电视专题：土地拍卖悬案（新闻中心）

电视系列：聚焦小升初（新闻中心）

电视编排：2009年7月22日，《新闻联播》（新闻中心）

第19届全国政协好新闻奖

一等奖

共铸辉煌（全国政协办公厅新闻办 中央新闻纪录电影制片厂）

建睿智之言 献务实之策——政协十一届全国委员会常务委员会第六次会议系列报道（新闻中心）

二等奖

蒋洪：阳光财政 我盼得头发已白了（新闻中心）

三等奖

行长眼中的增长点（中央电视台）

人民政协成立60周年央视网特别节目——专访全国政协副主席黄孟复（中国网络电视台）

第11届长江韬奋奖

长江系列：

张泉灵（新闻中心）

第20届人大新闻奖

特别奖

现场直播：《"两会"进行时》直播特别节目3月5日（新闻中心）

一等奖

电视专题：人大监督为保障性住房把关（新闻中心）

二等奖

电视专题：与《食品安全法》面对面（社会与法频道）

网络专题：2009全国"两会"（中国网络电视台）

三等奖

电视评论：刑法修正案为个人信息上锁（财经频道）

系列报道：2009年"两会"《大使看"两会"》（西班牙语）（新闻中心）

第6届全国安全生产新闻奖

一等奖

安监总局：2009年事故总量伤亡人数同比大幅度下降（消息）（新闻中心）

上海倒楼事件（专题）（新闻中心）

一座桥梁的非正常死亡（访谈）（财经频道）

二等奖

廊坊厂房坍塌事故调查（评论）（新闻中心）

2009年度全国法制好新闻奖

电视新闻

一等奖

陕西高中生刑讯致死案宣判（中央电视台）

记者调查：借水电站建设 违规移植大树（中央电视台）

三等奖

律师事务所创新工作方式 增强服务能力（中央电视台）

电视栏目

一等奖

今日说法（社教节目中心）

电视专题

一等奖

高中生猝死公安局之间（一、二）（中央电视台）

法律样本：孙伟铭案（新闻中心）

二等奖

四十一年后的维权（中央电视台）

破案破出的命案（中央电视台）

死亡罪证（中央电视台）

三等奖

民警保姆（中央电视台）

服务大局 为民司法 立检为公 执法为民（新闻中心）

生意伙伴险成世仇，刑事和解血案无痕（中央电视台）

一场公益诉讼引起的多重思考（中央电视台）

4名农民工车祸身亡，无锡法院判“同命同价”（中央电视台）

2009年度全国社会治安综合治理优秀新闻作品评选电视作品

一等奖

系列报道：“宝贝回家”系列报道（新闻中心）

新闻访谈：守护平安（社会与法频道）

二等奖

现场直播：“直击斑马线”特别报道（新闻中心）

三等奖

专题：一级防控（社会与法频道）

网络作品

三等奖

专题：庭审进行时（中国网络电视台）

2009年度残疾人事业好新闻奖

一等奖

重生（社教节目中心）

光明使者——苏珊·田贝肯（新闻中心）

优美的手指舞蹈（新闻中心）

二等奖

月光有情 世界有爱（新闻中心）

承诺一生的爱（新闻中心）

轮椅上的舞蹈（体育频道）

王琪：假如我有一双明亮的眼睛（新闻中心）

无足者的路（社教节目中心）

卜延荣：身残志坚扎根深山育桃李（新闻中心）

春天的花衣裳（新闻中心）

三等奖

乐观面对生活 无手阿姨巧修电脑（新闻中心）

中国科学院第11届“科星新闻奖”

一等奖

中国科学院：传承科学精神 勇攀科学高峰（新闻中心）

科学原创力（北京科学教育电影制片厂）

二等奖

三位院士的世纪人生（社教节目中心）

北京正负电子对撞机重大改造工程完成（新闻中心）

我国科学家发明纳米材料印刷制版技术（新闻中心）

三等奖

深交会：自主创新产品成最大亮点（新闻中心）

新型科考船“实验1号”首航（新闻中心）

谷超豪——神思求百通（北京科学教育电影制片厂）

天象奇观——日全食直播（社教节目中心）

“北京人”新探（社教节目中心）

只要国家得兴旺 再多付出也心甘（新闻中心）

科学的春天——纪念全国科学大会召开三十周年（北京科学教育电影制片厂）

破译凝固的生命密码——李淳（社教节目中心）

丰产奖

中央电视台《大家》栏目（北京科学教育电影制片厂）

国家广电总局2010年抗灾救灾优秀电视作品总结推选

电视纪录片优秀奖

铁肩担大义（中央新闻纪录电影制片厂）

三峡工程建设2004～2009年度好新闻评选特等奖

大三峡（科教频道）

二等奖

聚焦三峡：天下第一爆（新闻中心）

三等奖

国务院、中央军委给三峡工程指挥部记二等功（新闻中心）

三峡的变迁（新闻中心）

再走蓄水线

（1）一个都不能少（新闻中心）

（2）涂大春的六个小时（新闻中心）

（3）记者随航道工人进巫峡踏勘（新闻中心）

四问三峡（财经频道）

三峡三期枢纽工程175米水位正常蓄水今天通过验收（新闻中心）：

长江最大洪峰将通过三峡大坝

五年来最大洪峰正在通过三峡大坝

五年来最大洪峰通过三峡大坝洪峰正逐渐减弱

从引进吸收到自主创新三峡工程见证我国水电制造业三级跳（新闻中心）

第47届亚广联大奖

电视新闻奖

山西王家岭矿难系列报道（新闻中心）

第25届中国电视“金鹰奖”

电视剧奖

最佳电视剧奖

解放（中国电视剧制作中心）

优秀电视剧奖

李小龙传奇（中国国际电视总公司）

走西口（文艺节目中心）

北平战与和（中国电视剧制作中心）

红色摇篮（文艺节目中心）

电视文艺节目奖

文艺节目特等奖

爱的奉献——2008宣传文化系统抗震救灾大型募捐活动（文艺节目中心）

庆祝新中国成立60周年庆典活动电视直播（文艺节目中心）

第十一届全国运动会开幕式（文艺节目中心）

最佳文艺节目奖

2010年春节联欢晚会（文艺节目中心）

优秀文艺节目奖

祖国万岁——庆祝中华人民共和国成立60周年大型文艺晚会（文艺节目中心）

电视纪录片奖

电视纪录片特等奖

伟大的历程（社教节目中心）

铭记——5·12汶川大地震口述历史（新闻节目中心）

澳门十年（海外节目中心）

最佳纪录片奖

长安街（中央新闻纪录电影制片厂）

优秀纪录片奖

大三峡（社教节目中心）

青少节目奖

最佳动画片奖

三国演义（中国国际电视总公司）

优秀动画片奖（特等奖）

美猴王（中国国际电视总公司）

最佳少儿电视文艺节目奖

“童心如歌”2009年六一晚会（青少节目中心）

优秀少儿电视文艺节目奖

英雄少年——2008抗震救灾英雄少年颁奖晚会（青少节目中心）

最佳电视节目主持人

董　卿（文艺节目中心）

优秀电视节目主持人

李小萌（新闻中心）

芮成钢（财经频道）

最佳电视纪录片摄影奖

长安街（中央新闻纪录电影制片厂）

第2届全国优秀电视文化（栏目）暨大型特别节目推荐表彰活动

优秀栏目

欢乐中国行（文艺节目中心）

动物世界（文艺节目中心）

艺术人生（文艺节目中心）

英雄出少年（青少节目中心）

智慧树（青少节目中心）

动画梦工场（青少节目中心）

探索·发现（社教节目中心）

百家讲坛（社教节目中心）

中华医药（海外节目中心）

大家（北京科学教育电影制片厂）

传统佳节系列诗会·2010（中央新闻纪录电影制片厂）

优秀大型特别节目

情系玉树　大爱无疆——抗震救灾大型募捐活动特别节目（文艺节目中心）

中华人民共和国成立60周年庆祝大会及联欢晚会（文艺节目中心）

祖国万岁——庆祝新中国成立60周年大型文艺晚会（文艺节目中心）

2009中国记忆——6·13中国文化遗产日（社教节目中心）

崛起5·12（新闻中心）

道德的力量——全国道德模范评选颁奖晚会（新闻中心）

感动中国2009年度人物评选（新闻中心）

八集电视纪录片：水问（新闻中心）

首届在华留学生汉语大赛（海外节目中心）

新规则、新动力——2010年中央电视台3·15晚会（广告经济信息中心）

大型系列动画片：月亮大马戏团（中国国际电视总公司）
大型系列纪录片：世界遗产在中国（中央新闻纪录电影制片厂）

国家广电总局2009年度国产原创动画作品及创作人才扶持项目评审

最佳导演奖

《三国演义》导演 朱 敏（中国国际电视总公司）

最佳动画形象奖

《美猴王》动画形象 美猴王（中国国际电视总公司）

最佳动画长篇奖

美猴王（中国国际电视总公司）

最佳动画企业奖

央视动画有限公司

最佳动画播出机构

中央电视台少儿频道

新闻出版总署2009年“原动力”中国原创动漫出版扶持计划

二等扶持项目大奖（图书类）

美猴王（中国国际电视总公司）

2010年第6届中国国际动漫节

中国动画系列连续片大奖

美猴王（中国国际电视总公司）

第16届上海电视节

电视剧奖

最佳国产动画片（银奖）

美猴王（中国国际电视总公司）

上海世博会优秀电视作品奖

获奖作品：

胡锦涛考察上海世博会筹办工作（综合频道、新闻频道）
胡锦涛、贾庆林、李长春、习近平、李克强、贺国强、周永康分别参观上海世博园（综合频道、新闻频道）
2010年上海世博会开幕式电视转播（综合频道、综艺频道）
《看世博 知世界》特别节目：世博开幕式（新闻频道）
“竹子之乡”的世博机会（新闻频道）
河北馆：中华第一灯 千年环保灯（新闻频道）
《上海倒计时》系列报道（中央电视台）：
世界的世博　中国的骄傲
上海：借力世博会　打造经济新引擎
上海注重点滴细节提升文明水平
上海世博为长三角经济融合带来新契机
上海：低碳世博在行动）
世博运行一百天：园区内工作者、志愿者齐心确保游客安全便捷观博（新闻频道）
山东：一根草柳编　编出新产业（新闻频道）
组合报道：童趣世博（5条新闻）（新闻频道）
《世博会：共享文化记忆》系列：动静相宜　各国演出展异域风情（新闻频道）
记者体验：像鸟儿一样自由飞翔（新闻频道）
保世博畅通的“奔奔”交警（新闻频道）
世博“满月盘点”（系列）（新闻频道）：
服务更趋人性化　让游园更舒适
租轮椅走绿色通道都需要查看证件
文明观博　需要大家共同努力
评论：国民素质是世博最重要的展品之一
科学管理让一分钟变为十几秒（新闻频道）
《海陆空看世界》系列（新闻频道）
全景世博
绚丽夜上海
《国家印象》系列报道（新闻频道）：
感知阿尔巴尼亚　从老电影到旅游业
想读懂卡夫卡　就去布拉格吧
古老而充满魅力的孔雀之国
《世博传奇》栏目（新闻频道）：
埃菲尔铁塔
世博与德国
爱迪生：世博会上的伟大发明家
电报机：从世博拉开现当代通信序幕《城市让生活更美好》——世博会系列报道（新闻频道）
为世博减压
城市，如何让生活更美好
市民，让城市更美好
三问世博（新闻频道）
世博特刊《城记·上海》（新闻频道）
世博会报道——规模篇（宣传片之一）（新闻频道）
上海世博会中国国家馆日特别报道（新闻频道）
《天天世博会》栏目（5月5日）（新闻频道）
《世博汇》栏目（5月13日）（新闻频道）

《世博慧眼》之“跟世博园总规划师体验城市人格”（新闻频道）
《朱虹带您看世博》之“原生态的城市案例——乌镇人家”（新闻频道）
库恩看世博（英语频道）
世博会——人类之间的谈话（西班牙语频道）
外国专业人士眼中的世博会（俄语频道）
《对话》——非洲联合馆（法语频道）
上海世博会之旅（上、下）（阿拉伯语频道）
《魅力世博》栏目之“社会保障房”（财经频道）
《未来世界》（科教频道）：
“未来汽车”
“传统的印记”
“垃圾的未来”
“没有垃圾的城市”
“城市，不老的容颜”
“点亮城市的灵魂”
“智能生活”
“护城河”行动（社会与法频道）
世博园的升旗手（军事节目中心）
上海世博会倒计时100天特别节目（中央电视台）
未来之光——2010上海世博会闭幕特别节目（中央电视台）
世博会上海演播室（中央电视台）
2010世博记忆（中央电视台）

2010年度中央电视台名、优播音员主持人名录

名播音员、主持人：白岩松　李瑞英　朱　军
董　卿　康　辉　张泉灵　张宏民　王小丫
李　咏　李小萌　撒贝宁　陈伟鸿

优秀播音员、主持人：水均益　王世林　任鲁豫
孙正平　朱　迅　张泽群　张　斌　张　越
李　红　李佳明　芮成钢　季小军　欧阳夏丹
胡　蝶　赵　普　柴　静　黄　炜　鲁　健

2010年“金话筒奖”中央电视台获奖人员名录

孙小梅（总编室）　鲁　健（新闻中心）
李小萌（新闻中心）　王　宁（新闻中心）
芮成钢（财经频道）　冯　琳（军事节目中心）
燕　菲（军事节目中心）

第28届米兰国际体育电影电视节

最佳体育影片大奖

太极（中央新闻纪录电影制片厂）

2010中国（青海）世界山地纪录片节“玉昆仑”奖评选人文类节目评委会特别奖

庐山·人文圣山（中央新闻纪录电影制片厂）

推动世界山地文化交流与发展特别贡献奖

王广令（中文国际频道）

杰出贡献奖

科教频道

2010年度国家广电总局科技创新奖

科技创新突出贡献奖

中央电视台新中国成立60周年庆典活动高清转播系统

高新技术研究与开发奖

一等奖

中央电视台综合节目内容审片系统

科技成果应用与技术革新奖

一等奖

中央电视台电视节目资料胶片抢救整理修复及数字化工程项目

工程技术奖

一等奖

中央电视台新中国成立60周年庆典活动高清转播系统
综合节目移动外场网络制播系统
中央电视台全球覆盖系统

论文奖

二等奖

基于内容的音乐检索及其在媒资管理系统中的应用（康庆阳、聂自非）

科普（影视类）奖

二等奖

使命
狙击“入侵之虫”

2010年度国家广电总局电视节目技术质量奖（金帆奖）

标准清晰度电视录制技术质量奖

新闻类一等奖

新闻联播

专题类二等奖

澳门十年——守望和谐

综合文体类一等奖、最佳灯光奖
2010年春节联欢晚会（歌舞精编版）

高清晰度电视录制技术质量奖

专题类一等奖
竹林七贤
体育类二等奖
2009年度世界车王争霸赛
声音类奖一等奖
首都各界庆祝中华人民共和国成立60周年大会（阅兵式）
电视剧类一等奖
密战（第七集）

视频图形制作技术质量奖

片头类一等奖
国家宝藏
动画片类一等奖
美猴王（第十三集）

播出技术质量奖

一等奖
中央电视台

金帆综合大奖

中央电视台

第5届王选新闻科学技术人才奖

杰出人才奖

何宗就（中央电视台副台长 教授级高级工程师）

2010年度全国广播电视技术维护先进台站（集体）、先进个人

先进台站（集体）

中心类三等奖
中央电视台技术管理办公室动力处
中央电视台技术制作中心音频部设备管理科

先进个人

中心类二等奖
许春蕾（中央电视台播出传送中心总控部）
中心类三等奖
郑　波（技术管理办公室信息通讯处）

2010年度中央电视台标清电视节目录制技术质量奖获奖名录

一等奖
新闻联播（2010·5·2）（新闻中心新闻制作部）
走遍中国——天下钱塘（技术制作中心）
首都各界庆祝中华人民共和国成立60周年大会（阅兵式）（播出传送中心）
最佳声音奖
澳门十年——守望和谐（技术制作中心）
最佳灯光奖
2010年春节联欢晚会（歌舞精编版）（技术制作中心）
二等奖
新闻联播（2010·1·3）（新闻中心新闻制作部）
新闻联播（2009·10·31）（新闻中心新闻制作部）
南非行动（7）（播出传送中心）
百科探秘——巨大水晶王之谜（北京科学教育电影制片厂）
你好—春天　文化部2010年春节电视晚会（技术制作中心）
祖国万岁　庆祝新中国成立60周年文艺晚会（技术制作中心）
电视剧《莲花雨（第六集）》（中国电视剧制作中心有限责任公司）
电视剧《北平战与和（第八集）》（中国电视剧制作中心有限责任公司）

2010年度中国电影电视技术学会奖

大型电视转播综合技术奖

特等奖
新中国成立60周年庆典活动转播
一等奖
2010上海世博会开幕式

第八届电视美术、灯光设计工程奖

演播室类一等奖
2011年春节联欢晚会
场馆类二等奖
广州2010年亚洲残疾人运动会开幕式
博鳌国际旅游论坛开幕式
音乐盛典　2010年度音乐颁奖礼
场馆类三等奖
为祖国祝福 为亚运喝彩
广州2010年亚洲残疾人运动会闭幕式
最佳创新
音乐盛典　2010年度音乐颁奖礼

2010年度中央电视台
高清晰度电视节目录制技术质量奖

一等奖

敦煌（第一集）（技术制作中心）

2010上海世界博览会开幕式（播出传送中心）

最佳灯光奖

2010年春节联欢晚会（精编版）（技术制作中心）

二等奖

大三峡（第四集）（技术制作中心）

和平中国（军事节目中心）

首都各界庆祝中华人民共和国成立60周年阅兵式（精编版）（技术制作中心）

电视剧《密战》（第六集）（中国电视剧制作中心有限责任公司）

第十四届全国青年歌手电视大奖赛（技术制作中心）

2010年度中央电视台
电视节目视频图形制作技术质量奖

二等奖

《2009亚太机器人大赛》片头（技术制作中心）

《体育人间》片头（播出传送中心）

2010年度中央电视台系统维护优秀奖

有线电视系统（技术管理办公室质量管理处）

信息通信系统（技术管理办公室信息通讯处）

动力系统（技术管理办公室动力处）

后期制作系统（技术制作中心录制二部）

播出系统（播出传送中心播出部）

总控系统（播出传送中心总控部）

新闻共享系统（新闻中心新闻制作部）

2010年度中央电视台优质技术工程奖

世界博览会电视报道通讯及电力系统（技术管理办公室信息通讯处、动力处）

亚运会转播总控系统和通话系统（播出传送中心总控部、技术管理办公室信息通讯处）

南非世界杯在线包装设备系统（技术制作中心录制二部）

亚运会转播系统——CCTV-5和外景演播室部分（播出传送中心传送部、技术制作中心录制二部）

中心站演播室系统集成——亚太、中东、俄罗斯部分（技术管理办公室、新台址工艺技术办公室）

2010年度中央电视台电视节目安全播出奖

技术管理办公室

质量管理处有线电视科 1、2班

动力处供电运行科 1、2、3 班、空调科1班

技术制作中心录制一部

录制二科12演播室1、2、3、4班

13演播室1、2、3、4、5、6、7、8、9班

录制七科 1、2、3、4班

录制九科 1、2、3、4、5、6、7、8班

技术制作中心录制三部

播出一科 1、2、3、4、5班

播出二科 1、2、3、4、5、6班

播出三科 1、2、3、4、5、6班

播出传送中心播出部

播控一科2、3、4班

播控二科1、3、4班

播控三科1、2、3、4、6班

备播科1、2、3、4班

播出传送中心总控部运行科1、2、3、4、5班

新闻制作部新闻频道播出科1、3、4班

2010年中央电视台获中直机关系统
荣誉称号的单位和个人

追授中直机关五一劳动奖章

新闻中心：刘　薇

追授中直机关青年五四奖章

新闻中心：刘　薇

中直机关五一劳动奖章

中国有线电视网络有限公司：赵建军

中直机关青年文明号

新闻频道编辑部直播组

中直机关青年岗位能手

财经频道：芮成钢

中直机关优秀共青团干部

中央电视台团委：郑　漠

中直党建研究会2010年度课题调研优秀成果一等奖

《机关党建工作与业务工作相结合的切入点、着力点和有效途径研究》

《中央电视台党务干部队伍建设现状与问题研究》

中直党建研究会2010年度课题调研优秀成果优秀奖

《科学发展观指导下的基层党组织创新》

《建设学习型机关党组织的有效途径》

2010年中央电视台获国家级荣誉称号的单位和个人

全国先进工作者

新闻中心：李瑞英

追授“全国三八红旗手”

新闻中心：刘　薇

追授全国优秀新闻工作者

新闻中心：刘　薇

追授第14届中国青年五四奖章

新闻中心：刘　薇

第14届中国青年五四奖章提名

新闻中心：海　霞

第8届中国青年志愿者优秀组织奖

中央电视台团委

全国妇联儿童工作部“全国维护儿童权益先进集体”

少儿频道

全国妇联儿童工作部“全国维护儿童权益先进个人”

社教节目中心：张　越

全国抗震救灾先进基层党组织

新闻中心玉树抗震救灾报道一线临时党支部

全国广电系统法制宣传教育先进单位：

新闻中心、社会与法频道、《法治在线》栏目组

全国法制宣传教育先进个人

财经频道《经济与法》制片人：石　强

综合频道《今日说法》制片人：何抒文

2010年中央电视台获国家广电总局表彰的单位和个人

国家广电总局精神文明建设标兵单位

中央电视台

国家广电总局人口和计划生育标兵单位

中央电视台

国家广电总局无偿献血标兵工作标兵单位

中央电视台

国家广电总局关心支持人口和计划生育与无偿献血工作的领导

中央电视台分党组成员、纪检组组长、机关党委书记、精神文明委主任：张海鸽

国家广电总局2008～2009年度精神文明建设先进集体

机关党委

新闻中心

2010年国家广电总局治安先进集体名录

台办公室保卫处

台办公室房管处物业管理科

总编室节目播出部备播组

新闻中心新闻评论部《新闻 1+1》栏目组

中文国际频道《中国文艺》栏目组

少儿频道《大风车》栏目组

人事办公室劳动工资处

党委办公室

技术制作中心制作部灯光管理科

播出传送中心总控部运行一科

新台址建设工程办公室前期市政处

中国电视剧制作中心有限责任公司综合事务部所属动力安保部

中国国际电视总公司总部

北京中电高科技电视发展公司

中视旅游实业事业部

中国广播电视国际经济技术合作总公司保卫部兼人力资源部

中国爱乐乐团人事保卫部

中央新闻纪录电影制片厂摄影部

中央新闻纪录电影制片厂 CCTV 证券资讯频道

北京科学教育电影制片厂保卫处

北京科学教育电影制片厂动画部

2010年国家广电总局消防先进集体名录

台办公室综合处三科

新闻中心新闻制作部播出科

广告经营管理中心监审部

财经频道综合部制片协调组

综艺频道综合部秘书组

体育频道节目部播音组

科教频道综合部秘书组

外语频道英语新闻频道策划统筹组

财经办公室财产物资处

技术管理办公室动力处工程维修科

播出传送中心播出部播控二科

中国电视剧制作中心有限责任公司所属中视剧城文化传媒有限责任公司

中国网络电视台

中国有线电视网络有限责任公司

央视动画有限公司

中视电视技术开发公司

中央新闻纪录电影制片厂保卫部

中央新闻纪录电影制片厂译制部

北京科学教育电影制片厂保卫处
北京科学教育电影制片厂基建办公室
中央卫星电视传播中心中心办公室

2010年国家广电总局治安先进个人名录

台办公室保卫处：崔国辉
台办公室行政处：武小川
综合频道：沈　龙
财经频道综合部：马宁东
综艺频道综合部：万　钢
体育频道综合部：慈勤萍
科教频道：王志猛
戏曲·音乐频道：齐宪役
纪录片频道：徐玉刚
财经办公室财务处：高　桐
技术管理办公室信息通讯处：王　斌
监察室：方　恒
中国电视剧制作中心有限责任公司综合事务部：宋喜文
中国网络电视台：任　兵
中国有线电视网络有限公司：户建荣
中视电视技术开发公司市场部：高　翔
中央新闻纪录电影制片厂灯光部：康建英
中央新闻纪录电影制片厂：陈国强
北京科学教育电影制片厂保卫处：曲世忠
北京科学教育电影制片厂：郑治家
中央卫星电视传播中心：尹立平

2010年国家广电总局消防先进个人名录

台办公室保卫处：许长春
台办公室外事处：陈占升
总编室：贺淑霞
新闻中心社会新闻部：邢　栋
广告经营管理中心营销部：刘晓如
电视剧频道综合部：傅　思
社会与法频道：李承立
人事办公室劳动工资处：张　伟
机关党委：闫晓文
技术制作中心录制三部：李树站
播出传送中心：王　晟
中国电视报：孙世光
中国国际电视总公司：石宪法
中国国际电视总公司技术播出中心：李　陈
中国国际电视总公司央视市场研究股份有限公司：欧阳俊
中国爱乐乐团人事保卫部：刘国庆
中央新闻纪录电影制片厂：邓长江
中央新闻纪录电影制片厂：尹虎栓
北京科学教育电影制片厂：郭文明
北京科学教育电影制片厂：刘翔宇
中央卫星电视传播中心：杜群山

第6届国家广电总局青年文明号

新闻频道编辑部直播组

第6届国家广电总局青年岗位能手名录

新闻中心：古　铭　冯　卓　何　盈　宝晓峰
财经频道：芮成钢
社教节目中心：吴晓斌
技术制作中心：王兰岚
播出传送中心：沈世一
中国国际电视总公司：黄　岩
中国有线电视网络有限公司：赵　航

国家广电总局2008～2009年度精神文明建设先进个人名录

台办公室：王玉倩　朱焰焰
总编室：才婉茹
人事办公室：王亚珍
财经办公室：赵　彤
机关党委：李彦吉　南　敏　闫姨娜　狄希兰
新闻中心：王强强　王铁刚　陈大元　刘桂林
海外节目中心：孔　河　王雄先　季小军　柴丹枫
社教节目中心：张　宁　董　葵　杜守仁　郝国庆
文艺节目中心：王　进　何延锋
广告经济信息中心：左如旗　陈红兵
体育频道：郑梦晖
少儿频道：钱连红　王　昊
技术管理办公室：刘燕梅
技术制作中心：赵　娜　刘昭明　王　鸿
播出传送中心：田　盛　林　辉
纪检组 监察室 机关纪委：董春虎
中国电视报社：孙世光
中国国际电视总公司：程春丽
中央卫星电视传播中心：张　华

国家广电总局2008～2009年度精神文明建设先进工作者

机关党委：李彦吉

国家广电总局2010年人口和计划生育先进工作者

机关党委：闫姨娜
中国国际电视总公司：陆项飞

国家广电总局2010年无偿献血先进工作者

机关党委：王　轶

国家广电总局2010年无偿献血先进个人

总编室：王　宁

广告经营管理中心：秦　曦

新闻中心：陈国栋

科教频道：胡　涛　田　巍　朱玉杰

社会与法频道：谭　婕

少儿频道：崔　玲

外语频道：方大鹏　王艳艳

中国国际电视总公司：何　宇　邓丽华　刘震兴　王　华　成可儿　龚　丽　夏　飔　郭灿明　谭盛元　常　悦　王　京　任　毅　杨　书　吴红强　王　华　马小卫　王　连　李　媛　陈　卓　张梦燕　郭　妍　赵临海　齐元非　周利峰　袁金碧　季　净　张德强　曹婷婷　刘　莹　赵　梅　孙　宇　杨　帆　吴　伟　袁霖霖　石天亮　周　昊　韩冬荣　常　磊

中国广播电视协会首届节目资料管理创新奖

中央电视台音像资料馆

2010年中央电视台获新闻出版总署表彰名录

打击互联网和手机媒体传播淫秽色情信息专项行动有功集体、有功个人评选活动

有功集体：新闻中心新闻评论部焦点访谈组

有功个人：王晓萌（社会与法频道记者）

李　珺（新闻中心社会新闻部记者）

2010年商务部“中国援外奉献奖”评选表彰活动中国援外奉献奖（金奖）

杜一平　宓文生　张胜才　杨世顶　王春隆　陈淑云　荆永泉　王聿乃

中国援外奉献奖（银奖）：

王景福　韩　峰　刘冬生　代　毅　卢长振　张世民　李秀珍　赵光馨

2010年中央电视台获台级表彰的单位和个人名录

追授中央电视台“巾帼建功标兵特别荣誉”

新闻中心：刘　薇

首届中央电视台青年五四奖章获奖人员名录

总编室：吴克宇

新闻中心：古　铭　冯　卓　何　盈　郎永淳　张　萌

财经频道：芮成钢

海外节目中心：王海涛

体育频道：张朝夕

社教节目中心：朱红群

技术制作中心：王兰岚

播出传送中心：沈世一

2010年度中央电视台先进个人名录

台办公室：江　流　梁　豫　刘小京　张洪涛　贾凯歌　晁美丽

总编室：王　超　张文龙　鲁　力

新闻中心：姚　健　肖　彧　李　东　李　德　从威娜　高　淼　白玛央金　项　飞　赵　晶　韩文旸　代纪玲　王　淼　花　凯　葛凌凌　宋　巍　陈大元　王惠莉　孙兆峰　于　淼　李　冰　柴　静　王　阳　陶　郎　年　加　梁　铮　华　东　张文静　颜占领　张　艳　李文静　蒋　励　吕　松

大型节目制作中心：吕　媛

海外传播发展中心：张　媛

广告经营管理中心：佘贤君　吴　坚

发展研究中心：李海东

综合频道：吴晓斌　张家林　何淑文　过　彤　张雪梅

财经频道：王世杰　孟　莉　皮　昊　贺　涛　余敬中　朱海峰　李彬彬　宋云天　唐　琳　石　强　王永利　闫　琼

综艺频道：王　民　赵学峰　陈　维　赵大治

中文国际频道：王　微　周晓岚　汪　骢　王贵亮

体育频道：丁　祎　张　智　谭朝晔　吴　昀　孙和平　杨　波　杨　烁　陈文江

电视剧频道：刘　明

科教频道：赵京津　闫　东　夏晓辉　王　珊　罗　安　李冬梅　王新建　田丰歌　盛振华

社会与法频道：雒亚峰　薛红霞　程　健　崔亚卿　吴海天　王　恺

戏曲·音乐频道：曹　毅　王　兰　李纯博　张　喆

外语频道：王　东　魏　星　樊　蓉　郭　醇　汪　东　周　军　陈疏疏　艾奎宇　傅碧君　侯仲夏　贾　鹏　李　楠　法　绮　吴佳佳

少儿频道：尹永斌　邬纯芳　张丽媛　杨　超　王　琰　谢　青

纪录片频道：田　源
人事办公室：李　斌
财经办公室：贾　丽　张　兵
机关党委：赵东亮
技术管理办公室：唐伟莉　张　序　张　鹤　齐　翼　董燕民
技术制作中心：管海涛　赵琛琛　昌　力　白　宇　秦　军　赵绍光　孙　勃　马　悦　杜卫中　田文东　王涧樵　刘桂文　鲁建军　曹　勇　陈　宏　陈妍虹　韩利群　苑学成　胡　磊　孙晓峰
播出传送中心：程　昕　曲　妍　杨　萌　余　伦　田　盛　刘　斌　周　磊　王轲平　高　忠　潘燕生
监察室：李湘如
音像资料馆：高　峰
中国电视报社：赵成璧　闫丹丹
新台址建设工程办公室：林　岚　史焕祥
驻外记者：曹　旻　路　彪　孙　岩
中国国际电视总公司：汪文斌　石宪法　石育林　程春丽　曹　青　尹铁钢　郑　艺　滕云平　赵玉东　刘香菊　张兢克　毕朝晖　何　宁　相永强　郭识阔　王寒英　王　杨　梁大为
中央新闻纪录电影制片厂：马成昆　伍　伟　那鸿魁　张淑敏　张姗姗　费小平　郭蓝冰　崔博远　程　林　樊志远
北京科学教育电影制片厂：曾建川　池　建　梁仁红　宋　爽　尹建世
中国电视剧制作中心有限责任公司：孙志维　东方闻樱　林　红　徐　萌　郝　钢　李　宁
中央卫星电视传播中心：崔　佳
中国爱乐乐团：刘国庆　邹　进
中国广播电视国际经济技术合作总公司：尚　建　张传宇　蔚　峥　曹　烽
中国有线电视网络有限公司：赵李扬　欧阳聪　盛　焱　袁　欣

中央电视台2008～2009年度“巾帼建功标兵”名录

新闻中心：李小萌、薛小妹
海外节目中心：野露露
社教节目中心：张　越
文艺节目中心：董　卿
广告经济信息中心：钱　曦
体育节目中心：冬日那
青少节目中心：王　昊
技术管理办公室：田敬改
中央新闻纪录电影制片厂：王一岩

中央电视台2008～2009年度“先进女职工“名单

台办公室：翟羽蓝
总编室：李　珂　高　峰　王　超
人事办：杨　玲
财经办：应无恙　丁　京
机关党委：南　敏
新闻中心：何　盈　朱　虹　曹　倩　矫　燕　庄海歌　张　艳
海外节目中心：李舒东　赵洪涛　贺亚莉
社教节目中心：王冬玲　张德宏　杨晓萍
文艺节目中心：刘　璐
广告经济信息中心：王晓丹
青少节目中心：兰　芳
播出传送中心：陈　力　刘晶晶
技术制作中心：陈克新　王　鸿　何海英
审计处：宿兰妮
中国电视报社：汪慧君
新台址建设工程办公室：邹小琴
中国电视剧制作中心有限责任公司：徐　萌
中央新闻纪录电影制片厂：徐建春
北京科学教育电影制片厂：梁仁红　朱　童
中国国际电视总公司：卢　芳　周凤英
中央卫星电视传播中心：何　芳
中国爱乐乐团：刘　瑛
中国广播电视国际经济技术合作总公司：朱　兢
中国有线电视网络有限公司：张　珊

2010年度中央电视台治安消防综合治理先进集体名录

台办公室行政处行政科
台办公室秘书处档案科
台办公室保卫处警卫科
台办公室保卫处消防科
总编室版权部权利管理组
新闻中心综合部
新闻中心地方记者部直播组
综合频道综合频道综合部综合管理组
财经频道包装导视组
综艺频道《我要上春晚》栏目组
体育频道新闻编辑一组
电视剧频道综合部综合组

社会与法频道社会与法频道综合管理组
戏曲·音乐频道《CCTV空中剧院》栏目组
外语频道法语频道新闻二组
少儿频道《新闻袋袋裤》栏目组
纪录片频道综合组
人事办公室培训职称处
财经办公室会计核算处综合科
技术管理办公室信息通讯处信息应用系统管理科
技术制作中心录制一部后期制作五科
播出传送中心传送部制作一科
新台址建设工程办公室工程处
新台址工艺办工艺办秘书组
音像资料馆综合管理组
中国电视剧制作中心有限责任公司综合事务部
中国电视剧制作中心技术制作分公司
中国国际电视总公司央视市场研究股份有限公司
中国国际电视总公司北京中视科华传媒技术有限公司
中国国际电视总公司中视影视制作有限公司
中国国际电视总公司中央电视台威海影视城

2010年度中央电视台治安、消防综合治理先进个人名录

台办公室：薛　伟　宫志坚　仇　刚　陈　晨　郭　海　李环英　张　阳
总编室：陈　昕　韩玉勤　张传玲　田咏力
新闻中心：和利方　王　昔　黄美玉　吴　鸿　雷　波　黄　滨　翟颖楠　徐　广　王　宁　杨明泽　年　加　杨存豹　李秋霞　陈兴华　端木礼昕
大型节目制作中心：牟　星　王　彬
海外传播发展中心：付为民　王　宁
广告经营管理中心：侯　军　张　青
发展研究中心：周　滢　叶少刚
综合频道：王　鹏　高国辉
财经频道：李德顺　王　菁　曾　诚
综艺频道：王　进　刘光蕊　姜　滨　李广志　卢　路
中文国际频道：许　朴　王　微
体育频道：武卫红　孙　畅　李　玮
电视剧频道：王洪跃　郑　威
科教频道：隋德龙　王　林
社会与法频道：林协中　赵忠民
戏曲·音乐频道：王　兰　潘　爽
外语频道：黄轶男　张　剑　高　飞
少儿频道：梅　龙　潘　宇　文　岩
纪录片频道：史　岩　周　艳
人事办公室：侯　涛　具春秋　张　玲　刘　倩
财经办公室：张卫彤　张惠玲　王金华
机关党委：任　海　卢玲玉
技术管理办公室：唐伟莉　鲁璟琪　徐　翔　刘文生　崔　雪
技术制作中心：闫　芬　陈　红　马　悦　陈世民　韩利群　王京池
播出传送中心：肖　鹏　陶　湛　叶广宇　董晓波　陶姗姗　刘海琳
新台址建设办公室：张小群　杨　易　于建国　程　怡
新台址工艺办：莫海珍
监察室：曾进清
审计处：陈元铮　李连生
中国电视报社：杨存宝
音像资料馆：叶晋春　王永帆
中国电视剧制作中心有限责任公司：王立永　张　燕　文　蕾　李德山　刘　田　周叶青
中国国际电视总公司：刘长顺　胡志平　杜　倩　张林林　田　毅　朱晓旻　刘智强　赵玉东　欧阳聪　李　萌

2010年度中央电视台精神文明先进集体名录

台办公室外事处接待科
台办公室房管处综合科
总编室高清频道编辑部综合运营组
总编室规划部预算管理组
新闻中心时政新闻部摄影记者一组
新闻中心地方记者部上海应急报道点
新闻中心新闻频道编辑部新闻直播间上午时段
新闻中心国际频道新闻编辑部播出组
新闻中心新闻联播编辑部新闻联播组
新闻中心新闻制作部制作科
大型节目制作中心综合部摄像组
军事节目中心军事新闻部
海外传播发展中心联络部外联组
节目采购中心综合部行政管理组
广告经营管理中心营销部
发展研究中心产业与新媒体研究部
综合频道《生活早参考》栏目组
广告经济信息中心 直播窗口《第一时间》栏目组
综艺频道《欢乐英雄》栏目组
中文国际频道节目部
体育频道节目部播出组
电视剧频道节目部节目统筹组

科教频道《讲述》栏目组
社会与法频道 综合部综合管理组
戏曲·音乐频道节目部摄像组
外语频道英语新闻频道夜间组
外语频道西班牙语频道新闻一组
外语频道法语频道法语新闻一组
外语频道阿拉伯语频道新闻二组
少儿频道节目部摄像组
纪录片频道规划编辑组
人事办公室离退休人员管理处
财经办公室财务处综合科
机关党委
技术管理办公室信息通讯处中心数据管理科
技术制作中心录制一部录制八科
技术制作中心录制二部录制五科
技术制作中心录制三部制作五科
播出传送中心转播部一科
纪检组/监察室/机关纪委
音像资料馆用户服务组
中国电视报社排版组
新台址建设工程办公室工程处
中国国际电视总公司中视传媒南海分公司
中国国际电视总公司央视市场研究股份有限公司
中国国际电视总公司中视实业发展有限责任公司
中国国际电视总公司审计部
中国电视剧制作中心有限责任公司中视剧城文化传媒有限责任公司综合事务部

2010年度中央电视台精神文明先进个人名录

台办公室：赵晓博　李环英　刘春建
总编室：梁宇峰　任晓东
新闻中心：刘少博　陈　征　黄　成　陈建中　潘林华　朱　瑛　宣明栋　李　洁　霍　磊　徐丽莉　张利箭　王春潇　张　萌　徐　广　李姜楠　石　萌　邹卫东　赵雪峰　纪　萌　张　静
大型节目制作中心：张　骥　彭丽娟
军事节目中心：李　远　党　娜
海外传播发展中心：付为民　刘　庄
节目采购中心：金　越　周亚平
广告经营管理中心：施　伟　王晓丹
发展研究中心：马战英　寇立研
综合频道：张　越　王红玉　陈　铭
财经频道：尹　文　杨　晔　田　冬　李勇强　尹　楠　邓涑莹
综艺频道：刘光蕊　张　凯　张亚菲
中文国际频道：白　云　何　明
体育频道：谭朝晔　丁　祎　王江涛　高　宁
电视剧频道：汪国辉　张　倩
科教频道：刘国春　钱新芳　王密林　张德宏　王　宁
社会与法频道：李　欣　段晓超　李　雁　倪　俊
戏曲·音乐频道：张　喆　潘　爽
外语频道：马咏梅　郭　醇　唐莹莹　鹿　萍　薛　婷　吴媛媛　张翼飞　魏　星
少儿频道：潘　宇　任　浩　陈　狄
纪录片频道：李　苒　周　俊
人事办公室：范　明　唐　玥
财经办公室：高　凯　孙　磊
机关党委：高　甡　白　净
技术管理办公室：李幼林　崔　雪
技术制作中心：闫　芬　魏　旭　胡　磊　谢　晨　许　新　陈　欣　郭小强　黄致远　关　莉　孙晓峰　王　烁
播出传送中心：东晓光　曾利强　王　帆　孙晓辉　李妍菲
审计处：郑　晴　李连生
音像资料馆：刘　珊　张　杨
中国电视报社：汪慧君　焦　朋
新台址建设工程办公室：马小红
中国国际电视总公司：王克民　肖　晓　陈　梅　冯道云　齐志玲　刘首援　崔立新　王　琳　谢志宏　李树彬　励晓军　李　京　李　艺　朱　敏　马风清　王乔乔　靳娟娟　曾　蕾　那云超　张万颖　孟金龙　扈　瑞　刘　平　陈　昕　于志强　杨金峰　李　旻　武晓伟　张耀天　张小民　方光秀　高　峰　武熳熳　刘　虹　李桂利　马素荣
中国电视剧制作中心有限责任公司：任　力　陈　杰
中央卫星电视传播中心：毛海涛

2011年中央电视台获奖·表彰名录

第六届“党风廉政建设好新闻奖”

一等奖

焦点访谈·考察如何变旅游（新闻中心）

新闻联播·“时代先锋”铁骨铸忠魂——追忆四川省南江县原纪委书记王瑛（新闻中心）

新闻联播·“时代先锋”柔情写真爱——追忆四川省南江县原纪委书记王瑛（新闻中心）

二等奖

焦点访谈·一个纪委书记的铁骨柔情（新闻中心）

优秀奖

转型之路（新闻中心）

第21届中国新闻奖

消息类

一等奖

新闻联播·胡锦涛总书记同福建革命老区干部群众和在闽台胞共迎新春佳节（新闻中心）

现场直播类

一等奖

王家岭矿透水事故救援报道（新闻中心）

新闻名专栏类

一等奖

今日关注（新闻中心）

评论类

二等奖

焦点访谈·假酒真相（新闻中心）

专题类

二等奖

新闻调查·七年未完成的拆迁（新闻中心）

系列报道类

二等奖

关注海地大援救（新闻中心）

访谈类

二等奖

对话·大坝前的对话（财经频道）

国际传播类

二等奖

上海世博会多语种网络电视台（中国网络电视台）

第21届人大新闻奖

特别奖

两会新观察·推动力（新闻中心）

一等奖

小撒探会·上学的路有多远（综合频道）

2011 小丫跑两会（财经频道）

二等奖

小崔会客·南京市委书记朱善璐（综合频道）

张庆黎：把改善民生作为西藏实现跨越式发展和长治久安的出发点和落脚点（中国网络电视台）

三等奖

民生幸福·对民众的承诺 对世界的担当（中文国际频道）

2011 年两会《大使看两会》系列报道（西班牙语国际频道）

2011 两会直播特别节目《见证履职》（新闻中心）

法语对话·聚焦 2011 两会热点（法语频道）

2010年度全国社会治安综合治理优秀新闻作品特等奖

平安中国系列（社会与法频道）

一等奖

解密凤凰少女跳楼事件（新闻中心）

二等奖

宝贝回家（新闻中心）

大连管道火灾抢险纪实（新闻中心）

三等奖

12·4“十大法治人物”评选（网络作品）（中国网络电视台）

组织奖

中央电视台

第二届“中华慈善新闻奖”

活动策划奖

等着我——中俄跨国寻亲大型公益活动（综合频道）

一等奖

小崔说事·善义·上亿（电视－人物专访）（综合频道）

二等奖

广西部分农村孩子字典匮乏 我台报道引发社会广泛捐赠（电视－长消息）（新闻中心）

争分夺秒 抢救生命（电视－消息）（军事节目中心）

三等奖

焦点访谈·凡人好事大境界（电视－评论）（新闻中心）

新闻周刊·圆"梦"之旅（电视－新闻专题）（新闻中心）

"CNTV－春晖行动"网络公益捐助平台（网络－专题）（中国网络电视台）

回顾"十一五"展望"十二五"重大主题宣传优秀作品评选

入选作品

新闻联播·"辉煌十一五"系列：在共克时艰中实现历史进步（新闻中心）

新闻联播·"我的这五年"系列：阿里木：卖羊肉串的慈善家（新闻中心）

第二届中国人民解放军新闻奖评选活动

一等奖

护航正在进行（第一集）（军事节目中心）

融进三千里江山的英魂（系列报道）（军事节目中心）

二等奖

"和平使命—2010"联合反恐军演：并肩作战五国官兵联合打击恐怖分子（新闻报道）（军事节目中心）

兵王传奇之"铁血神兵"何祥美（新闻报道）（军事节目中心）

三等奖

回眸与展望：千里机动练为战（系列报道）（军事节目中心）

手榴弹回弹引爆 3.5 秒险中救人（新闻消息）（军事节目中心）

第28届电视剧"飞天奖"

特别奖

解放（中国电视剧制作中心有限责任公司）

一等奖

医者仁心（长篇电视剧）（中国电视剧制作中心有限责任公司）

毛岸英（长篇电视剧）（中央新影集团）

二等奖

远山的红叶（长篇电视剧）（中国电视剧制作中心有限责任公司）

红色摇篮（长篇电视剧）（中央电视台）

三等奖

茶馆（长篇电视剧）（中国电视剧制作中心有限责任公司）

野鸭子（长篇电视剧）（中国国际电视总公司）

提名荣誉奖

北平战与和（中国电视剧制作中心有限责任公司）

密战（中国电视剧制作中心有限责任公司）

张小五的春天（中国国际电视总公司）

中国广播影视大奖·广播电视节目奖（第22届"星光奖"）

特别奖

首都各界庆祝中华人民共和国成立 60 周年大会（大型节目中心）

首都各界庆祝中华人民共和国成立 60 周年联欢晚会（大型节目中心）

中国 2010 年上海世博会开幕式仪式暨文艺演出（大型节目中心）

中国 2010 年上海世博会闭幕式仪式暨文艺演出（大型节目中心与上海台合作）

情系玉树 大爱无疆——抗震救灾大型募捐活动（综艺频道）

中央电视台 2010 年春节联欢晚会（大型节目中心）

中央电视台 2011 年春节联欢晚会（大型节目中心）

第 16 届广州亚运会开幕式（大型节目中心）

第 11 届全国运动会开幕式（大型节目中心）

中国画面——第 27 届电视剧"飞天奖"颁奖盛典（综合频道）

综艺节目大奖

走向阳光——庆祝西藏百万农奴解放 50 周年文艺晚会（大型节目中心）

祖国万岁——庆祝新中国成立 60 周年文艺晚会（大型节目中心）

2010 年度三农人物颁奖典礼（军事·农业频道）

歌舞节目大奖

第五届 CCTV 舞蹈大赛——少儿舞蹈专场（综艺频道）

音乐节目大奖

歌声飘过 60 年——献给祖国的歌（综艺频道）

戏曲节目大奖

中央电视台 2011 年春节戏曲晚会（戏曲和音乐频道）

中央电视台"连天红杯"首届全国戏曲院校京剧学生电视大赛颁奖晚会（戏曲和音乐频道）

专题片大奖

等着我——中俄跨国寻亲大型公益节目（综合频道）

纪录片大奖

梁思成 林徽因（新闻中心）

澳门十年（纪录片频道）

公司的力量（财经频道）

颐和园（新闻中心）

文艺评论大奖

《文化正午》年度特别节目——收获 2010（综艺频道）

文化视点（综艺频道）

少儿节目大奖

2010 年全国儿童歌曲大赛颁奖晚会（少儿频道）

童心如歌——中央电视台 2009 年六一晚会（少儿频道）

和祖国一起成长——中央电视台 2010 年六一晚会（少儿频道）

动画片大奖

月亮大马戏团（央视动画有限公司）

文艺栏目大奖

星光大道（综艺频道）

CCTV 空中剧院（戏曲和音乐频道）

我要上春晚（综艺频道）

提名荣誉奖

2010 年中央电视台音乐频道中秋音乐会（戏曲和音乐频道）

2011 新年京剧晚会（戏曲和音乐频道）

世界著名大学·芝加哥大学（少儿频道）

世界无烟日（资产管理中心）

扬正气促和谐之姚明篇（资产管理中心）

百年歌声（戏曲和音乐频道）

第一届北京国际电影季

"电影看世界"纪录片征集活动入围作品

永恒之火（中央新影集团）

城市之光（中央新影集团）

第二届星光电视文艺论文评选

理论类

三等奖

纪录片商业竞争的战略选择（科教频道）

评论类

二等奖

文献纪录片创作中的"意境"——《毛泽东 1949》创作随笔（新闻中心军事节目部）

以女性的视角表现战争——观纪录片《决战太原》有感（中央新影集团）

第14届"华表奖"

优秀纪录片奖

中国三峡（中央新影集团）

祖国至上（中央新影集团）

长安街（中央新影集团）

优秀纪录片提名奖

上海 2010（中央新影集团）

复兴之路（中央新影集团）

第28届"金鸡奖"

导演处女作奖提名奖

永生羊（中央新影集团）

最佳女配角奖提名奖

永生羊（中央新影集团）

最佳音乐奖提名奖

永生羊（中央新影集团）

最佳纪录片提名奖

城市之光（中央新影集团）

中国广播电视协会纪录片工作委员会 2011年第五届"纪录·中国"

一等创优节目

庐山·人文圣山（中央新影集团）

二等创优节目

太极武当（中央新影集团）

三等创优节目

岁月留声——新中国唱片事业 60 年（中央新影集团）

2010年度国产纪录片及创作人才扶持项目

优秀国产纪录片

短片奖

日出琼崖（系列片）（军事节目中心）

编剧奖

吕峥：玉品人生（军事节目中心）

任学安、周艳：公司的力量（财经频道）

导演奖

李成才：华尔街（财经频道）

短片奖

大三峡（科教频道）

中篇奖

梁思成 林徽因（新闻中心）

长篇奖

华尔街（财经频道）

1949：城市的记忆与重生（中央新影集团）

栏目奖

探索·发现（科教频道）

制作机构奖

中央新闻纪录电影制片厂（集团）

中央电视台科教频道

播出机构奖

中央电视台科教频道

中国广播电视协会纪录片工作委员会第七届国际纪录片选片会

十大纪录片奖

当卢浮宫遇见紫禁城（中央新影集团）

优秀纪录片奖

太极武当（中央新影集团）

国货的前世今生（中央新影集团）

入围作品奖

一个人的荒漠（中央新影集团）

最佳导演奖

《中国三峡》导演杨书华（中央新影集团）

优秀摄像奖

《龙江行》摄像赵布虹（中央新影集团）

优秀剪辑奖

庐山·人文圣山（中央新影集团）

组织奖

中央新闻电影制片厂（集团）

入选中国澳门国际数码电影节纪录片竞赛单元

当卢浮宫遇见紫禁城（中央新影集团）

2010年度全国少儿精品发展专项资金及国产动画发展专项资金项目

优秀少儿频道、动画频道

特等奖

CCTV 少儿频道

优秀少儿电视栏目

特等奖

新闻袋袋裤

一等奖

异想天开、快乐大巴

优秀国产动画栏目

一等奖

第一动画乐园

优秀国产动画片

一等奖

巨虫公园大冒险

二等奖

百吉学堂

2009～2010年度中国广播影视大奖广播电视节目奖大奖

消息类

乌鲁木齐发生打砸抢烧严重暴力犯罪事件（新闻中心）

湖北信义兄弟（新闻中心）

泰国：本台记者亲历交火惊魂时刻（新闻中心）

专题类

每周质量报告·搜索“隐情”（新闻中心）

直播类

澳门十年（新闻中心）

中国2010年上海世界博览会开幕式（大型节目制作中心）

栏目类

新闻联播（新闻中心）

对外电视类

库恩看世博（新闻中心）

半岛局势千钧一发 中国两度紧急表态高度关切（新闻中心）

友谊的足迹——中国古巴建交50周年特别节目（新闻中心）

提名目录

消息类

湖北荆州长江大学生结梯救人（新闻中心）

走向现代农业（黑龙江电视台 中央电视台）

中国士兵风采：“陆战枪王”何祥美》（军事节目中心）

广西钦州：大工业和白海豚的共存之道（广西电视台 中央电视台）

广西小学生字典系列报道（新闻中心）

评论类

今日观察：“神医”张悟本的红与黑（财经频道）

中国财经报道：出口大户生存调查（财经频道）

专题类

2009大阅兵之青春中国（新闻中心）

大三峡——复兴地标（科教频道）

直播类

秦兵马俑一号坑第三次考古发掘（陕西电视台 中央电视台）

海峡东岸行．直播台湾（中央电视台 福建广电集团 台湾 TVBS 电视台）

栏目类

经济信息联播（财经频道）

对外电视类

达沃斯特别节目（新闻中心）

西部边疆行（新闻中心）

菲律宾香港游客劫持事件三大疑问（新闻中心）

第11届四川电视节“金熊猫”奖

人文类

最佳长纪录片奖

当卢浮宫遇见紫禁城（中央新影集团）

评委特别奖

公元 1664（中央新影集团）

大漠长河（中央新影集团）

亚洲制作奖

颐和园（新闻中心）

社会类

评委特别奖

冰球女孩（体育频道）

越狱（中央新影集团）

亚洲制作奖

公司的力量（财经频道）

自然及环境类

纪录片大奖

美丽中国（纪录频道）

自然灾害类

评委特别奖

奇迹－灾后重建的中国力量（新闻中心）

国际动画作品

最佳国产电视系列动画片

秦汉英雄传（中国国际电视总公司）

2011年荧屏导视奖

形象宣传类

一等奖

生活就是舞台（综艺频道）

节目预告类

一等奖

日本大地震直播节目预告（新闻中心）

第15届宋庆龄樟树奖

鞠萍（少儿频道）

第48届亚广联大奖

电视节目类

娱乐节目奖

正大综艺·吉尼斯中国之夜（综艺频道）

中央电视台2011年度优秀节目

“走转改”优秀作品

皮里村蹲点日记（7 集）（新闻中心）

走基层：北京儿童医院蹲点日记（5 集）（新闻中心）

走基层：武川：窖藏土豆 应对市场低迷
张成忠：回村种土豆寻途径过难关
措施有限 四五亿斤土豆急需买家（新闻中心）

北京同仁医院蹲点日记（5 集）（新闻中心）

索道医生——桥通拉马底（连续报道）（新闻中心）

直击煤炭冬运（直播）（新闻中心）

在基层：第一手调查（6 集）（新闻中心）

《看见》“美丽中国人”系列之“挑山的女人”（综合频道）

走基层 百县行：农村也走转型路 长兴遍栽摇钱树（财经频道）

黄河善谷 爱心接力（财经频道）

一等奖

旗帜（大型文献纪录片）（科教频道）

关注日本大地震及核电危机连续报道（新闻中心）

胡锦涛主席在中南海会见美国佩顿中学访华师生（新闻中心）

《远方的家·边疆行》（100 集系列特别节目）（中文国际频道）

我要上春晚（2011－07－11）（综艺频道）

风云会·姚明（2011－07－20）（体育频道）

经济与法百度推广链接的真相（财经频道）

新闻调查钱云会之死（新闻中心）

2011 吉尼斯中国之夜（8）（综合频道）

在灿烂阳光下——2011 年“六一”晚会（少儿频道）

二等奖

新王加冕：2010 年南非世界杯纪录片（体育频道）

辛亥革命（6 集纪录片）（中央新影集团）

星光大道 2010 年度总决赛（综艺频道）

好剧连台·青年影响力——《大戏法》开播盛典（上

集)(电视剧频道)
2011 中央电视台钢琴小提琴大赛（戏曲和音乐频道）
德班：最后的机会？（德班气候大会特别节目）（英语）(外语频道)
利比亚撤侨连续报道（新闻中心）
消费主张 · 超市馒头这样出炉（财经频道）
甲子（10 集纪录片）(纪录频道)
公元 1644（4 集纪录片）(纪录频道)
迷徒（5 集）(科教频道)
军事报道 · 班长曾昇铨成功处置一起伞降险情（军事节目中心）
阳光季节专题晚会（少儿频道）
东方时空 · 真相调查：郭美美事件（新闻中心）
今日说法 · 上学的路还有多远（综合频道）
向幸福出发（2011 － 07 － 17）(综艺频道)
一线 · 吉世光的潜伏人生（社会与法频道）
2011 年春节戏曲联欢晚会（戏曲和音乐频道）
本台记者被困酒店，面临断电断粮（新闻中心）
神农架（3 集系列片）(中文国际频道)
翼装侠穿越天门（体育频道）
热线 12（2011–170）(社会与法频道)
正大综艺 · 谢天谢地你来啦（2011–58）(综合频道)
我们与藏羚羊 · 见证可可西里藏羚羊的迁徙与繁衍（新闻中心）
朝鲜最高领导人金正日逝世（组合报道）(新闻中心)
首席夜话 · 中国的妈妈咪呀（综合频道）
经济信息联播 · 直击房产税改革试点（财经频道）
中国政策论坛——食品安全在行动（财经频道）
我爱发明 · 超级捕手（科教频道）
天网 · 密林中的黑手（社会与法频道）

三等奖

关注食盐抢购：充足供应消费者购盐渐趋理性（新闻中心）
岩中花树（2 集纪录片）(纪录频道)
云中孤旅（2 集纪录片）(纪录频道)
锦绣盛世闹元宵——2011 新春音乐会（戏曲和音乐频道）
2011 年过年七天乐（综艺频道）
全景大运会 · 住在大运村 不一样的精彩——（专题）(体育频道)
广深高速日收千万 支出雾里看花（新闻中心）
《文化正午》年终特别节目：收获 2011（综艺频道）
刘翔重返巅峰 银牌闪耀金光（体育频道）
相约北京——2011 国际青少年大联欢（少儿频道）
宋祖英——放歌台湾的幕后故事（中文国际频道）
身边的感动：杨善洲的故事（新闻中心）
曹德旺：打造中国人自己的汽车玻璃（中文国际频道）
乐鸣东方——庆祝建党九十周年中国作品大型交响音乐会（戏曲和音乐频道）
关注西部学生“小餐桌”系列报道（新闻中心）
7 · 23 甬温线动车事故（新闻中心）
今日说法 · 三个孩子一个黑夜（综合频道）
外国人眼中的红色中国(5 集专题片)(中文国际频道)
《今日话题》建党 90 周年特别节目：反思历史——延安精神与新民主主义革命胜利的当代启示录(英语)(外语频道)
城市与战争（10 集系列专题节目）(军事节目中心)
我们有一套（明星版）(综合频道)
足迹密码（6 集）(中央新影集团)
焦点访谈 · 血燕的神话与真相（一、二）(新闻中心)
寻宝 · 走进平谷（第一场）(综合频道)
《恒大现象》上集《恒大来了》(体育频道)
国庆七天特别节目——味 · 道（科教频道）
你好 少儿频道——少儿频道品牌推广活动（少儿频道）
入世十年（系列报道）(新闻中心)
于康的营养主张 · 牛奶这样喝（系列节目）(科教频道)
走近科学 · 特战先锋——巷战奇兵（科教频道）
《经济半小时》国庆特别节目：跨国并购（财经频道）
五月的鲜花——永远跟党走文艺汇演（综艺频道）
汶川地震三周年大型专题文艺晚会（综艺频道）

CCTV年度重大活动

建党 90 周年报道
“天宫一号”和“神舟八号”发射并成功对接大型活动报道
辛亥革命 100 周年纪念报道

CCTV年度特别节目

一等奖

深圳第 26 届世界大学生夏季运动会开幕式、闭幕式（大型节目中心）
梦想合唱团（综合频道）

二等奖

体坛风云人物颁奖盛典（体育频道）
南海一号（4 集）(纪录频道)
理论热点面对面——从怎么看到怎么办（财经频道）

三等奖

3·15特别节目："健美猪"真相（新闻中心）

中央电视台"心连心"艺术团系列慰问演出（西藏、中国民航、广东中山、厦门、江西赣州、云南普洱、河北邯郸）（大型节目中心）

八仙过海闹新春——2011年春节特别节目（8期）（电视剧频道）

欢欢喜喜迎新年——少儿频道迎接2012年特别节目（少儿频道）

2011教师节专题晚会《美丽心灵——献给老师的歌》（综合频道）

CCTV年度优秀电视剧

中国1921（中国电视剧制作中心有限责任公司）

中国地（中国国际电视总公司）

野鸭子（中国国际电视总公司）

CCTV年度优秀动画片

手工街（共52集）（央视动画有限公司）

秦汉英雄传（共52集）（北京辉煌动画有限公司）

开心小镇（第3部）（共26集）（央视动画有限公司）

CCTV年度网络媒体优秀作品

中国打击侵犯知识产权和制售假冒伪劣商品专项行动成果展（中国网络电视台）

庆祝中国共产党成立90周年"红镜头"视频征集活动（中国网络电视台）

2011年CCTV网络春晚（中国网络电视台）

"乐享青春"两岸青少年网络创意短片征集评选活动（中国网络电视台）

5+NBA（美职篮联赛）（中国网络电视台）

CCTV年度优秀内参片

贵州安顺7·26群体事件调查（新闻中心）

杭州出租车罢运事件调查（新闻中心）

新疆维汉双语教育现状调查（少儿频道）

从当前北非、中东形势看新媒体对国家安全的冲击（总编室）

2011英国骚乱的背后（新闻中心）

2011年度国家广电总局电视节目技术质量（金帆奖）

标准清晰度电视录制技术质量奖

新闻类

一等奖

新闻联播

专题类

一等奖

走遍中国·大美青海（第2集）：三江源

综合文体类

一等奖、最佳灯光奖

2011年春节联欢晚会

最佳声音奖

走遍中国·大美青海（第2集）：三江源

高清晰度电视录制技术质量奖

专题类

一等奖

螳螂传奇

体育类

二等奖

第12届苏迪曼杯世界羽毛球混合团体赛决赛

电视剧类

二等奖

盘龙卧虎高山顶（第一集）

声音类

二等奖

梁思成 林徽因（第三集）

视频图形制作技术质量奖

片头类

一等奖

低碳生活公益片

动画片类

二等奖

莫麟传奇

播出技术质量奖

一等奖

中央电视台

金帆综合大奖

中央电视台

第五届王选新闻科学技术奖

一等奖

中央电视台综合节目内容审片系统（技术管理中心）

综合节目移动外场网络制播系统（技术制作中心）

中央电视台大型高清晰度转播车A–1车（播出传送中心）

二等奖

中央电视台全球覆盖系统（播出传送中心）

中央电视台中型高清数字 EFP 系统（播出传送中心）

2010年度国家广电总局科技成果应用与技术革新奖

中央电视台电视节目资料胶片抢救整理修复及数字化工程项目（音像资料馆）

首届中国电影电视技术学会科技人才奖

丁文华

2011年度全国广播电视技术维护台先进站（集体）、先进个人

先进台站（集体）

中心类一等奖

播出传送中心播出部技术保障科

综合管理类三等奖

技术管理中心信息通讯处信息应用系统管理科

先进个人

中心类二等奖

陈海文（新闻中心新闻制作部）

综合管理类二等奖

秦军（技术制作中心录制一部）

2011年度中国电影电视技术学会奖

科学技术进步奖

一等奖

中央电视台新中国成立 60 周年庆典活动高清转播系统（技术管理中心、技术制作中心、播出传送中心）

综合节目移动外场网络制播系统（技术制作中心）

中央电视台全球覆盖系统（播出传送中心）

中国广播电视协会2011年广播电视科技杰出贡献奖

顾军（技术管理中心）

2011年度中央电视台电视节目技术质量奖获奖名录

高清晰度电视节目录制技术质量奖

综艺类

一等奖、最佳灯光奖

2011 年春节联欢晚会 – 歌舞精编版（技术制作中心）

二等奖

2010 年上海世博会闭幕式（播出传送中心）

2010 年广州亚运会开幕式（播出传送中心）

专题类

一等奖

2010 世博记忆：第六集——文明的历程（技术制作中心）

二等奖

颐和园：第六集——沧桑续文明（技术制作中心）

大漠长河 荒漠往事（中央新闻纪录电影制片厂）

声音制作类

二等奖

颐和园：第六集 – 沧桑续文明（技术制作中心）

二等奖

2011 年春节联欢晚会——歌舞精编版（技术制作中心）

体育类

一等奖

2011 年上海田径钻石联赛（播出传送中心）

二等奖

2010 年世界杯足球赛特别节目：豪门盛宴（技术制作中心）

标准清晰度电视节目录制技术质量奖

新闻类

一等奖

体坛快讯（2011 – 06 – 03）（播出传送中心）

二等奖

体坛快讯（2011 – 05 – 16）（播出传送中心）

二等奖

新闻联播（2011 – 02 – 25）（新闻中心新闻制作部）

专题类

一等奖

奇迹（一）跨越断裂带（技术制作中心）

二等奖

察卡洛（上）（中央新闻纪录电影制片厂）

梁思成 林徽因（3）（技术制作中心）

最佳声音奖

梁思成 林徽因（3）（技术制作中心）

综合文体类

一等奖

我们的旗帜——庆祝中国共产党成立 90 周年文艺晚会（播出传送中心）

二等奖

五月的鲜花——永远跟党走（技术制作中心）

中华情（2011-25）（技术制作中心）

电视剧类

一等奖

茶馆（第12集）（中国电视剧制作中心有限责任公司技术处）

二等奖

江姐（第7集）（中国电视剧制作中心有限责任公司技术处）

医者仁心（第5集）（中国电视剧制作中心有限责任公司技术处）

电视节目视频图形制作技术质量奖

动画片类

一等奖

开心小镇（第27集）（央视动画有限公司）

二等奖

手工街（第8集）（央视动画有限公司）

片头类

一等奖

2011年春节戏曲晚会（技术制作中心）

二等奖

读书吧（技术制作中心）

话说中国（阿拉伯语国际频道）（技术制作中心）

电视节目安全播出奖（共66个班组）

播出传送中心播出部播控一科：A、C、E班

播出传送中心播出部播控二科：A、C、E班

播出传送中心播出部播控三科：B、C、E、F班

播出传送中心播出部备播协调科：A、C、D、E班

播出传送中心总控部运行科：A、B、C、D、E、F班

新闻中心新闻制作部播出科：B、C、D班

新闻中心新闻制作部中心科：A、B、E班

新闻中心新闻制作部录制科：B、D、E班

新闻中心新闻制作部制作科：A、B、C班

新闻中心新闻制作部灯光科：A班

技术制作中心录制一部第12演播室：A、B、C、D班

技术制作中心录制一部第13演播室：A、B、C、D班

技术制作中心录制一部第33演播室：直播1、2、3、4组

技术制作中心录制二部第19演播室：A、B、C、D班

技术制作中心录制三部第15演播室：A、B、C、D班

技术制作中心录制三部第16演播室：A、B、C、D班

技术制作中心录制三部第17演播室：A、C、D、E班

技术管理中心质量管理处有线电视科：A、B班

技术管理中心动力处供电运行科：1、4、8号机站

优质技术工程奖

世博会电视报道通讯及电力系统（技术管理中心信息通讯处、动力处）

亚运会转播总控系统和通话系统（播出传送中心总控部、技术管理中心信息通讯处）

南非世界杯在线包装设备系统（技术制作中心录制二部）

亚运会转播系统——CCTV—5和外景演播室部分（播出传送中心传送部、技术制作中心录制二部）

中心站演播室系统集成——亚太、中东、俄罗斯（新台址工艺技术办公室）

系统维护优秀奖

有线电视系统（技术管理中心质量管理处）

信息通信系统（技术管理中心信息通讯处）

动力系统（技术管理中心动力处）

后期制作系统（技术制作中心录制二部）

播出系统（播出传送中心播出部）

总控系统（播出传送中心总控部）

新闻共享系统（新闻中心新闻制作部）

2011年中央电视台获国家级荣誉称号的单位和个人名录

全国优秀新闻工作者

新闻中心：冯韵娴　王　梦　何盈　张羽　张勤

2011年度全国"扫黄打非"先进集体

社会与法频道《一线》栏目

2011年度全国"扫黄打非"先进个人

社会与法频道《一线》栏目：王晓萌

国家2010年商务部"中国援外奉献奖"金奖

杜一平　宓文生　杨世顶　张胜才　陈淑云　王春隆　荆永泉　王聿乃

国家2010年商务部"中国援外奉献奖"银奖

卢长振　赵光馨　张世民　李秀珍　王景福　韩　峰　刘冬生　代　毅

第二届中国澳门国际数码电影节

中央新闻电影制片厂（集团）：高峰

全国文明单位

中央电视台

全国巾帼文明岗

新闻中心国际新闻部新闻二组

社会与法频道《大家看法》栏目组

财经频道编辑播出组

全国普法办法制宣传教育先进集体

社会与法频道

全国优秀工会工作者

工会联合会：任海

全国三八红旗手

综艺频道：朱迅

全国巾帼建功标兵

新闻中心：张君

技术管理中心：陈宇

全国巾帼建功活动先进工作者

工会联合会：南敏

全国普法办法制宣传教育先进个人

财经频道：石强

中直机关模范职工之家

中央电视台工会

中央直属机关先进基层党组织

新闻中心党总支

中直机关五一劳动奖章

何海明

中直机关优秀工会工作者

任海

中央直属机关优秀党务工作者

张海鸽

中央直属机关优秀共产党员

新闻频道：郑连凯

财经频道：姚振山

技术管理中心：韩　强

2011年中央电视台获国家广电总局表彰的单位和个人名录

国家广电总局2010年度精神文明建设标兵单位

中央电视台

国家广电总局2010年度人口和计划生育标兵单位

中央电视台

国家广电总局2010年度无偿献血工作标兵单位

中央电视台

国家广电总局全国广播影视“走出去”工程实施十周年总结表彰先进集体

中央电视台海外传播中心

中央电视台外语频道

中国广播电视国际经济技术合作总公司

中国网络电视台

中视国际传媒（北京）有限公司

中文国际频道

国家广电总局全国广播影视“走出去”工程实施十周年总结表彰先进个人

高　伟　陈　力　黄　伟　贾　莉　刘　平

马润生　王雄先　尹　凡　尚建民　李占军

国家广电总局全国广播影视“走出去”工程实施十周年总结表彰优秀项目

中国广播电影电视节目交易中心、中国国际电视总公司节目代理部：《故宫》国际合作改编包装

中央电视台播出传送中心：中央电视台全球覆盖系统

中央电视台新闻中心海外记者部：中央电视台全球新闻采编网络建设

中央电视台海外传播中心：英国威讯 IPTV 项目

中国广播电视国际经济技术合作总公司：CCTV － NEWS 在斯里兰卡首都科伦坡落地项目

中视国际传媒（北京）有限公司：长城平台全球推广与运营

国家广电总局2009～2010年度五一劳动奖状

新闻中心：《今日关注》

财经频道：《对话》

国家广电总局2009～2010年度巾帼文明岗

新闻中心国际新闻部新闻二组

社会与法频道《大家看法》栏目

财经频道编辑播出组

国家广电总局2009～2011年度先进基层党组织

台办公室秘书处党支部

新闻中心地方记者部党支部

财经频道党总支

科教频道第一党支部

人力资源管理中心党总支

机关党委党总支

播出传送中心播出部党支部

中国电视剧制作中心有限责任公司第一党支部

中央新闻电影制片厂（集团）时政部党支部

中国网络电视台党总支

国家广电总局2009～2010年度模范职工之家

中国有线电视网络有限公司工会

国家广电总局2009～2010年度模范职工小家

西班牙语频道工会

中国新闻纪录电视制片厂（集团）中央新闻纪录电影制作厂摄影部工会

广播影视系统2006～2010年法制宣传教育先进集体

中央电视台社会与法频道

中央电视台新闻中心《法治在线》栏目组

2009～2010年度广电系统全国青年文明号

新闻中心新闻频道编辑部直播组

国家广电总局2009～2011年度优秀共产党员

台办公室：邓海京

总编室：李　珂

新闻中心：朱　瑛　郑连凯　侯　军　王春潇　冯　成　于　清

资产管理中心：胡　重

综合频道：谭义勇

财经频道：姚振山　史亚东

综艺频道：从　澍

中文国际频道：李彤云

体育频道：王　平

科教频道：聂丛丛

社会与法频道：卢钊凯

外语频道：程　晶　俞　江

少儿频道：洪　宇

人力资源管理中心：刘　倩

财务管理中心：杨　静

机关党委：赵东亮

技术管理中心：韩　强

技术制作中心：侯　佳　刘洪志

播出传送中心：史伯云　薛军洪

监察室：王　楠

中国电视报：徐凯旋

中国电视剧制作中心有限责任公司：东方闻樱

中央新闻电影制片厂（集团）：刘大良　张淑敏　邹德昌　刘　艳　邓伟华

中国国际电视总公司：陈　凡　刘香菊　张汉阳　梁贻松　郝永强　高　燕　王　华

中国有线电视网络有限公司：秦丙栓

中国广播电视国际经济技术合作总公司：尚建民

国家广电总局2009～2011年度优秀党务者

总编室：张景卫

新闻中心：陆伟昌

财经频道：张　政

中文国际频道：高菊莲

少儿频道：鞠　萍

机关党委：刘迎春　刘　斌

技术管理中心：陈　平

中央新闻电影制片厂（集团）：赵布光

国家广电总局2009～2010年度五一劳动奖章

综艺频道：董　卿　许文广

科教频道：卓　越

国家广电总局2009～2010年度先进工会工作者

中央新影集团：李书珍　陈阿根　卢喜英

国家广电总局2009～2010年度优秀工会工作者

阿拉伯语频道：卞　莉

新闻中心：朱　瑛

中央新影集团：刘　慧

中国有线电视网络有限公司：赵李扬

中国广播电视国际经济技术合作总公司：刘劲松

国家广电总局2009～2010年度优秀工会之友

中央电视台：张海鸽

中央新闻纪录电影制片厂（集团）：高　峰

中国国际电视总公司：李　建

中国电视剧制作中心有限责任公司：薛继军

中国有线电视网络有限公司：沈向军

中国广播电视国际经济技术合作总公司：李金荣

中央卫星电视传播中心：李　琼

国家广电总局2009～2010年度巾帼建功标兵

综艺频道：朱　迅

新闻中心：张　君

技术管理中心：陈　宇

台办公室：朱焰焰

财经频道：欧阳智薇

广播影视系统2006～2010年法制宣传教育先进个人

财经频道：石　强

国家广电总局2010年度关心和支持人口和计划生育工作的领导

张海鸽

国家广电总局2010年度关心和支持无偿献血工作的领导

张海鸽

国家广电总局2010年度人口和计划生育先进工作者

机关党委：闫姨娜

中国国际电视总公司：陆项飞

国家广电总局2010年度无偿献血先进工作者

机关党委：王 轶

国家广电总局2010年度无偿献血先进个人

总编室：王 宁
广告经营管理中心：秦 曦
新闻中心：陈国栋
科教频道：胡 涛 田 巍 朱玉杰
社会与法频道：谭 婕
少儿频道：崔 玲
外语频道：方大鹏 王艳艳
中国国际电视总公司：
何 宇 邓丽华 刘震兴 王 华 成可儿
龚 丽 夏 飏 郭灿明 谭盛元 常 悦
王 京 任 毅 杨书杰 吴红强 王 华
马小卫 韩冬荣 常 磊 石天亮 周 昊
王 连 李 媛 陈 卓 张梦燕 郭 妍
赵临海 齐元非 周利峰 袁金碧 季 净
张德强 曹婷婷 刘 莹 赵 梅 孙 宇
杨 帆 吴 伟 袁霖霖

2009～2010年度广电系统全国青年岗位能手

财经频道：芮成钢

2011年国家广电总局治安先进集体名录

办公室保卫处
办公室行政处行政科
新闻中心地方记者部记者站管理组
综艺频道综合部秘书组
体育频道综合部秘书组
科教频道《走近科学》栏目组
外语频道综合部综合管理组
财务管理中心会计核算处
技术管理中心信息通讯处话务科
播出传送中心转播部二科
资产管理中心综合部
新台址建设工程办公室工程处
中国国际电视总公司（总部）
中国网络电视台
中国电视剧制作中心有限责任公司综合事务部动力安保
中央新闻纪录电影制片厂（集团）保卫部
中央新闻纪录电影制片厂（集团）离退休办公室
北京科学教育电影制片厂保卫处
北京科学教育电影制片厂演播科
中国有线电视网络有限公司
中国广播电视国际经济技术合作总公司保卫部

2011年国家广电总局消防先进集体

办公室秘书处档案科
总编室节目播出部备播组
新闻中心新闻制作部录制科
财经频道摄像组
中文国际频道《中国文艺》栏目
少儿频道节目统筹组
人力资源管理中心人才交流处
技术制作中心录制三部制作五科
播出传送中心传送部制作一科
机关党委
音像资料馆综合管理科
中视剧城文化传媒有限责任公司
中视体育娱乐有限公司综合管理中心
中视科华有限公司北京文化创意分公司
中视实业发展有限责任公司
中央数字电视传媒有限公司
中央新闻纪录电影制片厂（集团）录制部
中央新闻纪录电影制片厂（集团）地理节目部
北京科学教育电影制片厂音频科
北京科学教育电影制片厂保卫处
中央卫星电视传播中心办公室

2011年国家广电总局治安先进个人

办公室：李兴无 杜劲军
总编室：田咏力
新闻中心：葛广利
综合频道：张清春
电视剧频道：傅 思
社会与法频道：芦宝国
大型节目制作中心：俞 勤
人力资源管理中心：王亚珍
技术制作中心：于海兵
播出传送中心：郭 敏
机关党委：邵 宁
纪检组监察室、机关纪委：单 良
中国国际电视总公司：石宪法
中国网络电视台：任 兵
中央新闻纪录电影制片厂（集团）：樊云龙 刘 颖
北京科学教育电影制片厂：刘连水 邱立芬
中央卫星电视传播中心：尹立平
中国有线电视网络有限公司：欧阳聪

2011年国家广电总局消防先进个人名录

办公室：孟令朝 邱鹏鸣
财经频道：马宁东

综艺频道：万 钢
体育频道：孙卫红
科教频道：李亚玮
戏曲和音乐频道：李 真
纪录频道：田传海
财务管理中心：李诗琳
技术管理中心：朱佩芳
资产管理中心：侯 军
中国电视报社：冯文红
北京中视汇才文化发展有限公司：李陈琛
中视科华有限公司北京新闻技术服务分公司：张晓健
央视-索福瑞媒介研究有限公司：孙 义
中国电视剧制作中心有限责任公司：王立永
中央新闻纪录电影制片厂（集团）：马英魁 于 杰
北京科学教育电影制片厂：曲世忠 贾宝国
中央卫星电视传播中心：杜群山

2011年中央电视台获首都级荣誉称号的单位和个人名录

首都精神文明建设奖

新闻中心：海霞

第八届首都和谐家庭标兵

戏曲和音乐频道：白燕升

2011年中央电视台获台级表彰的单位和个人名录

名播音员主持人获奖名录

康 辉 白岩松 王小丫 李瑞英 董 卿
郎永淳 欧阳夏丹 撒贝宁 陈伟鸿 毕福剑
朱 军 张 斌

优秀播音员主持人获奖名录

芮成钢 任志宏 张 越 敬一丹 徐 俐
张泉灵 贺红梅 李 红 杨 锐 田 薇
刘纯燕 鲁 健 彭 坤 李文静 水均益
李佳明 朱 迅 路一鸣

2011年度中央电视台国内记者站团结模范之家

福建记者站 贵州记者站 河北记者站
河南记者站 湖北记者站 湖南记者站
江苏记者站 辽宁记者站 山东记者站
陕西记者站

2010～2011年度中央电视台精神文明先进集体

办公室保卫处消防科
办公室行政处行政科
总编室审片部
总编室市场评估部
新闻中心综合部秘书组
新闻中心时政新闻部统筹策划组
新闻中心地方记者部驻江苏记者站
新闻中心海外记者部站点运营组
新闻中心新闻评论部《新闻纪实》
新闻中心新闻频道编辑部《新闻30分》
新闻中心国际频道新闻编辑部《今日关注》
综合频道节目部节日及长假节目组
综合频道《中华民族》栏目组
财经频道《第一时间》栏目组
财经频道《经济与法》栏目组
综艺频道节目部摄像组
中文国际频道节目部
体育频道竞赛部摄像组
电视剧频道项目部综合组
科教频道《讲述》栏目组
社会与法频道《热线12》栏目组
戏曲和音乐频道《CCTV空中剧院》
少儿频道《新闻袋袋裤》栏目组
少儿频道节目部主持人组
外语频道英语新闻频道夜间新闻组
外语频道阿拉伯语频道专题二组
外语频道俄语频道访谈组
纪录频道节目管理部综合运营组
大型节目中心综合部摄像组
海外传播中心综合部传播规划组
人力资源管理中心干部管理处
财务管理中心会计核算处广告收入科
技术管理中心动力处供电运行科
技术制作中心录制一部后期制作一科
技术制作中心录制三部播出一科
技术制作中心音频部音频制作三科
播出传送中心播出部播出运行二科
资产管理中心市场部
发展研究中心电视传播研究部
机关党委
新台址工程建设办公室工程处弱电科
审计处
音像资料馆库房管理科
中国电视报社记者组
中国国际电视总公司北京中电高科技电视发展公司
中国国际电视总公司中视实业发展有限责任公司
中国国际电视总公司广告事业部北京未来广告有限公司

中国国际电视总公司央视动画有限公司
中国电视剧制作中心有限责任公司综合事务部
中央新闻纪录电影制片厂（集团）摄影部
中央新闻纪录电影制片厂（集团）地理科学节目部

中央电视台2008～2011年度先进党支部

台办公室秘书处党支部
总编室节目研发部党支部
新闻中心时政新闻部党支部
新闻中心地方记者部党支部
新闻中心新闻频道编辑部党支部
财经频道第二党支部
中文国际频道第二党支部
体育频道节目部党支部
科教频道第一党支部
社会与法频道第一党支部
少儿频道节目部党支部
人力资源管理中心培训职称处党支部
离退休人员党总支红莲党支部
离退休人员党总支航天桥党支部
离退休人员党总支塔楼一党支部
离退休人员党总支甘家口党支部
财务管理中心财产物资处党支部
技术管理中心信息通讯处党支部
技术制作中心录制一部党支部
播出传送中心播出部党支部
机关党委本部党支部
审计处党支部
音像资料馆第一党支部
中国电视剧制作中心有限责任公司第一党支部
中央新闻纪录电影制片厂(集团)时政部党支部(新影)
中央新闻纪录电影制片厂(集团)总编室二支部(科影)
中央新闻纪录电影制片厂（集团）影视资料部联合党支部（新影）
中央新闻纪录电影制片厂（集团）动画支部（科影）
中央新闻纪录电影制片厂（集团）离退休第二党支部（新影）
中央新闻纪录电影制片厂（集团）离退休第三党支部（科影）
中央新闻纪录电影制片厂（集团）离退休第十党支部（新影）
中国国际电视总公司中国网络电视台党总支第三党支部
中国国际电视总公司中视科华有限公司本部党支部
中国国际电视总公司中央数字电视传媒有限公司第二党支部
中国国际电视总公司梅地亚第一党支部
中国国际电视总公司北京中电高科技电视发展公司党支部
中国国际电视总公司北京未来广告有限公司党支部
中国国际电视总公司中视卫星电视节目有限责任公司党支部
中国国际电视总公司中国有线电视网络有限公司第一党支部
中国广播电视国际经济技术合作总公司工程技术分公司党支部
中国广播电视国际经济技术合作总公司贸易分公司党支部
中广影视卫星有限责任公司第三党支部
中国爱乐乐团乐队党支部

中央电视台精神文明先进个人

办公室：王玉倩　郝乃洁　陈思圻
总编室：鲁　力　吴泽涛
新闻中心：张　勤　项　飞　张　斌　黄　成　张继宏　黄美玉　陈常伟　张　萍　唐　泽　汪成健　徐圣益　王　梦　韦雅昕　王　刚　毛初明　马　徽　水　珍　万　菊　余恩慧　蒋　励　陆伟昌
综合频道：冷　燕　赵　亮　白秋立　郝国庆　金　辉
财经频道：尹　文　李　明　张凤玥　鄢文玉　徐　涛　汤鹤松　董春虎
综艺频道：李　玲　张春堂　陈　维
中文国际频道：黄　卫　田　原　张　鹏　杨　雾
体育频道：刘　颖　孙　畅　魏　星　柴华北
电视剧频道：曹　倩　韩　菲
科教频道：于　红　李亚玮　洪丽娟　延　红　徐耀武
社会与法频道：纪淑田　薛红霞　王水雯　呼啸起
戏曲和音乐频道：王　兰　祝　莹
少儿频道：李　仲　张丽媛　司晓峰
外语频道：王国营　朱　易　曹　熙　郭玉华　宋　扬　李　磊　唐　韵　杨　栋
纪录频道：张苡芊　李艳峰
大型节目中心：周晓冬　彭丽娟
海外传播中心：何　叶　张　媛
人力资源管理中心：陈　曦　常燕宁
财务管理中心：闫永强　邢媛媛
技术管理中心：刘　霞　李松山

技术制作中心：徐　波　李小康　王　炜
范　辉　罗新艳　石秀莲
金　云　赵绍光　郭　超
陈　纲　翟　南
播出传送中心：张　立　朱　玮　罗　雷
付　威　李　欣
资产管理中心：杨　斌　张勇立
发展研究中心：张利生　张腾之
机关党委：闫晓文　赵东亮
新台址建设工程办公室：赵　宇
纪检组监察室、机关纪委：方　恒　李湘如
音像资料馆：赵　严　吴　疑
中国电视报社：石　炜　王　鑫
中国国际电视总公司：王克民　董　虹　路　军
陈光华　高　岩　吴作儒
苏玲玲　周春燕　高海英
杨　扬　王玉娟　晋延林
陈剑英　王桂林　朱文明
皮　云　杨　孖　曹　雷
段俊其　王　琳　鹿　新
杜　倩　王　楠　孟昭元
韩继武　李永喜　陈　磊
张　莹　张　强　张颖娇
邢海涛　熊　殷　程春丽
张毛毛　黄艳蓉　刘晓云
中国电视剧制作中心有限责任公司：
任　力　曹　欢　张红娟　许成法
中央新闻纪录电影制片厂（集团）：
瞿卫军　宋　爽　郭志鹏　卢喜英　吴　江
戚　锰　尹虎栓　王东林　王一岩　王　莉
中央卫星电视传播中心：刘　娟

中央电视台第一届“五好文明家庭”

办公室：赵晓博
总编室：王建宏
新闻中心：赵　震
综艺频道：朱　军
中文国际频道：吴晟炜
科教频道：李福成
人力资源管理中心：具春秋
技术制作中心：罗新艳
资产管理中心：席春芬
纪录频道：韩　雯

中央电视台首届“爱心使者”

办公室：邓海京
新闻中心：纳森乌日塔
综艺频道：朱　迅
体育频道：王　茜
科教频道：徐耀武
社会与法频道：张　越
外语频道：李小萍
人力资源管理中心：周　斌
技术管理中心：申玉平
中国电视剧制作中心有限责任公司：倪　萍

中央电视台2008～2011年度优秀共产党员

台办公室：杨力文　邓海京　黄　伟　单长英
杜劲军
总编室：许　涛　杜　健　陈晓卿　李　珂
新闻中心：朱　瑛　唐　怡　马亚阳　罗小光
武晋先　陈钰洁　李克明　郑连凯
侯　军　刘美佳　王春潇　郑昭红
李伟林　韦雅昕　张　丹　王　刚
郭　薇　冯　成　张　羽　潘林华
张印栋　于　清　李　洁　冯　倩
孟艳滨　王慧玲　蔡潜厚　彭　坤
刘　亮　杨少波
综合频道：沈　龙　张汉明　谭义勇　王　松
财经频道：冯玉婷　姚振山　张　蕾　赵　悦
史亚东　李文斌　田　苗　王世杰
吴　胜
综艺频道：胡　双　黎　红　丛　澍
中文国际频道：崔玉杰　杨奉涛　李彤云
徐　江　王静芳
体育频道：林晓阳　李　庆　王　平　张婷婷
杨东德
电视剧频道：刘秀杰
科教频道：李亚玮　闫　东　聂从从　王　宁
陈　力　曲　静　陈　波
社会与法频道：林协中　杨艳云　卢钊凯
郭　洁　吕兰平
戏曲和音乐频道：谢冬娜　贾建元
少儿频道：张　璞　纪建月　洪　宇　王　辰
外语频道：西　佳　程　晶　张军锋　李思恩
宋　扬　惠　郁　俞　江　董　桥
杨小巍　来云鹤
大型节目中心：马　磊
海外传播中心：王雄先
人力资源管理中心：董新渝　陈　云　杨　玲
离退休人员党总支：韩立梅　余广正　孙柏青
周爱华　宋福进　李锡明
李　伟　黄慧群　杨增福

苏　实　刘宗仁　刘春光
付连德　王庆祺　曹　友
徐经忠　王玉兰　徐家察
辛　健　李嘉葆　李大妍
焦　中　谭　涛　蔡龙西
关秉宏　李秀英　张君实
马彦清　石凤山

财务管理中心：梁　喆　杨　静　孙　苹
技术管理中心：韩　强　王　勤　贾裕之
王　斌　张晓强
技术制作中心：李　萍　闫　芬　许　新
侯　佳　罗新艳　郭　涛
高　岩　刘洪志　陈世民
谭　磊　苑学成　韩利群
播出传送中心：程　昕　王　帆　史伯云
薛军洪　林　辉　于　亮
李思炜
资产管理中心：冯依民　胡　重
发展研究中心：张利生
机关党委：赵东亮
纪检组监察室、机关纪委：王　楠
审计处：郑　晴
音像资料馆：阴建白　史维涛
中国电视报社：徐凯旋
新台址建设工程办公室：程　怡　关　杨
中国电视剧制作中心有限责任公司：
东方闻樱　林智刚　赵鹏龙
中央新闻电影制片厂（集团）：
马成昆　刘大良　邓勉之　张淑敏
王宝成　邹德昌　赵　达　费小平
孟宪杰　刘奕奕　关燕芝　姜云川
于季芳　周家驷　黄毓芬　王志才
张岳林　李芝云　刘永恩　姜紫芬
顾泉雄　刘　艳　杜　薇　郝　茉
宋　爽　刘永澄　陈亿侠　程淑敏
周建辰　杨俊雄　王爱珍　魏少波
邓伟华　扎西旺堆
中国国际电视总公司：吕　强　郭　强　蒋威威
陈　凡　张曼君　温京丽
周凤英　全淑玲　翟　刚
陈　梅　王宗高　曹　雷
张　超　张　娜　李嘉宁
邵　勇　张倩倩　刘香菊
罗　威　张　啸　郑　伟
李　聪　张　瑛　张汉阳
马小雪　徐天彤　李　轩
梁贻松　季美娟　安章发
崔凤杰　黄成明　李献忠
郝永强　管卫东　张伟强
李建新　曹金梅　董保才
褚恩辉　孟繁梅　高　燕
苏爱民　姜蕴哲　马　驰
马小婷　白　翎　黄艳蓉
陈　旭　严　晋　王　华
胡旭萍　王玉娟　毕云天
孟金龙　吴　怡
中国有线电视网络有限公司：
赵李扬　席国艳　秦丙栓　陈红建
中国广播电视国际经济技术合作总公司：
喜万仓　尚建民　董泽红　王　斌　石世怡
张传宇　刘晓根
中广影视卫星有限责任公司：冯惠玢　刘　娟
中国爱乐乐团：杨乃欣　贾　艳

中央电视台2008～2011年度优秀党务工作者

台办公室：王瑞山　吴军红　宫志坚　韩亚男
孟庆忠　晁美丽
总 编 室：张景卫　李　丹　闫天颖　张传玲
张凌微
新闻中心：陆伟昌　冯旭宏　余伟利　王晓琨
邢　栋　赵浩东　王　萍　赵　震
冀惠彦　关海鹰　朱同合　李修平
沈建平
财经频道：张　政　赵　赫　韩　青　李　勇
郑　蔚
综艺频道：王　进　哈　文
中文国际频道：高菊莲　王有才　吴晟炜
王广令　王文昌
体育频道：宋　丹　陆　维　尤　宁　杨继光
科教频道：李　虹　侯　洁　张广义　李福成
梁　红
社会与法频道：王庆忱　于海霞　付彦军
少儿频道：许唐生　李　仲　鞠　萍
外语频道：郭玉华　韩秋红　郝　麟　庞新华
人力资源管理中心：王　峥　杨一龙　高广远
离退休人员党总支：张道国　叶灵灵　李绥生
康　平　吴复九　王晓明
田桂明　范秀兰　杜文林
王继辉　王树艺
财务管理中心：赵万一　黄　伟　米绍行
技术管理中心：陈　红　张建华　蔡　贺　陈　平

技术制作中心：苏　文　李树站　王宏磊　荆甫礼
播出传送中心：刘　捷　范　颀　王红波　丁京平
资产管理中心：闫丽萍　冯　惠
机关党委：宿晓光　刘迎春　刘　斌　任　海
李彦吉
纪检组监察室、机关纪委：张　威
音像资料馆：周大勇　赵　严
中国电视报社：石　炜
新台址建设工程办公室：吴发力　赵　宇
中国电视剧制作中心有限责任公司：
任　力　林竞红　肖建平
中央新闻电影制片厂（集团）：
那鸿魁　李　新　安桂霞
徐建春　穆　军　邵振堂
杨　琳　李书珍　苏秀莲
郝强国　王　朴　傅　伟
尹建世　余立军　杨　丽
海潮明　曲世忠　王素贞
李夏芳　郭顺勇
中国国际电视总公司：马　静　赵鸿一　高　青
方光秀　吴作儒　马　龙
杨晓坤　张芊川　晋延林
范　玲　可　莹　郭亚莉
杨　羃　王　晖　王小熹
马润生　欧阳俊　马云键
俞娅静　刘首援　王秋丽
张玉华　乔建平　张茂林
周建杰　彭小平　田　涛
霍　光　曹　青　李艳惠
陈维立　韩喜明　张毛毛
王克民
中国有线电视网络有限公司：孟晓梅　刘俊卿
邬继承
中国广播电视国际经济技术合作总公司：
高松光　李　发　张长江　朱　兢　李素巧
中广影视卫星有限责任公司：刘俊善　毛海涛
中国爱乐乐团：张正地

2011年中央电视台治安消防综合治理先进集体名录

办公室综合处一科
办公室房管处综合科
办公室保卫处治安科
办公室保卫处消防中心科
总编室综合部运营策略组
新闻中心综合部
新闻中心新闻评论部统筹组
综合频道综合部运营管理组
财经频道节目统筹组
综艺频道《我要上春晚》栏目
体育频道体育节目部播出组
电视剧频道综合部综合管理组
科教频道综合部综合管理组
社会与法频道综合部运营组
戏曲和音乐频道文秘组
少儿频道综合部综合管理组
外语频道英语新闻频道夜间新闻组
纪录频道综合运营组
人力资源管理中心离退休处
财务管理中心财产物资处供应科
技术管理中心动力处空调科
技术制作中心录制二部后期制作二科
播出传送中心总控部技术保障科
新台址建设办公室技术处
新台址工艺办秘书组
音像资料馆用户服务科
中国国际电视总公司北京中视远图影视传媒有限公司
中国国际电视总公司央视市场研究股份有限公司
中国国际电视总公司央视动画有限公司
中国国际电视总公司北京中视环亚卫星传输有限公司
中国电视剧制作中心有限责任公司技术制作分公司
中国电视剧制作中心有限责任公司《节振国传奇》摄制组

2011年中央电视台治安消防综合治理先进个人名录

台办公室：张　勇　郭和平　达　红　孙月仙
邓海京　田启明　曹新石
总编室：韩　毅　路　芃　武　强　郑　楠
新闻中心：李　晶　谭　琼　黄美玉　吴　鸿
邢　栋　郭晓燕　丁　丁　姜　岚
刘跃滨　冯雅丹　龚　颖　张明旺
李　忠　郭生彦　段立军
综合频道：王　松　孙　萌
财经频道：汤　丽　甘　霖　李玲萍
综艺频道：王　进　刘光蕊　卢　路　许志刚
杨巧玲
中文国际频道：高菊莲　张华杰
体育频道：亢　毅　徐　伟　何孔日

电视剧频道：王洪跃　张　森
科教频道：陈　盛　邢　明
社会与法频道：陈　咏　马俊玲
戏曲和音乐频道：赵俊保　程　岩
少儿频道：梅　龙　罗　闪　文　岩
外语频道：贾　佳　李玲玲　吴海霞
纪录频道：徐玉刚　董妮娜
大型节目中心：田姗姗　刘　蕾　张
海外传播发展中心：付为民　曾　晋　王艳华
人力资源管理中心：薛　晗　王　歆　史瑞丽　唐　玥
财务管理中心：范丽娟　孙　磊　高　桐
技术管理中心：袁利涛　朱　研　张　鹤　朱小南　李晓明
技术制作中心：卢　群　吕晓斌　李　菁　韦加林　任　刚　白　羽
播出传送中心：东晓光　陶　铮　郑淑英　王轲平　曾利强　李妍菲
资产管理中心：赵　爽　高业赢
发展研究中心：叶少刚　裴京花
机关党委：王　轶　吕思远
新台址建设办公室：马小红　罗伍剑　于建国　姜宏军
新台址工艺办：莫海珍
纪检组监察室、机关纪委：刘桂玉
审计处：高运景　郑　晴
音像资料馆：叶晋春　王　聪
中国电视报：孙世光
中国国际电视总公司：刘长顺　朱　莉　赵祥斌　周文飞　丁文先　赵玉东　李　昶　马润生　邓朴琪　张殿江
中国电视剧制作中心有限责任公司：
邢英杰　庄双勤　李　健　刘立京　张傲然

CCTV

SHOUZHONGDIAOCHA·YANFA

受众调查·研发

受众调查·研发

2010 年中央电视台收视分析

一、全国电视市场收视概况

2010 年，全国电视市场日均收视总量为每人 151 分钟，较 2009 年减少 7 分钟。从全年分周收视量走势来看，2010 年全国电视市场下半年收视量较 2009 年有所降低，暑假期间和年底的两个月下降更为明显（见图 1）。

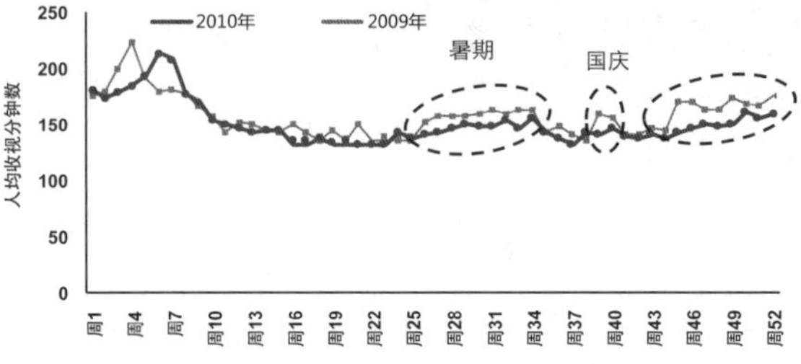

图1 近两年全国人均收视总量变化走势（单位：分钟）

2010 年全天收视率走势与 2009 年相比，中午前后以及晚间 20:00～21:30时段收视有所降低(见图2)。

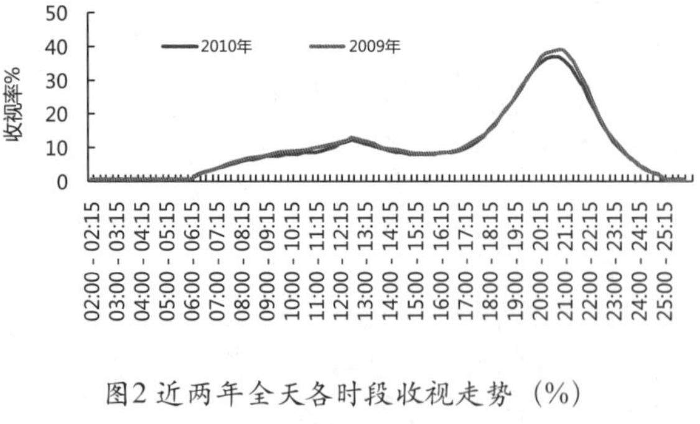

图2 近两年全天各时段收视走势（%）

2010 年各年龄段的目标观众收视量与 2009 年相比，15～24 岁目标观众收视量有所下降，65 岁以上目标观众收视量有所增长（见表 1）。

表1 近两年各年龄段目标观众收视量（单位：分钟）

年龄	2009年	2010年
4～14岁	162.54	156.76
15～24岁	125.8	109.47
25～34岁	131.95	126.08
35～44岁	149.58	144.01
45～54岁	183.44	179.86
55～64岁	193.49	194.84
65岁以上	177.69	185.79

2010 年各级频道市场份额与 2009 年相比，中央电视台频道组市场份额略有降低，省级卫视频道组和地面频道组市场份额有小幅提升（见表 2）。

表2 近两年各级频道市场份额变化走势（%）

频道	2009年	2010年
中央电视台频道	33.88	30.33
省级卫视频道	29.62	31.27
地面频道	36.5	38.4

2010 年，中央电视台频道组市场份额在周末略高，省级卫视频道组的市场份额在周六和周日上升较明显（见表 3）。

表3 各级频道一周市场份额比较（%）

	周一至周四(全天)	周五(全天)	周六(全天)	周日(全天)
中央电视台频道	30	30.74	30.75	30.72
省级卫视频道	30.83	30.8	32.51	32.07
地面频道	39.17	38.46	36.74	37.21

乡村观众更多收看中央电视台和省级卫视（中央电视台占 31.68%；省级卫视占 32.4%），城市观众收看地面频道明显多于乡村观众（城市观众占 43.04%；乡村观众占 35.92%）（见图 3）。

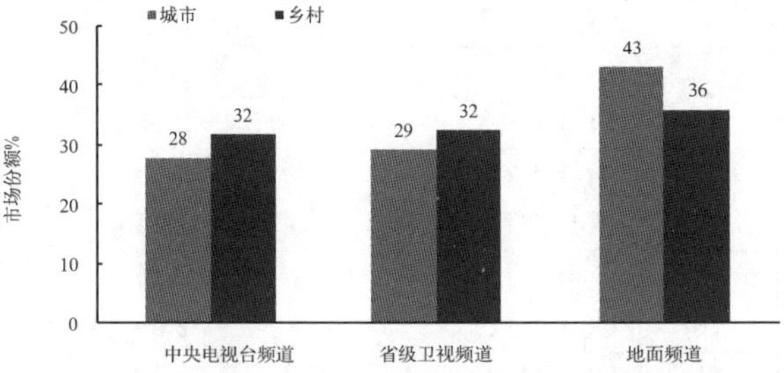

图3 各级频道在城乡观众中的收视份额比较（%）

中央电视台和地面频道在中老年观众中所占的市场份额更大，省级卫视则在青年观众中被更多选择（见图 4）。

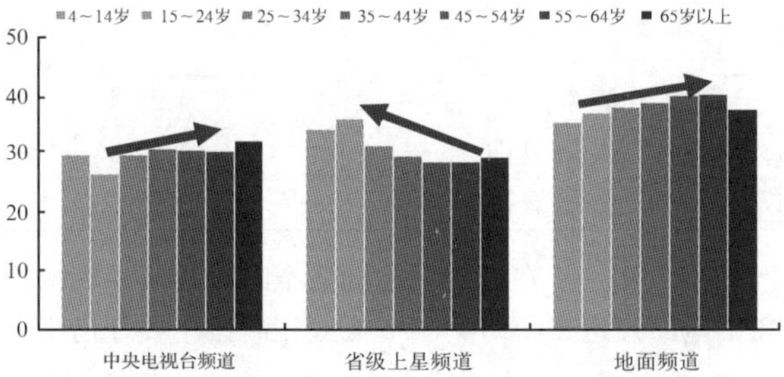

图4 各级频道在不同年龄段观众中的收视份额比较（%）

随着教育程度增高，收看中央电视台频道比例越高，地面频道组都在中低教育程度观众中收看比例更多（见表 4）。

表4 各级频道目标观众受教育程度比例（%）

频道	未受过正规教育	小学	初中	高中	大学及以上
中央电视台频道	30.2	29.3	29.6	31.6	36.6
省级卫视频道	32.5	31.8	31.8	30.2	26.6
地面频道	37.3	38.9	38.7	38.2	36.8

2010 年中央电视台收视高峰在 19：30 ～ 22：00 时段，2.5 小时的收视份额占全天收视的 30% 以上。省级卫视收视高峰在 20：30 ～ 23：00，2.5 小时的收视份额占全天收视份额的近 30%。

中央电视台和省级卫视频道的晚间收视变化分为两段，18：00 ～ 21：00 中央电视台收视率领先优势较大，20:30 之后省级卫视频道组的收视开始上升，21:30 ～ 23:00 期间超过中央电视台（见图 5）。

图5 近两年各级频道收视率全天时段走势（%）

在频道覆盖率方面，CCTV － 1 最高为 96%，CCTV － 7、CCTV － 2 和 CCTV －少儿超过或接近 80%（见表 5）。

表5 2010年中央电视台及各省级卫视频道覆盖率（%）

序号	频道名称	覆盖率（%）
1	CCTV－1	96.04
2	CCTV－7	86.47
3	CCTV－2	82.01
4	CCTV－少儿	78.57
5	CCTV－10	75.98
6	CCTV－新闻	73.31
7	山东卫视	73.23
8	湖南卫视	72.98
9	浙江卫视	72.15
10	CCTV　11	71.07
11	上海东方卫视	69.77
12	安徽卫视	68.87
13	江苏卫视	68.77
14	CCTV－12	68.12
15	四川卫视	67.97
16	CCTV－4	67.28
17	北京卫视	66.4
18	中国教育一套	63.89
19	CCTV－5	62.32
20	CCTV－3	62.23
21	CCTV－6	62.04
22	CCTV－8	61.47
23	广东卫视	58.95

续表

序号	频道名称	覆盖率（%）
24	贵州卫视	58.92
25	天津卫视	58.71
26	重庆卫视	57.07
27	福建东南	56.94
28	河南卫视	51
29	广西卫视	49.63
30	江西卫视	49.44
31	西藏卫视	48.09
32	湖北卫视	46.78
33	深圳卫视	45.9
34	CCTV－音乐	44.27

CCTV－1在全国电视市场中依然具有大幅度领先优势，湖南卫视和CCTV－6市场份额基本持平，与其后频道拉开一定差距。其他市场份额超过2%的频道中，CCTV－3、CCTV－少儿和CCTV－8列于前位，还包括浙江卫视、山东卫视和江苏卫视（见表6）。

表6 2010年全天平均市场份额排名前20位的频道列表

排名	频道	市场份额（%）
1	CCTV－1	7.02
2	湖南卫视	4.14
3	CCTV－6	4.11
4	CCTV－3	2.94
5	CCTV－少儿	2.77
6	CCTV－8	2.68
7	浙江卫视	2.65
8	山东卫视	2.21
9	江苏卫视	2.13
10	CCTV－5	2.07
11	四川卫视	1.78
12	安徽卫视	1.78
13	CCTV－新闻	1.67
14	CCTV－4	1.54
15	辽宁卫视	1.52
16	CCTV－7	1.34
17	CCTV－12	1.3
18	河南卫视	1.25
19	天津卫视	1.17
20	贵州卫视	1.09

CCTV－1在日间和晚间黄金时段收视率大幅度高于地面频道，CCTV－6高收视时段主要在傍晚和20：00～22：00，湖南卫视在深夜22：00～24：00收视率最高（见表7）。

表7 2010年排名前10位的频道全天各时段收视率（%）

时段	CCTV－1	CCTV－3	CCTV－6	CCTV－8	CCTV－少儿	CCTV－5	湖南卫视	浙江卫视	山东卫视	江苏卫视
02:00～03:00	0.05	0.04	0.07	0.02	0.00	0.04	0.03	0.03	0.02	0.03
03:00～04:00	0.04	0.03	0.06	0.02	0.00	0.04	0.02	0.03	0.01	0.02
04:00～05:00	0.04	0.03	0.07	0.03	0.00	0.03	0.02	0.03	0.01	0.02
05:00～06:00	0.07	0.06	0.13	0.04	0.00	0.03	0.04	0.06	0.02	0.03
06:00～07:00	0.11	0.09	0.19	0.15	0.14	0.07	0.06	0.06	0.04	0.06
07:00～08:00	0.25	0.15	0.39	0.25	0.24	0.13	0.17	0.19	0.14	0.08
08:00～09:00	0.40	0.28	0.30	0.21	0.27	0.13	0.32	0.38	0.14	0.18
09:00～10:00	0.60	0.23	0.36	0.17	0.28	0.19	0.46	0.43	0.19	0.16
10:00～11:00	0.68	0.27	0.36	0.20	0.26	0.24	0.56	0.47	0.21	0.18
11:00～12:00	0.86	0.32	0.39	0.20	0.24	0.30	0.63	0.50	0.15	0.21
12:00～13:00	0.93	0.38	0.27	0.24	0.71	0.30	0.62	0.49	0.32	0.25
13:00～14:00	0.72	0.42	0.47	0.21	0.35	0.23	0.46	0.47	0.31	0.24
14:00～15:00	0.62	0.21	0.42	0.23	0.23	0.15	0.44	0.40	0.28	0.21
15:00～16:00	0.48	0.21	0.32	0.25	0.21	0.14	0.44	0.38	0.24	0.20

续表

时段	CCTV－1	CCTV－3	CCTV－6	CCTV－8	CCTV－少儿	CCTV－5	湖南卫视	浙江卫视	山东卫视	江苏卫视
16:00～17:00	0.51	0.25	0.35	0.21	0.34	0.17	0.51	0.37	0.25	0.21
17:00～18:00	0.79	0.44	0.68	0.33	0.25	0.24	0.57	0.21	0.30	0.23
18:00～19:00	1.20	0.55	0.73	0.50	0.54	0.37	0.29	0.13	0.32	0.20
19:00～20:00	2.60	0.92	0.78	0.60	1.01	0.51	0.44	0.26	0.41	0.28
20:00～21:00	2.82	0.93	1.70	1.13	0.86	0.57	1.16	0.62	0.70	0.64
21:00～22:00	2.49	0.73	1.02	1.13	0.49	0.49	1.35	0.50	0.68	0.91
22:00～23:00	0.71	0.49	0.52	0.34	0.37	0.41	0.94	0.43	0.55	0.71
23:00～24:00	0.50	0.25	0.47	0.19	0.12	0.29	0.67	0.15	0.17	0.19
24:00～25:00	0.20	0.10	0.21	0.06	0.05	0.10	0.16	0.08	0.08	0.09
25:00～26:00	0.07	0.06	0.11	0.03	0.01	0.05	0.07	0.04	0.03	0.05

收视领先的频道中多数中央电视台频道在男性中市场份额更高，其中CCTV－6、CCTV－5、CCTV－新闻更加突出，CCTV－8和省级卫视多在女性中赢得更高份额，其中湖南卫视在女性中市场份额更加突出（见表8）。

表8 排名前20位上星频道在不同性别观众中的市场份额(%)

排名	频道	男性	女性
1	CCTV－1	7.262	6.784
2	湖南卫视	2.891	5.362
3	CCTV－6	4.707	3.521
4	CCTV－3	2.98	2.905
5	CCTV－少儿	2.858	2.674
6	CCTV－8	2.488	2.874
7	浙江卫视	2.484	2.814
8	山东卫视	2.064	2.352
9	江苏卫视	2.047	2.22
10	CCTV－5	2.732	1.416
11	四川卫视	1.822	1.741
12	安徽卫视	1.496	2.06
13	CCTV－新闻	2.002	1.338
14	CCTV－4	1.799	1.284
15	辽宁卫视	1.427	1.622
16	CCTV－7	1.527	1.149
17	CCTV－12	1.308	1.296
18	河南卫视	1.295	1.214
19	天津卫视	1.12	1.217
20	贵州卫视	1.087	1.094

CCTV－1、CCTV－3、CCTV－8的市场份额随着观众年龄的增大而逐渐增高。湖南卫视、浙江卫视和江苏卫视则更多为4～24岁的年轻观众选择收看。CCTV－6在15～54岁的中青年观众中收视吸引力更强（见表9）。

表9 排名前20位上星频道在不同年龄段观众中的市场份额（%）

排名	频 道	4～14岁	15～24岁	25～34岁	35～44岁	45～54岁	55～64岁	65岁以上
1	CCTV－1	7.78	5.606	5.738	7.333	6.992	7.568	7.737
2	湖南卫视	5.335	8.203	4.78	3.917	2.589	2.068	2.314
3	CCTV－6	3.2	4.364	5.44	5.239	4.075	3.168	2.809
4	CCTV－3	1.848	2.758	2.872	3.079	3.455	3.308	3.43
5	CCTV－少儿	8.443	1.346	3.479	1.412	1.049	1.505	1.204
6	CCTV－8	2.338	2.254	2.539	2.6	3.031	2.818	3.308
7	浙江卫视	5.702	2.409	2.922	2.127	1.544	1.789	1.547
8	山东卫视	1.843	2.105	2.115	2.307	2.122	2.472	2.68

续表

排名	频 道	4～14岁	15～24岁	25～34岁	35～44岁	45～54岁	55～64岁	65岁以上
9	江苏卫视	2.042	2.985	2.311	2.278	1.955	1.751	1.609
10	CCTV－5	0.969	2.837	2.248	2.188	2.221	2.016	2.347
11	四川卫视	2.268	1.671	1.658	1.612	1.606	1.823	1.846
12	安徽卫视	1.693	2.193	1.761	1.798	1.725	1.761	1.58
13	CCTV－新闻	0.649	1.206	1.399	1.561	2.261	2.26	2.623
14	CCTV－4	0.882	1.118	1.207	1.48	1.766	1.865	2.771
15	辽宁卫视	0.941	1.174	1.384	1.44	1.677	2.097	2.208
16	CCTV－7	1.183	1.27	1.135	1.675	1.56	1.265	1.013
17	CCTV－12	0.734	1.205	1.222	1.418	1.655	1.571	1.295
18	河南卫视	1.044	1.413	1.091	1.305	1.35	1.421	1.18
19	天津卫视	0.997	1.026	1.306	0.712	1.206	1.44	1.873
20	贵州卫视	0.903	1.047	0.933	1.246	1.315	0.952	1.155

中央电视台和省级卫视的节目收视中，电视剧的收视份额最大，为35%，其次是综艺节目，约占12%。新闻时事、专题、电影和青少节目收视量相近，在6%～8%之间。

2010年，在电视剧、综艺节目、新闻/时事三大节目类型收视竞争中，中央电视台在电视剧和综艺节目中的收视份额有所下降，省级卫视频道有提升。

中央电视台整体节目类型相对均衡，省级卫视播出电视剧比较集中。2010年中央电视台和省级卫视各自的节目构成都相对稳定，略有变化的体现在中央电视台财经、电视剧、青少、体育、新闻/时事和音乐类节目播出有所增多，生活服务和专题类节目相对减少；省级卫视加大了电影、青少和综艺节目播出量，电视剧和生活服务类节目略有减少（见图6、7）。

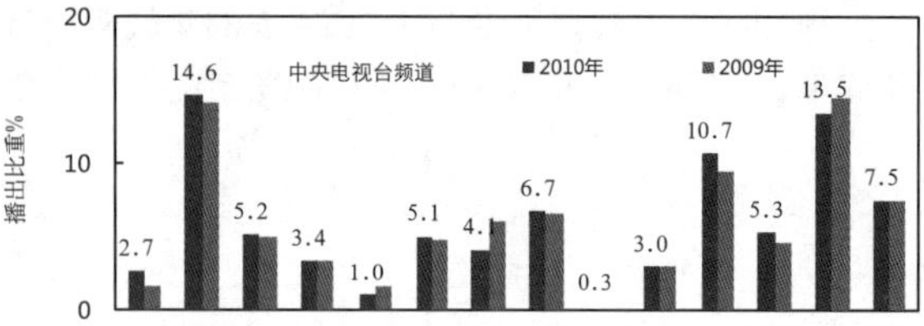

图6 中央电视台节目播出构成（%）

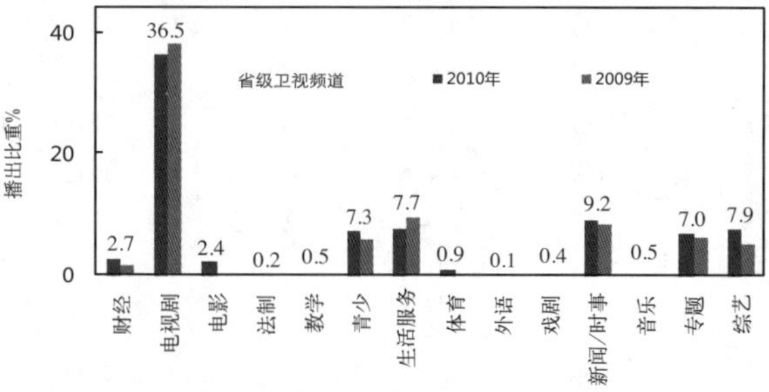

图7 省级卫视节目播出构成（%）

电视剧、综艺节目对于中央电视台和省级卫视都是最大的收视来源。除电视剧以外，综艺、电影、新闻、青少和专题等多个节目类型对中央电视台的收视贡献相当；省级卫视收视来源相对单一，高度依赖电视剧，2010年收视比重为48.4%。中央电视台收视中来自电视剧的贡献下降明显，由2009年的25.9%下降到2010年的21.9%，电影、新闻、体育、青少类节目的收视比重增大。而在省级卫视中，电影、新闻、体育、青少类节目电视收视贡献略有降低，综艺类节目则有小幅增长（见图8、9）。

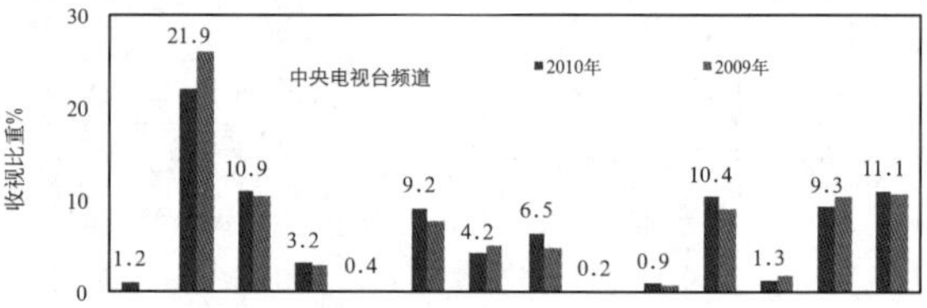

图8 中央电视台各类节目收视贡献（%）

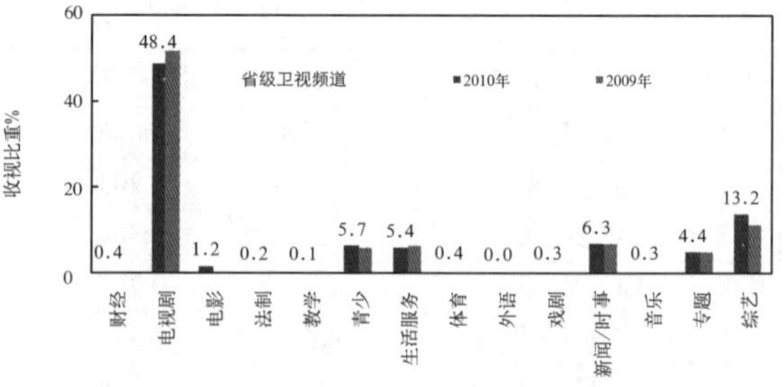

图9 省级卫视各类节目收视贡献（%）

中央电视台和省级卫视的电视剧和综艺节目都获得低播出量、高收视量的高效回报。中央电视台的电影是资源使用效率最高的节目类型，收视比重高于播出比重一倍以上（见图10、11）。

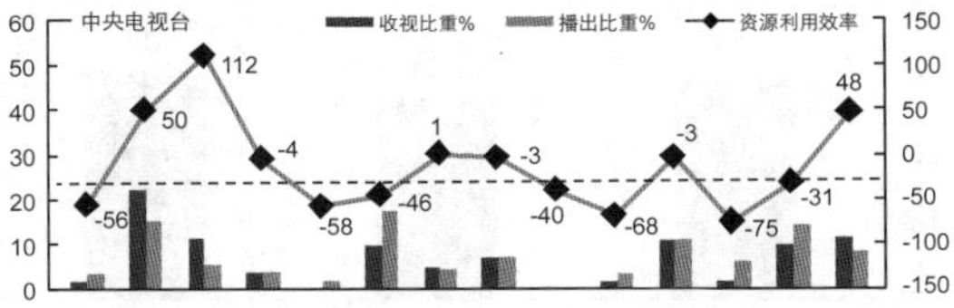

图10 中央电视台节目资源利用效率（%）

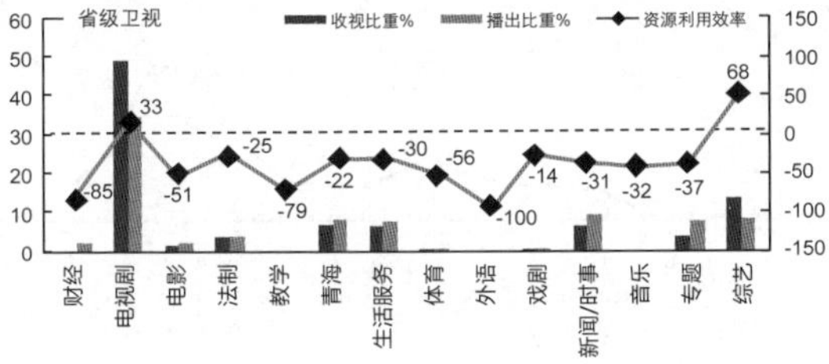

图11 省级卫视节目资源利用效率（%）

表10 2010年中央电视台收视率排名前20位的电视剧（晚间18：00～24：00）

排名	名称/描述	频道	平均收视率%
1	乡村爱情故事	CCTV－1	6.83
2	老大的幸福	CCTV－1	5.09
3	洪湖赤卫队	CCTV－1	4.32
4	解放海南岛	CCTV－1	4.00
5	牵挂	CCTV－1	3.70
6	毛岸英	CCTV－1	3.52
7	红色摇篮	CCTV－1	3.49
8	为了新中国前进	CCTV－1	3.36
9	张小五的春天	CCTV－1	3.07
10	滇西1944	CCTV－8	3.03
11	神话	CCTV－8	2.87
12	我的美丽人生	CCTV－1	2.80
13	江姐	CCTV－1	2.73
14	松花江上	CCTV－1	2.62
15	解放大西南	CCTV－1	2.60
16	永不消逝的电波	CCTV－1	2.45
17	新安家族	CCTV－1	2.33
18	一路格桑花	CCTV－1	2.21

续表

排名	名称/描述	频道	平均收视率%
19	利剑	CCTV－8	2.12
20	远山的红叶	CCTV－1	2.10

表11 2010年省级卫视频道收视率排名前20位的电视剧（晚间18：00～24：00）

排名	名称/描述	频道	平均收视率%
1	一起又看流星雨	湖南卫视	1.94
2	锁清秋	安徽卫视	1.81
3	爱上琉璃苣女孩	湖南卫视	1.47
4	牌坊下的女人	安徽卫视	1.43
5	孽缘	山东卫视	1.35
6	活佛济公	广东卫视	1.33
7	仙剑奇侠传第三部	江苏卫视	1.32
8	活佛济公	江苏卫视	1.27
9	内线	山东卫视	1.18
10	包青天之打龙袍	四川卫视	1.16
11	篮球火	湖南卫视	1.15
12	丝丝心动	湖南卫视	1.13
13	雪豹	四川卫视	1.11
14	大丫鬟	浙江卫视	1.09
15	西游记	山东卫视	1.09
16	七妹	四川卫视	1.07
17	你是我的生命	山东卫视	1.07
18	铠甲勇士	四川卫视	1.03
19	换子成龙	东南卫视	1.01
20	良心无悔	安徽卫视	1.00

表12 全国电视市场2010年收视较高的综艺节目（晚间18：00～24：00）

排名	名称/描述	频道	平均收视率%
1	正大综艺	CCTV－1	1.95
2	欢乐今宵	CCTV－3	1.94
3	非常6+1	CCTV－3	1.85
4	星光大道	CCTV－3	1.85
5	快乐大本营	湖南卫视	1.76
6	我们约会吧	湖南卫视	1.76
7	国际艺苑	CCTV－1	1.57
8	精彩1刻	CCTV－1	1.51

续表

排名	名称/描述	频道	平均收视率%
9	我们有1套	CCTV－1	1.5
10	城市之间	CCTV－1	1.32
11	神州大舞台	CCTV－3	1.3
12	我要上春晚	CCTV－3	1.28
13	欢乐中国行	CCTV－3	1.27
14	非诚勿扰	江苏卫视	1.25
15	智勇大冲关第四季	湖南卫视	1.23
16	欢声笑语	CCTV－3	1.21
17	魔法奇迹	CCTV－1	1.17
18	综艺喜乐汇	CCTV－3	1.06
19	全家总动员	CCTV－2	1.06
20	演艺竞技场	CCTV－3	1.04

注：常规栏目排名，不包含单天或短期播出的晚会、特别节目等。

表13 全国电视市场2010年收视较高的专题节目（晚间18：00～24：00）

排名	名称/描述	频道	平均收视率%
1	寻宝	CCTV－1	1.71
2	8090	湖南卫视	0.96
3	动物世界	CCTV－3	0.88
4	背后的故事	湖南卫视	0.85
5	人间	江苏卫视	0.78
6	说事拉理	山东卫视	0.62
7	致富经	CCTV－7	0.61
8	人与自然	CCTV－7	0.57
9	乡约	CCTV－7	0.51
10	每日农经	CCTV－7	0.49
11	海峡两岸	CCTV－4	0.47
12	我爱发明	CCTV－10	0.46
13	讲述	CCTV－10	0.44
14	科技博览	CCTV－7	0.44
15	科学世界	CCTV－10	0.43
16	自然传奇	CCTV－10	0.43
17	走近科学	CCTV－10	0.42
18	智力快车	CCTV－少儿	0.41
19	军事纪实	CCTV－7	0.41
20	防务新观察	CCTV－7	0.41

注：常规栏目排名，不包含单天或短期播出的晚会、特别节目等。

二、中央电视台频道组整体收视表现

中央电视台频道组在乡村的市场份额始终高于城市（见图12）。

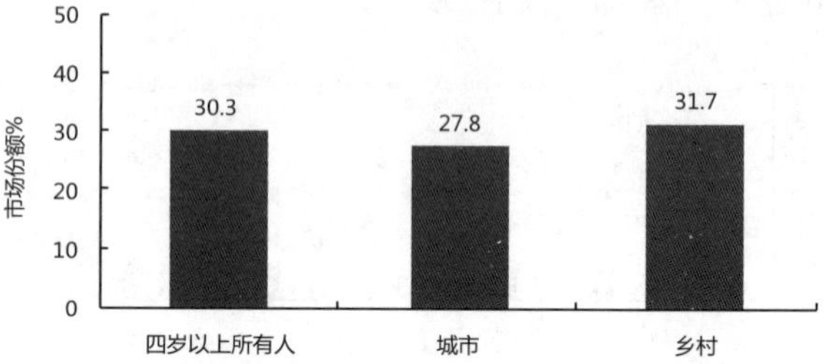

图12 2010年中央电视台频道组在城乡观众中的市场份额（%）

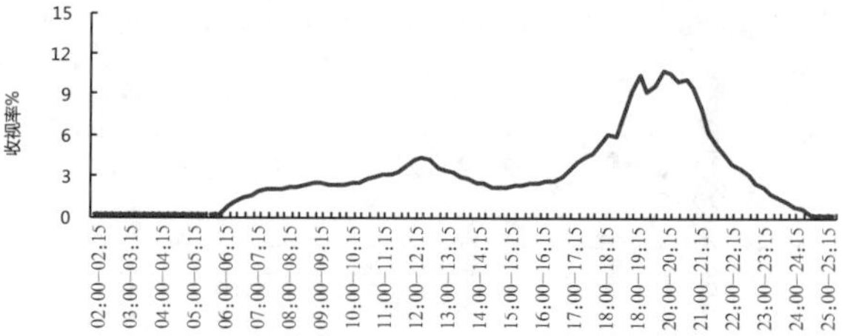

图13 2010年中央电视台频道组全天各时段收视率走势（%）

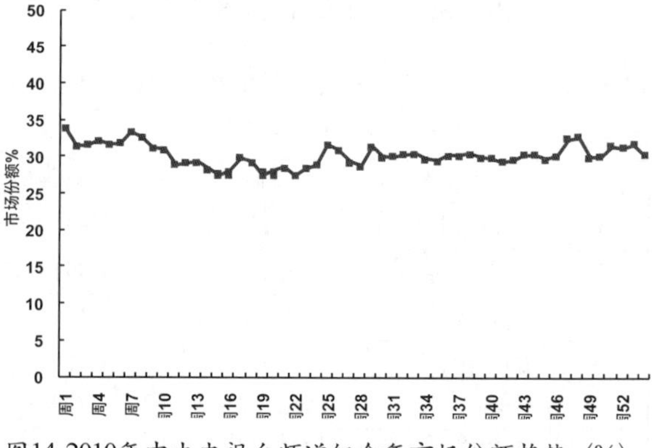

图14 2010年中央电视台频道组全年市场份额趋势（%）

各类目标观众集中度与2009年相比，15～34岁、初高中学历者对于中央电视台频道的收视倾向略有降低，35～54岁以及65岁以上、未受过正规教育和大学以上学历的目标观众收视程度有所提升（见图15）。

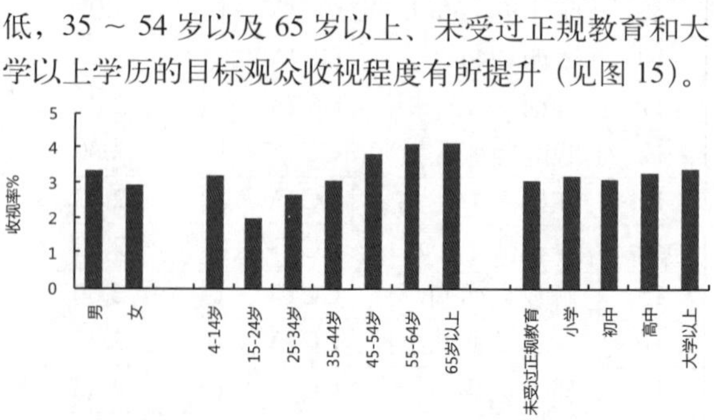

图15 2010年中央电视台频道组各类目标观众收视率（%）

三、中央电视台分频道收视表现

2010年与2009年相比，CCTV－1、CCTV－8和CCTV－3市场份额有所下降，CCTV－5、CCTV－新闻和CCTV－少儿频道的收视份额有所提升（见图16）。

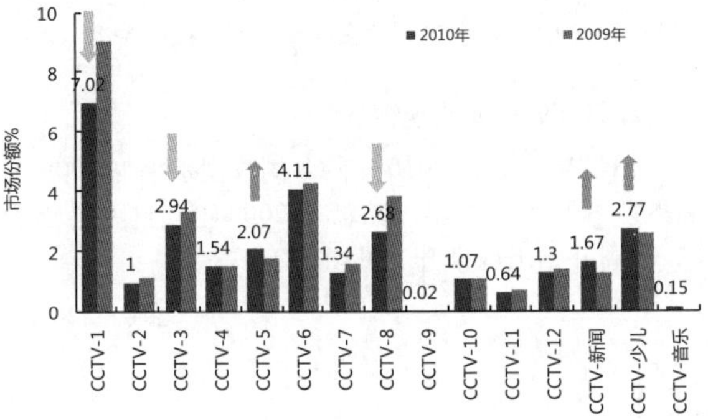

图16 近两年中央电视台分频道市场份额（%）

在中央电视台各频道中，CCTV－1收视贡献最大，占到了23%，其次是CCTV－6，占14%，CCTV－3占10%，CCTV－8、CCTV－少儿分别占9%，CCTV－5占7%，CCTV－新闻占6%，CCTV－4占5%，CCTV－7、CCTV－10、CCTV－12分别占4%，CCTV－2占3%。从分频道节目特征上看，作为综合频道的CCTV－1、CCTV－4的节目多样，作为专业频道的CCTV－2、CCTV－3、CCTV－5、CCTV－6、CCTV－7、CCTV－8、CCTV－10、CCTV－11、CCTV－12、CCTV－新闻、CCTV－少儿、CCTV－音乐的节目以各自定位的专业频道为节目特色。

中央台综合频道节目类型多样（见表14、15）。

表14 CCTV－1各类节目播出及收视比重

CCTV－1	播出比重%	收视比重%	收视份额%
电视剧	37.32	40.18	12.95
法制	2.17	2.29	15.88
青少	5.94	7.72	11.74
生活服务	3.98	5.99	14.05
体育	3.39	1.55	5.22
新闻/时事	16.03	15.77	21.37
专题	11.26	4.94	8.29
综艺	8.03	8.9	8.37

表15 CCTV－4各类节目播出及收视比重

CCTV－4	播出比重%	收视比重%	收视份额%
电视剧	15.06	21.14	1.46
电影	2.98	2.1	0.86
教学	3.06	1.55	13.96
青少	2.58	3.22	1.05
生活服务	3.07	2.52	1.26
体育	1.71	1.4	1.01
新闻/时事	36.13	37.44	10.87
音乐	2	1.61	4.76
专题	18.73	14.5	5.21
综艺	8.31	10.65	2.15

表16 中央电视台分频道节目特征

	节目类型	播出比重%	收视比重%	收视份额%
CCTV－2	财经	37.46	36.04	73.01
CCTV－3	综艺	52.46	60.4	23.55
CCTV－5	体育	87.18	87.45	85.63
CCTV－6	电影	66.93	79.85	86.94
CCTV－7	专题	45	61.36	19.81
CCTV－8	电视剧	78.38	82.23	10.04
CCTV－10	专题	58.68	73	18.65
CCTV－11	戏剧	41.23	44.44	73.41
CCTV－12	法制	37.65	47.81	61.04
CCTV－新闻	新闻/时事	82.87	80.06	25.68
CCTV－少儿	青少	55.57	74.14	44.51
CCTV－音乐	音乐	61.32	79.57	23.12

从中央电视台分频道的观众特点上看，CCTV－1更受4～14岁和45岁以上的观众喜爱；CCTV－2、CCTV－7的观众群集中在35～64岁之间；CCTV－3、CCTV－4、CCTV－5、CCTV－8、CCTV－新闻更受45岁以上的观众的青睐；CCTV－6的观众群主要集中在25～54岁；CCTV－10、CCTV－12更受35岁以上的观众喜爱；CCTV－11更受55岁以上的观众喜爱；CCTV－少儿更受4～14岁和25～34岁的观众喜爱。

四、中央电视台各频道收视分析

1.CCTV － 1 收视情况

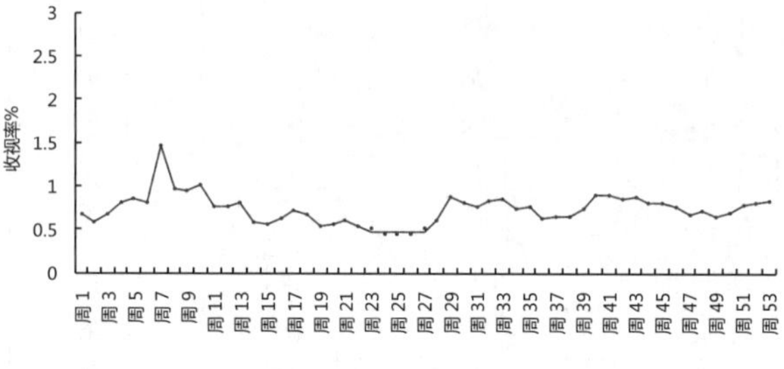

图17 2010年CCTV－1各周收视率情况（%）

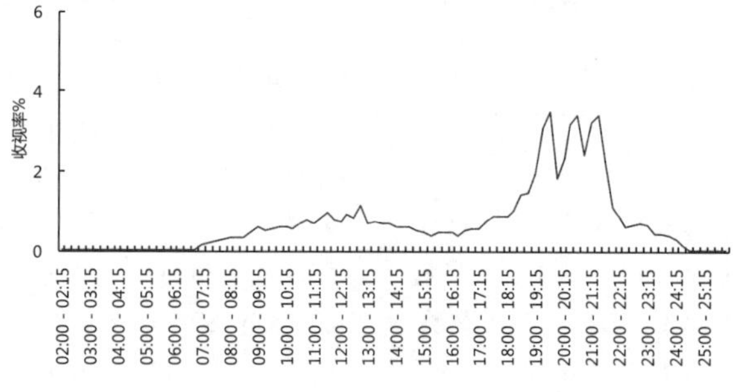

图18 2010年CCTV－1各时段收视率（%）

2010 年，65 岁以上、未受过正规教育及大学以上教育程度的目标观众对 CCTV － 1 的收视程度有小幅增长（见图 19）。

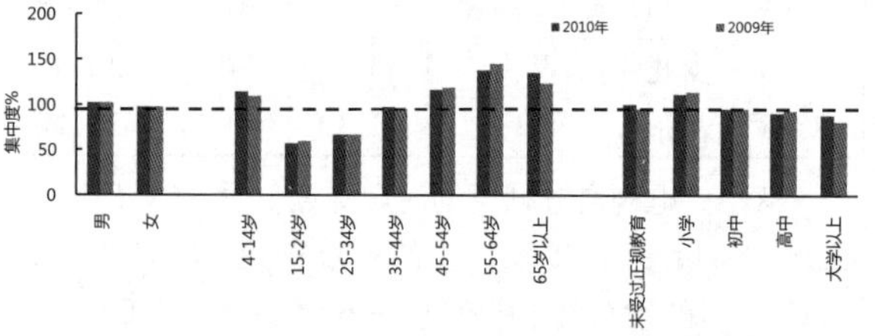

图19 近两年CCTV－1观众特征对比（%）

CCTV － 1 在 2010 年的晚间黄金档电视剧播出中，上半年播出的《乡村爱情故事》（平均收视率为 6.8%）和《老大的幸福》（平均收视率为 5.1%）成为 2010 年的收视高峰；年中的《洪湖赤卫队》（平均收视率为 4.3%）和下半年的《解放海南岛》（平均收视率为 4%）也形成了一定的收视亮点（见图 20）。

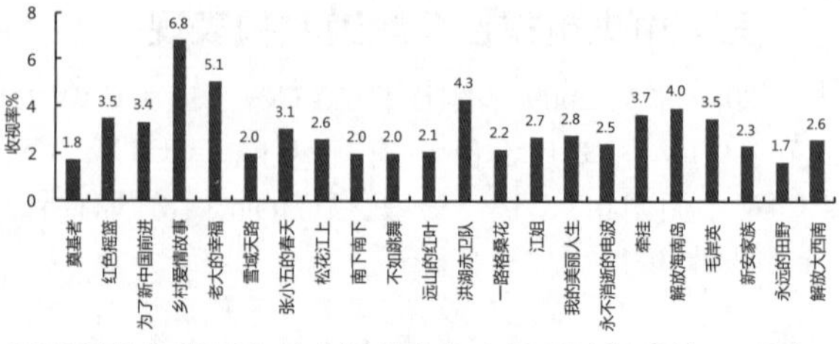

图20 2010年CCTV－1晚间黄金档电视剧收视率情况（%）

2.CCTV － 2 收视情况

CCTV － 2 在 2010 年的各周收视水平与 2009 年同期基本相近，上半年略低于 2009 年，自下半年的第 37 周开始出现攀升（见图 21）。

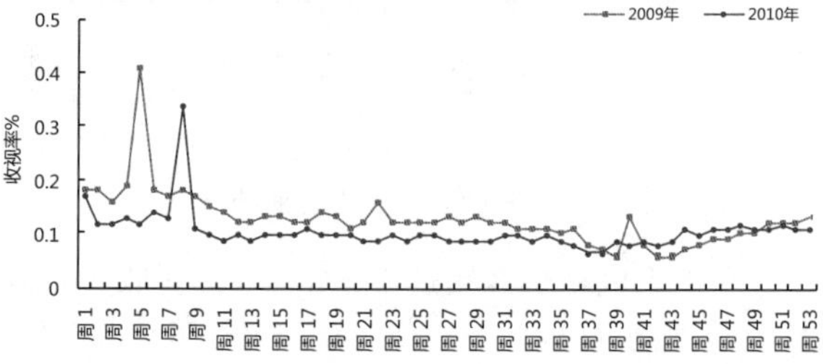

图21 近两年CCTV－2各周收视情况（%）

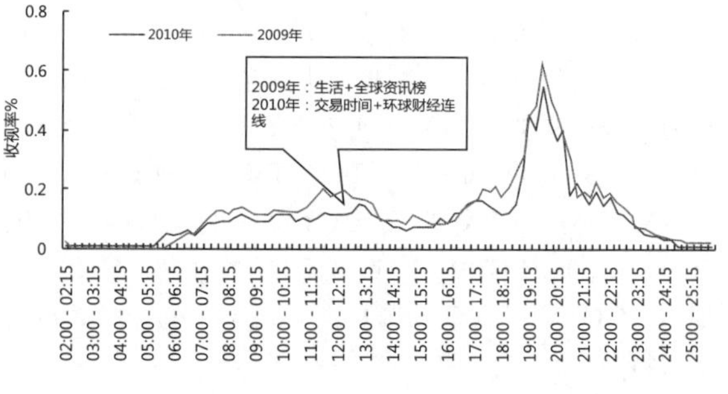

图22 近两年CCTV－2各时段收视情况（%）

35 ～ 64 岁目标观众在 2010 年对 CCTV － 2 的收视程度较 2009 年有所提升（见图 23）。

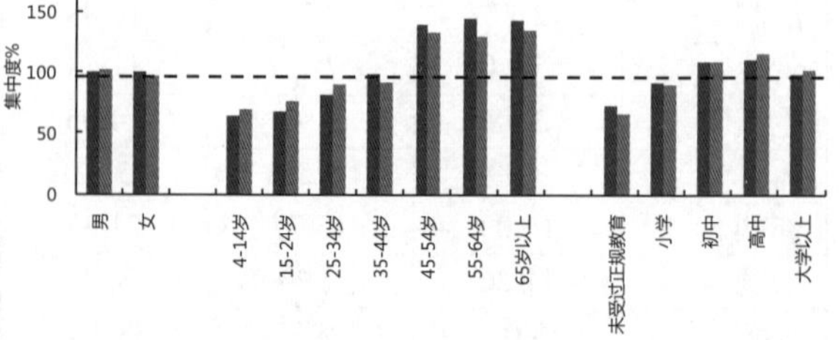

图23 近两年CCTV－2观众特征对比（%）

3.CCTV － 3 收视情况

从 CCTV － 3 全年分周收视率走势来看，年底的 49 ～ 52 周收视水平超过 2009 年（见图 24）。

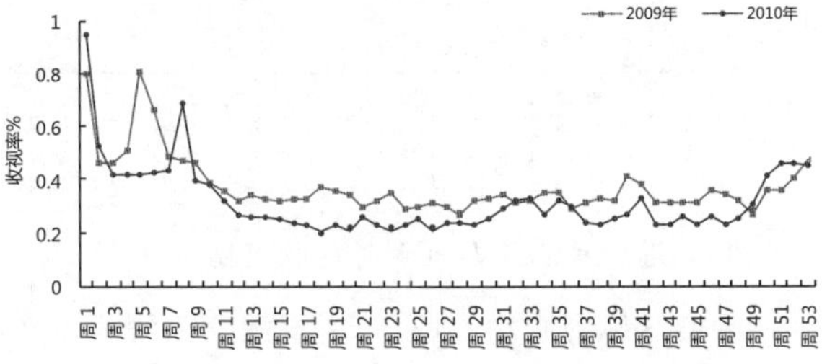

图24 近两年CCTV－3各周收视情况（%）

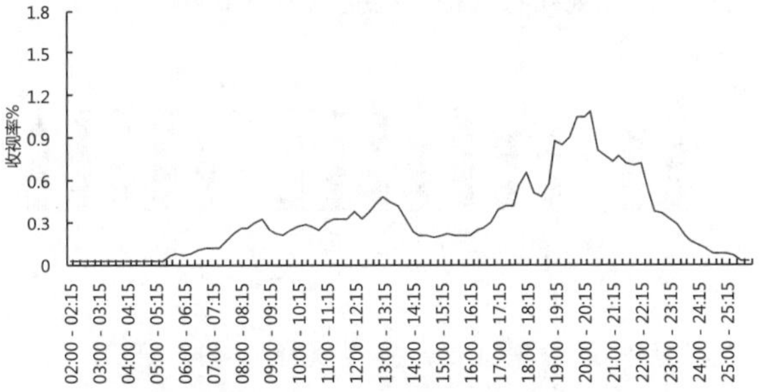

图25 2010年CCTV－3各时段收视率（%）

2010 年，4 ～ 34 岁及高中、大学以上学历的目标观众收视水平较 2009 年有所下降；而 35 岁以上的目标观众收视增长十分明显（见图 26）。

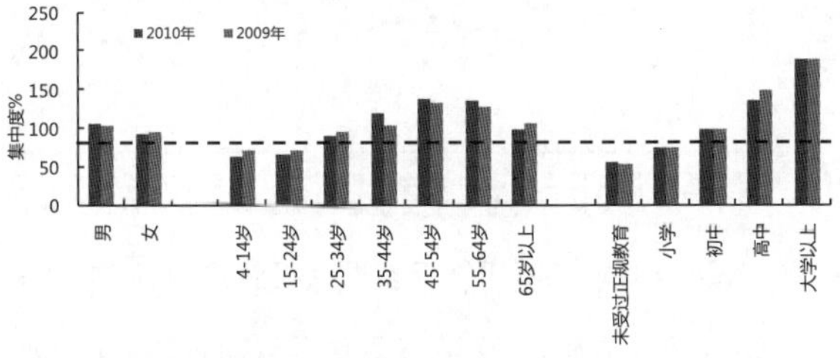

图26 近两年CCTV－3观众特征对比（%）

4.CCTV － 4 收视情况

CCTV － 4 在 2010 年的收视率水平与 2009 年同期十分接近（见图 27）。

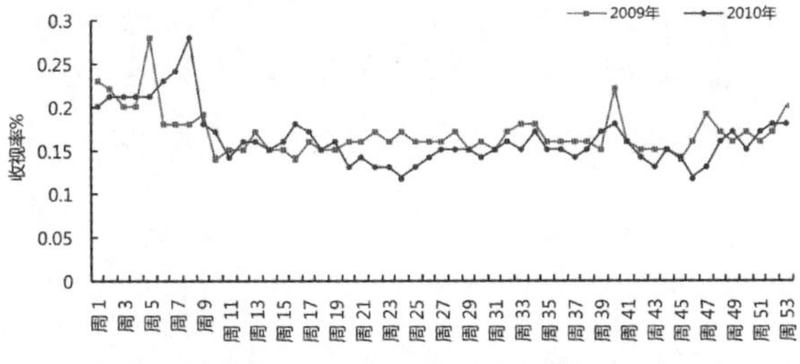

图27 近两年CCTV－4各周收视情况（%）

2010 年，CCTV － 4 的收视水平与 2009 年基本保持一致，晚间 20:30 ～ 21:00 以及 22:15 ～ 22:45 时段的收视较 2009 年略有下降，21:15 ～ 22:00 时段收视有所增长（见图 28）。

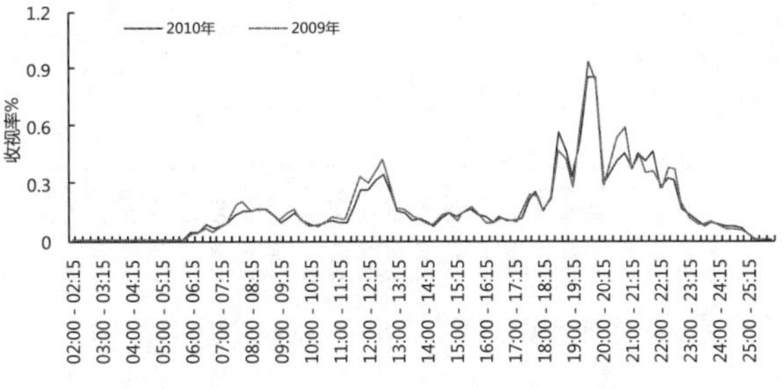

图28 近两年CCTV－4各时段收视情况（%）

2010 年，4 ～ 14 岁、35 ～ 54 岁及 65 岁以上、未受过正规教育的目标观众对 CCTV － 4 的收视倾向较 2009 年有一定增长；15 ～ 24 岁、高中及大学以上教育程度观众收视倾向略有减弱（见图 29）。

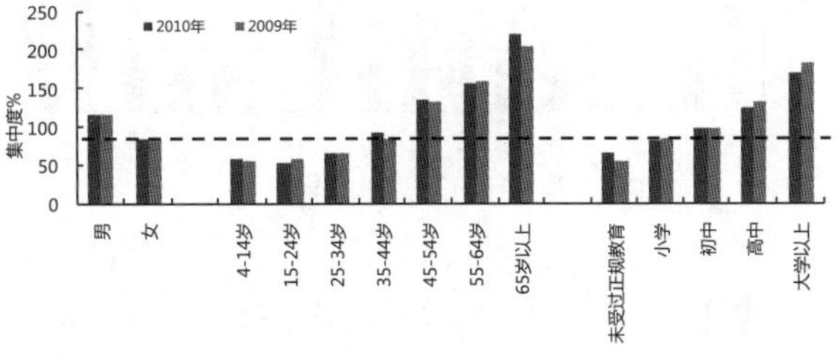

图29 近两年CCTV－4观众特征对比（%）

5.CCTV － 5 收视情况

2010 年，由于南非世界杯、广州亚运会这两场体育盛会的举办，使得 CCTV － 5 在 24 ～ 29 周和 46 ～ 48 周收视水平呈现明显提升，其余各周与 2009 年同期相近（见图 30）。

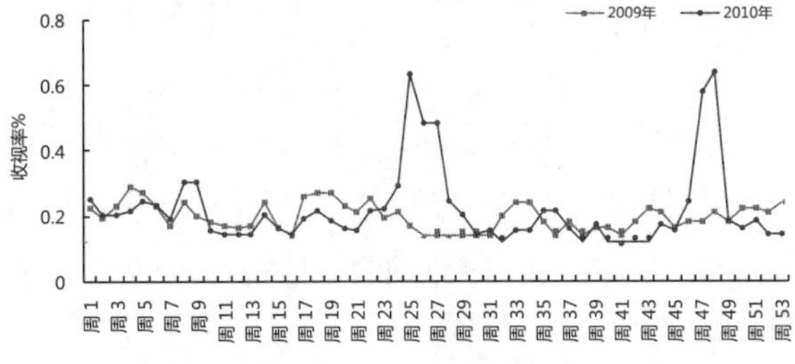

图30 近两年CCTV－5各周收视对比（%）

2010 年以来，CCTV － 5 在白天的 9:45 ～ 13:30 时段收视较 2009 年略有下降，在晚间 18:30 之后的各时段收视均有全面提升（见图 31）。

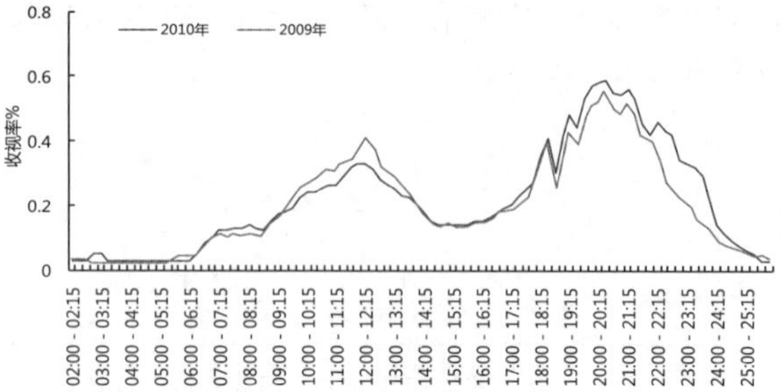

图31 近两年CCTV－5各时段收视情况（%）

2010 年，女性观众、25 ～ 64 岁以及高中、大学以上教育程度的目标观众对于 CCTV － 5 的收视倾向较 2009 年有所提升；4 ～ 24 岁观众收视程度略有降低（见图 32）。

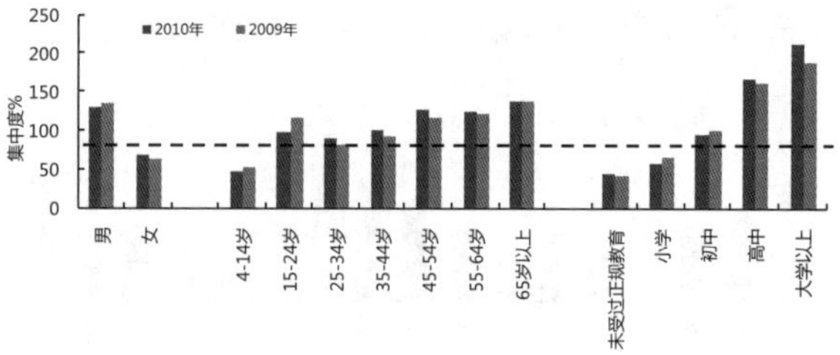

图32 近两年CCTV－5观众特征对比（%）

6.CCTV － 6 收视情况

CCTV － 6 从 2010 年分周收视率走势来看，也与 2009 年同期保持基本一致的水平（见图 33）。

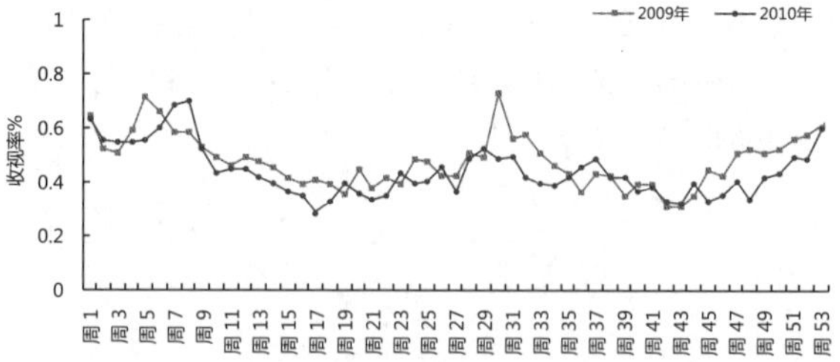

图33 近两年CCTV－6各周收视情况（%）

CCTV － 6 在全天各时段的收视与 2009 年均保持一致水平（见图 34）。

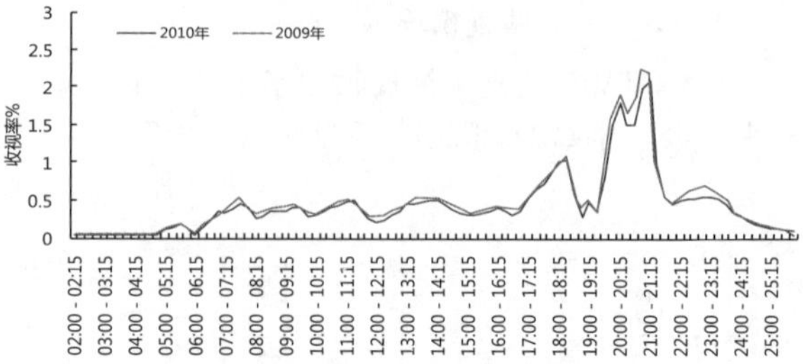

图34 近两年CCTV－6各时段收视情况（%）

各类目标观众中，15 ～ 34 岁观众收视程度较 2009 年有所降低，35 ～ 44 岁观众收视有所提升，其他各类目标观众收视基本稳定（见图 35）。

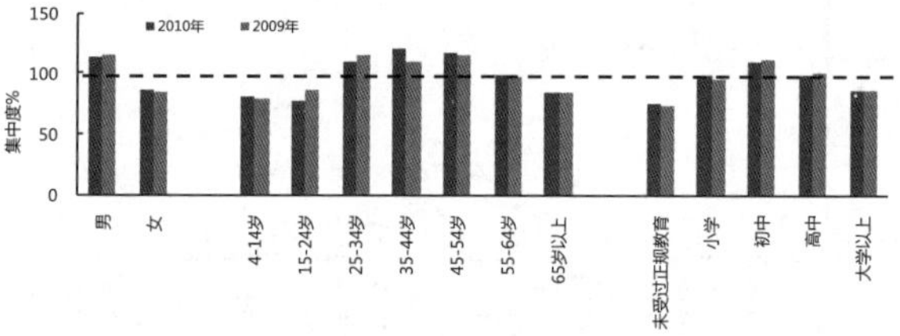

图35 近两年CCTV－6观众特征对比（%）

7.CCTV － 7 收视情况

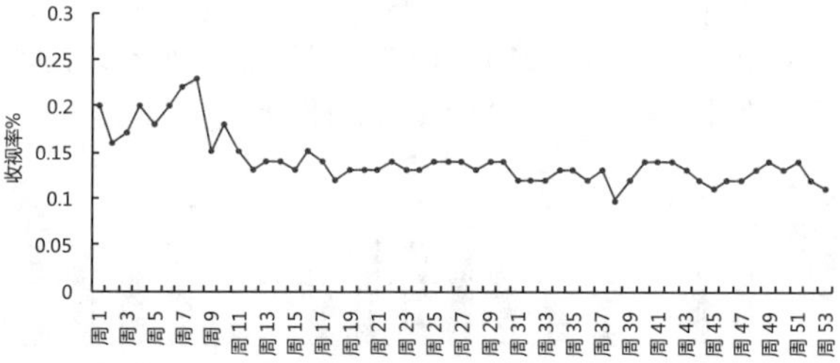

图36 2010年CCTV－7各周收视情况（%）

CCTV － 7 在2010 年与 2009 年各时段整体收视走势保持一致（见图 37）。

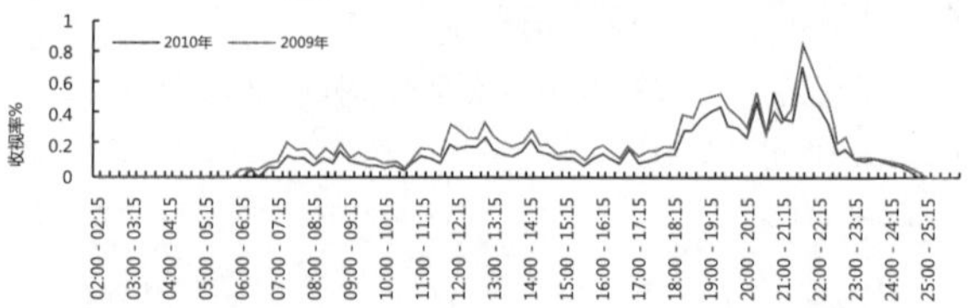

图37 近两年CCTV－7各时段收视情况（%）

4 ～ 14 岁、25 ～ 34 岁、55 ～ 64 岁以及未受过正规教育的目标观众收视程度略有降低；35 ～ 54 岁、高中及大学以上教育程度目标观众的收视倾向性有所提升（见图 38）。

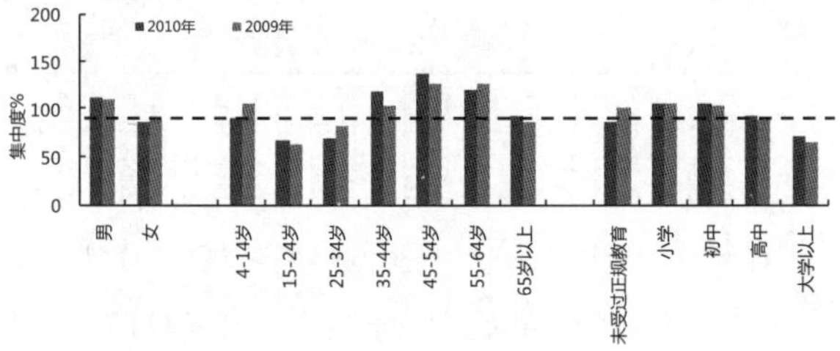

图38 近两年CCTV－7观众特征对比（%）

8.CCTV － 8 收视情况

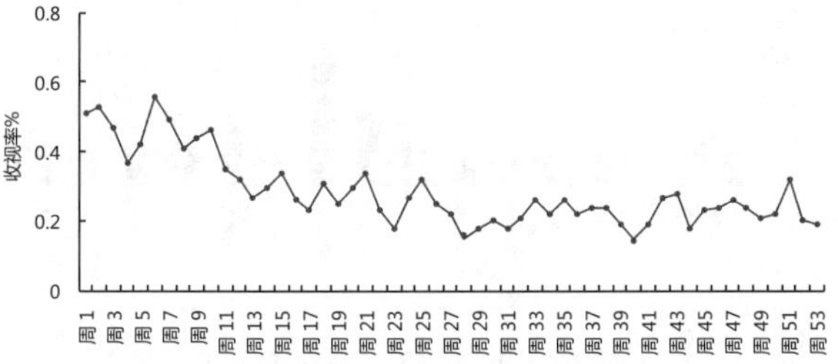

图39 2010年CCTV－8各周收视情况（%）

CCTV － 8 在 2010 年的收视水平较 2009 年下降十分明显，突出表现在傍晚 17:00 ～ 19:00 的青春剧苑、19:30 ～ 22:00 的黄金强档以及 22:00 之后的每日佳艺这三档剧场播出时段。

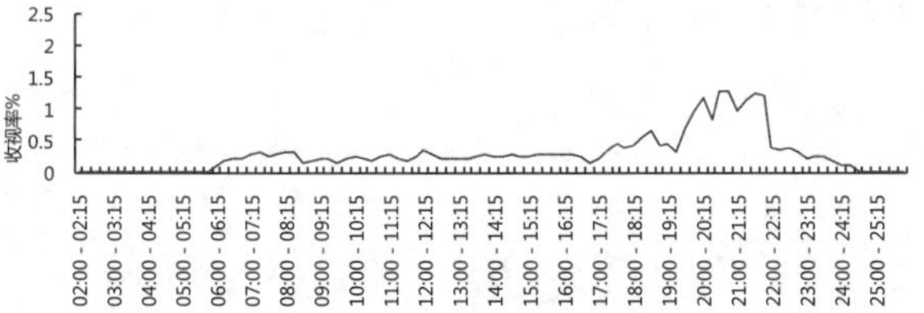

图40 2010年CCTV－8各时段收视情况（%）

2010 年，CCTV － 8 的目标观众群与 2009 年整体保持一致，其中，45 ～ 54 岁以及 65 岁以上目标观众收视倾向性略有增长（见图 41）。

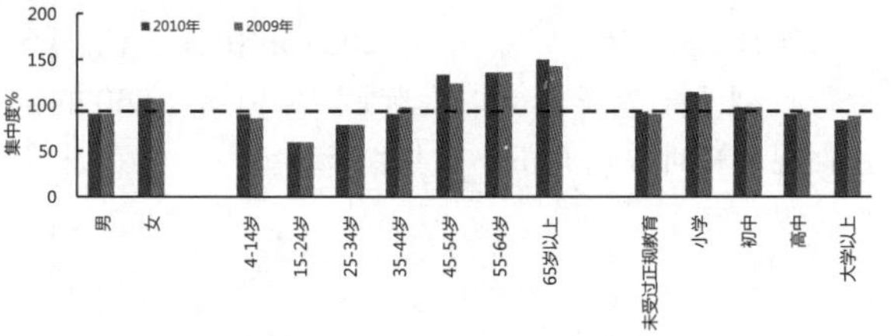

图41 近两年CCTV－8观众特征对比（%）

2010 年 CCTV － 8 晚间黄金剧场开年播出的《神话》、《滇西 1944》和《利剑》三部剧目成为全年的收视亮点，收视率超过 2%（见图 42）。

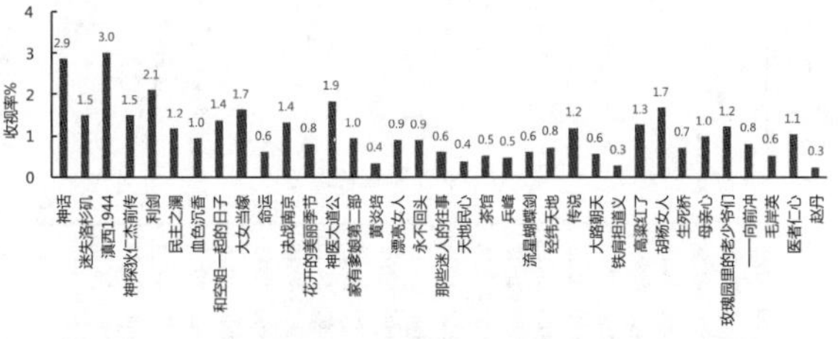

图42 CCTV－8晚间黄金档电视剧收视率（%）

9.CCTV － 9 收视情况（见图 43、44）

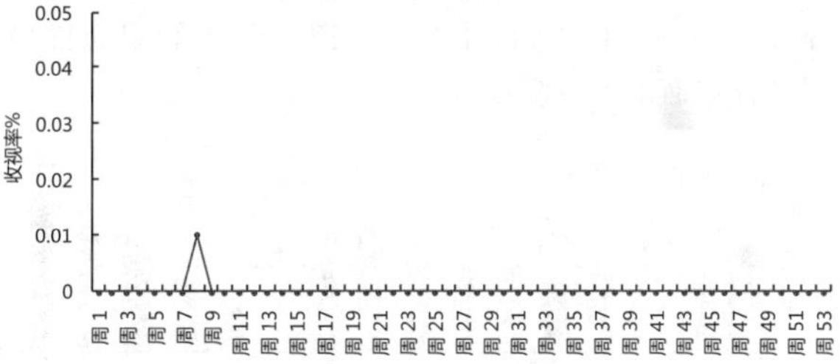

图43 2010年CCTV－9各周收视情况（%）

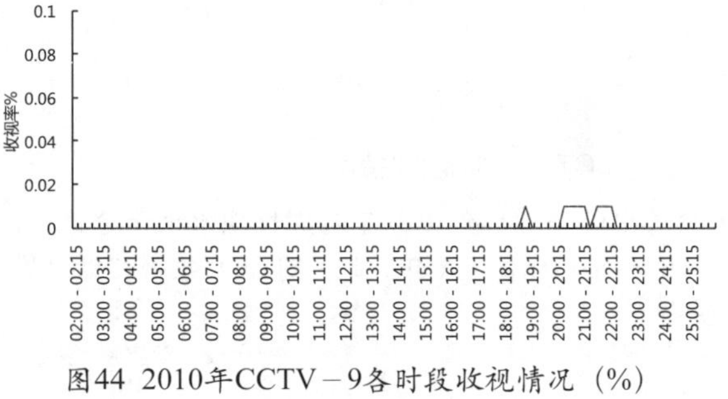

图44 2010年CCTV－9各时段收视情况（%）

10.CCTV － 10 收视情况

CCTV － 10 在 2010 年的各周收视水平整体保持平稳，上半年的 10 ～ 17 周以及年底的第 50 周之后收视水平略低（见图 45）。

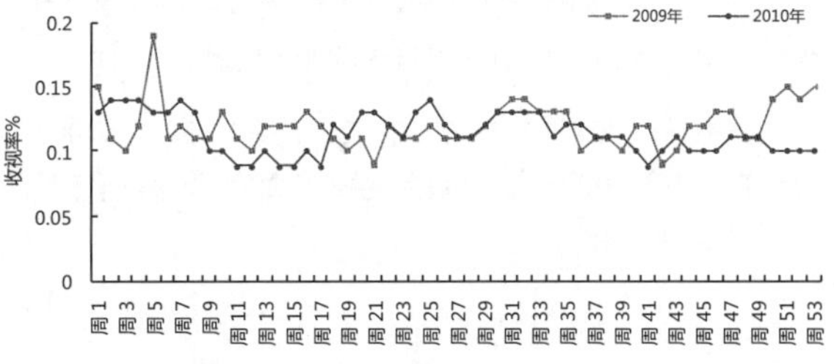

图45 近两年CCTV－10各周收视情况（%）

CCTV － 10 在 2010 年的收视较 2009 年来看整体水平差异不大，全天各时段几乎都与 2009 年稳定在同一收视水平上（见图 46）。

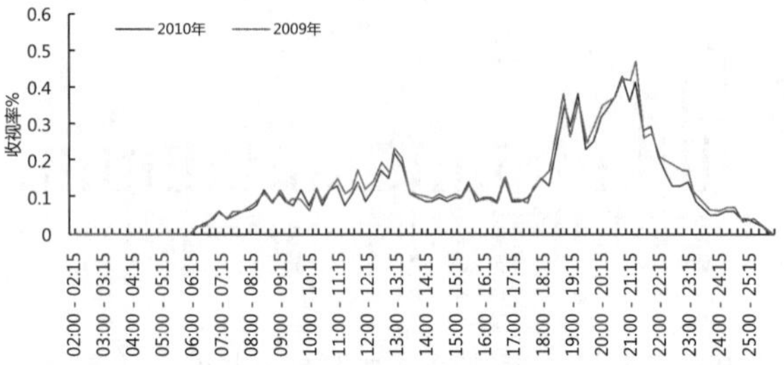

图46 近两年CCTV－10各时段收视情况（%）

2010 年，55 岁以上目标观众收视较 2009 年有所提升，25 ～ 34 岁、高中及大学以上学历的观众收视倾向性略有降低（见图 47）。

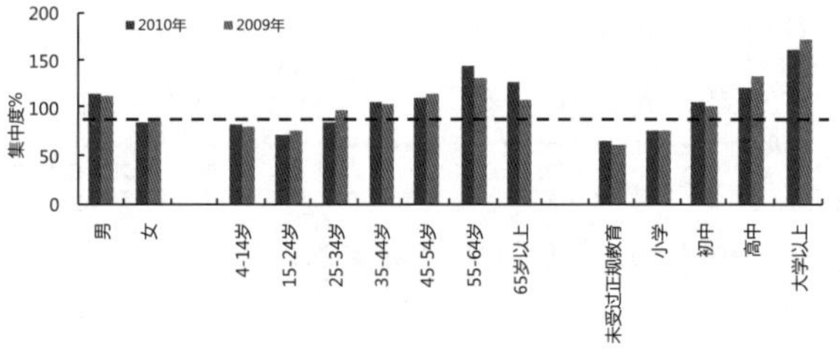

图47 近两年CCTV－10观众特征对比（%）

11.CCTV － 11 收视情况

CCTV － 11 在 2010 年各周收视水平十分稳定，与 2009 年相比，上半年（1 ～ 21 周）收视略低（见图 48）。

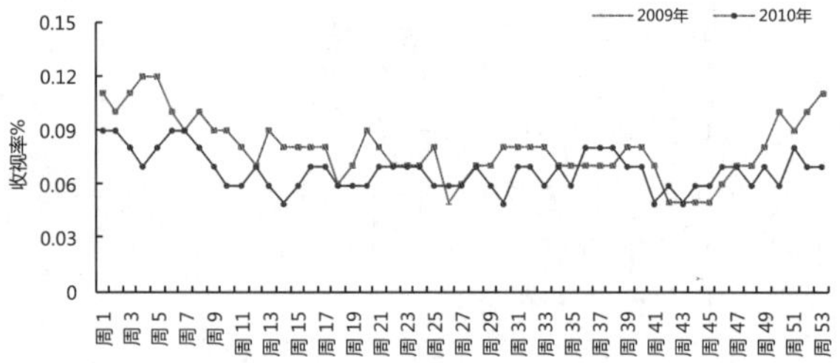

图48 近两年CCTV－11各周收视情况（%）

2010 年，CCTV － 11 在 12:30 ～ 13:30、17:00 ～ 17:30 以及 18:00 ～ 19:00 的收视较 2009 年有所下降，其余各时段变化不大。

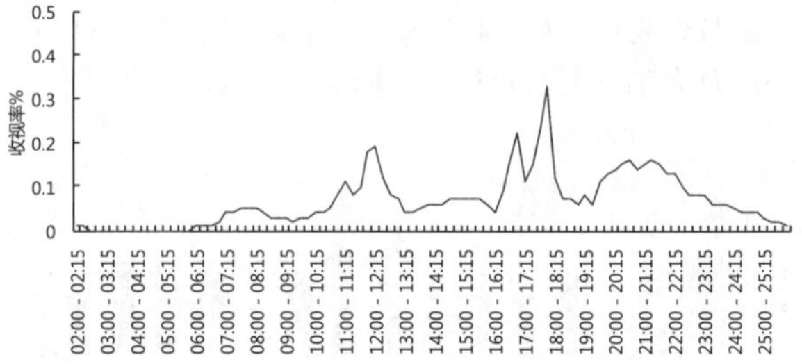

图49 2010年CCTV－11各时段收视情况（%）

2010 年，65 岁以上目标观众对于 CCTV － 11 的收视程度有较明显的下降，其余各类目标人群与 2009 年相比变化不大（见图 50）。

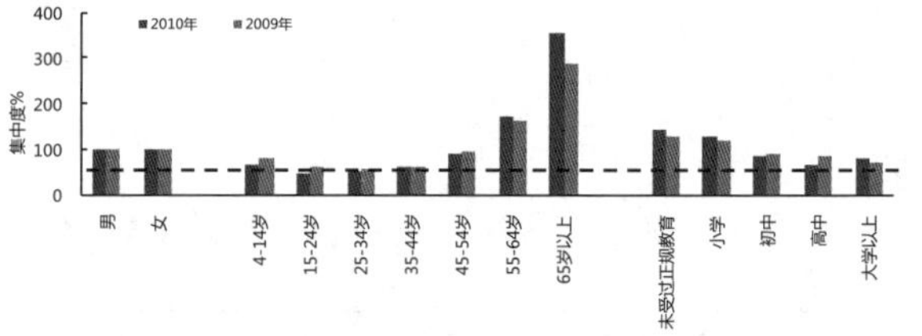

图50 近两年CCTV－11观众特征对比（%）

12.CCTV － 12 收视情况

从全年分周收视率走势来看，CCTV － 12 在 2010 年的收视水平也十分平稳，在年初的 1 ～ 7 周收视水平提升明显，年底自第 46 周之后收视略低于 2009 年水平（见图 51）。

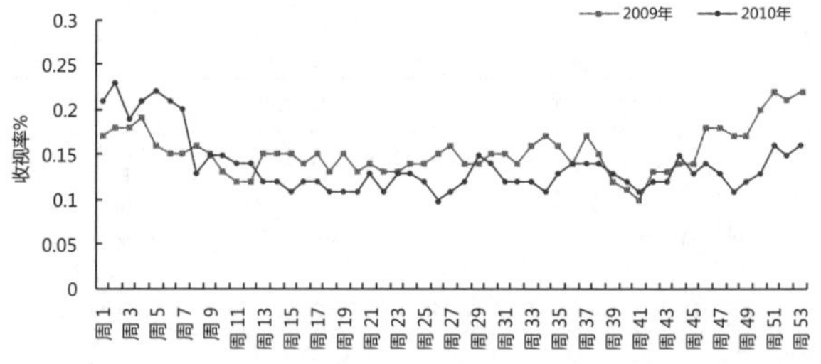

图51 近两年CCTV－12各周收视情况（%）

2010 年，CCTV － 12 与 2009 年相比，白天各时段收视水平差异不大，在晚间 18:30 ～ 22:30 的部分收视高峰时段略有下降（见图 52）。

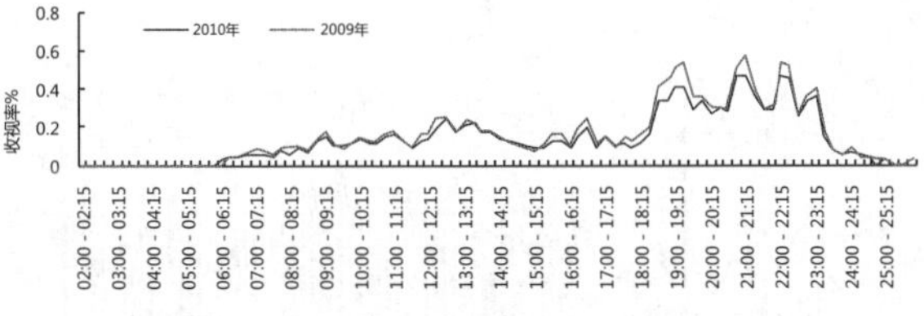

图52 近两年CCTV－12各时段收视情况（%）

2010 年，4 ～ 24 岁、45 ～ 54 岁以及未受过正规教育的目标观众收视程度有所增长，55 岁以上的目标观众收视程度略有降低（见图 53）。

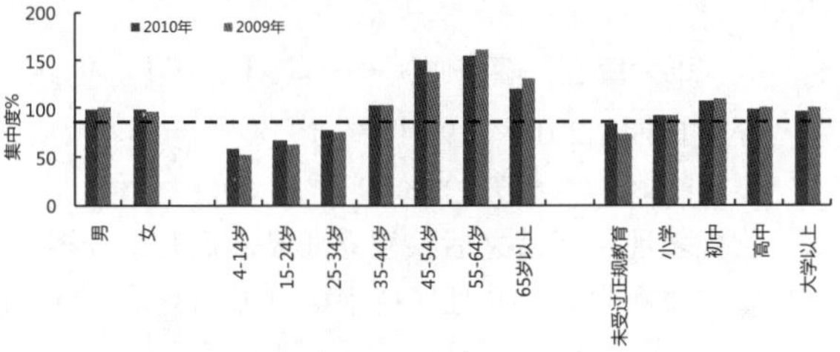

图53 近两年CCTV－12观众特征对比（%）

13.CCTV －新闻收视情况

CCTV －新闻频道 2009 年收视呈现出平稳的上升趋势，2010 年在这一收视水平上继续保持稳定，在第 35 周之前都明显高于 2009 年同期（见图 54）。

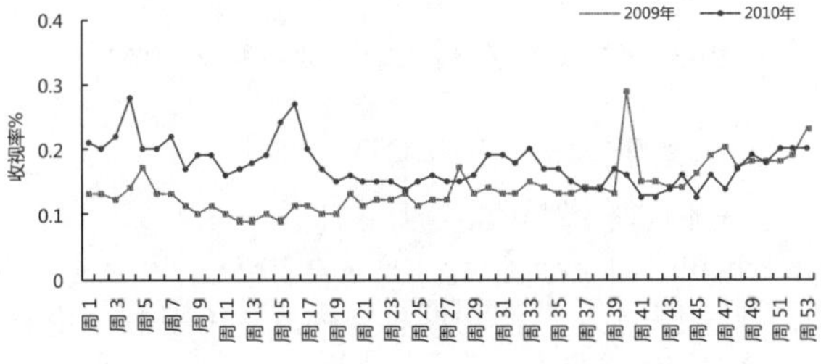

图54 近两年CCTV－新闻各周收视情况（%）

2010 年，CCTV －新闻在全天各时段的收视水平均较 2009 年有所提升，尤其在午间 12:00 ～ 13:30 以及晚间的 20:00 ～ 21:00 收视增长更为明显（见图 55）。

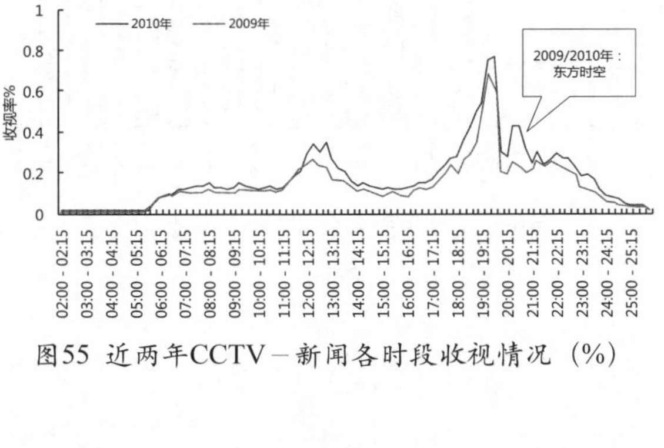

图55 近两年CCTV－新闻各时段收视情况（%）

55 岁以上目标观众对 CCTV －新闻的收视有所增长，高中及大学以上学历观众的收视略有下滑（见图 56）。

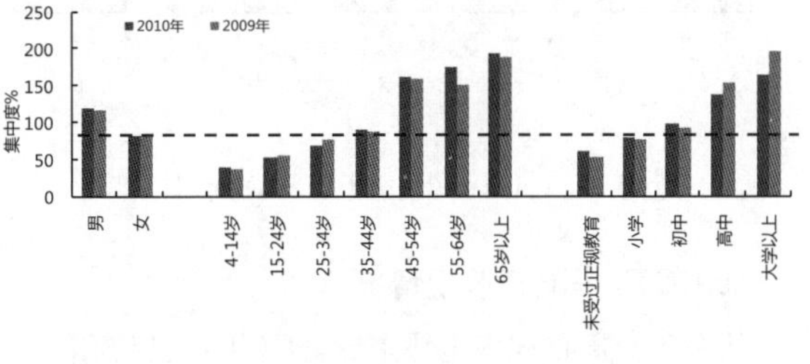

图56 近两年CCTV－新闻观众特征对比（%）

14.CCTV －少儿收视情况

从全年分周收视率走势来看，CCTV －少儿的收视走势以及收视水平均与 2009 年保持一致，且 29 ～ 36 周的暑假期间收视有明显增长（见图 57）。

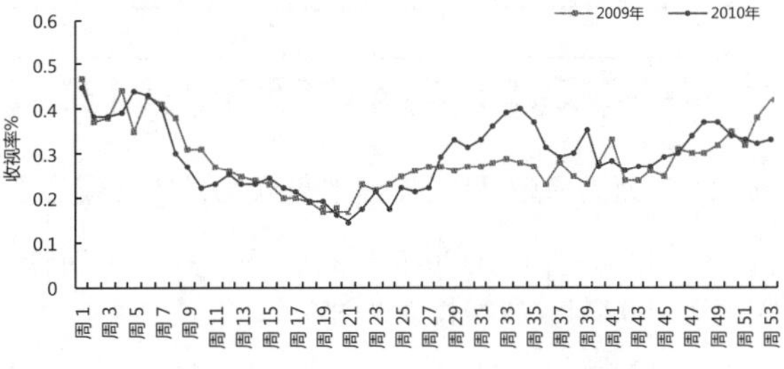

图57 近两年CCTV－少儿各周收视情况（%）

CCTV －少儿各时段收视水平整体稳定，仅在晚间 20:45 ～ 21:45 时段收视较 2009 年下降较多，22:00 ～ 23:00 时段收视有小幅提升（见图 58）。

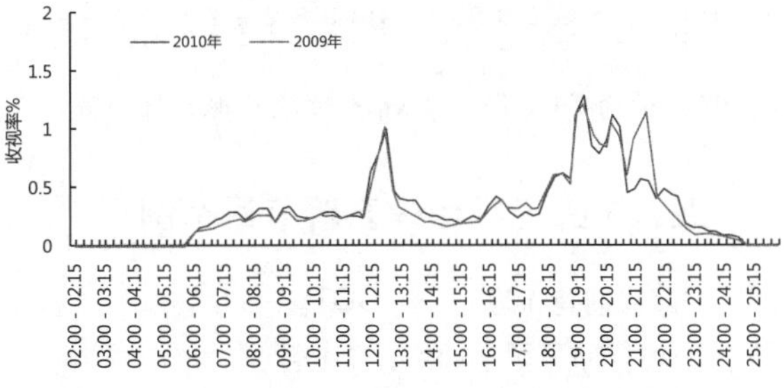

图58 近两年CCTV－少儿各时段收视情况（%）

CCTV －少儿的目标观众群收视程度整体保持稳定（见图 59）。

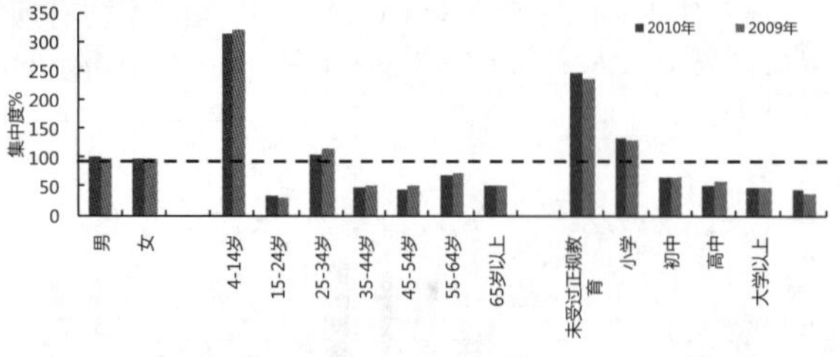

图59 近两年CCTV－少儿观众特征对比（%）

15.CCTV－音乐收视情况

从全年分周收视率走势来看，CCTV－音乐的收视走势以及收视水平均与2009年基本保持一致，从35周开始有所提升（见图60）。

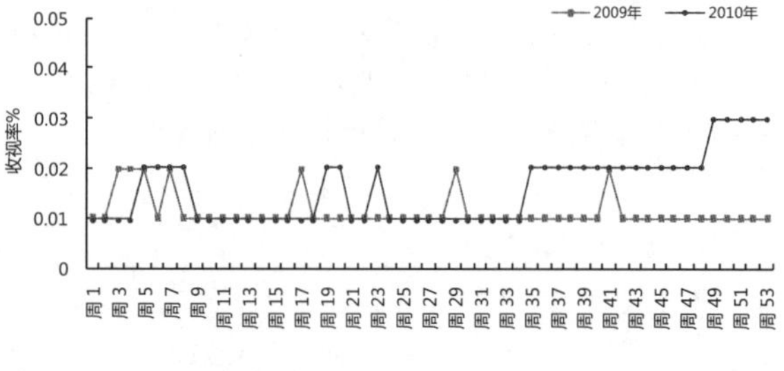

图60 近两年CCTV－音乐各周收视情况（%）

CCTV－音乐在2010年的19:30～21:00时段，收视较2009年有所增长（见图61）。

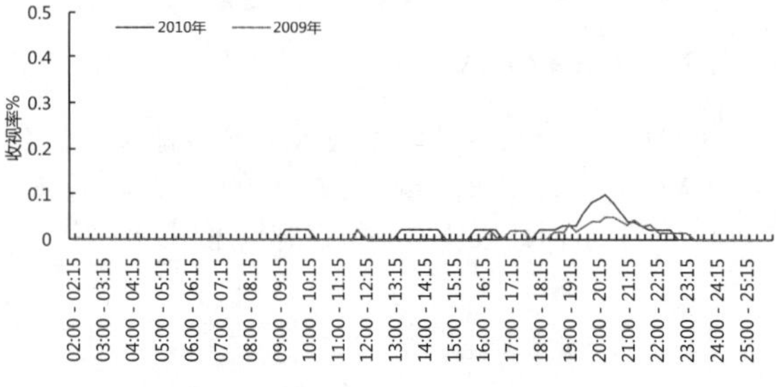

图61 近两年CCTV－音乐各时段收视情况（%）

五、中央电视台综艺新节目举例

1.《我们有1套》——CCTV－1

开播日期：2010年9月1日。

播出时间：每周一至周四，18:00～18:50。

收视表现：开播半个月后，收视呈明显上升趋势（见图62）。

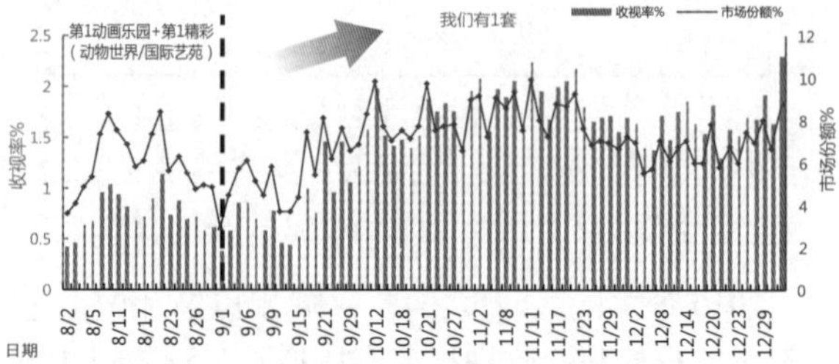

图62 《我们有1套》收视情况（%）

2.《正大综艺·墙来啦》——CCTV－1

开播日期：2010年9月19日。

播出时间：每周五，18:00～18:50。

收视表现：开播之后收视立即显示提升；开播一个月后，收视明显上升且保持平稳（见图63）。

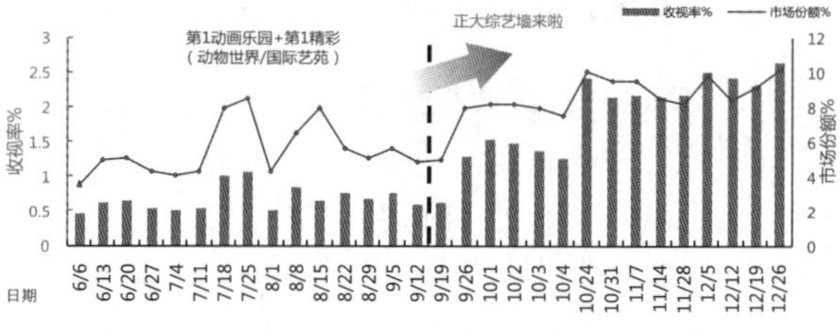

图63 《正大综艺·墙来啦》收视情况（%）

3.《欢乐英雄》——CCTV－3

开播日期：2010年9月4日。

播出时间：每周六，19:00～20:53。

收视表现：开播初期收视一般，10月起稳中略见上升趋势（见图64）。

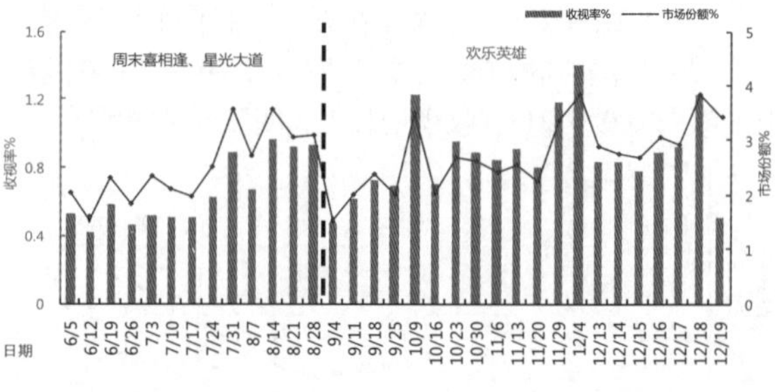

图64 《欢乐英雄》收视情况（%）

4.《我要上春晚》——CCTV－3

开播日期：2010 年 9 月 3 日。

播出时间：每周一、周五，19:00 ~ 20:55。

收视表现：开播初期，收视较之前的综艺等节目有所上升，11 月中旬因受到亚运会影响而收视下跌；自 12 月起收视提升明显（见图 65）。

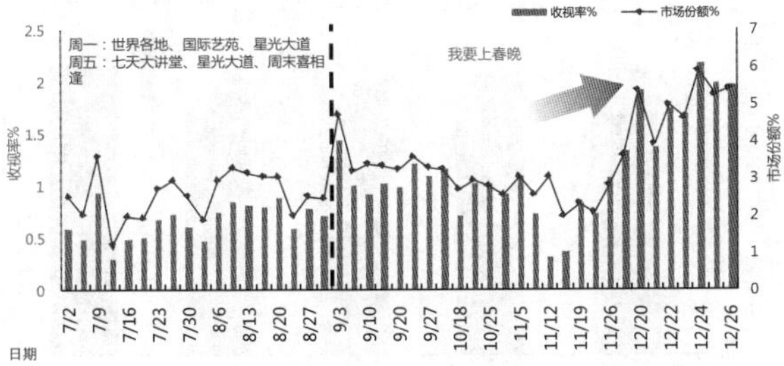

图65 《我要上春晚》收视情况（%）

5.《向幸福出发》——CCTV－3

开播日期：2010 年 9 月 3 日。

播出时间：每周五，21:00 ~ 22:25。

收视表现：相比之前的综艺节目或晚会，收视出现较明显下滑（见图 66）。

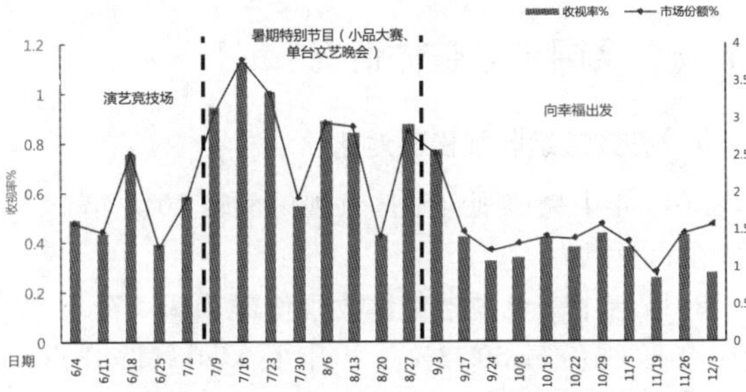

图66 《向幸福出发》收视情况（%）

（总编室市场评估部供稿）

2011年中央电视台收视分析

一、全国市场整体情况

1．各频道组收视份额对比

2011年中央电视台整体收视份额较2010年上升0.74个百分点。

2011年中央电视台整体收视份额为31.07%，较2010年收视份额30.33%，上升了0.74个百分点；2011年省级上星频道组收视份额为32.63%，较2010年收视份额31.27%上升了1.36个百分点；2011年其他频道组收视份额为36.31%，较2010年下降了2.09个百分点。

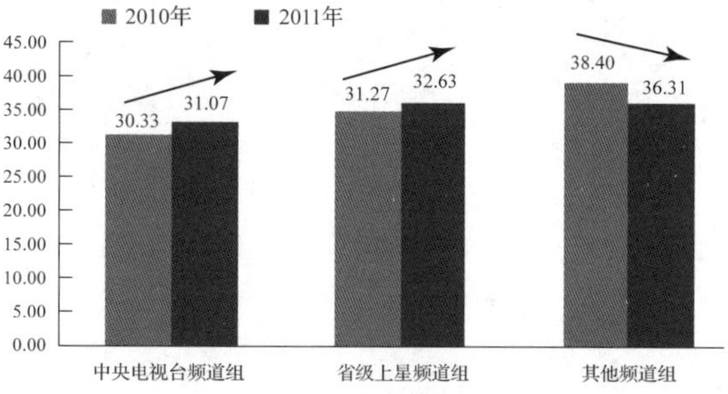

图1 2011年全国市场各频道组收视份额与2010年对比（%）

2．各频道组在各类型节目中所占份额对比

近五年中央电视台频道组在新闻时事类节目中所占份额明显高于省级上星频道组，在电视剧和综艺节目中所占份额均低于省级上星频道组。

近五年中央电视台频道组在新闻时事类节目中所占份额远高于省级上星频道组，且2011年中央电视台在新闻时事类节目中所占份额达到近五年最高值，份额为66.45%，而省级上星频道组仅占31.03%。

近五年中央电视台频道组在综艺类节目中所占份额呈逐年下降的趋势，2011年稍有回升，2011年份额为44.45%，与省级上星频道组相比，从2010年开始中央电视台频道组在综艺节目中的份额低于省级上星频道组。

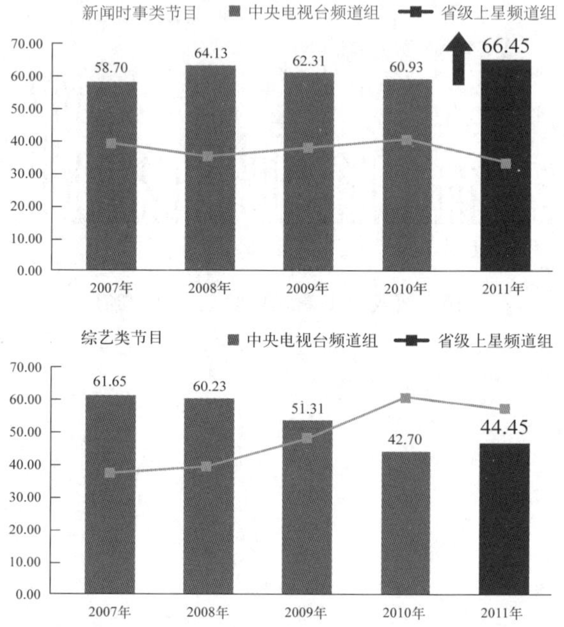

图2 近五年各频道组在新闻时事类节目/综艺类节目所占份额对比（%）

近五年中央电视台频道组在电视剧节目中所占份额呈逐年下降趋势，且近两年下降尤为突出，2011年中央电视台频道组在电视剧中所占份额下降至25.07%；中央电视台频道组与省级上星频道组在电视剧中的份额差距逐年增大，2011年省级上星频道组在电视剧中所占份额达到近五年最高值，份额为73.38%。

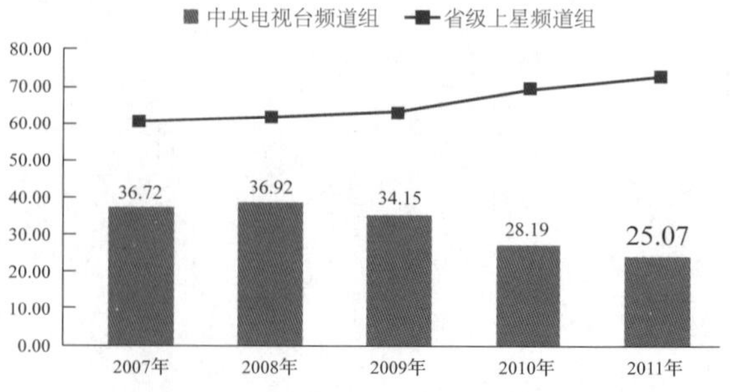

图3 近五年各频道组在电视剧所占份额对比（%）

3. 2011 年全国上星频道收视排名情况

2011 年中央电视台有 10 个频道进入全国上星频道收视排名前 20 位。

2011 年全国上星频道收视排名前 20 位的中，中央电视台频道数量与 2010 年持平，共有 10 个频道进入前 20 名。与 2010 年相比收视份额上升的频道有 CCTV－1、CCTV－3、CCTV－4、CCTV－8、CCTV－13、CCTV－14，其中 CCTV－13 新闻频道增长显著，首次进入前 10 名。

2011 年全国上星频道收视排名前 6 位的频道排名情况与 2010 年相同，中央电视台 CCTV－1 综合排名第 1 位，湖南卫视排名第 2 位，CCTV－6、CCTV－3、CCTV－14、CCTV－8 分别排在第 3 至 6 位。

2011 年省级上星频道组共有 10 个频道进入前 20 位，其中上海东方卫视和黑龙江卫视排名上升较大，分别从 2010 年的第 27 名、26 名上升到 2011 年的第 17 名、19 名。

表1 2011、2010年全国上星频道收视排名对比（%）

频道	2011年		2010年		份额差值
	收视份额%	排名	收视份额%	排名	
CCTV－1	7.11	1	7.02	1	0.09
湖南卫视	4.05	2	4.14	2	－0.09
CCTV－6	3.63	3	4.11	3	－0.48
CCTV－3	3.27	4	2.94	4	0.32
CCTV－14	2.99	5	2.77	5	0.23
CCTV－8	2.78	6	2.68	6	0.10
江苏卫视	2.43	7	2.13	9	0.30
浙江卫视	2.33	8	2.65	7	－0.32
安徽卫视	2.22	9	1.78	12	0.44
CCTV－13	2.19	10	1.07	13	0.52
山东卫视	2.15	11	2.21	8	－0.06
CCTV－4	1.87	12	1.54	14	0.33
CCTV－5	1.82	13	2.07	10	－0.25
四川卫视	1.69	14	1.78	11	－0.09
辽宁卫视	1.46	15	1.52	15	－0.06
河南卫视	1.31	16	1.25	18	0.06
上海东方卫视	1.27	17	0.75	27	0.52
CCTV－7	1.23	18	1.34	16	－0.11
黑龙江卫视	1.12	19	0.84	26	0.28
CCTV－12	1.07	20	1.30	17	－0.24

二、中央电视台整体情况

1. 2011 年中央电视台全天分钟收视走势情况

与 2010 年相比，2011 年中央电视台全天各时段收视均有不同程度提升。

从 2011 年中央电视台整体全天分钟收视走势与 2010 年对比看出，2011 年白天各时段收视均有所上升，且时段 12：00~13：30 上升最明显，黄金时段基本保持稳定，晚间时段 21：30~22：30 有小幅上升。

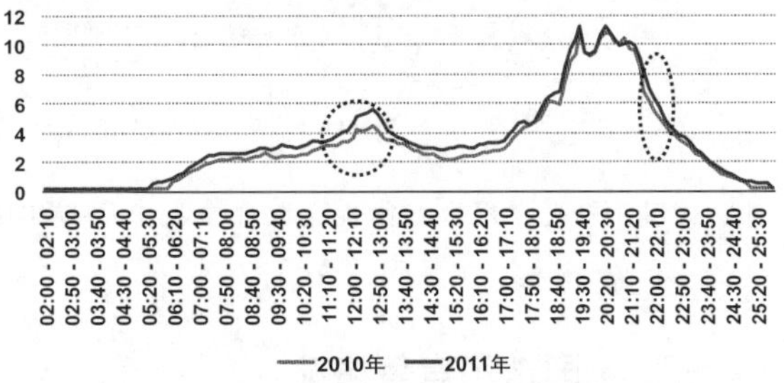

图4 2011年中央电视台整体全天收视走势与2010年对比(%)

2. 2011 年中央电视台整体各月收视份额情况

2011 年从 3 月开始中央电视台整体收视份额呈现大幅上升的趋势，暑期收视份额达到最高点，8 月收视份额达到 32.46%，暑期过后收视出现回落。2011 年中央电视台共有 9 个月的收视份额较 2010 年同期出现提升，其中 3 月至 10 月收视份额提升明显。

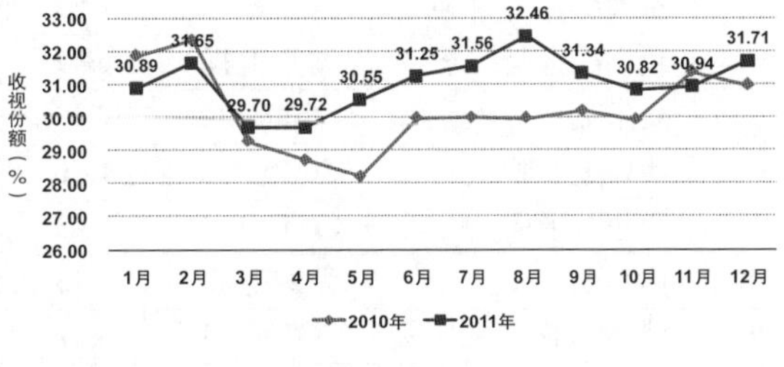

图5 2011年中央电视台整体各月收视份额与2010年对比(%)

3. 2011 年中央电视台整体各类型观众集中度情况

2011 年中央电视台对 55 岁以上、城市观众的吸引力较 2010 年大幅提升，对年轻观众的吸引力较 2010 年小幅下降。

与 2010 年相比：2011 年中央电视台 55 岁以上观众的集中度大幅提升，2010 年 55 ~ 64 岁和 65 岁以上观众的集中度分别为 130.14%、131.53%，2011

年这两个年龄段的观众集中度分别达到 142.86%、161.19%；2011 年中央电视台城市观众的集中度提升明显，从 2010 年的 98.06% 提升到 2011 年的 121.78%；2011 年中央电视台年轻观众的集中度出现下降，其中 15 ~ 24 岁观众集中度下降最明显。

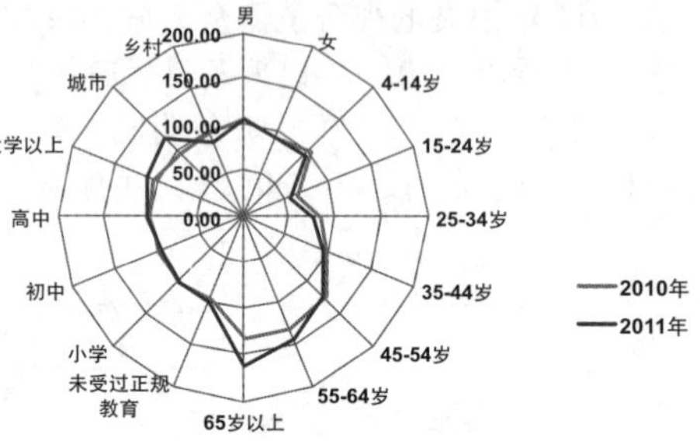

图6 2011年中央电视台整体各类型观众集中度与2010年对比（%）

三、全国市场竞争情况

1. 全国市场综艺节目收视排名

2011 年中央电视台共有 11 档综艺节目进入全国上星频道全年综艺节目收视排名前 20 位。

表2 全国市场综艺节目收视排名前20位栏目

排名	名称	频道	收视率%
1	星光大道	CCTV－3	1.94
2	快乐大本营	湖南卫视	1.70
3	正大综艺·墙来啦	CCTV－1	1.59
4	我们约会吧	湖南卫视	1.57
5	欢乐英雄	CCTV－3	1.49
6	我要上春晚	CCTV－3	1.46
7	梦想合唱团	CCTV－1	1.43
8	称心如意	湖南卫视	1.43
9	精彩1刻	CCTV－1	1.42
10	给力星期天	湖南卫视	1.40
11	非诚勿扰	江苏卫视	1.40
12	欢乐中国行	CCTV－3	1.39
13	分秒必争	CCTV－1	1.38
14	中国达人秀	上海东方卫视	1.27
15	国际艺苑	CCTV－1	1.20
16	非常6+1	CCTV－3	1.11
17	挑战麦克风第4季	湖南卫视	1.08

续表

排名	名称	频道	收视率%
18	爱情连连看	浙江卫视	1.06
19	我们有1套	CCTV－1	1.05
20	智勇大冲关第5季	湖南卫视	1.02

2. 全国市场电视剧收视排名

2011 年中央电视台有 17 部电视剧进入全国上星频道全年电视剧收视排名前 20 位，较 2010 年减少 3 部。省级上星频道共有 3 部进入前 20 名。

表 3 全国市场电视剧收视排名前 20 位栏目

排名	名称	频道	收视率%
1	幸福来敲门	CCTV－1	4.55
2	回家的欲望	湖南卫视	4.28
3	中国地	CCTV－1	3.95
4	小小飞虎队	CCTV－1	3.86
5	我是特种兵	CCTV－1	3.83
6	五星红旗迎风飘扬	CCTV－1	3.12
7	咱家那些事	CCTV－1	3.12
8	爱情真善美	安徽卫视	3.10
9	节振国传奇	CCTV－1	2.94
10	野鸭子	CCTV－8	2.93
11	奢香夫人	CCTV－1	2.88
12	东方	CCTV－1	2.72
13	夏妍的秋天	CCTV－1	2.68
14	永远的忠诚	CCTV－1	2.64
15	幸福密码	CCTV－1	2.54
16	回家的诱惑	湖南卫视	2.48
17	黎明前的暗战	CCTV－1	2.47
18	国门英雄	CCTV－1	2.47
19	革命人永远是年轻	CCTV－1	2.45
20	你是我的幸福	CCTV－1	2.43

四、中央电视台各频道收视情况概述

1. CCTV － 1 收视 情况

从 2011 年分周收视率走势来看，CCTV － 1 在全年多数时期收视水平较 2010 年有所提高。在 2011 年春节期间收视达到全年的最高峰且高于 2010 年春节的收视水平，在暑期期间，创造了一轮新的收视小高峰。

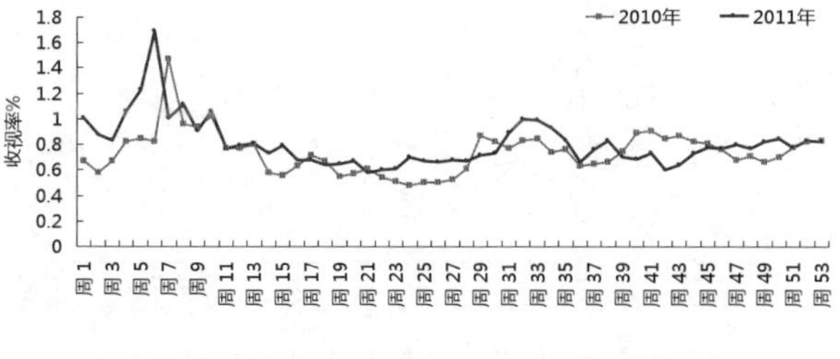

图7 近两年CCTV－1各周收视对比（%）

2011 年，CCTV － 1 在 19:00 以前的大部分时段收视均有提高。晚间 19:00 ～ 21:15 的收视水平低于 2010 年。19:30 ～ 22:00 的收视占全天收视的 32.4%（2010 年占 36%），对于频道整体收视影响重大。

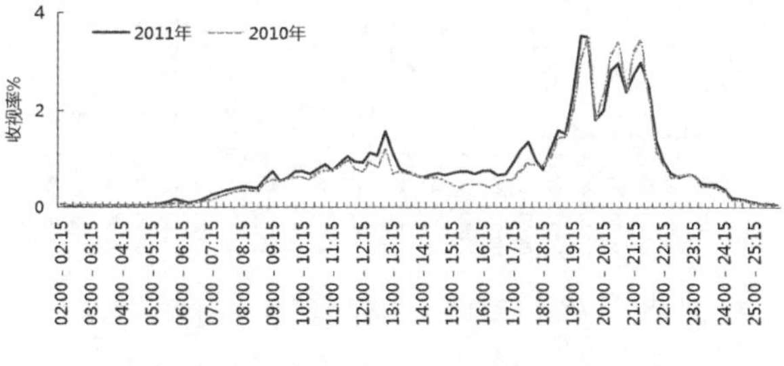

图8 近两年CCTV－1各时段收视率对比（%）

2011 年，65 岁及以上、未受过正规教育、小学和大学及以上教育程度的目标观众对 CCTV － 1 的收视倾向均有一定的增长，特别是 65 岁及以上观众的收视倾向增长非常明显。

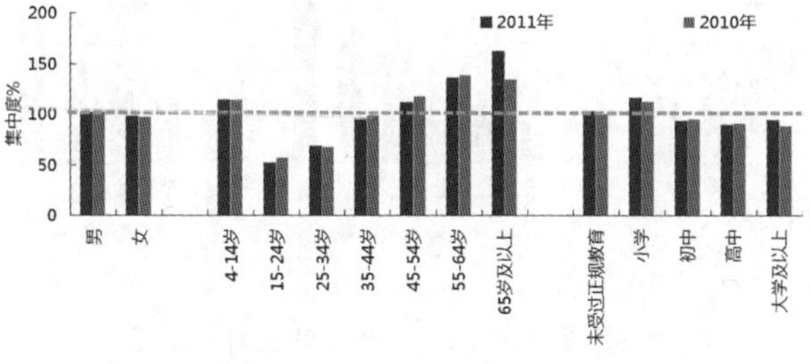

图9 近两年CCTV－1观众特征对比（%）

CCTV － 1 在 2011 年晚间黄金档播出的电视剧中，上半年播出的《幸福来敲门》成为 2011 年的收视最高峰，下半年的《中国地》和《小小飞虎队》也形成了一定的收视亮点。

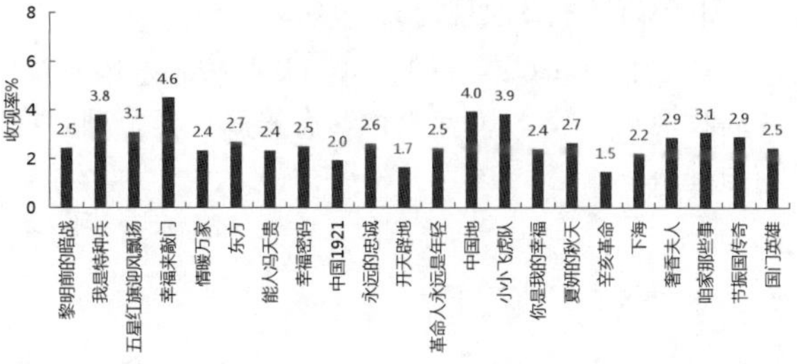

图10 2011年CCTV－1晚间黄金档电视剧收视率（%）

2. CCTV － 2 收视情况

2011 年 CCTV － 2 各周收视水平与 2010 年同期基本相近，上半年略高于 2010 年同期，自下半年的 43 周开始略有下降。

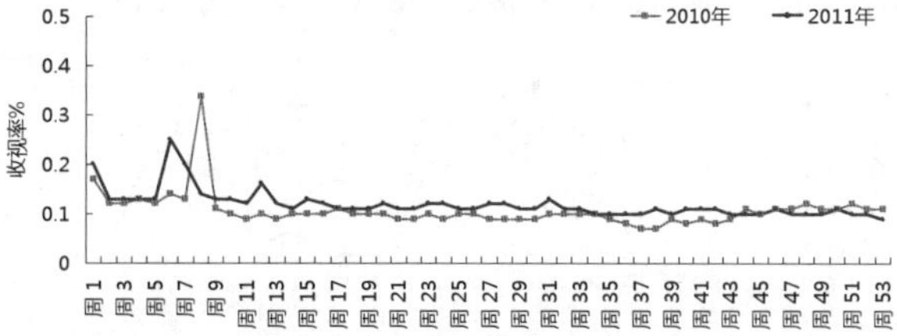

图11 近两年CCTV－2各周收视率对比（%）

2011 年 CCTV － 2 在午间的 12:00 ～ 13:30 以及傍晚的 18:00 ～ 19:00 时段收视较 2010 年有一定的提高，特别是中午时段提高非常明显。

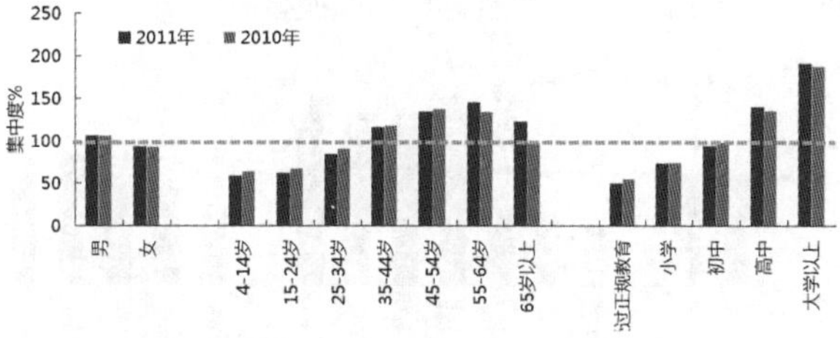

图12 近两年CCTV－2各时段收视率对比（%）

2011 年 55 岁及以上和高中及以上教育程度的目标观众对 CCTV － 2 的收视倾向较 2010 年有所提升。

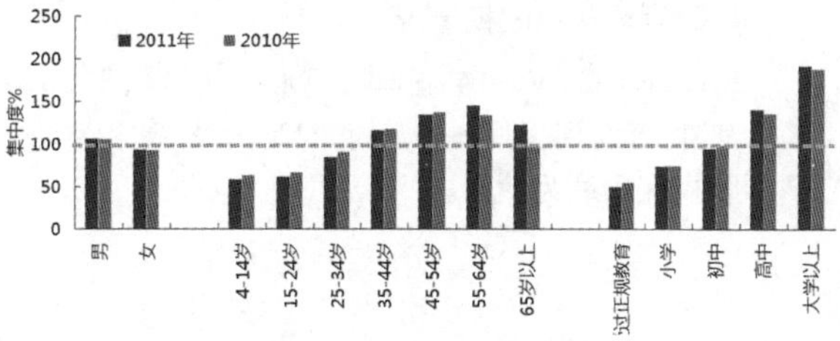

图13 近两年CCTV－2观众特征对比（%）

3. CCTV － 3 收视情况

从 2011 年 CCTV － 3 全年分周收视率走势来看，各周收视水平较 2010 年整体略有提高，春节期间增幅相对显著。

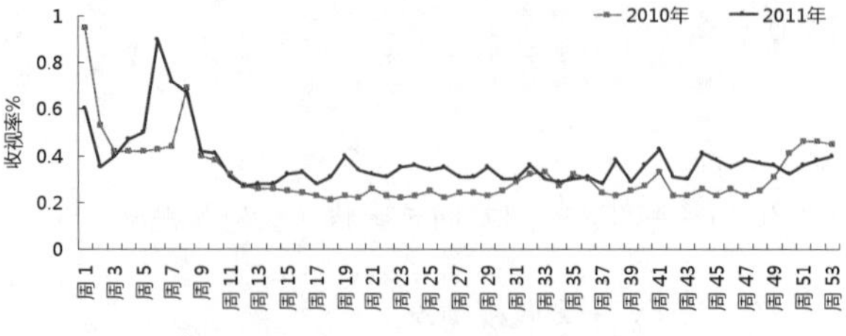

图14 近两年CCTV－3各周收视率对比（%）

2011 年 CCTV － 3 全天整体收视水平略有提高，特别是晚间 19:30 ～ 22:00 收视提升显著。11:00 ～ 11:30 和傍晚 18:00 ～ 19:30 较 2010 年有所下降。

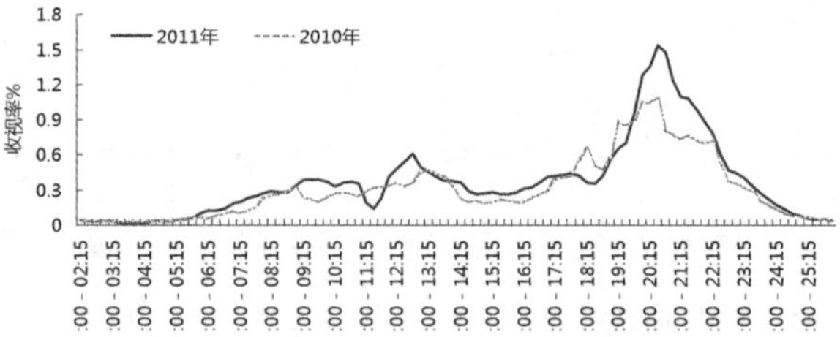

图15 近两年CCTV－3各时段收视率对比（%）

2011 年，34 岁及以下和初中及以下学历的目标观众收视倾向继续下滑，而 45 岁及以上和高中及以上学历的目标观众收视倾向增长明显。

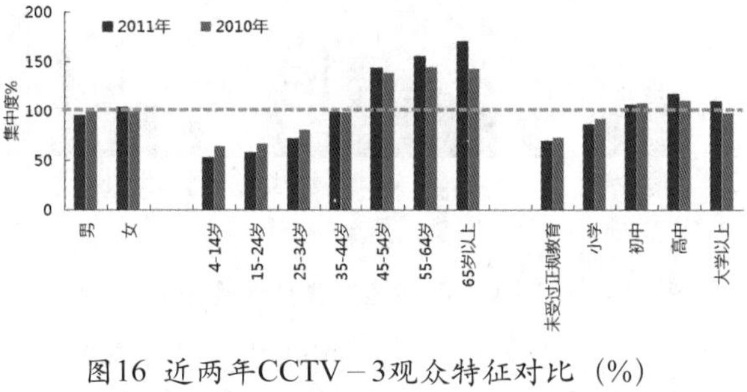

图16 近两年CCTV－3观众特征对比（%）

4. CCTV － 4 收视情况

2011 年 CCTV － 4 全年收视水平明显高于 2010 年，其中第 6 周、11 ～ 15 周、22 ～ 28 周和 42 ～ 47 周收视涨幅最为明显。

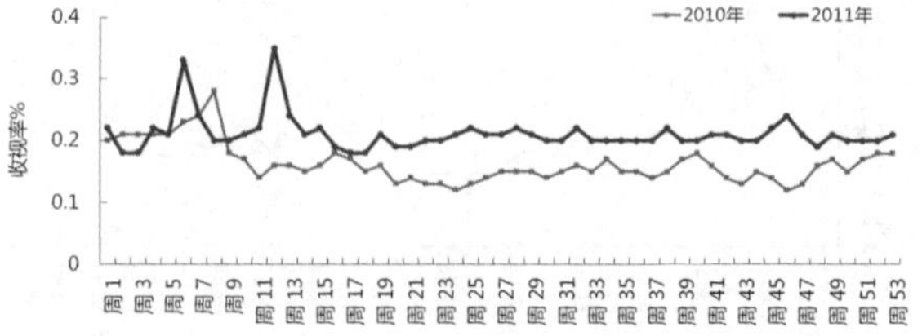

图17 近两年CCTV－4各周收视率对比（%）

CCTV － 4 在 2011 年的收视率较 2010 年同期有所提高，特别是午间时段和晚间 20:00 ～ 22:00 增长显著。19:30 ～ 20:00 收视有所下降。

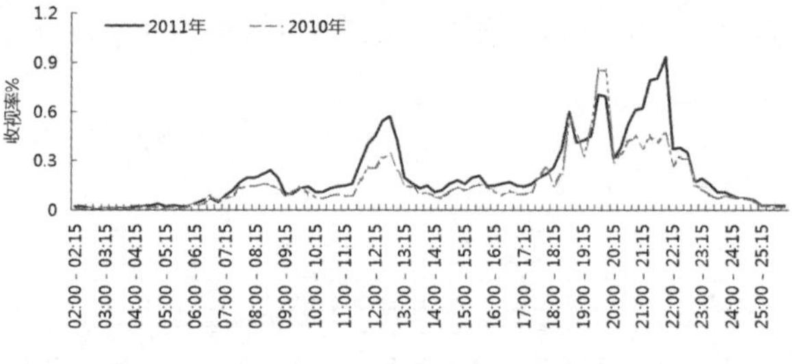

图18 近两年CCTV－4各时段收视对比（%）

2011 年，35 岁及以下和初中教育程度及以下的目标观众收视倾向较 2010 年略有减弱，55 岁及以上和高中教育程度及以上的目标观众对 CCTV － 4 的收视倾向较 2010 有明显增长。

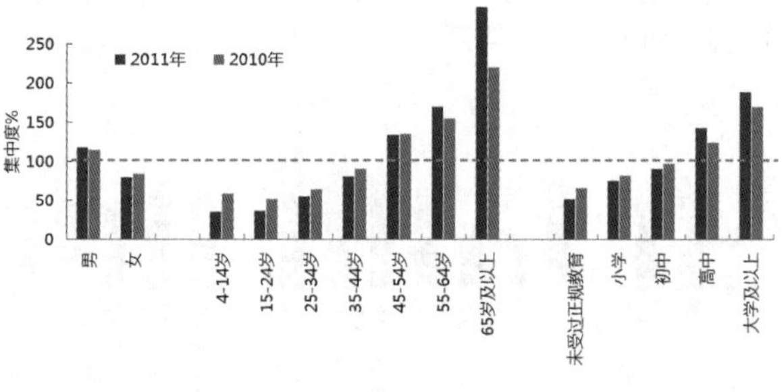

图19 近两年CCTV－4观众特征对比（%）

5. CCTV － 5 收视情况

CCTV － 5 在 2011 年收视稳中有升，收视率始终保持在 0.2% 左右。

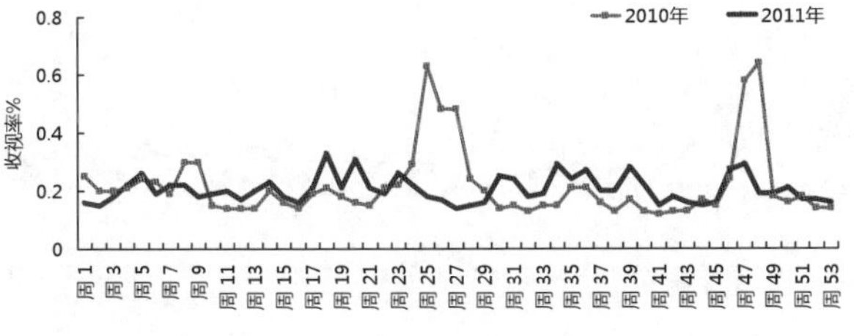

图20 近两年CCTV－5各周收视率对比（%）

2011 年，CCTV － 5 除了在晚间 22:00 ～ 24:00 收视有较明显滑落外，在全天多数时段与 2010 年基本保持一致。

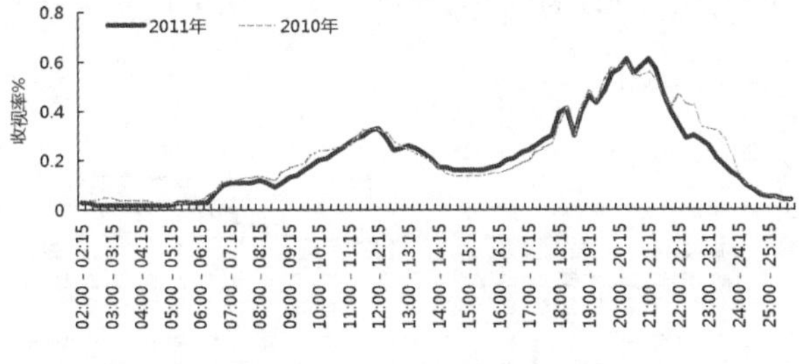

图21 近两年CCTV－5各时段收视率对比（%）

2011 年，55 岁及以上的目标观众对于 CCTV － 5 的收视倾向较 2010 年有突破性提升；4 ～ 44 岁、高中及以上学历的目标观众收视倾向有所降低。

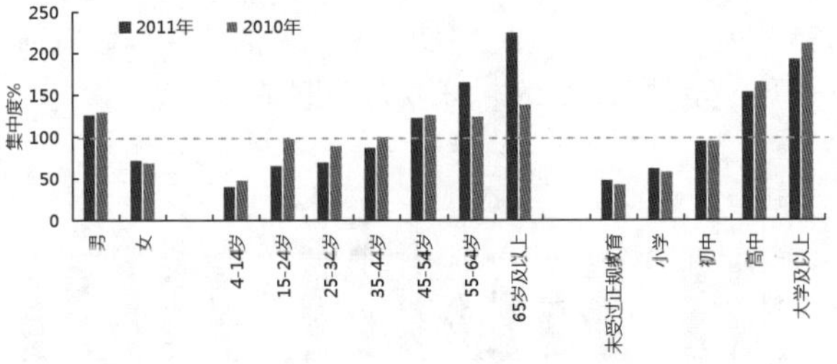

图22 近两年CCTV－5观众特征对比（%）

6. CCTV － 6 收视情况

从 2011 年分周收视率走势来看，CCTV － 6 与 2010 年同期基本保持一致。年初 2 ～ 14 周、上半年的 25 ～ 31 周和年底几周收视较 2010 年偏低，17 ～ 22 周、暑假的 32 ～ 35 周和 10 月收视较 2010 年有小幅增长。

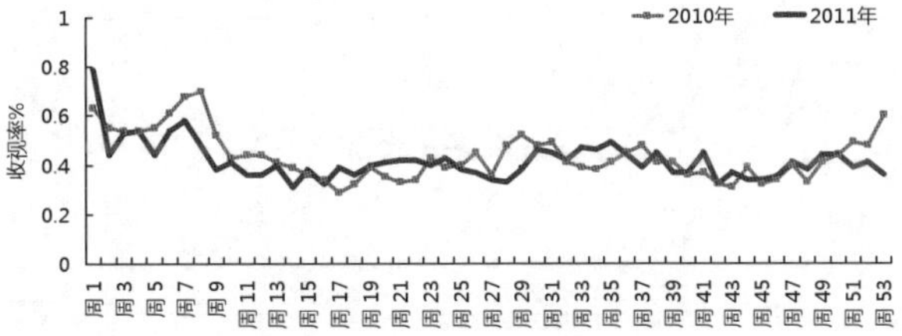

图23 近两年CCTV－6各周收视率对比（%）

CCTV － 6 在 2011 年全天各时段收视水平与 2010 年整体保持平稳。11:30 ～ 13:30 收视较 2010 年有所提升；13:30 ～ 15:00 和 19:30 ～ 21:00 时段较上一年有明显下降。

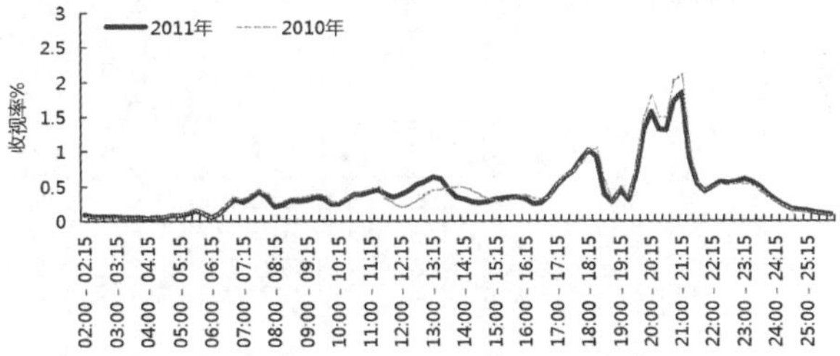

图24 近两年CCTV－6各时段收视率对比（%）

2011 年 CCTV － 6 各类目标观众收视倾向与 2010 年基本保持稳定，男性、35 岁及以上和高中及以上学历观众收视倾向略有增长。

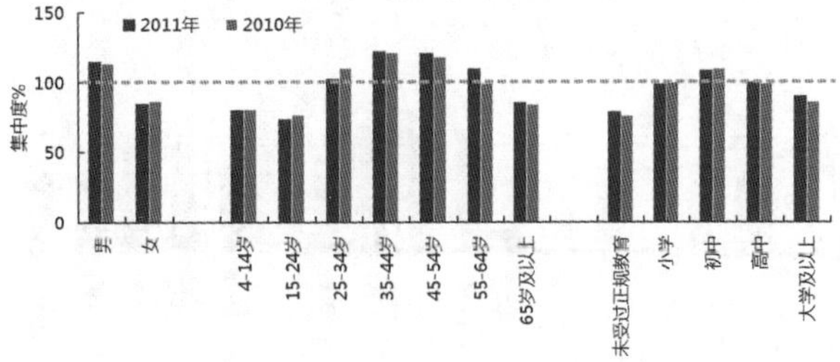

图25 近两年CCTV－6观众特征对比（%）

7. CCTV － 7 收视情况

从 2011 年分周收视率走势来看，CCTV － 7 在前 31 周收视水平低于 2010 年同期，而从 32 周后收视开始回升，在第 38 周和第 45 周之后增长明显。

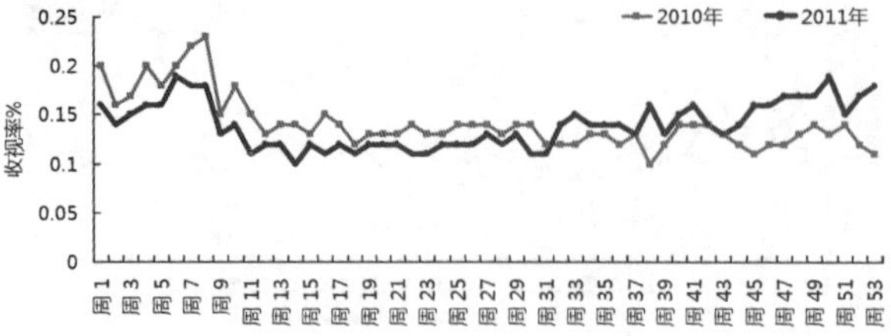

图26 近两年CCTV－7各周收视对比（%）

CCTV － 7 在 2011 年的收视水平与 2010 年整体收视走势保持一致，13:00 ～ 14:00 收视率较 2010 年有明显增长，晚间 20:00 ～ 22:30 收视有所下降。

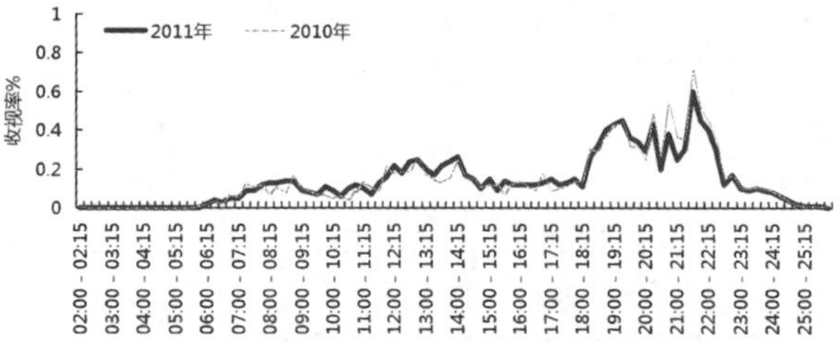

图27 近两年CCTV－7各时段收视率对比（%）

2011 年，4 ～ 24 岁、35 ～ 54 岁以及未受过正规教育的目标观众收视程度略有降低；25 ～ 34 岁、55 岁及以上观众的收视倾向提升较为明显，小学及以上学历的观众收视倾向略有提升。

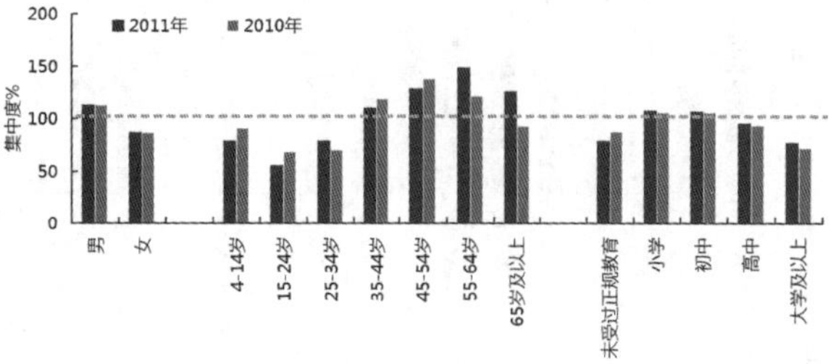

图28 近两年CCTV－7观众特征对比（%）

8. CCTV － 8 收视情况

从全年分周收视率走势来看，CCTV － 8 在 2011 年上半年收视略低于 2010 年同期，春节前后收视较 2010 年相差较多；而自 23 周开始逐渐赶超，其中暑期（27 ～ 34 周）和年底的 49 ～ 51 周收视较 2010 年有显著提升。

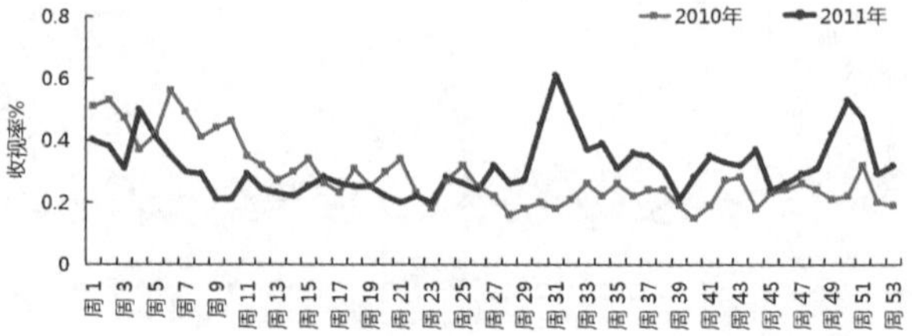

图29 近两年CCTV－8各周收视率对比（%）

CCTV － 8 在 2011 年全天各时段收视水平稳中有升，上午的 8:00 ～ 12:00 时段、晚间 18:30 ～ 20:00 时段和深夜 22:00 ～ 23:15 时段上升较明显。19:30 ～ 22:00 的黄金强档收视低于 2010 年。

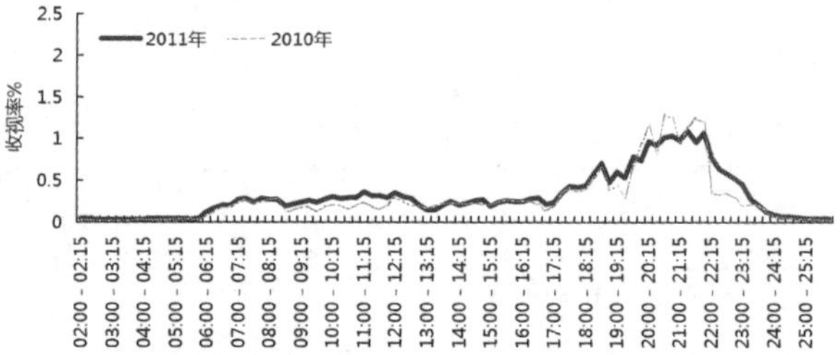

图30 近两年CCTV－8各时段收视率对比（%）

2011 年 CCTV － 8 的目标观众群与 2010 年整体保持一致，其中 4 ～ 24 岁和高中及以上学历观众收视倾向有所下降，4 ～ 14 岁观众收视倾向下降明显；35 岁及以上目标观众对 CCTV － 8 的收视倾向有所提升，55 岁及以上观众表现最为明显。

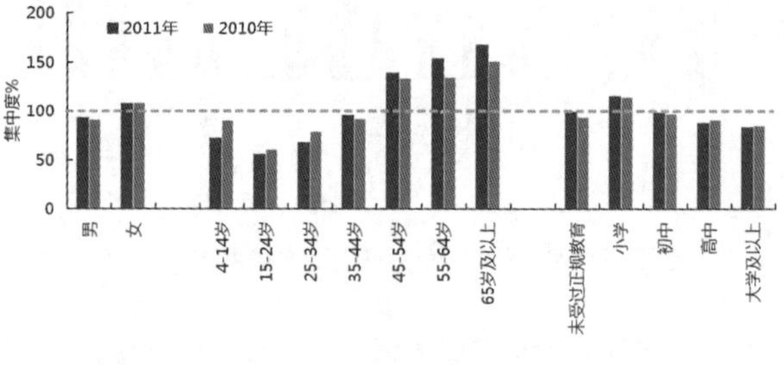

图31 近两年CCTV－8观众特征对比（%）

CCTV － 8 电视剧频道在 2011 年上半年的收视表现平平，下半年则有多部电视剧收视超过 1%，整体收视水平较上半年有所提升。2011 年 CCTV － 8 电视剧频道晚间黄金档电视剧平均收视率为 1.0%。

表4 CCTV－8晚间黄金档电视剧收视率（%）

电视剧名称	收视率（%）
第五空间	1.52
牛铁汉和他的儿女们	1.31
野鸭子	2.94
嘎达梅林	1.06
大学生士兵的故事	0.4
风语	0.78
海峡往事	0.49
下南洋	1.15
湖光山色	0.82
梨花泪	0.77
盘龙卧虎高山顶	1.12
国际大营救	1.29
月嫂	0.95
大捕房	0.71
汶川故事	0.36
矿山人家	0.57
防线	0.67
延安爱情	0.46
亮剑	1.15
潜伏	0.65
士兵突击	0.82
新四军女兵	0.48
夺粮剿匪记	0.92
宣言	0.78
激情燃烧的岁月	0.51
北风那个吹	0.61
少林寺传奇之大漠英豪	1.73
激战江南	1.35
新萍踪侠影	0.98
少林寺传奇之乱世英雄	1.05
金枝玉叶	1.14
小站风云	0.63
中国地	0.7
中国远征军	0.54
马迭尔旅馆的枪声	0.79
少林寺传奇之十三棍僧	1.22
陕北汉子	1.01
海魂	1.34
来不及说我爱你	1.44
辛亥革命	0.45
重生	0.7
金陵秘事	0.84
钢铁年代	0.86
大丽家的往事	1.43
新上门女婿	2.07
多多的婚事	1.98
大风歌	0.7
青山绿水红日子	0.74
高第街	0.84

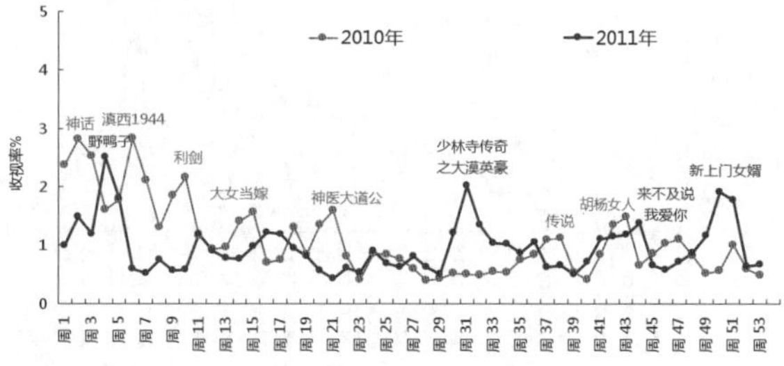

图32 近两年CCTV－8晚间19:30～22:00电视剧收视率对比（%）

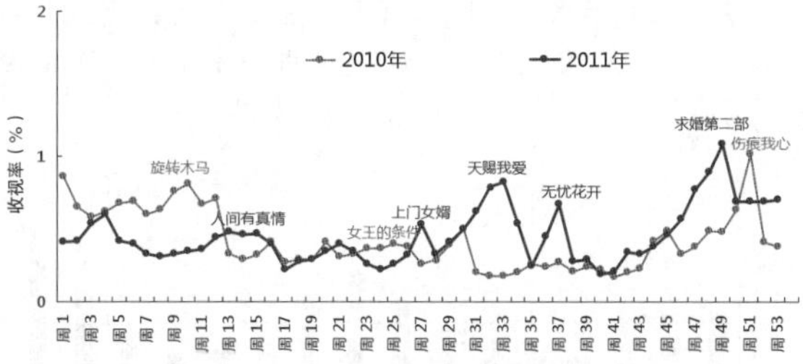

图33 近两年CCTV－8 17:00～19:00电视剧收视率对比（%）

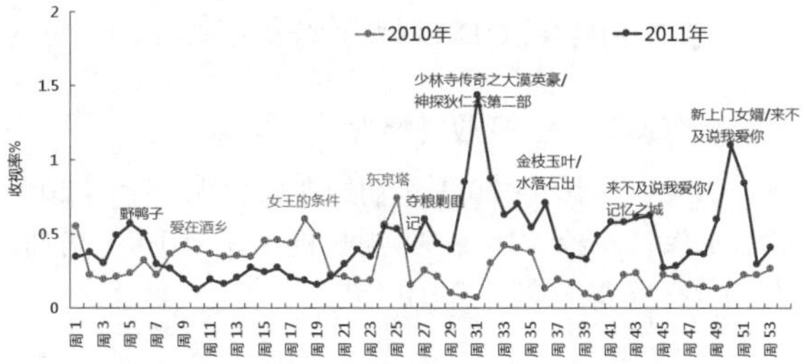

图34 近两年CCTV－8 22:00～24:00电视剧收视率对比（%）

9. CCTV － 9 收视情况

CCTV － 9 纪录频道自 2011 年 1 月 1 日年开播

以来收视稳中有升，3 ～ 37 周收视率保持在 0.03% 左右，38 周之后升至 0.05% 左右。

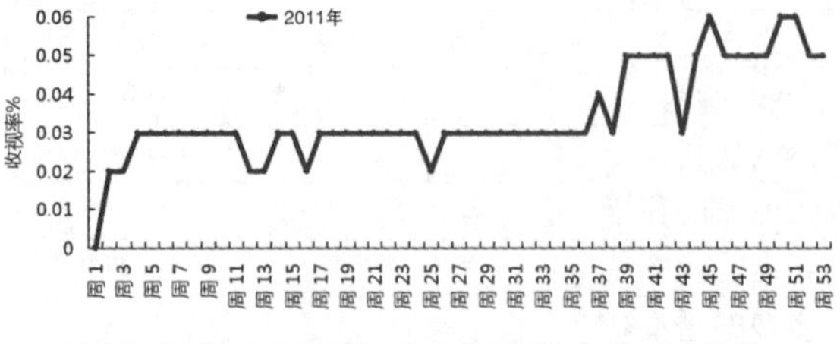

图35 2011年CCTV－9各周收视率情况（%）

从收视率走势来看，CCTV － 9 各时段收视相对稳定，午间 13:15 ～ 14:00 时段、晚间 18:15 ～ 20:30 和 21:00 ～ 22:45 时段是频道全天的收视高峰时段。

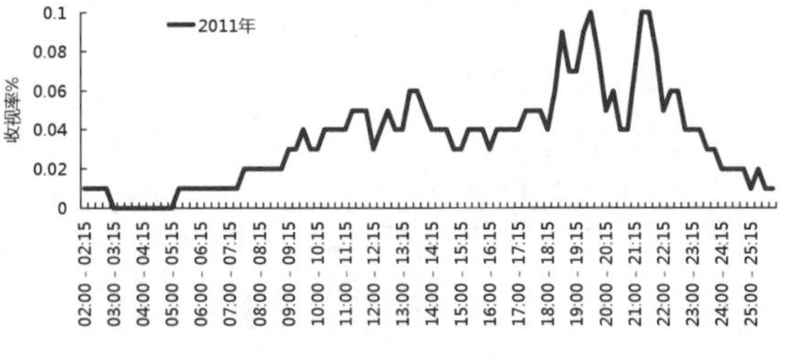

图36 年CCTV－9各时段收视率对比（%）

从 2011 年各类别观众的集中度来看，男性、45 岁及以上、高中及以上学历观众更倾向于收看 CCTV － 9 纪录频道。

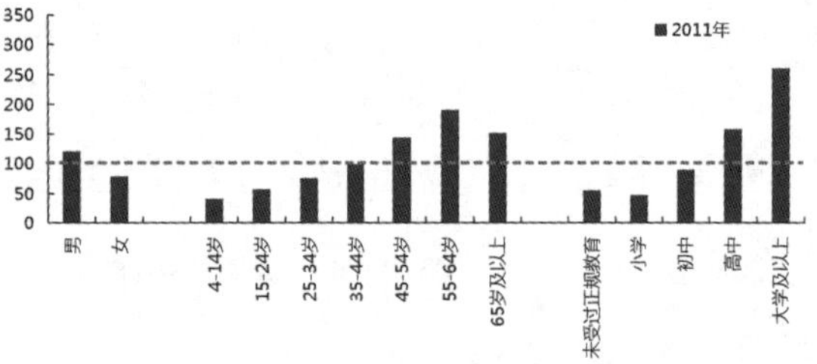

图37 2011年CCTV－9观众特征对比（%）

10. CCTV － 10 收视情况

CCTV － 10 在 2011 年初的各周收视水平与 2010 年基本保持一致，16 ～ 31 周收视不及 2010 年同期，从 32 周开始收视超过 2010 年。

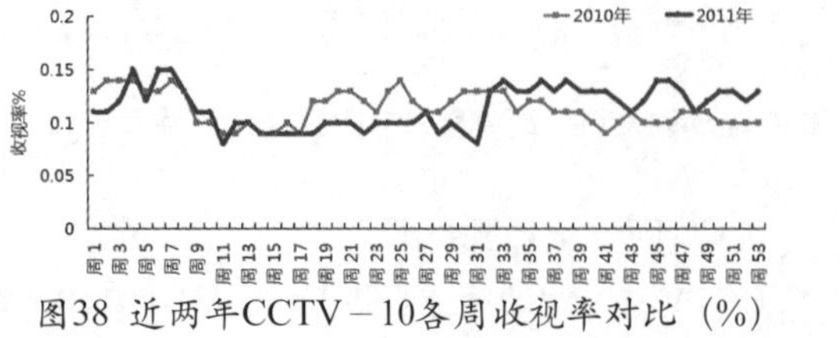

图38 近两年CCTV－10各周收视率对比（%）

从全天收视率走势来看，2011 年 CCTV － 10 白天收视水平与 2010 年差异不大，晚间 19:00 ～ 20:30 时段收视较 2010 年有明显提升，而 20:30 ～ 22:15 时段收视不及 2010 年。

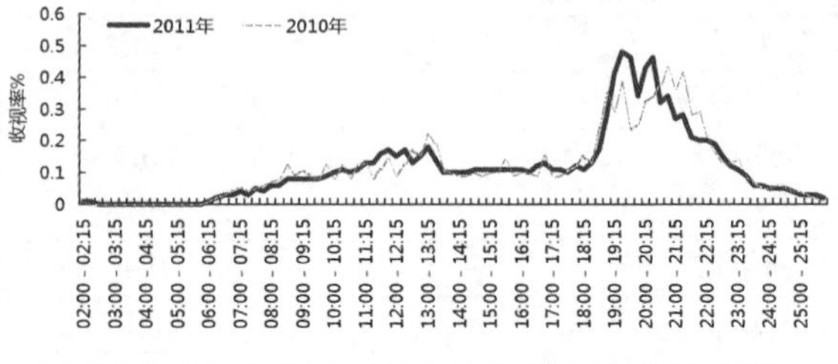

图39 近两年CCTV－10各时段收视率对比（%）

2011 年，CCTV － 10 各类目标观众收视倾向与 2010 年基本保持一致。55 岁及以上和小学学历的观众收视倾向较 2010 年有所提升，其他观众收视倾向性则略有降低。

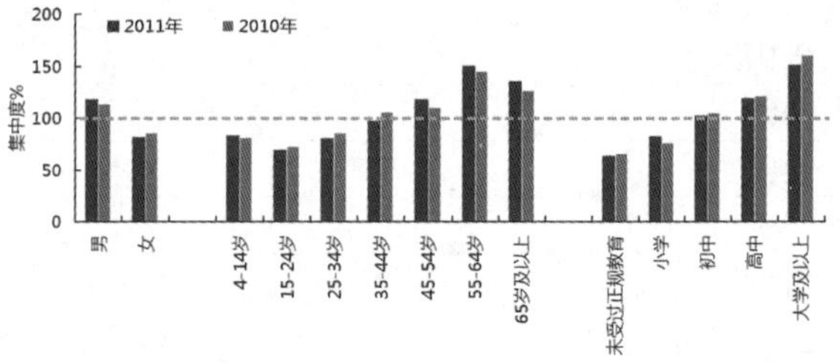

图40 近两年CCTV－10观众特征对比（%）

11. CCTV － 11 收视情况

CCTV － 11 在 2011 年各周收视走势十分稳定，与 2010 年相比，收视水平整体偏低。

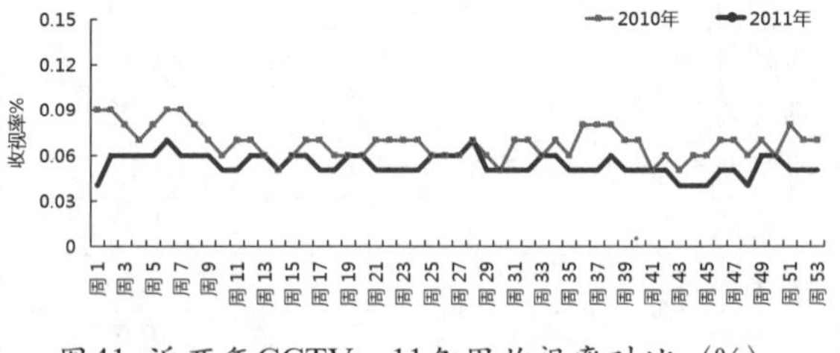

图41 近两年CCTV－11各周收视率对比（%）

2011 年，CCTV － 11 全天各时段收视较 2010 年更为平稳，在 11:00 ～ 13:00 时段、16:00 ～ 18:00 收视下降较多，晚间 21:00 ～ 22:00 收视有所提升，其余时段变化不大。

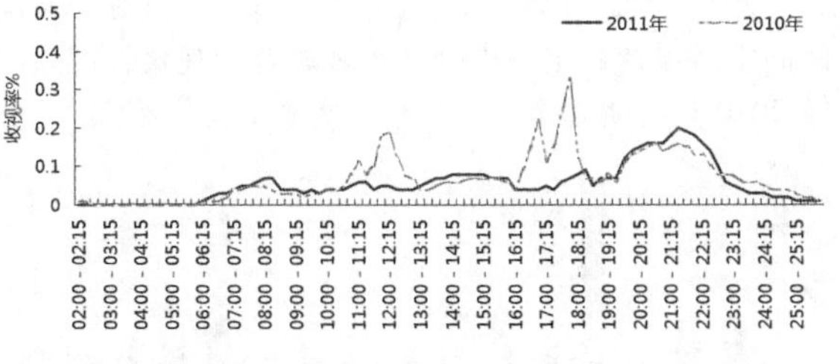

图42 近两年CCTV－11各时段收视率对比（%）

2011 年，55 岁及以上目标观众对于 CCTV － 11 的收视倾向有较明显的提升，小学和高中学历观众收视倾向略有上涨，而年轻观众、初中和大学及以上学历观众收视倾向普遍下降，其余各类目标人群与 2010 年相比变化不大。

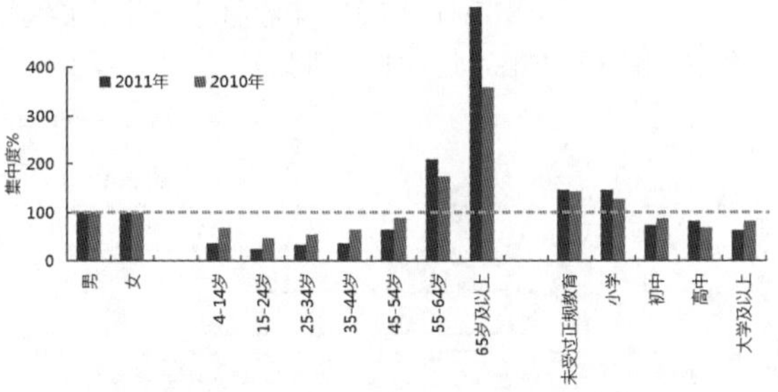

图43 近两年CCTV－11观众特征对比（%）

12. CCTV － 12 收视情况

从全年分周收视走势来看，2011 年 CCTV － 12 整体收视水平略低于 2010 年，年中 24 ～ 28 周收视较 2010年同期有所提高，年底40周后开始收视有所回升。

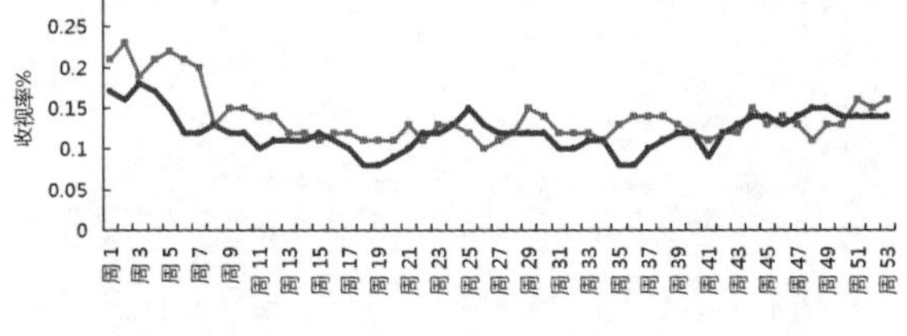

图44 近两年CCTV－12各周收视率对比（%）

2011 年，CCTV － 12 白天各时段收视与 2010 年差异不大，在晚间 21:00 ～ 22:00 时段收视有所提升，午间 12:00 ～ 14:00 时段、晚间 22:00 ～ 24:00 时段收视率有较明显下降。

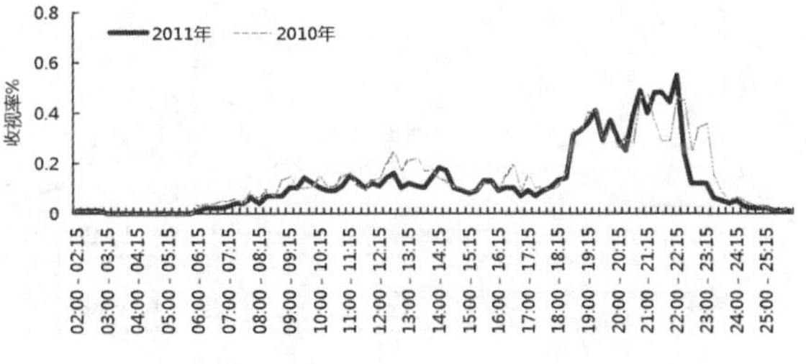

图45 近两年CCTV－12各时段收视率对比（%）

2011 年，CCTV － 12 各类目标观众收视倾向变化不大，15~24 岁、55 岁及以上、小学和高中观众收视倾向有所增长，其余观众收视倾向略有降低。

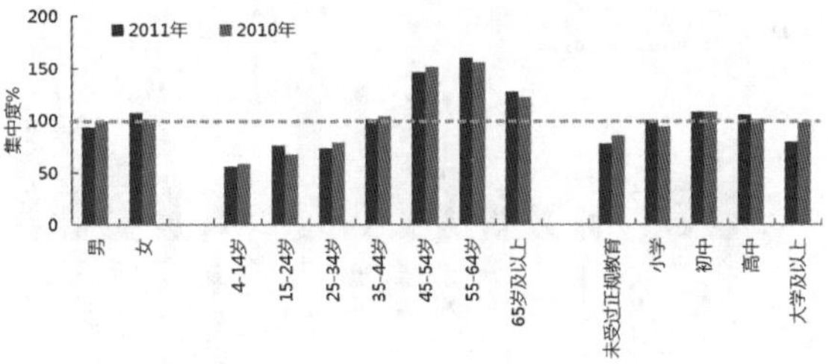

图46 近两年CCTV－12观众特征对比（%）

13. CCTV － 13 新闻频道收视情况

CCTV － 13 新闻频道 2011 年收视整体高于 2010 年同期，11 － 16 周收视率增幅明显，从 16 周之后新闻频道收视水平十分稳定。

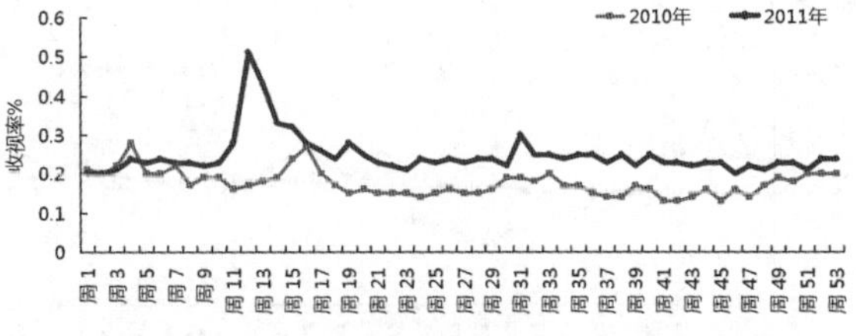

图47 近两年CCTV－13新闻频道各周收视率对比（%）

2011 年，CCTV － 13 新闻频道全天各时段的收视水平在2010年基础上继续提高，11:00 ～ 12:15时段、16:30 ～ 19:30 时段和 22:00 ～ 23:30 时段收视增长更为明显。

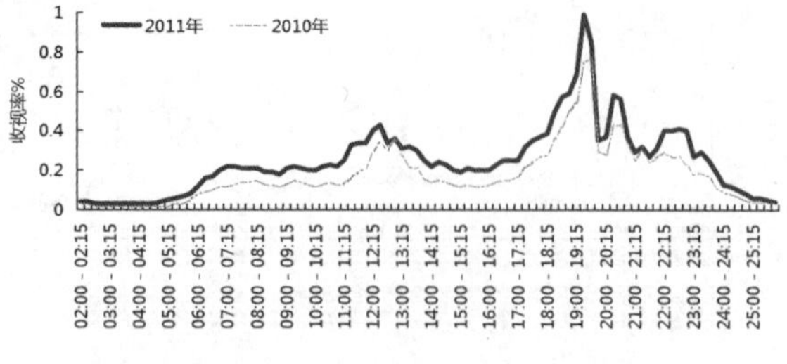

图48 近两年CCTV－13新闻频道各时段收视率对比（%）

2011 年 55 岁及以上、高中及以上学历目标观众对 CCTV － 13 新闻频道的收视倾向有所增长，其余观众收视倾向略有下滑。

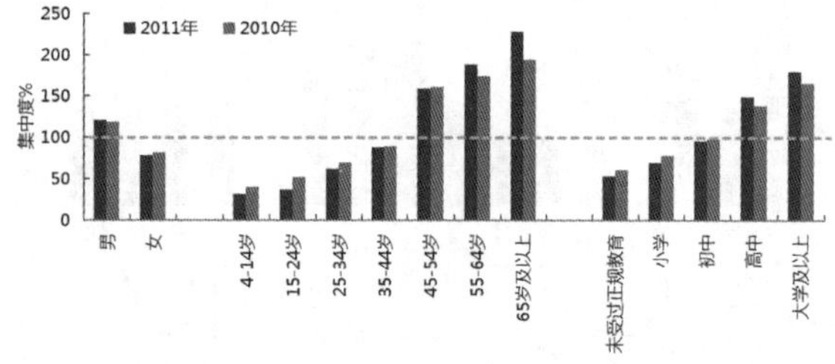

图49 近两年CCTV－13新闻频道观众特征对比（%）

14. CCTV － 14 少儿频道收视情况

从全年分周收视率走势来看，CCTV － 14 少儿频道在 2011 年年初和年底的收视走势与 2010 年保持一致，15 ～ 29 周和第 41 周收视较 2010 年同期有明显增长。

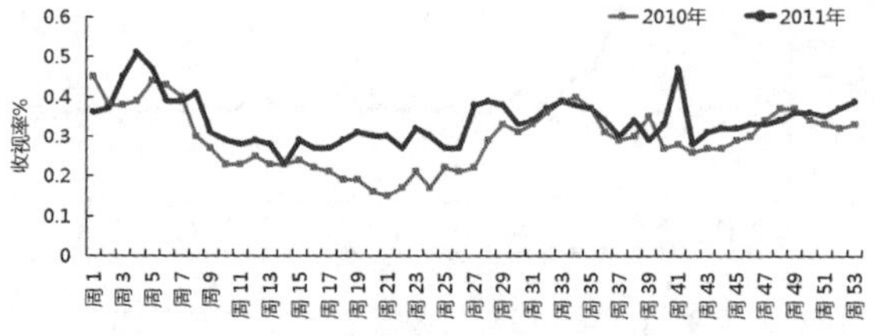

图50 近两年CCTV－14少儿频道各周收视率对比（%）

CCTV － 14 少儿频道 2011 年全天收视水平整体稳中有升，其中 7:00 ～ 12:00 时段、下午 13:30 ～ 16:00 时段和 18:00 ～ 19:00 时段收视提升明显。

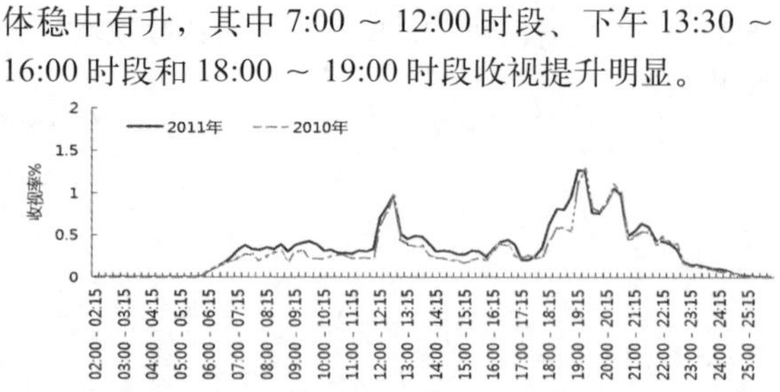

图51 近两年CCTV－14少儿频道各时段收视率对比（%）

2011 年 CCTV － 14 少儿频道目标观众群的收视倾向整体保持稳定，未受到正规教育的观众收视倾向较 2010 年有明显增长，其余各类观众变化不大。

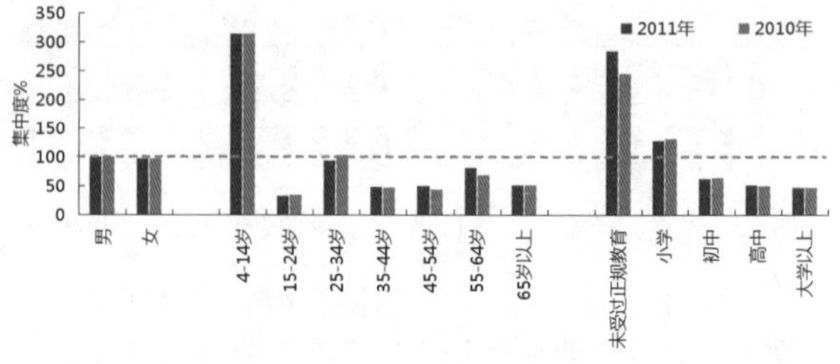

图52 近两年CCTV－14少儿频道观众特征对比（%）

15. CCTV － 15 音乐频道收视情况

CCTV － 15 音乐频道 2011 年收视走势十分稳定，全年各周收视均略高于 2010 年同期。

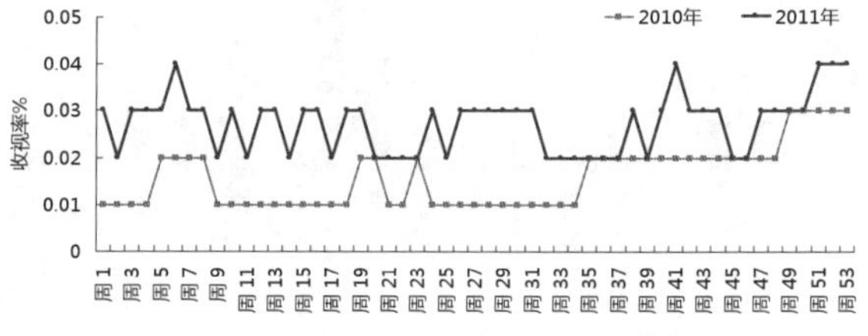

图53 近两年CCTV－15音乐频道各周收视率对比（%）

CCTV － 15 音乐频道 2011 年整体收视水平有所提高，上午的 10:00 ～ 11:00 时段、中午 12:00 ～ 14:15 时段和晚间 18:30 ～ 20:30 时段收视较 2010 年提升明显。

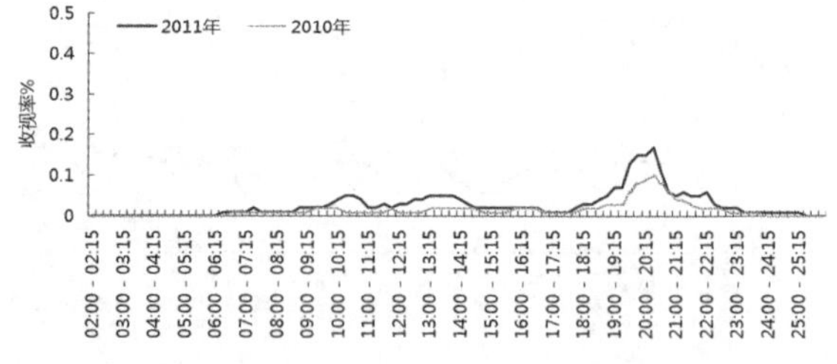

图54近两年CCTV－15音乐频道各时段收视率对比（%）

2011 年 CCTV － 15 音乐频道的目标观众群收视程度整体保持稳定，15 ～ 44 岁和初中及以上学历观众的收视倾向有小幅增长，其余观众收视倾向略有下降。

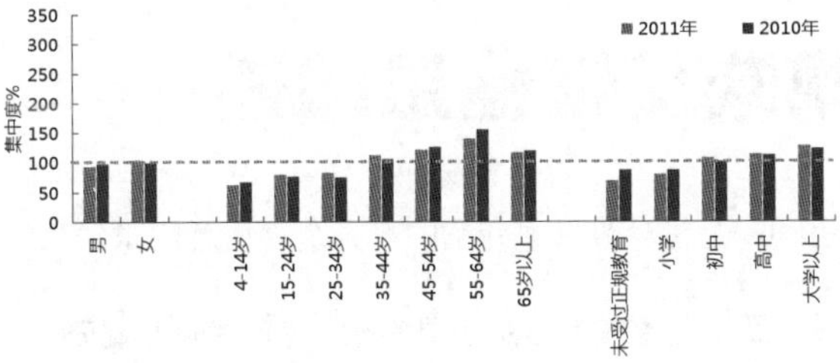

图55 近两年CCTV－15音乐频道观众特征对比（%）

16. CCTV － NEWS 英语新闻频道收视情况

从分周收视率走势来看，CCTV － NEWS 英语新闻频道的收视走势以及收视水平与 2010 年基本保持一致，但没有 2010 年峰值明显。6 ~ 12 周在全年中收视最高，其余各周收视差异不大。

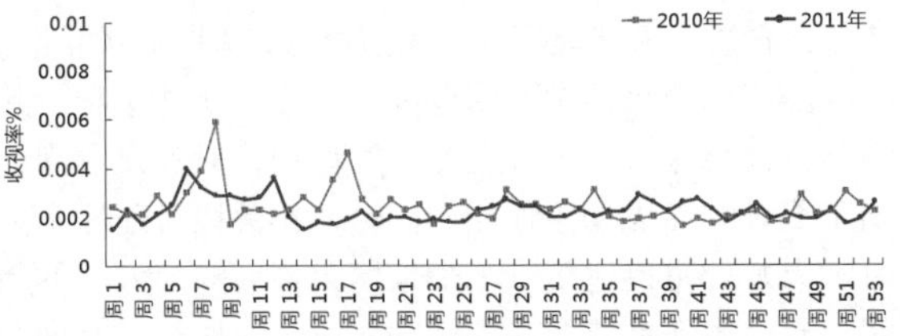

图56 近两年CCTV－NEWS英语新闻频道各周收视率对比（%）

CCTV － NEWS 英语新闻频道收视水平整体稳定，早间和上午大部分时段略有下降，晚间 19:00 ~ 20:00 时段收视有小幅提升。

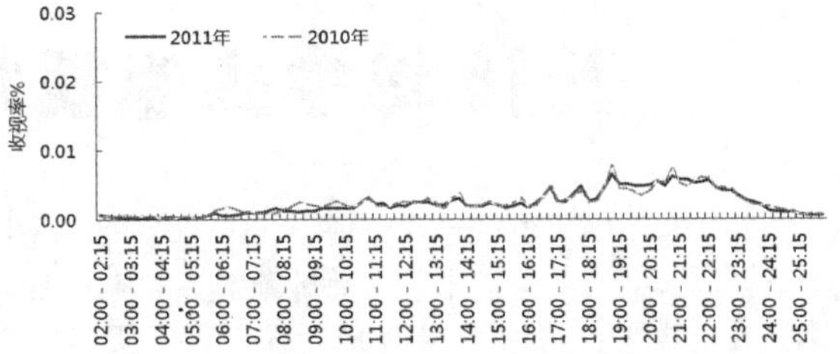

图57 近两年CCTV－NEWS英语新闻频道各时段收视率对比（%）

CCTV － NEWS 英语新闻频道目标观众群收视程度整体保持稳定，2011 年 25 ~ 34 岁、45 ~ 64 岁和较高学历观众收视倾向较 2010 年有所提升，其余观众收视倾向略有下降。

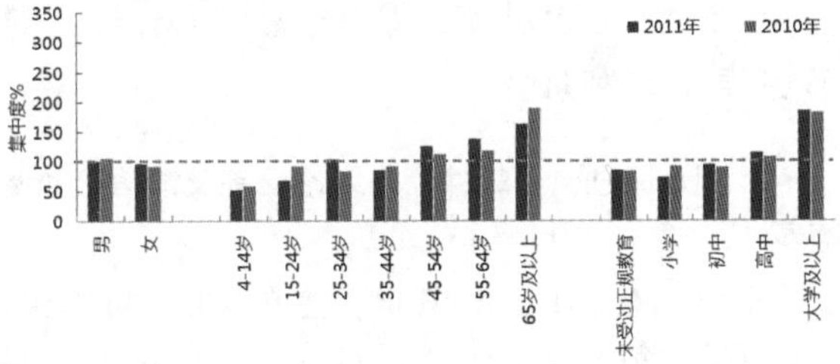

图58 近两年CCTV－英语新闻频道观众特征对比（%）

（总编室市场评估部提供）

2010年中央电视台观众反馈信息综述

2010年，中央电视台在世博会、亚运会、世界杯、冬奥会等大型活动报道中，在海地地震、甘肃舟曲特大泥石流灾害、青海玉树地震、菲律宾人质事件等一系列突发事件中，展现了国家媒体应对重大活动和突发事件的报道能力；完成了频道制改制，各频道改版有序进行，推出了一大批观众喜欢的新节目，频道收视份额稳步提升，整体实力显著增强。广大观众通过多种信息反馈渠道对中央电视台所作的报道给予了肯定。

一、观众新媒体反馈渠道运用增多，对节目肯定比例加大

1. 观众通过电子邮件、网络论坛等反馈信息数量增多

据不完全统计，2010年，观众来信146万封，数量连续两年出现下降；电话381万个，比2009年略有增加；电子邮件63万封，数量比2009年增加5万封。

2010年，观众通过手机与电视台短信互动达2984万条，比2009年增加了285万条，手机短信注册用户数量达到1085万户。

央视网上各类论坛反馈形式便捷，吸引了众多网友观众。2010年，网民观众在央视网上发帖总量超过1833万个，网民观众在论坛中热议播出的电视节目、社会热点问题，抒发观看节目的感受，与频道及栏目形成了良好的互动氛围。博客、微博的兴起与普及，尤其是主持人博客与微博的运用，为观众架起了一个可以了解电视台、了解主持人的桥梁。

2. 观众对节目关注度持续增加，提出“希望和建议”仍占主体

据不完全统计，2010年观众反馈信息分类显示：“肯定节目”的比例为21%，略低于2009年；提出“希望和建议”的比例为55%，比2009年下降3个百分点；进行“信息咨询”和提出“批评和意见”的比例分别为8%和16%，比2009年均有小幅度提高。

2010年，观众对于涉及健康、农业等与生活密切相关的节目关注度持续增加，《健康之路》、《中华医药》、《每日农经》、《致富经》等仍是观众联系较多的栏目，尤其对节目中介绍的嘉宾个人信息需求较大。

二、重大及突发事件报道得到观众赞许

1. 圆满完成重大宣传报道任务

2010年，中央电视台圆满完成了对上海世博会的报道。在开闭幕式、中国国家馆日、高峰论坛等重大节点上，通过直升机航拍、记者接力现场报道等创新手法推出直播节目。在常规报道方面，《天天世博会》、《世博上海演播室》等一批特色栏目满足了广大观众了解世博会的需要。观众认为，节目中一线记者每天发回综合消息，包括观众入园情况、各展馆动态、交通、票务、餐饮、天气等情况，还预报第二天的有关信息，提醒游人应该提前做好哪些准备，注意哪些事项，起到为世博会服务、为观众服务的作用，对观众参观起到了很好的参谋助手作用。同时，相关栏目还注意适时加大延伸报道比重，增加世博会幕后鲜为人知的新闻，着力体现世博会基本精神和城市发展与人文理念的宣传。这些举措也受到观众的普遍欢迎。

这次世博会报道，中央电视台六个国际频道全面投入，通过联合国的六种官方语言向海外报道世博会。大量海外华侨看到报道后纷纷来电表示：2010上海世博会是继北京奥运会在中国举办后的又一次世界性盛会，是中华民族复兴的见证。世博会的成功举办，说明中国的经济实力日渐强大，在国际舞台上的地位和作用也日益增强。海外华侨华人为之感到十分自豪和骄傲，这也将提升华人在海外的地位。

第21届冬奥会和第16届亚运会，中央电视台对赛事进行了全程直播报道。观众在冬奥会期间纷纷来信、来电对中央电视台的直播报道表示肯定，他们认为：第一，转播既面面俱到，又重点突出，重点转播了我国参加的比赛项目，特别是我国选手有冲金实力的赛事项目，从而起到了鼓舞全国人民的积极作用。第二，转播准备比较充分，表现在解说员评论比较内行，掌握了比较多的背景资料，包括运动员的身高、体重、技术特点、过往的成绩，以及某个比赛项目的发展史等等。解说风格既有稳健型，也有慷慨激昂型，百花齐放。第三，报道中提出体育运动项目的普及问题，十分难得。因为“在普及基础上提高，在提高基

础上普及”是发展体育运动的规律。另外，在亚运会开幕式转播上，中央电视台开创的“说话式解说”方式引起观众的热烈响应。观众认为：这种令人耳目一新的解说，完全使用简洁明白的短句子、口语，语调平实，就像平时说话一样，给人带来前所未有的亲近感，现场发生的情况还可以在第一时间告知观众，是现场直播语言形态的一次革命。观众希望这种新颖的解说方式能延续下去，成为中央电视台现场直播的一种常态。

2. 突发事件快速反应彰显媒体引导力

2010年是突发事件较多的一年，在海地地震、甘肃舟曲特大泥石流灾害、青海玉树地震、菲律宾人质事件等一系列突发事件中，中央电视台展现了国家媒体应对突发事件的应急报道能力，依靠快速且高质量的报道，牢固树立了突发事件报道的主导地位，对突发事件报道的驾驭能力不断提高。

在这些突发事件中，中央电视台持续关注事件进展，报道讲究时效，形成规模。在各时段显著位置及时播报事件的最新消息，满足了观众的知情需求。记者直击、新闻特写和电话连线，多角度、多侧面反映事件最新进展。观众认为这种及时报道让他们对事件有了更全面、清晰的了解，起到了正确引导社会舆论的作用；同时也看到中央电视台已具备了很强的应急、应变能力，准备了一支拉得动、上得去、发得回的突发事件报道队伍。前线记者从第一现场发回的报道及时、充分，让人感受到突发事件报道应急预案扎实、有效，特别是部分报道中出现的女同志不畏艰险，巾帼不让须眉，让观众很感动。

观众看到玉树赈灾晚会后，认为以新闻事件贯穿始终是该晚会的最显著特色。节目开篇的短片气势磅礴，振奋人心。短片中的细节感人肺腑，让观众心潮起伏，热泪盈眶。在突发事件的第一时间能派出众多记者赶赴前线，在短时间内制作出大量精良的电视新闻和专题节目，使募捐特别节目有如此丰厚生动的第一手素材，得益于新闻采编工作的突出强化。50位知名主持人和播音员现场接听观众捐助电话，堪称晚会又一大亮点。观众纷纷打来电话称赞这一举措，认为显示了中央电视台集体的众志成城，具有很强的吸引力和感召力，点滴举动诠释了人间大爱，把普通民众同抗震救灾紧紧结合起来，实现了场内外互动，起到了不可估量的宣传鼓动作用。

8月23日发生的菲律宾人质事件报道中，观众认为，中央电视台反应快速，彰显了主流媒体的舆论引导力。因为这种突发事件的外电报道常常说法不一，中央电视台第一时间报道有利于舆论的统一，同时也可以使香港人民从电视报道中感受到国家的力量。

3. 热播电视剧赢得观众赞誉

2010年，中央电视台黄金时段播出的多部电视剧不仅取得了较高的收视成绩，同时也赢得了广大观众的赞誉，许多电视剧播出后成为社会热议的话题。例如：CCTV－1播出的《乡村爱情故事》、《老大的幸福》、《洪湖赤卫队》、《毛岸英》，CCTV－8播出的《滇西1944》、《神话》、《利剑》等。

其中，在CCTV－1和CCTV－8黄金时段均安排播出的电视剧《毛岸英》反响尤为强烈。观众反映：当看到电视剧《毛岸英》时，已身不由己“进入”主人公所处的时代里，融入了与主人公相同的情境中。开始理解伟大的理论来自于对当时的社会现实的体悟：贫穷、杀戮、卖报、擦皮鞋等等。“没有共产党就没有新中国”这一深刻道理，在电视剧中刻画得自然、鲜活与生动，令人毋庸置疑。观众认为：如果能够剪辑出一个《毛岸英》的“精编版”，针对中小学生播出，让孩子们看看英雄人物是如何成长的，这样就会起到更好的社会效果。

三、新节目研发创新突出频道特色

2010年中央电视台频道制改革后，众多频道进行了改版，陆续推出了新节目，呈现一派新气象。许多栏目既具有一定文化品位，又注重群众参与，看点多，有新意，吸引力比较强。

CCTV－3综艺频道改版力度最大，成效也最为显著。频道推出了《我要上春晚》、《向幸福出发》、《欢乐英雄》等多个节目。观众认为：《我要上春晚》给人留下深刻印象。首先，点子出得好。利用“春晚”的巨大影响力，将热爱文艺的观众吸引到《我要上春晚》中展示才艺，其结果一举两得，即在办好日常节目的同时，又精选了新的“春晚”节目，从而在时间和空间上进一步扩大了“春晚”的影响力和吸引力。其次，创办节目的理念鲜明，积极倡导创新。《我要上春晚》不仅为办好“春晚”开拓了节目来源，更为综艺频道增添了一个新的品牌节目。对于《向幸福出发》，观众认为栏目贴近百姓，引领生活，倡导关爱、包容，共同创建温馨和谐的心灵家园。家庭是社会的细胞，家庭和谐是社会和谐的基础，《向幸福出发》的创办对和谐社会的创建有积极的推动作用。观众希望中央电视台未来推出更多观众喜闻乐见的新栏目。

四、观众反映较为集中的问题

1. 个别节目播出时间变更随意，服务意识有待加强

节目变更随意或变更后没有及时告知仍是观众对中央电视台反映较为集中的意见之一。例如，2010年10月27日CCTV－5直播NBA“火箭对湖人”的比赛。距离全场比赛结束还有2.4秒，火箭队依然有追平甚至反超的希望时，CCTV－5却突然中断比赛，播出了2008年亚洲杯女排锦标赛中国队对韩国队的比赛录像，守候在电视机前的观众由于突然失去现场画面，没能第一时间看到比赛结果。许多观众通过电话、网络对中央电视台突然切换比赛画面的行为表示了不满，甚至有网友笑称：火箭被女排“绝杀”。观众认为：节目变更随意且不及时通知是对观众的不尊重，希望中央电视台在这方面要引起重视。

2. 部分少儿节目内容趋于成人化

部分少儿节目内容趋于成人化的现象较为严重，尤其是一些插科打诨的对话出现在节目当中。这里既包括主持人之间的对话也包括主持人与儿童嘉宾的对话，例如涉及“男女性别”、“婚姻”、“恋爱”等话题。观众认为孩子小小年纪怎么可能知道那么多成人的事，孩子在现实生活中有些认识往往并不准确，或者“小孩儿说大人话”，常有人怪罪于电视节目。因此对于一些不大适宜让孩子看的节目，家长唯恐避之不及。观众希望面向孩子的少儿节目，从选题到节目内容理当更精心些，纯净些。

此外，部分栏目以邀请孩子们进行才艺展示的形式，给观众带来了笑声。但节目中过多模仿成人的语言、动作，使得节目缺少儿童特点。甚至有观众认为，这种节目与其说给孩子们带来欢乐，不如说是用孩子娱乐了成人观众。

（总编室受众服务部供稿）

2011年中央电视台观众反馈信息综述

2011年，中央电视台在建党90周年、西藏和平解放60周年、“天宫一号”对接等重大活动的报道，以及在利比亚战争、日本大地震、“7·23”温州动车追尾事故等一系列突发事件的报道中，展现了国家媒体应对重大活动和突发事件的报道能力；“走基层”系列报道深入基层，通过记者所见所闻所感进行现场报道，引发观众共鸣。广大观众通过多种信息反馈渠道对中央电视台所作的报道给予肯定。

一、观众新媒体反馈渠道运用增多，对节目肯定比例加大

1. 观众通过电子邮件、网络论坛等反馈信息数量增多

据不完全统计，2011年，观众来信168万封，比2010年增加22万封，增幅达到15%；电话387万个，比2010年略有增加；电子邮件72万封，数量比2010年增加9万封。

2011年，观众通过手机与电视台短信互动达3102万条，比2010年增加了118万条，手机短信注册用户数量超过1000万户。

央视网上各类论坛反馈形式便捷，吸引了众多网民观众。2011年，网民观众在央视网上发帖总量超过2000万个，网民观众在论坛中热议播出的电视节目，社会热点问题，抒发观看节目的感受，与频道及栏目形成了良好的互动氛围。博客、微博的兴起与普及，尤其是主持人博客与微博的运用，为观众架起了一座了解电视台、了解主持人的桥梁。

2. 观众对节目关注度持续增加，提出“希望和建议”仍占主体

据不完全统计，2011年观众反馈信息分类显示，“肯定节目”的比例为24%，比2010年增加3个百分点；提出“希望和建议”的比例为57%，与2010年基本持平；进行“信息咨询”和提出“批评和意见”的比例分别为11%和8%。

2011年，对于涉及医疗健康、农业等与广大人民群众生活密切相关的节目仍是观众关注的热点，《健康之路》、《中华医药》、《每日农经》、《致富经》等仍是观众联系较多的栏目，尤其对节目中所介绍嘉宾的个人信息需求较大。

二、重大及突发事件报道得到观众赞许

1. 建党 90 周年宣传报道圆满成功

2011 年是中国共产党成立 90 周年，中央电视台各个频道均推出了庆祝建党 90 周年的精彩节目。专题报道、纪录片、文艺晚会以及记者下基层采访所拍的庆祝建党 90 周年的新闻和各类节目，赢得了观众的高度好评，为庆祝建党 90 周年营造了喜庆的气氛。

新闻频道的《新闻联播》播出了《伟大历程》、《红旗飘飘》两大重点板块栏目，《东方时空》播出了《红色记忆》，《新闻 30 分》新开设了《我是共产党员》专栏，《新闻 1+1》栏目所在时段播出《重访纪念地》系列片。纵观这些板块，各有特色、可圈可点，例如《我是共产党员》专栏最大的特点是以小视角呈现大主题，从小切口挖掘精神内涵，通过被采访者朴实的语言，使得其人、其事、其变化生动感人，增强了主题宣传的有效性，让观众感受到普通共产党员的魅力。新闻频道这几档专栏和专题片用鲜明的基调、生动的报道形式奏响了时代的主旋律，扩大了中央电视台作为主流宣传阵地的影响力。

综合频道关于建党 90 周年的宣传声势强，效果好。推出了十集大型文献纪录片《旗帜》。这是一部全面反映中国共产党 90 年伟大历程、光辉成就和宝贵经验的鸿篇巨制，是一部具有划时代意义的文献纪录片，赢得了良好的口碑和观众的认可。随后推出的《我们的旗帜》，精选中国共产党成立 90 年来各个历史时期最具代表性而又家喻户晓的歌曲、音乐及舞蹈，站在新的高度，重新加以诠释和演绎，具有强烈的时代精神和鲜明的艺术特色，在一首首经典旋律和一幅幅历史性的画面中，引领观众回首荡气回肠的风雨岁月，聆听历史波澜壮阔的壮美回音。

财经频道从经济视角看发展。《红色足迹》是财经频道为数不多的庆祝建党 90 周年专题之一。《经济半小时》6 月 30 日、7 月 1 日分别以“贵州的故事”、“福建的故事”为题，从经济视角展现这两个红色老区的经济发展轨迹，很有特色。“贵州的故事”从遵义一位九旬老人的经历开始，循着一条“经济发展”红线，讲述了贵州从 20 世纪 30 年代土地贫瘠、土匪横行、苛捐杂税满天飞的极端贫困，发展到如今大西南陆路交通枢纽、现代国防科技工业基地、南方能源和原材料基地的故事。观众反映整个节目主题鲜明、思路清晰、叙述简洁，有力见证了在党的领导下祖国发生的翻天覆地巨变的事实，引起了观众的广泛共鸣。

综艺频道用文艺形式歌颂党。建党 90 周年之际，综艺频道晚间黄金时段的节目都倾力打造精品，用文艺形式歌颂党、歌颂祖国，唱响主旋律。节目喜庆、热烈而不失内涵。其中，《我们的旗帜》文艺晚会、《放歌九十年》文艺专题片给人留下的印象尤其深刻。观众认为节目用真情实感讴歌党的成就，震撼人心。

军事宣传庆祝建党 90 周年专题报道内容也与时递增。军事·农业频道《和平年代》推出系列报道“血·总是热的”，把江姐、叶挺、吉鸿昌、宋绮云、赵尚志这些革命先烈的英雄事迹展现在观众面前，把这些英雄人物的事迹还原成真实的屏幕效果，让观众了解到这些英雄人物不是“创作”出来的，而是在血与火的考验中锻造出来的。这些先进人物的光荣事迹融汇到党的光辉历史中，每一位烈士的故事都是一部生动的党史教材。

2. 西藏和平解放 60 周年报道

2011 年是西藏和平解放 60 周年，中央电视台宣传西藏和平解放 60 周年的报道，浓缩辉煌甲子，展现伟大历程。

《新闻联播》推出系列报道《西藏人家 60 年》，《朝闻天下》、《新闻直播间》播出系列节目《记忆·西藏》、《印象·西藏》、《图说·西藏》、《走进西藏寺庙》，《新闻 30 分》推出系列报道“西藏六十年·雪域脊梁”，《共同关注》播出“‘电力天路’行”。这几个系列节目题材广泛，内容丰富，多角度、全景式地展示了西藏和平解放 60 年来政治、经济、文化、教育、环保等领域发生的巨大变化，有助于让人们了解一个真实的、快速发展的社会主义新西藏。观众普遍认为：第一，精心编排，传播效果好。新闻频道在不同的时段适时安排了“西藏边防行”、“探秘藏北”等新闻，并播出宣传片，穿插播出，优势互补，形成整体规模，扩大了声势，提升了主题宣传影响力，放大电视传播感召力。第二，深入基层，突出“三贴近”。中央电视台派出一批记者走进藏路，走到基层百姓中，通过记者所见所闻所感进行现场报道，突出“三贴近”。以生动活泼的语言、形象鲜活的特写镜头描绘了西藏快速发展的崭新面貌和藏族同胞奋进拼搏的精神。这些报道让细节说话、让典型说话，有效突出了新闻性、贴近性、生动性，增加了新闻报道的生活气息和时代气息。第三，百姓说话，增强说服力。这几个系列报道都把镜头对准普通人、平常事，从某个家庭或个人生活变化的具体事实入手，通过藏族同胞的同期声或记者在现场转述的方式，以情感人，具体、生动、鲜活地将西藏 60 年发生的巨大变化展现在观众面前。

3. 突发事件快速反应彰显媒体引导力

“两会”报道期间，突然传来日本东北部发生特大地震的消息。新闻频道迅速跟进，打破原有的节目编排，开辟关注日本地震的特别专栏。除《新闻联播》报道地震造成的火灾、核电站爆炸、人员伤亡、海啸情况、各国救援队到达日本等及时的新闻，《东方时空》、《新闻 1+1》、《国际时讯》等专题类栏目也都拿出大量篇幅关注日本地震。新闻频道报道集中关注了核电站爆炸造成的核辐射情况和中国的留学生、研修生情况等。各栏目采取了邀请地震专家讲解相关知识、邀请同声传译专家对日本 NHK 电视画面作解读等办法，多种方式同步及时向中国观众介绍这次大地震，凸显了新闻频道的应急报道能力。

财经频道报道日本地震坚持财经视角。财经频道对日本大地震的报道，切入点、采访角度和采访内容，都体现出频道明确的“财经”定位。节目将着眼点放在日本在华企业、日产汽车及电子等产品上，以及我国对日进出口贸易在地震后受到的影响，包括地震后日本经贸状况预期、中国的应对和准备等等。报道内容虽涉及诸多方面，但均为“财经报道”的题中之义。

中文国际频道追踪全球大事，提升影响力。日本大地震、福岛核泄漏事故和利比亚局势都令全球注目。中文国际频道及时、全方位报道了事态的发展，将中国媒体的视角和专业精神展现给世界，凸显中央电视台的国际影响力和权威性。

科教频道对日本大地震的快速反应注重科学解读。科教频道《走近科学》连续播出“特别制作”：“科学解读日本大地震”、“科学解读核辐射”，紧紧结合突发事件，进行专业性的科学解读，用科学知识消除不必要的恐慌，宣传效果事半功倍。

观众认为中央电视台新闻报道的快速反应、客观全面的报道和准确的解读彰显了中央电视台作为权威媒体的责任和风范，突出了中央电视台强大的传播能力。邀请的嘉宾对相关热点话题都能给予及时、深刻、专业的阐述和评论，对广大观众起到了普及知识的效果，使节目增加了广度和深度。

三、“走基层”报道深入民心

为贯彻中宣部等五部门的部署，中央电视台推出“走基层”专栏。《新闻联播》、《东方时空》各自推出一系列“走基层”报道，如“放牛老人杨光树的坚守”、“重庆保供电，四千余电工战高温”、“屯上村寻水记”、“重庆炼铁厂高炉前的坚持”等。在这些报道中，记者不顾山高坡险、高温酷暑，一路跟随拍摄。观众从这些被称为“劳动者之歌”的报道中，总结出中央电视台这次“走基层”活动的几大特点：一是高度重视，行动快，规模大。推出“走基层”专栏时，《新闻联播》播发《开栏的话》和本台短评，阐述了“走基层”对于转作风、改文风的重要意义。从中得知，此次中央电视台派出近 200 名记者、共分 80 余路到基层采访报道。中宣部等五部门在 8 月 9 日做出开展这项活动的部署，中央电视台 8 月 22 日就推出“走基层”专栏，短短十余天就完成了组队、学习、选点、出发、到达、采访等环节，可见行动之快。二是展示了记者作风的转变。记者上高山、走险路、下岩洞、战高温，全是跟劳动者在一起。镜头中，记者跟农民一起尝岩洞里的水，跟农民、工人一样挥汗如雨，经受了历练。三是以具体事实充实新闻画面，解说词中没有了套话空话。已播出的“走基层”报道，由于讲的都是具体事例，镜头全是实打实的现场画面，解说词变得实在了。同时，“走基层”报道中记者表现出的不辞辛劳、不畏艰险的崇高责任感、使命感令观众钦佩。

四、节目创新与新节目研发值得期待

2011 年 9 月 25 日，《新闻联播》播音员欧阳夏丹、郎永淳的初次登台亮相带给观众很大惊喜：打破了以往新人上阵的“一老带一新”的格局。《新闻联播》新标也以蓝色为主色调，光鲜助阵，与新主播风格融为一体。欧阳夏丹的清新干练、郎永淳的稳健老成，让多年播音自成一体的《新闻联播》多了一种风格，这次节目风格的大胆创新得到了观众的普遍认可。

综合频道与总编室合作研发了大型公益节目《梦想合唱团》。节目通过实地拍摄的手法真实地记录了普通观众为实现公益梦想共同努力的过程，使人深切感受到每一个地方都有一种独特的文化背景，每一位招募歌手都有一段感人的故事。 8 位明星团长表现不俗，他们的公众形象乐观向上，为实现家乡的公益梦想，台上表现不遗余力，充满激情。其中，来自港台的林宥嘉、房祖名和庾澄庆等歌星回到祖籍参与公益活动更显炙热亲情。参加梦想合唱团的普通民众则来自社会各个层面，具有代表性和典型性。特性与个性十足成为该节目的一个品格特征，公益精神贯穿始终成为节目追求的思想境界。

五、观众反映较为集中的问题

1. 部分少儿节目内容趋于成人化

当前，部分少儿节目内容趋于成人化的现象较为严重，主要表现在一些插科打诨的对话出现在节目当中，既包括主持人之间的对话也包括主持人与儿童嘉宾的对话。例如涉及到“男女性别”、“婚姻”、“恋爱”等话题，观众认为孩子小小年纪怎么可能知道那么多成人的事，孩子在现实生活中有些认知往往并不准确，也常有观众把“小孩儿说大人话”这一现象归结于少儿节目的引导。因此一些不大适宜让孩子看的节目，家长唯恐避之不及，观众希望以孩子为主要收看群体的少儿节目，能从选题到节目内容细节上更精心些，纯净些。尤其中央电视台作为最具权威性的媒体，往往会倍受关注，更能影响成长中孩子的价值观，所以中央电视台应该发挥好“导向”的作用，避免疏忽大意造成的误解和误导。

2. 节目常识性错误引起观众不满

2011 年，观众反映中央电视台节目中出现的各种常识性错误较多。例如，将“省”与“自治区”的称谓混用、人物图片使用“张冠李戴”、历史事件关键要素（时间、地点、人物等）描述错误、地名使用错误、地图标注错误等等，各种各样的常识性错误影响了中央电视台节目在观众心目中的形象。

六、受众业务拓展，功能完善升级

1. 观众呼叫中心呼之欲出

2011 年是中央电视台观众呼叫中心的重要筹备期。呼叫中心是确保中央电视台为观众服务的基础性业务。中央电视台观众规模庞大、观众电话数量多，亟需建立呼叫中心，统一受理观众电话，以解决目前观众电话管理分散、责任不明确的问题。呼叫中心建立后可以加强与观众的沟通和交流，提升中央电视台的亲和力；收集到的观众信息还可以为节目质量改进提供持续的动力和鲜活的素材，加强中央电视台的品牌建设和形象建设。

2. “青年影响力”活动打造新品牌

在电视竞争日益激烈的环境下，采取“走出去”的策略，开展观众区域培育活动。“青年影响力”活动内容包括结合当下热点的专业频道的推广和品牌栏目的推广，内容多样化，形态纷呈化，扩大了中央电视台在推广地区的影响力。

5 月 27 日，在南开大学成功举办中央电视台首次区域性观众培育活动，即“青年：让思想飞”——CCTV 观众影响力大型互动活动。在活动当中，《对话》栏目主持人、制片人等主创人员与青年学生面对面，畅谈节目制作背后的故事，回答现场大学生的提问。通过多家媒体的立体化宣传推广，特别是中国网络电视台对此次活动的全程直播，以及人民日报、新华社等多家中央级媒体及新浪网、搜狐网、腾讯网等主流网站对这一活动的积极报道，大大提升了中央电视台财经频道、《对话》栏目的品牌影响力，也拉开了中央电视台观众维护工作的序幕。

11 月 4 日，在武汉大学成功举办了“青春同行 超越梦想”——CCTV 青年影响力武汉大学展演活动。这次活动将文艺表演和互动访谈充分结合，《星光大道》10 个月的冠军和大学生一起现场表演了精彩的文艺节目，总编室受众服务部负责人、《星光大道》幕后主创人员与现场大学生面对面交流。活动现场气氛十分热烈，实现了“青年影响力”大型展演活动“贴近观众、服务观众、重视观众”的初衷，有效地拉近了中央电视台与青年大学生之间的距离。

12 月 19 日，与电视剧频道合作走进中央民族大学，成功举办了“CCTV 青年影响力——《大戏法》开播盛典活动。活动将宣传中央电视台重视观众、服务观众的理念与电视剧频道的宣传推介相结合，同步宣传了电视剧频道开年大戏《大戏法》的开播得到了大学生的欢迎。

3. 加强制度管理，拓宽舆情信息渠道

观众反馈信息的搜集、分析和整合是未来受众服务的工作重点之一。中央电视台计划通过呼叫中心、网络专区、电视纠错员、专家评议员等多种渠道，及时收集、反馈观众信息。

加大对中央电视台屏幕语言的监管力度，重新修订了已执行 10 多年的《中央电视台屏幕语言文字差错管理办法》，进一步规范屏幕语言文字差错管理工作流程。根据全台屏幕语言文字差错统计情况出版《屏幕语言文字差错辨析》（口袋书），为节目部门提供了得心应手的业务参考工具。

正在制订的《中央电视台屏幕节目内容差错管理办法》，将屏幕节目内容差错定义为非技术性操作误差造成的屏幕内容错误，具体指在节目中出现与事实不符或违背科学知识和自然规律的错误。“屏幕节目内容差错”除了包括屏幕语言文字差错外，还包括：主持人（配音员）表述表达错误，节目中画面、地图、照片、音乐等使用错误，节目中人名、地名、时间、称谓等使用错误，各种数字类计算错误等。新制度的制定，将弥补中央电视台在节目差错管理中的空白，可以有效地将观众反馈的意见加以分析整合应用在节目管理中，更好地为观众服务。

（总编室受众服务部提供）

2010年中央电视台研发成果选介

《中央电视台发展报告2009》简介

根据研究定位，2009年，《中央电视台事业发展年度分析报告》更名为《中央电视台发展报告》，简称“央视蓝皮书”。

2009央视蓝皮书立足国际金融危机背景下中国经济地位的提升，国家文化体制改革深入推进、新的媒体技术层出不穷等背景环境，着眼于中央电视台改革创新、传播能力提升等中心工作，通过三大篇章盘点业绩、分析问题、探讨对策。“发展综述”篇以定性定量相结合的方式，通过关键词和数字指标体系，对中央电视台各项事业发展进行全景式盘点；“专题研究”篇聚焦中央电视台新闻改革、频道专业化、制播分离、形象建设、产业与新媒体发展等议题，通过系统梳理与深入分析，为相关工作提供有益的借鉴思路。“年度观察”篇透视传媒发展的国际、国内行业环境，解析中央电视台全面、协调、可持续发展面临的八大关系，为中央电视台未来发展提供战略参考。此外，报告创新推出了电视节目网络人气指数，探索媒体融合时代的电视节目影响力评价体系。并创新编排体例，在报告开篇设置“报告观点集粹”，加强对报告核心观点的导航。

（发展研究中心产业与新媒体研究部供稿）

《传统电视与新媒体融合发展的转型战略分析》概述

随着新媒体的迅猛发展，传媒格局也不断变化，电视媒体传统的强势地位受到冲击。为了抓住新媒体人群，当前国内外的主流电视媒体都在加快与新媒体融合发展的步伐。与新媒体的融合发展，既是当今世界潮流，也是我国传统电视的必然选择。

中央电视台作为国内主流传统媒体的代表，如何顺应形势，实现与新媒体的融合发展，这不仅仅是一个电视机构的问题，也是国内传统电视媒体面临的行业共同话题。因此，立足传统电视，从我国实际出发，对“传统电视与新媒体融合发展的战略转型”这一课题进行全面、系统和前瞻性研究，提出有针对性、具有实践意义的指导思想和运行方案，对我国电视媒体融合发展具有重要的现实指导意义。本课题从我国传统媒体与新媒体融合发展的时代背景出发，对传统电视与新媒体融合发展的驱动原因、面临的挑战、转型目标以及战略转型的对策等问题，进行了全面、深入的分析。

（发展研究中心产业与新媒体研究部供稿）

《CCTV抢占新媒体领域制高点的战略分析》概述

课题对中央电视台新媒体发展现状进行了宏观分析，概括分析中央电视台新媒体发展具备的中央领导高度重视、全业务资质、较强的品牌影响等优势，以及在体制机制等方面的不足。在此基础上，对新媒体抢占行业制高点战略对策进行了重点分析，提出了中央电视台新媒体发展应从战略到运营，深化“台网捆绑”，理顺体制机制，适应新媒体发展客观要求，借力资本运作，实现超常规发展等对策建议，并提出需要中央加大政策支持和落实力度，建立与国家级媒体地位相适配的管理模式等政策支持。

（发展研究中心产业与新媒体研究部供稿）

《CCTV与国际一流媒体对比分析报告2009》简介

在科学的概念与衡量体系下进行CCTV与国际一流媒体的对比研究，有助于全台上下统一思想、认清差距、找准方向、坚定信念，不断向国际一流媒体进发。2009年，中央电视台办公室申请了国家广电总局部级课题《CCTV与国际一流媒体发展评估及比较研究》，并根据初步研究成果，形成《CCTV与国际一流媒体对比分析报告》。

在数据资料搜集和分析框架搭建过程中，课题组充分考虑到当前国际一流媒体数据的准确性与可比性等问题。当前各媒体机构从产权归属、业务门类、媒体发展阶段和统计准则上分类各不相同，信息披露程度不一。为此，课题组确定了以各大传媒集团年报、新闻行业和电视行业协会组织年报为主的权威数据源，同时就海外影响力数据进行专项监测，充实了关注度、引用率等软指标。在此基础上逐渐厘清概念、建立指标体系，进行国际一流媒体最新数据对比分析。

通过多维对比，报告显示：在传播能力上，中央电视台在全球受众中已具备了一定的影响力，但在舆论引导方面仍较薄弱。在经营能力上，中央电视台与国际一流媒体无论在资产还是收入上都有着巨大差距，但在经营绩效方面有着强劲潜力。在制播能力上，中央电视台与国际一流媒体差距显著，海外采编能力以及播出内容种类方面都比较薄弱。在新媒体发展能力上，中央电视台新媒体不仅与国际一流媒体官网有着一定的差距，而且与国际一流商业新媒体差距更大。

报告据此提出了把优势资源进一步向国际市场倾斜，以多语种、广覆盖和资本运营提升国际影响等策略建议。

（发展研究中心产业与新媒体研究部供稿）

《中央电视台产业做大做强战略研究》概述

2011年是“十二五”开局之年，在十七届五中全会提出的“推动文化产业成为国民经济支柱性产业”这一战略部署下，中央电视台迎来产业做大做强、实现跨越式发展的重大战略机遇期。发展研究中心产业与新媒体研究部通过客观梳理中央电视台产业发展的优势和不足，研究提出国家文化产业政策要求和三网融合趋势下，中央电视台产业转变发展方式，做大产业规模，做强产业实力的目标方向和对策建议。全台产业发展必须进一步解放思想，增强紧迫感，抓住“十二五”战略机遇期，实现跨越式发展，进而更好地反哺事业建设，加快向国际一流媒体迈进。

（发展研究中心产业与新媒体研究部供稿）

《2010年CCTV电视节目网络人气指数研究》概述

当今，互联网已逐渐成为社会舆情的集散地，这一现实对中国电视节目评估造成了巨大影响，即收视率和满意度都无法全面而深入地呈现电视节目影响力，因此，考察评估电视节目在网络上的影响力具有重要现实意义。监测结果显示，体育赛事拉高CCTV－5网络人气。而“窄众”成为相对于CCTV－9、CCTV－戏曲、CCTV－少儿等频道网络人气较低的原因。而在新闻类节目方面，中央电视台凸显优势，《新闻联播》、《焦点访谈》两大新闻栏目优势明显，而新闻评论类栏目网络人气也表现突出。在电视剧方面，古装剧、生活剧网络人气较高。

藉此，综合2010年对全国上星电视频道、电视栏目、电视剧的网络人气分析，呈现出以下特征：第一，具有话题性是电视节目高网络人气的主要因素。第二，网络视频是电视媒体笼络网络人气的利器。第三，电视媒体应理性看待多元、偏激的网络文化。第四，电视媒体应充分、灵活地融入网络互动。

（发展研究中心产业与新媒体研究部供稿）

《2010年中央电视台网络品牌形象监测报告》概述

为了及时跟踪监测中央电视台在网民中的地位和形象，深入分析研判网民对于中央电视台频道、栏目、节目、主持人等各类言论的特点、类型和正、负面影响，发展研究中心开展了“2010 年中央电视台网络品牌形象监测”课题。

课题通过监测 100 家全国性的网站、博客、论坛和微博，获得了 11 万多条网络信息。报告共分五大部分。第一部分介绍了中央电视台网络形象的总体情况：中央电视台网络品牌形象总体较好，而“春晚”、《新闻联播》、“世界杯报道”成为网络热点，综合、体育、财经、新闻等频道关注度较高，名牌主持人保持较高人气。第二部分对中央电视台网络品牌影响力进行了专题分析：中央电视台节目改版创新获得了肯定，舆论监督节目彰显中央电视台的权威性和公信力，重大、突发事件报道受到关注，部分报道“叫座不叫好”，重大体育赛事报道关注与非议并存，“春晚”令网友爱恨交加，电视剧在网络中获得推荐等。第三部分收集了网友对中央电视台工作的一些建议。第四部分提出关于改进中央电视台网络品牌形象的建议：首先，要主动出击，宣传中央电视台正面形象；其次，要关注网络新手段，利用舆论新平台；第三，要积极参与，慎重报道网络事件。第五部分主要介绍了本报告的研究方法、目标人群和渠道分析，并罗列了监测网站名单及部分网络信息原文。

（发展研究中心产业与新媒体研究部供稿）

《CCTV海外媒体品牌形象分析报告》概述

借助国外专业媒体数据库，可以全面监测海外两万多家媒体。课题组重点监测了欧美 20 家主流媒体，从海外媒体提及率、海外媒体引用转载量、海外媒体关注内容等维度，对中央电视台在海外舆论市场的品牌形象及舆论影响力等进行了跟踪监测和分析。监测结果显示，海外媒体提及中央电视台的报道数量连续五年提高；海外媒体对中央电视台报道的转载量稳步提高；海外媒体对中央电视台报道的关注点主要集中在国内报道，中央电视台的国际报道较少被海外媒体所关注和引用。

（发展研究中心产业与新媒体研究部供稿）

《关于建设与国际一流媒体相适配的央视研发创新能力的几点思考》概述

第一，加强中央电视台研发创新能力建设十分重要、紧迫。随着文化体制改革不断深化，媒体技术发展日新月异，媒体间的竞争日趋激烈，各大媒体为应对来自多方面的挑战，纷纷加强改革创新力度。是否重视战略规划、研发创新，是否设立与媒体发展相匹配的研发创新机构，已成为衡量电视媒体是否成熟发展乃至其决策层眼界和水平高低的一个重要标识。

第二，中央电视台研发工作的发展中还存在着一些问题。首先，具备“改革办”性质的全台层面指导规划职能缺位；其次，对全台重大发展战略议题的重视亟待加强；同时，研发机制、协调指导功能亟待加强，另外，中央电视台研发工作的专业化分工与研发力量也亟待提升。

第三，报告提出对加强中央电视台研发创新能力建设的几点建议：要建立适配国际一流媒体的“改革与发展研究中心”；要重视前瞻研判，强化战略管理；要完善研发流程，发挥研发的实践指导作用；要建立激励机制，充实研发队伍。

（发展研究中心产业与新媒体研究部供稿）

《关于建设与国际一流媒体相适配的央视发展研究中心的调研报告》概述

报告首先介绍了国内外主流媒体研发建设的基本情况：国外媒体研发已超强发展，国内省级电视台都相继成立了研发机构，且国内外媒体组建研发机构的方式都是资源整合，不断壮大。越大或越强的研发机构，在职能设置上越是全面。

报告的第二部分阐述了中央电视台研发创新能力建设的紧迫性与必要性。首先，具备“改革办”性质的中央电视台层面指导规划职能缺位。其次，对中央电视台重大发展战略议题的重视亟待加强。再次，研发机制、协调指导功能亟待加强。最后，研发工作的专业化分工与研发力量亟待提升。

第三部分提出怎样才能后来者居上——组建中央电视台发展研究中心的初步考虑。首先提出央视发展研究中心的配置应与国际大台相适应，同时也阐述了对发展研究中心的内设机构及其基本职能的设计。

第四部分对中央电视台发展研究中心的服务对象的定位、职能定位、资源利用、研究机制等几个重点问题进行了思考。报告最后对发展研究中心成立后着手要做的工作进行了初步的设计。

（发展研究中心产业与新媒体研究部供稿）

《中央电视台提升国际传播能力若干问题的思考》概述

报告首先全面观察中央电视台所面临的发展环境，并深刻理解提升国际传播能力的标准：国际一流媒体应具备一流的传播能力、一流的生产能力、一流的经营能力和一流的企划能力。提出了创造性地完成提升国际传播能力的任务，包括在近期要以落实中央电视台未来五年规划为着力点，确保各项建设任务如期完成的目标。远期目标要以媒体综合实力与欧美主流媒体比肩为着眼点，切实提升国际传播能力，确保中央电视台稳居并可持续处于国际一流媒体行列。在硬件完善的基础上加强软件建设。

报告还建议有所侧重地实施国际传播竞争策略。在海外传播策略上，要以贴近西方受众的方式表达；在海外市场竞争策略上，要从自我积累到借力发展；在海外节目策略上，要从新闻外宣到财经传播。此外，报告介绍了国内外媒体的海外传播机制建设经验、中央电视台建立海外传播发展中心的必要性以及海外传播发展中心应具备的职能，以期更好地提升中央电视台国际传播能力。

（发展研究中心产业与新媒体研究部供稿）

《“全链条财经信息服务平台建设方案”专家论证报告》概述

2010年11月30日，发展研究中心组织专家就财经频道“全链条财经信息服务平台建设方案”进行可行性论证。产业与新媒体研究部对专家论证内容进行了总结和梳理，形成了论证报告。与会专家对“全链条财经信息服务平台建设”的意义、业务发展模式、体制机制创新等内容进行了深入讨论，对依托中央电视台财经频道打造“全链条财经信息服务平台”的市场前景、战略意义、运行模式等表示了一致的认可。另外，专家还就中央电视台牵头整合财经信息服务市场的紧迫性、市场前景、国内外财经媒体发展模式对比等议题进行了定量定性分析、论证，提出了多项可行性建议。

（发展研究中心产业与新媒体研究部供稿）

《2010年CCTV与国际一流媒体对比分析报告》简介

《2010 年 CCTV 与国际一流媒体对比分析报告》（简称“央视白皮书”），由上篇“国际媒体数据对比”和下篇“国际媒体专题分析”两部分组成：国际媒体数据对比通过传播能力、经营能力、内部运营能力、新媒体发展能力等四个方面的数据比较和对策建议，展现中央电视台追赶国际一流媒体的步伐；国际媒体专题分析将中央电视台在发展战略、改革创新、运营举措、报道机制等方面与国际一流媒体进行定性比较，为中央电视台国际化建设提供新思路、新方法、新措施。

（发展研究中心发展战略研究部供稿）

《第16届亚运会CCTV传播效果调查》简介

第 16 届亚运会是 2010 年中央电视台报道的重点活动之一。《亚运会 CCTV 传播效果调查》通过在亚运会官方网站、全国 15 个省市抽样、境内外 197 家媒体及互联网监测等渠道，获得三千多份数据和两万多条舆情反馈。以数据和事实客观分析中央电视台的“亚运报道整体关注度”、“亚运报道受欢迎程度”、“亚运传播效果满意度”、“亚运传播效果差异分析”、“舆情热点”等，为台领导和频道提供了科学、翔实、准确的分析报告。

（发展研究中心发展战略研究部供稿）

《中央电视台各频道新栏目研发情况及收视效果分析》简介

从 2010 年 9 月起，中央电视台各频道改版陆续启动，课题对各频道的改版效果和新栏目的收视情况进行了跟踪监测。研究显示，自新栏目研发管理办法实施以来，中央电视台各频道的新栏目研发创新活跃，并呈现出一些特点，例如：频道制改革激发出创新意识，新栏目数量激增；新研发的综艺娱乐栏目数量大、涉及频道多；游戏竞技、生活服务类等高收视栏目数量还偏少；已开播的新栏目收视表现有亮点，《我要上春晚》等新栏目收视增幅明显，但也有不少节目低于原来同时段节目。课题还在推进中央电视台新栏目创作方面提出了一些建议，如解决节目形态老化问题，提高节目内容的贴近性和互动参与性，规避同质化问题，加强日播栏目支撑等等。

（发展研究中心电视传播研究部供稿）

《中央电视台部分节目编排中的隔断问题分析》简介

节目编排是影响节目播出效果的重要因素之一，流畅的节目编排不仅有利于观众的收看，而且有利于培养观众的忠诚度。该课题研究发现，中央电视台部分节目存在一些节目广告插播位置不够合理、节目隔断相对过多等问题，例如，人物类和故事类节目隔断次数较多，以主持人引导的形式出现的过多隔断影响到节目的流畅性和完整性，节目最终播出时长缩水，节目经费浪费等问题。针对这些问题，课题提出了一些建议：第一，节目制作部门应该在保持节目连续性、减少节目设计隔断、严格广告和隔断时长等方面做出调整；第二，只有加强对中央电视台的节目制作经费使用的管理，确保节目经费，才能够保证足够的节目时长。

（发展研究中心电视传播研究部供稿）

《中央电视台频道制改革实施效果调研报告》简介

频道制是中央电视台2010年深化机制体制改革的重要举措，课题对频道制运行半年的实施效果进行了跟踪研究。课题从频道制改革取得的成效、制约频道制改革进一步深化的主要问题等方面做了总结分析，并指出实施频道制后，频道有了明确的责任主体，专业化建设有了制度保障。频道的管理结构扁平化，管理效率明显提高。频道的管理成本降低，资源整合能力增强。员工积极性提高，频道活力得到有效释放。但同时，还存在一些问题，如：改革配套机制的滞后制约了频道制改革的纵深发展；频道发展与个人发展仍未挂钩，频道仍然缺乏内在动力；频道不能根据自身需求管理人才；广告资源的利用已接近饱和，频道市场综合开发明显滞后；频道的激励方式少，覆盖面和激励力度小。针对频道制运行的现状，结合国内其他电视台在事业单位转企改制方面的成功经验，课题提出了深化中央电视台频道制改革的建议，如加快频道制配套措施改革，建立以绩效考核为核心的运行机制，完善人才进入机制等。

（发展研究中心电视传播研究部供稿）

《新媒体业务对中央电视台的影响之战略研究》简介

随着国家三网融合战略规划的实施，各类新媒体蓬勃发展，对广播电视产生了日益严重的冲击和影响。为应对新媒体的挑战，中央电视台技术系统于2010年2月确立了“新媒体业务对中央电视台的影响”战略项目，针对新媒体对中央电视台的影响进行全面研究和分析，为中央电视台的战略决策提供参考。项目组由何宗就副台长担任组长，由台技术管理办公室牵头，联合播出传送中心、技术制作中心，以及中数传媒、中国网络电视台等单位共同研发。

研究工作以IP电视、网络视频、手机电视、有线互动电视等四种当前最主要的新媒体为对象，从节目、传播、收视三个方面分析了中央电视台的核心竞争力，并以此为基础，系统研究新媒体对中央电视台节目的潜在影响。项目组赴凤凰网、中国网络电视台、北京电视台及杭州、南京、广州、深圳、上海、哈尔滨等地，调研了正式获得国家广播电影电视总局许可的三家IP电视集成播控平台、五家网络视频网站、六家有线电视网络运营商，以及三大电信公司的手机电视业务平台，全面了解国内新媒体的发展状况和规划，为研究报告积累了大量翔实的第一手数据。

调研中，项目组还通过四处走访，搜集有关业务和市场推广的信息，并深入到部分观众家中，进行面对面的访问，了解观众对新媒体的感受和评价。

在获取大量第一手资讯的同时，项目组还赴广电总局、工信部等有关主管部门，了解国家新媒体行业管理和发展的有关政策，并全面研究了有关主管部门发布的权威行业发展数据。2010年底完成了一期研究报告。

（技术制作中心供稿）

《CCTV－NEWS改版前后对比研究报告》简介

2010年4月26日19:00，中央电视台英语国际频道（CCTV－9）正式改版为英语新闻频道，频道标识换成CCTV－NEWS，从一个英语综合频道转型为新闻频道。新的频道把亚洲作为报道重点，力争代表中国和亚洲的声音，为广大海外观众提供全新的“东方视角”。本课题通过对英语新闻频道改版前后进行对比分析，探索国际综合频道和国际新闻频道两种模式的不同之处，进一步明确CCTV－NEWS的发展方向。

本课题是2010年国家广电总局部级社科项目《CCTV－NEWS国际传播能力建设研究》的重要组成部分。主要采用定量研究的方法，采集频道改版前（3月26日至4月26日）和改版后（4月26日至5月26日）前后两个月节目样本进行研究，从中国新闻、亚洲新闻、世界新闻和财经新闻等四个报道角度，选取改版前后四组栏目《今日中国》与《中国24小时》、《今日亚洲》（改版前与改版后）、《Biz China》与《Biz Asia》、《环球瞭望》与《整点新闻》进行对比分析。内容分析包括四个方面：(1)频道改版整体评价及编排评估，包括频道定位、栏目设置和包装方式等；(2)新闻节目内容评估，包括主题与时长、地域分类、新闻来源、新闻报道形式、栏目新闻更新率以及头条新闻更新率；(3)谈话类节目与专题类节目评估，从国际化和品牌化两个层面进行文本分析和个案研究；(4)传播效果监测评估，包括央视网网友随机反馈和受众问卷调查结果分析。

对比研究显示，改版后节目较改版前有很大提高，基本达到了改版预期效果。从总体监测来看，整个频道新闻更新量明显增加，节目自采量和首发率大幅度提高，报道形式更为丰富多样，尤其是亚洲报道和中国报道更显特色，频道整体包装更趋活泼和国际化，境内外观众反映良好。

（总编室节目研发部供稿）

《六大国际英语新闻频道对比研究报告》简介

2010年，中央电视台作出“推进国际传播能力建设，建设国际一流媒体”的战略部署，这一年被确定为“国际传播能力建设年”。4月26日，英语国际频道（CCTV－9）改版为英语新闻频道（CCTV－NEWS），这标志着中央电视台在国际传播领域迈出了重要一步。

本课题是2010年国家广电总局部级社科项目《CCTV－NEWS国际传播能力建设研究》的重要组成部分。课题选取英国广播公司世界新闻频道（BBC World News）、美国有线新闻网（CNN）、今日俄罗斯（Russia Today）、新加坡亚洲新闻台（Channel News Asia）、中国中央电视台英语新闻频道（CCTV－NEWS），以及日本广播协会国际台（NHK World）六个当前最有影响的国际英语新闻频道进行横向比较研究。对这六个国际英语新闻频道进行了为期四周的样本录制，从2010年4月27日到5月24日，共计28天。样本采集时间为北京时间每天18:00～24:00（6小时/天），即亚洲地区的黄金时间。通过样本的监测和统计分析，概括当前主流国际英语新闻频道的频道特征、栏目特征（节目类型），以及新闻报道的形式、内容和趋向，并对不同国家、不同定位、不同价值取向的国际英语新闻频道的运作模式进行深入研究，为我国英语新闻频道的建设提供参照和借鉴。

报告结论显示：CCTV－NEWS正努力赶超欧美主流英语频道，缩小国际化差异，明确自身定位，打造符合自己特色的品牌和新闻价值观。CCTV－NEWS已经成功地以新闻台的形式出现在国际舆论舞台。与其他各频道相比较，它在制作技术和报道形式上已经与国际大台的差距不大，但在报道理念和节目内容上仍有差距。

（总编室节目研发部供稿）

《中央电视台建立国际视频发稿平台的模式研究》简介

本课题为2010年国家广电总局部级社科项目。课题针对当前国际舆论领域视频媒体竞争日渐激烈的形势，研究论证中央电视台建立视频发稿平台的可行性和具体模式。

在当今国际舆论竞争的环境中，视频媒体的影响力越来越大，世界一流媒体都把视频媒体作为重要的竞争媒介，并逐步进入视频发稿领域，如CNN近年来成立了“CNN通讯社”，开始由独立采编独自发稿向对外进行视频发稿业务渗透。国际一流的通讯社如路透社、美联社等都开展了视频发稿业务。当前国内媒体开展视频发稿业务的机构主要是新华社。

中央电视台作为国家电视台，肩负着引导国家舆论导向的重任，建立视频发稿平台具有较高可行性。视频发稿平台的运营是建立一个视频发稿中心。发稿中心是实现全台内部资源共享，集合社会媒体资源，形成电视新闻素材及节目的交易平台。视频发稿的主体内容主要是新闻、专题节目、直播信号。发稿中心运作流程主要分为三个环节：采集、加工、发稿。通过自身采集、社会采集、网络采集、直播信号等方式获得视频资源，再对视频素材进行加工，依据客户性质进行分级管理，最后面向电视媒体、数字交互有线电视、IP电视、网络新媒体、移动多媒体终端以及平面媒体等发稿。视频发稿中心的盈利模式主要是通过网络交易模式来盈利，采取销售视频资源、发展付费用户、设计定制产品、提供增值业务和广告分销等盈利模式。视频发稿平台最终要组成国内视频媒体交易平台，形成一个全国性的视频交易和发稿联盟，并可拓展为全球性的视频交易网络。

（总编室节目研发部供稿）

《2010年上半年上星频道竞争态势分析报告》简介

课题深度研究了省级卫视在2010年上半年所发生的战略层面和节目层面的变化，并结合中央电视台各频道的实际情况，提出了针对性建议。课题详细分析了2010年上半年省级卫视在收视格局和竞争策略上表现出来的一些特点，通过数据生动展示了省级卫视在落地覆盖、品牌塑造、内容建设、编排创新、宣传推广等方面反映出来的新变化和新趋势。

2010年上半年，中央电视台、省级卫视和地面频道呈现三足鼎立的竞争格局，但省级卫视的收视份额和收视时长首次超过中央电视台。中央电视台除新闻频道和体育频道收视增长外，其余频道均下滑。而在省级卫视的竞争中，湖南卫视依然高居首位，超过了CCTV－3和CCTV－8，且和CCTV－1的差距进一步缩小。浙江卫视和江苏卫视是省级卫视第一阵营中持续增长增幅较高的两个频道，连续两年收视增幅超过30%。

2010年上半年，强势卫视在婚恋交友类节目、大型晚会、电视剧收视排名上竞争激烈。此外，湖南卫视在品牌栏目和演唱会上表现突出。省级卫视不同类型节目竞争表现出“红海”与“蓝海”之分：综艺娱乐类节目和电视剧竞争激烈，是绝对的“红海”，而游戏竞技类节目不断升级改版，或成为新的“红海”；同时，婚恋交友类节目的“闹市”，也预示着生活服务类节目领域有可能派生出新的“蓝海”。上半年，省级卫视节目主要呈现出以下竞争特点与趋势：节目内容方面，“真人秀”元素的广泛应用促使“混态节目”渐成趋势，“翻拍剧”成为省级卫视电视剧竞争的重要策略，个别省级卫视借助具有地缘优势的重大新闻事件报道提升收视，情感故事类节目渐成省级卫视竞争战略的重要“拼图”；节目编排方面，优势节目超常规超量编播创造持续高收视，综艺节目用“季播”编排的方式延长节目生命周期，错位抢位编排成为强势卫视尤其是电视剧编排的重要手段；宣传推广方面，电视与互联网站合办节目，营销手段呈现新形式。

（总编室节目研发部供稿）

《中央电视台新闻发布实施方案》简介

党中央和国务院高度重视政务公开和政务信息发布工作。1983年中央提出建立全国新闻发言人制度。我国11个中央机关部门、74个政府部门及31个省、区、直辖市设立新闻发言人、建立新闻发布制度，新闻发言人制度已经成为政府与社会公众进行有效沟通的桥梁，对于积极影响和引导舆论、展现政府形象起到了重要作用。按照党中央、国务院关于政务公开、透明的部署和要求，中央电视台建立新闻发布制度。

中央电视台新闻发布制度共分四个部分。第一部分是总则，主要内容是中央电视台新闻发布的原则、层面、形式，新闻发言人的设置和职能等；第二部分是新闻发布的内容及形式；第三部分是新闻发布的组织，分为日常召开的新闻发布和应对突发事件召开的新闻发布两种情况；第四部分是新闻发布的管理。

（总编室节目研发部供稿）

《全国重点科教频道研究》简介

2010年，针对中央电视台科教频道改版的具体需求，总编室节目研发部（原研究处）组织人员进行了全国重点科教频道调研工作，先后走访了北京电视台科教频道和浙江电视台教育科技频道，对这两个业内影响力和社会效益表现均很突出的频道进行了较为全面的经验梳理，分别形成了《北京电视台科教频道运作经验分析》和《浙江教育科技频道的全方位创新》课题报告。报告归纳总结了两个频道的运作特点、栏目编排技巧、节目制作方法、营销推广模式等层面的成功经验，力求为中央电视台科教频道进一步提升提供借鉴。

一、《北京电视台科教频道运作经验分析》概述

北京电视台科教频道（以下简称BTV科教）是北京电视台最早的专业化频道之一，早在2001年就更名为“科教频道”。2009年初，北京电视台正式成立了科教节目中心，对频道进行了全面改版，共推出18档新的首播栏目，收视份额连续19周居北京地区所有频道排名第三位，改版效果突出。

本报告对BTV科教频道实施改版的具体举措进行了全面分析，提出了“泛化的频道定位是专业频道生存的前提”、“注重品牌化建设是频道发展的生命线”、“设计栏目收视带是频道编排的核心”、“频道制管理是栏目执行力的保障”四个主要观点。报告还着重研究了不同类型节目配比对频道收视率提升的影响、频道品牌资源管理的核心手段，以及系统化开展频道包装推广对塑造频道整体风格的意义等操作性很强的实际问题。

二、《浙江教育科技频道的全方位创新》概述

浙江教育科技频道（以下简称ZTV-4），作为一个科教类专业的地面频道，2009年其省内收视份额排名第二位，广告收入3.3亿元，旗下有《小强热线》等多个知名的品牌栏目，被誉为“中国电视四小龙”之一。在激烈的电视市场竞争中，ZTV-4的强势崛起并不是偶然的，它的成功来自它的全方位创新。

本报告在梳理ZTV-4的收视表现、市场表现、观众构成、栏目构成、栏目收视情况的基础上，主要针对频道的理念创新、品牌创新、营销创新、管理创新进行了深入分析。总结归纳了频道发展的主要成功经验，如在不同发展阶段适时调整频道定位、全力打造晚间品牌栏目带、突出塑造品牌化主持人形象、强化栏目组营销机制、倡导“全员营销”一体化操作、建立多媒体营销网络、组织频道层面大型活动、开展省际营销合作等。报告还从定位、模式、特点三个方面对《小强热线》、《纪实》两档品牌栏目进行了分析，为节目一线制作人员提供参考。

（总编室节目研发部供稿）

《科教频道观众结构及全天观众流分析报告》简介

针对科教节目的收视及竞争环境情况，本课题对科教频道的观众结构以及全天的观众流情况做了研究。课题分析和介绍了全国整体观众结构概况和全天七大时段观众流构成，对科教频道的观众结构特征进行分析。

科教频道总体观众结构基本情况接近全国观众特征，全天收视流特征情况是午间和晚间表现突出。CCTV－10的观众流全天收视波动较大，总体观众结构与全国总体电视观众收视结构特征相比基本吻合。年龄结构上中老年观众的表现突出,35～44岁的青年受众相对较少。文化程度上收视集中度最高的是接受过高等教育的中老年人。CCTV－10在35个中心城市的全天观众流情况与全国收视有些差别，年龄结构是全天55～64岁的中老年观众群都比较集中，收视群规模随着年龄而递减。文化程度上是全天初中学历中低文化程度的观众群收视集中。

（总编室节目研发部供稿）

《中央电视台综艺频道发展策略及建议》简介

近年来，地方台综艺娱乐节目创新不断，收视不断攀升。中央电视台综艺频道虽然总体保持了平稳态势，但是频道本身的创新能力和节目的影响力逐渐下滑。本课题在总体分析综艺频道的现状和调研中央电视台内外专家的基础上，归纳出综艺频道的问题，同时借鉴地方台在综艺娱乐节目形态、表现元素和手法以及机制的创新之处，根据中央电视台综艺频道的特点和定位，提出改版建议，并推荐符合中央电视台综艺频道需要的节目形态。

课题共分两大部分。第一部分主要是中央电视台综艺频道竞争策略分析，内容包括全国综艺娱乐市场现状分析、中央电视台综艺频道优劣势分析、中央电视台综艺频道发展战略及策略。第二部分在对综艺频道收视竞争力和黄金时段节目分析的基础上，对综艺频道节目设置与编排提出具体的策略和建议，并推荐符合频道定位的国外节目模式。

（总编室节目研发部供稿）

《2009年电视剧竞争趋势分析》简介

2009年，整个电视剧产业链各个环节逐渐走向理性，从单纯的播出方式的竞争逐渐上升到产业价值链运营的竞争。课题对2009年电视剧竞争趋势进行全面、深入分析，发现了几个明显的变化。变化之一，电视剧产量首度回落，进入品质、质量竞争阶段；变化之二，电视剧进入卖方市场，制播合作关系进行战略升级；变化之三，电视剧资源使用率呈下降趋势，电视剧播出以质取胜；变化之四，省级卫视平台优势凸显，电视剧差异化竞争策略树立频道品牌特色；变化之五，电视剧进入立体化营销时代，电视剧植入式广告成市场关注焦点；变化之六，电视剧播出平台的竞争不再只是处于联合垄断的电视台，视频网站对电视剧的版权销售和宣传贡献开始凸显；变化之七，电视剧融资渠道不断拓宽，影视资本市场雏形初现。

（总编室节目研发部供稿）

《2009年电视剧题材、编排等特色分析》简介

2009年，国产电视剧年度特色鲜明，精品电视剧频出，电视剧题材求新求变；省级卫视加强电视剧资源的运作，在电视剧编排上大打组合拳。2009年，省级卫视或建立或巩固电视剧品牌发展战略，而全力争取独播剧、大力发展自制剧依然是电视剧市场竞争的两大战场。课题研究发现，2009年电视剧题材求新求变，满足不同层次受众的收视需求，表现在：第一，主旋律作品既叫好又叫座，《潜伏》引领谍战剧新一轮高潮；第二，省级卫视、地面频道热点剧目不同，多频道热播剧目题材分布相对集中。省级卫视加强电视剧资源运作，在电视剧编排上大打组合拳，表现在：第一，加大四家上星联播力度，省级卫视电视剧播出量上升；第二，编排手段不断创新，趋于极致化、灵活化和短期化。省级卫视巩固电视剧发展战略，电视剧资源储备战打响，表现在：第一，省级卫视建立电视剧发展战略，独播剧、自制剧两手都要抓；第二，省级卫视电视剧收视表现突出，储备优质资源蓄势待发。

（总编室节目研发部供稿）

《2010年春节期间省级卫视节目编排与收视特点分析》简介

2010年春节期间，省级卫视都精心准备了各自的电视荧屏大餐，每天晚上的春节大型综艺晚会更是夺人眼球的视听盛宴。这是因为，春节长假是所有收视季中收视最为集中、开机率最高的时期。春节档期是电视台每年第一季度收视的关键，是各大卫视必打的一场收视硬仗。课题研究发现2010年春节各省级卫视在节目编排和收视效果上呈现出如下特点：一是集合“长枪短炮”，收视市场整体提升，并体现出时段优势；二是“泛晚会”概念促使综艺节目大行其道，省级卫视播出结构出现变化；三是强者愈强，省级卫视之间的博弈趋向集中；四是紧紧依靠地缘优势，深入整合资源，“京派”与“海派”一北一南交相辉映。

（总编室节目研发部供稿）

《新媒体对传统电视媒体带来的冲击》简介

互联网等新兴媒体的发展给传统媒体带来了巨大的挑战，网络技术的快速发展也给传统电视带来新的冲击。随着数字技术、通讯技术的发展，IP电视、网络电视、手机电视、移动电视、户外大屏等新媒体样式相继出现，广电媒体已经处在了一个新媒体所营造的语境之中。新媒体一方面对传统媒体产生了极大影响，改变着传媒的格局与生态；另一方面也对社会生活各个领域产生着极大影响，未来新媒体的影响力还将加速提升。课题共分三个部分，第一部分简要介绍了新媒体的特征和现状；第二部分详细分析了新媒体对传统电视媒体带来的冲击，主要表现在渠道、内容、广告、产业发展等几个方面；第三部分从技术、内容、产业、利益链、体制等方面提出传统电视媒体应对新媒体的对策。

（总编室节目研发部供稿）

《调研信息》摘要

2010年，产业与新媒体研究部围绕中央电视台重点工作，加大调研服务领导决策的时效性与针对性，强调选题策划，共推出28期《调研信息》、7期《行业动态监测》，议题涉及新媒体发展形势下中央电视台面临的机遇与挑战、国内行业竞争者发展经验、市场竞争环境分析、中央电视台形象建设网络舆情监测、中央电视台海外舆情监测等内容，充分发挥了调研工作服务决策的作用。

第91期——《新华社新闻电视网开通如何影响电视新闻格局》

近年来，从开通中英文电视供稿线路，到推出中国新华新闻电视网（CNC），成功开办电视频道，新华社在发展电视业上不遗余力。新华社新闻电视网的开通将如何影响既有电视新闻格局？该期《调研信息》围绕这一焦点话题，在对新华社以及北京大学等传媒界专家学者调研走访的基础上，对新华社新闻电视网运行现状、目前存在的困难、未来规划和新华社新闻电视网与中央电视台的战略竞争关系等问题进行深入分析，为中央电视台领导正确认识新华社新闻电视网对现有新闻格局的影响，以及与中央电视台的战略竞争关系等问题提供了决策信息参考。

第92期——《超越内容产品层面的竞争：湖南广电寻求新的产业链发展模式》

2010年，湖南广电与青海卫视进行跨区域合作、与淘宝网组建跨媒体公司“快乐淘宝”、与盛大网络组建盛世影业公司等一系列动作引起了市场的关注。在大多数电视台还在囿于收视率的困惑，在节目层面进行厮杀的时候，湖南广电已经将眼光转向了更高的领域。湖南广电主动实施战略转型，其转变思路、借助外力的做法表明，就是要打破传统的依赖广告收入的路径，探索跨区域、跨媒体、跨行业的新的产业链发展模式。

综合来看，湖南广电从四个方面发力，全面转变发展模式：一是体制改革，谋划市场；二是新业务拓展，促进转型；三是版权经济，长久获利；四是进行人才建设，为我所用。湖南广电认为电视台在赢利模式上仍需要寻求多方面的突破。其原来战略目标为“娱乐引领、品牌引领、创新引领”，现在则变成了“融合发展、版权经济、创收模式改变赢利”。湖南广电的做法无疑已经走在了电视行业的前列，虽然他们的一些做法目前仍处于探索之中，但对中央电视台的制播分离改革仍具有借鉴意义：一是积极进行体制机制变革，探索跨区域、跨媒体、跨行业合作形式；二是打破传统盈利模式，打通产业链；三是出击新媒体，但求所用；四是借力资本，形成跨越式发展。

第93期——《“三网融合”政策带来的影响及中央电视台对策浅析》

2010年1月13日国务院召开常务会议，决定加快推进电信网、广播电视网和互联网三网融合。该期《调研信息》通过对“三网融合”新政进行解析，分析了“三网融合”对广电业发展的影响：有利于广电形成新的业务增长点，扩大产业市场规模；有利于推动有线网络价值提升，加速广电体制改革；广电拥有的内容产业优势将得到进一步发挥。因此在“三网融合”趋势下，中央电视台应首先通过战略重组，加快推动有线网络整合与发展；其次，推进转企改制，尽快成为合格的市场主体；第三，加快推进有线电视网络整合，开展全业务运营。

第94期——《春晚的差异化竞争态势对中央电视台的影响及对策》

2010年，除央视春晚外，北京、湖南、东方、安徽、广东、辽宁、河北等16家省级卫视分别推出了自己的春晚节目。与此同时，各种各样的“网络春晚”无论是节目数量还是受关注程度，都呈井喷态势，春晚表现出前所未有的差异化竞争格局。

该期《调研信息》分析了春晚的差异化竞争对中央电视台造成的直接影响，突出表现在两个方面：一是导致中央电视台春晚收视下滑，收视受众被分流，二是对中央电视台春晚创新提出了更高要求。文章还对春晚差异化竞争的原因进行了深入分析，即文化观念和价值追求多元要求差异化，受众群体碎片化要求春晚定位差异化，市场竞争格局多元加剧春晚差异化。对如何进一步办好中央电视台春晚，文章援引业界专家的观点从节目创新、受众细分、节目编排、春晚策划和节目遴选等几个方面提出了对策建议。

第96期——《国际电视媒体新闻记者“摄、采、编”三合一的新趋势》

2010年初以来，ABC、CBS、BBC、CNN等国

际电视传媒纷纷对新闻部门进行裁员。通过调研发现，这些裁员活动并非仅为应对国际金融危机的短期行为。

本轮裁员活动的深刻背景是国外媒体正经历着采编技术与流程革命，采编队伍集约化、采编设备数字化、采编人员精干化趋势日益显现。以要言之，国外电视媒体正尝试采编力量向“摄、采、编”三合一的“VJ 记者”队伍转型。

这一变化预示着在国际媒体的新闻竞争中，传统的设置大规模驻外站点、每次采访至少出动两三人小组的“正规战”、“阵地战”有弱化趋势；而广泛散布自由记者，一人携带数字化摄传一体设备的“游击战”正显出反应快、成本低，适应新媒体传播的优点。

第 97 期——《3G 直播：给电视新闻直播带来什么影响？》

2010 年 2 月 28 日，浙江卫视元宵之夜特别节目《星蓝·天翼 3G 直播元宵夜》首次将新近研发成功的 3G 传输技术运用到电视新闻直播中，这种 3G 新闻直播形式在全国卫视台中尚属首次。3 月 2 日，中国电信浙江公司与浙江卫视就“天翼 3G 传输技术在电视新闻直播的应用”合作项目达成全面战略性合作，中国电信的天翼 3G 传输技术将为浙江卫视的直播常态化提供技术支持。业界认为，天翼 3G 电视新闻直播不仅在全国卫视新闻节目中具有首创意义，还将成为国内电视新闻制作的“分水岭”，给电视新闻节目的直播模式、直播领域和传播理念带来变革式创新。

通过走访调研，了解并理清了 3G 新闻直播如何传送直播信号、有哪些优势、运行过程中存在哪些问题、浙江电信和浙江卫视的合作方式、双方利益诉求、未来发展规划、此项技术是否能够普及并真正带来电视新闻直播变革式创新等问题。

第 98 期——《腾讯的快速崛起对央视的冲击及启示》

该期《调研信息》对腾讯与中央电视台进行了定量了的数据对比分析，探究腾讯公司的成功之道，并提出了对中央电视台发展的一些启示。

腾讯的成功之道主要有：网络游戏成为腾讯快速崛起的主要支撑；围绕用户进行产品延伸，增值服务推动“免费用户”向“付费用户”转化；高效的资本运作奠定了腾讯业务快速扩张的基础。

腾讯的高速发展带来的启示是：首先要围绕受众开展内容增值服务，突破广告收入瓶颈；其次，“三网合一”为中央电视台进入网游领域提供了契机；再次，可移植国际高收视节目类型，以提高外宣节目的海外传播效果；最后，应当利用资本力量实现跨越式发展。

第 99 期——《传统媒体纷纷抢滩网络游戏市场给中央电视台的启示》

该期《调研信息》研究了国内外传统媒体与网游“联姻”的特点，从市场规模、用户数量、进入门槛、媒体化趋势等方面分析了网络游戏何以成为传统媒体的“香饽饽”，并对中央电视台进军网游提出了四点思考：进军网络游戏，开辟新的经济增长点；顺应融合大潮，走循序渐进之路；依托优势，发挥特色；把握内容导向，生产“绿色”产品。

第 102 期——《植入式广告双刃剑，或可实现经营新增长》

该期《调研信息》通过对当前植入式广告发展现状、存在的问题以及发展趋势进行总结分析，并结合中央电视台广告经营情况，对中央电视台如何把握好植入式广告“双刃剑”，提出全台品牌与内容最大化吻合、建立节目与广告的挂钩机制、建立植入式广告的检验和评估体系、加强规范管理、进一步提升广告团队的专业化营销水平等相关发展建议供台领导决策参考。

第 103 期——《电视购物已成为电视产业经营市场的必争之地》

上海东方购物和湖南快乐购都将电视购物作为其产业发展的支柱收入，两家公司正举全台之力发展电视购物，并提出了千亿级的发展目标。

该期《调研信息》对比分析了上海东方购物和湖南快乐购的产业地位、产业增长速度、产业发展目标、覆盖渠道、竞争战略等内容。结合电视购物的市场发展情况，提出了电视购物的战略地位：第一，政策大力支持，电视购物将成为广电扩大产业收入的发动机；第二，市场潜力巨大，将催生多家百亿级的广电集团；第三，改变收入结构，电视购物将逐步取代广告成为广电支柱产业。

因此，电视购物对中央电视台产业发展具有重大的战略意义：发展电视购物不仅可以促进产业结构转变，为中央电视台发展提供资金保障，还将帮助中央电视台取得市场话语权，扩大品牌影响力。但中央电视台发展电视购物也面临着困难与挑战，主要有缺少开路播出平台、缺乏多媒体联动、缺乏与节目资源的互动。因此中央电视台更应抓住市场机遇，加快发展步伐。首先应借政策东风，适当增加播出平台；其次要整合多种媒体资源，实现有效传播；第三，要找准商机，搭建跨区域的战略经营模式；第四，要以资本为纽带，引入市场竞争机制；最后，要不断扩大品牌影响力。

第104期——《国内外主流媒体为何纷纷抢滩手机阵地？》

该期《调研信息》分析了手机“第五媒体”崛起的特征，介绍了国际传媒巨头在手机媒体领域的最新发展动向，并在深入分析国内主流媒体手机电视业务战略布局的基础上，提出了科学合理推进中央电视台手机电视台建设应该注意的五个问题：一、高度重视手机视频业务的战略地位；二、正确认识手机电视与传统电视的关系；三、组建合资公司可能更利于手机电视的运营；四、手机电视依靠广告盈利尚需时日；五、正确看待各机构手机电视的差异化竞争。

（发展研究中心成立后，《调研信息》进行了重新编排。）

第1期——《中央电视台各频道新栏目研发情况及收视效果分析》

从2010年9月起，中央电视台各频道改版陆续启动。为及时了解各频道的改版效果，发展研究中心就中央电视台已开播新栏目的收视情况进行了调查分析，以便台领导及时掌握中央电视台专业频道的改版效果和收视情况。

经过分析发现，新栏目开播前后，频道收视有升有降，成效不明显。而与强势卫视栏目进行比较之后发现：《分秒必争》、《我要上春晚》及《我们有1套》栏目收视优势明显，其他新栏目则处于劣势。

因此，本文对中央电视台的栏目创新提出建议：第一，新栏目需要解决节目形态老化的问题；第二，有些新栏目的内容需要具有贴近性、互动参与性；第三，新栏目研发仍需注意出现同质化问题；第四，专业频道需要更多精品栏目做支撑。

第2期——《找准定位，为所当为，抢占新媒体制高点——关于中国网络电视台发展的战略思考》

回顾中国网络电视台（CNTV）近一年的发展历程，在台网捆绑的运营理念，强强联合、借势合作的经营策略下，中央电视台新媒体业务得到了快速发展。如何在此基础上抢占新媒体制高点，进一步扩大主流媒体的传播影响力，是中央电视台在即将步入“十二五”时期新媒体发展需要面对的重大课题。为此，发展研究中心对中国网络电视台一年来取得的成就进行了总结，结合当前发展迅速的新媒体态势分析面临的挑战，提出中央电视台抢占新媒体制高点的战略对策，供台领导决策参考。

第5期——《第16届亚运会CCTV传播效果调查分析报告》

为配合中央电视台对第16届亚运会的宣传报道，深入了解中央电视台亚运报道的传播效果，进一步把握重大活动报道规律，助力中央电视台提升传播力、影响力，发展研究中心开展了“亚运会CCTV传播效果调查”。调查结果显示，电视和互联网是受访者关注亚运会的最主要渠道，舆论对中央电视台亚运报道的关注度高、持续时间长。中央电视台亚运报道以高覆盖率、高关注度和积极的舆情评价形成了强势正面舆论。

第6期——《上海建成首个国家级网络视听产业基地对中央电视台新媒体发展的启示》

12月22日，2010中国（上海）视听产业论坛在上海举办，由国家广电总局指导和批准的首个国家级网络视听产业基地在此率先启动运行。上海市政府出面整合新媒体资源，首先抢占“国家级”基地头牌。

东方传媒集团（简称SMG，原上海文广新闻传媒集团）借此推进它的新媒体业务平台——百视通的经营建设，发挥资源集聚优势，树立全国示范，为下一步百视通的借壳上市铺路，同时作为基地主体和最大受益者，搭建起新媒体视听的内容原创生产、加工服务、交易发布等多功能平台，打造国内网络视听产业龙头和资源集聚中心。新媒体竞争领域注重“快鱼吃慢鱼”，SMG的快速动作将对中央电视台形成巨大冲击，中央电视台新媒体应加快战略布局，争取国家支持力度，整合业内资源，加快改制步伐，抢占新媒体制高点。

（发展研究中心产业与新媒体研究部供稿）

《信息快报》摘要

第 1 期——《前伦敦市副市长 John Ross 先生点评 CCTV – NEWS》John Ross 先生从 2000 年至 2008 年作为伦敦市副市长负责伦敦经济和商业政策，主管伦敦市的国际推广和营销，其成功的营销使伦敦在 2012 年奥运会的评选中击败纽约、莫斯科、马德里和巴黎成为主办城市。他是 CCTV – 9 及 CCTV – NEWS 的忠实观众，他的主要观点是：要成为一个成功的国际化的 CCTV – NEWS，必须以中国为中心。同时，对新闻、谈话、财经等五类节目提出了具体建议。

第 2 期——《国际传媒集团数字化生存现状》数字化是传媒发展的趋势，众多国际传媒集团纷纷面临转型的困惑，重新思考在数字化时代，如何更好地生存下去，并继续在行业保持引领地位。该期《信息快报》集纳了新闻集团、时代华纳、BBC、维旺迪、迪士尼等大型传媒集团变革内容生产、管理、运营模式、重新构建数字内容产业的举措和经验，对中央电视台数字化生存、建设国际一流媒体有一定参考和启示。

第 4 期——《路透社总裁克里斯·阿赫恩：让财经频道更专业》2010 年 10 月 14 日，路透社全球媒体的总裁克里斯·阿赫恩先生受邀参加发展研究中心主办的《电视论坛》，与中央电视台财经频道总监郭振玺、清华大学新闻与传播学院常务副院长尹鸿及资深财经人士水皮先生等探讨《专业频道的系统化建设》。路透社作为财经频道合作伙伴，是财经频道创办和发展的见证者、参与者。克里斯·阿赫恩先生谈到的路透社的成功经验及对财经频道的建设性意见，对中央电视台建设国际一流媒体具有一定参考和启示。

第 5 期——《全球电视节目发展的新趋势和新特点》媒体几何欧洲国际电视数据中心副总裁亚历山大·凯莱先生受邀参加发展研究中心主办的“2010 年全球电视发展趋势”大型观摩活动。他详细介绍了 2010 年全球电视的发展趋势以及最新动向，给中央电视台未来的频道管理、栏目建设和节目生产带来一些启发或借鉴。他的主要观点是：1. 全球统计数据表明，互联网的发展推动了电视的成长，电视事业的发展并不是在走下坡，还是在往上发展；2. 当代电视发展的最新特点：电视和观众的联动增加；固定时间的传统播出方式和随时随地选择观看的播出方式并行；电视 + 网络电视 + 在线跟进电视（电视随时看）有助于增强年轻人的兴趣，从而提高电视的收视率。

第 6 期——《中央电视台对美国传播如何更具影响力》中央电视台在美国国际传播的影响力如何进一步提高，是当前关注的重点之一。该期《信息快报》登载美国南加州大学新闻传播学院王坚教授对中国电视媒体如何在美国进行传播的建议，可为中央电视台国际传播策略提供更宽阔的思路。他提出两个方面的建议：一是实施互联网策略，与美国新生代建立沟通；二是实施地方媒体策略，中国媒体要穿透美国全国性媒体的报道藩篱很难，可另辟蹊径，主动赢得美国地方媒体的报道，力争拓宽在美国的中国话语空间。

第 10 期——《省级卫视 2011 年电视剧制播策略》在激烈的电视节目竞争中，电视剧无疑是兵家必争之地。成功的电视剧制播策略，带给电视台的是收视和收入的双赢。纵览 2011 年省级卫视制播策略，一是在资金投入上，江苏卫视、湖南卫视等几大省级卫视加大电视剧的资金投入，在购剧方面的年预算平均超过五亿元；二是在电视剧运作上，自制剧、定制剧成为趋势，采用植入广告、整合宣传推广等多元立体化营销；三是在编排方式上，追求独播和首播，尝试季播模式，除黄金时段和次黄金时段外，收视竞争在全天展开；四是在多家卫视联合制播方面，除新版《水浒》等大剧仍采取十几家电视台联合加盟拍摄的模式外，未呈现进一步增长趋势，如江苏卫视 2011 年将退出联合播出。该期《信息快报》精选了几家有实力的省级卫视的 2011 年电视剧制播策略，以期为中央电视台电视剧制播决策提供参考。

（发展研究中心发展战略研究部供稿）

2011 年中央电视台研发成果选介

《中央电视台“十二五”规划》简介

“十二五”时期是贯彻落实科学发展观、全面建设小康社会的关键时期，也是广播电视业深化改革、推进社会主义文化大发展大繁荣的重要时期。《中央电视台“十二五”规划》在国家宏观发展背景下，结合中央电视台实际，理清了中央电视台“十二五”发展目标和发展重点、主要任务和战略措施。《规划》由九篇二十八章组成：第一篇《努力实现战略转型 开创国际一流媒体建设新局面》；第二篇《坚持新闻立台 巩固和提升舆论引导力》；第三篇《坚持精品战略 提升核心竞争力》；第四篇《推进国际化战略 提高国际传播能力》；第五篇《坚持“并重”发展 加快新媒体建设》；第六篇《坚持“统筹兼顾”推进产业持续增长》；第七篇《深化管理改革 促进事业发展》；第八篇《强化技术保障 实现三大适配》；第九篇《实施三大建设 全面提升国际一流媒体形象》。

（发展研究中心提供）

《2010年中央电视台年度发展报告（央视蓝皮书）》简介

《2010 年中央电视台年度发展报告（央视蓝皮书）》设置了“年度综述”、“年度专题”、“年度展望”三个部分，强化国际视野、数据对比和个案分析。“年度综述”侧重于对全台事业产业发展进行盘点；“年度专题”对中央电视台提升报道力传播力、扩大国际传播能力、推进品牌建设和产业及新媒体发展等方面的情况进行了系统分析；“年度展望”在分析“十二五”期间中央电视台面临的机遇和挑战的基础上，勾勒了国际一流媒体建设蓝图。

（发展研究中心提供）

《建设国际一流媒体的若干对策建议》简介

为进一步提升中央电视台的海外传播能力，尽快实现国际一流媒体的建设目标，课题组从国际一流媒体的方位判定、中央电视台的发展目标设定、差距分析、战略措施等方面，为中央电视台建设国际一流媒体提供了系列对策建议。《建设国际一流媒体的若干对策建议》共由 4 篇报告组成，分别是：《CCTV 在国际一流媒体中的方位》、《CCTV 与国际一流媒体的主要差距》、《CCTV 快速进入国际一流媒体的若干思考》和《关于设立中央电视台研究院的初步设想和建议》。

（发展研究中心提供）

《央视国际传播能力建设取得突破性进展，部分指标已达到国际一流媒体水平》简介

中央电视台以建设国际一流媒体为目标，加快推进国际传播能力建设，在国际新闻采编网络搭建、外宣频道建设、海外落地入户等方面都取得了突破性进展，部分指标已达到国际一流媒体水平。其中，覆盖国家或地区数、海外记者站数量、电视频道数、电视语种数等指标与BBC、CNN等国际主要媒体处于同一水平；经营收入、海外用户数、海外媒体关注度等指标显著提升，与BBC、CNN等国际主要媒体的差距在快速缩小。

（发展研究中心提供）

《对我台深化频道制改革，建立奖惩激励机制的几点建议》简介

2010年，中央电视台开展频道制改革。在建设国际一流媒体的战略背景下，如何进一步深化频道制改革成为中央电视台内部管理改革的当务之急。课题组在深入调研的基础上，认为以绩效考核为核心的奖惩激励机制可作为重要突破口之一。报告从国内外频道及国际一流企业的内部管理案例入手，结合中央电视台实际情况，对如何建立以绩效考核为核心的奖惩激励机制提出了建议。报告认为，进一步捋顺频道各层级的责权利，通过加大激励力度、实施奖惩办法，可使得频道管理团队管理有抓手，打破平均主义，激发内部活力。

（发展研究中心提供）

《第16届亚运会CCTV传播效果调查分析报告》简介

为配合第16届亚运会的宣传报道，深入了解中央电视台亚运报道的传播效果，进一步把握重大活动报道规律，课题组通过网络问卷、全国问卷抽样、境内外媒体及互联网抽样监测三种方式开展了亚运会CCTV传播效果调查。报告从亚运报道整体关注度、亚运报道受欢迎程度、亚运传播效果满意度、亚运传播效果差异分析和舆情热点五个方面进行了分析。

（发展研究中心提供）

《关于中央电视台“走基层”报道阶段性情况的报告》简介

自2011年8月中央要求新闻战线开展“走转改”活动以来，中央电视台派出上千名记者广泛开展“走基层”系列报道，并用近十个频道、数十个重点栏目的重要时段策划多个主题。截至2011年底，共播发新闻2000余条，推出了一大批极具代表性的电视作品。“走基层”报道以其“融入基层一线、将视角放平、向劳动者致敬”的鲜明特点，获得了持续强烈的社会反响。报告系统总结了中央电视台“走转改”所取得的阶段性成果，梳理了“走转改”过程中的经验和创新之处，并提出了确保中央电视台“走转改”活动常态化的长效机制。

（发展研究中心提供）

《中央电视台文化体制改革调研报告》简介

为系统总结党的十六大以来文化体制改革和发展取得的成效和经验，科学分析文化建设面临的形势和任务，发展研究中心课题组在深入调研的基础上，系统总结了中央电视台在文化体制改革和发展方面取得的成效和经验，以及当前文化建设中存在的若干问题，并提出发展对策建议。

（发展研究中心提供）

《关于我台“全台保一套”建立频道间节目交流机制的相关建议》简介

近年来，省级卫视在节目创新方式和保障机制方面有许多创新之举。报告较详细地介绍了省级卫视与其他内部地面频道之间的节目交流机制，并从如何购买、如何建立奖励机制和准入机制等方面提出了适合中央电视台节目交流的相关建议。

（发展研究中心提供）

《中央电视台事业发展基本情况》简介

该报告是向中宣部提供的一份评定资料。该资料从历史沿革、主要职能、机构设置、主要频道概况、事业发展和产业发展等方面对2010年中央电视台的事业发展基本情况做了全面总结和归纳。

（发展研究中心提供）

《新媒体冲击下，央视如何留住“观众”？》简介

近年来，以社交网络为代表的新媒体发展迅猛，其庞大的用户群体和强大传播力，在冲击传统电视的同时，也为电视传播开辟了更加广阔的新蓝海。报告认为，面对新媒体冲击，中央电视台在传播策略上要有所创新：一是要突破“观众”作为唯一收视群的局限，打造“传统电视观众”+“新媒体视频用户”双收视群体；二是要突破“专注内容生产”的传统思维，实施“精品内容”+“全媒体宣传营销”的传播战术，以使节目内容到达更多目标观众群；三是要突破单打独斗、“自制自传”的固有制播模式，借新媒体开放平台进行借力传播。

（发展研究中心提供）

《实现我台全球无缝互联互动的关键——启用智真视频会议系统》简介

针对中央电视台新址建设，课题组提出了技术运用的建议。课题组通过对数家著名品牌企业的深入调研，发现华为公司采用的智真视频会议系统可切实加强中央电视台总部对国内外分支机构的管理，提高决策和沟通效率。报告详细介绍了智真视频会议系统的功能、特点，并结合中央电视台的实际情况提出了应用建议。

（发展研究中心提供）

《综合频道研发对策系列报告》简介

近年来，受市场竞争加剧等因素影响，中央电视台综合频道整体收视呈下降趋势。湖南卫视、江苏卫视等省级卫视在电视剧、综艺节目等方面对综合频道的收视竞争压力逐步增大。课题组在深入调研多家省级卫视的基础上，形成《综合频道研发对策系列报告》，旨在助推综合频道整体收视提升，保持在国内电视市场上的领先地位。系列报告由 7 篇组成，分别是：《确保三大首播权，调整三个时段编排，则 CCTV － 1 收视无忧》、《湖南卫视靠什么赶超 CCTV － 1》、《市场机制的导入催生江苏卫视崛起》、《湖南、安徽、江苏、北京四大卫视电视剧核心竞争力调研分析》、《全面提升中央电视台电视剧竞争力的策略建议》、《破解综合频道难题：台一把手直管》和《专家视点：CCTV － 1 如何提升竞争力》。

（发展研究中心提供）

《新台址建设系列调研报告》简介

中央电视台新台址投入使用在即，课题组在对数十家国内外主流媒体园区、世界著名品牌企业、知名甲级写字楼深入调研的基础上，形成了《新台址建设系列调研报告》。系列报告共由 16 篇组成，分别是：《关于我台新址园区规划及搬迁工作的对策建议》、《央视与一流媒体的差距到底在哪儿》、《央视未来发展空间应留给中国传统文化一席之地》、《新台址搬迁宜早不宜迟的四项工作》、《仅有现代化、智能化的大楼是远远不够的》、《新台址园区功能设计及搬迁的几点建议》、《阿里巴巴杭州总部园区人性化设计调研建议》、《微软中关村研发大楼餐饮设计及管理模式调研建议》、《关于设计中央电视台发展战略图的建议》、《人才管理机制不变，难以实现跨越式发展》、《华为公司搬迁运行管理经验及 CCTV 新台址搬迁流程设计的建议》、《从中信泰富大厦漏水导致大面积停电事件透析我台新址安全保障问题》、《华为跻身世界 500 强人才管理的启示》、《安全、高效、便捷应成为央视新大楼功能规划的三个基本要素——台北 101 大楼对我台的启示》、《实现我台全球无缝互联互动的关键——启用智真视频会议系统》和《江苏广电集团全成本核算情况汇报及建议》。

（发展研究中心提供）

《借助AR技术提升新址园区便捷性、互动性、智能性》简介

中央电视台新址园区作为新型的媒体园区，在硬件上已经做到了国际一流，未来也应在软件应用和用户体验等方面与国际一流媒体接轨。AR 技术作为一种较为成熟的数字技术，不仅在商业、公用等各方面有较为丰富的运用，伴随着 iphone 等智能手机的普及，更在道路指引、参观路线、实时信息、互动交流等方面有着不俗的实践效果。该报告以 AR 技术在央视新址园区的具体应用为切入点，提出可以利用该技术为全台员工提供便捷的全方位信息服务，为外访者带来丰富生动的参观体验，并为节目内容生产提供更多的展现方式。

（发展研究中心发展战略研究部提供）

《我台电视剧频道在全国重点地区的收视分析》简介

全国13个重点地区是国内电视市场的一个重要样本，这些地区经济发展水平高，广告市场潜力大，是中央电视台争夺电视剧市场话语权和创造经济效益的主战场。报告详细解读了中央电视台电视剧频道2011年第一季度在全国13个重点地区的收视表现，并与省级卫视进行了对比，较为客观地分析了电视剧频道在这些地区的收视表现可能对中央电视台整体收视、广告创收带来的影响。

（发展研究中心电视传播研究部提供）

《2010年度中央电视台与国际一流媒体对比分析报告（央视白皮书）》简介

《2010年度中央电视台与国际一流媒体对比分析报告（央视白皮书）》立足中央电视台，全面梳理国际一流媒体在基础规模、全球影响、海外覆盖、经营实力等方面的态势，分析其全球运营的战略、策略，为中央电视台的国际化发展战略提供决策信息服务，同时为节目部门、经营部门的国际拓展提供借鉴和参考。报告分为上下两篇：上篇从传播能力、经营能力、内部运营能力、新媒体发展能力五大维度对国际媒体数据进行对比，并针对中央电视台薄弱方面提出对策建议；下篇围绕中央电视台国际发展中的实际问题，以发展战略分析、改革创新分析、经营举措分析、新闻报道机制分析四大专题，系统、全面、直观展现中央电视台在国际一流媒体中的优势、差距及发展方向。

（发展研究中心发展战略研究部提供）

《2010年中央电视台与省级卫视收视竞争对比分析》简介

全国电视市场的收视竞争日益激烈，省级卫视在收视份额、节目类型等方面对中央电视台形成的冲击也愈加强烈。该报告分析了全国上星频道的整体收视格局，反映出各卫视在落地覆盖、观众结构等方面的现状。从频道竞争、时段竞争、区域竞争等方面，将中央电视台与省级卫视的收视和节目竞争情况进行了对比分析，并指出了市场竞争的主要特点和趋势。

（发展研究中心电视传播研究部提供）

《2011年春节期间我台综艺节目市场竞争力分析》简介

2011年是近年来综艺节目竞争最为激烈的年份之一，省级卫视的自制春晚和春节特别节目数量明显增加。但从市场表现来看，中央电视台综艺节目的收视效果优于2010年，也胜于省级卫视。该报告分析了中央电视台主要频道春晚、文艺晚会、其他特别编排的综艺节目的收视表现和主要省级卫视自制春晚、跨年演唱会等节目的收视表现。通过对比，课题组找出了春节假期节目编排的特点和原因，并为中央电视台节假日节目编排提供了对策建议。

（发展研究中心电视传播研究部提供）

《充分利用一切传播载体 达到我台品牌推广的最大化》简介

电视品牌源于高质量的节目，放大于细密的品牌推广体系。没有符合现代传播规律的品牌营销，再好的节目内容也难以形成品牌。在建设国际一流媒体的过程中，中央电视台需要在全球提高“CCTV”品牌的知名度和美誉度。从长期来看，“CCTV”成为世界品牌需长期培养。从短期来看，尽快掌握和使用一些品牌推广技巧，有利于中央电视台迅速在国际市场打出知名度。该报告即从这一角度提出了若干利用各种传播载体推广“CCTV”品牌的方法。

（发展研究中心电视传播研究部提供）

《我台编辑性栏目市场竞争力分析》简介

中央电视台的栏目从制作方式上主要分为原创自制类栏目和编辑性栏目两种形式。编辑性栏目是根据现有或已有的节目素材进行简单编辑加工等再创作后形成的新的栏目。中央电视台编辑性栏目约占全台栏目总数的5%，分布在多个频道和时段。该报告对编辑性栏目的相关情况进行了梳理和分析，并对该类栏目的现状、问题进行了总结归纳。

（发展研究中心电视传播研究部提供）

《台情研究》摘要

第 1 期——《对我台深化频道制改革，建立奖惩激励机制的几点建议》2010 年，中央电视台进行了大刀阔斧的频道制改革，这是深化机制体制改革的重要举措。2011 年，在建设国际一流媒体的战略背景下，进一步深化频道制改革，建立与频道制配套的运行管理机制，成为内部管理改革的当务之急。以绩效考核为核心的奖惩激励机制是进行频道制配套管理改革的重要突破口之一。建立绩效考核不仅有助于提升频道收视率，进一步理顺频道各层级的责权利，通过加大激励力度、实施奖惩办法，将使得频道管理团队管理有抓手，打破大锅饭，激发内部活力。本期《台情研究》从研究国内外频道及国际一流企业的内部管理实例入手，结合中央电视台实际情况，对如何建立以绩效考核为核心的奖惩激励机制提出了建议。

第 3 期——《全面提升中央电视台电视剧竞争力的策略建议》本期《台情研究》从机制策略、市场策略及品牌策略三个层面对如何提升中央电视台电视剧核心竞争力提出了对策建议：一、从改进现有机制、优化电视剧运作流程着手，通过强化整合运作，实现电视剧资源在频道间的共享和整合；二、从产业链前端入手，参与电视剧市场竞争；三、配合项目机制，启动大戏（剧）工程，提高电视剧资源运作执行力。

第 5 期——《如何深化“台网捆绑”，推动 CCTV 与 CNTV 的全媒体一体化发展》本期《台情研究》通过分析中央电视台与国际一流媒体在新媒体发展方面的差距，提出了深化“台网捆绑”的“三大机制”，即协调管理机制、内容资源共享机制、绩效考核机制，确立内容资源、节目采编、产业经营的“三个一体化”，通过五项举措实现“台网捆绑”目标和全媒体战略转型。

第 6 期——《关于我台进入非洲所面临形势及战略对策建议的报告》非洲是我国国际传播的重要突破口，为充分了解非洲媒体市场、快速提升中央电视台在非影响力，课题组在走访专家、分析资料基础上，形成中央电视台进入非洲所面临形势及六点战略对策建议：一、传播意识上，着力唤醒本土文化自觉，为中国文化传播开辟通路；二、传播战略上，以“品牌国家”为中央电视台战略定位，建构中国形象；三、传播渠道上，采取传统和新兴媒体相结合策略，分步发展；四、传播内容上，开辟“对非传播”时段，针对当地文化定制内容；五、传播对象上，着力抓住海外“核心受众”，实施差别化传播策略；六、人员培训上，把跨文化培训纳入工作重点，提高外派人员素养等。

第7期——《CCTV全媒体战略转型的对策分析》 数字化、网络化传播技术给传统电视业带来了巨大的发展机遇和广阔空间，媒介的融合将是大势所趋，传统电视向全媒体转型已迫在眉睫。本期《台情研究》指出，中央电视台的全媒体发展转型对策，重点在于实施五大核心转变，即：一、由播出机构向“中央厨房”式内容集成服务商转变；二、由单一收入结构向整合营销转变；三、由台网松散联动向台网一体化发展转变；四、由自我积累发展向资本运作转变；五、由单一收视调查向全媒体传播效果监测转变。

第9期——《关于我台人员用工的几点对策建议》 人才是第一战略资源，如何建立与国际一流媒体适配的人才队伍，是中央电视台当前面临的重要议题。课题组通过走访调研中国国际广播电台、江苏广电、深圳广电、湖南广电等单位开展用工机制创新的情况，参考微软等世界一流企业用工管理经验，并结合中央电视台实际，从人员引进、管理、退出及用工制度创新等方面提出相关建议。

（发展研究中心提供）

《调研信息》摘要

第9期——《新媒体年度观察之一新媒体市值飙升，传统媒体受到冲击》 本期《调研信息》以2010年底美国新媒体与传统媒体市值难分伯仲为切入点，描述国内外新媒体最新发展趋势，分析网络视频分流电视观众、微博影响公共舆论、互联网广告增速高于电视广告、移动互联网蕴含发展良机等几方面，概论传统媒体和新媒体在新的媒体浪潮袭来之际各自所应具有的素质和方略。其中对我国的网络视频和微博等新媒体形式的发展情况的梳理，较为全面，所引用数据颇具参考性。

第10期——《新媒体年度观察之二专家视点：传统媒体未来走向何方》 本期《调研信息》通过对比新旧媒体的传播方式和业界影响力，并综合业界、学界专家观点，对未来新旧媒体的依存竞争关系做出判断：未来传媒大势，传统媒体不会消亡，但会同新媒体融合；新媒体创造新的传播方式，改变人们的消费习惯；传统媒体需积极转型，了解用户真正需求，充分介入新媒体传播平台，才能抢占话语权，以谋自救。

第11期——《新媒体年度观察之三传统媒体思路做新媒体失败的案例分析》 本期《调研信息》通过分析新闻集团经营Myspace失败的案例，力图探寻传统媒体发力新媒体业务的途径。课题组通过案例分析，得到如下启示：新媒体盈利的关键在于用户和平台；传统媒体不能用旧有的模式运营新媒体；提升用户体验是新媒体发展的关键。

第12期——《2011年我台与省级卫视电视剧开年大戏对比分析》 电视台在新年重磅推出的第一部电视剧，无论在投资金额、题材内容、制作水平还是在主创人选等方面都相对优于同期其它电视剧。国内开年大戏始于CCTV－1，近年越来越多的省级卫视也开始重视开年电视剧。本期《调研信息》从收视、选剧、编排等角度，对2011年CCTV－1和CCTV－8与省级卫视的开年电视剧收视和编排情况进行了对比，分析了省级卫视开年电视剧的编播特点和趋势。

第13期——《2010年CCTV电视节目网络人气指数分析》 随着互联网影响力的不断提升和视网融合的推进，互联网已成为观众收看、传播、讨论电视节目的重要平台。本期《调研信息》以中央电视台15个开路频道和全国31个省级上星频道（不含港澳台地区）为研究样本，通过监测、抓取新闻门户网站、论坛社区、博客、视频网站、百科问答五大类别共100家影响力强的网站信息，分析全台及全国上星电视频道、全国上星新闻栏目及全国上星电视剧等网络人气排名情况，分析结果显示：2010 年度，中央电视台开路频道网络人气十强中，CCTV － 5、CCTV － 1、CCTV － 2 位居前三；全国上星新闻时事栏目网络人气十强中，中央电视台占据七席，且包揽前五，《新闻联播》居首位。从分析结果可知：一、具有话题性是电视节目高网络人气的主要因素；二、网络视频是电视媒体笼络网络人气的利器；三、电视媒体应理性看待多元、偏激的网络文化。

第 15 期——《新媒体年度观察之四网络春晚有望成为我台另一春晚品牌》2011 年，各地网络春晚吸引上千万网民“围观”。网络春晚已成为补充传统春晚的一股重要力量，也使春晚收视迎来新格局。本期《调研信息》建议在 2012 年将网络春晚打造成中央电视台另一春晚品牌，吸引新生代用户，搭建年度网络热点、事件发布平台，做成全球华人春节贺岁的新“年俗符号”。

第 16 期——《“电视与新媒体并重发展”系列观察之一借力新媒体，拓展国际传播新格局》本期《调研信息》立足中央电视台“十二五”期间基本建设成为国际一流媒体这一目标，分析了英美主流媒体国际传播日益借重新媒体的趋势，就中央电视台如何提升国际传播能力提出建议：一、要利用新媒体开辟全新的国际传播空间；二、传统海外站点要考虑新媒体因素；三、通过合作、嫁接等方式推送海外传播。

第 17 期——《“电视与新媒体并重发展”系列观察之二重大突发事件报道新媒体凸显特色优势》本期《调研信息》以分析日本大地震中微博等新媒体对信息传播的重大作用和凤凰卫视三屏联动在受众当中造成的巨大影响为切入点，分析指出新媒体已成为综合救助服务平台。报告对中央电视台如何迎接新媒体时代的挑战提出了如下建议：强化新媒体技术研发力度，不断创新国际传播渠道和手段，形成传统媒体、网络媒体和移动终端媒体相互配合、相互补充的国际传播新格局。

第 19 期——《“电视与新媒体并重发展”系列观察之三抢占多种终端，推送优质内容》本期《调研信息》以美国各传统媒体为适应 ipad 而进行的调整为切入点，揭示现象背后的深层原因，并预测以 ipad、手机为终端形式的第五媒体时代已经到来。通过分析内容和终端的关系，文章提出了打通移动互联网产业链，打造产业运营商这一重要探索方向，并对中央电视台如何应对第五媒体时代提出建议。

第 23 期——《日本大地震中 NHK 报道体系对我台的启示》2011 年 3 月 11 日，日本发生里氏 8.9 级地震，面对这突如其来的巨大灾难，日本电视媒体尤其是 NHK 的表现“成熟冷静”，令世界媒体叹服。本期《调研信息》详细分析了 NHK 的灾害报道经验，如：提前启动预警系统，加快报道速度；采、编、播硬件系统完善，确保视频报道及时有效；指挥协调迅速有效，分工明确清晰；信息发布平台先进，及时沟通政府与民众等。报告就中央电视台如何将灾害报道变“被动”为“主动”提出了若干建议。

第 24 期——《BBC 在非洲的布局及对我台在非洲发展的建议》非洲是中央电视台未来一段时期争夺国际话语权的突破口，课题组在肯尼亚首都内罗毕对 BBC 内罗毕站负责人进行了采访。内罗毕站是 BBC 在非洲最大的记者站，有近 40 年的设站历史，运作经验较为丰富。本期《调研信息》简要介绍了 BBC 非洲记者站的布局、新闻采编模式、本土化运作方式和人员雇佣经验等，并收录了该站负责人对中央电视台在非洲发展的若干建议。

第 25 期——《2011 年上半年 CCTV 电视节目网络收视分析》近年，以网络电视为主的新媒体传播平台正在成为传统电视延伸传播影响力的重要渠道。本期《调研信息》以中央电视台开路频道、栏目及省级卫视频道为研究对象，分析其在 CNTV 上的网络收视特征、网络收视与电视收视的差异。研究表明：CCTV － 5、CCTV － 1 及 CCTV － 13 频道的用户规模、每天在线收看的人次数均居中央电视台各频道前三位；栏目中，《新闻联播》在 CNTV 上用户规模最大；观众在网络上收看直播频道的单次时长高于电视平台等。通过网络收视分析，报告为中央电视台电视节目如何加强台网捆绑、进行适网性创新、提升在新媒体平台的传播影响力等方面提供了定量依据与对策参考。

第 26 期——《2011 年上半年 CCTV 电视节目网络人气指数分析》本期《调研信息》对 2011 年上半年中央电视台电视节目被新闻门户网站转载，被论坛、社区和博客评论等网络信息进行了监测与分析。监测结果显示：2011 年上半年全台十五个开路频道网络人气指数排名中，CCTV－13、CCTV－2、CCTV－5 位居前三，综合频道、电视剧频道、综艺频道、社会与法频道、音乐、少儿、科教频道入围前十名；全国上星新闻时事类节目网络人气排行中，中央电视台节目表现出强大的竞争力，前十强占据九席。报告为深入了解中央电视台电视节目在互联网上的传播影响力提供了定量参考和依据。

第 27 期——《CCTV 如何利用微博扩大传播影响力》随着微博用户数量的增加，微博已经成为我国最重要的舆论场之一。本期《调研信息》就中央电视台应如何积极正视并适应微博时代传播格局提出如下建议：一方面要充分关注和利用微博的热点话题发掘新闻源，另一方面对微博中的敏感、焦点话题，也要加强舆论引导，发挥主流媒体作用。设立中央电视台官方微博，把微博作为新闻源和即时信息发布渠道，新闻评论类节目加强微博互动。

第 29 期——《2011 年 CCTV 秋晚网络人气分析及对春晚的几点建议》2011 年 9 月，中央电视台举办了《江门月·中华情》中秋晚会。为研究晚会的网络传播和网络人气状况，课题组采用“电视节目网络人气指数”分析框架和舆情监测研究方法，对中秋晚会前、后共两周时间的网络信息进行了抓取和分析。文章指出，中央电视台春节晚会应从以下方面提高网络影响力：一、着力彰显国家品位、民族特色和大台风范；二、不断加大春晚网络预热宣传力度；三、善用微博，注重危机公关技巧。

第 30 期——《网民对 2012 年春晚改版提出倾向性需求》近年来，网络对中央电视台春节联欢晚会的影响越来越大。网民经常通过 BBS、微博等网络工具对春晚进行点评，在很大程度上影响着社会舆论的走向。因此，把握网民的需求对于营造春晚良好的舆论环境至关重要。为了解这一群体对 2012 年春晚的需求，课题组设计了《2012 年央视春晚内容创新调查问卷》，在央视网和搜狐进行了网络调查。调查反映出网民对新一届春晚改版的若干倾向性需求。

第 31 期——《关于我台“全台保 1 套”建立频道间节目交流机制的相关建议》中央电视台一直奉行“全台保 1 套”的战略方针，但在实际运行中很难将最好的资源集中到综合频道。节目流转后的人员划拨、原频道收视率和收入可能受到的影响等问题客观存在，这直接抑制了其他频道为一套提供节目的积极性。湖南台在内部节目交流方面的探索开展得较早，其“全台保卫视”的做法值得参考借鉴。本期《调研信息》以湖南台为案例，通过分析其落实“全台保卫视”思路的具体办法，对完善中央电视台频道间节目交流机制提出了若干对策建议。

（发展研究中心提供）

《信息快报》摘要

第 12 期——《部分国内媒体最新发展规划》 2011 年是“十二五”规划的开局之年，传媒业正面临深刻变革，国内地方电视媒体改革步伐加快，国际一流媒体也在加紧提升传播力影响力。本期《信息快报》重点介绍了新华社、湖南广电、江苏广电及浙江卫视的发展战略规划或构想。

第 13 期——《部分国际一流媒体最新发展战略》 2011 年是 21 世纪第二个十年的开启之年，国内外媒体纷纷调整发展战略,以应对新形势新变化。本期《信息快报》介绍了英国广播公司 BBC、美国有限电视新闻网 CNN 等国际一流媒体的最新发展战略，以期为中央电视台建设国际一流媒体提供参考。

第 14 期——《CIBN——中国国际广播电台新战略初露端倪》 2011 年 1 月 18 日，中国国际广播电台（简称“国际台”）旗下的“中国国际广电视网络台”（CIBN）成立,“国广环球传媒控股有限公司”（简称“国广控股”）挂牌。与中央电视台“中国网络电视台”（CNTV）不同的是，CIBN 不仅是国际台下属的一个新媒体机构，还是一个全台资源整合平台；运营 CIBN 的“国广控股”也与央视国际网络公司不同，它是一个引入社会资本的控股平台雏形。CIBN 的成立，显示出国际台正在实施新发展战略。本期《信息快报》对国际台如何以大网络概念整合所有可经营媒体资源、打造全媒体，如何绕开体制障碍、发力资本市场,如何国内外广泛布局三个方面进行了调研分析。

第 15 期——《2010 年海外媒体对央视的报道转载大幅上涨》 为使各国际频道了解 2010 年海外媒体对中央电视台的报道、引用、转载情况，加强对外传播的针对性，课题组借助国外专业媒体数据库对境外媒体进行了重点监测。2010 年，海外媒体对中央电视台的关注度远超过 NHK 和半岛电视台。海外媒体以节目内容为关注重点，占全部报道内容的 2/3，同时新媒体也是关注焦点之一，此外对于频道运营及内部改革也有一定数量的报道。

第 16 期——《坚持精品战略——专访国家地理频道副总裁斯蒂芬伯恩斯》 中央电视台纪录频道于 2011 年 1 月 1 日开播，该频道将成为中央电视台加强国际传播能力建设的重要平台。本期《信息快报》邀请国内资深纪录片导演廖烨对美国国家地理频道副总裁斯蒂芬•伯恩斯进行独家专访。专访介绍了国家地理频道的精品战略及运作经验，并对纪录频道的发展提出了若干建议，以期对中央电视台纪录频道的运营提供有益参考。

第 17 期——《英美日等国际一流媒体建设历程》 为更好地了解国际一流媒体的发展脉络，课题组通过梳理英美日等国主要电视媒体的成长路径，选取这些媒体在国际拓展方面的关键事件，客观展示国际一流媒体的建设历程，力求为中央电视台建设国际一流媒体提供信息参考。

第 18 期——《CBS 在中国的新媒体发展战略及对我台的启示》 近年,美国哥伦比亚广播电视网（CBS）对中国市场极为重视。但因我国对海外媒体市场准入有严格限制，CBS 采取了“间接路线战略”。该公司通过收购、合作控制大量与电视内容无关的技术和服务类网络，积累大量稳定用户，然后逐渐转化为 CBS 的内容制播平台。CBS 在中国低调渗透、待机发展的战略对中央电视台突破西方政策和市场壁垒，扩大国际影响具有一定参考和借鉴。本期《信息快报》调研分析了 CBS 如何通过买壳投资购买中国网站并进行本土化授权，如何通过互换资源、战略结盟扩大市场，如何变相传播、化经营网为传播网等三方面内容，对中央电视台国际传播战略提出选准突破口积极投入、借力国内外合作伙伴等建议。

第 23 期——《我台如何实现国际传播能力的快速提升——BBC 环球的国际运营对我台的启示》 目前，BBC 环球已经拥有包括 BBC WORLD 在内的众多国际频道、BBC 官网在内的多个新媒体平台、数十种国际杂志以及多个国际品牌，海外用户总量接近 10 亿，是全球影响力最大的对外传播机构之一。课题组分析认为，中央电视台可借鉴 BBC 环球的运营模式，将国际新闻采编、国际传播平台、国际经营团队、海外财务及审计等全部业务进行统一的运营和管理，通过整合全台资源、打造对外传播合力，快速提升国际传播能力。

第 24 期——《国际一流媒体海外中心站管理运作模式探析（BBC）》 中央电视台七大海外中心站已建成，并逐步开始筹建海外分台，如何管理和运作是当前面对的一个热点问题。课题组围绕此项工作，对 BBC、CNN 等国际一流媒体海外中心站运作模式及成熟经验，进行了专项调研，从财务管理、人员管理、节目管理三个方面介绍了BBC海外中心站管理运作模式。

第25期——《CNN海外中心站管理运作模式》 海外中心站如何管理和运作是中央电视台建设国际一流媒体过程的一个热点问题。课题组围绕此项工作，对BBC、CNN等国际一流媒体海外中心站运作模式及成熟经验，进行了专项调研。本期《信息快报》登载CNN海外中心站管理运作模式，以期为中央电视台国际传播战略决策及七大海外中心站的建设提供借鉴和参考。

第26期——《中国新华新闻电视网加强国际传播的若干举措》 新华社于2010年开播的中国新华新闻电视网（简称CNC），依托新华社自身的内容资源，借鉴国际一流媒体的国际运营模式，于短短一年多的时间内，在内容采编、播出平台及资本运作等方面都实现了跨越式提升。本期《信息快报》通过系统梳理CNC的发展特点，分析其加强国际传播的各种举措，并提出对中央电视台创新国际传播手段、加强国际传播影响力的启示。

第29期——《推广、内容、覆盖——确保非洲传播能力的有效提升》 课题组围绕中央电视台在非洲的传播情况，对数十名来自非洲肯尼亚的电视工作者进行了调查与访问。调查结果表明，绝大多数受访者收看中央电视台的目的是为了“了解中国”。中央电视台的“中国特色”可作为吸引非洲受众的一个关键点。立足中国，用中国的立场和角度来诠释新闻事件，在非洲媒体市场发出自己的声音，同时着眼国际，以国际的视野进一步丰富和充实新闻内容，满足非洲受众的需求。“中国立场”与“国际视野”相结合，共同推进中央电视台在非传播的快速提升。

第30期——《英国电视节目如何开展创新》 英国一直是全球电视节目创新的领跑者，在向西方市场出口节目模式的产业中，英国的节目样式出口时间高达每年6000小时，以53%的份额占据了绝对主导地位。英国电视人主张“创新才是成功的关键”。为何英国电视媒体会有源源不断的节目创新呢？本期《信息快报》介绍了英国电视节目创新的经验和做法，以期为中央电视台提高节目质量提供借鉴和参考。

（发展研究中心提供）

《中文国际频道海外竞争力研究报告》简介

《中文国际频道海外竞争力研究报告》对CCTV－4的海外影响力和节目竞争力等情况进行了对比分析，这是中央电视台首次进行的系统性、大规模海外观众调研。研究的主要目的是了解CCTV－4海外传播能力现状，明确影响CCTV－4海外传播力的因素，探寻提升CCTV－4海外传播力的途径，为增强CCTV－4国际传播能力提供策略支持。报告主要对中文国际频道的海外影响力和节目竞争力等情况进行了分析和研究。

研究发现，中文国际频道在北美华人中观众规模位于各华语频道之首，传播影响力优势明显。“报道中国新闻”和“传播中国文化”是中文国际频道最突出的品牌形象，新闻和文化专题节目成为频道的强势品牌力量。报告系统地对海外华语频道基本概况、收视竞争力现状、节目配置情况以及新闻节目、电视剧和文化专题、生活服务、综艺娱乐、访谈类等节目形态和内容进行了比较分析，并针对中文国际频道进一步提升海外竞争力提出对策建议。课题历时半年时间，主要通过案头资料研究、网络问卷调查、问卷邀约访问和节目抽样分析的方法进行研究；调查范围包括美国、加拿大、新加坡、日本、德国五个国家，重点在北美地区进行抽样访问，完成了300多个成功样本，同时对中文国际、凤凰美洲、东森美洲、翡翠美洲以及KTSF等频道进行了分析。报告对中央电视台中文节目提升海外竞争力有一定的参考和指导作用。

（总编室节目研发部提供）

《中央电视台新栏目（节目）播后效果评估实施方案》简介

《中央电视台新栏目（节目）播后效果评估实施方案》是《中央电视台新栏目（节目）研发管理办法》的重要组成部分，与《中央电视台栏目综合评价体系》形成有效衔接，共同构成全台节目评估管理体系。其考评结果作为考量新栏目（节目）成功与否的重要指标，对促进新栏目（节目）创新具有引导作用和指导价值。本办法的首要目标是强化新栏目（节目）研发的科学化管理，协助频道进一步提升新栏目质量，全面提升中央电视台新栏目创新的整体水平。

方案针对新栏目特点而设置，在侧重考评新栏目（节目）的成长性、竞争性、创新性和引领性的同时，加强对新节目播后效果的深度研究，是一套既有综合评测结果又有改进研究建议的综合性考评体系。

（总编室节目研发部提供）

《夜间时段全国竞争态势及中央电视台应对策略》简介

根据台领导指示，总编室针对夜间时段（22:00～24:00）全国市场近四年来的收视数据进行了全面分析，对中央电视台各频道以及重点省级卫视进行了深入调研，结合业内专家建议，完成了《夜间时段全国竞争态势及中央电视台应对策略》报告。

报告认为，中央电视台夜间时段收视整体下滑，主要原因在于：整体受众布局不尽合理，缺乏年轻受众。主要竞争性频道观众重叠率过高，存在一定内耗；电视剧受众定位不够精准，缺乏主题编排、类型编排，宣传推广不到位，未能形成核心受众的约会意识；夜间时段缺少引领市场方向、对抗省级卫视的高收视品牌栏目，各频道节目创新力度还需进一步加强，节目样态有待丰富；部分频道节目编排不科学，夜间时段未能与黄金时段形成观众顺流，时段内也缺乏带动收视的栏目带。

针对以上问题，本报告提出以下对策建议：调整原则——“守正出奇”，“稳健并积极”；调整目标——提升中央电视台整体收视效益与影响力；调整策略——“全覆盖”；调整措施——根据各频道的定位和专业特征，组成三个集群，分别提出调整建议。

报告还剖析了中央电视台夜间时段收视欠佳的深层原因，提出中央电视台应在频道专业化建设和品牌建设的体系内，着力推行跨频道节目资源的统筹管理机制、收视预警机制、节目创新机制三项保障机制，强化全台一体的统筹协调管理意识。

（总编室节目研发部提供）

《2011年春晚类节目内容创新与频道编排分析报告》简介

该报告通过对2011年春节期间中央电视台和省级卫视的收视数据和舆情监测数据的综合对比分析，在对竞争市场和受众收视行为分析的基础上，结合受众在网络言论中表现出的收视评价和心理期待，对中央电视台春晚的总体表现进行客观、科学评估，发现2011年春晚对中央电视台总体收视提升的动因，为今后节假日期间中央电视台节目内容创新与频道编排提供对策建议。

该报告有以下主要发现：

第一，中央电视台春晚充分体现“三贴近”。贴近收视兴趣点，增加观众喜闻乐见的语言、曲艺类节目的比重；贴近观众身份认同，草根明星等新面孔走上春晚舞台；贴近新生代受众习惯，首届网络春晚电视与网络双赢。

第二，中央电视台春晚重播安排需考虑频道定位及观众收视需求。中央电视台春晚在综合频道、财经频道、综艺频道重播效果好，在中文国际频道和军事农业频道重播效果差；中央电视台春晚在初一、初二、初三重播效果好，初四开始呈下降趋势；凌晨和上午时段重播效果好。

第三，中央电视台春节期间急需建立“播出季”管理机制。中央电视台春节期间“播出季”现象初步显现，但省级卫视已自觉运用“播出季”的编排手段，并取得一定成效，具体表现为争夺春晚前后收视市场。

（总编室节目研发部提供）

《演播室访谈类新栏目播后评估报告》简介

《演播室访谈类新栏目播后评估报告》是总编室节目研发部结合收视情况和专家评议结果，对财经频道《对手》、《一槌定音》，中文国际频道《远方的家》、《文明之旅》，科教频道《创新无限》、《原来如此》六档演播室访谈类新栏目进行的播后效果专项分析，目的是向节目部门提供栏目播出后的跟踪评估服务，促进节目部门完善节目策划、制作工作，更好地实现中央电视台节目研发的工作目的。

报告认为，本次评估的新栏目开播虽然只有两至三个月时间，多数栏目仍然处于受众培育和内容调整阶段，但个别栏目已经开始呈现增长态势。本报告还对六档栏目的样片进行了专家评估分析，以各维度平均分作为基准，分别计算栏目维度得分与平均分的差值，直观比较各栏目自身的优劣势维度。具体特点如下：

1. 节目定位：六档新栏目的节目风格与中央电视台磅礴大气的总体基调相一致，符合各自频道的专业定位。

2. 节目样态：基本代表了各自所属节目类型的发展趋势，但普遍出现了形态设计、环节设计过于繁杂的通病。

3. 主持人与嘉宾：在嘉宾选取上，六档栏目普遍存在“达人不达”的现象。

4. 演播室设计：普遍存在缺陷。一是舞美设计为求新而掺杂多种视觉元素，使整体略显杂乱；二是道具不够精致，对节目品质有一定影响；三是演播室区域设计、机位调度不够专业。

（总编室节目研发部提供）

《2011年7月综艺频道新栏目播后评估报告》简介

总编室节目研发部于2011年7月组织召开了对综艺频道相关新栏目的专家评估会，最终形成评估报告上报台领导和相关频道领导和节目制片人。

该报告主要针对综艺频道的《我要上春晚》、《欢乐英雄》、《巅峰音乐汇》、《天天乐》、《向幸福出发》、《文化正午》等6档新栏目进行评估，以上栏目在2010年9月到2011年2月期间开播。

该报告共分为：“综艺频道六个新栏目整体效果分析”和“综艺频道动态编排效果分析两大部分”。

在第一部分“综艺频道六个新栏目整体效果分析”中，围绕着“新栏目总体分析”和“每个新栏目综合分析”进行评估，在“总体分析”中，以“六个新栏目开播后总体收视排名”和“六个新栏目开播后全国综艺栏目单期节目收视排名”为指标进行总体评估；在“新栏目综合分析中”，以“新栏目成长性分析”、“新栏目观众分析”、“专家评分分析”和“专家评估意见”四个部分对每个新栏目进行评估。

在评估报告的第二部分“综艺频道动态编排效果分析”中，着重通过“动态编排后与去年同期对比”、“与动态编排前三个月对比”、“动态编排后全天收视与去年同期相比”、“动态编排后全天收视情况”和“动态编排后综艺频道在全国竞争状况”五个部分对综艺频道自2011年2月21日实行的动态编排进行了分析和评估，并结合专家意见提出改进建议。评估报告受到台领导和相关频道、栏目的好评。

（总编室节目研发部提供）

《中央电视台栏目综合评价体系优化方案暨年度品牌栏目评选方案》简介

为适配频道制改革后的频道与栏目的宏观管理，提高节目品质，推进品牌化建设，加强考核监督，全面提升中央电视台引导力、影响力和传播力，同时以实际行动落实中央领导提出的“电视节目评价体系要以社会效益为重”的指示，经过了基础研究、指标设计、征求意见和实际试测，总编室形成了《中央电视台栏目综合评价体系优化方案暨年度品牌栏目评选方案》并以台正式文件颁布实施。

新的评价体系采用“引导力、影响力、传播力、专业性”四个指标对栏目进行综合考评，强化对节目社会效果的考核，对传播力的考评引入了目标管理，同时，不再对栏目进行硬性的末位淘汰，以奖优创新带动淘汰罚劣。为确保评价数据的科学有效，每季度在全国 186 个抽样点以 PPS 抽样（概率与规模成比例抽样）的方式选取 12000 个观众进行入户调查访问，并组建了一支由 400 人组成的高规格专家队伍，通过随机选定和周期轮换的方式进行专家打分调查。

新的评价体系于 2011 年 5 月试运行，2011 年下半年正式实行，每季度，向全台公布排名前 30 的栏目和各频道内栏目排名；每年度，根据四个季度的评价结果汇总运算，产生 30 个中央电视台年度品牌栏目，给予重奖。新的评价体系受到了中央领导同志的高度肯定，并要求适时向省级电视台推广。

（总编室市场评估部提供）

《新媒体发展对中央电视台的影响（二）》项目介绍

《新媒体发展对中央电视台的影响》战略研究项目第二期是在 2010 年第一期研究工作的基础上，针对国际传媒业出现的全媒体化发展趋势，分析其中的共性特点和规律，研究全媒体化对中央电视台的机会和影响，为中央电视台制定全媒体融合发展战略提供参考。

本期研究工作于 2011 年 9 月完成，11 月提交最终研究报告。报告中研究了国内外传统媒体和新媒体的转型经验，对各种全媒体化的尝试和探索进行了调研和分析。

全媒体时代媒体形态层出不穷，报告通过分析各种新媒体的应用场景和特点，总结了全媒体化对节目呈现、节目形态和节目格式等方面的多样化的需求。

为了充分利用中央电视台的节目资源，应对新媒体的挑战，报告经过深入研究提出了中央电视台全媒体化的发展思路——即向“节目全媒体化、传播全方位化”的方向转型，全面提升中央电视台的传播影响力。

（技术管理中心工程管理处提供）

“2011年中文国际频道海外忠实观众有奖评选活动”简介

“2011 年中文国际频道海外忠实观众有奖评选活动”简介

2011 年 5 月 16 日，由海外传播中心与中文国际频道共同承办的“2011 年中文国际频道海外忠实观众有奖评选活动”正式启动。该活动旨在全面了解中央电视台中文国际频道在海外的知名度、美誉度和影响力。活动得到海外观众的积极响应。至 7 月 31 日截稿，共收到 103 个国家和地区的两千多名观众通过互联网提交的有效调查问卷。观众评价此次活动拉近了中央电视台与海外观众的距离，为海外观众提供了一个与中央电视台沟通的平台，许多观众还对中文国际频道的节目提出改进意见。

活动最终评选出特等奖 15 名，一等奖 100 名，二等奖 200 名，三等奖 300 名。其中，特等奖观众来自美国、加拿大、巴西、秘鲁、英国、法国、德国、俄罗斯、日本、印度尼西亚、澳大利亚、南非、厄立特里亚、中国香港等 14 个国家和地区 . 他们于 10 月 12 日至 18 日应邀来华参加观众座谈会和颁奖活动，并在北京和西安参观游览。

活动调查数据显示，接受调查的海外观众对中文国际频道的总体满意度评分达 86.53 分，是他们最常收看的华语电视频道。其中，频道的“新闻时效性”和“节目具有中华文化意境”观众满意度最高，均达 88 分以上。《中国新闻》栏目以 78% 的到达率和

90.26分的满意度高居频道各栏目之首，主持人鲁健也以64.5%的知名度和38.1%的观众投票成为中文国际频道最受海外观众欢迎的主持人。数据还显示，接受调查的海外观众收看中文国际频道的时段集中在当地时间18:00～22:00，其中20:00～22:00为收视高峰时间；87.7%的海外观众收看中文国际频道的原因是“关注国内信息”。

调查同时显示，纪录频道作为新开播的频道，在参加调查的海外观众中有28.1%的人收看，表现突出。

本次调查共统计有效样本1941个，其中美洲771个，欧洲330个，亚洲624个，非洲107个，大洋洲109个；男女比例约为6∶4，26～64岁的观众占71.8%，大专以上学历者占75%，近1/3为专业技术人员。

（海外传播中心提供）

《电视节目资料有偿使用与市场开发管理体系研究——以中央电视台为例》课题简介

《电视节目资料有偿使用与市场开发管理体系研究》是2010年国家广电总局部级社科研究项目。此课题研究以电视节目资料的开发利用为核心，以中央电视台的探索和实践为基础，围绕相关管理体系的建立与运行，分为六个部分的内容：第一部分“电视节目内容资产的开发利用价值”，主要对节目资料、媒体资产等基本概念进行界定，分析节目资料的开发利用价值以及三网融合所带来的影响、回顾中央电视台节目资料管理的发展历程；第二部分“基于媒体资产管理的业务流程再造”，主要对建立在全域式媒体资产管理系统基础上的电视节目资料采集、加工、存储、利用等全流程进行系统梳理分析；第三部分“媒体资产管理平台下的版权管理职能定位”，主要研究电视节目开发利用当中的版权管理和相关法律问题；第四部分“节目资料的价值评估”，主要研究电视节目资料作为无形资产的价值评估问题，以及在实际使用和销售中的定价问题；第五部分“电视媒体内部节目资料有偿使用管理”，主要是分析电视媒体内部实行节目资料有偿使用的管理制度和需要解决的主要问题；第六部分“电视节目资料的社会市场开发管理”，主要分析面向社会市场进行电视节目资料销售需要解决的组织构架和营销策略等问题。

（音像资料馆提供）

中央电视台节目资料内部有偿使用试运行效果分析

为了从根本上改变中央电视台投入大量人力、物力拍摄形成的素材资料无法在全台范围共享和价值效益最大化这一现状，中央电视台音像资料馆于2007年组织专家成立调研组，对节目资料有偿使用进行了可行性论证。2011年7月14日，台分党组会议审议了音像资料馆提交的《中央电视台节目资料有偿使用试行情况调研报告》，正式决定在台内实行节目资料有偿使用。根据调研的结果，建议使用者实名制准确到人，使用时长精确到秒，并关联到相关栏目、部门、频道（中心）。2009～2010年，被使用资料最多的前十位栏目（节目）以新闻类节目和专题类节目居多。

根据试运行的结果来看，首先，节目资料有偿使用工作涉及到多个系统，需组织专门力量，投入相应经费，实现各系统的有效联动，以确保基础数据的统一；其次，建立一个科学权威的节目资料价值评估体系和具有操作性的实施细则是有偿使用推行的基础。第三，建议在年度预算总额中按数据统计的平均值设立相应比例的节目资料专项使用费；第四，建立节目资料贡献奖励机制，奖励拍摄好节目的创作人员，激励编导和记者除完成本职工作外，自觉成为节目资料的主动采集者；第五，对新闻时政类节目资料收费办法进行专项研究，新闻类节目的制播方式有其特殊性，节目内容有其时效性，需进一步论证；第六，对电视台职工进行培训，节目资料在媒体内部有偿使用是一项新生事物，有必要开展全员培训。

（音像资料馆提供）

CCTV
中国中央电视台
CHINA CENTRAL TELEVISION YEARBOOK
年鉴
2011
胡占凡 主编
《中国中央电视台年鉴》编辑部 编

GUIZHANG ZHIDU XUANZAI

规章制度选载

规章制度选载

中央电视台领导干部竞争上岗工作暂行办法

第一章 总 则

第一条 为进一步规范和完善中央电视台领导干部竞争上岗工作，根据《党政领导干部选拔任用工作条例》（中发【2002】7号）、《党政机关竞争上岗工作暂行规定》（中办发【2004】13号）、《中共广电总局党组关于进一步规范干部选拔任用工作程序的意见》（广党【2009】23号）等文件规定，根据干部管理权限，结合中央电视台工作实际，经台分党组研究，制定本办法。

第二条 本办法主要适用于选拔聘任中央电视台内设机构副司局级、处级领导干部。上述职位出现空缺时，应通过竞争上岗的方式产生人选。

第三条 通过竞争上岗选拔中央电视台领导干部，一般应在以下范围内实施：

（一）副司局级领导干部一般在本中心（室）正处级干部范围内产生。

（二）正处级领导干部（包括中心、室副主任，频道副总监、专职副书记、纪委副书记、部门正职等）一般在本中心（室）、频道副处级以上干部范围内产生。

（三）副处级领导干部（包括部门副职、频道总监助理等）一般在本部（处）、频道正科级以上干部范围内产生。

（四）如出现在本中心（室）或本部（处）无法产生人选等特殊情况，可以适当扩大竞争上岗实施范围。

第四条 竞争上岗一般应当经过下列程序：

（一） 制定并公布实施方案；

（二） 报名与资格审查；

（三） 演讲答辩；

（四） 民主测评、组织考察；

（五） 按干部管理权限审批；

（六） 办理任职手续。

在演讲答辩之前，可根据实际情况进行笔试。

第五条 按照《中共广电总局党组关于进一步规范干部选拔任用工作程序的意见》（广党【2009】23号）有关精神，副司局级领导干部竞争上岗工作由总局人事司与台人事办公室共同组织实施；

处级领导干部竞争上岗工作在台分党组领导下，由人事办公室组织实施。

第六条 竞争上岗工作必须坚持《党政领导干部选拔任用工作条例》规定的原则，坚持公开、公平、公正，坚持考试与考察相结合，坚持个人意愿与组织安排相结合。

第七条 竞争上岗必须在核定的编制和领导职数限额内进行。

第二章 制定方案、报名与资格审查

第八条 竞争上岗应当制定实施方案。实施方案内容包括指导原则、竞争职位、任职条件、选拔范围、方法程序(含遴选方式)、时间安排、组织领导和纪律要求等。

实施方案的主要内容应采取适当方式在一定范围内征求干部群众的意见。副司局级领导干部竞争上岗实施方案，由人事办公室提出，经台分党组研究后，报总局人事司审批；处级领导干部竞争上岗实施方案由人事办公室提出，报台分党组审批。

第九条 实施方案确定后，应当将主要内容在一定范围内公布。

第十条 参加竞争上岗人员的基本条件和资格应当符合《党政领导干部选拔任用工作条例》的有关规定以及竞争职位的要求。其中，近五年内获得省（部）级以上奖励、连续两年年度考核被评为优秀等次，积极参加扶贫、援疆、援藏等挂职锻炼且表现优秀的人员，任职年限可适当放宽。

第十一条 报名参加竞争上岗的人员，自愿填报竞争职位，可只报一个志愿，也可兼报其他志愿，但以第一志愿为主。报名时应填写是否服从组织安排。

在报名过程中，报名人员可查询各职位报名情况，也可在规定时间内调整所报职位。

第十二条 人事办公室按照竞争上岗实施方案规定的条件，对报名人员进行资格审查并公布结果。

报名并通过资格审查的人数与公布职位的比例应达到2：1以上。达不到规定人数、不能形成有效竞争的职位，可不列入本次竞争上岗的范围，允许报考该职位人员改报其他职位。

第三章 演讲答辩

第十三条 演讲答辩是竞争上岗的重要环节，主要测试竞争者履行竞争职位职责所必备的基本素质和能力，在台分党组领导下，由竞争上岗工作领导小组办公室组织实施，也可以委托专业考试机构组织实施。

第十四条 在演讲答辩环节，由专家评委和群众评委对竞争者进行打分。评委应当挑选公道正派、政策理论或者专业水平高、熟悉相关业务的人员担任。评委要实行回避制度。演讲答辩前应当对评委进行培训。

（一）演讲答辩得分实行百分制，专家评委的评分和群众评委的评分分别按照70%、30%的权重计入总分；

（二）副司局级领导干部竞争上岗的专家评委一般由台领导和总局人事司，台人事、台纪检监察等相关部门负责人及专家组成；

处级领导干部竞争上岗的专家评委一般由台领导，竞争职位所在中心（室）、台人事、台纪检监察等相关部门负责人及专家组成；

（三）专家评委一般不得少于7人，其中竞争职位中心（室）以外的成员应占一定比例；

群众评委一般由20人组成，从报名人员所在中心（室）随机抽取；

（四）专家评委和群众评委打分后，在台分党组领导下，由竞争上岗工作领导小组办公室进行汇总，也可以委托专业考试机构进行汇总，演讲答辩成绩应在实施竞争上岗范围内予以公布。

第四章 民主测评与组织考察

第十五条 民主测评与组织考察主要对竞争者的德才表现及其对竞争职位的适应程度进行评价，应在以下范围内进行：

（一）副司局级领导干部一般在本中心（室）副处级以上干部范围内进行民主测评与组织考察（本中心、室副处级以上干部较少时，可扩大至科组长、制片人或全体人员），并应听取分管台领导、台办公室、总编室、人事办公室、财经办公室、机关党委、纪检组监察室等相关部门负责人意见；

（二）正处级领导干部（不包括部门正职）一般在本中心（室）、频道副处级以上干部范围内进行民主测评与组织考察，副处级以上干部人数较少时，可扩大至科组长、制片人或全体人员；

部门正职一般在本部（处）科级以上干部范围进行民主测评与组织考察，科级干部人数较少时，可扩大至全体人员；

（三）副处级领导干部一般在本部（处）或频道科级以上干部范围进行民主测评与组织考察，科级干部人数较少时，可扩大至全体人员；

（四）特殊情况可以适当调整民主测评与组织考察范围；

（五）参加民主测评与组织考察的人数必须达到应参加人数的80%以上。

第十六条 民主测评与组织考察要坚持德才兼备、以德为先的原则，内容包括竞争者的德、能、勤、绩、廉情况及其政治业务素质与竞争职位的适应程度，注重工作实绩和群众公认程度。

第十七条 考察对象一般根据演讲答辩成绩择优确定，按照竞争者与竞争职位不低于2:1的比例择优确定考察对象并公布名单。

参加竞争的人数较多时，可通过逐轮遴选的方式择优确定考察对象。采用逐轮遴选方式时，一般应公布每轮遴选入围者的名单，以及最低入围分数。

确定考察对象时，可适当考虑竞争者的资历、学历（学位）及近年来年度考核情况等因素。

第十八条 对民主测评得票未过半数的人员，不列为考察对象。

第十九条 按照《中共广电总局党组关于进一步规范干部选拔任用工作程序的意见》（广党【2009】23号）有关要求，副司局级领导干部的民主测评与组织考察工作应由总局人事司与台人事办共同组织进行（人事办公室副司局级干部由总局人事司单独组织民主推荐和考察）；

处级领导干部的民主测评与组织考察工作，由人事办公室组织进行。

CHINA CENTRAL TELEVISION YEARBOOK

第五章 任职

第二十条 根据竞争者演讲答辩、民主测评和考察情况，副司局级领导干部拟任人选由台分党组提出建议，报总局党组审批；处级领导干部拟任人选由台分党组审批。

决定人选拟任职位，应当尊重本人所报志愿。必要时，在听取本人意见的基础上，可由组织统一调剂。对没有合适人选的职位，可按干部管理权限决定暂时空缺。

第二十一条 对拟任人选需要进行任前公示，其中，中心（室）副主任人选需报总局人事司备案并答复后，再办理任免手续。

第二十二条 对通过竞争上岗任职的人员，需要进行任职试用的，按任职试用期的有关规定办理。

第六章 纪律与监督

第二十三条 竞争上岗必须严格执行《党政领导干部选拔任用工作条例》及本办法，并遵守下列纪律：

（一） 要确保竞争上岗的公开、公平、公正，不准事先内定人选；

（二）要严格执行竞争上岗实施方案，不准在实施过程中随意更改；

（三） 有关人员要严格遵守保密纪律，不准泄露考试试题、考察情况、讨论任职情况等；

（四） 评委要客观公正，不准打人情分；

（五） 参加考察的人员要公道正派，不准隐瞒或者歪曲事实真相；

（六） 参加竞争的人员要正确对待竞争，不准弄虚作假，搞拉票等非组织活动。

对竞争上岗工作中的违纪行为按照有关规定予以组织处理或者纪律处分。情节严重的，可宣布竞争上岗结果无效，并追究有关人员的责任。

第二十四条 中央电视台竞争上岗工作必须接受干部、群众的监督。干部、群众对竞争上岗工作中的违纪行为，有权向总局人事司、总局纪检监察部门、台分党组或台人事、台纪检监察部门检举、申诉。

第七章 附则

第二十五条 制片人、科组长均须通过竞争上岗产生，可参照本办法及台内相关管理规定执行。台属企事业单位，广电总局直属、我台管理的单位选拔领导干部，可参照本办法执行。

第二十六条 本办法由中央电视台人事办公室负责解释。

第二十七条 本办法自发布之日起实施。过去有关规定与本办法不一致的，以本办法为准。

中央电视台

2010年1月22日

（人力资源管理中心提供）

中央电视台新闻发布实施方案

党中央和国务院高度重视政务公开和政务信息发布工作。1983年中央提出建立全国新闻发言人制度。目前，新闻发言人制度已经成为政府与社会公众进行有效沟通的桥梁，对于积极影响和引导舆论、展现政府形象起到了重要作用。

按照党中央、国务院关于政务公开、透明的部署和要求，中央电视台建立新闻发布制度。

第一部分 总则

中央电视台的新闻发布采取统一发布、集中管理、积极应对、正面引导的原则。

中央电视台的新闻发布分为日常的公关宣传和突发事件的应急处理两个层面。

中央电视台设立新闻发言人，由台办公室主任和总编室主任担任。台办公室主任主要负责中央电视台涉及行政运营重大活动和重大突发事件及社会关注的热点问题的信息发布，以及对新闻媒体有关我台行政运营方面报道的回应和事实说明。总编室主任主要负责我台节目规划、节目运行、涉及节目运营的重大活动和重大突发事件及社会关注的热点问题的信息发布，以及对新闻媒体有关我台节目运营方面报道的回应和事实说明。其它应予新闻发布事项，由台领导授权，责成一名发言人发布。

新闻发布在台分党组领导下由台办公室和总编室统筹协调管理，采用新闻发布会等形式统一发布。

第二部分　新闻发布的内容及形式

一、发布内容

1.涉及中央电视台事业发展的重大举措；

2.行政、节目运营管理的阶段性成果；

3.重点节目、重大活动及频道改版的宣传推广；

4.针对突发事件的情况说明；

5.针对中央电视台工作人员出现舆情的相关回应；

6.其他应予说明事项。

二、主要形式

新闻发言人通过召开新闻发布会或在中央电视台官方网站发布的形式进行信息发布。新闻发布会召开的地点以梅地亚宾馆为主。

新闻发布的管理机构还可通过提供新闻通稿、利用网络平台组织交流互动、举办公益活动等形式进行信息发布。

第三部分　新闻发布的组织

一、　　　日常召开的新闻发布会

日常召开的新闻发布会主要针对事业发展、宣传改革、重大报道、重点活动、舆情热点等进行信息发布。主要流程如下：

1.规划内容

对新闻发布会的内容进行策划和组织安排；

2.设计议题

根据我台实际需要和舆情热点设定新闻发布会的议题；

3.准备预案

对新闻发布会的应答技巧、应急情况等进行预案准备；

4.联络媒体

召集各类媒体记者，开展媒体公关与宣传推介；

5.跟踪反馈

及时跟踪、汇总各媒体报道情况，评估新闻发布效果。

二、应对突发事件召开的新闻发布会

应对突发事件的新闻发布应在积极应对、正面引导、控制事态、尊重事实的原则下，适时择机进行发布。

台办公室和总编室设专门机构对日常舆情（包括广播、电视、平面媒体、网络）进行24小时监测，制定科学合理的应对预案，遇到突发事件应立即向领导层提交应对口径和办法。

主要流程如下：

1.核查事实

遇突发事件时，要求责任部门迅速报告事件真相与进展；

2.制定口径

在尊重事实，维护我台利益的原则下，制定应对口径；

3.择机发布

选择合适时机，澄清事实，通过各种途径防止负面舆情继续扩大；

4.评估调整

跟踪舆情动态，根据事态变化做出相应调整。

第四部分　新闻发布的管理

一、各中心（室）、频道、部（处）、台属各单位未经允许不得进行新闻发布活动。拟发布事项，根据行政、技术、经营、事业发展和节目运营等内容，报台办公室综合处或总编室综合部，审批后，由发布部门协助新闻发言人组织对外发布事宜。

二、例行新闻发布活动，由拟举办新闻发布的单位拟定发布内容，形成新闻稿，报主管台领导批准，统一口径，由新闻发言人发布，由台办公室综合处或总编室综合部组织落实。

三、重大突发事件的新闻发布，适用应急程序，直接报请台领导批准，由新闻发言人予以发布，根据新闻发布的内容、性质，事后报台办公室综合处或总编室综合部备案。

四、由台办公室综合处或总编室综合部组织的新闻发布会，相关中心（室）、频道（含栏目）、部（处）、台属各单位应给予积极支持与配合。

台属各单位、企业以中央电视台名义召开的新闻发布会，需向主管台领导请示，并向台办室综合处报备。

各中心（室）、频道（含栏目）、部（处）、台属各单位未经批准不得进行新闻发布活动，违者对责任人给予通报批评，对造成不良社会影响者，视情节给予相应的纪律处分。

中央电视台
2010年8月12日
（台办公室提供）

中央电视台演员、嘉宾、作者签约管理暂行办法

第一章 总则

第一条 为妥善处理与著作权人、表演者、嘉宾等权利人的版权关系，进一步规范本台版权管理，提高精细化管理水平，实现版权价值最大化，根据台分党组2009年12月通过的《中央电视台关于全面加强版权管理的决定》及有关法律法规，制定本办法。

第二条 凡参与我台节目演出和录制的演员、嘉宾及为我台节目创作各类作品的作者，需按本办法要求签署对应种类的格式版权合同。除演员、嘉宾、作者外，其余类型外请人员仍然签署临时外请人员劳务合同，并按临时外请人员劳务合同审批流程审核。

演员、嘉宾、委托作品版权合同只适用于与演员、嘉宾和作者个人签约的情形。凡与表演团体、社会单位或公司签约，仍按照我台一般版权合同的审批流程审核。

第三条 因节目制作需要，可以邀请以下人员作为演员、嘉宾：

1.与其他单位或机构已签订劳动合同或聘用合同，建立正式劳动关系或聘用关系的专业人员（以下简称有劳动、聘用关系的人员）；

2.已办理离休、退休手续的离休、退休专业人员（以下简称离退休人员）；

3.未与其他单位或机构建立劳动关系或聘用关系的人员（以下简称无劳动、聘用关系的人员）；

第四条 邀请演员、嘉宾参与节目制作的，应坚持“一事一签一结”原则，即每邀请一人次演员、嘉宾，应由频道（中心）与演员、嘉宾签订一次合同，在演出行为完成后结清演出版权费。不涉及版权费支付的演员、嘉宾合同报版权管理部审核即可，不需要报财经办公室会计核算处审核。

第五条 委托作者为我台创作作品的，应坚持“一作品一合同”原则，即每委托制作一个作品，应由频道（中心）与作者签订一次委托作品合同，在作品验收合格后结清版权费用。

第二章 申报程序和合同签订

第六条 节目部门邀请有劳动、聘用关系的人员及离退休人员作为演员、嘉宾的，应按以下程序申报并签订演员、嘉宾合同。

1.节目部门在邀请演员、嘉宾之前，应将拟邀请人员的基本情况、演出名称、演出类型、演出时间、版权费等报所在频道（中心）审核。

2.拟邀请人员应向节目部门所在频道（中心）提供以下材料：

（1）身份证复印件；

（2）在职证明、工作证或劳动合同、聘用合同复印件；离退休人员需提供离退休证复印件；

3.频道（中心）审查并核实拟邀请人员身份后，与其签订演员、嘉宾合同。

第七条 节目部门邀请无劳动、聘用关系的人员作为演员、嘉宾的，频道（中心）应从严审查，版权管理部亦将参照台内相关管理规定从严审核。

第八条 演员、嘉宾合同由版权管理部根据规定统一印制，发各频道（中心）留存使用。

1.演员、嘉宾合同中必须明确约定演员、嘉宾演出名称、类型、时间、演出版权费、支付方式、意外伤害事故责任及争议解决等，并应详细填写使用本次表演行为的节目基本信息。

2.特殊情况下，演员、嘉宾不同意签署格式合同时，频道（中心）将拟邀请人员基本情况、演出名称、演出类型、演出时间、演出版权费、版权特殊约定及理由先行报版权管理部审核，经版权管理部核通过的，由所在频道（中心）与其签订有特殊约定的演员、嘉宾合同。

3.签订演员、嘉宾合同为一式四联，频道（中心）和本人各留存一联，一联报版权管理部备案，一联报财经办公室会计核算处作为付款和报账依据，并装订进入会计档案。

第九条 节目部门委托作者为节目创作作品的，应按以下程序申报并签订委托作品合同。

1.节目部门在委托制作之前，应将拟委托人员的基本情况、作品内容、版权费用等报所在频道（中心）审核。

2.拟委托人员应向节目部门所在频道（中心）提供以下材料：

（1）身份证复印件；

（2）第三方权利许可证明；

作者在创作中涉及对第三方作品使用的，应保证已事先取得第三方作品的版权或相关权利；在创作大

型、重要作品时，确需我台版权部门协调解决与第三方权利关系的，可由版权管理部予以协助。

3.频道（中心）审查并核实拟委托人员身份后，与其签订委托作品合同。

第十条 委托作品合同由版权管理部根据规定统一印制，发各频道（中心）留存使用。

1.委托作品合同中必须明确约定作品名称、作品类型、作品时长、交付时间、版权费用、支付方式、争议解决等，并应详细填写使用本作品的节目基本信息。

2.签订委托作品合同为一式四联，频道（中心）和本人各留存一联，一联报版权管理部备案，一联报财经办公室会计核算处作为付款和报账依据，并装订进入会计档案。

第三章 版权费发放

第十一条 演员、嘉宾、作者的版权费用从承办部门预算中列支，版权费支付标准及支付周期应在演员、嘉宾、委托作品合同中明确规定。

第十二条 承办部门报销版权费时，应以演员、嘉宾、委托作品合同为依据，按照我台财务有关规定报销。

第四章 监督检查

第十三条 本办法的执行情况由总编室版权管理部会同人事、财务、纪检、监察、保卫等部门进行监督检查。

第十四条 节目部门应定期检查本部门邀请演员、嘉宾、作者的情况，做好日常管理工作，发现问题应及时与总编室版权管理部及财经办公室会计核算处沟通并协商解决。

第十五条 节目部门违反本办法，根据不同情况给予下列处理：通报批评；经济处罚；取消该部门本年度评选先进集体资格；扣发部门领导职务津贴等。

第五章 附 则

第十六条 本办法由总编室负责解释。

第十七条 本办法自发布之日起试行。

中央电视台

2010年12月30日

（总编室版权管理部提供）

中央电视台桌面电子办公设备技术保障管理规定（试行）

第一章 总则

第一条 为加强我台桌面电子办公设备规范化管理，防止有害信息侵扰，有效抵御病毒侵害，增强网络系统安全性，保证我台业务正常运转，特制定本管理规定。

第二条 本管理规定中所述的桌面电子办公设备包括：

（一）经财经办公室财产物资处登记，属于我台固定资产的计算机终端（台式计算机、笔记本电脑、内审机顶盒等）及其主要附属外部设备（移动存储设备、打印机、扫描仪等，下同）。

（二）不属我台固定资产，但通过我台有线、无线网络访问互联网、综合信息网的计算机终端及其主要附属外部设备。

第三条 本管理规定所述终端用户是指桌面电子办公设备（以下简称终端设备）的领用人、使用人或实物保管人。

第四条 涉密计算机终端及其附属外部设备，不在本管理规定范围内。

第五条 涉及网络化制播及财务信息管理的终端设备不在本管理规定范围内。

第六条 终端用户应严格遵守本管理规定，协助做好我台网络安全工作。

第二章 业务界定

第七条 计算机终端的使用咨询、日常维护、故障处理等管理工作，由技术管理办公室信息通讯处负责；计算机硬件及主要附属外部设备的维修由技术管理办公室质量管理处负责。

第八条 桌面电子办公设备在保修期内出现硬件故障，由设备厂家依据服务协议提供相应维修服务，由信息通讯处技术人员对维修过程进行监管并完成后续操作。

第九条 桌面电子办公设备退库前的技术认证，由技术管理办公室质量管理处负责。

第三章 技术管理

第十条 计算机服务热线电话68506123是信息通讯处为终端用户提供服务的统一窗口，受理终端用户的服务请求、故障报修及使用咨询，为终端用户提供快速有效的IT技术支持。终端用户不要擅自联系台外厂商维护、维修终端设备。

第十一条 固定接入我台网络的计算机终端由信息通讯处负责设备初始化操作。设备初始化操作包括：安装授权的正版操作系统、病毒防护软件、操作系统补丁、与业务对应的办公软件和其它必要的安全设置。

第十二条 终端用户不得擅自进行下述操作：

（一）安装、运行与办公无关、涉及版权、干扰网络用户、影响网络服务的软件及应用程序。

（二）安装涉及蓝牙、红外等无线传输的软硬件。

（三）安装涉及游戏的相关软硬件。

第十三条 终端用户不得擅自更改桌面电子办公设备的硬件配置。终端设备出现硬件故障，用户应及时联系信息通讯处，由相关技术人员进行处理。

第十四条 终端用户如需移动已接入台内网络的终端设备。必须填写《我台网络资源使用申请表》，由信息通讯处技术人员依照IT工作流程帮助解决，并修改配置信息。具体操作应遵循本管理规定第四章第十九条。

第十五条 终端设备暂存在信息通讯处办公点进行维护、维修的，终端用户应配合信息通讯处技术人员完整填写《信息通讯处维护设备取机凭证》，完成必要的设备交接流程。双方确认终端设备恢复正常使用且硬件配置完整后，终端用户领取终端设备。

第十六条 终端用户离开计算机终端时应对其执行锁定操作，计算机终端使用完毕后应执行关机操作。如无特殊工作需要，请勿昼夜连续开机。

第十七条 各部门欲增加、移动、删除网络打印机，需按第四章第十九条办理相关手续。相关网络配置规定参见第四章第二十四条。

第四章 接入管理

第十八条 未经信息通讯处审批、未通过安全检测的终端设备不得擅自接入我台网络。

第十九条 各部门欲办理终端设备接入我台网络、申请网点转移、关闭网点等网络服务业务，应遵循如下步骤：

（一）终端用户填写《我台网络资源使用申请表》。

（二）该表经由申请部门领导签字后送交信息通讯处。

（三）信息通讯处对该申请审批通过后，由信息通讯处技术人员依据IT工作流程，协调相关资源，完成用户服务请求。

第二十条 经信息通讯处审批通过的《我台网络资源使用申请表》有效期为一个月，一个月内用户终端设备未到位，该报告视为无效，网络资源不予保留。

第二十一条 非台内网络终端用户欲使用外联服务平台（办理VPN业务），需以报告形式提出，经所在部门同意，信息通讯处批准后，由相关技术人员依照IT工作流程办理。

第二十二条 VPN密钥、内审机顶盒密钥视同桌面电子办公设备，是确保信息网络安全的工具之一，终端用户应妥善保存，不得擅自外借。遇丢失、损坏，终端用户应尽快联系信息通讯处。

第二十三条 台内网络环境下，一台终端设备仅限接入一个服务网络。

第二十四条 台内网络IP地址是我台的网络资源，由信息通讯处统一规划、分配。终端用户不得擅自修改终端设备的IP地址、MAC地址等网络配置。

第二十五条 为确保我台网络安全，终端用户不得擅自安装HUB（集线器）、交换机、路由器等网络设备。

第二十六条 确因工作需要，经信息通讯处审批通过，由信息通讯处技术人员为终端用户安装HUB（集线器）、交换机、路由器等网络设备及终端设备，并登记备案。

第二十七条 为确保我台网络安全，已经接入台内网络的终端用户，不得再利用拨号、ADSL或专线等其他方式访问互联网。

第二十八条 超过三个月未使用的网点，信息通讯处对其进行记录，执行关闭网点操作，停止成本核算。原使用部门欲恢复网络服务，需重新递交《我台网络资源使用申请表》。

第二十九条 终端用户若违反上述接入管理规定，信息通讯处将进行记录并执行相关安全操作。

第五章 安全管理

第三十条 终端用户禁止在终端设备上处理、存储、传递涉密信息。

第三十一条 终端用户发现计算机终端自动更新无故关闭、系统补丁不能自动更新、系统补丁不能正常安装等问题，应尽快联系信息通讯处，由相关技术人员进行处理。

第三十二条 终端用户发现计算机终端系统时间显示不准确，应尽快联系信息通讯处，由相关技术人员进行处理。

第三十三条 未经信息通讯处审批，台内网终端用户不得擅自卸载、停用、更换台内统一部署的病毒防护软件；不得加装其它病毒防护软件。

第三十四条 终端用户应定期（建议每周一次）对计算机终端执行查杀病毒操作。出现病毒定义码超过15天未更新、病毒无法查杀等问题时，应尽快联系信息通讯处，由相关技术人员进行处理。

第三十五条 通过即时消息软件、邮件、网页浏览等方式下载至本地的文件，应在运行前首先执行查杀病毒操作。

第三十六条 移动存储设备（软盘、光盘、U盘、移动硬盘等，下同）接入计算机终端时应首先执行查杀病毒操作。禁止在不同服务网络之间、涉密与非涉密计算机终端之间交叉使用涉密与非涉密移动存储设备。

第三十七条 终端用户应为计算机终端设置非空的用户登录密码，建议定期修改密码，并做好保密工作。用户登录密码应符合下述要求：

（一）密码长度不低于八位。

（二）密码以数字、大小写字母、特殊符号相结合设置。

第三十八条 台内网终端用户统一以受限用户权限使用计算机终端。终端用户请勿擅自修改用户权限，更改系统配置和修改管理员密码。

第三十九条 台内网终端用户欲提升计算机终端用户权限，应遵循以下流程：

（一）经所属部门批准后报信息通讯处；

（二）信息通讯处技术人员到终端用户现场进行实地评估，将评估结果按工作流程进行反馈；

（三）信息通讯处审批通过后，由该处技术人员到终端用户现场提升用户权限，并对该机进行登记备案。

第四十条 为确保我台网络安全，已提升用户权限的计算机终端，终端用户应遵守本管理规定慎重操作。

第四十一条 终端用户请勿将综合信息网、VPN等业务系统账号转借他人使用，若遗忘密码，应及时联系信息通讯处或相关技术部门进行修改。

第四十二条 终端用户之间请勿以文件共享方式传送文件；请勿擅自建立共享目录。

第四十三条 终端用户请勿主动发起远程桌面协助；请勿接受信息通讯处管理要求之外的，由任何用户发起的远程桌面连接请求。

第四十四条 终端用户不得进行任何干扰网络用户、影响网络服务的操作。

第四十五条 终端用户应配合信息通讯处进行安全维护，对于已发现的问题应及时修正。

第六章 应急处理

第四十六条 出现影响我台网络正常运行的突发事件（病毒爆发、网络攻击等），信息通讯处可以在未通知终端用户的情况下，对事件区域终端网点执行临时性关闭网点操作，信息通讯处技术人员会根据突发事件波及范围，及时前往用户地点，酌情采取技术措施。

第四十七条 已封点终端设备，必须由信息通讯处技术人员执行查杀病毒操作，通过安全检测后，该终端设备方可重新接入我台网络。

第四十八条 对于由部门或个人违规操作引起的突发事件，信息通讯处进行记录，并在综合信息网进行信息网络安全通报。

第四十九条 本管理规定由技术管理办公室负责解释。

中央电视台

2010年9月29日

（技术管理中心提供）

中央电视台新栏目研发管理暂行办法

新栏目研发是中央电视台品牌化建设的重要内容，是提升我台频道竞争力的重要环节。根据我台品牌化建设的规划及要求，各频道是新栏目的研发主体，总编室是新栏目研发的管理机构，负责全台新栏目研发的统筹、协调、管理以及研发资金的使用管理和监督工作。总编室节目研发部负责具体工作的组织实施。

第一部分 管理流程

新栏目研发管理流程分为新栏目创意方案征集评审、样片制作与审批、版权审核三个环节。总编室节目研发部实施全流程管理和监督。

一、新栏目创意方案征集评审

新栏目创意方案包括原创栏目和引进海内外节目模式两种类型。

新栏目创意方案可通过各频道报送、栏目创意大赛等方式获得。

（一）各频道报送

1.方案申报

(1) 以频道为主体进行申报，每年各频道申报的创意方案不少于三个（新闻频道、外语频道根据自身情况申报）。

(2) 鼓励各频道为综合频道专门设计新栏目创意方案，总编室对此类方案予以重点考虑。

(3) 各频道可随时申报，总编室节目研发部将及时组织评审。

(4) 各频道申报方案时须填写《新栏目研发创意方案申报表》。创意方案包括主创人员简介、创意理念、节目样态、节目环节设计、演播室设计、主持人设计、经费预算、选题个案脚本、制作周期及进度等内容。

(5) 各频道根据原创和引进两种形式分别填写《原创类栏目策划文案综述表》、《引进类栏目策划文案综述表》及《栏目样片设计文案》。

2.专家评审

(1) 专家组成：由台主管领导牵头，总编室、广告经营管理中心、专业频道负责人和台外专家构成专家评审委员会。

(2) 分组：按照新闻、专题、综艺娱乐、访谈四种类别对创意方案进行分组，召集相应专家评审。

(3) 初评：各组专家参照《创意方案评估标准表》，从栏目定位、市场分析、节目样态、可操作性、收视预期等维度对创意方案展开集体讨论，单独打分，并撰写评审意见。

(4) 复评：对进入复评的方案，经过主创人员陈述答辩，由评审专家进行打分，同时综合此类型栏目已投入样片制作的数量及市场容量的相关情况，提出评审意见，选出可进行样片制作的创意方案。

3.模式引进审核

各频道需要引进的海内外节目模式，经过对创意方案的复评，由总编室节目研发部对其版权和价格进行审核，以确保引进版权清晰，价格合理，避免各频道同时引进同类型节目。

4.编委会审议

总编室节目研发部将选出的方案和评审意见报总编室审核，由总编室提交台编委会审议，通过后进入样片制作环节。

（二）组织栏目创意大赛

总编室节目研发部面向台内外个人或单位，定期组织栏目创意大赛（创意大赛实施方案另行下发），为各频道提供优秀创意方案。评委组成人员将吸纳相关频道负责人参加。

二、样片制作与审批

（一）制作方式

各频道组织样片的制作。

鼓励由台内团队制作，样片制作团队与样片通过后频道正式播出的栏目制作团队原则上应保持一致，以确保栏目播出质量的稳定性。

（二）制作周期

样片制作周期原则上不超过三个月。

（三）制作要求

1.样片要按工作进度按期完成。

2.频道在完成样片制作后，应进行专家评审和观众测试。

（四）制作流程监管

1.样片制作负责人须向总编室节目研发部提供样片制作进度表。

2.总编室节目研发部根据样片制作进度表，对样片制作过程的经费使用情况和制作进度进行动态监控。

3.总编室为每一个新栏目样片制作项目单独建立专门节目代码，保证专款专用。

（五）样片审批

1.提交样片及报告

样片制作完成后，频道向总编室节目研发部提交：

(1) 样片；

(2) 新栏目可行性分析报告，包括样片的专家评审和观众测评报告、市场竞争分析、栏目编排、广告营销及宣传推广方案等内容；

(3) 不少于十期的选题计划。

2.审批流程

样片制作完成，经频道负责人签字同意后报送总编室节目研发部，由总编室汇总相关材料，提交台编委会审看。届时，样片制作频道的相关人员须按要求参加编委会并回答编委会提出的问题。样片通过后，可进入播出环节。

原则上每年各频道研发的新栏目至少有一个可正式播出（外语频道根据自身情况播出）。

三、 版权审核

频道报送的创意方案和完成的样片须版权界定清晰，归属明确，不存在版权纠纷问题。

（一）版权定级

各频道研发的原创栏目，须符合《中央电视台版权管理规定》中“三级版权”认定条件（无播放限制，可作素材，可开发）。引进的海内外节目模式原则上须达到同等条件。

（二）版权认定

各频道负责对原创栏目和引进的海内外节目模式进行版权认定，确保栏目版式各创意元素来源清晰，不侵犯他人权利。

（三）签订保密协议书

为维护栏目创意方案提交人的权益，总编室节目研发部须与评审专家签订《新栏目研发创意方案评审保密协议书》。

第二部分 样片制作经费标准

新栏目研发经费主要用于新栏目创意方案的样片制作工作。所列支的经费标准将参照常态节目预算标准，并综合考虑样片制作的一次性置景、包装等实际费用支出情况予以支付。

新栏目研发工作是我台的一项全新业务，是配合我台推行频道制运行管理的重要举措。面对日趋激烈的收视市场竞争态势，在我台品牌化建设的总体规划要求下，我台各个节目部门需通力配合，打造央视品牌栏目群，进一步提高央视频道专业化的质量，避免各频道之间的无序竞争和栏目同质化竞争，实现新栏目研发的工作目的。

为了确保我台研发创新工作的可持续发展，总编室将根据新栏目研发工作的实际运行情况，以及各个频道的操作情况，及时总结经验，对本《暂行办法》进行修订。

中央电视台
2010年8月26日
（总编室提供）

中央电视台栏目综合评价体系优化方案暨年度品牌栏目评选方案（试行）

栏目综合评价是全台宏观管理的重要手段，栏目评价结果具有重要的导向作用和榜样作用。《中央电视台栏目综合评价体系优化方案暨年度品牌栏目评选方案（试行）》的首要目标是以评选年度品牌栏目的方式提高节目品质，推进栏目品牌化建设，全面提升中央电视台引导力、影响力和传播力。

本方案以栏目为评价对象，与以频道为考评对象的频道考评体系，及以节目为评价对象的节目评价体系一起，共同构成我台频道——栏目——节目“三位一体”的评价体系。

一、总体原则

本方案注重对引导力、影响力等节目社会效果的评估，深化对节目传播力的考察，加强对节目专业性的判断，是一套倚重社会效果评估、重视市场表现和专业品质考量的评价体系。

（一）加强对社会效果的考核

针对目前电视行业“唯收视率”的倾向，为引导我台节目生产的健康发展，避免泛娱乐化和庸俗、低俗、媚俗之风，本方案强化对社会效果的考核，权重设置为45%。以“引导力”和“影响力”两个指标作为考评主要指标。

（二）传播力考核引入目标管理

收视率作为考核传播能力最主要的评估指标，对中国电视业培育受众意识、强化传播效果起到了积极作用。但同时，简单以收视率的绝对值高低判定不同类型栏目的传播力优劣，既有失公允，也容易误导片面追求收视率而放弃社会责任，降低节目品质的“唯收视率”倾向。

为进一步深化对传播力的考核，本方案采用目标管理的方法，以栏目收视目标完成率指标替代收视率绝对值指标。即：每年初，各频道依据台里下达的频道收视份额任务，根据不同栏目定位、类型和历史收视表现等因素设定栏目的收视率目标，考评周期结束时评估栏目收视率目标的完成情况。同时加入观众规模、忠诚度、成长趋势作为栏目传播力的二级指标，引导栏目更加重视栏目观众群的稳定性、延续性建设。

（三）实施统一指标下的分类考评

充分考虑到全台开路频道和栏目的多样性，本方案实施统一指标下的分类考评：

1. 在评价指标的设计上尽可能周延覆盖，全台所有频道、栏目采用统一的一级、二级指标体系，统合得分采用百分制，确保不同类型栏目之间的可比性和大样本量数据采集的可得性；

2. 在二级指标考量维度的设计上结合各频道特点及节目类型进行微调，按节目内容将全台栏目划分为新闻、娱乐、财经、体育、法制、科教文化、少儿、生活服务等八个类别，以保证公平与科学的统一。

内宣频道与外宣频道、栏目分别评价。对外宣频道的栏目评价办法，将参照本方案另行制定。

（四）以奖优创新带动淘汰罚劣

本方案以季度为考核周期，每季度公布栏目评估结果，每年度实施年度品牌栏目评选。同时配套以新栏目研发基金，鼓励栏目创新创优。如此，以正向激励带动负向激励，以奖优带动罚劣，变硬性淘汰栏目为主动置换栏目，既可以改善频道节目活力和生机，也有利于全台宏观调控和频道精细管理之间实现联动对接，使之成为我台品牌栏目建设的良性机制和重要保障。

（五）确保定性评价的科学性

本方案从制度设计及调查方法上确保定性评价的权威性和科学性。在专家打分方面，组建一支水平上高规格、数量上成规模的专家评审队伍，严格把握专家的政治标准、业务标准和道德标准，并设计随机选定和周期轮换的评审制度，建立精细的评分规则以及标准化的操作流程，以保证评价的公平和效率。在观众调查方面，开展大样本量的全国观众入户调查，通过随机抽样确保观众结构的代表性。

二、考评指标

栏目综合评价体系优化方案共设置四个大项指标。考评栏目传播社会效果的为“引导力”和“影响力”指标；考评栏目传播市场效果和栏目发展状况的为“传播力”指标；考评栏目专业品质的为“专业性”指标。

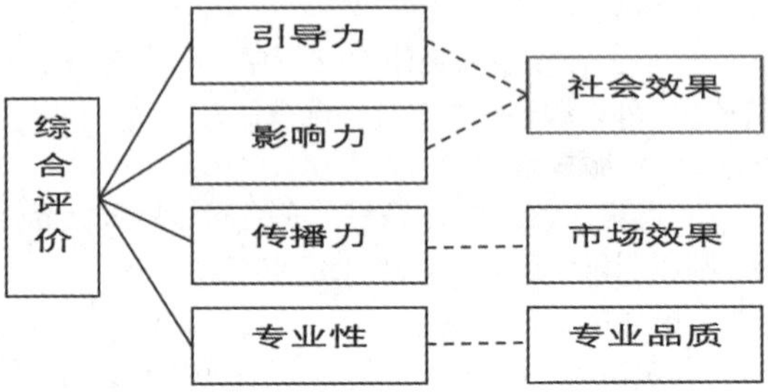

（一）引导力

“引导力”测评传播的方向；

是表征栏目导向是否正确，是否有利于弘扬先进文化、体现主流价值、提升审美品位、引领道德风尚等社会效果的指标。该指标由专家评审组评分和观众专项调查共同获得。

（二）影响力

“影响力”测评传播的深度；

包含公信力、满意度两个二级指标，由观众专项调查获得。

公信力

公信力是表征栏目可信性、权威性以及责任感方面的社会效果指标。

满意度

满意度是指在调查日前30天内看过该栏目的观众对栏目满意程度的评分。

（三）传播力

“传播力”测评传播的广度；

包含收视目标完成率、观众规模、忠诚度、成长趋势四个二级指标，由收视率调查数据转换计算获得。

收视目标完成率

收视目标完成率是指栏目在考评周期内的平均收视率与所属频道下达的该考评周期内的收视率目标值的比值。

$$\text{收视目标完成率}=\frac{\text{考评周期内的栏目平均收视率}}{\text{收视率目标值}}\times 100\%$$

观众规模

观众规模反映的是栏目在考评周期内观众群的大小。

$$\text{观众规模}=\frac{\text{考评周期内累计到达千人}}{\text{全台参评栏目该周期内累计到达千人平均值}}\times 100\%$$

忠诚度

$$忠诚度=\frac{考评周期内收看过栏目的观众人均收看期数-1}{考评周期内栏目总期数}\times 100\%$$

忠诚度指标反映观众对栏目重复收看的状况。

成长趋势

成长趋势是通过栏目在考评周期内的平均收视率与上一年度同期平均收视率的比较，测量栏目的成长状态。

$$成长趋势=\frac{考评周期内的平均收视率-上一年度同期平均收视率}{栏目考评周期上一年度同期平均收视率}\times 100\%$$

（四）专业性

“专业性”测评栏目的制作水准和品质，是对电视制作精良程度的考察。

该指标由专家评审组评分获得。主要包括编辑编排、制作剪辑、播音主持、音响音乐、画面镜头（舞美）、文字写作等六个考量维度。

综上所述，本方案形成了栏目综合评价指标体系（见下表）。

栏目综合评价体系指标体系

指标	二级指标	考量维度	专家打分	观众调查	收视率调查
引导力20	引导力20	表征栏目导向是否正确，价值观是否被认同的社会效果指标	√	√	
影响力25	公信力10	表征栏目可信性、权威性以及责任感方面的社会效果指标		√	
	满意度15	总体满意度		√	
		分项满意度		√	
传播力50	收视目标完成率10	受众传播规模的拓展与维护			√
	观众规模20	栏目传播广度与观众群的拓展能力			√
	忠诚度15	栏目粘着观众的能力			√
	成长趋势5	栏目成长性和阶段性状态			√
专业性5	专业品质5	制作水准和品质（编辑编排、制作剪辑、播音主持、音响音乐、画面镜头（舞美）、文字写作）	√		

三、数据来源

（一）观众入户调查

每季度观众入户调查执行样本达12000个，在全国184个抽样点随机抽取，目标总体是全国绝大部分省、自治区、直辖市中所有电视家庭。

（二）专家打分

专家打分采用网络问卷在线调查的方式，网络问卷放置三期从评价季度抽选的栏目视频，并设置必须收看至少5分钟才能打分的限制。

专家库包含四类人群：

主管部门领导：中宣部、国新办、广电总局等主管部门领导；

台领导；

业界专家：中央主要新闻单位媒体专家；

高校教授：全国高校新闻传播学院副教授以上教师。

此外，对少儿类、戏曲类等小众类栏目单独配比定向专家。

为了保证栏目评价的科学性与公平性，统筹考虑专家的职业背景、年龄和性别，将专家组和栏目组进行随机配比，确保每个栏目至少有10位不同专家为其打分。

（三）收视率数据的采集

传播力指标的数据来源为央视－索福瑞公司（CSM）提供的收视率调查数据，以考评周期内三个月的平均收视数据为依据进行传播力各项指标的计算。

其中收视率目标值需由各频道在每年初根据台里为各频道下达的收视份额目标及频道的工作重心与发展布局制定，总编室负责进行审核。

四、考评办法

（一）考评周期

栏目综合评价以季度为实施周期。

（二）考评程序

每年初，由各频道根据自身规划制定参评栏目各季度的收视目标值，并将收视目标值及其运算说明及相关栏目信息报送台总编室核准备案。

每季度，由台总编室从专家库中抽取相应资质和专长的专家组成专家评审组，分别进行引导力、专业性等指标的考评。

每季度，由台总编室委托专业调查机构进行观众调查，定期提取收视率数据，提供栏目综合评价体系中的引导力、影响力、传播力等三个指标的数据。

台总编室相关部门负责汇总运算数据，在台分党组审议通过后公布全台综合排名前30名及各频道栏目排名情况。

五、管理应用

加强考核监督，定期公开频道内栏目排名，加大对品牌栏目的奖励力度，是进一步调动各频道提高栏目质量、增进创新能力、促进品牌建设的重要举措。栏目综合评价结果将作为全台年度品牌栏目评选的主要参考条件。

（一）每季度公布全台综合排名前30名及频道内栏目排名

每季度公布全台综合排名前30名；

每季度以频道为单位公布各频道内栏目排名，作为频道内部管理参考。

（二）每年度进行年度品牌栏目评选

年度品牌栏目评选实行考评入围、台分党组会定评两级评选制度。

1. 周期及数量

年度品牌栏目每年评选一次。

每年获奖栏目为30个。

2. 考评入围

年度品牌栏目的入围条件为：按各栏目本年度内各季度综合评价结果的平均分进行全台排名，排名居全台前30位的入围年度品牌栏目评选。

全台排名第31～40名作为备选，与入围栏目一起提交台分党组审议。

为鼓励原创，经简单串联后播出的编辑性栏目、引进购买类栏目不参与年度品牌栏目的评选。

栏目如在本年度出现严重导向错误、重大失实报道，或由于栏目自身管理原因造成重大播出安全事故，出现重大违纪行为，或因其他原因造成不良社会影响的，取消该栏目入围资格。

3. 定评

台分党组会对入围栏目进行审议后，确定最终30位年度品牌栏目获奖名单。

4. 奖励

（1）设立年度品牌栏目奖励资金，对获奖栏目及人员给予隆重表彰和奖励。

（2）台相关部门联合制定相应奖励办法，获奖栏目主创人员在职称评定、干部选拔、出国考察培训、国内再教育机会、休疗等方面给予优先考虑。

（总编室市场部评估部提供）

中央电视台栏目综合评价体系优化方案暨年度品牌栏目评选方案实施细则（试行）

为适配频道制改革后的频道与栏目的宏观管理，提高节目品质，推进品牌化建设，加强考核监督，全面提升中央电视台引导力、影响力和传播力，经过了基础研究、指标设计、征求意见和实际试测，总编室形成了《中央电视台栏目综合评价体系优化方案暨年度品牌栏目评选方案（试行）》，已经台分党组会审议通过，2011年下半年正式实行。《中央电视台栏目综合评价体系优化方案暨年度品牌栏目评选方案实施细则（试行）》由总编室负责解释。

第一条 总编室负责栏目综合评价及年度品牌栏目评选的组织工作，由总编室市场评估部具体实施。

第二条 栏目综合评价工作以季度为评价周期，每年四次。

第三条 参评频道需按时上报参评栏目信息。（具体上报时间以总编室通知时间为准）

表格形式如下：

×年×频道第×季度参评栏目信息表

序号	栏目名称	栏目类别	制作方式	首播时间	播出时长	开播时间
1						
2						
3						

频道总监签字：

栏目类别归属含8类：娱乐类、科教文化类、新闻类、少儿类、体育类、法制类、财经类、生活服务类。

制作方式含：自制类、引进购买类、简单串联类、其他类（请注明）等四类。

第四条 跨频道播出的栏目以首播频道为报送单位，并机直播栏目如《新闻联播》、《焦点访谈》、《新闻30分》、《朝闻天下》报送单位为CCTV-1，非播出频道制作的栏目如《晚间新闻》、《中国新闻》、《今日关注》报送单位为播出频道。

第五条 上报栏目需为考评周期内的在播常态栏

目。以栏目形式纯粹播出电视剧及动画片、体育赛事及垫播插缝类节目不参与评价。简单串联类、引进购买类栏目参与评价，不参与年度品牌栏目的评选。

第六条 如参评栏目发生下列情况之一造成在考评周期内栏目正常播出未满两个月的，不参加本季度评价：(1) 考评周期内停播。(2) 考评周期内首播频道改变。

第七条 新栏目开播满一个考评季度后参与评价。

第八条 同一个栏目在多个不同时段首播（如《经济与法（日播周播版）》、《新闻直播间（上下午版）》、《中国新闻》等），上报参评栏目信息时需注明各首播时间。频道内栏目排名可根据频道需要分别计算，全台综合排名则对各时段表现合并后做平均处理。

第九条 总编室负责上报栏目信息的审核。如在考评周期中栏目信息发生变化，参评频道应于评价季度最后一个月的20号之前以文字形式报送总编室。

第十条 参评频道应根据台分党组下达的频道收视份额目标值对所属栏目（含非本频道制作但在本频道首播或独播的栏目）做收视目标值的分解，以季度为单位确定参评栏目收视目标值，并于每年年初将四个季度的栏目收视目标值及分解方法报总编室核准备案。(具体上报时间以总编室通知为准)

第十一条 总编室依据《栏目收视目标值推荐分解方法》测算栏目收视目标基准值，各频道自行上报的收视目标值原则上不得低于基准值，且满足能够完成频道总体收视份额目标值的任务要求。

第十二条 每季度，总编室委托专业调查机构具体执行参评栏目的全国观众调查。总编室负责对观众抽样、问卷设计及执行进行监督审核。

第十三条 每季度，总编室委托专业调查机构具体执行参评栏目的专家打分调查。总编室负责对专家的抽样选择、栏目视频的抽样选取及问卷的设计执行进行监督审核。

第十四条 每季度，总编室委托专业调查机构对传播力指标进行采集运算。数据来源为央视—索福瑞公司（CSM）提供的收视率调查数据，以考评季度内三个月的平均收视数据为依据进行传播力各项指标的计算。总编室负责对数据采集、计算方法及结果进行监督审核。

第十五条 每季度，总编室委托专业调查机构对三方数据（观众调查、专家打分、收视率数据）进行汇总计算，并进行全台综合评价结果排名和各频道内栏目排名。

第十六条 全台综合排名前30名及各频道内栏目排名结果经台分党组会审议后，及时向全台发布。

第十七条 每年度，总编室根据各栏目全年各季度评价结果的平均分进行全台排名，评价结果作为全台年度品牌栏目评选的主要参考条件，经台分党组会审议通过后，确定30位年度品牌栏目获奖名单。

（总编室市场评估部提供）

中央电视台名、优播音员主持人评选办法

第一章 总 则

第一条 播音员、主持人代表着中央电视台的品牌和形象，在媒体传播中发挥着十分重要的作用。为进一步加大对我台优秀播音主持人才的激励，逐步形成重实绩、重贡献、向优秀人才和关键岗位倾斜的分配奖励机制，结合我台实际情况决定开展年度名、优播音员主持人评选，特制定本办法。

第二条 中央电视台名、优播音员主持人由台分党组扩大会议评选产生，评选工作由人力资源管理中心具体组织实施。

第三条 中央电视台名、优播音员主持人评选一年一届，评选名额为30人。其中，名播音员主持人12人，优秀播音员主持人18人。

第二章 评选条件

第四条 参加中央电视台名、优播音员主持人评选者需符合下列基本条件：

（一）为我台事业编制内或中视汇才企聘身份的播音员主持人；

（二）具有我台播音主持岗位持证上岗资格；

（三）在我台从事播音主持工作两年以上，现仍在播音主持岗位工作；

（四）具有良好的公信力，较大的社会影响力和知名度；

（五）持续保持良好的个人言行和社会公众形象，

没有对中央电视台品牌及声誉造成不良影响的行为；

（六）在播音员主持人本年度岗位工作考核中获得“称职”以上档次；

（七）在本年度日常工作中表现优异，在重特大活动中表现突出或所主持栏目在本年度获选我台“优秀栏目”或“品牌栏目”称号的播音员主持人；

（八）遵守我台播音员主持人相关管理规定，无违反台规台纪行为。

第三章 评选程序

第五条 各中心（频道）根据评选条件，按一定比例推荐候选人，将候选人相关材料报人力资源管理中心。

第六条 人力资源管理中心分别向总编室、监察室征集候选人本年度参加社会活动情况和违规违纪情况反馈。

第七条 人力资源管理中心根据参评条件和情况反馈，对候选人名单进行汇总、审核，并上报台分党组。

第八条 台分党组扩大会议对候选人名单进行投票，得票排名在前30位的候选人获选。

第九条 根据候选人得票排名情况，在对其进行综合评定后，台分党组最终确定名、优播音员主持人获奖名单与排名。

第十条 在全台范围内对名、优播音员主持人获奖名单进行公示，公示时间为5个工作日。

第十一条 公示结束后，经台分党组批准，发文确认。

第四章 表彰与待遇

第十二条 评选结果公布后，获选人员获得“名、优播音员主持人”称号及获奖证书，并按相应等级享受特殊津贴，有效期为12个月。

第十三条 特殊津贴标准为名播音员主持人每人每月30000元，优秀播音员主持人每人每月20000元。

第十四条 享受本特殊津贴人员不再享受相应的职务津贴。

第五章 纪律与监督

第十五条 被评为名、优播音员主持人的人员，有发生下列情况之一时，将取消名、优播音员主持人称号，停止相应待遇：

（一）因违法违纪，受到党纪政纪处分或触犯刑律的；因违反台规台纪，受到相应处理、处分的。

（二）因各种原因调离播音主持岗位或调离我台的。

第六章 附则

第十六条 本办法由人力资源管理中心负责解释。

第十七条 本办法自发布之日起施行，之前所发文件与本办法不一致的以本办法为准。

中央电视台

2011年12月20日

（人力资源管理中心提供）

中央电视台专利管理办法

第一章 总则

第一条 为规范中央电视台的专利管理工作，根据《中华人民共和国专利法》、《中华人民共和国专利法实施细则》，以及《中华人民共和国促进科技成果转化法》等国家法律、法规、政策，并结合中央电视台技术创新的具体情况和实际需要，特制定本办法。

第二条 中央电视台专利管理的工作原则是：遵照国家的专利法规及其实施细则，有效保护中央电视台的专利权益，大力推动技术发明和应用创新，积极促进我台职务专利技术的实施转化，为创新电视节目生产的技术方式和支撑事业发展做好基础工作。

第三条 本办法适用于中央电视台所属职工及相关人员所取得的，并由中央电视台作为权利人所享有的发明专利、实用新型专利、外观设计专利等职务发明创造成果的管理。专利发明人或设计人同意以中央电视台名义申请专利的非职务发明创造，适用本办法的相关规定。中央电视台所属职工及相关人员，是指中央电视台台聘和企聘人员，以及与我台签订各种正式的劳动合同、用工合同和项目委托协议中明确为中央电视台提供人力资源服务的所涉人员。

第二章 专利的界定和权属

第四条 中央电视台所属职工及相关人员为执行工作任务或者主要利用我台的物质条件和系统资源以及在工作时间内所完成的发明创造属职务发明创造，其专利申请权归属中央电视台，上述职务发明创造包括但不限于以下情况：

(一)以中央电视台名义承担的各级各类科研项目所完成的发明创造；

(二)承担中央电视台内部各类科研立项或由中央电视台出资所进行的研发项目中完成的发明创造；

(三)主要利用中央电视台及其所属单位和机构的业务环境、资金条件、技术资源和工作时间等所完成的发明创造；

(四)履行中央电视台交付的本职工作内所完成的发明创造；

(五)履行本职工作之外的任务所完成的，但与本职工作范围和特征有密切关联的发明创造；

(六)中央电视台所属职工及相关人员在离职一年内做出的，与其在中央电视台工作期间所承担工作项目和本职工作有关的发明创造；

第五条 中央电视台及其所属单位和机构在与其他法人单位或个人开展合作研究时，双方应协商确定明晰的知识产权归属及利益分配等约定，所共同完成的发明创造明确专利权利人为中央电视台独享的，由中央电视台负责完成专利申请和授权管理。所共同完成的发明创造的专利权利人为中央电视台与其他单位或个人共享的，应当签订知识产权保护协议，明确各权利人在所完成的发明创造和智力成果的归属及权益分配，其专利的申请和管理工作按约定内容执行。

第六条 凡中央电视台作为专利权利人的，在各级各类发明创造中所形成的，在获得专利授权之前不宜对外公开的消息，包括工艺流程、技术参数、集成方案、测试数据等，作为与知识产权密切相关的技术秘密和业务秘密，均归属中央电视台所有，是实施专利管理的关键依据和重要部分，应建立相应的约束和保护机制，并采取必备的控制措施，加强管理，防止流失。任何知悉上述秘密内容的单位或个人，均不得进行任何形式的有碍于其专利形成或专利申请的行为。相关的技术方案或设计说明必须在其获得专利申请许可后，方可进行论文发表、项目答辩、成果鉴定、科技评奖、展览展示、交流推广等活动。

第三章 专利的管理和服务

第七条 中央电视台的专利工作由技术管理中心归口管理，技术管理中心技术业务处具体承担相关专利管理职责，负责集中对内和统一对外处理有关专利事务。其主要职责是：

(一)贯彻实施中央电视台专利管理的任务规划和工作目标，统一编制专利管理的年度计划和业务预算；

(二)落实执行各项专利法规和政策，协调推动专利管理工作项目的开展，并进行业务统筹和对口服务；

(三)负责办理专利申请、专利评估、专利报审、专利备案、专利维持、专利缴费、专利奖励等专利管理的各项事宜；

(四)负责办理委托专利代理机构或法律服务机构的相关事宜；

(五)负责专利保护和防止侵权的相关事务，会同台法规处一起处理有关专利管理方面的争议和纠纷；

(六)组织专利管理工作方面的法规教育和知识培训；

(七)组织开展专利信息研究，提供专利事务咨询和文献服务；

(八)建立和完善我台专利工作信息网络和专利信息数据库，并组织开展相关交流活动和共享服务；

(九)参与组织专利技术的推广应用，以及专利转让等所涉业务的办理和执行；

(十)经上级领导授权同意，法律规定的应由专利管理部门承担的其他工作。

第八条 中央电视台的专利申请，由获得发明创造成果所属部门填报《中央电视台专利申请表》，并负责撰写所申请专利项目的专利请求书、说明书、权利要求书及其附图等专利申请所必须的各式文档材料，以及附上能够说明申请项目新颖性、创造性和实用性的文献检索结果，由专利申报部门主管领导签署意见并加盖公章后，在台内办理报批手续。对于专利申报部门上报的申请项目，专利管理部门应组织专家，就其知识产权属性及专利技术特征进行综合分析和客观评估，对其专利申请价值提出明确的审查认定意见，经台领导审批同意后，提交办理专利申请事宜。

第九条 中央电视台对内的专利审批事宜，由技术管理中心技术业务处负责收集和上报，按台内规定统一报批。对外的有关专利服务事宜，技术管理中心技术业务处作为台内提供专利服务的窗口部门，负责承担相关工作和协调具体事务。

第十条 中央电视台的专利申请和专利维持等有关费用由中央电视台支付。中央电视台专利转让的所有收益均归中央电视台所有，所获收益的资金的缴纳方式和时限要求，在不损害中央电视台权益的前提下，可遵从有关专利转让的协议规定。

第十一条 在进行产品、技术和服务的合同管理以及相关合作项目的可行性研究时，应该注意对其中可能涉及的专利技术状况进行调查、论证和评估，并要作为审批条件，在上述工作项目的谈判和签约过程中涉及专利技术和专利管理时，应有专利工作机构和专利管理部门签署的意见，以便为我台的专利保护和防止侵权提供法律依据和制度保障。

第四章 专利的保护和维持

第十二条 由中央电视台作为权利人所提出的专利申请获得专利授权后，专利授权通知书原件、专利证书原件等证件材料经技术管理中心技术业务处统一登记、备案后，交由技术资料室保存管理和查阅使用，并在公开的专利信息网络平台上发布已获得授权的专利信息。

第十三条 办理专利年费的续费应在缴费期满前，征求该项专利原申报部门的意见，并由原申报部门填写专利续费申请表，报技术管理中心和台领导审批后，由技术业务处办理续费手续。

第十四 条专利年费到期决定不再续费时，应由该项专利原申报部门提出申请陈述原因，并填写专利终止申请表，报技术管理中心和台领导审批后，依规办理相关专利终止事宜。

第十五条 在对外的产品、技术、服务和相关合作项目中，凡涉及第三方专利时，提供专利方应确保该专利的相关权利已通过合法途径取得，明确未经合法取得专利相关权利与我台合作的合作方，在涉及该专利侵权时，应承担全部责任。

第十六条 如发生专利纠纷或进行专利诉讼时，专利管理部门须尽快报告主管台领导和上级领导机关，并协同专利申报部门和台法规处，进行及时妥善处理，保护我台专利权益不受侵犯。同时，专利管理部门应注意充分收集和积极研究与我台有关联和有影响的专利服务信息和专利申请动向，自觉遵守国家有关的法律法规，避免侵犯他人专利。

第十七条 中央电视台所享有专利权的专利技术进行转让时，必须依法依规进行。专利转让须由该项专利原申报部门提出转让申请，详细说明转让理由、转让方式、转让对象、收益评估、后续措施等细则和方案，由技术管理中心初审，上报台领导审批后，方可实施转让。

第十八条 在进行专利管理和提供专利服务的过程中，所涉及的各类保密事项及其管理途径，或依照规定需申请保密专利的，均按中央电视台保密工作条例和国家相关法律法规执行。

第五章 附则

第十九条 本管理办法由技术管理中心负责解释。

第二十条 本管理办法自批准下发之日起在全台执行。

中央电视台

2011年10月

（技术管理中心提供）

CCTV

DIANSHI SHU BAO KAN JI YINXIANG CHUBANWU

电视书、报、刊及音像出版物

电视书、报、刊及音像出版物

中央电视台2010年编辑出版新书选介

今日说法精华本2010

编著者:《今日说法》栏目组。主编:王新中、何淑文。中国人民公安大学出版社2010年1月出版。32万字,照片100多幅。

《今日说法精华本2010》丛书精选《今日说法》栏目2009年1～12月播出的优秀节目70～80期,编写成精彩的小故事,再配以当期节目的特色图片和专家点评,编辑集结成书。

该书制作精良,题材涵盖范围广,图文并茂,有较强的可读性和教育意义。

相爱容易相处难——半边天·张越访谈录

编著者:中央电视台《半边天》栏目。中国经济出版社2010年3月出版。19.8万字。

《半边天》是中央电视台唯一的女性栏目,也是开播最早、认可度最高的女性节目,张越平易近人的主持风格也深受观众的喜爱。本书精选了《半边天》"情感系列"访谈录里15个精彩、感人的故事编写而成,包括:结婚十年、她的选择、爱我就别伤害我、漂泊的心、当爱变成一种煎熬、婚姻的逃兵、往事不堪回首等。

繁花——中国打工妹实录

编著者:中央电视台《半边天》栏目。中国经济出版社2010年3月出版。23.8万字。

"三十载打工女性曲折进程,映射出改革开放三十年活生生的历史取样"。《半边天》栏目历时数月,从20世纪80年代初第一批打工潮中的女性故事说起,回顾这一群体的历史经典事件和阶段性代表人物事件,挖掘其背后富含的社会意义,行程数万公里,深入几十个地点,跟踪寻访数百人,勾勒出中国打工妹的辛酸与幸福。主持人张越深入实际,走进一线,以独特视角娓娓道出打工妹的来龙去脉、亲身故事和离奇遭遇。

《天天饮食》栏目十年典藏

编著者:《天天饮食》栏目组。主编:《天天饮食》栏目组丛书编委会。青岛出版社2010年4月出版。19万字,照片7450幅。

该书是《天天饮食》栏目十年经典菜品汇聚,其中包括《家常小炒》、《家常凉拌》、《家常汤煲》、《家常主食》、《烹饪妙招》、《简易家常菜》、《拿手家常菜》、《香辣家常菜》、《高手宴客菜》和《家常保健菜》,共10册。图书内容丰富而全面,除提供菜品的原料、调料和详细做法外,还附上清晰的步骤图,并详细分析每道菜的特点、营养功效、操作要点,提供更多提升厨艺的方法和相关知识的链接。

冰与火——中国股市记忆

编著者:郭振玺。主编:李勇、哈学胜。副主编:吴小杰、郝鹏洲。红旗出版社2010年12月出版。26.7万字,照片300幅。

《中国股市记忆》特别节目组历时几个月时间,收集了近万张图片,几十件珍贵的实物,抢救式录制了一百多位当事人长达12000分钟的珍贵资料。

中央电视台财经频道专为资本市场20年打造了61集特别节目《中国股市记忆》。节目播出后反响强烈,每集仅短短3分钟的节目,但收视不低,与此同时,各大网站纷纷转载,就连证券营业部、商场、写字楼的电视前都聚集着大量的观众。

从播出效果来看,观众最多的反馈是“看得不过瘾”,因为时间限制,节目组无法将更多精彩内容放进3分钟的短片中,无法满足人们了解更多股市情况的渴望,尽管通过各大网站进入了二次、三次转播,但是仍然不能满足观众需求,于是,节目组编写了《冰与火——中国股市记忆》这本书。

发现中国竞争力

编著者:中央电视台《商道》栏目组。机械工业出版社2010年7月出版。20万字,照片40幅。

是时代在改变我们,还是我们在领跑时代?21世纪下一个10年,中国竞争力如何破冰?访商业领袖,携行业巨擘,透视国家未来竞争力。中央电视台财经频道《商道》栏目组奔赴中国商业前沿地带,采访联想集团、万达集团、玉柴集团、伊利集团、东软集团、招商银行等领袖企业,从中透视企业国际竞争力,从而寻找未来中国竞争力的答案。该书将此节目内容结集出版。

该书内容部分为黑白印刷,并附有一些采访企业的资料照片和作者的照片。

中国体育产业发展报告(2008~2010)

主编:江和平、张海潮。执行主编:阮伟、王兰柱。中国社会科学文献出版社2010年1月出版。60万字。

《中国体育产业发展报告(2008~2010)》是国内第一本体育蓝皮书,是全面系统分析中国体育产业发展现状及未来走势的年度学术研究报告,是理论成果与实践成果相结合的产物,对北京奥运会后中国体育产业的发展走向进行了客观独到的预测,提出了切实可行的发展战略,引领了中国体育产业研究的学术浪潮。《中国体育产业发展报告》是每两年出一本的持续进行的年度学术研究报告,旨在为中国体育产业的发展作出贡献。

《报告》由中视体育娱乐有限公司联合国务院发展研究中心、国家体育总局、北京大学、北京体育大学、北京科技大学等机构的专家、学者共同出谋划策,积极开展调研,通过三篇共十二章的内容,规范了体育及其相关产业的定义,明晰了体育产业链的构成,对中国体育产业发展的历史脉络进行了缜密梳理,从体育竞赛业、体育健身业、体育用品业、体育中介业、体育传媒业等中国体育产业各分支领域的发展现状进行了科学详尽分析,并以经济学的视角对体育产业中经典的运作案例进行了全面解读,诠释了李宁公司、中视体育、中网赛事等处于中国体育产业链重要位置的企业及赛事的运作内涵,描绘了未来中国体育产业发展的宏伟蓝图。

围棋少年

编著者:央视动画有限公司。东方出版社2010年8月出版。

该书是根据央视动画有限公司动画片《围棋少年》编著的动画抓帧版图书。通过围棋少年江流儿的成长历程展现棋手的围棋精神和在围棋挑战面前中国棋手表现出的爱国气节。

明朝末年,围棋棋坛面临正义和邪恶的较量。老和尚圆德深感江流儿是百年不遇的围棋天才,鼓励他学习棋艺,参加围棋大赛。

国手大赛前江流儿遇到了棋圣林心诚,他的围棋天赋被林心诚发现并把自己的“天地大同”传授给他。国手大赛开始,江流儿因情感失落,流落街头。

日本围棋天才少年黑木是丈和的关门弟子,丈和告诉他只有战胜中国围棋才能称得上第一。黑木观看了中国国手大赛后不屑一顾,并把国手决赛对局的未来结果讲了出来,正在黑木得意之时,江流儿出现并与他下起了盲棋,两位围棋少年天才下盲棋的结果与比赛中的棋局结果分毫不差。黑白世界,有血有泪,智慧和意志诉说着热血少年追求梦想的艰难历程。

布布熊

编著者:央视动画有限公司。东方出版社2010年8月出版。

该书是根据央视动画有限公司动画片《布布熊》编著的动画抓帧版图书。古灵精怪的6岁男孩嘟嘟满脸雀斑,脑袋超大,单纯善良,喜欢唱自己编的古里古怪的歌。尽管如此,嘟爸嘟妈费尽心思把他送进了比利芭拉艺术幼儿园。嘟嘟的"创作"让老师头痛不已，脸上的雀斑又成了同学的笑料，嘟嘟的幼儿园生活总是不那么顺利。直到有一天，嘟嘟的歌声吸引了来自魔法世界的布布熊。嘟嘟一唱歌，他就会跟着跳舞。夜深人静的时候，布布熊带着嘟嘟来到一个废弃的游乐场。布布熊推开魔法之门，整个游乐场灯火通明。音乐响起，乐园里出现了好多魔法精灵。在这里嘟嘟成为了最受欢迎的明星，但是他的歌声也引来了麻烦。魔法之门被震碎了，失去了魔法保护的游乐场将被改建成工厂，布布熊回不去了，它只好住在嘟嘟的书包里。他很快成了嘟嘟最好的伙伴，教会他爱与勇气，伴随他成长。渐渐地布布熊也赢得了大人的喜爱，大人们放弃了建造工厂的计划。废弃的游乐场将被建成孩子们真正的快乐天堂。

中国中央电视台年鉴（2010）

中央电视台主办，中央电视台发展研究中心电视传播研究部《年鉴》编辑部编。主编：焦利。副主编：罗明、李舒东、罗琴。中国广播电视出版社 2010 年 12 月出版。92 万字，照片 280 幅。

《中国中央电视台年鉴》是以丰富翔实的图文资料，逐年度、全方位客观记录中央电视台的宣传、技术、事业、产业发展的新情况、新发展、新经验和新成果的大型工具书。此书为中央电视台决策管理部门和工作人员以及国内外社会各界了解、研究中央电视台的发展轨迹提供了可靠信息。《中国中央电视台年鉴（2010）》获第五届全国年鉴编校质量检查评比特等奖。

中央电视台 2010 年音像出版物选介

钱学森

中央电视台科教节目制作中心（北京科学教育电影制片厂）制作，北京科影音像出版社 2010 年 11 月出版。DVD，时长 340 分钟，2 盘，6 集。

钱学森长期从事高度机密的国防科研工作，即使到了晚年，他也很少在公共场合露面。因此，有关他的影像资料极为缺乏。人物传记片《钱学森》运用大量历史画面及首次披露的珍贵影像，介绍了一代科学巨匠钱学森传奇而光辉的人生历程和精神世界。

太极拳秘境

中央电视台科教节目制作中心（北京科学教育电影制片厂）制作，北京科影音像出版社 2010 年 2 月出版。DVD，时长 160 分钟，2 盘，8 集。

清朝末年，一位青年带着一种精妙的拳术闯荡江湖，打遍京城无敌手，人称"杨无敌"。从此这种拳术传播和发展起来，直至今日。这位青年叫杨禄禅，这种拳术叫太极拳。

多少年来，神秘的太极拳让无数人倾倒，它既能看似轻描淡写一般的击出，又能让人强健体魄、延年益寿。无数的仁人志士、武学奇才不断地探索着太极拳的奥秘，不断地在继承与发展中倾注了心血。太极拳世界冠军邱惠芳在片中带领人们走遍大江南北，遍寻太极拳名家，切磋武艺，和当今太极拳六大流派的传人共同探索太极拳的奥秘，揭示一个更加纯粹的太极拳。

该片特邀陈式太极拳传人陈小旺、杨式太极拳传人崔仲三、武式太极拳传人翟维传先生、吴式太极拳传人李秉慈、孙式太极拳传人孙永田、和式太极拳传人和有禄为主讲嘉宾。本片得到了社会各界的支持与帮助，并受到无数太极拳爱好者的追捧。

消失的建筑

中央电视台科教节目制作中心（北京科学教育电影制片厂）制作，北京科影音像出版社 2010 年 5 月出版。DVD，时长 630 分钟，7 盘，14 集。

建筑，是人类坠入尘世之后为自己重新营造的子宫；建筑，也是人类经历短暂轮回之后，留在世间的悠长背影。于是，土木砖石之间，就有了自由呼吸的灵魂和一段段永不消逝的传奇。

千百年来，那些曾经作为历史坐标的伟大身影始终让人梦牵魂系。本系列片追寻伟大建筑生前身后的存亡兴衰，将传说中的文化符号复活成真实的视觉奇观，审视其中所折射出的历史规律。

寻找迷失的宝藏

中央电视台科教节目制作中心（北京科学教育电影制片厂）制作，北京科影音像出版社 2010 年 2 月出版。DVD，时长 230 分钟，2 盘，6 集。

四川的张献忠宝藏和石达开宝藏埋藏时间跨越清初和清末。关于这两处宝藏的传闻不仅在中国历史上流传深远，而且被誉为世界十大著名宝藏。古今中外的宝藏故事不胜枚举，但有历史可查者寥寥无几，有确凿证据者更是稀少。而这两个宝藏虽然线索繁杂，却都有史传记载甚至实物证据，这在世界宝藏史上实属罕见。

百年来觊觎这两个宝藏的人不在少数，但由于科技手段的欠缺和对线索考证的疏失，结果大都事倍功半。本系列片一方面通过层层递进的调查，剥离并还原真实的藏宝历史；另一方面借助现代发达的科学探测手段，为"宝藏存在与否"这一百年谜题画下句号。

2010全国儿童歌曲大奖赛决赛1～5场 颁奖晚会

中央电视台制作，中国国际电视总公司 2010 年 10 月出版。DVD，时长 390 分钟，6 盘，4 场决赛，1 场颁奖晚会。

以"唱响童心"为主题的 2010 年全国儿童歌曲大奖赛由中央电视台主办，自 2010 年 4 月中旬启动到 8 月底结束，历时 4 个多月。全国 36 家省市电视台及相关部门积极参与了大赛协办和歌曲选送工作，共有 1000 多首原创儿童歌曲作品参赛。通过严格的初评、复评，共有 50 首歌曲进行了金奖、银奖和铜奖等奖项的角逐，100 名来自全国各地的小评委成为大赛的一大亮点，8 月 28 日举办的大赛颁奖晚会在中央电视台综合频道、少儿频道和音乐频道并机播出。本次大赛汇聚了近十年来国内优秀儿童歌曲精品，经过中央电视台精心策划、制作，成为中国儿童音乐作品的顶级赛事。

黎之锦

《中华民族》栏目制作，中国国际电视总公司 2010 年 7 月出版。DVD，时长 100 分钟，1 盘，5 集。

海南黎族织锦的原料全部取自天然，制作黎锦的纺、染、织、绣四大工艺全部由手工完成，而黎锦图案的传承全凭母女口口相传，完成一幅织锦少则几月动辄几年，它是黎族妇女的童年、青春和老年时光的见证，它是黎族男人赖以生存的衣物铺盖。黎锦在黎族人的生活中无处不在。

21 世纪的一天，当岛外来客踏过细软的沙滩进入深深的五指山，猛然发现这个民族创造了如锦绣一样多彩的文化，发现这个民族就像锦绣上的大力神一样，撑起了一片历史的天空。每一幅黎锦，就是几千年来黎族生活的一幅图景。

密密麻麻的针线，是每位织女的心事与这个民族的故事，图案和颜色都仿佛是一个密码。5 集纪录片《黎之锦》让人获得读懂黎锦的密码。

科学发展谱新篇——2010年军民迎新春文艺晚会

解放军电视宣传中心制作，解放军音像出版社 2010 年 2 月出版。DVD，时长 165 分钟，2 盘，2 集。

《科学发展谱新篇——2010 年军民迎新春文艺晚会》由全国双拥工作领导小组、民政部、国家广播电影电视总局、中国人民解放军总政治部联合主办，晚会坚持思想性、艺术性和观赏性的高度统一，用文艺的形式反映时代风云，讴歌时代精神，展现了浓郁的军营气息、激越的军人情怀和深厚的军民鱼水之情。

2010军营大拜年

解放军电视宣传中心制作，解放军音像出版社 2010 年 4 月出版。DVD，时长 400 分钟，8 盘，8 集。

《军营大拜年》被基层官兵称为"军营春晚"，深受部队官兵和广大观众的喜爱。2010 年的《军营大拜年》节目将舞台从演播室搬到了最基层的部队，以慰问 2009 退伍老兵为契机，以"我在军营过大年"和"我给战友拜个年"为主线，深入军营开展"军营大拜年为兵服务"大行动。他们上雪域高原、下海防小岛、进茫茫林海、出大漠戈壁，足迹遍布全国 30 多个基层连队，共 140 多个场景，行程 10 万公里。军旅艺术家下到基层部队，与一线战士近距离交流碰撞，同娱共乐，不仅有精彩的歌舞，还带来了很多意想不到的感动，使观众们感受明星与士兵心与心的交融，领略基层官兵以苦为乐的高尚情怀。

2010《军营大拜年》分为综合专场、海军专场、空军专场、第二炮兵专场、武警专场以及颁奖晚会。

2010年度新兵入伍教育电视系列授课——迈好军旅生活第一步

解放军电视宣传中心制作，解放军音像出版社 2010 年 7 月出版。DVD，时长 240 分钟，3 盘，5 集。

新兵入伍教育电视系列授课是贯彻军委、总政治部领导指示，加强新兵入伍教育的重要举措。《2010 年度新兵入伍教育电视系列授课——迈好军旅生活第一步》围绕新兵尽快实现由普通青年到合格军人的转变，紧贴新兵实际，有针对性地做好思想政治工作，邀请全军先进典型和优秀政治教员担任主讲，从思想理论上对我军的性质宗旨、优良传统、使命职责、作风纪律等进行深入解读，着重教育引导新兵树立崇高而坚定的理想信念，知荣明耻，遵纪守法，加强团结，立足军营成长成才，忠实履行历史使命。

授课注重运用大量生动事例阐释讲解，充分发挥电视艺术形象直观的特点，运用大量的图像、动画、音乐等手段，努力体现浓厚的时代气息，反映人民军队的良好形象，增强说服力和感染力，对于帮助新战士尽快熟悉部队、融入军营，迈好军旅生活第一步具有重要意义。

我是一个兵

解放军电视宣传中心制作，解放军音像出版社 2010 年 7 月出版。DVD，时长 90 分钟，1 盘，1 集。

为庆祝建军 83 周年，总政治部从 2010 年全军业余文艺会演的 16 台晚会、293 个节目中，精选出 20 个节目，组成这台晚会，名称叫《我是一个兵》。这台晚会的特点是兵写兵、兵演兵、兵唱兵。参加演出的人员共有 536 人，都是来自部队基层的业余文艺骨干，其中干部 58 人，战士 478 人，少数民族官兵 33 人，大学生士兵 63 人。晚会采用官兵喜闻乐见的形式，展现丰富多彩的军营生活，反映革命军人的坚定信念和高尚情怀，展示当代士兵的使命责任和时代风采。

军嫂颂——庆祝中国人民解放军建军83周年大型文艺晚会

解放军电视宣传中心制作，解放军音像出版社 2010 年 9 月出版。DVD，时长 60 分钟，1 盘，1 集。

《军嫂颂——庆祝中国人民解放军建军 83 周年大型文艺晚会》是由中国人民解放军总政治部、全国妇联、中国妇女发展基金会中国军嫂爱心基金会联合主办，中央电视台《红星艺苑》栏目播出的一台晚会，晚会讴歌了用信念和坚守肩负起养老抚幼重担、用奉献和创造撑起军人心中温馨港湾的军嫂。旨在通过积极宣传广大军嫂的爱国奉献和自我牺牲精神，推动开展建立和谐军人家庭活动，帮助军人妻子和军人家庭有关困难的解决，鼓舞和激励广大官兵献身国防、报效祖国。

一切为了灾区人民

解放军电视宣传中心制作，解放军音像出版社 2010 年 10 月出版。DVD，时长 15 分钟，1 盘，1 集。

2010 年 4 月 14 日 07:49，青海玉树藏族自治州玉树县发生里氏 7.1 级地震。地震瞬间袭击玉树藏族自治州 12 个乡镇，受灾面积达 3 万平方公里，受灾人口超过 10 万人。青海玉树地震后，全军和武装警察部队坚决贯彻落实胡锦涛主席的重要指示，在第一时间进入灾区抗震救灾，在青藏腹地展开了一场生死大救援。一次次生死救援，一场场救援接力，官兵们在玉树灾区创造了一次又一次生命的奇迹。在搜救被埋群众的同时，救灾部队还担负了救治伤员、灾区卫生防疫、安置受灾群众、物资抢运以及维护当地社会稳定等任务。无情的地震给玉树群众带来了巨大的伤痛，但地震无情人间有爱，中国军队在抗震救灾斗争中始终坚持人民利益高于一切，用忠诚和热血铸就了人民军队爱人民的时代丰碑，谱写了军民团结、共克时艰的崭新篇章。

新川藏线传奇

解放军电视宣传中心制作，解放军音像出版社 2010 年 10 月出版。DVD，时长 250 分钟，3 盘，10 集。

十集大型电视纪录片《新川藏线传奇》摄制组采取兵分多路、跟踪拍摄的方法，于 2010 年 3 月 14 日玉兰花开时节，随川藏兵站部汽车兵踏上川藏线，开始了漫长的拍摄之旅。摄制组成员克服严重的高原反应，在风霜雨雪中，记录下川藏线英雄汽车兵缔造的传奇故事，展现了驼队一样的汽车兵们数十年为边疆建设、国防建设做出的不懈努力和贡献。摄制组与汽车兵一路同行，从四川雅安出发，翻雪山、跨江河，一路向西直达西藏林芝地区的八一镇，行程近 2000 公里，途经地区平均海拔 4000 米，最高达到 5000 多米，历时 14 天，拍摄高清素材长达 130 多小时。三千里川藏线，见证了一代代川藏线汽车兵建设祖国西部的满腔热血，漫漫“西部奇路”记录下汽车兵与藏族群众无数感人至深的动人故事。

毒案追踪

解放军电视宣传中心制作，解放军音像出版社 2010 年 11 月出版。DVD，时长 360 分钟，4 盘，13 集。

中央电视台《第一精品》暑期特别节目在日播纪录片栏目《军事纪实》上千部作品的基础上优中选优，精选了一批精品军事专题节目。其中《毒案追踪》系列展现了边防部队官兵一次次拨开疑云迷雾，擒拿凶残狡诈的贩毒分子的事迹。他们在霓虹闪烁的酒吧中展开搜捕行动，在山野丛林里追踪连环贩毒大案。藏毒手法百变离奇，武警官兵炼就火眼金睛。《毒案追踪》深入抓捕现场，展现了错综离奇的毒品走私案，纪录了惊心动魄的缉毒战斗。

狙杀行动

解放军电视宣传中心制作，解放军音像出版社 2010 年 11 月出版。DVD，时长 110 分钟，2 盘，4 集。

《军事纪实》是一档以“零距离触摸军人特有的心路历程，全方位展现军营独具的形象风采”为创作指导的日播军营纪录片栏目。栏目精心挑选、悉心打造了一批精品专辑在中央电视台《第一精品》暑期特别节目中播出。其中，《狙杀行动》直击惊心动魄的军事第一现场：劫持犯即将杀害人质，千钧一发之际狙击手果断开枪一击必杀；面对持枪凶犯，武警特战队员在六米走廊演绎惊魂一刻；残暴凶手行凶后逃往大山深处，追击小组奉命缉拿展开密林追凶。《狙杀行动》系列展现了狙击战士把握瞬间战机，对恐怖分子实施“一枪毙命”，反映了狙击战士过硬的心理、军事素质。

围剿现场

解放军电视宣传中心制作，解放军音像出版社 2010 年 11 月出版。DVD，时长 200 分钟，3 盘，7 集。

中央电视台《第一精品》暑期特别节目在日播纪录片栏目《军事纪实》上千部作品的基础上优中选优，精选了一批精品军事专题节目。其中，《围剿现场》全程记录了我武警官兵与残忍狡猾的凶犯惊心动魄的对决，披露鲜为人知的内幕故事。劫持犯勒索百万巨款，人质危在旦夕，特警队员突击抢救，抓住稍纵即逝的战机抓获凶徒；连环杀人犯残忍杀害无辜群众后畏罪潜逃，在密不透风的深山老林里武警官兵布下天罗地网；假军车号牌、假军服、假币惊现市场，技术高超足以乱真，武警官兵追根溯源，跨省追踪，端掉巨大制假售假窝点；持枪抢劫案频发，警方长时间跟踪调查，顺藤摸瓜，成功摧毁地下兵工厂，将犯罪分子绳之于法。

2010全军业余文艺会演

解放军电视宣传中心制作，解放军音像出版社 2010 年 12 月出版。DVD，时长 1550 分钟，16 盘，16 集。

全军业余文艺会演是中国人民解放军汇集全军业余文艺团体举行观摩演出，评选优秀节目的活动。参加 2010 全军业余文艺会演的有包括总参谋部、总后勤部、总装备部、各军区、海军、空军、第二炮兵、国防科技大学和武警部队等单位的 15 个文艺代表队近 300 个优秀节目，解放军电视宣传中心还专门制作了会演专题片《精彩背后的故事——2010 年八一晚会侧记》。会演节目以新颖的内容、优美的舞姿、动人的表演，诠释了军人崇高的革命理想和伟大的革命情操。演出节目艺术形式多样，反映了丰富的部队生活，表现出军队文艺强烈的战斗性和豪迈的部队气魄。在创作和表演方面有了新的成就和进步，推动了部队群众性的文艺活动，促进了军队文艺的繁荣和发展。

中国书法微书艺术家：沈海清

新影音像出版社制作，2010 年 7 月出版。DVD，时长 45 分钟，1 盘，1 集。

沈海清，1946 年出生于无锡市，他自幼酷爱书法，自学成才，被称为“微书奇人”。1992 年成为中国艺术研究院特邀书画师，1994 年担任中国当代硬笔书法家协会理事，2001 年成为中国书法家协会会员。1992 年获“中华博览会”金奖，1995 年入选《中国当代艺术界名人录》，2002 年被授予“江苏省职工自学成才者”称号，2006 年获“中国吴文化节——吴地风韵展”金奖，同年获“首届东方工艺美术之都博览会”金奖。1983 年 3 月，沈海清开始用微书书写《红楼梦》。1986 年 8 月，百米微书长卷《红楼梦》书写完成。红学家冯其庸为作品题头，著名雕塑家钱绍武题“精诚所至，金石为开”。1999 年，中央电视台中文国际频道与美国斯科拉卫星电视台对其《红楼梦》微书作品进行专题报道。沈海清书写的微书佛经被白马寺、灵山祥符禅寺和外国的寺庙等地收藏。特别是微书扇面作品曾被中外十多家博物馆列为藏品。曾著论文《蝇头字初探》。此外，报刊和电视台等众多媒体报道了“妙手奇人——沈海清”的成长经历和微书作品。

中国当代画家：司马连义

新影音像出版社制作，2010年4月出版。DVD，时长45分钟，1盘，1集。

司马连义，1947年9月生于山东临沂，1977年9月至1980年10月入南京师范大学美术系油画班学习，1986年毕业于上海大学美术学院油画系。现为中国美术家协会会员，国家一级美术师，国家友好画院副院长，中国艺术研究院研究员。作品《钢铁长城》、《保卫祖国》、《周总理和海军战士在一起》、《岁月》、《晨练》、《红云》、《高秋》、《绿荫》等29件入选全国美术展览。作品曾赴美国、日本、韩国、马来西亚、丹麦、瑞士以及中国台湾等地区举办个展和联展。出版作品有《司马连义画风》（同济大学出版社），《当代中国花鸟画—司马连义》（河北人民美术出版社），《司马连义工笔花鸟画》（人民美术出版社）。

花开江南

中央新闻纪录电影制片厂制作，新影音像出版社2010年11月出版。DVD，时长90分钟，1盘，1集。

莫干山下的小镇拉开了新农村建设的序幕。负责此项工作的是副镇长何晨彬，他的未婚妻玉兰经营着收成不错的枇杷园。他给玉兰的承诺是等新农村建设走上正轨就成婚。杨小莫是投资公司代表，准备在镇里投资大规模的农业，把这里打造成长三角的花卉基地。当村支书给五四村村民作工作，让他们在自愿的基础上将荒地出租的时候，遇到了村民的抵制，但经过村党委的努力，最终获得了村民的理解和支持。一年过去了，五四村的新农村建设初见成效，而最美、最令人陶醉的就是那千里飘香、漫山遍野盛开的玫瑰花。由任卫新作词，程池作曲，张小小演唱的《花开江南》中的主题歌《甜润江南》风格清闲别致，影片后收录了这首歌曲的MTV。

把绿色留给子孙

中央新闻纪录电影制片厂制作，新影音像出版社2010年11月出版。DVD，时长130分钟，2盘，5集。

森林是大地的霓裳，是稳固大地的根基，是所有生命的守护神。土地沙化是地球的癌症，防沙治沙就是保护人们生存的家园。被誉为“地球之肾”的神奇湿地具有保持水源、净化水质、蓄洪防旱、调节气候和维护生物多样性等重要的生态功能。生物多样性是地球的基因库。大地上丰富的动植物资源是人类生存和发展的有力保障。

敦煌

中视传媒股份有限公司制作，中国国际电视总公司2010年2月出版。DVD，时长430分钟，5盘，10集。

《敦煌》是中央电视台继《故宫》之后推出的又一部力作，旨在记录敦煌地区历史文化的发展脉络，深入揭示敦煌两千多年来的文化内涵。摄像机对准敦煌和在这块土地上曾经生活过的人们，拨开历史的层层迷雾，将那些被遗忘了的文明一一重新呈现在观众的视野中。主创人员力求奉献一部全方位反映敦煌历史与文化的文献纪录片，全面纪录敦煌地区两千一百年波澜壮阔的历史进程和散落其中的故事；全方位展现100年来敦煌学的学者对这个沙漠宝库的孜孜不倦的探索成果。

第五届CCTV电视舞蹈大赛

中央电视台制作，中国国际电视总公司2010年4月出版。DVD，时长140分钟，10盘，10集。

CCTV舞蹈大赛作为中国舞蹈表演的年度盛会，自开播以来得到广大舞蹈业内人士的广泛关注，深受舞蹈爱好者们的好评和喜爱。本届大赛包括群众创作表演舞蹈、国际标准舞、街舞、少儿舞蹈的5场专场决赛，以及中国古典舞、民族民间舞、芭蕾舞、当代舞的四场综合决赛，集中代表了目前舞蹈表演领域一流水平的众多舞蹈表演艺术家参加了比赛。舞蹈作品题材丰富、内容广泛、风格多元、表现形式多样，体现了近年来舞蹈创作的水平和成就，具有较高的思想性、艺术性和观赏性，是值得收藏的艺术宝典。

探索·发现——中国远征军

中央电视台制作，中国国际电视总公司2010年2月出版。DVD，时长480分钟，6盘，12集。

抗战期间，中国军队赴缅远征作战，10万壮士，以少敌多；盟军战略分歧，远征军被迫转进，翻越野人山，死伤5万，1万人撤往印度，只有3万人返回祖国。《探索·发现》栏目历时一年，摄制组先后赴湖南、云南等数地拍摄，采访了近二十位年过九旬的远征军老兵，获得了大量此前在国内从未公布的重要资料。挖掘出的重要史实不仅填补了该段历史影像证据的缺失，更弘扬了中国人民在反法西斯战场中的英武精神。

中国2010年上海世博会开幕式

上海世博会事务协调局、中央电视台联合制作，中国国际电视总公司2010年5月出版。DVD，时长120分钟，1盘，1集。

《中国2010年上海世博会开幕式》囊括了世博会开幕式、焰火晚会、开园仪式。这场“举全国之力、集世界智慧”的上海世博会，将永载世博会历史，让人们永远珍藏这场精彩难忘的世界文明盛会。

茶馆

中央电视台中国电视剧制作中心制作，中国国际电视总公司2010年7月出版。DVD，时长1755分钟，13盘，39集。

1898年，清王朝崩溃前夕，在北京裕泰茶馆里，茶客满堂。这里有好抱不平的常四爷，踌躇满志于实业救国的民族资本家秦仲义，相看老婆的庞太监，贩卖人口的刘麻子，三教九流无所不有。精明强干的茶馆掌柜王利发，细心照料着茶馆，对谁都是笑脸相迎。随着岁月的流逝，满清灭亡，军阀混战，民不聊生。王利发对茶馆进行改良，安上了留声机，把后院改成了公寓，准备重新开张。结果，钱被大兵抢走，侦缉队又来敲诈，王利发悲愤交加，感到前途渺茫生死未卜，但他仍在拼命支撑着这个老字号茶馆。抗战胜利后，国民党反动派给人民带来新的灾难，王利发苦心经营大半生的茶馆也被特务霸占了去。绝望之余，他和两个老头以撒纸钱自悼，结束了自己饱经沧桑的一生。

百家讲坛——解读《弟子规》

中央电视台制作，中国国际电视总公司2010年9月出版。DVD，时长836分钟，10盘，22集。

《弟子规》是一本只有一千来字的小册子，儒家思想提倡的孝、弟、谨、信、泛爱众、亲仁、余力学文等思想，都在《弟子规》中有明确的行为规范。这些行为规范对于现代人会有什么作用呢?《弟子规》为什么会引起现代人的重视?《弟子规》的作者是谁?成书于哪个年代?其中都有哪些严格的规定?又是什么原因使越来越多的人开始学习《弟子规》呢?该片是根据复旦大学教授钱文忠在《百家讲坛》栏目中解读《弟子规》的内容制作完成的。

华尔街

中央电视台制作，中国国际电视总公司2010年9月出版。DVD，时长430分钟，5盘，10集。

十集大型纪录片《华尔街》是中央电视台首次采用高清格式倾力制作的金融类特别节目，是中央电视台首次全面深入世界各大金融中心，以大量纪实为主的拍摄手法，充分体现电视本体语言的全新创作。影片以华尔街金融危机为契机，以证券市场为中心，梳理了两百多年来现代金融的来龙去脉，探寻、发现资本市场兴衰与经济起伏的规律，为决策者提供依据，为资本市场的实践者提供镜鉴，为大众提供关于资本市场的启示。同时，也为中国人全面理解华尔街，全面理解美国，甚至全面理解现代金融与一个国家崛起的关系提供最有益的帮助。

三毛奇遇记

北京辉煌动画公司制作，中国国际电视总公司2010年11月出版。DVD，时长572分钟，4盘，26集。

三毛和他的小伙伴们乘坐飞机去童话世界旅行。就在他们欣赏沙漠风光时，遭到了不明身份的小旋风的袭击。三毛等人不得以迫降在沙漠上。在沙漠中，三毛救了热衷魔法的小怪怪并随其到幸福城做客。城里的人们只砍树、不种树，三毛不能理解，大肆宣传环保却反被关进了奇怪的监狱，被判和伐木大赛冠军进行比赛。毫无胜算的三毛在森林精灵的帮助下最终逃脱厄运。这时他们才发现，所有的麻烦都来自小旋风和他的主人风魔。为了打败想将童话世界荒漠化的风魔，三毛等人遇到了神秘的沙漠公主、可爱的森林精灵，进入了奇妙的魔法仙宫、幽深莫测的藏宝洞、充满艰险的风魔宫，认识了新的朋友，也面临了新的考验，在一片神奇的土地上展开了崭新的冒险。

第16届亚洲运动会开闭幕式合集

第16届亚运会组委会制作，中国国际电视总公司2010年11月出版。DVD，时长430分钟，3盘，2集。

第16届亚运会于2010年11月12日至27日在中国广州进行，广州是继首都北京之后中国第二个取得亚运会主办权的城市。本届亚运会设41项比赛项目，是亚运会历史上比赛项目最多的一届。本片全程记录2010广州亚运会开幕式实况，配以中央电视台权威的解说，满足了各界观众收视和收藏的需要。

颐和园

中央电视台制作，中国国际电视总公司2010年12月出版。DVD，时长270分钟，6盘，6集。

颐和园，乾隆时期称为清漪园，慈禧重修时改名颐和园。它集历代皇家园林之大成，荟萃南北私家园林的精华，将人造景观与大自然和谐融为一体，是中国目前保存最完整的、规模最大的皇家园林，于1998年被联合国教科文组织列入世界文化遗产名录。此次拍摄在建筑、历史、园林等多方面专家的指导下，采用三维动画技术对清漪园进行复原，再现人们从未见过的清漪园实景，并根据乾隆留下的1500多首关于清漪园的诗歌，试图用乾隆的视角来解读清漪园的美，并向观众揭示这项宏伟工程建造过程中的古代管理机制，重现皇家园林的辉煌，还原清朝鼎盛至衰落时期的生活原貌。

为世博而设计

中央电视台科教频道《人物》栏目组制作，中国国际电视总公司2010年9月出版。DVD，时长230分钟，5盘，10集。

每一届世博会都是各国建筑师和工程师充分展示非凡才华的舞台，这些建筑师为人们提供了一个独特的视角，去重新解读建筑对于21世纪人类社会发展的作用，建筑对于城市的核心意义以及建筑如何潜移默化地影响人们的生活。该系列片从众多的场馆中选择了十几个最具代表性的场馆逐一进行拍摄，它们包括中国馆、英国馆、芬兰馆、丹麦馆、意大利馆、水幕馆、零碳馆、竹屋等。该系列片通过介绍上海世博会一些主要建筑，以这些建筑的设计者、参与者与使用者为视角，来解读建筑于人、于生活、于时代的意义。

该系列片共十集，分别为:《寻找中的家园》（上、下)、《自然的呼唤》（上、下)、《共生的城市》（上、下)、《诗意的建筑》（上、中、下)、《未来的启示》。

梁思成 林徽因

中央电视台新闻中心新闻评论部制作，中国国际电视总公司2010年10月出版。DVD,时长360分钟,4盘,8集。

梁思成、林徽因，一对学者伉俪。在离去多年后，他们的名字渐渐走入公众的视野。人们传说着他们不寻常的家世学识，传说着她的美丽、才华、爱情，传说着半个世纪前他对一座古城的痴迷与眷恋……

但在梁林故事的背后，还有许多为公众所不知的秘密——《梁思成 林徽因》的故事，讲述“大时代背景下跌宕起伏的个人命运”。执著、坚忍、爱国、奉献、赤诚，一对著名夫妇的人生轨迹和中国近现代的激荡史密切交织。

说不尽的二人转

中央电视台科教频道《人物》栏目组制作，中国国际电视总公司2010年11月出版。DVD，时长184分钟，2盘，8集。

二人转在东北三省已经有300年的历史，主要表现形式为“单、双、群、戏”。“二人转”表演具有“唱、说、扮、舞、绝”五个特点，深受当地人的喜爱，故有“宁舍一顿饭，不舍二人转”之风俗。近十几年，各种冠以“二人转”名义的演出用令人瞠目结舌的表演方式闯入人们的视野。而那些习惯了传统“二人转”伴歌伴舞的人们不禁发出这样的疑问：这些所谓的表演究竟还是不是“二人转”？

八集系列片《说不尽的二人转》讲述了二人转老艺人蔡兴林、作曲家那炳晨、舞蹈专家马力、编剧陈功范、丑角演员魏三、国家级非物质文化遗产传承人赵晓波等六人的人生经历,以此探寻“二人转”的历史、来源和传承。

《建设新农村》系列之健康知识普及篇

中央电视台科教节目制作中心（北京科学教育电影制片厂）制作，北京科影音像出版社2010年8月出版。DVD，时长270分钟，3盘，9集。

《建设新农村》系列是以农民群众的现实需求为导向，以农村科技影视服务为龙头，紧紧围绕国家农业生产、农村建设的发展趋势，精心策划、制作的科技指导类节目。其内容生动、形象直观，农民群众“看得懂、学得会、用得上”，能更好地向广大农民群众传播科学新理念、普及科学新技术，带动农村致富。

“健康知识普及篇”对目前农村较为流行的几种传染病的病因、传播途径、预防知识做了详细介绍，并针对农村医疗和食品安全问题做科学讲解及引导，以帮助农民朋友建立文明卫生的生活、生产方式。

《建设新农村》系列之环保技术推广篇

中央电视台科教节目制作中心（北京科学教育电影制片厂）制作，北京科影音像出版社2010年8月出版。DVD，时长270分钟，3盘，9集。

《建设新农村》系列是以农民群众的现实需求为导向，以农村科技影视服务为龙头，紧紧围绕国家农业生产、农村建设的发展趋势，精心策划、制作的科技指导类节目。其内容生动、形象直观，农民群众“看得懂、学得会、用得上”，能更好地向广大农民群众传播科学新理念、普及科学新技术，带动农村致富。

“环保技术推广篇”引导农村基层组织和广大农民更好地保护农村生产和生活环境。重点讲解了科学合理的环保治理思路和操作方式，并详细介绍了几种新技术、新产品，不但能大幅增加作物产量、提高生产生活质量，而且能大大减少对周围环境的污染。

中央电视台2010年报刊一览表

类别	名称	主管单位	主办单位	公开／内刊
报纸	中国电视报	国家广播电影电视总局	中央电视台	公开
期刊	电视研究	国家广播电影电视总局	中央电视台	公开
期刊	现代电视技术	国家广播电影电视总局	中央电视台	公开
期刊	第5频道	国家广播电影电视总局	中视体育娱乐有限公司	公开
简报	中央电视台简报	中央电视台	台办公室	内刊
日刊	工作日报	中央电视台	台办公室	内刊
期刊	电视决策参考	中央电视台	台办公室	内刊
报纸	电视生活报	中央电视台	台机关党委	内刊
期刊	新闻早读	中央电视台	总编室	内刊
期刊	决策信息	中央电视台	总编室	内刊
专刊	调研信息	中央电视台	发展研究中心	内刊
期刊	同赢	中央电视台	广告经营管理中心	内刊
期刊	国际传播舆情	中央电视台	海外传播发展中心	内刊
简报	中国国际电视总公司月报	中央电视台	中国国际电视总公司	内刊
简报	科影通讯	中央电视台	北京科学教育电影制片厂	内刊
期刊	离退休生活	中央电视台	人事办公室离退休人员管理处	内刊

中央电视台 2010 年公开出版发行报刊简介

中国电视报（周报）

1981 年 1 月 1 日创刊，国家广播电影电视总局主管，中央电视台主办，中国电视报社承办。

法人代表：焦利。总编辑：罗明。社长：郭卫翔。

办刊宗旨：宣传党的电视方针政策，宣传中央电视台节目，扩大中央电视台节目的影响与覆盖，全面提升中央电视台的收视率，从而带动中央电视台广告的整体创收，为广大电视观众服务。

全国刊号：CN11-0040，邮发代号：1-21；北京刊号：CN11-0238，邮发代号：1-15。

发行数量：60 万份。价格：1 元。地址：北京市复兴路 11 号。电话：010-68500284。电子邮箱：zgdsb@cctv.com。

《中国电视报》自创刊以来，与时俱进，不断改革进取，打造报纸品牌，先后被授予“全国十佳报纸”、“全国青少年最喜爱阅读的报纸”、“全国著名品牌和改革创新示范单位”荣誉称号，被国家邮政集团评为“全国邮政发行畅销报刊”。

《中国电视报》靠正确的舆论导向，健康的文化品位，贴近读者、服务读者；以知识性、服务性、趣味性、可读性于一体的特色，赢得了广大读者的喜爱，报纸发行量居全国周报刊类第一位。

电视研究（月刊）

1985 年 3 月创刊。国家广播电影电视总局主管，中央电视台主办，发展研究中心电视传播研究部书刊编辑组承办。

主编：罗明，副主编：李舒东、罗琴、张利生。

办刊宗旨：电视实践的理性思考，突出权威性、指导性、前瞻性、实用性，服务于电视专业工作者、研究人员、大专院校师生及广大电视爱好者。

刊号：ISSN 1007-3930（国际标准），CN11-3068/G2（国内统一）。

发行数量：8000 册。价格：7.50 元。地址：北京市复兴路 11 号。电话：010-68500653/68539643/68506356。电子邮箱：dshyjiu@yahoo.com.cn。

《电视研究》自 1997 年实施改版、创新以来，致力于实践经验的提升与电视应用理论的研究和传播，先后荣获了中国期刊方阵 · 双效期刊，第二届、第三届国家期刊奖 · 百种重点期刊，中文核心期刊，新闻核心期刊，CSSCI 来源期刊等政府奖及行业奖项，以其前瞻性、权威性、指导性、实用性的专业品质在电视业界、学界有较高影响力。

现代电视技术（月刊）

1989 年 3 月创办，2001 年 7 月全面改版，2002 年 7 月全国公开发行。国家广播电影电视总局主管，中央电视台主办，中央电视台技术管理办公室技术业务处承办。

主编：何宗KE就，编辑部主任：韩强。

办刊宗旨：关注电视技术的探索与实践，关注高新理论的形成与发展，为广大读者提供大量实用信息，为技术创新提供重要实践经验。

刊号：ISSN 1671-8658（国际标准），CN11-4864/TN（国内统一）。邮发代号：2-259。价格：10 元 / 期，100 元 / 年。地址：北京市复兴路 11 号。电话：010-63987586/63985910。网址：www.cctvpro.com.cn。电子邮箱：tvtech@nic.cctv.com。

第5频道（月刊）

2008 年 8 月创刊。国家广播电影电视总局主管，中视体育娱乐有限公司主办，《第 5 频道》杂志社承办。

社长：江和平，副社长：张海潮、周经、张兴、方钢、李岳，出版人 / 总编辑：阮伟。

《第 5 频道》是中央电视台唯一一本面向市场发行的综合类体育时尚杂志，是中央电视台在体育产业领域跨媒体发展战略的重要组成部分。《第 5 频道》杂志作为 CCTV-5 的延伸品牌，通过整合各类体育资源，全面进入平面媒体领域，充分利用体育电视的资源优势，通过文字和图片的表现力将体育电视的精彩延续和延展开来，实施差异化市场战略，致力于打造国内顶级体育杂志品牌。

国内统一刊号：CN11-5711/G8，邮发代号：80-745。国际刊发代号：M8825。定价：20 元 / 期，全年定价：240 元。刊址：北京市朝阳区光华路 15 号院 1 号楼泰达时代中心 14 层，邮编：100026。电话：010-52813333。

中央电视台2011年编辑出版新书选介

电视国际传播创新研讨文集

主编：杨刚毅。副主编：王广令、王文昌。中国广播电视出版社2011年12月出版。30万字。

该书收集了中央电视台中文国际频道编导、记者及相关专家、学者撰写的文章40余篇，内容包括：专题特稿、国际传播专题研讨、创新与争鸣、电视专论、个案分析等。文集邀请了中央电视台副台长魏地春撰写《代序》，为中文国际频道的对外传播工作指明了方向。文集还邀请了冷凇等知名学者对中文国际频道的节目、栏目进行专题分析，对提高频道、栏目竞争力，提高频道的理论水准具有重要意义。

对话2：奥运你我他

编委会主任：李舒东。主编：宋嘉宁。副主编：董强。外语教学与研究出版社2011年6月出版。16.8万字。照片106幅。

《对话2：奥运你我他》是法语频道《对话》栏目出版的系列图书中的第2册，该书全4册，其他3册分别为《对话1：名人面对面》、《对话3：大家看世博》、《对话4：文化大碰撞》。该书为中法对照形式，由法国前驻华大使苏和与中国前驻法大使吴建民作序，傅雷翻译奖评委会委员朱熹、北京大学教授董强撰写精彩点评，深受法语频道的热心观众、广大法语爱好者与国外中文学习者的欢迎。

《对话2：奥运你我他》收集了2008年法语频道《对话》栏目对多位奥运名人的专访，包括国际奥委会执委何振梁、法国前总理让·皮埃尔·拉法兰、北京奥运会主题曲作者陈其钢、2008年奥运会中国击剑队教练鲍埃尔、法新社总裁卢伟德等。

光影传奇

编著者：屠小文。主编：曲新志。江苏文艺出版社2011年10月出版。 40万字。

该书系《第10放映室》栏目开播以来的文本精华，以专业的目光和敏锐的笔触，对电影史上大师级的导演作品进行了深入的分析，对电影史上的艺术思潮、流派和现象进行了深刻的剖析，并对一些著名的电影表演艺术家的风格进行了解剖。本书既保持了《第10放映室》栏目犀利大气的风格，同时在文本处理方面又做了适当的调整和修改，使之更适合阅读。

中央电视台2011年音像出版物选介

大型文献纪录片《旗帜》

中共中央宣传部、中共中央文献研究室、中共中央党史研究室、国家发展和改革委员会、国家广播电影电视总局、中央电视台制作，中国国际电视总公司、学习出版社2011年7月出版。DVD，时间500分钟，5盘，10集。

大型文献纪录片《旗帜》，以史诗品格，融入民族叙述，弘扬时代精神。展现第一次鸦片战争以来中华民族谋求伟大复兴的探索历程，记述中国共产党成立90年来波澜壮阔的历史足迹。

另外《旗帜》节目组还配套出版了该片解说词图书，共15.1万字。总撰稿：甄占民、王心富。撰稿：唐建军、蔡书贵、宋维强、郭晓冬、唐洲雁、郑谦、李向前、谢春涛、刘金田、李正华、孙业礼、王炳林、王幸生、齐彪、沈传亮、孙存良。中国国际电视总公司、学习出版社2011年7月出版。

大型理论专题片
——从怎么看到怎么办

中央电视台制作，中国国际电视总公司2011年10月出版。DVD，时长240分钟，4盘，8集。

看病难、物价高、就业难、分配不合理、教育不公等这些社会生活中的热点难点问题，对个人来说很少同时面对，但对于国家来说，却是一个发展中正在全面经历的难题。如何看待、破解这些难题，由中宣部理论局和中央电视台财经频道联合制作推出了大型理论专题片《从怎么看到怎么办》，寻找解题的答案和思路。

辛亥革命

中央新闻纪录电影制片厂制作，中国国际电视总公司2011年11月出版。DVD，时长270分钟，6盘，6集。

该片以“振兴中华、民族复兴”为创作主题，站在历史与现实、中国与世界交汇的坐标上回顾辛亥革命波澜壮阔的历程，把历史人物的命运融入到宏大的叙事当中，生动展现了孙中山等革命先辈致力于振兴中华的光辉业绩，深刻反映了辛亥革命在中华民族伟大复兴道路上的历史意义和对世界的重大影响。

建国前夜——中国1949

中央新闻纪录电影制片厂（集团）制作，新影音像出版社2011年11月出版。DVD，时长90分钟，1盘，1集。

该片收录了发生在1949年的所有重大事件，包括淮海、平津战役，蒋介石下野，解放军北平入城式，西柏坡的日日夜夜，渡江战役（解放南京），政治协商会议筹备会，毛泽东亲迎宋庆龄，政协第一次会议，开国大典，保卫世界和平大会，毛泽东出访苏联等。该片以独有的影片资源，将历史鲜活再现。

文之脉国之魂

中央新闻纪录电影制片厂（集团）制作，新影音像出版社2011年12月出版。DVD，时长60分钟，1盘，2集。

该片是为纪念中央文史研究馆成立60周年，由国务院参事室、中央文史研究馆及中央新闻纪录电影制片厂（集团）三方联合摄制的文献纪录片，分上下两集，以大量历史资料及纪实镜头，把从建馆至今60年的发展历史形象地呈现在了人们面前，这不只是一个研究馆的发展史，更是中华文化发展的缩影。

飘逝的红头巾

中央新闻纪录电影制片厂（集团）制作，新影音像出版社2011年10月出版。DVD，时长90分钟，1盘，3集。

20世纪初期，国势动荡，民生凋敝，部分广东三水的年轻妇女飘洋过海到新加坡谋生。她们饱尝离家的痛苦，历经漂洋过海的生死旅程，在异国他乡从事繁重危险的建筑工作。由于上工时都戴着一块红色的头巾，因此被称为“红头巾”，红头巾也从此成为狮城一道独特的群体标志。如今，仍有许多她们修建的建筑矗立在新加坡繁华的街道两侧，而她们也被保留在新加坡城市发展史中。矗立在城市发展局门前的“红头巾”雕塑、地铁“红头巾”壁雕、小学课本上“红头巾”的故事都是一个国家对于一个异国群体的深深惦念。1949年新中国成立后，三水妇女下南洋的历史结束了，一部分“红头巾”回到祖国，一部分选择留在了新加坡。如今健在的“红头巾”都已年近百岁，她们见证了一个世纪的变迁。无论在国内还是海外，她们将勤劳善良延续了一个世纪。走近曾经的“红头巾”，走进花园城市新加坡，探访宁静美丽的长寿之乡——三水，聆听一段励志却不乏温情的故事。三集分别为《飘零·企盼》、《承诺·挣命》、《望乡·安然》。

大市·中国

中央电视台制作，中国国际电视总公司2011年5月出版。DVD，时长360分钟，4盘，8集。

借鉴“纪事本末体”体裁，通过近万张图片的收集汇聚，近百件道具的制作筹备，全国各地近百位中国资本市场二十年发展中的改革者、亲历者的采访记录，先后历时八个多月紧张制作，以中国资本市场二十年来走过的风雨历程为叙事载体，展现中国资本市场创立之后，给中国社会相关层面带来的重要变化，描绘资本市场引领下，中国经济市场化的进程。

大美青海

中央电视台制作，中国国际电视总公司2011年6月出版。DVD，时长220分钟，2盘，5集。

印度洋板块和亚欧大陆的碰撞，将青藏高原挤成万千沟壑。大自然的神奇造化育成了传奇的生物和悠远的文明。藏羚羊、藏野驴、黑颈鹤、湟鱼等无不让人称奇，古羌人的彩陶传达着远古的信息。

莽莽昆仑，不仅积淀了河源文化，还有古人对创世的猜想。

探索·发现——哈勃望远镜

中央电视台制作，中国国际电视总公司2011年11月出版。DVD，时长240分钟，3盘，6集。

1990年4月24日，人类第一架巨型空间天文台哈勃望远镜被送入太空，然而它一上场就出师不利，被讥讽为“近视镜”。不过幸运的是，宇航员可以在太空为它更换零件。于是在一次次让世界为之揪心的太空大维修后，经过提升改造的哈勃望远镜终于取得巨大成功。20年来它发回了海量的照片资料，这些全球共享的资料在科学上取得了巨大的成功， 在普及天文知识和影响大众方面，哈勃望远镜也有着所有其他望远镜望尘莫及的影响力。

健康之路——千古名方

中央电视台制作，中国国际电视总公司2011年12月出版。DVD，时长140分钟，2盘，7集。

中国传统中医文化博大精深，数十种千年古方家喻户晓。中央电视台金牌栏目《健康之路·千古名方》系列节目为观众讲述这些千年名方辗转传承背后的故事，为观众解答这些耳熟能详，居家常备药方的正确用法。

荣誉之战

解放军电视宣传中心制作，解放军音像出版社2011年3月出版。DVD，时长400分钟，6盘，18集。

初夏时节，一场基础训练大比武在华北大地拉开帷幕。战鼓声催，烽烟正浓，面对荣誉之战，各路英豪摩拳擦掌。谁能在多轮残酷的竞赛中屹立不倒，谁又能在最后的巅峰对决中笑傲群雄？三路摄制组分头出击，全程记录北京军区基础训练大比武进程。

护航正在进行

解放军电视宣传中心制作。解放军音像出版社2011年4月出版。DVD，时长154分钟，2盘，7 集。

该片记录了中国海军第五批护航编队从三亚起航到亚丁湾、索马里海域的行程，介绍战斗舰艇、综合补给舰的日常训练情况。在长达五个月艰辛漫长的护航中，新一代海军官兵们凭借过硬的军事技能和心理素质，化解一次次危机，成功驱逐疑似海盗船，出色地完成了商船护航的任务，并在与多国海军的交流中，展现了中国海军过硬的军事素质和良好的精神风貌，增进了友谊和相互了解。

上将陈士榘

解放军电视宣传中心制作，解放军音像出版社2011年3月出版。DVD，时长70分钟，1盘，3集。

该片讲述解放军将领陈士榘的戎马一生。从投身革命到成为能征善战的上将，从漫漫长征路到千里戈壁滩，陈士榘取得成就无数。坚定的革命信仰，沉着冷静的将军品格，成就了这位将领辉煌的一生。

导弹出击

解放军电视宣传中心制作，解放军音像出版社2011年12月出版。DVD，时长192分钟，4盘，4集。

海洋是人类生存和发展的第二空间，当人类开始将触角延伸到海洋时，这片蔚蓝色的大海也就不可避免地变成了战场。现代海战是信息、技术、谋略、实力的较量，导弹作为现代战争的“先锋”，它是精确打击的化身，是现代战舰的利器，也是水面舰艇的守护神。

军魂

解放军电视宣传中心制作，解放军音像出版社2011年8月出版。DVD，时长250分钟，5盘，10集。

该片围绕重大历史事件，以故事化的讲述方式，以翔实丰富的史料为依据，回顾了我军自建军到和平建设时期的风雨征程，重点展示了“军魂”的核心价值。

航母的诞生

解放军电视宣传中心制作，解放军音像出版社2011年8月出版。DVD，时长132分钟，3盘，6集。

该片系统梳理了世界航空母舰的发展史，生动详实地介绍了舰载机、舰载武器、舰载电子设备以及舰船管理模式，同时，对航母兵不同寻常的舰上生活和鲜为人知的情感体验进行了揭密。全片分为六个单元：前世今生，甲板起降，舰载杀手，海上城市，编阵大法，亚洲航母：梦想与现实。

国货的前世今生

中央新闻纪录电影制片厂（集团）制作，新影音像出版社 2011 年 10 月出版。DVD，时长 240 分钟，2 盘，8 集。

该片回忆了经典国货。一些老品牌、老物件现在又逐渐回到人们的生活当中，人们把这种现象称为"国货回潮"。其实国货这个词并非今天才出现，在不同的时代里，它折射出不同的内涵。回力球鞋将新品的广告词定义为"再生再来"，这也许意味着这些曾经淡出人们记忆许久的品牌将重新复活，抑或是人们曾经走过的岁月将通过一种新的形式得到重生，或许这其中还包含着人们所不知道的更多内容。8 集分别为：《再生再来》、《美丽三生》、《自行车王国》、《三转一响》、《三大件儿》、《感光年代》、《印象童年》、《眷眷流年》。

多彩贵州 神奇之旅

《中华民族》栏目制作，中国国际电视总公司 2011 年 12 月出版。DVD，时长 80 分钟，1 盘，4 集。

绚丽多彩的贵州高原，四位青春曼妙的贵州少数民族姑娘，带您翻过一座座大山，去一睹行云流水般的千古山寨，一起去探寻最具民族特色的衣、食、住、行。她们的家就在这大山深处，那些传承了千百年的精湛工艺、那些蕴藏着先民智慧的古寨木楼，历经了千年的风雨，无处不显示着经久不衰的历史风韵。静谧的山寨里不仅有古朴自然的美景，还有流传久远的美食，更有乡野间纯朴的美丽人生。4 集分别为：《穿在身上的史书》、《食韵黔山秀水》、《家在大山深处》、《行走村村寨寨》。

动物大营救：中国濒危动物影像报告

北京科学教育电影制片厂制作，北京科影音像出版社 2011 年 9 月出版。DVD，时长 980 分钟，12 盘，39 集。

中国是世界上野生动物种类比较丰富的国家之一。随着经济的持续快速发展和生态环境的日益恶化，不少野生动物濒临灭绝。《动物大营救：中国濒危动物影像报告》是真实反映野生动物生存实况的大型纪录片，用镜头记录下 20 余种被列入《中国濒危动物红皮书》的珍稀物种的生存环境和生态行为。并希望以此能让公众了解野生动物赖以生存的环境，提高保护野生动物的意识。

水中掠食者

北京科学教育电影制片厂制作，北京科影音像出版社 2011 年 3 月出版。DVD，时长 275 分钟，3 盘，11 集。

在中国大陆淡水领域中生活着大量凶猛的掠食性鱼类。它们整日逡巡在各大江河湖泊，伺机向其他弱小鱼类发动攻击。这些水中霸王不但性情凶猛，而且速度迅捷、狡猾多疑。它们是水族生物的梦魇，是水产养殖业的大敌，却又是钓鱼人的最爱。

路亚钓法是一切水中掠食者的克星。在该片中，路亚高手郑博元、全国垂钓一级大师李大毛、钓王程宁等钓坛名人远赴安徽、江西、湖南、河北、辽宁等地，用路亚钓法进行实钓表演。片中既有高手们的精彩技术讲解和各种难得的上鱼镜头，又融入大量自然知识和鱼类知识，为广大钓友提供了钓获鳜鱼、鲈鱼、黑鱼、鲶鱼、翘嘴鲌鱼的宝贵经验。

另眼看羽球

北京科学教育电影制片厂制作，北京科影音像出版社 2011 年 4 月出版。DVD，时长 150 分钟，2 盘，6 集。

球类项目中球出手速度最快的项目是什么？打篮球、踢足球、打羽毛球哪个消耗更大？网络上曾经火爆一时的几段视频：球员用羽毛球打爆西瓜，林丹在远处轻松把球打进小小的羽毛球筒，这些都是真实的吗？羽毛球运动员真的具备如此强大的力量和精准的控制力吗？

《运动空间》与中国国家羽毛球队合作，邀请顶尖国手张宁、夏煊泽、蔡赟、傅海峰参与拍摄。启用 2010 年世界杯转播中大受好评的极限慢动作系统，将运动员击球时球拍与球接触那短暂的零点零几秒清晰细腻地展现在观众面前。《另眼看羽球》以科学的视角为观众展现了一个前所未见的羽毛球世界。6 集分别为：《速度之王》、《急速 · 极限》、《爆裂西瓜》、《精准控制》、《神器装备》、《高人·高招 高速》。

变暖的地球

北京科学教育电影制片厂制作，北京科影音像出版社2011年11月出版。DVD，时长70分钟，1盘，1集。

这是中国首部关于全球变暖的大型科普电影。影片采用故事化的讲述方式，述评结合，从全球变暖的现象、成因、解决途径等角度，探求了全球变暖这个重大话题。影片不仅普及了气候变化的知识，而且从一个负责任的世界大国的高度，呼吁人们加强对环境保护的认知与关注。

生命之约

北京科学教育电影制片厂制作，北京科影音像出版社2011年6月出版。DVD，时长60 分钟，1盘，5 集。

灾难来临，人类无比渺小；疾病突发，生命格外脆弱。学习避险逃生知识，让我们远离灾难；掌握自救互救技能，让生命得以延续。本片由北京市红十字会应急救护教育中心监制，由多位医疗急救专家和公共安全专家出镜讲授突发疾病、伤害的现场急救技术，以及灾难、事故的应急避险知识与技能，将扣人心弦的情景再现与生动详尽的案例教学相结合，让观众看得懂，学得会。5集分别为《心脏骤停与心肺复苏》、《气道异物阻塞的现场救护》、《交通事故创伤现场救护》、《火场避险逃生与烧烫伤现场救护》、《地震避险与自救互救》。

青少年安全成长

京科学教育电影制片厂制作，北京科影音像出版社2011年6月出版。DVD，时长 60 分钟，1盘，10集。

在每一个人口集中的现代化大都市，在人群相对集中的公共场所，都存在着一些潜在的安全隐患，即使是在校园当中，也极易发生一些危险。那么，在生活中如果遭遇火灾、地震、拥挤踩踏、交通事故、宠物咬伤、溺水、暴力伤害、烧烫伤、骨折、心脏骤停时，如果我们能掌握一定的应急救护措施，就能在关键时刻给自己带来一线生机，甚至挽救他人的生命。

《青少年安全成长》共十部分内容，分别是《火海逃生与自救》、《地震之避险逃生》、《拥挤踩踏的自我保护》、《溺水防范与救护》、《交通安全知识》、《如何防止暴力伤害》、《被宠物咬伤后的处理》、《预防和救护烧烫伤》、《骨折止血的方法》、《现场心肺复苏知识》。

第六届电视舞蹈大赛

中央电视台制作，中国国际电视总公司2011年12月出版。DVD，时长960分钟，8盘，8集。

自第一届CCTV电视舞蹈大赛举办以来，深得舞蹈界、电视界和广大观众的喜爱与好评。历届赛事不仅推出了一批优秀电视舞蹈作品和人才没，还推动了舞蹈艺术在民间艺术的推广和普及。本次大赛继续秉持“繁荣舞蹈创作，普及舞蹈文化，发现舞蹈新人，丰富电视荧屏”的一贯宗旨，继续走专业化、精品化路线。来自全国的70多个参赛队伍参加七场角逐，享誉全国的舞蹈艺术家和历届大赛的金奖得主在颁奖晚上也纷纷登台献舞，为广大观众奉献了精彩纷呈，风格鲜明的舞蹈盛宴。

百家讲坛·大明嘉靖往事

中央电视台制作，中国国际电视总公司2011年5月出版。DVD，时长570分钟，7盘，15集。

在明朝众多的皇帝中，嘉靖皇帝是最独特的一个，他开创了一个别具特色的“嘉靖时代”，让海瑞、戚继光、严嵩等明朝最著名的人物有了各自的舞台。在这个表面风轻云淡，其实却暗流涌动的时代，儒家传统文化中的精华与桎梏在此刻迸发，君与臣的博弈，忠与奸的对峙，在朝在野的文化人，士农工商，凡夫俗子，都在这一朝遇到了最好的伙伴和对手。主讲人为江西师范大学方志远教授。

中央电视台2011年报刊一览表

类别	名称	主管单位	主办单位	公开／内刊
报纸	中国电视报	国家广播电影电视总局	中央电视台	公开
期刊	电视研究	国家广播电影电视总局	中央电视台	公开
期刊	现代电视技术	国家广播电影电视总局	中央电视台	公开
期刊	第5频道	国家广播电影电视总局	中视体育娱乐有限公司	公开
简报	中央电视台简报	中央电视台	台办公室	内刊
日刊	工作日报	中央电视台	台办公室	内刊
期刊	电视决策参考	中央电视台	台办公室	内刊
报纸	电视生活	中央电视台	台机关党委	内刊
期刊	新闻早读	中央电视台	总编室	内刊
专刊	舆情专报	中央电视台	总编室	内刊
专刊	调研信息	中央电视台	发展研究中心	内刊
期刊	同赢	中央电视台	资产管理中心	内刊
期刊	国际传播舆情	中央电视台	海外传播中心	内刊
简报	中国国际电视总公司月报	中央电视台	中国国际电视总公司	内刊
简报	中央新影集团通讯	中央电视台	中央新闻纪录电影制片厂(集团)	内刊
期刊	离退休生活	中央电视台	人力资源管理中心	内刊
期刊	第八频道	中央电视台	电视剧频道	内刊

中央电视台2011年公开出版发行报刊简介

中国电视报（周报）

1981年1月1日创刊，国家广播电影电视总局主管，中央电视台主办，中国电视报社承办。

法人代表：胡占凡。总编辑：罗明。社长：郭卫翔。

办刊宗旨：为宣传推广电视节目服务，通过宣传中央电视台节目，整合节目资源，增加自采稿件，提供延伸服务，报道影视动态，达到扩大节目宣传、提高节目收视率、增加中央电视台广告创收、服务广大观众的目的，真正做到“第一时间报道中央电视台热点，为读者提供最需要的电视资讯”。

全国刊号：CN11—0040，邮发代号：1—21；北京刊号：CN11—0238，邮发代号：1—15。

发行数量：55万份。价格：1元。地址：北京市复兴路11号。电话：010—68500284。电子邮箱：zgdsb@cctv.com。

《中国电视报》自创刊以来，与时俱进，不断改革进取，打造报纸品牌，被中国广播影视报刊协会授予“全国著名品牌和改革创新示范单位”荣誉称号，被国家邮政集团评为“全国邮政发行畅销报刊”。

《中国电视报》靠正确的舆论导向，健康的文化品位，贴近读者、服务读者；以知识性、服务性、趣味性、可读性于一体的特色，赢得了广大读者的喜爱，发行量居于业内首位。

电视研究（月刊）

1985年3月创刊。国家广播电影电视总局主管，中央电视台主办，发展研究中心电视传播研究部书刊编辑组承办。

主编：罗明，副主编：李舒东、罗琴、张利生。办刊宗旨：电视实践的理性思考，突出权威性、指导性、前瞻性、实用性，服务于电视专业工作者、研究人员、大专院校师生及广大电视爱好者。

标准刊号：ISSN1007-3930，CN11-3068/G2国内统一。发行数量：8000册。价格：7.50元。地址：北京市复兴路11号。电话：010-68500653、68539643、68506356。电子邮箱：dshyjiu@yahoo.com.cn。

《电视研究》自1997年实施改版、创新以来，致力于实践经验的提升与电视应用理论的研究和传播，先后荣获了中国期刊方阵·双效期刊，第二届、第三届国家期刊奖·百种重点期刊，中文核心期刊，新闻核心期刊，CSSCI来源期刊等政府奖及行业奖项，以其前瞻性、权威性、指导性、实用性的专业品质在电视业界、学界有较高影响力。

现代电视技术（月刊）

1989年3月创办，2001年7月全面改版并更改为现刊名，2002年7月正式公开发行。国家广播电影电视总局主管，中央电视台主办，技术管理中心技术业务处承办。

主编：何宗就。编辑部主任：韩强。

刊号：ISSN 1671-8658（国际标准），CN11-4864/TN（国内统一）。价格：10元／期，100元／年。地址：北京市复兴路11号。电话：010-63987586、63985910。网址：www.cctvpro.com.cn。电子邮箱：tvtech@cctv.com。

《现代电视技术》内容围绕重大行业活动和重要报道事件，关注电视技术最新发展趋势和应用实际，着力报道技术实施情况以及技术成果应用。所刊登的内容主要涉及国内外高新技术与数字化、网络化技术；电视中心系统设计、设备选型与维护；电视节目制作与播出；多媒体技术与计算机网络；新媒体与三网融合；电视发射、接收设备的改造与维护；卫星电视与有线电视；科技管理、市场动态与业内活动报道等。

第5频道（月刊）

2008年8月创刊，国家广播电影电视总局主管，中视体育娱乐有限公司主办，《第五频道》杂志社有限公司承办。

社长：江和平。副社长：张海潮、周经、张兴、方钢、李岳。出版人／总编辑：郑梦晖。

标准刊号：ISSN 1674-3628，CN11-5711/G8国内统一。国内邮发代号：80-745，国外发行代号：M8825。定价：20 元／期，全年定价：240 元。地址：北京市朝阳区光华路15号院1号楼泰达时代中心16层。邮编：100026。电话：010-52813333。传真：010-52813339。

2008年7月13日，《第5频道》杂志首刊推出，与北京奥运会同步“起跑”，是CCTV-5的纸媒品牌，也是中央电视台唯一面向市场发行的高端体育刊物。作为中央电视台跨媒体发展战略的重要组成部分，《第5频道》杂志得到了国家新闻出版总署、国家广播电影电视总局、国家体育总局、中国国际电视总公司、中央电视台体育频道等多家权威机构的强大支持。《第5频道》杂志以时尚元素包裹体育精神，以体育风范撬动时尚脉搏，尽情为读者呈现体育的无限精彩与激情。《第5频道》杂志始终致力于做中国体育产业发展的推动者，成为“积极向上、永不放弃”体育精神的弘扬者，让“体育运动”成为生活，做“优活动感”品质生活的倡导者。《第5频道》杂志是一本炫与释放激情的杂志，旨在引领中国体育新生活，与读者一起分享体育的力量与激情，感受体育的快乐与魅力。

CCTV
中国中央电视台
CHINA CENTRAL TELEVISION YEARBOOK
年 鉴
2011
胡占凡 主编
《中国中央电视台年鉴》编辑部 编

CCTV

XINJISHUSHEBEI

新技术设备

新技术设备

中央电视台高清四讯道EFP视频系统简介

一、概述

为了丰富外场高清转播系统的种类，以便应对不同类型节目的转播制作，中央电视台技委会决定：在2009年工程建设中，播出传送中心转播部建造两套小型外场箱载式高清转播制作系统（简称EFP）。其系统功能定位是：完成中央电视台各节目中心外场小型活动的高/标清电视转播制作以及中型节目的现场包装播出任务。结构设计以轻便灵活、易于运输、简易操作为原则。

对整体系统的使用，要求实现简单灵活、安全可靠、适当扩展，可适应下列节目的转播制作：

转播制作类：新闻事件的小型化高端制作、访谈类节目、小型戏曲和综艺晚会；

节目包装类：一般综合事件（含时政、体育、综艺等）节目的包装播出；

系统扩充类：作为中央台已有的A/B类转播车的讯道扩充，成为超大型外场高清制作系统的一部分。

二、设计理念

为了对应不同类型的小型节目制作需求，对该EFP系统可采用传统的EFP箱体结构。箱体尽量小型化、集成化，满足北京市内及外埠陆路运输条件和野外制作环境。系统构成针对通用小型化节目制作和一般综合事件的包装。

三、系统设计方案

该EFP系统的功能需要针对不同制作需求，可以定义为以下两种制作需求：

通用小型制作（两套）；

中型包装制作（一套）。

其中，中型包装制作是在通用制作的基础上进行设备的加法而形成的系统。

1. 系统结构

（1）通用小型制作的系统配置

主要参数：

有线讯道 高清摄像机 Panasonic AK-HC3500MC 4台；

外来通道1个；

高清视频切换台 1M/E HD Kahuna MF；

切换台8键微型控制面板 Micropanel；

净切换矩阵 P16HSCQOE；

通话主机 Clear-Com MS704；

视音频周边 Harris 6800+；

同步系统 Harris MTG3901 1台；

示波器 Tektronix1741A 1台、WFM7120 1台；

监视器 SONY LUMA2050 1个；

调音台 AD146 12CH

(2) 通用小型制作机构设计

EFP系统在箱体选择上采用了统一的箱体规格。箱体采用进口高档金属材质航空箱，结构上具备防水、气密、防潮、防冲撞等功能。其中Rack箱的安装设备深度为780mm，8RU尺寸高度，19英寸标准机架宽度。航空收纳箱的尺寸为905mm×620mm×509mm，翻盖带有金属锁扣，侧面带提手。通用小型制作的结构设计，遵循的原则为小型、快速、紧凑，即在满足小型化制作需求的同时，以方便携带、体积小、重量轻为原则。

此工作状态下收纳一套完整的EFP系统共需要6个8RU的Rack箱和8个标准航空箱。

6个Rack箱组成3组设备柜，每组上配置一个滑动桌面，可成为一个标准工位。

(3) 中型包装制作的系统配置和结构设计

此设备配置是在通用小型制作设备配置基础上，外加部分设备实现中型包装制作。后者较前者，在信号源方面除摄像机以外其余设备均需要增加。

中型包装制作系统的切换台面板改用1M/E紧凑型16键面板，以适配制作需求；增加2台录/放像机（通路），1台字幕机，1套图文包装系统（通路）；另外再增加3个外来通道，因此相比小型系统，增加了一个周边机箱插放外来通道的设备板卡；监看方面采用“画面分割器+监视器”的方式，相比小型系统，增加了一台画面分割器，一台20寸监视器，一台双联显示器。

为了满足增加的设备和工位的需求，在结构设计方面增加了一个16键切换面板运输箱，此箱体打开后变为一个桌面，可以悬挂两个20寸监视器，形成导演的工位。相对于小型通用系统，中型包装制作时的系统差异主要在于外来通道的规模、非线性编辑制作和字幕包装数量的变化。

2. 视频系统设计

（1）小型通用制作

小型通用制作系统设计中，信号源部分的外来通道采用帧同步+上变换+音频解嵌的流程进行信号处理。所有信号源同时分别进入切换台、应急矩阵和监看系统。

切换台为1M/E紧凑型切换台主机和微型切换面板，带有多个辅助母线输出（AUX）和四组自定义标准输出。切换台的PGM输出进入主节目传输通道、应急矩阵和画面监看系统，同时分配两个辅助母线输出进入VTR进行节目录制。

应急矩阵采用小型16×4矩阵，带有两个内置帧同步的静/净切换输出。矩阵前面板带有本地控制面板。矩阵输出用于备份节目传输通道。

信号源、PGM、PVW等信号进入12通道画面分割器，通过大屏幕显示。同时CCU信号在本地OCP控制工位有四联监视器和模拟波形示波器进行监看。

(2) 中型包装制作

与通用小型制作系统相比，中型包装制作系统增加了在线图文包装设备，同时字幕机增加到两台，外来通道增加到4个，可以满足一般节目包装制作的需求。

设计保证了中型包装制作系统的主要设备可以由两套通用小型制作系统设备组合而成。两套通用小型EFP组合后，可以满足多种不同节目制作转播需求。

3. 音频系统设计

音频系统由模拟调音台及音频周边设备组成。

音频信号在系统内部的流程为外来信号通过数字解嵌板卡和音频D/A转换之后进入模拟调音台，模拟调音台的音频PGM信号经过A/D转换后再进入PGM通道的音频加嵌。

系统配置的调音台为Audio Development型号为AD146的12通道模拟调音台，配合与视频周边设备同系列的Harris 6800音频加解嵌、AD转换等，组成音频系统。

4. 通话系统设计

通话系统采用双通道PL系统，包含一个MS-704主站、两个RM-702分站、二四线转换和一套主持人有线IFB设备。

系统设计采用四通道二四线转换设备将CCU的通话接入一个通道；设置了4个四线接口，与主持人无线耳机接入另一个通道。同时配置一个双通道通话分站，两个通道与主站两个通道相连。

本套通话系统实现了摄像机CCU通话、导演通话、VIP通话和主持人返送通话等功能。

5. 同步及时钟系统设计

时钟及同步系统作为辅助系统，在设计时创新的采用了Harris MTG3901板卡作为系统的主时钟和同步信号发生器。该板卡设置在Harris NEO机箱中，同时板卡配置外置备用电源，保证安全运行。

MTG3901板卡可以通过GPS卫星接收天线取得GPS基准时间，并产生LTC时码。同时，可以作为同步信号发生器产生B.B同步和Tri.level同步信号，用于视频同步基准信号。

6.TALLY 系统设计

系统内采用静态TALLY，通过定制的接口盒将切换台、应急矩阵的GPI信号传递至画面分割器、CCU以及四联、双联监视器。定制的接口盒同时还传递CCU的通话信号，以及与其他系统互换设备时的接口转换。

四、供电设计

本系统使用的是单项供电系统，采用宽电设计。所选设备和供电系统可在100V～240V(50Hz～60Hz)范围内正常工作。电接口方式符合中央电视台外场接电规范，有完善的地线系统。设有电源分配单元，具备外场用电应有的监控仪表和分项开关。

此两套小型高清EFP系统于2009年立项，9月正式开工，2010年2月投入试运行。

投入使用的EFP系统先后完成了2010广州亚运会开幕式CCTV包装播出、上海世博会前方演播室包装、2010博鳌中国经济高层论坛以及2011新年跨零点直播等节目的转播制作，高质量地完成了重大转播任务，完成了对两套系统的功能定位，实现了设计初衷。

（播出传送中心提供）

中央电视台军事节目中心野战卫星新闻转播车项目

一、虚拟演播室系统概况

1. 项目背景

目前国内DSNG卫星车基本上都是点对点传输，电视信号单向传送到台内，即使一个单位有几个卫星车，也是每个车单独工作，相互间联系主要靠地面通信设备如移动电话。当突发事件地面移动基站故障时，就不能快速高效完成新闻传输任务。2008年汶川大地震时，地面所有通讯工具全部瘫痪，卫星传输设备进入灾区后，只能用数量很少的海事卫星电话联络，给视频传输带来很大不便。如果各卫星车有卫星通信系统的话，就可以互相打电话、传数据，还可以在主站集中设置及管理整个网络的工作状态；卫星车到达现场后，既能快速高效完成日常卫星新闻采访，又能适应应急突发事件的转播。本项目正是此背景下提出的。

2. 项目概况

经过深入调研、广泛论证、集中攻关，确定本项目野战卫星新闻转播车群由1个固定主站和20个车载端站组成。

系统采用VSAT技术组建卫星通讯网，要求能在日常、野战和应急状态下为主站和各车载站的卫星新闻采集、传输和节目交换提供服务，对新闻采集任务进行集中、有效的调度和控制，同时各车载端站能够具备现有的电视节目(DVB)传输能力。

车载端站配置3讯道高清晰度电视制作视音频系统，能够完成日常、野战和应急状态下的高清电视节目制作，并具备新闻直播能力。

方舱采用军标统型方舱，喷涂数码迷彩，具备防雨、防潮、防风沙、防静电、隔热御寒、抗电磁干扰和低红外反射能力，适合各种远程机动方式(车载和空运)。

车载底盘选用依维柯NJ2046军用越野车底盘，整车改造后有效载荷应满足野战及系统整体要求。

3. 高清电视信号的采集、制作和直播系统

该系统主要完成新闻现场事件图像、声音信号的采集，通过广播级视音频制作系统，制作出高质量的高、标清新闻素材用于记录或通过卫星传输系统传回固定主站用于新闻直播。

考虑到新闻直播的重要性，系统的安全可靠性被放在了首位。主要体现在以下几个方面：

主要设备采用当今世界最成熟和最先进的技术，在国内电视台均具有成功使用的案例；

核心设备如切换台采用主、备双电源供电；

系统链路简捷，主要节点均接入跳线器，保证应急状态下的正常播出；

系统操作简便灵活，易于上手。

根据不同的功能，该系统主要分为视频、音频、通话、同步、录制、监看六个功能块：

视频系统：提供一路无线微波、两路有线摄像机信号的传输和切换；

监视系统：具备高标清同播监看能力；

同步系统：完成本车系统和主站系统的视音频信号同步；

录制系统：配有3通道硬盘录像机可提供高清节目9小时的记录能力；

音频系统：能够完成现场新闻直播的拾音和音频制作；

通话系统：可提供远程新闻报道双向连线通话及现场导播通话。

4. 车载电视卫星传输系统

各车载站可以使用两个载波向主站和其他车载站传送信号，一个载波是DVB-S载波，使用高码率单向为主站传输实时广播级广播电视信号；另一个载波是TDMA载波，日常主站长期发射这个TDMA载波，所有站点共享这个TDMA载波进行相互之间IP视音频、电话、数据的通信联系。

车载电视信号卫星传输系统包括视音频编码器、调制器、上变频器、高功放、天线系统、下行监看系统等。SDI视音频信号经编码器进行MPEG-2（或H.264）编码压缩为4～20Mbps数据流，再经调制器进行调制（QPSK或8PSK等)，输出L波段信号，上变频器把L波段信号变换为Ku波段信号，再经高功放把Ku波段信号进行功率放大，通过天线系统发射到卫星的转发器，主站本部通过天线接收该转发器的下行信号，最后经卫星接收机还原出卫星车上传的电视信号。

作为卫星车的备份系统，每辆卫星车配有1部海事卫星视音频编码传输设备，可用于各种应急突发情况下的实时和非实时信号接收和存储，完全满足在全球各种复杂环境下新闻实时传输要求。

5. 卫星信号接收及卫星网络管理系统（主站）

主站是全网的高标清电视节目业务传输和网络管理控制中心，负责卫星网络的系统控制，接收各卫星车载端站发来的视音频信号，为确保系统的可靠性，主站设备采用了1∶1热备份方式。

主站可对网内各卫星转播车载站的卫星通信和电视节目业务传输进行实时监视和控制，网络平时租用2兆赫带宽用于日常通讯管理（包括控制信息、话音、传真、互联网访问、文件上传下载等），需要传送电视节目时可根据需求提前申请业务带宽。本系统设计主站支持同时接收4路外来信号的功能，并配备了1台多格式卫星综合接收解码器用于接收各种格式信号，所有车载端站的DVB视频传输都可在主站的控制之下进行。

6. 系统的主要特点

（1）本系统集传统卫星视频传输（DVB载波）和VSAT通信网络系统相结合构成的卫星媒体网络通信平台，工作在Ku波段，可覆盖全国。全网状拓扑结构设计车载站能与主站之间实现单跳的卫星通信，车载站之间也能实现单跳的卫星通信。

（2）通信网络采用MF-TDMA（多载波跳频时分多址）技术，兼具时分多址(TDMA)和频分多址(FDMA)的特点和优势，具有独特的先进性。网络设计基于经济高效的原则，日常建立一个基于TDMA体制的卫星通信网络，共享一个TDMA载波（比如2兆赫带宽）进行视音频、数据、电话的互联互通。同时这个TDMA载波大大简化了DSNG车对星的操作，只要经过简单培训，普通工作人员即可通过一键式自动对星系统实现精准对星，从而减少现场的准备时间、提高工作效率。

（3）全数字化高清晰度制作直播系统。采用业内最先进视音频产品打造的高清制作系统，使车载站具备功能强大的新闻直播制作能力。

（4）网管系统可对整个网络进行控制和管理。强大的网管功能可监视和设置网内各设备的工作状态；网络系统既能提供卫星电话、传真、视频会议、互联网访问等功能，又能通过网管系统对视频传输业务进行控制和管理，实现广义的节目调度和分时控制。

（5）DSNG既是独立的直播、录制工作系统，又可以通过与大型转播系统级联实现系统的功能扩展，从而完成大型活动直播的组织、编辑、发射（广播、组播、单播）任务。

（6）网络具有高度可扩展性，未来能支持更多车载端站入网。

（7）安全性高。卫星网络运行不依赖于任何计算机系统，全网可在无需连接任何计算机或工作站的情况下独立运行（脱网管运行），可有效避免黑客和病毒的攻击，提高网络的安全性。

（8）海事卫星通信系统作为通信系统的备份手段，支持车载端站海事卫星传送来的实时和非实时信号的接收和存储，完全满足在全球各种复杂环境下的新闻实时传输要求。

（军事节目中心提供）

温哥华冬奥会移动外场网络制播系统的设计与应用

在温哥华冬奥会转播中，中央电视台首次在IBC部署了专用的移动外场网络制播系统，提供了信号收录、节目编辑、演播室文件化播出、前后场素材交换以及媒资归档功能。该系统是一个全高清、全网络、全文件化的一体化制播系统。

一、构建移动外场网络制播系统的目的

2010年以前，中央电视台没有专用的外场网络制播系统，都是在大型赛事转播前从台内各系统中抽调设备，组成临时系统奔赴前场，这就给设备的协调和系统的搭建带来了较大难度。从2009年下半年起，随着中央电视台新台址系统项目的进行，技术部门决定以新台址混合制作岛1/3的比例，构建专用的移动外场网络制播系统。

二、系统亮点

与中央电视台以往临时组建外场网络制播系统相比，或者是与现有其他网络制作系统相比，全新的移

CHINA CENTRAL TELEVISION YEARBOOK

动外场网络制播系统融合了中央电视台新台址系统的设计新理念，采用了大量新台址系统的定制研发成果，主要包括了9个系统亮点：

1. 采用IP网络架构

移动外场系统的核心采用了IP网络存储，即Avid ISIS存储网络，系统中所有的收录、编辑、播出、归档、传输、管理模块都部署在这个IP网络之上。采用IP存储网络，是出于几个方面的设计考虑：

（1）网络架构更加简单。以往外场网络系统都采用FC架构，这是一个双网架构（FC+Ethernet），而采用IP存储后，则是一个完全的单以太网架构。系统架设时无需熔接光纤，只需采用普通的超五类线、双绞线，既降低了网络的复杂程度，也减少了架设难度。

（2）性能可以得到很好的保障。ISIS是一个节点分布式存储方式，经过实测，每个节点（Engine）至少可以提供300Mbps的混合读写带宽，因此在移动外场系统内部署了2个节点，以600Mbps的存储吞吐能力支撑着大约400Mbps的实际制播带宽需求。

（3）更高的安全级别。随着中央盘阵内硬盘数量的增多，出现硬盘物理损坏的概率随之增大，由于移动外场系统经常会被长途运输，因颠簸造成硬盘故障的隐患会更大。在中央电视台外场转播中，高强度、不间断是两个显著的特点，因此系统设计时必须充分考虑磁盘故障的系统恢复时间。经过实测，在系统中2个节点的存储空间使用率达到90%时，1块硬盘出现故障的恢复时间在170分钟左右，远低于以往FC存储中RAID5动辄几十小时的恢复时间。由于是分布式节点存储，随着节点数的增加，恢复时间反而可以进一步缩短，如果部署了12个节点，恢复时间可缩短到60分钟以内。在系统恢复过程中，系统所承载的各项业务不会被中断。

（4）系统的扩展能力更强。移动外场系统的规模可根据赛事转播规模的大小有所调整。2010年11月开始的广州亚运会转播，需要访问核心存储的客户端大约在90个以上，规模是冬奥会系统的3倍。如果以传统的FC架构去适配如此大规模的需求，是难以实现的。而ISIS网络存储，除了每个节点上自带16个千兆以太端口外，还可通过交换机进行端口扩展，非常有利于系统规模的扩充。

2. 实现系统的异构部署

异构部署是指将多种品牌的设备，择其优势部分，有机地组合成一个全新的系统。在移动外场系统中，中央电视台通过定制研发，对Avid和Sobey两个品牌的设备进行了一次异构部署。

Avid设备的强项在于拥有高性能且稳定的ISIS存储，拥有DNxHD这种质量高、兼容性强的视频编码方式，拥有节目制作手段丰富的Media Composer非线性编辑工作站。

从整个系统层面上看，这个异构系统达到了三个统一：首先是系统编码的统一——系统内各品牌设备在收录、编辑、播出、归档各环节均采用DNxHD 120编码，避免了编码的多次转化；其次是存储体的统一——各功能模块共用一个ISIS存储；最后是制作流程管理的统一——整个节目生产过程都通过统一的制作管理系统进行调度管理。通过这三个统一，中央电视台在外场网络制播系统中最终实现了高效的素材交换和无缝的流程衔接。

3. 全程高清高码流制作

在很多大型高清制作系统中，受系统设计理念或技术条件的限制，采用的是Proxy代理编辑方式。在温哥华冬奥会转播中，中央电视台系统采用的则是全程高清高码流制作。与Proxy编辑方式相比有着明显优势：

（1）所见即为所得。制作人员在编辑工作站上看到的是高画质的素材，避免了因Proxy画质不够而无法判断图像细节的情况。

（2）提高节目生成成功率。以往配合Proxy编辑使用的是后台生成服务器，实际使用经验表明，套片生成失败的概率并不低。而这次新系统中，配合高码流编辑的则是工作站本地生成，避免了低码至高码的套片转换，同时也允许制作人员立刻对高码成片进行检查。

（3）可通过本地生成提高整体制作效率。采用编辑工作站直接对高码流文件进行生成，相当于系统中所有的编辑工作站都可扮演后台生成服务器的角色，系统整体的生成能力成倍地提高，完全避免了以往在生成服务器上多个任务排队等待的现象。

4. 时间线优化生成功能

时间线优化生成功能是指，输出成片时，仅对有特效的片段进行生成处理，而对无特效的片段则直接被忽略。这样可提高生成效率，节约生成时的磁盘空间占用。

在2009年以前，该技术仅被以Avid为代表的极少量进口编辑设备所有，国产编辑设备仍采用时间线通篇打包生成的技术。由于在中央电视台的外场网络制播系统中，Sobey常规编辑工作站所占的比例为所有编辑工作站的70%以上，因此中央电视台自系统设计阶段，便提出了国产工作站实现优化生成功能的定制研发要求。

实际使用情况表明，对于体育制作中较复杂的时间线，优化生成的效率大约在5倍实时，即一般30分钟的一个成片，可在5～6分钟之内生成完毕。

5. 实现完全的前后场素材联动

外场系统并不是孤立的系统，它与中央电视台内系统存在着丰富的素材交换关系，总的来说分为三种类：

（1）前场低码流视音频“全部”、“实时”送后场。这里强调的是“全部”和“实时”，因为后场人员需要在第一时刻看到前场所有的公共信号。如果采用高码流传输的方式，国际传输链路的带宽是不可能满足冬奥会12路高清公共信号全部回传的需求的，因此，只能把前场的信号转换为H.264低码流向后场传输。后场基于从前场传来的低码流文件，完成信号实时监看和场记工作。

（2）后场低码流视音频“按需”送前场。在个别情况下，前场需要调用后场的部分历史素材，由于后场保存有海量的历史素材，因此只能有选择地把前场需要素材的低码流文件送至前场。

（3）前后场之间高码流视音频“有选择”地互传。前后场的编辑人员基于手中的低码流素材，进行素材精选，系统会把精选后的素材的高码流文件从对方系统中传输过来。

6. 视音频低延时传输

不难看出，前后场素材联动的最大难度在于如何将温哥华前场所有公共信号送回北京后场。因此，中央电视台专门定制研发了一套基于H.264编码的RTMS（Real-time Transfer Multi-function System）——实时传输多功能系统。

技术部门领导对系统提出了非常严格的性能要求，要求RTMS应满足以下五项技术指标：

（1）温哥华至北京的“眼到眼”的延时不得大于12帧（0.5秒）；

（2）画幅要满足场记、代理编辑的需求，分辨率不低于640×360像素；

（3）带宽占用要小，每路视音频为1～1.5Mbps；

（4）画质要高，画质在相同参数下不能低于市面现有编码器的编码结果；

（5）编解码效率要高，每台PC编码服务器要能够同时进行2路编码，解码服务器能同时解码16路视音频。

单独满足其中的一项条件并不困难，但是同时满足所有要求难度可想而知。尤其是12帧低延时就要求系统具有非常迅速的编解码能力，中央电视台项目团队在北京搭建了研发测试环境，最终在确保图像质量和节约编解码资源消耗的前提下，在本地局域网的测试环境下实现了“眼到眼”的4帧延时。

在温哥华实际部署时，由于增加了2帧左右的国际链路传输延时，温哥华至北京的总延时增加到了6帧左右。6帧的“眼到眼”延时，完全达到了中央电视台领导提出的技术要求，另外图像画质也满足了后场实时监看和场记的要求，RTMS系统的首次应用便获得了成功。

RTMS系统对未来前后场的工作模式有着很大的影响作用，主要体现在以下四点：

第一，可在后场完成实时场记。可节省大量场记人员奔赴外场的成本。

第二，满足后场代理码流编辑需求。

第三，可将高画质的低码流文件实时送至其他系统（如视频网站）加以使用。送至后场的低码文件，从码流和画幅上都非常适合网络浏览，且该视频的延时极低，非常有利于网站在第一时刻播出时效内容，提高网站的竞争力。

第四，可实现后场对前场的遥控切换。由于前后场所见的视频几乎同步（仅差1/4秒），因此可在后场通过矩阵遥控面板对前场演播室进行镜头的切换。

7. 实行有效的空间配额管理策略

温哥华冬奥会转播中，基于栏目空间配额制的管理思路，通过精确的配额管理制度，可以有效杜绝在使用过程中因管理缺失造成的空间浪费。冬奥会转播中对仅有的32TB有限存储空间进行了充分的循环利用，以最少的存储空间承载了整个冬奥会文件级的节目收录与制作任务。

空间配额管理制在整个冬奥期间运转正常，节目部门也很认同这种管理思路，总的来说优点如下：

（1）系统整体上看，文件存放的冗余被优化到了最低的程度。大部分空间被分配给了公共收录和公共上载，而各栏目的私有空间则相对较小。这是因为所有收录素材和上载素材对所有人都是默认只读开放的，各栏目编辑的时间线对公共素材一般只允许存在引用关系。因此栏目私有空间内只存放Render生成的新文件，以及被打点复制下来的需要长期编辑的精选素材，所占用的空间很有限。这是利用较小存储空间，承担较大节目制作任务量的一个前提。

（2）减小了技术部门的工作强度，也将责任关系明确化。技术部门只需要管理公共上载及公共收录空间即可，而且以每3天为一周期对公共空间进行管理，也是根据节目领导挑选签字的素材归档清单为依据的，该项工作可成为一项机械性的操作。而以往难度最大的对栏目私有素材的管理操作，则被转移给了最熟悉这些素材的各个栏目组。

（3）各栏目组对私有空间十分重视，因为每产生一个新文件都将占用相应的空间配额，栏目组会自觉清理私有空间中的无用素材，也不必担心分配给自己栏目的空间被他人占用。

8. 加强素材与节目的归档管理

本次系统采用LTO-4数据流磁带进行数据归档。数据流磁带中，只保存公共收录素材、公共上载素材和演播室的成片。以往项目中出现的对公共信号的收录服务器和演播室重复收录、由缩编或配音产生的多版本保存在本次项目中也不复存在。

在磁带归档格式上，经过与中央电视台音像资料馆的技术协商，实现了磁带和文件格式的统一，即温哥华冬奥会前方所写磁带，无需重新进行素材迁移拷贝，只要经过简单导入即可直接放入音像资料馆带库，这样可大大节约赛后的归档整理时间和人力物力，为赛后素材的快速复用提供了极大便利。

9. 大规模使用飞行箱进行运输和搭建

温哥华冬奥会转播中，将服务器、存储、交换机等后台设备统一装入了20台9U飞行箱，飞行箱运抵前场后，只需进行接线就可很快地将后台设备全部搭建完成，实际上也确实达到了这一目标。不到半天的时间，后台20个飞行箱的设备便搭建完成，以往这个过程需要数天来完成。此外，闭幕后的拆卸、运输以及下次出发也变得十分方便。

三、系统优化设想

通过温哥华冬奥转播实践，发现以下几点需要在日后的系统实施中进行优化：

1. 飞行箱的优化

温哥华冬奥会转播所采用的飞行箱，实现了货物运输和设备立柜的双重功能，达到了预期效果。但是，中央电视台领导对飞行箱提出了更高的要求，要求不但要解决设备运输问题，还要解决布线复杂的问题。也就是说，可考虑将布线槽甚至小型交换机分散部署在各个立柜内，立柜间只通过少量的高速通道（如万兆光纤）互联，在运输前所有的立柜内部连线均连接完毕，如此可更加简化前场的施工难度，同时增强立柜的美观程度。

2. 使用刀片式服务器

温哥华冬奥会的转播系统中已大量使用DELL R610超薄服务器，尽管如此，仍使用了20个飞行箱装载系统后台设备。今后大型国际运动会的报道，中央电视台的转播规模将是温哥华冬奥会好几倍，后台设备的数量也会有所增加，因此，必须在系统内部署刀片服务器以减少前场设备的空间占用。

3. 增加XDCAM MPEG－2 50M为系统主编码

温哥华冬奥会移动外场系统所采用的编辑和播出编码为DNxHD 120，但是所有ENG外拍素材为SONY专业光盘的XDCAM MPEG－250M编码。因此在送演播室播出前，必须将编辑完成的节目转码为DNxHD 120，从而降低了系统的生产效率。因此，在日后的系统中，可以增加XDCAM 50M为一种主系统编码，在提高制作效率的同时还可减少存储空间的占用。

但是，采用DNxHD 120和XDCAM 50M双编码对演播室播出服务器的可靠性提出了很高的要求。播出服务器必须可靠地对两种编码进行切换，在该项技术投入实际使用前，仍需进行大量测试。

4.ENG设备应补充H.264代理编码

目前ENG设备所采用的Proxy编码，无论是从画幅上还是画质上，都无法达到中央电视台RTMS H.264编码的水平。因此，希望补充H.264作为Proxy编码，以满足两点应用需求：一是H.264编码可第一时刻回传北京，在后场进行代理编辑；二是在所有ENG素材在音像资料馆进行馆藏归档时，需要一份与高码流相对应的H.264编码文件。

5. 考虑3D设备在系统中的应用

高清3D在体育转播中有很好的应用前景，但也给系统的部署和实施带来了一定的难度：首先是拍摄、编辑设备需支持3D，其次系统的存储容量、网络带宽需求都会翻倍增加，再次是缺少必要的制作经验和制作规范。中央电视台系统设计和转播团队，可以利用多年来在高清制作上积累的经验，逐步尝试2D至3D的过渡，希望在日后的大型赛事中为电视观众带来更富有画面冲击力的3D转播。

（技术制作中心提供）

南非世界杯转播前场收录制作系统应用

中央电视台南非世界杯报道在电视转播和制作上有了很多创新和改进。报道系统涉及主控、ENG、收录制作、FIFA MAX 等。

一、前场收录制作系统概述

前场收录制作系统包含三大部分，分别为：ENG 系统、收录制作系统和 FIFA MAX 系统。

1.ENG 系统

南非世界杯期间，中央电视台派出了 8 个 ENG 小组，分布在 8 个比赛场馆所在城市，各使用 1 套 ENG 摄像机。其中约翰内斯堡 2 组，北部城市波罗瓜尼、布隆方丹、内尔斯普雷特各 1 组，南部城市德班、伊丽莎白港、开普敦各 1 组。另外，在 IBC 还专有 1 套 ENG 用于连线采访。

每个 ENG 小组由 1 名记者、1 名摄像和 1 名技术人员组成，他们要完成赛事及周边采访报道、现场的单边连线、专题编辑及信号回传等工作。本次使用的所有 ENG 设备均为松下 P2 HD 系列产品。其中拍摄使用的为 P2 高清便携式摄录一体机 HPX3000，拍摄格式选择高质量的 AVC-Intra 100M。约翰内斯堡的 ENG 组另配了 2 台高清小型肩扛式摄像机 HPX173，拍摄格式为 DVCProHD。现场编辑使用的为 P2 便携编辑机 HPM200，可在现场编辑成 10 分钟的成片，通过 HBS 指定的传输线路回传后方。

每个 ENG 组配备了 5 张 32G P2 卡用于文件记录，可拍摄高清素材 150 分钟。为了解决素材保留和 P2 卡循环复用问题，每个 ENG 组另配备了 4 张 500G 易盘（每张 500G 易盘可用容量约 450G）和 1 块 1TB 移动硬盘，共可存储 100M 素材 56 小时。

出于设备使用便利性及新闻时效性的考虑，ENG 拍摄时采用单声道拾音，1 声道为背景声，2 声道为长线话筒采访声。为提高制作效率，在编辑制作时尽量不进行混音，1 声道仍为背景声，2 声道为配音或采访声。若外文采访视为背景声时，则需要混入到 1 声道。ENG 组的成片回传到北京会经过制作岛或演播室的加工再播出，所以在前场我们仅要求 1、2 声道有声音，不再进行混音。

2. 收录制作系统

南非世界杯前场收录制作设备共使用了 6 台华傲精创 HDDE 980 高清录像机。其中 4 台作为主备路收录，置于主控工作间内，与主控矩阵连接 1 入 1 出信号，音频嵌入。记录介质均为 500G 易盘卡，记录编码格式为 DNxHD 185M，每张易盘最多可记录 4 小时 27 分钟，每张盘记录一场比赛。另有 2 台作为编辑，置于 ENG 工作间内，纯单机模式不接入系统。

HBS 提供的公共信号 1、2 声道为立体声，3、4 声道为经 Dolby E 编码的 5.1 环绕声。IBC 主控将 Dolby E 解码至 3 ～ 8 声道后，将配音置于 5 声道（C）回传北京。北京主控对应高清制作，8 个声道直送 800 平方米演播室；对应标清制作送索贝网时，将 C 声道解说送至 1 声道，1、2 声道混合送至 2 声道。

根据世界杯赛制，一般情况下，同一时间只有一场比赛进行。此时 2 台 980 设备可互为主备进行收录，其中一路为 ESF 信号，一路为 EBIF 信号（两路信号开始和结束的时间不同，EBIF 除比赛信号外还有一些精编的内容）。另有 1 台 980 设备收录比赛战术镜头，或其他导演要求切换的信号，此部分内容会在线路有空闲时回传北京，回传后素材不作保留。收录从比赛前 60 分钟开始（包括球队到达、更衣室、赛前训练等内容），至比赛终场后 60 分钟结束（包括赛后采访、新闻发布会等内容）。小组赛最后一轮为两场比赛同时进行，此时 4 台收录 2 主 2 备同时收录两场比赛，另借用 1 台编辑机收录其余切换的信号。若未及时收录到素材，可从 MAX 中补充传送。每场比赛结束后，技术部门会检查收录素材，若主收录完好，则备盘可格式化后再利用。

前场收录的高质量赛事素材作为珍贵的比赛资料，回国后要进入音像资料馆归档入库。大洋媒资系统已能够支持易盘 DNxHD185M 素材的文件级导入，用易盘卡 + 驱动器的方式接入大洋媒资系统，完成文件、元数据的导入，并封装成媒资标准格式和生成低码率。现址高清制作网复用媒资素材时，Avid 网可直接回调使用，Apple 网需转码成 DVCProHD 格式后再回调。

3.FIFA MAX 系统

MAX 系统的英文全称是 Media Asset Exchange，是由 FIFA 官方提供的媒体交互服务器。为这个系统提供内容的，主要是国际足联指定的 40 路 ENG，其中 32 路 ENG 跟随世界杯 32 强，另外 8 路拍摄制作赛事外围的专题。在 2010 年世界杯期间，MAX 给中央电视台的64场赛事转播和各档新闻及《豪门盛宴》等专题节目提供了非常丰富的内容支持。

在前场IBC，技术部门使用了2台Avid工作站与MAX系统互连，作为MAX素材的存储和播放载体，2台互为主备关系。MAX终端设备部署在Avid工作间内，共1个IPD、2台显示器，并预留了2个千兆以太网线端口，一端连接IPD，一端连接存储设备即Avid工作站。Avid根据MAX系统要求配备IP地址，建立1个访问帐号，使用DVCPro HD编码，MXF OP-Atom封装格式。在本次应用系统没有中央存储，Avid工作站使用本地硬盘存储，共3块1TB SATA硬盘。在本地硬盘上开设1个共享文件夹以供MAX传输。为保证文件传输速度，Avid工作站网卡巨帧功能要开启。MC软件可对素材进行挑选编辑，编辑后的成果以基带方式与主控连接，并回传北京。

二、系统主要亮点

1.P2应用流程拓展

由于P2卡成本问题，P2摄像机一直被认为不宜长期在外使用。为充分利用P2设备的优势，技术部门在采—编—传—存这一系列问题上应用了全新的流程。

用HPX3000 P2高清摄像机拍摄的素材，可直接快速在HPM200上进行编辑、配音，完成成片后在HBS指定传输点通过HD SDI回传到IBC。其中有4个城市使用的非HBS标清传输，无论是用HPM200做信号回传，还是用HPX3000做现场连线，都需要进行标清下变换。为兼顾后方高、标清制作，下变换方式均选为挤压式（即16:9标清信号），后方主控上变换后再分配给高、标清制作域。

由于P2卡数量有限，为保留素材并循环利用P2卡，技术部门专门制定了借助200编辑机的P2存储解决方案。将易盘读卡器或移动硬盘通过ESATA或USB接口与HPM200连接。用HPM200将易盘格式化为FAT格式后，可通过“复制”操作将P2卡中的文件按其目录结构备份到易盘上，此时P2卡内容即可得到释放，循环拍摄。易盘和P2卡上的文件可实时进行混编，这大大方便了记者在后期素材繁多时的查询和制作，且易盘上的P2格式文件可直接被HDDE980调用编辑。

在没有HPM200编辑机的情况下，也可通过摄像机的USB接口实现素材的备份。只需将PC MODE SELECT选项选为USB HOST，并将PC MODE置于ON，连接USB存储后，在缩略图资源管理器中，将硬盘格式化为TYPE-S，再执行“导出”操作，选择要复制的卡槽即可。此种方式不能复制单独片段，而是把整张卡导出，不论卡中已有容量多少，均占整个32G的空间，且如此格式化，只支持最大23个分区。此种方式的优点是用户不能再随意写入或删除导出文件件结构中的任意文件，对文件安全性有更好的保障，但弊端在于对于拍摄不满的P2卡也视为整卡导入，浪费了剩余空间，且有最大分区数量的限制。鉴于南非世界杯报道需主要解决存储容量扩展问题，提升容量空间是第一位的，所以选择的是FAT的格式化方式。

备份方式	格式化	连接方式	素材备份速率
HPM200→易盘	FAT	ESATA	2.7倍
		USB	1.2倍
	TYPE-S	USB	1.9倍
HPX3000→易盘（主）	TYPE-S	USB	1.4倍
HPX3000→易盘（从）		USB	0.82倍

如对备份素材进行复用，只需将易盘读卡器与Apple工作站相连，用导入P2文件的方式，FCP可自动识别备份在易盘中的P2格式的文件，可进行浏览、挑选、上载。一张易盘中有多卡内容备份的情况下，若是FAT格式备份，则识别成一个盘符，所有文件在对应的文件夹下；若TYPE-S格式备份，则识别成多个盘符，一个盘对应一张卡的文件。

2.FIFA MAX系统应用

（1）MAX系统内容介绍

南非世界杯报道中央电视台首次购买MAX服务，MAX系统的信息资源优势主要体现在以下两个方面：

a.包装片——世界杯开幕前的支持

6月11日开幕式之前，MAX系统已经制作了大量的包装片，具体内容涵盖了南非以及承办比赛的全部9个城市的推介，包装片总计30个，长度从15秒到2分钟不等。从音乐选取到画面制作，通过这些包装片，浓郁的南非风情已经扑面而来。另外，用于赛事包装的多种小片花也已经准备到位。

b.丰富多彩——31天赛事期间的资源

每一场比赛的前一天晚上24:00之前，MAX都会提供即将比赛的各支队伍的最后一堂训练课、新闻发布会、球队介绍短片、赛事推介包装、比赛城市所在地域的文化风貌、球迷故事。这些资源对于世界杯后方报道团队，无论是各档新闻节目，还是《豪门盛宴》等专题节目，包括新媒体网络电视体育台都提供了非常大的支持和保证。

在比赛日当天，MAX系统能够实时提供每一场比赛的官方信号。比赛双方的赛前、赛后混合区采访以及新闻发布会，也都能够在MAX系统对应的场次中找到。同时，比赛过程中的替补席镜头，关键球员镜头，以及全场的战术镜头也是MAX系统提供的比赛内容服务。每一场比赛进行期间，不管是进球，还是有威胁的进攻，MAX还能很快推出多角度的3D战术分析，这对第二天早间播出的新闻节目提供了非常大的支持。

每一场比赛之后，混合区的采访、新闻发布会和全场的Highlights也会以最快速度进入MAX。另外，通过MAX还能得到两个30秒的音乐包装片，一个是关于比赛场地外围球迷的，另一个是比赛的精粹。

MAX系统还可以共享其他媒体同行的资源，比如德国电视台ZDF拍摄的柏林奥林匹克球场外德国球迷观看比赛的画面，巴西GLOBLE TV提供的里约热内卢海滩的球迷广场的画面，意大利RAI提供的罗马球迷广场，意大利球迷目睹球队被淘汰的场景。这些素材能够使世界杯的报道拥有全球化的视角。

MAX系统目录结构非常清晰，它的主要信息集中在MATCHES文件夹下，会按比赛场次分别建立子目录，各类信息实时更新到对应的目录下。

Match Day-1：两队比赛前一天的训练、新闻发布会。

Features：两个队伍宣传片、2个promo(烘托本场赛事气氛的音乐包装片)、2个feature(和本场比赛有关联的小片)、2个Team Talk（两队采访精选）。

Match Feeds：全部比赛的10路公共信号，比赛过程中两队的替补席镜头，关键球员镜头，以及全场的战术镜头等。

Post Match Interview：赛后采访。

Match Analysis：动画战术分析。每个20秒～40秒依据进攻套路建议程度而定，赛后半小时陆续载入。每场比赛的所有进球都有球员站位和进攻套路的分析。

Permanent Highlights：精彩集锦。

Unseen Angles：一些被转播遗漏的细节的多角度展示。

Stadium Color/Music Closer：场外球迷集锦的音乐包装片。

体育部门专门负责MAX传输的编导会随时跟踪MAX内容更新，及时挑选片段发送到Avid本地共享文件夹。MAX每日传输的主要内容包括：

参赛队赛前训练、赛前新闻发布会；

Features中宣传片6～8个,时长30秒～2分30秒；

进球的3D战术分析；

补传收录中遗漏的信息（如：进球战术镜头、赛后采访、发布会等）。

（2）MAX系统技术适配

为了最小规模更改EVS设备的后台设置，两台Avid工作站设置成相同的主机名、IP地址和共享文件夹，各连接1条网线与IPD互通（其中备机网线甩在旁边预留），系统切换时手动拔插网线。综合考虑硬盘使用量与恢复能力，工作站3块SATA硬盘没有做任何RAID保护，分别独立工作。各自建立相同名字的共享文件夹，在1块硬盘写满后，手动开启到第二块硬盘的共享文件夹。实际运行时，MAX每天传输量不超过3小时，且第二天会删除头天已回传的素材，对本地硬盘存储未造成任何压力。

EVS系统限制单个片段最大长度为10分钟，同时可发送多条任务，传输效率在1.2～1.5倍。Avid工作站需手动将素材移动至Avid Mediafile文件夹下，进入MC软件即可导入传输的文件。在MC中会对素材进行简单的剪切操作，并为每段素材配上中文字幕提示。然后待线路空闲时，通过接口箱输出嵌入信号，经主控路由回传北京。

由于前场没有演播室制作任务，本次购买的MAX服务：通过IPD浏览低码素材并挑选、发送传输任务，然后后台自动对应高码传输的模式已完全满足节目需求。对于系统来说，与EVS设备的接入并不复杂，只要保证EVS服务器能访问并向存储中写入数据即可。就MAX实际工作量计算，平均每天不到2小时的传输量，单机存储、基带回传模式也完全满足系统需求。

在整个世界杯期间，MAX全部内容总计约2700小时。中央电视台前场回传后方的MAX内容总量为3700分钟，回传总条目670条，平均每天传输102分钟。根据每日比赛场次和线路使用情况，MAX每天完成1～3次传送，其中每日晚间最后一场比赛结束之后为最丰富的一档传送。MAX前方对应工作人员每日安排夜班，保证后方及时和方便地使用。

总而言之，每一场比赛，从赛前、赛中到赛后，从新闻素材到球队和赛事推介包装，再到专题成片，MAX都及时、有效地提供了相当丰富的新闻来源。MAX系统的整体操作非常简便，目录结构清晰，素材的查找、挑选简单明了，尽管素材相当庞杂，但是丝毫不会影响寻找素材的速度。从使用者的角度来讲，MAX系统是相当出色的，对于中央电视台未来世界杯节目的转播报道，这个系统是不可或缺的资源。

（技术制作中心提供）

2012年春晚的舞台精彩缤纷

2012年的春晚舞台设计，充满了大胆创新，一举打破以往的传统表现形式。舞台由180度三维背景与6600平方米的巨型LED屏幕组成，具有多种动态变化功能。通过机械编程控制，可呈现出各种运动造型，甚至能够延伸到观众席中，形成嵌入式的T形舞台。

此外，空中一块8×39平方米的天幕，与地面彩砖上下呼应，则让观众能够跟随着“金龙绕柱”、“万物复苏”、“漫天花瓣”等场景，获得置身其中、融入变化的美妙感受，是一场新鲜的视觉体验。体现了“艺术挑战技术、技术成就艺术”的关系，意味着中央电视台“数字虚拟技术”在电视上的应用领域又向前迈进了一步。

一、仿真模拟 预设测试

2012年春晚的LED立体舞台，共有A～H八大屏幕区域，其中B区由308个独立单元构成，B区舞台前区从2米升降到最后一排的5米升降，表现空间很大，整个立体舞台LED屏幕的分辨率达到7千万像素，各个独立单元通过运动而产生的立体空间效果也千变万化。

为充分挖掘舞台机械的表现潜能，在节目制作前期，针对舞台进行数控分析与应用，运用数字专家的拼图绝活，针对十几种台型创意进行了空间分析与计算，预演创意的效果，并对各种效果进行预先评估，校正更加精准的仿真数字模拟。这样，不仅为编导在前期创意阶段提供了很大帮助，还根据舞台预演测试取得的实际数据，为现场录制的实施提供了有效保障。

二、海量计算 三维生成

2012年春晚舞台屏幕数量大，是历届春晚之最，针对此次视频制作的海量文件，首先将屏幕分为A、B、C、D、E、F、G、H七个区域，其中B区还按照有些需要升降的节目又分为若干几块并编以数字符号，在制作时严格按照技术手册将文件分区域切割并分屏制作。测试数据表明：一个4分钟左右的节目就要100G，（相当于1部高清蓝光电影的容量。）舞台播控系统以及操作流程比较复杂。由于文件多且大，一个节目从上传到播出，服务器平均需要4个小时才能完成，导致每一次制作人员修改都需要付出3倍的时间才能完成。为保证每个节目的正常播放，充分运用数字表演仿真系统，对应动态三维仿真模型，从三维建模到文件播放制订出技术手册分发到各个制作团队的人员手里，确保制作人员具有创作直观的视频文件，“舞台数字仿真系统”通过多核的快速计算方式实现创意素材数据的重组，并生成满足300个运动LED变化的多媒体视频内容，其工作效率是传统手工操作的数倍。

这套“舞台数字仿真系统”还为台型连续变化过程提出了多媒体内容的融合方法，最终为40余个节目进行了仿真设计，并对海量多媒体数据进行视频分析生成，为春晚舞台能够安全准确地运行提供了切实的技术保障。

三、舞台机械 视频演绎

2012年春晚舞台由308个表面积为1平方米单元的升降小平台组成多变的大T台，和顶上D区两侧由124个可单独升降的正方体有机组合，在表演时间内进行30多次整体台型的变化，通过在时间和空间构成上的高度融合，成为巨大的视觉享受。

为了更好地表现舞台形式，运用舞台与视频的关系，在视频内容上，使每个节目在艺术感觉上更能配合现场演员的表演，既不喧宾夺主，又能凸显节目主题，数字仿真系统实现了数字舞台表演的行为建模，依据运动模型生成舞台运动的控制数据，提供给机械师进行舞台控制，为舞台表演的实现提供了详细的可控数据。还将已经分割好的多区域文件拷贝到播放系统中，播放人员只需上传文件即可播出。

四、虚拟技术 锦上添花

为了表现出舞美的极致，在电视直播同时，加入了虚拟再现技术，它主要是成功地制造氛围，配合升降机械组成的台型变化，利用电视镜头，丰富了节目的内涵，延伸了舞台的纵深感，扩大了观众的视觉空间，获得了亦真亦幻的多维立体效果，创造了出神入化的舞美效果。LED屏与虚拟技术在艺术表现上达到了空前的高度，并显示出巨大潜力。

（技术制作中心提供）

中央电视台3D试验频道制播系统

一、3D立体电视制作系统

中央电视台技术系统积极组建3D立体电视制作系统，一个月内完成了机房土建施工、系统软硬件的选型以及系统组件的安装与调试。中央电视台3D立体电视制作系统通过立体图像的拍摄、剪辑制作、特效、字幕合成、立体效果修正等环节，实现节目资源的共享以及磁带送播、文件化存储双模式，完成3D节目成品制作。3D立体电视制作系统工艺流程合理、高效，可提供每天不低于1小时的立体电视成品节目需求。

中央电视台立体电视后期制作系统工程于2011年11月初全面展开，12月中建成并投入使用。立体电视后期制作系统以宽泰SQ网络架构为基础，由中央存储、3台服务器、1台网络交换机及8台精编工作站、2台上下载工作站、1台文本工作站、配音间等设备构成。系统建成后实现了素材采集、粗编、精编、音频制作、字幕制作、调色、3D立体效果调整、3D节目审看、节目输出的全功能流程。系统具备每天不低于1小时立体电视成品节目的生产能力。

1. 系统网络结构框架

立体电视后期制作系统的基础网络架构是以中央存储为核心，千兆到桌面的以太网络平台。

系统采用一台SQ800核心服务器，配置8个SD/HD SDI视频端口(4 in / 4 out)，支持2路立体高清收录、1路2D高清收录和1路立体高清输出。配置2个存储单元模块，使用AVCIntra－100Mb编码格式，可以存储200小时高清节目或100小时立体高清节目。热备双文件服务器分为ISA Master和ISA Slave，存储所有素材序列的metadata信息，两个服务器每ms就会同步一次数据，管理文件信息、网络数据库及软件的运行。ImonRemote网络远程监控服务器负责监看网络中所有设备的运行状态，并且可以对数据进行提取、分析、纠错。

网络配置了CISCO 4506－E 48口核心交换机一台，SQ800核心服务器与集中存储Dylan通过光纤直连，与Qube工作站通过交换机的千兆以太连接实现数据共享。收录工作站SQ Record控制8个上下载端口进行立体节目收录和输出。网络配置8台Qube 3D作为On－Line立体编辑制作工作站，本地采集/下载，也可调用SQ800服务器的素材进行节目初编或将节目发布到SQ800服务器实现共享。Qube 3D可进行快速立体编辑/配音工作，配置调音台，完成节目的配音工作。系统采用模块化结构，当系统未来需要扩容时，可以增加SQ单元和站点数量即可。

2. 系统功能流程设计

立体电视后期制作的视频系统以磁带上载和输出为主要流程，支持P2和蓝光立体素材的导入，对应演播室、转播车、ENG的节目来源。系统配置同步信号发生器，通过视频分配器，输出黑场同步作为SQ800服务器、录像机、工作站的基准信号。录像机SRW－5800作为记录和播放媒介，通过2台24路视音频跳线盘与SQ800服务器、是SQQube 3D工作站进行视频信号互连。系统配置3D示波器和3D立体监视器对素材和成片的技术质量和立体效果进行监看和技术审核。

系统中外来的视音频信号和素材带，可以通过SQ800服务器的上下载端口进行数字化采集，采集到服务器之中，在精编工作站SQQube3D上挑选镜头、初编、精编、配音、添加字幕、3D立体调整和调色、输出。立体视频信号也可通过SQQube采集到本地硬盘，由SQQube 3D完成编辑、包装、立体调整调色等工作，在本地直接输出。也可以通过网络发布到SQ800服务器中，分别生成高、低码率的素材，以便协同工作，用于输出。同时，宽泰的帧存储模式在制作流程中可实现素材的即采即编。

3. 系统技术性能

立体电视后期制作系统是一个高性能高质量的网络化制作系统，依托Microsoft Windows操作平台，具有很好的开放性和稳定性，可以与其他品牌的工作站通过开放的媒体格式（如：AAF、WMV、MOV、MXF）实现素材交换。另一方面，为保证系统的安全和稳定，服务器系统的硬盘和数据盘采用RAID3技术，主、备服务器可实现在线切换，服务器、中央硬盘阵列、交换机等环节都采用双电源冗余设计，避免电源故障所造成的素材数据损失，充分保证了系统、数据的安全性及工作流程的连续性。

二、3D频道播出前端压缩传输系统

中央电视台技术系统负责完成我国3D频道播出

前端压缩传输系统的搭建。该系统部署在现址，主要包括两个部分：其一为3D频道1+1高清前端压缩系统，3D播出信号通过光缆送无线局北京卫星地球站，经过卫星上行系统上行到中星6A卫星C波段覆盖亚洲和太平洋地区；其二为地方台3D节目回传接收系统，中央电视台在总控区搭建了可接收卫星和光缆传输的系统，地方台提供的3D节目源可以是磁带、硬盘和P2卡等介质，通过卫星和光缆线路传输到中央电视台。

三、3D频道自动播出系统

中央电视台技术系统积极落实3D电视试验频道自动播出系统的前期调研及相应的方案设计，全面完成了播出系统机房的土建改造、集成方案细化以及设备安装调试等工作。3D电视自动播出系统承担3D节目、2D/3D节目转换、3D字幕、台标、以及广告等多项播出任务，是3D制播链的最后环节，3D电视自动播出系统包括视音频及周边、监听监看、控制、字幕等部分，简单、有效的系统设计对于今后的安全播出具有十分重要的意义。

系统采用空间压缩的方法将左右眼的两个图像压缩在一路HD－SDI信号进入切换台（1.5G Side－By－Side），3D录像机、服务器、字幕机等信源设备经过3D编码卡将双链路（左右）信号进行合并后送播出切换台及净切换开关和技监矩阵设备；播出切换台及净切换开关和技监开关也采用单链路方式，并分别送出单链路信号至总控。

四、中央电视台有线3D立体电视系统

中央电视台有线电视系统及时进行了立体电视的转码、调制、接收等工作。2012年1月1日3D立体电视节目正式播出后，台内有线电视系统也同时播出。台有线电视网内使用高清机顶盒的用户，可通过3D电视机，佩戴立体眼镜直接收看立体电视节目。

（技术管理中心提供）

中央电视台大型高清转播车（HD B－3车）工程

一、车体结构

1. 整车参数

整车长度为16.5m，厢体的尺寸参数为13×2.54×3.98m（长×宽×高）。

离去角12°、后保险杠下部离地小于550 mm，

车厢离地3980 mm，

侧拉厢长7820mm，拉出为1400mm，

车内高度为2200mm，侧拉厢内高度为1930mm。

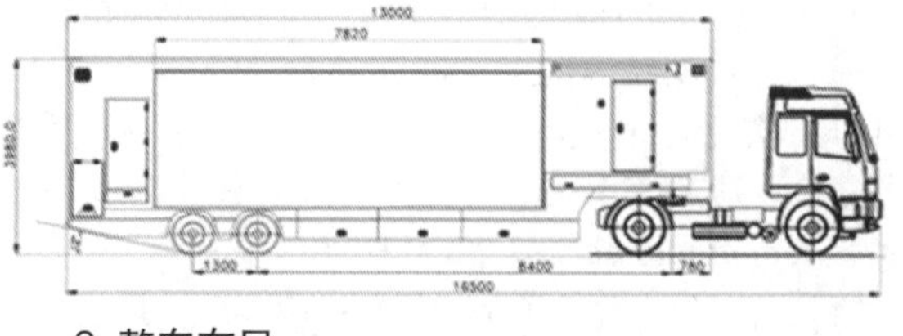

2. 整车布局

整个转播车分为四个区域，从车头至车尾分别为音频区、主制作区、副制作区和技术区，其中副制作区和技术区可以共享空间，也可以相互隔离。

车内副导演、慢动作操作、字幕操作以及其他辅助工位均设计为标准化工位，通过布线和跳线可实现操作工位的灵活变更，全车最大可容纳28个工位。

三、视频系统

1. 该车能够在一辆车上同时进行两套节目的独立制作，系统主要配置如下：

设备名称	设备型号	数量	可扩展数量
高清标速摄像机	HDC1580R	9	6
外来通道	X85HD / HD6801	4/2	4
慢动作硬盘系统	EVS XT[2] Plus	2	3
录像机	SRW5800	2	2
高清高速摄像机	HDC3300R	1	——
高清切换台	Kahuna 3M/E	1	——
高清矩阵	Platinum	1	——
视音频周边	Harris 6800+	10	——
同步系统	TG700	2	——
示波器	1741C/WFM7120	3/1	——
监视器	TVLogic	19	——
监看系统	CENTROI	4	

系统信号采集端的全部信号源高清信号均同时进入视频切换台及视频矩阵。在输出端，因为考虑到同

时制作两套节目的需要，所以具备总共 4 个通道的节目信号输出能力 (TX1 至 TX4) 每个信号通道均由音频加嵌、末级视分、广播级下变换以及 D/A 组成，其中 TX1 和 TX3 互为主备，TX2 和 TX4 互为主备。如图所示：

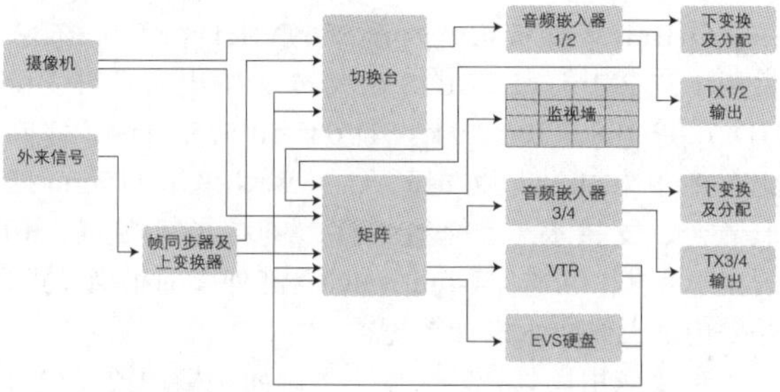

2. 矩阵

调度矩阵采用 Harris Platinum 15RU 数字视频矩阵，规模为 72×72，AES 音频矩阵为 56×56，内置 4 块 Centrio 多画面分割器，配置有主备电源及主备逻辑控制板，配置有主备交叉点板（热备份），具备很高的安全性。

3. 切换台

该系统采用 Kahuna 高清切换台，拥有一个 3 级 M/E 主面板和一个 1 级 M/E 卫星面板，每级拥有 4 个全功能键。拥有 64 路输入和 36 路输出。还拥有宏命令以及 DVE 编程功能，功能非常强大，能够满足所有类型节目的需求。

三、监看系统

本系统中信号制作主监看由主制作区的 6 块 50 寸大屏幕等离子显示器和副制作区的两块 50 寸大屏幕等离子显示器组成。监看系统采用 4 台 Centrio 矩阵内置分割器，其信号源取自矩阵的输入端，选择范围为所有输入信号，同时每台分割器有四个 HD – SDI 和 DVI 输出，可以输出最高分辨率为 1920×1080 的图像信号。

四、TALLY/UMD系统

TALLY/UMD 系统采用 TALLY MAN TM2 控制主机，具备动态源名跟随的能力，TALLY 灯在常规情况下为红、橙、绿三色提示，系统可以实现以下功能：监视器墙可以实现动态源名跟随显示，监视器墙、CCU、UMD 显示单元可以实现 PGM、PVW 双色 TALLY 显示，主副制作区监视器墙可实现互不干扰的独立 TALLY 显示，TALLY 系统具备很强的扩展能力。

五、音频系统

HD B – 3 高清转播车采用了 STUDER 公司的 Vista9 主调音台和 ON AIR 3000 备份调音台。

主调音台方面，Vista 系列调音台已被中央电视台采用多年，相比较以前的 Vista7、Vista8 系列，新一代 Vista9 调音台有多处改进：

标配有冗余备份控制计算机。

使用 TFT 屏幕制作的表头显示区域，灵活显示单声道、立体声、环绕声的不同格式输入和输出通路表头，并且各通路可带有自身格式相匹配的相位表、动态表等。

所有的 DSP 及输入、输出模块均可实现热插拔，采用的是分散式供电系统，减少由于电源故障造成系统全面瘫痪的机会。

同时，为了更高的安全播出系数，在系统里还配置了一套光纤主备倒换器，在 Vista9 调音台出现故障的情况下，选择主备切换，可以使整个音频系统的输入、输出转换到 ON AIR 3000 控制，更加提高了系统的安全性。当遇到视频区进行双区节目制作的时候，主备调音台可以分别制作两套声音信号，满足转播车双区制作的需求。

在输出方面，音频系统拥有 6 路主调音台模拟输出和 6 路备调音台模拟输出，以及 8 路共享机箱数字输出。同时，主备 PGM 信号经过音分，送入主备 4 个加嵌器最多 4 声道的 SDI 信号输出。

本车音频系统包含了一个 HARRIS56 路音频矩阵，调音台与矩阵之间有多路数字信号交互方便制作使用。转播车上的所有可能参与音频制作的设备，如录像机、EVS、DVD 刻录机等均与矩阵相连接，可以在矩阵切换条上任意选切设备的输入与输出。

六、通话系统

转播车配有一个 TELEX 公司的 ADAM 64 路通话矩阵，可以支持 16 台摄像机与转播车的通话。转播车上固有 17 个通话面板，满足各个工位的通话需求，在外接口板分别有 4 路 2 – wire 通话和 6 路 4 – wire 通话，满足现场节目制作人员与转播车工作人员的通话。

（播出传送中心提供）

CHINA CENTRAL TELEVISION YEARBOOK

2011年新购置特种设备

为丰富外场高清转播拍摄角度以及拍摄手段的多样化，增强对不同类型节目转播制作的能力，转播出传送中心 2011 年新购置了高清超高速摄像机系统，高清水下摄像机系统，高清鱼竿摄像机系统，定点微型摄像机系统，高清 Q-Ball 摄像机系统一系列特种设备。这些设备的使用可为节目制作提供更为丰富独特的角度，提高节目的观赏性。

一、高清超高速摄像机系统

SprintCam VvsHD（Phantom ＋Powered）超高速摄像机能在 1080/50i 格式下提供最高 2700 帧 / 秒的高清图像转播信号，或在 720/60p 格式下提供最高 5800 帧 / 秒的标清图像转播信号，且具有不间断实时回放功能。

该新型超高速摄像机比较轻便，可以肩扛使用，大大增加了摄像机的适用范围。高清超高速摄像机系统具备以下特点：实时摄像与图像记录可同时进行、互不干扰，分段记录功能，慢动作回放过程中的变速功能，摄像机寻像器具备实时寻像和慢动作回放监视功能。

二、鱼竿摄像系统

高清鱼竿摄像系统（polecam）是一套操作简单用途比较广泛的特殊设备。它能挂在摄影师身上作为轻型摄像机鱼竿式摇臂，臂杆长度可自由调整，长度从 1.5 米到 8 米，总重量最大只有 20 多公斤，配备的 3 CCD 广播级高清微型摄像机提供高达 1920×1080 线的分辨率。摄像机安装在特制的小型电动遥控云台上，运转灵活快，速操作简单，该微型系统的多种功能均可实现遥控。该系统的云台及摄像机组件的外形十分小巧。整个云台部分的重量不到 0.5 公斤，所以它也可安装在标准三角架、滑轮车或任何稳固的平台上。主要应用场景为轻型摇臂拍摄，游泳、跳水等水上竞技项目的浮潜及潜水拍摄，撑竿跳高等项目的高位定点拍摄，自行车公路赛等跟随拍摄等。

三、Q－Ball摄像机系统

Q-Ball 摄像机系统内置 SONY HD 摄像机模块，采用 1/3'' 2Mpixel CMOS 传感器 ，输出格式可支持 HD 720P/1080i 50/59.94，SD 625/50 525/59.94，宽高比有 16:9 和 4:3 两种选择。Q － Ball 采用 115mm 球形云台，支持水平、垂直摇移，360° 自由旋转。10 倍光学变焦，可选“Nightwatch”红外夜间拍摄模式，并采用全天候防水设计系统。

主要应用场景，全天候全景画面拍摄，田径项目高点跟随拍摄，文艺类演出区内隐蔽拍摄等。

四、水下云台及高清摄像机系统

新购置 1 套水下云台及高清摄像机系统，此系统解决了摄像机和遥控云台的小型化问题。该水下摄像机在水上项目转播中被多家电视机构广泛采用。CPT － 30A － H2A 云台特性：潜水深度，50 米最大；工作温度 0 ～ 40° C 水平旋转 300 °，垂直旋转 ±90°；静止精度 ±10°。FCB － H11 传感器摄像机特性：1/3 CMOS 、200 万像素；支持 HD:720p、1080i/59.94,720p、1080i/50 SD: 525/625；光学变焦：10 倍（4.5mm ～ 45mm）。主要应用场景：跳水、游泳、花样游泳、水球等项目的水下拍摄。

五、高清微型定点特种摄像机系统

定点微型摄像机又称球门摄像机，支持高清 HD － SDI 多格式输出。配置有 2 只 125° 广角镜头。系统具有统一的摄像机 RCP 及镜头光圈控制，RCP 控制器可与鱼竿摄像机系统互换。摄像及镜头配有防水保护罩及各种安装架，可方便地将摄像机架设在球门、篮板、游泳起跳台等由于赛事规则地要求不允许安装标准设备的特殊位置。主要应用场景：游泳起跳台高 / 低位拍摄、足球球门挂角拍摄、球场全景（鱼眼）、排球网边、台球袋口。

（播出传送中心转播部提供）

中央电视台第十演播室系统改造

一、视频系统

第十高清演播室系统支持600平方米演播厅节目的录制和直播，从节目的采集、制作到传输符合国家广电总局1080/50i高清晰度电视演播室标准。另外演播室系统还配备了播出级下变换器，增加了625/50i标清录制和播出功能，从而为编播部门由标清向高清过渡提供了方便。

（一）演播室信号规模及信号流程

第十演播室视频系统可支持6路高清摄像机讯道，拥有2台高清包装机和1台高清字幕机为节目进行在线包装和字幕叠加，通过1台4通道高清视频播放录制服务器实现视频信号的播放和记录，另外保留了原系统的3台标清录像机录制标清节目信号。

第十演播室与总控之间有12路光端互联通道：第十演播室通过光端机向主控发送4路高/标清主备PGM信号，并接收来自主控的4路高清、2路标清光端信号，并配备了2块上变换板可将标清信号上变换后输入至切换台。除此之外，第九演播室和第十演播室之间有3路信号通道以方便两个演播室间的信号交换。

第十演播室的主备视频信号与音频信号先经高清加嵌器加嵌，加嵌后的主备信号再通过光端机送至主控。具体信号，流程为：系统内各路信号源通过视分或信号源多输出口输入至切换台和矩阵，切换台高清PGM信号和矩阵第一路净切换信号分别作为系统的主、备路输出信号，与音频信号经主、备高清加嵌器加嵌，加嵌后的主、备信号各一路1080/50i高清信号经主、备高清光端板送至主控，另一路经下变换器下变换成625/50i标清信号通过主、备标清光端板送往总控。

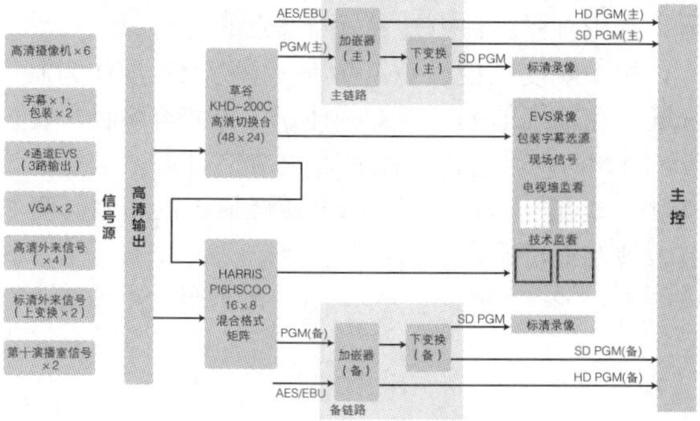

视频系统框架及信号流程

（二）核心设备

1. 摄像机

视频系统中使用了6台Panasonic公司的高清摄像机AK－HC3500MC。AK－HC3500MC采用了Panasonic最新开发的220万像素、2/3英寸的IT CCD，14-bit A/D转换电路及38bit DSP数字处理电路。这些技术的采用带来了F11的高灵敏度，60dB的信噪比、50%的调制深度有效降低了画面噪波，提供了更加优异的图像画面。

2. 切换台

系统中切换台使用了草谷公司生产的多格式数字视频切换台主机KHD－200C，面板为KHD－200－PANEL，支持高清或标清制作，主机采用双电源供电，提高了系统使用的安全性能。该切换台是一个2级ME切换台，具有以下特点：

48路输入，24路可定义输出，根据需求将这些输出定义成PGM、Clean、ME1、AUX等信号；主机上配置了2个50芯GPI/O接口，每个接口带有8个GPI输入，16个GPO输出；每一级ME上有4个下游键，可设置成线性键(Linear)或亮度键(Luminance)，两级M/E共用2个色键，这2个色键可随意分配到每一级M/E的4个下游键上；每一级配置2个主划像发生器，并为4个键分别配置了一个键划像发生器，每个键划像发生器独立于主划像发生器，可以独立的进行转换控制，这样一个单独的M/E上可实现更加丰富的画面叠加；内置6通道的静帧和视频片段存储器RAMRecorder，容量为4GB；PP级上配置了1个通道的数字图像特技(DPM)，M/E1上配置了4个通道的DPM，可对图像进行二维处理，M/E1上的DPM增加了Kurl功能，可实现翻页、卷页、镜像等效果。

3. 矩阵

矩阵是演播室的另一个核心路由，作为数字视频切换台的备用设备，在视频切换台出现故障时，需利用矩阵切换面板进行应急切换。另外，系统还利用矩阵进行信号分配及监看。

第十演播室使用的是HARRIS公司生产的P16HSCQO多格式矩阵，同时兼容高清和标清信号，16路输入，8路输出，其中2路具有净切换功能并带双输出，系统中将该两路输出作为备路切换信号及大屏幕切换信号。

4. 视频播放录制服务器

为了适应网络化和文件化方式的信号记录和传输，演播室配备了高清视频播放录制服务器，以代替传统的录放像机进行素材播放和节目信号的录制。第十演播室的视频播放录制服务器采用 EVS 公司的 XT2+ HD，同时配备了一台可完全控制该主机的控制工作站 IP Director。主机和控制工作站都配置了热备份电源，提高了系统安全性能，服务器上的素材也可以及时上传到圆楼三楼的苹果和 AVID 后期制作机房进行节目后期编辑。

二、同步系统

第十演播室同步系统配备了 LEADER 公司的 2 台同步信号发生器 LT443D 和 1 台自动倒换器 LT444。

第十演播室的 TALLY 系统采用传统并行 GPI 触发工作方式，具有红绿两种 TALLY，可以实现在正常工作状态下 (Normal)TALLY 灯的正常运行，同时确保在紧急情况下 (Emergency)，使用矩阵紧急切换面板也可以正常触发 TALLY 灯。该系统由青岛广研所生产的 1 台 TALLY 控制器 TLD – 6A、1 台 TALLY 倒换器 TLD – 3 及 4 台 TALLY 分配器 TLD – C 组成。

三、通话系统

第十演播室通话采用美国 CLEARCOM 公司的以 EclipsePICO 36 端口数字通话矩阵主机为核心的通话系统。

该通话矩阵主机采用电源主备倒换，提供 32 路全双工通信接口和 4 路四线 (4 – wire) 接口，通过 PC 调整软件 ECS 设置所有的端口、面板按键和交叉点通断。

四、电源系统

第十演播室视频部分电源柜采用双电源：UPS 电和工艺电，电源立柜的工艺电是从台内电站直接引来。正常情况下，视频系统使用 UPS 电源，好处是电源波形质量好，电压稳定;在 UPS 电源出现问题时，由动力处工作人员手动把电源从 UPS 倒到工艺电上，保证节目制作和播出。

五、音频系统

第十演播室音频系统改造于 2011 年初进行工程立项，4 月进行设备的公开招标。集成工程由国际精华公司负责，正式施工开始于 6 月初，于 8 月底结束并验收合格。

第十演播室音频系统这次改造的主要目的是配合视频系统的高清改造，同时对大量已经老化的设备进行更换。

改造后的第十演播室音频系统主体结构采用了主备调音台接口共享的方式，大大节省了输入音频接口（包括话筒放大器）的数量，同时节省了很多无源话筒分配器，在保证安全性的前提下最大程度地简化系统的复杂程度，减少了系统内的故障节点；同时这种主体结构使备份系统的输入源数量与主系统相当，真正可以实现 1 ： 1 的系统备份，增加了系统的安全系数。

在系统设计时，采用了一些较新的核心技术。如部分内部连接采用光传输节省了很多的线缆连接，减小了传输损耗和外部干扰；采用微型线阵列吊装，既满足了扩声声场的覆盖，又减小了对灯光置景等工种的影响；采用数字功放并使用网络进行整体控制，实现了主备扩声系统的快速切换，增加了扩声系统的安全系数。

在设备选型时力求在保证设备稳定性及兼容性的基础上选择该产品线上最新的型号。如主调音台 Studer 的 Vista 9 和主扩声音箱 L – Acoustic 的 Kiva、Kilo 系列都是其公司推出的最新产品，在实际使用体验之后才慎重地对其进行选型，而事实证明这两款产品都非常地适合在第十演播室使用，均得到了很好地使用效果。

系统设计时力求发掘周边设备的最大使用效率，使其与系统高度整合。如采用 GPI/O 功能对混响器等外围设备进行控制、实现音源的推子启动及调音台跟随切换台的 AFV(即音频跟随视频) 功能，简化了调音操作，方便了音源等设备的使用；使用多通道监听单元快速切换监听外来信号、音源及音分后的播出信号，减少直播过程中检查故障节点的时间。

引入响度监控设备，在制作中使用响度作为制作标准。在输出信号监看部分使用了可兼容多种响度标准的 TM7 多通道音频监看表头对节目信号进行响度监测，改变了以前只监看 PPM 峰值表的习惯，更加有效地对节目质量进行控制。

（技术制作中心提供）

CCTV

CHANYE JINGYING

产业经营

产业经营

中央电视台2011年广告经营情况

2011年，中央电视台广告经营有新的突破，创收大幅提高。截至2011年底，全年广告创收228.08亿元人民币，超过2010年39.68亿元，十年来广告增量中仅次于2008年的北京奥运年。其中，综合频道广告创收114.9亿元，占广告总收入的50.38%，其他专业频道广告创收113.18亿元，占广告总收入的49.62%。

一、2011年日常销售

中央电视台资产管理中心根据每个频道的特色进行差异化经营，科学组合自营与承包两种销售模式，量身设计不同频道的广告产品，一手抓资源，一手抓客户。

1. 抓资源，确保综合频道广告额稳定增长，深入挖掘其他频道广告资源

第一，稳定招标段执行率。上一年招标只是预招的价格和数字，并不意味着实现了收入。2011年，资产管理中心狠抓招标段客户执行，全力确保招标段执行率，全年客户变更率明显下降，执行率明显上升，12个招标项目中的8个执行率为100%，招标段同比增收13.3亿元，主要增长点为新闻联播提示收看、新闻联播报时组合和A特段等新闻节目资源。

第二，提高黄金剧场广告变现能力。中央电视台在电视剧购买上投入很大。2011年，资产管理中心对黄金档电视剧严格按照协议执行，对未能按协议执行的资源进行再销售，每月根据市场需求盘点时间资源，提前摸底客户执行情况，坚决执行播前付款，狠抓回款。

第三，深入挖掘专业频道广告潜力。2011年，资产管理中心精耕细作专业频道。CCTV－2、CCTV－3、CCTV－4、CCTV－新闻等频道，抓好重点栏目，奠定创收基础；CCTV－5、CCTV－8、CCTV－少儿、CCTV－10、CCTV－12等频道，以频道为单位进行承包销售，通过加强与承包公司的良性互动提升广告创收；CCTV－纪录频道从下半年开始尝试广告经营。

第四，开发大活动、特别节目广告。2011年，重大活动相对较少，资产管理中心深挖节目资源，创新广告形式。针对2011年春晚，分阶段推出各种套装，分层次争取客户预算，实现销售收入5.08亿元，同比增长约10%；针对小品大赛、舞蹈大赛、3·15晚会等重大特殊项目，于2010年底提前纳入招标预售，实现创收3.9亿元。

2. 抓客户，稳定大客户、老客户，开发重点行业、新客户。

第一，创新开展重点客户沟通活动。2011年上半年，资产管理中心赴井冈山、武当山两地组织VIP客户沟通活动，每场活动均有数十家重点客户高层参加，同时邀请学界、业界专家共同探讨中国经济增长、企业品牌传播等课题，与广大企业一起学习、一起进步。这类活动，投入少、收益大，加深了客户感情，坚定了客户投放广告的信心。

第二，积极举行、参与各类行业客户活动。2011年，资产管理中心先后参加50余场行业活动，包括体育营销论坛、家电行业论坛、医药健康论坛、汽车营销峰会、金融品牌论坛、旅游营销论坛、中国服装大会等一系列行业峰会，对行业客户进行集中高效开发，增强了客户营销效果，促进了中央电视台广告创收。

第三，精心实施一对一的客户营销。2011年，资产管理中心以创新性、针对性为原则，对重点目标客户精心开展一对一沟通，深入进行面对面交流，收到了很好的营销效果。从民族品牌的代表者海尔，到位居世界500强的大型国有企业中国石化、中粮集团，都取得了良好的沟通效果，稳定并增加了广告投放。

二、2012年黄金资源广告招标

2012年广告招标预售，资产管理中心经受住了严峻的市场考验。

在政策导向上，国家广电总局推出限制酒类广告等一系列广告限制举措；在招标资源上，取消了春晚特殊广告形式，取消了我最喜爱的春晚节目评选冠名、青年歌手大赛冠名等；安徽、浙江、江苏、湖南、上海等省市电视台形成了对中央电视台的竞争之势。舆论环境形势比往年更加严峻。

在此情况下，资产管理中心深入分析市场，准确预测形势；创新设计产品，弥补资源不足；借势造势，营造良好舆论氛围，坚定客户投放信心。从2011年6月起就早早启动招标产品策划工作，于招标前几个月就深入市场一线，转战大江南北，创新召开大型推广会，合理安排小型沟通会，与近900家企业面对面反复沟通，稳定大客户、老客户，开发重点行业、新客户，拓展潜力客户，引导广告公司合理投放，有序筹备2012年广告招标现场，创新设计招标流程，力争最大化实现招标总额。

最终，中央电视台2012年黄金资源广告招标预售总额142.5757亿元，比上年净增15.8887亿元，增长率12.54 %，创造了中央电视台十八年招标预售总额的历史新高。

三、四项工作打开了新局面

1. 市场拓展

2011年，启动对重点企业客户的品牌案例研究，分别于1月、9月出版《中国市场品牌成长攻略·第一辑》和《中国市场品牌成长攻略·第二辑》；围绕体育营销传播效果、高端商务人士等课题，从不同角度阐释中央电视台传播价值；加强对重点潜力客户的针对性研究，形成《中央企业品牌形象分析和品牌提升建议报告》；强化对经营环境的监测与分析，起草《2012中央电视台及卫视广告招标情况汇报》，得到了台领导的高度重视。

2011年，以微博为代表的网络社交媒体发展迅猛，舆论环境更加复杂多变。公关传播从宣传向公关转型，改文风、转作风，在传播内容、渠道、方式上求变求新，加强与媒体记者的合作互动，利用微博、AD.CCTV.COM以及新浪、搜狐、腾讯、网易等主流网站和《光明日报》、《中国经营报》等高端媒体，主动发表言论，主动引导舆论，为经营活动保驾护航。

2011年，先后完成十佳优秀代理公司颁奖活动，家电、金融、医药、汽车、旅游等行业论坛，中央电视台2012年节目资源推介活动及广告招标大会等重大活动，精心策划主题内容，周密部署现场环节，有效传递了中央电视台的品牌和气势，吸引了客户兴趣。同时，创作发布平面广告，拍摄完成《传奇篇》宣传片，面向社会征集公益短片创意，充分展现和宣传中央电视台品牌。

2. 综合保障

2011年，资产管理中心以“六项工作原则和十一项工作机制”为指导，梳理了各项规章制度，拟定了《中央电视台资产管理中心管理制度》，为规范各项工作提供了坚实的制度保障。

2011年，公文处理及时高效，盖章文件电子化存档；制定《工作日报考核方案》，加强信息员管理；人员考核科学规范，财务保障准确及时，技术支持保障有力，综合治理确保安全；无商业元素公益广告管理流程更加清晰；物资管理节俭高效，仅规范订餐系统一项就节约成本30%以上。

2011年，规范合同审批流程，培训合同审查要求，上报合同统计表，做到有案可查；严把合同审查关，从法律条款的严密性、业务条款的可操作性、报价明细的准确性，格式用语的规范性等各个层面确保合同的安全性和准确性；细致做好合同核查，避免呆账、坏账，全力维护中央电视台利益。

2011年，深入结合创先争优活动，建设学习型团队，在全中心营造浓厚的学习氛围，打造拒腐防变的品牌团队。举办“3D课堂”、“TECH秀”，讲解专业知识；推出“悦读会”，丰富团队文化；策划出版《神马》，打造精神家园；组织体育活动，增强身体素质；举行相关培训，满足学习诉求；开展廉政建设，提高自律意识。

3. 安全播出

资产管理中心负责全台各频道广告安全播出，一天播出量相当于两个专业频道24小时播出。安全，一是播出安全，二是广告形象安全。

广告播出，安全第一。2011年，实现全频道硬盘播出，推进广告编播自动化控制，从“磁带送播”升级为“硬盘传送”，提高了编播工作效率，确保了广告播出安全；完善业务流程，制定应急预案，梳理并制定了《各承包频道广告硬盘播出规则及流程》、《CCTV－1硬盘广告编播流程》、《资产管理中心监审部与播送中心播出部硬盘广告交接流程》等规范性文件，用规范化的操作流程及制度确保广告播出安全；制定应急预案，防患于未然，不同风险等级制定不同应急预案（风险级别：红色、橙色、黄色、蓝色），实时监控编播工作，同时制定《监审部广告备播系统问题应对流程》、《播出部提出问题汇总及紧急应对流程》，提高危机处理能力。

审查播出，审查为先。2011 年，严格按照《广告法》及《中央电视台广告审查（暂行）标准》进行广告审查，编写审查案例专著，推进广告审查培训；配合综合频道香港落地，特别制订《香港版广告审查（暂行）办法》。

审查播出，监播随后。2011 年，制定《套售比例复核统计表》、《栏目时间增减表》、《异常合同每月问题汇总表》、《公益广告播出情况汇总表》等规范模版，按期汇总上报有关领导，为领导决策和业务发展提供有效数据支持。

审查播出，着眼未来。2011 年，新址项目组组织了两次业务科组测试，并撰写测试报告；同时，借力 IBM，推进管理升级，启动流程再造。

4. 公益广告

公益广告是中央电视台广告的重要组成部分，彰显了中央电视台社会责任，弘扬了社会文明风尚，推动了精神文明建设，促进了社会和谐。

2011 年，资产管理中心一方面自主制作并播出了一批关注社会热点、倾听百姓心声、凸显社会主流价值观的公益广告作品，共计 30 余支；另一方面，贯彻台领导指示，积极配合政府宣传工作，播出国家部委无商业元素公益广告，截至 11 月 30 日，共计 51 支，总播出次数超过 23922 次，总播出时长超过 189 小时，约 68 万余秒。

2011 年，资产管理中心公益广告的来源主要有四方面一是资产管理中心自行组织创意并制作播出，包括反映社会热点类的《小天使·救助老人儿童》篇等，提倡节约环保类的《双面印》篇、《节约用电》篇等，构建和谐社会类的《得蛙蛙·文明礼仪系列》等，弘扬传统文化类的《城市文物保护》篇等；二是与国家部委联合制作播出，包括司法部的《法律援助》篇等，中纪委的《廉洁从政》篇等，公安部的《印记》篇等；三是面向社会公众广泛征集公益广告作品，包括《爱的表达式》篇等；四是国家部委来函报播的公益广告。

（资产管理中心提供）

中央电视台2012年黄金资源广告招标综述

2011 年，中央电视台深入推进改革战略，创新体制机制，创新节目栏目，中央电视台新闻的结构、面孔和气质都发生了质的飞跃，节目吸引力有所增强。取消了春晚广告，广告市场上面临诸多挑战。

在此情况下，资产管理中心深入分析市场，准确预测形势；创新设计产品，弥补资源不足；借势造势，营造良好舆论氛围，坚定客户投放信心。并于招标前几个月就深入市场一线，转战大江南北，创新召开大型推广会，合理安排小型沟通会，与近 900 家企业面对面反复沟通，稳定大客户、老客户，开发重点行业、新客户，拓展潜力客户，引导广告公司合理投放，有序筹备 2012 年广告招标现场，创新设计招标流程，得到了广大客户的高度认可。

2011 年 11 月 8 日，中央电视台 2012 年黄金资源广告招标现场竞购大会上，245 家国内外知名企业参与竞争，招标预售总额达到 142.5757 亿元，比上年增长了 15.8887 亿元，增长率为 12.54 %，创造了十八年来招标预售总额的新高度。

一、 资源投放情况

新闻系列、天气预报系列、电视剧系列等三大传统资源中标总额为 117.7392 亿元，相比上年的 89.9005 亿增长 24.3612 亿元，增幅达 27.1%。其中，新闻系列广告资源增长显著，依然是招标竞购的主力；天气预报系列、电视剧系列由于 2012 年纳入的竞购资源减少，总中 v 标额有所下降，但从单个项目来看，均较上年同项目有明显增长。

二、 客户投放情况

1. 各行业大品牌广告投放集中、稳定

近年来，我国的传统行业随着产业升级、市场扩张而稳步发展，行业整合趋势明显，各行业龙头品牌实力壮大、地位稳固，在与之地位相匹配的中央电视台黄金资源平台保持稳定投放。

例如，家电三大巨头美的、海尔、格力，乳业两大巨头伊利、蒙牛，邮电通讯行业中国移动、中国联通、中国电信三大运营商，肉制品两大巨头雨润、双汇，饮料行业领袖品牌娃哈哈、养生堂、加多宝、康师傅、可口可乐，白酒行业中的茅台、五粮液等消费品行业的大品牌均有力占领中央电视台黄金资源。

同时，随着金融行业整体品牌意识的不断加强，中国银行、工商银行、交通银行、中国银联、中国人寿、平安保险、中国人保等大型金融保险企业均发力中央电视台黄金资源，全行业中标额比上年增长超过20%。

集团整合式投放成为大企业投放的一种趋势，例如一汽、中粮等大型企业集团整合旗下自主品牌集中投放中央电视台黄金资源，以提升集团整体的品牌竞争力。

2. 各行业“第二集团军”积极突围

进入“十二五”以来，我国消费市场进入新的整合期，除了一线品牌在努力拓展疆域，二线品牌更是积极突围，或是首次亮相中央电视台广告黄金资源招标现场，或是持续加大投入，志在行业洗牌中占据先机，借助中央电视台的巨大影响力实现品牌突围。

2012年招标中，诸多行业的“第二集团军”集体发力。例如，金融行业的中信银行、浦发集团、阳光保险、华夏银行、广发银行、中国邮储银行、太平洋保险等，白酒行业的郎酒、洋河、泸州老窖、剑南春等老牌名酒，电脑行业的神舟、壹人壹本等“第二集团军”。

3. 新兴行业与新兴品类投放亮点频现

近几年的招标预售，新兴行业、新兴品类都有很亮眼的表现，2012年广告招标也不例外，他们代表着国家优化经济结构的发展新方向。

例如，新能源产业作为国家七大战略性新兴产业之一，显示出良好的发展态势，太阳雨、四季沐歌、雨昕、新基业等新能源企业集中投放中央电视台黄金资源。

又如，另一项国家战略性支柱产业的旅游业，依然延续着前两年的快速增长势头，山东、山西、重庆、江西、福建等省市集群式增长，打造区域旅游品牌。

代表新技术产业发展趋势的IT巨头腾讯，电子商务的领路者淘宝、京东商城也都出现在央视舞台上。

同时，一些传统行业中的新兴细分品类也有突出表现。小家电的九阳、小天鹅，家电连锁业的苏宁，健康产业的健特、东阿阿胶、云南白药，豪华车品牌的奔驰、奥迪，食用油品类的鲁花、金龙鱼、福临门、贝蒂斯、三源粮油、海天调味品、维维豆奶、香飘飘奶茶，重工行业的山东临工等众多品牌，均亮相中央电视台招标预售。

（资产管理中心提供）

中国国际电视总公司2011年经营情况综述

一、经营业绩再创新高

2011年，中国国际电视总公司总收入超过106亿元，实现利润10.9亿元人民币，总资产达到160亿元，净资产102亿元，成为中央电视台第一个双百亿集团公司。营业收入超过亿元企业22家，与2010年持平。亿元企业收入合计占总公司总收入的88%，中国国际电视总公司收入占台总收入365亿元的29%。

二、服务中央电视台传播能力建设成绩斐然

1. 配合中央电视台完成北美分台、非洲分台建设

中国国际电视总公司2011年4月接受配合建设北美分台任务，8月开始正式施工，在短短十个月的时间内，完成了从方案设计、对外投资审批、注册境外子公司，到设备采购、场地租赁、人员招聘、施工建设等一系列复杂工作，保证了北美分台2012年2月7日顺利开播，在美国创造了“中国速度”；配合非洲分台建设任务，仅用六个月时间快速完成公司组建、非洲分台人员招聘、员工培训等工作，确保非洲分台2012年1月12日顺利开播。

当前总公司海外雇员已经超过130人，可调用的海外投资资金约6000万美元，在美国、日本、肯尼亚及香港地区设有子公司。在非洲分台和海外记者站的建设过程中，中广国际总公司发挥熟悉海外的优势，提供了设计、施工和保障服务。

2. 完善国际视频发稿平台建设

国际视通公司实现了中央电视台要求的日发稿量100条、多语种发稿的年度工作目标，通过国际视通，包括CNN、BBC在内的境外媒体累计采用中央电视台各类新闻素材271,285次，涉及中国政治、经济、社会、民生以及国际热点事件。

3. 中国电视长城平台进入欧洲有线电视网和非洲直播卫星平台播出

长城（欧洲）平台2011年5月19日进入法国最大数字有线网（Numericable）试播，同时覆盖法国、比利时和卢森堡。其中，CCTV－NEWS和CCTV－法语频道进入该有线网基本层，覆盖350万电视用户。

2012年3月1日长城平台与南非MIH集团合作开通非洲直播卫星平台，节目信号覆盖撒哈拉以南非洲38个国家。在这次合作中，由于MIH看中了长城平台在非洲市场长远的商业价值，在五年内每年将投入300多万美元用于传输、集成和上星等费用，长城平台则零投入进入了非洲市场。

4. 中视科华配合中央电视台完成国内31个记者站升级挂牌任务，为此共投入2.62亿元人民币购置固定资产，聘用支撑服务人员303人。

5. 中数传媒在两个月内完成数字付费电视3D频道的筹备、开播。

三、网络新媒体快速发展

1. 中国网络电视台已形成涵盖电脑终端、手机终端、电视终端三屏融合的全媒体业务布局，完成三网融合方案的中央集控平台建设任务。

2. 网络门户最高日均独立用户数突破1500万，较年初增长236%；日均图文视频发布量突破5万条，较年初增长194%。

3. 移动互联网、IP电视业务收入实现翻番。iPhone平台用户数达到632万人，较年初上涨25%，iPad平台用户数258万人，较年初上涨230%。IP电视用户总数已经达到76万户，是年初的4.3倍。

4. 互联网提供143路电视频道直播，以及1472个电视栏目点播；移动互联网平台已具备100路直播能力；全球已经建设10个镜像站点。

5. 在国新办建党90周年宣传评比中，中国网络电视台被授予网络传播报道“最佳传播大奖”、“最佳专题奖”、“最佳报道奖”、“最佳文化活动奖”等五项奖项；承办的“打击侵权假冒专项行动成果网络展览”得到海内外持续关注和中央领导的高度肯定。

四、内容制作成果丰硕

1. 中视传媒制作的电视剧《中国地》在2011年度CCTV－综合黄金时段全年收视排名第二；中视影视低成本的《野鸭子》荣登CCTV－8黄金时段2011年收视冠军，《中国远征军》和《我的父亲是板凳》在地方台热播，取得良好经济效益；《林师傅在首尔》在北京、深圳、陕西卫视黄金档及央视CCTV－8白天热播，还在东南亚、澳大利亚、新西兰、北美等地的近十个国家播出，是我国第一部“走出去”最远、最多的国产现代题材电视剧。

2. 央视动画保质保量完成片目近9000分钟，连续三年获中国文化创意产业年度“领军企业奖”，《小牛向前冲》和辉煌动画《秦汉英雄传》均获“2011国家动漫精品工程奖·动漫产品”奖。

3. 中视体育继续大力签约赛事资源，获得“中国足球中国之队”版权及媒体运营权，未来4年全面负责“中国足球中国之队”的全媒体开发及版权分销等工作；完成了世界斯诺克国际锦标赛的赛事资源引进工作。

4. 在由中国广播电视协会数字付费频道工作委员会主办的行业评优活动中，央视风云旗下《怀旧剧场》、《文化精品》获“行业最佳频道”称号，《风云剧场》获“行业优秀频道”称号，《女性时尚》获“最受目标观众欢迎频道”称号。

5. 多家下属公司为中央电视台提供整栏目制作。据不完全统计，至少有10档栏目由中国国际电视总公司制作提供，包括中数传媒的《健康之路》、《读书》、《深度国际》，中视传媒的《夕阳红》，中视体育的《篮球公园》、《武林大会》，中视广经的《财经小辞典》、《举案说法》，中视创新的《普法栏目剧》、《平安365》等。中国国际电视总公司已成为中央电视台重要的节目制作基地。

五、对中央电视台服务保障上台阶

1. 物业服务

围绕新台址接收、动力运行、开荒、保洁、成品看管、安保值班、后勤保障等工作，已有700多名员工工作在一线。2011年度接管面积31万平方米，占总面积的三分之二，完成开荒面积30万平方米，进入日常保洁的区域为26万平方米。

2. 技术支持

管理技术制作中心6个制作区，占全台后期制作总量的50%以上，承担演播室灯光工程及代维、春晚舞美工程、春晚灯光工程以及部分IT系统、媒资管理系统开发维护。

3. 人才服务

中视汇才进一步加强中央电视台企聘员工管理，截至2011年底管理台企聘职工6496人。

4. 后勤保障

作为中国国际电视总公司在台里的形象工程，央视后勤、荧屏租赁公司等为中央电视台提供了便捷、安全的餐饮及用车服务。

六、台外市场拓展成果显著

1. 节目发行大力扩展营销新渠道，做大营销整合平台内销节目8411集，实现营业收入3.2亿元（其中向中央电视台提供9部优秀电视剧及300小时优秀纪录片）。

外销节目13000小时，金额1200万美元，同比上年增长13%。

由节目交易中心承办的中国国际影视节目展经过九年的发展，已经成为中国影视节目走向国际的窗口和桥梁，在国内外的品牌影响力日益壮大。

2. 中数传媒标清数字频道收视费分成收入2011年首次突破1亿元人民币，是国内市场收入最高的集成播控平台。

3. 市场调查业务市场竞争优势明显

在2011年全球、亚太、中华区的客户满意度调查中，CTR的排名位居全球前10，高于竞争对手尼尔森；来自台外市场收入占CTR总收入的94.5%，占CSM总收入的86.2%。

4. 技术服务以品牌确立市场地位

中视广信在国内媒体IT行业首家通过ISO20000系列服务质量管理标准体系认证，视频传输技术有一定优势。全面承接中国国际广播电台新大楼技术规划（含音视频、IT、新媒体）。截至2011年底，在中央电视台以外市场收入约4000万。

中视技术公司承接了“西安世界园艺博览会”演播室系统、上海国际车展、建党90周年“我爱、我唱群众歌咏活动”等项目的灯光、特种设备支持及技术服务项目。

中视环亚是国内唯一能够独立完成覆盖18洞的高级别国际高尔夫赛事的现场电视转播服务提供商。

5. 电视购物业务实现规模化发展

中视购物完成业务结构调整，单日预售销售额突破500万元，行业影响力、品牌价值持续提升。

6. 境外卫星代理业务实现社会效益和经济效益双丰收

2011年是中视卫星电视公司独立运行的第一年，全面超额完成中国国际电视总公司经营任务的同时，出色完成中国国际电视总局各项监管工作。公司直报中央的《境外卫视监管动态》成为对中央、国家广电总局及有关部委具有重要决策参考价值的综合性内参。

7. 梅地亚中心成功接待多项大型活动

“两会”新闻中心给予梅地亚中心“精心组织、精细服务、保障两会、再立新功”的高度赞誉。全国人大新闻局局长阚珂评价梅地亚中心是“真正的新闻中心，真正的新闻集散地。”

8. 中广总公司市场开拓取得新成果

中广总公司开拓系统外工程项目取得新突破，与中国船舶重工集团公司签订了金额近1.3亿元工程总承包合同。成功举办的第20届BIRTV展览会，成为世界第三大广播电影的电视设备展。

七、集团管理水平进一步提升

1. 完善各项职能管理

扩展战略投资研究及管理范围，从国内到国外，完成北美分台、非洲分台配套公司的论证和报批工作；开展利润收缴工作，行使中国国际电视总公司作为投资人的股东权益；推行下属全资公司负责人年薪制改革，优化总公司薪酬福利管理体系；关闭数源互动及EPG两家公司，在东方健康传媒及金视盘等历史遗留问题处理上取得重大进展，促进集团整体经营效率提高；组织了以“学习·强健个人能力、沟通·助推团队成长”为主题的系列培训活动，初步打造了一支有能力、有活力、高效率的总公司行政人才队伍；开展货币资金及往来账款专项审计和审计调查，加强对资金安全、内部控制的监督；加强知识产权管理工作，制定了《中国国际电视总公司及下属公司专利管理暂行办法》及《新媒体版权授权分工以及版权维权工作管理办法》。

2. 制定央视体育传媒集团筹建方案，整合体育、广告资源

2011，中国国际电视总公司紧密配合中央电视台体育产业化改革部署，积极探索事企联动的资源整合模式，以实现台资源社会效益和经济效益最大化为目标，盘点总公司体育产业资源，结合台具体要求，按照产业化、市场化的原则制定了央视体育传媒集团组建方案。

按照该方案，中国国际电视总公司重新梳理了系统内的广告资源，将未来广告公司的CCTV－5广告代理业务纳入了体育传媒集团范畴，实现体育经营资源的有效整合。同时，将CCTV－8的广告代理业务从未来广告公司剥离出来，注入中视广经公司，将电视剧频道、少儿频道和财经频道部分时段广告资源整合营销，有利于广告资源价值的最大化。未来广告、中视广经和中视体育公司在方案制订过程中做了大量的工作，并保持了经营工作稳步推进。

（中国国际电视总公司提供）

中央卫星电视传播中心2011年经营工作综述

2011年，中央卫星电视传播中心（以下简称卫传中心）全年实现收入76705万元人民币，其中收视费收入75212万元，其他业务收入1493万元，利润总额2739万元。

一、积极推动中央电视台CCTV-3、CCTV-5、CCTV-6、CCTV-8套加密收费电视节目市场发展，签约用户保持持续增长势头

1. 努力完成签约收费任务

近两年来，在文化体制改革、广电体制改革、网络整合、数字整转和IPTV等新媒体发展的大环境下，中央CCTV－3、CCTV－5、CCTV－6、CCTV－8的用户市场发展也随之发生了深刻变化。在困难与挑战面前，为完成年度签约缴费任务，卫传中心认真研究制订签约计划，做到方案多种、环环相扣，计划指标分解到台、责任落实到人，有力保证了收视费收缴任务的按期完成。2011年共计收取中央四个频道节目收视费75212万元。

2. 较好地保持了收入增长与市场稳定

在用户发展持续高增长及2011年严峻的市场形势下，面对广电行业复杂的市场发展局面，卫传中心一步完善客户服务保障机制，加强与客户沟通。邀请中央电视台总编室、综艺频道、电视剧频道和体育频道的领导与代理单位进行交流沟通。这些沟通工作，促进了与客户之间的了解，保障了市场的和谐发展。针对重点地区和签约难点，台分管领导亲自出面到当地协调解决。中心领导经常亲自带队深入基层调查解决问题，有力推动了签约收费工作，促进了市场的和谐有序发展。

3. 加强对侵权盗版行为的纠办力度，严格信号关停制度，加强信号的规范管理

通过建立规范信号传输的长效机制，治理工作初见成效。通过签订版权协议，明确权责，加强合作各方的版权意识、实现设备的依法管理，为签约收费工作提供了有效保障。

4. 进一步夯实收费政策

积极争取中央电视台加密频道收费政策的延续。与发改委价格司领导和国家广电总局规划财务司领导加强沟通，得到发改委价格司和总局财务司领导对中央加密节目“低收费、带广告、广覆盖”运营模式的进一步肯定。

二、全力推进纪录频道在全国的覆盖工作

遵照台领导的指示，卫传中心认真筹划，积极协调，创新工作方法，充分发挥优势，力求以最快捷的方式、最有效的渠道和最节省的成本，全力做好纪录频道在全国的落地覆盖工作。

卫传中心将中央电视台拨付资金全部用于到纪录频道设备购置及相关运营费用，调动公司人力物力开展纪录频道落地工作，尽力为中央电视台节约纪录频道营运资金，扩大纪录频道在全国的影响力。

三、加强内部管理，注重制度及工作流程建设

1. 完善公司财务预算制度，制定并落实2011年度卫传中心年度财务预算方案

2011年度卫传中心财务预算工作在总结2010年度预算工作的基础上，由各部门按照负责的业务报送年度预算项目及金额，财务部统一汇总后报卫传中心办公会审批。在充分考虑2011年度工作重点的情况下，对相关项目进行了调整，并制定卫传中心2011年度财务预算。卫传中心有关收支预算项目落实规范有序，积极稳妥地促进了卫传中心各项工作顺利开展，为卫传中心事业发展提供了坚实可靠的资金保障。促进公司预算管理工作的制度化、科学化、规范化。

2. 建立、完善公司内部激励机制，完成绩效考核完成公司绩效管理体系

进一步深化绩效考核管理的改革。建立卫传中心《公司目标管理办法》、《绩效考核办法》，与各部门签订《目标责任书》，为卫传中心今后实行科学的内部管理打下基础。有效激发了员工的积极性，强化了干部职工的责任意识，管理更加规范，工作效率进一步提高。

3. 加强合同审核和管理，明确用户管理系统（SMS）职责

在加强收视费合同管理的基础上，为了完善内部

控制制度，建立更加科学、高效的办公业务流程，相关部门在卫传中心内部业务管理系统（用户管理系统SMS）中改进了各部门业务职责，为进一步加强卫传中心科学化管理奠定了基础。

4. 进行新会计准则转换的前期准备工作

为了全面真实地反映卫传中心财务状况和经营成果，保证会计信息质量，经台领导批准，从2012年1月1日起卫传中心及所属子公司全面实施新会计准则。2011年着手进行前期准备工作，已初步完成了清产核资工作，使得本单位资产、负债及权益项目在报表中的反映更加真实公允。

5. 财务决算采用全级次申报方式，汇总申报集团公司整体情况

2011年度按照财政部、广电总局规划财务司及中央电视台财务管理中心的要求，卫传中心年度决算以全级次方式申报集团公司财务决算，在时间紧任务重的情况下，公司与有关单位沟通，在中央电视台财务管理中心的支持下，圆满完成集团公司整体决算工作。

经过十多年发展，卫传中心在全国实现加密节目签约交费用户4608万户，1996年至2011年累计收缴收视费近80亿元。

（中央卫星电视传播中心提供）

中视传媒股份有限公司2011年度经营情况综述

2011年是中视传媒股份有限公司提升企业品质、转变经营理念的一年。

一、明确公司发展战略

2011年，公司的发展战略是“坚持发挥上市公司在资本市场上的优势，增强在文化改革中的责任感和使命感，以融入中央电视台事业发展和中国国际电视总公司产业发展、融入地方政府产业战略规划为基础，保持改革创新的精神状态，坚持一手抓市场、一手抓管理，切实提升上市公司的核心竞争力，在影视、广告、基地旅游、新媒体发展上找寻突破口，全面提升上市公司价值，实现中视传媒的跨越式发展”。确定“以影视剧业务为突破口，带动三大主营业务协调发展”的发展战略。

二、业务发展实现多点突破

（一）旅游业务稳中有增

旅游业务作为公司经营时间最长的业务，多年来经营收入持续稳步增长。

1. 加强营销，保持市场稳定，努力拓展创收渠道。无锡分公司旅游业务依托5A景区品牌，主打影视旅游特色，通过强化营销力度、适时调整门票价格、改造硬件设施、创新演艺节目、深挖园内经营资源、提高影视协拍服务水平等方式，努力提高经营效益。南海分公司通过加强促销宣传、创新营销渠道、改善景区品质等方式深挖市场潜力。

2. 在做好日常经营的同时，无锡、南海分公司认真贯彻公司战略，启动了对下一步发展方向的思考和论证。同时，在融入当地政府规划方面也取得了积极进展，与当地政府及企业就实质性合作问题展开广泛而深入的沟通。这些都为旅游业务实现业务升级奠定了良好的基础。

（二）影视业务努力转型，多点突破

1. 作为公司战略转型的突破口，影视剧业务率先启动业务转型。

2011年，公司影视剧业务在规范流程管理、转变经营模式、创新营销措施、加强对外合作等方面取得了一定的成绩，新的经营模式已初具规模。

（1）实施“启程计划”，与五位知名电视剧导演合作，从剧本阶段入手打造五部大剧，开启自主创意、自主投资、自主版权、自主销售的全流程电视剧生产模式。同时公司先后加入中国电视剧导演工作委员会、中国广播电视协会纪录片工作委员会等专业组织，在专业领域积极谋求更加广泛的合作。

（2）以电视剧《中国地》项目为突破口，采取“高举高打”的营销方式，以落实中央电视台事企联动机制为契机，以中央电视台平台为突破口实现“1+4+N”的大营销模式，取得了良好的效果。电视剧《中国地》项目的成功实施，使公司影视剧业务从以固定回报剧为主转变为以自主经营剧为主，树立了中视传媒品牌，初步实现面向市场、自主经营的目标。

（3）储备项目题材新颖，前景良好。电视剧《山楂树之恋》的全球发行工作正在稳步推进；“启程计划”

开篇之作《赵氏孤儿》已杀青。

（4）改进影视剧业务决策流程，成立影视剧业务决策领导小组，通过对项目质量、市场预期、风险控制等主要因素进行分析决策，重点强化立项投资、拍摄制作、营销发行、收视评估四个环节的统一管理和协调发展，进一步提高了影视剧业务决策的效率，并取得良好的效果。

2011年公司影视剧业务共完成《中国地》、《香格里拉》、《风语》、《梨花泪》、《你是我兄弟》、《地道战》等十余部首播影视剧的制作和发行。其中《中国地》获"2011华鼎奖十佳电视剧奖"、"中国电视剧产业二十年百部优秀作品奖"。

2. 营销渠道拓展方面。一方面，通过采取全方位立体销售的措施，建立新的营销渠道，其中《一日夫妻百日恩》、《百花深处》两部首播电视剧以地面销售为先导，逐步实现多渠道销售；另一方面，加大库存剧的销售力度，完成了《幼童》、《瑜伽》、《抗战》、《世界文化遗产》等19部库存纪录片以及《炊事班的故事2》、《麻辣婆媳》、《神探狄仁杰》、《神医喜来乐》、《新结婚时代》等78部库存电视剧的销售，为公司影视剧销售工作开创了新的局面。

3. 纪录片业务方面。《美丽中国》完成国内首轮销售，于2011年1月1日成为中央电视台纪录频道的开播节目，并获第11届四川电视节"金熊猫"奖自然及环境类纪录片大奖。在节目制作业务方面，紧抓制播分离带来的机遇，积极与中央电视台纪录频道、科教频道、财经频道开展合作，同时积极面向市场寻找项目。

4. 天安门大屏幕业务，取得良好的经营业绩，全年共制作、播出《锦绣湖南》、《辉煌十一五》、《玉兔迎春》等三个项目，《升旗》、《魅力中华》项目正在进行中。

5. 积极拓展演艺业务，完成多项国内重大活动的承办工作，积极推进科教频道《夕阳红》栏目制作业务，投资"光辉岁月"摇滚巡演项目、"怒放—摇滚英雄演唱会"项目，独家策划、组织、推广《希夷之大理》大型实景演出项目。同时，紧密结合公司战略，依据自身在演艺市场的优势，为公司旅游业务创新给予了有力的支持。

（三）广告业务克服多重困难，立足现有资源，创新营销模式、开拓新业务渠道

1. 2011年，公司控股子公司上海中视国际广告有限公司（中视广告）一改以往的"坐商"形式，主动出击，积极参与广告资源招标，通过市场竞争培养人才、锻炼队伍、推广公司品牌；成功实施科教频道栏目广告资源分包制，进一步增加经营收入。

2. 2011年，中视广告克服科教频道成本不断上涨、CCTV－1及CCTV－8黄金时段电视剧尾版广告的取消等诸多不利因素，积极寻找新业务资源，并努力拓展业务范围，在户外广告、新媒体广告、移动媒体广告方面已经取得了一定的进展。

3. 切实与公司战略相结合，为公司整体发展提供支持。在公司影视剧重点项目《中国地》的宣传工作中，中视广告充分发挥客户资源优势，为《中国地》的宣传提供大量广告资源，为该剧的宣传工作提供了有力的支持。

（四）影视技术服务业务理顺经营思路

公司控股子公司北京中视北方影像技术有限责任公司根据内外部市场变化情况，理顺经营思路，调整组织结构，变更业务流程。

在面对中央电视台的业务方面，及时根据台内需求调整业务方向，在维护已有业务的基础上，在设备租赁、后期制作及包装宣传方面争取到更多的合作项目。在对外项目方面，依靠技术优势及服务水平，较好地开拓了外部市场，取得明显的效果。

（中视传媒股份有限公司提供）

中国有线电视网络有限公司2011年经营情况综述

一、树立企业新形象，精神面貌焕然一新

2011年是中国有线成立十周年暨国家干线网建设发展十五周年。中国有线以此为契机，开展一系列对内对外宣传活动，成功举办了座谈会，对中国有线十年和国干网建设十五年来的各项工作作了历史性回顾和总结，起到了凝聚人心、扩大影响的重要作用。中国有线"甘于奉献、忠于职守、善于开拓、勇于创新"的企业理念更加深入人心，"团结奋进、开拓创新、真抓实干、行业领先"的企业新形象得到进一步强化。

二、安全传输工作有新成绩,国家干线网抗风险能力进一步提升

2011年，在各地经济建设对光缆网络造成较大影响、人为破坏和自然灾害频发等不利的情况下，中国有线克服重重困难，圆满完成了“元旦”、“春节”、“五一”、“十一”的节日保障任务和“两会”、纪念辛亥革命100周年、深圳文博会、海南博鳌论坛、金砖国家峰会、庆祝建党90周年大会等专项现场保障任务，并完成“亚洲举重锦标赛”、第26届世界大学生夏季运动会、第九届少数民族运动会、第七届全国城市运动会、央视太平洋冰壶锦标赛等专项运动赛事节目传送任务。各重要保障期没有发生重大安全播出事故，做到了在重要保障期安全播出万无一失。2011年全年没有发生人为责任事故，安全播出重大事故发生次数和停播时长是近年来最低的年份。

2011年，中国有线全面实施技术改造。一是根据国家广电总局62号令及其实施细则的要求，全面开展安全播出专项检查整改活动，整改完成率超过50%,一级保障系统达标率超过90%。二是加大投入，积极开展技术改造，建设完成统一监控系统，完成了主备端口群设备的安装调试和业务割接，使国干网首站核心节点形成真正的双设备和双通道。三是加快国干网扩容改造。完成了西南环、西环、西北环波分系统扩容改造，并已进入试运行阶段。将全部安播业务配置经西部新环路以及京大呼返回北京的保护路由，实现了进出京的第三路由，使国干网抗击双断的能力得到大幅提升。完成京汉广波分系统扩容工程，具备了开通业务系统的条件。国干高清传输网二期工程建设的准备工作基本就绪，即将进行设备安装调试。四是尽最大努力改善现有国干网维护体系状况，强化运行维护日常管理，积极开展线路改迁、线路整治及机房搬迁和附属设备更新工作，取得明显成效。

三、经营业务有新突破，经营收入水平稳步提升

2011年，中国有线市场业务发展呈现两大亮点。一是以中央电视台为主的临时传送业务增长迅猛，充分体现了国干网在直播传输保障方面的积极作用，基本确立了中国有线“视音频跨区域远程传输第一选择”的行业龙头地位。二是市场性业务增长迅猛，基本上和政策性业务平分秋色，充分显示出中国有线在市场化竞争中的实力和能力。

2011年，中国有线海南分公司平稳发展。一是按照“抓用户、创效益”的原则，坚决贯彻执行二级分公司经济指标考核办法，灵活应对各种变化，积极推动基本业务实现新的发展。二是充分发挥主观能动性，加强跟踪营销和挖掘潜力，确保付费频道、酒店高清业务等增值业务有新的增长。三是用户数增长情况良好。2011年注册用户总终端达到约135万个，其中数字用户终端87万个、模拟用户终端45万个、微波用户终端3万个。四是根据国家广电总局的统一部署，积极推进直播卫星公共服务工作，制订了实施方案，相关前期准备工作正在有序开展。

四、科研工作有新成果，确立了国家干线网在三网融合进程中的重要地位

2011年，中国有线科技研发工作成果显著。一是完成科技部863计划“基于高可信网络的新兴业务系统的开发及示范”课题，并通过科技部验收。该课题实现了在海南为有线电视用户提供通过互联网和移动网络订购视频点播业务的服务。二是完成互动新媒体科技示范工程课题三“数字媒体内容集成交换平台的研制”的研发工作，实现了数字媒体内容的在线共享、交换交易和分发。三是结合互动新媒体科技示范工程课题九“互动新媒体科技示范网络”，编制完成海南三网融合试点与NGB示范工程建设的总体技术方案，并对九家主流EOC设备厂商进行了七大项内容的测试评估，为下一步海南三网融合业务的开展奠定了良好基础。

五、内部管理有新局面，信息化建设、安全保卫等工作全面发展

信息化建设取得阶段性成果。中国有线协同办公管理系统的应用功能得到进一步开发，相继搭建了工作督办、资产管理、项目管理等功能模块，创新了工作模式，提高了工作效率。同时，根据海南分公司的实际需求，在中国有线总部现有办公平台基础上，为海南分公司搭建了新的办公自动化平台，构建了“一个平台，两个门户，统一运行，分级管理”的新管理模式，在进一步加强总、分公司管理的同时，提高了海南分公司办公自动化水平和办公效率，总、分公司协同办公系统一体化建设全面推进。

财务管理工作再上新台阶。一是突出抓好预算管理，充分发挥预算在内部管控中的重要作用，预算工

作的主动性、针对性、有效性大大增强。二是对预算、考核指标进行了优化完善，突出价值导向，促进资源向一线倾斜，强化预算的执行落实。三是深入开展全面预算管理，有效促进了经营目标的完成，为公司进行阶段性业务调整、作出经营决策、制定发展战略提供了数据支持，为开源节流、防范经营风险、建立防治“小金库”的长效机制打下了坚实基础。

审计稽核工作有序开展。一是注重审计稽核队伍建设，重视对员工的业务培训，注重理论和实践相结合，部门整体业务技能显著提高。二是进一步明确审计稽核方向，按照全过程审计重大项目的原则，初步构建中国有线内控审计稽核有效机制。三是海南数字电视整转项目二期竣工财务决算与审计效果明显，理清投资建设状况，总结项目建设经验，提出了规范项目建设管理建议书，为后续项目建设的风险控制提供了很好的管理指导。

投融资管理工作扎实深入。一是未雨绸缪研究提出公司债务结构调整方案，按计划获得国家开发银行固定资产贷款，妥善处理兴业银行流动资金到期贷款，有效缓解还本压力，防范资金风险。二是高质量完成年度决算报告审核和全面财务预算审核工作，积极研究解决资金缺口等问题，进一步提高了对海南分公司的宏观调控力度和管理水平，有效控制了经营投资风险。三是圆满完成“有线网络整合与应对三网融合竞争”和“利用银行金融工具发展广电产业的实施策略和意见”两个国家广电总局部级社科研究课题，以及其他战略合作、业务规划等方面的宏观研究课题，为中国有线领导科学决策提供了依据。

人力资源管理体系初步建立。一是坚持“以人为本”的人力资源管理理念，重点实施《加强人才队伍建设项目》，进一步健全人才管理体系建设。二是加强对中层干部的考核力度，继续完善全员目标责任制和岗位评估体系，加大考核力度，提高全员工作绩效水平。三是完善劳动合同管理，开展全方位多层次的各类培训，进一步完善了吸引人才、留住人才、激励人才的薪酬福利体系。四是大力提倡工作习惯“具体化、时限化、责任化”，建立健全岗位责任制，确保每位员工的工作目标和方向明确。

资产管理工作加快推进。一是完善实物资产信息数据，全面梳理设备采购合同，组织开展实物资产数据补录工作，为实物资产的全面清查和管理打下基础。二是加强内部标准化和规范化工作，制作了《采购篇》、《资产编码标签粘贴日常管理》两本工作手册，并按照手册规范实施。三是多方面深化资产资源管理系统优化工作，建立未形成固定资产的其他实物资产数据库。四是全面清理行政办公资产，为行政办公资产管理、采购和预算打下了良好基础。五是完成国干网资产资源全面检查专项工作的前期准备，进行了大量调研工作，形成了初步方案，为专项工作的全面开展创造了条件。

（中国有线电视网络有限公司提供）

2011年中央电视台付费电视业务新进展

2011 年，中央数字电视传媒有限公司（简称中数传媒）和央视风云传媒有限公司（简称央视风云）在中央电视台和中国国际电视总公司的指导下，紧紧围绕工作重心，在经营管理等方面取得良好成绩。公司安全保障能力进一步提升，内容建设不断加强，营销工作取得新的进展，与台本部合作更加紧密，资源优势进一步彰显，继续保持了国内付费电视市场的领先地位。

一、经营业绩稳步提升，保持市场领先地位

2011 年，公司实现总收入 4.3 亿元人民币，较上年同期增长 18%，自公司成立以来，标清收视费首次突破亿元大关，圆满完成了年度预定的经营目标。

2011 年中数传媒共集成 43 套付费频道，其中由央视风云负责的中央电视台付费频道 11 个，另有在开路播出的《电视指南》频道、2012 年元旦开播的《中国 3D 电视试验频道》、在长城平台面向海外观众播出的《CCTV 戏曲》、《CCTV 娱乐》频道。公司业务实现了全国范围覆盖，保持着频道集成数第一、签约网络公司数第一、在线付费用户数第一的全国市场领先地位。

二、全力筹建中国3D电视试验频道

为加快推进我国 3D 电视发展，国家广电总局决

定，以中央电视台为主，联合上海、天津、江苏、北京和深圳五家地方台，开办我国首个3D电视试验频道，并于2012年1月1日正式开播，频道开办初期先采取免费收看的方式。按照中央电视台部署，3D电视试验频道的筹建工作由央视风云负责。

自2011年10月21日接到台内通知后，央视风云在第一时间组建了3D频道筹建工作组，各部门相互支持与配合，在时间紧、任务重、合办单位协调工作复杂的情况下，克服困难，加班加点全力做好3D频道节目准备和落地等相关筹建工作，在短短两个月内完成了此项任务。

三、加强内容建设，突出频道特色

1. 推进频道改版建设

2011年，中数传媒不断加强内容建设，根据当前付费电视市场的发展状况，对央视风云所属频道进行了改版，重新做了受众分析和频道定位，深入研讨编排策略，进一步强化频道特色。为丰富各频道的节目内容，减弱与开路频道节目同质化的现象，央视风云首次增加节目采购经费，进一步巩固了市场竞争中的领先地位。

2. 加大设备投入，进一步开拓市场

为了扩大公司的节目生产制作能力，2011年公司增加投入支持技术部门更新前期和后期设备，在保证10多个付费频道制作的同时，也使得本单位能够更好地承接外部制作项目。技术制作能力的提高，促进了公司进一步开拓市场，也能够为台本部以及社会机构提供更好的制作服务。

3. 付费频道获行业多项荣誉

从2010年起，中国广播电视协会数字付费频道工作委员会开展了一年一度的“中国广播电视数字付费频道行业评优”活动，中央电视台开办的付费频道获得了多项荣誉，其中，《第一剧场》、《怀旧剧场》、《世界地理》、《风云音乐》、《央视文化精品》获“行业最佳频道”称号；《风云剧场》、《国防军事》获“行业优秀频道”称号；《女性时尚》、《高尔夫·网球》获“最受目标观众欢迎频道”称号。

四、整合营销卓见成效

为了改变公司以往创收模式无序，与地网交流不够深入、不够全面等问题，2011年4月，中数传媒创新营销方式，在三亚、成都、南京三地分区域组织召开“2011年有线网络公司年会”，围绕沟通、服务、合作共赢的主题，向全国各地网络公司介绍了新业务情况及下一步合作构想。5月，公司在桂林组织召开“2011年付费电视高峰论坛”，对当前付费电视内容产业、商业模式及地网公司业务需求等方面进行了深入探讨。这两大会议得到参会网络公司和频道商的热烈反响，为公司的销售工作奠定了良好基础。

2011年，中数传媒和央视风云还积极开展各项营销推广活动，成功举办了风云足球三人制赛事、成都数字电视缤纷汇等系列推广活动，成效显著。

五、打造付费电视产业互动平台——中国电视网全新改版上线

2011年1月1日，公司门户网站中国电视网全新改版推出。自改版上线后，网站流量稳步增长，至12月底页面访问量（PV）累计达4,766,432人次，访客数（UV）累计达2,037,408人次。线上活动也取得了良好效果，其中《风云音乐》投票活动在两周时间内已过千万。“网络演歌台”活动上线后，共发布歌曲528首，获网友投票46414次，共13108名网站注册用户参与了活动投票及讨论。中国电视网的全新改版上线，为下一步公司全力打造付费电视产业互动平台，联接产业上下游共同发展打下了坚实基础。

六、安全播出首次实现全年无重大事故

截至2011年12月底，中数平台共完成播出传送节目417,496小时，首次实现安全播出全年无重大事故，集成平台事故率连续四年逐年下降，创历年最好成绩，公司同时获国家广电总局“2011年消防先进集体”称号。2月，中数传媒技术播出中心获广电总局“2010年度全国广播电视技术维护先进台站（集体）”中心类一等奖；央视风云频道继续保持安全播出纪录，累计安全播出666,399小时；标志着公司安全播出水平在国内广电安全播出单位中处于领先地位。

（中央数字电视传媒有限公司提供）

中国广播电视国际经济技术合作总公司 2011年经营情况

2011年，中国广播电视国际经济技术合作总公司（简称中广国际总公司）根据“立足主业、拓展外延；内合外联、促进发展”的经营战略，积极探索，勇于创新，顽强拼搏，大胆开拓，取得了较好的经营业绩。

一、主要情况

1.根据国家广电总局实施广播影视“走出去工程”的总体部署，在中央电视台海外传播联席会议机制的领导和协调下，继续大力推动和实施中央电视台广电节目海外落地项目，完成了中非广播电视落地、乌干达广播电视落地、蒙巴萨调频台、柬埔寨暹粒中柬友谊台等项目的建设任务，续签中央电视台节目在古巴转播合同（古巴转播中央电视台西班牙语国际频道、中文国际频道和英语新闻国际频道三套节目项目的下一个五年合作期）。

2011年是公司核心业务之一的“走出去工程”实施十周年，在12月30日召开的全国广播影视走出去工程实施十周年总结暨表彰大会上，广电总局授予中广国际总公司“广播影视走出去工程先进集体”称号，授予尚建民、李占军两位同志先进个人称号。

2.租机、对外援助、对外培训班项目正常开展。马里租机项目（四期）正常进行，援外项目（技术合作）正常实施，包括援科摩罗广播电视中心项目、援几内亚四电台项目、援赤道几内亚巴塔电台项目、援刚果（布）朱埃电台项目、援中非宾博电台项目、援桑给巴尔广电技术合作项目等。

3.支持马里广电之家建设。在广电总局的大力支持下，为既巩固中马双方长期的广电合作成果，又避免增加额外需求，经与马方反复磋商并达成一致，将马里广电之家建设工作交马方自行承担。马里广电之家奠基仪式于9月21日在马里首都巴马科隆重举行。马里总统杜尔、马里通讯部部长西迪克和相关政府部长等军政要员，我驻马里大使和部分国家外交使节出席仪式。公司总经理李金荣应邀出席奠基仪式。

4.成功举办发展中国家广播电视技术管理研修班。受广电总局和商务部的委托，承办了三期针对发展中国家广播电视官员、技术及管理人员的培训班，分别是“发展中国家电视技术培训班”（11国，24名学员，5月6日至6月30日）、“发展中国家广播技术培训班”（17国，43名学员，7月26日至8月22日）、“发展中国家广播电视技术管理研修班”（12国，32名学员，10月12日至26日）。培训班坚持重视对方需求，紧密结合广电专业特色，立足实际应用，注重增强实效、促进友谊的办班指导思想，形成了具有特色的授课、培训和考察内容，深受学员欢迎和好评。

5.成功实施中宣部干部学院会议系统项目，受到中宣部好评，继完成一期、二期后，已进行到第三期续建工程。

6.开拓系统外工程项目取得新突破，成功签约125项目。经过历时三年的跟踪、准备、谈判和不懈努力，5月，公司与中国船舶重工集团公司第722研究所签订了125项目工程总承包合同。

7.BIRTV2011获得圆满成功。由国家广电总局主办、中央电视台承办、中广国际总公司执行承办的第20届北京国际广播电影电视设备展览会（BIRTV2011）于8月24日至27日在北京中国国际展览中心成功举办，得到中央领导、广电总局和台领导的充分肯定。

这届BIRTV展览会主题为“创新媒体、精彩生活”，全面展示3D影视、高清电视、三网融合、全媒体、云计算、下一代广电网（NGB）、移动多媒体广播电视（CMMB）和数字电影等最新技术、先进设备和解决方案。展出面积超过5万平方米，参展的中外厂商达469家，其中国际厂商190家，超过40%。中央电视台、中央人民广播电台、中国国际广播台首次共同参展，新产品、新技术和新媒体新业态内容丰富，展出形式新颖生动，展会服务进一步优化，社会对BIRTV品牌的认知度和认可度不断提高。

8.进口业务、录像带营销业务、专业组团境外考察培训、工程设计、仓储、广告等业务均稳定开展。

二、工作中的新亮点

1.成功签约125项目，是公司“立足主业，拓展外延”的经营战略取得成效的实际表现。该项目是我国此类项目的第一个“走出去工程”，标志着探索大型海外工程承包项目取得新进展。公司在长期实施广播电视工程项目的基础上，立足传统，大胆开拓，经过坚持不懈的努力和探索，在竞争性谈判中以综合排名第一的优异成绩，赢得了1.283亿元的总承包合同，在交钥匙工程承包方式中，合同金额再创新高。125项目为公司今后在此类项目的竞争中获得了重要的先发优势，打开了广阔的市场空间，对业务开拓与发展意义重大。

2.应急预案发挥作用，克服多种困难，完成乌干达广播电视落地项目，挽救外国学员生命。公司在长期实施海外工程建设和对外培训中积累了丰富的经验，建立了有效的应急预案，2011年主要在两个项目中发挥了重要作用，产生了良好效果。

一是援乌干达广播电视落地项目。该工程2011年3月21日正式开工，遇到了各种意想不到的困难。由于设计考察的不周，建塔的塔基非粉质粘土而是整体坚硬火山岩，给塔基施工带来了巨大困难。项目组采取先爆破再挖掘的办法，历时1个多月完成了施工。实施中适逢乌干达总统大选，局势动荡，经常枪声大作，商家纷纷关门躲避。施工期间还发生了几次埃博拉传染病疫情。这些突发紧急情况对项目实施和人员安全造成严重干扰和威胁。项目组凭借丰富的海外施工经验和周密的预案，与当地群众建立了友好关系，对骚乱发生的时间和地点进行了解预判，变更上班路线，灵活调整施工计划，积极采取措施节约开支，保证了项目按期优质完工和人员安全。

二是在“发展中国家广播技术培训班”举办过程中，参加培训的中非技术官员芒噶突然摔倒，公司立即启动应急预案，将他送往医院，经确诊芒噶为脑出血，需要立即手术，否则有生命危险。公司承担了手术签字责任并支付了高额医疗费用。事后证明，有效的应急预案和关键时刻的正确选择挽救了中非朋友的生命。病人及亲属、中非驻华使馆官员和培训班学员对公司采取的措施、对中国朋友给予非洲朋友亲人般的关怀和救治表示了衷心的感谢。中广国际总公司以高度的政治责任感、细致的工作、亲人般的关怀成功地处理了这起突发事件，发挥了深化友谊，塑造了良好形象。

3.BIRTV国际化初见成效。根据公司2010年底制定的“加强BIRTV国际化，助推国产广电设备和技术‘走出去’的工作规划”,以传统的“工程走出去”为基础，积极探索“服务走出去”，公司创新了工作业态，通过BIRTV延伸服务，采取“走出去”和“请进来”的做法，建立海外推广软实力平台，加大向新兴市场国家、周边国家和非洲国家广电机构推广中国标准、民族品牌广电技术和产品的力度，助推民族品牌企业和产品“走出去”。

BIRTV2011期间，经BIRTV组委会邀请，NAB代表团、IBC代表、越南电视代表团、东盟部分国家广播电视用户代表团、东北亚广电代理商代表团等参观了本届展会，考察民族品牌企业和电视台，对国产设备表现出浓厚兴趣。应越方邀请，12月18日至20日，中广国际总公司首次组织BIRTV展团参加了越南岘港市举办的第31届越南国家电视节，获得圆满成功。经过本届BIRTV的努力，展览会的国际化建设得到了加强，扩大了国产广电设备和技术在周边国家的影响，取得了一定的成效。同时，加强与广电国际组织合作，开始赞助ABU（亚太广播电视联盟）专项奖，拓展BIRTV展览会的外延，扩大其影响力。

4.圆满处理中央电视台进口项目的索赔事宜。公司代理的中央电视台直升机吊舱（陀螺仪）索赔事宜，经过三年的不懈努力，执行达到预定的效果，已成功追讨回了合同款项522; 500美元及相关费用和利息39; 216美元，索赔工作圆满结束，得到了台领导的充分肯定。

5.为中央电视台非洲中心记者站和非洲分台建设提供设计和施工服务。公司下属的中广国际建筑设计研究院自2010年开始承担了中央电视台非洲中心记者站站址室内装饰装修和辅助系统设备安装工程的设计和施工任务。在台有关部门的领导下，面对工期紧、要求高、实施条件复杂的严峻局面，中广国际设计院把分台建设任务作为2011年工作的重中之重，始终坚持政治任务优先于经济效益的原则，认真评估当地劳务和法律的风险，审慎核算工程各项成本，制定了各种有效措施和应急预案。在项目实施过程中坚持大局为重，中央电视为台服务放在首位，全力保证设计、施工、分项配合等各阶段作业面的全面展开，通过集中各方财务和人力资源，利用自身的专业优势和国外工程的经验，克服了工程资金短缺，施工周期紧张和境外实施工程的各种困难，保证了工程按进度要求顺利实施。完成了非洲分台演播室、导演室和节目制作编辑区等核心部分的装修和安装工程，保证了总体进度，为开播创造了基本条件。

（中国广播电视国际经济技术合作总公司提供）

CHINA CENTRAL TELEVISION YEARBOOK

CCTV
中国中央电视台
CHINA CENTRAL TELEVISION YEARBOOK
年 鉴
2011
胡占凡 主编
《中国中央电视台年鉴》编辑部 编
中国广播电视出版社

TONG GANG AO TAI JIAOLIU YU HEZUO

同港、澳、台交流与合作

同港、澳、台交流与合作

2010年中央电视台同港、澳、台交流与合作纪事

1月12日 孙玉胜副台长会见台湾中天电视台总经理廖福顺一行。孙玉胜表示，中央电视台一直是从改革中发展，不断加以完善，随着新闻频道的提升、调整加强，新闻信息量的增加，为更好地快速、及时报道新闻热点，发展精英记者队伍势在必行。

7月16日 胡恩副台长会见台湾旺旺中时媒体集团总经理蔡绍中和台湾中天电视台总经理廖福顺。会见中，胡恩表示，目前旺旺中时媒体集团投资的电视剧《新流星蝴蝶剑》正在中央电视台热映，今后希望能够有更多好的电视剧提供给中央电视台。

10月22日 孙玉胜副台长会见台湾TVBS电视台总经理杨鸣。会见中，双方就新闻合作事宜交换了意见。

11月3日 孙玉胜副台长会见来访的台湾中华电视公司一行。孙玉胜表示，双方的合作可以从新闻交换开始，还可以引入特约播报员机制，同时密切CCTV-4同华视的合作，寻求新的合作切入点。

11月29日 孙玉胜副台长会见台湾中天电视台总经理廖福顺一行，双方签署了《中国中央电视台与台湾中天电视台合作协议》。孙玉胜表示：目前，中央电视台正在进行视频发稿平台建设，希望与世界上更多的媒体共享新闻素材。

（台办公室外事处提供）

2011年中央电视台同港、澳、台交流与合作纪事

1月11日 孙玉胜副台长会见了香港商业电台新闻总监陈淑薇率领的香港传媒界高层代表团一行。孙玉胜表示，中央电视台在加强新闻采集力量网络化建设的同时，将着力提升新闻报道品质。陈淑薇代表香港传媒界对中央电视台近年来的发展，尤其是2010年的重大改革表示高度赞赏。代表团成员包括香港无线、香港亚视、香港电台等香港广电媒体的高层管理人员。

1月12日 罗明总编辑、副台长会见台湾东森国际股份有限公司顾问、中国国民党中央评议委员、东森电视公司董事赵怡。罗明表示，20年来中央电视台与台湾媒体保持着良好合作关系。希望两岸电视媒体进一步加强交流合作。双方可以通过合拍纪录片、电视剧，合作专栏节目等形式，从文化角度为维护两岸的和平与稳定、促进相互了解发挥积极作用。

罗明总编辑、副台长会见了香港电讯盈科媒体有限公司主席陈祯祥一行，就中央电视台与该公司旗下的NOW宽频进一步拓展合作进行商谈。罗明对通过NOW宽频重新包装并播出中央电视台的优秀节目表示欢迎，认为这有利于增加中央电视台节目的传播渠道，更好地传播中华文化。

4月7日 魏地春副台长会见了台湾东森电视台总经理陈继业一行。魏地春感谢东森电视台多年来在节目制作、新闻连线、采访等方面给予中央电视台的帮助，并表示，两岸媒体共同肩负着传承中华文化的责任，随着双方交流的日益频繁，媒体间的合作氛围更为宽松，相信双方今后的合作会更加紧密。

4月7日 黄传芳副总编辑会见了来访的台湾中华电视公司总经理周建辉一行。黄传芳表示，中央电视台非常重视开拓报道的国际视野，致力于通过制作播出具有深度的文化类节目，促进世界了解中华文化。

希望双方在新闻资讯尤其是文化、生活类节目领域开展合作。

6月13日 魏地春副台长会见了台湾海基会副董事长兼秘书长高孔廉一行。魏地春表示，中央电视台与台湾媒体保持着广泛的交流合作关系，中文国际频道的《天涯共此时》和《海峡两岸》栏目就是两岸电视媒体合作的成功典范。希望双方继续加强交流，为两岸媒体合作提供更多的机会和便利。

6月29日 魏地春副台长会见了澳门广播电视股份有限公司行政总裁梁金泉一行，双方就加强合作等进行了交流。魏地春感谢澳广视对中央电视台新闻频道和英语新闻频道落地澳门所给予的大力协助，认为两个频道的落地有利于促进葡语观众对中国的了解。

8月15日 魏地春副台长会见了台湾无线卫星电视台（TVBS）总经理杨鸣。魏地春表示，双方应在以往良好合作关系的基础上，进一步加强在新闻等领域的合作，通过合拍纪录片、制作文化类栏目，为进一步促进两岸文化交流，推动两岸人民间的相互了解发挥积极作用。

10月20日 罗明总编辑、副台长会见了台湾东森国际股份有限公司顾问赵怡。罗明表示，两岸媒体加强交流可有效增进两岸民众之间的相互了解。希望进一步加强与东森等台湾媒体的合作，在新闻和专题节目中增加对于台湾民生状况的报道。

（台办公室外事处提供）

中央电视台节目入岛概况

中央电视台节目入岛工作原来由中央电视台海外节目中心对台节目部负责，2010年频道制改革之后，中央电视台撤消了对台节目部建制，将节目入岛工作划归新成立的海外传播发展中心负责。2010年，中央电视台与台湾媒体合作播出的节目达千余小时。其中包括：

台湾华视台：华视成立之初是台湾军方背景的无线台，后民营化与公视合并为台湾公共台。自2010年10月4日起，每天播出两集电视剧《天和局》，平均收视0.09%，最高收视0.17%。

台湾纬来台：2010年8月起，播出中央电视台提供的电视剧《浪子燕青》、《吴越钱王》，平均收视0.06%，最高收视0.11%。

台湾高点台：将中央电视台提供的《科技博览》、《走近科学》、《走遍中国》、《百科探秘》等十几个栏目分别改编成1小时的《中国大惊奇》、1小时的《大眼看中国》、1小时的《中国大探索》栏目，于每天06:00～09:00首播。其中《大眼看中国》在每天的13:00、23:00进行回放。3个栏目的平均收视0.12%，最高收视率0.28%。此外，2010年1月起，先后播出中央电视台提供的电视剧《大马帮》、《风满楼》、《胭脂红》、《太安堂·玉井传奇》、《蝶舞天涯》、《锦衣卫》等平均收视率0.12%、最高收视率0.21%。

台湾东森台：将中央电视台提供的《走遍中国》、《走进科学》等素材制作成1小时的专栏节目，每周四21:00～22:00播出，平均收视0.57%，最高收视0.69%。

台湾人间台：每天播出1小时的《国宝档案》、1小时的《走遍中国》。

台湾综合台：自2010年9月1日起，每晚20:00～21:00播出闽南语电视剧《相遇》、《老爸快跑》，平均收视率0.02%，最高收视率0.03%。

台湾艺术台：2010年9月16日起，每天16:30～17:30播出电视剧《天下第一媒》、《传奇－幻想殷商》，平均收视率0.02%，最高收视率0.03%。

（海外传播中心提供）

2011年闽南话节目入岛工作概况

2011年中央电视台海外传播中心共译制闽南话电视节目1529小时节目。其中，电视剧32部1061集，814小时；专题节目715小时。闽南话节目入岛工作不仅在播出收视方面又创新高，在播出渠道上也有拓展。

一、首次在台湾主流媒体黄金档播出闽南话电视剧

台湾最早成立的无线台台视，位于台湾有线电视的8号位置，自2011年3月1日起，每周一至周四黄金档20:00播出两集中央电视台提供的闽南话电视剧《神探狄仁杰》、《春光灿烂猪九妹》、《爱上女主播》、《嫦娥》、《女娲传说之灵珠》等，平均收视0.7%，最高收视1.2%。这是中央电视台入岛节目首次在台湾主流媒体黄金档播出。

二、有线电视台播出中央电视台提供的闽南话电视剧，收视再创新高

位于台湾有线电视44号位置的高点电视台，2011年每天播出中央电视台提供的电视剧及专题节目达6小时，分别是8:00到9:00、17:00到18:00、20:00到22:00，先后播出电视剧《锦衣卫》、《当铺》、《秋香》、《梦断紫禁城》、《关东大先生》等，平均收视0.18%，最高收视1.17%，创该台收视新高。此外，其每天10:00、18:00、23:00，将中央电视台的《走遍中国》、《走近科学》、《讲述》等栏目改编成1小时的《中国大探索》、1小时的《大眼看中国》、1小时的《中国大惊奇》，平均收视0.12%，最高收视0.22%。是其他同类频道收视的3倍以上。现前已成为台湾民众收看大陆节目的主要窗口。

播出中央电视台节目的台湾媒体还有人间、纬来、台湾艺术台等。

2011年，位于台湾有线电视7号位置的人间卫视，继续将中央电视台的《国宝档案》、《走遍中国》整编为1小时专题节目，于22:00到23:00播出。先后播出的电视剧有《大瓷商》、《京华烟云》等。

位于台湾有线电视43号位置的纬来戏剧台，2011年21月至6月份，每晚黄金档20:00至22:00播出两集电视剧《宫廷画师郎世宁》、《浪子燕青》、《吴越钱王》等，平均收视0.3%。

台湾艺术台2011年2月至4月，每晚黄金档20:00至22:00播出两集电视剧，分别是《传奇－幻想殷商》、《大明圣医李时珍》，平均收视0.02%，最高收视0.4%。

三、有效利用新媒体，拓展大陆节目在台播出渠道

1. 拓展网络平台

自2011年3月起，中央电视台在台湾中华电信的网络平台（MOD）播放电视剧《爱上女主播》、《春光灿烂猪八戒》等多部；通过高点天天电视台在台湾MOD平台，每天播出中央电视台节目7小时。如：专题节目《中华医药》、《天涯共此时》；电视剧《秋香》、《关东大先生》等。播出渠道上的拓展，不仅满足了岛内不同受众群体的收视习惯，也为入岛节目更为有效播出、扩大社会影响奠定了基础。

2. 开发新的无线台

台湾公共电视台从2011年11月25日开始，在每周晚间10:00，推出全新纪录片节目《主题之夜》，先后将中央电视台提供的纪录片《幼童》、《梁思成、林徽因》等，在不改变原意的情况下，加入演播室访谈，整编为每集90分钟的专栏节目。台湾公共电视台开播于1998年7月1日，是台湾五家无线电视台之一。公共卫视能在黄金时段以主声道为普通话，副声道为闽南话的形式播出大陆纪录片，是中央电视台与岛内媒体拓展合作关系的一个重要成果。

四、深入岛内，了解观众需求

2011年9月，海外传播中心组织三人考察团赴台，与台湾媒体和观众进行沟通交流。围绕中央电视台在台播出的栏目和节目情况进行了深入沟通，倾听了媒体从业人员及观众提出的节目需求及对中央电视台节目制作本土化问题的意见和建议。

五、注重与台湾媒体间交流

2011年，海外传播中心先后会见了台湾中视、公共卫视、高点等媒体负责人，就加强节目交流、深入合作达成多项共识。如：2011年8月与中视总经理李泰临等人，协商播出历史古装剧；与公共卫视总经理邝湘霞商谈确定，在公共卫视播出大陆精品纪录片《幼童》、《梁思成－林徽因》等；与高点电视台副总经理杜广奎达成进一步合作计划，共同整编综艺节目，满足台湾观众需求，更有效地推广大陆精品节目在台湾播出。

（海外传播中心提供）

CCTV

DUIWAI JIAOLIU YU HEZUO

对外交流与合作

对外交流与合作

2010年中央电视台对外交流与合作纪事

1月20日 袁正明副总编辑会见芬兰STV电视台台长汉努·豪卡一行。会见中，袁正明表示，中央电视台十分重视与国际伙伴的合作与交流。双方可从世博会这样的重大活动开始，建立新闻交换机制。双方不仅可交换新闻节目、设立特约评论员，还可交换介绍两国的专题片在对方频道播出、互派摄制组等。

1月22日 孙玉胜副台长会见斯洛文尼亚驻华大使玛丽娅·阿达尼亚女士。会见中，孙玉胜表示，我国中老年观众对前南斯拉夫社会主义联邦共和国的成员国独立后的社会、经济发展状况一直较有兴趣。作为媒体，应客观反映各个前成员国现今的和平发展等积极方面。

2月2日 胡恩副台长会见欧广联（EBU）电视总裁约根·弗兰克一行。会见中，胡恩表示，双方可以形成一种选手交流的机制，中央电视台不仅可选派优秀选手赴欧参加比赛，也可由EBU选拔欧洲选手参加中央电视台举办的歌手大赛、舞蹈大赛和钢琴、小提琴大赛等活动。

2月2日 黄传芳副总编辑会见德国RTL电视台高级顾问汉斯·马尔一行。会见中，黄传芳表示，中央电视台十分重视加强与国际媒体伙伴的合作，提高国际传播能力。有关部门将进一步研究续签协议、加入ENEX新闻交换组织和欧洲落地事宜。

3月16日 何宗就副台长会见以色列傲威公司总裁沙利一行。何宗就表示，中央电视台与傲威公司有多年合作关系，现有的六个国际频道，其在在线包装技术方面均与傲威有着合作，相信中央电视台与傲威今后会有更多机会开展更广阔领域的合作。

3月23日 何宗就副台长会见欧美技术公司高层代表团。何宗就表示，刚成立不久的中国网络电视台已经取得了很好的成绩，在新技术的应用方面，中央电视台始终走在全国乃至世界的前列，在建的新台址将实现全高清化、网络化，这将为中央电视台事业发展提供很好的技术保障。

3月30日 何宗就副台长会见瑞典爱立信公司大中华区副总裁汉斯·卡尔森一行。何宗就表示，三网融合对中央电视台来说是一件非常有利的事情，它意味着将来优质节目可以更便捷地通过各种渠道进行传播。

4月9日 刘国良总会计师分别会见荷兰大都会建筑事务所设计师库哈斯、香港文华东方酒店集团董事安德鲁·赫斯特等。会见中，刘国良表示，新台址建设需要各方通力合作，目前主楼内装修正在抓紧进行，文化中心的复建也将全面展开，一切进展比较顺利。

4月14日 何宗就副台长会见日本广播协会（NHK）副会长今井义典一行。何宗就表示，NHK在技术、经营管理等各个方面都有很多值得中央电视台学习的经验，双方应加强交流，互相取长补短，促进两台的共同发展。

4月15日 张长明副台长会见匈牙利广播电视理事会理事蒂尔赤·道马什一行。张长明表示，中匈电视同行之间一直保持着良好的交流合作关系，此次匈牙利广播电视理事会作为匈牙利广播电视的监管机构来访，必将促进两国媒体更深入地合作。

4月29日 孙玉胜副台长会见瑞典驻华大使林川。孙玉胜表示，中瑞建交60周年的相关活动对两国关系和人民文化交流有很好的促进作用，中央电视台将予以支持。尤其是“瑞中创新周”的创新比赛活动概念新颖，有一定的新闻价值，中央电视台将派摄制组进行拍摄和报道。

5月6日 李挺副总编辑会见西亚北非国家记者团。李挺表示，中国同阿拉伯国家保持长期友好关系，双方交流也越来越密切。中央电视台一直以来秉承着真实、客观、公正的基本原则报道新闻，希望同境外媒体加强合作，实现更好更快发展。

5月10日 张长明副台长会见美国迪士尼ABC国际电视全球总裁本·派恩先生一行。张长明表示，双方在深入现有合作的基础上，力求发展新项目，例如：派遣中央电视台编播制作人员赴美进行短期培训，互联网和手机视频技术和内容的交流共享等。

5月20日 何宗就副台长会见日本麦克赛尔公司大中华地区负责人上松昭夫一行。何宗就副台长肯定了双方多年来的友好合作及技术交流，随着记录媒介的技术发展，电视台即将面临无磁带、网络化的制作环境，希望厂家与用户互动，做好新产品的技术培训工作。

5月20日至27日 2010亚太媒体峰会在京成功举办，共有近600名海外嘉宾出席峰会，其中包括亚太地区和非洲多国政府新闻部门以及广播电视机构的高层官员。峰会期间，孙玉胜副台长在大会上就“提供适合全球观众的节目内容”议题作了主旨演讲，阐述了中央电视台“新闻立台”的改革方向，介绍了新开办的阿语频道、俄语频道，并详细介绍了CCTV-9改版为英语新闻频道后“为你链接亚洲”和“中国观点、东方视角、国际化表达”的新定位与特色。

5月24日 黄传芳副总编辑会见参加亚太媒体峰会的博茨瓦纳总统事务与公共管理部部长莫措米、阿富汗文化与新闻部长拉罕和伊朗广电组织负责培训的副主席格拉姆瑞泽。黄传芳表示，记者站的任务不仅是报道新闻，更是通过融入的方式，深入了解当地国情、民情，从各个方面向世界播报介绍对方国家。

5月28日 孙玉胜副台长代表中央电视台与马尔代夫国家广播公司执行总裁易卜拉欣·哈里尔签署了《新闻交换合作协议》，内容涵盖节目交换、互授新闻版权、联合采访等合作领域。这是中央电视台基于中文国际频道《今日亚洲》栏目建设亚太新闻交换平台以来签署的第24个新闻交换协议。

5月31日 袁正明副总编辑会见了拉美国家媒体高级考察团一行。袁正明表示，中央电视台非常重视国际新闻的报道，除了需要扩大海外记者站规模外，更需要与各国媒体、电视台建立新闻交换机制，这样才能更加全面、更加有效地报道国际新闻。

5月31日 黄传芳副总编辑会见了巴西总统府新闻部副部长奥托尼·费尔南德斯。黄传芳表示，随着新一届足球世界杯赛的临近，中央电视台会增加对巴西旅游、体育、文化等各方面的报道，双方可以首先从节目交换以及互换摄制组等方面展开交流。

6月4日 袁正明副总编辑会见阿拉伯国家广播电视访华团一行。袁正明表示，中央电视台阿拉伯语国际频道开播，增加了双方的往来合作，成为沟通的桥梁和纽带。目前央视也在加大记者站建设力度，在埃及站的基础上，争取2010年年内在阿拉伯地区再建立6个记者站。

6月23日 孙玉胜副台长会见印度外交部主管东南亚事务副司长妮娜·玛萝特拉女士一行。会见中，孙玉胜副台长表示，中央电视台与印度多个媒体均有合作，双方高层也多有互访。作为国家媒体，中央电视台起到沟通双方信息交流的作用，进而促进两国人民的相互了解与友好关系。

6月23日 张长明副台长会见美国探索国际电视网总裁霍林格一行。会见中，张长明表示，中央电视台近期从探索国际电视网引进了一系列节目，计划于2010年暑假和2011年寒假期间在CCTV-1播出，希望通过这些节目的播出满足中国观众探索世界的需求。

7月5日 黄传芳副总编辑会见来访的韩国文化广播公司（MBC）社长金在哲一行。黄传芳表示，在中韩两国关系中，文化领域的合作交流也很重要，在关注新闻事件的同时，双方也可以更多地进行文化性纪录片的合作拍摄。

7月5日 越南电视台美术中心副主任阮文诗率领8人技术考察团访问中央电视台，学习中央电视台美术制作方面的管理方法和实践经验，并实地考察了不同类型的演播室。客人高度评价中央电视台舞美、灯光设计等领域的水平。

7月9日 胡恩副台长会见新加坡新传媒集团副总裁章能容。胡恩表示，“中新歌会”将两国歌手展示给彼此的观众，很受欢迎，能够有力推动两国文化交流。在此次会见中，双方达成共识，将在中新建交20周年之际，在北京共同举办第4届“中新歌会”。

7月22日 李挺副总编辑会见塞内加尔新闻部长兼电信部长、政府发言人穆斯塔法·吉拉西。李挺表示，近年来，中央电视台积极扩大对外交流的范围，结识了很多的非洲朋友，同时，中央电视台不断增加对非洲广泛报道，争取改变少数大国垄断媒体报道的格局。

8月5日 何宗就副台长会见越南胡志明市电视台副台长阮文协一行。何宗就向客人介绍了中央电视台的发展历史、事业现状和发展规划，尤其是中央电视台的数字化历史、高清化和网络化进程。

8月11日 张长明副台长和黄传芳副总编辑会见了美国麒麟电视董事长王嘉廉一行。张长明表示，中央电视台六个外语频道的构建已基本完成，中央电视台将更加关注如何以适合海外观众习惯和兴趣的视角去拍摄、制作外宣节目。

9月17日 胡恩副台长会见巴西驻华经济参赞罗西图女士。胡恩表示，巴西作为2014年世界杯足球赛和2016年奥运会的主办国，受到中国观众的广泛关注，希望以此为契机，通过巴西驻华使馆的牵线搭桥，增加两国电视机构之间的合作。

9月1日 张长明副台长会见新加坡经济发展局主席叶成昌一行。张长明表示，中央电视台制订了国际传播的发展和计划，包括国际频道的开办和改版、驻外记者站和中心站的建设等，媒体实力应与国家的国际影响力相适配，中央电视台在着力提升国际传播能力。

9月8日 孙玉胜副台长会见意大利新闻代表团一行。孙玉胜表示，中央电视台近年来在新闻和对外宣传方面的发展成果显著，中央电视台驻意大利记者站正在建设中，待建成后一定会与各意大利媒体展开更多合作。

9月10日 孙玉胜副台长会见伊朗广播电视组织主席特别顾问侯赛尼。孙玉胜表示，今后可以进行新闻交换，建立不带台标的新闻交换机制，也可以在适当时候签署新闻交换协议，为亚洲及其周边国家报道真实的亚洲。

9月14日 刘国良总会计师会见怡和集团总裁黎定基一行。刘国良表示，目前中央电视台国际频道的海外落地是本台的重点工作之一，希望能结合双方的优势，使中央电视台的节目在文华东方遍布世界各地的酒店落地，进一步提升中央电视台在海外的传播影响力。

9月14日 孙玉胜副台长会见了前来中央电视台接受专访的摩尔多瓦总理菲拉特。孙玉胜带外宾参观了主控机房，简要介绍了中央电视台的发展情况和计划，并陪同菲拉特总理到17演播室。最后，菲拉特总理先生接受了俄语国际频道《会客厅》栏目的专访。

9月14日 何宗就副台长会见索尼记录媒体公司总裁齐藤光信一行。何宗就表示，索尼的产品始终发展在世界的前沿。中央电视台新台址无论从建筑规模还是从制作规模来说，都对技术设备有更高的要求，希望索尼公司能为中央电视台提供更多质高价优的产品。

9月15日 张长明副台长会见美国库恩基金会主席罗伯特·库恩博士一行。张长明副台长表示，库恩博士在国际上的影响力是非常值得中央电视台借鉴的地方，近期库恩博士主持中央电视台英语新闻频道特别节目《库恩看世博》，播出后反响很好。

9月16日 何宗就副台长在梅地亚会见并宴请了美国思科公司全球营销副总裁凯瑞恩·沃克一行，何宗就表示，新址的技术设计要实现全数字化、网络化、高清化，希望思科公司在使用最先进的网络技术的同时，要加强网络安全，保证播出的安全。

9月16日 张长明副台长会见来京参加第二届中国——东盟“10+1”新闻部长会议的泰国国务部长翁阿一行。会见中，张长明表示，媒体实力应与国家的国际影响力相适配，中央电视台的国际新闻一贯坚持客观公正的报道原则，着力提升国际传播能力，向世界发出亚洲的声音。

9月20日 何宗就副台长会见印尼通信与信息技术部部长提法图·森比林一行。何宗就着重介绍了中央电视台新闻共享系统、资料馆数字化存储系统、体育远程传输播出系统和新台址的网络化制播系统。

9月20日 黄传芳副总编辑会见了阿拉伯国家广播电视人员访华团一行。黄传芳表示，目前中央电视台正在进行内部改革，成立了海外传播发展中心等新的管理协调部门，进一步增强对外交往、交流、合作、联络的力量。

10月中旬 亚广联网站新闻报道，中央电视台有关洪水和相关救灾活动（吉林省暴雨洪灾、甘肃舟曲泥石流、四川洪水塌方、云南泥石流）的系列新闻报道获8月份的亚广联“亚视新闻月奖”。报道说，中国中央电视台通过努力，为亚视新闻交换网成员提供了有关灾情的及时报道，并不断补充有关救灾情况的后续报道。

10月14日 胡恩副台长会见爱沙尼亚文化部长雅内斯。胡恩表示，电视媒体是现代社会里缩短世界人民之间距离的一种有效手段，中央电视台愿与爱沙尼亚的媒体机构开展合作，进行节目交换，以增进两国的文化交流。

10月15日 罗明副台长会见来访的发展中国家主流媒体部级研讨班一行。罗明表示，国际新闻素材目前大部分来自少数几个发达国家的传媒机构，中央电视台正在努力增加海外记者站数量，增加对发展中国家的报道，希望为发展中国家提供来自发展中国家自己的声音。

10月22日 何宗就副台长会见来访的西语国家广电技术研修班一行。何宗就表示，中央电视台将加大拉美地区记者站建设力度。西班牙语频道是全天24小时对外播出的频道，为全球特别是北美和拉美地区西班牙语观众提供信息资讯。

10月26日 黄传芳副总编辑会见中亚国家广播电视管理研修班全体成员。黄传芳从三个方面向研修班成员介绍了中央电视台近年来增强国际传播能力方面的进展：1.以英语新闻频道为主，重点打造多个外语宣传频道；2.扩大全球记者站站点设置和覆盖范围，年内形成以7大中心记者站为核心的全球的50多个记者站格局；3.促进内部机构建设改革，设立对外窗口机构等。

10月27日 黄传芳副总编辑会见阿尔巴尼亚广电总局局长贝茨。黄传芳表示，近年来，中阿媒体的交往集中在高层互访、人员培训、摄制组交换接待等方面，希望今后能拓展到新闻、专题片、纪录片等节目交流领域。

11月16日 何宗就副台长会见美国欧特克公司全球副总裁马可·巴蒂德一行。何宗就表示，中央电视台的发展与高新技术的发展息息相关，中央电视台在对新、旧台址节目包装系统的建设和改造中，得到了欧特克公司的大力支持，希望双方继续保持友好合作关系。

11月16日 孙玉胜副台长会见新加坡传媒集团主席张铭坚、总裁周永强等一行。孙玉胜表示，通过驻外记者站和国内应急报到点的建设，中央电视台新闻采集能力得到很大提高；同时，中央电视台还在建设国际新闻视频发稿平台，届时双方可扩大在新闻报道方面的合作。

11月23日 胡恩副台长、黄传芳副总编辑会见全俄广播电视公司外事局局长彼得·法拉艾利耶维奇·费多罗夫一行。双方就节目制作、人员互访、节目交换、频道落地等方面的合作进行了富有成效的沟通。

12月3日 外事处和海外传播发展中心代表参加了广电总局国际合作司召开的“2010年援外培训工作总结会”。近年来，新闻媒体交流已成为我国与发展中国家友好合作关系的重要组成部分，而援外培训作为“走出去”工程的一环，发挥着不可忽视的作用。2010年，中央电视台配合国家广电总局培训中心接待了64个国家的204名代表参加的国际培训项目，代表们与中央电视台国际频道进行了深入的交流。

12月9日 梁晓涛副总编辑会见毛里求斯广播公司总经理丹·卡利甘。梁晓涛表示，2009年胡锦涛主席访问毛里求斯，中央电视台特别制作介绍毛里求斯的节目在《新闻联播》栏目中播出，目前中央电视台国际频道在毛里求斯实现落地，希望让毛里求斯人民能更多地了解中国。

12月14日 孙玉胜副台长会见印度ZEE TV总裁让加一行。孙玉胜表示，中央电视台与ZEE TV多年来一直保持友好合作，中央电视台报道印度的新闻有很大部分是来自ZEE TV，希望双方加强新闻方面的合作交流，互相为对方的报道提供方便。

12月15日 梁晓涛副总编辑会见越南记协副主席、越通社副社长何明惠一行。梁晓涛向代表团介绍了中央电视台的事业发展情况，对频道制改革、品牌化建设和“新闻立台”战略进行了着重介绍，包括国内应急报道点、驻外记者站点的建设计划等。

12月15日 梁晓涛副总编辑会见马拉维记者代表团一行。会见中，梁晓涛表示，中非合作论坛机制的建立，有效地促进了中非双方人民的了解和合作，中央电视台在非洲设有记者站，其中肯尼亚中心站刚刚揭牌，这将进一步加强对马拉维以及整个非洲的报道。

（海外传播中心、台办公室外事处提供）

2011年中央电视台对外交流与合作纪事

1月13日 胡恩副台长会见科威特驻华大使穆罕默德·萨利赫·祖维赫。会见中，胡恩表示，目前，中央电视台正在大力推进国际传播能力建设，这对于促进中国与国际社会的相互理解与交流将发挥积极的推动作用。大使先生的此次来访，有助于增进中科两国的文化交流，希望两国电视界开展更加广泛的交流合作。祖维赫感谢中央电视台对于科威特和中东地区的关注与报道。

1月18日 何宗就副台长会见了日本松下电器公司全球事业部部长下水流正雄一行，就双方进一步拓展技术合作与交流进行商谈。何宗就表示，多年来，松下公司与中央电视台技术人员共同开发、运用新设备，为中央电视台节目制作提供了优质的技术服务和技术保证。下水流正雄介绍了松下公司的技术开发情况，希望通过共同研发、培训讲座和产品展会等渠道，谋求更高层次的共同发展。

1月25日 罗明总编辑、副台长会见了美国国家地理频道亚太区及中东区总裁白桦乐一行，就纪录频道与美国国家地理频道开展合作进行深入沟通探讨。罗明表示，一方面，国际社会了解中国的愿望越来越强烈，另一方面，中国丰富多彩的自然、人文等资源为纪录片国际合作提供了丰富的选题和创作空间，希望双方能够开展更加广泛的纪录片领域合作。

2月15日 黄传芳副总编辑会见了哈萨克斯坦共和国信息部信息与档案委员会副局长贝克·阿尔帕巴耶夫一行6人。黄传芳介绍了中央电视台国际频道建设、海外记者站建设等情况，感谢哈方对中央电视台驻哈记者站建设的支持，希望加强节目交换、人员交流等方面的合作。阿尔帕巴耶夫表示，哈萨克斯坦电视媒体希望与中国中央电视台开展更加广泛的合作交流。

2月17日 黄传芳副总编辑会见伊朗新闻媒体代表团，就进一步加强和促进两国新闻媒体的交流合作进行会谈。黄传芳介绍了中央电视台在提升国际传播能力、海外记者站建设、涉伊报道等方面的情况，提出两国新闻媒体应密切交往、增进交流、促进友谊，尤其是加强在节目和人员方面的合作。伊朗伊斯兰通讯社国际新闻总监优素非希望两国媒体建立更密切友好的关系，并开展更加广泛的交流合作。

2月22日 何宗就副台长会见了美国草谷集团亚太区副总裁安德鲁·赛德克一行。何宗就希望在中央电视台新址技术设备应用和现址技术设备升级等方面加强进一步沟通，并分享在网络化制播系统方面的成功经验。赛德克表示，草谷集团现已覆盖了拍摄、制作、编辑、播出等广电媒体涉及的全部业务，更加注重售后服务和对客户的培训与支持，希望与中央电视台建立长久紧密的合作关系。

2月28日 朱彤副总编辑会见了到访的刚果（布）新闻部长比安弗尼·奥基米一行。朱彤介绍了中央电视台基本情况，感谢刚果（布）对中央电视台法语国际频道在刚落地播出工作的支持，希望双方尽快签署正式落地协议。奥基米希望与中央电视台在新闻交换、人员交流等方面开展更加广泛的合作。

3月22日 丁文华总工程师会见了到访的欧广联亚太区总裁奥利弗·汉尼维克一行。丁文华介绍了中央电视台驻外记者站发展情况，特别是技术构建情况，希望与欧广联在传输网络利用等方面加强合作，促进共同发展。汉尼维克介绍了欧广联网络传输等方面情况，并表示将进一步深化拓展和中央电视台的相关合作事宜。

3月23日 何宗就副台长会见了安哥拉国家电视台台长席尔瓦一行。会见中，何宗就副台长介绍了中央电视台技术情况和国际频道发展概况，表示双方可以在新闻、纪录片等领域开展节目交流与合作。席尔瓦希望与中央电视台在节目制作、技术开发等领域开展经验交流与合作。

3月24日 朱彤副总编辑会见了到访的比利时驻华大使奈斯、比利时法语大区文化及电影电视部部长拉楠一行。朱彤介绍了中央电视台整体情况及国际频道有关女士情况，希望中央电视台节目成为中比两国人民增进了解与友谊的桥梁。拉楠表示愿与中央电视台加强影视节目制作等方面的合作。

4月1日 孙玉胜副台长、黄传芳副总编辑分别会见了朝鲜广播电视委员会副委员长李哲一行，并就新闻合作工作进展交换意见。孙玉胜表示，中央电视台对于朝鲜的客观公正报道，是向世界展示朝鲜社会发展和国家形象的窗口，有利于广大受众全面地了解朝鲜。此次中央电视台增派驻朝记者，将进一步为涉朝报道提供有力保障，希望朝方给予相应帮助。黄传芳表示，向平壤增派记者是中央电视台涉外报道工作的一件大事，建议双方下一步可考虑建立常设机制，扩大新闻和其他节目交换等合作。

4月13日 罗明总编辑、副台长会见了巴西旗手传媒集团总裁兼首席执行官乔安·萨德一行，并签署有关新闻交换的《合作协议》。会见中，罗明介绍了中央电视台频道建设概况、经营特点和海外记者站布局，建议双方在新闻合作的基础上，可考虑在娱乐节目、电视剧和纪录片等领域开展合作，或互派摄制组。

4月22日 何宗就副台长会见了日本松下电器公司专业影视事业部长宫城邦彦一行，双方就中央电视台新址设备安装、现址技术改造等交换了意见。何宗就表示，欢迎有实力的厂家与中央电视台共同研发新技术、新设备，同时希望松下公司大力配合，为确保台新址建设按计划、高质量推进发挥积极作用。

朱彤副总编辑会见了美国亚裔媒体集团主席彼得·曼休斯一行。朱彤介绍了中央电视台整体情况，特别是英语新闻频道和纪录频道的相关情况，希望进一步拓展合作空间，提升双方的影响力。彼得·曼休斯认为英语新闻频道改版后风格更加符合美国观众的收视习惯，希望积极商讨英语新闻频道、西班牙语国际频道、纪录频道的落地合作事宜。

4月25日 魏地春副台长、朱彤副总编辑分别会见了布隆迪新闻部部长尼比吉拉女士一行。魏地春代表中央电视台与布隆迪国家电视台台长恩萨班博纳签署了中央电视台法语国际频道部分节目在布落地的《转播协议》。魏地春表示，中央电视台愿意与布隆迪国家电视台开展节目交换、人员培训、技术交流等合作，并为布隆迪广电发展提供力所能及的支持。

4月25日 朱彤副总编辑会见了美国华特迪士尼国际执行副总裁张志忠一行。朱彤介绍了少儿频道的整体情况，希望双方加强合作，发挥各自优势，以利于促进青少年健康成长。他还就拓展合作范围，实现双赢提出建议。张志忠表示，愿意与中央电视台分享迪士尼在动画、动漫及青少剧等方面的资源，并探讨开展更深层次合作的可能性。

4月26日 程宏副总编辑会见了到访的美国活力国际公司董事局主席艾伦·艾尔金一行。程宏表示，活力国际公司具有丰富的国际市场操作经验，双方可以积极沟通探索，在广告项目上开展更加深入的合作。艾伦·艾尔金表示，活力国际公司正在开拓中国市场，愿意在与中国中央电视台的合作中提供更优质的咨询服务，实现合作共赢。

5月13日 黄传芳副总编辑会见了弗吉尼亚州长夫人莫琳·麦克唐纳和弗吉尼亚旅游局局长阿丽莎·贝利。黄传芳副总编辑表示，近年来随着中美两国政府间合作范围的拓展，民间交流也日趋频繁。弗吉尼亚旅游局希望与中央电视台合拍电视纪录片的创意良好，这种合作有助于两国人民加深彼此的理解和交流，中央电视台原则上表示同意，建议双方就合作模式、运作计划等问题开展进一步的探讨。

5月25日 程宏副总编辑会见了越南外交部新闻司司长阮芳娥一行，双方就两国电视媒体发展交换了意见。程宏介绍了中央电视台经营、播出情况，特别是在国际传播能力建设和制播分离改革方面的举措，希望双方进一步加强交流。

5月30日 魏地春副台长会见了由副委员长金八龙率领的朝鲜广播电视代表团。魏地春表示，希望朝方继续支持中央电视台驻平壤记者站工作，中央电视台涉朝报道基于中朝两国传统友谊，已引起广大观众和全球媒体的关注。今后双方可加大节目交换、技术交流、人员培训等方面的合作。

6月8日 由文化部、国家广电总局联合主办的“中日合办影视周、动漫节”启动仪式在京举行，温家宝总理出席了仪式。朱彤副总编辑代表中央电视台，白岩松作为业界代表出席了领导人的会见活动。根据部署，中央电视台外事处、总编室会同新闻中心在较短的时间内，提供了“温总理视察日本地震灾区”、“中国救援队在日本灾区”和“日本救援队在四川灾区”等影像资料，在活动现场向中日领导人及来宾播放，起到了积极友善的宣传效果。辉煌动画公司还在现场向中日领导人展示、解说中日合拍动画片《三国演义》。

6月9日 胡恩副台长会见了美国华纳兄弟国际电视公司总裁施兴阁一行。胡恩表示，多年来中央电视台与华纳兄弟在电影、电视剧、动画片等类型节目方面的交流频繁，保持着良好的合作关系。目前，新媒体的发展给双方合作提供了更加广阔的空间与多样化的模式。希望继续加强节目交流，通过优秀的影视作品推动两国人民之间的相互了解。

6月13日 副总编辑黄传芳会见了泰国外交部新闻司司长他尼·通帕一行，双方就加强两国电视媒体合作进行深入交流。黄传芳表示，中央电视台立足亚洲，面向世界，与亚洲电视媒体有广阔的合作空间，愿意在新闻、专题、电视剧等方面加强与泰国媒体的交流。通帕对中央电视台在国际新闻报道中所持的客观公正立场表示赞许，希望中央电视台加强与泰国媒体的合作，增进两国民众的相互了解。

6月14日 黄传芳副总编会见了白俄罗斯国家广播电视公司主席达维科-布罗尼斯拉夫维奇。双方还签署了包括日常新闻节目交换、突发新闻直播权以及互派摄制组在内的新闻协议。会见中，黄传芳表示，签署新闻合作协议有助于双方进一步深化交流与合作，期待展开多领域合作。

6月14日 魏地春副台长会见了瑞典爱立信通信公司中国及东北亚区高级副总裁孔思培一行。魏地春表示，中央电视台与爱立信公司一直保持着良好的合作关系，双方合作主要以技术设备应用为主。近年来，在发展新媒体技术和推进“三网融合”的大背景下，爱立信将业务发展拓展到网络、多媒体等领域，相信双方今后有更多的合作机会。

6月15日 黄传芳副总编辑分别会见了非洲12国政府高级代表团和非洲广电记者研修班学员。黄传芳表示，中央电视台非常重视非洲报道工作，目前正加快推进驻非洲记者站建设，愿意同非洲国家媒体在新闻交换、人员交往和互派摄制组等方面深化合作。

6月21日 黄传芳副总编辑会见了马耳他驻华大使约瑟夫·卡萨。黄传芳表示，作为国家重要媒体，中央电视台与马耳他公共广播公司在节目、人员、技术交流等方面，保持着良好的合作关系。双方通过开展快捷、高效、操作性强的新闻交流推进双边合作。

6月23日 孙玉胜副台长会见了美联社高级副总裁戴茜·维拉辛汉姆女士一行。孙玉胜表示，从中央电视台单纯从美联社订购新闻，到如今美联社为中央电视台海外记者站建设和报道、特约服务员报道提供支持和服务，双方合作取得了长足发展，希望双方继续深入开展合作，促进事业的共同发展。

6月29日 何宗就副台长会见了发展中国家电视技术培训班学员。何宗就介绍了中央电视台发展历史、现状和国际传播战略，着重介绍了中央电视台的技术发展历程和台新址技术规划，并回答了培训班学员的相关问题。该培训班由中广国际总公司承办，共有来自11个亚非发展中国家的24名学员。

6月29日 孙玉胜副台长会见了伊拉克总统夫人、库尔德斯坦爱国联盟政治局委员希洛一行，双方就加强国际和地区报道能力、中伊电视台合作等交换了意见。孙玉胜表示，对中央电视台阿拉伯语国际频道在伊拥有固定的收视群体感到高兴。当前，中央电视台驻巴格达记者站通过持续客观的报道，向世人展现了伊拉克的真实景象。今后，将进一步加强对巴格达以外地区的报道，也希望双方能建立长期的新闻和节目交换关系。

7月8日 罗明总编辑、副台长会见了越南信息与传媒部新闻局局长黄友量率领的越南记协代表团一行。罗明介绍了中央电视台的事业结构、频道概况、节目构成、人员配置和发展规划等情况，阐述了中央电视台国际新闻的来源和相关频道的落地情况。黄友量介绍了越南电视媒体行业的有关情况。

7月11日 朱彤副总编辑会见了巴基斯坦新闻与广播部副常务秘书泽曼一行。朱彤介绍了中央电视台基本情况和国际频道发展概况，同时感谢巴基斯坦方面对中央电视台中文国际频道、英语新闻频道和纪录频道在巴落地的支持。泽曼希望两国媒体能在更多领域开展经验交流与合作，并表示将促进落实中央电视台有关频道落地和新闻交换协议续签等事宜。

7月12日 副总编辑朱彤会见了“阿拉伯国家广播电视记者研修班”学员。朱彤介绍了中央电视台的基本情况，特别是国际频道的建设概况。他表示，近年来，中央电视台在国际重大事件的转播报道中发挥着越来越重要的作用，阿拉伯国家也给予了中央电视台很多支持，希望双方今后进一步加强合作。

7月19日 孙玉胜副台长会见了美国库恩基金会主席罗伯特·库恩博士一行。孙玉胜表示，库恩博士是中央电视台合作伙伴。中央电视台计划在北美分台建成后，充分发挥库恩博士在美国政治、经济界的重要影响，同时结合中央电视台国际传播能力建设，委托其制作一档以时事为主的谈话类节目。

7月25日 罗明总编辑、副台长会见了韩国文化产业振兴院院长李在雄、韩国广播公司（KBS）副社长曹大铉一行，并签署中韩节目合作文件。罗明表示，中央电视台和KBS有着多年良好的合作经历，此次签署的两个文件对中韩主流媒体的更深层次合作具有重要意义。

8月2日 魏地春副台长会见了日本朝日电视台台长早河洋一行。双方就上海游泳世锦赛转播工作展开交流，并表达进一步加强业务交流与合作的意愿。魏地春表示，双方应在新闻交换、体育转播合作的基础上，进一步拓展音乐节目、纪录片等领域的合作；同时应在增进中日两国人民相互了解方面发挥媒体的引导作用。

8月2日 魏地春副台长会见了亚太广播联盟秘书长贾瓦德，双方就加强合作进行了交流。魏地春对亚广联长期致力于提升亚太地区广电业发展水平，以及多年来对中央电视台工作的大力支持表示感谢。贾瓦德表示，亚广联将利用自身平台，继续推动中央电视台节目在世界更广的范围内传播。

8月11日 罗明总编辑、副台长会见了韩国驻华大使李揆亨。罗明表示，中央电视台与韩国官方电视机构保持着良好合作关系，在新闻交换、纪录片合拍、文艺类活动等方面建立了长期稳定的交流平台，为促进中韩文化交流及相互了解发挥了重要作用。

8月22日，黄传芳副总编辑会见了俄语国家广播电视新闻官员研修班学员。黄传芳表示，中央电视台愿意加强与俄语国家广播电视机构在节目交换、人员及技术交流方面的合作。中央国际电视台有关方面负责人介绍了英语新闻频道和俄语频道在俄语国家落地，以及俄语频道的运营情况等。

8月23日 何宗就副台长会见日本麦克赛尔公司社长千岁喜弘一行。何宗就表示，随着记录媒介技术发展，希望厂家与用户互动，共同应对新的技术课题。千岁喜弘表示，厂家将积极回应中央电视台对新技术的要求，做好技术应用与服务工作。日本麦克赛尔公司将应邀参加第20届北京国际广播电影电视设备展览会。

8月23日 罗明总编辑、副台长会见了英国广播公司环球公司（BBC Worldwide）全球发行总裁史蒂夫一行。罗明表示，希望加强中央电视台纪录频道与BBC在合拍大型纪录片方面的合作，创作更多的优秀作品。

8月24日 罗明总编辑、副台长会见美国全美广播电视协会（NAB）总裁戈登·史密斯一行。罗明表示，技术设备的进步推动着广播影视的发展，中央电视台每年派团参加NAB展会都能领略到广电技术的最新发展成果。希望双方今后进一步加强合作交流，更好地推动中国广播影视技术设备和行业发展。

8月25日 魏地春副台长会见了印度驻华大使苏杰生。魏地春表示，两国媒体间的交往、合作对增进两国人民之间的相互了解，增进中印友好和经贸往来有着不可替代的作用。他希望苏杰生大使为中央电视台向印度记者站增派记者提供便利，为纪录片《金砖之国》在印度的采访拍摄提供支持。

8月25日 罗明总编辑、副台长会见了菲律宾广播协会副主席卡多纳一行。双方就两国广播电视行业现状与前景交换了意见，重点讨论了广告管理、行业竞争、新媒体挑战等议题。罗明表示，中国广播电视市场竞争激烈，只有制作优秀节目，获得观众认可、提升收视率，才能获得更好的社会效益和经济效益，保障事业快速发展。

8月25日 胡恩副台长会见了日本民间广播电视联盟会长广濑道贞。胡恩表示，在中日两国先后遭遇自然灾害时，两国电视媒体客观全面的报道，对观众的解惑释疑发挥了关键作用。

8月25日 何宗就副台长分别会见了德国阿莱公司总裁弗兰兹·克劳斯和越南电视台副台长陈勇郑。何宗就表示，希望进一步加强与阿莱公司、越南电视台的技术交流。克劳斯介绍了阿莱公司的情况，表达了与中央电视台进一步加强合作的愿景。

9月2日 黄传芳副总编辑会见了朝鲜外务省报道局副局长李胜吉一行。黄传芳介绍了中央电视台新闻频道、涉朝新闻报道和驻平壤记者站等情况，希望支持中央电视台朝鲜记者站加大报道力度，进一步对方两国人民的友好情感。

9月7日 朱彤副总编辑会见了韩国中央日报会长洪锡炫一行，就加强双方合作进行深入地交流。会见中，为韩方开办电视综合频道提供帮助，同时也欢迎对方开发自身资源，加强合作。

9月14日 朱彤副总编辑会见了来中央电视台参观访问的西班牙语国家广播电视管理培训班学员。朱彤表示，中央电视台作为国家媒体，秉承强烈的社会责任感，致力于传播先进文化、满足观众的多元需求，追求绿色收视率。

9月15日 胡恩副台长会见格鲁吉亚公共广播电视公司总经理乔治·昌都利亚一行。胡恩回顾了2009年中央电视台与格鲁吉亚签署的新闻交换协议，肯定新闻节目交流对观众直接、准确地了解到发生在对方国家时事的意义，希望通过纪录片交换、合拍等方式，进一步深化合作，增进中格两国人民对彼此文化的了解。

9月16日 黄传芳副总编辑代表中央电视台与阿富汗广播电视台台长安佐尔签署了新闻合作协议，对方将在新闻交换、设立特约报道员和人员培训等方面建立合作关系。阿富汗驻华大使巴辛出席协议签署仪式。会见中，黄传芳表示，合作协议的签署将大大推进两台在新闻和其他领域的合作，增进两国人民的相互了解，中央电视台国际频道也将成为向世界展示阿富汗新形象的窗口。

9月19日 袁正明副台长会见了荷兰大都会建筑事务所设计师库哈斯一行。袁正明表示，中央电视台与大都会建筑事务所在近十年来的合作中，本着相互信任和理解的态度，均做出了巨大的努力。目前A标段主楼建设施工已接近尾声，搬迁工作即将逐步展开，希望双方在装饰装修、家具配置等方面积极交换灵感和想法，延续良好合作，争取为建筑赋予更丰富、更深远的价值。

9月21日 朱彤副总编辑会见了约翰逊·霍尼美率领的太平洋岛国联合新闻团。朱彤表示，随着中央电视台国际传播能力的建设和发展，中央电视台乃至亚洲媒体的声音将逐步平衡来自西方媒体的声音。希望太平洋岛国媒体通过与中央电视台的沟通、合作，让大洋彼岸的观众更真实、更全面地了解中国。

9月26日 孙玉胜副台长会见了美联社总裁托马斯·科利一行。孙玉胜表示，长期以来，双方保持着良好的合作关系，从过去的新闻订制，到近期的利比亚局势、“9·11”十周年等重大事件报道，双方合作良好。中央电视台正在积极筹备非洲和北美分台，希望美联社在办公场所和信号使用等方面给予更多的支持。同时双方的记者能够加强联系，在海外报道中相互协助。

9月26日 罗明总编辑、副台长会见了由副社长吉桓永率领的韩国广播公司（KBS）代表团一行。罗明表示，多年来，双方开展了扎实有效的业务交流，取得了良好成效，合作领域涵盖新闻、文艺和纪录片等领域。2012年是中韩建交20周年，期待两国媒体加强交流，取得更加丰硕的合作成果。

9月28日 罗明总编辑、副台长会见英国广播公司（BBC）总裁马克·汤普森一行。罗明表示，中央电视台与BBC合拍的纪录片《美丽中国》广受中外观众好评，希望今后双方合拍更多关于中国或英国历史、文化、自然、生活的纪录片，并进一步拓展在新闻、电视剧、培训等领域的合作。

10月9日 罗明总编辑、副台长会见欧洲通信卫星公司董事长布莱塔一行。罗明表示，中央电视台与欧洲通信卫星公司合作良好，多个国际频道通过该公司卫星覆盖欧洲、非洲、中东、俄罗斯等国家和地区。希望欧洲通信卫星公司为中央电视台海外分台建设、长城平台覆盖等项目提供支持。

10月14日 黄传芳副总编辑会见了刚果（布）新闻发言人和记者研修班学员一行。黄传芳表示，中央电视台致力于加大对外发展和新闻传播力度，计划拓展在非洲的发展空间，增设驻非记者站，在英语新闻频道和法语国际频道强化对非报道。希望能与非洲国家电视同行开展更广泛的交流合作。

10月23日 由文化部、国广电总局共同举办的“中国影视周·动漫节”在日本东京拉开帷幕，日本首相野田佳彦出席了开幕式。活动期间，集中展映了12部中国电影和中央电视台选送的5部优秀电视纪录片。黄传芳随国家广电总局代表团赴日出席了相关活动。中央电视台派出了双语主持人主持了一系列仪式；台总编室积极落实了与日本NHK节目互播的计划，并专门制作了宣传短片，在东京活动现场播放；中央电视台外事处提供了全面的协调工作，并为宣传片和宣传册进行了文字翻译；纪录频道选送了优秀电视纪录片与NHK互换播出。

10月24日 朱彤副总编辑会见了澳大利亚广播公司董事长毛瑞斯·纽曼一行。朱彤表示，中央电视台与澳大利亚广播公司的合作稳定而卓有成效，主要体现在青少节目方面。建议今后可以合作制作体现科技、体育等元素的青少节目，使青少年观众从中受到更多元化的教育和启发。

10月27日 朱彤副总编辑会见了由来自阿尔巴尼亚、波兰、罗马尼亚、保加利亚、匈牙利、捷克、斯洛伐克等中东欧七国媒体从业人员组成的联合新闻团。会见中，朱彤介绍了中央电视台发展历程和近期规划，并表示，随着中央电视台加快国际传播能力建设，将有更多与中东欧国家媒体合作的机会，希望中东欧记者充分反映此次访问中国的所见、所闻、所感。新闻团希望与中央电视台进一步加强交流。

袁正明副台长会见了肯尼亚新闻与通讯部长塞缪尔·波吉西奥。袁正明副台长感谢肯方对中央电视台非洲中心记者站、非洲分台建设所给予的支持和帮助，表达了中央电视台不断提升传播能力、致力于跻身世界一流媒体的愿望，希望在中非传统友谊的基础上，双方开展更为广阔、深入的合作，也希望继续得到肯尼亚政府和新闻机构的支持，并邀请部长届时出席非洲分台开播仪式。

11月7日 “2011亚广联奖”颁奖晚会在印度新德里举行，中央电视台选送的节目《正大综艺·吉尼斯中国之夜》获亚广联“电视娱乐节目”大奖。中央人民广播电台和国际广播电台也分获广播类三个奖项。

11月21日 朱彤副总编辑会见了乌克兰国家广电委员会主席纳利沃伊科。朱彤表示，希望双方在互利互鉴的基础上加强交流合作，为推进两国人民之间的相互了解发挥积极作用。纳利沃伊科表示，愿意与中央电视台开展更加深入的合作，努力增进两国之间的友谊。

12月8日 黄传芳副总编辑会见了来华访问的南非总统府办公室绩效监管与评估管理部部长科林斯·查巴尼一行。黄传芳介绍了中国电视产业概况，以及中央电视台频道建设、海外记者站建设、“全媒体”发展情况等，并感谢南非政府及传媒机构给予中央电视台驻南非记者的支持和帮助，希望通过加大中央电视台在南非的报道力量，促进两国人民相互了解。

12月15日 胡恩副台长会见了英国载闻集团首席执行官苏德明先生。胡恩表示，中央电视台与英国载闻集团及旗下的映佳国际传媒公司有着十余年的合作关系。在载闻集团协助中央电视台国际频道海外落地，以及映佳公司与美国丹佛大学合作举办的中国传媒高级管理人员培训这两个方面，双方合作密切且成功，希望今后能进一步深入合作。

12月20日 朱彤副总编辑会见了由哈萨克斯坦、吉尔吉斯斯坦、塔吉克斯坦、乌兹别克斯坦、土库曼斯坦等中亚五国媒体从业人员组成的联合新闻团。会见中，朱彤表示，2012年是中国与中亚五国建交20周年，希望以此为契机，寻求开展互办电视周等合作项目，促进中国与中亚人民之间的相互了解。

12月22日 李挺副总编辑会见了美国男子职业篮球联赛中国区首席执行官舒戴维一行。李挺表示，中央电视台与美职篮协会有着20多年的良好合作关系。随着双方各自的发展和市场环境的变化，传统的合作模式也需要进行适当调整。本赛季，美职篮停摆数月。鉴于体育频道此前已就播出时段作出了安排，双方需要相互理解、相互支持，提出合作方案。

12月23日 孙玉胜副台长会见了肯尼亚新闻部常务秘书长恩戴莫。会见中，孙玉胜表示，中央电视台非常重视对非报道，将努力把非洲分台建设成报道和宣传非洲的平台。希望今后双方开展更为紧密、深入的合作，同时继续得到肯尼亚政府一如既往的支持。

（台办公室外事处提供）

2010年中央电视台节目海外落地情况

截至2010年年底，中央电视台中文、英语、法语、西班牙语、阿拉伯语、俄语6个语种国际频道全年新增落地项目共计42个，分别是：

一月

英语新闻频道通过以色列RRSAT全球通信网络有限公司IS-10卫星覆盖欧洲、非洲、中东、南亚。

英语新闻频道通过印度WWIL有线电视网播出。

二月

西班牙语国际频道进入墨西哥Sistema有线公司有线网播出，覆盖Toluca市9000用户。

三月

俄语国际频道进入俄罗斯Myrmanskie Multiservisnye Seti，OJSC有线网，覆盖俄罗斯摩尔曼斯克地区5.3万用户。

英语新闻频道进入罗马尼亚UPC Romania有线平台，覆盖罗马尼亚19.8万用户。

英语新闻频道进入巴拿马·特立尼达和多巴哥Telecommunication Limited (TSTT)公司IP电视平台播出，覆盖461用户。

英语新闻频道进入特立尼达和多巴哥Flow Trinidad的有线网播出，覆盖12万用户。

中文国际频道进入巴拿马Cable & Wireless公司有线网播出，覆盖5000用户。

英语新闻频道通过斯里兰卡Dialog电视公司直播卫星平台播出，覆盖12万用户。

英语新闻频道部分进入肯尼亚Express TV公司地面数字频道播出。

中文国际频道、英语新闻频道落地保加利亚11家高档酒店。

四月

英语新闻频道进入罗马尼亚HD ANDI TELECOMUNICATII S.R.L有线平台，覆盖罗马尼亚0.09万用户。

中文国际频道、法语国际频道、英语新闻频道三个频道全频道进入四达时代集团坦桑尼亚地面数字平台、尼日利亚地面数字平台、卢旺达地面数字平台和几内亚地面数字平台播出，覆盖用户分别为10万户，20万户，3.3万户和2万户。

英语新闻频道全频道进入莱索托Megamedia电视公司有线网播出，覆盖1万户用户。

英语新闻频道的部分节目通过澳大利亚新闻频道股份有限公司公共频道播出。

五月

英语新闻频道通过泰国Next Step公司有线电视平台播出，覆盖50万用户。

英语新闻频道部分节目通过新西兰三角电视台地面无线频道播出。

中文国际频道全频道进入毛里求斯国家电视台地面数字频道播出，覆盖30万用户。

中文国际频道、英语新闻频道全频道进入赞比亚NGOMA电视公司地面数字频道播出，覆盖用户60万户。

英语新闻频道部分进入利比里亚国家电视台无线台播出。

六月

英语新闻频道进入罗马尼亚SC ROM First SRL有线平台，覆盖罗马尼亚0.0934万用户。

英语新闻频道进入罗马尼亚TV Sat 2002 SRL有线平台，覆盖罗马尼亚0.38万用户。

英语新闻频道进入罗马尼亚UBI COM SRL有线平台，覆盖罗马尼亚0.069万用户。

英语新闻频道进入罗马尼亚Nevo TV LTD有线平台，覆盖罗马尼亚0.05万用户。

七月

英语新闻频道进入罗马尼亚TITA有线平台，覆盖罗马尼亚0.4754万用户。

与美国公司Castalia签署协议，授权其非独家代理西班牙语国际频道在美国、墨西哥、牙买加、巴拿马、格林纳达、洪都拉斯、特立尼达和多巴哥、海地、伯利兹、巴哈马、巴巴多斯、萨尔瓦多、圣卢西亚、安提瓜和巴布达、尼加拉瓜、哥斯达黎加、多米尼加、多米尼克、危地马拉、圣基茨和尼维斯、圣文森特和格林纳丁斯等国家和地区的落地。

英语新闻频道进入美国休斯顿55台数字地面电视播出，覆盖210万用户。

英语新闻频道通过Globecast澳大利亚公司的Optus-C1卫星传输信号，覆盖新西兰地区。

英语新闻频道通过澳大利亚Austar Entertainment PTY Limited公司付费电视平台落地，覆盖74万用户。

八月

俄罗斯阿穆尔州电视台周二、周四 23:00 至次日 07:00，俄语国际频道转播《亚洲新闻》、《中国新闻》、《优胜者》、《纪录片》、《中国旅游》、《学汉语》、《每日一歌》、《综合新闻》、《财经新闻》、《印象中国》、《综艺荟萃》、《放映厅》，覆盖阿穆尔州地区（开路频道）。

九月

英语新闻频道进入意大利TIVUSAT直播卫星平台，覆盖意大利70.3万用户。

英语新闻频道进入罗马尼亚Televol System有线平台，覆盖罗马尼亚0.05万用户。

英语新闻频道进入罗马尼亚Intersat SRL有线平台，覆盖罗马尼亚0.05万用户。

十月

英语新闻频道和俄语国际频道进入白俄罗斯MAGIFON手机电视平台，覆盖白俄罗斯900万手机用户。

与乌拉圭Britel公司签署协议，授权其代理西班牙语国际频道在秘鲁、智利、圭亚那、巴拉圭、乌拉圭、委内瑞拉、玻利维亚、苏里南、厄瓜多尔等国家和地区的落地。

中文国际频道、英语新闻频道、西班牙语国际频道、法语国际频道 4个频道落地摩纳哥9家高档酒店。

十一月

英语新闻频道进入罗马尼亚Alimixt SRL有线平台，覆盖罗马尼亚0.05万用户。

俄语国际频道进入俄罗斯NTV-PLUS直播卫星平台，覆盖俄罗斯60万用户。

与阿根廷Tangonomics公司签署协议，授权其非独家代理西班牙语国际频道在阿根廷、巴西和哥伦比亚等国家的落地。

十二月

法语国际频道进入法国卢瓦尔河谷地区中学播出，这些学校共有师生32000名。

2010年以来，中文国际频道、英语新闻频道、西班牙语国际频道，陆续落地古巴29家高档酒店。

截至2010年底，中央电视台节目海外落地项目总数已达392项；整频道落地项目用户总数为17092万户，比2009年增加了3844万户。其中，英语新闻频道占2010年落地项目总数的8成左右。先后完成的重点项目包括：在澳大利亚进入Austar直播平台播出，覆盖74万用户；在匈牙利、罗马尼亚分别进入UPC直播平台和有线网播出，共覆盖93万用户；在美国休斯顿进入55.6台数字地面频率播出，覆盖210万用户等。英语新闻频道（英语新闻频道）海外用户数已达11043万户。从新增落地覆盖区域来看，在2010年新增整频道落地项目中，欧洲、拉美地区和非洲位居前3位，分别占项目总数的37.9%、17.2%和17.2%。在落地方式上，有线网、卫星直播平台和地面数字播出平台位列前3，分别占项目总数的37.9%、20.6%和20.6%。

（台办公室外事处提供）

2011年中央电视台节目海外落地情况

2011年1月至12月，中央电视台与全球80家广播电视机构分别开展了有关中文国际频道、英语新闻频道、法语国际频道、西班牙语频道、阿拉伯语频道、俄语国际频道和纪录频道等7个国际频道的落地合作，分别是：

一月

英语新闻频道、俄语国际频道、中文国际频道进入格鲁吉亚global TV有线电视平台播出，用户总数0.7万户。

英语新闻频道部分节目进入加拿大WOWTV通过有线网进行转播。

纪录频道（国际版）部分节目进入泰国中央中文电视台播出。

西班牙语国际频道频道进入西班牙R-Telefono有线网播出，用户数10万。

英语新闻频道进入罗马尼亚S.C. OLCAB TELECOM S.R.L.有线网播出，用户数0.1万。

中文国际频道进入瑞士cable cam有线系统播出，用户数35万。

中文国际频道进入乌克兰沃利亚有线系统播出，用户数22万。

二月

俄语国际频道频道进入乌克兰FALSTAP LLC TRC有线网播出，用户数0.5万。

俄语国际频道频道频道进入乌克兰Volia切尔卡瑟有线网播出，用户数1万。

英语新闻频道、俄语国际频道、中文国际频道、法语国际频道、西班牙语国际频道、阿拉伯语国际频道、纪录频道（国际版）进入斯洛伐克Antik Telecom IP电视平台项目播出，用户总数1.8万。

纪录频道（国际版）进入澳门有线电视股份有限公司有线电视系统播出，用户数9万。

三月

纪录频道（国际版）部分节目进入新西兰华人电视台数字电视平台播出。

纪录频道（国际版）部分节目进入新西兰三角电视台地面数字和卫星电视平台播出。

英语新闻频道进入缅甸广电局sky net卫星直播平台播出，用户数0.5万。

CCTV-1（香港版）进入香港ATV地面数字系统播出，用户数140万。

英语新闻频道进入罗马尼亚KAPPA－TV S.R.L.有线网播出，用户数0.02万。

英语新闻频道进入罗马尼亚S.C. GLIGA COMIMPEX S.R.L.有线网播出，用户数0.09万。

英语新闻频道进入罗马尼亚NEXTGEN COMMUNICATIONS S.R.L.有线网播出，用户数0.05万。

英语新闻频道进入罗马尼亚P.C.NET－C.A.T.V. S.R.L.有线网播出，用户数0.05万。

西班牙语国际频道部分节目进入波多黎各广播公司有线网和地面无线播出系统，每天至少转播中央电视台12小时节目。

四月

法语国际频道频道部分节目进入布隆迪国家电视台播出。

纪录频道（国际版）进入南非MIH DSTV (Multichoice Africa) 系统播出，用户总数150万。

中文国际频道、阿拉伯语国际频道进入阿联酋e-vision有线电视和IP电视系统播出，用户总数24万户。

英语新闻频道进入进入德国Unitymedia、比利时Telenet、荷兰UPC、瑞士Cablecom、奥地利UPC等欧洲五家有线网播出，用户总数427万。

纪录频道（国际版）进入法国Free IP电视平台播出，用户总数390万。

英语新闻频道、法语新闻频道进入法国SFR直播卫星平台播出，用户总数20万。

英语新闻频道进入罗马尼亚AVANTAJ CONSTRUCT S.R.L.有线网播出，用户数0.04万。

英语新闻频道进入罗马尼亚S.C. SYSTEM SAT S.R.L.有线网播出，用户数0.1万。

五月

英语新闻频道进入美国洛杉矶数字地面电视网，覆盖用户530万户。

英语新闻频道进入美国旧金山数字地面电视网，覆盖用户440万户。

与美国Intelsat公司续签银河3C卫星的服务协议，为中央电视台英语新闻频道、中文国际频道、西班牙语国际频道和纪录频道（国际版） 覆盖北美地区提供保障。

中文国际频道进入韩国江源放送有线系统播出，用户数16.5万户。

综合频道《新闻联播》节目进入香港亚视亚洲台频道播出。

纪录频道（国际版）进入法国Canalsat直播卫星平台播出，用户数340万。

英语新闻频道、中文国际频道、法语国际频道频道进入法国Numericable有线网播出，用户数700万。

英语新闻频道进入奥地利AON TV IPTV平台播出，用户数15万。

纪录频道（国际版）进入波兰ZTS echostar studio有线网播出，用户数0.4万。

英语新闻频道进入罗马尼亚TRUE COM S.R.L.有线网播出，用户数0.05万。

英语新闻频道进入罗马尼亚COMPANIA DE MANAGEMENT S.R.L.有线网播出，用户数0.04万。

英语新闻频道进入保加利亚Deymos LTD有线网播出，用户数0.05万。

完成Globecast公司通过Astra卫星上传纪录频道（国际版）。

完成海外武馆落地项目（英语新闻频道、法语国际频道、纪录频道，10家武馆共11.9万学员）。

纪录频道（国际版）进入汉雅星空IPTV播出，用户数2.4万。

六月

中文国际频道、英语新闻频道、阿拉伯语国际频道、纪录频道（国际版）进入马来西亚常青网络电视IPYV平台播出，用户总数520万。

中文国际频道、英语新闻频道、纪录频道（国际版）进入缅甸Forever Group集团数字地面广播系统播出，用户总数45万户。

纪录频道（国际版）进入西班牙Swiss Service& Cable TV有线网播出，用户数0.2万。

纪录频道（国际版）进入挪威电信直播卫星平台播出，用户数102.5万。

中文国际频道、英语新闻频道进入保加利亚Vestitel BG JSC IP电视平台播出，用户数0.6万。

七月

与巴拉圭Tigo多媒体服务公司签署有关 西班牙语国际频道西班牙语国际频道频道转播授权信。

英语新闻频道进入俄罗斯ISKRA TELECOM有线网播出，用户数2.8万。

完成拉脱维亚BATEAS TV代理英语新闻频道、俄语国际频道、法语国际频道、 西班牙语国际频道、阿拉伯语国际频道、纪录频道（国际版）在拉脱维亚、立陶宛境内的有线网、直播卫星、IP电视播出项目。

俄语国际频道频道进入阿联酋showmedia有线电视系统播出，用户数1万。

纪录频道（国际版）进入澳广视无线电视广播系统播出，用户数9万户。

纪录频道（国际版）部分节目进入新西兰中华电视网播出。

中文国际频道、法语国际频道、阿拉伯语国际频道频道进入摩洛哥电信公司系统播出，用户数13.5万。

八月

英语新闻频道、纪录频道（国际版）进入加纳多元媒体集团，用户总数124万。

法语国际频道、中文国际频道频道进入塞内加尔EXCAF TELECOM播出，用户数12万。

中文国际频道、英语新闻频道、纪录频道（国际版）部分节目进入加拿大北美中英文电视台播出。对方在ROGERS有线电视网络基本层全天24小时播出。

英语新闻频道进入马耳他MELITA PLC有线网播出，用户数6.7万。

中文国际频道大富日语化频道进入日本Sky perfct电视卫星直播平台播出，用户数60万。

英语新闻频道进入俄罗斯2KOM IPTV平台播出，用户数5.1万。

英语新闻频道进入罗马尼亚S.C. PAN－ELECTRO S.R.L.有线网播出，用户数0.05万。

九月

中文国际频道和英语新闻频道频道进入泰国vingword公司无线网络电视平台播出，用户数61万。

中文国际频道、英语新闻频道、纪录频道（国际版）进入英国Freeview数字地面电视播出，用户总数3480万。

英语新闻频道进入英国Freesat直播卫星平台播出，用户总数150万。

纪录频道（国际版）进入瑞士NAXOO有线网播出，用户数15万。

英语新闻频道进入罗马尼亚S.C. SERLINDAN S.R.L.有线网播出，用户数0.05万。

十月

英语新闻频道部分节目《中国24小时》进入美国灵克传媒股份有限公司的频道播出。该频道通过Dish Network和Direct TV两大卫星直播平台的基本层在全美播出，覆盖用户3500万用户。

英语新闻频道部分节目进入马拉维欢乐电视台播出。

英语新闻频道和纪录频道（国际版）进入美国华盛顿数字地面电视平台Mhz电视网整频道播出，覆盖大华盛顿地区、巴尔的摩市、马里兰州和弗吉尼亚州，同时也进入了华盛顿地区的所有有线电视网（Comcast，Verizon FIOS，Cox Cable和 RCN Cable），覆盖用户480万户。

完成意大利SELECT ITALY公司代理中文国际频道、英语新闻频道、 西班牙语国际频道、法语国际频道频道在欧洲250家酒店落地项目。

十一月

纪录频道（国际版）部分节目进入斐济广播公司地面电视频道播出。英语新闻频道进入罗马尼亚S.C. Teleson S.R.L.有线网播出，用户数0.08万。

英语新闻频道进入罗马尼亚ANT SOFT COMUNICATION S.R.L.有线网播出，用户数0.05万。

英语新闻频道进入克罗地亚B.Net Hrvatskad.o.o.有线网播出，用户数0.1万。

英语新闻频道部分节目进入保加利亚Bulgaria On Air电视台播出，覆盖保加利亚85%人口。

十二月

西班牙语国际频道进入阿根廷Red Intercable有线，2012年开始播出，用户数60万。

西班牙语国际频道进入委内瑞拉ASOTEL有线网，2012年开始播出，覆盖委内瑞拉15万用户。

中文国际频道、纪录频道（国际版）进入印度尼西亚topastv的卫星直播平台播出，用户数20万。

中文国际频道、英语新闻频道、阿拉伯语国际频道、纪录频道（国际版）进入马来西亚广播网公司数字有线系统播出，用户总数40万。

在上述80项合作中，涉及部分节目落地项目共计13个，整频道落地项目共计96个，整频道用户数比2010年全年增长约8300万户。

先后完成的重点项目有，中文国际频道中文国际频道在日本实现日语化播出，覆盖60万用户；英语新闻频道进入德国Unitymedia、比利时Telenet、荷兰UPC、瑞士Cablecom、奥地利UPC等欧洲五家有线网播出，用户数累计427万户；中文国际频道、英语新闻频道、纪录频道（国际版）进入英国Freeview数字地面电视系统播出，用户数累计3480万户；英语新闻频道、纪录频道（国际版）进入美国华盛顿数字地面电视平台Mhz电视网播出，覆盖240万用户；英语新闻频道 频道进入美国数字地面电视系统播出，分别覆盖美国洛杉矶530万用户和旧金山440万用户；纪录频道（国际版）进入南非MIH DSTV系统播出，用户总数150万。

截至2011年12月底，中央电视台7个国际频道已在全球171个国家和地区实现落地，整频道用户数约为2.49亿，落地酒店639家。

（海外传播中心提供）

2010年中央电视台接待国外摄制组

序号	时间	摄制组名称	拍摄内容	拍摄地点
1	1月7日至1月20日	日本广播协会（NHK）	《经济最前线》专题片	北京、上海
2	1月10日至1月16日	日本广播协会（NHK）	《中国未来映像》专题片	上海
3	1月17日至1月21日	日本广播协会（NHK）	《聚焦东北》专题片	深圳
4	3月1日至3月6日	日本广播协会（NHK）	《经济广角》专题片	北京、上海、四川
5	3月30日至4月20日	日本广播协会（NHK）	《新闻连线-广东特集》专题片	广州、深圳
6	3月16日至4月15日	立陶宛国家电视台	中国旅游	北京、陕西、云南、安徽、上海
7	4月19日至4月26日	日本广播协会（NHK）	《早安日本》专题片	上海
8	4月24日至4月27日	日本广播协会（NHK）	《早安日本》专题片	广东、福建
9	4月25日至6月5日	马来西亚TV3电视台	纪录片《香料之路》	广东、广西、上海、陕西、新疆
10	5月4日至5月10日	日本松下公司	松下电器宣传片	北京
11	5月16日至5月19日	日本电视网（NTV）	纪录片《太空育种》	甘肃、上海
12	5月30日至6月2日	加拿大探索	纪录片《浩瀚起航》	上海
13	6月11日至6月15日	美国航空公司	美国航空公司宣传片	北京
14	6月25日至7月6日	斯洛文尼亚国家电视台	凤凰涅槃	北京、上海、杭州、苏州
15	6月29日至7月14日	美国GEOFF HAINE-STILES制片公司	纪录片《地球-操作手册》	北京、上海、陕西
16	7月3日至8月1日	德国GRUPPE5制片公司	纪录片《长城之行》	甘肃、宁夏、内蒙古、山西、北京、河北
17	7月3日至8月2日	日本广播协会（NHK）	拍摄《2010亚广联机器人大赛》专题片	北京、四川、贵州
18	7月21日至7月24日	日本松下公司	松下宣传片	上海
19	9月27日至10月17日	美国飞象制片公司	纪录片《雨之歌》	四川
18	10月28日至11月10日	德国GRUPPE5制片公司	纪录片《长城之行》	北京、河北
19	11月23日至11月28日	美国WRP制片公司	真人秀《极速前进》	云南

（台办公室外事处提供）

2011年中央电视台接待国外摄制组

序号	时间	摄制组名称	拍摄内容	拍摄地点
1	1月10日至26日	日本广播协会（NHK）	新闻九点	北京、上海、成都
2	1月17日至22日	日本广播协会（NHK）	新闻九点观察	北京
3	2月8日至15日	英国ITV电视台	纪录片《乔纳森的列车之旅》前期考察	北京、山西
4	2月14日至19日	日本广播协会（NHK）	日本综合症	北京、上海、大连
5	2月24日至3月1日	日本广播协会（NHK）	日本汽车的新兴国战略	广州、佛山
6	3月15日至18日	美国 Lone Wolf 制片公司	未知人类祖先	北京
7	3月24日至4月3日	新加坡 Infocus Asia 制片公司	亚洲24小时之上海	上海
8	3月25日至29日	美国航空公司	宣传片	上海
9	3月25日至4月6日	日本广播协会（NHK）	晚间新闻	北京
10	5月10日至12日	日本广播协会（NHK）	富山人	北京
11	5月25日至28日	日本广播协会（NHK）	云南咖啡	云南
12	5月26日至6月3日	美国Tavis Smiley制片公司	来自中国的明信片	北京、上海
13	5月28日至6月2日	日本关西电视台	生活方向标	北京、上海
14	6月6日至11日	日本广播协会（NHK）	亚洲快棋赛	北京
15	6月17日至20日	克罗地亚电视台	马可波罗纪行	喀什、楼兰、柴达木、敦煌
16	6月21日至30日	俄罗斯全国广播公司	海洛因之路	北京、广州、东莞
17	6月24日至7月3日	智利国家电视台	前期考察	北京、西宁、兰州
18	6月27日至7月8日	利比里亚广播公司	中国纪行	北京、上海、杭州
19	7月8日至21日	法国FL Concepts制片公司	共同的家园	江西九江
20	7月10日至23日	日本广播协会（NHK）	放送大学讲义	北京、上海、广州
21	7月10日至25日	日本广播协会（NHK）	2011泰国曼谷机器人大赛	北京
22	7月14日至24日	智利国家电视台	中国西部风情	北京、西宁、新疆
23	7月22日至8月5日	巴基斯坦巴中学会	中国之行	北京、上海、深圳、桂林
24	7月23日至29日	美国Lone Wolf 制片公司	深层异客	山东
25	8月31日至9月13日	新西兰99 制片公司	两个世界的精彩	北京、上海
26	9月10日至10月1日	法国希望制作公司	中国水资源	上海、河南、安徽
27	9月15日至21日	日本TBS电视台	长白山观光节	长白山、延吉、南坪
28	9月17日至29日	阿尔巴尼亚广播电视台	腾飞中国	北京、青岛、三亚、长沙、丽江
29	10月29日至11月12日	俄罗斯国家电视台	我们的星球	北京、上海、云南
30	11月25日至12月8日	英国广播公司	车迷大本营	北京
31	11月29日至12月8日	英国PLUM PICTURES制片公司	古克温的中国行	上海、广东、深圳

（台办公室外事处提供）

中文国际频道2010年外宣情况

2010年，中央电视台实行了频道制改革，中文国际频道于2010年7月正式组建，经过多轮竞聘，基本完善了频道管理架构。2010年中文国际频道进行了大改版，获得海内外观众普遍好评，收视成绩也稳步提升，频道全年平均收视份额达到1.54%，超出本台订立的目标值0.04个百分点，位列全台第8名，在全国省级以上卫视中排名第14位；在海外长城平台亚洲、美洲、欧洲、非洲各地区的收视份额均排名第1位。中文国际频道在经营创收方面，超额完成指标，实际广告收入6.7亿元。

一、实施频道制改革，中文国际频道开启新篇章

2010年7月，原海外节目中心撤销，中文国际频道正式组建。经过改革，进一步减少了层级、理顺了关系，建立起总监负责制，副总监、总监助理直接分管栏目，专职副书记负责党务，综合部、节目部负责频道日常事务的管理架构。一批新人走上了领导、管理岗位。

二、完成频道改版任务，9大举措广受好评

2010年12月1日，中文国际频道推出有史以来动作最大的一次改版。经过半年多的酝酿和频道大多数人的倾力投入，频道以全新面貌亮相。这次改版在继续坚持“传承中华文明，服务全球华人”宗旨的基础上，全面体现“国际化、民族化、主流化”的频道追求，塑造最具人文意境的频道品格；将原来“以新闻为主的综合频道”拓展为“新闻·文化”综合频道的定位，并推出9项改版举措：一是创办4档新栏目、巩固优化既有栏目；二是精选优质电视剧、合理编排；三是推出文化类栏目、新闻类栏目的集群式编排；四是消除语言障碍，推行中英文双语策略；五是集纳全台、整合全国范围内的优秀节目；六是创造中华文化意境频道包装风格；七是建立全频道4级响应机制；八是努力在善于讲中国故事上下工夫；九是通过走出去、请进来等形式举办媒体活动。

这次改版重点推出了4个新栏目：《城市1对1》、《远方的家》、《文明之旅》和《流行无限》。继续巩固4个品牌栏目：《海峡两岸》、《走遍中国》、《中国文艺》和《中华医药》。优化改进《国宝档案》、《天涯共此时》、《华人世界》、《中华情》、《体育在线》和《快乐汉语》。其中《国宝档案》由原来的10分钟变成15分钟，内容更加丰富。《天涯共此时》则进行了彻底置换，明确了“讲述两岸文化传承故事”的定位。另外，《海峡两岸》推出《两岸对话》特别节目，邀请两岸嘉宾对两岸热点话题进行深度讨论。《中国文艺》推出全新周末版，增加原创节目的力度。

经过半年的努力，改版方案实施后，海外观众反响热烈，美国、加拿大、英国、奥地利、葡萄牙、马来西亚、南非、尼日利亚、乍得等国家观众纷纷来电来函表示，这次改版紧跟时代潮流、贴近海外需求，彰显了中文国际频道锐意创新、全心服务海外观众的理念。改版后频道整体收视向好，《中国文艺》最高收视率达到0.94%，12月平均收视率为0.50%；《海峡两岸》最高收视为0.67%，12月平均收视率为0.45%；《中华医药》最高收视率为0.53%，12月平均收视率为0.41%，比改版前11个月的平均收视率提升30%以上;《国宝档案》最高收视率为0.45%，平均收视为0.32%;《走遍中国》最高收视为0.71%，12月平均收视率为0.30%。

三、承担重要政治宣传任务，为中央电视台赢得声誉

2010年，中文国际频道还出色完成多项重要政治宣传任务。

3月23日，俄罗斯汉语年开幕式文艺演出在莫斯科上演，《快乐汉语》栏目承担组织演出的任务。国家副主席习近平、国务委员刘延东和俄罗斯总理普京出席观看并对演出成功表示热烈祝贺。

7月15日，第6届世界合唱比赛开幕式主题晚会在浙江绍兴举办，由《中国文艺》栏目承办。国家副主席习近平发来贺信，国务委员刘延东等观看晚会并高度赞扬。

12月，第5届世界孔子学院大会召开。受国家汉办邀请，《快乐汉语》栏目担任孔子学院学生汇报演出的导演组织工作。李长春、刘延东等党和国家领导人观看演出并给予高度评价。

此外，《走遍中国》栏目还拍摄完成了中央领导交办的《大美青海》、《金山岭长城》和《复活的古城》3部多集纪录片，并根据中央外宣办等上级指示拍摄播出了《西藏2009》、《人文西藏》2部涉藏系列专题片和一部涉疆系列专题片《话说北庭》。《体育在线》栏目为配合广州亚运会精心筹划了系列特别节目。

四、举办大型赛事晚会，吸引社会各界关注

8月，第3届"汉语桥"在华留学生汉语大赛决赛连续11天在中文国际频道晚间黄金时段播出，并于8月28日向全球现场直播总决赛暨颁奖晚会的盛况。教育部、国家广电总局、国家汉办和中央电视台的有关领导以及美国、俄罗斯等10国驻华使节参加晚会，并高度评价该项赛事。这台节目被评为2010年度全台优秀节目二等奖。

9月22日，《芜湖月·中华情》2010中秋晚会在安徽省芜湖市举办。本届晚会采用山水景观晚会的创作手法，主打古典中国风和地方文化符号，将情月相融、人月两圆的美好意境呈现给全球华人。这场晚会在中央电视台一套播出收视率达到4.12%，较该时段平均收视率提高了50%。本台节目被评为2010年度全台优秀节目一等奖。

12月31日，2011年中央电视台元旦晚会通过中文国际频道向全球直播。晚会围绕"新年好"的主题，分春、夏、秋、冬四个篇章，以精致的包装、巧妙的编排、精彩的表演带给海内外观众强烈视觉冲击，受到广泛好评，为全球华人观众奉上一台温馨时尚的新年盛会。

通过举办各类大型活动，一方面锻炼了队伍、吸引了观众，同时也为宣传推介中文国际频道作出了贡献。

五、荟萃天下精华，加强国内国际合作

荟萃全台乃至全国各地优秀电视节目一直是中文国际频道的重要工作，尤其本次改版后，根据"传播中华文化"的频道宗旨，共吸纳了台内其他频道《百家讲坛》、《探索·发现》、《精彩一刻》、《动画城》、《寻宝》等9个栏目，荟萃节目周播出量从过去的860分钟增加到现在的1130分钟，净增270分钟，其中不少栏目受到海内外观众的关注和喜爱，这也为频道贡献了收视率。

此外，影视剧的荟萃工作也卓有成效。《东方朔》、《宝莲灯》、《张小五的春天》、《洪湖赤卫队》等一批电视剧创造了频道收视高点。其中《洪湖赤卫队》高达1.75%。平均收视率为1.09%。

2010年中文国际频道还成功组织了千岛湖、大兴安岭和自贸区广西行3次易地采访活动，吸引了全国各地电视外宣队伍以及马来西亚、印尼、新加坡、泰国和菲律宾等国家电视台的积极参与。

（中文国际频道提供）

2011年中央电视台与国际电视机构签署的合作协议

一、4月13日 中央电视台与巴西旗手传媒集团签署了有关新闻交换的合作协议。

二、4月21日 中央电视台与肯尼亚广播公司签署合作协议书。

三、4月25日 中央电视台与布隆迪国家电视台签署了中央电视台法语频道部分节目在布隆迪落地的《转播协议》。

四、6月14日 中央电视台与白俄罗斯国家广播电视公司签署了新闻节目交换、直播权和互派摄制组等内容的《新闻协议》。

五、7月25日 中央电视台与韩国文化产业振兴院、韩国广播公司签署了中韩节目合作文件。

六、9月16日 中央电视台与阿富汗广播电视台签署了新闻合作协议。

（根据台办公室提供资料整理）

CCTV
中国中央电视台
CHINA CENTRAL TELEVISION YEARBOOK
年鉴
2011
胡占凡 主编
《中国中央电视台年鉴》编辑部 编

CCTV

R E N W U

人 物

人物

2010年中央电视台任命的县处级以上干部名录

姓　名	职　务	职务级别	任职时间
罗　明	中央电视台总编辑	司局级	2010–12–06
魏地春	中央电视台副台长	司局级	2010–10–14
袁正明	中央电视台副台长	司局级	2010–05–20
梁晓涛	中央电视台副总编辑兼总编室主任	司局级	2010–09–22
庄殿君	新闻中心副主任	副司局级	2010–06–09
梁建增	新闻中心副主任	副司局级	2010–06–09
许　强	新闻中心副主任	副司局级	2010–09–03
李舒东	发展研究中心常务副主任	副司局级	2010–07–07
郭振玺	财经频道总监	副司局级	2010–05–12
张晓海	综艺频道总监兼大型节目制作中心主任	副司局级	2010–05–12
杨刚毅	中文国际频道总监	副司局级	2010–06–23
张子扬	电视剧频道总监	副司局级	2010–06–23
张　宁	科教频道总监	副司局级	2010–05–12
王晓真	人事办公室主任	副司局级	2010–07–15
董为民	财经办公室主任	副司局级	2010–08–24
徐　进	技术管理办公室主任	副司局级	2010–06–08
倪代光	音像资料馆主任	副司局级	2010–07–07
刘民朝	台办公室副主任	县处级	2010–07–20
柏　杨	台办公室副主任	县处级	2010–07–07
何新宇	台办公室秘书处处长	县处级	2010–11–03
赵文江	总编室副主任	县处级	2010–07–07
石　村	总编室副主任	县处级	2010–07–07
张景卫	总编室专职副书记	县处级	2010–07–09
肖文俊	总编室规划部主任	县处级	2010–07–07
吴克宇	总编室节目研发部主任	县处级	2010–07–08
刘连喜	总编室高清频道编辑部主任	县处级	2010–07–07
范　昀	新闻中心副主任兼外语频道总监	县处级	2010–06–23
杨　华	新闻中心副主任	县处级	2010–07–07

续表

姓　名	职　务	职务级别	任职时间
李　毅	新闻中心副主任	县处级	2010-07-07
陆伟昌	新闻中心专职副书记	县处级	2010-07-09
肖振生	新闻中心经济新闻部主任	县处级	2010-07-13
李　昕	新闻中心新闻频道编辑部主任	县处级	2010-07-13
申　勇	新闻中心地方记者部主任	县处级	2010-07-13
陈　杰	新闻中心社会新闻部主任	县处级	2010-07-13
李瑞英	新闻中心新闻播音部主任	县处级	2010-07-13
曹　日	新闻中心国际新闻部主任	县处级	2010-07-13
谷云龙	新闻中心策划部主任	县处级	2010-07-07
李　风	新闻中心新闻联播编辑部主任	县处级	2010-11-10
张　伟	新闻中心军事节目部主任	县处级	2010-02-03
高丽萍	新闻中心海外记者部亚太中心记者站站长	县处级	2010-10-12
野露露	新闻中心海外记者部拉美中心记者站站长	县处级	2010-10-12
宋嘉宁	新闻中心海外记者部非洲中心记者站站长	县处级	2010-10-12
陈临春	大型节目制作中心副主任	县处级	2010-07-07
周　涛	大型节目制作中心副主任	县处级	2010-07-07
俞　勤	大型节目制作中心综合部主任	县处级	2010-07-07
景春寒	海外传播发展中心常务副主任	县处级	2010-06-23
崔屹平	海外传播发展中心副主任	县处级	2010-07-07
王雄先	海外传播发展中心副主任	县处级	2010-07-07
金　越	节目采购中心常务副主任	县处级	2010-06-23
秦明新	节目采购中心副主任	县处级	2010-07-07
黄海涛	节目采购中心副主任	县处级	2010-07-07
周亚平	节目采购中心综合部主任	县处级	2010-07-08
秦振贵	节目采购中心采购部主任	县处级	2010-07-13
何海明	广告经营管理中心副主任	县处级	2010-07-07
李　弋	广告经营管理中心副主任	县处级	2010-07-07
闫丽萍	广告经营管理中心专职副书记	县处级	2010-07-09
陈荣勇	广告经营管理中心市场部主任	县处级	2010-07-13
罗　琴	发展研究中心副主任	县处级	2010-06-23
李向东	发展研究中心发展战略研究部主任	县处级	2010-08-30
杜宝风	发展研究中心电视传播研究部主任	县处级	2010-11-10
黎　斌	发展研究中心产业与新媒体研究部主任	县处级	2010-08-30
钱　蔚	综合频道常务副总监	县处级	2010-06-23
任学安	综合频道副总监	县处级	2010-07-07
田忠卿	综合频道副总监	县处级	2010-07-07
韩　青	财经频道副总监	县处级	2010-07-07
李　勇	财经频道副总监	县处级	2010-07-07

续表

姓 名	职 务	职务级别	任职时间
郑 蔚	财经频道副总监	县处级	2010–07–07
张 政	财经频道综合部主任	县处级	2010–07–08
赵 赫	财经频道节目部主任	县处级	2010–07–13
王 进	综艺频道副总监	县处级	2010–07–07
王广令	中文国际频道副总监	县处级	2010–07–07
王文昌	中文国际频道副总监	县处级	2010–07–07
高菊莲	中文国际频道专职副书记	县处级	2010–07–09
王有才	中文国际频道综合部主任	县处级	2010–07–13
吴晟炜	中文国际频道节目部主任	县处级	2010–07–13
郁 洁	体育频道节目部主任	县处级	2010–10–11
张 伟	体育频道竞赛部主任	县处级	2010–07–26
程志明	体育频道综合部主任	县处级	2010–07–26
韩建群	电视剧频道副总监	县处级	2010–07–07
汪 恒	电视剧频道副总监	县处级	2010–07–07
申积军	电视剧频道副总监	县处级	2010–07–07
傅 思	电视剧频道综合部主任	县处级	2010–07–13
汪国辉	电视剧频道节目部主任	县处级	2010–07–08
王进友	科教频道副总监	县处级	2010–07–08
阚兆江	科教频道副总监	县处级	2010–07–07
冯存礼	科教频道副总监	县处级	2010–07–08
李 虹	科教频道专职副书记	县处级	2010–07–09
王玉清	科教频道综合部主任	县处级	2010–07–07
王晓斌	科教频道节目部主任	县处级	2010–07–07
魏 斌	社会与法频道副总监	县处级	2010–07–07
董石才	社会与法频道副总监	县处级	2010–07–07
王庆忱	社会与法频道专职副书记	县处级	2010–07–09
肖晓琳	社会与法频道副总监	县处级	2010–07–08
童 宁	社会与法频道副总监	县处级	2010–07–07
魏淑青	社会与法频道综合部主任	县处级	2010–07–13
杜守仁	社会与法频道节目部主任	县处级	2010–07–13
郎 昆	戏曲 · 音乐频道总监	县处级	2010–06–23
齐宪役	戏曲 · 音乐频道副总监	县处级	2010–07–07
李守进	戏曲 · 音乐频道综合部主任	县处级	2010–07–13
麻 静	外语频道副总监	县处级	2010–07–07
陆金龙	外语频道副总监	县处级	2010–07–08
王 宇	外语频道副总监	县处级	2010–11–03
汪飞舟	外语频道节目部主任	县处级	2010–07–13
王跃华	外语频道综合部主任	县处级	2010–07–13

续表

姓　名	职　务	职务级别	任职时间
徐　彬	少儿频道副总监	县处级	2010-07-07
许唐生	少儿频道专职副书记	县处级	2010-07-09
李　央	少儿频道节目部主任	县处级	2010-07-07
阎建光	少儿频道综合部主任	县处级	2010-07-13
刘　文	纪录片频道总监	县处级	2010-09-21
冯庆一	人事办公室干部管理处处长	县处级	2010-07-14
王　霞	财经办公室专职副书记	县处级	2010-11-10
涂昌波	财经办公室财产物资处处长	县处级	2010-09-07
王建华	财经办公室产业管理处处长	县处级	2010-11-26
高华中	财经办公室会计核算处处长	县处级	2010-10-12
宿晓光	机关党委办公室主任	县处级	2010-07-26
李彦吉	机关党委精神文明协调处处长	县处级	2010-07-26
刘万铭	技术管理办公室副主任	县处级	2010-10-12
肖建生	技术管理办公室工程管理处处长	县处级	2010-10-12
顾　军	技术管理办公室信息通讯处处长	县处级	2010-11-03
栗小斌	技术制作中心综合部主任	县处级	2010-11-26
刘中胜	技术制作中心音频部主任	县处级	2010-11-03
程　星	播出传送中心副主任	县处级	2010-10-12
智　卫	播出传送中心副主任	县处级	2010-10-12
于　志	播出传送中心专职副书记	县处级	2010-07-09
王　丹	播出传送中心综合部主任	县处级	2010-11-26
陈　光	播出传送中心总控部主任	县处级	2010-11-03
颜　枫	播出传送中心转播部主任	县处级	2010-11-03
许钢鸣	播出传送中心传送部主任	县处级	2010-11-26
赵　频	新台址建设工程办公室副主任	县处级	2010-04-19
高祥林	新台址建设工程办公室专职副书记	县处级	2010-11-10
强西京	音像资料馆副主任	县处级	2010-07-07
郭卫翔	中国电视报社社长	县处级	2010-12-28

（人力资源管理中心提供）

2011年中央电视台任命的县处级以上干部名录

姓　名	职　务	职务级别	任职时间
梁晓涛	中国国际电视总公司副董事长兼总经理	司局级	2011年1月
张　宁	总编室主任	副司局级	2011年1月
李舒东	发展研究中心主任	副司局级	2011年1月
钱　蔚	综合频道总监	副司局级	2011年3月
范　昀	新闻中心副主任兼外语频道总监	副司局级	2011年3月
郎　昆	戏曲和音乐频道总监	副司局级	2011年3月
金　越	科教频道总监	副司局级	2011年3月
魏　斌	社会与法频道总监	副司局级	2011年3月
景春寒	海外传播中心主任	副司局级	2011年3月
罗　琴	发展研究中心常务主任	县处级	2011年1月
王　晶	社会与法频道副总监	县处级	2011年8月
陈　忠	总编室节目播出部主任	县处级	2011年9月
郑　直	总编室版权管理部主任	县处级	2011年9月
徐立军	总编室市场评估部主任	县处级	2011年9月
刘建鸣	总编室受众服务部主任	县处级	2011年9月
刘志忠	总编室综合部主任	县处级	2011年9月
杨　明	总编室审片部主任	县处级	2011年9月
张国飞	综合频道节目统筹部主任	县处级	2011年9月
许文广	综合频道节目部主任	县处级	2011年9月
吕大庆	大型节目中心第一导演工作室主任	县处级	2011年9月
王宇航	海外传播中心联络部主任	县处级	2011年9月
陈永庆	海外传播中心项目部主任	县处级	2011年9月
吴卫勇	人力资源管理中心离退休人员管理处处长	县处级	2011年9月
苏晓春	发展研究中心综合部主任	县处级	2011年9月
赵　微	新闻中心新闻评论部主任	县处级	2011年10月
曹建新	新台址建设工程办公室副主任兼工程处处长	县处级	2011年11月
刘　宁	新台址建设工程办公室综合业务处处长	县处级	2011年11月
王朝晖	新台址建设工程办公室财务处处长	县处级	2011年11月

（人力资源管理中心提供）

2010年中央电视台享受政府特殊津贴人员名录

刘国良　张晓海

（人力资源管理中心提供）

2011年中央电视台获全国宣传文化系统“四个一批”人才名单

庄殿君　张晓海

（人力资源管理中心提供）

2008年中央电视台聘任正高级专业技术职务人员名录

高级编辑（13人）：

刘连喜　李　昕　王　晶　李　毅　杨继红
汪　骢　张广义　陈临春　郑　蔚　张　兴
倪　娜　徐　健　刘　军

高级记者（1人）：

谷云龙

教授级高级工程师（3人）：

黄平刚　姜柏宁　陈　力

播音指导（2人）：

党　冰　徐　俐

（人力资源管理中心提供）

2008年中央电视台聘任副高级专业技术职务人员名录

主任编辑（15人）：

石　炜　武金鑫　李晓旻　林清辉　韩　斌
冷　燕　吕　芸　王　峥　冯夏萍　田立武
王　兵　张　虹　张　欣　门继光　李庆庆

主任记者（3人）：

顾　凡　白玛央金　李家国

高级工程师（7人）：

王燕菊　韩清兰　宋　蔚　张秋玲　田高峰
白凤香　罗伍剑

主任播音员（2人）：

施　翌　曾　媛

高级会计师（1人）：

贾　丽

二级录音师（1人）：

房　蕾

二级美术师（1人）：

黄　木

主任技师（1人）：

陈世民

副研究馆员（1人）：

高　薇

（人力资源管理中心提供）

2009年中央电视台聘任正高级专业技术职务人员名录

高级编辑（12人）：

倪代光　顾玉龙　王建生　赛　纳　刘凡平
李舒东　范　昀　王文昌　魏　斌　李　欣
郭振玺　李　仲

高级记者（3人）：

董志敏　王　进　程志明

教授级高级工程师（3人）：

顾　军　李跃山　于　志

播音指导（2人）：

贺红梅　海　霞

译审（1人）：

庞新华

（人力资源管理中心提供）

2009年中央电视台聘任副高级专业技术职务人员名录

主任编辑（17人）：

王强军　林凤安　靳晓东　曹　日　刘　萍
曹志明　肖　娜　王新建　李守进　屠　茵
安　宁　石正茂　贾晓晔　马知渊　方　钢
初元澎　张朝夕

主任记者（1人）：

武　伟

高级工程师（7人）：

赵　频　田莉莉　冯梅华　李启青　周　磊
袁旭稚　宋庆峰

主任播音员（2人）：
董　浩　叶迎春
副研究馆员（1人）：
张　辉
主任灯光师（1人）：
孙秋来
二级美术师（1人）：
吕金明

（人力资源管理中心提供）

2009年中央电视台所属单位聘任正、副高级专业技术职务人员名录

中国国际电视总公司（2人）：
高级编辑：王秀云
主任编辑：周翼虎

（人力资源管理中心提供）

2010年中央电视台聘任正高级专业技术职务人员名录

高级编辑（24人）：
魏地春　刘志忠　马　勇　吴光秋　孙　迅
卜晓春　刘爱民　郁　洁　刘东华　佘贤君
黎　斌　任学安　闫维毅　龙丽玲　王静芳
周晓岚　申积军　曲　静　肖同庆　王　琰
史瑞丽　陈　岩　刘　真　王宇航
高级记者（1人）：
张新海
播音指导（1人）：
宁　辛
教授级高级工程师（3人）：
陈玉良　国　雯　肖建生
译审（2人）：
陆金龙　路　彪
研究馆员（1人）：
朱　宁
一级录音师（1人）：
李　宁

（人力资源管理中心提供）

2010年中央电视台聘任副高级专业技术职务人员名录

主任编辑（35人）：
郑　肃　黄京红　彭健明　张雄飞　左　力
李卫兵　孙　彤　葛凌凌　张泉灵　张　勤
石　岩　徐兰梅　汪　苹　谭义勇　罗芳华
陈红兵　哈　文　李茂桃　王贵亮　王　锋
武卫红　姚友霞　余　步　毕　然　靳燕文
曹　倩　屠小文　王元林　王　珊　丁　勇
梁　萍　王跃华　洪　宇　许蓓蓓　范建国
主任记者（1人）：
王小节
主任播音员（4人）：
孙小梅　鲁　健　郎永淳　董　卿
高级工程师（1人）：
李彦青　崔红旌　刘　玓　马　悦　杜卫中
黄建新　陈策明　杨　磊　周联群　李劲松
刘大友
副研究馆员（1人）：
吴之元
二级录音师（1人）：
张　平
二级美术师（1人）：
董凌子
副译审（1人）：
林　文
高级会计师（1人）：
陆永宏

（人力资源管理中心提供）

2010年中央电视台所属单位聘任正高级专业技术职务人员名录

中国国际电视总公司（2人）：
教授级高级工程师：冀彤彤
高级记者：石宪法
中国电视剧制作中心有限责任公司（5人）：
一级导演：刘艳臣
一级编剧：徐　萌
一级文学编辑：王　芸　张　敬
一级摄影师：张志壮
中国爱乐乐团（1人）：
一级演奏员：孙　奎
中国广播电视国际经济技术合作总公司（1人）：
教授级高级工程师：石世怡

（台所属单位提供）

2010年中央电视台所属单位聘任副高级专业技术职务人员名录

中国国际电视总公司（3人）：
主任记者：张　欣
高级工程师：张兢克
二级美术师：魏　星
中国电视剧制作中心有限责任公司（1人）：
二级导演：马丽珠
中国爱乐乐团（2人）：
二级演奏员：沙　米
高级经济师：杨　华
中国广播电视国际经济技术合作总公司（4人）：
高级政工师：李金荣　田应坪
高级工程师：郑蜀光
高级经济师：游　涛

（台所属单位提供）

2011年中央电视台聘任正高级专业技术职务人员名录

高级编辑（23人）：
徐瑞青　陈　杰　战丽萍　申　勇　孙　竹
申家宁　冯　卓　吴晟炜　张　伟　闫　东
黄海星　陈　俊　阎建光　徐小卉　冯雪松
陈妍虹　王秋菊　任达清　于　萍　张　军
李　锦　唐经刚　上官文青
播音指导（2人）：
李修平　赵　赫
教授级高级工程师（4人）：
史冠翔　韩　强　王　珮　李　键
译审（1人）：
何育杰

（人力资源管理中心提供）

2011年中央电视台聘任副高级专业技术职务人员名录

主任编辑（44人）：
严　波　才婉茹　胡劲草　黄　成　尹春生
许景云　周　勇　张家林　魏杏然　薛　梅
杨淑燕　马伟平　王京宏　姚文莉　王增栓
王　茜　潘洪莲　冯其器　方　卉　李纯博
杨　超　文世力　来云鹤　邹　悦　徐笑梅
麻　宁　刘雪松　李　琼　任　海　姜　帆
李　东　项　飞　刘正举　阮　伟　林海波
劳春燕　李　洁　滕双双　蔡燕江　超　克
于　洋　于　淼　万　昆　郭　书
主任播音员（2人）：
李　勇　郭志坚
高级工程师（13人）：
吉　彬　苑　文　孟　维　李　菁　刘昭明
祥祖军　史焕祥　赵　伟　王忆强　姜　斌
杨燕存　张卫彤　陈　欣
副研究馆员（2人）：
赵秋蝉　王　烨

二级录音师（2人）：
周 立　翟 南

二级美术师（3人）：
檀 静　张族权　陈家奇

副译审（2人）：
朱 焱　贾 鹏

高级经济师（1人）：
芦宝国

（人力资源管理中心提供）

2011年中央电视台所属单位聘任正高级专业技术职务人员名录

中视传媒股份有限公司（1人）：
高级编辑：王 焰

（台所属单位提供）

2011年中央电视台所属单位聘任副高级专业技术职务人员名录

北京科学教育电影制片厂（4人）：
高级会计师：赵睿嘉
二级美术师：赵俊葆　周树民
二级摄影师：刘博章

中视传媒股份有限公司（5人）：
高级会计师：全 卫　罗京媛
高级工程师：鲍洪亮　章 聆　钱 晶

中国广播电视国际经济技术合作总公司（3人）：
高级工程师：臧雅娟　李 然
副译审：苗 圃

（台所属单位提供）

2010年中央电视台竞聘上岗栏目制片人名录

中心、频道	栏目名称	姓　名	职　务	聘任时间
新闻中心	《法治在线》	项　飞	制片人	2010年10月
新闻中心	《法治在线》	刘美佳	副制片人	2010年10月
新闻中心	《每周质量报告》	沈　伟	副制片人	2010年10月
新闻中心	《国际时讯》	张　森	制片人	2010年10月
新闻中心	《国际时讯》	陈云轩	副制片人	2010年10月
新闻中心	《东方时空》	任　涛	制片人	2010年10月
新闻中心	《东方时空》	任　萍	副制片人	2010年10月
新闻中心	《东方时空》	王立明	副制片人	2010年10月
新闻中心	《24小时》	王青雷	副制片人	2010年10月
新闻中心	《24小时》	孟田芳	副制片人	2010年10月
新闻中心	《环球视线》	水均益	制片人	2010年10月
新闻中心	《环球视线》	程　越	副制片人	2010年10月
新闻中心	《新闻1+1》	吕志佳	制片人	2010年10月
新闻中心	《新闻1+1》	王学永	副制片人	2010年10月
新闻中心	《新闻调查》	耿志民	制片人	2010年10月
新闻中心	《新闻调查》	胡劲草	副制片人	2010年10月
新闻中心	《世界周刊》	林　宇	副制片人	2010年10月

续表

中心、频道	栏目名称	姓 名	职 务	聘任时间
新闻中心	《新闻周刊》	韩任伟	副制片人	2010年10月
新闻中心	《面对面》	张 恒	制片人	2010年10月
新闻中心	《朝闻天下》	李 骏	制片人	2010年10月
新闻中心	《朝闻天下》	薛树东	副制片人	2010年10月
新闻中心	《朝闻天下》	阚绍文	副制片人	2010年10月
新闻中心	《朝闻天下》	曾 莹	副制片人	2010年10月
新闻中心	《新闻直播间》上午组	冯建平	制片人	2010年10月
新闻中心	《新闻直播间》上午组	年 加	副制片人	2010年10月
新闻中心	《新闻直播间》上午组	李拓勇	副制片人	2010年10月
新闻中心	《新闻30分》	宋 镜	制片人	2010年10月
新闻中心	《新闻30分》	姬 缘	副制片人	2010年10月
新闻中心	《新闻30分》	姚葆云	副制片人	2010年10月
新闻中心	《新闻直播间》下午组	刘若欠	制片人	2010年10月
新闻中心	《新闻直播间》下午组	陶 郎	副制片人	2010年10月
新闻中心	《新闻直播间》下午组	龚 颖	副制片人	2010年10月
新闻中心	《共同关注》	吴 宁	副制片人	2010年10月
新闻中心	《共同关注》	孙腾越	副制片人	2010年10月
新闻中心	《午夜新闻》	古 铭	制片人	2010年10月
新闻中心	《午夜新闻》	石 萌	副制片人	2010年10月
新闻中心	《午夜新闻》	祖 峥	副制片人	2010年10月
新闻中心	《午夜新闻》	席罗曦	副制片人	2010年10月
新闻中心	《今日关注》	滕双双	副制片人	2010年10月
新闻中心	《今日亚洲》	于婷婷	副制片人	2010年10月
新闻中心	《深度国际》	吕 涛	制片人	2010年10月
新闻中心	《深度国际》	杨修雯	副制片人	2010年10月
新闻中心	《今日欧美》	付银华	副制片人	2010年10月
新闻中心	《今日欧美》	方 芳	副制片人	2010年10月
新闻中心	《晚间新闻》	贾 泱	制片人	2010年10月
新闻中心	《晚间新闻》	张 艳	副制片人	2010年10月
综合频道	《我们有1套》	张雪梅	制片人	2010年11月
中文国际频道	《海峡两岸》	汪朝晖	副制片人	2010年10月
中文国际频道	《海峡两岸》	陈 曦	副制片人	2010年10月
中文国际频道	《天涯共此时》	贺亚莉	制片人	2010年10月
中文国际频道	《走遍中国》	王贵亮	制片人	2010年10月
中文国际频道	《走遍中国》	黄 卫	副制片人	2010年10月
中文国际频道	《中国文艺》	李 申	副制片人	2010年10月
中文国际频道	《快乐汉语》	贾博伟	副制片人	2010年10月
中文国际频道	《华人世界》	王海涛	副制片人	2010年10月
中文国际频道	《周末影院》(海外版)	晏 萌	制片人	2010年10月
体育频道	《实况录像》	刘 颖	制片人	2010年10月
体育频道	《足球之夜》	李宝石	制片人	2010年10月

续表

中心、频道	栏目名称	姓　名	职　务	聘任时间
体育频道	《天下足球》	陈文江	制片人	2010年10月
体育频道	《篮球公园》	朱　炤	制片人	2010年10月
体育频道	《城市之间》	杨　磊	制片人	2010年10月
体育频道	《巅峰时刻》	曾雪松	制片人	2010年10月
科教频道	《百家讲坛》	那尔苏	副制片人	2010年10月
科教频道	《讲述》	盛振华	制片人	2010年10月
科教频道	《讲述》	刘　惠	副制片人	2010年10月
科教频道	《探索·发现》	王　林	副制片人	2010年10月
科教频道	《走近科学》	薛建峰	副制片人	2010年10月
科教频道	《人物》	李　贺	副制片人	2010年10月
科教频道	《我爱发明》	王　宁	制片人	2010年10月
外语频道	《中国24小时》	张　翎	制片人	2010年10月
外语频道	《中国24小时》	王茫茫	副制片人	2010年10月
外语频道	《财经亚洲》	郭玉华	制片人	2010年10月
外语频道	《财经亚洲》	周倩斌	副制片人	2010年10月
外语频道	《文化新闻》	徐复金	副制片人	2010年10月
外语频道	《体育新闻》	王　昕	制片人	2010年10月
外语频道	《世界观察》	沈小蒙	制片人	2010年10月
外语频道	《世界观察》	鲍　莺	副制片人	2010年10月
少儿频道	《动感特区》	张卫东	制片人	2010年10月
少儿频道	《快乐大巴》	孙　燕	制片人	2010年10月
少儿频道	《快乐大巴》	周晓丽	副制片人	2010年10月
少儿频道	《童心回放》	谢　娟	制片人	2010年10月
少儿频道	《音乐快递》	王　昊	制片人	2010年10月
少儿频道	《大风车》	罗　闪	制片人	2010年10月
少儿频道	《新闻袋袋裤》	柴盛韬	副制片人	2010年10月
综合频道	《我们有1套》	姜　韬	副制片人	2010年11月
综艺频道	《文化视点》	胡　双	制片人	2010年11月
综艺频道	《激情广场》	赵亚曦	制片人	2010年11月
综艺频道	《欢乐中国行》	孙　滨	制片人	2010年11月
综艺频道	《笑星大联盟》	宋　飞	制片人	2010年11月
综艺频道	《舞蹈世界》	刘惠子	制片人	2010年11月
综艺频道	《非常6+1》	郭　艳	制片人	2010年11月
综艺频道	《欢乐英雄》	吕逸涛	制片人	2010年11月
综艺频道	《动物狂欢节》	丛　澍	制片人	2010年11月
综艺频道	《艺览天下》	王明刚	制片人	2010年11月
综艺频道	《巅峰音乐汇》	赵大治	制片人	2010年11月
社会与法频道	《天网》	卢钊凯	制片人	2010年11月
社会与法频道	《天网》	吴　春	副制片人	2010年11月
社会与法频道	《法治视界》	王水雯	制片人	2010年11月
社会与法频道	《法治视界》	吴　卉	副制片人	2010年11月

续表

中心、频道	栏目名称	姓 名	职 务	聘任时间
社会与法频道	《第一线》	呼啸起	副制片人	2010年11月
社会与法频道	《大家看法》	孙寒梅	副制片人	2010年11月
社会与法频道	《见证》	姚友霞	副制片人	2010年11月
社会与法频道	《半边天》	周泉泉	副制片人	2010年11月
社会与法频道	《心理访谈》	田 晶	副制片人	2010年11月
社会与法频道	《道德观察》	郭晓红	副制片人	2010年11月
社会与法频道	《法律讲堂》	苏大为	副制片人	2010年11月
戏曲·音乐频道	《CCTV音乐厅》	葛小红	制片人	2010年11月
戏曲·音乐频道	《中国音乐电视》	顾 蕾	制片人	2010年11月
戏曲·音乐频道	《百年歌声》	郑滨生	制片人	2010年11月
戏曲·音乐频道	《民歌·中国》	陈 月	制片人	2010年11月
戏曲·音乐频道	《音乐告诉你》	席丽霞	制片人	2010年11月
戏曲·音乐频道	《音乐·故事》	李 莉	制片人	2010年11月
戏曲·音乐频道	《经典》	张 洁	制片人	2010年11月
戏曲·音乐频道	《戏曲采风》	李 宏	副制片人	2010年11月
戏曲·音乐频道	《中国京剧音配像精粹》	刘 洋	制片人	2010年11月
戏曲·音乐频道	《CCTV空中剧院》	张 喆	副制片人	2010年11月
外语频道	《体育新闻》	赵 楠	副制片人	2010年11月
财经频道	《第一时间》	朱海峰	制片人	2010年12月
财经频道	《第一时间》	李 轶	副制片人	2010年12月
财经频道	《第一时间》	戴玉岭	副制片人	2010年12月
财经频道	《交易时间》	方铁林	制片人	2010年12月
财经频道	《交易时间》	王乃伟	副制片人	2010年12月
财经频道	《交易时间》	谢 麟	副制片人	2010年12月
财经频道	《交易时间》	黄熠闻	副制片人	2010年12月
财经频道	《环球财经连线》	宋云天	副制片人	2010年12月
财经频道	《环球财经连线》	谭杰文	副制片人	2010年12月
财经频道	《对手》	葛 亚	副制片人	2010年12月
财经频道	《理财在线》	哈 聪	制片人	2010年12月
财经频道	《理财在线》	门继光	副制片人	2010年12月
财经频道	《消费主张》	孙 岭	副制片人	2010年12月
财经频道	《经济信息联播》	李彬彬	制片人	2010年12月
财经频道	《经济信息联播》	鄢文玉	副制片人	2010年12月
财经频道	《经济信息联播》	姜英秋	副制片人	2010年12月
财经频道	《经济半小时》	柴哲宏	副制片人	2010年12月
财经频道	《市场分析室》	窦 岩	副制片人	2010年12月
财经频道	《市场分析室》	刘志军	副制片人	2010年12月
财经频道	《对话》	段庆红	副制片人	2010年12月
财经频道	《购时尚》	孙振涛	制片人	2010年12月
财经频道	《购时尚》	许 立	副制片人	2010年12月

（人力资源管理中心提供）

2011年中央电视台竞聘上岗栏目制片人名录

中心、频道	栏目名称	姓　名	职　务	聘任时间
电视剧频道	《影视同期声》	冀　星	制片人	2011年2月
电视剧频道	《开播载吉》	关若山	制片人	2011年2月
电视剧频道	《开播载吉》	李　娟	副制片人	2011年2月
电视剧频道	《世界影视博览》	郑　威	制片人	2011年2月
电视剧频道	《第八频道》	齐含笑	制片人	2011年2月
电视剧频道	《第八频道》	马　挥	副制片人	2011年2月
科教频道	《地理·中国》	于　波	制片人	2011年3月
综艺频道	《天天乐》	张　凯	制片人	2011年4月
综艺频道	《向幸福出发》	张　钊	制片人	2011年4月
少儿频道	《智力快车》	司晓峰	制片人	2011年12月
少儿频道	《动画剧场》	周晓丽	制片人	2011年12月

（人力资源管理中心提供）

2010年中央电视台驻外及港澳台记者名录

序号	站点名称	所在国家或地区	姓　名
1	欧洲中心记者站	英国	盖晨光　李　勇　李　宾　刘　舸　李庆庆　张　昕　张　讴　汤　晔　袁冬霞　苏　东　戴晓微　单既明　杨姗姗　邢　鸣　孔琳琳　陆　幽　罗玉川　唐湘伟　臧　青　李志强　徐公正
2	北美中心记者站	美国	唐世鼎　杨福庆　贾　健　申家宁　牛海峰　吴汉婴　尹春生　侯利军　朱　华　林东威　何　赟　李清昊　江　欣　赵　鹏　沈　忱　刘茁野　高　琦　孙　平　康　康　盛　情　王风华　朱海青　付　鹏
3	亚太中心记者站	香港	高丽萍　孙　岩　马赤后　常　江　张利中　蒿卫东　叶双印　陈　璇　虞　毅　邓雪梅　张　成　刘　楠　沙　晨
4	中东中心记者站	阿联酋	王铁刚　李　刚　李　慧　井　臻　蒋　青　张雨辰　于　飞　田晓春　温　晓　张　宇　沈安柱　张京津　毕春辉
5	俄罗斯中心记者站	俄罗斯	王　斌　路　彪　王　溪　宁　柯　王　英　张　沛　李居远　宋一平　魏　威　刘　可　吴　颖　王鹏飞　韩宏志　王　率　王宏伟　柏　坡　胡晓娜　余　磊
6	非洲中心记者站	肯尼亚	宋嘉宁　宋焕钰　崔永彬　陈　超　张　东　杨　帆　杨立峰　王　璇　黄铮铮　薛明子　王海滨　侯茂华
7	拉美中心记者站	巴西	野露露　付　蓓　蔡　维　李　韵　张　超　黄嘉辰　黄欣璐　耿之倩　李向阳　刘骁骞　周源野　王　晶　徐　新　李春元　高　歌
8	巴黎记者站	法国	王波涛　林　文　李玲玲　王　玥　张　枫　杨　洪
9	布鲁塞尔记者站	比利时	王银桩　王玉国　陈　琳　赵翠云　刘　琴
10	柏林记者站	德国	曹　旻　季　芸　陶　颖　朱　达　贺俊强
11	马德里记者站	西班牙	杨　楠　魏　帆
12	日内瓦记者站	瑞士	刘　欣　江　华
13	罗马记者站	意大利	朱　锋　许洛瑜

续表

序号	站点名称	所在国家或地区	姓 名
14	纽约记者站	美国	侯明古 王同业 李文佳 吉瑜洁 刘 畅
15	洛杉矶记者站	美国	杨 平
16	多伦多记者站	加拿大	方 健 徐 健
17	墨西哥城记者站	墨西哥	曹卿云 盛嘉迪 宋 宸
18	澳门记者站	澳门	李涧松 门继光 舒 慧
19	东京记者站	日本	李卫兵 张浩宇 顾雪嘉
20	首尔记者站	韩国	卢星海 曾文甫
21	平壤记者站	朝鲜	吕兴林 赵曙光
22	新加坡记者站	新加坡	阿力木斯 胡慧翼
23	吉隆坡记者站	马来西亚	肖小外 朱 骅
24	雅加达记者站	印度尼西亚	贾建京 窦筠韵
25	马尼拉记者站	菲律宾	王璐璐 王冬冬
26	曼谷记者站	泰国	张 萌 张 娟
27	新德里记者站	印度	王建兵 孔琳琳 曾 晋 王 梦
28	孟买记者站	印度	李 淼 程 炜
29	悉尼记者站	澳大利亚	陶 冶 许 靖
30	河内记者站	越南	魏焕青 王 爽
31	台北驻点站	台湾	殷 捷 陈轩石 张文静 徐文华 吕小骏 赵 晶 郭 民
32	耶路撒冷记者站		顾 奕 陶彦召
33	开罗记者站	埃及	陈 亮 杨 春 陆 晔 曲 晟
34	巴格达记者站	伊拉克	孙 虎 杨琛月
35	贝鲁特记者站	黎巴嫩	刁正丽 余 鹏
36	大马士革记者站	叙利亚	王薇薇 章成竹
37	安卡拉记者站	土耳其	李 静 杨丰遥
38	德黑兰记者站	伊朗	王 兵 王晋燕 刘庆云
39	伊斯兰堡记者站	巴基斯坦	陈林聪 徐圣益
40	喀布尔记者站	阿富汗	秦小虎 张骥文
41	多哈记者站	卡塔尔	余宗晋 周 譞
42	第比利斯记者站	格鲁吉亚	徐艳秋 张 淼
43	基辅记者站	乌克兰	杨 光 董 薇
44	阿斯塔纳记者站	哈萨克斯坦	乔一珂 信 任
45	约翰内斯堡记者站	南非	舒 波 周 涛
46	阿布贾记者站	尼日利亚	徐贵霞 蒋大乾
47	里约热内卢记者站	巴西	杨雪梅 陈凯培 李 厦
48	布宜诺斯艾利斯记者站	阿根廷	冯 丽 王 晨
49	哈瓦那记者站	古巴	牛伟平 刘冬花
50	加拉加斯记者站	委内瑞拉	甘 甜 刘 欣

（新闻中心海外记者部提供）

2011年中央电视台驻外及港澳台工作人员名录

序号	站点名称	所在国家或地区	姓名
1	欧洲中心记者站	英国	盖晨光 （站长） 李庆庆 张　讴 汤　晔 戴晓微 单既明 杨姗姗 孔琳琳 陆　幽 唐湘伟 张　鸥 郭西宁 罗玉川 臧　青 李志强 徐公正 苏　东 邢　鸣 孙　旭
2	北美中心记者站	美国	麻　静 （站长） 吴汉婴 尹春生 朱　华 林东威 沈　忱 高　琦 孙　平 康　康 盛　情 梅　焰 郭　醇 魏　星 陈　光 牛　芸 孟灵奇 邹　韵 李　响 李　萌 苏晓晓 张　硕 王　卉 王　冠 朱晓萌 崔泠南 王凤华 朱海青 付　鹏 江　欣 赵　鹏 侯利军 杨　健 唐　沁 刘曦阳 李文蕴
3	亚太中心记者站	香港	高丽萍 （站长） 孙　岩 邓雪梅 张　成 常　江 刘　楠 沙　晨 虞　毅 李　巍 乔　宇 张丽华
4	中东中心记者站	阿联酋	王铁刚 （副站长） 李　刚 李　慧 井　臻 蒋　青 张雨辰 田晓春 温　晓 张　宇 杨琛月 包佳节 张　岗 沈安柱 张京津 毕春辉
5	俄罗斯中心记者站	俄罗斯	王　斌 （副站长） 路　彪 王　溪 宁　柯 王　英 李居远 宋一平 魏　威 刘　可 吴　颖 王鹏飞 韩宏志 王　率 王宏伟 王　春 雷　昊 柏　坡 胡晓娜 余　磊
6	非洲中心记者站	肯尼亚	宋嘉宁（站长） 宋焕钰 侯茂华 陈　超 张　东 杨　帆 王　璇 黄铮铮 杨立峰 庞新华 廖　亮 胡　越 刘　洋 支大鹏 孙　澜 吴英娜 赵西龙 李婉玫 王　敏 沈　婧 秦　琦 程　怡 员志军 李伟林 黄　弢 王　楠 薛明子 王海滨 崔永彬 于　飞 冯炜思 董大伟 王　攀 陈　平 熊　雄 罗　雨 鲍雅琳
7	拉美中心记者站	巴西	野露露（站长） 付　蓓 李　韵 张　超 黄嘉辰 黄欣璐 耿之倩 李向阳 刘骁骞 周源野 王　晶 高　歌 徐　新 李春元 蔡　维
8	巴黎记者站	法国	张　枫 王　玥 杨　洪
9	布鲁塞尔记者站	比利时	王玉国 刘　琴
10	柏林记者站	德国	曹　旻 朱　达
11	马德里记者站	西班牙	杨　楠 魏　帆
12	日内瓦记者站	瑞士	刘　欣 江　华

续表

序号	站点名称	所在国家或地区	姓　名
13	罗马记者站	意大利	朱　锋　许洛瑜
14	法兰克福记者站	德国	贺俊强
15	雅典记者站	希腊	龚　明
16	斯德哥尔摩记者站	瑞典	李晶思
17	贝尔格莱德记者站	塞尔维亚	刘蝉娟
18	华沙记者站	波兰	陈　曦
19	圣彼得堡记者站	俄罗斯	张　竣
20	纽约记者站	美国	侯明古　李文佳　吉瑜洁　刘　畅　黄继顺
21	洛杉矶记者站	美国	杨　平　陈云轩
22	多伦多记者站	加拿大	徐　健
23	墨西哥记者站	墨西哥	曹卿云　盛嘉迪　宋　宸
24	澳门记者站	澳门	李涧松　舒慧
25	东京记者站	日本	李卫兵　张浩宇　顾雪嘉
26	首尔记者站	韩国	卢星海　曾文甫
27	平壤记者站	朝鲜	赵曙光　吕兴林
28	新加坡记者站	新加坡	胡慧翼　阿力木斯
29	吉隆坡记者站	马来西亚	肖小外　朱　骅
30	雅加达记者站	印度尼西亚	贾建京　窦筠韵
31	马尼拉记者站	菲律宾	王璐璐　王冬冬
32	曼谷记者站	泰国	张　萌　张　娟
33	新德里记者站	印度	王建兵　王　梦
34	孟买记者站	印度	李　淼
35	悉尼记者站	澳大利亚	陶　冶　许　靖　周　磊
36	河内记者站	越南	魏焕青　王　爽
37	仰光记者站	缅甸	王　宇　林　曦
38	安曼记者站	约旦	杜　娟　李健南
39	沙特记者站	沙特阿拉伯	孙　硕
40	台北驻点	台湾	陈轩石　吕小骏
41	耶路撒冷记者站		陶彦召　顾　奕
42	开罗记者站	埃及	陈　亮　曲　晟
43	巴格达记者站	伊拉克	孙　虎
44	贝鲁特记者站	黎巴嫩	刁正丽　余　鹏
45	大马士革记者站	叙利亚	王薇薇　章成竹
46	安卡拉记者站	土耳其	李　静　杨丰遥
47	德黑兰记者站	伊朗	刘庆云　王晋燕
48	伊斯兰堡记者站	巴基斯坦	陈林聪　徐圣益
49	喀布尔记者站	阿富汗	秦小虎　张骥文

续表

序号	站点名称	所在国家或地区	姓　名
50	多哈记者站	卡塔尔	余宗晋　周　譞
51	第比利斯记者站	格鲁吉亚	徐艳秋　张　淼
52	基辅记者站	乌克兰	杨　光　董　薇
53	阿斯塔纳记者站	哈萨克斯坦	乔一珂　信　任
54	约翰内斯堡记者站	南非	舒　波
55	开普敦记者站	南非	周　涛
56	阿布贾记者站	尼日利亚	徐贵霞　蒋大乾
57	罗安达记者站	安哥拉	杨探骊　敖　翔
58	金沙萨记者站	刚果	陈明磊
59	喀土穆记者站	苏丹	杨　春　陆　晔
60	达喀尔记者站	塞内加尔	张溪桥
61	卢萨卡记者站	赞比亚	张晨曦
62	阿尔及尔记者站	阿尔及利亚	葛子仪
63	亚蒂斯亚贝巴记者站	埃塞俄比亚	许　弢
64	达累斯萨拉姆记者站	坦桑尼亚	黄　峰　邹正阁
65	哈拉雷记者站	津巴布韦	何　绪
66	里约热内卢记者站	巴西	李　厦
67	布宜诺斯艾利斯记者站	阿根廷	冯　丽　王　晨
68	哈瓦纳记者站	古巴	刘冬花　牛伟平
69	加拉加斯记者站	委内瑞拉	甘　甜　刘　欣
70	波哥大记者站	哥伦比亚	王陶然　顾　欣

（新闻中心海外记者部提供）

CCTV

T O N G J I

统　　计

统计

2010年中央电视台队伍构成概况

2010年中央电视台各系统在职人员人数统计

	名称	人数
台聘人员	行政系统	365
	节目系统	1395
	技术系统	540
	合　计	2300
企聘人员	行政系统	236
	节目系统	4611
	技术系统	1247
	合　计	6094
总　计		8394

（人力资源管理中心提供）

2010年中央电视台在职各类专业技术职务人员统计

级别	专业技术职务	人数
正高级	高级编辑	166
	高级记者	30
	播音指导	13
	教授级高级工程师	30
	译审	6
	研究馆员	2
	一级导演	2
	一级录音师	2
	一级文学编辑	1
	主任医师	1
	合　计	253
副高级	主任编辑	328
	主任记者	40

续表

级别	专业技术职务	人数
副高级	主任播音员	29
	高级工程师	216
	高级会计师	17
	高级经济师	9
	高级审计师	1
	高级统计师	2
	副译审	17
	副研究馆员	13
	二级编剧	2
	二级导演	7
	二级录音师	13
	二级美术师	4
	二级摄影师	1

续表

级别	专业技术职务	人数
副高级	主任技师(艺术专业人员系列)	8
	合 计	707
中级	编辑	446
	记者	57
	一级播音员	53
	工程师	248
	会计师	13
	经济师	17
	翻译	20
	馆员	13
	三级导演	3
	三级灯光师	4
	三级录音师	20
	三级美术师	28
	三级摄影师	8
	三级摄像师	1
	技师(艺术专业人员系列)	27
	主管护师	1

续表

级别	专业技术职务	人数
中级	主管药师	1
	主治医师	2
	合 计	962
初级	助理编辑	73
	助理记者	9
	二级播音员	7
	助理工程师	43
	助理会计师	18
	助理经济师	19
	审计员	1
	助理翻译	2
	助理馆员	1
	美术员（助理）	4
	舞台技术员（助理）	1
	技术员（助理）	3
	合 计	181
员级	技术员	3
	舞台技术员	1
	合 计	4
总 计		2107

（人力资源管理中心提供）

2010年中国电视剧制作中心有限责任公司在职各类专业技术职务人员统计

级别	专业技术职务	人数
正高级	一级文学编辑	4
	一级导演	3
	一级演员	2
	一级录音师	1
	教授级高级工程师	1
	一级美术设计师	1
	合 计	12
副高级	二级文学编辑	3
	二级导演	7
	二级剪辑师	1
	二级演员	1
	二级摄影师	1

续表

级别	专业技术职务	人数
副高级	二级美术设计师	1
	二级录音师	1
	高级经济师	1
	高级工程师	7
	高级会计师	1
	主任播音员	1
	合 计	25
中级	三级文学编辑	11
	三级导演	7
	三级摄影师	4
	三级美术设计师	2
	三级录音师	4

续表

级别	专业技术职务	人数
中级	灯光技师	1
	化妆技师	2
	经济师	6
	工程师	10

续表

级别	专业技术职务	人数
中级	会计师	6
	合 计	53
初级	各类初级专业技术职务	22
总 计		112

（中国电视剧制作中心有限责任公司提供）

2010年中央新闻纪录电影制片厂在职各类专业技术职务人员统计

级别	专业技术职务	人数
正高级	一级导演	1
	一级录音师	1
	高级记者	6
	一级美术师	2
	合 计	10
副高级	主任记者	28
	主任编辑	2
	二级导演	1
	副译审	1
	二级摄影师	2
	二级美术师	1
	二级录音师	4
	二级剪辑师	3
	高级工程师	3
	高级政工师	6
	高级经济师	1
	主任技师（艺术专业系列）	2
	副主任医师	1
	高级会计师	2

续表

级别	专业技术职务	人数
副高级	副研究馆员	1
	合 计	58
中级	三级摄影师	2
	三级美术师	2
	三级录音师	6
	三级音乐编辑	2
	编辑	6
	三级剪辑师	1
	记者	98
	工程师	8
	经济师	2
	会计师	3
	政工师	12
	主管护师	1
	技师（艺术专业人员系列）	9
	馆员	9
	合 计	161
初级	各类初级专业技术职务	76
总 计		305

（中央新闻纪录电影制片厂提供）

2010年北京科学教育电影制片厂在职各类专业技术职务人员统计

级别	专业技术职务	人数
正高级	一级导演	4
	一级摄影师	2
	一级美术师	1
	合 计	7
副高级	二级导演	26
	二级摄影师	10
	二级美术师	6
	二级录音师	3
	高级工程师	1
	高级经济师	3
	高级政工师	6
	主任技师（艺术专业系列）	6
	副编审	1
	主任编辑	1
	二级演员	1
	合 计	64
中级	三级导演	85
	三级摄影师	31

续表

级别	专业技术职务	人数
中级	三级美术师	34
	三级录音师	3
	三级音乐编辑	1
	三级编辑	3
	三级剪辑师	2
	记者	2
	工程师	5
	经济师	5
	会计师	7
	政工师	6
	技师（艺术专业人员系列）	8
	馆员	2
	一级播音员	1
	三级解说	1
	合 计	196
初级	各类初级专业技术职务	71
总 计		338

（北京科学教育电影制片厂提供）

2010年中国国际电视总公司在职各类专业技术职务人员统计

级别	专业技术职务	人数
正高级	高级编辑	9
	教授级高级工程师	1
	一级导演	1
	合 计	11
副高级	主任记者、编辑	24
	高级经济师	9
	高级审计师	2
	高级政工师	11
	高级会计师	11
	高级工程师	31
	二级编剧、导演	7
	副教授	1
	副译审	3
	副编审	1
	合 计	100

续表

级别	专业技术职务	人数
中级	记者、编辑	42
	会计师	91
	经济师	42
	工程师	89
	审计师	1
	政工师	7
	翻译	7
	三级美术师	18
	三级导演	3
	三级摄影师	6
	三级文学编辑	2
	其他	46
	合 计	354
初级	各类初级专业技术职务	702
总 计		1167

（中国国际电视总公司提供）

2010年中央卫星电视传播中心在职各类专业技术职务人员统计

级别	专业技术职务	人数
副高级	高级工程师	5
	高级会计师	3
	高级经济师	1
	主任编辑	2
	合 计	11
中级	工程师	8
	会计师	5
	经济师	4
	编辑	1
	助理研究员	1
	合 计	19
初级	各类初级专业技术职务	6
总 计		36

（中央卫星电视传播中心提供）

2010年中国爱乐乐团在职各类专业技术职务人员统计

级别	专业技术职务	人数
正高级	一级演奏员	36
	合 计	36
副高级	二级演奏员	32
	高级会计师	2
	合 计	34
中级	三级演奏员	22
	舞台技师	1
	经济类	1
	翻译	1
	医师	1
	合 计	26
初级	四级演奏员	7
总 计		103

（中国爱乐乐团提供）

2010年中国广播电视国际经济技术合作总公司在职各类专业技术职务人员统计

级别	专业技术职务	人数
正高级	教授级高级工程师	1
	合 计	1
副高级	高级工程师	24
	副译审	3
	高级经济师	6
	高级会计师	2
	高级政工师	5
	二级美术师	1
	合 计	41
中级	工程师	32
	经济师	9
	翻译	2

续表

级别	专业技术职务	人数
中级	政工师	1
	会计师	9
	商务师	4
	编辑	2
	合 计	59
初级	助理工程师	34
	助理经济师	8
	助理商务师	1
	助理政工师	3
	助理会计师	7
	合 计	53
总 计		154

（中国广播电视国际经济技术合作总公司提供）

2010年中视传媒股份有限公司在职各类专业技术职务人员统计

续表

级别	专业技术职务	人数
正高级	高级编辑	1
	合 计	1
副高级	高级会计师	2
	主任编辑	1
	高级工程师	4
	二级导演	1
	二级演员	1
	合 计	9
中级	工程师	3
	经济师	9

级别	专业技术职务	人数
中级	馆员	2
	会计师	26
	三级文学编辑	1
	三级摄影师	1
	审计师	1
	美术师	1
	编辑	4
	合 计	48
初级	各类初级专业技术职务	59
总 计		117

（中视传媒股份有限公司提供）

2010年中国有线电视网络有限公司在职各类专业技术职务人员统计

续表

级别	专业技术职务	人数
正高级	教授级高级工程师	7
	合 计	7
副高级	高级工程师	13
	副研究员	1
	高级会计师	1
	副编审	1
	高级政工师	2
	合 计	18
中级	工程师	24
	会计师	7
	经济师	7
	馆员	2
	编辑	1

级别	专业技术职务	人数
中级	翻译	1
	讲师	1
	合 计	43
初级	助理工程师	23
	助理会计师	3
	助理讲师	1
	助理馆员	1
	四级导演	1
	初级政工师	1
	助理经济师	2
	助理编辑	3
	合 计	35
总 计		103

（中国有线电视网络有限公司提供）

2011年中央电视台队伍构成概况

2011年中央电视台各系统在职人员人数统计

	名称	人数
台聘人员	行政系统	344
	节目系统	1355
	技术系统	526
	合 计	2225
企聘人员	行政系统	242

续表

	名称	人数
企聘人员	节目系统	5037
	技术系统	1222
	合 计	6501
总 计		8726

（人力资源管理中心提供）

2011年中央电视台在职各类专业技术职务人员统计

级别	专业技术职务	人数
正高级	高级编辑	179
	高级记者	26
	播音指导	14
	教授级高级工程师	33
	译审	6
	研究馆员	1
	一级导演	2
	一级录音师	2
	一级文学编辑	1
	主任医师	1
	合 计	265
副高级	主任编辑	332
	主任记者	40
	主任播音员	27
	高级工程师	221
	高级会计师	17
	高级经济师	10
	高级审计师	1
	高级统计师	2
	副译审	15

续表

级别	专业技术职务	人数
副高级	副研究馆员	14
	二级编剧	2
	二级导演	7
	二级录音师	13
	二级美术师	5
	二级摄影师	1
	主任技师	7
	合 计	714
中级	编辑	437
	记者	58
	一级播音员	50
	工程师	241
	会计师	12
	经济师	16
	审计师	1
	翻译	17
	馆员	10
	三级导演	4
	三级灯光师	4
	三级录音师	19
	三级美术师	28

续表

级别	专业技术职务	人数
中级	三级摄影师	8
	三级摄像师	1
	技师	28
	主管护师	1
	主管药师	1
	主治医师	2
	合 计	938
初级	助理编辑	57
	助理记者	6
	二级播音员	7
	助理工程师	32
	助理会计师	17
	助理经济师	17

续表

级别	专业技术职务	人数
初级	助理翻译	1
	助理馆员	1
	美术员（助理）	2
	摄影员（助理）	2
	舞台技术员（助理）	1
	技术员（助理）	3
	合 计	146
员级	技术员	3
	舞台技术员	1
	合 计	4
总 计		2067

截至2012年6月（人力资源管理中心提供）

2011年中国电视剧制作中心有限责任公司在职各类专业技术职务人员统计

级别	专业技术职务	人数
正高级	一级文学编辑	5
	一级编剧	1
	一级导演	3
	一级演员	2
	一级录音师	1
	教授级高级工程师	1
	一级美术设计师	1
	合 计	14
副高级	二级文学编辑	1
	二级导演	8
	二级剪辑师	1
	二级摄影师	1
	二级美术设计师	1
	二级录音师	1
	高级政工师	3
	高级工程师	6

续表

级别	专业技术职务	人数
副高级	高级会计师	1
	主任播音员	1
	合 计	24
中级	三级文学编辑	12
	三级导演	7
	三级摄影师	4
	三级美术设计师	2
	三级录音师	4
	灯光技师	1
	化妆技师	2
	经济师	7
	工程师	11
	会计师	6
	合 计	56
初级	各类初级专业技术职务	19
总 计		113

（中国电视剧制作中心有限责任公司提供）

2011年中央新闻纪录电影制片厂（集团）在职各类专业技术职务人员统计

续表

级别	专业技术职务	人数
正高级	一级导演	2
	一级录音师	1
	高级记者	6
	一级美术师	2
	合 计	11
副高级	主任记者	32
	主任编辑	4
	二级导演	1
	副译审	1
	二级摄影师	2
	二级美术师	1
	二级录音师	5
	二级剪辑师	4
	高级工程师	3
	高级政工师	9
	高级经济师	1
	主任技师	4
	副主任医师	1
	高级会计师	1

级别	专业技术职务	人数
副高级	副研究馆员	3
	合 计	72
中级	三级摄影师	2
	三级美术师	3
	三级录音师	7
	三级音乐编辑	2
	编辑	11
	记者	106
	工程师	11
	经济师	2
	会计师	4
	政工师	23
	主管护师	1
	技师(艺术专业人员系列)	10
	馆员	13
	合 计	195
初级	各类初级专业技术职务	120
总 计		398

（中央新影集团提供）

2011年北京科学教育电影制片厂在职各类专业技术职务人员统计

续表

级别	专业技术职务	人数
正高级	一级导演	5
	一级摄影师	2
	一级美术设计师	1
	合 计	8
副高级	二级导演	22
	二级演员	1
	二级摄影师	10
	二级美术设计师	5
	二级录音师	3

级别	专业技术职务	人数
副高级	高级工程师	1
	高级经济师	3
	高级政工师	3
	主任技师	6
	副编审	1
	合 计	55
中级	三级导演	86
	三级摄影师	33
	三级美术设计师	33

续表

级别	专业技术职务	人数
中级	三级录音师	3
	三级音乐编辑	1
	三级编辑	3
	三级剪辑师	2
	记者	1
	编辑	2
	工程师	4
	经济师	2
	会计师	6
	政工师	3
	技师（艺术专业人员系列）	6
	馆员	1
	一级播音员	3
	三级解说	1
	合　计	190
初级	各类初级专业技术职务	60
总　计		313

（北京科学教育电影制片厂提供）

2011年中国国际电视总公司在职各类专业技术职务人员统计

续表

级别	专业技术职务	人数
正高级	高级编辑	10
	教授级高级工程师	2
	高级工程师	2
	高级会计师	1
	高级记者	1
	一级导演	1
	合　计	17
副高级	主任记者、编辑	16
	高级经济师	6
	高级审计师	2
	高级政工师	2
	高级会计师	6
	高级工程师	17
	二级编剧、导演	8
	二级美术师	3
	副编审	1
	其他	3
副高级	合　计	64
中级	记者、编辑	53
	会计师	88
	经济师	25
	工程师	86
	统计师	3
	政工师	4
	翻译	4
	三级美术师	15
	三级导演	3
	三级摄影师	7
	二级播音员	1
	其它	33
	合　计	322
初级	各类初级专业技术职务	910
总　计		1313

（中国国际电视总公司提供）

2011年中央卫星电视传播中心在职各类专业技术职务人员统计

续表

级别	专业技术职务	人数
副高级	高级工程师	6
	高级会计师	3
	高级经济师	1
	主任编辑	2
	合　计	12
中级	工程师	8

续表

级别	专业技术职务	人数
中级	会计师	5
	经济师	4
	编辑	1
	助理研究员	1
	合 计	19
初级	各类初级专业技术职务	6
总 计		37

（中央卫星电视传播中心提供）

2011年中国广播电视国际经济技术合作总公司在职各类专业技术职务人员统计

续表

级别	专业技术职务	人数
正高级	教授级高级工程师	1
	合 计	1
副高级	高级工程师	23
	副译审	3
	高级经济师	6
	高级会计师	2
	高级政工师	4
	二级美术师	1
	合 计	39
中级	工程师	30
	经济师	7
	翻译	1
	政工师	2
	会计师	9
	商务师	4
	编辑	2
	合 计	55
初级	各类初级专业技术职务	52
总 计		147

（中国广播电视国际经济技术合作总公司提供）

2011年中视传媒股份有限公司在职各类专业技术职务人员统计

续表

级别	专业技术职务	人数
正高级	高级编辑	2
	合 计	2
副高级	高级会计师	2
	高级工程师	3
	合 计	5
中级	三级美术师	1
	三级摄影师	2
	工程师	6
	经济师	15
	会计师	24
	馆员	2
	翻译	1
	审计师	1
	编辑	5
	合 计	57
初级	各类初级专业技术职务	64
总 计		128

（中视传媒股份有限公司提供）

2011年中国有线电视网络有限公司在职各类专业技术职务人员统计

续表

级别	专业技术职务	人数
正高级	教授级高级工程师	8
	高级记者	1
	合　计	9
副高级	高级工程师	13
	副研究员	1
	高级会计师	1
	副编审	1
	高级政工师	2
	合　计	18
中级	工程师	30
	会计师	7
	经济师	7
	馆员	2
	编辑	1
	三级文学编辑	1

级别	专业技术职务	人数
中级	翻译	1
	三级导演	1
	合　计	50
初级	助理工程师	24
	助理会计师	3
	助理馆员	2
	四级导演	3
	四级摄影师	1
	初级政工师	1
	助理经济师	2
	助理编辑	6
	合　计	42
员级	技术员	1
总　计		120

（中国有线电视网络有限公司提供）

2010年中央电视台事业发展概况

2010年中央电视台各类节目播出量及比例

分类名称	首播量(小时:分)	首播占台%	重播量(小时:分)	重播占台%	总播出量(小时:分)	占全台%
新闻资讯类	56960:46	18.39	48302:44	15.59	105263:30	33.98
专题服务类	19018:33	6.14	61378:29	19.81	80397:02	25.95
综艺益智类	7428:26	2.40	38316:32	12.37	45744:58	14.77
影视剧类	9743:36	3.15	59575:56	19.23	69319:32	22.38
广告类	9041:56	2.92	0	0	9041:56	2.92
总计	102193:17	33.00	207573:41	67.00	309766:58	100

（总编室提供）

2006～2010年中央电视台技术制作中心节目录制情况对照表

（单位：小时）

类别 \ 年份	2006年	2007年	2008年	2009年	2010年
直　播	27078	28782	38161.5	44283.5	56873.5
录　像	29750	27385	24873	24620.5	22550.5
排　练	7056	4524	5197	3712.5	4799
搭景布光	7058.5	7281	6941	7543.5	7152.5
ENG采录	539537.5	416460	351273	326043.5	357990.5
电　编	268730.5	240075	220613	216575.5	232446
多媒体	361479	299212.5	301511.5	334361	370533
自　编	675391.5	539275.5	498837	451518.5	403955.5
带　转	7104	4712.5	5255.5	9128	4170.5
录　音	1766	1496.5	1401	863.5	1100
音　响	91506	85171	83959	81901	100853
译　配	90900.5	76989	73599.5	81808.5	107688
灯　光	82328	64179.5	67848.5	75079	89173
新闻共享	/	736383	686988	724029	991845
三维动画(秒)	12713	11750	11333.4	9869	12524
总计（不含三维动画）	2189685.5	2531926.5	2366458.5	2381468	2751130

（技术制作中心提供）

2010年中央电视台各频道节目播出量统计

频道名称	首播(小时:分)	重播(小时:分)	小计(小时:分)
CCTV－1	5283:34	3476:24	8759:58
CCTV－1(高清)	5273:45	3486:15	8760:00
CCTV－2	4863:40	3895:21	8759:00
CCTV－3	2847:19	5912:41	8760:00
CCTV－4(亚洲)	4258:01	4501:59	8760:00
CCTV－4(欧洲)	3126:19	5633:41	8760:00
CCTV－4(美洲)	3096:45	5663:15	8760:00
CCTV－5	7333:32	1426:28	8760:00
CCTV－6	3084:05	5675:55	8760:00
CCTV－7	3399:38	3564:59	6964:37
CCTV－8	3494:24	5265:36	8760:00
CCTV－10	2967:12	4346:16	7313:28
CCTV－11	2508:48	4818:41	7327:29
CCTV－12	1866:17	5796:30	7662:47
CCTV－新闻	6621:18	2138:13	8759:30
CCTV－少儿	3710:01	3257:50	6967:51
CCTV－音乐	2833:09	4144:46	6977:55
CCTV－NEWS	6097:19	2662:41	8760:00
CCTV－F	3996:19	4763:41	8760:00
CCTV－E	3097:20	5662:40	8760:00
CCTV－عربية	2887:45	5872:15	8760:00
CCTV－Русский	4351:40	4408:20	8760:00
CCTV－高清	1455:12	7304:48	8760:00
CCTV－娱乐	729:32	8030:28	8760:00
CCTV－戏曲	554:49	8205:11	8760:00
CCTV－电影	917:22	7842:38	8760:00
中视购物	190:21	5662:41	5853:02
高尔夫·网球	2338:23	6421:37	8760:00
风云足球	1554:37	7205:23	8760:00
风云音乐	598:38	6140:42	6739:20
第一剧场	2181:06	4546:21	6727:27
风云剧场	716:39	6049:45	6766:24
世界地理	699:45	6094:30	6794:15
电视指南	463:45	8296:15	8760:00
央视文化精品	522:52	6076:37	6599:29
怀旧剧场	409:26	6009:58	6419:24
国防军事	803:55	5744:53	6548:48
女性时尚	858:46	5431:28	6290:14
央视台球	199:27	6136:33	6336:00
总　计	102192:45	207574:15	309766:58

（总编室提供）

中央电视台2001～2010年常规频道电视节目播出时间比较

电视节目播出总时长 (单位：小时)

年份	播出时长	平均每天播出时长
2001	73519	201
2002	86586	237
2003	95471	262
2004	120376	329
2005	152642	418
2006	155235	425
2007	175347	480
2008	189684	518
2009	200713	550
2010	218411	598

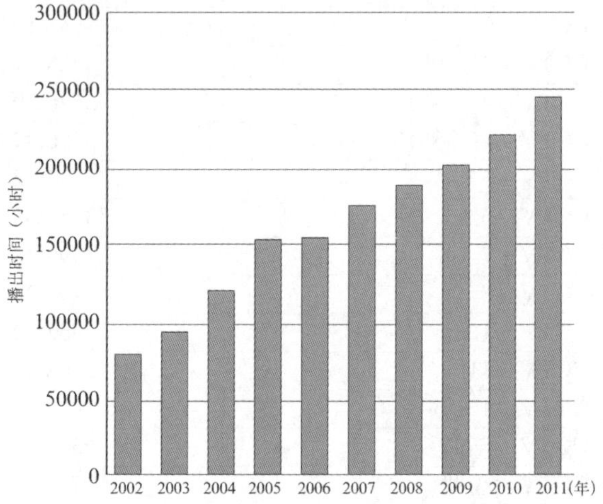

(播出传送中心提供)

中央电视台2001～2010年常规频道播出事故率比较

(单位:秒/百小时)

年份	2001	2002	2003	2004	2005	2006	2007	2008	2009	2010
总事故率	5.09	8.75	3.86	2.52	1.49	1.91	0.99	1.16	0.34	0.56

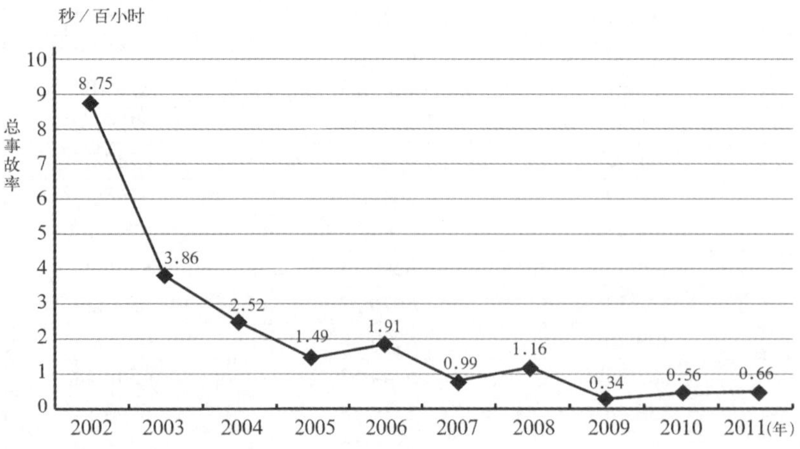

2010年总事故率:

0.56秒/百小时

安全播出率:

>99.999%

注:

安全播出率换算:

99%=1小时/百小时

99.9%=6分钟/百小时

99.99%=36秒/百小时

99.999%=3.6秒/百小时

(播出传送中心提供)

2010年中央电视台各频道节目最高收视率排名

CCTV－1

排名	节目名称	日期	开始时间（时：分）	结束时间（时：分）	收视率（%）	收视份额（%）
1	特别节目 2010年春节联欢晚会	2010－02－13	20:00	25:04	19.51	43.74
2	新闻联播	2010－02－13	19:00	19:37	12.83	35.17
3	特别节目 中央电视台2010年元宵晚会	2010－02－28	20:00	21:30	9.90	25.03
4	电视剧 乡村爱情故事(29)	2010－03－03	20:51	21:37	8.56	23.15
5	特别节目 一年又一年2010(1)	2010－02－13	19:37	19:48	8.19	19.48
6	电视剧 洪湖赤卫队(28)	2010－07－18	20:49	21:34	7.87	21.23
7	电视剧 老大的幸福(28)	2010－03－20	20:52	21:39	6.44	17.13
8	电视剧 为了新中国前进(22)	2010－02－10	19:59	20:45	5.30	12.51
9	电视剧 解放海南岛(11)	2010－10－10	20:51	21:36	5.19	15.58
10	特别节目 看世博 知世界	2010－04－30	19:56	22:06	5.16	14.58
11	电视剧 牵挂(26)	2010－10－03	20:49	21:34	5.00	14.73
12	特别节目 康定新歌	2010－09－30	20:07	21:34	4.91	13.45
13	电视剧 毛岸英(5)	2010－10－22	20:55	21:39	4.57	13.58
14	电视剧 红色摇篮(24)	2010－01－27	20:51	21:37	4.38	10.83
15	电视剧 张小五的春天(24)	2010－04－29	20:56	21:42	4.18	12.46
16	电视剧 江姐(30)	2010－08－12	20:53	21:37	4.08	11.87
17	特别节目 芜湖月·中华情	2010－09－22	20:00	22:00	4.06	11.83
18	焦点访谈	2010－04－21	19:35	19:47	3.66	12.84
19	电视剧 我的美丽人生(16)	2010－08－22	20:50	21:34	3.62	10.36
20	第16届亚运会开幕式	2010－11－12	19:55	22:32	3.62	11.45
21	东方时空	2010－04－21	19:47	21:00	3.52	11.61
22	情系玉树 大爱无疆——抗震救灾募捐活动	2010－04－20	20:00	23:38	3.51	13.41
23	电视剧 松花江上(24)	2010－05－14	20:56	21:42	3.34	9.32
24	曲苑杂坛特别节目——2010年正月正晚会	2010－02－04	20:52	21:36	3.19	8.68
25	电视剧 永不消逝的电波(36)	2010－09－17	20:54	21:39	3.13	9.39
26	特别节目 身边的感动(118)	2010－09－30	19:55	19:59	3.12	8.59
27	电视剧 远山的红叶(20)	2010－07－04	20:48	21:34	3.08	9.57
28	特别节目 女性之光	2010－03－08	20:04	21:32	2.98	7.82
29	电视剧 解放大西南(28)	2010－12－29	20:56	21:41	2.97	8.96
30	电视剧 雪域天路(1)	2010－03－26	20:53	21:40	2.88	7.67

CCTV－2

排名	节目名称	日期	开始时间（时：分）	结束时间（时：分）	收视率（%）	收视份额（%）
1	特别节目 2010年春节联欢晚会	2010－02－14	09:37	14:40	2.24	10.18
2	经济与法周末版(2010－62)	2010－12－12	19:30	20:30	1.58	4.13

续表

排名	节目名称	日期	开始时间(时:分)	结束时间(时:分)	收视率(%)	收视份额(%)
3	特别节目 2010全家总动员(3)	2010－02－14	18:45	20:00	1.57	4.27
4	购物街(2010－4)	2010－01－23	18:30	19:30	1.14	3.49
5	2010新春特供 笑看生活多变化(9)	2010－02－16	09:25	10:31	1.10	6.48
6	消费主张	2010－01－26	19:18	19:58	1.05	2.70
7	快乐主妇(2010－6)	2010－02－07	19:30	20:30	0.96	2.36
8	理财在线	2010－11－02	18:45	19:20	0.89	2.95
9	寻宝(2010－2)	2010－03－14	18:30	19:30	0.87	3.04
10	经济信息联播	2010－08－15	21:00	22:25	0.86	4.76
11	经济与法(2010－217)	2010－12－07	20:00	20:30	0.78	2.09
12	特别节目 开学第一课2010	2010－09－01	19:30	21:15	0.75	2.25
13	交换空间(2010－4)	2010－01－23	19:30	20:30	0.65	1.55
14	经济半小时	2010－04－21	21:20	22:10	0.65	3.76
15	时尚街区(2010－12)	2010－10－08	19:30	20:30	0.62	1.76
16	特别节目 2010新春特供(96)	2010－02－14	14:40	14:42	0.58	2.87
17	特别节目 楼市新观察	2010－04－21	19:00	20:30	0.56	2.02
18	特别节目 2009周末特供(187)	2010－01－02	17:00	18:05	0.55	3.06
19	特别节目 爱心礼物大派送(27)	2010－02－16	11:55	12:00	0.52	3.44
20	特别节目 周末精编节目(2010－20)	2010－01－23	09:30	10:30	0.50	3.98

CCTV－3

排名	节目名称	日期	开始时间(时:分)	结束时间(时:分)	收视率(%)	收视份额(%)
1	星光大道·2009年度总决赛(3)	2010－01－02	19:30	20:50	3.67	8.83
2	特别节目 2010年春节联欢晚会	2010－02－14	19:39	22:09	3.12	8.09
3	特别节目 欢乐今宵(2)	2010－01－29	19:30	21:00	2.68	6.36
4	动物世界(2010－4)	2010－01－05	18:55	19:25	2.65	7.30
5	特别节目 中央电视台2010年元宵晚会	2010－02－28	20:00	21:30	2.42	6.13
6	演艺竞技场(2010－6)	2010－02－12	21:06	22:06	2.31	5.98
7	特别节目 百花迎春	2010－02－18	19:30	21:30	2.22	5.77
8	幕后(2010－13)春节特别节目	2010－02－13	18:54	19:54	2.16	5.70
9	我要上春晚(2010－17)	2010－12－24	19:00	20:54	2.13	5.80
10	新视听(2010－5)	2010－02－03	19:30	20:30	2.11	5.26
11	特别节目 2010年跨界七天乐(1)	2010－12－13	19:30	20:25	1.99	5.42
12	欢乐中国行(2010－2)	2010－01－03	19:30	21:10	1.99	4.95
13	综艺星天地(2010－94)	2010－12－17	18:24	19:25	1.99	6.51
14	特别节目 红歌唱万代	2010－02－06	19:30	21:00	1.99	4.67
15	特别节目 歌声飘过30年(3)	2010－02－14	08:51	10:51	1.95	8.59
16	非常6+1(2010－53)	2010－12－27	18:30	19:54	1.94	6.25

续表

排名	节目名称	日期	开始时间（时：分）	结束时间（时：分）	收视率（%）	收视份额（%）
17	周末喜相逢(2010－1)	2010－01－09	19:30	20:30	1.94	4.53
18	神州大舞台(2010－1)	2010－01－05	19:30	20:30	1.90	4.54
19	巅峰音乐汇(2010－18)	2010－12－25	21:00	22:23	1.79	5.96
20	电视剧 西游记－续(7)	2010－01－11	17:37	18:24	1.79	8.94

CCTV－4

排名	节目名称	日期	开始时间（时：分）	结束时间（时：分）	收视率（%）	收视份额（%）
1	特别节目 嫦娥奔月	2010－10－01	19:00	20:00	1.91	5.80
2	特别节目 2010年春节联欢晚会	2010－02－14	16:33	21:00	1.91	6.02
3	电视剧 东方朔(41)	2010－02－03	19:15	20:00	1.66	4.46
4	电视剧 女人的村庄(26)	2010－10－05	19:15	20:00	1.41	4.29
5	中国文艺(2010－38)	2010－02－07	18:20	18:50	1.39	5.49
6	电视剧 解放(16)	2010－02－25	19:15	20:00	1.31	3.65
7	电视剧 张小五的春天(25)	2010－11－30	19:45	20:30	1.28	3.42
8	走遍中国(2010－227)	2010－08－15	20:00	20:30	1.20	4.93
9	电视剧 宝莲灯(17)	2010－04－17	19:15	20:00	1.15	3.78
10	电视剧 特殊争夺(23)	2010－10－31	19:15	20:00	1.06	3.00
11	电视剧 洪湖赤卫队(21)	2010－12－31	19:15	20:00	1.05	2.74
12	今日关注(直播)	2010－12－19	21:30	22:00	1.00	4.03
13	国宝档案(2010－22)	2010－01－22	18:50	19:00	0.98	3.10
14	海峡两岸(2010－227)(亚洲版)	2010－08－15	20:30	21:00	0.97	3.88
15	中国新闻(直播)	2010－01－22	19:00	19:15	0.96	2.79
16	深度国际(直送)	2010－11－26	22:00	22:45	0.90	4.59
17	特别节目 芜湖月·中华情	2010－09－22	20:00	22:00	0.88	2.56
18	电视剧 成吉思汗(18)	2010－07－05	19:15	20:00	0.87	4.26
19	电视剧 大女当嫁(21)	2010－09－04	19:15	20:00	0.84	2.91
20	电视剧 大宋奇案(28)	2010－08－10	19:15	20:00	0.80	3.54

CCTV－5

排名	节目名称	日期	开始时间（时：分）	结束时间（时：分）	收视率（%）	收视份额（%）
1	第16届亚运会男子110米栏决赛	2010－11－24	19:36	20:10	5.00	13.44
2	2010年世界杯1/4决赛德国－阿根廷	2010－07－03	21:48	24:02	4.33	22.21
3	2010年世界杯1/4决赛荷兰－巴西	2010－07－02	21:49	24:02	3.52	18.98
4	第16届亚运会男篮决赛韩国－中国	2010－11－26	20:12	21:11	3.39	8.74
5	第16届亚运会男子十项全能400米	2010－11－24	19:25	19:36	3.36	9.54
6	第16届亚运会男子三级跳远决赛	2010－11－26	18:58	19:06	3.28	9.92

续表

排名	节目名称	日期	开始时间(时 : 分)	结束时间(时 : 分)	收视率(%)	收视份额(%)
7	第16届亚运会男子100米决赛	2010－11－22	19:19	19:42	3.23	9.42
8	2010年世界杯小组赛阿根廷－韩国	2010－06－17	19:19	21:31	3.17	10.93
9	第16届亚运会男子10000米决赛	2010－11－26	18:52	18:58	3.10	9.65
10	第16届亚运会男子4×100米接力仪式	2010－11－26	19:06	19:13	3.00	8.69
11	第16届亚运会女子撑竿跳高颁奖仪式	2010－11－24	19:17	19:25	2.96	8.75
12	第16届亚运会女子50米蝶泳颁奖仪式	2010－11－18	19:17	19:26	2.96	8.88
13	第16届亚运会男子1500米自由泳决赛	2010－11－18	18:56	19:17	2.94	9.37
14	第16届亚运会女子100米决赛	2010－11－22	19:10	19:19	2.89	9.04
15	2010年世界杯小组赛巴西－葡萄牙	2010－06－25	21:50	24:03	2.86	15.77
16	第16届亚运会男子撑竿跳比赛	2010－11－22	19:06	19:10	2.81	9.02
17	第16届亚运会田径女子链球决赛	2010－11－22	18:58	19:06	2.81	9.20
18	第16届亚运会田径男子链球决赛	2010－11－21	19:00	19:03	2.75	8.68
19	2010年世界杯1/8决赛英格兰－德国	2010－06－27	21:48	24:03	2.71	16.38
20	第16届亚运会男子十项全能1500米	2010－11－25	19:28	19:37	2.69	7.51

CCTV－6

排名	节目名称	日期	开始时间(时 : 分)	结束时间(时 : 分)	收视率(%)	收视份额(%)
1	故事片 举起手来之二追击阿多丸	2010－12－25	19:35	21:16	4.50	11.59
2	国产片 三毛从军记	2010－01－24	19:35	21:15	4.21	10.26
3	故事片 新少林五祖	2010－01－22	19:35	21:15	4.19	9.86
4	故事片 苏乞儿	2010－12－10	19:35	21:33	3.92	10.33
5	故事片 少林小子	2010－03－26	19:35	21:24	3.78	9.81
6	故事片 犬王	2010－01－31	19:35	21:11	3.78	9.13
7	故事片 诱杀	2010－09－04	19:35	21:17	3.77	10.71
8	流金岁月 铜头铁罗汉	2010－12－27	19:35	21:19	3.69	10.24
9	故事片 少林寺	2010－12－29	19:35	21:21	3.55	9.64
10	故事片 八仙的传说	2010－02－02	19:35	21:25	3.51	8.28
11	故事片 敌后武工队2	2010－09－08	20:56	22:13	3.29	11.07
12	国产片 精武英雄	2010－09－24	19:35	21:25	3.28	9.21
13	故事片 围剿	2010－01－23	19:35	21:13	3.22	7.54
14	故事片 花田喜事2010	2010－12－31	19:35	21:13	3.21	8.00
15	故事片 太极张三丰	2010－06－27	19:35	21:15	3.04	10.01
16	流金岁月 功夫小子闯情关	2010－02－22	19:35	21:18	3.01	7.56
17	故事片 功夫皇帝方世玉	2010－01－15	19:35	21:26	3.00	7.27
18	故事片 敌后武工队(下)	2010－03－14	20:54	22:12	2.96	9.12
19	故事片 建国大业2	2010－01－01	20:48	21:56	2.96	7.99
20	故事片 中华英雄	2010－05－05	19:35	21:10	2.95	8.93

CCTV－7

排名	节目名称	日期	开始时间（时：分）	结束时间（时：分）	收视率（%）	收视份额（%）
1	致富经(2010－11)	2010－01－20	21:17	21:47	1.46	4.17
2	特别节目 2010年春节联欢晚会	2010－02－13	20:00	25:04	1.39	3.11
3	乡村大世界(2010－49)	2010－10－30	18:05	19:30	1.31	5.13
4	特别节目 我们在一起	2010－04－21	19:55	20:22	1.23	3.94
5	人与自然(2009－74)	2010－02－14	20:35	21:05	1.19	2.86
6	每日农经(2010－12)	2010－01－21	21:47	22:07	1.15	3.91
7	东方时空	2010－04－21	20:22	21:00	1.14	3.82
8	特别节目(农业)(2010－2)	2010－02－13	18:05	19:30	1.12	3.58
9	法制编辑部(2010－2)	2010－01－17	21:17	22:07	1.03	3.32
10	农广天地(2010－21)	2010－01－13	19:00	19:30	0.93	2.78
11	科技博览(2010－154)	2010－09－28	20:35	21:05	0.92	2.60
12	乡约(2010－10)	2010－02－27	21:17	22:07	0.92	2.68
13	阳光大道(2010－7)	2010－02－16	18:08	19:33	0.84	3.07
14	军事纪实(2010－16)	2010－01－22	20:03	20:33	0.83	1.89
15	军事报道	2010－08－15	19:30	20:00	0.77	3.75
16	科技苑(2010－15)	2010－01－21	18:30	19:00	0.74	2.50
17	动画城(2010－13)	2010－01－29	08:37	09:05	0.68	6.42
18	防务新观察(2010－95)	2010－11－27	20:03	20:33	0.66	1.67
19	特别节目 今天故事汇(2009－94)	2010－03－14	12:05	12:25	0.62	4.74
20	生活567(2010－1)	2010－01－04	18:05	18:30	0.61	2.48

CCTV－8

排名	节目名称	日期	开始时间（时：分）	结束时间（时：分）	收视率（%）	收视份额（%）
1	电视剧 滇西1944(36)	2010－02－09	20:19	21:03	5.19	12.22
2	电视剧 神话(2)	2010－01－02	20:21	21:04	4.18	10.02
3	电视剧 利剑(32)	2010－03－06	21:15	22:00	3.32	9.73
4	电视剧 神医大道公(30)	2010－05－20	20:20	21:05	2.93	8.35
5	电视剧 神探狄仁杰前传(42)	2010－02－23	20:23	21:05	2.57	6.37
6	电视剧 胡杨女人(20)	2010－10－20	20:24	21:07	2.50	7.06
7	电视剧 迷失洛杉矶(30)	2010－01－28	20:21	21:05	2.36	5.62
8	电视剧 大女当嫁(22)	2010－04－10	20:22	21:06	2.19	5.77
9	电视剧 医者仁心(29)	2010－12－19	20:24	21:07	2.04	5.80
10	电视剧 决战南京(28)	2010－05－01	21:13	22:00	2.03	6.62
11	电视剧 和空姐一起的日子(22)	2010－04－02	20:22	21:06	1.93	4.83
12	电视剧 传说(41)	2010－09－17	20:23	21:07	1.92	5.41
13	电视剧 一一向前冲(26)	2010－11－27	21:16	22:02	1.86	6.60
14	电视剧 玫瑰园里的老少爷们儿(24)	2010－11－18	20:23	21:08	1.77	5.04

续表

排名	节目名称	日期	开始时间(时:分)	结束时间(时:分)	收视率(%)	收视份额(%)
15	飞天回眸 第四届CCTV电视剧群英汇	2010－01－01	19:30	21:06	1.74	4.16
16	佳艺剧场 伤痕我心(25)	2010－12－17	17:53	18:40	1.71	7.32
17	电视剧 高粱红了(20)	2010－10－11	20:23	21:07	1.70	4.89
18	电视剧 漂亮女人(27)	2010－06－13	21:13	21:58	1.70	5.14
19	电视剧 家有爹娘2(19)	2010－05－26	21:13	21:59	1.66	5.46
20	电视剧 民主之澜(26)	2010－03－15	20:22	21:06	1.56	3.98

CCTV－10

排名	节目名称	日期	开始时间(时:分)	结束时间(时:分)	收视率(%)	收视份额(%)
1	百科探秘(2010－24)	2010－01－28	19:57	20:27	1.13	2.69
2	讲述(2010－140)	2010－05－20	21:00	21:23	1.12	3.23
3	走近科学(2010－220)	2010－08－08	20:30	20:57	1.06	3.12
4	科学世界(2010－34)	2010－11－28	18:50	19:32	0.92	2.74
5	探索·发现(2010－169)	2010－06－18	21:25	22:07	0.86	2.82
6	特别节目 进化(5)	2010－02－16	18:20	19:37	0.86	3.01
7	我爱发明(2010－10)	2010－03－14	19:35	20:25	0.86	2.25
8	希望－英语杂志(2010－22)	2010－01－26	19:05	19:32	0.83	2.32
9	人与社会(2010－31)	2010－02－05	18:20	19:02	0.77	2.80
10	绿色空间(2010－80)	2010－04－28	19:35	19:53	0.69	2.48
11	特别节目 2010状元贺岁(5)	2010－02－16	19:40	20:30	0.66	1.79
12	自然传奇(2010－17)	2010－12－31	19:45	20:27	0.65	1.60
13	状元360(2010－31)	2010－08－07	19:35	20:25	0.65	2.49
14	百家讲坛(2010－7)	2010－01－07	12:45	13:27	0.61	4.76
15	健康之路(2010－15)	2010－01－21	17:50	18:15	0.60	2.90
16	特别节目 动物传奇(13)	2010－06－19	18:45	19:30	0.57	3.42
17	特别节目 动物王者(6)	2010－10－05	18:20	19:05	0.56	2.76
18	人物(2010－190)	2010－09－21	22:10	22:37	0.56	2.59
19	特别节目 探索集结号(008)	2010－11－06	19:35	20:25	0.50	1.34
20	科技人生(2010－20)	2010－05－23	22:10	22:37	0.49	2.36

CCTV－11

排名	节目名称	日期	开始时间(时:分)	结束时间(时:分)	收视率(%)	收视份额(%)
1	九州大戏台(2010－42)	2010－12－30	19:19	21:12	0.95	2.56
2	电视剧 宝莲灯前传(5)	2010－02－06	17:14	18:01	0.70	3.67
3	电视剧 宝莲灯(17)	2010－03－07	17:16	18:03	0.64	4.04
4	电视剧 西游记－续(7)	2010－09－29	17:11	17:59	0.54	6.38
5	电视剧 神医喜来乐(28)	2010－09－12	16:11	16:59	0.50	6.06

续表

排名	节目名称	日期	开始时间(时:分)	结束时间(时:分)	收视率(%)	收视份额(%)
6	电视剧 大宋提刑官(49)	2010－02－02	17:22	18:10	0.50	2.68
7	电视剧 西游记缩编版(22)	2010－06－01	17:14	18:02	0.48	4.76
8	电视剧 白蛇传(21)	2010－01－04	17:22	18:09	0.45	2.39
9	电视剧 牛郎织女(33)	2010－12－19	17:13	18:00	0.44	2.74
10	CCTV空中剧院	2010－01－16	19:20	22:03	0.44	1.11
11	电视剧 大人物(1)	2010－02－08	12:14	13:01	0.43	3.05
12	电视剧 昭君出塞(38)	2010－02－02	12:11	12:57	0.42	2.97
13	电视剧 京华烟云(38)	2010－07－31	11:30	12:15	0.39	2.81
14	跟我学(2010－3)	2010－01－07	18:55	19:22	0.39	1.14
15	电视剧 天仙配(20)	2010－03－26	17:15	18:02	0.38	3.86
16	地方戏之窗	2010－01－29	20:33	22:30	0.38	1.04
17	电视剧 大宅门(31)	2010－11－28	17:09	17:57	0.38	2.33
18	电视剧 一帘幽梦(24)	2010－01－07	12:12	12:58	0.38	2.90
19	过把瘾(2010－40)	2010－10－10	19:19	20:12	0.37	1.03
20	电视剧 康熙微服私访记第三部(24)	2010－07－24	17:13	18:01	0.35	3.31

CCTV－12

排名	节目名称	日期	开始时间(时:分)	结束时间(时:分)	收视率(%)	收视份额(%)
1	法律讲堂(2010－11)	2010－01－11	18:57	19:27	1.22	3.52
2	忏悔录(2010－48)	2010－12－12	20:30	21:10	1.03	2.89
3	庭审现场(2010－5)	2010－01－31	18:13	18:53	1.00	3.89
4	天地剧场 女人的村庄(28)	2010－01－08	21:40	22:29	1.00	3.52
5	道德观察(日播版)(2010－9)	2010－01－09	21:15	21:35	0.98	2.63
6	天网(2010－24)	2010－02－03	20:30	21:10	0.97	2.36
7	第16届亚运会体操男子鞍马决赛	2010－11－16	20:58	21:00	0.96	2.76
8	第一线(2010－23)	2010－01－23	19:30	19:55	0.94	2.31
9	第16届亚运会体操女子跳马决赛	2010－11－16	21:00	21:07	0.89	2.57
10	天地剧场 李小龙传奇(15)	2010－02－08	22:31	23:20	0.88	4.74
11	大家看法(2010－26)	2010－01－26	20:00	20:25	0.88	2.08
12	天地剧场 至爱亲朋(15)	2010－07－24	21:40	22:29	0.81	2.90
13	第16届亚运会体操女子团体决赛	2010－11－14	19:22	21:24	0.81	2.28
14	天地剧场 宝莲灯前传(37)	2010－01－27	21:40	22:29	0.73	2.46
15	方圆剧场 水浒传(19)	2010－01－31	15:59	16:48	0.72	5.48
16	天地剧场 上海一家人(20)	2010－09－04	21:40	22:29	0.70	2.61
17	第16届亚运会体操男子吊环决赛	2010－11－16	21:48	21:51	0.68	2.73
18	第16届亚运会跳水男子10米跳台决赛	2010－11－26	19:58	20:01	0.67	1.70
19	天地剧场 福星临门(2)	2010－02－27	21:40	22:29	0.67	2.33
20	天地剧场 沂蒙(1)	2010－03－20	21:40	22:29	0.66	2.44

CCTV－新闻

续表

排名	节目名称	日期	开始时间（时：分）	结束时间（时：分）	收视率（%）	收视份额（%）
1	新闻联播	2010－02－13	19:00	19:30	1.46	4.10
2	特别节目 2010年中国上海世界博览会开幕式	2010－04－30	21:27	22:00	1.28	3.86
3	东方时空	2010－04－14	20:00	20:57	1.07	2.80
4	特别节目 看世博 知世界	2010－04－30	21:10	21:27	1.01	2.71
5	共同关注	2010－01－04	18:00	18:56	0.98	3.65
6	焦点访谈	2010－01－22	19:41	19:52	0.98	2.39
7	第16届亚洲运动会开幕式	2010－11－12	19:54	22:33	0.91	2.87
8	首都各界向人民英雄纪念碑敬献花篮	2010－10－01	20:00	20:10	0.87	2.36
9	一年又一年·虎虎迎新春	2010－02－13	19:51	20:21	0.84	1.79
10	特别节目 嫦娥探月	2010－10－01	19:36	20:00	0.83	2.33
11	新闻30分	2010－01－19	12:00	12:30	0.80	6.07
12	新闻直播间	2010－01－19	17:00	17:54	0.78	5.48
13	新闻调查	2010－02－27	21:30	22:15	0.77	2.43
14	新闻周刊	2010－04－17	22:15	23:00	0.73	4.11
15	面对面	2010－02－28	21:30	22:14	0.72	2.24
16	法治在线	2010－04－06	12:35	12:56	0.70	6.78
17	新闻1+1	2010－04－14	21:31	22:23	0.67	2.73
18	魅力亚洲·广州亚运会闭幕式特别报道	2010－11－27	17:59	18:57	0.65	2.43
19	生命大营救	2010－04－06	20:41	20:58	0.65	1.69
20	风雪日记	2010－02－12	20:30	20:55	0.61	1.44

CCTV－少儿

排名	节目名称	日期	开始时间（时：分）	结束时间（时：分）	收视率（%）	收视份额（%）
1	动画梦工场(2010－337)	2010－12－03	19:00	19:28	2.39	7.10
2	银河剧场(2010－16)	2010－01－16	20:00	20:53	1.83	4.28
3	动漫世界(2010－26)	2010－01－26	12:00	12:53	1.79	13.93
4	大风车(2010－330)	2010－11－26	19:30	19:58	1.75	4.54
5	特别节目 2010寒假动画大巴1号	2010－02－01	10:00	10:53	1.47	13.75
6	智慧树(2010－335)	2010－12－01	18:30	18:58	1.27	4.66
7	特别节目 2010暑假动画狂欢曲	2010－08－29	21:00	22:28	1.27	4.12
8	动画片 米菲和她的朋友们(22)	2010－01－01	10:00	10:29	1.22	8.97
9	动画乐翻天(2010－20)	2010－01－23	18:00	18:43	1.28	5.08
10	动画城(2010－28))	2010－02－01	09:30	09:58	1.19	10.94
11	特别节目 经典动画片(19)	2010－09－17	21:00	21:53	1.07	3.34
12	2010暑假动画片 米老鼠和唐老鸭(30)	2010－08－13	16:00	16:53	1.04	9.83
13	儿童剧 疯丫头(4)	2010－02－17	18:45	19:00	1.04	3.81
14	文学宝库(2010－9)	2010－02－06	15:00	16:38	0.95	7.51
15	快乐大巴(2010－95)	2010－12－10	21:00	21:58	0.94	2.86

续表

排名	节目名称	日期	开始时间(时：分)	结束时间(时：分)	收视率(%)	收视份额(%)
16	2010寒假动画片 托马斯和朋友(2)	2010－01－26	13:00	13:23	0.93	8.30
17	英雄出少年(2010－2)	2010－01－10	18:00	18:58	0.87	3.20
18	特别节目 小小智慧树	2010－01－04	10:30	10:58	0.86	9.29
19	新闻袋袋裤(2010－20)	2010－01－23	18:45	19:00	0.83	2.66
20	大仓库(2010－4)	2010－01－27	21:00	21:58	0.77	2.02

CCTV－音乐

排名	节目名称	日期	开始时间(时：分)	结束时间(时：分)	收视率(%)	收视份额(%)
1	特别节目 精彩音乐汇(2010－92)	2010－12－01	19:31	20:36	0.39	1.05
2	CCTV音乐厅(2010－26)(立体声)	2010－01－26	19:30	21:06	0.26	0.62
3	特别节目 2010炫动星空(29)	2010－08－30	21:06	22:06	0.19	0.59
4	每日歌曲	2010－01－23	19:20	19:25	0.18	0.49
5	民歌·中国(2010－17)	2010－01－20	21:10	21:42	0.17	0.46
6	特别节目 2010CCTV夏季音乐周(1)	2010－08－02	19:30	21:00	0.16	0.57
7	特别节目 岁月留声(46)	2010－12－17	21:21	21:41	0.16	0.51
8	百年歌声(2010－19)	2010－05－09	21:10	21:42	0.16	0.51
9	影视留声机(2010－263)	2010－11－03	20:37	20:58	0.16	0.47
10	风华国乐(2010－325)	2010－11－21	18:30	19:23	0.16	0.52

（总编室提供）

2010年中央电视台晚会、大型活动收视率排名

排名	节目名称	日期	开始时间	结束时间	播出频道	收视率(%)	收视份额(%)
1	特别节目 2010年春节联欢晚会	2010－02－13	20:00	24:04	CCTV－1	19.51	43.74
2	特别节目 中央电视台2010年元宵晚会	2010－02－28	20:00	21:30	CCTV－1	9.90	25.03
3	特别节目 一年又一年2010(1)	2010－02－13	19:37	19:48	CCTV－1	8.19	19.48
4	特别节目 看世博 知世界	2010－04－30	19:56	22:06	CCTV－1	5.16	14.58
5	特别节目 康定新歌	2010－09－30	20:07	21:34	CCTV－1	4.91	13.45
6	特别节目 芜湖月·中华情	2010－09－22	20:00	22:00	CCTV－1	4.06	11.83
7	第16届亚运会开幕式	2010－11－12	19:55	22:32	CCTV－1	3.62	11.45
8	情系玉树 大爱无疆——抗震救灾募捐活动	2010－04－20	20:00	23:38	CCTV－1	3.51	13.41
9	曲苑杂坛特别节目——2010年正月正晚会	2010－02－04	20:52	21:36	CCTV－1	3.19	8.68
10	特别节目 女性之光	2010－03－08	20:04	21:32	CCTV－1	2.98	7.82

（总编室提供）

2010年中央电视台“心连心”艺术团慰问演出活动一览表

节目名称	录制时间	播出时间	演出地点	导演	时长（分钟）	播出方式	播出频道
走在春风里 ——赴汉中慰问演出	2010－03－31	2010－04－11 20:00 2010－04－11 21:28	陕西汉中	王炳森	88′	录播	CCTV－1 CCTV－3
相聚湄洲岛 ——赴福建湄洲岛慰问演出	2010－04－26	2010－05－06 20:00 2010－05－14 19:30	福建湄洲岛	林远	88′	录播	CCTV－1 CCTV－3
红旗飘飘 ——赴湖北黄冈慰问演出	2010－06－06	2010－07－01 20:00 2010－07－05 20:36	湖北黄冈	屠茵	88′	录播	CCTV－1 CCTV－3
明天更美好 ——赴深圳慰问演出	2010－08－21	2010－08－30 20:00 2010－08－31 21:00	广东深圳	林远	86′30″	录播	CCTV－1 CCTV－3
康定新歌 ——赴四川甘孜慰问演出	2010－09－27	2010－09－30 20:00 2010－10－01 20:58	四川甘孜	刘军	86′30″	录播	CCTV－1 CCTV－3
美丽的草原我的家 ——赴内蒙古鄂尔多斯慰问演出	2010－07－21	2010－08－13 20:00 2010－08－15 20:30	内蒙古鄂尔多斯	王炳森	86′30″	录播	CCTV－1 CCTV－3

（大型节目制作中心提供）

2010年戏曲·音乐频道大型文艺晚会播出（直播、录播）一览表

播出日期	晚会名称	录制地点	撰稿人	策划人	导演	主持人
2010－01－01 (CCTV－1)	2010年新年京剧晚会	国家大剧院	张永和	郎 昆	李纯博	李 扬 王 静
2010－01－01 (直播) (CCTV－3)	“2010中国世博旅游年启动仪式”暨“2010走进世博大型旅游主题晚会”	上海	/	/	杨东升	周 涛 季小军 曹可凡 吴宇舒
2010－01－04 (CCTV－3)	2009中国沧州杂技盛典	河北沧州体育馆	肖 芳	郎 昆	魏党生	朱 军 董 卿 吴大维 刘 静
2010－01－06 (CCTV－3)	红歌唱万代——星光大道井冈山特别节目	江西吉安	颜 丹	葛延平	葛延平	毕福剑
2010－02－05 (CCTV－3)	星光作证——中国广播影视大奖（第21届“星光奖”）颁奖盛典	河南电视台八号演播厅	王晓岭 秦新民	王丹彦	王福英 夏石生	董 卿 李 咏 张泽群 庞晓戈
2010－02－13 (CCTV－11)	2010年春节戏曲晚会	中央电视台1000平方米演播室	程博峰	朱 彤 郎 昆 刘连群 张 慧	钱 皓	周 涛 朱 军 白燕升 董 艺 赵保乐 顾 斌 张 喆

续表

播出日期	晚会名称	录制地点	撰稿人	策划人	导演	主持人
2010－03－28 (CCTV－3)	崇高的荣誉——第六届北京市“人民满意的政法干警(单位)”颁奖盛典暨2010年北京市政法系统春节联欢晚会	工人体育馆	朱 海	朱 海 秦新民	杨东升	朱 军 董 卿 白岩松 李 京
2010－04－11 (CCTV－1)	走在春风里——中央电视台“心连心”艺术团赴陕西汉中地震灾区慰问演出	陕西汉中桥北广场	王荣起	王 进 齐宪役 汪 洋 程东海	王炳森	朱 军 董 卿 张泽群 朱 迅
2010－05－28 (CCTV－3)	2010·魅力中国——宋祖英上海体育场大型广场音乐会	上海体育场	朱 海 王晓岭	曾庆淮 郎 昆	王福英 夏石生	杨 澜 曹可凡
2010－05－28 (CCTV－音乐)	爱乐十周年庆典系列音乐会闭幕式音乐会	保利剧院	/	葛小红	葛小红	/
2010－08－13 (CCTV－1) 2010－08－15 (CCTV－3)	美丽的草原我的家——中央电视台“心连心”艺术团赴鄂尔多斯矿区慰问演出	内蒙古鄂尔多斯市成吉思汗双骏广场	王荣起	王 进 齐宪役 汪 洋 程东海	王炳森	朱 军 董 卿 张泽群 朱 迅
2010－09－20 (CCTV－3)	渤海欢歌——第七届全国“四进社区”文艺展演暨颁奖典礼	辽宁营口	金维润	王 进 齐宪役 刘 军	刘 军	张泽群 孙小梅
2010－09－22 (CCTV－音乐)	千里共婵娟——2010中秋民族音乐会	北京五棵松体育馆	闫玉刚	王冼平	王冼平	任鲁豫 刘芳菲 马 跃 孟盛楠
2010－09－30 (CCTV－1) 2010－10－01 (CCTV－3)	康定新歌—中央电视台“心连心”艺术团赴四川甘孜慰问演出	四川甘孜州府康定新城广场	金维润	王 进 齐宪役 刘 军	刘 军	朱 军 董 卿 张泽群 朱 迅
2010－09－22 (CCTV－11)	海峡梨园情·2010中秋戏曲晚会	台北新舞台	孙桂元	吕继舜	李纯博	冯 蕾 吴宇舒 洪培翔
2010－09－17～ 2010－10－31 (CCTV－11)	中央电视台首届全国戏曲院校京剧学生电视大赛复赛	中央电视台1000平方米演播室	程博峰 卢子明 刘连群	阎德威 刘连群 赵景博 钱 皓 龚继伟	阎德威	/
2010－11－03～ 2010－11－18 (CCTV－11) (直播) (14场)	首届全国戏曲院校京剧学生电视大赛决赛	中央电视台1000平方米演播室	程博峰 卢子明 刘连群	阎德威 刘连群 赵景博 钱 皓 龚继伟	阎德威	任鲁豫 张 喆 鞠 萍 孙小梅
2010－11－21 (CCTV－11)	首届全国戏曲院校京剧学生电视大赛颁奖晚会	中央电视台1000平方米演播室	程博峰 卢子明 刘连群	阎德威 刘连群 赵景博 钱 皓 龚继伟	阎德威	任鲁豫 张 喆 鞠 萍 孙小梅
2010－12－31 (CCTV－1、CCTV－音乐)并机直播	2011年新年音乐会	海南省海口市体育馆	任卫新	郎 昆 余 隆 彭丽媛	葛小红	任鲁豫 刘芳菲

（戏曲 · 音乐频道提供）

2010年CCTV－3(综艺频道)文艺晚会播出（直播、录播）一览表

播出日期	晚会名称	开始	结束	收视率(%)	收视份额(%)	播出
2010－01－02	飞天回眸 第四届CCTV电视剧群英汇(1)	22:23	23:53	1.00	6.83	
2010－01－02	飞天回眸 第四届CCTV电视剧群英汇(2)	23:53	24:32	0.47	8.35	
2010－01－03	咏乐大典	22:43	24:23	0.23	2.54	
2010－01－04	2009中国沧州杂技盛典	20:36	22:06	1.26	3.60	首播
2010－01－06	清风颂	09:42	10:42	0.28	3.10	首播
2010－01－13	澳门你好	21:43	23:08	0.38	1.92	首播
2010－01－24	激情动漫嘉年华	15:28	16:28	0.33	2.74	首播
2010－02－04	大地情深	20:36	22:31	0.76	2.15	首播
2010－02－05	星光作证	19:29	20:59	1.25	3.08	首播
2010－02－06	红歌唱万代	19:30	21:00	1.99	4.67	首播
2010－02－07	声震八方	12:24	13:47	0.32	2.36	首播
2010－02－07	红盾新歌	11:17	12:17	0.25	1.80	首播
2010－02－12	2010新年新诗会	12:24	13:54	0.18	1.23	重播
2010－02－13	2010年春节戏曲晚会	21:00	24:43	0.22	0.48	重播
2010－02－14	2010年慰问驻京部队老干部文艺演出	13:34	14:48	0.65	3.21	首播
2010－02－14	2010年军民迎新春文艺晚会	24:56	26:26	0.06	2.07	重播
2010－02－15	你好春天	24:18	27:18	0.03	1.14	重播
2010－02－16	2010年公安部春节晚会	24:17	25:57	0.11	3.04	重播
2010－02－18	百花迎春	19:30	21:30	2.22	5.77	重播
2010－02－19	曲苑杂坛特别节目——2010年正月正晚会	21:38	23:08	0.96	4.03	首播
2010－02－20	2010年春节联欢晚会	19:40	24:44	1.27	5.00	首播
2010－02－21	红红火火拜大年——煤炭工人拜大年	14:59	16:28	0.39	3.85	首播
2010－02－28	中央电视台2010年元宵晚会	20:00	21:30	2.42	6.13	首播
2010－03－08	崇高的荣誉	20:36	22:06	0.94	2.85	首播
2010－03－14	2010年春节藏历新年联欢晚会	13:59	15:36	0.13	1.07	首播
2010－03－14	健康中国	15:43	16:38	0.12	0.91	首播
2010－03－22	2010三亚博鳌旅游论坛开幕式文艺晚会	20:36	22:06	0.51	1.53	首播
2010－03－24	俄罗斯汉语年开幕式文艺演出	19:30	20:37	0.76	2.00	首播
2010－04－05	我们的节日系列节目——清明	22:13	22:58	0.22	1.36	首播
2010－04－11	第14届CCTV青年歌手电视大奖赛晚会	19:30	21:22	1.00	2.74	直播
2010－04－11	走在春风里“心连心”艺术团赴汉中慰问演出	21:28	22:56	1.01	4.55	首播
2010－04－20	情系玉树 大爱无疆——抗震救灾募捐活动	20:00	23:38	0.88	3.37	直播
2010－04－29	动画中国	21:55	23:25	0.38	2.14	首播
2010－05－01	2010上海世博会开幕式文艺晚会	21:54	23:31	0.34	1.84	首播
2010－05－10	第9届中国艺术节开幕式	20:04	21:45	0.44	1.35	首播
2010－05－14	“心连心”艺术团赴福建湄州岛慰问演出	19:30	20:58	1.19	3.49	首播

续表

播出日期	晚会名称	开始	结束	收视率（%）	收视份额（%）	播出
2010－05－28	2010·魅力中国	19:30	21:10	0.93	2.87	首播
2010－05－28	生命·阳光	14:56	16:26	0.07	1.15	首播
2010－05－29	中央芭蕾舞团建团50周年庆典演出	10:00	11:30	0.05	0.58	首播
2010－06－06	健康中国光明行动	13:56	15:21	0.16	1.70	重播
2010－06－28	万方乐奏	20:36	22:00	0.48	1.51	首播
2010－07－02	第14届青年歌手电视大奖赛颁奖晚会	19:30	21:15	0.70	2.53	首播
2010－07－04	首届全国农民艺术节开幕式文艺晚会	13:52	15:21	0.21	1.99	重播
2010－07－05	“心连心”艺术团赴湖北黄冈慰问演出	20:36	22:04	0.82	2.67	重播
2010－07－11	第2届阿拉伯艺术节开幕式	13:51	15:01	0.09	0.86	重播
2010－07－21	为民公安的足迹	21:43	23:20	0.40	1.95	首播
2010－07－23	第13届中国武警十大忠诚卫士颁奖典礼	19:30	21:09	0.80	2.78	首播
2010－08－01	我是一个兵	19:30	21:00	0.74	2.57	首播
2010－08－04	第16届亚运会倒计时100天庆典晚会	19:30	21:03	0.74	2.55	首播
2010－08－11	新唐山抒怀	20:30	21:58	0.65	1.92	首播
2010－08－14	美丽的草原我的家——“心连心”艺术团赴鄂尔多斯慰问演出	20:30	21:56	0.95	2.81	首播
2010－08－16	2010年第2届中国秧歌节	13:50	15:20	0.25	2.41	首播
2010－09－06	剑胆琴心	21:00	22:40	0.57	2.22	首播
2010－09－10	播种未来	21:00	22:07	0.37	1.15	首播
2010－09－20	渤海欢歌	21:00	22:24	0.65	2.40	首播
2010－09－27	香江明月夜	21:00	22:25	0.45	1.68	首播
2010－10－01	2010年上海世博会中国国家馆日文艺晚会	19:35	20:48	1.16	3.16	直播
2010－10－01	康定新歌——“心连心”艺术团赴甘孜慰问演出	20:58	22:24	1.01	3.49	首播
2010－10－02	国庆体艺大汇演	21:30	22:54	0.41	1.87	首播
2010－10－10	同在蓝天下——爱心希望2010	08:00	09:15	0.14	1.91	首播
2010－10－16	红叶风采	17:15	18:25	0.24	1.88	首播
2010－10－17	激情渤海湾——文艺演出	15:59	16:46	0.18	2.16	首播
2010－10－30	感恩·奋进	08:00	09:05	0.17	2.47	首播
2010－10－31	志愿世博 和谐之声	16:00	16:48	0.10	1.18	首播
2010－11－01	大地飞歌——2010文艺晚会	19:00	20:30	1.06	3.08	首播
2010－11－01	光荣与梦想	20:36	22:34	0.39	1.53	首播
2010－11－07	爱，让生活更美丽	15:59	17:39	0.20	1.85	首播
2010－11－07	绿化长江重庆行动	07:51	09:29	0.11	1.37	首播
2010－11－07	中央电视台2011年广告招标客户联谊晚会	24:01	25:43	0.08	3.59	首播
2010－11－08	金陵牡丹曲	19:00	20:30	1.02	2.91	首播
2010－11－12	广州亚运会开幕式	18:15	22:32	0.79	2.54	直播
2010－11－14	大爱浙江 激情残运——文艺晚会	08:00	09:30	0.22	2.42	首播
2010－11－15	音乐盛典	19:00	21:23	0.83	2.38	首播

续表

播出日期	晚会名称	开始	结束	收视率（%）	收视份额（%）	播出
2010－11－26	俄罗斯汉语年闭幕式晚会	17:34	18:35	0.38	1.82	首播
2010－12－05	第5届祖国在我心中合唱节	08:00	09:24	0.10	1.24	首播
2010－12－12	2010年亚洲残疾人运动会开幕式	19:55	22:32	0.52	1.73	直播
2010－12－19	2010年亚洲残疾人运动会闭幕式	19:55	21:42	0.50	1.48	首播
2010－12－30	光荣使命	17:30	18:30	0.39	2.00	首播
2010－12－30	声震长空晚会	23:05	24:35	0.10	1.64	首播
2010－12－30	夏青杯朗诵会	14:00	14:56	0.09	1.19	首播
2010－12－31	我们的生活充满阳光	21:00	24:23	1.45	6.61	直播

（综艺频道提供）

2010年中国电视剧制作中心有限责任公司剧目中央电视台黄金时段首播统计表

电视剧目	播出日期	每集长度(分)	导演	制片人	频道	时段	收视率(%)			收视份额(%)		
							最高	最低	平均	最高	最低	平均
江姐	7月29日～8月12日	46	颜小追	李功达	CCTV－1	20:00	4.11	1.63	2.74	11.97	5.31	8.41
远山的红叶	6月24日～7月4日	46	雷献禾	李功达 符护国	CCTV－1	20:00	3.10	1.44	2.10	9.63	4.59	6.57
茶馆	7月16日～7月29日	46	何　群	李功达	CCTV－8	19:30	0.77	0.21	0.54	2.30	0.84	1.8
医者仁心	12月10日～12月20日	46	傅东育	徐　萌	CCTV－8	19:30	2.03	0.37	1.35	5.77	0.98	3.96
赵丹	12月21日～12月29日	50	翟俊杰 翟小兴	李清水	CCTV－8	19:30	0.49	0.14	0.27	1.39	0.39	0.78

注：共计5部147集（其中CCTV－1黄金时间播出2部50集，CCTV－8套黄金时间播出3部97集）

（中国电视剧制作中心有限责任公司提供）

2011年中央电视台事业发展概况

2011年中央电视台各类节目播出量及比例

分类名称	首播量(小时:分)	首播占台%	重播量(小时:分)	重播占台%	总播出量(小时:分)	占全台%
新闻资讯类	57080:01	16.81	48719:53	14.35	105799:54	31.15
专题服务类	22854:38	6.73	79917:48	23.54	102772:26	30.27
综艺益智类	8421:59	2.48	42843:46	12.61	51265:45	15.1
影视剧类	11751:20	3.46	58855:00	17.33	70606:20	20.79
广告类	9120:11	2.69	0	0	9120:11	2.69
总　计	109228:09	32.17	230336:27	67.83	339564:37	100

（总编室提供）

2007～2011年中央电视台技术制作中心节目录制情况对照表

（单位：小时）

类别＼年份	2007年	2008年	2009年	2010年	2011年
直　播	28782	38161.5	44283.5	56873.5	56724.5
录　像	27385	24873	24620.5	22550.5	21926
排　练	4524	5197	3712.5	4799	4999.5
搭景布光	7281	6941	7543.5	7152.5	5575.5
ENG采录	416460	351273	326043.5	357990.5	330441.5
电　编	240075	220613	216575.5	232446	238248
多 媒 体	299212.5	301511.5	334361	370533	391190
自　编	539275.5	498837	451518.5	403955.5	402632
带　转	4712.5	5255.5	9128	4170.5	5928
录　音	1496.5	1401	863.5	1100	1375.5
音　响	85171	83959	81901	100853	103125
译　配	76989	73599.5	81808.5	107688	108989
灯　光	64179.5	67848.5	75079	89173	87374
新闻共享	736383	686988	724029	991845	983133
三维动画(秒)	11750	11333.4	9869	12524	12961
总计（不含三维动画）	2531926.5	2366458.5	2381468	2751130	2741661.5

（技术制作中心提供）

2011年中央电视台各频道节目播出量统计

频道名称	首播(小时:分)	重播(小时:分)	小计(小时:分)
CCTV－1	5581:22:00	3178:38:00	8760:00:00
CCTV－2	4509:44:00	4250:16:00	8760:00:00
CCTV－3	2723:06:00	6036:54:00	8760:00:00
CCTV－4 (亚洲)	4374:18:00	4385:42:00	8760:00:00
CCTV－4 (欧洲)	2922:47:00	5837:13:00	8760:00:00
CCTV－4 (美洲)	2979:01:00	5780:59:00	8760:00:00
CCTV－5	7428:02:00	1331:58:00	8760:00:00
CCTV－6	2969:03:00	5790:57:00	8760:00:00
CCTV－7	3101:49:00	3833:32:00	6935:21:00
CCTV－8	3144:31:00	5615:29:00	8760:00:00
CCTV－9	2223:49:00	6532:11:00	8756:00:00
CCTV－9 Documentary	1778:50:00	6977:10:00	8756:00:00
CCTV－10	3643:20:00	3693:00:00	7336:21:00
CCTV－11	2589:28:00	4627:01:00	7216:29:00
CCTV－12	2603:30:00	5054:13:00	7657:43:00
CCTV－13	6902:29:00	1857:31:00	8760:00:00
CCTV－14	4531:00:00	2394:36:00	6925:35:00
CCTV－15	2924:27:00	4171:09:00	7095:36:00
CCTV－NEWS	5925:50:00	2834:10:00	8760:00:00
CCTV－Français	3385:00:00	5375:00:00	8760:00:00
CCTV－Español	2718:55:00	6041:05:00	8760:00:00
CCTV－عربية	1863:50:00	6896:10:00	8760:00:00
CCTV－Русский	3150:10:00	5609:50:00	8760:00:00
CCTV－1（香港）	4628:58:00	2712:37:00	7341:35:00
CCTV－1（高清）	5609:49:00	3150:11:00	8760:00:00
CCTV－高清	882:02:00	7877:58:00	8760:00:00
CCTV－娱乐	629:18:00	8130:42:00	8760:00:00
CCTV－戏曲	479:00:00	8281:00:00	8760:00:00
CCTV－电影	545:02:00	8214:58:00	8760:00:00
中视购物	1291:52:00	7396:13:00	8688:05:00
高尔夫·网球	2067:48:00	6692:12:00	8760:00:00
风云足球	1514:35:00	7245:25:00	8760:00:00
风云音乐	523:47:00	6228:24:00	6752:11:00
第一剧场	2472:33:00	4254:14:00	6726:47:00
风云剧场	643:33:00	6086:11:00	6729:44:00
世界地理	749:10:00	6065:52:00	6815:02:00
电视指南	882:12:00	7877:49:00	8760:00:00
央视文化精品	434:27:00	6069:25:00	6503:51:00
怀旧剧场	325:27:00	6131:37:00	6457:04:00
国防军事	756:45:00	5741:00:00	6497:45:00
女性时尚	552:06:00	5581:23:00	6133:29:00
央视台球频道	265:24:00	8494:36:00	8760:00:00
总　　计	109228:08:00	2303341:31:00	339569:39:00

（总编室提供）

中央电视台2002～2011年常规频道电视节目播出时间比较

电视节目播出总时长　　　　　　　　　　　　（单位：小时）

年份	播出时长	平均每天播出时长
2002	86586	237
2003	95471	262
2004	120376	329
2005	152642	418
2006	155235	425
2007	175347	480
2008	189684	518
2009	200713	550
2010	218411	598
2011	243260	666

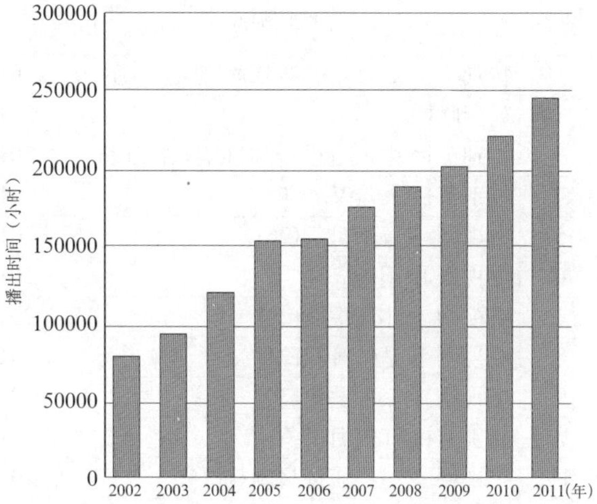

（播出传送中心提供）

中央电视台2002 ～2011年常规频道播出事故率比较

(单位:秒/百小时)

年份	2002	2003	2004	2005	2006	2007	2008	2009	2010	2011
总事故率	8.75	3.86	2.52	1.49	1.91	0.99	1.16	0.34	0.56	0.66

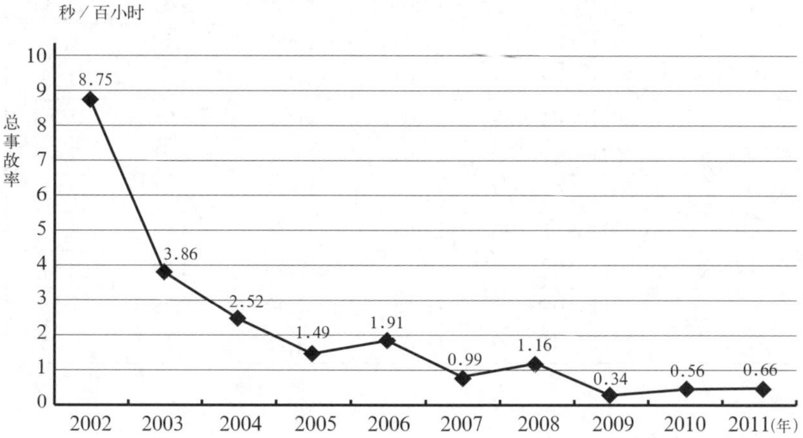

2011年总事故率:
0.66秒/百小时
安全播出率:
>99.999%
注:
安全播出率换算:
99%=1小时/百小时
99.9%=6分钟/百小时
99.99%=36秒/百小时
99.999%=3.6秒/百小时
（播出传送中心提供）

2011年中央电视台各频道节目最高收视率排名

CCTV－1

排名	节目名称	日期	开始时间(时：分)	结束时间(时：分)	收视率(%)	收视份额(%)
1	特别节目 2011年春节联欢晚会(直播)	2011－02－02	20:00	24:57	31.04	73.58
2	新闻联播	2011－02－02	19:00	19:37	11.88	33.85
3	特别节目 中央电视台2011年元宵晚会	2011－02－17	20:00	21:37	8.43	19.94
4	特别节目 一年又一年	2011－02－02	19:43	19:50	7.39	18.25
5	电视剧 幸福来敲门(26)	2011－03－04	20:52	21:37	6.15	15.35
6	电视剧 中国地(33)	2011－08－08	21:01	21:51	5.33	14.75
7	电视剧 小小飞虎队(27)	2011－08－25	21:02	21:52	4.66	13.43
8	电视剧 我是特种兵(24)	2011－01－26	20:03	20:49	4.65	10.94
9	电视剧 咱家那些事(30)	2011－12－09	21:01	21:51	4.17	12.12
10	特别节目 江门月·中华情	2011－09－12	20:00	22:00	3.97	10.82
11	电视剧 五星红旗迎风飘扬(24)	2011－02－11	20:55	21:40	3.92	9.59
12	电视剧 奢香夫人(28)	2011－11－23	21:02	21:52	3.79	11.71
13	电视剧 黎明前的暗战(25)	2011－01－14	20:03	20:49	3.51	8.11
14	电视剧 永远的忠诚(22)	2011－06－13	20:55	21:39	3.39	9.99
15	电视剧 幸福密码(22)	2011－05－09	20:54	21:40	3.37	9.72
16	焦点访谈	2011－02－17	19:40	19:52	3.37	8.96
17	电视剧 节振国传奇(28)	2011－12－24	20:07	20:55	3.28	8.13
18	电视剧 你是我的幸福(28)	2011－09－09	21:01	21:50	3.28	9.26
19	特别节目 2011年军民迎新春文艺晚会	2011－02－01	20:03	21:37	3.20	7.45
20	电视剧 东方(29)	2011－04－05	20:55	21:40	3.20	8.85
21	新闻30分	2011－02－03	12:00	12:30	3.11	15.33
22	电视剧 革命人永远是年轻(27)	2011－07－18	21:01	21:50	3.10	9.16
23	电视剧 夏妍的秋天(28)	2011－09－26	21:01	21:51	3.09	9.53
24	电视剧 西游记续(5)	2011－01－28	11:03	11:52	2.96	19.88
25	电视剧 国门英雄(10)	2011－12－30	20:07	20:55	2.91	7.47
26	特别节目 精彩一刻(2010－59)	2011－02－17	21:43	21:53	2.87	7.91
27	电视剧 下海(34)	2011－11－09	21:02	21:52	2.85	8.64
28	第26届世界大学生夏季运动会开幕式	2011－08－12	19:55	22:43	2.80	8.67
29	电视剧 能人冯天贵(17)	2011－04－19	20:55	21:40	2.78	7.68
30	正大综艺(2011－4)	2011－01－09	18:03	18:55	2.78	9.85

CCTV－2

排名	节目名称	日期	开始时间(时：分)	结束时间(时：分)	收视率(%)	收视份额(%)
1	经济与法周末版(2011－3)	2011－01－03	18:30	19:30	1.52	4.41
2	特别节目 2011年春节联欢晚会	2011－02－03	19:30	24:34	1.17	4.18
3	生财有道	2011－01－17	18:43	19:18	0.97	2.84

续表

排名	节目名称	日期	开始时间（时：分）	结束时间（时：分）	收视率（%）	收视份额（%）
4	消费主张	2011－02－14	19:18	19:58	0.95	2.47
5	购物街(2011－4)	2011－01－23	18:30	19:30	0.95	2.89
6	一槌定音(2011－17)	2011－12－04	18:10	19:30	0.79	2.45
7	特别节目 2011时尚中国(1)	2011－02－01	20:30	21:30	0.68	1.57
8	经济与法(2011－9)	2011－01－14	20:00	20:30	0.67	1.55
9	2011新春特供 笑看生活多变化(9)	2011－02－03	08:05	12:30	0.63	2.99
10	交换空间(2011－3)	2011－01－15	18:30	19:30	0.60	1.80
11	特别节目 购时尚(2)	2011－01－01	19:30	20:30	0.54	1.37
12	特别节目 2011艾莱依时尚中国(3)	2011－12－10	18:30	19:28	0.54	1.60
13	特别节目 周末特供(2011－131)	2011－06－05	12:30	14:30	0.47	3.64
14	特别节目 第11届CCTV模特电视大赛	2011－07－31	18:20	19:30	0.44	2.57
15	中国财经报道(2011－13)	2011－03－19	19:30	20:30	0.40	0.99
16	特别节目 直通3·15	2011－03－15	18:30	20:00	0.39	1.21
17	商道特别节目 对手(2011－2)	2011－01－14	21:55	22:55	0.34	1.49
18	市场分析室	2011－03－17	16:38	19:20	0.32	1.99
19	经济信息联播	2011－06－23	20:30	21:20	0.32	0.91
20	特别节目 大市中国(6)	2011－02－09	20:30	21:10	0.32	0.76

CCTV－3

排名	节目名称	日期	开始时间（时：分）	结束时间（时：分）	收视率（%）	收视份额（%）
1	特别节目 2011年春节联欢晚会	2011－02－02	20:00	24:57	4.77	11.30
2	星光大道·2010年度总决赛(6)	2011－02－16	19:01	22:25	3.61	9.33
3	特别节目 中央电视台2011年元宵晚会	2011－02－17	20:00	21:37	3.21	7.60
4	特别节目 2011年过年七天乐(1)	2011－02－03	18:30	19:26	2.92	9.23
5	特别节目 首届CCTV网络春晚	2011－02－03	19:33	22:05	2.45	6.28
6	我要上春晚(2011－9)	2011－01－23	19:00	20:53	2.21	5.45
7	综艺喜乐汇 难忘今宵 2010春晚集锦	2011－02－05	19:33	21:59	2.18	6.12
8	特别节目 百花迎春	2011－02－07	19:33	21:59	2.15	5.78
9	特别节目 天下有情人	2011－08－06	21:00	22:00	2.15	6.10
10	特别节目 我们的生活充满阳光	2011－01－31	19:00	20:53	2.12	5.38
11	欢乐英雄(2011－2)	2011－01－15	19:00	20:53	2.00	4.91
12	非常6+1(2011－53)	2011－11－23	19:30	20:54	1.87	4.77
13	欢乐中国行(2011－3)	2011－01－26	19:00	20:53	1.87	4.70
14	笑星大联盟(2011－1)	2011－01－01	20:00	21:24	1.80	4.72
15	开心辞典 开心盛典(2)	2011－02－01	19:57	20:54	1.79	4.14
16	特别节目 喜到福到好运到	2011－02－02	12:00	19:50	1.79	9.05
17	电视剧 小兵张嘎(20)	2011－01－03	17:38	18:25	1.78	7.64
18	剧场 幸福朝阳2011	2011－01－28	19:00	20:43	1.73	4.31

续表

排名	节目名称	日期	开始时间(时:分)	结束时间(时:分)	收视率(%)	收视份额(%)
19	特别节目 2012元旦晚会(1)	2011－12－31	20:00	24:30	1.60	5.72
20	特别节目 我们的节日系列节目·元宵	2011－02－17	19:16	19:51	1.49	4.21

CCTV－4

排名	节目名称	日期	开始时间(时:分)	结束时间(时:分)	收视率(%)	收视份额(%)
1	电视剧 洪湖赤卫队(28)	2011－01－07	19:15	20:00	1.75	4.38
2	今日关注(直播)	2011－06－17	21:30	22:00	1.57	4.94
3	中国新闻(直播)	2011－03－17	19:00	19:15	1.40	4.99
4	电视剧 山间铃响马帮来(25)	2011－04－03	19:15	20:00	1.38	3.97
5	特别节目 2011年春节联欢晚会重播版	2011－02－03	15:00	19:55	1.28	5.55
6	中国文艺(2011－267)	2011－11－08	18:15	18:45	1.24	4.45
7	电视剧 苍天(17)	2011－10－09	19:15	20:00	1.21	3.44
8	电视剧 吕梁英雄传(16)	2011－11－07	19:15	20:00	1.11	2.90
9	2011年中文国际频道春节特别节目(6)	2011－02－07	10:30	12:00	1.03	6.42
10	电视剧 我的美丽人生(22)	2011－03－04	19:15	20:00	1.00	2.74
11	电视剧 玉碎(35)	2011－12－21	19:15	20:00	0.99	2.66
12	电视剧 利剑(1)	2011－04－06	19:15	20:00	0.97	2.94
13	特别节目 2011年春节联欢晚会(直播)	2011－02－02	20:00	24:57	0.96	2.29
14	深度国际(直送)	2011－07－15	22:00	22:45	0.95	3.80
15	特别节目 天宫一号	2011－09－29	20:30	23:00	0.93	3.31
16	特别节目 江门月·中华情	2011－09－12	20:00	22:00	0.93	2.53
17	中国新闻 日本大地震(直播)	2011－03－14	16:00	19:00	0.93	5.91
18	电视剧 上海，上海(20)	2011－01－28	19:15	20:00	0.92	2.34
19	海峡两岸(2011－304)	2011－10－31	20:30	21:00	0.85	2.23
20	电视剧 星火(32)	2011－09－22	19:15	20:00	0.74	2.13

CCTV－5

排名	节目名称	日期	开始时间(时:分)	结束时间(时:分)	收视率(%)	收视份额(%)
1	2011年亚洲男篮锦标赛决赛	2011－09－25	18:35	21:53	2.44	7.38
2	2011年世界乒乓球锦标赛男单决赛	2011－05－15	21:02	22:07	2.16	6.55
3	直播周末	2011－05－15	22:07	22:18	2.11	8.20
4	2011年钻石联赛男子110米栏决赛	2011－05－15	22:18	22:28	2.09	9.07
5	第14届国际泳联世锦赛女子混合泳决赛	2011－07－31	19:20	19:28	1.62	7.90
6	2011年世界斯诺克锦标赛半决赛	2011－04－29	18:58	20:49	1.55	4.84
7	第26届大运会女足半决赛中国－巴西	2011－08－19	20:31	21:42	1.54	4.42

续表

排名	节目名称	日期	开始时间(时：分)	结束时间(时：分)	收视率(%)	收视份额(%)
8	2011年亚洲女排锦标赛日本－中国	2011－09－23	18:17	20:09	1.48	5.29
9	2014年世界杯预选赛中国－伊拉克	2011－10－11	20:11	22:15	1.47	4.41
10	2011年澳大利亚网球公开赛女单决赛	2011－01－29	16:33	18:52	1.42	7.19
11	2011年法国网球公开赛决赛前瞻	2011－06－04	19:00	24:56	1.41	6.50
12	城市之间 2010年城市之间国际总决赛	2011－02－11	18:34	19:34	1.35	3.95
13	第26届亚洲男子篮球锦标赛	2011－09－17	19:30	21:42	1.20	3.15
14	2011年女排世界杯 中国－日本	2011－11－06	16:58	20:02	1.18	4.35
15	2012年伦敦奥运会女足预选赛	2011－09－03	18:55	20:52	1.15	3.61
16	第13届国际田联世界田径锦标赛	2011－08－29	17:55	21:25	1.08	4.00
17	第51届世界乒乓球锦标赛男双半决赛	2011－05－14	17:53	18:45	1.05	6.68
18	2010CCTV体坛风云人物年度评选	2011－01－16	18:34	22:27	1.04	2.84
19	第15届亚洲杯足球赛科威特－中国	2011－01－08	21:07	23:11	1.00	3.72
20	2011年苏迪曼杯羽毛球混合团体锦标赛	2011－05－29	18:39	22:44	0.99	3.59

CCTV－6

排名	节目名称	日期	开始时间(时：分)	结束时间(时：分)	收视率(%)	收视份额(%)
1	故事片 新少林寺（2）	2011－05－02	20:32	21:49	4.14	11.83
2	故事片 举起手来之二追击阿多丸	2011－02－11	19:35	21:16	3.85	8.95
3	故事片 中华英雄	2011－05－10	19:35	21:09	3.65	10.97
4	故事片 倩女幽魂	2011－10－06	19:35	21:20	3.29	8.64
5	故事片 山林喋血	2011－11－05	19:35	21:10	3.17	7.78
6	故事片 让子弹飞（2）	2011－04－22	20:35	21:49	3.12	8.28
7	故事片 锦衣卫	2011－09－11	19:35	21:33	2.93	7.87
8	故事片 捕蛇少年	2011－08－27	19:35	21:13	2.85	8.21
9	故事片 武林志	2011－10－19	19:35	21:26	2.81	7.55
10	故事片 新少林五祖	2011－12－02	19:35	21:14	2.78	6.94
11	故事片 狄仁杰之通天帝国	2011－02－03	19:35	21:43	2.74	6.85
12	故事片 少林寺	2011－11－16	19:35	21:18	2.72	7.09
13	故事片 唐山大地震2	2011－01－02	20:46	22:00	2.70	7.86
14	故事片 烈火金钢(下)	2011－07－15	21:08	22:42	2.66	9.03
15	故事片 龙在少林	2011－11－06	19:35	21:05	2.60	6.62
16	故事片 抵抗！抵抗	2011－09－18	19:35	21:17	2.56	6.72
17	故事片 唐山大地震1	2011－01－02	19:35	20:46	2.55	6.22
18	故事片 硬汉2奉陪到底	2011－10－07	19:35	21:10	2.53	6.69
19	故事片 十兄弟	2011－03－25	19:35	21:08	2.52	6.41
20	故事片 举起手来	2011－08－10	19:35	21:10	2.50	7.62

CCTV－7

排名	节目名称	日期	开始时间(时：分)	结束时间(时：分)	收视率(%)	收视份额(%)
1	乡村大世界(2011－3)	2011－01－08	18:05	19:30	1.34	4.24
2	乡约(2011－22)	2011－05－21	21:17	22:07	1.13	3.45
3	动物世界(2011－99)	2011－11－12	20:35	21:05	0.98	2.50
4	致富经(2011－102)	2011－06－01	21:17	21:47	0.91	2.77
5	法制编辑部(2011－10)	2011－02－27	21:17	22:07	0.86	2.57
6	军事纪实(2011－21)	2011－02－01	20:03	20:33	0.83	1.93
7	农广天地(2011－47)	2011－01－28	19:00	19:30	0.83	2.36
8	科技苑(2011－239)	2011－12－07	18:30	19:00	0.76	2.36
9	特别节目 2011年春节联欢晚会	2011－02－04	07:11	12:15	0.75	5.11
10	防务新观察(2011－24)	2011－03－20	20:03	20:33	0.74	1.79
11	特别节目(农业)(2011－2)	2011－02－02	18:05	19:30	0.72	2.40
12	军事报道	2011－02－02	19:30	20:00	0.71	1.77
13	综艺喜乐汇 星光大道展播	2011－12－18	07:37	08:47	0.68	8.46
14	每日农经(2011－38)	2011－03－02	21:47	22:07	0.67	2.34
15	见证(2010－221)	2011－02－01	20:35	21:05	0.60	1.37
16	聚焦三农(20110216)	2011－02－16	22:07	22:32	0.58	2.10
17	生活567(2011－218)	2011－11－25	18:05	19:00	0.56	1.98
18	特别节目 2011丰收中国粮安天下·秋收行动	2011－12－03	18:05	19:30	0.56	1.78
19	人与自然(2011－19)	2011－08－13	11:55	12:25	0.56	3.72
20	乡土(2011－194)	2011－10－05	21:17	22:32	0.56	2.07

CCTV－8

排名	节目名称	日期	开始时间(时：分)	结束时间(时：分)	收视率(%)	收视份额(%)
1	电视剧 野鸭子(26)	2011－01－25	20:23	21:06	3.80	8.87
2	大剧场 少林寺传奇之大漠英豪(57)	2011－07－30	21:36	22:20	3.54	11.87
3	大剧场 多多的婚事(32)	2011－12－16	19:52	20:34	2.74	6.80
4	电视剧 第五空间(29)	2011－01－07	21:14	22:01	2.71	8.16
5	大剧场 激战江南(29)	2011－08－05	21:43	22:28	2.59	9.30
6	大剧场 新上门女婿(24)	2011－12－09	21:38	22:24	2.46	9.47
7	大剧场 来不及说我爱你(35)	2011－10－30	20:40	21:27	2.36	6.62
8	大剧场 大丽家的往事(28)	2011－12－04	20:41	21:27	2.27	6.40
9	大剧场 少林寺传奇之十三棍僧(44)	2011－10－10	19:52	20:35	2.21	5.82
10	大剧场 海魂(32)	2011－10－23	19:52	20:37	2.12	5.47
11	电视剧 牛铁汉和他的儿女们(20)	2011－01－15	20:23	21:06	1.95	4.58
12	大剧场 金枝玉叶(39)	2011－08－30	20:42	21:28	1.82	5.03
13	大剧场 亮剑(13)	2011－06－06	21:11	21:58	1.82	5.95
14	大剧场 国际大营救(34)	2011－04－24	21:11	21:58	1.79	5.44
15	大剧场 下南洋(28)	2011－03－12	20:23	21:07	1.75	4.13

续表

排名	节目名称	日期	开始时间(时：分)	结束时间(时：分)	收视率(%)	收视份额(%)
16	大剧场 盘龙卧虎高山顶(25)	2011－04－11	21:13	21:59	1.69	5.25
17	大剧场 少林寺传奇之乱世英雄(42)	2011－08－21	21:35	22:20	1.65	5.72
18	环球影院 求婚(第二部)(40)	2011－12－05	18:03	18:50	1.62	6.13
19	大剧场 陕北汉子(22)	2011－10－15	19:52	20:36	1.55	3.84
20	大剧场 新萍踪侠影(37)	2011－08－13	19:57	20:41	1.40	4.08

CCTV－9

排名	节目名称	日期	开始时间(时：分)	结束时间(时：分)	收视率(%)	收视份额(%)
1	自然界大事件(2)	2011－11－24	19:24	19:51	0.37	1.00
2	花豹女王	2011－12－08	18:24	18:52	0.37	1.24
3	野性俄罗斯 / 勘察加半岛(3)	2011－12－27	18:24	18:52	0.36	1.36
4	人类星球(3)	2011－11－01	18:28	18:50	0.36	1.35
5	虎丛林中窥探(3)	2011－10－25	18:27	18:53	0.34	1.24
6	动物之爱(2)	2011－11－01	21:23	21:53	0.34	1.12
7	自然界致命生物(2)	2011－12－03	19:22	19:43	0.34	0.86
8	生命的速度(3)	2011－12－21	18:23	18:44	0.33	1.24
9	人体奥秘(1)	2011－11－15	18:29	18:52	0.32	1.12
10	大迁徙角马群里的间谍(1)	2011－10－23	18:27	18:54	0.31	1.07

CCTV－10

排名	节目名称	日期	开始时间(时：分)	结束时间(时：分)	收视率(%)	收视份额(%)
1	特别节目 魔力发明秀 I (25)	2011－11－18	18:45	19:42	1.19	3.20
2	春节特别节目 动物王国历险记(7)	2011－02－07	19:45	20:55	1.17	3.00
3	我爱发明(2011－53)	2011－10－30	18:45	19:42	1.15	3.33
4	讲述(2011－16)	2011－01－16	21:00	21:23	1.14	2.94
5	走近科学(2011－16)	2011－01－16	20:30	20:57	0.94	2.27
6	自然传奇(2011－307)	2011－12－17	19:45	20:27	0.81	1.99
7	原来如此(2011－166)	2011－12－26	18:45	19:42	0.79	2.28
8	特别节目 动物绝技大揭秘(6)	2011－10－05	18:55	19:52	0.74	2.26
9	特别节目 奥秘(55)	2011－08－06	21:50	22:32	0.73	2.66
10	特别节目 发明梦工厂(5)	2011－02－05	18:45	19:42	0.68	2.27
11	特别节目 2011动物探秘(35)	2011－09－04	11:50	12:32	0.60	3.92
12	地理·中国(2011－51)	2011－02－27	19:10	19:40	0.54	1.50
13	探索·发现(2011－16)	2011－01－16	21:25	22:07	0.50	1.54
14	健康之路(2011－96)	2011－04－06	18:45	19:10	0.47	1.97
15	人物(2011－15)	2011－01－21	22:10	22:40	0.47	2.04
16	大家(2011－51)	2011－12－18	21:45	22:12	0.43	1.65

续表

排名	节目名称	日期	开始时间(时：分)	结束时间(时：分)	收视率(%)	收视份额(%)
17	科技人生(2011－3)	2011－01－16	22:10	22:40	0.42	1.81
18	绿色空间(2011－6)	2011－02－13	18:12	18:42	0.37	1.45
19	特别节目 味·道(5)	2011－10－04	18:05	18:52	0.34	1.58
20	第10放映室(2011－24)	2011－06－26	10:35	11:17	0.32	2.70

CCTV－11

排名	节目名称	日期	开始时间(时：分)	结束时间(时：分)	收视率(%)	收视份额(%)
1	九州大戏台(2011－41)	2011－07－07	20:38	22:31	1.03	3.19
2	影视剧场 京剧智取威虎山(2)	2011－07－17	21:25	22:23	0.47	1.60
3	影视剧场 京剧徐九经升官记(2)	2011－10－23	21:34	22:22	0.38	1.52
4	影视剧场 京剧沙家浜(2)	2011－08－07	21:39	22:30	0.36	1.28
5	影视剧场 京剧杜鹃山(2)	2011－07－03	21:54	22:55	0.32	1.36
6	第四届全国京剧戏迷票友电视大赛决赛	2011－12－01	19:20	22:04	0.31	0.88
7	CCTV空中剧院(2011－59)	2011－03－30	19:20	21:52	0.31	0.85
8	中国京剧音配像精粹 乌龙院	2011－05－23	20:08	21:43	0.29	0.81
9	过把瘾(2011－17)	2011－03－17	19:20	20:20	0.28	0.78
10	特别节目 梨园闯关我挂帅(2011－3)	2011－01－21	20:55	21:55	0.28	0.73

CCTV－12

排名	节目名称	日期	开始时间(时：分)	结束时间(时：分)	收视率(%)	收视份额(%)
1	普法栏目剧(2011－64)	2011－06－20	21:28	22:18	1.34	4.66
2	法律讲堂(2011－363)	2011－12－29	18:57	19:27	0.94	2.68
3	忏悔录(2011－42)	2011－10－23	20:15	20:55	0.88	2.34
4	庭审现场(2011－3)	2011－01－15	20:30	21:10	0.88	2.07
5	一线(2011－218)	2011－11－28	19:30	20:10	0.86	2.23
6	天网(2011－215)	2011－10－26	20:15	20:55	0.84	2.15
7	大家看法(2011－1)	2011－01－01	20:00	20:25	0.76	1.89
8	道德观察(日播版)(2011－169)	2011－06－18	21:08	21:28	0.68	1.92
9	小区大事(2011－31)	2011－11－20	18:15	18:55	0.61	2.14
10	天地剧场 庄稼院里的年轻人(20)	2011－01－25	21:40	22:29	0.57	1.92
11	天地剧场 趟过女人河的男人(7－2)	2011－01－07	21:40	22:29	0.54	2.03
12	天地剧场 洪湖赤卫队(6)	2011－01－28	21:40	22:29	0.50	1.61
13	天地剧场 京华烟云(27)	2011－03－14	10:26	11:15	0.42	4.91
14	天地剧场 神医大道公(29)	2011－06－28	11:55	12:44	0.40	2.89
15	天地剧场 小兵张嘎(2)	2011－07－01	11:55	12:44	0.38	2.80
16	法治视界(2011－9)	2011－01－09	17:48	18:08	0.37	1.66

续表

排名	节目名称	日期	开始时间(时:分)	结束时间(时:分)	收视率(%)	收视份额(%)
17	天地剧场 金粉世家(2)	2011－02－09	21:40	22:29	0.37	1.20
18	天地剧场 胡杨女人(15)	2011－04－13	21:40	22:29	0.36	1.43
19	天地剧场 美丽无声(22)	2011－04－02	21:40	22:29	0.34	1.26
20	心理访谈(2011－73)	2011－03－14	11:15	11:35	0.34	3.66

CCTV－13 新闻

排名	节目名称	日期	开始时间(时:分)	结束时间(时:分)	收视率(%)	收视份额(%)
1	太空新旅神八返回	2011－11－17	19:30	20:56	1.71	4.32
2	新闻联播	2011－03－15	19:00	19:29	1.60	4.98
3	东方时空	2011－03－11	19:59	20:56	1.40	3.31
4	太空新旅天宫启程	2011－09－29	19:55	22:30	1.39	4.20
5	共同关注	2011－03－20	18:00	18:53	1.28	5.59
6	特别节目 2011春节联欢晚会	2011－02－02	19:59	20:10	1.26	2.87
7	日本大地震特别报道	2011－03－13	21:30	22:21	1.16	3.86
8	世界周刊	2011－03－13	22:21	22:58	1.08	5.50
9	法英美多国联手行动:目标利比亚	2011－03－20	21:31	23:00	1.03	4.17
10	新闻30分	2011－03－12	11:59	12:25	1.00	7.81
11	环球视线	2011－03－11	21:29	22:24	0.99	3.20
12	焦点访谈	2011－03－16	19:40	19:51	0.96	2.68
13	新闻直播间	2011－03－15	16:59	17:55	0.87	6.48
14	国际时讯	2011－03－17	21:29	21:55	0.85	2.71
15	新闻周刊	2011－03－19	21:59	22:44	0.82	3.24
16	多国部队第二轮空袭利比亚	2011－03－21	21:29	22:24	0.82	2.84
17	新闻调查	2011－01－26	20:09	20:54	0.81	1.90
18	温家宝总理会见中外记者	2011－03－14	19:41	20:58	0.76	1.91
19	新闻1+1	2011－03－18	21:32	21:52	0.74	2.18
20	法治在线	2011－03－18	12:34	12:54	0.74	5.66

CCTV－14 少儿

排名	节目名称	日期	开始时间(时:分)	结束时间(时:分)	收视率(%)	收视份额(%)
1	动画梦工场(2011－15)	2011－01－15	19:00	19:28	2.17	6.10
2	动漫世界(2011－18)	2011－01－18	12:00	12:53	1.82	12.41
3	特别节目 欢欢喜喜迎新年(1)	2011－12－31	18:30	19:50	1.68	4.83
4	动画乐翻天(2011－14)	2011－01－14	18:00	18:28	1.62	6.50
5	智慧树(2011－15)	2011－01－15	18:30	18:58	1.54	5.03
6	大风车(2011－288)	2011－10－15	19:30	19:58	1.54	3.99

续表

排名	节目名称	日期	开始时间(时:分)	结束时间(时:分)	收视率(%)	收视份额(%)
7	银河剧场(2011－324)	2011－11－26	20:00	20:53	1.46	3.68
8	动画大放映 国产经典动画片(1)	2011－12－31	17:00	18:28	1.43	7.59
9	特别节目 2012元旦动画狂欢曲(1)	2011－12－31	20:50	22:28	1.40	3.88
10	动画大巴4号 国产优秀动画片(11)	2011－09－23	21:00	21:58	1.40	4.09
11	2011中秋动画片 大耳朵图图(2)	2011－09－10	08:00	09:58	1.26	12.98
12	动画剧场(2011－50)	2011－03－05	09:00	09:58	1.25	11.20
13	特别节目 2011十一动画狂欢曲(5)	2011－10－04	21:00	22:38	1.18	4.24
14	2011中秋动画片 羊羊运动会(3)	2011－09－11	10:30	11:58	1.16	9.43
15	特别节目 2011寒假动画大巴3号(1)	2011－01－20	16:00	16:53	1.12	7.46
16	特别节目 在灿烂阳光下	2011－06－01	20:00	21:30	1.07	3.15
17	2011中秋动画片 加菲猫(2)	2011－09－10	10:00	10:28	1.03	9.60
18	特别节目 2011暑假儿童剧场(5)	2011－07－01	11:00	11:53	1.02	9.57
19	特别节目 动画大巴(上午版)(2011－10)	2011－01－14	09:30	10:23	1.01	10.02
20	特别节目 2011六一动画狂欢曲(5)	2011－06－05	08:00	09:28	0.98	10.60

CCTV－15 音乐

排名	节目名称	日期	开始时间(时:分)	结束时间(时:分)	收视率(%)	收视份额(%)
1	精彩音乐汇(2011－32)	2011－02－01	19:30	20:36	0.43	1.03
2	百年歌声(2011－15)	2011－02－28	18:54	19:25	0.30	0.90
3	音乐传奇(2011－55)	2011－03－18	21:06	21:38	0.25	0.65
4	特别节目 2011正月正新春音乐会	2011－02－17	21:30	23:10	0.24	0.84
5	2011国庆特别节目 一起音乐吧(2)	2011－10－02	18:20	19:26	0.22	0.79
6	民歌·中国(2011－314)	2011－12－31	19:29	20:01	0.19	0.47
7	中国音乐电视(2011－301)	2011－10－28	18:54	19:25	0.19	0.54
8	风华国乐(2011－317)	2011－11－13	18:20	19:25	0.18	0.58
9	歌声与微笑(2011－17)	2011－03－20	19:30	20:36	0.17	0.43
10	影视留声机(2011－134)	2011－07－04	20:40	21:02	0.17	0.48
11	特别节目 五月的鲜花——永远跟党走	2011－05－08	19:30	21:07	0.16	0.46

（总编室提供）

2011年中央电视台晚会、大型活动收视率排名

排名	节目名称	日期	开始时间	结束时间	播出频道	收视率(%)	收视份额(%)
1	特别节目 2011年春节联欢晚会(直播)	2011－02－02	20:00	24:57	CCTV－1	31.04	73.58
2	特别节目 中央电视台2011年元宵晚会	2011－02－17	20:00	21:37	CCTV－1	8.43	19.94
3	特别节目 一年又一年	2011－02－02	19:43	19:50	CCTV－1	7.39	18.25
4	特别节目 江门月·中华情	2011－09－12	20:00	22:00	CCTV－1	3.97	10.82
5	特别节目 2011年军民迎新春文艺晚会	2011－02－01	20:03	21:37	CCTV－1	3.20	7.45
6	第26届世界大学生夏季运动会开幕式	2011－08－12	19:55	22:43	CCTV－1	2.80	8.67
7	2011年公安部春节电视文艺晚会	2011－02－04	20:00	21:55	CCTV－1	2.77	7.69
8	特别节目 2012年元旦晚会	2011－12－31	20:00	24:30	CCTV－1	2.77	9.88
9	特别节目 太行之光	2011－07－30	21:02	21:49	CCTV－1	2.64	7.60
10	2010年度感动中国人物颁奖盛典	2011－02－14	20:00	22:17	CCTV－1	2.55	6.61

（总编室提供）

2011年中央电视台“心连心”艺术团慰问演出活动一览表

节 目 名 称	录制时间	播出时间	演出地点	导演	时长(分:秒)	播出方式	播出频道
五彩云霞 ——赴云南普洱慰问演出	2011－04－07	2011－04－15 20:56 2011－04－18 21:00	云南普洱思茅世纪广场	王炳森	42:30 100:00	录播	CCTV－1 CCTV－3
中国彩虹 ——赴民航慰问演出	2011－06－22	2011－07－02 20:52 2011－07－03 21:00	北京首都机场公务机停机坪	林 远	45:00 90:00	录播	CCTV－1 CCTV－3
太行之光 ——赴河北涉县慰问演出	2011－07－12	2011－07－30 21:02 2011－07－31 21:00	河北涉县八路军129师纪念广场	屠 茵	47:00 85:00	录播	CCTV－1 CCTV－3
雪域欢歌 ——赴西藏慰问演出	2011－08－17	2011－08－29 21:02 2011－08－30 20:30	西藏布达拉宫广场	林 远	47:00 87:00	录播	CCTV－1 CCTV－3
情系中山 ——赴广东中山慰问演出	2011－10－09	2011－11－05 20:07 2011－11－08 21:30	广东中山市体育场	王宪生	46:30 85:00	录播	CCTV－1 CCTV－3
红旗飘飘 ——赴江西赣州慰问演出	2011－10－20	2011－11－07 21:02 2011－11－09 21:30	江西赣州瑞金中央革命根据地历史博物馆前广场	吴 楠	46:30 90:00	录播	CCTV－1 CCTV－3
时代的风帆 ——赴厦门经济特区慰问演出	2011－11－06	2011－12－15 21:04 2011－12－19 19:03	厦门市国际会展中心广场	邹 为	46:30 90:00	录播	CCTV－1 CCTV－3

（大型节目中心提供）

2011年戏曲和音乐频道大型文艺晚会播出（直播、录播）一览表

播出日期	晚会名称	录制地点	撰稿人	策划人	导演	主持人
2011－01－01	2011年新年京剧晚会	国家大剧院	张永和	/	李纯博	李　杨 王　静
2011－02－02	2011年春节戏曲晚会	中央电视台1000平方米演播室	颜全毅	曹　毅 (总策划) 颜全毅 李浩天 何颖哲 李卓群	滕海涛	白燕升 张　喆 任鲁豫 赵保乐 鞠　萍 孟盛楠
2011－02－17	锦绣盛世闹元宵——2011新春音乐会	星光影视基地	/	郎　昆	夏　雨	刘芳菲 任鲁豫
2011－06－11	2011年美泉宫之夜夏季音乐会	维也纳美泉宫	聂小华	郎　昆 齐宪役	聂小华 邵思音	刘芳菲
2011－06－30～2011－07－01	乐鸣东方——庆祝建党90周年中国作品大型交响音乐会	工人体育馆	张晓东	齐宪役 李　南	葛小红	刘芳菲 任鲁豫
2011－07－01（直播）	壮丽航程京剧演唱会	浙江杭州大剧院	/	孟祥林等	阎德威	张　喆 任鲁豫
2011－09－02	2011年中秋京昆交响音乐会	台湾省台北市国父纪念馆大舞台	倪政兴	郎　昆 舒　展	阎德威	李大华 赵　娜
2011－10－16	功业千秋——庆祝“京剧音配像”播出15周年电视晚会	中央电视台1000平方米演播室	刘连群	郎　昆 曹　毅	刘　洋	任鲁豫 董　艺
2011－10－19～2011－10－28	2011中央电视台钢琴小提琴大赛复赛	中央电视台1000平方米演播室	冯飞	齐宪役 葛小红	葛小红	任鲁豫 董　艺 刘芳菲
2011－10－29～2011－11－05（直播）	2011中央电视台钢琴小提琴大赛决赛	中央电视台1000平方米演播室	冯飞	齐宪役 葛小红	葛小红	任鲁豫 董　艺 刘芳菲
2011－11－02（直播）	第六届中国京剧艺术节开幕式	湖北武汉琴台大剧院	魏子晨	董伟等	孙桂元 阎德威	白燕升 王　慧 姜　剑 陈　静
2011－11－13	2011中央电视台钢琴小提琴大赛颁奖音乐会	中央电视台1000平方米演播室	冯　飞	齐宪役 葛小红	葛小红	任鲁豫 董　艺 刘芳菲
2011－11－14～2011－11－27	第四届全国京剧戏迷票友电视大赛复赛	东亿天弘演播室	杨　玉 刘仪雅 程博峰	郎　昆 曹　毅	阎德威	董　艺
2011－12－01～2011－12－08（直播）	第四届全国京剧戏迷票友电视大赛决赛	中央电视台1000平方米演播室	程博峰 栾　波	郎　昆 曹　毅	阎德威	任鲁豫 董　艺
2011－12－10（直播）	第四届全国京剧戏迷票友电视大赛颁奖晚会	中央电视台1000平方米演播室	程博峰 栾　波	郎　昆 曹　毅	阎德威	任鲁豫 董　艺
2011－12－30（直播）	2012年新年音乐会	西安曲江国际文化中心	任卫新	郎　昆 齐宪役	葛小红	任鲁豫 孟盛楠
2011－12－31（直播）	2012年新年音乐会	国家大剧院	/	/	刘万捷	/

（戏曲和音乐频道提供）

2011年CCTV－3（综艺频道）文艺晚会播出一览表

播出日期	节目名称	开始	结束	收视率（%）	收视份额（%）
2011－01－01	特别节目 收获2010	14:27	15:22	0.16	1.31
2011－01－03	特别节目 第12届中韩歌会	21:30	23:23	0.46	2.55
2011－01－09	剧场 为了正义的誓言	17:00	18:30	0.44	2.09
2011－01－28	剧场 幸福朝阳2011	19:00	20:43	1.73	4.31
2011－01－29	剧场 共创和谐	08:26	09:54	0.39	3.17
2011－01－29	剧场 红盾·红歌·红旗颂	13:30	14:30	0.35	2.64
2011－01－29	剧场 金色的田野	14:30	15:30	0.41	3.30
2011－01－29	剧场 守护生命 守护家园	15:30	17:08	0.37	2.60
2011－01－30	剧场 母亲中国	08:30	09:59	0.46	3.88
2011－02－01	特别节目 我们的节日	08:45	09:54	0.56	4.32
2011－02－01	剧场 倾注三农	13:30	15:00	0.61	4.68
2011－02－02	特别节目 我们的节日系列节目——春节	10:15	10:50	0.59	3.97
2011－02－02	特别节目 喜到福到好运到	12:00	19:50	1.79	9.05
2011－02－02	特别节目 2011年春节联欢晚会	20:00	24:57	4.77	11.30
2011－02－03	2011年中央军委慰问驻京部队老干部	15:45	16:52	0.61	3.68
2011－02－03	特别节目 首届CCTV网络春晚	19:33	22:05	2.45	6.28
2011－02－03	2011年军民迎新春文艺晚会	25:24	26:00	0.16	4.89
2011－02－04	剧场 你好春天	25:19	27:49	0.05	2.64
2011－02－05	2011年公安部春节电视文艺晚会	25:21	27:16	0.09	4.07
2011－02－07	特别节目 百花迎春	19:33	21:59	2.15	5.78
2011－02－09	曲苑杂坛特别节目——2011年正月正晚会	22:09	23:35	0.73	3.67
2011－02－10	特别节目 与爱同行	15:58	17:53	1.04	5.96
2011－02－16	剧场 煤矿工人拜大年	13:32	14:32	0.67	4.57
2011－02－17	2011年首都政法综治系统春节联欢晚会	15:02	16:32	0.47	3.29
2011－02－17	特别节目 我们的节日系列节目——元宵	19:16	19:51	1.49	4.21
2011－02－17	中央电视台2011年元宵晚会	20:00	21:37	3.21	7.60
2011－03－19	剧场 2011年藏历新年电视联欢晚会	14:30	15:57	0.16	1.54
2011－03－20	剧场 家园——五彩传说的童谣	08:03	09:22	0.11	1.07
2011－03－20	剧场 把健康献给人民文艺晚会	14:30	15:30	0.28	2.27
2011－04－03	剧场 铁军颂 盐阜情	08:02	09:23	0.23	2.25
2011－04－04	剧场 水润中华 至爱大成	07:57	09:27	0.18	1.94
2011－04－05	我们的节日系列节目——清明	19:00	19:35	0.44	1.40
2011－04－05	剧场 我们的节日——清明	19:40	20:40	0.91	2.29
2011－04－10	剧场 情满人家共创和谐	14:00	15:29	0.22	2.15
2011－04－18	五彩云霞 心连心赴云南普洱慰问演出	21:00	22:40	0.90	3.20
2011－04－24	特别节目 北京国际电影季——北京盛典	21:00	22:10	0.56	1.70
2011－05－01	特别节目 劳动颂歌	22:03	23:30	0.42	2.50

续表

播出日期	节目名称	开始	结束	收视率(%)	收视份额(%)
2011－05－04	特别节目 五月的鲜花——永远跟党走	20:03	21:41	1.26	3.48
2011－05－09	清华大学百年校庆文艺晚会	21:00	22:28	0.65	2.20
2011－05－12	中国奇迹	22:00	23:40	0.37	2.47
2011－05－31	特别节目 唱响中国	22:00	23:26	0.42	2.49
2011－06－06	特别节目 我们的节日系列节目——端午	11:30	12:05	0.15	0.97
2011－06－06	特别节目 在灿烂阳光下	12:12	13:42	0.27	1.76
2011－06－10	剧场 2011年春节联欢晚会歌舞精编	04:04	05:11	0.00	0.60
2011－06－12	剧场 书香中国	15:20	17:10	0.09	0.88
2011－06－12	特别节目 中华情·海峡缘	22:30	24:00	0.21	1.69
2011－06－26	特别节目 来自天山的祝福	21:00	22:30	0.74	2.40
2011－06－27	特别节目 放歌九十年（1）	19:30	20:54	0.76	2.67
2011－06－28	特别节目 放歌九十年（2）	19:30	20:54	0.75	2.61
2011－06－29	特别节目 放歌九十年（3）	19:30	20:54	0.92	3.13
2011－06－30	大型实景演出——井冈山	17:09	17:34	0.18	1.67
2011－06－30	特别节目 蒙山沂水	17:36	17:56	0.22	1.92
2011－06－30	我们的旗帜	20:03	21:51	0.97	3.02
2011－06－30	特别节目 放歌九十年（4）	21:57	23:18	0.67	3.50
2011－07－01	剧场 颂歌献给党	08:40	09:48	0.21	2.87
2011－07－01	特别节目 党旗飘扬	13:00	14:10	0.27	2.30
2011－07－01	特别节目 人民法官为人民	14:30	16:00	0.12	1.26
2011－07－01	特别节目 颂歌献给党	16:10	17:15	0.26	2.63
2011－07－01	特别节目 放歌九十年（5）	19:30	20:54	1.11	3.88
2011－07－01	特别节目 我们的旗帜	21:00	22:48	0.85	2.99
2011－07－02	理想之歌	14:54	16:29	0.11	0.95
2011－07－02	特别节目 放歌九十年（6）	19:30	20:54	0.87	2.89
2011－07－03	特别节目 放歌九十年（7）	19:30	20:54	1.06	3.69
2011－07－03	特别节目 中国彩虹	21:00	22:30	1.23	4.02
2011－07－04	特别节目 放歌九十年（8）	19:30	20:54	0.87	3.08
2011－07－05	特别节目 放歌九十年（9）	19:30	20:54	0.81	2.82
2011－07－06	特别节目 放歌九十年（10）	19:30	20:54	0.48	1.59
2011－07－10	第二届聂耳音乐周开幕式文艺晚会	14:27	15:41	0.21	1.94
2011－07－14	特别节目 两岸同心 我们同行	21:30	22:50	0.94	3.73
2011－07－20	特别节目 再唱山歌给党听	21:00	22:21	0.61	1.94
2011－07－23	特别节目 清华大学百年校庆文艺晚会	14:42	16:10	0.18	1.59
2011－07－24	特别节目 蒙山沂水(完整版)	14:42	15:38	0.15	1.31
2011－07－30	特别节目 花开盛世	14:59	16:24	0.19	1.70
2011－07－31	剧场 为了生命的托付	14:00	15:30	0.14	1.12
2011－07－31	特别节目 太行之光	21:00	22:25	1.11	3.47

续表

播出日期	节目名称	开始	结束	收视率(%)	收视份额(%)
2011－08－01	特别节目 沸腾的甲板	14:30	15:50	0.12	1.05
2011－08－01	特别节目 人民军队忠于党	19:30	21:04	0.70	2.16
2011－08－06	特别节目 天下有情人	11:00	22:25	0.93	5.06
2011－08－07	剧场 阳光下的幸福晚年	13:00	14:31	0.39	2.88
2011－08－07	剧场 让我们舞起来	22:30	23:58	0.24	1.71
2011－08－12	第26届世界大学生夏季运动会开幕式	22:00	24:47	0.24	1.70
2011－08－30	特别节目 雪域欢歌	20:30	21:57	1.04	2.99
2011－09－04	剧场 日月星辰——爱的咏叹调	16:43	17:43	0.19	1.71
2011－09－05	第八届中央电视台电视小品大赛(1)	20:00	22:37	0.96	3.09
2011－09－06	第八届中央电视台电视小品大赛(2)	20:00	22:37	0.82	2.56
2011－09－07	第八届中央电视台电视小品大赛(3)	20:00	22:26	0.74	2.24
2011－09－08	第八届中央电视台电视小品大赛(4)	20:00	22:28	0.82	2.57
2011－09－09	第八届中央电视台电视小品大赛(5)	20:00	22:20	0.85	2.46
2011－09－10	首届中国亚欧博览会文艺晚会	21:33	22:48	0.36	1.38
2011－09－11	第八届中央电视台电视小品颁奖晚会	20:00	22:34	1.00	2.98
2011－09－12	特别节目 万家邀明月——一起过中秋	13:00	23:56	1.15	5.78
2011－09－18	剧场 九一八事变发生80周年朗诵会	17:54	19:00	0.30	1.47
2011－09－18	剧场 香江明月夜	22:00	23:12	0.26	1.58
2011－09－19	剧场 春天的芭蕾	21:30	22:37	0.40	1.74
2011－09－25	剧场 质检颂歌献给党	13:00	14:35	0.27	2.41
2011－09－26	剧场 两岸四地华人歌手澳门演唱会	21:30	22:34	0.61	2.56
2011－10－01	特别节目 五星红旗我为你骄傲	21:30	23:10	0.60	2.56
2011－10－02	特别节目 道德的力量	21:20	22:21	0.80	2.89
2011－10－05	特别节目 我们的节日系列节目——重阳	14:00	14:40	0.22	2.14
2011－10－08	第七届全国德艺双馨颁奖庆典晚会	16:57	17:57	0.28	3.20
2011－10－11	特别节目 第六届中央电视台舞蹈大赛（1）	19:30	21:32	0.81	2.18
2011－10－12	特别节目 第六届中央电视台舞蹈大赛（2）	19:30	22:13	0.72	2.07
2011－10－13	特别节目 第六届中央电视台舞蹈大赛（3）	19:30	21:45	0.66	1.78
2011－10－14	特别节目 第六届中央电视台舞蹈大赛（4）	19:30	21:55	0.62	1.68
2011－10－15	特别节目 第六届中央电视台舞蹈大赛（5）	19:30	21:59	0.61	1.65
2011－10－16	特别节目 第六届中央电视台舞蹈大赛（6）	19:30	22:01	0.62	1.75
2011－10－17	特别节目 第六届中央电视台舞蹈大赛（7）	19:30	21:56	0.55	1.53
2011－10－18	第六届中央电视台舞蹈大赛颁奖晚会	19:30	21:29	0.73	1.99
2011－11－07	剧场 大海的歌声	21:30	22:33	0.42	1.80
2011－11－08	情系中山——心连心赴广东中山慰问演出	21:30	22:55	0.69	3.19
2011－11－09	红旗飘飘——心连心赴江西赣州慰问演出	21:30	23:00	0.67	3.19
2011－11－10	特别节目 钢枪·玫瑰	21:30	22:50	0.41	1.96
2011－11－11	特别节目 大地飞歌	21:30	23:00	0.53	2.35

续表

播出日期	节目名称	开始	结束	收视率(%)	收视份额(%)
2011－11－12	剧场 中国心大海情	21:30	22:38	0.32	1.30
2011－11－13	特别节目 红叶风采	15:57	17:12	0.16	1.49
2011－11－13	剧场 中国红·江南绿——中意文化年吕薇米兰公益演唱会	21:30	22:34	0.34	1.43
2011－11－24	特别节目 百花芬芳	20:30	22:30	0.44	1.48
2011－11－27	纪念沈湘教授诞辰90周年音乐会	15:58	17:13	0.10	0.98
2011－12－19	时代的风帆——心连心赴厦门慰问演出	19:30	21:00	1.17	3.03
2011－12－23	剧场 回归2011——王宏伟独唱音乐会	21:00	22:04	0.54	1.63
2011－12－24	剧场 丹心向阳——李丹阳公益演唱会	21:00	21:58	0.81	2.41
2011－12－25	郁钧剑从艺40周年大型作品音乐会	21:00	21:45	0.47	1.42
2011－12－26	特别节目 大爱暖中华	21:30	22:30	0.43	1.71
2011－12－27	纪念人民检察制度创立80周年文艺晚会	21:30	23:00	0.47	2.13
2011－12－28	2011中国大学生电视节闭幕式晚会	21:30	23:00	0.53	2.39
2011－12－30	特别节目 致敬历史拥抱未来	13:30	14:59	0.24	2.82
2011－12－30	特别节目 收获2011	18:30	19:24	0.25	0.78
2011－12－30	特别节目 2012新年音乐会	19:30	21:01	0.84	2.17
2011－12－30	特别节目 温暖2011	21:07	22:28	0.57	2.00
2011－12－31	特别节目 走近2012	18:00	20:00	0.84	2.58
2011－12－31	特别节目 2012元旦晚会	20:00	24:30	1.60	5.72

（综艺频道提供）

2011年中国电视剧制作中心有限责任公司剧目中央电视台黄金时段首播统计表

电视剧目	播出日期	集数(集)	导演	制片人	频道	时段	收视率(%)			收视份额(%)		
							最高	最低	平均	最高	最低	平均
中国1921	5月16日～6月2日	32	穆德远	杜闻伟 东方闻樱	CCTV－1	20:00	2.33	1.48	1.97	6.69	4.46	5.60
盘龙卧虎高山顶	4月3日～4月13日	30	延 艺	李功达	CCTV－8	19:30	1.71	0.56	1.12	5.27	1.55	3.14
节振国传奇	12月10日～12月25日	30	雷献禾 王 菁	苟 鹏 (总制片人)	CCTV－1	20:00	3.50	2.45	2.94	9.99	6.64	8.16
国门英雄	2011年12月25日～2012年1月13日	33	傅东育	王春华 张晓东	CCTV－1	20:00	5.34	2.13	3.36	14.75	5.88	8.97
高第街	12月29日～12月31日	8	李继贤	潘小扬	CCTV－8	20:00	0.97	0.51	0.78	4.19	1.55	2.76

注：共计5部133集（其中一套黄金时间播出3部95集，八套黄金时间播出2部38集）

（中国电视剧制作中心有限责任公司提供）

D A S H I J I

大事记

大事记

2010年中央电视台大事记

一月

1月1日 中央电视台在综合频道黄金时段播出2010年新年京剧晚会实况。胡锦涛、吴邦国、贾庆林、李长春、习近平、李克强、贺国强、周永康等党和国家领导人与首都近1000名群众共同观看了晚会。胡恩副台长在现场指挥晚会录制。

1月1日 CCTV-高清频道推出全新频道包装。新版包装以"无限世界 无限精彩"为主题，采用时尚明快的色彩，以富有中国特色的青花瓷和充满灵动感的丝绸为主。

1月6日 总编室研究处召开2009年度中央电视台优秀栏目、优秀节目评奖会。台领导胡恩、薛继军、袁正明，以及台有关部门负责人和有关专家参加会议。

1月7日 综合频道举行品牌推广新闻发布会，标志着"央视一套 和你在一起"推介系列活动正式启动。

1月7日 中国-东盟自由贸易区建成仪式和中国—东盟自由贸易区论坛开幕式在广西南宁举行。新闻频道直播建成仪式，并配发背景报道和短评。

1月7日 兰州石化公司石油化工厂发生爆炸。新闻中心迅速调集兰州应急报道点和军事部记者赶赴现场采访。综合、新闻频道及时播发消息，并以视频连线等形式，跟进报道爆炸现场救人救火、医院抢救伤员等情况，全面反映了当地政府采取的救援措施等。

1月8日 中央电视台召开2009年度办公业务总结表彰会。

1月9日 由体育频道与北京大学联合主办，中视体育娱乐有限公司承办的"2010中国国际体育产业高峰论坛"举行。国家体育总局副局长肖天，体育频道总监及近百名企事业代表参加。肖天致开幕辞并为《中国体育产业发展报告(2008~2010)》蓝皮书的发布揭幕。

1月11日 财经频道多个栏目联动，挂标推出系列主题报道《2009我家的新变化》。

1月11日 新闻中心召开上海世博会报道方案通报会，明确时政组、新闻组、专题组、专栏组、前方演播室及IBC工作组、国际资源整合、制片保障等系统的分工和责任人。全面启动上海世博会报道筹备。

1月11日 国家科学技术奖励大会在人民大会堂举行。大会前，新闻频道从早间《朝闻天下》起连续报道，科教频道当晚播出大型访谈节目《中国智慧——对话年度国家最高科技奖人物》。

1月12日 中央电视台召开上海世博会报道技术协调会，副台长何宗就、孙玉胜，总工程师丁文华、副总编辑袁正明以及节目、技术等相关系统负责人参加。

1月12日 《新闻联播》和新闻频道推出不同版本的"对话2010"系列报道，从收入分配、住房、物价等百姓关注热点取材，以百姓提问、主管部门回答、记者出镜归纳的方式，生动地将2010年中央有关方针政策展现给广大观众。

1月12日 海地发生7.3级地震。中央电视台多频道联动，内外宣结合，展开及时全面报道。第一时间播发灾情动态消息，高频次滚动报道中国国际救援队飞赴海地实施紧急救援、中方向海地提供国际人道主义援助等重要新闻，突出关注我驻海地维和部队官兵，以及我国在海地公民、华侨的安全状况。

1月13日 《新闻联播》栏目播发在京举行的沈浩先进事迹报告会，报道了习近平同志会见沈浩亲属和报告团全体成员并作重要讲话。从1月3日起，《新闻联播》已连续播出10余条新闻和系列评论，充分报道沈浩先进事迹和中央领导同志关于学习宣传沈浩先进事迹的批示精神。

1月13日 新闻中心综合频道编辑部联合中国网络

电视台，开通“央一剧评团”官方网站。

1月14日 由中央文明办指导、中国网络电视台和中国文明网共同主办的“《我们的节日·春节》‘红火的年、和谐的年、奋进的年’网上书画、摄影大赛”，以及“给祖国母亲拜大年”网上祝福活动正式启动。

1月14日 中央电视台召开中国电视剧制作中心转企改制相关工作协调会。

1月14日 中央电视台召开2010年内参工作会议。

1月15日 财经频道主办的“中国证券市场投资策略报告暨十大关键词发布会”揭幕。该报告是首次由媒体推出的“中国证券市场年度策略报告”，凝结了境内外近百家研究机构的最新成果。发布会现场还揭晓了“稳增长、消费、流动性、复苏进程”等十大关键词。

1月15日 机关党委、纪检组监察室、机关纪委、审计处联合举办“读书会”。

1月15日 副台长兼中央新闻纪录电影制片厂党委书记、厂长高峰主持召开中央新闻纪录电影制片厂与北京科学教育电影制片厂中层以上干部会议，传达国家广电总局党组关于两厂合并的决定。

1月16日 2009CCTV体坛风云人物颁奖盛典在北京大学举行。国家体育总局局长刘鹏、副局长冯建中，台副总编辑李挺，以及体育界著名人士等出席颁奖盛典。新华社、《人民日报》、新浪、搜狐等50余家媒体报道了颁奖盛典。

1月16日至17日 人事办公室相继举办引进人才选拔考试。其中，322人参加16日的海外留学归国人员专场考试，3182人参加17日的2010年应届毕业生选拔考试。同时，笔试还为满足2010年各部门人才需求建立了后备人才库。

1月17日 财经频道主办的CCTV首届中国经济年会在北京闭幕。年会以“宏观经济分析与展望”为主题，探讨我国宏观经济走向，发布业内机构研究成果，分享世界经济研究领域智慧。国内经济主管部门相关代表、商界领袖、国内外经济组织和机构人士、海内外经济学家以及媒体代表共600余人参加年会。

1月18日 中国网络电视台推出电影台、电视剧台、经济台、探索台及纪录片台等5个专业台，涵盖影视、经济、自然、科学、人文、历史等方面内容。

1月18日 体育频道完成历时18天的达喀尔拉力赛转播报道。

1月18日 中国网络电视体育台推出上线后的第一个大型赛事“2010澳网”专题。

1月19日 迎接8位遇难中国维和警察灵柩回国仪式在首都机场举行。新闻频道和中文国际频道（亚洲、欧洲、美洲）三版播出平台并机推出特别节目直播仪式全程。各外语国际频道全程转播并进行同声传译。20日上午，胡锦涛等党和国家领导人来到八宝山革命公墓，同各界群众一道参加海地地震遇难中国维和警察遗体送别仪式。中央电视台综合频道、新闻频道、中文国际频道等并机直播送别仪式。此前，中央书记处书记、中央办公厅主任令计划亲临现场检查指导直播准备工作。

1月19日 中央电视台召开2010年党建工作会议。

1月19日 中央电视台召开“上海世博会倒计时100天誓师动员大会”直播协调会，相关节目、技术系统负责人参加。会议就节目的窗口时间、技术保障等进行了协调。

1月19日 中央电视台下发《播音员、主持人参加社会活动管理办法》，并从2月1日起正式施行。该办法旨在加强对播音员、主持人参加社会活动的科学管理，确保播音员、主持人可在胜任岗位职责的前提下，经批准参加一些公益性社会活动。

1月19日 中央电视台首批冬奥会前方报道人员于当地时间抵达温哥华，并于当地时间1月21日回传了中央电视台第一条本届冬奥会新闻，这标志着中央电视台冬奥会报道正式启动。中央电视台第二批前方报道人员于1月29日启程。

1月20日 19点29分11秒，《新闻联播》栏目成功抢发“海地发生6.1级余震”消息。

1月21日 中央电视台召开《CCTV空中剧院》栏目开播七周年工作总结会。中宣部副部长翟卫华、中国新闻工作者协会党组书记翟惠生，副台长胡恩，中宣部文艺局局长左中一、副局长孟祥林等参加会议。副总编辑朱彤主持会议。

1月21日 国家广电总局副局长张海涛检查了中国国际电视总公司承建的直播卫星加密平台，并听取相关工作汇报。国家广电总局科技司司长王效杰、财务司司长孟冬、副台长何宗就、中国国际电视总公司总经理李建、台总工程师丁文华等陪同检查。

1月21日 2010年上海世博会倒计时100天誓师动员大会举行，中央电视台综合频道、新闻频道和中文、英语国际频道以及央视网全程直播大会。综合频道等还直播了大会后举行的文艺表演活动。

1月22日 中国网络电视台春晚台正式上线。整合中央电视台历届春节联欢晚会、戏曲春节晚会、元宵晚会及各地方电视台春节晚会等精彩视频，突出点播、互动等特色。

1月22日 “第二届中国公益新闻年会暨公益推动力颁奖盛典”上，央视网获得“第二届中国传媒公益推动力奖”。该评选活动是我国最权威、最具影响力的公益文化传播活动。

1月22日 中央电视台主楼生活水库改造工程顺利竣工并正式供水。

1月22日 体育频道召开会议，专题总结“2009 CCTV体坛风云人物”评选活动和颁奖盛典。会议就进一步完善评选标准、拓展部分奖项候选人选拔渠道等提出了要求。

1月23日 “央视一套 和你在一起”频道品牌推广季系列活动的第一站“CCTV-1智慧树快乐之旅”在南京举行，综合频道与江苏广播电视总台（集团）合作录制“智慧树”，正式开始综合频道品牌推广季系列活动。

1月23日至25日 2010年春节戏曲晚会《瑞虎迎春》录制完成。

1月24日 中央电视台第二批由新闻中心、播出传送中心等部门业务骨干组成的赴海地地震灾区报道团队从北京启程。副台长罗明致电慰问报道团队成员，副台长孙玉胜、副总编辑袁正明为报道团队送行。

1月25日 少儿频道推出为期四周的“寒假动画狂欢季”。期间，频道安排播出《哪吒传奇》、《托马斯和朋友》等国产动画大片和国外经典动画，全力打造长假传统品牌“动画狂欢曲”，并推出《白雪公主》等九部经典动画电影，突出“卡通明星齐贺岁 荧屏动画大狂欢”主题。

1月25日 中国网络电视台正式推出“给祖国母亲拜大年”网上活动。人民网、新华网、新浪、搜狐等16家网站同步进行线上推广。

1月25日 副台长孙玉胜、副总编辑袁正明参加了新闻中心组织的新闻播音员、主持人测评活动。对50名在岗新闻播音员、主持人进行了综合测评。

1月25日 《焦点访谈》栏目播出《排污费竟成“人头费”》，报道了河南省平顶山市6个区县环保局挪用排污费等情况。平顶山市委市政府致信表示，已责成有关县（市、区）政府立即整改。

1月25日至29日 中共中央政治局常委、国务院副总理李克强出访瑞士并出席在瑞士达沃斯举行的第40届世界经济论坛年会，中央电视台随行报道组高质量完成采访报道任务。在回国的飞机上，李克强亲切慰问了中央电视台随行记者，认为此次新闻报道策划精心、及时充分，记者认真负责。

1月26日 财经频道达沃斯论坛前方报道组抵达瑞士正式启动特别报道《全球商界领袖展望2010》。从27日开始，财经频道在《环球财经连线》和《经济信息联播》栏目开辟两档直播连线节目，并专访全球政商领袖。此外，财经频道还在达沃斯设置了“中国之家”报道大本营，配备了直播演播室、制作机房及转播设备，确保实现实时直播。

1月26日 中央电视台音乐付酬谈判小组第一次全体会议召开。副台长、音乐付酬谈判小组组长胡恩，谈判小组副组长梁晓涛、倪代光等参加会议。

1月26日 中视国际传媒有限公司和马来西亚DETV公司在吉隆坡举办“中国电视长城（东南亚）平台开播仪式”。马来西亚科学、工艺与创新部部长拿督斯里麦西慕，我国驻马来西亚使馆文化参赞李际平，中国国际电视总公司总经理李建，以及当地主流媒体、华人媒体和华人华侨代表参加开播仪式。长城（东南亚）平台集成了CCTV-4（亚洲版）、CCTV-9、东方卫视、湖南卫视等19个频道的优秀节目，通过DETV公司的IPTV平台播出。

1月26日 新闻频道、中文国际频道新闻节目分别推出春运系列直播和挂标系列报道。主要依托设立在北京、上海、广州、郑州、重庆、成都等交通枢纽城市的直播报道点，持续反映各地春运准备、春运现场情况。

1月26日至27日 保卫处会同行政处、动力处等部门对台内各演播室、机房、库房、办公区域以及台新址和台外办公区域等进行治安消防综合治理大检查。

1月27日 中国记协党组书记、新闻战线“三项学习教育”活动领导小组副组长翟惠生及领导小组办公室成员一行五人，到中央电视台调研“三教”活动开展情况。

1月27日 中国网络电视台“CNTV2010年首期新员工入职培训”开班。按照“我们的中国网络电视台”、“我们的团队建设和制度”、“你准备好了吗”三个主题，对新员工进行为期三个月的系列培训。

1月28日 国家广电总局工会副巡视员、女工部部长杜晓雯代表总局直属机关党委和工会，看望慰问中央电视台部分先进工作者及身患重病职工。

1月29日 中国网络电视台春晚台原创自制播报类节目《春晚快铁》制作播出第一期。

1月29日 中央电视台2010年春节联欢晚会剧组赴中央纪委慰问演出。中共中央政治局常委、中央纪委书记贺国强，中共中央书记处书记、中央纪委副书记何勇，以及张惠新、马馼、干以胜、张毅、黄树贤、李玉赋等中央纪委领导，与中央纪委机关1000余名干部职工和离退休老同志观看了演出。演出前，贺国强接见了春节晚会剧组演职人员。

1月29日 副台长胡恩、何宗就分别看望了中央电视台离退休老领导阮若琳、孙同耕，并致以节日问候。台办公室、人事办公室等部门负责人陪同慰问。

1月29日至31日 人事办公室组织了2010年度大学生面试测评，此次面试共有587人参加，是历年规模最大的一次。面试过程全程录像存档。

1月30日 美国政府正式通知国会对台军售项目，我国外交部等迅速作出强烈反应。中央电视台《新闻联播》、《东方时空》、《中国新闻》、《今日关注》等当晚抢发外交部副部长何亚非向美驻华大使提出严正交涉等五条相关新闻，并播发有关评论，被新浪网、凤凰网等十多家网络媒体转载。

1月31日 新闻中心分别在综合频道、新闻频道、中文国际频道推出“共建新家园”大型系列报道，全景展现汶川大地震灾区恢复重建情况。

1月31日 财经频道成功录制“CCTV2009经济生活大调查”发布仪式，2月11日在财经频道播出。

1月 强冷空气袭击我国大部地区。新闻中心快速反应，整合包括新闻应急报道点和地方台在内的新闻资源，并首次利用公安部指挥中心的全国视频监控系统信号，实时引入北京、河北、天津、山东等地城市街区、高速公路的雪后实时视频。综合频道、新闻频道、中文国际频道等相关报道全方位、多角度报道恶劣天气造成的影响及各地采取的应对措施，有效引领社会舆论，稳定公众情绪。

1月 约旦国家电视台新闻中心主任费拉斯·马贾利来台，对阿拉伯语国际频道工作人员进行了涉阿新闻写作、中东事务报道角度、阿语电视播音与解说等培训。

1月 中国联合国教科文组织全国委员会致信，感谢中央电视台报道世界遗产证书颁发仪式暨中国联合国教科文组织全国委员会成立30周年、联合国教科文组织驻北京办事处成立25周年庆祝大会。

1月 《中央电视台关于全面加强版权管理的决定》下发，这是中央电视台深入贯彻落实国务院《广播电台电视台播放录音制品支付报酬暂行办法》的一项重要措施，进一步明确了全台版权管理的工作目标和发展方向。

1月 音频部与代维公司进行的一号演播厅穹顶声学体安全改造工程通过验收。这为2010年春晚现场录音质量及播出安全提供了技术保障。

1月 中国网络电视台基于用户反馈和产品规划，推出CBox（网络电视台客户端）升级版B1.0.2，以解决客户端与防火墙产生的冲突。此外，在中国教育和科研计算机网为网络电视台增设专属服务器，进一步保障了教育网用户的收视效果。

1月 由中国有线电视网络有限公司主办的2009年度国家广播电视光缆干线网运行维护总结暨表彰大会举行。

1月 新闻频道平均收视份额实现“开门红”。1月1日至1月20日，新闻频道平均收视份额达1.8692%。其中，1月15日至20日日均收视份额达2%以上。1月19日，新闻频道收视份额达3.1835%，创2009年频道改进提高以来的收视成绩次高，仅次于庆祝新中国成立60周年阅兵典礼直播。

1月 戏曲频道应邀赴美国，全程采访报道由美国芝加哥华夏戏曲团主办，在西雅图、费城、芝加哥举办的“华夏之声——全美京剧票友节”。

1月 中数传媒集成重庆电视台主办的数字付费频道《杂技》通过“中星6B－S11”转发器向全国传输。中数传媒已经集成了50套付费电视频道和音频广播节目。

1月 经中央电视台分党组批准，《中央电视台领导干部竞争上岗工作暂行办法》下发。明确规定台内设机构的副司局级、处级领导干部均应通过竞争上岗的方式产生，还详细规定了竞争上岗的实施范围、组织领导、条件程序等。

1月 综合频道、新闻频道、中文国际频道，以直播和新闻等形式，密切关注南开大学哈萨克族大学生——“月光女孩”阿依努尔造血干细胞移植手术，以及在全国掀起的救助“月光女孩”爱心行动。

1月 《焦点访谈》栏目开通客户关系管理系统（QQCRM），广泛搜集新闻线索和舆情信息，加强与观众互动。

1月 《新闻联播》、《焦点访谈》等多个新闻栏目，分别以新闻、评论和专题节目，深入宣传南京军区某部班长、新型士兵楷模何祥美忠诚使命、爱军精武的先进事迹，在全军和社会各界引起热烈反响。

二月

2月1日 06:00起，新闻中心250平方米演播室经高清技术改造后正式投入使用，具备同时播出综合频道和新闻频道的高、标清节目的能力。演播室原有灯光系统及景区设计也进行了改造。

2月1日 中国网络电视台“冬奥台”推出。“冬奥台”突出视频特色，全面转播中央电视台温哥华冬奥会直播节目，并提供完整的赛程、奖牌榜、转播表等。同时，“冬奥台”突出互动特色，建立冬奥会网络互动社区，并开展“每日冬奥话题”、“我有问题问明星”、“今日之星”评选等活动。

2月2日 中央电视台举行2010年老同志春节团拜会。

2月2日 国家广电总局副局长胡占凡代表国家广电总局党组到中央电视台看望慰问全国劳模高丽萍、五一劳动奖章和全国十大女杰获得者李瑞英、退休老同志邓在军。中央电视台分党组副书记、副台长罗明，国家广电总局工会副巡视员、女工部部长杜晓雯陪同慰问。

2月2日 中央卫星电视传播中心召开2009年度年会，表彰“创先评优”活动的优秀团队和个人。

2月3日 中央电视台召开与国家广电总局各司局、直属单位负责人座谈会，全体台领导和各中心（室）、直属单位负责人参加座谈。

2月3日 春节晚会办公室召开会议协调第一次彩排相关工作。副台长胡恩、副总编辑朱彤及春节晚会办公室成员参加。春节晚会办公室主任、台办公室主任李欣雁主持会议。2月5日、7日、9日，2010年春节联欢晚会分别进行第二至四次彩排。

2月3日 总编室启动1958年至2008年播出数据统计整理工作，梳理中央电视台50年发展脉络，并为台新址节目生产系统提供有力的数据支持。

2月4日 由央视网动画频道和尼克少儿频道共同搭建、合作运营的尼克中文官方网站正式上线启动。尼克中文官方网站是集视频直播、点播、动画周边展示、观众互动游戏等功能于一体的新型综合网络平台。

2月4日 机关党委举办“讲述CCTV：向前，向前，再向前——来自海地和抗风雪一线的故事”记者报告会。

2月4日 “2009年度中国互联网站品牌栏目（频道）推荐发布会”举行，央视网“我的祖国——爱国主义教育基地网上展馆”获“2009年度中国互联网站品牌栏目奖”。

2月4日 我国驻美大使周文重来到美洲中心记者站，看望慰问全体驻站人员。

2月8日 中共中央政治局委员、书记处书记、中宣部部长刘云山出席在中央电视台一号演播厅举行的中宣部机关2009年总结表彰暨春节联欢会，观看了2010年春节联欢晚会剧组的慰问演出。

2月8日 财经频道推出系列特别报道《全球商界领袖展望2010》，节目深入探讨达沃斯大趋势、金融监管、未来科技和私募股权等问题。节目组采访了全球60多位全球政商界领袖和媒体人士，其中包括世界贸易组织总干事拉米、美国副国务卿霍马茨、达沃斯论坛主席施瓦布等。

2月9日 中央电视台举行2010年春节晚会新闻通气会。副台长胡恩、副总编辑朱彤以及新华社、《人民日报》、中央人民广播电台等50家媒体的记者参加会议。央视网、中国网络电视台全程直播。

2月9日 新闻中心召开春节期间下基层采访报道动员会。中央电视台106名记者分43路，深入革命老区、民族地区、边疆地区和灾区，前往厂矿企业、重点工程工地、居民社区、医院、学校、牧区、边防哨所等基层单位，体验普通群众的工作与生活。这是中央电视台参与记者最多、采访布点范围最广、报道内容最丰富的一次春节下基层报道活动。

2月10日 《新闻联播》播出《国务院对三起特别重大生产安全事故作出严肃处理》，并配发评论《中央电视台深刻吸取教训 进一步加强管理 堵塞漏洞》。当晚，新闻频道《东方时空》、《24小时》也配合新闻播发评论，表示中央电视台“须臾不能忽视社会责任感”。相关观点迅速被各大网络媒体转载，获得积极评价。

2月11日 2010年春节联欢晚会进行第五次彩排。中共中央政治局常委李长春，中共中央政治局委员、书记处书记、中宣部部长刘云山，中共中央政治局委员、国务委员刘延东，来到春节联欢晚会彩排现场看望正在紧张工作的演职人员。中央宣传思想工作领导小组成员王太华、雒树刚、王晨、蔡武、袁贵仁、柳斌杰、杜金才、赵胜轩，中宣部副部长翟卫华，国家广电总局领导赵实、张海涛、胡占凡、田进等参加慰问并观看演出。

2月11日 央视网新春祝福手机动画短片《手机加油站》和原创手机动画贺岁片《80后小夫妻》在三大电信运营商的CCTV手机电视平台上线。仅中国移动的CCTV手机电视平台上的点击量就达到了48207页次，其中单条节目最高点击量达到4749页次，创下原创节目单条点击量最高记录。

2月11日至12日 《感动中国2009年度人物颁奖盛典》分别在综合频道和新闻频道播出。活动自2009年10月启动以来，全国30多家网络、平面媒体参与推选，网站投票总数超过7000万张，创历史新高。

2月12日 中共中央政治局委员、中央军委副主席徐才厚来中央电视台视察军事宣传工作，徐才厚要求解放军电视宣传中心要和中央电视台继续加强团结、加强合作，军民一家，把军事宣传工作做得更好。

2月13日 中央电视台第一（高清、标清）、四（亚洲、欧洲、美洲版）、七、九套节目和高清频道向全球同步直播2010年春节联欢晚会。中国网络电视台、CCTV手机电视和IP电视直播，中国电视长城平台转播晚会实况。中国网络电视台还通过台海宽频、CCTV手机电视与台湾网、台湾移动运营商合作，成功在台湾落地，覆盖台湾网民及400万手机用户进行春晚直播。共有88个国家和地区的284家电视机构转播或部分使用了各国际频道的节目信号。当晚，综艺频道、戏曲频道还播出了2010年春节戏曲晚会，央视网“春晚台”同步播出。

2月13日至3月1日 中央电视台投入第一、五、七套节目及高清频道全程转播报道温哥华冬奥会。中央电视台在前方搭建演播室、录制系统、在线和离线包装系统、制作系统和新闻传送系统，并在多个比赛场馆设立现场评论席和混合区直播报道点。后方冬奥会报道团队与前方密切协作，共同完成好本届冬奥会报道任务。

2月19日 新闻频道和中文国际频道《中国新闻》栏目快速反应，及时滚动播出美国总统奥巴马会见达赖、中国外交部表态等新闻，并配发新华社文章，表明中国政府严正立场。

2月20日 《新闻联播》和新闻频道推出中央一号文件后续系列报道“惠农新气象”。此前，围绕2010年中央一号文件，中央电视台已在《新闻联播》和新闻频道同步推出“惠农新举措”、“惠农新亮点”两个系列报道。

2月21日 国际奥委会主席罗格看望了中央电视台冬奥会前方报道人员。副总编辑李挺、体育频道总监等陪同并介绍了报道情况。

2月22日 《CCTV空中剧院》召开新年工作会。中宣部文艺局副局长孟祥林、台副总编辑朱彤参加。孟祥林转达了中央领导同志对《CCTV空中剧院》栏目工作的肯定意见，并对新一年工作提出要求。

2月25日 中央电视台2010年工作会议闭幕。国家广电总局副局长赵实出席会议并讲话。

2月24日 由中国文联组派的青少年艺术团在美国犹他州开展交流演出活动，中央电视台银河艺术团在犹他州政府大楼进行了30分钟的演出，表演了《我爱银河》、《天路》等合唱曲目，受到观众热烈欢迎。

2月27日 智利发生里氏8.8级强烈地震。新闻频道在大地震发生不到半小时内就核实并播发相关信息，成为国内外最快报道智利地震的媒体之一。

2月27日 综合频道《新闻20分》第一时间播发国务院总理温家宝接受中国政府网、新华网联合专访并与网友在线交流的新闻。

2月27日 中国爱乐乐团举行纪念肖邦诞辰200周年系列音乐会。邀请世界著名指挥家波兰大剧院艺术总监卡斯普契克、著名钢琴家白建宇参加演出。

2月27日 副台长孙玉胜、副总工程师宋宜纯，率领由新闻中心、海外节目中心、文艺节目中心、财经频道、技术管理办公室、技术制作中心、播出传送中心、网络传播中心等部门负责人组成的联合考察团，对上海世博会报道筹备工作进行实地考察。

2月28日 中央电视台综合频道、科教频道播出大型特别节目《我们的节日·元宵——中华长歌行》。音乐频道播出“锦绣盛世闹元宵——2010正月正新春音乐会”。

2月28日 2010年元宵晚会暨“我最喜爱的春节联欢晚会节目”评选颁奖晚会顺利播出。副台长胡恩、何宗就，副总编辑朱彤，国家广电总局宣传司副司长王丹彦，文艺节目中心主任等参加晚会录制。

2月 国家连续五次出台政策调控房地产市场，财经频道《经济信息联播》、《第一时间》等栏目及时推出系列报道《聚焦楼市》进行深入解读。在全国媒体中第一个核实报道房贷收紧消息，重点关注中国金融市场上最重大的贷款增量减缓等消息。

2月 日本丰田汽车遭遇历史上最大规模召回事件，综合频道、新闻频道和中文国际频道持续关注事件发展及其影响。

2月 新闻频道持续关注云南、广西出现几十年一遇的旱情。

2月 首期《中国电视报·春节特刊》全面上市。连续推出的两期《春节特刊》，每期平均发行量突破100万份，发行量明显高于2009年。

2月 CCTV手机电视海外传播项目iPhone平台推出“打开手机看春晚，全球华人大拜年”专题。

2月 在美国NATPE电视节上，中国国际电视总公司节目代理部共计达成正式和意向签约金额31万美元，取得近十年来的最好营销成绩。期间，节目代理部还与NATPE组委会探讨了加强合作，促进美洲、亚洲市场节目交流等事宜，并实地考察了中国音像制品进入美国沃尔玛超市的项目进展情况。

2月 俄语国际频道在春节期间推出精心译制的大型专题节目《故宫》，由资深俄语专家翻译。

2月 国家版权局对中央电视台申报的《〈中央电视台音像资料编目细则〉3.0版》的著作权予以登记，并颁发著作权登记证书。《细则》共20余万字，由通则和新闻、专题、综艺等7个分则组成，标志着国内电视行业在执行国家广电总局《广播电视音像资料编目规范》的基础上，有了更为详细的、用于指导行业实际业务的标准性文件。

2月 《新闻联播》和新闻频道相关节目深入关注西南五省区旱情和长三角、珠三角等相关地区“用工荒”情况。

2月 国家广电总局下发《关于对2009年度全国上星电视节目无重大播出事故单位/频道表扬的通报》。在获得表扬的66个付费频道中，由中数传媒集成播出的有33个，在全国4家集成平台中名列第一。中数传媒旗下的央视风云公司所属频道实现了全年播出零事故。

2月 全国党建研究会2009年度调研课题优秀成果评选结果揭晓，机关党委组织选送的《新形势下提升国家主流媒体意识形态传播能力的方法与途径》获二等奖，《充分发挥新闻媒体在构建学习实践科学发展观长效机制中的功能与作用》与《试论基层党组织化解社会矛盾构建和谐社会的能力》获优秀奖。

2月 中国网络电视台申请的“网络文化经营许可证”（文网文）正式获批，标志着网络电视台具备了正式运营网络游戏产品的资质。

三月

3月1日 第21届冬奥会在温哥华闭幕。中央电视台综合频道、体育频道、高清频道并机直播闭幕式，体育频道与高清频道在闭幕式前、后并机播出特别节目《难忘温哥华》、《中国骄傲》。冬奥会期间，中央电视台投入第一、五、七套节目，高清频道以及中国网络电视台，连续17天全面转播报道冬奥会各项赛事，推出《直通温哥华》、《全景冬奥会》、《人在温哥华》等多档专栏节目。新闻频道动态及时播发赛事消息。全台前后方报道团队共475人、每天播出冬奥会节目超过50小时。圆满完成温哥华冬奥会报道任务。

3月1日 由全国妇联、中央电视台联合主办，社教节目中心制作的纪念三八国际劳动妇女节100周年特别节目——《女性之光》专题文艺晚会在中央电视台录制。中共中央政治局委员、全国人大常委会副委员长王兆国，中共中央政治局委员、国务委员刘延东，全国人大常委会副委员长乌云其木格，全国人大常委会副委员长、全国妇联主席陈至立，全国人大常委会副委员长严隽琪，国务委员戴秉国，中国关工委主任顾秀莲，全国妇联党组书记、副主席、书记处第一书记宋秀岩，以及国家广电总局副局长赵实等出席晚会。晚会于3月8日晚在中央电视台综合频道播出。

3月1日 中央电视台“两会”报道全面展开。“两会”期间，中央电视台各频道相继推出“两会”特别节目和专栏，进一步突出频道的定位和特色。

3月1日 受国务院总理温家宝委派，中共中央政治局委员、国务院副总理张德江前往内蒙古乌海市骆驼山煤矿透水事故现场，指导救援工作。时政新闻部记者克服时间紧、不具备传送条件等困难，抵达当地后迅速传回口播新闻，保证《新闻联播》、《晚间新闻》及时播出。并在中央电视台驻西安应急报道点人员和当地电视台协助下，及时、高质量完成报道任务。

3月2日 中央电视台美洲中心站记者何岩柯、林东威和欧洲中心站记者李宾、姜丰，在余震不断、航空运输中断、道路损毁严重的情况下，昼夜兼程驱车近9个小时赶到智利地震重灾区康塞普西翁采访报道，成为中外媒体中最早在震中地区展开直播报道的媒体之一。

3月2日 全国政协十一届三次会议新闻发布会在人民大会堂举行，新闻中心、播出传送中心等部门团结协作，顺利完成提供2010年“两会”首场直播信号任务。新闻频道直播发布会实况，并于发布会结束后立即头条播发相关报道。《新闻联播》、《晚间新闻》、《中国新闻》等重要新闻栏目，充分报道发布会主要信息。中央电视台相关频道及栏目围绕“两会”，积极推出系列特别节目。同时强化网络新媒体“两会”宣传报道。此次“两会”报道，CCTV手机电视首次实现在移动、联通、电信三大运营商平台共同推出“两会直通车”，覆盖全国3.5亿手机上网用户，这也是手机3G技术正式商用后的首次“两会”报道。

3月3日 中央电视台综合频道、新闻频道、中文国际频道、英语国际频道，成功直播全国政协十一届三次会议开幕会。全球89个国家和地区的285家电视机构转播中央电视台国际频道直播信号。此次直播在中央电视台“两会”报道中首次使用高清设备。西班牙语、法语、阿拉伯语、俄语国际频道在整点新闻及时播发大会开幕新闻。

3月3日 财经频道围绕拉动内需、启动消费推出大型主题宣传报道《如何破解消费难题》。报道向社会广泛征集扩大消费的新思路、新做法，发掘扩大消费的新模式，通过百姓建言、专家献策，一起寻找扩大消费的“金钥匙”。首期节目深入分析了启动消费对于我国经济发展的重要意义。

3月4日 新闻中心、播出传送中心等部门密切合作，圆满完成十一届全国人大三次会议首场新闻发布会直播任务。中文国际频道全程直播，新闻频道部分转播大会实况，并及时滚动播发发布会重要内容的新闻。

3月4日 中央电视台召开2010年廉政工作会议。

3月4日 胡锦涛、吴邦国、温家宝、贾庆林、李长春、习近平、李克强、贺国强、周永康等中央领导同志，分别看望出席全国政协十一届三次会议的委员并参加讨论。时政新闻部九路记者共计近40人次，分赴政协礼堂、北京会议中心等驻地采访报道，与新闻播音部、新闻联播编辑部、新闻制作部等部门通力合作，确保九条共计11分钟的新闻在《新闻联播》中顺利播出，得到有关领导的充分肯定。

3月4日 早8时，台湾高雄6.7级地震，新闻中心地方记者部迅速与台湾无线卫星电视台TVBS、中天电视台，及福建、广东、厦门、汕头等省市电视台联系，展开充分报道。新闻频道于10：00播出第一档与台湾东森电视台记者的连线报道。

3月5日 十一届全国人大三次会议在京开幕，国务院总理温家宝作政府工作报告。中央电视台综合频道、新闻频道和中文、英语、法语、西语、俄语国际频道及中国网络电视台全程直播，并向国内外媒体提供公用信号。截至当日11时，全球123个国家和地区的312家电视机构转播或部分使用了中央电视台直播信号。其中，253家全部转播，59家部分转播；116家转播CCTV－4，234家转播CCTV－9，17家转播CCTV－F，15家转播CCTV－E，八家转播CCTV－R。全国人大常委会副秘书长李连宁、国家广电总局副局长胡占凡在直播期间到转播车上察看直播情况，并慰问转播人员。副台长罗明、何宗就现场指挥，副台长孙玉胜在演播室指挥后方总体播出工作。综合频道、新闻频道及中文、英语、西语、法语、俄语国际频道均推出直播特别节目，通过专家解读、播发短片等形式进行充分报道。中国网络电视台在进行多语种直播的同时，开通"边看边聊"互动通道。

3月7日 纪念三八国际劳动妇女节100周年大会在人民大会堂举行，中共中央总书记、国家主席、中央军委主席胡锦涛出席大会并发表重要讲话。中央电视台及时在《新闻联播》等重要新闻栏目中播发有关新闻。

3月7日 综合频道、新闻频道和中文、英语、法语、西语、俄语、阿语国际频道直播外交部长杨洁篪就中国对外政策和对外关系答中外记者问。全球共有127个国家和地区的320家电视机构转播或部分使用了各外语频道的节目信号。中国网络电视台同步视频、图文直播，观看人次达13.6万，最高在线人数达3.96万。另有7805名用户通过CCTV手机电视收看。此外，新闻频道、中文国际频道、英语国际频道同日还直播了西藏、新疆代表团部分代表接受媒体集体采访。

3月7日 全国政协十一届三次会议举行第二次全体会议。时政新闻部顺利完成大会实况录像及新闻报道任务，还为大会提供了闭路信号。新闻频道及时滚动播发消息，报道了会议进程。

3月7日 全国政协副秘书长王胜洪、全国政协教科文卫体委员会驻会副主任张秋俭、全国政协新闻局局长张敬安率大会新闻组成员专程来台转达全国政协领导对中央电视台"两会"报道的高度评价以及对中央电视台报道人员的慰问，并感谢中央电视台为扩大政协会议影响力所做的努力。

3月8日 十一届全国人大三次会议举行第二次全体会议，听取全国人大常委会副委员长王兆国关于全国人民代表大会和地方各级人民代表大会选举法修正案草案的说明。时政新闻部与技术系统和后期编播部门紧密配合，在新闻频道、中文国际频道、英语国际频道成功直播大会实况，并及时播发新闻。《新闻联播》播出6分钟的报道，并配发评论，引导舆论。新闻频道《泉灵看"两会"》在大会结束后第一时间采访草案起草人，重点解析"城乡同比例选举"提出的时代背景和意义。

3月9日 十一届全国人大三次会议举行第三次全体会议，全国人大委员长吴邦国作工作报告。综合频道、新闻频道和中文、英语、法语、西班牙语、俄语国际频道全程直播。共有123个国家和地区的310家电视机构转播或部分使用了各外语频道的节目信号。中国网络电视台进行中、英文视频直播。央视网和中国网络电视台首页等多个重要位置开设专区进行重点推荐。

3月9日 中国网络电视台再次独家获得全国人大授权，全程网络视频直播"两会"新闻中心组织的所有集体采访。

3月10日 广告部举行2009年度十佳优秀广告代理公司颁奖盛典，表彰2009年度"十佳广告代理公司"、20家优秀广告代理公司和5家"诚信标兵"广告代理公司。国家工商总局副局长刘凡，中国广告协会会长李东生，副台长罗明、副总编辑程宏，中国广告协会秘书长李国庆，中央电视台有关部门负责人，以及全国近300家广告代理公司代表参加活动。

3月10日 全国政协十一届三次会议第四次全体会议举行。时政新闻部在圆满完成中央领导参加分组审议报道任务的同时，高质量完成了此次全体会议实况录像和新闻报道工作。

3月11日 中央电视台举行2009年度表彰大会。会议表彰了中央电视台2009年度先进集体、先进个人，以及优秀栏目、优秀节目、优秀技术奖和优质管理服务奖等。

3月11日 十一届全国人大三次会议在人民大会堂举行第四次全体会议，听取审议最高人民法院、最高人民检察院工作报告。完成全国人大三次会议第四次全会报道任务。

3月12日 中央电视台召开纪录片专题研讨会，副台长罗明、高峰参加。

3月12日 全国人大常委、全国人大外事委员会主任委员、十一届全国人大三次会议大会新闻发言人李肇星，在全国人大常委会副秘书长李连宁、曹卫洲，新闻局局长阚珂等陪同下，专程来台看望慰问中央电视台

"两会"报道人员。

3月13日 中共中央政治局常委、全国人大常委会委员长吴邦国，在人民大会堂看望了正在进行"两会"报道的中央电视台及其他中央媒体工作人员，充分肯定新闻媒体"两会"报道。中共中央政治局委员、全国人大常委会副委员长王兆国，全国人大常委会副委员长兼秘书长李建国等一同看望。副台长罗明陪同看望。

3月13日 全国政协十一届三次会议闭幕后，中共中央政治局常委、全国政协主席贾庆林来到设在人民大会堂的《泉灵看两会》开放式演播区，看望慰问中央电视台报道人员。中共中央政治局委员、全国政协副主席王刚，全国政协副主席兼秘书长钱运录等一同看望。副台长罗明、何宗就等陪同看望。

3月13日 "两会"新闻中心授予梅地亚中心"讲政治、保障两会立新功；服务好、名符其实梅地亚"牌匾。

3月13日至14日 中央电视台相关频道分别直播报道了全国政协、全国人大会议闭幕，以及总理会见中外记者。综合频道、新闻频道、中文国际频道在闭幕会前分别推出特别报道，介绍现场情况，并深入解读2010年"两会"的成果。"两会"期间，播出传送中心高质量传送节目信号，其中直播18场、近1600分钟；直传4场、近480分钟；卫星车完成《见证履职》新闻连线直播和访谈直播23场，《动车组》连线直播11场，新闻素材11次。直播期间，副台长罗明、何宗就在人民大会堂检查指导直播准备工作，并现场指挥转播。副台长孙玉胜在台内演播室指挥后方播出。

3月13日至14日 财经频道《小丫跑两会》推出十周年特别节目《心愿2010》。节目以"小丫跑两会，十年民生路"为题，对十年来《小丫跑两会》节目进行回顾。

3月15日 综合频道现场直播以"新规则、新动力"为主题的2010年"3·15"晚会。

3月16日 由新闻战线"三项学习教育"活动领导小组办公室主办、中央电视台承办的第17期"记者大讲堂"在中央电视台举行，这是"记者大讲堂"首次在基层单位举办。

3月17日 新闻中心派出新闻主播康辉、郑丽和两名编辑分别前往云南和贵州参与抗旱救灾报道。当日，新闻频道开始推出"直击抗旱一线"挂标系列报道，以直播和新闻报道等多种形式，为夺取抗旱救灾胜利提供有力的舆论支持。综合频道、新闻频道持续报道我国西南地区抗旱救灾。

3月18日 我国自主研制的首架大型民用直升机AC313在江西景德镇成功首飞，综合频道、新闻频道、中文国际频道以直播、新闻等多种形式进行全面报道。

3月19日 新闻中心举行"我们向世界出发——中央电视台海外记者赴任动员大会"。此次50余名新任海外记者在接受4个月的系统培训后，陆续前往包括12个新建站点在内的27个国家和地区的海外记者站赴任。至此，中央电视台海外记者总人数已达90人左右。

3月19日 中央电视台隆重举行向刘薇同志学习动员大会，传达李长春、刘云山同志关于深入学习宣传刘薇同志先进事迹的重要批示，追授刘薇同志"中央电视台优秀记者"荣誉称号、中央电视台"巾帼建功"标兵特别荣誉和"中央电视台青年五四奖章"。

3月20至21日 科教频道《探索·发现》栏目播出历时两年制作完成的国内首部纪录剧情片《迷徒》先行版。该片采用国际流行的剧情式纪录片手法进行创作，先行版按照美剧通行方式，通过该版本的播出，搜集业界及观众意见，为高清版制作提供受众市场的意见。

3月21日 中共中央政治局常委、国务院总理温家宝在赴云南指导抗旱救灾工作的回程途中看望慰问了随行记者。

3月21日至4月3日 中共中央政治局常委、全国政协主席贾庆林对喀麦隆、纳米比亚、南非进行正式友好访问，并经停法属留尼汪岛。中央电视台随访报道组克服时差变化大、传输条件多变等困难，顺利完成报道任务。

3月22日 历时十多天的2010年残疾人冬季奥林匹克运动会在加拿大威斯勒落幕。期间，体育频道《体育新闻》、《体坛快讯》、《体育报道》、《体育世界》等多档栏目，全程报道了及时播发残冬奥相关新闻。

3月22日至25日 总编室、国际电视总公司节目代理部组团参加第14届香港国际影视展。电视剧《美人心计》、《孙子大传》和纪录片《华尔街》、《为世博而设计》等影视节目达成签约金额403万美元（含意向），这是中央电视台组团参加香港影视展14年来的最好成绩。

3月23日 俄罗斯"汉语年"开幕式在莫斯科克里姆林宫大礼堂举行。俄语国际频道提前策划，制订了周密的报道计划和应急预案，在新闻节目中及时插播开幕式现场信号，滚动播发最新消息，并在次日频道黄金时段播出"汉语年"开幕式暨文艺晚会精编版。

3月23日 中共中央政治局委员、国务院副总理张德江参观了2010年中国国际广播电视信息网络展览会（CCBN）中国网络电视台展台。这是中国网络电视台首次亮相中国国际广播电视信息网络展览会。

3月24日 由中央电视台、国家广电总局广播科学研究院、清华大学共同主办的"第一届新媒体数字版权管理高峰论坛"在北京举行。总工程师丁文华主持会议。

国家广电总局科技司副司长王联、台副总工程师宋宜纯以及新媒体行业150余名代表等参加论坛。

3月24日至26日 2010年亚广联儿童电视剧合拍会议在吉隆坡召开，中央电视台制作的儿童剧《橙子熟了的时候》得到亚广联官员和与会各机构代表的高度评价。会议还就2010年拟拍摄儿童剧故事大纲和拍摄方案进行讨论，中央电视台提交的《马头琴》方案获得一致通过。

3月25日 原副台长阮若琳同志遗体告别仪式在八宝山举行。

3月25日 中央电视台下发《关于机构调整的通知》，经台分党组研究决定，海外节目中心英语频道编辑部、西班牙语频道编辑部、法语频道编辑部、阿拉伯语频道编辑部、俄语频道编辑部整建制划入新闻中心。

3月26日 台办公室举办“电视与新媒体融合”全国网络征文大赛颁奖暨专题研讨会。来自国家广电总局、清华大学、北京大学、央视网等相关机构的专家学者，以及大赛获奖代表共50余人参加会议。本次大赛于2009年7月由事业发展调研处发起。

3月26日 中宣部、中华全国新闻工作者协会、新闻战线“三项学习教育”活动领导小组办公室与中央电视台联合举行刘薇同志先进事迹报告会。会议宣读了《关于追授刘薇同志“全国优秀新闻工作者”荣誉称号的决定》。中宣部副部长、新闻战线“三项学习教育”活动领导小组副组长蔡名照出席会议，并向刘薇同志的家属颁发证书。

3月28日 中煤集团山西临汾王家岭矿发生透水事故后，新闻中心立即启动应急报道机制，在综合频道、新闻频道、中文国际频道及时报道胡锦涛总书记、温家宝总理重要批示精神和事故情况，迅速派出记者随行报道张德江副总理紧急赶赴事故现场指导，调派中央电视台驻山西太原、陕西西安新闻应急点报道人员赶往事发现场跟踪报道。

3月29日 英语国际频道从第33演播室平移到第10演播室，首档节目顺利播出。此次演播室平移是英语国际频道提升国际传播能力、全面实施改版的一部分。

3月29日 莫斯科发生地铁连环爆炸事件。新闻中心立即启动新闻应急机制，对事件进行连续跟踪报道。

3月30日 中央电视台正式下发实施《中央电视台加强形象建设的意见》。

3月31日至4月5日 新闻中心26名新任驻外记者分别前往英国、美国、巴基斯坦、肯尼亚、新加坡、埃及、韩国、比利时、阿根廷、德国、日本、法国等12个国家，其中肯尼亚、巴基斯坦、新加坡、阿根廷和韩国是中央电视台新建驻外记者站的国家。

3月 《焦点访谈》连续关注我国西南地区遭遇罕见旱情，为增强当地干部群众战胜灾害的信心提供舆论支持。

3月 中央电视台被列为中央直属机关基层组织建设“创新亮点示范工程”示范点单位，成为全国首批78个“创新亮点示范工程”单位之一，并承担《创新机关党的基层组织建设工作活动载体》、《加强党务干部队伍建设》、《流动党员教育管理》等四个课题的调研工作。中直机关工委每年确定示范点单位，对基层组织工作重点问题进行课题调研。

3月 全国人大常委会副委员长、民革中央主席周铁农，全国政协副主席、全国工商联主席黄孟复，全国政协副主席、九三学社副主席王志珍，相继接受新闻频道《泉灵看“两会”》节目专访，并对《泉灵看“两会”》的形式和内容给予充分肯定。

3月 新闻频道持续关注美国就人民币汇率问题向中国频频施压，客观报道、理性解析美国的言行和国际舆论，并以新闻评论等多种形式突出宣传我国政府的相关立场。

3月 原“希望之星英语风采大赛”和“CCTV杯全国英语演讲大赛”合并为英语演讲风采大赛，由中央电视台与上海世博局共同主办的2010年度英语演讲风采大赛正式启动。

3月 中央电视台综合信息网开通《人民数据库》。该库共有200万篇文章、近7万张图片、500段视频，总容量超过150G，旨在成为中央电视台职工学习党建理论、政策法规、社会科学的平台。

四月

4月1日 中共中央政治局委员、国务院副总理张德江在国务院应急办研究部署山西临汾王家岭矿难和河南伊川矿难处置工作时，通过中央电视台刚刚开通的由台到国务院应急办的视频光缆通道观看由中央电视台在山西、河南两地矿难现场搭建的应急报道直播系统提供的救援工作实时进展画面。

4月2日 北京科学教育电影制片厂全体干部职工、历届厂领导、离退休老同志欢聚一堂，庆祝建厂50周年。

4月2日 国家发改委价格司负责人通过《经济信息联播》栏目，现场发布国家将对猪肉价格进行调控政策。此前，发改委曾在栏目中两次现场发布成品油价调整的决定和一次电价调整的决定。

4月3日至5日 中共中央政治局常委、国务院总理温家宝赴贵州遭受旱灾最严重的黔西南布依族苗族自治州。中央电视台随行报道组跟随温家宝一行深入村寨、农户、田间地头，精心制作长新闻在《新闻联播》等重要新闻节目中及时播出。

4月5日 中央电视台新闻频道、综合频道、英语国际频道等分别直播报道山西王家岭煤矿透水事故抢险救援情况，并第一时间报道胡锦涛总书记、温家宝总理作出重要指示，张德江副总理发来慰问电。新闻频道从00:28起打破常规编排，至03:32全部贯通，全程直播了第一批九名工人获救升井、被送往医院救治的全过程。从11：00开始再次全程直播近百名被困人员获救的全过程，长达七个多小时。期间，从《新闻30分》至15:30，新闻频道与综合频道并机直播第二批被困工人获救过程。国内外众多电视、网络、报纸、通讯社等媒体引用中央电视台直播内容。

4月5日 社教节目中心制作的特别节目《我们的节日·清明——中华长歌行》分别在综合频道、科教频道播出。

4月6日 英语国际频道《看中国》栏目独家专访了中共中央政治局委员、上海市委书记俞正声。

4月7日 吉尔吉斯斯坦首都比什凯克部分地区发生骚乱。新闻频道和各国际频道及时报道骚乱情况、中国外交部发布安全预警和国际社会的反应等情况，并关注当地华人华侨的安全。

4月8日 备受关注的股指期货正式推出，财经频道推出三个多小时的直播特别报道“直击股指期货启动仪式”，实现北京、上海、深圳、香港多地点、多人物的实时连线。

4月10日 波兰总统夫妇和政府官员所乘坐的总统专机在俄罗斯坠毁。新闻中心启动应急报道机制，综合频道、新闻频道和各国际频道及中国网络电视台进行了及时、客观、持续的报道。

4月10日 中共中央政治局常委、国家副主席习近平出席博鳌亚洲论坛2010年年会开幕式并发表主旨演讲，新闻频道和中文、英语、西班牙语、法语国际频道并机直播，并向全球提供公共信号。中央电视台以直播、新闻等形式，圆满完成博鳌亚洲论坛2010年年会报道。

4月10日 体育频道推出特别节目《CCTV体坛风云人物季度观察》。节目采取直播形式，以奖项设置为主体结构，盘点了2010年第一季度中国围棋、冬季项目中的突出人物和事件，并对“未名人士体育精神奖”获奖者杜祥云进行了回访。

4月10日 海关总署公布数据，3月份我国外贸出现72.4亿美元逆差，这是中国外贸六年来首次逆差。财经频道《环球财经连线》进行了及时、全面、深入报道。

4月12日至16日 国家主席胡锦涛在美国出席国际核安全峰会、在巴西出席“金砖四国”领导人第二次会晤并对巴西进行访问。中央电视台周密实施报道方案，圆满完成报道任务。

4月12日至16日 中央电视台总编室、中国国际电视总公司节目代理部组团参加第49届法国戛纳春季电视节。电视剧《孙子大传》、《美人心计》，纪录片《华尔街》、《为世博而设计》，卡通片《麋鹿宝图》等影视节目受到广大海外客户欢迎，总计达成签约金额331万美元（含意向），再次突破中央电视台参加法国戛纳电视节以来的营销纪录，同比2009年增长超过30%。

4月12日至21日 第14届CCTV青年歌手电视大奖赛团体决赛进行首轮比赛，18支代表队进入决赛第二轮，综艺频道进行现场直播。

4月13日 21：00，国家发改委有关部门通过财经频道《经济信息联播》栏目，向全国发布了成品油价格上调的消息。这是半年时间内，国家发改委第5次通过财经频道发布重大经济政策。

4月14日 少儿频道《动画梦工场》栏目播出世博会吉祥物系列动画片《海宝来了》。系列动画片分为三季208集，由上海世博会事务协调局出品。

4月14日 07：49，青海省玉树县发生7.1级地震，造成大量房屋倒塌、人员伤亡严重。新闻中心立即启动应急报道机制，《朝闻天下》在08：23以字幕形式播发地震消息，08：26播出口播新闻。08：48起，新闻频道、中文国际频道以电话连线方式，及时递进报道地震灾情和救援情况，并配发通过当地部队传输系统提供的画面、当地记者与救援人员通过手机彩信提供的现场图片，及时制作播出背景短片等。中国网络电视台迅速发布新闻，并开辟专区进行跟进报道。当天中午，时政新闻部采访组随国务院副总理回良玉前往震区采访。中央电视台记者冯锦超于16：00和19：00，先后应美国有线电视新闻网（CNN）邀请，为对方作紧急电话连线报道。这是英语频道记者首次为美国有线电视新闻网提供重大突发事件现场电话连线报道。

4月14日 新闻中心世博会前方团队首次使用直升机航拍手段，以水陆空三维视角，呈现黄浦江两岸的世博园全景。

4月15日 新闻中心上海世博会网上报题及信息发布系统投入使用。这是中央电视台发布世博会官方消息、审批新闻线索、调度采编力量、获取外来信息和提供后勤保障资讯的综合服务管理平台，为新闻中心优化大型报道项目管理方式开辟了新的数字化渠道。

4月15日 中视传媒股份有限公司经四届二十三次董事会、四届二十次监事会审议通过，披露2009年年度报告。经审计，2009年度经营业绩创公司上市13年来新高，并获再融资资质。

4月15日 中国网络电视台世博台正式改版上线。当天，中国网络电视台举办了媒体开放日活动。

4月15日 由中央电视台主办，青少节目中心和中国网络电视台承办的2010年全国儿童歌曲大奖赛正式启动。

4月16日 中央电视台世界杯广告网上招标成功举行，近40家企业通过网络平台竞标世界杯赛事直播赛前、赛中、赛后、加时赛、点球大战广告项目，20多家国内外客户中标。

4月16日 中央电视台组织技术管理办公室主任职位竞争上岗演讲答辩，这是中央电视台首次组织副局级领导干部竞争上岗。

4月16日 中央电视台与澳大利亚新闻频道股份有限公司签订合作协议，澳大利亚公共电视频道每周从卫星上下载两期中央电视台英语频道《今日话题》节目，安排在周末黄金时间21：00原版固定播出。这是外国主流电视媒体首次引入中央电视台英语新闻类栏目，作为其固定播出栏目原版播出。

4月16日 全国绿色饭店工作委员会授予中央电视塔“五叶国家级绿色餐饮企业”称号，中塔公司成为全国首批获此殊荣的餐饮企业。五叶为国家级绿色餐饮企业最高级别。

4月17日 国家广电总局副局长张丕民看望中央电视台玉树抗震救灾前方报道人员，传达了中央领导同志对抗震救灾报道一线编辑记者的问候，以及对抗震救灾报道的充分肯定。

4月18日 正在青海玉树抗震救灾指挥部视察的中共中央总书记、国家主席、中央军委主席胡锦涛，看望正在转播车上工作的中央电视台抗震救灾报道前方记者，主动同记者亲切握手并致问候。

4月18日 2010年北京国际射联射击世界杯赛举行，中央电视台派出两辆转播车，承担了飞碟、步枪、手枪项目的国际电视公用信号制作任务。

4月20日 由中宣部、民政部、国家广电总局、中国红十字会、中华慈善总会联合主办，中央电视台承办的《情系玉树 大爱无疆——抗震救灾大型募捐活动特别节目》在中央电视台一号演播厅隆重举行。中共中央政治局常委李长春，中共中央政治局委员、国务院副总理、国务院抗震救灾总指挥部总指挥回良玉，中共中央政治局委员、书记处书记、中宣部部长刘云山，中共中央政治局委员、国务委员刘延东，全国人大常委会副委员长华建敏，全国政协副主席陈奎元出席活动。王太华、雒树刚等中央宣传思想工作领导小组成员，各主办方、中央和国家部委、部队系统和青海省、北京市有关负责同志，以及台领导和相关中心（室）负责人参加。活动历时近三个半小时，共募集善款21.75亿元，是新中国成立以来规模最大、参与最广、募集数额最多、社会影响最大的一次募捐活动。中央电视台第一、三、四、七、九套节目，西班牙语、法语、俄语、阿拉伯语国际频道及中国网络电视台并机直播，中央人民广播电台、中国国际广播电台、全国34家地方卫视同步转播。共有4.95亿观众收看了特别节目，总收视率达10.8%，总收视份额达41.38%，其中中央电视台收视率为5.47%，收视份额为20.94%。中国网络电视台访问总量达1.35亿页次，视频直播累计观看人次175万。全球127个国家和地区的322家电视媒体转播或部分使用了节目直播信号。

4月20日 中央电视台位于上海世博会园区国际广播中心（IBC）的工作区正式投入使用。这是新闻中心首次在北京地区外搭建集采访、编辑、播出、传送等功能于一体的总演播室和全流程技术系统。

4月20日 中国网络电视台与暴风影音进行战略合作签约，中国网络电视台暴风台正式上线，打造直达暴风影音用户桌面的外网客户端在线播放视频产品。

4月21日 00：00起，新闻频道连续25小时全频道打通，推出直播特别节目《玉树·我们在一起》，围绕青海玉树地震遇难同胞哀悼日，及时、深入报道全国各地哀悼玉树地震遇难同胞活动。

4月21日 英语频道演播室改造工作按计划完成。

4月21日 国际奥委会终身荣誉主席萨马兰奇逝世，中央电视台迅速反应做好有关报道。

4月22日 由社会与法频道与全国“扫黄打非”办、新闻出版总署、国家版权局联合主办的知识产权宣传周“2010绿书签行动”正式推出，并于4月26日播出大型主题晚会。

4月23日 由中央电视台和国家图书馆联合主办的“世界读书日”特别节目《2010书香中国》于世界读书日当天在科教频道播出。

4月23日 音像资料馆、台团委联合举办以“与好书相伴，促形象建设”为主题的“4·23” 第十五个世界读书日主题活动。

4月24日 少儿频道《银河剧场》栏目播出52集大型国产动画片《少林海宝》。该片由央视动画有限公司和河南日报报业集团共同出品。

4月25日 2009～2010赛季中国男子篮球职业联赛结束，体育频道全程直播所有轮次的精彩赛事，共计直播41场，录播13场。

4月26日 中央电视台英语频道于19：00正式改版为英语新闻频道。中国网络电视台英语台配合英语新闻频道正式对外发布。

4月29日至5月2日 上海世博会开幕前后，七位中央政治局常委在上海参加系列重要活动，这是近年来中央领导同志到外地参加大型活动最为集中的一次。中央电视台成功直播国家主席胡锦涛欢迎并宴请前来出席开幕式的各国政要、中央领导同志出席上海世博会开幕式和开园仪式及相关活动。

4月30日 青少节目中心组织召开传统美德动画大片文选创作招标终评会。在十部入围作品中评出"中标奖"、"优秀提案奖"、"优秀创意奖"和"鼓励奖"。

4月30日 沪深A股上市公司2009年年报披露落下帷幕，财经频道推出年度特别节目《2009中国上市公司排行榜》。

4月30日 20:00，2010年上海世博会隆重开幕。中央电视台第一、四、七套节目和新闻、英语新闻、法语、西班牙语、俄语、阿拉伯语、高清频道对开幕式及焰火晚会进行了现场直播，并成功为国际广播中心提供开幕式及焰火晚会直播公用信号。中国网络电视台同步转播中、英、西、法、阿、俄六个语种的电视直播信号，覆盖全球140多个国家和地区。据统计，共有130个国家和地区的318家电视机构转播或部分使用了六个国际频道的节目信号，其中257家完整转播，61家部分转播。

4月30日 台北市长郝龙斌率台北市代表团赴上海参加世博会开幕式，并为台北案例馆揭幕。5月1日晚，郝龙斌接受中文国际频道《海峡两岸》栏目专访。

4月30日至5月9日 综合频道推出"相约五一"特别编排。

4月 中国网络电视台正式推出第14届CCTV青年歌手电视大奖赛官方网站——中国网络电视台青歌台。

4月 中国网络电视台推出健康台，由央视网健康频道升级而成，在互动性、权威性等方面均有较大提升。

4月 中国有线电视网络有限公司和广西、江西、内蒙古、宁夏、河北、华数、河南、四川、云南、陕西十家省（区）网在京举行签字仪式，共同发起成立"广电网络友好网"。

4月 财经频道《经济信息联播》、《交易时间》等多档资讯栏目持续关注3月份以来各地猪肉价格持续下跌的现象。

4月 中文国际频道首次以地面数字信号覆盖形式在新西兰华人电视台节选播出。

4月 梅地亚中心经SGS认证公司的严格评定，顺利通过管理体系年审，并取得2010年度 ISO9001：2008新版质量管理体系认证证书。

4月 由文化部、国家文物局和中央电视台主办，科教频道承制的2010年"中国记忆——文化遗产博览月"大型电视媒体行动筹备工作启动，这是科教频道连续第五年推出"中国记忆"特别节目。相关节目于5月18日至6月12日在科教频道播出。

4月 体育频道与播出传送中心等部门通力合作，圆满完成"2010年F1中国大奖赛"转播报道工作。

4月 中央卫星电视传播中心召开2010年全国代理会暨表彰会。

五月

5月1日 为庆祝上海世博会的召开，中国爱乐乐团受邀参加上海八万人体育场音乐会的演出，与宋祖英、郎朗、多明戈和周杰伦合作，呈献给七万多名观众一场西洋交响乐与中国民歌、美声和当代流行乐曲完美结合的跨界音乐会。

5月4日 台湾海峡两岸观光旅游协会北京办事处正式揭牌，中文国际频道进行多角度、立体式报道。

5月6日 海峡两岸共同举办多项纪念妈祖诞辰1050周年活动。中文国际频道重点时段《中国新闻》从多个侧面反映妈祖文化对两岸文化交流的促进作用。

5月7日 10：00，综合频道与新闻频道并机，在临时增加的一档《新闻20分》节目中，首播时长达9分40秒的重要新闻《应胡锦涛总书记邀请 朝鲜劳动党总书记金正日对我国进行非正式访问》，第一时间向世界发布了这一重要消息。14：00，综合频道与新闻频道再次并机，临时增加又一档《新闻20分》节目，播发金正日对我国进行非正式访问的最新报道。

5月7日 中央电视台英语新闻频道在斯里兰卡首都科伦坡通过地面无线频率落地播出。频道落地后，科伦坡约50万户市民可通过地面无线电视收看到英语新闻频道节目。

5月9日 《新闻联播》头条报道国家主席胡锦涛出席俄罗斯纪念卫国战争胜利65周年庆典。当日，新闻频道、中文国际频道、英语新闻频道、俄语国际频道推出特别节目，中国网络电视台推出专题及时报道。

5月9日 第14届CCTV青年歌手电视大奖赛团体决赛圆满结束。综艺频道在黄金时间现场直播了25场团体比赛。

5月10日 《新闻联播》推出“加快经济发展方式转变·访谈录”系列报道，分别采访15位国有企业负责人，结合实际畅谈加快转变经济发展方式的思路和措施。

5月10日 新闻中心在新闻频道、中文国际频道、英语新闻频道直播报道“南澳一号”沉船考古发掘，直播持续到5月20日。

5月10日至14日 少儿频道播出10集地震题材科普动画片《乐乐熊之米拉历险记》。

5月11日 国家广电总局召开2008～2009年度精神文明建设表彰大会。中央电视台机关党委、新闻中心获得总局精神文明建设先进集体荣誉称号。王玉倩等35位台职工获得总局精神文明建设先进个人称号，李彦吉获得总局精神文明建设先进工作者称号。

5月11日 中国网络电视台体育台播出世界杯特别节目《三味聊斋》第一期，并在中央电视台体育频道和CCTV风云足球频道播出。节目由中国网络电视台体育台和中央电视台体育频道联合制作，开创了台网联动新模式。

5月12日 中央电视台召开提高传播能力进一步深化改革动员大会。全体台领导，台本部副处级以上干部和台直属单位主要负责人参加会议。

5月12日 一架利比亚航班在利比亚首都的黎波里机场坠毁。新闻频道早于美国有线电视新闻网和英国广播公司，第一时间插播新闻并展开连续报道。

5月13日 国家广电总局党组成员、中央纪委驻总局纪检组组长王莉莉，国家广电总局规划财务司司长孟冬、副司长于保安等一同视察台新址建设工地。总会计师刘国良，副总工程师、新址办公室主任黄平刚等陪同。

5月13日 由中央纪委监察部电化教育中心与中国电视剧制作中心有限责任公司联合摄制的电视剧《远山的红叶》首播仪式在人民大会堂隆重举行。首播仪式前，中共中央政治局常委、中央纪委书记贺国强，中央书记处书记、中央纪委副书记何勇，在中央纪委副书记张慧新、马馼、李玉赋等陪同下，接见了剧组主创人员等。

5月14日 中央电视台驻曼谷站记者张萌和在当地聘请的摄像雇员，深入泰国军队与“红衫军”示威者发生冲突的现场，采访拍摄双方武装冲突瞬间场景，制作了独家报道《记者亲历曼谷街头冲突》，在新闻频道、中文国际频道、英语新闻频道及时播出。

5月16日 第四届全国体育大会在合肥开幕，体育频道全程直播开幕式，体育频道每天安排直播一场、录播两场赛事，《体育新闻》、《体坛快讯》、《体育世界》、《体育报道》等栏目全程报道赛事进展。体育大会于5月26日闭幕。

5月17日至19日 中共中央、国务院在京召开新疆工作座谈会。中央电视台圆满完成报道任务。

5月18日 由中央电视台主办的2010年北京国际电视技术研讨会举行。

5月23日 “中央新影扬州戏曲影视拍摄基地”挂牌仪式举行。这是中央新闻纪录电影制片厂联合扬州市园林管理局等单位，联手共创“文化产业、文化传承、文化传播”新模式的一项重要措施。

5月24日至25日 第二轮中美战略与经济对话在北京举行。中央电视台投入多个频道、从不同角度进行了全面深入报道。

5月25日 中国爱乐乐团在北京保利剧院举办了庆祝建团十周年庆典音乐会。中共中央政治局委员、国务委员刘延东同志和国家广电总局领导王太华、赵实、张海涛、张丕民及有关领导出席观看了演出。音乐会之后，刘延东同志还专门召开了部分演职人员座谈会并听取了汇报。4月至5月期间，中国爱乐乐团举办了五场建团十周年庆典系列音乐会。邀请到世界著名指挥家、独奏家、歌唱家与乐团合作。

5月26日 由亚太广播发展机构主办、国家广电总局承办的第七届亚洲媒体峰会在北京闭幕。中广国际总公司顺利完成了本次峰会的会务服务等工作。

5月26日 财经频道播出美国国务卿希拉里·克林顿专访，受到各方好评。

5月27日至31日 第13届科博会展览会在北京举行，《新闻联播》和新闻频道相关新闻以自主创新、战略性新兴产业和低碳经济三条主线展开。

5月28日 CCTV传统美德动画大片文学创作招标评审结果发布会举行。经过64位专家、学者的评审，共遴选出中标奖一名（央视动画有限公司等创作的《故事奶奶一家亲》），优秀提案一、二、三等奖各一名，优秀创意奖一名，参与鼓励奖五名。

5月28日至6月3日 国务院总理温家宝访问韩国、日本、蒙古国和缅甸，并出席在韩国济州岛举行的第三次中日韩领导人会议。中央电视台随行报道组顺利完成报道任务。

5月28日 副台长孙玉胜与马尔代夫国家广播公司执行总裁易卜拉欣·哈里尔签署了《新闻交换合作协议》，内容涵盖节目交换、互授新闻版权、联合采访等

CHINA CENTRAL TELEVISION YEARBOOK

合作领域。

5月30日 第50届世界乒乓球锦标赛团体比赛结束，体育频道进行全程直播。

5月31日 第23个世界无烟日，英语新闻频道重点关注亚洲国家禁烟现状。

5月31日 2010年六一晚会《和祖国一起成长》在中央电视台一号演播厅成功录制。中共中央政治局委员、全国人大常委会副委员长王兆国，中共中央政治局委员、国务委员刘延东，全国人大常委会副委员长乌云其木格，全国人大常委会副委员长、全国妇联主席陈至立，全国政协副主席张梅颖，全国政协副主席王志珍，中国关心下一代工作委员会主任顾秀莲，以及国家广电总局副局长赵实等主办单位负责人，与孩子们一起观看演出。在晚会现场，中国网络电视台少儿台正式开播。晚会实况于6月1日在综合频道、少儿频道播出。

5月31日 首届中央电视台“青年五四奖章”颁奖典礼暨“形象建设大家谈”特别活动举行。

5月 《我们的节日·春节》网上书画、摄影大赛征稿活动顺利结束。经过网上投票和初选，选出获奖作者书法类26名、国画类28名、摄影类27名。本次活动由中央文明办指导，中国网络电视台联合中国文明网主办。

5月 由中国有线电视网络有限公司牵头，联合央视网等单位共同申请的国家高技术研究发展计划（863计划）信息技术领域“新一代高可信网络”重大项目——“基于高可信网络的新兴业务系统的开发及示范”项目正式获科技部批准。

5月 由中国有线电视网络有限公司承担的国家科技支撑项目课题“数字媒体内容集成交换平台”的视频交换和视频通信实验平台成功建立，标志着该课题由规划阶段转入具体实施阶段。此项课题是“十一五”科技支撑重大项目“互动新媒体网络与新业务科技工程”的核心课题之一。

5月 由中国出版工作者协会年鉴工作委员会主办的第四届全国年鉴编纂出版质量评比活动在济南举办颁奖大会，《中国中央电视台年鉴》获综合一等奖。

5月 巴哈马国家电视台来函，希望中央电视台提供有关中国历史、文化、体育、动植物、旅游风光等方面的英文节目供其播出。海外联络部寄出《和田玉的探源》、《丽江古城》、《今日高原妇女》、《奥运专辑》等15部电视节目。巴哈马国家电视台从六月起每周日播出以上节目。

5月 墨西哥湾漏油事件引起世界高度关注，中央电视台各频道持续关注。

5月 中直工会、国家广电总局工会下发有关决定，追授中央电视台职工刘薇同志中直机关五一劳动奖章。

六月

6月1日 中国网络电视台世界杯台正式上线。

6月1日 “中国网络电视台少儿搜索”页面开发完成并正式上线。

6月1日 中国网络电视台发布首个360度全景图片展示模块，并成功运用在网络版“东北烈士纪念馆”中。

6月1日 新闻中心开始实施《新闻中心节目把关人制度》。

6月2日 中央电视台南非世界杯前方报道首条新闻于北京时间23:30回传北京，并在6月3日的《体育晨报》中播出，标志着中央电视台南非世界杯前方报道正式展开。

6月3日 人类首次模拟火星载人航天飞行试验——“火星-500”在俄罗斯莫斯科拉开帷幕。中文国际频道《中国新闻》及时跟踪报道。

6月4日至5日 20国集团财长和央行行长会议在韩国召开。英语新闻频道编发会前各方观点。

6月9日至16日 2010年度中央电视台英语演讲风采大赛全国总决赛在京录制完成。于7月19日至8月6日作为暑期特别节目在科教频道播出。

6月9日至20日 第14届CCTV青年歌手电视大奖赛美声、民族、流行三种唱法个人单项决赛圆满结束，综艺频道共直播12场比赛。评选出金奖一名、银奖二名、铜奖三名和优秀奖六名。

6月11日 南非世界杯开幕并举行揭幕战，中央电视台顺利完成转播报道。

6月12日 科教频道推出“中国文化遗产日”大型直播节目，引起海内外媒体持续关注。

6月14日至7月11日 中视实业公司承办的第七届秦皇望海祈福文化旅游节在秦皇岛海港区举行。

6月18日 财经频道与中央财经大学联合举办“中央电视台财经频道财经专业培训班”结业典礼。3月19日以来，财经频道共举办了24场涉及多个财经领域的培训，参加培训达3000多人次。

6月19日 中国人民银行19：30发布消息，宣布我国将实行弹性的人民币汇率机制。《新闻联播》、新闻频道及时播发消息。财经频道、英语新闻频道进行权威解读，积极引导舆论。

6月19日至20日 中共中央政治局常委、国务院总理温家宝前往广西梧州市，实地察看汛情、灾情，慰问奋战在抗洪救灾一线的干部群众，部署防汛抗洪救灾工作。中央电视台记者全程随行采访拍摄，圆满完成报道任务。在回京途中，温家宝亲切看望慰问随行记者，对中央电视台记者工作作风给予充分肯定。

6月19日至20日 中共中央政治局常委、全国政协主席贾庆林出席第二届海峡论坛并在福建调研。《新闻联播》及时播出报道。

6月20日 第二届海峡论坛大会在福建厦门开幕，中文国际频道以直播、新闻等多种形式展开及时充分报道。

6月21日至26日 社会与法频道播出"国际禁毒日宣传周"，构成了五天专题加6月26日当天90分钟特别节目的播出格局。

6月22日 中视卫星电视节目有限责任公司成立暨境外平台监管系统升级运行仪式举行。国家广电总局副局长田进出席，并启动境外平台监管系统卫星信号。中国国际电视总公司总经理李建主持并致辞。

6月23日 新闻频道评论专栏《新闻1+1》播出《电视相亲：非诚即扰！》，针对一些电视相亲节目中暴露出的嘉宾作假、宣扬"拜金"，甚至直接挑战社会伦理和道德底线等问题，深刻批判其中存在的低俗化现象，剖析其对社会和公众的负面影响，强调媒体应肩负起弘扬主流价值观的社会责任。节目引起各方的强烈反响和讨论。

6月24日 朱莉娅·吉拉德成为澳大利亚首位女总理。中央电视台英语新闻频道、财经频道予以及时报道、深入解读。

6月24日 国家广电总局副局长田进，俄罗斯大众传媒署署长谢斯拉文斯基，中央电视台副总编辑黄传芳以及中俄两国媒体代表，参加了在莫斯科举行的由俄语频道与俄罗斯新闻频道在莫斯科和圣彼得堡合作拍摄的《俄罗斯的汉语热》系列专题节目开机仪式。

6月24日起 财经频道每晚在《市场分析室》栏目中播出由路透社中文财经评论员在美国纳斯达克股票交易市场演播室对刚刚开盘的道指、纳指和标准普尔指数的点评及分析，实现了美国资本市场资讯中国同步播报。

6月24日至7月4日 由中国电视剧制作中心有限公司转企改制后与中央纪委电教中心合拍的首部电视剧《远山的红叶》在CCTV-综合频道黄金时间播出，引起热烈反响。

6月26日至27日 20国集团领导人第四次峰会在加拿大多伦多举行。财经频道、法语国际频道以多种手段进行报道。

6月 中数传媒平台代播机房正式开通。代播机房项目旨在建立地方数字付费频道播出系统和压缩编码系统，为地方付费频道运营商提供从节目播出到上星传输的整体技术服务，从根本上解决长期困扰中数集成平台的地方频道安全播出隐患，同时有利于提高中数传媒拓展服务和盈利的新渠道。

6月 喀麦隆观众致信法语频道表示，一批喜爱频道节目的忠实观众自发成立了一个"CCTV—喀麦隆粉丝俱乐部"。成员们通过观看法语频道的节目，学习感受中国的语言与文化，并开展联谊活动等交流收看心得。

6月 中国有线电视网络有限公司开通至中央电视台第九路新闻回传通道。第九路通道共传输浙江、西藏、上海三个站点的四套节目信号。

6月 长城（加拿大）平台在加拿大贝尔公司的IPTV平台上试播，为实现长城平台在加拿大全境落地迈出了关键一步。

6月 在海南省"企业履行社会责任"情况调查中，中国有线电视网络有限公司海南分公司被授予"最具社会责任感企业"荣誉称号。

七月

7月2日 国家广电总局副局长张海涛到中国网络电视台调研，并听取IPTV中央集成播控平台建设工作汇报。

7月3日至26日 体育频道全程转播2010年环法自行车赛。

7月5日 中央新闻纪录电影制片厂、中广亚广播信息网络有限公司、新加坡媒体管理局三方共同签署了合作拍摄纪录片备忘录，旨在建立一个世界级的、面向全球华人的文化频道。

7月5日 中国网络电视台邀请中央电视台主持人走进人民大学，围绕大学生活和就业规划等与大学生进行交流，正式启动"央视主播校园行"活动。

7月5日至6日 党中央、国务院召开西部大开发工作会议，中央电视台突出宣传我国深入实施西部大开发战略。

7月8日 财经频道报道国际货币基金组织（IMF）发

布《全球经济展望和全球金融稳定报告》，成为全球首家发布报告的媒体。

7月10日至11日 第六届两岸经贸文化论坛在广州举行。《新闻联播》和新闻频道与各国际频道的重要新闻节目，及时报道中共中央政治局常委、全国政协主席贾庆林和中国国民党荣誉主席吴伯雄出席论坛开闭幕式并致辞。

7月12日 中央电视台综合频道、体育频道、高清频道、风云足球频道全程直播了南非世界杯决赛和闭幕式，标志着中央电视台南非世界杯赛事转播工作顺利结束。世界杯期间，中央电视台直播全部64场比赛，赛事直播总量超过400小时。同时，多频道、多频次重播赛事，精编赛事重播总量近900小时，各类赛事集锦近300小时。圆满完成报道任务。

7月13日 体育频道推出一档历时80天、囊括6项赛事、直播100场比赛、录播120场经典比赛的大型主题节目“篮球嘉年华”。

7月15日 国家统计局发布2010年上半年经济运行情况数据。《新闻联播》及有关频道提前开展预热报道，全程直播发布会并第一时间展开多视角分析。

7月15日 由中文国际频道承办的第六届世界合唱比赛开幕式晚会在浙江绍兴市举办。中共中央政治局常委、中央书记处书记、国家副主席习近平发来贺信，中共中央政治局委员、国务委员刘延东，全国人大常委会副委员长韩启德，全国政协副主席何厚铧出席开幕式并观看晚会。

7月16日 中石油大连一码头输油管线发生起火爆炸。新闻频道、财经频道、中国网络电视台及时跟进报道。

7月16日 中国广电节目在中非落地实施合同签约仪式在中非总理府举行，中非总理图瓦德拉、中广国际总公司总经理李金荣代表双方在合同文本上签字。中央电视台法语国际频道通过开路播出方式实现在中非落地，节目信号覆盖中非首都班吉及周边地区，预计约80万人可以收看。

7月16日至17日 中国广播影视数字版权管理论坛第30次会员大会暨ChinaDRM标准起草委员会第23次会议在北京召开。总工程师丁文华主持会议。会议讨论了《数字电视元数据标准体系》、《双向DTV数字版权管理技术标准（规范）草案》、《精简权利对象描述（CROD）标准草案》等。

7月16日至25日 第九届环青海湖国际公路自行车赛在青海举行。体育频道派出15人报道小组全程跟踪报道。

7月18日 《新闻30分》和新闻频道独家播出的《发改委首次公布录音，绿豆价格暴涨背后黑手》，对2010年初席卷全国的绿豆涨价风成因进行了披露。

7月19日 科教频道连续播出中央电视台英语演讲风采大赛全国总决赛。

7月19日 中央电视台在梅地亚中心举行亚运广告资源说明会。副台长罗明，副总编辑兼广告经营管理中心主任程宏，以及来自企业、广告公司和媒体的300多名代表参加会议。

7月19日 中文国际频道《今日亚洲》栏目正式启动与马尔代夫国家电视台TVM的新闻交换合作。

7月19日，《新闻联播》推出“十年新西部”系列报道和评论。

7月21日 由中央电视台和台湾中天电视台联合举办的“第九届海峡两岸知识大赛”圆满结束。副总编辑黄传芳，国台办新闻局局长杨毅以及中天电视台相关负责人观看决赛，并为参赛选手颁奖。

7月22日 英语新闻频道在澳大利亚通过澳星直播平台实现落地播出。副台长张长明、我驻悉尼总领事、澳星公司总裁以及海外传播发展中心负责人等参加签约和开播仪式。

7月22日 台风“灿都”在广东沿海登陆。新闻频道多点直播报道。

7月23日 中国网络电视台《手机电视集成播控平台技术方案》顺利通过国家广电总局评审验收。

7月26日至8月29日 综艺频道在五周时间内推出暑期特别编排。

7月27日 中央电视台召开领导干部竞争上岗工作总结大会。

7月27日 “心连心”艺术团赴内蒙古鄂尔多斯进行慰问演出。内蒙古自治区副主席刘新乐、自治区政协副主席娜仁，副台长胡恩，以及当地各界群众9000余人观看演出。

7月28日 南京市原南京第四塑料厂厂区发生可燃气体管道泄漏爆炸并引发大火，造成愈百人伤亡。各有关频道迅速进行报道。

7月28日 中宣部副部长蔡名照、国家广电总局副局长田进重点考察了中国网络电视台IPTV中央集成播控平台建设情况，并对加快推进“三网融合”工作提出具体要求。中宣部新闻局局长张小影、副局长葛玮，国家广电总局传媒司司长陶世明、副司长魏党军等陪同考察。

7月28日 针对吉林省特大洪水将7000只左右的化工企业物料桶冲进松花江事件，综合频道、新闻频道和各国际频道以直播、新闻、专题节目等形式，持续跟踪报道吉林省积极采取各种措施拦截打捞物料桶和吉林市正常供水等情况。有效稳定了社会人心，遏制了谣言的滋生蔓延。

7月28日 由中视传媒股份有限公司子公司上海中视国际广告有限公司承办的2010年度国家广电总局向新疆捐赠少数民族译制语电视剧、电视动画片仪式在新疆和田举行。国家广电总局副局长张丕民、新疆维吾尔自治区人大副主任杜秦瑞，以及中央统战部、国家民委等单位负责人出席仪式。上海中视国际广告有限公司共向全国90多家制作机构筹集和落实捐赠电视剧56部2051集，动画片38000多分钟。

7月28日至8月1日 体育频道全程直播第六届斯坦科维奇杯洲际篮球赛8场比赛。

7月29日 CCTV—综合频道黄金时间播出电视剧《江姐》。

7月30日 著名科学家钱伟长逝世。新闻频道及时播发动态消息，并以多种形式深入挖掘、充分反映钱伟长留给后人的精神财富。

7月 全国大部分地区和一些国家持续高温，个别地区气温超过40度，达到同期历史最高值。综合频道、新闻频道和各国际频道全方位报道罕见高温天气及各地应对情况。

7月 俄语国际频道与俄罗斯公共电视台就加强合作达成多项共识。

7月 在新医改方案公布一周年之际，综合频道、新闻频道并机播出《朝闻天下》推出的“医改一年间”挂标系列报道。

7月 两岸经济合作框架协议（ECFA）签署后，中文国际频道《中国新闻》持续跟进报道ECFA签署对台湾经贸交流和民众生活的各种利好，客观反映岛内ECFA后续审查工作的最新进展。

7月 综合频道、新闻频道、财经频道等多角度关注我国自主品牌汽车创新之路。

7月 中国有线电视网络有限公司电视网络有限公司申报的《有线网络整合与应对三网融合竞争》研究课题正式获批为国家广电总局2010年部级社科研究项目。

7月 中央电视台有六项课题入选2010年度国家广电总局部级社科研究项目。其中，《全国电视市场收视格局变化趋势及中央电视台核心竞争力建设》入选重大课题，《电视剧质量综合评价体系研究》入选重点课题，《中央电视台英语新闻频道国际传播能力建设研究》及《电视节目资料有偿使用与市场开发管理体系研究》入选一般课题。此外还有《中国电视科普节目创新研究》和《事业体制电视制作单位转企改革研究——中国电视剧制作中心转企改制个案分析》两项课题入围。

7月 中国国际电视总公司节目代理部与德国北威州电视台（NRWTV）签署协议。该台于2010年8月18日起每天18:00～19:00开设《中国时间》栏目，介绍中国的文化、旅游、艺术、美食健康、社会民生等。这是中国国际电视总公司首次大规模将中央电视台节目推广到德国主流媒体。

7月 财经频道《经济信息联播》连续跟踪报道大蒜零售价格持续上涨。

7月 中央电视台驻外记者站新闻业务网站开始试运行。该网站包括记者选报题、文稿传送、播出统计、重要信息发布、编辑与记者交流等环节，有效强化国际报道的前后期沟通机制，提高中央电视台驻外记者的工作效率。

7月底至8月初 财经频道《经济半小时》、《今日观察》、《中国财经报道》等多个栏目联动，通过记者体验式报道从楼盘“空置率”观察当前楼市。

八月

8月1日 中央电视台英语新闻频道在休斯敦地面数字电视网KTBU55.6台开播，节目全天覆盖休斯敦及德克萨斯州部分地区的480多万数字电视收视户。

8月1日至2日 河南登封“天地之中”历史建筑群和“中国丹霞”地貌景区在第34届世界遗产大会上被正式列入《世界遗产名录》，综合频道、新闻频道和各国际频道的新闻节目进行及时报道。

8月2日至31日 音乐频道推出暑期特别编排“2010CCTV夏季音乐周”。

8月3日 长城（欧洲）平台在法国电信运营商布伊格电信（BOUYGUES）IPTV平台上正式播出，节目可覆盖法国全境。

8月3日至4日 中共中央政治局常委、国务院总理温家宝前往灾情严重的吉林省吉林市，考察指导防汛抗洪工作。中央电视台顺利完成报道任务。

8月4日 体育频道推出时长超过四个小时的广州亚运会倒计时100天特别节目。新闻频道和中文国际频道倒计时100天报道各具特色。

8月5日 台分党组理论学习中心组传达学习了胡锦涛总书记在中共中央政治局第22次集体学习时关于文化建设和文化体制改革的重要讲话精神，传达学习李长春同志在中央宣传思想工作领导小组上的重要讲话精神和中宣部、国家广电总局文件精神，就贯彻落实提出了具体要求。

8月5日 何宗就副台长会见越南胡志明市电视台副台长阮文协一行。

8月7日 第四届全国少儿曲艺大赛颁奖晚会举行，49个节目分获一、二、三等奖。中国关心下一代工作委员会主任顾秀莲，中国文联党组书记胡振民，副总编辑李挺以及中宣部、团中央、中国文联、中国曲艺家协会等单位有关负责人、曲艺界艺术家等参加。

8月8日 甘肃舟曲突发特大山洪地质灾害。新闻中心紧急启动应急报道机制，迅速组织力量赶赴灾区进行报道。根据中央办公厅有关要求，新闻中心正式启动《央视新闻快报》报送机制。按照报送机制的规定，新闻总值班室分别于14：35、16：11和20：11上报三期《央视新闻快报》，及时为上级部门提供新闻中心前方记者掌握的一手信息，为领导决策提供参考。

8月8日至9日 中央政治局常委、国务院总理温家宝在甘肃舟曲灾区察看灾情，看望慰问受灾群众，指导抗洪抢险救灾工作。中央电视台前后方协作，完成报道任务。

8月9日至9月13日 台湾中视播出由北京辉煌动画公司制作的首部中日合拍大型高清动画电视连续剧《三国演义》，每日播出两集。

8月10日 受中宣部副部长、国家广电总局局长王太华委托，国家广电总局副局长赵实来中央电视台调研领导干部竞争上岗工作。

8月10日 中文国际频道《中国新闻》持续跟踪报道中国、肯尼亚两国考古学家联合搜寻明代“郑和宝船”活动，揭示600年前中非经济往来的历史。

8月11日 中文国际频道第三届“汉语桥”在华留学生汉语大赛新闻发布会暨启动仪式举行。国家汉办副主任王永利、台副总编辑黄传芳等参加。本届大赛由中文国际频道和国家汉办、孔子学院总部联合举办。8月18日起，中文国际频道连续播出决赛实况，8月28日直播总决赛暨颁奖晚会。

8月11日 新闻频道《国际时讯》先于美联社、路透社等国际媒体，报道新型“超级细菌”在多国蔓延的新闻。

8月12日 四川十个市州遭遇特大山洪泥石流。新闻中心及时报道。

8月13日至17日 中共中央政治局常委、中央纪委书记贺国强先后到西藏、青海等地考察调研，并看望慰问玉树地震灾区群众。中央电视台顺利完成报道任务。

8月14日 体育频道青奥会前方报道团圆满完成135分钟的首届青奥会开幕式直播报道任务。

8月15日，全国举行哀悼活动，深切哀悼甘肃舟曲特大山洪泥石流灾害遇难同胞。中央电视台20余个频道同步转播新闻频道特别节目《我们风雨同舟》，各国际频道相继调整节目编排进行报道，全国各省（区市）卫视频道也同步转播新闻频道特别节目。

8月16日 财经频道推出由中宣部理论局和中央电视台联合制作的大型电视系列片《七个怎么看》，引发热烈反响。

8月17日 “中国网络电视台——春晖行动”网络公益捐助平台正式上线发布。该平台通过善款募集、捐助理念、春晖帮扶、春晖讲堂、资讯传播等板块，积极探索新型社会公益模式。

8月17日 《高清晰度节目制作示范平台（中央电视台部分）》项目通过国家发改委委托国家广电总局的验收。项目于2004年4月启动，至2008年1月全部完工。该项目中《800平米高清晰度电视大型直播演播室系统》、《高清后期网络制作系统》、《中型高清数字EFP系统》分别获得国家广电总局科技创新奖。

8月19日 中共中央、国务院和中央军委在青海西宁举行青海玉树全国抗震救灾总结表彰大会，中央电视台新闻频道进行直播报道。中央电视台新闻中心玉树抗震救灾报道团被授予“全国抗震救灾英雄集体”称号，新闻中心玉树抗震救灾报道团记者刘龙荣获“全国抗震救灾模范”称号。

8月19日 中文国际频道10:00推出“权威发布”特别节目，全程直播中宣部等部门举办的文化体制改革专题新闻发布会；12：00《中国新闻》在突出位置播发《文化体制改革进展顺利 成效良好》等新闻，充分展示我国文化体制改革的进展与成效。俄语国际频道全方位报道了文化体制改革专题新闻发布会和我国文化体制改革进展与成就。

8月20日 新闻中心组织相关前后期部门，召开恶性事件报道与媒体责任研讨会，讨论完善《新闻中心恶性事件报道守则》，着手建立规范恶性事件报道的长效机制。

8月21日 2010新一代电视技术发展峰会举行，中央电视台副台长何宗就、总局科技司副司长王联，台副总工程师宋宜纯等参加。本次峰会由第19届北京国际广播电影电视设备展览会（BIRTV2010）组委会、技术管理办公室等联合主办。

8月23日 第19届北京国际广播电影电视设备展览会（BIRTV2010）开幕，国家广电总局副局长赵实、张丕民，在总局有关司局负责人朱虹、王效杰、宋卫民，台领导何宗就、李建、丁文华，副总工程师宋宜纯的陪同下参观了展会。

8月23日 财经频道在开播一周年之际推出十集大型纪录片《公司的力量》。

8月23日 香港康泰旅行社一辆旅游巴士在菲律宾首都马尼拉被劫持。新闻中心迅速启动突发事件应急响应机制，新闻频道第一时间采访我国驻菲大使馆领事，中文国际频道打破常规版面编排，从21：00到24：00推出特别报道。英语新闻频道迅速打断《对话》栏目直播，以两小时的篇幅直播人质劫持事件。

8月23日至28日 十一届全国人大常委会第十六次会议在北京举行。新闻中心提前策划，精心准备，深入挖掘会议新闻资源，高质量完成报道任务。

8月24日 2010年全国儿童歌曲大奖赛第五场决赛完成录制，至此，大赛决赛圆满结束。《爸爸的雪花》等十首歌曲获得金奖，还评选出银奖、铜奖儿歌作品各十首。五场决赛的录像于8月23日至27日陆续在少儿频道播出。

8月24日 一架由黑龙江哈尔滨飞往伊春的E190型飞机降落时失事，40余人遇难，50余人受伤。新闻中心迅速启动应急响应机制播发新闻。8月25日，时政新闻部距《新闻联播》开播只有八分钟时收到《黑龙江省伊春市发生飞机坠毁事故 胡锦涛总书记 温家宝总理作出重要指示》新闻稿，《新闻联播》及时抢发胡锦涛、温家宝重要指示新闻。

8月26日 深圳经济特区成立30周年纪念日，中央电视台阿拉伯语国际频道、中国网络电视台等积极给予关注。此外，综合频道、综艺频道分别于8月30日和31日播出中央电视台“心连心”艺术团赴深圳慰问演出实况。

8月26日 中国电视剧制作中心有限公司与中视传媒股份有限公司联合举行战略合作协议签约仪式。

8月26日 首届青奥会在新加坡闭幕。中央电视台圆满完成转播报道。

8月26日 中央电视台《新中国成立60周年庆典活动高清转播系统》、《全球覆盖系统》、《综合节目内容审片系统》、《电视节目资料胶片抢救整理修复及数字化工程项目》等四个申报国家广电总局科技创新奖的项目，顺利通过了国家广电总局科技司组织的专家委员会鉴定。

8月27日 中共中央总书记、国家主席胡锦涛在吉林长春同朝鲜劳动党总书记、国防委员会委员长金正日举行会谈。金正日8月26日至30日对中国进行非正式访问。中央电视台圆满完成新闻报道任务，得到中央有关部门领导的充分肯定。

8月27日 由中国国际电视总公司、中国广播电影电视节目交易中心与美国国家地理频道共同主办的“缤纷中国”纪录片选拔计划正式启动。

8月27日 广告经营管理中心首次联合网络媒体在京主办金融品牌营销峰会。

8月27日至29日 广告经营管理中心召开同路传播、中视金桥等四家重点本土招标代理公司VIP客户沟通会，2011年广告招标推广工作正式启动。

8月28日 中文国际频道亚洲版、欧洲版、美洲版向全球现场直播第三届“汉语桥”在华留学生汉语大赛总决赛暨颁奖晚会。国家广电总局副局长田进、教育部副部长郝平、国家汉办主任许琳、副台长张长明、中文国际频道总监以及外国使节等参加晚会，并为获奖选手和单位颁奖。来自日本的留学生蜂谷诚获得金奖第一名和“汉语之星”称号。本次大赛由中央电视台与国家汉办共同主办。中文国际频道自8月18日起连续十天播出大赛盛况。

8月28日至9月4日 北京首届世界武搏运动会举行，中央电视台圆满完成制作开幕式及全部13个比赛项目的国际公用信号任务。

8月29日 科教频道推出特别直播节目《中国恐龙大调查》，作为频道暑期特别编排的收官之作。

8月31日 台风“圆规”和热带风暴“狮子山”、“南川”共同影响我国东南沿海地区。新闻中心利用台内外新闻资源进行“迎战台风”报道。

8月31日 美国正式宣布在伊拉克的七年作战任务结束。新闻中心提前策划，推出多种形式的报道。

8月 财经频道分别与甘肃、浙江、四川、广东、云南等18个省的近50多个县（市）合作，启动“县域财经资讯采集平台”建设工作。

8月 《中央电视台新栏目研发管理暂行办法》经台分党组审议正式下发实施，标志着中央电视台新栏目研发工作正式启动。

8月 《新闻联播》推出“加快转变经济发展方式·调研行”系列报道，已连续播出30余条，配发评论10余条，受到相关国家部委和地方政府的好评。

8月 中国国际电视总公司节目代理部组团参加了韩国电视节（BCWW），电视剧《秦直道》、《大丫鬟》、纪录片《华尔街》等多部影视节目达成签约37万美元。圆满完成各项营销任务。

8月 在中视国际传媒公司与澳门广播电视股份有限公司合作下，中央电视台英语新闻频道在澳广视数字地面无线系统播出。

8月 第19届北京国际广播电影电视设备展览会（BIRTV2010）举行主题报告会，副台长何宗就主持报告会。国家广电总局科技司司长王效杰、中央电视台总工程师丁文华分别做主题报告。

8月 经过约一个月的测试调整，中国网络电视台爱西柚（播客台）视频转码系统顺利完成升级。

8月 中央电视台成立由副台长、新闻中心常务主任孙玉胜任组长的海外记者站建站协调工作小组，建立海外记者站建设联席工作机制。

九月

9月1日 外语频道正式启动新闻中心指挥系统（Assignment Desk）机制。该机制是指新闻总值班室作为五个语种国际频道新闻生产的指挥系统，承担发掘重点选题、形成报道计划、安排版面布局等功能，形成统一运行、全天24小时覆盖各语种国际频道的新闻生产全流程。

9月1日 由财经频道和教育部联合推出的大型公益节目《开学第一课》在综合频道首播。教育部要求全国中小学生集中组织观看。

9月2日 以色列、巴勒斯坦重启直接会谈。新闻频道、中文国际频道以多种形式及时、全面报道。

9月2日 《新闻中心音乐使用规定》正式施行。进一步完善了音乐使用规范。

9月3日 抗日战争胜利65周年纪念日，胡锦涛等党和国家领导人同首都各界群众代表一起参观中国人民抗日战争纪念馆，并向抗日战争烈士敬献花篮。时政新闻部等精心策划、周密准备，提前制定精确到秒的拍摄预案，多角度、全方位记录领导人活动的全过程，高质量完成报道任务。

9月3日 机关党委举办《划清“四个重大界限”的有关理论和实践问题》理论学习讲座，全台270余名处以上干部参加讲座。

9月3日 综艺频道正式改版播出。当天频道收视份额高达3.63%，创下半年以来新高。

9月4日 新西兰南岛发生里氏7.2级地震。新闻频道及时播发消息，并递进报道地震灾情和救灾进展，突出关注当地华人和中国留学生相关情况等。

9月4日至6日 中共中央总书记、国家主席、中央军委主席胡锦涛出席深圳经济特区建立30周年庆祝大会，并考察深圳经济社会发展情况。中央电视台圆满完成报道任务。

9月6日 梅地亚中心举行开业20周年庆典招待会。全国人大、中宣部新闻局、中国记者协会、北京市旅游局、海淀区政府等单位的有关负责人共300余人参加了招待会。

9月6日 首部中日合拍的大型高清动画电视连续剧《三国演义》（韩语配音版）在韩国EBS电视台首播。

9月6日 财经频道推出60集电视系列短片《中国股市记忆》，纪念中国资本市场成立20周年。

9月7日 联合国贸发会议第二届世界投资论坛在厦门开幕，国家副主席习近平出席开幕式并发表主旨演讲。中央电视台直播开幕式。

9月7日 我国一艘渔船在钓鱼岛海域同两艘日本巡逻船相撞。中文国际频道《中国新闻》从当日16：00起持续关注事件发展情况。

9月8日、9日，大型节目制作中心圆满完成2010年教师节主题晚会《播种未来》录制工作，晚会于10日晚在综艺频道播出。

9月9日 中共中央总书记、国家主席、中央军委主席胡锦涛在第26个教师节即将到来之际前往中国人民大学及附属中学看望师生员工。中央电视台及时安全播出新闻，受到中央领导同志的充分肯定。

9月12日 《海峡两岸经济合作框架协议》（ECFA）与《海峡两岸知识产权保护合作协议》生效。新闻频道和各国际频道的新闻节目跟踪报道。

9月12日 海军第五批赴亚丁湾索马里护航编队圆满完成护航任务回国。中央电视台随行记者连续驻舰工作200天，全程报道护航行动和护航编队结束护航任务后访问亚欧非四国。

9月13日 2010年夏季达沃斯论坛在天津开幕，国务院总理温家宝出席开幕式并致辞。中央电视台积极开展相关报道。

9月13日 正在美国访问的中宣部副部长、国家广电总局局长王太华，在纽约看望慰问了中央电视台驻美洲中心记者站代表，对进一步做好驻外记者工作提出具体要求。副台长胡恩，总局传媒机构管理司司长陶世明，总局国际合作司副司长曹寅陪同看望。

9月13日 以“我的品牌，我们的世界”为主题的2011年黄金资源广告招标首场说明会在北京举行。副台长罗明，副总编辑兼广告经营管理中心主任程宏及国内外知名企业、广告公司、媒体代表1200余人参加会议。

9月13日 中视国际传媒有限公司与加拿大第二大电信公司泰勒斯公司（Telus）合作，通过泰勒斯公司的IPTV平台在加拿大西部地区正式播出中国电视长城（加拿大）平台节目。

9月14日 财经频道联合国家发改委价格司，在《经济信息联播》联席发布财经评论《粮价稳则民心安》。这是媒体首次与国家权威部门共同发布联席评论，并开创了电视媒体与国家部委同步发表同一评论的先河。

9月15日 国际金融危机爆发两周年，新闻频道、财经频道以及各国际频道从不同角度予以关注报道。

9月15日至16日 美国再度施压人民币升值。新闻频道、中文国际频道、财经频道等采取多种报道形式，彰显我国政府在人民币汇率上的一贯立场。

9月16日，奥林匹克博物馆纪念墙中央电视台纪念砖揭幕仪式在瑞士洛桑举行，国际奥委会主席罗格，台副总编辑李挺，体育频道总监等参加仪式。奥林匹克纪念墙由100多块大理石纪念砖组成，旨在感谢在国际奥林匹克运动发展史上做出贡献的组织机构。获选的组织机构能够把自己的名称刻在纪念砖上。

9月16日 我军受邀并派出三军仪仗队参加墨西哥独立200周年纪念日阅兵式。中央电视台驻阿根廷站记者跟踪采访报道，先后为综合频道、新闻频道与各国际频道的新闻节目提供八条相关新闻。

9月18日 综合频道、新闻频道新闻与专题栏目联动，深入报道被称为“雷锋传人”的鞍钢集团矿业公司普通职工郭明义的先进事迹。

9月19日 中央电视台第七届职工田径运动会举行。

9月20日 由中央电视台主办，天津广播电视集团、天津电视台承办的2010全国电视新闻年会在天津召开。

9月21日 中央电视台与中国音乐著作权协会签署音乐付酬合作协议。此次合作协议的签订，使中央电视台获得了使用音乐作品的一揽子授权，解决了大量使用中外音乐作品时需要逐一获取授权的难题。

9月21日 亚广联第九届亚太大学生机器人大赛在埃及举行。由少儿频道选送的电子科技大学代表队夺冠并获得了亚广联颁发的2010特别大奖，这是中央电视台选送的参赛队连续第四次摘得此项赛事桂冠。

9月21日至24日 国务院总理温家宝赴纽约出席联合国高级别系列会议。中央电视台随行报道人员在中央电视台美洲中心记者站和纽约记者站的配合下，及时、充分地报道温家宝联合国之行。

9月21日至30日 中共中央政治局常委李长春出访爱沙尼亚、黑山、爱尔兰及伊朗四国。中央电视台圆满完成此次报道任务。

9月22日 科教频道推出50分钟特别节目《我们的节日·中秋——中华长歌行》。

9月22日 财经频道播出十集大型电视纪录片《华尔街》。该片以华尔街金融危机为切入点，通过梳理两百多年来以证券市场为中心的现代金融历史，对于资本市场兴衰与经济起伏的规律进行了深入探索。

9月22日 中央电视台第一、四、九套节目直播“芜湖月·中华情”——2010年中秋晚会。

9月22日 财经频道播出《打造中国经济新竞争力》电视辩论会。此次辩论会是财经频道在2010年夏季达沃斯论坛期间独家举办的官方电视论坛。

9月23日 中央电视台英语新闻频道在意大利TIVUSAT直播卫星平台上正式播出。

9月25日 持续16天的“和平使命——2010”上海合作组织武装力量联合反恐军事演习在哈萨克斯坦结束。中央电视台派出报道组跨境全程跟踪报道。

9月27日 由中央电视台大型节目制作中心组织策划的国家主席胡锦涛欢迎俄罗斯总统梅德韦杰夫访华文艺演出在人民大会堂举行，国家主席胡锦涛、俄罗斯总统梅德韦杰夫等中俄两国领导人共同观看演出。大型节目制作中心与总公司连夜制作演出光盘，并在28日上午派专人将节目光盘送到上海，在梅德韦杰夫总统结束访华前，将光盘作为胡锦涛主席送给梅德韦杰夫总统的礼物送交俄罗斯外交部门。

9月27日 中央电视台“心连心”艺术团赴四川甘孜进行慰问演出。综艺、综合频道分别于9月30日、10月1日晚黄金时段播出演出录像。

9月28日 正在伊朗访问的中共中央政治局常委李长春在伊总统府与伊朗副总统米勒塔基阿尔蒂尼一同为中央电视台驻德黑兰记者站揭牌。这是中央领导同志首次出席中央电视台海外记者站的成立仪式。

9月28日 国家广电总局副局长张海涛考察了中国有线电视网络有限公司并检查国家干线网节前安全播出准备工作情况。

9月28日 在古巴驻华使馆举办的庆祝中古建交50周年招待会上，古巴政府授予中央电视台特别贡献奖。古巴部长会议副主席卡夫里萨斯向中央电视台颁发奖牌，外语频道副总监野露露代表中央电视台领奖。

9月29日 中央电视台下发《桌面电子办公设备技术保障管理规定（试行）》，旨在加强中央电视台桌面电子办公设备规范化管理，防止有害信息侵扰，增强网络系统安全性，保证中央电视台业务正常运转。

9月 国干网东北链与中国有线电视网络有限公司业务合作方线路的互联互通工程全部通过验收。此项工程历时两年半，涉及辽宁沈阳、锦州、葫芦岛、铁岭，吉林长春、四平，黑龙江哈尔滨等13个市县，新建线路约100公里。

9月 综合频道、新闻频道和各国际频道新闻节目，持续关注“蜱虫叮咬致病”事件进展。报道及时客观，尊重科学，有效消除社会恐慌。

9月 体育频道全程转播了2010年世界男篮锦标赛，共直播比赛33场，录播40场；新闻栏目同步跟进报道，成为频道近期收视热点。

9月 财经频道多个栏目联动，通过访谈、深度报道、评论及资讯等持续聚焦我国文化体制改革与文化产业发展。

9月 中国有线电视网络有限公司海南分公司平稳有序地完成了海南省71.6万台STB4和STB8机顶盒软件升级工作。

9月 中国国际电视总公司参加了第七届台北国际电视节，参展各种类型节目近3000小时。实现正式签约83万美元、意向签约90万美元。

9月 中国网络电视台新闻台改版页面正式上线。

9月 中国有线电视网络有限公司圆满完成国干网西部SDH节点升级项目，进一步提升国干网业务容纳能力。

9月 “CCTV手机电视”应用程序正式登陆iPad平台。全球苹果用户登录相关链接，即可免费下载该程序，通过400Kbps到700Kbps高清码流，在线观看中央电视台精品视频。

9月 中国网络电视台2011年广告资源说明会在京举行，20余家央视知名广告代理公司参加会议。

十月

10月1日 党和国家领导人胡锦涛、温家宝、贾庆林、李长春、习近平、李克强、贺国强、周永康等同首都各界代表一起，向人民英雄纪念碑敬献花篮。综合频道、新闻频道和中文、英语、法语、西班牙语国际频道全程直播报道。

10月1日 “嫦娥二号”探月卫星在西昌卫星中心成功发射。中央电视台全程跟踪“嫦娥二号”“发射升空”、“中途修正轨道取消”、“搭载的科学仪器开机”、“第一次近月制动”等关键节点，引起海内外广泛关注。

10月1日 综合频道、新闻频道和中文、英语、法语、西班牙语国际频道以及中国网络电视台全面报道2010年上海世博会中国国家馆日活动。中央电视台直播2010年上海世博会中国国家馆日文艺晚会，并向全球提供了高清转播信号。

10月1日至2日 中共中央政治局常委、全国人大常委会委员长吴邦国出席上海世博会中国国家馆日仪式，参观世博会多个展馆，观看世博会中国国家馆日文艺晚会，并会见受邀前来出席中国国家馆日仪式的多国贵宾。时政新闻部等部门认真策划和准备，圆满完成一系列重要活动报道任务，

10月2日 国家广电总局副局长李伟前往上海世博园，考察中央电视台在世博会新闻中心的工作间和浦东演播室，看望慰问节日期间仍坚守工作一线的中央电视台世博会前方报道人员。

10月2日 2010年国际大学群英辩论会选拔赛决赛在青岛举行，副总编辑李挺、少儿频道总监以及青岛市委市政府有关负责人观看比赛并为获奖代表队和“最佳辩手”颁奖。

10月2日至9日 国务院总理温家宝应邀访问希腊、比利时、意大利、土耳其，并出席第八届亚欧首脑会议和第13次中欧领导人会晤，赴德国与德国总理默克尔会晤。中央电视台派出由新闻中心、播送中心组成的9人新闻报道组和三人直播组随行采访，出色完成报道任务。温家宝在回国途中亲切看望中央电视台随行报道人员，对中央电视台此次报道工作给予充分肯定。

10月2日至10日 体育频道全程直播2010中国网球公开赛。

10月4日至8日 中国国际电视总公司代表团参加了法国2010秋季戛纳电视节，与来自27个国家和地区的63家客户进行洽谈，达成正式和意向签约金额近100万美元。

10月5日至9日 中国爱乐乐团一行121人赴意大利，在罗马歌剧院为中意建交40周年庆祝活动暨“中国文化年”的开幕式演出了专场音乐会。国务院总理温家宝和意大利总理贝卢斯科尼出席并观看了音乐会。

10月8日，中央电视台新闻频道以及中文、西班牙语、法语国际频道在摩纳哥落地签约仪式在上海世博园摩纳哥馆内举行，摩纳哥国家元首阿尔贝二世亲王及政府高层，中国国际电视总公司总经理李建参加仪式。中央电视台四个频道将进入覆盖摩纳哥全境的有线电视网基本层，同时进入占摩纳哥酒店总数90%以上的10余家酒店（拥有1000多间客房）。

10月9日 中央电视台多频道直播报道广州亚运会火种采集仪式。

10月9日 中央电视台拉萨应急报道点在武警拉萨支队正式揭牌成立。

10月9日至11日 中共中央政治局常委、中央政法委书记周永康受中共中央总书记胡锦涛委托，率中国共产党代表团出席朝鲜劳动党成立65周年庆祝活动并对朝鲜进行友好访问。由时政新闻部和播送中心人员组成的

随访报道组圆满完成新闻报道任务。

10月11日 音像资料馆第三期改造项目启动会召开。

10月11日 中国爱乐乐团在保利剧院举办了“2010第13届北京国际音乐节”开幕式演出暨纪念弗雷德里克·肖邦诞辰200周年音乐会。

10月11日至19日 体育频道派出前方报道组，全程报道第五届环海南岛国际公路自行车赛九个赛段、1466公里的比赛。

10月12日 第16届亚洲运动会火炬点燃暨火炬接力活动启动仪式在北京天坛举行，中共中央总书记、国家主席胡锦涛亲手点燃主火炬，宣布第16届亚运会火炬传递开始。中央电视台完成亚运火炬点燃暨火炬接力启动仪式报道。

10月12日 首届东盟防长扩大会议在越南河内举行。中央电视台多频道新闻节目及时报道，突出宣传中方在非传统安全合作以及发展国防等方面的立场、观点。

10月13日 在智利圣何塞矿难中被困69天的30余名矿工陆续升井，我国技术人员和装备参与了救援行动。新闻频道、中文国际频道在不同时段推出直播报道。

10月14日 由中央电视台和全国普法办主办、综合频道承办的“共筑法治的力量——CCTV中国十年法治人物评选活动”正式启动，最高人民法院、最高人民检察院、公安部、司法部、中国法学会及中央电视台综合频道有关负责人参加启动仪式。《中国十年法治人物揭晓暨颁奖典礼》于11月24日录制，12月4日在综合频道播出。评选活动已成功举办九届，是中央电视台法治宣传品牌活动。

10月15日 罗明副台长会见来访的发展中国家主流媒体部级研讨班成员一行。研讨班由国家广电总局主办，成员由发展中国家的34名政府高级官员和主流媒体负责人构成。

10月15日至18日 党的十七届五中全会在北京举行。中央电视台精心策划、精心组织，高质量完成报道任务。

10月17日至19日 由中央电视台和上海市委宣传部联合主办、节目采购中心承办的2010年电视剧编剧年会在上海召开，上海市委常委、宣传部长杨振武，副台长胡恩，副总编辑朱彤，以及全国近50位剧作家等参加会议。

10月18日 由中央电视台和MTV全球音乐电视台联合主办的《音乐盛典——2010年度音乐颁奖礼》举行。本届盛典是内地最大规模、最具代表性的音乐颁奖礼，共颁出18个奖项。中国网络电视台独家图文或视频直播盛典相关活动。盛典实况于11月初在综艺频道黄金时段播出。

10月18日 圆明园罹劫150周年纪念日之际，中文国际频道新闻节目推出系列报道。

10月19日 央行发布上调人民币存贷款基准利率政策。财经频道迅速反应，第一时间多层次、多视角报道解读。

10月19日 中央电视台领导干部理论培训班第一期开班，全台154名处以上干部参加。

10月19日，国家广电总局批准中国网络电视台成为首批广播影视培训实践基地试点单位。

10月21日 台风“鲇鱼”造成台湾岛东北部暴雨成灾，宜兰发生山体滑坡，包括230余名大陆游客在内的一些人员和车辆被困苏花公路。新闻中心紧急调动我驻台湾站记者赴宜兰采访，进行及时充分报道。

10月21日至22日 副总编辑兼海外传播发展中心主任黄传芳率海传中心工作组赴香港，与香港亚洲电视管理层商谈中文国际频道（CCTV-4）在亚视地面数字平台落地播出事宜。

10月22日 何宗就副台长会见来访的西班牙语国家广电技术研修班一行。

10月22日 台团委举办“假如我是团委书记”——中央电视台青年职工演讲比赛。台分党组成员、纪检组组长、机关党委书记张海鸽及相关部门负责人担任特邀评委，全台33个基层团组织的干部及团员青年代表参加了活动。新闻中心王强强获一等奖。

10月22日至24日 中央电视台参加在江西南昌举行的第十七届中国国际广告节。

10月22日至26日 中央军委副主席郭伯雄率我国高级军事代表团参加在朝鲜举行的中国人民志愿军入朝参战60周年纪念活动，并对朝鲜进行正式友好访问。《新闻联播》、《中国新闻》等多频道重要新闻栏目及时、充分、准确报道。

10月23日至24日 中央电视台2011年黄金资源广告网上招标顺利举行，69家企业对“CCTV-1《晚间新闻》独家特约”、“CCTV-2《经济信息联播》独家特约”等16个标的物进行了激烈竞标。最终，红星美凯龙、美的、苏宁等企业成功中标。本次招标是中央电视台黄金资源广告首次进行网上招标。

10月25日 国家发改委宣布从26日零时起上调汽柴油零售价格。财经频道《经济信息联播》、《环球财经连线》等栏目进行了及时准确权威的解读。

10月26日 沪杭高铁正式开通，财经频道各档节目联动，从不同角度及时充分报道。

10月27日 《中共中央关于制定国民经济和社会发展第十二个五年规划的建议》公布，《新闻联播》及时播发消息，综合频道、新闻频道和中文国际频道的新闻节目立即推出深度解读。

10月30日 中宣部副部长蔡名照察看了中央电视台上海世博会闭幕式报道筹备情况，并看望慰问现场工作人员，上海市委常委、宣传部长杨振武陪同。

10月31日 2010年上海世博会圆满闭幕。中央电视台综合频道、新闻频道等以及中国网络电视台推出直播特别节目，对上海世博会高峰论坛开幕式、世博会闭幕式和文艺演出等进行转播报道，彰显“惜别世博、展望未来”的情怀，为中央电视台世博会报道画上了圆满的句号。2010上海世博会报道创造了中央电视台新闻报道史上同一事件报道的多项纪录：报道周期最长、参与报道人数最多、报道量最大、原创栏目和板块最多、首次异地搭建完整的节目流程系统。

10月31日 合资建设中央新影动漫文化城签约仪式举行，副台长、中央新闻纪录电影制片厂（集团）厂长兼党委书记高峰等参加。

10月 广告经营管理中心将近7000条广告片顺利交给音像资料馆，广告片第一次正式纳入全台音像资料统一管理系统。

10月 由国家广电总局主办、中广国际总公司承办的2010西班牙语国家广播电视技术管理研修班在京开班，来自9个西语国家广播电视机构的28名政府官员参加。该班于10月28日结束。

10月 《中央电视台外汇管理暂行规定》正式发布实施。

十一月

11月3日 中央电视台航拍直升机对广州市天河体育场馆区、奥体中心、亚运城、大学城体育场馆区等区域进行了三个架次八小时的航拍，标志着中央电视台亚运会航拍工作全面启动。

11月3日 新闻频道推出六集系列纪录片《2010世博记忆》。该片从上海世博会的缘起、运营、主题、实践、文化、精神遗产六个角度，深入解读上海世博会内涵，从不同侧面展现上海世博会为中国、为世界带来的深远影响。

11月3日至13日 全国人大常委会委员长吴邦国对柬埔寨、印度尼西亚和泰国进行正式友好访问。中央电视台及时充分报道。

11月4日 中宣部副部长蔡名照考察了中央电视台设在广州亚运城国际广播中心的亚运前方报道中心。

11月4日至8日 国家主席胡锦涛应邀对法国、葡萄牙进行国事访问。中央电视台出色完成胡锦涛出访报道任务。

11月5日 公安部党委委员、副部长，国家亚运安保协调小组组长李东生检查了中央电视台设立在国际广播中心（IBC）的工作间，并听取中央电视台相关报道及当前准备工作情况汇报。

11月5日 吉林商厦火灾造成19人遇难。新闻中心调度哈尔滨应急点记者赶赴现场，在11：00《新闻直播间》中以口播配现场图片的方式及时播发最新消息，并在随后展开持续报道。

11月7日 由中央电视台和新加坡传媒集团联合主办的2010国际大学群英辩论会在新加坡落幕。武汉大学代表队和美国普林斯顿大学代表队分获A、B组冠军。

11月8日 2011年黄金资源广告招标现场竞购大会在梅地亚中心举行，300多家国内外知名企业展开激烈竞争，招标预售总额达到126.6870亿，比2010年广告招标净增17.0225亿，增长率15.52%，创下了招标预售总额的历史新高。中国网络电视台全程图文直播招标活动，并在首页头条等重要区域进行推广。

11月8日 体育频道完成中国队首场亚运赛事——亚运会男子足球比赛（中国队-日本队）转播报道任务。

11月8日 中国首次发布月球虹湾局部影像图。时政新闻部在《新闻30分》中及时播出中共中央、国务院、中央军委贺电，并在新闻频道、中文国际频道各时段新闻中高频次滚动播出。

11月9日至10日 中央电视台各频道及时报道英国首相卡梅伦首次访华。新闻中心组织新闻和专栏节目联动跟进，形成立体报道架构。

11月10日 共青团中央电视台第11次代表大会在梅地亚中心召开。

11月10日 “2010CCTV中国经济年度人物评选活动”启动仪式举行。本届评选口号为“寻找中国经济的年度骄傲”，评选关键词为“推动力、影响力、创新、责任”。评选出十位“年度经济人物”，以及年度大奖“年度商业领袖”。CCTV中国经济年度人物评选已连续举办十年。

11月10日 综合频道、新闻频道推出《省部长访谈录》、《我的这五年》等系列报道，回顾“十一五”发展成就，展望“十二五”发展前景。

11月10日 111集大型电视动画系列片《三毛》首发

首映信息发布会暨纪念张乐平诞辰100周年举行。大型动画系列片《三毛》由中国国际电视总公司、央视动画有限公司共同投资，北京辉煌动画公司创意、策划、制作，分为《三毛流浪记》、《三毛从军记》、《三毛奇遇记》、《三毛历险记》、《三毛旅行记》五部动画片。《三毛奇遇记》、《三毛从军记》分别从11月8日、15日起在少儿频道《银河剧场》、《快乐大巴》播出。

11月11日 中共中央政治局委员、国务委员刘延东，中共中央政治局委员、广东省委书记汪洋到中央电视台亚运前方报道中心考察亚运会转播报道情况。国务院副秘书长项兆伦、国家体育总局副局长杨树安、广州市委书记张广宁，以及台总工程师丁文华、副总编辑李挺及有关系统负责人陪同。

11月11日 人事办公室和外语频道正式启动英语新闻频道面向社会招聘主持人活动。

11月11日至14日 国家主席胡锦涛出席G20领导人第五次峰会和APEC第18次领导人非正式会议。前方报道组克服诸多困难，及时准确地完成各项报道任务。

11月12日 中共中央政治局委员、书记处书记、中宣部部长刘云山看望了中央电视台亚运前方报道中心全体人员。

11月12日 国家广电总局副局长李伟考察了中央电视台亚运会前方报道中心，重点检查亚运转播报道情况。总工程师丁文华，副总编辑李挺，国家广电总局宣传管理司副司长李宗达等陪同。

11月12日 由财经频道联合国家统计局、中国邮政集团公司主办的“CCTV2010经济生活大调查”启动仪式举行。“经济生活大调查”已经连续举办了四年，本届“大调查”以“我的财富哲学”为主题。

11月12日 中央电视台2011年校园招聘工作正式启动。此次重点引入一批外语类国际传播人才和复合型新闻宣传人才，同时充实技术、财务等专业人才。2010年中央电视台计划引进400名各类人才，其中，校园招聘和社会招聘各200名。

11月12日至27日 第16届亚洲运动会在广州举行。11月12日，中央电视台综合、综艺、体育、新闻和高清频道以及中国网络电视台全程直播开幕式。赛事期间，中央电视台投入CCTV-1、5、7、12、高清及风云足球频道，转播所有提供公用信号的比赛。针对没有公用信号的比赛，中央电视台每天制作推出一档50分钟的集锦节目。本次亚运会报道，中央电视台在频道投入、节目设置制作、技术设施投入、新媒体报道等方面实现新突破。

11月14日至24日 国家副主席习近平访问新加坡、南非、安哥拉、博茨瓦纳并经停西班牙。中央电视台及时充分报道。

11月15日 新闻频道、中文国际频道通过直播等方式报道京沪高铁全线铺轨贯通。

11月15日 中央电视台召开国有及国有控股企业“小金库”专项治理工作会议。

11月15日 上海发生特大火灾，中央电视台驻上海应急报道点第一时间赶赴现场，30分钟后以口播加图片方式播出最新消息，并迅速在短时间内形成规模性报道。后续报道体现人文关怀。

11月16日 第八届中国国际航空航天博览会在珠海开幕，中央电视台多频道以直播等方式展开持续关注。

11月16日 由综合频道、俄语国际频道与俄罗斯国家电视台共同举办的中俄跨国大型寻亲公益活动——《等着我》进行两国视频连线录制。国家广电总局副局长张丕民参加录制。

11月17日 播出传送中心总控系统与方楼三层播出系统、新闻播出系统、全台所有直播演播室系统、广州亚运会前方播出系统等密切配合，顺利完成主同步系统的更换工作。此次，共涉及全台53套播出系统、20多个直播演播室、22套总控播出压缩系统和总控的200多路周边设备。

11月19日 中央电视台举办了领导干部党的十七届五中全会精神学习讲座，台领导何宗就、张海鸽、刘国良及全台处以上干部共300余人参加。中央党校社会学教研室主任吴忠民教授做了《努力改善民生，积极化解社会矛盾问题》的专题辅导报告。

11月20日至21日 中央电视台参加在武汉举行的第十一届全国电视新闻通联会议。

11月21日 新闻中心就浙江嘉兴一名被困水下77小时的工人成功获救经过进行了直播报道，引起各界广泛关注。

11月22日 音乐频道每晚两集连播由中央新闻纪录电影制片厂（集团）创作的60集大型音乐纪实片《岁月留声——新中国唱片六十年》，以每一年出版的主要唱片作品为线索，构成了一幅新中国60年“声音记忆”的画卷。

11月22日至25日 温家宝总理应邀正式访问俄罗斯，并举行中俄总理第15次定期会晤、正式访问塔吉克斯坦，出席在杜尚别举行的上海合作组织成员国第九次总理会议。中央电视台圆满完成报道任务。

11月23日 副台长胡恩、副总编辑黄传芳考察俄罗斯中心记者站，详细了解建设情况、演播室设计和功能分区等。

11月23日 朝鲜与韩国突发交火事件，两国均进入高度戒备状态。英语新闻频道秉持“及时、客观、中立、平衡”的报道原则进行适时关注。

11月23日 作为俄罗斯“汉语年”重要活动之一的“中国电视日”论坛暨中央电视台俄罗斯中心记者站揭牌仪式在莫斯科举行。国家广电总局副局长李伟、俄罗斯联邦出版与大众传媒署署长谢斯拉文斯基出席活动并为中央电视台俄罗斯中心记者站揭牌，副台长胡恩、副总编辑黄传芳，以及中俄两国文化界、媒体界人士，俄中友协、俄罗斯远东所、莫斯科孔子学院师生代表等约200人参加活动。中央电视台俄语国际频道在俄罗斯直播卫星平台（NTV PLUS）正式开播。至此，中文频道、英语频道、俄语频道都通过俄罗斯直播卫星平台（NTV PLUS）实现落地播出，可覆盖俄罗斯全境60多万用户。

11月23日 中国电视剧制作中心公司举行《医者仁心》首播新闻发布会，中国电视剧制作中心公司总裁薛继军、卫生部办公厅、重庆市委宣传部有关负责人、该剧主创人员及70多家媒体记者参加。《医者仁心》是国内首部全景式反映医生职业生活的电视剧，也是中国电视剧制作中心转制后投资拍摄的第一部电视剧。该剧于12月9日起在电视剧频道播出。

11月25日 中央电视台非洲中心记者站揭牌典礼在肯尼亚首都内罗毕举行，副台长袁正明、我国驻肯尼亚大使刘光源、肯尼亚新闻与通讯部常务秘书恩戴莫以及肯尼亚广播公司总裁瓦恩亚出席活动。

11月26日 由中央电视台主办、广西电视台承办的2010年全国省暨计划单列市电视台办公室主任会议在广西召开。

11月27日 第16届亚洲运动会在广州闭幕，中央电视台第一、三、五套节目，高清频道以及中国网络电视台，全程直播亚运会闭幕式盛况。新闻频道沿用亚运会开幕式新闻解说成功实践，在闭幕式报道固化了新闻频道对大型活动报道“新闻式解说”的模式。

11月27日至12月3日 社会与法频道推出“12·4”大型普法宣传周特别节目《中国法治年度报告·2010》。

11月29日 中国电视长城（澳大利亚）平台正式开播。中国国际电视总公司总经理李建，我驻悉尼总领馆以及马来西亚、澳大利亚相关媒体机构负责人，当地华人华侨代表等参加开播庆典。中国电视长城（澳大利亚）平台集成了包括CCTV－4、CCTV－NEWS、CCTV－娱乐、CCTV－戏曲在内的16个频道。

11月30日 联合国气候大会在墨西哥坎昆召开，财经频道在《经济信息联播》、《环球财经连线》等栏目中推出系列报道《直击坎昆气候大会》。新闻、英语频道以新闻、专家点评等方式密切关注。

11月30日 中央电视台与中国电视艺术家协会、中国电视艺术委员会联合召开电视剧《毛岸英》研讨会。

11月 中国电视长城（东南亚）平台通过麒麟电视IPTV平台在新加坡正式播出，进一步加强了对于东南亚地区的覆盖。

11月 中央电视台新任的12个应急报道点首席记者与已建成的应急报道点首席记者举行座谈，标志着中央电视台30个国内应急报道点的全国布局完成。

11月 中央电视台新建的俄罗斯、中东、亚太、拉美、非洲中心记者站全部完成当地注册，取得合法运营身份。

11月 中国国际电视总公司节目代理部与第16届亚运会组委会正式签约，获得本届亚运会开幕式、闭幕式等音像制品的独家出版发行权利。

11月 北京市政府举行表彰会，中央电视台记者刘薇被授予“首都见义勇为好市民”称号，并被追授“全国见义勇为英雄”称号。此前，刘薇已被追授为台五四青年奖章、台巾帼建功标兵、全国优秀新闻工作者、全国三八红旗手、中国青年五四奖章等荣誉称号。

11月 《中央电视台社会公益活动管理办法（试行）》印发全台。

11月 内蒙古自治区遭遇30年不遇的特大雪灾。新闻中心调遣长春应急报道点记者第一时间赴受灾核心区，在新闻频道、中文国际频道展开高频次视频连线，动态跟进受灾情况、救灾工作推进等。

十二月

12月1日 中文国际频道正式改版播出。改版坚持“传承中华文明，服务全球华人”宗旨，将原来“以新闻为主的综合频道”拓展为“新闻·文化综合频道”。改版后海外反响积极热烈。

12月2日 新修订的《中央电视台技术设备维护维修管理规定》下发实施。

12月2日 由中央电视台与韩国KBS电视台主办，大型节目制作中心承办的第12届中韩歌会在韩国首尔举行。歌会实况于2011年1月3日在综艺频道播出。

12月3日 京沪高铁枣庄至蚌埠段试运行。新闻频道、中文国际频道、英语新闻频道充分关注报道。

12月4日 中央电视台完成广州亚残运会火炬点燃暨火炬传递启动仪式直播。

12月6日 中央电视台发布新修订的《中央电视台公文处理办法》。

12月6日 中国网络电视台第一个民族语频道——朝鲜语频道正式开播。该频道由中国网络电视台与延边广电总台共同组建。

12月6日 苏丹驻华大使米尔加尼·穆罕默德·萨利赫在大使馆接见新闻中心工作人员时表示，欢迎中央电视台在苏丹建立记者站，并表示将全力协助中央电视台推进记者站建设的相关工作。

12月6日 经国家广电总局党组研究决定，下发《关于罗明同志任职的通知》，同意罗明同志任中央电视台总编辑。

12月6日至2011年1月3日 综艺频道优化播出格局，推出跨年特别编排。

12月7日 河南渑池发生煤矿爆炸事故。新闻中心立即调遣郑州应急报道点记者赴现场及时报道。

12月7日 综合频道、新闻频道并机直播全国防汛抗旱暨舟曲抢险救灾总结表彰大会。

12月8日 中央新影动漫文化城被文化部确定为第四批国家文化产业示范基地。

12月8日至10日 中国国际电视总公司节目代理部组团参加了在新加坡举行的亚洲电视节。

12月9日 中央电视台亚太中心记者站在中国香港举行揭牌仪式，这是中央电视台2010年建成的第三个海外中心记者站。亚太中心记者站下辖中央电视台设在泰国、新加坡、日本、印度、澳大利亚等十余个国家和地区的海外记者站，是中央电视台首个常规雇佣海外雇员的试点站。

12月10日 中央经济工作会议在京召开，中央电视台新闻中心、财经频道、外语频道予以全面配合报道。会议闭幕后，新闻中心、财经频道多档新闻和专栏节目，全面深入解读会议精神。

12月12日 广州2010年亚残运会开幕式举行。综合频道、综艺频道、体育频道、新闻频道、高清频道和英语、阿拉伯语、俄语国际频道，以及中国网络电视台全程直播。开幕式转播总收视率达3.57%，总收视份额为11.8%。CNTV页面访问量达1.26亿页次，CCTV手机电视用户访问页次累计380万次，视频点击量达112万次。

12月12日 国家广电总局副局长张丕民考察中央电视台亚残运会前方转播报道情况。

12月12日 科教频道全新改版推出，收视成绩比11日提升21%，比第四季度前两个月平均收视成绩提升11%。

12月13日 北京市就治理交通拥堵问题面向公众征求意见。新闻频道、财经频道、英语新闻频道予以深度关注。

12月13日 音像资料馆提前18天完成2010年4.6万小时节目资料数字化转储任务。

12月15日 新闻频道、英语新闻频道直播墨脱公路嘎隆拉隧道全线贯通。我国唯一一个没有全年通车的县城西藏墨脱的墨脱公路实现全年通车。

12月15日 中央电视台第八次党代会隆重举行。

12月15日至19日 国务院总理温家宝应邀对印度、巴基斯坦进行正式访问。中央电视台记者随行采访，充分报道。

12月16日 “2010CCTV体坛风云人物年度评选”提名奖揭晓仪式在梅地亚中心举行。

12月17日 中数传媒顺利完成了纪录频道的加密传输工作。

12月17日 总控部顺利将纪录频道测试信号送上卫星和全国广电骨干网，提前完成纪录频道卫星和光缆传输覆盖工作。

12月18日 中央赠澳大熊猫“开开、心心”正式启程赴澳门。新闻频道和中文国际频道、英语新闻频道推出直播特别报道。

12月19日，财经频道主办的首届“中国县域经济高峰论坛”举行。论坛邀请全国近100位县（市）委书记及有关部委负责人和农业经济专家，共同探讨中国县域经济发展模式和增长潜力等问题。中共中央政治局委员、国务院副总理回良玉致信祝贺。

12月19日 广州亚残运会圆满闭幕。综合频道、综艺频道、体育频道、新闻频道、英语新闻频道、高清频道以及中国网络电视台全程直播闭幕式。中央电视台顺利完成广州亚残运会转播报道任务。

12月19日 人事办公室联合国家社教部考试中心在北京、上海、广州、武汉、重庆五地同时举行中央电视台应届大学生招聘考试，共有2057人参加考试。

12月20日 海协会、海基会领导人第六次会谈在台北举行。新闻中心随团报道组赴台湾，全面关注会谈进程。

12月20日 中共中央、国务院和中央军委举行大会，隆重庆祝我国探月工程“嫦娥二号”任务圆满成功。新闻中心全面报道庆祝“嫦娥二号”探月成功大会。

12月21日 新闻频道根据我国观测路线，调动应急报道点记者，依托地方台资源，全面报道“月全食”天象。

12月21日 中央电视台拉美中心记者站在巴西圣保罗举行揭牌仪式。中国国际电视总公司副董事长张长明，中国驻巴西特命全权大使邱小琪，巴西总统府新闻部常务副部长奥托尼·费尔南德斯，巴西旗帜通讯集团总裁萨阿德等相关部门负责人共同为记者站揭牌。我驻巴外事机构和巴西各界代表参加仪式。多家国内外媒体报道揭牌仪式。拉美中心记者站位于巴西圣保罗市，下辖中央电视台驻阿根廷、古巴、委内瑞拉等记者站。

12月22日 纪录频道开播新闻发布会在梅地亚中心举行。

12月22日 音像资料馆召开2010年度编目项目年终验收会，七个节目数据编目项目和两个素材资料整理项目顺利通过验收。2010年音像资料馆共完成节目资料编目9.7万小时，整理素材磁带16万盘。至此，音像资料馆存储节目资料数据总量已达50.9万小时。

12月22日 由世界品牌实验室（World Brand Lab）独家编制的2010年度(第七届)《世界品牌500强》排行榜在美国纽约揭晓。中央电视台排名世界品牌第61位，比2009年排名第63位上升了2位，并在上榜的中国著名品牌中位居首位。连续七年发布的《世界品牌500强》按照“市场占有率、品牌忠诚度和全球领导力”等三项关键指标对世界级品牌进行评分。

12月23日 中央电视台中东中心记者站在阿联酋迪拜举行揭牌仪式。副台长孙玉胜，迪拜酋长国皇室成员、新闻局局长哈沙尔·本·马克图姆·阿勒马克图姆谢赫共同为中心记者站揭牌。我驻阿联酋大使高育生、中东地区各界嘉宾100余人参加揭牌典礼。中东中心记者站下辖伊朗、伊拉克、黎巴嫩、以色列、卡塔尔等记者站，至此，中央电视台七个海外中心记者站全部建成。

12月23日 备受瞩目的《北京市治堵方案》出台，新闻中心、财经频道及时关注解读。

12月25日 中央电视台国际视频发稿平台试运行启动。视频发稿平台每天分四个时段发布符合国际化标准的新闻素材，供全球97个国家和地区的800多家媒体使用。

12月25日 央行发布上调人民币存贷款基准利率政策，新闻频道、财经频道及时权威解读。

12月27日 海南国际旅游岛“离境退税”政策发布。新闻中心连续采访财政部、商务部、海关总署等单位，进行了及时、深入、多元化的报道。

12月28日 发展研究中心智库建设启动仪式在京举行。

12月28日 财经频道联合国际教育学会举行首期“财经频道特许注册财经记者执业资格培训班”结业。

12月28日 国家广电总局副局长田进出席中国网络电视台与航美传媒战略合作暨CCTV移动传媒－民航频道开播仪式。双方签署战略合作协议。CCTV移动传媒-民航频道拥有覆盖北京、上海、广州等全国37家机场和9家航空公司2100多条中外航线的电视终端，年受众达4亿人次。中国网络电视台负责频道节目内容的策划、组织、制作、审核、发布等。航美传媒是机场户外媒体渠道最具规模的运营商，已于2007年底登陆纳斯达克，在机场视频媒体市场中占有率超过90%。

12月29日 国家发改委在财经频道《经济信息联播》发布国家最新监测数据，对社会上油价高于国际油价的传闻进行澄清。

12月 欧洲广播电视联盟第65届全体会议正式批准中央电视台为协作成员。欧洲广播电视联盟是世界上最大的专业广播电视联盟，现有正式成员75个、协作成员43个。

12月 中国网络电视台推出“视频内容高级检索”服务，并在新闻台、体育台进行了实验性使用。

12月 由中国网络电视台主办，海南广播电视总台承办的2010全国网络视频联盟年会举行，会议研讨了实现资源共享、联合发展等事宜。“全国网络视频联盟”成立于2006年10月，是以中国网络电视台为龙头，覆盖广泛的网络视频报道平台，已有92家省市台加入。

12月 “2010CCTV中国经济年度人物深圳论坛”举行。往届中国经济年度人物、深圳市政府领导、知名经济学家以及当地知名企业家参加论坛，并围绕深圳如何打造“珠三角曼哈顿”这一主题展开深入探讨。

12月 中国网络电视台完成了对原有客服呼叫中心系统的优化改造。新客服呼叫中心系统建设完成。

12月 录制二部配合总编室完成中央电视台各频道角标的统一设计制作任务。对内播出的开路频道，角标统一使用“台标+数字+汉字”模式；对外播出的开路频道，西班牙语、法语、阿拉伯语、俄语频道角标使用“台标+频道语种外文全拼”模式；英语频道用“CCTV+NEWS”；付费频道统一使用“台标+图形+汉字”的模式。

12月 国家863重点项目中国网络电视台用户中心（SNS平台）完成所有互动产品及信息整合，实现用户原创内容在同一平台聚合展示。

2011年中央电视台大事记

一月

1月1日 08:00，中央电视台纪录频道正式开播，呼号为CCTV-9。中国网络电视台同步开播网络电视纪录频道。国家广电总局副局长李伟参加开播仪式。纪录频道标识为“CCTV-9纪录”，每天首播节目4小时，全天候24小时播出，实行国内版（中文）和国际版（英文）分版播出。开播当天，收看纪录频道的观众超过2000万人，标志着中央电视台传播能力建设又迈出重要一步。

1月3日 中央电视台音乐频道实施自2004年开播以来力度最大的一次改版。新推出大型群体音乐互动性栏目《歌声与微笑》和音乐娱乐互动性栏目《快乐琴童》；在2010年版式微调基础上，进一步完善整体包装，推出包括版权呼号、频道宣传片、频道导视体系等几大系列、全方位的音乐频道品牌形象升级系统；对栏目播出时间编排作有序调整，并进行“卡位”播出。

1月10日 即日起，根据中宣部的统一部署，中央电视台300多名记者兵分97路，深入到我国中西部地区、革命老区、边疆地区、沿海侨乡、贫困地区和受灾地区进行集中采访报道，足迹踏遍全国31个省市区的600余个县市乡村，深入体验普通群众的工作与生活，充分报道各地科学发展、和谐发展的成果，保障和改善民生的新措施，与各族人民共度春节，把党和政府的温暖传递到千家万户。

1月10日至12日 中央电视台音像资料馆通过ISO9001质量管理体系认证。

1月16日 “2010CCTV体坛风云人物”颁奖盛典在国家会议中心举行，揭晓并颁发了2010年度最佳运动员、最佳教练等11个奖项。国家体育总局局长刘鹏、副局长冯建中，中央电视台副总编辑李挺，以及体育界知名人士参加活动。中国网络电视台独家全程视频直播颁奖盛典和特别节目，并提供实时视频点播。

1月18日至22日 国家主席胡锦涛对美国进行国事访问。中央电视台搭建了一支由“专机随行组+先遣报道组+外围特派组+北美中心站+12家海外记者站+全球海外特约报道员”，前后期数百名工作人员和20余位中美问题专家组成的报道团队。此间，中央电视台组织《新闻联播》、《中国新闻》等重要新闻栏目，以及涉及6种语言的8个频道，围绕出访行程展开全天候递进式关注，高频次播发新闻2000余条次、专栏专题节目60余期，并以“新闻+专题+背景+评论”多元互补的节目形态，增强了报道的新闻性和解读功能。

1月18日 “2010CCTV中国经济年度人物”揭晓，共评选出年度人物大奖、经济年度人物、经济年度人物·创新奖、经济年度人物 · 提名奖、经济年度人物· 公益奖等奖项。本届评选以“转变经济发展方式”为主题，寻找2010年中国经济发展方式转变的引领者和优秀实践者。

1月18日 中央电视台国际视频发稿平台在京举行新闻发布会，宣布开启面向全球的新闻视频发稿业务。作为“国家重点媒体2009~2020年国际传播能力建设总体规划”的重点项目之一，中央电视台国际视频发稿平台已建成并试运行。视频发稿平台的功能是面向全球发布中央电视台采集的、符合国际通稿标准的中国和国际新闻视频素材。

1月19日 在国家广电总局召开的2010年度治安消防综合治理工作先进表彰会上，中央电视台被授予2010年度治安标兵单位和消防达标单位。同时，中央电视台及直属单位的42个集体和42名个人分别被评为先进集体和先进个人。

1月20日 中央电视台大型节目中心和网络传播中心联合承办的“2011首届中央电视台网络春晚”录制完成。晚会汇聚了来自内地及港台地区的知名歌手和网络红人，通过“新年愿望拼图”、“新年祝福视频连线”等环节彰显了“亿万网民大联欢，全球华人大拜年”主题。晚会还充分利用本台新闻及海外记者站资源，展示了索马里护航编队官兵、航天员王跃等向广大网友发来的新春祝词。本届网络春晚共制作6场晚会，每场120分钟。首场晚会于大年初一（2月3日）在综艺频道首播，中国网络电视台同步播出；其余5场晚会分别在农历正月初二至初六在中国网络电视台、手机电视、IP电视和车载公交电视四大平台播出。

1月24日 “新闻节目质量考核机制”正式启动。该机制的运行将对新闻中心业务运行数据库的完善起到重要作用，并为各系统工作绩效考核提供基础参考数据。

1月25日 中国网络电视台CNTV微博（测试版）上线推出。CNTV微博定位于打造媒体人的互动传播平台，将全方位整合中央电视台主持人、栏目等资源，上线初期为中央电视台主持人、记者和节目提供优先体验，进行实名认证后可通过绿色免审通道快速发布观点、及时分享信息、参与话题互动。

1月27日 中共中央政治局委员、中央军委副主席郭伯雄到军事节目中心看望慰问正在值班的编辑、记者。解放军总政治部副主任杜金才、军委办公厅副主任张海燕，解放军总政治部宣传部部长周涛、直工部部长戴云鹏，军事节目中心主任李秀宝、政委季桂金陪同看望慰问。

1月27日 第41届世界经济论坛年会在达沃斯开幕。中央电视台财经频道在全面报道的同时，还在当地举行了官方电视论坛CCTV DEBATE（CCTV辩论会）和“CCTV中国之夜”等活动，引起国际媒体广泛关注。论坛期间，中央电视台记者还专访了澳大利亚外长陆克文及泰国总理阿披实、世界经济论坛主席施瓦布等多位国际政商领袖。

1月28日 中央电视台举行2011年老同志春节团拜会。全体台领导、国家广电总局离退休干部局和全台各部门负责人与近300位离退休老同志欢聚一堂，共迎新春。

1月30日 中共中央政治局委员、中央军委副主席徐才厚到中央电视台考察军事宣传工作，并看望慰问了军事节目中心工作人员。中央军委委员、总政治部主任李继耐陪同。

1月31日 中央电视台2011年春节联欢晚会进行第五次彩排。中共中央政治局常委李长春，中共中央政治局委员、书记处书记、中宣部部长刘云山，中共中央政治局委员、国务委员刘延东，来到春节联欢晚会彩排现场看望正在紧张工作的演职人员。

1月31日 中国网络电视台首页全新改版，以综合性多媒体门户的定位为基础，体现全新的信息网络架构。一是凸显视频、互动核心。二是彰显网络视听公共服务平台属性。三是强化新闻立网理念。四是增强台网捆绑服务功能。

1月 中国网络电视台申请获得的第一个国家863项目“基于高可信网络的视频分享示范应用”已完成两期实施工作，进入验收阶段。项目提交了3项技术发明专利，5项软件著作权，发表3篇技术论文。

1月 《国家广电总局财务司关于表彰2009年度财务决算先进单位的通报》发布，中央电视台获国家广电总局2009年度企业财务会计决算编报先进单位一等奖，国家广电总局2009年度部门决算编报先进单位二等奖。

二月

2月1日至3日 中共中央总书记、国家主席、中央军委主席胡锦涛在河北省保定市同干部群众共度新春佳节。中央电视台《新闻联播》共播发新闻2条，累计时长24分钟。

2月1日至3日 中共中央政治局常委、国务院总理温家宝赴安徽大别山老区与山东旱区考察，与当地群众共欢新春佳节。期间，中央电视台《新闻联播》共播出相关新闻2条，时长6分钟。

2月1日 国家广电总局副局长李伟代表总局党组看望慰问了中央境外卫视监管平台工作人员，并致以新春祝愿。

2月2日 中央电视台2011年春节联欢晚会安全圆满播出。中央电视台综合、综艺、中文国际、高清频道，英语、法语、西班牙语、阿拉伯语、俄语5个外语频道，以及中国网络电视台、CCTV手机电视、IP电视，中国电视长城平台向全球同步直播晚会实况。据统计，共有130个国家和地区的323家电视机构转播或部分使用了国际频道的节目信号。同时，中央电视台2011年春节戏曲晚会于2月2日20：30通过中央电视台戏曲频道、军事·农业频道播出。

2月4日 中央电视台推出大型系列报道《新春走基层· 援疆纪行》。《新闻联播》头条播出《援疆热涌寒冬》拉开中央电视台2011年全面配合中央推进新疆跨越式发展和长治久安战略部署宣传报道的帷幕。

2月10日 为迎接中国共产党成立90周年，中央电视台新闻中心组织《新闻联播》、《焦点访谈》以及新闻频道的重点栏目，启动推出《“双百”人物中的共产党员》系列报道。自2月10日起，《新闻联播》开设专栏，连续播出173位“双百”人物中共产党员先进事迹。

2月14日 《感动中国2010年度人物颁奖盛典》在中央电视台综合频道播出，并于2月15日在新闻频道重播。

2月17日 “红红火火闹元宵——2011年中央电视台元宵晚会暨我最喜爱的春晚节目评选颁奖”在综合频道、综艺频道、中文国际频道成功播出。晚会揭晓了“我最喜爱的春晚节目”评选结果。同时，本届春晚征集评选出的10幅《我的幸福瞬间》照片和观众在春晚上应对的5幅最佳春联也在晚会上公布。

2月18日 中央电视台推出的大型系列主题报道《新春走基层》圆满结束。《新春走基层》自1月26日启动以来，连续24天在综合频道、新闻频道、中文国际频道等8个频道，《新闻联播》等10余个重点新闻节目中，先后播发新闻600余条次，其中首播235条。节目播出期间，新闻频道收视较2010年同时段均值提升38%，最高增幅为73%。

2月19日 中国广广播电视国际总公司成立20周年庆祝招待会在北京举行。

2月19日至23日 中央电视台中文国际频道（CCTV－4）播出五集电视系列片《大美青海》，这是继2005年播出电视专题片《三江源》之后，对青海又一次富有深度的影像解读，也是对青海地域文化又一次充满深情的开掘和展现。该片以浓重的纪实风格、恢宏的气势、优美的画面和解说，赢得海内外广泛关注和好评。

2月23日至25日 中央电视台2011年工作会议召开。大会作了题为“抓住机遇 深化改革 加快发展 为建设国际一流媒体努力奋斗”的2011年工作会议报告。全体台领导以及全台各中心（室）、频道、部（处）和直属企事业单位的负责人参加会议。

2月25日 中央电视台举行国际传播能力建设联席会议首次全体会议。联席会议是由海外传播发展中心，台办公室外事处，总编室，财经办公室，新闻中心外语频道，海外记者部和国际新闻部，中文国际频道，纪录频道，播出传送中心，音像资料馆，中国网络电视台，中视国际传媒有限公司，中国广播电视国际经济技术合作总公司，中国广播电影电视节目交易中心，人事办公室，技术管理办公室，技术制作中心，发展研究中心等成员单位组成。

2月至3月初 中央电视台持续15天的“我在利比亚人员撤离”报道圆满结束。报道全方位展现了万里大撤离行动的整个过程，全面展现了中国政府高超的组织能力，及时传递了国际社会对中国撤离行动的高度评价，以及对中国发扬国际人道主义精神、援助其它国家民众撤离的盛赞。本次报道创下中央电视台多项纪录：中央电视台全球新闻报道网第一次大规模集团作战；第一次用“海陆空”三栖视角立体报道境外突发事件；第一次采取多点联动、接力递进的方式，在境外不同国家和地区展开不间断全程记录；第一次对中文、英语、法语、西班牙语、阿拉伯语、俄语6种语言新闻节目实施统一指挥、统一策划、统一调度。

三月

3月1日 05：00，中央电视台综合频道（CCTV－1香港版）正式在香港落地播出。CCTV－1（香港）在香港亚洲电视地面数字系统中正式播出，覆盖香港140万户家庭、450万居民。

3月1日 国家广电总局副局长张丕民检查了中国有线、中央电视塔“两会”安全工作，并慰问公司员工。

3月1日 中央新闻纪录电影制片厂（集团）和云南省投资控股集团举行“中央新影动漫电影楼”合作经营签约仪式。“中央新影动漫电影楼”是国家文化产业示范基地“中央新影动漫文化城”整体规划中的一个项目。

3月2日 中宣部副部长、国家广电总局局长蔡赴朝、国家广电总局副局长张海涛到中央电视台调研指导工作，先后到新闻播出区、主控中心，认真听取了中央电视台有关部门负责人的情况介绍，并与全体台领导座谈。

3月3日 中央电视台圆满完成全国政协十一届四次会议开幕会及贾庆林作全国政协常委会工作报告的直播任务。直播画面恢弘大气，镜头衔接自然流畅。

3月5日 中央电视台综合频道、新闻频道和中文国际频道、英语新闻频道、法语国际频道、西班牙语国际频道、俄语国际频道及中国网络电视台，全程直播十一届全国人大一次会议开幕及温家宝作政府工作报告。全球125个国家和地区的331家电视机构转播或部分使用了国际频道的直播信号，其中279家全部转播，52家部分转播。

3月9日 中央电视台广告经营管理中心举行2010年度十佳优秀广告代理公司颁奖盛典，表彰了10家“十佳广告代理公司”、20家“优秀广告代理公司”、2家“特别贡献广告承包公司”及15名优秀的广告公司客服、媒介和销售人员。国家工商总局副局长刘凡、中国广告协会秘书长李国庆以及有关台领导和全国近300家广告代理公司代表参加。

3月11日 北京时间13：46，日本东北部发生8．9级地震。新闻中心迅速启动应急预案，第一时间调派中央电视台驻东京记者、协调引入外来直播信号，并紧急联络中国地震台网等机构展开持续报道。震后一小时，新闻中心紧急调派亚太中心站的两路记者赴日本增援报道，台本部记者也随中国国家救援队赴日本展开报道。

3月13日 中央电视台综合频道、新闻频道、中文国际频道、英语新闻频道并机直播全国政协十一届四次会议闭幕。全国政协主席贾庆林在闭幕会上发表重要讲话，并全程为人民大会堂提供高质量视频信号。全球共有91个国家和地区的327家电视机构转播或部分使用了中文国际频道、英语新闻频道直播节目信号，其中273家全部转播，54家部分转播。

3月13日　中共中央政治局常委、全国人大常委会委员长吴邦国，中共中央政治局常委、全国政协主席贾庆林，分别到参加两会报道工作的中央主要新闻单位负责人和一线采编人员中，向大家表示慰问和感谢。

3月14日　中央电视台综合频道、新闻频道、中文国际频道、中国网络电视台成功直播全国人大常委会委员长吴邦国在十一届全国人大四次会议闭幕会上发表重要讲话，以及国务院总理温家宝会见中外记者。中央电视台为全球媒体提供了公用信号。英、法、西、俄、阿5个外语频道直播温家宝总理会见中外记者。共有129个国家和地区的335家电视机构转播或部分使用了中央电视台国际频道节目信号。

3月15日　由中央电视台和国务院法制办、全国人大常委会法制工作委员会、国家工商行政管理局、国家质量监督检验检疫总局等13家机构共同主办的以“护航新消费”为主题的2011年“3·15”晚会在中央电视台综合频道现场直播。国家工商总局、质检总局等部委现场进行权威发布、颁布产品抽查结果，揭露坑害消费者的行为，引发社会各界的广泛关注和强烈反响。中国网络电视台全程视频、图文直播晚会，并推出边看边聊、微博同步直播服务。

3月17日　在2011年中国广告与品牌大会上，中央电视台凭借一年一度的广告招标对中国广告产业的重大推动作用，获“影响中国广告30年媒体荣誉大奖”。

3月17日　受“日本核泄漏威胁中国东部沿海盐场”以及“加碘盐可防核辐射”的谣言影响，全国大范围出现食盐抢购风潮。应对谣言导致的百姓消费恐慌心理，中央电视台连夜部署，投入25路采访力量，在综合频道、新闻频道、中文国际频道等重点新闻时段，以高频次、高密度的权威发布，通俗易懂的科普宣传，百姓亲历与讲述，为及时平息食盐抢购风潮发挥了重要的舆论引导作用。

3月18日　为纪念2011年“三八”国际劳动妇女节暨巾帼建功活动开展20周年，中央电视台举办“央视巾帼大联欢”。国家广电总局党组成员、中央纪委驻总局纪检组组长、机关党委书记王莉莉出席并向全台女职工表示良好祝愿。全台22个单位表演了歌曲、舞蹈、音乐剧、戏曲等文艺节目。

3月18日　中国电视长城（东南亚）平台在马来西亚合作伙伴大马至爱中文电视（DETV公司）的IP电视平台上试播纪录频道，标志着中央电视台7个国际频道全部通过长城平台实现在马来西亚落地播出。

3月19日　由中国文联、中国电视艺术家协会等主办的第六届中国国际广告艺术节暨广告八国论坛举行，广告经营管理中心获“优秀管理团队奖”。

3月22日　中央电视台举办“杜绝虚假报道 增强社会责任 加强新闻职业道德建设”专项教育活动报告会，全台相关部门负责人、业务骨干近300人参加。

3月22日　中央电视台2011年社会招聘工作正式启动。此次拟招录人员253人，重点引入一批具有一定工作经验的外语类国际传播人才和复合型新闻宣传人才，同时充实技术、财务等专业岗位。

3月23日　正在美国考察的国家广电总局副局长张海涛看望慰问了中央电视台北美中心站工作人员。张海涛转达了中宣部副部长、国家广电总局局长蔡赴朝对驻外记者的关心和问候，并感谢他们为我国外宣工作做出的突出贡献。

3月28日　中央电视台在梅地亚中心组织无偿献血活动。此次活动共有94名员工参加无偿献血，超额34%完成无偿献血指标。

3月28日　中央电视台新闻频道、中文国际频道及中国网络电视台围绕“西藏百万农奴解放纪念日”展开充分报道。

3月31日　中央电视台纪录频道正式在澳门有线落地播出并举行落地开播仪式。中联办、驻澳门外交特派员公署、国家广电总局澳门记者站负责人，澳门特区政府相关代表，以及澳门各界人士近百人参加了开播仪式。

3月31日至4月1日　由中央电视台主办的上海世界游泳锦标赛世界转播商大会在上海召开，美国NBC、英国BBC、韩国KBS、欧洲EBU等12家持权转播商和机构共44名代表参加。中央电视台作为主转播机构陈述了国际广播电视中心建设、场馆设施及国际公用信号提供等情况。

3月　“十二五”规划开局之年召开的2011年“两会”，受到国内外的高度关注。中央电视台共投入11个频道、107个栏目、668名采编播人员，调动中国网络电视台等新媒体力量，协同30个国内应急报道点、50个海外记者站，联合各地方台报道队伍，形成传统媒体和新媒体相互支撑、内外宣传彼此呼应的报道格局。期间，共组织大会直播6场、直播发布会和记者会27场，节目长度、新闻条数、播出密度均创历年同类报道新高；播发相关新闻7417条、专题347个，共有129个国家和地区的354家电视机构引用了中央电视台的两会直播信号。

3月 接到国家广电总局关于CCTV手机电视的批复，中国网络电视台成为业内第一个与运营商“全网分发网络”、实现业务对接的专网3G手机电视集成播控平台。其中，集成播控平台呼号为“中国手机视讯”，内容服务呼号为“CCTV手机电视”。CNTV已经完成手机电视许可证的换发工作。

3月 中央电视台在国家广电总局“十一五”档案工作大检查中被评为档案工作先进集体。

3月 根据《关于2010年度国家广播电影电视总局精神文明建设先进单位复评结果的通知》，中央电视台获“2010年国家广电总局精神文明建设标兵单位”称号。

3月 在由国务院新闻办指导，中国互联网协会主办的2010年度中国互联网站品牌栏目（频道）发布会上，中国网络电视台“5+体育台”获中国互联网品牌频道荣誉称号。

3月 中国国际电视总公司节目代理部在参加2011香港国际影视展期间，与20余个国家和地区的近70家客户洽谈，共计达成正式和意向签约金额346万美元。

四月

4月2日 由中国电视剧制作中心有限责任公司、中央电视台电视剧频道、中视传媒股份有限公司、中国广播电视协会共同主办的中国广播电视协会电视剧导演工作委员会战略合作签约仪式举行。电视剧频道分别与电视剧导演工作委员会、电视制片委员会、中国电视剧制作中心有限责任公司、中国国际电视总公司、中央新闻纪录电影制片厂（集团）、中视传媒股份有限公司签署了战略合作协议。

4月2日 国家广电总局党组成员、中央纪委驻总局纪检组组长王莉莉到中央电视台新址工地，专题研究新址工程工艺进场施工问题。

4月7日 朝鲜最高人民会议第十二届四次会议在平壤开幕。中央电视台成为唯一获准对会议进行视频连线报道的国际媒体。综合频道、新闻频道及中文国际频道展开充分报道。

4月7日 精神文明协调处组织全台员工100余人前往首都绿化委指定植树点——百望山，开展以“国际森林年，我们在行动”为主题的义务植树活动。

4月7日 中国网络电视台游戏中心暨北京易橙天下科技有限公司揭牌仪式举行，标志着CNTV全面启动游戏相关业务。易橙天下由CNTV与盛大网络合资成立，承载了CNTV游戏媒体业务和游戏产品运营，在CNTV游戏台上呈现。

4月11日至15日 在由世界广告主联合会和中国广告主协会共同举办的主题为“快速前进”（FAST FORWARD）的“全球广告主周”系列活动上，中央电视台获“中国杰出媒体贡献奖”。

4月13日 中央电视台副总编朱彤会见英国载闻集团总裁苏德明先生一行，双方签署了德国、比利时、荷兰、瑞士和奥地利五个国家的主流有线网转播CCTV英语新闻频道的一揽子协议，这标志着中央电视台英语新闻频道在以上五国有线网正式落地播出。通过此次合作，中央电视台不仅在比利时、荷兰、瑞士和奥地利填补了落地空白，而且在德国进入最主流的两大有线平台之一。

4月13日 中央电视台纪录频道进入法国最大IP电视运营商FREE公司基本层播出，覆盖390万用户，实现了纪录频道在欧洲主要国家落地的突破。在与FREE公司合作的同时，中视国际传媒有限公司与法国电信、SFR等IP电视运营商联系，确保纪录频道尽快覆盖法国1300多万用户。

4月14日至16日 “金砖国家领导人第三次会晤”及“博鳌亚洲论坛2011年年会”分别在海南三亚和博鳌举行。中央电视台综合频道、新闻频道、财经频道、中文国际频道、各外语频道等六个语种、九个频道以“重大直播、时政新闻、最新动态、直播连线、新闻特写、记者观察、人物专访、背景专题、即时评论”等形式展开全面报道。4月14日晚，由中央电视台承办的文艺演出在三亚成功举办，受到中外嘉宾的一致赞扬。

4月16日 中共中央总书记、国家主席胡锦涛深入海南乡村、企业，就贯彻十七届五中全会精神、落实“十二五”规划纲要进行调研。中央电视台前方报道组全程随行采访，采制播出《胡锦涛总书记在海南考察工作》报道，受到中央领导及相关部门充分肯定。

4月19日 正在肯尼亚访问的中共中央政治局常委李长春视察了中央电视台非洲中心记者站。李长春在非洲中心记者站观看了中国网络电视台在非洲地区的网络覆盖情况，以及图文视频直播、视频点播、通过iPad的访问效果。

4月20日 中国网络电视台戏曲台、音乐台正式上线发布。戏曲台、音乐台是中央电视台音乐频道和戏曲频道的新媒体专属服务平台，是以视听为基础、以互动为亮点的台网联动支持平台。

4月21日 正在肯尼亚访问的中共中央政治局常委李长春，与肯尼亚总统齐贝吉共同出席了中央电视台与肯尼亚广播公司合作协议书签字仪式。根据协议，中央电视台与肯尼亚广播公司将在新闻节目合作与交换、联合制作及采访、互相选聘特约报道员、节目版权等方面，开展广泛深入地合作。

4月23日、24日 中宣部副部长王晓晖、中央文献研究室副主任陈晋、国家广电总局副局长李伟，中央电视台副总编辑李挺以及中联部、中央党史研究室、国家发改委相关负责人审看了大型文献电视片《旗帜》，并对下一阶段创作提出要求。

4月24日 庆祝清华大学建校100周年大会在人民大会堂举行。中央电视台综合频道、新闻频道、中文国际频道、英语新闻频道并机，全程直播了大会实况。综合频道、新闻频道推出2小时的特别节目《清华百年》。中文国际频道推出1小时20分钟的特别节目。中国网络电视台使用中英文全程网络视频、图文互动直播清华大学百年校庆活动。

4月24日 中央电视台代表团访问南非开普敦，与南非MIH公司首席执行官库斯·贝克举行会谈，签署了中央电视台中文国际频道、英语新闻频道、法语国际频道及纪录频道通过MIH公司在非洲地区落地的相关协议。

4月27日 由中华全国总工会和中央电视台联合举办的《劳动颂歌》庆祝"五一"国际劳动节文艺晚会在人民大会堂隆重举行。中共中央政治局委员、全国人大常委会副委员长、中华全国总工会主席王兆国，中共中央政治局委员、国务院副总理张德江，全国人大常委会副委员长路甬祥，以及中央电视台副台长胡恩，来自全国各地的全国劳动模范代表，全国五一奖章获得者代表，全国工人先锋号代表，中国香港、澳门工会"五一"代表团成员一同观看了演出。

4月29日 中国广播电视协会电视版权委员会成立大会在京举行。电视版权委员会是我国广播电视领域里第一家获得批准的版权行业组织，致力于提升中国电视业版权整体水平、促进电视行业形成良性竞争、加强会员单位间的合作和交流。中央电视台作为会长单位主办大会，全国14家省级电视台当选副会长单位。第一届会长由中央电视台总编辑、副台长罗明担任。

4月29日 中央电视台召开《栏目综合评价体系优化方案暨年度品牌栏目评选方案》实施动员大会。

4月 中国网络电视台与北京华风气象影视信息集团有限公司合作，正式推出天气台。天气台提供最新天气资讯、天气预警信息、国内外城市预报、天气图形等多方面气象服务信息，融入更多的知识性、趣味性内容，设置访谈、科普、天气与养生等板块，并根据季节变化和天气状况提供相应的养生保健知识。

4月 由中央电视台新闻中心主办的首届全国电视新闻协作论坛在江苏扬州开幕。本次论坛主要从突发事件快速反应、强化民生新闻报道效果两个层面展开探讨，旨在进一步深化、创新全国各级电视台的协作模式，拓展地方台新闻资源。本届论坛吸引了来自华东三省一市的55家省、地电视台的100余名代表参加。

4月 中央电视台发布《关于中央电视台内设机构的通知》。根据《中共国家广电总局党组转发中央机构编制委员会关于印发中央电视台主要职责内设机构和人员编制规定的通知》文件精神，中央电视台内设机构如下：办公室、总编室、新闻中心、综合频道、财经频道、综艺频道、中文国际频道、体育频道、电视剧频道、科教频道、社会与法频道、戏曲和音乐频道、少儿频道、外语频道、大型节目中心、海外传播中心、人力资源管理中心、财务管理中心、技术管理中心、技术制作中心、播出传送中心、资产管理中心、发展研究中心、机关党委。

4月 中央电视台新闻中心召开首席出镜记者准入资格评审会，评选出首批出镜记者34位。根据《新闻中心出镜记者管理办法》，首席出镜记者入选资格包括新闻发现与捕捉能力、现场采访及语言表达能力，并具有良好的亲和力与观众认可度。在重大新闻报道中首席出镜记者将被优先调遣进行现场报道。

4月 中央电视台按照国家广电总局文明办"关于开展扶贫济困募捐活动"的通知精神，在全台范围内组织了以"扶贫济困送温暖"和"救助贫困母亲"为主题的募捐活动，全台12847名员工共捐款418905.60元。此次所募捐款项将用于对口帮扶四川甘孜藏族自治州石渠等五个国家级贫困县以及救助贫困母亲。

五月

5月1日 经法国陈氏集团代理推介，中央电视台英语新闻频道（CCTV–NEWS）在奥地利电信旗下IP电视平台"奥恩电视"的基本层开播，用户数15万。

5月4日 为迎接中国共产党成立90周年，全国大学生校园文艺会演《五月的鲜花——永远跟党走》在中央电视台一号演播厅上演，综合频道、综艺频道并机直播，中国网络电视台全程同步视频互动直播。中共中央政治局常委李长春，中共中央政治局委员、书记处书记、中宣部部长刘云山，中共中央政治局委员、国务委员刘延东，全国政协副主席、中国社会科学院院长陈奎元，与首都高校学生代表一起观看了演出，并对演出给予高度评价。

5月9日 中央电视台《新闻联播》开始推出"建党90周年"专栏《红旗飘飘》。节目聚焦基层普通党员模范代表及优秀基层党组织，依托“深入基层、放平视角、汲取民意”的策划理念与操作方式，组织台本部、全国30个应急报道点资源，并协同地方台力量，关注全国教育、交通、能源等战线上涌现出来的普通党员模范代表和优秀基层党组织，以故事化的事例讲述、现场感强的实地探访及平民视角的人文关怀，突出共产党人的感人形象以及影响至深的精神力量。

5月10日 中国网络电视台综合服务平台正式上线公众邮箱。这是CNTV首次面向全球网民推出的免费邮箱服务，在实用性、操作性、安全性、稳定性等方面均达到国内一流水平。邮箱拥有2G超大附件、多语言切换、海外邮件高效率收发等11项功能，并实现与社区、微博、博客、论坛等产品互联互通，用户登录邮箱即可直接与其他产品用户进行互动。

5月11日 《中国奇迹——纪念抗击汶川特大地震三周年大型专题文艺晚会》在中央电视台一号演播厅录制完成。中共中央政治局常委李长春，中共中央政治局委员、国务院副总理回良玉，中共中央政治局委员、书记处书记、中宣部部长刘云山，全国人大常委会副委员长陈昌智，全国政协副主席李金华，中央军委委员、解放军总政治部主任李继耐一同观看演出。

5月17日 中央电视台纪录频道在法国加纳尔卫星直播平台基本层开播。

5月19日 长城（欧洲）平台进入法国最大数字有线网（Numericable）试播，这是长城平台首次进入欧洲有线电视网，基本实现长城平台和中央电视台国际频道在法国的全面覆盖，并覆盖比利时和卢森堡。其中英语新闻频道和法语国际频道进入有线网基本层，覆盖电视用户达350万。

5月21日 《唱响中国——群众最喜爱的新创作歌曲征集评选活动》颁奖音乐会在中央电视台一号演播厅录制完成，中共中央政治局委员、书记处书记、中宣部部长刘云山，以及中央宣传思想文化战线有关单位负责人一同观看了演出。

5月21日至22日 国务院总理温家宝赴日本出席第四次中日韩领导人会议。中央电视台随行报道小组及时充分地报道温家宝总理出席三国领导人会议相关活动、深入灾区访问灾民等行程。

5月25日 中央电视台举行“国际视频发稿平台正式运行暨全球发布系统”启动仪式，该发稿平台从即日起投入正式运行。美国有线新闻网、美联社、路透社等10多家媒体负责人及36家驻京外国媒体参加启动仪式。

5月25日至6月17日 中央电视台编制内职工全部签订《聘用合同书》，这是自2002年实行全员聘用制以来第四次集中续签，也是原台聘职工纳入编制内管理后的首次签约，共涉及台本部和台属单位编制内职工1626人。其中，签订固定期限合同1314人，签订无固定期限合同312人。

5月26日 按照党章和基层党组织设置原则的有关规定，中央电视台新闻中心召开党委成立大会，选举产生了第一届党的委员会。新闻中心党委下辖党支部19个，共有党员761名。

5月31日 庆祝2011年“六一”国际儿童节晚会《在灿烂阳光下》在中央电视台一号演播厅录制完成。中共中央政治局常委李长春，中共中央政治局委员、全国人大常委会副委员长、全国总工会主席王兆国，中共中央政治局委员、书记处书记、中宣部部长刘云山，中共中央政治局委员、国务委员刘延东，全国人大常委会副委员长乌云其木格，全国人大常委会副委员长、全国妇联主席陈至立，全国人大常委会副委员长严隽琪，全国政协副主席张梅颖，中国关心下一代工作委员会主任顾秀莲与少年儿童一同观看演出。

5月 围绕胡锦涛总书记给北京大学研究生支教团成员的回信，中央电视台综合频道、新闻频道及中文国际频道新闻节目展开深入报道。《新闻联播》连续播出相关新闻，充分报道胡锦涛总书记在回信中对北京大学研究生支教团的肯定与期望。

5月 中央电视台举行首届“国际视频新闻业务媒体论坛”。俄罗斯电视台、美国有线电视新闻网、英国广播公司、卡塔尔半岛电视台、日本广播协会、新加坡亚洲新闻台等10余家国际知名媒体负责人及英国天空卫视等驻京外媒代表参加。

六月

6月6日 端午节当天，中央电视台联合体育总局社会体育指导中心、中国龙舟协会，在江苏江阴成功举办首届中华龙舟大赛首站比赛。作为中央电视台自主创新推出的传统赛事，体育频道全程直播开幕式和200米决赛、500米决赛，新闻频道、中文国际频道进行充分报道，初步树立了“自主创新、中华传统项目、体育文化传播”的赛事品牌。

6月9日 肯尼亚副总统穆西约卡在肯尼亚首都内罗毕会见由中央电视台副总编辑、中国国际电视总公司总经理梁晓涛率领的中央电视台非洲分台筹建组。

6月10日 经过试运行和优化调试，中央电视台新邮件系统平稳运行并正式上线启用。新邮件系统为台内用户提供更友好的操作界面、更快的响应速度、更大

CHINA CENTRAL TELEVISION YEARBOOK

的存储空间及更多的实用功能。

6月12日 中共中央政治局常委、中央政法委书记周永康出席了在中央电视台举行的“英雄赞歌——第四届我最喜爱的人民警察”评选颁奖典礼。国务委员、公安部部长孟建柱等陪同观看。

6月12日至20日 国家主席胡锦涛应邀对哈萨克斯坦、俄罗斯、乌克兰进行国事访问，并出席上海合作组织阿斯塔峰会和第十五届圣彼得堡国际经济论坛。《新闻联播》播发新闻30余条、时长60多分钟。相关新闻报道受到中央领导和外交部的肯定。

6月14日 中央电视台副总编辑黄传芳会见了白俄罗斯国家广播电视公司主席达维科·布罗尼斯拉夫维奇，双方签署了包括日常新闻节目交换、突发新闻直播权以及互派摄制组在内的新闻协议。

6月15日 《激情·奉献——2011全国广播影视系统先进事迹报告会》在中央电视台举行。国家广电总局领导蔡赴朝、张海涛、田进、王莉莉，以及中央创先争优活动领导小组办公室、中央纪委、中直纪工委、国家广电总局等相关部门负责人以及台领导和职工代表参加报告会。此次活动由国家广电总局纪检组、总局直属机关党委主办，中央电视台纪检组协办、科教频道承办。

6月19日至28日 作为庆祝建党90周年献礼片，由中宣部、中央文献研究室和中央电视台等部门联合摄制的10集大型文献片《旗帜》在综合频道黄金时段播出。该片通过10集篇幅，全面反映了中国共产党90周年的伟大历程、光辉成就和宝贵经验。

6月20日 《来自天山的祝福——新疆各族人民颂歌献给党大型电视文艺晚会》举行。全国人大常委会副委员长司马义·铁力瓦尔地、全国政协副主席阿不来提·阿不都热西提观看演出并给予充分肯定。本台晚会由“飘香的土地”、“豪迈的歌声”、“喜悦的憧憬”等篇章组成，来自新疆各民族的300多名艺术家和演员参加演出。

6月23日 中央电视台工会联合会举办“庆祝中国共产党成立90周年中央电视台职工书画展”，共展出作品196幅，并评选特等奖1名、一等奖2名、二等奖6名、三等奖17名。

6月24日 庆祝中国共产党成立90周年献礼影片——大型文献纪录电影《中国三峡》在京首映。中共中央政治局常委李长春，中共中央政治局常委、国务院副总理李克强出席观看，并亲切会见该片主创人员。《中国三峡》由国务院三峡工程建设委员会办公室、中央新闻纪录电影制片厂（集团）等单位联合摄制。

6月24日 由中央政法委主办、社会与法频道承办的“守望和谐”全国政法系统纪念建党90周年表彰晚会在中央电视台一号演播厅录制完成。中共中央政治局常委、中央政法委书记周永康，中共中央政治局委员、中央政法委副书记王乐泉等领导与全国政法系统先进基层党组织、优秀党务工作者、优秀党员干警代表和不同时期的政法英模代表等一同观看晚会。

6月28日 中央电视台隆重举行庆祝中国共产党成立90周年大会。国家广电总局党组成员、中央纪委驻总局纪检组组长、直属机关党委书记王莉莉及全体台领导参加会议，并为先进党支部、优秀共产党员、优秀党务工作者代表颁奖。

6月30日 中央电视台综合、综艺、中文国际、军事农业频道在黄金时段同步播出《我们的旗帜——庆祝中国共产党成立90周年文艺晚会》，中国网络电视台同步视频直播。共有2.55亿观众收看晚会节目，4个频道的总收视率达4.44%，总收视份额达13.77%。截至晚会播出结束，CNTV页面访问量达1.11亿页次，视频直播最高同时在线12万人，累计登录72万人次，在线留言超过1000条；手机电视用户收看视频直播达32万次，iPhone、iPad客户端全球用户收看直播达71万次。

6月30日 中央电视台和中国移动通信集团公司签署“联合运营中国手机电视台暨达成战略合作框架协议”。中央电视台副台长魏地春、中国移动副总裁沙跃家代表双方在协议上签字。

6月30日 中国网络电视台庆祝建党90周年特别策划——《七一微博联播》36小时全球新媒体直播活动正式启动。国家广电总局副总编辑、宣传管理司司长金德龙，中央外宣办网络新闻协调局局长彭波，中宣部舆情局副局长孙瑜参加启动仪式，并通过微博为直播活动送上寄语。

6月30日 中央电视台综合频道、新闻频道及中文国际频道，以新闻、直播联动充分报道京沪高铁正式开通运行。

6月30日 中央电视台纪录频道在挪威嘉纳尔数字卫星直播平台基本层开播，覆盖挪威、瑞典、丹麦、芬兰四国。嘉纳尔是北欧地区主流卫星直播平台，102.5万用户，拥有近100个频道，其中包括英国广播公司（BBC）、美国有线新闻网（CNN）、法兰西24小时电视台（France24）、半岛电视台等国际知名新闻频道。

6月 中央电视台财务管理中心根据有关法律法规，结合实际修订完善了《中央电视台合同审批管理办法》，于7月1日正式实行。该《办法》旨在进一步加强中央电视台合同审批管理工作，明确合同审批管理过程中的职责，规范合同审批流程，有助于预防和减少合同纠纷，进一步提高合同审批效率。

6月 中央电视台英语新闻频道分别通过旧金山36.3台、洛杉矶31.9台，在数字地面电视系统实现整频道落地。其中，通过旧金山36.3数字地面台落地，信号可覆盖加利福尼亚州北部的1323万人口（约440万户）；通过洛杉矶31.9数字地面台，信号可覆盖加利福尼亚州南部的1600万人口（约530万户）。

6月 中央新闻纪录电影制片厂（集团）制作完成建党90周年献礼宣传片《没有共产党就没有新中国》，7月1日在天安门广场LED屏幕上正式播放。摄制组走访了浙江嘉兴南湖、上海"一大"会址、江西井冈山等地，以宏大的叙事和生动的细节，展现党的伟大历史，讴歌党的丰功伟绩。

七月

7月1日 上午，庆祝中国共产党成立90周年大会在人民大会堂举行。中央电视台综合频道、综合频道（香港）、综合频道（高清）、新闻频道、中文国际频道（亚洲版、欧洲版、美洲版）以及英语新闻频道、西班牙语国际频道、法语国际频道、俄语国际频道进行同步并机直播。中国网络电视台同步转播5个语种的电视直播信号，并通过网络电视、手机电视、iPhone、iPad客户端面向全球用户进行多语种、全球化直播。据统计，92个国家和地区的332家电视机构转播或部分使用中文国际频道、英语新闻频道节目信号，其中284家全部转播，48家部分转播。

7月1日 中国网络电视台"我爱非洲"应用程序正式登陆苹果在线商店，有效促进CNTV手机电视在非洲大陆落地。该应用程序基于iPhone和iPad平台，针对非洲用户的特点，以提供高品质直播和点播视频为主，同时整合了丰富多彩的人文专题内容。

7月1日 中央电视台工会联合会正式将企聘会员纳入"爱心三个一"慰问活动范围中，活动慰问对象涵盖了全台员工会员。

7月4日 中央电视台新闻频道在凌晨01:00～05:00开通午夜《新闻直播间》时段，自此全面实现新闻频道24小时全天候直播。

7月12日 下午，胡锦涛总书记在人民大会堂参加两岸万名青年大交流主题联欢活动。中央电视台圆满完成时政报道和活动录制等任务。

7月18日 下午，中共中央政治局常委、国家副主席、中央军委副主席、中央代表团团长习近平，在西藏自治区党委书记张庆黎的陪同下，来到布达拉宫广场，视察了中央电视台西藏和平解放60周年庆祝大会直播筹备工作，并亲切看望了正在进行直播前调试的工作人员。

7月18日 中央电视台西班牙语、法语国际频道全新改版推出。此次两频道改版，一是确定新闻综合频道的定位，在全面提高新闻品质的同时，强化以电视剧和纪录片为主体的文化传播；二是增加新闻访谈节目比重，努力提高教学类节目水平，更好地为对象国的观众提供有针对性的服务。

7月18日 中国网络电视台高清台正式上线。高清台整合了电影、电视剧、纪录片等优质资源，包括1500余集、播放时长达2000小时的720P高清正版视频，达到同业一线网站高清内容集纳水平。

7月19日 西藏和平解放60周年庆祝大会在拉萨举行。中央电视台综合频道、新闻频道、中文国际频道及英语新闻频道并机直播庆祝大会。同时，西班牙语国际频道、法语国际频道、阿拉伯语国际频道、俄语国际频道进行及时、深入报道。

7月19日 中央电视台纪录片频道和意大利国家广播电视集团互换合作谅解备忘录，内容包括共同制作纪录片《利玛窦，延续至今的传奇》，逐步建立互利互惠的长期合作关系，共同推进在纪录片领域的交流合作等。

7月21日 我国大深度载人潜水器"蛟龙号"成功进行首次下潜试验，打破我国深潜纪录。中央电视台综合频道、新闻频道及中文国际频道展开跟进报道。

7月23日 中央电视台俄语国际频道全新改版。此次改版突出国际化视角，围绕俄语受众的收视习惯，在加大电视剧和纪录片播出量的同时，进一步强化自制新闻评述类节目和专题服务类节目。

7月23日 甬温线发生特大铁路交通事故，中央电视台新闻中心、财经频道、英语新闻频道、中国网络电视台等从不同角度及时跟进，展开持续报道。

7月25日 10：00，中央电视台阿拉伯语国际频道正式全新改版，至此，西班牙语国际频道、法语国际频道、阿拉伯语国际频道、俄语国际频道改版工作全部完成。阿拉伯语国际频道改版后，每日节目首播量从4小时增加到6小时。

7月25日 中央电视台总编辑、副台长罗明会见了韩国文化产业振兴院院长李在雄、韩国广播公司（KBS）副社长曹大铉一行，并签署中韩节目合作文件。

7月26日 中央电视台副台长、新闻中心主任孙玉胜主持召开海外分台建设首次联席工作会议。会议明确了海外分台建设联席会议机制各成员单位的职责和分工。

7月26日 中央电视台副总编辑朱彤在伦敦会见了英国威讯IP电视公司总裁约翰·密尔斯，并签署了中央电视台国际频道在英国落地合作备忘录。中央电视台国际频道节目将通过威讯公司进入英国主流数字广播电视平台Freeview播出，覆盖用户达1800万。

7月28日 中央电视台召开动员会，正式启动廉政风险防控机制建设工作。台分党组成员、纪检组组长、机关党委书记张海鸽强调，一要高度重视，二要加强领导、狠抓落实，三要查找风险、强化管理，四要理清思路、勇于创新。

7月29日 中央电视台第一次归侨侨眷代表大会举行。会议成立中央电视台归国华侨联合会，并选举产生首届侨联委员会。

7月30日、31日 中央电视台新闻中心对包括《新闻联播》新增主播候选人、以及《焦点访谈》、《晚间新闻》、《新闻30分》在内的15个栏目 的36个主播、主持人岗位进行公开竞争评审。这是中央电视台首次对新闻主播、主持人岗位实行竞争上岗。

7月 中央电视台海外传播中心与巴拉圭多媒体服务有限公司就中央电视台西班牙语国际频道在巴拉圭落地达成协议，授权巴拉圭有线网从8月1日起在其基本层整频道转播中央电视台西班牙语国际频道，这是西班牙语国际频道首次进入巴拉圭电视运营网络。

八月

8月1日 《中央电视台固定资产报废操作规程》下发实施，明确规定了固定资产的报废鉴定、上报审批、实物处置等一系列流程。

8月4日 中央电视台副总编辑朱彤在意大利罗马与意大利哲意公司（SELECT ITALY）首席执行官雅各布·瑟托里，签署了关于中央电视台国际频道在欧洲地区酒店落地合作备忘录。

8月8日 中央新影动漫文化城有限公司揭牌仪式举行。国家广电总局副总编辑、宣传管理司司长金德龙，北京市海淀区委副书记、代区长隋振江，中央电视台副台长、中央新影集团董事长兼总裁高峰，北京新奥特集团董事长郑福双等参加。中央新影动漫文化城有限公司由中央新闻纪录电影制片厂（集团）和北京新奥特集团合资成立，全面负责中央新影动漫文化城项目的建设、经营与管理。

8月9日 中共中央书记处书记、中央办公厅主任令计划视察了深圳第26届世界大学生夏季运动会开幕式现场，并就领导人镜头拍摄等作出明确指示。

8月10日 由中国网络电视台和中国农业电影电视中心共同策划制作的“CNTV7+农业”频道正式上线。“CNTV7+农业”频道是CCTV在新媒体领域打造的一个全新平台，分为微新闻、致富宝典、技术联播、欢乐剧场4个主题页面，全面解析农业政策、“三农”新闻、涉农现象等。

8月12日至23日 中央电视台以“9个频道+中国网络电视台”的报道规模，全面转播报道了深圳第26届世界大学生夏季运动会。期间，共有7.29亿观众收看中央电视台节目，体育频道平均收视份额达到2.51%，比平时提高1.15%。

8月17日 副台长孙玉胜与澳大利亚新闻频道有限公司首席执行官弗朗哥普罗斯，签署双方有关新闻交换扩大合作协议。根据协议，中央电视台与澳大利亚新闻频道将在新闻交换、突发新闻直播授权、互派特约报道员等领域展开合作。

8月18日 由中央电视台大型节目中心承办的欢迎美国副总统拜登访华文艺演出在北京人民大会堂举行，国家副主席习近平与美国副总统拜登一同观看了演出。国家副主席习近平在演出结束后接见了中央电视台主创人员，充分肯定此次演出。美国副总统拜登称赞文艺表演精彩。

8月22日 中央电视台召开深入开展新闻战线“走基层、转作风、改文风”活动动员大会。

8月24日 中宣部副部长、国家广电总局局长蔡赴朝，国家广电总局副局长张海涛、田进、张丕民参观了第20届北京国际广播电影电视设备展览会（BIRTV2011），重点考察了3D立体电视、“三网融合”、新媒体新业态及数字电影技术设备发展情况。

8月24日 由国家广电总局主办、中央电视台承办的2011年广博会开幕酒会在梅地亚中心举行。中宣部副部长、国家广电总局局长蔡赴朝出席酒会并致辞。国家广电总局副局长张海涛、田进、张丕民，国家广电总局各司局及直属单位领导，以及省级广播电视台负责人、境外著名传媒机构高层、广博会参展商代表和“飞天奖”、“华表奖”嘉宾代表参加了开幕酒会。

8月25日 第九届中国国际影视节目展在北京展览馆开幕。中宣部副部长、国家广电总局局长蔡赴朝，副局长田进、张丕民等出席开幕仪式并参观展会。本届节目展由国家广电总局主办、中央电视台承办。

8月25日 《中央电视台互联网平台信息发布管理规定（暂行）》正式实施。该《规定》旨在规范台内机构和个人在互联网平台的信息发布行为，维护国家电视台媒体的形象和声誉。

8月26日 中共中央政治局委员、中央书记处书记、中宣部部长刘云山参观北京国际广播电影电视设备展览。在中央电视台展台前，刘云山听取了国际传播能力建设、全球卫星覆盖和国际视频发稿平台的情况汇报，详细观看了移动新闻传送设备，并高度评价了中央电视台加强国际传播能力建设所取得的成绩。

8月26日 《中央电视台收视率数据使用管理办法》正式施行。该《办法》旨在更好地服务中央电视台的宣传管理，确保收视率数据的安全使用。

8月31日至9月1日 中央电视台举行第三届“CCTV杯”职工羽毛球比赛，全台31个单位的360余名选手参赛。

8月 中国网络电视台自主研发的互动平台“好友管理系统”和“社交网络平台（SNS）动态分发系统”通过国家版权局软件著作权审核和登记，并获得国家版权局颁发的《计算机软件著作权登记证书》，这标志着CNTV掌握了SNS核心技术并拥有关键性技术的全部成果与权利。

8月 中国网络电视台与云南爱上网络公司、云南电信等共同搭建的新一代互动电视购物平台——“TVMall商城”在云南IP电视正式上线推出，这是CCTVIP电视推出首个应用信息服务，标志着CCTVIP电视应用信息服务迈出全国发展战略的第一步。

8月 中央电视台海外传播中心与加拿大北美中英文电视台达成协议，授权对方从9月1日起，在其有线频道中选播中央电视台中文国际频道、英语新闻频道和纪录频道的部分节目。北美中英文电视台在加拿大最大的有线电视网Rogers基本层播出，覆盖多伦多、蒙特利尔、渥太华等地，用户数约170万。

九月

9月5日 中共中央政治局常委李长春，中共中央政治局委员、国务委员刘延东，全国政协副主席、中国社会科学院院长陈奎元一同观看为庆祝2011年教师节录制的大型主题晚会《美丽心灵——献给老师的歌》，并为2011年度“全国教书育人楷模”颁奖。

9月5日 中央电视台全新改版的《晚间新闻》在综合频道开播。本次改版将栏目时长拓展为30分钟，新闻播出总量与首播量提升约50%，并进一步拓展了国内外重要突发事件的应对空间。

9月9日 中央电视台英语新闻频道在马耳他落地开播仪式举行，马耳他副总理兼外长博奇、中国驻马耳他大使张克远，以及马耳他最大的有线电视运营商麦力塔公司高层管理人员和当地各界代表50余人参加。这是中央电视台国际频道首次在马耳他实现落地。

9月12日 中央电视台综合频道、中文国际频道向全球成功直播《江门月·中华情》2011年中秋晚会。晚会以“月印故土”、“月系亲情”、“月满华夏”为主题，采用音乐剧形式将三个部分有机串联。

9月14日 世界经济论坛2011年新领军者年会（2011夏季达沃斯论坛）开幕，国务院总理温家宝出席开幕式并发表特别致辞。中央电视台综合频道、新闻频道、中文国际频道（亚洲版、欧洲版、美洲版）及英语新闻频道并机直播温家宝发表致辞。同时，还为欧广联等国外媒体机构提供全程公用信号。

9月16日 中央电视台副总编辑黄传芳与阿富汗广播电视台台长安佐尔签署了新闻合作协议，将在新闻交换、设立特约报道员和人员培训等方面建立合作关系。阿富汗驻华大使巴辛出席协议签署仪式。

9月16日 由中央电视台主办、内蒙古电视台承办的2011年全国省暨计划单列市电视台办公室主任会议在呼和浩特召开。与会代表围绕“构建现代媒体行政办公业务评估体系”的主题进行了深入研讨，会议还表彰了《电视决策参考》信息报送工作先进单位等。

9月20日 第三届全国道德模范评选表彰颁奖典礼《德耀中华》在中央电视台录制完成。中共中央政治局常委李长春，中共中央政治局委员、全国人大常委会副委员长、中华全国总工会主席王兆国，中共中央政治局委员、书记处书记、中宣部部长刘云山，中共中央政治局委员、中央军委副主席徐才厚出席典礼，并为全国道德模范颁奖。

9月20日 中央电视台举行2012年节目资源推介会。台领导及各部门负责人，国家广电总局、国家工商局、国内外企业、广告公司、知名高校、新闻媒体的代表2000余人参加。推介会以“汇聚力量、成就传奇”为主题，首次按各频道功能依次放映大量精心制作的精彩视频画面，展示了2012年各频道优秀节目资源，介绍了春节联欢晚会、黄金档电视剧、伦敦奥运会等重大节目，发布了2012年广告招标预售的产品和政策。

9月20日 中央电视台与南开大学签署了“金伙伴”双向人才培养意向书，确立了双方系统培养人才的合作意向。双方将在实习生选派和招录、员工培训、人才交流等方面展开深度合作。

9月22日 中国网络电视台电子商务平台CNTV商城（mall.cntv.cn）正式上线发布。CNTV商城是以商品推

CHINA CENTRAL TELEVISION YEARBOOK

荐为主要形式的商品导航类平台，涵盖电商导航、团购导航、热门分类商品、今日团购、行业资讯等内容。

9月25日 经调整改进的中央电视台《新闻联播》全新推出。本次调整改进遵循“坚持重大性、权威性、贴近性与服务性，提升单条新闻、版面编排与栏目包装质量，进一步增强时效性”等基本思路，启用新主播，并围绕各题材新闻的报道方式、栏目编排方式、栏目形态与包装方式等进行微调。

9月27日 中央电视台主办、四川广播电视台承办的2011全国电视新闻年会暨电视新闻协作与发展论坛在成都召开。中宣部副部长、国家广电总局局长蔡赴朝致信祝贺。四川省委常委、宣传部长黄新初致欢迎辞。来自全国37家电视台的近百名代表围绕“如何建立积极的正面报道机制”、“电视新闻如何应对自媒体时代”等主题展开深入讨论。

9月28日 中央电视台大型节目中心顺利录制完成《五星红旗 我为你骄傲——庆祝中华人民共和国成立62周年专题晚会》，晚会于10月1日晚在综合频道首播。这是中央电视台近年来首次举办国庆晚会。

9月29日 大型电视晚会《功业千秋——庆贺“京剧音配像”播出15周年》在中央电视台录制完成。晚会以名家访谈、现场节目和大屏幕影像展现相结合，展示中国京剧音配像文化工程对国粹艺术的宝贵价值与巨大贡献。

9月29日 21:16，我国首个空间实验室“天宫一号”成功发射升空，中央电视台综合频道、新闻频道、中文国际频道以及英语新闻频道、西班牙语国际频道、法语国际频道、阿拉伯语国际频道、俄语国际频道共计六种语言的八个频道，以及中国网络电视台进行全程直播。据统计，共有3.8亿观众收看，129个国家和地区的346家电视机构转播或部分使用了中央电视台节目信号。期间，央视国际视频发稿平台向73个国家和地区的1000多家媒体发布了相关新闻素材75条。

9月 中国网络电视台和华数传媒网络有限公司共同成立的浙江爱上网络科技有限公司（简称“浙江爱上”）正式挂牌。“浙江爱上”是浙江省独家IP电视内容服务平台，主要承担内容集成、内容包装、产品策划与推广等，并将华数传媒的数字媒体内容打包成“华数TV”专区，通过CNTV的全国平台面向全国用户提供IP电视基础内容运营服务。

9月 中办机要局检查组检查了中央电视台专项保密工作，并对保密专网的保密管理给予充分肯定，认为中央电视台保密设备安装环境符合要求，领导和专管人员责任明确，管理措施和值班制度到位。

9月 据中国网站排名网9月第1周统计，中国网络电视台互联网综合排名跃居国内重点新闻门户网站第一名。

十月

10月5日 中央电视台纪录频道落地法国第三大IP电视运营商SFR公司基本层，覆盖290万用户。

10月9日 纪念辛亥革命100周年大会在北京举行，胡锦涛总书记发表重要讲话。中央电视台综合频道、新闻频道、中文国际频道、英语新闻频道及西班牙语国际频道、法语国际频道、阿拉伯语国际频道、俄语国际频道并机直播，中国网络电视台同步直播。美联社等全球1000余家媒体用户经过央视国际视频发稿平台实时接收了大会直播信号。

10月11日 中央电视台与英国威讯公司IP电视公司签署了中文国际频道、英语新闻频道和纪录频道三个频道的转播协议。

10月12日 由中央电视台财经频道主办的“2011年CCTV经济生活大调查”活动在西藏拉萨拉开序幕。这是该活动举办六年来第一次在地方城市举办启动仪式，也是财经频道“走转改”活动的一次有益实践。

10月17日 国家广电总局党组成员、中央纪委驻总局纪检组组长、总局直属机关党委书记王莉莉考察了中央电视台亚太中心记者站，看望中心站记者并与大家座谈。

10月17日 国家广电总局科技司组织对中央电视台《新一代电视台网络化制播系统》项目进行技术鉴定。鉴定委员会通过实地考察和认真评议，一致同意该项目通过技术鉴定。

10月18日 党的十七届六中全会在北京闭幕，中央电视台综合频道、新闻频道、中文国际频道、英语新闻频道及中国网络电视台等，以新闻、访谈、专题等形式展开报道。

10月18日 中央电视台“国际视通”（原央视国际视频发稿平台）正式上线多语种服务。经由“国际视通”的因特网平台，全球法语、阿拉伯语媒体用户可以第一时间查阅符合国际视频通稿规范的相关语种文稿。

10月18日 中国网络电视台正式发布视频手机报客户端。该客户端分为头条、国内、国际、经济、军事、社会、体育、娱乐等8个板块，结合更新提醒和实时推送功能，全天24小时不间断播报视频新闻。同时，该客户端提供微博分享功能，采用国际领先的编解码技术，视频缓冲快、画质高、流量小，在低速的GPRS网络环境下也能流畅播放。

10月19日 中央电视台召开国内记者站成立大会，为29个国内记者站站长授牌。这标志着覆盖全国29个省、自治区、直辖市的中央电视台国内报道网络基本建成。

10月19日 中央电视台与清华大学签署了“金伙伴”双向人才培养计划合作意向书，双方将在实习生选派和毕业生招录、员工培训、人才交流等方面展开深度合作。

10月20日 CCTV首届外语观众座谈会暨中外媒体交流论坛召开。中央电视台领导与国内高校专家，及来自20余个国家和地区的80位嘉宾等参加论坛。

10月20日 《中央电视台专利管理办法》正式发布实施。

10月22日 中央电视台2012年黄金资源广告网上招标顺利举行，24家企业对“2012年春节贺岁套装”、“《2012年春节联欢晚会》联合特约”、上下半年“CCTV-2《经济半小时》独家特约”等5个标的物进行踊跃投标。

10月27日 国家广电总局副局长田进出席在缅甸仰光举行的中央电视台中文国际频道、英语新闻频道和纪录频道在缅甸落地开播仪式，缅甸宣传部副部长吴俊温，中国驻缅甸大使馆临时代办王宗颖，以及当地各界代表及媒体记者300多人参加。

10月27日 第六届中央电视台电视节目主持人大赛圆满落幕，共决出1名金奖、3名银奖、6名铜奖及14名优秀奖。

10月28日 中央电视台与索尼中国专业系统集团签署3D电视节目制作发展战略合作框架协议。中央电视台总工程师丁文华、索尼专业系统集团总裁根本章二等参加签约仪式。

10月30日至11月4日 国家主席胡锦涛对奥地利进行国事访问，并出席了在法国戛纳举行的二十国集团领导人第六次峰会（G20峰会）。中央电视台派出专机报道组、地面报道组前往采访，在综合频道、新闻频道及各外宣频道中及时播发新闻，其中《新闻联播》播发胡锦涛重要活动新闻18条，总时长约40分钟。

10月 第五届全国年鉴编校质量评比结果揭晓，《中央电视台年鉴》（2010年卷）获特等奖。

十一月

11月1日 05:58，“神舟八号”飞船在酒泉卫星发射中心成功发射。中央电视台综合频道、新闻频道、中文国际频道、英语新闻频道，西班牙语国际频道、法语国际频道、阿拉伯语国际频道、俄语国际频道并机进行全程直播，并为海内外媒体提供直播信号。早间直播活动累计观众收看人数达6000万人次，并机总收视率为0.58%，总收视份额20.42%。此外，“国际视通”经由美联社电视直播频道，向全球媒体用户提供了50分钟的“神舟八号”发射独家直播信号，并第一时间向全球800多家媒体发布相关新闻素材。

11月1日 中央电视台纪录频道在北京首都机场所属有线电视网络有效实现入网入户。首都机场航站楼的电视系统及首都机场生活区、工作区均可收看纪录频道。这是纪录频道在大企业专有电视网络落地工作的拓展。

11月3日 “天宫一号”与“神舟八号”成功实现首次交会对接。中央电视台综合频道、新闻频道、中文国际频道、科教频道、英语新闻频道，以及西班牙语国际频道、法语国际频道、阿拉伯语国际频道、俄语国际频道全程直播，并为海内外媒体提供直播信号。中国网络电视台通过中文、英语、西班牙语、法语、阿拉伯语、俄语六个语种使用自主网络信号全程视频直播。

11月6日 中广国际总公司总经理李金荣与古巴CIMEX集团有限公司社会通讯部总经理在古巴哈瓦那签订《中国中央电视台节目在古巴转播合同》。根据合同规定，古巴将转播中央电视台西班牙语国际频道、中文国际频道、英语新闻频道节目，为期五年。

11月8日 围绕胡锦涛总书记等党和国家领导人分别在国务院、全国政协、中央军委、中央纪委等机关驻地，参加北京市区县、乡镇两级人大代表换届选举投票活动，中央电视台全程真实记录了投票过程，并播发了时长为5分钟的新闻。节目现场感强、信息量大、有点有面，得到了中央领导的肯定，社会反响良好。

11月8日 2012年中央电视台黄金资源广告招标现场竞购大会在梅地亚中心举行，245家国内外知名企业参与竞争，招标预售总额达到142.5757亿元，比上年净增15.8887亿元，增长率为12.54，%，创18年来招标预售总额的历史新高。

11月9日至12月6日 中央电视台353名处级以上干部和241名台属企业领导分别参加了《中国共产党党员领导干部廉洁从政若干准则》和《国有企业领导人员廉洁从业若干规定》测试，共计36场。

11月9日 为推动中央电视台企聘员工薪酬调整方案的顺利实施，人力资源管理中心以沟通说明会的形式，分6批就企聘员工薪酬调整方案向全台各部门进行宣讲，详细讲解此次薪酬调整方案的设计思路、实施办法、操作要点和执行标准等，并就员工关心的调整后的薪酬结构、调级调档条件以及绩效工资发放等问题进行了解释说明。

11月10日至15日 国家主席胡锦涛出席在美国夏威夷举行的亚太经合组织（APEC）第十九次领导人非正式会议，中央电视台进行了及时充分的报道。期间，《新闻联播》播发相关新闻15条，总时长达40分钟；相关新闻在新闻频道、中文国际频道新闻节目中滚动播出，获得良好效果。中央领导对报道给予肯定。

11月10日 副台长胡恩率中央电视台代表团访问塞舌尔广播公司，并签署合作备忘录。根据备忘录，塞方将转播中央电视台节目的时长从每天2小时增至6小时。同时承诺在完成电视台数字化改造后，将使用1个数字频道完整转播中央电视台英语新闻频道节目。

11月11日 中宣部副部长、国家广电总局局长蔡赴朝与乌克兰广电委员会副主席拉瑞莎、委员穆拉克，一同出席在乌克兰基辅举行的中央电视台与乌克兰沃利亚有线公司合作备忘录签字仪式。中央电视台总编辑、副台长罗明与沃利亚首席执行官约翰内斯就扩大中央电视台俄语国际频道落地范围和探讨纪录频道在乌克兰落地等事宜签署合作备忘录。

11月11日 中宣部副部长、国家广电总局局长蔡赴朝与乌克兰国家广电委员会广播电视局局长阿布拉莫夫，一同出席在乌克兰基辅举行的中央电视台与乌克兰国家电视公司合作备忘录签字仪式。中央电视台总编辑、副台长罗明与乌克兰国家电视公司总裁本肯多夫代表双方签署了合作备忘录，内容包括日常新闻节目交换、互相授权使用新闻直播信号、电视采编人员交流及培训、互办电视日等。

11月11日至13日 四川电视节期间，中央电视台纪录频道与BBC环球、英国独立电视台和美国国家地理频道分别签署合作备忘录。根据合作备忘录，纪录频道将参与投资BBC在2012年的重点项目《改变地球的一代人》，与英国独立电视台联合摄制纪录片《秘境中国——天坑》，与美国国家地理频道探讨在纪录频道重点项目《春晚》上合作的可能性。

11月12日 以第11届四川电视节为契机，中央电视台纪录频道邀请八位资深国际纪录片人参加在成都举行的纪录频道国际顾问聘请仪式，包括法国“纪录片之光”纪录片节主席伊夫·让诺，美国探索频道前任执行副总裁、美国国家地理频道前任全球节目执行副总裁史蒂夫·伯恩斯，NHK国际公司前任副总裁天城韧彦，英国著名纪录片制作人菲尔·阿格兰等。

11月12日 为纪念辛亥革命100周年，由中央新闻纪录电影制片厂（集团）制作的纪录电影《枪声1911》在台湾举行首映仪式，台湾各界人士400余人参加，该片展映被列入“台北国父纪念馆”纪念辛亥革命暨纪念孙中山诞辰系列活动之一，是纪念辛亥革命100周年唯一的部在台湾地区公映的大陆影片。台湾新党主席郁慕明、台北国父纪念馆均将此片作为珍贵史料永久收藏。

11月14日 由中国文联主管主办、中国艺术报社承建的中国文艺网和中国网络电视台创建的CNTV文化社区举行上线开通仪式。全国政协副主席、中国文联主席孙家正出席。中国文联党组书记、副主席赵实，中宣部副部长蔡名照，国家广电总局副局长李伟，中央电视台领导以及相关部委和单位的有关负责人、文化艺术界人士共百余人参加仪式。

11月15日 全国政协副主席、全国工商联主席黄孟复在香港参加中央电视台财经频道《对话》栏目特别节目《中国企业的跨国公司之路》录制，并进行现场点评。

11月16日 由中央电视台中文国际频道和台湾中天电视台联合举办的第十届海峡两岸知识大赛新闻发布会暨启动仪式在北京举行。国台办、国家广电总局等相关部门负责人参加，40多家国内主要媒体报道。

11月17日 “神舟八号”返回舱成功返回位于内蒙古的着陆点，中央电视台《新闻联播》与相关频道进行直播。据统计，全国共有3.2亿观众收看直播。

11月19日至21日 中央电视台人力资源管理中心在北京、天津、上海、济南、武汉、成都等地组织了2012年校园招聘单独考试。来自北京大学、清华大学、复旦大学等全国十所重点高校的1123名应届毕业生参加笔试。其中的1001人参加面试。

11月21日 国家广电总局副局长李伟、津巴布韦新闻部长沙姆出席在津巴布韦首都哈拉雷举行的中央电视台与津巴布韦广播公司新闻合作协议签字仪式，中央电视台副总编辑黄传芳与津巴布韦广播公司代理总裁曼得兹维查代表双方签署协议。该协议内容包括日常新闻节目交换、互相授权使用新闻直播信号、互相选派特约报道员等。

11月22日 中国文联第九次全国代表大会、中国作协第八次全国代表大会在北京开幕，中共中央总书记、国家主席、中央军委主席胡锦涛发表重要讲话。中央电视台《新闻联播》播发了时长10分40秒的新闻。同时还配合主体新闻，播发《为时代放歌 为人民立言》，采访多位全国文代会、作代会代表。

11月22日 中央电视台举行2012年承包资源广告经

营代理权招标会，对“CCTV－1白天时段套、《看见》栏目贴片、CCTV－11全天时段套”三个标的物进行承包招标，共有17家广告公司参加竞标，最终中标总额6.7189亿元。至此，中央电视台2012年黄金资源广告招标系列活动圆满结束。

11月24日 按照中组部、中宣部的安排，中央电视台召开分党组扩大会议。受中共中央政治局委员、书记处书记、中宣部部长刘云山委托，中宣部常务副部长雒树刚出席会议并作重要讲话，中宣部副部长、国家广电总局局长蔡赴朝主持会议。中组部干部三局局长喻云林、中宣部干部局局长蒲增繁分别宣布了中共中央、国务院及中组部、中宣部关于中央电视台主要领导调整任免的决定：胡占凡同志任国家广电总局党组成员、中央电视台分党组书记、中央电视台台长。

11月25日 在中国首届国际旅游广告主周上，梅地亚中心获“中国旅游广告主品牌金奖”，成为酒店行业中唯一荣获该奖项的单位。

11月26日 中央电视台中文国际频道（CCTV－4）正式落地美国纽约联合国总部，在其内部电视系统中播出。该系统拥有33个来自各个国家和地区的频道，包括BBC、CNN、半岛电视台等，收视观众约5000人，其中绝大多数为联合国高级官员及各国外交人员。此次落地填补了该系统内没有中文电视频道的空白。

11月28日 中国网络电视台与黑龙江新闻社合作开办的“CNTV韩语台”正式上线。至此，CNTV外语频道已增至6个（英语、西班牙语、法语、阿拉伯语、俄语、韩语台）。韩语台整合编译中央电视台丰富的视频资源，设置韩语主持人进行播报，主要开设新闻、图片、体育、文化、旅游、生活、电影电视及纪录片8个板块。

11月29日 中央电视台与泰国电视三台签署包括日常新闻交换、突发新闻直播权及联合采访等内容的新闻合作协议。

十二月

12月2日 在巴黎举行的世界科学与真实纪录片制作大会上，中央电视台纪录频道与美国国家地理频道、英国独立电视台环球娱乐公司达成合作协议，将在2012年联合摄制纪录片《秘境中国——天坑》。本片由英国独立电视台创作团队承制，以世界最先进的科学体验式拍摄手法介绍我国广西的世界奇观——天坑。影片将在纪录频道以及美国国家地理频道覆盖的全球120多个国家及地区播出。

12月9日至10日 中央电视台举行首届重大活动及重点节目宣传推广论坛。全台各部门相关负责人近100人参加。本次论坛的主题是“整合就是力量”，邀请国内知名策划推广专家、业界学者，就品牌推广、整合营销及地方台宣传推广的成功案例等进行交流，并向各部门发放了明年重大活动和重点节目推广需求调查问卷。

12月10日 由中央新闻纪录电影制片厂（集团）、中国教育电视台等联合出品的大型人物传记电影《仰望星空》举行首映发布会，国家广电总局副局长张丕民，教育部党组成员顾海良，中宣部宣教局副局长刘树新，中央电视台副台长、中央新闻纪录电影制片厂（集团）董事长兼总裁高峰等参加。

12月11日 中国加入世贸组织十周年高层论坛在人民大会堂举行，国家主席胡锦涛出席并发表重要讲话。中央电视台综合频道、新闻频道、中文国际频道、英语新闻频道及西、法、阿、俄语国际频道并机全程直播。中国网络电视台以中、英、西、法、阿、俄六语种进行全程图文、视频互动直播。当晚《新闻联播》及时播出相关消息。

12月12日 第12届CCTV中国经济年度人物评选颁奖盛典举行。中央电视台台长胡占凡、副台长魏地春出席颁奖盛典，文化部、新闻出版总署、科技部、商务部等相关部委领导以及德国前总理格哈德·施罗德等作为颁奖嘉宾出席。

12月12日至14日 中央经济工作会议在北京召开，胡锦涛等党和国家领导人出席。中央电视台新闻频道、财经频道、中文国际频道和各外语频道等以及中国网络电视台进行及时深入报道。

12月12日 中央电视台3D电视制作系统投入使用。该系统由8套ENG立体拍摄系统和8套后期精编制作站点构成，通过立体图像的拍摄、剪辑制作、特效、字幕合成、立体效果修正等环节，完成节目成品制作，每天可承担制作1小时3D节目成品的任务。

12月15日 由中央电视台负责承担的3D电视频道播出系统搭建完成，并成功进行信号联通。

12月15日 在英国载新闻集团的大力协助下，中央电视台英语新闻频道和阿拉伯语国际频道在中东OSN直播卫星平台上正式开播。OSN直播卫星平台是由阿联酋海湾公司运营的中东和北非地区最大的直播卫星电视平台，覆盖非洲和中东23个国家和地区，现有高端付费电视用户70万。

12月16日 中共中央、国务院、中央军委在人民大会堂举行庆祝“天宫一号”与“神舟八号”交会对接任务圆满成功大会，中共中央总书记、国家主席、中央军委主席胡锦涛发表重要讲话。中央电视台综合频道、新闻频道全程直播。

12月16日 中国有线电视网络有限公司成立十周年暨国家广电光缆干线网建设发展十五周年座谈会召开。国家广电总局副局长张海涛出席并讲话，中央电视台台长胡占凡致信祝贺。中国有线电视网络有限公司及各省（市、自治区）有线电视网公司负责人等参加。

12月16日 中央电视台工会联合会三届二次会员代表大会召开。国家广电总局直属机关党委副书记、总局工会主席潘翔鸣，中央电视台分党组成员、纪检组组长、机关党委书记张海鸽以及全台各部门各单位工会会员代表270余人参加。

12月20日 中央电视台纪录频道举行纪录片《魅力肯尼亚》首映式。中央电视台台长胡占凡，总编辑、副台长罗明，外交部非洲司司长卢沙野，以及肯尼亚、津巴布韦、尼日利亚等非洲八国驻华使节出席首映式。

12月22日 肯尼亚副总统穆西约卡应邀参观访问即将开播的中央电视台非洲分台，并接受了《对话非洲》栏目的专访。

12月22日 “汇聚力量 传播文明”——中央电视台2012公益广告项目启动仪式。这是中央电视台2012年公益广告项目形式和内容的一次集中发布，拉开了中央电视台2012年公益广告项目的序幕。

12月22日至25日 2012年春节戏曲晚会顺利完成录制。

12月23日 中央电视台中文国际频道（CCTV－4）完成日语化播出项目所有前期工作，进入为期一个月的试播阶段，每天试播时段为日本当地时间18：00～24：00点（即北京时间17：00～23：00），其中新闻类节目采用同声传译方式实时直播，非新闻节目采用配制日语字幕延时播出。这也是中央电视台首次在海外实现国际频道的本土化译制、播出。

12月24日 中央电视台新闻中心、发展研究中心联合举办“用新闻架起连心桥”——中央电视台“走基层”报道研讨会，系统总结中央电视台“走基层”报道阶段性成果，并就建立“走基层”长效机制展开深入研讨。中宣部副部长蔡名照，台领导胡占凡、罗明、魏地春、孙玉胜、黄传芳，中宣部新闻局、国家广电总局宣传管理司、光明日报社、中央党校党史教研室等有关单位负责人出席研讨会。

12月26日 国家工商管理总局向中国电视剧制作中心有限责任公司核发新的营业执照，这标志着按照《公司法》及公司章程的要求，中国电视剧制作中心有限责任公司完成了注资工作，为转制后的健康发展奠定了坚实基础。

12月29日 2012年新年京剧晚会在国家大剧院举行。党和国家领导人胡锦涛、吴邦国、温家宝、贾庆林、李长春、习近平、李克强、贺国强、周永康出席，与首都观众一同观看演出。中央电视台戏曲和音乐频道顺利完成晚会录制工作。2012年1月1日在综合频道播出。

12月31日19时 中央电视台《新闻联播》首发国家主席胡锦涛发表的新年贺词，并在新闻频道、中文国际频道以及英语新闻频道、西班牙语国际频道、法语国际频道、阿拉伯语国际频道、俄语国际频道同步播发。据统计，全国共有4.5亿观众收看中央电视台播出的《胡锦涛主席新年讲话》。其中，《新闻联播》相关时段的收视率达6.86%，收视份额达24.4%。

12月31日 《启航2012——中央电视台元旦晚会》在国家体育馆举行，中央电视台综合频道、综艺频道、中文国际频道，以及西班牙语国际频道、法语国际频道、阿拉伯语国际频道、俄语国际频道面向全球并机直播。中国网络电视台通过网络电视、iPhone、iPad，以中文、西班牙语、法语、俄罗斯语、阿拉伯语5种语言进行全球化、多语种、多终端视频直播。这是中央电视台第一次由几个频道共同推出的长达4.5小时的跨年迎新晚会。

12月 中央电视台下发实施《关于举办和播出全国性大赛评选颁奖节目（栏目）的管理规定》。

12月 中央电视台2012年国际传播能力建设规划和预算方案编制工作完成，同时修订完善了“十二五”期间国际传播能力建设规划和预算方案，将纪录频道、非洲分台纳入其中。

12月 公安部2012年春节晚会《万家灯火平安夜》在人民大会堂举行，中共中央政治局常委、中央政法委书记周永康，中共中央政治局委员、中央政法委副书记王乐泉，国务委员、公安部部长孟建柱等领导出席观看。中央电视台大型节目中心顺利完成晚会的录制工作。

（台办公室秘书处提供）

F U L U

附 录

附录

2011年中央电视台广告价目表

CCTV－1 综合频道广告价目

（单位：人民币元／次）

时段／栏目名称	播出时间	5 秒	10 秒	15 秒	20 秒	25 秒	30 秒
朝闻天下前	约 06:57	17,100	25,600	32,000	43,500	51,200	57,600
上午精品节目 1	约 08:32	19,200	28,800	36,000	49,000	57,600	64,800
上午精品节目 2	约 08:57	19,200	28,800	36,000	49,000	57,600	64,800
精选剧场贴片一	约 09:25	22,400	33,600	42,000	57,100	67,200	75,600
精选剧场一中插 1	约 0 9:45	31,500	47,200	59,000	80,200	94,400	106,200
精选剧场一中插 2	约 10:05	31,500	47,200	59,000	80,200	94,400	106,200
精选剧场集间	约 10:16	25,600	38,400	48,000	65,300	76,800	86,400
精选剧场贴片二	约 10:17	26,100	39,200	49,000	66,600	78,400	88,200
精选剧场二中插 1	约 10:37	31,500	47,200	59,000	80,200	94,400	106,200
精选剧场二中插 2	约 10:57	31,500	47,200	59,000	80,200	94,400	106,200
精选剧场三中插 1	约 11:17	31,500	47,200	59,000	80,200	94,400	106,200
精选剧场三中插 2	约 11:37	31,500	47,200	59,000	80,200	94,400	106,200
新闻 30 分前	约 11:57	42,300	63,500	79,400	108,000	127,000	142,900
今日说法前	约 12:32	37,700	56,600	70,700	96,200	113,100	127,300
今日说法后	约 12:55	33,300	49,900	62,400	84,900	99,800	112,300
第一精品	周一至周五约 13:20	41,000	61,000	76,000	103,000	122,000	137,000
分秒必争	周六约 13:10 ～ 14:00	41,000	61,000	76,000	103,000	122,000	137,000
情感剧场贴片一	约 13:32	29,900	44,800	56,000	76,200	89,600	100,800
情感剧场一中插 1	约 13:52	36,300	54,400	68,000	92,500	108,800	122,400
情感剧场一中插 2	约 14:12	36,300	54,400	68,000	92,500	108,800	122,400
情感剧场集间	约 14:24	28,800	43,200	54,000	73,400	86,400	97,200
情感剧场贴片二	约 14:25	29,900	44,800	56,000	76,200	89,600	100,800
情感剧场二中插 1	约 14:45	36,300	54,400	68,000	92,500	108,800	122,400

续表

时段／栏目名称	播出时间	5 秒	10 秒	15 秒	20 秒	25 秒	30 秒
情感剧场二中插 2	约 15:05	36,300	54,400	68,000	92,500	108,800	122,400
情感剧场集间二	约 15:16	28,800	43,200	54,000	73,400	86,400	97,200
情感剧场三中插 1	约 15:36	36,300	54,400	68,000	92,500	108,800	122,400
情感剧场三中插 2	约 15:56	36,300	54,400	68,000	92,500	108,800	122,400
下午精品节目一	约 16:08	24,500	36,800	46,000	62,600	73,600	82,800
下午精品节目中插 1	约 16:33	24,500	36,800	46,000	62,600	73,600	82,800
下午精品节目中插 2	约 16:58	24,500	36,800	46,000	62,600	73,600	82,800
下午精品节目中插 3	约 17:23	24,500	36,800	46,000	62,600	73,600	82,800
下午精品节目中插 4	约 17:50	28,800	43,200	54,000	73,400	86,400	97,200
下午精品节目二	约 18:00	29,900	44,800	56,000	76,200	89,600	100,800
黄金档剧场贴片一	约 19:55	88,500	132,800	166,000	225,800	265,600	298,800
黄金档剧场下集预告一	约 20:44	78,900	118,400	148,000	201,300	236,800	266,400
名不虚传	约 20:45	76,300	114,400	143,000	194,500	228,800	257,400
黄金档剧场贴片二	约 20:46	81,600	122,400	153,000	208,100	244,800	275,400
黄金档剧场下集预告二	约 21:33	72,500	108,800	136,000	185,000	217,600	244,800
黄金档剧场后	约 21:34	65,600	98,400	123,000	167,300	196,800	221,400
名牌时间	约 21:52	64,000	96,000	120,000	163,200	192,000	216,000
晚间新闻后	约 22:24	58,700	88,000	110,000	149,600	176,000	198,000
星夜剧场贴片一	约 22:25	46,900	70,400	88,000	119,700	140,800	158,400
星夜剧场一中插 1	约 22:45	49,100	73,600	92,000	125,100	147,200	165,600
星夜剧场一中插 2	约 23:05	49,100	73,600	92,000	125,100	147,200	165,600
星夜剧场集间	约 23:17	37,300	56,000	70,000	95,200	112,000	126,000
星夜剧场贴片二	约 23:18	37,300	56,000	70,000	95,200	112,000	126,000
星夜剧场二中插 1	约 23:38	40,000	60,000	75,000	102,000	120,000	135,000
星夜剧场二中插 2	约 23:58	40,000	60,000	75,000	102,000	120,000	135,000
夜间精品节目 1	约 00:11	24,000	36,000	45,000	61,200	72,000	81,000
午夜剧场贴片一	约 01:07	22,400	33,600	42,000	57,100	67,200	75,600
午夜剧场一中插 1	约 01:27	22,400	33,600	42,000	57,100	67,200	75,600
夜间精品节目 2	约 01:58	12,300	18,400	23,000	31,300	36,800	41,400

（资产管理中心提供）

CCTV－2 财经频道广告价目

（单位：人民币元／次）

时段／栏目名称	播出时间	5 秒	10 秒	15 秒	20 秒	25 秒	30 秒
白天 1	周一至周日约 05:00	7,700	11,500	14,400	19,600	23,000	25,900
白天 2	周一至周日约 06:50	8,100	12,100	15,100	20,500	24,200	27,200
白天 3	周一至周五约 10:17	8,400	12,600	15,800	21,500	25,300	28,500
晚间 A1	周一至周五约 18:08	17,800	26,600	33,300	45,300	53,300	60,000
晚间 A	周一至周五约 19:58	33,000	49,500	61,900	84,200	99,000	111,500
晚间 B	周一至周五约 22:25 周六日约 22:55	37,000	55,500	69,400	94,400	111,000	125,000
晚间 C	周一至周五约 23:26 周六、日约 23:51	26,100	39,100	48,900	66,500	78,200	88,000
晚间 D	周一至周五约 00:27 周六、周日约 00:47	15,900	23,900	29,900	40,700	47,800	53,800
对话	周日 21:55 ～ 22:55 周二 16:53 ～ 17:53	57,600	86,400	108,000	146,900	172,800	194,400

（资产管理中心提供）

CCTV－3 综艺频道广告价目

（单位：人民币元／次）

时段名称	播出时间	5 秒	10 秒	15 秒	20 秒	25 秒	30 秒
时段 1	周一至周日约 07:54	13,300	20,000	25,000	34,000	40,000	45,000
时段 2	周一至周日约 09:24	13,300	20,000	25,000	34,000	40,000	45,000
时段 3	周一至周五约 10:25	13,300	20,000	25,000	34,000	40,000	45,000
企业展播 1	周一至周日约 11:24	14,100	21,100	26,400	35,900	42,200	47,500
时段 5	周一至周日约 12:07	14,700	22,100	27,600	37,500	44,200	49,700
时段 6	周一至周日约 12:27	13,300	20,000	25,000	34,000	40,000	45,000
时段 7	周一至周日约 13:54	13,300	20,000	25,000	34,000	40,000	45,000
时段 8	周一至周五约 14:55	13,300	20,000	25,000	34,000	40,000	45,000
时段 9	周一至周日约 15:54	11,300	17,000	21,200	28,800	33,900	38,200
时段 10	周一至周日约 16:47	16,000	24,000	30,000	40,800	48,000	54,000
时段 11	周一至周日约 17:37	21,300	32,000	40,000	54,400	64,000	72,000
时段 12	周一至周日约 18:27	24,300	36,500	45,600	62,000	73,000	82,100
时段 13	周一至周四约 18:56	30,900	46,400	58,000	78,900	92,800	104,400
时段 13(周末)	周五至周日约 18:56	52,200	78,200	97,800	133,000	156,500	176,000
时段 14	周一至周四约 20:24	38,400	57,600	72,000	97,900	115,200	129,600

续表

时段名称	播出时间	5 秒	10 秒	15 秒	20 秒	25 秒	30 秒
时段 14(周末)	周五至周日约 20:54	47,400	71,100	88,900	120,900	142,200	160,000
时段 15	周一至周四约 21:25	31,300	46,900	58,600	79,700	93,800	105,500
时段 16	周一至周四约 22:24	29,400	44,200	55,200	75,100	88,300	99,400
时段 16(周末)	周五至周日约 22:24	35,600	53,400	66,700	90,700	106,700	120,000
时段 17	周一至周日约 22:57	18,600	27,900	34,900	47,500	55,800	62,800
企业展播 2	周一至周四约 00:24 周五至周日约 00:54	12,800	19,200	24,000	32,600	38,400	43,200
时段 19	周一至周四约 01:24 周五至周日约 02:24	11,300	17,000	21,200	28,800	33,900	38,200

（资产管理中心提供）

CCTV－4 中文国际频道广告价目

（单位：人民币元 / 次）

时段名称	播出时间	5 秒	10 秒	15 秒	20 秒	25 秒	30 秒
早间精品节目前（时段 1）	周一至周日约 05:02	5,800	8,600	10,800	14,700	17,300	19,400
6 点直播新闻前（时段 2）	周一至周日约 05:57	5,800	8,600	10,800	14,700	17,300	19,400
7 点直播新闻前（时段 3）	周一至周日约 06:57	9,600	14,400	18,000	24,500	28,800	32,400
海峡两岸前（时段 4A）	周一至周日约 07:25	9,800	14,600	18,300	24,900	29,300	33,000
11 点直播新闻前（时段 4）	周一至周五约 10:57	10,700	16,000	20,000	27,200	32,000	36,000
午间精品节目前（时段 5）	周一至周日约 11:27	12,100	18,200	22,700	30,900	36,300	40,900
电视剧场(二)贴片一(时段6)	周一至周五约 14:17	12,100	18,200	22,700	30,900	36,300	40,900
电视剧场(二) 贴片二（时段 7）	周一至周五约 15:07	12,100	18,200	22,700	30,900	36,300	40,900
电视剧场(二) 贴片三（时段 8A）	周一至周五约 15:57	12,100	18,200	22,700	30,900	36,300	40,900
17 点直播新闻前（时段 8）	周一至周日约 16:57	12,100	18,200	22,700	30,900	36,300	40,900
18 点直播新闻后（时段 9）	周一至周日约 18:15	17,100	25,600	32,000	43,500	51,200	57,600
电视剧场(三) 贴片（时段 10）	周一至周日约 19:12	24,500	36,800	46,000	62,600	73,600	82,800
电视剧场(四) 贴片（时段 11）	周一至周日约 23:25	14,900	22,400	28,000	38,100	44,800	50,400
晚间精品节目后（时段 12）	周一至周五约 01:57	5,300	7,900	9,900	13,500	15,800	17,800

（资产管理中心提供）

CCTV－5 体育频道广告价目

栏目广告价格

（单位：人民币元／次）

栏目名称	播出时间	5 秒	10 秒	15 秒	20 秒	25 秒	30 秒
体育晨报	周一至周日约 06:30 ～ 08:30	16,000	24,000	30,000	41,000	48,000	54,000
体坛快讯	周一至周日约 12:00 ～ 12:25	27,000	40,000	50,000	68,000	80,000	90,000
体育新闻	周一至周日约 18:00 ～ 18:30	53,000	80,000	100,000	136,000	160,000	180,000
体育世界	周一至周五约 21:30 ～ 22:15；周六、日约 21:30 ～ 22:00	53,000	80,000	100,000	136,000	160,000	180,000
体育报道	周一至周五约 00:00 ～ 00:25	18,000	26,000	33,000	45,000	52,800	59,400
巅峰时刻	周一至周日 06:00	27,000	40,000	50,000	68,000	80,000	90,000
黄金赛场 天下足球	周一 约 19:30 ～ 21:25	48,000	72,000	90,000	122,000	144,000	162,000
黄金赛场	周二至周日 约 19:30 ～ 21:25	48,000	72,000	90,000	122,000	144,000	162,000
体育人间	周一 约 18:35 ～ 19:25	43,000	64,000	80,000	109,000	128,000	144,000
武林大会	周二 约 18:35 ～ 19:25	43,000	64,000	80,000	109,000	128,000	144,000
赛车时代	周三 约 18:35 ～ 19:25	43,000	64,000	80,000	109,000	128,000	144,000
足球之夜	周四 约 18:35 ～ 19:25	43,000	64,000	80,000	109,000	128,000	144,000
篮球公园	周五约 18:35 ～ 19:25	43,000	64,000	80,000	109,000	128,000	144,000
我的奥林匹克	周一至周五 约 22:20 ～ 22:30	32,000	48,000	60,000	82,000	96,000	108,000
顶级赛事	周一至周五 约 00:30 ～ 03:30	16,000	24,000	30,000	41,000	48,000	54,000
城市之间	周一至周日	53,000	80,000	100,000	136,000	160,000	180,000

（资产管理中心提供）

CCTV－6 电影频道广告价目

（单位：人民币元／次）

时段名称	5秒	10秒	15秒	20秒	25秒	30秒	45秒	60秒
A1约18:10（故事片后）	13,100	21,200	26,200	35,400	43,200	47,900	73,400	94,300
A2约18:50（栏目前）	14,000	22,600	27.900	37,700	46,000	51,100	78,100	100,400
A3约19:20（故事片前）	17,000	27,500	33,900	45,800	55,900	62,000	94,900	122,000
A4约20:20（故事片间）	27,200	44,000	54,300	73,300	89,600	99,400	152,000	195,500
B1约21:10（故事片后）	27,200	44,000	54,300	73,300	89,600	99,400	152,000	195,500
B2约21:50（故事片前）	23,800	38,600	47,600	64,300	78,500	87,100	133,300	171,400
B3约22:00（片花后）	23,800	38,600	47,600	64,300	78,500	87,100	133,300	171,400
B4约22:35（故事片间）	22,900	37,000	45,700	61,700	75,400	83,600	128,000	164,500

续表

时段名称	5秒	10秒	15秒	20秒	25秒	30秒	45秒	60秒
C1约23:50（故事片前）	16,600	26,800	33,100	44,700	54,600	60,600	92,700	119,200
C2约00:30（故事片间）	7,900	12,800	15,800	21,300	26,100	28,900	44,200	56,900
C3约01:25（故事片前）	6,100	9,800	12,100	16,300	20,000	22,100	33,900	43,600
C4约02:00（故事片间）	4,100	6,600	8,100	10,900	13,400	14,800	22,700	29,200
约04:40（故事片间或栏目间）	2,300	3,700	4,600	6,200	7,600	8,400	12,900	16,600
06:00～07:00	2,400	3,900	4,800	6,500	7,900	8,800	13,400	17,300
07:00～08:20	4,700	7,600	9,400	12,700	15,500	17,200	26,300	33,800
08:20～17:00（故事片或短片前后）	6,300	10,100	12,500	16,900	20,600	22,900	35,000	45,000
08:20～17:00（故事片间）	9,100	14,700	18,100	24,400	29,900	33,100	50,700	65,200
17:00～18:00（故事片间）	11,200	18,100	22,300	30,100	36,800	40,800	62,400	80,300
白天套播（每日12次）	27,000	43,700	53,900	72,800	88,900	98,600	150,900	194,000
晚间套播（每日10次）	73,000	118,300	146,000	197,100	240,900	267,200	408,800	525,600
黄金套播（每日10次）	57,300	92,800	114,600	154,700	189,100	209,700	320,900	412,600
新导视套播（每日6次）	21,800	35,300	43,600	58,900	71,900	79,800	122,100	157,000

（电影卫星频道节目制作中心提供）

CCTV－7 军事·农业频道广告价目

（单位：人民币元／次）

时段名称	播出时间	5 秒	10 秒	15 秒	20 秒	25 秒	30 秒
上午时段一	周一至周日约 07:00 ～ 07:05	2,100	3,200	4,000	5,400	6,400	7,200
上午时段二	周一至周日约 09:05 ～ 09:08	3,100	4,600	5,800	7,900	9,300	10,400
上午时段三	周一至周日约 09:36 ～ 09:38	3,100	4,600	5,800	7,900	9,300	10,400
上午时段四	周一至周日约 10:03 ～ 10:05	3,100	4,600	5,800	7,900	9,300	10,400
上午时段五	周一至周日约 10:35 ～ 10:38	3,100	4,600	5,800	7,900	9,300	10,400
上午时段六	周一至周日约 10:40 ～ 10:45	3,300	4,900	6,100	8,300	9,800	11,000
下午时段七	周一至周日约 14:22 ～ 14:23	3,300	4,900	6,100	8,300	9,800	11,000
下午时段八	周一至周日约 15:28 ～ 15:32	3,300	4,900	6,100	8,300	9,800	11,000
下午时段九	周一至周日约 17:27 ～ 17:30	3,300	4,900	6,100	8,300	9,800	11,000
下午时段十	周一至周日约 18:00 ～ 18:05	3,300	4,900	6,100	8,300	9,800	11,000
晚间时段一	周一至周日约 20:00 ～ 20:03	7,000	10,600	13,200	18,000	21,100	23,800
晚间时段二	周一至周日约 21:05 ～ 21:08	6,800	10,200	12,800	17,400	20,500	23,000
晚间时段三	周一至周日约 21:10 ～ 21:12	6,800	10,200	12,800	17,400	20,500	23,000

续表

时段名称	播出时间	5 秒	10 秒	15 秒	20 秒	25 秒	30 秒
晚间时段四	周一至周日约 22:32 ~ 22:37	6,800	10,200	12,800	17,400	20,500	23,000
晚间时段五	周一至周日约 23:07 ~ 23:15	3,300	4,900	6,100	8,300	9,800	11,000
晚间时段六	周一至周日约 00:40 ~ 00:53	2,100	3,200	4,000	5,400	6,400	7,200
晚间时段七	周一至周日约 00:51 ~ 00:57	2,100	3,200	4,000	5,400	6,400	7,200

（资产管理中心提供）

CCTV－8 电视剧频道广告价目

（单位：人民币元／次）

时段／栏目名称	播出时间	5 秒	10 秒	15 秒	20 秒	25 秒	30 秒
早间电视剧贴片二	周一至周日约 06:47	8,500	12,800	16,000	21,800	25,600	28,800
早间电视剧第二集中插	周一至周日约 07:13	11,200	16,800	21,000	28,600	33,600	37,800
早间电视剧贴片三	周一至周日约 07:40	8,500	12,800	16,000	21,800	25,600	28,800
早间电视剧第三集中插	周一至周日约 08:07	11,200	16,800	21,000	28,600	33,600	37,800
大剧场贴片一	周一至周日约 08:37	8,500	12,800	16,000	21,800	25,600	28,800
大剧场第一集中插	周一至周日约 09:04	11,200	16,800	21,000	28,600	33,600	37,800
大剧场贴片二	周一至周日约 09:35	8,500	12,800	16,000	21,800	25,600	28,800
大剧场第二集中插	周一至周日约 10:02	11,200	16,800	21,000	28,600	33,600	37,800
大剧场贴片三	周一至周日约 10:28	8,500	12,800	16,000	21,800	25,600	28,800
大剧场第三集中插	周一至周日约 10:58	11,200	16,800	21,000	28,600	33,600	37,800
室内剧贴片一	周一至周日约 11:29	10,700	16,000	20,000	27,200	32,000	36,000
室内剧中插	周一至周日约 11:59	13,900	20,800	26,000	35,400	41,600	46,800
室内剧第二集片尾	周一至周日约 12:28	10,700	16,000	20,000	27,200	32,000	36,000
影视同期声	周一至周六约 12:33	16,000	24,000	30,000	40,800	48,000	54,000
影视俱乐部	周日约 12:33	16,000	24,000	30,000	40,800	48,000	54,000
世界电影博览	周一至周日约 12:53	16,000	24,000	30,000	40,800	48,000	54,000
魅力 100 分贴片一	周一至周日约 13:13	10,700	16,000	20,000	27,200	32,000	36,000
魅力 100 分第一集中插	周一至周日约 13:40	13,900	20,800	26,000	35,400	41,600	46,800
魅力 100 分贴片二	周一至周日约 14:06	10,700	16,000	20,000	27,200	32,000	36,000
魅力 100 分第二集中插	周一至周日约 14:36	13,900	20,800	26,000	35,400	41,600	46,800
魅力 100 分贴片三	周一至周日约 15:07	10,700	16,000	20,000	27,200	32,000	36,000
魅力 100 分第三集中插	周一至周日约 15:34	13,900	20,800	26,000	35,400	41,600	46,800
魅力 100 分贴片四	周一至周日约 15:59	10,700	16,000	20,000	27,200	32,000	36,000

续表

时段／栏目名称	播出时间	5 秒	10 秒	15 秒	20 秒	25 秒	30 秒
魅力 100 分第四集中插	周一至周日约 16:25	13,900	20,800	26,000	35,400	41,600	46,800
青春剧苑贴片一	周一至周日约 16:55	17,100	25,600	32,000	43,500	51,200	57,600
青春剧苑第一集中插一	周一至周日约 17:14	21,300	32,000	40,000	54,400	64,000	72,000
青春剧苑第一集中插二	周一至周日约 17:30	21,300	32,000	40,000	54,400	64,000	72,000
青春剧苑贴片二	周一至周日约 17:49	18,700	28,000	35,000	47,600	56,000	63,000
青春剧苑第二集中插一	周一至周日约 18:10	22,400	33,600	42,000	57,100	67,200	75,600
青春剧苑第二集中插二	周一至周日约 18:27	22,400	33,600	42,000	57,100	67,200	75,600
动画片贴片	周一至周日约 18:50	20,700	31,100	38,900	52,900	62,200	70,000
黄金强档贴片一	周一至周日约 19:27	42,700	64,000	80,000	108,800	128,000	144,000
黄金强档第一集中插	周一至周日约 19:51	53,300	80,000	100,000	136,000	160,000	180,000
黄金强档贴片二	周一至周日约 20:14	42,700	64,000	80,000	108,800	128,000	144,000
黄金强档第二集中插	周一至周日约 20:42	53,300	80,000	100,000	136,000	160,000	180,000
黄金强档贴片三	周一至周日约 21:05	42,700	64,000	80,000	108,800	128,000	144,000
黄金强档第三集中插一	周一至周日约 21:26	53,300	80,000	100,000	136,000	160,000	180,000
黄金强档第三集中插二	周一至周日约 21:42	53,300	80,000	100,000	136,000	160,000	180,000
开播载吉贴片	约 19:27 ～ 21:55	42,700	64,000	80,000	108,800	128,000	144,000
开播载吉中插	约 19:27 ～ 21:55	53,300	80,000	100,000	136,000	160,000	180,000
每日佳艺前	周一至周日约 22:00	34,100	51,200	64,000	87,000	102,400	115,200
每日佳艺中插	周一至周二约 22:20	41,000	61,400	76,800	104,400	122,900	138,200
每日佳艺后	周一至周日约 22:50	34,100	51,200	64,000	87,000	102,400	115,200
海外剧场贴片一	周一至周日约 22:58	19,200	28,800	36,000	49,000	57,600	164,800
海外剧场第一集中插一	周一至周日约 23:17	22,900	34,400	43,000	58,500	68,800	77,400
海外剧场第一集中插二	周一至周日约 23:34	22,900	34,400	43,000	58,500	68,800	77,400
海外剧场贴片二	周一至周日约 23:52	19,200	28,800	36,000	49,000	57,600	164,800
海外剧场第二集中插一	周一至周日约 00:12	21,300	32,000	40,000	54,400	64,000	72,000
海外剧场第二集中插二	周一至周日约 00:29	21,300	32,000	40,000	54,400	64,000	72,000
环球影院贴片一	周一至周日约 00:51	11,200	16,800	21,000	28,600	33,600	37,800
环球影院贴片二	周一至周日约 00:32	7,200	10,800	13,500	18,400	21,600	24,300
都市剧场贴片一	周一至周日约 02:29	5,300	8,000	10,000	13,600	16,000	18,000
都市剧场贴片二	周一至周日约 03:22	5,300	8,000	10,000	13,600	16,000	18,000
都市剧场贴片三	周一至周日约 04:12	5,300	8,000	10,000	13,600	16,000	18,000
都市剧场贴片四	周一至周日约 05:02	5,300	8,000	10,000	13,600	16,000	18,000

（资产管理中心提供）

CCTV－10 科教频道广告价目

时段广告价格 （单位：人民币元/次）

时段名称	播出时间	5秒	10秒	15秒	20秒	25秒	30秒
时段1	约06:52（周一至周日）	6,900	10,400	13,000	17,700	20,800	23,400
时段2	约07:43（周一至周日）	6,900	10,400	13,000	17,700	20,800	23,400
时段3	约08:57（周一至周日）	6,900	10,400	13,000	17,700	20,800	23,400
时段4	约09:30（周一至周日）	6,900	10,400	13,000	17,700	20,800	23,400
时段5	约10:02（周一至周日）	6,900	10,400	13,000	17,700	20,800	23,400
时段6	约10:32（周一至周日）	6,900	10,400	13,000	17,700	20,800	23,400
时段7	约11:17（周一至周日）	6,900	10,400	13,000	17,700	20,800	23,400
时段8	约12:02（周一至周日）	23,500	35,200	44,000	59,800	70,400	79,200
时段9	约12:32（周一至周日）	23,500	35,200	44,000	59,800	70,400	79,200
时段10	约13:27（周一至周日）	23,500	35,200	44,000	59,800	70,400	79,200
时段11	约13:57（周一至周日）	23,500	35,200	44,000	59,800	70,400	79,200
时段12	约15:12（周一至周日）	7,000	10,500	13,100	17,800	21,000	23,500
时段13	约15:42（周一至周日）	7,000	10,500	13,100	17,800	21,000	23,500
时段14	约16:27（周一至周日）	7,000	10,500	13,100	17,800	21,000	23,500
时段15	约16:53（周一至周日）	7,000	10,500	13,100	17,800	21,000	23,500
时段16	约17:22（周六）、约17:25（周日）	7,000	10,500	13,100	17,800	21,000	23,500
时段17	约18:10（周一至周日）	7,000	10,500	13,100	17,800	21,000	23,500
时段18	约18:42（周一至周日）	13,400	20,200	25,200	34,300	40,300	45,400
时段19	约19:40（周一至周日）	22,400	33,600	42,000	57,100	67,200	75,600
时段20	约20:27（周一至周日）	22,400	33,600	42,000	57,100	67,200	75,600
时段21	约20:57（周一至周日）	22,400	33,600	42,000	57,100	67,200	75,600
时段22	约21:23（周一至周日）	22,400	33,600	42,000	57,100	67,200	75,600
时段23	约22:07（周一至周日）	22,400	33,600	42,000	57,100	67,200	75,600
时段24	约22:40（周一至周日）	22,400	33,600	42,000	57,100	67,200	75,600
时段25	约23:27（周一至周日）	17,800	26,700	33,400	45,400	53,400	60,100
时段26	约00:00（周一至周日）	17,800	26,700	33,400	45,400	53,400	60,100
时段27	约00:42（周一至周日）	13,400	20,200	25,200	34,300	40,300	45,400
时段28	约01:28（周一至周日）	13,400	20,200	25,200	34,300	40,300	45,400

（资产管理中心提供）

栏目广告价格

（单位：人民币元／次）

栏目名称	播出时间	5秒	10秒	15秒	20秒	25秒	30秒
希望－英语杂志	周一至周六12:05、16:55	18,600	27,800	34,800	47,300	55,700	62,600
子午书简	周一至周六12:35、00:05、06:00	18,600	27,800	34,800	74,300	55,700	62,600
百家讲坛	周一至周日12:45、22:45、06:10	29,300	44,000	55,000	47,800	88,000	99,000
科技之光	周一至周日13:30、00:15、17:00	18,600	27,800	34,800	47,300	55,700	62,600
重访	周六17:27、01:10、11:20	18,600	27,800	34,800	47,300	55,700	62,600
第10放映室	周日17:27、次周六01:10、次周日11:20	18,600	27,800	34,800	47,300	55,700	62,600
原来如此	周一至周五17:52、11:45 周二至周六01:10	18,600	27,800	34,800	47,300	55,700	62,600
创新无限	周一至周六18:12、14:00	18,600	27,800	34,800	47,300	55,700	62,600
绿色空间	周日18:12、14:00	18,600	27,800	34,800	47,300	55,700	62,600
健康之路	周一至周日18:45、00:45、06:55	19,800	29,800	37,200	50,600	59,500	67,000
地理·中国	周一至周日19:10、23:00、09:00	19,800	29,800	37,200	50,600	59,500	67,000
自然传奇	周一至周六19:45、08:15、14:30	24,000	36,000	45,000	61,200	72,000	81,000
我爱发明	周日19:45、次周日07:55、14:00	22,400	33,600	42,000	57,100	67,200	75,600
走近科学	周一至周日20:30、10:05、15:15	32,000	48,000	60,000	81,600	96,000	108,000
讲述	周一至周日21:00、07:20、16:30	32,000	48,000	60,000	81,600	96,000	108,000
探索·发现	周一至周日21:25、10:35、15:45	32,000	48,000	60,000	81,600	96,000	108,000
人物	周一至周五22:10、07:45、17:22	27,500	41,200	51,500	70,000	82,400	92,700
大家	周六22:10、周日07:45、16:55	30,000	45,000	56,300	76,600	90,100	101,300
科技人生	周日22:10、次周六07:45 次周日12:05	21,100	31,700	39,600	53,900	63,400	71,300

（资产管理中心提供）

CCTV－11 戏曲频道广告价目

（单位：人民币元／次）

时段名称	播出时间	5秒	10秒	15秒	20秒	25秒	30秒
上午时段一	周一至周日06:05	4,800	7,200	9,000	12,200	14,400	16,200
上午时段二	周一至周日09:04	4,800	7,200	9,000	12,200	14,400	16,200
上午时段三	周一至周日09:40	4,800	7,200	9,000	12,200	14,400	16,200
上午时段四	周一至周日10:21	4,800	7,200	9,000	12,200	14,400	16,200
中午时段一	周一至周日11:31	5,400	8,100	10,100	13,700	16,200	18,100
中午时段二	周一至周日12:07	5,400	8,100	10,100	13,700	16,200	18,100

续表

时段名称	播出时间	5秒	10秒	15秒	20秒	25秒	30秒
中午时段三	周一至周日12:47	5,400	8,100	10,100	13,700	16,200	18,100
下午时段一	周六14:20	5,100	7,700	9,600	13,100	15,400	17,300
下午时段二	周六15:25	5,100	7,700	9,600	13,100	15,400	17,300
下午时段三	周一至周日16:06	5,100	7,700	9,600	13,100	15,400	17,300
下午时段四	周一至周日17:16	5,100	7,700	9,600	13,100	15,400	17,300
下午时段五	周一至周日17:50	5,100	7,700	9,600	13,100	15,400	17,300
晚间时段一	周一至周日18:32	6,300	9,400	11,800	16,000	18,900	21,200
晚间时段二	周一至周日19:15	6,300	9,400	11,800	16,000	18,900	21,200
晚间时段三	周一二/周四五/周日20:20	6,300	9,400	11,800	16,000	18,900	21,200
晚间时段四	周一至周日22:46	6,300	9,400	11,800	16,000	18,900	21,200
晚间时段五	周一至周日23:21	6,300	9,400	11,800	16,000	18,900	21,200
凌晨时段一	周一至周日00:16	3,700	5,600	7,000	9,500	11,200	12,600
凌晨时段二	周一至周日01:11	3,700	5,600	7,000	9,500	11,200	12,600

（资产管理中心提供）

CCTV－12 社会与法频道广告价目

时段广告价格

（单位：人民币元／次）

时段名称	播出时间	5秒	10秒	15秒	20秒	25秒	30秒
时段广告1	07:30	2,600	3,800	4,800	6,500	7,700	8,600
时段广告2	08:30	3,000	4,500	5,600	7,600	9,000	10,100
时段广告3	11:35	3,200	4,800	6,000	8,200	9,600	10,800
时段广告6	14:40	3,000	4,500	5,600	7,600	9,000	10,100
时段广告7	15:05	3,000	4,500	5,600	7,600	9,000	10,100
时段广告8	16:48	3,000	4,500	5,600	7,600	9,000	10,100
时段广告9	17:18	3,200	4,800	6,000	8,200	9,600	10,800
时段广告10	17:43	3,400	5,100	6,400	8,700	10,200	11,500
时段广告11	18:08	4,600	6,900	8,600	11,700	13,800	15,500
时段广告12	18:53	5,100	7,700	9,600	13,100	15,400	17,300
时段广告13	19:27	7,000	10,600	13,200	18,000	21,100	23,800
时段广告14	20:25	7,600	11,400	14,200	19,300	22,700	25,600
时段广告15	21:10	7,900	11,800	14,800	20,100	23,700	26,600
时段广告16	21:35	7,600	11,400	14,200	19,300	22,700	25,600

续表

时段名称	播出时间	5秒	10秒	15秒	20秒	25秒	30秒
时段广告17	23:20	3,000	4,500	5,600	7,600	9,000	10,100
时段广告18	23:45	2,600	3,800	4,800	6,500	7,700	8,600

栏目广告价格　　（单位：人民币元／次）

栏目名称	播出时间	5秒	10秒	15秒	20秒	25秒	30秒
心理访谈	11:15、14:45、23:25	6,800	10,200	12,800	17,400	20,500	23,000
法治视界	11:38、17:49、07:10	6,800	10,200	12,800	17,400	20,500	23,000
第一线	12:00、17:21、23:50	9,600	14,400	18,000	24,500	28,800	32,400
方圆剧场一	15:08、01:20	4,700	7,000	8,800	12,000	14,100	15,800
方圆剧场二	15:59、02:11	4,700	7,000	8,800	12,000	14,100	15,800
法律讲堂	18:57、06:00、13:28	9,600	14,400	18,000	24,500	28,800	32,400
大家看法	20:00、00:50、08:05、13:00	10,700	16,000	20,000	27,200	32,000	36,000
天网	周一至周五20:30、08:33、18:14	10,700	16,000	20,000	27,200	32,000	36,000
庭审现场	周六20:30、08:33、18:14	10,700	16,000	20,000	27,200	32,000	36,000
忏悔录	周日20:30、08:33、18:14	10,700	16,000	20,000	27,200	32,000	36,000
道德观察	21:15、06:50、09:15、14:20	10,700	16,000	20,000	27,200	32,000	36,000
天地剧场一	21:40、09:35	9,600	14,400	18,000	24,500	28,800	32,400
天地剧场二	22:31、10:26	9,600	14,400	18,000	24,500	28,800	32,400

（资产管理中心提供）

CCTV－13 新闻频道广告价目

时段广告价格　　（单位：人民币元／次）

时段名称	播出时间	5 秒	10 秒	15 秒	20 秒	25 秒	30 秒
上午直播时段	周一至周日09:00～12:00内	12,400	18,600	23,300	31,700	37,300	42,000
新闻30分前	周一至周日约11:55	12,700	19,100	23,900	32,500	38,200	43,000
新闻30分后	周一至周日约12:30	13,300	20,000	25,000	34,000	40,000	45,000
下午直播时段	周一至周日13:00～18:00内	12,400	18,600	23,300	31,700	37,300	42,000
共同关注前	周一至周日约17:55	16,000	24,000	30,000	40,800	48,000	54,000
共同关注后	周一至周日约18:55	21,500	32,200	40,300	54,800	64,500	72,600
东方时空前	周一至周日约19:55	26,700	40,000	50,000	68,000	80,000	90,000
东方时空后	周一至周日约20:58	25,500	38,200	47,800	65,000	76,500	86,000
新闻1+1后	周一至周五约21:55	28,200	42,200	52,800	71,800	84,500	95,000

续表

时段名称	播出时间	5 秒	10 秒	15 秒	20 秒	25 秒	30 秒
环球视线前	周一至周五约22:25	25,400	38,100	47,600	64,700	76,200	85,700
午夜新闻前	周一至周日约23:55	16,000	24,000	30,000	40,800	48,000	54,000
午夜新闻后	周一至周日约01:00	11,700	17,600	22,000	29,900	35,200	39,600

栏目广告价格 （单位：人民币/元）

项目名称	播出时间	5秒	10秒	15秒	20秒	25秒	30秒
《朝闻天下》 新闻早知道套装	A:约06:10、07:10、08:10 B:约06:55、07:55、08:25	47,400	71,100	88,900	120,900	142,200	160,000
《朝闻天下》 资讯全接触套装	A:约06:25、07:25 B:约06:45、07:45	37,300	56,000	70,000	95,200	112,000	126,000

（资产管理中心提供）

CCTV－14 少儿频道广告价目

时段广告价格 （单位：人民币元／次）

时段名称	播出时间	5秒	10秒	15秒	20秒	25秒	30秒
白天时段 1	周一至周日约 06:28	7,300	11,000	13,700	18,600	21,900	24,700
白天时段 2	周一至周日约 06:58	7,300	11,000	13,700	18,600	21,900	24,700
白天时段 3	周一至周日约 07:28	9,000	13,500	16,900	23,000	27,000	30,400
白天时段 4	周一至周五约 07:53、 周六日约 07:58	9,000	13,500	16,900	23,000	27,000	30,400
节目预告 1	周一至周五约 07:55 ～ 08:00	9,000	13,500	16,900	23,000	27,000	30,400
白天时段 5	周一至周日约 08:53	11,800	17,800	22,200	30,200	35,500	40,000
节目预告 2	周一至周日约 08:55 ～ 09:00	11,800	17,800	22,200	30,200	35,500	40,000
白天时段 6	周一至周五约 09:28	11,800	17,800	22,200	30,200	35,500	40,000
白天时段 7	周六日约 09:58	11,800	17,800	22,200	30,200	35,500	40,000
白天时段 8	周一至周五约 10:23、 周六日约 10:28	11,800	17,800	22,200	30,200	35,500	40,000
节目预告 3	周一至周五约 10:25 ～ 10:30	11,800	17,800	22,200	30,200	35,500	40,000
白天时段 9	周一至周日约 10:58	15,300	23,000	28,700	39,000	45,900	51,700
白天时段 10	周一至周五约 11:28	15,300	23,000	28,700	39,000	45,900	51,700
白天时段 11	周一至周五约 11:53、 周六日约 11:58	17,600	26,400	33,000	44,900	52,800	59,400
节目预告 4	周一至周五约 11:55 ～ 12:00	17,600	26,400	33,000	44,900	52,800	59,400
白天时段 12	周一至周日约 12:53	17,200	25,800	32,200	43,800	51,500	58,000
节目预告 5	周一至周日约 12:55 ～ 13:00	17,200	25,800	32,200	43,800	51,500	58,000

时段名称	播出时间	5秒	10秒	15秒	20秒	25秒	30秒
白天时段 13	周二至周四约 13:28 ～ 13:30	12,700	19,000	23,800	32,400	38,100	42,800
白天时段 14	周一至周日约 13:58	11,300	16,900	21,100	28,700	33,800	38,000
白天时段 15	周一至周日约 14:28	11,300	16,900	21,100	28,700	33,800	38,000
白天时段 16	周一至周日约 14:58	11,300	16,900	21,100	28,700	33,800	38,000
白天时段 17	周一至周五约 15:58	11,300	16,900	21,100	28,700	33,800	38,000
白天时段 18	周六日约 16:38	11,300	16,900	21,100	28,700	33,800	38,000
白天时段 19	周一至周五约 16:53、周六日约 16:58	11,300	16,900	21,100	28,700	33,800	38,000
节目预告 6	周一至周五约 16:55 ～ 17:00	11,300	16,900	21,000	28700	33,800	38,000
晚间时段 20	周一至周五约 17:23、周六日约 17:28	17,100	25,600	32,000	43,500	51,200	57,600
节目预告 7	周一至周五约 17:25 ～ 17:30	17,100	25,600	32,000	43,500	51,200	57,600
晚间时段 21	周一至周五约 17:53、周六日约 17:58	23,500	35,200	44,000	59,800	70,400	79,200
节目预告 8	周一至周五约 17:55 ～ 18:00	23,500	35,200	44,000	59,800	70,400	79,200
晚间时段 22	周一至周日约 18:28	23,500	35,200	44,000	59,800	70,400	79,200
晚间时段 23	周一至周日约 18:58	23,600	35,400	44,200	60,100	70,700	79,600
晚间时段 24	周一至周日约 19:28	24,900	37,400	46,700	63,500	74,700	84,000
晚间时段 25	周一至周日约 19:58	24,900	37,400	46,700	63,500	74,700	84,000
晚间时段 26	周一至周日约 20:53	23,700	35,500	44,400	60,400	71,000	80,000
节目预告 9	周一至周日约 20:55 ～ 21:00	23,700	35,500	44,400	60,400	71,000	80,000
晚间时段 27	周一至周日约 21:58	21,500	32,200	40,300	54,800	64,500	72,500
晚间时段 28	周一至周日约 22:53	14,200	21,400	26,700	36,300	42,700	48,000
节目预告 10	周一至周日约 22:55 ～ 23:00	14,200	21,400	26,700	36,300	42,700	48,000
晚间时段 29	周一至周五约 00:58 、周六日约 00:48	14,200	21,400	26,700	36,300	42,700	48,000

栏目广告价格　　（单位：人民币元／次）

栏目名称	播出时间	5秒	10秒	15秒	20秒	25秒	30秒
小小智慧树	周一至周五 09:00、06:00	16,000	24,000	30,000	40,800	48,000	54,000
动画大巴	周一至周五 09:30、16:00	16,000	24,000	30,000	40,800	48,000	54,000
绿野寻踪	周日 10:00、周四 13:30	16,000	24,000	30,000	40,800	48,000	54,000
七巧板	周六 10:00、周四 13:00	16,000	24,000	30,000	40,800	48,000	54,000
宝贝一家亲	周六 11:00	16,000	24,000	30,000	40,800	48,000	54,000
大仓库	周日 11:00	16,000	24,000	30,000	40,800	48,000	54,000

续表

栏目名称	播出时间	5秒	10秒	15秒	20秒	25秒	30秒
动漫世界	周一至周日 12:00、22:00	34,300	51,500	64,400	87,600	103,000	116,000
动画剧场	周六、日 13:00、09:00	34,300	51,500	64,400	87,600	103,000	116,000
文学宝库	周六 15:00、周日 23:00	13,700	20,500	25,600	34,800	41,000	46,000
童心回放	周日 15:00、周六 23:00	13,700	20,500	25,600	34,800	41,000	46,000
新闻袋袋裤（周末版）	周六 16:40	13,700	20,500	25,600	34,800	41,000	46,000
新闻袋袋裤	周一至周五 17:00、11:30	25,600	38,400	48,000	65,300	76,800	86,400
成长在线	周六、日 17:00 周二、三 13:00	21,500	32,300	40,400	54,900	64,600	72,800
芝麻开门	周一至周五 17:30、07:30	21,500	32,300	40,400	54,900	64,600	72,800
快乐体验	周六、日 17:30 周二、三 13:30	21,500	32,300	40,400	54,900	64,600	72,800
动画乐翻天	周一至周日 18:00 周一至周五 11:00 周六、日 07:30	26,500	39,800	49,700	67,6000	79,500	89,500
智慧树	周一至周日 18:30、10:30	28,200	42,200	52,800	71,800	84,500	95,000
动画梦工厂	周一至周日 19:00、07:00、14:00	33,100	49,700	62,100	84,500	99,400	111,800
大风车	周一至周日 19:30、06:30、14:30	35,200	52,800	66,000	89,800	105,600	118,800
银河剧场	周一至周日 22:00、08:00	32,000	48,000	60,000	81,600	96,000	108,000
异想天开	周一 21:00、周四 15:00	24,200	36,200	45,300	61,600	72,500	81,600
智力快车	周二 21:00、周一 13:00	24,200	36,200	45,300	61,600	72,500	81,600
音乐快递	周三 21:00、周五 15:00	24,200	36,200	45,300	61,600	72,500	81,600
动感特区	周四 21:00、周五 15:00	24,200	36,200	45,300	61,600	72,500	81,600
快乐大巴	周五、六 21:00 周一、二 15:00	24,200	36,200	45,300	61,600	72,500	81,600
英雄出少年	周日 21:00、周三 15:00	24,200	36,200	45,300	61,600	72,500	81,600
动漫星空	周一至周五 23:00	10,900	16,300	20,400	27,700	32,600	36,800

（资产管理中心提供）

CCTV－15 音乐频道广告价目

时段广告价格

（单位：人民币元／次）

时段名称	播出时间	5秒	10秒	15秒	20秒	25秒	30秒
上午时段一	07:36	4,100	6,100	7,600	10,300	12,200	13,700
上午时段二	08:12除周一	4,200	6,200	7,800	10,600	12,500	14,000
上午时段三	08:36	4,200	6,200	7,800	10,600	12,500	14,000
上午时段四	09:17	4,200	6,200	7,800	10,600	12,500	14,000

续表

时段名称	播出时间	5秒	10秒	15秒	20秒	25秒	30秒
上午时段五	09:55	4,200	6,200	7,800	10,600	12,500	14,000
上午时段六	10:22除周一、周日	4,200	6,200	7,800	10,600	12,500	14,000
上午时段七	10:54除周一	4,200	6,200	7,800	10,600	12,500	14,000
上午时段八	10:56	4,200	6,200	7,800	10,600	12,500	14,000
中午时段一	12:06	5,300	8,000	10,000	13,600	16,000	18,000
中午时段二	12:42	5,300	8,000	10,000	13,600	16,000	18,000
下午时段一	13:54	5,300	8,000	10,000	13,600	16,000	18,000
下午时段二	14:22除周一、周日	4,500	6,800	8,500	11,600	13,600	15,300
下午时段三	14:54除周一	4,500	6,800	8,500	11,600	13,600	15,300
下午时段四	14:56	4,500	6,800	8,500	11,600	13,600	15,300
下午时段五	16:36	5,900	8,800	11,000	15,000	17,600	19,800
下午时段六	17:46	5,900	8,800	11,000	15,000	17,600	19,800
下午时段七	18:22	10,100	15,100	18,900	25,700	30,200	34,000
晚间时段一	18:57除周日	10,100	15,100	18,900	25,700	30,200	34,000
晚间时段二	19:25除周一、周日	10,100	15,100	18,900	25,700	30,200	34,000
晚间时段三	周日20:25	20,300	30,400	38,000	51,700	60,800	68,400
晚间时段四	21:06	20,300	30,400	38,000	51,700	60,800	68,400
晚间时段五	21:42	20,300	30,400	38,000	51,700	60,800	68,400
晚间时段六	22:12除周日	14,900	22,400	28,000	38,100	44,800	50,400
晚间时段七	23:47	9,500	14,200	17,800	24,200	28,500	32,000
晚间时段八	00:21除周六	6,500	9,800	12,200	16,600	19,500	22,000
晚间时段九	周六00:45	6,500	9,800	12,200	16,600	19,500	22,000

栏目广告价格　　（单位：人民币元／次）

栏目名称	播出时间	5秒	10秒	15秒	20秒	25秒	30秒
影视留声机	周一至周日08:14～08:34 周二至周日10:30～10:52、14:32～14:52	7,700	11,500	14,400	19,600	23,000	25,900
经典	周一至周日11:00～12:00、16:40～17:40 周一至周六22:41～23:41	7,700	11,500	14,400	19,600	23,000	25,900
音乐告诉你	周一至周日17:50～18:20、 08:45～09:15、12:10～12:40 周日10:00～10:30、14:00～14:30	8,200	12,300	15,400	20,900	24,600	27,700
风华国乐	周一至周日18:25～19:15、 07:40～08:30 周二至周日12:50～13:20	14,100	21,200	26,500	36,000	42,400	47,700

续表

栏目名称	播出时间	5秒	10秒	15秒	20秒	25秒	30秒
百年歌声	周日18:58～19:28	14,700	22,000	27,500	37,400	44,000	49,500
CCTV音乐厅	周一至周日19:30～21:00、06:00～07:30、15:00～16:30	14,100	21,200	26,500	36,000	42,400	47,700
民歌·中国	周一至周日21:10～21:40、09:20～09:50 周二至周日13:22～13:52	28,400	42,600	53,200	72,400	85,100	95,800
音乐故事	周一至周六21:45～22:05；周二至周六18:58～19:18、14:00～14:20、10:00～10:20	28,400	42,600	53,200	72,400	85,100	95,800
音乐人生	周日21:45～22:35 周一10:00～10:50、14:00～14:50	28,400	42,600	53,200	72,400	85,100	95,800
星光舞台	周日22:41～23:41	13,300	20,000	25,000	34,000	40,000	45,000

（资产管理中心提供）

CCTV－NEWS 英语新闻频道广告价目

栏目广告价格

（单位：人民币元／次）

栏目名称	播出时间	5 秒	10 秒	15 秒	20 秒	25 秒	30 秒
财经高峰会	周六 11:30、21:30、周日 03:30	5,600	8,400	10,500	14,300	16,800	18,900
财经亚洲	周一至周五 11:20、18:00、21:00、周二至周六 03:20	13,800	20,600	25,800	35,100	41,300	46,500
今日话题	周一至周日 08:30、13:00、19:30	9,200	13,800	17,200	23,400	27,500	31,000
今日亚洲	周一至周日 08:00 周一至周六 22:00	4,600	7,000	8,700	11,800	13,900	15,600
世界观察	周日 22:00 周一 04:00、09:00、15:00	4,300	6,400	8,000	10,900	12,800	14,400
体育报道	周一至周日 20:40、周二至周日 15:30	6,900	10,300	12,900	17,500	20,600	23,300
文化报道	周一至周 07:30、18:30、22:30	9,200	13,800	17,200	23,400	27,500	31,000
新财富	周日 11:30、21:30、周一 03:30	5,600	8,400	10,500	14,300	16,800	18,900
新闻一小时	周一至周日 12:00	6,900	10,300	12,900	17,500	20,600	23,300
中国 24 小时	周一至周日 20:00、周二至周日 04:20、09:20	5,800	8,600	10,800	14,700	17,300	19,500
综合新闻	周一至周日 02:00、03:00、05:00、06:00、07:00、10:00、11:00、14:00、16:00、17:00、19:00、23:00、00:00、01:00 周二至周日 04:00、09:00、15:00 周一至周五 21:40 周六日 18:00、21:00、02:00、04:00	29,900	44,800	56,000	76,200	89,600	100,800
东方	周一至周日 13:30、00:30	4,600	7,000	8,700	11,800	13,900	15,600
发现	周一至周日 14:30、01:30	6,900	10,300	12,900	17,500	20,600	23,300

续表

栏目名称	播出时间	5 秒	10 秒	15 秒	20 秒	25 秒	30 秒
海客谈	周一至周日 06:30、23:30	4,600	7,000	8,700	11,800	13,900	15,600
看中国	周四至周六 05:30、10:30、17:30	5,600	8,400	10,500	14,300	16,800	18,900
旅游指南	周一至周三 05:30、10:30、17:30	5,600	8,400	10,500	14,300	16,800	18,900
学汉语	周一至周日 06:15、17:15、1:15	6,100	9,100	11,400	15,500	18,200	20,500
中心舞台	周日 05:30、10:30、17:30	6,900	10,300	12,900	17,500	20,600	23,300
自然	周一至周日 16:30	4,600	7,000	8,700	11,800	13,900	15,600

（资产管理中心提供）

CCTV－Français 法语国际频道广告价目

（单位：人民币元／次）

栏目名称	播出时间	5秒	10秒	15秒	20秒	25秒	30秒
中国新闻	00:00、06:00、11:00、18:00	12,300	18,500	23,100	31,400	37,000	41,600
亚洲新闻	02:00、09:00、15:00、21:00	10,700	16,000	20,000	27,200	32,000	36,000
体育新闻	03:00、10:00、14:00、20:00	9,300	14,000	17,500	23,800	28,000	31,500
综合新闻	04:00、12:00、16:00、22:00	8,300	12,400	15,500	21,100	24,800	27,900
财经新闻	05:00、08:00、17:00、23:00	7,400	11,000	13,800	18,800	22,100	24,800

（资产管理中心提供）

CCTV－Español 西班牙语国际频道广告价目

（单位：人民币元／次）

栏目名称	播出时间	5秒	10秒	15秒	20秒	25秒	30秒
影视看台	06:10、12:10、18:10、00:10	12,300	18,500	23,100	31,400	37,000	41,600
国际视点	07:00、13:00、19:00、01:00	12,300	18,500	23,100	31,400	37,000	41,600
文化新闻	08:00、14:00、20:00、02:00	10,700	16,000	20,000	27,200	32,000	36,000
中华艺苑	08:30、14:30、20:30、02:30	10,700	16,000	20,000	27,200	32,000	36,000
综合新闻	09:00、15:00、21:00、03:00	8,800	13,200	16,500	22,400	26,400	29,700
这就是中国	09:30、15:30、21:30、03:30	8,800	13,200	16,500	22,400	26,400	29,700
科技天地	10:30、16:30、22:30、04:30	6,300	9,400	11,800	16,000	18,900	21,200
财经新闻	11:00、17:00、23:00、05:00	5,300	7,900	9,900	13,500	15,800	17,800
纪录片	11:30、17:30、23:30、05:30	5,300	7,900	9,900	13,500	15,800	17,800

（资产管理中心提供）

CCTV – العربية 阿拉伯语国际频道广告价目

（单位：人民币元／次）

栏目名称	5秒	10秒	15秒	20秒	25秒	30秒
综合新闻30分	11,600	17,400	21,800	29,600	34,900	39,300
综合新闻15分	16,100	24,200	30,200	41,100	48,300	54,400
中国之旅	10,000	15,000	18,700	25,400	29,900	33,600
教汉语	10,000	15,000	18,700	25,400	29,900	33,600
话说中国	10,500	15,800	19,700	26,800	31,500	35,400
对话	10,000	15,000	18,700	25,400	29,900	33,600
中国文艺	10,500	15,800	19,700	26,800	31,500	35,400
纪录片	10,000	15,000	18,700	25,400	29,900	33,600
国宝档案	3,900	5,900	7,400	10,100	11,800	13,400
电视剧	4,500	6,700	8,400	11,400	13,400	15,100

（资产管理中心提供）

CCTV – Русский 俄语国际频道广告价目

（单位：人民币元／次）

栏目名称	5秒	10秒	15秒	20秒	25秒	30秒
财经新闻	12,300	18,500	23,100	31,400	37,000	41,600
中国新闻	14,000	21,000	26,300	35,800	42,100	47,300
亚洲新闻	10,100	15,100	18,900	25,700	30,200	34,000
综合新闻(15分)	10,100	15,100	18,900	25,700	30,200	34,000
综合新闻(20分)	11,800	17,700	22,100	30,100	35,400	39,700
综合新闻(28分)	11,200	16,800	21,000	28,600	33,600	37,800
想挑战吗	10,100	15,100	18,900	25,700	30,200	34,000
财富故事会	10,100	15,100	18,900	25,700	30,200	34,000
纪录片	10,100	15,100	18,900	25,700	30,200	34,000
印象中国	10,100	15,100	18,900	25,700	30,200	34,000
学汉语	10,100	15,100	18,900	25,700	30,200	34,000
中国厨艺	10,100	15,100	18,900	25,700	30,200	34,000
综艺荟萃	8,400	12,600	15,800	21,500	25,300	28,400
旅游指南	5,600	8,400	10,500	14,300	16,800	18,900
会客厅	5,600	8,400	10,500	14,300	16,800	18,900
放映厅	5,600	8,400	10,500	14,300	16,800	18,900

（资产管理中心提供）

CCTV－高清 高清频道广告价目

（单位：人民币元／次）

栏目名称	5秒	10秒	15秒	20秒	25秒	30秒
广告1	1,400	2,100	2,600	3,500	4,200	4,700
广告2	1,400	2,100	2,600	3,500	4,200	4,700
广告3	1,400	2,100	2,600	3,500	4,200	4,700
广告4	1,400	2,100	2,600	3,500	4,200	4,700
广告5	1,400	2,100	2,600	3,500	4,200	4,700
广告6	1,400	2,100	2,600	3,500	4,200	4,700
广告7	1,400	2,100	2,600	3,500	4,200	4,700
广告8	1,400	2,100	2,600	3,500	4,200	4,700
广告9	1,400	2,100	2,600	3,500	4,200	4,700
广告10	1,400	2,100	2,600	3,500	4,200	4,700
广告11	1,400	2,100	2,600	3,500	4,200	4,700
广告12	1,400	2,100	2,600	3,500	4,200	4,700
广告13	1,400	2,100	2,600	3,500	4,200	4,700
广告14	1,400	2,100	2,600	3,500	4,200	4,700
广告15	2,800	4,200	5,300	7,200	8,500	9,500
广告16	2,800	4,200	5,300	7,200	8,500	9,500
广告17	2,800	4,200	5,300	7,200	8,500	9,500
广告18	2,800	4,200	5,300	7,200	8,500	9,500
广告19	2,800	4,200	5,300	7,200	8,500	9,500
广告20	2,800	4,200	5,300	7,200	8,500	9,500
广告21	2,800	4,200	5,300	7,200	8,500	9,500

（资产管理中心提供）

2011年中央电视台栏目播出时间表

CCTV—1 综合频道栏目播出时间表

星期 时间	星期一	星期二	星期三	星期四	星期五	星期六	星期日
04:08	国际艺苑(重播)	04:15生活早参考(重播) 04:45 精彩一刻					正大综艺
04:58	今日说法(重播)						
05:26	人与自然(首播)						
05:56:55	台标+国歌+导视(1)						
06:00	天天饮食(首播)						
06:09	广告						
06:10	焦点访谈(重播)						
06:23	导视(2)						
06:25	新闻联播(重播)						
06:55	导视(3) 2′ + 广告3′						
07:00	朝 闻 天 下 (直播)						
08:30	导视(4) 2′ +广告2′						
08:34	生活早参考(首播)+中插广告2′					08:34第一动画乐园(上午版)(首播)+中插广告1′ 09:20 导视(6)1′ 30″+广告1′ 30″ 09:23 第一动画乐园(上午版) 10:12 导视(7)2′ +广告1′	
09:06	导视(6)1′ 30″+广告2′ 30″						
09:10	第一动画乐园+中插广告(1′ 30″× 2段)						
10:11	导视(7)2′ +广告2′						
10:15	第一精选剧场(2集)(46′ × 2+ 每集中插广告1′ 30″× 2段+集间广告2′)						
11:55	导视(8)2′ +广告3′						
12:00	新闻30分(直播)						
12:30	导视(9)2′ +广告3′						
12:35	今日说法(首播)+中插广告1′ × 2段						
13:05	广告2′ +导视(10)1′ +广告2′						

续表

时间＼星期	星期一	星期二	星期三	星期四	星期五	星期六	星期日
13:18	第一情感剧场（三集）(46′ × 3+每集中插广告1′ 30″× 2段+段位广告3′ + 2′ 30″) +导视(11)1′ 30″					分秒必争 +中插广告（2′ × 2段）	小崔说事+中插广告（2′ × 2段）
						14:04 导视 1′ 30″ +广告2′ 30″	
16:00	导视(12) 2′ +广告3′					14:08 第一情感剧场（三集）	
16:14	星期一、星期三、四、五:第一动画乐园（首播）+中插广告 2′ × 3段 周二:环球科技视野15′ + 第一动画乐园（首播）82′ +中插广告 2′ × 3段					16:40 导视(12) 2′ +广告3′	
						16:45 第一动画乐园 （引进版）15′ +中插广告1′	
						17:01第一动画乐园（下午版）(首播) 52′ +中插广告2′ × 2段	
17:57	导视(13) 2′ +广告3′						
18:02	我们有一套等季播栏目（首播）50′ +中插广告1′ 30″×2				国际艺苑(首播) 50′ +中插广告1′ 30″×2	寻宝(首播)50′ +中插广告1′ 30″×2	正大综艺(首播)50′ +中插广告1′ 30″×2
18:55	广告1′ +导视A 1′ 30″+ 广告2′ 30″						
19:00	新 闻 联 播（直播）(含广告、天气预报)						
19:38	焦 点 访 谈（直播）（含广告）						
约19:53	导视(14)						
19:55	身 边 的 感 动（首播）					精彩一刻（首播 ）	
19:59	广告6′ +电视剧前情提要1′						
20:06	特约剧场(2集46′ ×2+中插广告2′ +5′ +集间广告5′ +电视剧前情提要1′)						
21:51	广告4′ +导视(16) 2′ +广告3′						
22:00	晚间新闻（直播）						
22:22	导视(17)2′ 30″ +广告3′ 30″						
22:28	第一晚间剧场 46′ ×2集 +中插广告3′ ×2，每集2段 +集间广告3′						
24:09	导视(18)2′ +广告3′						
24:14	看见 (30′ 首播)（周一至周五）					动物世界（首播)+中插广告2′	
24:46	导视(19)2′ 30″ +广告2′ 30″						
24:51	动物世界（首播 +中插广告2′ ）					今日说法（重播）	
25:23	广告4′						

续表

时间＼星期	星期一	星期二	星期三	星期四	星期五	星期六	星期日
25:28	今日说法（重播）					25:28寻宝(重播)	25:28正大综艺（重播）
25:55	一套导视(20)1′						
25:56	我们有一套（重播）		分秒必争(重播)	状元360(重播)	国际艺苑(重播)	26:16分秒必争(重播)	26:16小崔说事（重播）
26:46	导视(21)2′					27:08人与自然(重播) 27:38动物世界	
26:48	寻宝(重播)	正大综艺（重播）	国际艺苑（重播）	小崔说事(重播)	状元360(重播)		
27:38	导视(21)2′						
27:40	动物世界（重播）						

CCTV–2 财经频道栏目播出时间表

时间＼星期	星期一	星期二	星期三	星期四	星期五	星期六	星期日
05:58	导视						
06:00	早间精编节目						
06:50	广告						
06:53	二套导视（早间版）						
07:00	第一时间						
09:00	交易时间（上午版）					09:00 广告5′ ＋ 周末特供 10:30 周末特供	
11:50	环球财经连线（午间版）（首播）						
12:30	经济与法周末版（重播）					12:30 环球驿站 13:30 周末特供 14:20 周末特供 ＋ 收视指南	
13:10	经济半小时（重播）						
13:45	交易时间（下午版）						
15:33	经济与法（重播）						
16:03	广告 4′ ＋ 财经小辞典 5′ ＋ 导视3′						

续表

星期 时间	星期一	星期二	星期三	星期四	星期五	星期六	星期日
16:15	消费主张 （重播）					15:20 周末特供 ＋ 预告 广告 5′ 17:25 周末特供	
16:55	中国财经报道（重播）	对话（重播）	对手（重播）	交换空间（重播）	购物街（重播）		
17:55	广告 2′ ＋ 导视3′						
18:00	市场分析室（首播（含财经资讯节目）					18:00 周末特供	
18:43	广告					18:30 交换空间（首播）	购物街（首播）
18:45	理财在线（首播）						
19:20	消费主张 （首播）					19:30 经济与法周末版（首播）	
20:00	经济与法（首播）						
20:30	经济信息联播（首播）						
21:20	经济半小时（首播）						
21:55	今日观察（首播）				对手（首播）	21:55 中国财经报道（首播）＋ 广告3′ ＋ 导视2′	21:55 对话（首播）＋ 广告3′ ＋ 导视2′
22:25	广告3′ ＋ 导视2′						
22:30	环球财经连线（晚间版）（含CNBC、路透节目）				导视1′ ＋ 广告6′	23:00 环球财经连线（晚间版）（周末版）（首播） 30′	23:00 经济信息联播（重播）
23:10	导视5′ ＋ 广告					23:30导视5′ ＋ 广告6′	23:50导视1′ ＋ 广告6′
23:21	经济信息联播（重播）					23:41 经济信息联播（重播）	23:57 商道 ＋每周质量报告
24:11	广告					24:31 商道	
24:16	商道						
29:00	广告						
29:03	早间精编节目						

CCTV—3 综艺频道栏目播出时间表

时间＼星期	星期一	星期二	星期三	星期四	星期五	星期六	星期日
03:30	电视剧 (3集)						
06:00	综艺喜乐汇						舞蹈世界
06:40	文化正午						
07:00	综艺星天地						
07:30	动物狂欢节						
08:00	星光大道	向幸福出发	欢乐一家亲	笑星大联盟	巅峰音乐汇	非常6+1	巅峰音乐汇
09:30	欢乐中国行	毕录电视	我要上春晚	百团大战	欢乐中国行	我要上春晚	百团大战
10:30		10:30董卿时间					
11:30	文化正午						
11:50	综艺喜乐汇						舞蹈世界
12:30	非常6+1	星光大道	欢乐一家亲	笑星大联盟	巅峰音乐汇	向幸福出发	星光大道
14:00	百团大战	毕录电视	开心辞典	曲苑杂坛	激情广场	欢乐中国行	我要上春晚
15:00		15:00董卿时间	15:00艺览天下	15:00艺术人生	15:00文化视界		
16:00	电视剧(3集)						
18:30	动物狂欢节						
19:00	剧场	欢乐一家亲	笑星大联盟	巅峰音乐汇	我要上春晚	百团大战	欢乐中国行
20:30	毕录电视	开心辞典	曲苑杂坛	激情广场			
21:00					21:00向幸福出发	21:00星光大道	21:00非常6+1
21:30	董卿时间	艺览天下	艺术人生	文化视界			
22:30	综艺星天地						
23:00	向幸福出发	欢乐一家亲	笑星大联盟	巅峰音乐汇	我要上春晚	百团大战	欢乐中国行
24:30	毕录电视	开心辞典	曲苑杂坛	激情广场			
25:00					25:00向幸福出发	25:00星光大道	25:00非常6+1
25:30	董卿时间	艺览天下	艺术人生	文化视界			
26:30	动物狂欢节						
27:00	综艺星天地						

CCTV－4 中文国际频道·亚洲版栏目播出时间表

时间＼星期	星期一	星期二	星期三	星期四	星期五	星期六	星期日
04:00	中国新闻（直播）						
05:00	导视 (1)						
05:05	走遍中国						
05:35	华人世界					精彩回放	
05:55	导视 (2)						
06:00	中国新闻（直播）						
06:10	中国文艺						中国文艺　周末版
06:40	国宝档案						
06:55	导视 (3)						
07:00	今日亚洲（直播）						
07:25	导视 (4)						
07:28	海峡两岸						
07:58	导视 (5)						
08:00	中国新闻（直播）						
09:00	快乐汉语					中华情	流行无限
09:15	电视剧场(一)（卡尾播出）						09:55导视
10:00	中国新闻（直播）						
10:10	导视 (6)						
10:12	电视剧场(一)					文明之旅	中华医药
10:58	导视 (7)					10:57 导视	
11:00	中国新闻（直播）						
11:10	导视 (8)						
11:12	国宝档案						精彩一刻周末版
11:27	导视 (9)						
11:30	海峡两岸						
12:00	中国新闻（直播）						

续表

时间＼星期	星期一	星期二	星期三	星期四	星期五	星期六	星期日
13:00	华人世界					智慧树　周末版	体育在线
13:20	快乐驿站						
13:30	走遍中国						
14:00	中国新闻（直播）						
14:10	导视（10）						14:00周末影院
14:12	电视剧场(二)						
14:59	导视（11）						
15:00	电视剧场(二)						
15:48	导视（12）						
15:50	影视金曲						
16:00	中国新闻（直播）(中插)						
16:10	百家讲坛						
16:50	精彩一刻						
17:00	中国新闻（直播）						
17:10	导视、广告（13）						
17:15	远方的家					天涯共此时	城市1对1
18:00	中国新闻（直播）						
18:15	中国文艺						中国文艺　周末版
18:45	国宝档案						
19:00	中国新闻（直播）						
19:15	电视剧场（三）(卡尾播出）						
20:00	走遍中国						
20:30	海峡两岸						
21:00	中国新闻（直播）						
21:30	今日关注（直播）						
22:00	文明之旅	天涯共此时	中华医药	体育在线	深度国际	中华情	流行无限
22:45	快乐汉语						22:55导视

续表

时间＼星期	星期一	星期二	星期三	星期四	星期五	星期六	星期日
23:00	今日亚洲（直播）						
23:25	广告						
23:26	远方的家					中国文艺周末版	城市1对1
24;11	电视剧场(四)						
25:00	中国新闻（直播）						
25:10	导视（14）						
25:15	探索·发现					天涯共此时	体育在线
25:55	导视（15）						
25:00	中国新闻（直播）						
25:10	导视						
25:15	探索·发现					天涯共此时	体育在线
25:55	导视						
26:00	新闻联播						
26:30	华人世界					大家	
26:50	快乐驿站						
27:00	中国新闻（直播）					中华情	流行无限
27:10	导视（16）						
27:15	文明之旅	天涯共此时	中华医药	体育在线	深度国际		27:55导视

CCTV－4 中文国际频道·欧洲版栏目播出时间表

北京时间	格林尼治时间	星期一	星期二	星期三	星期四	星期五	星期六	星期日
04:00	20:00	中国新闻(直播)						
05:00	21:00	文明之旅	天涯共此时	中华医药	体育在线	深度国际	中国文艺周末版	流行无限
05:45	21:45	国宝档案						05:55导视

续表

北京时间	格林尼治时间	星期一	星期二	星期三	星期四	星期五	星期六	星期日
06:00	22:00	中国新闻(直播)						
06:10	22:10	导视 (1)						
06:12	22:12	电视剧(三)						
06:59	22:59	导视 (2)						
07:00	23:00	今日亚洲(直播)						
07:25	23:25	导视 (3)						
07:28	23:28	海峡两岸						
07:58	23:58	导视 (4)						
08:00	00:00	新闻60分(直播)						
09:00	01:00	探索·发现 (荟萃)					天涯共此时	寻宝
09:40	01:40	华人世界					09:45精彩一刻 周末版	
10:00	02:00	中国新闻 (直播)						
10:10	02:10	导视 (5)					中华情	流行无限
10:15	02:15	文明之旅	天涯共此时	中华医药	体育在线	深度国际		10:55导视
11:00	03:00	中国新闻(直播)						
11:10	03:10	百家讲坛 (荟萃)						
11:50	03:50	快乐驿站 (荟萃)						
12:00	04:00	中国新闻(直播)						
13:00	05:00	远方的家					中国文艺 周末版	城市1对1
13:45	05:45	快乐汉语					精彩一刻 周末版	
14:00	06:00	中国新闻(直播)						
14:10	06:10	中国文艺						大家
14:40	06:40	走遍中国						
15:10	07:10	海峡两岸						
15:40	07:40	华人世界					精彩回放	

续表

北京时间	格林尼治时间	星期一	星期二	星期三	星期四	星期五	星期六	星期日
16:00	08:00	中国新闻(直播)						
16:10	08:10	导视 (6)						
16:12	08:12	远方的家					中国文艺周末版	城市1对1
16:57	08:57	导视 (7)						
17:00	09:00	中国新闻(直播)						
17:10	09:10	电视剧 (一)					中华医药	体育在线
17:57	09:57	导视 (8)					17:55导视	
18:00	10:00	中国新闻(直播)						
18:15	10:15	电视剧 (一) 卡尾播出					文明之旅	天涯共此时
19:00	11:00	中国新闻(直播)						
19:15	11:15	导视 (9)						
19:17	11:17	百家讲坛						
19:57	11:57	导视 (10)						
20:00	12:00	探索·发现 (荟萃)					中华情	流行无限
20:40	12:40	导视 (11)						
20:42	12:42	快乐汉语						
20:57	12:57	导视 (12)						20:55导视
21:00	13:00	中国新闻(直播)						
21:30	13:30	今日关注(直播)						
22:00	14:00	国宝档案						精彩一刻
22:15	14:15	动画城 (四套)						
23:00	15:00	今日亚洲(直播)						

续表

北京时间	格林尼治时间	星期一	星期二	星期三	星期四	星期五	星期六	星期日
23:25	15:25	电视剧 （二）						周末影院
24:11	16:11	电视剧 （二）						
24:57	16:57	导视 (13)						
25:00	17:00	中国新闻(直播)						
25:25	17:10	快乐汉语					精彩 一刻	
	17:25	走遍中国						
25:55	17:55	华人世界					导视	精彩回放
26:15	18:15	远方的家					26:00中华情	26:00城市1对1
27:00	19:00	新闻联播						
27:30	19:30	中国文艺						体育在线

CCTV－4 中文国际频道·美洲版栏目播出时间表

北京时间	美国东部时间	星期一	星期二	星期三	星期四	星期五	星期六	星期日
04:00	15:00	中国新闻(直播)						
05:00	16:00	中国文艺						中国文艺周末版
05:30	16:30	快乐汉语					精彩一刻周末版	
05:45	16:45	新闻联播						
06:15	17:15	远方的家					中国文艺周末版	城市1对1
07:00	18:00	今日亚洲(直播)						
07:25	18:25	导视 (1)						
07:27	18:27	走遍中国						
07:57	18:57	导视 (2)						
08:00	19:00	新闻60分(直播)						
09:00	20:00	华人世界					精彩回放	

续表

北京时间	美国东部时间	星期一	星期二	星期三	星期四	星期五	星期六	星期日
09:20	20:20	电视剧　(三)						
10:00	21:00	中国新闻						
10:10	21:10	电视剧　(三)						
11:00	22:00	中国新闻(直播)					流行无限	中华情
11:10	22:10	天涯共此时	文明之旅	体育在线	中华医药	深度国际		
11:55	22:55	导视 (3)						
12:00	23:00	中国新闻(直播)						
13:00	00:00	走遍中国						
13:30	05:30	海峡两岸						
14:00	01:00	中国新闻(直播)						
14:10	01:10	导视 (4)						
14:12	02:12	电视剧(一)					体育在线	天涯共此时
14:58	02:58	导视 (5)						
14:59	02:59	电视剧(一)					寻宝	14:58体育在线 15:28大家
15:48	02:48	精彩一刻						
15:58	02:58	导视 (6)						
16:00	03:00	中国新闻(直播)						
16:10	03:10	导视 (7)						
16:13	03:13	中国文艺						中国文艺　周末版
16:43	03:43	国宝档案						
16:58	03:58	导视 (8)						
17:00	04:00	中国新闻(直播)						
17:10	04:10	导视 (9)						
17:12	04:12	快乐汉语					精彩一刻周末版	
17:27	04:27	导视 (10)						
17:30	04:30	走遍中国						
18:00	05:00	中国新闻(直播)						

续表

<table>
<tr><th>北京时间</th><th>美国东部时间</th><th>星期一</th><th>星期二</th><th>星期三</th><th>星期四</th><th>星期五</th><th>星期六</th><th>星期日</th></tr>
<tr><td>18:15</td><td>05:15</td><td colspan="7">导视 (11)</td></tr>
<tr><td>18:18</td><td>05:18</td><td colspan="7">百家讲坛</td></tr>
<tr><td>18:58</td><td>05:58</td><td colspan="7">导视(12)</td></tr>
<tr><td>19:00</td><td>06:00</td><td colspan="7">中国新闻(直播)</td></tr>
<tr><td>19:15</td><td>06:15</td><td colspan="7">快乐驿站</td></tr>
<tr><td>19:25</td><td>06:25</td><td colspan="5">华人世界</td><td colspan="2">精彩回放</td></tr>
<tr><td>19:45</td><td>06:45</td><td colspan="5">远方的家</td><td>中国文艺周末版</td><td>城市1对1</td></tr>
<tr><td>20:30</td><td>07:30</td><td colspan="7">海峡两岸</td></tr>
<tr><td>21:00</td><td>08:00</td><td colspan="7">中国新闻(直播)</td></tr>
<tr><td>21:30</td><td>08:30</td><td colspan="7">今日关注(直播)</td></tr>
<tr><td>22:00</td><td>09:00</td><td>天涯共此时</td><td>文明之旅</td><td>体育在线</td><td>中华医药</td><td>深度国际</td><td>流行无限</td><td rowspan="2">中华情</td></tr>
<tr><td>22:45</td><td>09:45</td><td colspan="5">快乐汉语</td><td>22:55导视</td></tr>
<tr><td>23:00</td><td>10:00</td><td colspan="7">今日亚洲(直播)</td></tr>
<tr><td>23:25</td><td>10:25</td><td colspan="5">导视(13)</td><td rowspan="3">文明之旅</td><td rowspan="3">中华医药</td></tr>
<tr><td>23:27</td><td>10:27</td><td colspan="5">探索·发现</td></tr>
<tr><td>24:07</td><td>11:07</td><td colspan="5">导视 (14)</td></tr>
<tr><td>24:10</td><td>11:10</td><td colspan="7">百家讲坛</td></tr>
<tr><td>24:50</td><td>11:50</td><td colspan="7">精彩一刻</td></tr>
<tr><td>25:00</td><td>12:00</td><td colspan="7">中国新闻(直播)</td></tr>
<tr><td>25:10</td><td>12:10</td><td colspan="6">国宝档案</td><td rowspan="5">周末影院</td></tr>
<tr><td>25:25</td><td>12:25</td><td colspan="6">电视剧 (二)</td></tr>
<tr><td>26:11</td><td>13:11</td><td colspan="6">电视剧 (二)</td></tr>
<tr><td>26:59</td><td>13:59</td><td colspan="6">导视 (15)</td></tr>
<tr><td>27:00</td><td>14:00</td><td colspan="6">中国新闻</td></tr>
<tr><td>27:10</td><td>14:10</td><td colspan="7">导视 (16)</td></tr>
<tr><td>27:13</td><td>14:13</td><td colspan="7">动画城</td></tr>
<tr><td>27:38</td><td>14:58</td><td colspan="7">导视 (17)</td></tr>
</table>

CCTV—5 体育频道栏目播出时间表（赛季）

<table>
<tr><th>星期
时间</th><th>星期一</th><th>星期二</th><th>星期三</th><th>星期四</th><th>星期五</th><th>星期六</th><th>星期日</th></tr>
<tr><td>04:00</td><td colspan="7">赛事</td></tr>
<tr><td>04:25</td><td colspan="7">赛事（插播5'）</td></tr>
<tr><td>05:55</td><td colspan="7">国歌＋预告</td></tr>
<tr><td>06:00</td><td colspan="5">巅峰时刻（重播）</td><td colspan="2">运动空间</td></tr>
<tr><td>06:25</td><td colspan="7">广告＋包装 5'</td></tr>
<tr><td>06:30</td><td colspan="7">体育晨报</td></tr>
<tr><td>08:30</td><td colspan="7">广告＋包装 5'</td></tr>
<tr><td>08:35</td><td>棋牌（插播2'）</td><td>赛事（插播2'）</td><td colspan="2">棋牌（插播2′）</td><td colspan="3">赛事（插播2′）</td></tr>
<tr><td rowspan="4">09:30</td><td>09:30 赛事（插播2'）</td><td rowspan="4" colspan="2">NBA</td><td>09:30赛事55'（插播2'）</td><td rowspan="3">09:30赛事（插播5'）
11:00武林大会</td><td rowspan="4">NBA</td><td rowspan="4"></td></tr>
<tr><td>10:25 广告＋包装</td><td>10:25广告＋包装</td></tr>
<tr><td>10:30 赛事</td><td>10:30赛事</td></tr>
<tr><td>11:55 广告＋包装</td><td>11:55广告＋包装</td><td>11:55广告＋包装</td></tr>
<tr><td>12:00</td><td colspan="7">体坛快讯</td></tr>
<tr><td>12:25</td><td colspan="7">广告＋包装</td></tr>
<tr><td>12:30</td><td colspan="6">重点赛事（插播5'）</td><td>拳击</td></tr>
<tr><td>14:00</td><td colspan="5">广告＋包装</td><td colspan="2">赛事直播</td></tr>
<tr><td>14:05</td><td colspan="5">巅峰时刻（首播）</td><td>15:55广告＋包装5′</td><td></td></tr>
<tr><td>14:30</td><td colspan="5">赛事（插播5'）</td><td>16:00排球联赛</td><td></td></tr>
<tr><td>16:00</td><td colspan="7">广告＋包装</td></tr>
<tr><td>16:02</td><td colspan="7">赛事 （插播2'）</td></tr>
<tr><td>16:57</td><td colspan="7">广告＋包装</td></tr>
<tr><td>17:00</td><td colspan="7">赛事（插播2'）</td></tr>
<tr><td>17:55</td><td colspan="7">广告＋包装</td></tr>
<tr><td>18:00</td><td colspan="5">体育新闻</td><td colspan="2">18:00 体育新闻</td></tr>
<tr><td>18:30</td><td colspan="5">广告＋包装</td><td colspan="2">18:50 广告＋包装5′</td></tr>
<tr><td>18:35</td><td>体育人间</td><td>武林大会</td><td>赛车时代</td><td>足球之夜</td><td>篮球公园</td><td colspan="2">18:55 空</td></tr>
</table>

时间＼星期	星期一	星期二	星期三	星期四	星期五	星期六	星期日
19:25	广告+包装					19:20广告+包装5′	
19:30	黄金赛场–天下足球	黄金赛场–排球联赛	黄金赛场–CBA	黄金赛场	黄金赛场–CBA	19:25赛事直播	19:25CBA
21:25	广告+包装						
21:30	体育世界						
22:15	广告+包装						
22:20	我的奥林匹克					22:05赛事直播–欧洲联赛	
22:30	第二黄金赛场–重点赛事						
23:55	广告+包装						
24:00	体育报道（直播）						
24:25	广告+包装						
24:30	顶级赛事–高尔夫	顶级赛事–NFL	顶级赛事			28:00结束	
27:30	广告+包装						
27:35	巅峰时刻（重播）						
28:00	结束						

CCTV–5 体育频道栏目播出时间表（非赛季）

时间＼星期	星期一	星期二	星期三	星期四	星期五	星期六	星期日
04:00	体育报道（重播）						
04:25	空						
05:55	国歌+预告						
06:00	巅峰时刻					运动空间	
06:25	广告+包装						
06:30	体育晨报						
08:30	广告+包装						
08:35	棋牌（插播2'）	空		棋牌55'（插播2'）	空		

续表

<table>
<tr><th>星期
时间</th><th>星期一</th><th>星期二</th><th>星期三</th><th>星期四</th><th>星期五</th><th>星期六</th><th>星期日</th></tr>
<tr><td>09:30</td><td colspan="6">空</td><td rowspan="6">10:00拳击（插播体坛快讯）</td></tr>
<tr><td>10:25</td><td>空（插播5'）</td><td>空（插播5'）</td><td>空（插播5'）</td><td>空（插播5'）</td><td>10:55 广告＋包装
11:00武林大会</td><td>空（插播5'）</td></tr>
<tr><td>11:55</td><td colspan="6">广告＋包装</td></tr>
<tr><td>12:00</td><td colspan="6">体坛快讯</td></tr>
<tr><td>12:25</td><td colspan="6">广告＋包装</td></tr>
<tr><td>12:30</td><td colspan="6">重点赛事（插播5'）</td></tr>
<tr><td>14:00</td><td colspan="5">广告＋包装</td><td rowspan="3">14:00空90'（插播5'）</td><td>13:30广告＋包装</td></tr>
<tr><td>14:05</td><td colspan="5">巅峰时刻（首播）</td><td>13:35 空</td></tr>
<tr><td>14:30</td><td colspan="5">空　（插播5'）</td><td>15:05 广告＋包装</td></tr>
<tr><td>16:00</td><td colspan="5">广告＋包装</td><td rowspan="3">13:30空75'（插播5'）</td><td rowspan="2">15:10空　90'</td></tr>
<tr><td>16:02</td><td colspan="5">空　（插播2'）</td></tr>
<tr><td>16:57</td><td colspan="5">广告＋包装</td><td>16:40广告＋包装 5'</td></tr>
<tr><td>17:00</td><td colspan="5">空　（插播2'）</td><td colspan="2">16:57城市之间（重播）</td></tr>
<tr><td>17:55</td><td colspan="7">广告＋包装</td></tr>
<tr><td>18:00</td><td colspan="5">体育新闻</td><td colspan="2">18:00体育新闻</td></tr>
<tr><td>18:30</td><td colspan="5">广告＋包装</td><td colspan="2">18:50广告＋包装</td></tr>
<tr><td>18:35</td><td>体育人间</td><td>武林大会</td><td>赛车时代</td><td>足球之夜</td><td>篮球公园</td><td colspan="2">18:55空　25'</td></tr>
<tr><td>19:25</td><td colspan="7">广告＋包装</td></tr>
<tr><td>19:30</td><td>黄金赛场－天下足球</td><td>黄金赛场－赛事</td><td>黄金赛场－赛事</td><td colspan="2">19:30 特别节目（待定）
20:10 广告＋包装 5'
20:15 特别节目－城市之间等</td><td colspan="2">19:25赛事</td></tr>
<tr><td>21:25</td><td colspan="7">广告＋包装</td></tr>
<tr><td>21:30</td><td colspan="5">体育世界</td><td colspan="2">21:30 体育世界</td></tr>
<tr><td>22:15</td><td colspan="5">广告＋包装</td><td colspan="2">22:00 广告＋包装</td></tr>
<tr><td>22:20</td><td colspan="5">我的奥林匹克</td><td colspan="2">22:05 欧洲联赛精选</td></tr>
</table>

续表

时间＼星期	星期一	星期二	星期三	星期四	星期五	星期六	星期日
22:30	第二黄金赛场－重点赛事					28:00 结束	
23:55	广告＋包装						
24:00	体育报道（直播）						
24:25	广告＋包装						
24:30	顶级赛事－高尔夫	顶级赛事					
27:30	广告＋包装						
27:35	巅峰时刻（重播）						
28:00	结束						

CCTV-6 电影频道栏目播出时间表

时间＼星期	星期一	星期二	星期三	星期四	星期五	星期六	星期日
05:50	国歌＋台标						
05:52	广告＋光影广告						
06:10	故事片						
07:50	光影2＋广告						
08:00	故事片					少儿影院 国产/译制片	故事片
09:50	光影3＋广告						
10:00	故事片					动画电影院	佳片有约（重播）
11:50	光影4＋广告						
12:00	中国电影报道（重播）						
12:20	广告						
12:22	世界纪录电影长廊						光影周刊（重播）
12:47	广告						
12:50	故事片						
14:30	光影5＋广告				光影5＋音乐之声＋广告	光影5＋电影人物＋广告	光影5＋广告

续表

星期 时间	星期一	星期二	星期三	星期四	星期五	星期六	星期日
14:45	银色经典	译制片		14:35译制片	14:50译制片	影人1+1	故事片
16:30	光影6+广告						
16:45	故事片			16:35故事片	16:50故事片	影人1+1	故事片
18:35	广告+光影7						
18:50	广告						
18:55	中国电影报道		中国电影报道20′+电影频道梦工厂10′	中国电影报道		爱上电影网+中国电影报道	18:05中国电影报道/世界电影之旅
19:15	资讯快车		19:25资讯快车	资讯快车			
19:22	光影8+广告		19:32光影8+广告	光影8+广告			
19:35	流金岁月+栏目	故事片	19:45故事片	故事片	动作90分	周末影院	周日点播
21:20	广告+每日导视		21:30广告+每日导视	广告+每日导视			
21:30	爱电影		21:40爱电影	爱电影	爱电影+光影周刊	爱电影	爱电影+世界电影之旅
21:55	每日导视+广告		22:05每日导视+广告	每日导视+广告			
22:00	22:30译制片	22:00译制片	22:10译制片	译制片		佳片有约15分+译制片	22:15周日点播
23:30	每日导视+广告		23:40每日导视+广告	每日导视、电影频道梦工场（重播） 广告	每日导视+广告		
23:40	24:10故事片	故事片	23:50故事片	故事片			探索影厅
25:20	26:00每日导视、广告	每日导视+广告	25:30每日导视+广告	每日导视+广告			
25:30	26:10故事片	故事片	25:40故事片	故事片			
27:30	栏目重播（垫播）		27:40栏目重播（垫播）	栏目重播（垫播）			
28:10	故事片		28:20故事片	故事片			
29:45	欣赏		29:55欣赏	欣赏			
29:50	国歌+台标		30:00国歌+台标	国歌+台标			

注：直送节目有——中国电影报道、爱电影、资讯快车、电影频道梦工场

CCTV—7 军事·农业频道栏目播出时间表

星期 时间	星期一	星期二	星期三	星期四	星期五	星期六	星期日
05:55	台标+国歌+导视						
06:00	气象节目						
06:05	农广天地（重播）						
06:35	聚焦三农（重播）						
07:00	广告4′+导视1′						
07:05	专题片						
07:35	专题片						
08:05	导视						
08:07	专题片						
08:37	专题片						
09:07	广告2′+导视1′						
09:10	军事报道（重播）						
09:40	军事纪实（重播）					中国武警（首播）	军事科技（重播）
10:10	广告4′+导视2′+欣赏2′						
10:18	百战经典（重播）	讲武堂（重播）	红星艺苑（重播）	超级战士（重播）	军旅文化大视野（重播）	讲武堂（首播）	军旅文化大视野（重播）
11:18	广告4′+导视2′+欣赏1′						
11:25	专题片						
12:25	导视2′						
12:27	乡土（首播）					专题片	
12:57	聚焦三农（重播）						
13:22	每日农经（重播）					法制编辑部（重播）	乡约（重播）
13:42	致富经（重播）						
14:12	广告						
14:13	科技苑（重播）						农广天地（重播）

续表

<table>
<tr><th>星期
时间</th><th>星期一</th><th>星期二</th><th>星期三</th><th>星期四</th><th>星期五</th><th>星期六</th><th>星期日</th></tr>
<tr><td>14:43</td><td colspan="7">气象节目</td></tr>
<tr><td>14:48</td><td colspan="5">农广天地（首播）</td><td colspan="2">专题片</td></tr>
<tr><td>15:18</td><td colspan="7">广告3′ +导视2′</td></tr>
<tr><td>15:23</td><td colspan="5">专题片</td><td colspan="2">防务新观察（首播）</td></tr>
<tr><td>15:53</td><td colspan="7">导视2′ +欣赏2′</td></tr>
<tr><td>15:57</td><td colspan="5">军事纪实（重播）</td><td>百战经典（首播）</td><td>超级战士（首播）</td></tr>
<tr><td>16:27</td><td>百战经典（重播）</td><td>讲武堂（重播）</td><td>红星艺苑（重播）</td><td>超级战士（重播）</td><td>军旅文化大视野（重播）</td><td colspan="2">16:57广告</td></tr>
<tr><td>17:27</td><td colspan="5">广告</td><td rowspan="2">17:00红星艺苑（首播）</td><td>17:00中国武警（重播）</td></tr>
<tr><td>17:30</td><td colspan="5">和平年代（重播）</td><td>17:30军事科技（重播）</td></tr>
<tr><td>18:00</td><td colspan="7">广告</td></tr>
<tr><td>18:05</td><td colspan="5">生活567（首播）</td><td rowspan="3">乡村大世界（首播</td><td rowspan="2">阳光大道（首播）</td></tr>
<tr><td>18:30</td><td colspan="5">科技苑（首播）</td></tr>
<tr><td>19:00</td><td colspan="5">农广天地（首播）</td><td>19:00农广天地（首播）</td></tr>
<tr><td>19:30</td><td colspan="7">军事报道（首播）</td></tr>
<tr><td>20:00</td><td colspan="7">广告</td></tr>
<tr><td>20:03</td><td colspan="5">军事纪实（首播）</td><td colspan="2">防务新观察（重播）</td></tr>
<tr><td>20:33</td><td colspan="7">导视</td></tr>
<tr><td>20:35</td><td colspan="7">专题片</td></tr>
<tr><td>21:05</td><td colspan="7">广告3′ +导视2′ +广告2′</td></tr>
<tr><td>21:12</td><td colspan="7">气象节目（首播）</td></tr>
<tr><td>21:17</td><td colspan="5">致富经（首播）</td><td rowspan="2">乡约（首播）</td><td rowspan="2">法制编辑部（首播）</td></tr>
<tr><td>21:47</td><td colspan="5">每日农经（首播）</td></tr>
</table>

CCTV—8 电视剧频道栏目播出时间表

星期 时间	星期一	星期二	星期三	星期四	星期五	星期六	星期日
05:58	台标＋国歌＋预告(包装1)						
06:00	【早间剧】第一集						
06:47	早间剧第二集贴片广告						
06:49	早间剧第二集（中插1'30")						
07:37	包装 (2)						
07:39	时段广告 (1)						
07:40	早间剧第三集贴片广告						
07:43	早间剧第三集（中插1'30")						
08:31	时段广告 (2)						
08:35	包装 (3)						
08:37	大剧场第一集贴片广告						
08:40	大剧场第一集(中插1'30")						
09:29	包装 (4)						
09:31	时段广告 (3)						
09:35	大剧场第二集贴片广告 s						
09:38	大剧场第二集 (中插1'30")						
10:26	包装 (5)						
10:28	大剧场第三集贴片广告						
10:34	大剧场第三集(中插1'30")						
11:23	包装 (6)						
11:25	时段广告 (4)						
11:30	第一集贴片广告						
11:33	大剧场第四集（中插1'30")						

续表

时间 \ 星期	星期一	星期二	星期三	星期四	星期五	星期六	星期日
12:22	第二集片尾广告						
12:25	包装 (7)						
12:28	影视同期声 (含广告4')						影视俱乐部
12:48	时段广告						
12:51	室内剧 1集						
13:15	包装 (8)						
13:17	时段广告 (5)						
13:20	魅力100分第一集贴片广告						
13:24	魅力100分第一集 (中插1'30")						
14:16	魅力100分第二集贴片广告						
14:23	魅力100分第二集 (中插1'30")						
15:11	包装 (9)						
15:13	时段广告 (6)						
15:17	魅力100分第三集贴片广告						
15:24	魅力100分第三集 (中插1'30")						
16:13	魅力100分第四集贴片广告						
16:16	魅力100分第四集 (中插1'30")						
17:04	包装 (10)						
17:06	时段广告 (7)						
17:09	温馨剧场第一集贴片广告						
17:12	温馨剧苑第一集						
18:01	包装 (11)						
18:03	温馨剧场第二集贴片广告						
18:08	温馨剧苑第二集						

续表

星期/时间	星期一	星期二	星期三	星期四	星期五	星期六	星期日
18:55	包装 (12)						
18:57	时段广告 (8)						
19:02	黄金强档第一集贴片广告						
19:05	黄金强档第一集 +中插广告1'						
19:48	包装 (14)						
19:49	黄金强档第二集贴片广告						
19:56	黄金强档第二集 +中插广告1'						
20:39	包装 (15)						
20:40	黄金强档第三集贴片广告						
20:47	黄金强档第三集 +中插广告3'						
21:33	时段广告 (9)						
21:40	每日佳艺片前贴片广告						
21:42	黄金强档第四集+中插广告1'30"						
22:26	每日佳艺片尾贴片广告						
22:28	时段广告 (10)						
22:30	海外剧场第一集贴片广告						
22:34	黄金强档第五集 +中插广告3'						
23:20	包装 (16)						
23:22	海外剧场第二集贴片广告						
23:27	都市剧场第一集+中插广告3'						
24:15	包装 (17)						
24:17	时段广告 (11)						
24:21	环球影院第一集贴片广告						
24:24	都市剧场第二集						

续表

时间＼星期	星期一	星期二	星期三	星期四	星期五	星期六	星期日
25:10	环球影院第二集贴片广告						
25:13	都市剧场第三集						
25:59	都市剧场第一集贴片广告						
26:02	都市剧场第四集						
26:52	都市剧场第五集						
27:42	都市剧场第六集						
28:32	都市剧场第七集						

CCTV-9 纪录频道栏目播出时间表

时间＼星期	星期一	星期二	星期三	星期四	星期五	星期六	星期日
04:00	特别呈现						
04:56	频道导视						
05:00	发现之路						
05:27	频道导视						
05:30	历史传奇						
05:57	频道导视						
06:00	特别呈现						
06:56	频道导视						
07:00	人文地理						
07:27	频道导视						
07:30	时代写真						
07:57	频道导视						
08:00	精彩放送					特别呈现	寰宇视野

续表

星期/时间	星期一	星期二	星期三	星期四	星期五	星期六	星期日
08:56	频道导视						
09:00	寰宇万象					特别呈现	寰宇视野
09:56	频道导视						
10:00	寰宇视野					特别呈现	寰宇视野
10:56	频道导视						
11:00	发现之路					特别呈现	寰宇视野
11:27	频道导视						
11:30	历史传奇						
11:57	频道导视						
12:00	精彩放送					特别呈现	寰宇视野
12:56	频道导视						
13:00	寰宇万象						
13:56	频道导视						
14:00	人文地理					特别呈现	寰宇视野
14:27	频道导视						
14:30	时代写真					特别呈现	寰宇视野
14:57	频道导视						
15:00	寰宇视野					特别呈现	寰宇视野
15:56	频道导视						
16:00	特别呈现						
16:56	频道导视						
17:00	发现之路					特别呈现	寰宇视野
17:27	频道导视						
17:30	历史传奇					特别呈现	寰宇视野

续表

时间＼星期	星期一	星期二	星期三	星期四	星期五	星期六	星期日
17:57	频道导视						
18:00	精彩放送						
18:56	频道导视						
19:00	寰宇万象						
19:56	频道导视						
20:00	人文地理						
20:27	频道导视						
20:30	时代写真						
20:57	频道导视						
21:00	寰宇视野						
21:56	频道导视						
22:00	特别呈现						
22:56	频道导视						
23:00	发现之路						
23:27	频道导视						
23:30	历史传奇						
23:57	频道导视						
24:00	精彩放送						
24:56	频道导视						
25:00	寰宇万象						
25:56	频道导视						
26:00	寰宇视野						
26:56	频道导视						
27:00	人文地理						
27:27	频道导视						

续表

时间＼星期	星期一	星期二	星期三	星期四	星期五	星期六	星期日
27:30	时代写真						
27:57	频道导视						

CCTV-9 Documentary 栏目播出时间表

时间＼星期	美国东部时间	格林尼治时间	星期一	星期二	星期三	星期四	星期五	星期六	星期日
04:00	16:00	21:00	人文地理（英）						
04:27	16:27	21:27	频道导视（英）						
04:30	16:30	21:30	时代写真（英）						
04:57	16:57	21:57	频道导视（英）						
05:00	17:00	22:00	特别呈现（英）						
05:56	17:56	22:56	频道导视（英）						
06:00	18:00	23:00	发现之路（英）						
06:27	18:27	23:27	频道导视（英）						
06:30	18:30	23:30	历史传奇（英）						
06:57	18:57	23:57	频道导视（英）						
07:00	19:00	00:00	人文地理（英）						
07:27	19:27	00:27	频道导视（英）						
07:30	19:30	00:30	时代写真（英）						
07:57	19:57	00:57	频道导视（英）						
08:00	20:00	01:00	特别呈现（英）						
08:56	20:56	01:56	频道导视（英）						
09:00	21:00	02:00	精彩放送（英）						
09:56	21:56	02:56	频道导视（英）						

续表

星期 时间	美国东部时间	格林尼治时间	星期一	星期二	星期三	星期四	星期五	星期六	星期日
10:00	22:00	03:00	发现之路（英）						
10:27	22:27	03:27	频道导视（英）						
10:30	22:30	03:30	历史传奇（英）						
10:57	22:57	03:57	频道导视（英）						
11:00	23:00	04:00	精彩放送（英）						
11:56	23:57	04:57	频道导视（英）						
12:00	00:00	05:00	人文地理（英）						
12:27	00:27	05:27	频道导视（英）						
12:30	00:30	05:30	时代写真（英）						
12:57	00:57	05:57	频道导视（英）						
13:00	01:00	06:00	特别呈现（英）						
13:56	01:56	06:56	频道导视（英）						
14:00	02:00	07:00	发现之路（英）						
14:27	02:27	07:27	频道导视（英）						
14:30	02:30	07:30	历史传奇（英）						
14:57	02:57	07:57	频道导视（英）						
15:00	03:00	08:00	精彩放送（英）						
15:56	03:56	08:56	频道导视（英）						
16:00	04:00	09:00	人文地理（英）						
16:27	04:27	09:27	频道导视（英）						
16:30	04:30	09:30	时代写真（英）						
16:57	04:57	09:57	频道导视（英）						
17:00	05:00	10:00	特别呈现（英）						
17:56	05:56	10:56	频道导视（英）						

续表

时间＼星期	美国东部时间	格林尼治时间	星期一	星期二	星期三	星期四	星期五	星期六	星期日
18:00	06:00	11:00	发现之路（英）						
18:27	06:27	11:27	频道导视（英）						
18:30	06:30	11:30	历史传奇（英）						
18:57	06:57	11:57	频道导视（英）						
19:00	07:00	12:00	精彩放送（英）						
19:56	07:56	12:56	频道导视（英）						
20:00	08:00	13:00	人文地理（英）						
20:27	08:27	13:27	频道导视（英）						
20:30	08:30	13:30	时代写真（英）						
20:57	08:57	13:57	频道导视（英）						
21:00	09:00	14:00	特别呈现（英）						
21:56	09:56	14:56	频道导视（英）						
22:00	10:00	15:00	发现之路（英）						
22:27	10:27	15:27	频道导视（英）						
22:30	10:30	15:30	历史传奇（英）						
22:57	10:57	15:57	频道导视（英）						
23:00	11:00	16:00	精彩放送（英）						

CCTV-10 科教频道栏目播出时间表

时间＼星期	星期一	星期二	星期三	星期四	星期五	星期六	星期日
06:00	子午书简						
06:10	百家讲坛+广告3'						
06:55	健康之路						

续表

时间＼星期	星期一	星期二	星期三	星期四	星期五	星期六	星期日
07:20	讲述+广告2'						
07:45	人物					科技人生	大家
08:15	自然传奇+广告3'						我爱发明+广告3′
09:00	地理中国+广告5'						
09:35	科技之光+广告3'						
10:05	走近科学+广告3'						
10:35	探索·发现+广告3'						
11:20	精品					重访+广告3'	第十放映室+广告3'
11:45	原来如此+广告2'						
12:05	希望－英语杂志+广告3'						科技人生
12:35	子午书简						
12:45	百家讲坛+广告3'						
13:30	科技之光+广告3'						
14:00	创新无限						绿色空间
14:30	自然传奇+广告3'						我爱发明+广告3'
15:15	走近科学+广告3'						
15:45	探索·发现+广告3'						
16:30	讲述+广告2'						
16:55	希望－英语杂志						大家
17:22	人物					重访+广告8′	17:25 第十放映室+广告5'
17:52	原来如此+广告2'						
18:12	创新无限+广告3'						绿色空间 +广告3'
18:45	健康之路						
19:10	地理中国+广告5'						
19:45	自然传奇+广告3'						我爱发明+广告3'
20:30	走近科学+广告3'						
21:00	讲述+广告2'						

续表

星期 / 时间	星期一	星期二	星期三	星期四	星期五	星期六	星期日
21:25	探索·发现+广告3'						
22:10	人物+广告5'					大家+广告5'	科技人生+广告5'
22:45	百家讲坛+广告3'						
23:30	地理中国+广告5'						
24:05	子午书简						
24:15	科技之光+广告3'						
24:45	健康之路						
25:10	原来如此+广告2'					第十放映室	重访
25:30	精品						
25:55	结束					25:52结束	

注:“+”号前为节目时长,“+”号后为导视时长。

CCTV—11 戏曲频道栏目播出时间表

星期 / 时间	星期一	星期二	星期三	星期四	星期五	星期六	星期日
06:00	包装(1) + 台标国歌 + 主持人伴视(1)						
06:05	广告(1)						
06:13	九州大戏台(早间版)	京剧音配像(早间版)	九州大戏台(早间版)	京剧音配像(早间版)	九州大戏台(早间版)	京剧音配像(早间版)	九州大戏台(早间版)
08:58	包装(2) + 主持人伴视(2)						
09:04	广告(2)						
09:11	名段欣赏						
09:38	包装(3)						
09:40	广告(3)						
09:45	快乐戏园						
10:15	包装(4) + 主持人伴视(3)						
10:21	广告(4)						

续表

星期 时间	星期一	星期二	星期三	星期四	星期五	星期六	星期日
10:25	精彩回放						梨园闯关我挂帅
11:25	包装(5) ＋ 主持人伴视(4)						
11:31	广告(5)						
11:35	快乐戏园						
12:05	包装(6)						
12:07	广告(6)						
12:10	戏曲采风	跟我学	戏曲采风	跟我学	戏曲采风	跟我学	戏曲采风
12:40	包装(7) ＋ 主持人伴视(5)						
12:47	广告(7)						
12:50	CCTV空中剧院（精编版）		京剧音配像（午间版）	CCTV空中剧院（精编版）		12:50青春戏苑（周末版） 14:20广告 14:25梨园闯关我挂帅（周末版） 15:25广告 15:30跟我学	CCTV空中剧院（精编版）
16:00	包装(8) ＋ 主持人伴视(6)						
16:06	广告(8)						
16:10	戏曲采风	梨园闯关我挂帅	戏曲采风	过把瘾	戏曲采风	戏苑百家	
16:40	跟我学		跟我学		跟我学		
17:10	包装(9) ＋ 主持人伴视(7)						
17:16	广告(9)						
17:23	名段欣赏						
17:50	广告(10)						
17:55	快乐戏园						
18:25	包装(10) ＋ 主持人伴视(8)						
18:32	广告(11)						
18:38	戏曲采风	跟我学	戏曲采风	跟我学	戏曲采风		
19:08	包装(11) ＋ 主持人伴视(9)						
19:15	广告(12)						

续表

星期 时间	星期一	星期二	星期三	星期四	星期五	星期六	星期日
19:20	京剧音配像 (晚间首播版)+广告5′	戏苑百家+广告5'	CCTV空中剧院 (晚间首播版)+广告5′ ×2	过把瘾+广告5'	青春戏苑+广告5'	CCTV空中剧院+广告5'×2(晚间首播版)	梨园闯关我挂帅+广告5'
20:25	21:35 过把瘾+广告5'	20:25九州大戏台 (晚间首播版)		20:25九州大戏台+广告5'(晚间版)	20:55梨园闯关我挂帅+广告5'		20:25青春戏苑（周末版）+广告5'
22:40	包装(12) + 主持人伴视(10)						
22:46	广告(14)						
22:51	快乐戏园						
23:21	广告(15)						
23:26	戏曲影视剧场						
24:16	广告(16)						
24:21	戏曲影视剧场						
25:11	广告(17) 5'						
25:16	包装(13) + 主持人伴视(11)						
25:21	结束						

CCTV-12 社会与法频道栏目播出时间表

星期 时间	星期一	星期二	星期三	星期四	星期五	星期六	星期日
05:55	晨曲导视（重播）						
06:00	夜线（重播）						
07:00	热线12（重播）						
08:00	导视2						
08:05	一线（重播）						
08:55	平安365（重播）						
09:15	导视3						
09:17	普法栏目剧（重播）						

续表

星期 时间	星期一	星期二	星期三	星期四	星期五	星期六	星期日
10:07	导视4						
10:10	法律讲堂（重播）						
10:40	导视5						
10:45	忏悔录（重播）	天网（重播）				从我做起（首播）	心理访谈
11:25	导视6						
11:30	平安365（首播）						
11:50	热线12（直播）						
12:50	道德观察（重播）						
13:10	法律讲堂（文史版）（首播）						
13:40	导视7						
13:45	普法栏目剧（重播）						
14:35	导视8						
14:40	小区大事（重播）	道德观察（重播）				从我做起（重播）	心理访谈（重播）
		15:00平安365（重播）					
15:20	忏悔录（重播）	天网（重播）					庭审现场（重播）
16:00	法律讲堂（重播）						
16:30	导视9						
16:35	道德观察（重播）						
16:55	热线12（重播）						
17:55	平安365（重播）						
18:15	庭审现场（重播）	天网（重播）					小区大事（首播）
18:55	导视10						
18:57	法律讲堂（首播）						
19:27	导视11						
19:30	一线（首播）						
20:20	导视12						
20:25	天网（首播）					庭审现场（首播）	忏悔录（首播）

续表

时间＼星期	星期一	星期二	星期三	星期四	星期五	星期六	星期日
21:05	导视13						
21:08	道德观察（首播）						
21:28	普法栏目剧（首播）						
22:18	导视14						
22:20	夜线（直播）						
23:20	见证（首播）					见证	
23:50	一线（重播）						
24:40	导视15						
24:45	法律讲堂（文史版）（重播）						
25:15	导视16						
25:20	小区大事（重播）	道德观察（重播） 25:40平安365（重播）				从我做起（重播）	心理访谈（重播）
26:00	夜线（重播）						
27:00	结束						

CCTV—13 新闻频道栏目播出时间表

时间＼星期	星期一	星期二	星期三	星期四	星期五	星期六	星期日
06:00	朝闻天下（07:00—08:30一套并机）						
09:00	上午直播间						
12:00	新闻30分（一套并机）						
12:35	法治在线（直播）						
13:00	下午直播间						
18:00	共同关注						
18:59:55	新闻联播＋焦点访谈（一套并机）						

续表

星期 / 时间	星期一	星期二	星期三	星期四	星期五	星期六	星期日
20:00	东方时空（直播）						
21:00	新闻联播（重播）						
21:30	新闻1+1（直播）					21:30新闻调查（首播） 22:15新闻周刊（首播）	21:30面对面（首播） 22:15世界周刊（首播）
22:00	国际时讯（直播）						
22:3	环球视线（直播）						
23:00	24小时（直播）						
24:00	午夜新闻					午夜新闻	
						24:15 新闻调查（重播）	24:15 面对面（重播）
25:00	东方时空（重播）						
26:00	新闻1+1（重播）					新闻周刊（重播）	世界周刊（重播）
26:30	国际时讯（重播）					26:45 新闻调查（重播）	26:45面对面（重播）
27:00	环球视线（重播）						
27:30	焦点访谈					新闻周刊（重播） 28:15 新闻调查（重播） 29:00新闻周刊（重播）	世界周刊（重播） 28:15面对面（重播） 29:00世界周刊（重播）
27:45	东方时空						
28:45	新闻1+1						
29:15	环球视线						
29:45	焦点访谈						
29:55:30	国旗+国歌						

CCTV—14 少儿频道栏目播出时间表

星期 / 时间	星期一	星期二	星期三	星期四	星期五	星期六	星期日
05:55	台标+频道呼号+晨曲+频道宣传片						
06:00	小小智慧树					绿野寻踪	七巧板
06:30	大风车						

续表

<table>
<tr><th>星期
时间</th><th>星期一</th><th>星期二</th><th>星期三</th><th>星期四</th><th>星期五</th><th>星期六</th><th>星期日</th></tr>
<tr><td>07:00</td><td colspan="7">动画梦工场</td></tr>
<tr><td>07:30</td><td colspan="5">芝麻开门</td><td colspan="2" rowspan="2">动画乐翻天</td></tr>
<tr><td>07:55</td><td colspan="5">节目预告</td></tr>
<tr><td>08:00</td><td colspan="7">银河剧场</td></tr>
<tr><td>08:55</td><td colspan="7">节目预告</td></tr>
<tr><td>09:00</td><td colspan="7">动画剧场</td></tr>
<tr><td>09:00</td><td colspan="5">小小智慧树（首播）</td><td colspan="2" rowspan="2">09:00 动画剧场</td></tr>
<tr><td>09:30</td><td colspan="5">动画大巴（上午版）</td></tr>
<tr><td>10:25</td><td colspan="5">节目预告</td><td>10:00七巧板（首播）</td><td>10:00绿野寻踪（首播）</td></tr>
<tr><td>10:30</td><td colspan="7">智慧树</td></tr>
<tr><td>11:00</td><td colspan="5">动画乐翻天</td><td rowspan="3">宝贝一家亲（首播）</td><td rowspan="3">大仓库(首播)</td></tr>
<tr><td>11:30</td><td colspan="5">新闻袋袋裤</td></tr>
<tr><td>11:55</td><td colspan="5">节目预告</td></tr>
<tr><td>12:00</td><td colspan="7">动漫世界（首播）</td></tr>
<tr><td>12:55</td><td colspan="7">节目预告</td></tr>
<tr><td rowspan="2">13:00</td><td rowspan="2">智力快车</td><td colspan="2">成长在线</td><td>七巧板</td><td rowspan="2">音乐快递</td><td colspan="2" rowspan="2">动画剧场　（首播）</td></tr>
<tr><td colspan="2">快乐体验</td><td>绿野寻踪</td></tr>
<tr><td>14:00</td><td colspan="7">动画梦工场</td></tr>
<tr><td>14:30</td><td colspan="7">大风车</td></tr>
<tr><td>15:00</td><td colspan="2">快乐大巴</td><td>英雄出少年</td><td>异想天开</td><td>动感特区</td><td rowspan="2">15:00文学宝库　（首播）</td><td rowspan="2">15:00童心回放　（首播）</td></tr>
<tr><td>16:00</td><td colspan="5">动画大巴（下午版）</td></tr>
<tr><td>16:55</td><td colspan="5">节目预告</td><td>16:40动画大巴（周末版）</td><td>16:50节目预告</td></tr>
<tr><td>17:00</td><td colspan="5">新闻袋袋裤　（首播）</td><td colspan="2" rowspan="2">成长在线　（首播）</td></tr>
<tr><td>17:25</td><td colspan="5">节目预告</td></tr>
<tr><td>17:30</td><td colspan="5">芝麻开门　（首播）</td><td colspan="2" rowspan="2">快乐体验　（首播）</td></tr>
<tr><td>17:55</td><td colspan="5">节目预告</td></tr>
</table>

续表

时间＼星期	星期一	星期二	星期三	星期四	星期五	星期六	星期日
18:00	动画乐翻天 （首播）						
18:30	智慧树 （首播）						
19:00	动画梦工场 （首播）						
19:30	大风车 （首播）						
20:00	银河剧场 （首播）						
20:55	节目预告						
21:00	异想天开 （首播）	智力快车 （首播）	音乐快递 （首播）	动感特区 （首播）	快乐大巴 （首播）		英雄出少年（首播）
22:00	动漫世界						
22:55	节目预告						
23:00	动漫星空 （首播）					童心回放	文学宝库
25:00	结束					24:50结束	24:40 结束

备注:1、首播一次重播二次的栏目:
《大风车》、《动画梦工场》、《绿野寻踪》、《七巧板》
2、首播一次重播一次的栏目:
《智慧树》、《快乐大巴》、《成长在线》、《快乐体验》、《异想天开》、《小小智慧树》、
《英雄出少年》、《银河剧场》、《动漫世界》、《芝麻开门》、《智力快车》、《动感特区》
《童心回放》、《文学宝库》、《音乐快递》、《动画剧场》、《动画乐翻天》、《新闻袋袋裤》
3、无重播的栏目:
《动漫星空》、《宝贝一家亲》、《大仓库》
4、《智慧树》栏目每周7期，30′/期
《新闻袋袋裤》栏目每周5期，25′/期
《动画乐翻天》栏目每周7期，30′/期
《动画剧场》栏目每周2期，60′/期

CCTV—15 音乐频道栏目播出时间表

时间＼星期	星期一	星期二	星期三	星期四	星期五	星期六	星期日
06:00	中国音乐电视						
06:30	包装2'+广告3'						

续表

时间 \ 星期	星期一	星期二	星期三	星期四	星期五	星期六	星期日
06:35	风华国乐	风华国乐					
07:06		07:05广告					
		07:06影视留声机					
07:25	包装1′ +广告4'						
07:30	CCTV音乐厅						
08:30	民歌·中国						
09:00	包装2'+广告5'						
09:07	周末音乐电影欣赏	精彩音乐汇					
10:07	广告3′						
10:10	百年歌声	10:10影视留声机					
10:30	10:37 包装1'+广告4'	10:30包装1'+广告4′					
10:35	10:45 音乐人生	10:35经典					
11:35	广告5'						
11:40	中国音乐电视						
12:10	包装2'+广告3'						
12:15	风华国乐+中插广告3′	风华国乐					风华国乐
		12:45广告3'					
		12:48音乐·故事					
13:08	包装2'+广告2'						
13:12	民歌·中国						
13:42	包装1'+广告2'						
13:45	周末音乐电影欣赏	精彩音乐汇					
14:45	广告3′						
14:48	百年歌声	影视留声机					
15:08	15:18 包装2'+广告2'	包装2'+广告2′					
15:12	15:22 音乐人生	经典					

续表

时间＼星期	星期一	星期二	星期三	星期四	星期五	星期六	星期日
16:12	广告5'						
16:17	CCTV音乐厅						
17:17	广告3′						
17:20	民歌·中国						
17:50	包装2′ +广告3'						
17:55	中国音乐电视						
18:25	包装2'+广告3'						
18:30	风华国乐						风华国乐
19:00	百年歌声30′	19:00包装2'+广告3'					
		19:05音乐·故事					
		19:25包装2'+广告3'					19:23 包装2'广告5'
19:30	精彩音乐汇						周末音乐电影欣赏
20:30	包装3′ +广告3'						
20:36	影视留声机						20:36百年歌声
20:56	包装1'+广告3'						21:06:00 PM 广告4′
21:00	经典						21:10 音乐人生
22:00	包装3′ +广告4'						
22:07	民歌·中国						
22:37	包装2'+广告3'						22:07 包装1'
22:42	音乐·故事						
23:02	广告1′						
23:03	CCTV音乐厅						
24:03	包装1'+广告3'						
24:07	中国音乐电视						
24:37	广告						
24:41	结束						

CCTV—NEWS 英语新闻频道栏目播出时间表

节目名称 / 星期 / 北京时间	星期一	星期二	星期三	星期四	星期五	星期六	星期日	美国东部时间	美国西部时间	伦敦时间
04:00	世界观察	整点新闻						15:00	12:00	20:00
04:20		中国24小时（重播）							12:20	20:20
05:00	整点新闻								13:00	21:00
05:30	旅游指南			看中国			中心舞台	16:30	13:30	21:30
06:00	整点新闻							17:00	14:00	22:00
06:15	学汉语							17:15	14:15	22:15
06:30	海客谈							17:30	14:30	22:30
07:00	整点新闻							18:00	15:00	23:00
07:30	文化报道（重播）							18:30	15:30	23:30
08:00	今日亚洲							19:00	16:00	00:00
08:30	今日话题（重播）							19:30	16:30	00:30
09:00	世界观察	整点新闻						20:00	17:00	01:00
09:20		中国24小时（重播）						20:20	17:20	01:20
10:00	整点新闻							21:00	18:00	02:00
10:30	旅游指南			看中国			中心舞台	21:30	18:30	02:30
11:00	整点新闻					整点新闻	整点新闻	22:00	19:00	03:00
11:20	财经亚洲					11:30财经高峰会	11:30新财富	22:20	19:20	03:20
12:00	新闻一小时							23:00	20:00	04:00
13:00	今日话题							00:00	21:00	05:00
13:30	东方							00:30	21:30	05:30
14:00	整点新闻							01:00	22:00	06:00
14:30	发现							01:30	22:30	06:30

续表

北京时间＼节目名称＼星期	星期一	星期二	星期三	星期四	星期五	星期六	星期日	美国东部时间	美国西部时间	伦敦时间
15:00	世界观察	整点新闻						02:00	23:00	07:00
15:30		体育报道						02:30	23:30	07:30
16:00	整点新闻							03:00	00:00	08:00
16:30	自然							03:30	00:30	08:30
17:00	整点新闻（英）							04:00	01:00	09:00
17:15	学汉语							04:15	01:15	09:15
17:30	旅游指南			看中国			中心舞台	04:30	01:30	09:30
18:00	财经亚洲					整点新闻		05:00	02:00	10:00
18:30	文化报道							05:30	02:30	10:30
19:00	整点新闻							06:00	03:00	11:00
19:30	今日话题							06:30	03:30	11:30
20:00	中国24小时							07:00	04:00	12:00
20:40	体育报道							07:40	04:40	12:40
21:00	财经亚洲					整点新闻		08:00	05:00	13:00
21:40	整点新闻					21:30财经高峰会	21:30新财富	08:40	05:40	13:40
22:00	今日亚洲						世界观察	09:00	06:00	14:00
22:30	文化报道（重播）							09:30	06:30	14:30
23:00	整点新闻							10:00	07:00	15:00
23:30	海客谈							10:30	07:30	15:30
24:00	整点新闻							11:00	08:00	16:00
24:30	东方							11:30	08:30	16:30
25:00	整点新闻							12:00	09:00	17:00
25:15	学汉语							12:15	09:15	17:15

续表

节目名称 / 星期 / 北京时间	星期一	星期二	星期三	星期四	星期五	星期六	星期日	美国东部时间	美国西部时间	伦敦时间
25:30	发现							12:30	09:30	17:30
26:00	整点新闻							13:00	10:00	18:00
26:30	对话（重播）							13:30	10:30	18:30
27:00	整点新闻	整点新闻					整点新闻	14:00	11:00	19:00
27:20	27:30新财富	27:20财经亚洲重播					27:30财经高峰会	14:20	11:20	19:20

CCTV–Français 法语国际频道栏目播出时间表

北京时间	东部非洲标准时间	栏目名称		巴黎时间	格林尼治时间
		周一至周六	周日		
04:00	23:00	财经新闻（录播）		21:00	20:00
04:30	23:30	外国人看中国 （一、三、五） / 旅游指南 （二、四、六）	缤纷生活	21:30	20:30
05:00	00:00	新探索		22:00	21:00
05:30	00:30	学功夫		22:30	21:30
05:45	00:45	学汉语		22:45	21:45
06:00	01:00	非洲时间 （录播）		23:00	22:00
06:20	01:20	电视剧（第一部第1集）		23:20	22:20
07:10	02:10	电视剧（第一部第2集）		00:10	23:10
08:00	03:00	自然 （一、三、五、日） / 对话 （二、四、六）		01:00	00:00
08:30	03:30	纪录片		01:30	00:30
09:00	04:00	综合新闻 （直播）		02:00	01:00
09:30	04:30	文艺舞台		02:30	01:30
10:00	05:00	新探索		03:00	02:00
10:30	05:30	外国人看中国 （一、三、五） / 旅游指南 （二、四、六）	缤纷生活	03:30	02:30

续表

北京时间	东部非洲标准时间	栏目名称		巴黎时间	格林尼治时间
		周一至周六	周日		
11:00	06:00	财经新闻 （直播）		04:00	03:00
11:30	06:30	学功夫		04:30	03:30
11:45	06:45	学汉语		04:45	03:45
12:00	07:00	非洲时间 （直播）		05:00	04:00
12:20	07:20	电视剧（第二部第1集）		05:20	04:20
13:10	08:10	电视剧（第二部第2集）		06:10	05:10
14:00	09:00	综合新闻 （直播）		07:00	06:00
14:30	09:30	纪录片		07:30	06:30
15:00	10:00	自然 （一、三、五、日） / 对话 （二、四、六）		08:00	07:00
15:30	10:30	文艺舞台		08:30	07:30
16:00	11:00	财经新闻 （直播）		09:00	08:00
16:30	11:30	外国人看中国 （一、三、五） / 旅游指南 （二、四、六）	缤纷生活	09:30	08:30
17:00	12:00	新探索		10:00	09:00
17:30	12:30	学功夫		10:30	09:30
17:45	12:45	学汉语		10:45	09:45
18:00	13:00	非洲时间 （直播）		11:00	10:00
18:20	13:20	电视剧（第一部第1集）		11:20	10:20
19:10	14:10	电视剧（第一部第2集）		12:10	11:10
20:00	15:00	综合新闻 （直播）		13:00	12:00
20:30	15:30	纪录片		13:30	12:30
21:00	16:00	自然 （一、三、五、日） / 对话 （二、四、六）		14:00	13:00
21:30	16:30	文艺舞台		14:30	13:30
22:00	17:00	财经新闻 （直播）		15:00	14:00
22:30	17:30	外国人看中国 （一、三、五） / 旅游指南 （二、四、六）	缤纷生活	15:30	14:30
23:00	18:00	新探索		16:00	15:00
23:30	18:30	学功夫		16:30	15:30

续表

北京时间	东部非洲标准时间	栏目名称		巴黎时间	格林尼治时间
		周一至周六	周日		
23:45	18:45	学汉语		16:45	15:45
24:00	19:00	非洲时间 （直播）		17:00	16:00
24:20	19:20	电视剧（第一部第1集）		17:20	16:20
25:10	20:10	电视剧（第一部第2集）		18:10	17:10
26:00	21:00	综合新闻 （直播）		19:00	18:00
26:30	21:30	纪录片		19:30	18:30
27:00	22:00	自然 （一、三、五、日） / 对话 （二、四、六）		20:00	19:00
27:30	22:30	文艺舞台		20:30	19:30

CCTV–Español 西班牙语国际频道栏目播出时间表

北京时间	星期一	星期二	星期三	星期四	星期五	星期六	星期日	西班牙时间	巴西 、 阿根廷时间	美国东部、委内瑞拉 、智利时间
04:00	纪录片B（重播）							21:00	17:00	15:00
04:30	这就是中国（重播）							21:30	17:30	15:30
05:00	拉美视点（录播）	05:00财经新闻（录播）						22:00	18:00	16:00
05:15		05:15学汉语 ((重播)						22:15	18:15	16:15
05:30	百科天地（重播）							22:30	18:30	16:30
06:00	中华艺苑（首播）							23:00	19:00	17:00
06:20	影视看台A1（首播）							23:20	19:20	17:20
07:10	影视看台A2（首播）							00:10	20:10	18:10
08:00	综合新闻（直播）							01:00	21:00	19:00
08:15	学做中国菜（首播）							01:15	21:15	19:15
08:30	神州行 （首播）		对话 （首播）	神州行 （首播）		对话 （首播）	神州行 （首播）	01:30	21:30	19:30
09:00	综合新闻（直播）							02:00	22:00	20:00
09:28	荧屏导视（直播）							02:28	22:28	20:28

续表

北京时间	星期一	星期二	星期三	星期四	星期五	星期六	星期日	西班牙时间	巴西 、阿根廷时间	美国东部、委内瑞拉 、智利时间
09:30	纪录片A（首播）							02:30	22:30	20:30
10:00	纪录片B（首播）							03:00	23:00	21:00
10:30	这就是中国（首播）							03:30	23:30	21:30
11:00	综合新闻（直播）						11:00拉美视点（直播）	04:00	00:00	22:00
11:28	荧屏导视（直播）							04:28	00:28	22:28
11:30	百科天地（首播）							04:30	00:30	22:30
12:00	财经新闻（直播）						12:00综合新闻（直播）	05:00	01:00	23:00
12:20	影视看台B1（首播）							05:20	01:20	23:20
13:10	影视看台B2（首播）							06:10	02:10	00:10
14:00	综合新闻（直播）							07:00	03:00	01:00
14:15	学做中国菜（重播）							07:15	03:15	01:15
14:30	神州行（重播）		对话（重播）	神州行　（重播）		对话（重播）	神州行（重播）	07:30	03:30	01:30
15:00	综合新闻（直播）							08:00	04:00	02:00
15:28	荧屏导视(直播)							08:28	04:28	02:28
15:30	纪录片A（重播）							08:30	04:30	02:30
16:00	纪录片B（重播）							09:00	05:00	03:00
16:30	这就是中国（重播）							09:30	05:30	03:30
17:00	财经新闻（直播）						拉美视点(录播)	10:00	06:00	04:00
17:15	学汉语(首播)							10:15	06:15	04:15
17:30	百科天地（重播）							10:30	06:30	04:30
18:00	中华艺苑（重播）							11:00	07:00	05:00
18:20	影视看台A1（重播）							11:20	07:20	05:20
19:10	影视看台A2（重播）							12:10	08:10	06:10
20:00	综合新闻(直播)							13:00	09:00	07:00
20:15	学做中国菜(重播)							13:15	09:15	07:15
21:00	综合新闻(直播)							14:00	10:00	08:00
21:28	荧屏导视(直播)							14:28	10:28	08:28

续表

北京时间	星期一	星期二	星期三	星期四	星期五	星期六	星期日	西班牙时间	巴西 、阿根廷时间	美国东部、委内瑞拉 、智利时间
21:30	纪录片A（重播）							14:30	10:30	08:30
22:00	纪录片B（重播）							15:00	11:00	09:00
22:30	这就是中国（重播）							15:30	11:30	09:30
23:00	财经新闻（直播）						拉美视点（录播）	16:00	12:00	10:00
23:15	学汉语（重播）							16:15	12:15	10:15
23:30	百科天地（重播）							16:30	12:30	10:30
24:00	中华艺苑（重播）							17:00	13:00	11:00
24:20	影视看台B1（重播）							17:20	13:20	11:20
25:10	影视看台B2（重播）							18:10	14:10	12:10
26:00	综合新闻(录播)							19:00	15:00	13:00
26:15	学做中国菜(重播)							19:15	15:15	13:15
26:30	神州行　（重播）		对话　（重播）	神州行　（重播）		对话（重播）	神州行（重播）	19:30	15:30	13:30
27:00	综合新闻（录播）							20:00	16:00	14:00
27:30	纪录片A（重播）							20:30	16:30	14:30

CCTV– العربية 阿拉伯语国际频道栏目播出时间表

北京时间	栏目名称（周一至周日）	阿拉伯地区（麦加）时间	格林尼治时间
04:00	综合新闻（首播）(直送)(星期一至星期五、星期日) 每星期财经（星期六)(重播)	23:00	20:00
04:30	电视剧B（两集)(重播)	23:30	20:30
06:00	纪录片 A（重播）	01:00	22:00
06:45	跟我学 （重播）	01:45	22:45
07:00	中国文艺（重播）	02:00	23:00
07:30	话说中国（重播）	02:30	23:30
08:00	综合新闻(星期一至星期五、星期日) 每星期财经(星期六)(重播)	03:00	00:00

续表

北京时间	栏目名称（周一至周日）	阿拉伯地区（麦加）时间	格林尼治时间
08:30	纪录片 B（重播）	03:30	00:30
09:00	对话（阿）（星期一至星期六） 中国 · 中东(星期日)(重播)	04:00	01:00
09:30	中国之旅(重播)	04:30	01:30
10:00	综合新闻(直播)	05:00	02:00
10:15	纪录片 A（首播）	05:15	02:15
11:00	中国文艺（首播）	06:00	03:00
11:30	话说中国（首播）	06:30	03:30
12:00	综合新闻（直播）	07:00	04:00
12:30	电视剧A（两集)(首播)	07:30	04:30
14:00	综合新闻(直播)	09:00	06:00
14:15	跟我学（首播）	09:15	06:15
14:30	纪录片 B（首播）	09:30	06:30
15:00	对话（首播)(星期一至星期五、星期日) 中国·中东（星期六)(首播)	10:00	07:00
15:30	中国之旅（首播）	10:30	07:30
16:00	综合新闻（直播）	11:00	08:00
16:30	话说中国(重播)	11:30	08:30
17:00	中国文艺（重播）	12:00	09:00
17:30	纪录片 B(重播)	12:30	09:30
18:00	综合新闻(直播)	13:00	10:00
18:15	纪录片 A（重播）	13:15	10:15
19:00	对话（重播)(星期一至星期五、星期日) 中国·中东(星期六)(重播)	14:00	11:00
19:30	中国之旅（重播）	14:30	11:30
20:00	综合新闻（直播）（星期一至星期四、星期六、星期日） 每星期财经(直播)(星期五)	15:00	12:00
20:30	电视剧B(两集)(首播)	15:30	12:30

续表

北京时间	栏目名称（周一至周日）	阿拉伯地区（麦加）时间	格林尼治时间
22:00	综合新闻(15分钟)(直播)	17:00	14:00
22:15	跟我学（重播）	17:15	14:15
22:30	中国文艺(重播)	17:30	14:30
23:00	纪录片 B(重播)(星期一至星期四、星期六、星期日) 每星期财经(首播)(直送)（星期五）	18:00	15:00
23:30	中国之旅(重播)	18:30	15:30
24:00	综合新闻(直播)	19:00	16:00
24:30	电视剧A(两集)(重播)	19:30	16:30
26:00	综合新闻(首播)(直送)	21:00	17:00
26:15	纪录片 A(重播)	21:15	17:15
27:00	对话（重播)(星期一至星期五、星期日) 中国·中东(星期六)(重播)	22:00	18:00
27:30	话说中国(重播)	22:30	19:30

CCTV–Русский　俄语国际频道栏目播出时间表

<table>
<tr><th>北京时间</th><th>星期一</th><th>星期二</th><th>星期三</th><th>星期四</th><th>星期五</th><th>星期六</th><th>星期日</th><th>莫斯科时间</th><th>格林尼治时间</th></tr>
<tr><td>09:00</td><td colspan="5">综艺大观（首播）</td><td colspan="2">旅游指南（首播）</td><td>01:00</td><td>05:00</td></tr>
<tr><td>09:30</td><td colspan="7">放映厅A（首播）</td><td>01:30</td><td>05:30</td></tr>
<tr><td>10:15</td><td colspan="7">放映厅A（首播）</td><td>02:15</td><td>06:15</td></tr>
<tr><td>11:00</td><td colspan="7">综合新闻（直播）</td><td>03:00</td><td>07:00</td></tr>
<tr><td>11:15</td><td colspan="5">纪录片A（首播）</td><td colspan="2">胜者为王（首播）</td><td>03:15</td><td>07:15</td></tr>
<tr><td>11:45</td><td colspan="5">纪录片A（首播）</td><td colspan="2">12:00综合新闻（直播）</td><td>03:45</td><td>07:45</td></tr>
<tr><td>12:15</td><td colspan="5">跟我学（首播）</td><td colspan="2">12:15纪录片A（首播）</td><td>04:15</td><td>08:15</td></tr>
<tr><td>12:30</td><td colspan="5">流行乐坛（首播）</td><td colspan="2" rowspan="3">12:45纪录片A（首播）
13:15中国厨艺(首播)</td><td>04:30</td><td>08:30</td></tr>
<tr><td>12:35</td><td colspan="5">故事汇（首播）</td><td>04:35</td><td>08:35</td></tr>
<tr><td>13:00</td><td colspan="5">综合新闻（直播）</td><td>05:00</td><td>09:00</td></tr>
</table>

续表

<table>
<tr><th>北京时间</th><th>星期一</th><th>星期二</th><th>星期三</th><th>星期四</th><th>星期五</th><th>星期六</th><th>星期日</th><th>莫斯科时间</th><th>格林尼治时间</th></tr>
<tr><td>13:30</td><td colspan="7">放映厅B（首播）</td><td>05:30</td><td>09:30</td></tr>
<tr><td>14:15</td><td colspan="7">放映厅B（首播）</td><td>06:15</td><td>10:15</td></tr>
<tr><td>15:00</td><td colspan="5">财经新闻（直播）</td><td colspan="2">综合新闻（直播）</td><td>07:00</td><td>11:00</td></tr>
<tr><td>15:15</td><td colspan="5">纪录片B（首播）</td><td colspan="2">综艺大观(首播)</td><td>07:15</td><td>11:15</td></tr>
<tr><td>15:45</td><td colspan="5">纪录片B（首播）</td><td colspan="2">中国厨艺(重播)</td><td>07:45</td><td>11:45</td></tr>
<tr><td>16:15</td><td colspan="5">综艺大观（重播）</td><td colspan="2" rowspan="2">16:00综合新闻（直播）
16:30对话（首播）</td><td>08:15</td><td>12:15</td></tr>
<tr><td>16:45</td><td colspan="5">跟我学（重播）</td><td>08:45</td><td>12:45</td></tr>
<tr><td>17:00</td><td colspan="5">综合新闻（直播）</td><td colspan="2">旅游指南（直播）</td><td>09:00</td><td>13:00</td></tr>
<tr><td>17:30</td><td colspan="7">放映厅A（重播）</td><td>09:30</td><td>13:30</td></tr>
<tr><td>18:15</td><td colspan="7">放映厅A（重播）</td><td>10:15</td><td>14:15</td></tr>
<tr><td rowspan="2">19:00</td><td rowspan="2">综合新闻（直播）</td><td>综合新闻（直播）</td><td rowspan="2">综合新闻（直播）</td><td>综合新闻（直播）</td><td rowspan="2">综合新闻（直播）</td><td colspan="2">综合新闻（直播）</td><td>11:00</td><td>15:00</td></tr>
<tr><td>19:15观点（首播）</td><td>19:15观点（首播）</td><td colspan="2" rowspan="2">19:15 胜者为王（重播）</td><td>11:15</td><td>15:15</td></tr>
<tr><td>19:30</td><td colspan="5">纪录片A（重播）</td><td>11:30</td><td>15:30</td></tr>
<tr><td>20:00</td><td colspan="5">纪录片A（重播）</td><td>北京时间（直播）</td><td>北京时间（首播）（直送）</td><td>12:00</td><td>16:00</td></tr>
<tr><td>20:30</td><td colspan="5">流行乐坛（重播）</td><td colspan="2">对话（重播）</td><td>12:30</td><td>16:30</td></tr>
<tr><td>20:35</td><td colspan="5">故事汇（重播）</td><td colspan="2" rowspan="4">21:00纪录片B（首播）
21:30纪录片B（首播）</td><td>12:35</td><td>16:35</td></tr>
<tr><td>21:00</td><td colspan="5">财经新闻（直播）</td><td>13:00</td><td>17:00</td></tr>
<tr><td>21:15</td><td colspan="5">综艺大观（重播）</td><td>13:15</td><td>17:15</td></tr>
<tr><td>21:45</td><td colspan="5">跟我学（重播）</td><td>13:45</td><td>17:45</td></tr>
<tr><td rowspan="2">22:00</td><td rowspan="2">综合新闻（直播）</td><td>综合新闻（直播）</td><td rowspan="2">综合新闻（直播）</td><td>综合新闻（直播）</td><td rowspan="2">综合新闻（直播）</td><td colspan="2" rowspan="2">旅游指南（重播）</td><td>14:00</td><td>18:00</td></tr>
<tr><td>22:15观点（重播）</td><td>22:15观点（重播）</td><td>14:15</td><td>18:15</td></tr>
<tr><td>22:30</td><td colspan="5">流行乐坛（重播）</td><td colspan="2" rowspan="2">综艺大观（重播）</td><td>14:30</td><td>18:30</td></tr>
<tr><td>22:35</td><td colspan="5">故事汇（俄）（重播）</td><td>14:35</td><td>18:35</td></tr>
<tr><td rowspan="2">23:00</td><td rowspan="2">综合新闻（直播）</td><td>综合新闻（直播）</td><td rowspan="2">综合新闻（直播）</td><td>综合新闻（直播）</td><td rowspan="2">综合新闻（直播）</td><td colspan="2">综合新闻（直播）</td><td>15:00</td><td>19:00</td></tr>
<tr><td>23:15观点（重播）</td><td>23:15观点（重播）</td><td colspan="2">23:15中国厨艺(重播)</td><td>15:15</td><td>19:15</td></tr>
<tr><td>23:30</td><td colspan="7">放映厅B（重播）</td><td>15:30</td><td>19:30</td></tr>
<tr><td>24:15</td><td colspan="7">放映厅 B（重播）</td><td>16:15</td><td>20:15</td></tr>
</table>

续表

北京时间	星期一	星期二	星期三	星期四	星期五	星期六	星期日	莫斯科时间	格林尼治时间
25:00	综艺大观（重播）					对话（重播）		17:00	21:00
25:30	跟我学（重播）					胜者为王（重播） 纪录片A（重播） 纪录片A（重播）		17:30	21:30
25:45	纪录片B（重播）							17:45	21:45
26:15	纪录片B（重播）							18:15	22:15
26:45	流行乐坛（重播）							18:45	22:45
26:50	故事汇（重播）							18:50	22:50
27:15	放映厅A（重播）							19:45	23:15
28:00	放映厅A（重播）							20:00	00;00
28:45	跟我学（重播）					中国厨艺（重播）		20:45	00;45
29:00	放映厅B（重播）							21:00	01:00
29:45	放映厅B（重播）							21:45	01:45
30:30	流行乐坛（重播）					对话（重播） 旅游指南（重播）		22:30	02:30
30:35	故事汇（重播）							22:35	02:35
31:00	纪录片A（重播）							23:00	03:00
31:30	纪录片A（重播）					综艺大观（重播）		23:30	03:30
32:00	纪录片B（重播）							00;00	04:00
32:30	纪录片B（重播）							00;30	04:30

CCTV–高清频道栏目播出时间表

时间＼星期	星期一	星期二	星期三	星期四	星期五	星期六	星期日
04:00	精彩荟萃（重播）（卡）					国际足球赛场（重播）（卡）	国际足球赛场（重播）（卡）
04:30	人文地图（重播）					05:00人文地图（重播）	05:00 历史自然类专题片（重播）
05:00	黄金档电视剧1（重播）					05:30黄金档电视剧1、2（重播）（含导视1+广告1）	
05:47	黄金档电视剧2（重播）						

续表

星期 / 时间	星期一	星期二	星期三	星期四	星期五	星期六	星期日
06:34	探秘（首播）（含导视1+广告1+请您欣赏）					07:05纪录片（重播）（含导视2+广告2、3+请您欣赏）	
07:10	体育赛事展播（含导视2、3、4+广告2、3、4、5、6+请您欣赏）					08:00体育赛事展播（含导视3、4、5+广告4、5、6、7、8+请您欣赏） 13:20国内纪录片（展播）（含导视6+广告9） 14:54民歌·中国（重播）（含导视7+广告10） 15:27人文地图（重播）（含导视8+广告11） 16:00优秀电视剧展播（三集）（含导视9、10、11+广告12、13、14、15+请您欣赏）	08:00体育赛事展播（含导视3、4、5+广告4、5、6、7、8+请您欣赏） 13:20国内纪录片（展播）（含导视6、7、8+广告9、10、11） 16:00优秀电视剧展播（三集）（含导视9、10、11+广告12、13、14、15+请您欣赏）
12:25	国内纪录片（展播）（含导视5+广告7）						
13:30	民歌·中国（首播）（含导视6+广告8）						
14:03	人文地图（重播）（含导视7+广告9）						
14:36	优秀电视剧展播（三集）（含导视8、9+广告10、11、12+请您欣赏）						
17:05	纪录片（重播）（含导视10+广告13）						
17:54	精彩荟萃（重播）（含导视11+广告14）						
18:47	人文地图（首播）（含导视12+广告16）					18:30纪录片（重播）（含导视12+广告16）	
19:20	黄金档电视剧1（首播）（含导视13+广告17）						
20:10	黄金档电视剧2（首播）（含导视14+广告18+请您欣赏）						
21:00	纪录片（首播）（含导视15+广告19）						
22:00	精彩荟萃（高清）（首播）（含导视16+广告20）				国际足球赛场（首播）（含导视16+广告20、21）		精彩荟萃（高清）（首播）（含导视16+广告20）
23:00	午夜电视剧展播（二集）（含广告21）				23:35午夜电视剧展播（二集）		23:00午夜电视剧展播（二集）（含广告21）
24:40	黄金档电视剧1（重播）				25:10黄金档电视剧1（重播）		黄金档电视剧2（重播）
25:27	黄金档电视剧2（重播）				26:00黄金档电视剧2（重播）		黄金档电视剧2（重播）
26:14	纪录片（重播）				26:47纪录片（重播）		精彩荟萃（重播）
27:04	人文地图（重播）				27:40民歌·中国（重播）（卡）		27:10纪录片（重播）（卡）
27:34	民歌·中国（重播）（卡）						
28:00	结束						

（总编室节目播出部提供）

《中国中央电视台年鉴(2011)》特约编辑名单

台办公室	江　流
总编室	梁宇峰
新闻中心	张凯夫
大型节目中心	秦新民
军事节目中心（解放军电视宣传中心）	侯丽军
海外传播中心	李　宇
资产管理中心	何兴煌
发展研究中心	张　月
综合频道	张清春
财经频道	李晓瑜
综艺频道	魏　征
中文国际频道	杨奉涛
体育频道	慈勤萍
电视剧频道	刘秀杰
科教频道	王玉清
社会与法频道	李承立
戏曲和音乐频道	李守进
外语频道	张　雷
少儿频道	兰　芳
人力资源管理中心	曲　洋
财务管理中心	赵　彤
机关党委	刘　斌
技术管理中心	韩　强
技术制作中心	栗小斌
播出传送中心	王　丹
监察室	曾进清
审计处	许　萌
音像资料馆	毕　征
中国电视报社	郭卫翔
新台址建设工程办公室	于建国
中国电视剧制作中心有限责任公司	任　力
中央新闻纪录电影制片厂（集团）	伍　伟
中国国际电视总公司	王　森
中央卫星电视传播中心	李　琼
中视传媒股份有限公司	徐沙英
中国有线电视网络有限公司	章　为
中国广播电视国际经济技术合作总公司	何东波
中国网络电视台	肖建斌
电影频道	韩卫民

《中国中央电视台年鉴(2011)》资料员名单

台办公室

秘书处	张　勇
综合处	田大明
保卫处	李环英
外事处	韩亚男
法规处	达　红
行政处	申　丽
房管处	杜劲军

总编室

规划部	穆素华
节目播出部	刘　璐
节目研发部	舒　彤
版权管理部	路　芃
市场评估部	武　强
受众服务部	郑　楠
综合部	邓治英
高清频道编辑部	杨　烨
纪录片频道	滑　雪
审片部	戚　佳

新闻中心

综合部	王　潇
策划部	李　浙

时政新闻部 黄美玉
经济新闻部 刘 芳
社会新闻部 周军英
地方记者部 贾 佳
海外记者部 卞广磊
国际新闻部 姜 岚
军事节目部 马彦平
新闻评论部 冯雅丹
新闻频道编辑部 王 琳
国际频道新闻编辑部 端木礼昕
新闻联播编辑部 杨金月
新闻播音部 郭生彦
新闻制作部 陈 虹

大型节目中心

综合部 伟欣欣

海外传播中心

综合部 邓 颖
项目部 曾 晋
联络部 张 媛

资产管理中心

综合部 董思秀
市场部 钱 明
营销部 侯秀红
监审部 刘茹娜

发展研究中心

发展战略研究部 刘 妍
电视传播研究部 刘支梅
产业与新媒体研究部 徐 曼

综合频道

综合部 朱筱瑜
节目部 王红玉
项目部 任彦洁

财经频道

节目部 段凤臻

综艺频道

综合部 张春堂
节目部 陈 文

中文国际频道

综合部 田 原
节目部 张华杰

体育频道

综合部 王伟东
节目部 张慧荣
竞赛部 徐 伟

电视剧频道

综合部 刘 明
节目部 曹 倩
项目部 林 刚

科教频道 赵京津

综合部 胡云龙
节目部 张 洁

社会与法频道

综合部 张 羽
节目部 于海霞

戏曲和音乐频道

综合部 王 兰
节目部 周闫忱忱

外语频道

节目部 成 蜜
英语频道 周 烨
法语频道 张 晓
西班牙语频道 贾 佳
俄语频道 吴佳佳
阿拉伯语频道 高 飞

少儿频道

综合部 张丽媛

人力资源管理中心

干部管理处 许新颖
劳动工资处 王 歆
培训职称处 谷小洁
人才交流处 韩 巍
离退休人员管理处 李晓津

财务管理中心

综合业务处 高 凯
计划统计处 张惠玲
财务管理处 夏 佳
财产物资处 何 昕
产业管理处 朱飞剑
会计核算处 高 桐

机关党委 闫晓文

党委办公室	邵　宁
团委	郑　漠
工会	吕思远
精神文明协调处	狄希兰
（归国华侨联合会）	刘志宏
技术管理中心	陈　红
技术业务处	唐伟莉
质量管理处	张建华
工程管理处	崔　雪
信息通讯处	范　禹
动力处	刘燕梅
技术制作中心	闫　芬
综合部	赵琛琛
录制一部	张瑞虹
录制二部	罗新艳
录制三部	鲁建军
制作部	刘　军
音频部	王　鸿
播出传送中心	
综合部	程　昕
播出部	季奕军
转播部	翟素琴
传送部	宋智军
总控部	周联群
监察室	李湘如
审计处	段　炼
中国电视报社	汪慧君
中国电视剧制作中心有限责任公司	周　磊
中央新闻纪录电影制片厂（集团）	蒋国耀
	孟兰云
	李　军
中国国际电视总公司	张　超
中央卫星电视传播中心	李　乔
中视传媒股份有限公司	刘唯鹏
中国有线电视网络有限公司	吕　婷
中国广播电视国际经济技术合作总公司	周　煜
中国网络电视台	曹　佩

SUO YIN

索 引

索引

汉语拼音索引

E

F

G

N

P

Q

R

S

Z

数字索引

英文字母索引